MODERN
CHESS
OPENINGS

MCO-14

FOURTEENTH EDITION

MODERN CHESS OPENINGS

MCO-14

COMPLETELY REVISED BY

NICK DE FIRMIAN

David McKay Company, Inc.
New York

Printed in the United States of America

ISBN 0-8129-3084-3

10   9   8   7   6   5

Fourteenth Edition

Random House, Inc. New York, Toronto, London, Sydney, Auckland
www.randomhouse.com

ACKNOWLEDGMENTS

Modern Chess Openings, 14 ed., was an enormous task to complete, consuming twenty months of long hours by your author. Still there was much more that needed to be done and I wish to gratefully acknowledge the contributions of the following people.

Grandmaster John Fedorowicz
   I last teamed up with John in preparing Deep Blue's openings for its successful match against Kasparov, and was very pleased he was able to contribute the sections on the Indian Defenses in which he specializes. John wrote the chapters on the Benko Gambit, the Bogo-Indian Defense, the Grünfeld Defense, and the King's Indian Defense.

International Master John Donaldson
   The Chess Director of San Francisco's Mechanic's Institute contributed the Accelerated Dragon and coauthored the Slav and Semi-Slav chapter with de Firmian.

International Master Elliott Winslow and National Master Stephan Brandwein
   Contributed the long chapter on the Queen's Gambit Declined and most of the work on the romantic-era double king pawn openings (The King's Gambit, Giuoco Piano, Four Knights' Defense, Philidor's Defense, Bishop's Opening, etc.).

Senior Master Bruce Leverett
   Contributed the English Opening, his specialty. This long chapter covers many systems that Dr. Leverett explored with a year of painstaking care.

Although I edited and checked the contributions to conform to the rest of the book, the reader may still note a small difference in the style of these sections.

Graham Hillyard
   Ensured a high technical standard by doing most of the arduous job of proofreading and checking transliteration. He also contributed historical information and researched chess games.

John MacArthur
   Collected and organized more than a million games in creating the database I used in the production of MCO-14.

Many thanks to Random House editors Mark Gottlieb and Stanley Newman and production manager Eli Hausknecht, who took this mass of material and produced a finished book. Special thanks to David Stanford Burr, who diligently reviewed the typeset pages.

—NICK DE FIRMIAN

Current US Chess Champion

August 1999

INTRODUCTION

Modern Chess Openings (MCO) has been the standard English language work on chess openings for almost a century, each new edition presenting the latest strategies. The book seeks to give the reader a clear and concise presentation of whichever chess opening he (she) chooses, using the simple algebraic chess notation. The book is divided into five sections of major openings groups, each section containing chapters of the specific openings (or major variations of the openings). The chapter introductions give an overview of the strategic concepts and some historical information. The major content of the book is the tables and notes of chess variations. The best play (as is currently known) is usually the main variation, and sidelines are either clever traps and tricks that are good to know, interesting but little tested plans or enticing mistaken strategies along with their refutation. Some pages are dense material, reflecting the current focus on these openings, while others are less dense and more suitable for beginners.

It has been ten years since I wrote MCO-13 (my first effort in this long series), and there have been changes in not only the chess openings, but in the approach to chess itself, as many players now study with computers and consult large databases of grandmaster and other games. The databases allow grandmasters and tournament players the ability to research potential opponents or view thousands of games on an opening variation. The commercial computer programs are excellent sparing partners for most players and work well calculating three- to five-move variations. Yet the use of computer technology has not really changed the ancient game of chess. This is not well understood, and even Kasparov has been confused by this, losing a match to IBM's super computer Deep Blue 3.5–2.5. Lest history evaluate this epic "Man vs. Machine" contest incorrectly, Kasparov played much worse than usual, trying a faulty anti-computer strategy when he would likely have won by normal play. I had a special perspective in this match as I worked with IBM on this project and set Deep Blue's opening moves for its two victories. In these games the computer emerged with a large opening advantage (before it even began to "think"), which put Kasparov in a hole. Chess openings are very difficult for computers unless they simply repeat human moves. Imagination and strategic thinking will always be two strengths humans have over computers.

Some of my grandmaster colleagues have queried me whether MCO-14 is a book just for "average" chess players, as it covers the whole spectrum of openings in one volume. This has definitely NOT been my aim during its production. The openings are covered in a concise fashion that is easy to follow, but the content is cutting-edge ideas that I play myself.

The raw material comes from a million-plus game database, over one hundred books on specific openings, unpublished analyses from the World Championship cycle, US Championships and other tournaments, months of super-computer calculations, chess magazines and letters with suggestions from readers. I spent more than a year and a half sifting and evaluating this material, assisted by the Fritz computer program checking for tactical errors. This was not enough time to properly cover all the openings, so I engaged specialists in a number of openings to research and write about them. These contributions are specified in the Acknowledgments.

—NICK DE FIRMIAN
Current US Chess Champion
August 1999

CONTENTS

I. DOUBLE KING PAWN OPENINGS

1 e4 e5

II. SEMI-OPEN GAMES

1 e4

III. DOUBLE QUEEN PAWN OPENINGS

1 d4

IV. INDIAN OPENINGS

1 d4 Nf6 2 c4

V. FLANK OPENINGS

BIBLIOGRAPHY

Listed below are some of the sources of material for *Modern Chess Openings*. The reader may wish to consult these or other specialized books for a more detailed account of openings of particular interest.

Bykovsky: *The Closed Spanish*
Bagirov: *English Opening: Classical and Indian*
Burgess & Nunn: *The New Classical King's Indian*
Burgess & Pedersen: *Queen's Gambit for the Attacking Player*
Chandler: *The Complete c3 Sicilian*
Chess Informant: *Encyclopedia of Chess Openings*, vols. A–E and triannual *Chess Informant*
Chess Life Magazine
Christiansen & Silman: *The Dutch Defense*
Donaldson: *The Accelerated Dragon* and *The Meran Defense*
Dunningen: *The Chigorin Defense*
Ehlvest: *The Leningrad Dutch*
Fedorowicz: *The Complete Benko Gambit*, 2nd ed.
Gallagher: *The King's Gambit, Beating the Anti-Sicilians*
Grivanis: *The Latvian Gambit*
Gufeld & Stetsko: *The Giuoco Piano* and *The Complete Dragon*
Henley and Maddox: *The King's Indian Attack*
Kasparov & Nikitin: *Sicilian . . . e6 and . . . d6 Systems*
Kosten: *New Ideas in the Nimzo-Indian; The Latvian Gambit;* and *Winning with the Philidor*
Lalic: *The Queen's Indian Defense*
Lane: *The Ruy Lopez for the Tournament Player* and *Winning with the Scotch*
Lutes: *The Danish Gambit*
Martin: *Trends in the Queen's Gambit Declined Tarrasch and Semi-Tarrasch*
Mayer: *The Soltis Variation of the Yugoslav Attack*
Neishstadt: *The Queen's Gambit Accepted* and *Play the Catalan: Open and Closed Variations*
New in Chess: *Yearbooks*
Nunn: *The Complete 6 Bg5 Najdorf; The Najdorf for the Tournament Player; New Ideas in the Pirc Defense;* and *New Ideas in the Four Knights'*
Pein & Mikhalchishin: *The Exchange Grünfeld*
Psakhis: *The Complete French* and *The Complete Benoni*
Russian Publications: *Encyclopedia of Semi-Open Games; Encyclopedia of Open Games*

Sadler: *The Slav Defense*
Schach magazine
Schiller & Alburt: *The Alekhine for the Tournament Player*
Silman & Donalson: *Exchange Variation of the Slav Defense*
I. Sokolov: *Nimzo-Indian Classical Variation*
Sveshnikov: *The Sicilian Pelikan*
Talbut: *The New Bogo-Indian*
Tseitlin & Glazkov: *The Complete Vienna*
Watson: *The Symmetrical English*

EXPLANATORY NOTES

The symbols used to evaluate the variations are:

±   White has slightly better chances

∓   Black has slightly better chances

±   White has a distinct superiority, although there is no immediate forced win.

∓   Black has a distinct superiority, although there is no immediate win.

Positions in which one side or the other has a winning game is expressed in words.

=   The position offers equal chances

∞   The position is unclear, with judgment reserved, or open to further experimentation. While this is used in murky positions, these are probably offering equal chances.

†   Check

!   Good or excellent move

?   Bad or weak move

!?   Acceptable move, but open to further research

?!   Speculative attempt to complicate

Chp.   Championship

corr.   Correspondence

Int.   Interzonal

Ol.   Olympiad

TIPS FOR THE NOVICE

A chess player first starts to become serious about the game when he reads a book on chess. While his (her) first book should be a primer on general strategy, soon after the player needs to learn a few chess openings. *Modern Chess Openings,* 14 ed., may look large and difficult, but it is easy to use even for the novice if he (she) chooses simpler openings to begin with.

A player needs to have openings for playing both White and Black. As White, choose one first move, usually 1 e4, 1 d4 or 1 c4. If, for example you choose 1 e4, you will need to learn replies to Black's common responses, 1 . . . e5, 1 c5, 1 . . . e6, etc., but there is no need to learn them all at once. If the people you play with reply only 1 . . . e5 then just look up that. Choose one 1 e4 e5 opening, such as the Evans Gambit, and decide which lines to play among White's choices. This way you learn what is useful to you with a minimum of effort. Again, you may have to learn something of other openings such as the Two Knights' Defense or Philidor's Defense if Black plays different second or third moves, but learn this as necessary. As Black, choose a defense to both 1 e4 and 1 d4. The Center Counter Defense (1 e4 d5) and the Tarrasch Defense (1 d4 d5 2 c4 e6 3 Nc3 c5) are simple openings to play and learn, and the Tarrasch can also be played against 1 c4 (1 c4 e6 2 Nc3 d5 d4 c5 is the same).

As you become more involved with chess openings you may want to choose more involved and complex variations to study. These are often the objectively best lines and also highly interesting.

ALGEBRAIC CHESS NOTATION

It is essential to know algebraic chess notation, a simple method of recording chess moves whereby each square is described by a letter (a,b,c,d,e,f,g or h) designating which file (column) and a number (1,2,3,4,5,6,7 or 8) designating the rank (see diagram below).

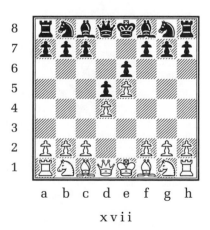

For example, in the diagram on the previous page it is Black's third move. The move 3 . . . Bd7 means that the bishop on the c8 square moves to the square d7. 3 . . . Nc6 would mean the knight on the b8 square moves to the c6 square.

The reader must be sure to know the en passant rule. If Black were to move in the above diagram 3 . . . f5, then White has the option on his first reply of capturing the pawn as if it had moved to f6, i.e., 4 exf6 (the pawn on e5 moves to the f6 square while removing Black's pawn on f5—the letter x indicates a capture). It is easiest to ask someone about chess notation and en passant if you don't know these.

I
DOUBLE KING PAWN
OPENINGS

KING'S GAMBIT

1 e4 e5 2 f4

T HE KING'S GAMBIT is part of the mythology of chess. For more than a hundred years this opening has represented a lost golden age, a nobler past of swashbucking sacrifice and gung-ho attack, when few players were unsporting enough to defend correctly.

Golden ages have a tendency to evaporate on scrutiny, and the romanticized heyday of the King's Gambit is no exception. But the unromantic fact that the opening's successes were very often due to bad technique is of historical interest. The disappearance of the King's Gambit mirrors that of the bad technique and poor positional understanding that allowed it to flourish. The mid-nineteenth century brought a dawning awareness that some gambit lines were probably unsound, more likely to lead to a forced loss than a forced win. Players then began to seek positional rather than tactical benefits from an opening. By the time of the first official World Championship match between Steinitz and Zuckertort in 1886 the King's Gambit was already in eclipse; the six World Championship matches played between 1886 and 1896 featured only a single King's Gambit.

The twentieth century saw its reputation sink even lower. Spielmann's article "From the Sickbed of the King's Gambit" was followed by Capablanca's very disdainful comments in his 1935 book *A Primer of Chess*. Bobby Fischer's famous article from the 1960s "A Bust to the King's Gambit" should have put the opening to rest. Yet the opening has refused to die, and some of the greatest players of the twentieth century have found occasion to use it—Alekhine, Keres, Tal, Fischer (!) and Spassky (who has scored truly brilliant victories with it). At the end of the century the King's Gambit is still far from its golden age, but with regular use from English grandmaster Joe Gallagher and Nigel Short's score of 2–1 in the 1997 Madrid super tournament, it is clear the opening is alive and well.

3

With 2 f4 White stakes a pawn for a dominating center and attacking chances against f7, utilizing the open f-file. White may have problems with his own king safety, though.

Black has four ways to react to 2 f4: (1) accept and hold the pawn; (2) accept and return the pawn; (3) decline the pawn; (4) offer a countergambit.

Columns 1–24 deal with 2 . . . exf4. The first six columns cover 3 . . . g5, supporting the f4 pawn and taking kingside territory. These columns include the Kieseritzky, Philidor, Hanstein and Muzio lines, of which the Kieseritzky Gambit sees more use today.

Black's less usual third moves are the subject of columns 7–12. They include 3 . . . d6 (the Becker Defense), 3 . . . Ne7 and 3 . . . Nf6. The first two of these are particularly reasonable choices.

Black returns the pawn immediately with 3 . . . d5 4 exd5 (columns 13–16). With 3 . . . Be7 (columns 17–18) Black prepares to deliver check on h4.

Moves other than 3 Nf3 are covered in columns 19–24, including the King's Bishop Gambit, 3 Bc4 (columns 19–20). In these lines White allows . . . Qh4†, but the check is double-edge since the black queen may lose time retreating.

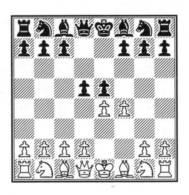

Black refuses the pawn and gambits one himself with the vigorous 2 . . . d5, the Falkbeer Counter Gambit, (columns 25–30) see above diagram. The reasoning is to quickly develop and highlight the weakening of White's kingside from 2 f4. Both 3 . . . e4 and Nimzovich's 3 . . . c6 are investigated.

This countergambit is often chosen for reasons of style or psychology rather than simply its objective merits. Great attacking players, such as Paul Morphy, love to be on the offensive in a wide-open position. Other players reason that since White seeks the attack by his gambit, this countergambit that forces him (her) to defend will have unsettling effects.

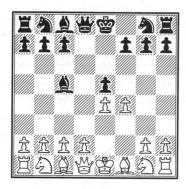

The King's Gambit Declined is covered in columns 31–36. The usual move to decline the gambit is 2 . . . Bc5, see above diagram (columns 31–35), as White would lose immediately after 3 dxe5? Qh4†. Declining the gambit avoids wild tactics and complications, but gives White more chances for the advantage than the gambit accepted lines.

KING'S GAMBIT

1 e4 e5 2 f4 exf4 3 Nf3 g5

	1	2	3	4	5	6
	Kieseritzky			Philidor	Hanstein	Muzio
4	h4			Bc4(l)		
	g4			Bg7		g4
5	Ne5(a)			h4	0-0	0-0(t)
	Nf6	Bg7	d6	h6	h6	gxf3
6	d4(b)	d4	Nxg4	d4	d4	Qxf3
	d6	Nf6(f)	Nf6	d6	d6	Qf6
7	Nd3	Nxg4	Nxf6†(i)	c3(m)	c3(p)	e5
	Nxe4	Nxe4	Qxf6	Nc6	Nc6(q)	Qxe5
8	Bxf4	Nc3	Nc3	0-0	b4(r)	d3(u)
	Qe7	d5(g)	c6(j)	Bg4(n)	Nf6	Bh6
9	Be2(c)	Bxf4	Qf3	Qb3	Qb3	Nc3
	Nc6(d)	0-0	Rg8	Na5	0-0	Ne7
10	c3	Nxe4	Qf2	Bxf7†	Nbd2	Bd2
	Bf5	dxe4	Bg4	Kf8	Qe7	Nbc6
11	d5	Nh6†	d3	Qa4	Bd3	Rae1
	Nb8(e)	Kh8(h)	Bh6(k)	Kxf7(o)	Bg4(s)	Qf5(v)

(a) 5 Ng5 is Allgaier's piece sacrifice. The line 5 ... d5 (5 ... h6 6 Nxf7 Kxf7 7 d4 f3 8 Be3 d5 9 Nc3 is not so clear) 6 d4 f6 7 Nh3 f3 8 Nf4 dxe4 is good for Black, Monin–Korolev, corr. 1986–88.

(b) (A) 6 Bc4 d5 7 exd5 Bd6 8 d4 0-0 9 0-0 Nh5 ∓, De la Villa–A. Rodríguez, Bayamo 1991. (B) 6 Nxg4 Nxe4 7 d3 Ng3 8 Bxf4 Nxh1 9 Qe2† Qe7 10 Nf6† Kd8 11 Bxc7† Kxc7 12 Nd5† Kd8 13 Nxe7 Bxe7 with chances for both sides, Hebden–Littlewood, Hastings 1982.

(c) 9 Qe2 Nc6 10 c3 Bf5 11 Nd2 0-0-0 12 0-0-0 Re8 ∓, Hurt–Baca, corr. 1988.

(d) 9 ... Bg7 10 Nc3! Bxd4 11 Nd5 Qd8 12 c3 gains White the advantage, Reinerman–Winants, Wijk aan Zee 1993.

(e) After 12 Na3 Nd7 13 Nb5 chances are about even, Wortel–Jenni, Slovakia 1996.

(f) 6 ... d6 7 Nxg4 Bxg4 8 Qxg4 Bxd4 9 Nc3 ± (Euwe).

(g) 8 ... Ng3 9 Bxf4 Qe7† 10 Kd2 Nxh1 11 Nd5 Qxh4 12 Qe1† ± (Corde).

(h) After 12 Qh5 Qf6 13 Bg5 Qg6 14 Qxg6 hxg6 15 Bc4, White has a big edge (Glazkov).

(i) 7 Nf2 is interesting. The game Short–Shirov, Madrid 1997 continued 7 . . . Nc6 8 d4 Bh6 9 Be2 Qe7 10 Nc3 Bd7 11 Bf3 0-0-0 12 a3 (If 12 Ne2 d5—Shirov) 12 . . . Nxe4 with sharp play, chances being roughly equal.

(j) 8 . . . Be6 9 Qe2 Nd7 10 b3 ±, De la Villa–J. Fernandez, Barcelona 1990.

(k) After 12 Ne2 Nd7 13 Nxf4 the game is balanced, Nunn–Timman, Amsterdam 1995.

(l) It is too slow to halt Black's kingside advance with 4 h3. Murey–Kosashvili, Tel Aviv 1999, continued 4 . . . Nc6 5 Nc3 Bg7 6 d4 d6 7 Bc4 h6 8 a3 Nf6 9 0-0 0-0 10 Re1 Nh5 ∓.

(m) 7 hxg5 hxg5 8 Rxh8 Bxh8 9 Nc3 Nc6 probably favors Black.

(n) There are other tries here: (A) 8 . . . g4 9 Nh2 (9 Bxf4 is also interesting) 9 . . . f3 10 gxf3 Qxh4 11 f4 is even. (B) 8 . . . Qe7 9 b4 Bg4 10 Qa4 Kf8, Paoli–Pliester, Leiden 1984; and now 11 e5 (Pliester) would give White compensation for the pawn.

(o) 12 Qxa5 Bxf3 13 Rxf3 c5 is an equal position (Mulioh).

(p) 7 g3?! Bh3 8 Rf2 Nc6 9 Bb5 fxg3 ∓ —Levenfish.

(q) 7 . . . Nf6 is quite playable here. After 8 e5 dxe5 9 Nxe5 0-0 10 Qb3 Qe8 11 Ng6 b5 12 Bxb5 Qe4 there are chances for both sides, Blackburne–Mason, London 1892.

(r) 8 g3?! Bh3 (8 . . . g4 9 Nh4 f3 10 Na3 Bf6 11 Nf5 Bxf5 12 exf5 d5 ∞) 9 gxf4 Qd7 10 Rf2 Nf6 ∓, Angelov–Dobrev, Varna 1983.

(s) The game Halasz–Groszik, Poland 1986 proceeded 12 Bb2 Rad8 13 Rae1 Nd7 14 b5 Nd8 15 c5 Rfe8 16 Ba3 and White had compensation for the pawn in a sharp position.

(t) Other moves are possible here. 5 Ne5 (The Salvio Gambit) is interesting. After 5 . . . Qh4† 6 Kf1 Nc6 7 Bxf7† (7 Nxf7 is too dangerous) 7 . . . Ke7 8 Nxc6† dxc6 9 Bb3 Nf6 10 d3 the position is approximately even. 5 Bxf7†, 5 Nc3 and 5 d4 have all been played in the past but are now relegated to the dustbin of history.

(u) 8 Bxf7† Kxf7 9 d4 Qf5 10 g4 Qg6 11 Bxf4 Nf6 ∓.

(v) After 12 Nd5 Kd8 13 Qe2 Qe6 14 Qf2 Qf5 it's a draw. Black can try to deviate on move 13 with either 13 . . . b5 or 13 . . . Ng6, but White's resources are adequate to hold the balance.

KING'S GAMBIT

1 e4 e5 2 f4 exf4 3 Nf3

	7	8	9	10	11	12
	d6 .... Ne7(i) Nf6					
4	d4(a)		d4	e5		
	g5		d5	Nh5(n)		
5	h4		Nc3(j)	Be2 .... Qe2 .... d4		
	g4		dxe4	d6(o)	Be7(r)	d5
6	Ng1		Nxe4	0-0	d4(s)	Be2(y)
	Bh6(b)	f5	Nd5(k)	dxe5	0-0(t)	g5(z)
7	Ne2	Nc3	Bc4?!(l)	Nxe5	g4(u)	0-0(aa)
	Qf6	Nf6	Be7	Bc5†(p)	fxg3	Rg8
8	Nbc3	Bxf4	0-0	Kh1	Qg2(v)	c4
	c6	fxe4	0-0	Nf6	d6	c6
9	g3(c)	Qd2(f)	Ne5	c3	hxg3	Nc3
	fxg3(d)	d5	Be6	Bd6(q)	Bg4	Be6(bb)
10	Nxg3	Nb5(g)	Qh5	d4	Bd3(w)	cxd5
	Bxc1(e)	Na6(h)	Nb6(m)	Bxe5 =	dxe5(x)	cxd5(cc)

(a) On 4 Bc4 h6 5 d3 (5 h4 might be better) 5 . . . g5 6 g3 g4 7 Nd4 f3 8 c3 Nc6 proved to be favorable for Black in Gallagher–Kuzmin, Biel 1995.

(b) (A) 6 . . . Nf6 7 Bxf4 Nxe4 8 Bd3 f5 9 Ne2 ±, Hebden–Psakhis, Moscow 1986. (B) 6 . . . f3 7 Bg5 Be7 8 Qd2 h6 9 Bxe7 ±, Gallagher–Ziyatdinov, Lenk 1991.

(c) 9 Qd3 Na6 10 e5 dxe5 11 Ne4 Qd8 offers equal chances, Day–I. Ivanov, Canada 1986.

(d) 9 . . . f3 10 Nf4 Qe7 11 Bd3 Bg7 12 Be3 ±, Gallagher–Sh. Jackson, Blackpool 1988.

(e) 11 Rxc1 Ne7 12 e5 dxe5 13 Nce4 Qh6 results in roughly even chances, Petrovic–Vujosevic, Yugoslavia 1995.

(f) 9 d5 Bg7 10 h5 0-0 11 h6 Bh8 12 Qd2 Qe8 ∓ (Leko).

(g) 10 Be5?! c6 11 Nge2 Be6 12 Nf4 Bf7 led to a big edge for Black edge in Hector–Leko, Copenhagen 1995.

(h) 11 Nc3 c6 12 Bxa6 bxa6 13 Nge2 (Leko) is a murky position with chances for both sides.

(i) 3 . . . f5 is sometimes played. After 4 e5 d6 (4 . . . d5 5 h4 Be7 6 d4 Nh6 7 Bxf4 Ng4 8 Nc3 ±, Gunsberg–Swiderski, Vienna 1903) 5 Qe2 Be7 6 d4 Nc6 7 Bxf4 White is clearly better, Bronstein–Drozov, Riga 1986.

(j) Probably 5 e5 is better. Then 5 . . . Nbc6 6 Bxf4 Bg4 7 c3 Qd7 with the idea of Nd8-e6 is about even.

(k) This is better than the older 6 . . . Ng6 7 h4 h5 8 Bc4 Qe7 ∞, Nadyrkhanov–Nenashev, Tashkent 1988.

(l) Probably better is 7 Bd3 Be7 8 c4 Ne3 9 Qe2 Bg4 10 Bxe3 fxe3 11 0-0-0?! (11 Qxe3 Bxf3 12 gxf3 Nc6 13 d5 Bh4† 14 Ng3† Qe7 is about equal) 11 . . . Nc6 12 d5 Ne5 13 Qxe3 Nxd3† 14 Rxd3 0-0 15 Ne5 Bf5 ∓, Gallagher–Malaniuk, Elista Ol. 1998.

(m) Better than 10 . . . Nf6 played in Riemersma–I. Sokolov, Netherlands 1995. After 10 . . . Nb6 11 Bxe6 Qxd4† 12 Kh1 fxe6 Black has a distinct advantage (I. Sokolov).

(n) 4 . . . Ne4 5 d3 Ng5 6 Bxf4 Nxf3† 7 Qxf3 d6 8 Be2 ±, Arnason–I. Zaitsev, Sochi 1980.

(o) 5 . . . g6 6 d4 Bg7 7 0-0 d6 8 Nc3 0-0 9 Nd5 dxe5 10 dxe5 Nc6 is equal according to И.Линдилин

(p) 7 . . . Qd4† 8 Kh1 Nf6 9 Nd3 Bd6 10 c3 ±.

(q) 9 . . . Nbd7 10 Nxd7 Bxd7 11 d4 Bd6 12 Bxf4 Bxf4 13 Rxf4 0-0 14 Bd3 ± (Zak).

(r) (A) 5 . . . g5 6 g4 when 6 . . . fxg3 7 Qg2 and 6 . . . Ng7 7 h4 led to murky positions in which White has compensation for the lost material. (B) 5 . . . g6 6 d4 Be7 7 g4 fxg3 8 Nc3 0-0 9 Bh6 is similar. (C) 5 . . . d5 6 exd6† Be6 7 Qb5† ±.

(s) Another promising line is 6 Nc3 Bh4† 7 Kd1 0-0 8 Qe4.

(t) 6 . . . Bh4† 7 Kd1 0-0 8 g4 fxg3 9 Qg2 Be7 10 hxg3 with a huge White advantage, Randviir–Tepaks, Tallinn 1946.

(u) Possible is 7 Nc3 d6 8 Bd2 dxe5 9 dxe5 Be6 10 0-0-0 Nc6, Malinin–Razvalyaev, corr. 1992, which is slightly in White's favor.

(v) Risky is 8 hxg3 Nxg3 9 Qh2 Nxh1 10 Bd3 f5.

(w) 10 Nh2 Nxg3 11 Rg1 Bf5 12 Nf3 Nh5 is unclear.

(x) After 11 Nxe5 Qxd4 12 Bf4 the position is much better for White (Klaus Junge).

(y) 6 c4 Be7 7 Be2 Bh4† 8 Kf1 Bg4 9 cxd5 0-0 10 Nc3 Nd7 11 Bd2 (Freeman–Hajgart, corr. 1960) 11 . . . Nb6 = (Glaskov).

(z) 6 . . . Bg4 7 0-0 Nc6 8 c3 g6 9 Ne1 Bxe2 10 Qxe2 ±, Bhend–Pachman, Kecskemet 1964.

(aa) 7 c4 g4 8 0-0 Rg8 (8 . . . gxf3 9 Bxf3 Ng7 10 cxd5 ±) 9 cxd5 Qxd5 10 Nc3 Qd8 11 Qd3 Rg6 was even in Reinderman–Huzman, Wijk aan Zee 1993.

(bb) 9 . . . g4 10 cxd5 gxf3 11 Bxf3 Qg5 12 Ne4 Qg6 13 Qe2 ±.

(cc) Now 11 Qd3 Rg6 12 Nh4 Rh6 13 Nf5 Bxf5 14 Qxf5 Bg7 15 Qd3 Nc6 16 g3 fxg3 17 hxg3 is a small advantage for White, according to Korchnoi.

KING'S GAMBIT

1 e4 e5 2 f4 exf4 3 Nf3

	13	14	15	16	17	18
	d5 ....Be7					
4	exd5				Bc4 ....Nc3	
	Nf6 ....Bd6				Nf6(s)	Bh4†(w)
5	Nc3..........Bb5† c4			d4(o)	e5(t)	Ke2
	Nxd5	c6(f)	c6	Ne7(p)	Ng4	d5(x)
6	Nxd5(a)	dxc6	d4(j)	c4	0-0(u)	Nxd5
	Qxd5	Nxc6(g)	Bb4†(k)	Ng6	Nc6	Nf6
7	d4	d4	Nc3	Be2(q)	d4	Nxf6†
	Be7(b)	Bd6	cxd5	0-0	d5	Qxf6
8	Bd3(c)	Qe2†	Bxf4(l)	0-0	exd6	d4(y)
	g5	Be6	0-0	b6	Bxd6	Bg4
9	Qe2(d)	Ng5(h)	Bd3(m)	Nc3	Qe1†	Qd2
	Bf5	0-0	dxc4	c6	Kf8	Nc6
10	0-0	Nxe6	Bxc4	dxc6	Nc3	c3
	Nc6(e)	fxe6(i)	Nd5(n)	Nxc6(r)	Bf5(v)	g5(z)

(a) Neither 6 Bc4 Nxc3 7 bxc3 Bd6 nor 6 Bb5† c6 7 Qe2† Be6, nor 6 Qe2† Be7 7 Qe4 lead to anything for White.

(b) Alternatives here tend to favor White, e.g. 7 . . . Bg4 8 Bxf4 Nc6 9 Bxc7 Kd7 10 Bg3 Re8† 11 Kf2 ±, Barle–Mariotti, Potorož 1975, or 7 . . . g5 8 c4 Bb4† 9 Kf2 Qd8 10 c5 ±, Provotorov–Svirin, Moscow 1980.

(c) 8 c4 Qe4† 9 Be2 (9 Kf2 Bf5 10 Be2 Nc6 11 Re1 0-0-0 ∓, Novikov–Borisenko, Leningrad 1956) 9 . . . Nc6 10 0-0 Bf5 11 Re1 0-0-0 =, Goldberg–Pichler, corr. 1981.

(d) 9 c4 Qe6† 10 Kf2 0-0 11 Re1 Qf6 ∓ (Sokolsky).

(e) White's has compensation for the pawn, but no more.

(f) 5 . . . Bd7 6 Bxd7† Qxd7 7 c4 Bd6 8 Qe2† ±, Matuka–Cleemann, corr. 1989.

(g) 6 . . . bxc6 may be playable, but 7 Bc4 Nd5 8 Nc3 Nb6 9 Bb3 Bd6 10 0-0 is an edge for White (Glazkov).

(h) 9 Ne5?! 0-0 10 Bxc6 bxc6 11 Bxf4 Nd5 was good for Black in Hartston–Spassky, Hastings 1965.

(i) 11 Bxc6 bxc6 12 0-0 (12 Qxe6†? Kh8 13 0-0 f3 14 Rxf3 Re8 ∓, Holzvogt–Schreiber, corr. 1968) 12 . . . Qc7 is equal.

(j) (A) 6 dxc6 Nxc6 7 d4 Bg4 8 Be2 is unclear. (B) 6 Nc3 cxd5 7 cxd5 Bd6 with an easy game for Black.

(k) 6 . . . cxd5 7 c5 Nc6 8 Bxf4 Be7 9 Nc3 0-0 10 Bb5 Ne4 = (Keres).

(l) 8 Bd3 Qe7† 9 Kf2 Bxc3 10 bxc3 Ne4† is advantageous for Black, Kristiansen–Pachman, Eckenfjerde 1974.

(m) 9 c5 Ne4 10 Qc2 Re8 11 0-0-0 Qa5 gave Black a strong attack in Gabers–Truta, Yugoslavia 1978.

(n) After 11 Bxd5 Qxd5 12 0-0 Bxc3 Black has a small edge.

(o) (A) 5 Bb5† c6 6 dxc6 Nxc6 7 d4 Nge7 =, Ree–Short, Wijk aan Zee 1986. (B) 5 Nc3 Ne7 6 d4 Nd7 7 Bd3 Nb6 8 0-0 Nbxd5 9 Nxd5 Nxd5 10 c4 Nb4 11 Re1† Be6 12 Bf5 0-0 = (Shirov).

(p) 5 . . . Nf6 6 c4 Bg4 7 Bd3 0-0 8 0-0 b6 9 Qc2 c5 10 b4! ±.

(q) 7 Bd3 is an excellent alternative. After 7 . . . 0-0 8 0-0 c5 9 b4 b6 10 bxc5 bxc5 11 Nc3 Bg4 12 Ne4 White held an edge in Hebden–Johansen, London 1982.

(r) The game Gallagher–Ballard, Paris 1990 continued 11 Nb5 Be7 12 d5 with White having a small advantage.

(s) The other way is 4 . . . Bh4† 5 Kf1 (5 g3 is an adventurous alternative) 5 . . . d5 6 Bxd5 (6 exd5 Be7 7 d4 Bd6 8 Kf2 is unclear, Dominguez–Hector, Oviedo 1992) 6 . . . Nf6 7 d3 (7 Nxh4 Nxd5 8 exd5 Qxh4 ∓, Hector–Aagaard, Malmö 1995) 7 . . . 0-0 8 Qd2 Nh5 9 Nc3 Nc6 10 Nxh4 Qxh4 11 Qf2 ±, Short–Kasparov, London 1993.

(t) (A) On 5 Nc3 Nxe4 is more than adequate for Black. (B)5 d3 d5 6 exd5 Nxd5 =. (C) 5 Qe2 0-0 6 d4 d5 =.

(u) 6 Nc3 d6 7 exd6 Bxd6 8 Qe2† Qe7 9 Qxe7† Kxe7 10 0-0 f6 and White has play for the pawn (Lepeshkin).

(v) After 11 Nh4 Nxd4 12 Bxf4 Be6 13 Bxe6 Nxe6 there are chances for both sides in a sharp position, Freeman–Borwell, corr. 1970.

(w) 4 . . . Nf6 is again the alternative. White then has (A) 5 e5 Ng4 6 d4 Ne3 7 Bxe3 fxe3 8 Bc4 ±, Spassky–Kholmov, Moscow 1964, or (B) 5 d4 d5 6 Bd3 dxe4 7 Nxe4 Nxe4 8 Bxe4 Bd6 9 0-0 Nd7 10 c4 c6 = (Lepeshkin).

(x) 5 . . . c6 6 d4 d5 7 Bxf4 dxe4 8 Nxe4 Qe7 9 Qd3 Bf5 10 Be5 Bxe4 11 Qxe4 Bf6 12 Re1 is a slight pull for White.

(y) 8 e5 Qa6† 9 d3 Bg4 10 Bxf4 Nc6 is about even (Euwe).

(z) After 11 Kd1 0-0-0 12 Kc2 Rhe8 13 Bd3 Bxf3 14 gxf3 Nxd4† 15 cxd4 Rxd4 16 Qc3 the position was approximately even in Gallagher–Klovans, Oberwart 1993.

KING'S GAMBIT

1 e4 e5 2 f4 exf4

	19	20	21	22	23	24
3	Bc4.................	...Qf3.........	...Be2.........	...Nc3.........d4		
	Nf6(a)......d5	d5(h)	d5(l)	Qh4†(o)	Qh4†(t)	
4	Nc3	exd5(e)	exd5	exd5	Ke2	Ke2(u)
	c6(b)	Nf6	Nf6	Qh4†(m)	d5(p)	d5
5	Bb3(c)	Nc3	Bc4(i)	Kf1	Nxd5	Nf3
	d5	Bg4(f)	Bd6	Ne7	Bg4†	Bg4
6	exd5	Nf3	Nc3(j)	c4	Nf3	exd5
	cxd5	Qe7†	0-0	Nf5	Na6(q)	Nf6(v)
7	d4	Qe2	Nge2	Nf3	d4(r)	Qe1
	Bd6	Nbd7	Bg4	Qh6	Nf6	Qxe1†
8	Nf3	d4	Qf2	Rg1	Nxf6†	Kxe1
	Nc6	Qxe2†	Nbd7	g5	Qxf6	Bxf3
9	0-0	Nxe2	h3	Nc3	Kf2	gxf3
	Be6	0-0-0	Bh5	g4	0-0-0	Nxd5
10	Ng5	Nxf4	d3	Ne5	e5	c4
	h6(d)	Nb6(g)	f3(k)	Qxh2(n)	Qb6(s)	Ne3(w)

(a) (A) 3 ... Qh4† 4 Kf1 d5 5 Bxd5 Bd6 6 Nc3 is another way for Black that was used in the old days—unclear but probably equal. (B) 3 ... c6?! 4 Nc3 d5 5 exd5 Qh4† 6 Kf1 f3 7 d3 fxg2† 8 Kxg2 Nf6 9 Qe2† ±, Ivanchuk–Piket, Linares 1997.

(b) (A) 4 ... g6 5 d4 Nh5 6 Nf3 Bg7 7 Nd5 was good for White in Zuckerman–Kraidman, Netanya 1971. (B) 4 ... Bb4 5 Nf3 Nc6 6 Nd5 =.

(c) (A) 5 d4 d5 6 exd5 cxd5 7 Bb5† Nc6 8 Bxf4 Bb4 =, Bronstein–Averbakh, Moscow 1982. (B) 5 e5 d5 6 Be2 Bg4 7 Nf3 d4 ∓, Amidzić–Gavrilov, Moscow 1991.

(d) 11 Nxe6 fxe6 12 Bxf4 ±, Short–Nikolić, Wijk aan Zee 1997.

(e) 4 Bxd5 Nf6 5 Nc3 Bb4 6 Nf3 Bxc3 7 dxc3 c6 = (Bilguier).

(f) 5 ... Bd6 6 Qe2† Be7 7 d4 0-0 =, Westerinen–Romanishin, Helsinki 1992.

(g) Black wins back the pawn on d5 with even chances, Banas–Cvetković, Trnava 1981.

(h) 3 ... Nc6 is equally valid. On 4 c3 Nf6 5 d4 d5 6 e5 Ne4 7 Bxf4 f6 or 7 ... Be7 equalizes easily.

(i) 5 Bb5† Nbd7 6 Nc3 Bd6 7 Qe2† Be7 8 d4 0-0 9 Nh3 Nb6 =, Planinc–Hennings, Varna 1970. 5 ... c6 6 dxc6 Nxc6 7 d4 Bg4 is also fine for Black, Spielmann–Nimzovich, Carlsbad 1907.

(j) 6 Ne2 Bg4 7 Qb3 Nh5 8 0-0 Qh4 ∓ (Glazkov).

(k) After 11 gxf3 Ne5 Black is much better, Ree–Gligorić, Teeside 1972.

(l) (A) 3 . . . Nc6 4 d4 Nf6 5 Bf3 d5 6 e5 Ne4 7 Bxf4 Be6 =, Arnason–Westerinen, Brighton 1982. (B) 3 . . . Ne7 4 Nf3 Ng6 5 d4 Bb4† 6 c3 Be7 7 0-0 =, Schweiger–Barua, Antwerp 1993.

(m) Other moves: (A) 4 . . . Nf6, with 5 Nf3 Nxd5 6 c4 Ne7 7 d4 Ng6 8 Nc3 c6 =, Arnason–Nei, Tallinn 1983, or 5 Bf3 Nxd5 6 Ne2 Be7 7 0-0 0-0 8 c4 equal, Littlewood–Lengyel, Hastings 1963, or 5 c4 c6 6 Nc3 (6 d4 Bb4† 7 Kf1 cxd5 ∓, Tartakower–Capablanca, New York 1924) 6 . . . cxd5 7 cxd5 is about equal (Keres). (B) 4 . . . Ne7 5 c4 c6 6 d4 Ng6 7 Nc3 Bb4 8 Bf3 is unclear (Keres).

(n) After 11 Ne4 h5 Black is better, Roten–Moen, Eksjo 1981.

(o) 3 . . . g5 4 Bc4 Nc6 5 d4 Nge7 6 Qh5 Ng6 7 Nf3 Be7 8 Nd5 Nb4 9 Nxb4 ±, Nemchin–Noskov, Alma Ata 1966.

(p) 4 . . . d6 5 Nf3 Bg4 6 d4 Nf6 7 Bxf4 Nh5 8 Ke3 Qd8 =, Westerinen–Unzicker, Moscow 1982?

(q) (A) 6 . . . Bd6 7 d4 Nc6 8 c3 (8 e5 0-0-0 9 Bxf4 Nge7 was good for Black in Spassky–Furman, Tallinn 1959) 8 . . . 0-0-0 9 Kd3 Qh6 10 Kc2 ± (Sveshnikov). (B) 6 . . . Nc6 7 Nxc7† Kd8 8 Nxa8 Ne5 9 h3 Bxf3† 10 gxf3 Qg3 11 d4 Qxf3† is a draw.

(r) 7 Nxf4 Nf6 8 d3 0-0-0 9 Bd2 is roughly even chances.

(s) After either 11 Bxf4 Bxf3 12 Qxf3 Qxd4† 13 Be3 Qa4 14 b3 Qa5, or 11 c3 Nc5 12 Qe1 Ne6 Black enjoys a slight but unmistakable superiority.

(t) (A)3 . . . Nf6 4 Bd3 d5 5 e5 Ne4 6 Bxf4 =. (B)3 . . . d5 4 exd5 Qh4† 5 Kd2 Bd6 6 Qe1† = (Keres).

(u) 4 Kd2 Nf6 5 Qe2 f3 6 gxf3 d5 7 Bg2 Bd6 8 c3 Bf4† 9 Kc2 Bxc1 ∓, Terpugov–Selivanovsky, Moscow 1959.

(v) 6 . . . Bd6 7 c4 c5 8 Nc3 Nf6 9 dxc5 Bxc5 10 kd2 Be3† 11 Kc2 Bf5† 12 Bd3 Qf2† 13 Qe2 Qxe2† 14 Nxe2 Bxd3† 15 Kxd3 Ng4 16 Nxf4 Bxf4 17 Re1†, Mason–Kurschner, Nuremberg 1882, is much better for White.

(w) Tartakower had previously opined that 10 . . . Nb4 11 Kd1 was equal. Glazkov evaluates 10 . . . Ne3 as slightly in Black's favor.

KING'S GAMBIT

Falkbeer Counter Gambit

1 e4 e5 2 f4 d5

	25	26	27	28	29	30
3	exd5..Nf3(w)					
	e4..c6					dxe4(x)
4	d3(a)			Qe2(n) Nc3		Nxe5
	Nf6(b)			cxd5	exf4(r)	Bd6(y)
5	Nd2 ....dxe4.........Nc3			fxe5	Nf3	d4
	exd3(c)	Nxe4	Bb4	Nc6	Bd6(s)	exd3
6	Bxd3	Nf3(e)	Bd2	Nf3(o)	d4	Bxd3
	Nxd5	Bc5(f)	e3(k)	Bc5(p)	Ne7	Nf6
7	Qf3(d)	Qe2(g)	Bxe3	Nc3	dxc6	0-0
	Nc6	Bf5(h)	0-0	Nge7(q)	Nbxc6	0-0
8	a3	Nc3(i)	Bd2	Na4	Ne4(t)	Nc3
	Bc5	Qe7	Bxc3	Bb6	Bc7(u)	Nbd7(z)
9	Ne2	Be3	bxc3	Nxb6	c3	Nc4(aa)
	0-0	Bxe3	Nxd5(l)	Qxb6	0-0	Bc5†(bb)
10	Nb3	Qxe3	c4	Qb5	Bd3	Kh1
	Be7 =	Nxc3(j)	Re8†(m)	Qc7 ±	Ng6(v)	Re8 =

(a) White has several reasonable but little-played choices here. (A) 4 Bb5† c6 5 dxc6 bxc6 (5 . . . Nxc6 is possible) 6 Bc4 Nf6 7 d4 Bd6 8 Ne2 0-0 =, Chigorin–Pillsbury, Vienna 1898. (B) 4 Nc3 Nf6 5 Bc4 Bc5 6 Nge2 0-0 7 d4 exd3 8 Qxd3 Ng4 9 Qf3 Re8 is unclear, Spassky–Tumurbator, Leningrad 1960.

(b) 4 . . . Qxd5 5 Qe2 f5 6 Nc6 Bb4 7 Bd2 ± (Keres).

(c) Other choices here, such as 5 . . . Qxd5, 5 . . . e3, 5 . . . Bf5 and 5 . . . Bc5, are weaker.

(d) 7 Ne4 Nb4 8 Bb5† c6 =, Damjanović–Pachman, Sarajevo 1966.

(e) (A) 6 Qe2 Bb4† (6 . . . Qxd5 7 Nd2 f5 8 Nxe4 fxe4 9 Qb5† ± —Tartakower) 7 c3 0-0 8 cxb4 Re8 is wild and unclear—Estrin. (B) 6 Be3 Bd6 (6 . . . Qh4† 7 g3 Nxg3 8 Nf3 Qe7 9 hxg3 ±, Spassky–Matanović, Belgrade 1964) 7 Nf3 0-0 =, Bronstein–Unzicker, Moscow 1976.

(f) 6 . . . Bf5, 6 . . . Bg4 and 6 . . . Be7 are all inferior here.

(g) 7 Bd3 Nf2 8 Qe2† Qe7 9 Rf1 Nxd3† 10 cxd3 is equal, Tarasevich–Khachaturov, Moscow 1977.

(h) Again, the alternatives 7 . . . Bf2†, 7 . . . 0-0 and 7 . . . Qe7 are inferior.

(i) 8 g4? 0-0 9 gxf5 Re8 ∓, Spielmann–Tarrasch, Moravska Ostrava 1923.

(j) 11 Qxe7† Kxe7 12 bxc3 Be4 13 Ng5 Bxd5 14 0-0-0 Rd8 15 c4 ±, Gravel–O. Rodríguez, Spain 1992.

(k) (A) 6 . . . 0-0 7 Nxe4 Re8 8 Bxb4 Nxe4 9 dxe4 Rxe4† 10 Be2 Rxb4 11 Nf3 ±, Spassky–Bronstein, Moscow 1971. (B) 6 . . . exd3 7 Bxd3 ±, Loser–Zakharov, Moscow 1975.

(l) 9 . . . Re8† 10 Be2 Bg4 gives Black play for the pawn. This is probably superior to the column continuation.

(m) 11 Be2 Nf6 12 Nf3 ±, Razhdestvensky–Estrin, Moscow 1943.

(n) (A) 4 d4 exd4 5 Nf3 Bg4 6 Be2 Qxd5 =. (B) 4 d3 exf4 5 Nf3 Qxd5 6 Bxf4 Bg4 =, Sziva–Basagić, Jajce 1990.

(o) 6 Qf2 Nxe5 7 d4 Ng4 8 Bb5† Bd7 9 Qe2† Qe7 10 Bxd7† Kxd7 11 Qxe7† =, Arnaudov–Donev, Plovdiv 1989.

(p) (A) 6 . . . d4 7 Qe4 Bc5 8 b4 Nxb4 9 Ba3 ±, Reprintsev–Vasiljev, corr. 1990. (B) 6 . . . Bg4 7 Nc3 Nge7 8 Qf2 Bxf3 9 Qxf3 ±, Reprintsev–Tsyplakov, corr. 1991.

(q) 7 . . . Bg4 8 Qb5 Bxf3 9 Qxc5 Qh4† 10 Qf2 ± (Lepeshkin).

(r) 4 . . . cxd5 5 fxe5 d4 6 Ne4 Nc6 7 Nf3 Qd5 8 Nf2 Bf5 9 Bd3 Bg6 10 0-0 ±, Teichmann–Marshall, Mannheim 1914.

(s) 5 . . . Nf6 6 d4 Bd6 7 Qe2† Qe7 8 Qxe7† Kxe7 9 Ne5 Nxd5 10 Nxd5 cxd5 11 Bxf4 f6 12 Nd3 Nc6 13 0-0-0 ±.

(t) (A) 8 Bd3 0-0 9 Ne2 Bg4 10 0-0 ±, Day–Mercurl, St. John 1988. (B) 8 d5 Nb4 9 Bc4 Bf5 10 Bb3 Qb6 (10 . . . 0-0 11 0-0 Bg4 12 Ne4 ±, Spassky–Zsu. Polgar, Wellington 1988); now 11 Ba4 (instead of 11 a3 of Gallagher–Nunn, London 1987) would be even.

(u) 8 . . . 0-0 9 Nxd6 Qxd6 10 c3 leaves White with a small edge.

(v) 11 0-0 Bg4 12 h3 Bh5 13 Qb3 Bb6 14 Kh1 ±, Westerinen–Marin, Manila 1992.

(w) If 3 Nc3 Black has the choice of 3 . . . Nf6 transposing to the Vienna Game, or 3 . . . d4 4 Nce2 Nc6 (4 . . . d3!? Bronstein) 5 Nf3 Bd6 with probably equal play.

(x) A bizarre continuation is 3 . . . Nh6 4 exd5 e4 5 Qe2 Be7 6 Qxe4 0-0 7 Bd3 Bh4† 8 Kf1 Bf5 9 Qc4 Bg4, when Black has play for the lost material, Hort–Miles, Germany 1983.

(y) 4 . . . Nf6 5 Bc4 Bc5 6 Bxf7† Ke7 7 Bb3 Re8 is an unclear gambit continuation resembling the Wilkes-Barre Variation of the Two Knights' Defense.

(z) 8 . . . Bxe5 9 fxe5 Ng4 10 Bf4 Qd4† 11 Kh1 Nf2† 12 Rxf2 Qxf2 13 Qh5 h6 14 Rf1 with a good attack (Alapin).

(aa) 9 Nxd7 Qxd7 10 Qf3 Rb8 10 f5 b6 was about even in Chigorin–Waldbrodt, Hastings 1895.

(bb) 9 . . . Nc5 10 Nxd6 Qxd6 11 Bc4 Bf5 = (Korchnoi).

KING'S GAMBIT

Gambit Declined

1 e4 e5 2 f4

	31	32	33	34	35	36
	Bc5					Nf6(s)
3	Nf3					fxe5(t)
	d6(a)					Nxe4
4	Nc3........................		c3			Nf3
	Nf6		Nf6(i)			Ng5(u)
5	Bc4		fxe5		d4	d4(v)
	Nc6(b)		dxe5		exd4(n)	Nxf3†
6	d3		d4	Nxe5	cxd4	Qxf3
	Bg4(c)........a6		exd4	0-0(m)	Bb6(o)	Qh4†
7	Na4(d)	Rf1(f)	cxd4(j)	d4	Nc3(p)	Qf2
	Bb6(e)	Be6(g)	Bb4†(k)	Bd6	0-0	Qxf2†
8	Nxb6	Nd5	Bd2	Nf3	Be2(q)	Kxf2
	axb6	Bxd5	Qe7	Nxe4	Nc6	d6
9	c3	exd5	Bd3	Bd3	e5	exd6
	0-0 ±	Nd4(h)	Nxe4(l)	Nf6 =	dxe5(r)	Bxd6(w)

(a) (A) 3 ... Nc6 4 fxe5 d6 (4 ... Nxe5 is unsound) 5 Bb5 dxe5 6 Qe2 ±. (B)
3 ... d5 4 Nxe5 Nf6 5 d4 Bb6 6 exd5 ± (Glazkov).

(b) On 5 ... exf4 6 d4 Bb4 7 e5 Ne4 8 0-0 Nxc3 9 bxc3 Bxc3 10 exd6 Qxd6 11 Qd3
Bxa1 12 Ba3 White has attacking chances for the lost material, Hebden–
Georgadze, Cappelle-la-Grande 1995.

(c) (A) 6 ... Ng4 7 Ng5 0-0 8 f5 Bf2† (8 ... Nf6 9 g4 h6 10 h4 ±, Hellers–Bjarns-
son, Reykjavik 1984) 9 Kf1 Ne3† 10 Bxe3 Bxe3 11 h4 ±, Kamishov–Panov,
Moscow 1944. (B) 6 ... Be6 7 Bb5 a6 8 Bxc6† bxc6 9 f5 ±, W. Adams–
Jackson, Boston 1944.

(d) 7 h3 Bxf3 8 Qxf3 Nd4 9 Qg3 is the old line. After 9 ... Nxc2† 10 Kd1 Nxa1
11 Qxg7 White has a strong attack, so Black usually tries 9 ... Qe7 or
9 ... exf4 with fair chances.

(e) 7 ... Bxf3 8 Qxf3 Nd4 9 Qd1 b5 10 Bxf7† Kxf7 11 Nxc5 ±,
Balashov–Matanović, Skopje 1970.

(f) 7 f5 is a major alternative. Neither 7 ... Na5 8 a3 Nxc4 9 dxc4 h6 10 Qe2 ±,
Hartston–Richardson, Southport 1983, nor 7 ... h6 8 Qe2 b5 9 Bb3 ≞,
Lepeshkin–Terteriants, Moscow 1982, quite equalizes.

(g) 7 ... Qe7 8 f5 Na5 9 a3 Nxc4 10 dxc4 ≞ (Lepeshkin).

(h) 10 c3 Nxf3† 11 Qxf3 Nd7 12 Qg3 ≞ (Glazkov).

(i) (A) 4 ... Bb6 is interesting. Hector–Georgadze, La Coruña 1995 continued 5 Na3 (5 d4 exd4 6 cxd4 Nf6 would transpose to the main line, so only a move like 6 ... Bg4 would have independent significance) 5 ... Nf6 6 fxe5 dxe5 7 Nc4 Nxe4 8 Nxb6 axb6 9 Qe2 Bf5 with good play for Black. (B) 4 ... Bg4 5 fxe5 dxe5 6 Qa4† Bd7 7 Qc2 ±; 4 ... f5 5 fxe5 dxe5 6 d4 exd4 7 Bc4 Nf6 8 e5 ± (Glazkov).

(j) 7 e5 Nd5 8 cxd4 Bb4† 9 Bd2 Nc6 =, Marshall–Vidmar, 1923.

(k) Black is worse after both 7 ... Nxe4 8 dxc5 Qxd1† 9 Kxd1 Nf2† 10 Ke1 and 7 ... Bb6 8 Nc3 Bg4 9 Bg5 ±, Borovsky–Bukhman, Helsinki 1975.

(l) 10 Bxe4 Qxe4† 11 Kf2 Bxd2 12 Nbxd2, So. Polgar–Flear, Brussels 1987, now 12 ... Qd5 13 Re1† Be6 is equal.

(m) 6 ... Qe7 7 d4 Bd6 8 Nf3 Nxe4 9 Be2 0-0 10 0-0 c5 11 Bd3 ±.

(n) 5 ... Bb6 6 fxe5 (6 dxe5 Ng4 7 Ng5 h6 8 e6 Bf2† 9 Kd2 Be3† 10 Kc2 hxg5 11 Qxg4 ∞, Nevednichy–Vivanov, Sebastopol 1985) 6 ... Nxe4 7 Bd3 f5 8 exf6 Nxf6 9 0-0 ±, Maidla–Sifrer, Debrecen 1992.

(o) 6 ... Bb4† 7 Bd2 Bxd2† 8 Nbxd2 Qe7 9 Bd3 Nd5 10 g3 Nc6 11 Qe2 is favorable to White, Westerinen–Blatny, Gausdel 1992.

(p) Also 7 e5 Nd5 8 Bc4 Ba5† 9 Bd2 Bxd2† 10 Qxd2 Nb6 11 Bb3 ±, Zelevinsky–Berezin, Moscow 1959.

(q) 8 e5 Ng4 9 Nd5 Ba5† 10 b4 c6 is unclear — Lepeshkin.

(r) 10 fxe5 Nd5 11 Bg5 Nxc3 12 bxc3 ±, Karker–Lie, corr. 1987.

(s) (A) 2 ... Qh4† 3 g3 Qe7 4 Nc3 exf4 5 d4 fxg3 6 Bf4 d5 7 hxg3 ±, Gallagher–Borozovsky, Berne 1993. (B) 2 ... Qf6 (Bucherl) 3 Nc3 Qxf4 4 Nf3 Bb4 5 Bc4 Bxc3 6 0-0 Ba5 7 d4 Qxe4 8 Bxf7† with a mighty attack, Sunchez–Lugo, Cuba 1992.

(t) If 3 Nf3 Black can either transpose into a main line with 3 ... exf4, or play 3 ... d5 4 fxe5 Nxe4 5 d3 Nc5 6 d4 Ne4 7 Bd3 ±, So. Polgar–Selles, San Sebastian 1991.

(u) 4 ... Be7 5 d4 0-0 6 Bd3 d5 7 0-0 c5 8 c3 ±, Nelson–Parveen, England 1991.

(v) 5 Nc3 Nc6 6 d3 Nxf3† 7 Qxf3 d6 8 exd6 Bxd6 9 Be3 Ne5 =, Heuer–Wade, Bad Wörishofen 1992.

(w) 10 Nd2 Bf5 11 c3 ±, Sherzer–G. Hernández, Santiago 1990.

GIUOCO PIANO

1 e4 e5 2 Nf3 Nc6 3 Bc4 Bc5

T HE GIUOCO PIANO (known outside the English-speaking world as the "Italian Game") is a fifteenth-century opening that has stood the test of time. The name means quiet, or mild, game in contrast to various gambits White can play. Yet this is misleading, as the type of game that arises depends on the temperament of the players involved. If White is an exponent of hand-to-hand combat he plays lines like the Möller Attack, trying to blast through the center. Those seeking quiet positional maneuvers prefer the lines with d3 and c3, postponing aggressive action until the middle game. Many of the world's best players (Kramnik, Gelfand, Ivanchuk and even Kasparov) use the opening occasionally, and several grandmasters, such as Kudrin, use it routinely, in preference to the Ruy Lopez.

Black's 3 . . . Bc5 in answer to 3 Bc4 is an attempt to retain parity in the center. If White is to achieve control and/or occupation of d4 he will have to fight for it. Black is trying to keep the balance rather than counterattack immediately, as in the Two Knights' Defense. Specialists on the Black side of this opening include Karpov, Portisch, Korchnoi and Yusupov.

The Möller Attack is 4 c3 Nf6 5 d4 exd4 6 cxd4 Bb4† 7 Nc3 (columns 1–6), in which White offers a pawn for open lines and development. Black has a variety of defenses in this wide-open position, but most reliable is 7 . . . Nxe4 8 0-0 Bxc3 (columns 1–2).

White can avoid a gambit with the conservative 7 Bd2 (column 7), which leads to equality. The Cracow Variation, 7 Kf1 (column 8), is probably too risky. White can deviate from the main lines with 6 e5 (column 9), which also leads to about even chances, but with lively play. The Strongpoint Defense, column 10, is slightly passive. 4 . . . d6, column 11, may be better than its reputation.

Columns 12–16 cover the positional lines. To play them properly one must understand the subtleties. Does Black play . . . a6 and . . . Ba7, or . . . Bb6? Does he play . . . a6 in response to a4 or . . . a5? When does White play a delayed d4 or Black a delayed . . . d5? These questions are answered in the columns. The Canal Variation, 4 d3 Nf6 5 Nc3 d6 6 Bg5 (column 17), is generally out of favor, although Ivanchuk employed it recently. Column 18 is an interesting gambit with surprise value.

GIUOCO PIANO

1 e4 e5 2 Nf3 Nc6 3 Bc4 Bc5 4 c3 Nf6 5 d4 exd4 6 cxd4 Bb4† 7 Nc3
(Möller Attack)

	1	2	3	4	5	6
	Nxe4 ....d5(o)					
8	0-0				exd5	
	Bxc3 ....Nxc3				Nxd5	
9	d5(a)			bxc3	0-0	
	Bf6(b) Ne5			d5(l)	Be6 ....Nxc3(r)	
10	Re1		bxc3	cxb4	Bg5	bxc3
	Ne7		Nxc4	dxc4	Be7	Be7
11	Rxe4		Qd4	Re1†	Bxd5(p)	Re1(s)
	d6(c)		0-0(i)	Ne7	Bxd5	0-0
12	Bg5(d)		Qxe4(j)	Bg5	Nxd5	Ne5
	Bxg5		b5	f6	Qxd5	Nxe5
13	Nxg5		a4	Qe2	Bxe7	Rxe5
	h6 ....0-0(g)		c6	Bg4(m)	Nxe7	Bf6
14	Qe2(e)	Nxh7	axb5	Bf4	Re1	Rh5(t)
	hxg5(f)	Kxh7(h)	cxb5(k)	Kf7(n)	f6(q)	g6(u)

(a) 9 bxc3 d5 10 Ba3 dxc4 11 Re1 Be6 12 Rxe4 Qd5 13 Qe2 0-0-0 14 Ne5 Rhe8 is good for Black, Steinitz–Lasker, St. Petersburg 1896.

(b) Alternatives are: (A) 9 . . . Ne7 10 bxc3 0-0 11 Re1 Nd6 12 Bd3 h6 13 c4 ±, Demuth–Loonnides, Szombathely 1991. (B) 9 . . . Ba5 10 dxc6 bxc6 11 Ne5 Nd6 12 Qg4 ± (Möller). (C) 9 . . . Nd6 and (D) 9 . . . Na5 also fail to equalize.

(c) 11 . . . 0-0 is reasonable here. After 12 d6 cxd6 13 Bg5 (13 Qxd6 Nf5 14 Qd5 Ne7 and now 15 Qd6 Nf5 repeats the position, otherwise White allows . . . d5.) 13 . . . Ng6 (13 . . . Bxg5 14 Nxg5 d5 15 Bxd5 Nxd5 16 Qxd5 h6 17 Nxf7 Rxf7 18 Rae1 Qf6 19 Re7 Qxf2† 20 Kh1 g5 21 Rxf7 Qxf7 22 Re8† is drawn—Botterill) 14 Qd5 with roughly equal chances.

(d) 12 g4 0-0 13 g5 Be5 14 Nxe5 Bf5 15 Re3 dxe5 16 Rxe5 Qd7, Rufenacht–Smit, corr. 1991. Black is better.

(e) Here (A) 14 Nxf7?! Kxf7 15 Qf3† Nf5 16 g4 Rf8 is ∓. (B) 14 Bb5† Bd7 15 Qe2 Bxb5 16 Qxb5† Qd7, now 17 Qe2 Kf8, Barcza–Portisch, Hungary 1969, 17 Qxb7 0-0 18 Rae1 Ng6, Levin–Idema, corr. 1979, and 17 Qd3 hxg5 18 Rae1 0-0, Wolff–Lau, corr. 1971 all favor Black.

(f) 15 Re1 Be6 16 dxe6 f6 (16 . . . f5 17 Re3 g4 18 h3 d5 19 Bd3 c6 20 hxg4 Qd6 ∓, L. Vega–de la Paz, Cuba 1996) 17 Re3 c6 18 Rh3 Rxh3 19 gxh3 g6 with perhaps a small edge to Black, Xu Yang–Herrara, Antwerp 1992.

(g) 13 ... Bf5 14 Qf3 Bxe4 15 Qxf7† Kd7 16 Qe6† Ke8 17 Qxe4 Qd7 18 Re1 ±, Emery–Menchik, Biarritz 1939.

(h) Or 14 ... Bf5 15 Rh4 Re8 16 Qh5 (16 Ng5 Ng6 17 Rh5 Qd7 18 h3 Ne5 ∓) 16 ... Ng6 17 Rd4 Re5 18 f4 Nxf4 19 Rxf4 Bg6 =, Pirrot–Chiburdanidze, Baden-Baden 1987. After 14 ... Kxh7 15 Qh5† Kg8 16 Rh4 f5 (16 ... f6 17 g4 Re8 18 Bd3 Kf8 19 Qh8† Ng8 20 Bh7 Kf7 21 Bg6† = —Zek) 17 Rh3 f4 18 Qh7† Kf7 19 Qh5† Kg8 (19 ... g6 20 Qh7† Ke8 21 Re1 Bxh3 22 Bb5† Bd7 23 Qxg6† Rf7 24 Qg8† draw, Pantaleoni–Bertino, corr. 1987) 20 Qh7† is a draw.

(i) (A) 11 ... Ncd6 12 Qxg7 Qf6 13 Qxf6 Nxf6 14 Re1† Kf8 15 Bh6† Kg8 16 Re5 Nfe4 17 Re1 ±, Durao–Ferrara, Seville 1994. (B) 11 ... f5 12 Qxc4 d6 13 Nd4 0-0 14 f3 Nf6 =, Schlechter–Mertner, Vienna 1899.

(j) 12 Qxc4 Nd6 13 Qf4 Re8 14 Re1 Rxe1† 15 Nxe1 b5 ∓, Zuck–Spassky, Germany 1990.

(k) Dzindzichasvili–Karpov, Mazatlan 1988; chances are even.

(l) 9 ... Dxc3 10 Ba3 d5 (10 ... d6 11 Rc1 Ba5 12 Qa4 ±) 11 Bb5 Bxa1 12 Re1† ± (Keres).

(m) (A) 13 ... fxg5 14 Qxc4 ± (Keres). (B) 13 ... 0-0 14 Qxe7 fxg5 15 Qc5 ±.

(n) 15 Qxc4† Nd5 16 Nd2 Be6 17 Bg3 Re8 18 Ne4 ⩲ (Sakharov).

(o) 7 ... 0-0 8 e5 Ne4 9 0-0 Bxc3 10 bxc3 d5 ±.

(p) Also 11 Bxe7 Ncxe7 when both 12 Ne4 and 12 Qb3 give White an edge (Keres).

(q) 15 Qe2 Qd7 16 Rac1, Steinitz–Von Bardeleben, Hastings 1895; now 16 ... Kf7 would have been unclear after 17 Nc5† or 17 Ng5† Romanovsky suggested 16 d5, after which 16 ... Kf7 17 Rad1 Rad8 18 Qe6† Qxe6 19 dxe6† Kg6 allows chances for both sides.

(r) (A) 9 ... Bxc3 10 bxc3 0-0 11 Qc2 h6 12 Re1 Be6 13 Bxh6 was good for White in Steinitz–Schiffers, Rostow 1896. (B) 9 ... Nb6 10 Re1 Be7 11 Bb3 ⩲, Steinitz–Blackburne, Nuremberg 1896.

(s) Bilguier recommends 11 Bf4, calling it ⩲.

(t) White should probably play 14 Re1 with a small plus.

(u) 15 Bd3 and now not 15 ... gxh5? 16 Qxh5 Re8 17 Qxh7† Kf8 18 Ba3† ± (Gruzman), but 15 ... Be6 =.

GIUOCO PIANO

1 e4 e5 2 Nf3 Nc6 3 Bc4 Bc5 4 c3

	7	8	9	10	11	12
	Nf6 ....Bb6..........d6					Nf6
5	d4 exd4			d4 Qe7	d4 exd4	b4 Bb6
6	cxd4......................e5(j) Bb4†		d5	0-0(n) d6	cxd4 Bb6(q)	d3 d6
7	Bd2..........Kf1(f) Bxd2†(a)	d5(g)	Bb5 Ne4	h3 Nf6	Nc3 Nf6	0-0(u) Ne7(v)
8	Nbxd2 d5(b)	exd5 Nxd5	cxd4 Bb6(k)	Re1 0-0(o)	Be3(r) 0-0	Nbd2(w) c6
9	exd5 Nxd5	Nc3 Be6	Nc3 0-0	a4 a6	Bb3(s) Bg4	Re1(x) 0-0
10	Qb3(c) Na5(d)	Qe2(h) Bxc3	Be3(l) Bg4	Na3 Kh8	Qd3 Qe7	a4 Ng6
11	Qa4† Nc6(e) =	bxc3 Nxc3(i)	Qc2 Bxf3(m)	Nc2 Ng8(p)	Nd2 Be6(t)	a5 Bc7(y)

(a) 7 ... Nxe4 is also reasonable here. After 8 Bxb4 Nxb4 9 Bxf7† Kxf7 10 Qb3†
Kf8 (10 ... d5 can be played) 11 Qxb4† Qe7† 12 Qxe7† Kxe7 the game is
equal, Wedberg–Korman, Sweden 1978.

(b) 8 ... Nxe4 9 d5 Nxd2 10 Qxd2 Ne7 11 d6 cxd6 12 Qxd6 is a promising gam-
bit suggested by Keres.

(c) 10 0-0 0-0 11 Ne5 Nxd4 12 Nb3 Nxb3 13 Bxd5 Qf6 (13 ... Nxa1 14 Bxf7† Kh8
15 Qh5 h6 16 Rd1 ±) 14 Bxf7† Rxf7 15 Qxb3 =, Khasin–Zagorovsky, USSR
1955.

(d) 10 ... Nce7 11 0-0 0-0 12 Rfe1 c6 =, van der Wiel–Karpov, Amsterdam 1980.

(e) Instead of repeating the position, White can try 12 Bb5 Bd7, Sveshnikov–
Mortensen, Leningrad 1984; and now 13 0-0 = rather than the game continua-
tion 13 Qd3 Qe7† 14 Kf1 Be6 ∓.

(f) The Cracow Variation, trying to keep the tension by avoiding trades.

(g) 7 ... Nxe4 8 d5 Ne7 9 Qd4 Nf6 10 Bg5 gave White a terrific attack in Marshall–
Burn, Ostende 1905.

(h) 10 Qb3 Na5 11 Qa4† Bd7 12 Bb5 Nxc3 ∓ (Levenfish).

(i) 12 Qe1 Nd5 13 Ba3 a6 14 Rc1 Qd7 ∓, Bartmansky–Butik, corr. 1910.

(j) 6 0-0 Nxe4 7 cxd4 d5 8 dxc5 dxc4 9 Qxd8† (9 Qe2 Qd3 10 Re1 f5 =, Biolek–
Keitlinghaus, Ostrava 1993) 9 ... Kxd8 10 Rd1† Bd7 11 Be3 Ke7 was at least
equal for Black, Demarre–Korneev, Paris 1991.

(k) (A) 8 . . . Be7 9 Nc3 0-0 10 Bd3 f5 11 exf6 Nxf6 ±, Steinitz–Lasker, New York 1894. (B) 8 . . . Bb4† 9 Nbd2 0-0 10 Bxc6 bxc6 11 Qc2 c5 12 0-0 ±, Rayo–Yanez, Madrid 1989.

(l) 10 Bxc6 bxc6 11 Be3 Bg4 12 Qa4 c5 13 dxc5 Bxf3 14 gxf3 Nxc5 15 Bxc5 may give White a pull, Sveshnikov–Dautov, Pinsk 1986.

(m) 12 gxf3 Ng5 13 Bxc6 Nxf3† 14 Ke2 Nxd4† was unclear in Fernandez–Izeta, Bilbao 1987.

(n) 6 d5 Nd8 7 a4 a6 8 d6 Qxd6 9 Qxd6 cxd6 10 Bd5 Nc6 11 Na3 Bc7 with chances for both sides, Rakić–Djurić, Vrnjačka Banja 1979.

(o) 8 . . . h6 9 a4 a6 10 Na3 g5 11 Bf1 g4 12 hxg4 Nxg4 13 Nc4 Bxd4 14 cxd4 Nxd4 15 Be2 favored White in Spassov–Kontić, Nikšić 1991.

(p) 12 b4 f6 13 Ne3 ±, Heidenfeld–Euwe, Johannesburg 1955.

(q) 6 . . . Bb4† 7 Nc3 Nf6 (7 . . . Nge7 8 Ng5 d5 9 exd5 Bxc3† 10 bxc3 Nxd5 11 0-0 †, Stohl–Hanson, Gausdal 1990) 8 Bg5 h6 9 Bxf6 Qxf6 10 0-0 Bxc3 11 bxc3 is slightly better for White.

(r) 8 0-0 Bg4 9 Be3 Qe7 with the idea . . . 0-0-0 is okay for Black.

(s) 9 0-0 Nxe4 10 Nxe4 d5 11 Bxd5 Qxd5 12 Nc3 Qh5 was fine for Black in Rahman–Lodhi, Dhaka 1993.

(t) 12 Nc4 Nb4 13 Qd2 Bxc4 14 Bxc4 Nxe4 15 Nxe4 d5 16 Nc5 Nc6 17 0-0 dxc4 18 Nxb7 Rab8 19 Nc5 Rfd8 20 Qc3 Bxc5 21 dxc5 Qe4 =, Wekh–Barwinski, Warsaw 1993.

(u) 7 Nbd2 Ne7 8 Bb3 c6 9 Nc4 Bc7 10 Bg5 Ng6 11 Nh4 Nxh4 12 Bxh4 h6 13 a4 g5 14 Bg3 Qe7 15 Ne3 Bb6 16 Nf5 Bxf5 17 exf5 a5 is fine for Black, Illescas–Calvo, Palma de Mallorca 1991.

(v) 7 . . . Bg4 8 Nbd2 h6 9 Re1 Ne7 10 h3 Bd7 11 d4 Ng6 12 a4 a6 13 Ba3 ±, Kudrin–Large, Hastings 1986.

(w) 8 Bg5 Ng6 9 Nh4 Nxh4 10 Bxh4 g5 11 Bxg5 Rg8 was dangerous for White in Moroz–Podgaets, USSR 1986.

(x) 9 Bb3 0-0 10 Nc4 Bc7 11 Bg5 Ng6 12 d4 h6 13 Bxf6 Qxf6 14 Ne3 a5 ∓, Gomez Jurado–Martin, Andorra 1991. In this line 10 d4 Ng6 11 Re1 h6 12 a3 Re8 13 Qc2 Nh5 is also ∓, Zhelnin–Dobrovsky, Odessa 1989.

(y) 12 Bb3 d5. Now 13 exd5 Nxd5 14 Ne4 h6 15 Bc4 Bf5 favors Black, Yudasin–Karpov, USSR 1988. 13 Nf1 has been played several times; 13 . . . Be6 14 g3 h6 15 Qc2 Rc8 =, Ljubojević–Hjartarson, Tilburg 1989; 13 . . . h6 14 Ng3 Be6 15 Be3 Qd7 ∓, Short–Salov, Linares 1990.

GIUOCO PIANO

1 e4 e5 2 Nf3 Nc6 3 Bc4 Bc5

	13	14	15	16	17	18
4	c3..d3 0-0					
	Nf6				Nf6	Nf6
5	d3				Nc3	d4
	a6(a).........0-0...........d6				d6	Bxd4(s)
6	0-0	b4	b4		Bg5	Nxd4
	Ba7(b)	Bb6	Bb6		h6(n)	Nxd4
7	Bb3(c)	a4	a4		Bxf6	Bg5(t)
	0-0	a6	a5(i)		Qxf6	d6
8	h3	0-0	b5		Nd5	f4
	d5	d6	Ne7		Qd8(o)	Qe7(u)
9	Nbd2	Bg5	0-0		c3	fxe5
	dxe4(d)	h6(f)	0-0		Ne7(p)	dxe5
10	dxe4	Bh4	Nbd2........Bg5		d4	c3
	Qe7	g5(g)	Ng6	Ng6(l)	Nxd5(q)	Ne6
11	Nh2	Bg3	Ba3(j)	Nh4	dxc5	Bxe6
	Nd8(e)	Bg4(h)	Qe7(k)	Kh8(m)	Nf4(r)	Bxe6(v)

(a) The immediate 5 . . . d5 is premature—6 exd5 Nxd5 7 Qb3 Nf4 8 Bxf4 exf4 9 Bxf7† Kf8 10 Bc4 Qe7† 11 Kf1 ±, Godena–Crepan, Italy 1986.

(b) 6 . . . 0-0 allows 7 d4, and if then 7 . . . Ba7 8 dxe5 Nxe4 9 Bd5 Nc5 10 Bg5 ±, Petrienko–Miranović, Novi Sad 1988.

(c) White can prevent a quick . . . d5 with 7 Re1 d6 8 Bb3 0-0 9 h3 h6 10 Nbd2 Be6 11 Nf1 Re8 12 Be3 d5 (delayed but effective now) 13 Bxa7 Rxa7 14 exd5 Bxd5 =, Yudasin–Adams, Belgrade 1999.

(d) 9 . . . Re8 10 exd5 Nxd5 11 Ne4 h6 12 Ng3 (not 12 Bxd5 Qxd5 13 Bxh6 f5 or 12 Bxh6 Nxc3) 12 . . . Be6 13 Re1 Qf6 with chances for both sides, Kofidis–Skembris, Greece 1996.

(e) After 11 . . . Nd8 (an improvement over 11 . . . Rd8 12 Qf3 Be6 13 Bc2 ±, Boloban–Adams, Germany 1985) 12 Re1 Ne6 13 Ndf1 h6 is about even, V. Nevednichy–Notkin, Yugoslavia 1996.

(f) In an analogous position after 9 a5 Ba7 10 Bg5, Portisch played 10 . . . Ne7 11 Bxf6 gxf6 12 Nh4 Ng6 and had fine chances against Ehlvest in Skelleftea 1989.

(g) 10 . . . Bg4 11 a5 Ba7 12 h3 Bh5 13 g4 ±, Belov–Landa, Chita 1987.

(h) After 12 a5 Ba7 13 h3 Bh5 14 Nbd2 Bg6 Black has a fully equal position, Yudasin–Tseitlin, Moscow 1989.

(i) 7 . . . a6 8 0-0 0-0 9 Be3 Bxe3 10 fxe3 d5 11 exd5 Nxd5 12 Qd2 Be6 13 Na3 Qe7 14 e4 Nb6 15 Bxe6 Qxe6 =, Yermolinsky–Anand, Madrid 1998.

(j) Other ideas are: (A) 11 Bb3 c6 (11 . . . d5 12 Ba3 Re8 13 exd5 Nxd5 14 Ne4 ±, Ljubojević–Korchnoi, Brussels 1987) 12 bxc6 (12 d4 Bg4 13 Bb2 d5 14 h3 dxe4 14 Nxe4 Bf5 unclear, Nunn–Winants, Brussels 1988) 12 . . . bxc6 13 d4 Bg4 14 Qc2 Nf4 15 dxe5 dxe5 16 Nxe5 Be2 17 Ndf3 with sharp but equal play, Mestel–Greenfeld, Beersheba 1988. (B) Another plan (with a different lead-in) is 10 h3 Ng6 11 Re1 c6 12 Bb3 Re8 13 bxc6 bxc6 14 Na3 d5 15 exd5 Nxd5, which is probably a little better for Black, Tolnai–I. Sokolov, Croatia 1993.

(k) 12 Re1 Bc5 13 Bxc5 dxc5 =, Yudasin–Mikhalevsky, Beersheba 1993. Instead if 11 . . . Nh5 12 d4 Nhf4 13 dxe5 Nxe5 14 Nxe5 Qg5 15 g3 Nh3† 16 Kg2 Qxe5 17 Bd5 with advantage to White, Hjartarson–Short, Manila 1992.

(l) 10 . . . c6 11 bxc6 bxc6 12 Ba2 Ng6 13 Nh4 Nf4 14 Bxf4 exf4 15 Nf3 Bg4 =, Sermek–Wehmeier, Groningen 1993.

(m) If instead 11 . . . Bg4 12 Bxf6 Qxf6 13 Qxg4 Nxh1 14 Nd2 Ng6 15 g3 Ne7 16 Kh1 Rad8 17 f4 ±, Spassov–Kir. Georgiev, Sofia 1992. After 11 . . . Kh8 12 Qb3?! h6 13 Nxg6† fxg6 14 Be3 Bxe3 15 fxe3 Ng4 ∓, Spassov–Razuvaev, Burgos 1992. Better is 12 Nxg6† fxg6 13 Be3 = (Gufeld).

(n) 6 . . . Na5 is a major alternative. On (A) 7 Nd5 Nxc4 8 dxc4 c6 9 Nxf6† gxf6 10 Bh4 (10 Be3 Qb6 11 Qd2 Bxe3 12 fxe3 Qxb2 ∓ (Estrin)) 10 . . . Rg8 11 0-0 Bh3 12 Bg3 Be6 is roughly equal, Ivanović–Portisch, Reggio Emilia 1984. (B) 7 Bb3 c6 8 d4 Nxb3 9 axb3 exd4 10 Nxd4 h6 11 Bh4 0-0 12 0-0 g5 13 Bg3 Re8 leaves chances for both sides, Morozevich–Kir. Georgiev, Tilburg 1994.

(o) 8 . . . Qg6!? 9 Qe2 Bg4 10 c3 Bb6 11 a4 f5, Foltys–Keres, Munich 1936; and now 12 b4 a5 = (Keres).

(p) 9 . . . a6 10 d4 Ba7 =, Ivanović–Spassky, Bugojno 1986 (but not 10 . . . exd4 11 cxd4 Ba7 12 Re1 0-0 13 h3 ±, Ivanović–Ilincić, Yugoslavia 1987).

(q) 10 . . . exd4 11 cxd4 Bb6 12 Nxb6 axb6 13 0-0 ±, Timman–Nunn, Amsterdam 1986.

(r) (A) 12 0-0 Qf6 13 cxd6 cxd6 14 Bb5† Ke7 ∞, Tisdall–Hjartarson, Akureyri 1988. (B) 12 g3 Nh3 =, Ivanović–Kir. Georgiev, Vršac 1987.

(s) (A) For 5 . . . exd4 6 e5 see the Max Lange Attack. (B) 5 . . . Nxd4 6 Nxe5 ±.

(t) 7 f4 d6 8 fxe5 dxe5 9 Bg5 Be6 10 Nd2 Qd7 (11 . . . Qe7 12 c3 Bxc4 13 Nxc4 Ne6 ∞, Minckwitz–Anderssen, Frankfurt 1878) 12 Bxf6 gxf6 13 c3 Bxc4 13 Nxc4 Ne6 14 Qxd7† Kxd7 = (Gufeld).

(u) 8 . . . Be6 9 Na3 Qe7 10 c3 Bxc4 11 Nxc4 Ne6 12 fxe5 dxe5 13 Bxf6 Qc5† 14 Rf2 ±, Mestel–Szmetan, Buenos Aires 1978.

(v) After 12 Kh1 Qd7 13 Qe2 0-0-0 there are chances for both sides, Zelcić–Georgadze, San Sebastian 1991.

EVANS GAMBIT

1 e4 e5 2 Nf3 Nc6 3 Bc4 Bc5 4 b4

S INCE ITS INTRODUCTION in 1830 by Captain W. D. Evans, the Evans Gambit has led to many brilliancy prize games, mostly by White. The Black wins often come in the endgame and do not make the anthologies. White gives up a wing pawn to gain a tempo toward advancing in the center with c3 and d4. The last edition of MCO said that the glory days of the Evans Gambit had passed; a prediction that has happily proved to be an error. Since its adoption by Garry Kasparov for two games in 1995, there has been quite a revival of interest in it. Enterprising players like Shirov, Nunn, Conquest and Christiansen have taken it up.

Columns 1–4 cover the acceptance of the gambit and the retreat of the bishop to a5. White can choose between 6 0-0, column 1, allowing the Lasker Defense, and 6 d4 (columns 2–4), which includes the Compromised Defense, 7 . . . dxc3, and the Half-Compromised Defense, 7 . . . Nge7 and 6 . . . d6. If Black plays 5 . . . Be7, then he must reckon with the line revived by Kasparov—7 Be2 and 8 Qxd4. Column 6 is the gambit declined, a seemingly safer line that nonetheless has some pitfalls.

EVANS GAMBIT

1 e4 e5 2 Nf3 Nc6 3 Bc4 Bc5 4 b4

	1	2	3	4	5	6
	Bxb4 .... Bb6					
5	c3					a4
	Ba5 .... Be7					a6(u)
6	0-0 ....d4				d4(p)	Nc3(v)
	d6(a)	exd4....................... d6			Na5	Nf6
7	d4	0-0		Qb3	Be2(q)	Nd5(w)
	Bb6(b)	Nge7 ....dxc3		Qd7(l)	exd4(r)	Nxd5
8	dxe5	cxd4(e)	Qb3	Nbd2(m)	Qxd4	exd5
	dxe5	d5	Qf6(i)	Bb6(n)	Nf6(s)	Nd4(x)
9	Qb3(c)	exd5	e5	a4	e5	a5
	Qf6	Nxd5	Qg6	Nf6	Nc6	Ba7
10	Bg5	Ba3(f)	Nxc3	a5	Qh4	d6(y)
	Qg6	Be6	Nge7	Nxa5	Nd5	cxd6
11	Bd5	Bb5	Ba3	Rxa5	Qg3	0-0
	Nge7	f6(g)	0-0(j)	Bxa5	g6	0-0
12	Bxe7	Qa4	Rad1	dxe5	0-0	Nxd4
	Kxe7(d)	Bb6(h)	Rb8(k)	Ng4(o)	Nb6(t)	Bxd4(z)

(a) (A) 6 . . . Qf6 (Steinitz) and (B) 6 . . . Nge7 are not played any more as White gets an active game. (C) 6 . . . Nf6 7 d4 Nxe4 8 Nxe5 0-0 9 Ba3 d6 is playable—Bilguier. The text leads to Lasker's Defense.

(b) 7 . . . exd4 8 cxd4 Bb6 is the old "normal position." After 9 Nc3 (9 d5 was often played by Anderssen) both 9 . . . Bg4 and 9 . . . Na5 lead to sharp positions where White's attack and central influence compensate for Black's extra material.

(c) 9 Qxd8† Nxd8 10 Nxe5 Be6 11 Be2 Ne7 12 Nc4 Ndc6 13 Bf4 =, Anageliev–V. Ivanov, Ashkhabad 1995.

(d) 13 Bxc6 Qxc6 14 Nxe5 Qe6 15 Nc4 (15 Qa3† Qd6—Levenfish) 15 . . . Rd8 16 Qb4†Ke8 17 Nxb6 = (Estrin).

(e) 8 Ng5 d5 9 exd5 Ne5 10 Bb3 0-0 11 Nxh7 Kxh7 12 Qh5† Kg8 13 Qxe5 dxc3 14 Ba3 Ng6 15 Qh5 Nf4! 16 Qf3 Qf6 ∓ (Keene).

(f) 10 Qb3 Be6 11 Qxb7 Ndb4 12 Bb5 Bd5 (12 . . . 0-0 13 Bxc6 Rb8 ∞, Anderssen–S. Mieses, Breslau 18 67; 12 . . . Bd7 13 Re1† Kf8, Davis–Peters, USA 1983, now 14 Ne5 should give White the edge) 13 Ne5 Rb8 ∓, (Botterill).

(g) 11 . . . Bb4 12 Bxc6† bxc6 13 Bxb4 Nxb4 = (Levenfish).

(h) 13 Bxc6† bxc6 14 Qxc6† Kf7 (Botterill) leaves Black slightly better.

(i) 8 . . . Qe7 9 Nxc3 Qb4 10 Bxf7† Kd8 11 Bb2 Qxb3 12 Bxb3 Bxc3 13 Bxc3 Nf6 14 Ng5 ±, Hartoch–Eslon, Netherlands 1976.

(j) 11 . . . Bxc3 12 Qxc3 0-0 13 Rad1 ±, Neumann–Anderssen, Berlin 1860.

(k) 13 Bd3 Qe6 14 Bxh7† Kh8 15 Nd5 ±, Schoder–F. Polgar, corr. 1990. The Compromised Defense is hard for Black.

(l) 7 . . . Nxd4 8 Nxd4 exd4 9 0-0 with a good attack (Christiansen). This is an improvement on 9 Bxf7† Kf8 10 0-0, Thomas–Unzicker, Hastings 1950; and now 10 . . . Qf6.

(m) A suggestion of Larry Christiansen as an improvement over 8 dxe5 Bb6 9 Nbd2 dxe5 10 Ba3 Na5 11 Qb4 c5 12 Qb2 Nxc4 ∓, Christiansen–Grétarsson, Yerevan Ol. 1996.

(n) 8 . . . exd4, 8 . . . Nf6 and 8 . . . Nh6 are all good for White (Christiansen).

(o) After 13 exd6 Bb6 14 h3 Nxf2 15 Rf1 0-0 16 Ba3 cxd6 17 Rxf2 Bxf2† 18 Kxf2 a weird material balance arises, which is probably slight in White's favor.

(p) 6 Qb3 Nh6 7 d4 Na5 8 Qb5 Nxc4 9 Bxh6 Nd6 10 Qxe5 Nxe4 11 Bxg7 Rg8 12 Qxe4 Rxg7 or 12 d5 Nc5 is okay for Black.

(q) 7 Nxe5 Nxc4 8 Nxc4 d5 9 exd5 Qxd5 is about even. 7 Bd3 and even 7 Bxf7† have been played occasionally, but need not worry Black much.

(r) 7 . . . d6 8 Qa4† c6 9 dxe5 dxe5 10 Nxe5 ⩲ (Kasparov).

(s) 8 . . . d6 9 Qxg7 Bf6 10 Qg3 Qe7 11 0-0, Shirov–Timman, Biel 1995. Now 11 . . . Qxe4! 12 Nd4 Be5 13 Qg5 Ne7 is very good for Black (Shirov).

(t) 13 c4 d6 (13 . . . d5 14 cxd5 Qxd5 15 Nc3 ∞; 13 . . . Na4!?—Kasparov) 14 Rd1 Nd7 15 Bh6 Ncxe5 16 Nxe5 Nxe5 17 Nc3 f6 18 c5 and White had a good attack in Kasparov–Anand, Riga 1995.

(u) 5 . . . a5 6 b5 Nd4 7 Nxd4 Bxd4 8 c3 Bb6 9 d4 exd4 (9 . . . Qe7 10 0-0 d6 11 f4 Be6 12 Na3 =, Nunn–Hecht, Buenos Aires 1978) 10 0-0 Ne7 11 Bg5 h6 12 Bxe7 Qxe7 13 cxd4 Qd6 14 Nc3 Bxd4 15 Nd5 ±, Kasparov–Piket, Amsterdam 1995.

(v) 6 Bb2 d6 7 b5 axb5 8 axb5 Rxa1 9 Bxa1 Nd4 10 Nxd4 exd4 11 c3 Nf6 12 0-0 0-0 13 d3 d5 14 exd5 Nxd5 15 Qf3 Nf6 16 h3 Re8 17 Nd2 ±, Tartakower–Rhodes, Southport 1950.

(w) 7 d4 exd4 8 Nd5 Nxd5 9 exd5 Qe7† 10 Kf1 Ne5 11 d6 cxd6 12 Bd5 is a promising gambit, Conquest–Winants, Amsterdam 1996.

(x) 8 . . . e4 9 dxc6 exf3 10 Qxf3 Qe7† 11 Kd1 dxc6 12 Re1 Be6 13 Bxe6 ±. Also 10 0-0 0-0 11 Qxf3 dxc6 12 Bb2 ±, Perez–M. A. Gonzales, Havana 1995.

(y) 10 0-0?! Nxf3† 11 Qxf3 d6 ∓, Miranović–Leko, Hungary 1995.

(z) 13 c3 Ba7 14 Qf3 with compensation for the pawn (Leko).

TWO KNIGHTS' DEFENSE

1 e4 e5 2 Nf3 Nc6 3 Bc4 Nf6

PROBABLY IT WOULD BE correct to call this opening the Two Knights' Attack rather than to label it a defense. One of the oldest of openings, it dates back to 1580, when it was subjected to analysis by Polerio. 3 . . . Nf6 gives White the choice of which road to follow. Should he try to win a pawn with 4 Ng5 or try to keep the initiative with 4 d4? Authorities differed violently. Tarrasch called 4 Ng5 "ein stumper zug"—a beginner's move. White has developed two pieces and proceeds to crudely attack with them—obviously not correct strategy. But Steinitz believed otherwise and more recent opinion seems to be mixed on this subject. The last three World Champions have played 4 Ng5 on at least one occasion (Fischer more than once). Aggressive players of the past like Chigorin, Keres, Tal and Spassky never seem to be afraid to be on the Black side, however.

The direct 4 Ng5 is the subject of columns 1–12. The most usual response is 4 . . . d5 5 exd5 Na5 (columns 1–8). Columns 1–6 is the main line 6 Bb5† c6 7 dxc6 bxc6 8 Be2 h6, when White must decide on which square to retreat his knight to. 8 Nf3 (columns 1–4) allows . . . e4 with the initiative, while Nh3 is on the side of the board and allows Black the opportunity to double White's pawns. Still, White is a pawn ahead and Black must show compensation for it. Columns 7 and 8 are lesser played lines after 5 . . . Na5. Column 9 is the Fritz Variation, 4 . . . d5 5 exd4 Nd4 (the Fried Liver Attack is covered in note (k)). The Ulvestad Variation (5 . . . b5) is column 10. The fantastic Wilkes-Barre Variation in which Black simply ignores the threat on f7 with 4 . . . Bc5 is seen in columns 11–12. These lines are for the adventurous.

White seeks development instead of material with 4 d4, the subject of columns 13–29. The Max Lange Attack, 4 . . . exd4 5 0-0 Bc5 is covered in columns 13–15, while 5 . . . Nxe4 is columns 16–18. The Max Lange leads to more complicated play, while 5 . . . Nxe4 tends to simplicity.

White's attempt to avoid these lines with 5 e5 comprises columns 19–20. This line has been played a lot lately by Sveshnikov, but Black's chances are reasonable. Columns 21–23 are an attempt by White to quiet the position with 4 d3. Play can either transpose into a positional game of maneuver, or Black can try to liven the game up with an early . . . d5—this is a little risky. Column 24 covers 4 Nc3, which allows Black to equalize pretty easily with 4 . . . Nxe4.

TWO KNIGHTS' DEFENSE

1 e4 e5 2 Nf3 Nc6 3 Bc4 Nf6 4 Ng5 d5 5 exd5 Na5
6 Bb5† c6 7 dxc6 bxc6 8 Be2 h6

	1	2	3	4	5	6
9	Nf3 .... Nh3					
	e4				Bc5(t) Bd6	
10	Ne5				0-0	d3(aa)
	Bd6 .... Bc5 .... Qd4(n)				0-0(u)	0-0
11	d4 .... f4		c3(k)	f4(o)	d3(v)	Nc3
	exd3	exf3(f)	Bd6	Bc5	Nb7(w)	Nd5(bb)
12	Nxd3	Nxf3	f4	Rf1	Nc3	Ne4(cc)
	Qc7	0-0(g)	exf3(l)	Qd8(p)	Nd5(x)	Bc7
13	b3(a)	d4	Nxf3	c3(q)	Bf3	c4
	0-0(b)	c5(h)	0-0	Nd5	Bb6	Ne7
14	Bb2	0-0(i)	d4	Qa4(r)	Qe2	0-0
	Nd5(c)	Re8	Re8	0-0	Re8	f5
15	Nc3	Kh1	0-0	Qxe4	Re1	Nc3
	Nf4	Bb7	c5	Re8	Nc5(y)	g5
16	0-0(d)	Nc3	Kh1	d4	Nf4	Kh1
	Nxd3(e)	cxd4(j)	cxd4(m)	Bb6(s)	Nb4(z)	Ng6(dd)

(a) (A) 13 g3 0-0 14 Bf4 Bxf4 15 Nxf4 g5 16 Qd4 Qe7 17 Nd3 Bg4 18 Nc3 Rad8 ∓, Ljubojević–van der Sterren, Wijk aan Zee 1988. (B) 13 h3 0-0 14 0-0 Bf5 15 Nd2 Rfe8 16 b3 Rad8 17 Nf3 c5 ∓.

(b) 13 . . . Bf5 14 Bb2 0-0-0 15 Nd2 Rhe8 16 Kf1 Kb8 17 b4 Nb7 wtih an obscure position, Short–van der Sterren, Wijk aan Zee 1987.

(c) 14 . . . Ne4 15 Nc3 f5 16 h3 Ba6 is probably equal, Morozevich–Nenasev, Alushta 1994.

(d) 16 Nxf4 Bxf4 17 g3 Rd8 gives Black compensation for the pawn, Honfi–Tal, Sarajevo 1966.

(e) 17 Bxd3 Bxh2† 18 Kh1 Be5 19 Qh5 f5 =, King–Zsinka, Dortmund 1987.

(f) 11 . . . Qc7 12 d4 0-0 13 c3 c5 14 Na3 a6 with balanced chances, Suetin–Keres, USSR 1950. A footnote to this is 12 0-0 0-0 13 Nc3 Bf5 14 a3 Nd5 15 b4 Nb7 16 Nxd5 cxd5 17 d4 f6 18 c4 fxe5 19 dxe5 ±, Milvidas–Mooj, corr. 1988.

(g) 12 . . . Ng4 13 0-0 Qc7 14 h3 h5 15 d4 Bh2† 16 Kh1 Bg3 17 Nc3 Nf2† 18 Rxf2 Bxf2 19 Ne4 ±, Usoki–Kluger, Hungary 1972.

(h) 13 . . . Qc7 14 0-0 c5 15 Nc3 a6 16 d5 Re8 17 Kh1 Rb8 18 a3 Ng4 and Black has good compensation for the pawn, Estrin–Levenfish, USSR 1949.

(i) 14 dxc5 Bxc5 15 Qxd8 Rxd8 16 Bd2 Nc6 17 Nc3, Timman–Bisguier, Sombor 1974; now 17 . . . Ng4 (Timman) allows Black reasonable chances.

(j) 17 Qxd4 Nc6 18 Qa4 Ne5 19 Bd2 Ng6 =, Vukčević–Romanishin, Hastings 1976.

(k) 11 0-0 Qd4 (or 11 . . . Qd6) 12 Ng4 Bxg4 13 Bxg4 0-0 =.

(l) (A) 12 . . . 0-0 13 0-0 c5 14 d4 exd3 15 Qxd3 Bb7 16 Rd1 Ne4 ∞, Chandler–Hebden, Wigan 1997. (B) 12 . . . Qc7 13 d4 exd3 14 Qxd3 0-0 15 0-0 Rd8 =, Skrobeck–Sydor, Lodz 1980.

(m) After 17 Nxd4 Ne4, Riand–M. Mitkov, Geneva 1993, the chances are equal.

(n) 10 . . . Qc7 is a decent alternative. After 11 f4 Bc5 12 d4 exd3 13 cxd3 0-0 14 Bd2 Nd5 Black has adequate play, Gilezedinov–Klovans, corr. 1969.

(o) 11 Ng4 Bxg4 12 Bxg4 Bc5 13 0-0 e3 is a sharp alternative. Probably chances are even.

(p) Also 12 . . . Bd6 13 c3 Qb6 14 Qa4 0-0 15 b4 Nb7 16 Qxc6 Qd8 17 Na3 a5 with compensation for the material, Estrin–Leonidov, USSR 1972.

(q) 13 d4 Bb6 (13 . . . Bxd4? 14 c3 ±) 14 b4 Nd5 15 bxa5 Qh4† 16 g3 Bxa5† 17 Bd2 Qxh2 18 Bxa5 Qxg3† is perpetual check (Geller).

(r) 14 g3 Bh3 15 b4 (not 15 Qa4 Bxf1 16 Nxc6 Nxc6 17 Qxc6† Qd7 ∓, Shirov–Tominsh, Riga 1984) 15 . . . Bxf1 16 Kxf1 Nxb4 17 cxb4 Qd4 18 bxc5 Qxa1 ∞.

(s) Black has play for the lost material—Keres.

(t) (A) 9 . . . Rb8 10 Nc3 Nd5 (Psakhis–Beliavsky, USSR 1983) 11 d3 Bb4† 12 Bd2 Bxh3 13 gxh3 Qh4 14 Bf3 ±. (B) 9 . . . Qd4 10 d3 Qh4 11 0-0 Bxh3 12 gxh3 Bd6 13 Bf3 ±, Dolmatov–Fernandez, Barcelona 1995. (C) 9 . . . g5 10 d3 g4 11 Ng1 Bc5 12 Nc3 Rb8 is even chances.

(u) 10 . . . g5 11 Kh1 g4 12 Ng1 Ne4 13 Bxg4 Nxf2† 14 Rxf2 Bxf2 ± (Gottschall).

(v) 11 c3 Nb7 12 Qa4 Bxh3 13 gxh3 Qd6 14 d3 Nd5 ∓, Steinitz–Chigorin, Havana 1892.

(w) (A) 11 . . . Rb8 12 Kh1 Nd5 13 Ng1 f5 14 Nc3 ±, Malaniuk–Kruppa, Lvov 1984. (B) 11 . . . Bxh3 12 gxh3 Qd7 13 Bf3 Qxh3 14 Nd2 Rad8 15 Bg2 Qf5 16 Qe1 ±, Fischer–Bisguier, New York 1963.

(x) 12 . . . Bb6 13 Kh1 Re8 14 f4 Bc7 15 fxe5 Bxe5 is about even, Dolmatov–Ivkov, Moscow 1985.

(y) 15 . . . Nxc3 16 bxc3 Bd7, Nunn–Hardicsay, Budapest 1978; now White should play 17 Bg4 ±.

(z) 17 Nh5 Ne6 18 Be3 Bd7 19 Ne4 was just a little better for White in Chandler–Speelman, Hastings 1989.

(aa) 10 d4 e4 11 Nf4 Qc7 12 g3 0-0 13 c4 g5 14 Ng2 Bh3 15 0-0 Rad8 16 Be3 Nh7 ∓, Dolmatov–Ziatdinov, Moscow 1983.

(bb) (A) 11 . . . Rb8 12 0-0 Rb4 13 Kh1 Bxh3 14 gxh3 Rh4 15 Rg1 ±, Short–P. Nikolić, Skelleftea 1989. (B) 11 . . . Bf5 12 0-0 Qd7 13 Kh1 Rad8 14 Ng1 ±, Tuesen–M. Hansen, Copenhagen 1991.

(cc) (A) 12 Bd2 Rb8 13 b3 Nb7 14 Ng1 Nc5 15 Nf3 Nxc3 16 Bxc3 e4 17 Nd2 exd3 18 cxd3 Bf5 19 Nc4 Re8 20 0-0 Nxd3! =, Ivanchuk–Beliavsky, Dortmund 1998. (B) 12 Bf3 Nxc3 13 bxc3 Qh4 14 Ng1 f5 15 g3 Qf6 16 Ne2 e4 =, Tringov–Geller, Havana 1971.

(dd) 17 b4 Nb7 18 f3 Nd6 19 Be3 Be6 20 Rb1 Kamsky–Yusupov, Tilburg 1992. Black does not have quite enough compensation for his lost pawn— ±.

TWO KNIGHTS' DEFENSE

1 e4 e5 2 Nf3 Nc6 3 Bc4 Nf6 4 Ng5

	7	8	9	10	11	12
	d5				Bc5 Wilkes-Barre	
5	exd5		Fritz	Ulvestad	Bxf7†(s)	Nxf7
	Na5.........................		Nd4(k)	......b5	Ke7	Bxf2†
6	Bb5† d3		c3(l)	Bf1	Bd5(t)	Kf1(y)
	c6(a)	h6	b5	h6	Rf8(u)	Qe7
7	dxc6	Nf3	Bf1(m)	Nf3(q)	Nf3(v)	Nxh8
	bxc6	e4	Nxd5	Qxd5	Nd4	d5
8	Qf3	Qe2(f)	Ne4(n)	Nc3	Nxd4(w)	exd5
	Rb8(b)	Nxc4	Qh4	Qe6	Bxd4	Nd4
9	Bd3(c)	dxc4	Ng3	Bxb5(r)	0-0	d6
	h6	Bc5(g)	Bb7(o)	Bb7	c6	Qxd6(z)
10	Ne4	h3(h)	cxd4	Qe2	c3	Nf7
	Nd5	0-0	0-0-0	0-0-0	Bb6	Qc5
11	b3(d)	Nh2	Be2	Bxc6	Bb3	d3
	g6	c6(i)	Nf4	Qxc6	Qe8	e4
12	Qg3	dxc6	0-0	d3	Re1	c3
	Nf4(e)	e3(j)	Rxd4(p)	e4±	Qg6(x)	Bh4(aa)

(a) Little tested but interesting is 6 . . . Bd7 7 Qe2 Bd6 8 Nc3 0-0 9 Bxd7 Qxd7 10 0-0 c6 11 dxc6 Nxc6 12 d3 Nd4 13 Qd1 Rac8 14 Be3 Ba3! with chances for both sides, Sulkis–Beliavsky, Kosalin 1998.

(b) Black has several other possibilities: (A) 8 . . . Qc7 9 Bd3 Bd6 10 Nc3 Bg4 11 Nb5 Bxf3 12 Nxc7† Bxc7 13 gxf3 =, van der Wiel–Beliavsky, Baden 1980. (B) 8 . . . Be7 9 Bd3 0-0 10 Nc3 h6 11 Nge4 Nd5 with compensation for the pawn. (C) 8 . . . h6 9 Ne4 Nd5 (van der Wiel–Spassky, 1986) 10 Nec3 ±. (D) 8 . . . cxb5 9 Qxa8 h6 10 Ne4 Nd5 11 Nd6† ±.

(c) 9 Bxc6† Nxc6 10 Qxc6† Nd7 11 d3 Be7 12 Nf3 0-0 13 Nbd2 (13 Qe4 Rb4 14 Qe2 e4 ∓) 13 . . . Bc5 ∓, Hermann–Schaefer, DDR 1983.

(d) (A) 11 0-0?! Nb4 ∓. (B) 11 Ng3 g6 12 b3 h5 13 0-0 Bg7 ∓, Honfi–Zagarovsky, corr. 1963.

(e) If 12 . . . Bg7, not 13 Ba3 Nb4 14 Ke2? 0-0 ∓, van der Wiel–Torre, Sochi 1980, but 13 Bb2 and if 13 . . . Nf4 14 Ba3 transposes into the column. After 12 . . . Nf4 13 Bb2 Bg7 14 Ba3 Nb7 15 Nbc3 f5 16 Ne2, van der Wiel–Timman, Netherlands 1981; now 16 . . . Nxd3† 17 cxd3 Kf7 is slightly better for Black.

(f) (A) Bronstein's sacrifice 8 dxe4 Nxc4 9 Qd4 Nb6 10 c4 c6 11 0-0 cxd5 12 cxd5 Be7 is probably somewhat favorable for Black. (B) 8 Nd4 Bc5 9 Be3 Ng4 10 Bb5† c6 11 dxc6 0-0 was roughly equal in Trapl–Smejkal, Prague 1986.

(g) 9 . . . Bg4 10 h3 Bh5 11 g4 Bg6 (Korchnoi–Suetin, USSR 1952) 12 Ne5 ±.

(h) (A) 10 Bf4 g5 11 Nxg5 Qe7 12 Nh3 Bg4 is wild and unclear. (B) 10 Nfd2 0-0 11 Nb3 Bg4 12 Qf1 Bb4† 13 c3 (13 Bd2 Bxd2† 14 N1xd2 Re8 ∓; 13 Nc3 c6 ∓, Luckis–Keres, Buenos Aires 1939) 13 . . . Be7 14 h3 Bh5 15 Be3 Nd7 ∓, Salwe–Marshall, Vienna 1908.

(i) 11 . . . e3 12 Bxe3 Bxe3 13 fxe3 Ne4 14 0-0 Ng3 is about even.

(j) 13 Bxe3 Bxe3 14 fxe4 Ne4 good compensation for the material (Kondratjev).

(k) The old 5 . . . Nxd5 is a rare thing these days, although not clearly refuted. (A) 6 Nxf7 (The Fried Liver) 6 . . . Kxf7 7 Qf3† Ke6 8 Nc3 Nb4 9 Qe4 (9 a3 is possible also) 9 . . . c6 10 a3 Na6 is unclear—Keres. (B) 6 d4 Bb4† 7 c3 Be7 8 Nxf7 Kxf7 9 Qf3† Ke6 10 Qe4 b5 11 Bxb5 Bb7 12 f4 g6 is about even, Kalvach–Drtina, corr. 1986.

(l) 6 Nc3 h6 7 Nf3 Bg4 =; 6 d6 Qxd6 7 Bxf7† Ke7 8 Bb3 Nxb3 9 axb3 h6 10 Nf3 e4 ∓, Bogolybov–Rubinstein, Stockholm 1919.

(m) 7 Bd3 Bf5 8 Bxf5 Nxf5 9 Qf3, Morozevich–Timman, Amsterdam 1996; now 9 . . . Nh4 would favor Black (Timman).

(n) (A) 8 h4 h6 9 Ne4 Ne6 10 Bxb5† Bd7 ∞. (B) 8 cxd4 Qxg5 9 Bxb5† Kd8 10 0-0 Bb7 11 Qf3 Rb8 12 Qg3 =, Shabalov–A. Ivanov, USA 1996.

(o) 9 . . . Bg4 10 f3 e4 11 cxd4 Bd6 12 Bxb5† Kd8 13 0-0 exf3, Estrin–Berliner, corr. 1965. Now Estrin says 14 Qb3 is clearly better for White and Berliner disagrees, but White is for choice.

(p) 13 Bf3 e4 14 Bg4† Kb8 =, Ernst–Hijsman, Sweden 1978.

(q) 7 Nxf7 Kxf7 8 dxc6 Bc5 9 Be2 Ne4 10 0-0 Bxf2† 11 Rxf2 Nxf2 12 Qf1 was promising for White in Howell–Volzin, Calcutta 1996.

(r) 9 Nxb5 Bd6 10 Nxd6† Qxd6 11 d3 Bb7 =, Prie–Tisdall, Debrecen 1992.

(s) 5 d4 d5 6 Bxd5 Nxd4 7 Nxf7 Qe7 8 Nxh8 Bg4 is a messy alternative.

(t) 6 Bb3 Qe8 (6 . . . Re8 is also possible) 7 0-0 Rf8 8 Nc3 d6 9 Nd5† Kd8 10 c3 h6 11 d4 ±, J. Howell–Al. David, Groningen 1995.

(u) 6 . . . Qe8 7 d3 d6 8 Bxc6 bxc6 9 Be3 ±, Anand–Beliavsky, Linares 1991.

(v) 7 0-0 d6 8 c3 Qe8 9 Qb3 Qh5 with compensation for the pawn, Belov–Boiko, corr. 1991.

(w) 8 Nc3 d6 9 h3 c6 10 Bb3 Qe8 =, Bethmann–Leisebein, DDR 1989.

(x) 13 d4 d6 14 f3 Bh3 15 Re2 ±, Schlesing–Dovsden, corr. 1989.

(y) 6 Kxf2 Nxe4† 7 Kg1 (7 Ke3 Qe7 8 c3 d5 is another can of worms—unclear for 100 years) 7 . . . Qh4 8 g3 Nxg3 9 Nxh8 (9 hxg3 Qxg3† 10 Kf1 Rf8 11 Qh5 d5 ∓ Shatunov–Gorin, corr. 1973) 9 . . . d5 ∞.

(z) 9 . . . cxd6 10 Kxf2 Bg4 11 Qf1 Ne4† 12 Kg1 ±, Ignatiev–Filipov, corr. 1990.

(aa) Instead 12 . . . Ne6? 13 Qe2 e3 14 d4 Qf5 15 Ne5 Ng5 16 Bxe3 is winning for White, Blank–Pankratov, corr. 1993. After 12 . . . Bh4 13 Be3 Bg4 14 Qa4† Bd7 15 Nd6†?! (White should take the draw with 15 Qd1 Bg4, etc.) 15 . . . cxd6 16 Bf7† Kxf7 17 Qxd4 Qf5† 18 Kg1 Qg6 19 Bf2 Bg5 Black is somewhat better, Belov–Pankratov, corr. 1993.

TWO KNIGHTS' DEFENSE

1 e4 e5 2 Nf3 Nc6 3 Bc4 Nf6 4 d4 exd4 5 0-0(a)

	13	14	15	16	17	18
	Bc5 Max Lange Attack	....		Nxe4		
6	e5(b)			Re1(o)		
	d5		Ng4	d5		
7	exf6		Bf4(k)	Bxd5(p)		
	dxc4		d6(l)	Qxd5		
8	Re1†	fxg7	exd6	Nc3		
	Be6(c)	Rg8	Bxd6	Qa5(q)		Qh5
9	Ng5	Bg5	Re1†	Nxe4(r)		Nxe4
	Qd5(d)	Be7(h)	Kf8(m)	Be6		Be6
10	Nc3	Bxe7	Bxd6†	Neg5	Bd2	Bg5
	Qf5	Kxe7(i)	Qxd6	0-0-0	Qa4(t)	Bb4(w)
11	Nce4(e)	Nbd2(j)	c3	Nxe6	Bg5(u)	c3
	0-0-0(f)	Rxg7	Qc5	fxe6	h6	dxc3
12	g4	Nxc4	Nbd2	Rxe6	Bh4	bxc3
	Qe5(g)	Be6 ∓	d3(n)	Bd6(s)	Bb4(v)	Ba5(x)

(a) 5 Ng5 d5 6 exd5 Qe7† 7 Kf1 Ne5 8 Qxd4 Nxc4 9 Qxc4 h6 10 Nc3!? (10 Nf3 Qc5 is equal) 10 ... hxg5 11 Bxg5 Qc5 12 Re1† Kd8 13 Qf4 Be7 ∓, Carleton–Franzen, corr. 1991.

(b) 6 c3 Nxe4 7 cxd4 d5 8 dxc5 dxc4 9 Qxd8† Kxd8 10 Rd1† Bd7 11 Be3 Ke7 12 Na3 Be6 ∓, S. Khasin–Bicciardini, corr. 1990.

(c) 8 ... Kf8 9 Bg5 gxf6 10 Bh6† Kg8 11 Nc3 Bf8 12 Nxd4 (12 Bxf8 Kxf8 13 Nxe4 f5 ∓) 12 ... Bxh6 13 Nxc6 Qxd1 14 Ne7† Kf8 =.

(d) 9 ... Bf8 (Riddell–R. Levitt, Chicago 1994) 10 Rxe6 fxe6 11 Nxe6 Qxf6 = (Levitt).

(e) 11 g4 Qg6 12 Nce4 Bb6 13 Nxe6 (13 f4 0-0 14 f5 Bxf5 ∓, Blackburne–Teichmann, Nuremberg 1895) 13 ... fxe6 14 f7† Kd7 ∓.

(f) (A)11 ... Bf8 12 Nxf7 Kxf7 13 Ng5† Kg8 14 g4 Qg6 15 Rxe6 ±. (B) 11 ... Bb6 12 fxg7 Rg8 13 g4 Qg6 14 Nxe6 fxe6 15 Bg5 ±.

(g) (A) 13 Nxe6 fxe6 14 fxg7 Rhg8 15 Bh6 d3 16 c3 Bb6 17 Kh1 Ne7 18 f4 Qd5 is roughly equal. (B) 13 f4 d3† 14 Kg2 Qd5 15 f5 gxf6 16 Nf3 Bd7 17 Nxf6 Qd6 is murky, Buehler–Smigulska, Oakham 1988.

(h) (A) 9 ... Qd5 10 Nc3 Qf5 11 Ne4 Be7 12 Bxe7 ±. (B) 9 ... f6 10 Re1† Kf7 11 Bh6 ±.

(i) 10 ... Qxe7 11 Nxd4 Rxg7 12 Nxc6 ±.

36

(j) Not recommended is 11 Re1†?! Be6 12 Re4 d3 13 Nc3 Rxg7 14 cxd3 Qxd3 15 Nd5† Kf8 16 Qxd3 cxd3 17 Nxc7 Bh3 ∓ (Lisitsyn).

(k) (A) 7 c3 d5 8 Bb5 dxc3 9 Nxc3 0-0 10 Qxd5 = (Euwe). (B) 7 Re1 d3 8 Bxf7† Kf8 9 Qxd3 Bxf2† 10 Kf1 Bxe1 11 Qf5 Nf6 12 exf6 Qxf6 with obscure complications in Garrilo–Perfillier, corr. 1951.

(l) 7 . . . 0-0 8 h3 Nh6 9 Bxh6 gxh6 10 c3 d5 may give Black better chances to equalize the game.

(m) The alternatives 9 . . . Be7 10 Bb5 0-0 11 Bxc6 and 9 . . . Ne7 10 Bxd6 Qxd6 11 Qxd4 are not attractive for Black.

(n) 13 Nd4 Nxd4 14 cxd4 Qxd4 15 Qf3 Qf6 16 Qg3 with good attacking chances for White.

(o) 6 Nc3 Nxc3 (6 . . . dxc3 7 Bxf7† Kxf7 8 Qd5† Ke8 9 Re1 Be7 10 Rxe4 d6 11 Bg5 cxb2 12 Rae1 ± —Estrin) 7 bxc3 d5 is fine for Black.

(p) 7 Nc3 (Canal) 7 . . . dxc3 8 Bxd5 Be6 9 Bxe4 Qxd1 10 Rxd1 cxb2 11 Bxb2 f6 ∓, Blatny–Smejkal, Prague 1986.

(q) (A) 8 . . . Qd8 9 Bg5 f6 10 Nxe4 Be7 11 Bf4 0-0 ±, Glyanets–Obukhov, Chelyabinsk 1989. (B) 8 . . . Qf5 9 Nxe4 Be7 10 Bg5 f6 11 Nxd4 ± (Keres).

(r) The gambit 9 Nxd4 Nxd4 10 Qxd4 f5 fails after 11 Bg5 Kf7 12 Nxe4 fxe4 13 Qc4† Kg6 or 12 Bh6 Qc5 13 Bxg7 Rg8 ∓.

(s) Or 12 . . . h6 13 Qe2 Bd6 14 h3 Qf5 =, Djurhuus–Blees, Gausdal 1993. After 12 . . . Bd6 13 Qe2 Qh5 14 Qe4 Rde8 15 Bd2 Ne5 16 Rxe8† Rxe8 the game is equal, Kamsky–Ye Rongguang, Manila 1990. Perhaps 13 Bg5 Rde8 14 Qe2 Kd7 15 Rxe8 Rxe8 16 Qd2 (Pozin–A. Popov, Russia 1993) is a little better for White.

(t) (A) 10 . . . Qf5 11 Bg5 Bd6 12 Nxd4 Nxd4 13 Qxd4 0-0 14 Nxd6 Qxg5 =, Sveshnikov–Geller, Sochi 1983. (B) 10 . . . Qd5 11 Bg5 Bd6 12 Bf6 0-0 13 Nxd4 Nxd4 =, Zaitsev–Averbakh, USSR 1964.

(u) 11 b3 Qa3 12 Neg5 0-0-0 13 Nxe6 fxe6 14 Ng5 Rd7 15 Nxe6 Bb4, draw agreed, Glek–Sveshnikov, Tashkent 1984.

(v) After 13 Re2 g5 14 Nf6† Kf8 15 Bg3 Be7 16 Ne4 Rd8 the game was even, Estrin–Zaitsev, USSR 1983.

(w) 10 . . . Bd6 is also played here. If then 11 Bf6?! (Better moves are 11 Nxd6†, 11 h3 or even 11 h4) then 11 . . . Bxh2† 12 Nxh2 (12 Kf1 Bc4† and 12 Kh1 Be5† are worse) 12 . . . Qxd1 13 Rad1 gxf6 14 Nxf6† Kf8 with a big advantage for Black, Karaklajić–Sanja Jovanović, Palić 1996.

(x) After 13 Qc1 0-0 14 Ng3 Qg6 15 Nh4 Qd3 16 Ne4 Kh8 17 Qf4 Bxc3 18 Rad1 Qc4 19 Nxc3 Qxc3 20 Qxc7 White's lead in development balanced Black's extra pawn, Kamsky–Kupreichik, Palma de Mallorca 1989.

TWO KNIGHTS' DEFENSE

1 e4 e5 2 Nf3 Nc6 3 Bc4 Nf6

	19	20	21	22	23	24
4	d4		d3			Nc3
	exd4		Be7			Nxe4(r)
5	e5		0-0			Nxe4(s)
	d5(a)		0-0			d5
6	Bb5		Bb3	Re1	c3	Bd3(t)
	Ne4		d5	d6	d5	dxe4(u)
7	Nxd4		exd5(h)	c3(l)	exd5	Bxe4
	Bc5	Bd7	Nxd5	Be6(m)	Nxd5	Bd6(v)
8	0-0(b)	Bxc6	Re1(i)	Bb5	Re1	d4
	0-0	bxc6	Bg4	Bd7	Bg4	exd4(w)
9	Bxc6(c)	0-0	h3	Ba4	h3(o)	Bxc6†
	dxc6	Bc5(f)	Bh5(j)	a6	Bh5	bxc6
10	Nxc6	Be3	g4	Nbd2	Nbd2	Qxd4
	Qh4(d)	Qe7	Bg6	b5	Nf4(p)	0-0
11	Be3	Re1	Nxe5	Bc2	Nf1	0-0
	Ba6(e)	0-0(g)	Nxe5(k)	Re8(n)	Na5(q)	c5(x) =

(a) Other moves are feasible here: (A) 5 . . . Ne4 6 0-0 (6 Bd5 Nc5 7 0-0 Be7 8 Qe2 0-0 =, Khmelnitsky–Romanishin, Sibernik 1990) 6 . . . d5 7 exd6 Nxd6 8 Bd5 Nf5 9 Re1† Be7 10 Bxc6† bxc6 11 g4 Nh6 (11 . . . Nd6 12 Nxd4 Bd7 13 Qf3 0-0 14 Nxc6 ±, Edelman–Kaidanov, New York 1994) 12 Bxh6 gxh6 13 Qxd4 Qxd4 14 Nxd4 Kf8 with chances for both sides, A. Tzermiadianos–Agnos, Athens 1995. (B) 5 . . . Ng4 6 Qe2 Qe7 7 Bf4 d6 (7 . . . f6 8 exf6 Nxf6 9 Nbd2 ±, Sveshnikov–Ehlvest, Helsinki 1992) 8 exd6 cxd6 9 Nbd2 Bf5 =, Valvo–R. Levit, Chicago 1992.

(b) (A) 8 Be3 is an important alternative. After 8 . . . Bd7 9 Bxc6 bxc6 10 Nd2 Ng5 (10 . . . Qe7 11 Nxe4 dxe4 12 e6 fxe6 13 Nxc6 ±) 11 c3 Bb6 is a small edge to White, A. Tzermiadianos–M. Pavlović, Agios Nikolaos 1995. (B) 8 Nxc6? Bxf2† 9 Kf1 Qh4 10 Qxd5 Bc5 11 g3 Qh3† is losing for White, Barolik–Malinin, corr. 1988.

(c) 9 Nxc6 bxc6 10 Bxc6 Ba6 11 Qxd5 Bxf1 (11 . . . Qxd5 12 Bxd5 Rad8 13 c4 Nxf2 14 Rxf2 Bxc4 ∞, Pyda–Varavin, Lublin 1993) 12 Qxe4 Bb5 13 Nc3 is probably even.

(d) 10 . . . Qd7 11 Nd4 Qe7 12 Bf4 f6 (Rogers) also gives Black compensation for the pawn.

(e) After 12 g3 Qh3 13 Bxc5 Bxf1 (Rogers) there are chances for both sides.

(f) 9 . . . Be7 10 f3 Nc5 11 f4 Ne4 12 Nc3 Nxc3 13 bxc3 c5 13 Nb3 ±, Stanciu–
Kovacs, Lublin 1969.

(g) 12 f3 Ng5 13 f4 Ne6 14 c3 ±, Sax–Smejkal, Vrbas 1977.

(h) 7 Nbd2 Bg4 8 c3 h6 9 Re1 Re8 10 h3 ±, Gipslis–A. Marić, Biel 1994.

(i) 8 h3 Kh8 9 Re1 f6 10 c3 Nb6 (better is 10 . . . Bf5) 11 d4 exd4 12 cxd4 with ad-
vantage to White, Bologan–Gi. García, Wijk aan Zee 1996.

(j) 9 . . . Bxf3 10 Qxf3 Nd4 11 Qxd5 Qxd5 12 Bxd5 Nxc2 13 Bd2 Nxa1 14 Rc1
Rad8 =, S. Dizdar–Mikhalchishin, Zenica 1989.

(k) 12 Rxe5 c6 13 Qf3 Bd6 (13 . . . Bf6?! 14 Re2 Kh8 15 Bxd5 ±, Kramnik–
Kasparov, Novgorod 1995) 14 Re2 f5 is unclear (Kramnik).

(l) 7 a4 Nd4 8 Nxd4 exd4 9 c3 dxc3 10 Nxc3 c6 11 Qb3 Ng4 12 d4 Bh4 seems to
be balanced chances, Nevednichy–Ceskovski, Yugoslavia 1994.

(m) Other possibilities are: (A) 7 . . . Rb8 8 a4 Be6 9 Nbd2 a6 10 h3 Qd7 11 Bb3
Bxb3 12 Qxb3 Rfe8 =, Nevednichy–Zaitsev, Bucharest 1993. (B) 7 . . . h6
8 Nbd2 Na5 9 Bb5 Bd7 10 Bxd7 Nxd7 11 Nf1 Re8 12 Ng3 Bf8 13 Be3 g6 14
h4 ±, Berzinsh–V. Zhuravlev, Riga 1993.

(n) After 12 Nf1 Bf8 13 Ng3 g6 14 h3 Bg7 15 d4 White has a small advantage,
Bologan–Murei, France 1994.

(o) (A) 9 Nbd2 Kh8 10 a4 f6 11 a5 Rb8 12 Nf1 Be6 is about even, Yudasin–
Ivanchuk, Riga 1991. (B) 9 Bb5 Bd6 10 Nbd2 Kh8 11 h3 Bh5 12 Nc4 f6 =,
Ionescu–Kunze, Santiago 1990.

(p) 10 . . . Nb6 11 Bb5 Bd6 12 Ne4 re8 13 Ng3 Bg6 14 a4 a6 15 Bxc6 bxc6 =,
Lazić–Gligorić, Yugoslavia 1990.

(q) 12 Bxf4 exf4 13 Bb5 a6 14 Ba4 b5 15 Bc2 c5 16 N1h2 Nc6 17 d4 cxd4 18 Be4
Rc8 19 Bxc6 Rxc6 =, Yudasin–Dreev, Lvov 1990.

(r) 4 . . . Bc5 transposes into the Giuoco Piano.

(s) 5 Bxf7† Kxf7 6 Nxe4 d5 7 Nfg5† (7 Ng3 ∓) 7 . . . Kg8 8 Qf3 Qd7 ∓.

(t) 6 Bb5 dxe4 7 Nxe5 Qg5 is good for Black.

(u) 6 . . . f5 7 Nc3 e4 8 Bb5 exf3 9 Qxf3 Be6 10 0-0 Qd7 11 Ne2 Bd6 12 d4 and
White is slightly better, Morović–Segalchik, North Bay 1996.

(v) The odd 7 . . . Ne7 8 c3 f5 9 Bc2 e4 10 Ne5 favors White.

(w) 8 . . . Nxd4 is duller. After 9 Nxd4 exd4 10 Qxd4 0-0 11 Be3 Qe7 the game was
even in Tarrasch–Marshall, Breslau 1912.

(x) White's superior pawn structure is balanced by the bishop pair, Tartakower–
Bogolybov, Pistyan 1922.

RUY LOPEZ

1 e4 e5 2 Nf3 Nc6 3 Bb5

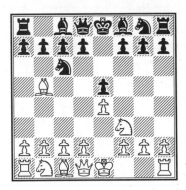

THE RUY LOPEZ (known in Europe and South America as the Spanish Game) is a sophisticated opening that embodies all the principles of modern chess. Other openings can be out of date, out of fashion or simply offbeat, but White's third move, 3 Bb5, begins one of the few paths in the openings where both sides seek the ultimately best moves. This approach can be sometimes impractical, as it requires a player to consider many chess principles and know many long variations, making it easy to make a mistake or blunder. The reader will note that the chapter for the Ruy Lopez is much longer than any other of the double king-pawn openings and that the variations themselves are longer. As the opening requires more study and effort to learn, many chessplayers choose to use an alternate opening (such as the Giuoco Piano) for their repertoire. The effort to learn the Ruy Lopez can be minimized by choosing one specific variation (the lines without 3 . . . a6 are particularly easy to learn). Learning the more difficult and long variations has the virtue of presenting an opponent with hard problems and the enjoyment of seeing fascinating and cutting-edge chess ideas.

Despite being one of the most topical openings at the start of the new millennium, the Ruy Lopez is old, dating to the fifteenth century. It gets its name from the Spanish priest Ruy Lopez, who was the first to treat the opening systematically in his *Libro del Ajedrez* of 1561.

This chapter, like the Sicilian, is very large with many variations of different strategies. Therefore it is broken up into three subchapters to make the material more accessible to the reader. The chapters are: (1) Systems without . . . a6. (2) Systems with . . . a6: Variants on Moves Four to Six (including the Exchange, Open and Modern Steinitz Variations). (3) Main Lines: Closed Systems and the Marshall Attack.

RUY LOPEZ—SYSTEMS
WITHOUT . . . a 6

1 e4 e5 2 Nf3 Nc6 3 Bb5

T HE VARIATIONS WITHOUT . . . a6 are thought to to give Black fewer op-
tions than those systems with it, but this is a generality. It is true
that these variations are the very old defenses to the Ruy Lopez,
but they have their points. In some systems, such as the Berlin Defense,
the White bishop is more exposed on b5 than on a4, where it retreats
after . . . a6. These systems are also simpler to learn as Black, so the novice
is recommended to study one of them before the more involved variations
later in the chapter.

A. The CLASSICAL (or Cordel) DEFENSE (columns 1–6) is the straightfor-
ward developing move 3 . . . Bc5. Though probably the oldest defense to
the Ruy Lopez, it still sees use today. White sets problems with 4 c3
(columns 1–5), but Black can often get counterchances as it is difficult for
White to keep control.

B. The BERLIN DEFENSE, 3 . . . Nf6 (columns 7–12) is an underrated var-
itation that has been used by GM Arthur Bisguier for decades. Black's most
solid line is 4 0-0 Nxe4 5 d4 Nd6 (column 8) as played by Bisguier.

C. The COZIO DEFENSE, 3 . . . Nge7 (columns 13–15) and, BIRD'S DEFENSE,
3 . . . Nd4 (columns 16–18) are old-fashioned continuations that undoubt-
edly give White a theoretical edge. They continue to see use because the
offbeat positions that arise may confuse many opponents.

E. In the OLD STEINITZ DEFENSE, 3 . . . d6 (columns 19–21), Black de-
fends the center in the most straightforward manner. This is playable, but
White obtains a freer position without much trouble, so the defense is
rarely seen nowadays.

F. 3 . . . g6 (columns 22–24) was popular is the 1980s when it was
discovered that 4 c3 a6! (column 23) offered Black good possibilities. Cur-

rently 4 d4 exd4 5 Bg5 (column 24) offers White the upper hand, so 3 . . . g6 sees limited use.

G. 3 . . . f5!? (columns 25–30) is the sharp Schliemann Variation (sometimes called the Jaenisch Gambit). Black plans to open the f-file for the purpose of attack, in the course of which he frequently sacrifices a pawn or two. The opening has a dubious reputation, but keeping control of the game is difficult for White to do against aggressive play. Black is having better results with 4 Nc3 fxe4 5 Nxe4 Nf6 (columns 25–26) instead of the older 5 . . . d5 (column 27).

RUY LOPEZ

Classical (Cordel) Defense

1 e4 e5 2 Nf3 Nc6 3 Bb5 Bc5

	1	2	3	4	5	6
4	c3..0-0					
	f5 ....Nge7 ....Nf6					Qf6(s)
5	d4(a)		0-0!(i)	d4 0-0		c3
	fxe4		Bb6	Bb6(l)	0-0(p)	Nge7
6	Bxc6(b)		d4	Qe2(m)	d4	Re1!
	dxc6(c)		exd4	exd4	Bb6	0-0?!(t)
7	Nfd2 ....Nxe5		cxd4	e5	dxe5(q)	d4
	Bd6(d)	Qd5(g)	d5	0-0	Nxe4	exd4
8	dxe5	Nxc6!	exd5	cxd4	Qd5	e5
	e3	bxc6	Nxd5	Re8(n)	Nc5	Qg6
9	fxe3(e)	dxc5	Re1†(j)	Be3	Bg5	Bd3
	Bc5	Ba6	Be6	Ng4	Ne7	f5
10	0-0	Qxd5	Bg5	Nc3	Qd1	exf6
	Bxe3†(f)	exd5(h)	Qd6(k)	d6(o)	Ne4(r)	Qxf6(u)

(a) 5 exf5?! e4 6 d4 exf3 7 dxc5 Qe7† 8 Be3 fxg2 9 Rg1 Nf6 =, Unzicker–Campora, Bern 1987.

(b) 6 Nxe5 Nxe5 7 Qh5† Ng6 8 dxc5 Nf6 9 Qg5 c6 10 Be2 d5 11 cxd6 Qxd6 12 Be3 Be6 13 Na3 Qc7 14 Nc2 0-0 15 Nd4 was agreed drawn in Tatai–Rantanen, Thessaloniki Ol. 1984, but White has a small edge in the final position.

(c) 6 . . . exf3?! 7 Bxf3 exd4 8 0-0! Be7 (8 . . . Nf6 9 Re1† ±, or 8 . . . Ne7 9 cxd4 ±) 9 Qxd4 Nf6 10 c4 0-0 11 Nc3 with control of the center, Brudnova–Soukup, Pilsen 1995.

(d) A very tricky move is 7 . . . Qg5?! 8 dxc5 Nf6 (8 . . . Qxg2 9 Qh5†) when White must play carefully. On the natural 9 0-0 Bh3 10 g3 then 10 . . . 0-0-0! generates a fierce attack. Best is 9 Qe2! Qxg2 10 Qf1 Qg4 11 Nc4 Qh5 12 Be3 Be6 13 Nbd2 0-0-0 14 Qg2 when Black does not have enough for the piece, de Firmian–Rogers, Philadelphia 1987.

(e) 9 exd6 exd2† 10 Nxd2 Qxd6 11 0-0 Be6 12 Qh5† also gives White an edge, Stern–Snyder, corr. 1978.

(f) 11 Kh1 Qe7 12 Qf3 Bg5 13 b3 Nh6 14 Ba3 Qe6 15 Ne4 ±, Mikhailov–Sapundzhiev, corr. 1992.

(g) 7 . . . Bd6 8 Qh5† g6 9 Qe2 (9 Nxg6?! Nf6 =) 9 . . . Qh4 10 Nd2 Bf5 11 g4! Be6 12 Nxe4 Bxe5 13 h3! Bxg4 14 Qxg4 ±, A. Rodríguez–Del Campo, Matanzas 1994.

43

(h) 11 Bf4 0-0-0 12 Nd2 with an extra pawn, Kinsella–Blackmore, corr. 1988.

(i) 5 d4 exd4 6 cxd4 Bb4† 7 Bd2 Bxd2† 8 Qxd2 a6! 9 Ba4 d5 10 exd5 Qxd5 11 Nc3 Qe6† 12 Kf1 Qc4† =, Alekhine–Bogolybov, St. Petersburg 1913.

(j) 9 Ne5 0-0 10 Nxc6 bxc6 11 Bxc6 Rb8 12 Nc3 Ne7 13 Be4 Ba6 14 Re1 Bxd4 =, Benjamin–Zuckerman, New York 1978.

(k) 12 Nc4 Qb4, V. Ivanov–Rodin, Moscow 1994; now 13 Bxc6 bxc6 14 Rc1 leaves Black with little compensation for his bad pawn structure.

(l) 5 . . . exd4 6 e5 Ne4 7 0-0 d5 8 Nxd4 0-0 9 f3 Ng5 10 Be3 f6 11 Bxc6 bxc6 12 Qd2 Bxd4 13 cxd4 Ne6 14 exf6 Qxf6 15 Nc3 puts White clearly on top as Black's queenside pawns are bad, Galje–Fiorito, corr. 1989.

(m) 6 Nxe5 Nxe5 7 dxe5 Nxe4 8 Qg4 Bxf2† 9 Ke2 Qh4 10 Qxg7 Rf8 11 Nd2 Nxd2 12 Bxd2 Bc5 13 Rhf1 (Short–Gulko, Linares 1989) 13 . . . Qxe4† 14 Kd1 Qg6 =.

(n) Black can get three pawns for the piece with 8 . . . Nxd4 9 Nxd4 Bxd4 10 exf6 Re8 11 Be3 Qxf6 12 Nd2 Bxb2 13 Rb1 c6 14 Bd3 d5 15 0-0 ±.

(o) 11 0-0-0 Nxe3 12 fxe3 Bd7 13 Rhf1 dxe5 14 Bc4! exd4?! (14 . . . Rf8 may gain equality for Black) 15 Bxf7†! Kxf7 16 Ng5† Kg6 17 h4! with a tremendous attack, Salov–Perov, corr. 1994.

(p) 5 . . . Nxe4?! 6 Qe2 f5 7 d3 is bad for Black.

(q) White also gains an edge from (A) 7 Qd3 d6 8 Bg5 h6 9 Bh4 Bd7 10 Nbd2 a6 11 Bc4 ±, Svidler–Leko, Linares 1999, or (B) 7 Bg5 h6 8 Bh4 d6 9 Bxc6 bxc6 10 dxe5 dxe5 11 Nbd2 Re8 12 Qc2 g5 13 Bg3 Nh5 14 c4 ±, Z. Almasi–Gulko, Pamplona 1996. Not as good is (C) 7 Re1 exd4 8 cxd4 (8 e5?! Ng4 9 Bg5? Nxf2! 10 Qa4 dxc3 11 Bxd8 cxb2 wins, Schlosser–Anand, Prestwich 1990) 8 . . . d5 9 e5 Ne4 10 Nc3 Bg4 11 Bxc6 bxc6 12 Nxe4 dxe4 13 Rxe4 Bxf3 14 Qxf3 Bxd4 =, Unzicker–Fischer, Leipzig Ol. 1960.

(r) 11 Bh4 d5 12 Nbd2 c6 13 Bd3 Bf5 14 Qc2 Nxd2 15 Bxf5 Nxf3† 16 gxf3 Kh8 17 f4 Qc7 18 Kh1 Nxf5 19 Qxf5 ±, Smirin–Weinstein, Israeli Chp. 1992.

(s) (A) 4 . . . Nf6 transposes into the Berlin Defense (col. 7) on the next page. This is probably Black's best choice. (B) 4 . . . Nd4 5 b4! Bxb4 6 Nxd4 exd4 7 Bb2 ±. (C) 4 . . . d6 5 c3 Bd7 6 d4 Bb6 7 Bg5 ±.

(t) Black can limit the damage by 6 . . . Bb6 7 d4 h6 8 Na3 0-0 9 Nc4 d6 10 a4 ±.

(u) 11 b4! Bb6 12 b5 and White wins a knight, Veroci–C. Rogers, Biel 1990.

RUY LOPEZ

Berlin Defense

1 e4 e5 2 Nf3 Nc6 3 Bb5 Nf6

	7	8	9	10	11	12
4	0-0..				d4	Qe2(u)
	Bc5	Nxe4			exd4(r)	Bc5
5	Nxe5(a)	d4(f)			e5(s)	c3(v)
	Nxe4(b)	Nd6		Be7	Ne4	Qe7
6	Qe2	Bxc6(g)		Qe2	0-0	d3
	Nxe5	dxc6		Nd6	a6	d6
7	Qxe4	dxe5		Bxc6	Bxc6(t)	Bg5
	Qe7	Nf5	Ne4	bxc6	dxc6	h6
8	Nc3!(c)	Qxd8†	Qe2(l)	dxe5	Qe2	Bh4
	Ng6	Kxd8	Bf5	Nb7(o)	Bf5	Bd7
9	Qxe7†	Nc3(h)	Rd1	Nc3(p)	Rd1	Nbd2
	Bxe7(d)	h6(i)	Qc8	0-0	Bc5	a6
10	Nd5	h3(j)	Nd4(m)	Re1	Be3	Ba4
	Bd6	Be6	Bc5	Nc5	Qe7	g5 =
11	Re1†	g4	b4!	Be3	Nxd4	
	Kd8(e)	Ne7(k)	Bxb4(n)	Ne6(q)	Bxd4 =	

(a) 5 c3 transposes into column 5 the Classical Defense (column 5).

(b) White holds the edge after the straightforward 5 . . . Nxe5 6 d4 a6 (6 . . . c6 7 dxe5 Nxe4 8 Bd3 d5 9 exd6 Nf6 10 Re1† Be6 11 Nc3 ±, Fedorowicz–Kaidanov, US Chp. 1993) 7 Be2! Be7 (7 . . . Ba7 8 dxe5 Nxe4 9 Qd5! ±) 8 dxe5 Nxe4 9 Be3 d5 10 c4 c6 11 cxd5 ±, G. Hernández–Godena, Moscow Ol. 1994.

(c) 8 d4 Nc6 9 Qxe7† Bxe7 is just a minute endgame edge for White, and the complicated 9 Qg4 h5 10 Qxg7 Bxd4 11 Qg3 a6 is about equal.

(d) 9 . . . Nxe7?! 10 Re1 0-0 (10 . . . c6 11 Ne4!) 11 Ne4 Bb6 12 Nf6† gxf6 13 Rxe7 ±, Howell–Bjornsson, Hafnarfirdi 1992.

(e) 12 Ne3 Re8 13 Bc4 Re7 14 d4 Bf4 15 g3 Bxe3 16 Bxe3 d6 17 h4 and the bishop pair squeeze Black in the endgame, Grünfeld–Salov, Haifa 1989.

(f) 5 Re1 Nd6! 6 Nxe5 Be7 7 Ba4 (7 Bd3 0-0 8 Nc3 Nxe5 9 Rxe5 Bf6 =) 7 . . . Nxe5 8 Rxe5 0-0 9 d4 Bf6 10 Re1 Nf5 11 c3 d5 12 Nd2 Bd7 =, Bronstein–Smyslov, Moscow 1971.

(g) (A) Amusing is 6 dxe5 Nxb5 7 a4 winning back the knight. After 7 . . . Nbd4 8 Nxd4 Nxd4 9 Qxd4 d5 10 Nc3 c6 11 a5 Bf5 12 f4 Qd7 (12 . . . Bxc2 13 f5!) 13 Rf2 h5 14 Be3 Rh6 the game is equal, Nunn–Salov, Haifa 1989. (B) White can keep the queens on the board with 6 Bg5 Be7 (6 . . . f6? 7 dxe5 ±) 7 Bxe7

Qxe7 8 Bxc6 dxc6 9 dxe5. Now 9 . . . Nf5 10 Nc3 Be6 11 Qd2 may give White an edge, but 9 . . . Ne4! 10 Qe2 Nc5 should be equal.

(h) 9 Rd1† Ke8 10 Nc3 Ne7!? 11 Nd4 Ng6 12 Bg5 Be7 13 Bxe7 Kxe7 14 Re1 Rd8 15 Rad1 Be6 16 g3 Bg4 17 Rd3 c5 =, Morović–Rausis, Las Palmas 1995.

(i) (A) 9 . . . Ke8 10 h3 Ne7!? 11 Re1 (11 Rd1 is probably better) 11 . . . Nd5 12 Ne4 Nb4! 13 Re2 Bf5 14 Nd4 Bxe4 15 Rxe4 c5 16 a3 cxd4 17 axb4 Bxb4 =, Topalov–Kramnik, Wijk aan Zee 1999. (B) 9 . . . Be6 10 Rd1† Kc8 (10 . . . Ke8 Ng5 ⩲) 11 Ng5 Bc4 12 b3 Bb4 13 Bb2 Bxc3 14 Bxc3 Bd5 15 Nh3! h5 16 Nf4 ⩲, Dvoirys–Alexandrov, Moscow 1996.

(j) 10 b3 Be6 11 Bb2 a5 12 a4 Bb4 14 h3 Bxc3 15 Bxc3 c5 =, de Firmian–Bisguier, Las Vegas 1993.

(k) 12 Nd4 Bd7 13 Bf4! c5 14 Nde2 Kc8 15 Rad1 ⩲, Geller–Romanishin, USSR 1977. White must play very accurately to gain an edge against the underrated Berlin Defense.

(l) Now 8 Qxd8† Kxd8 9 Re1 Nc5 10 Be3 Bg4 11 Nbd2 Ne6 is only a minute endgame edge, Borge–Westerinen, Gausdal 1995.

(m) 10 Rd4 Nc5 11 Be3 Be7 12 Nc3 Ne6 13 Rd2 0-0 14 Rad1 Rd8 =, de Firmian–Gausel, Stockholm 1997.

(n) 12 e6! Bg6 (12 . . . fxe6 13 Nxf5 exf5 14 f3 ⩲) 13 exf7† Kf8 14 Qc4 Bd6 15 Ne6† ⩲, Sulkis–Westerinen, Gausdal 1995.

(o) 8 . . . Nf5 9 Qe4 g6 10 Nd4 Nxd4 11 Qxd4 d5 12 Nc3 ⩲, Ljubojević–Spassky, Belfort 1988.

(p) Also 9 Bf4 0-0 10 Nc3 Nc5 11 Ne4 Ne6 12 Bg3 f5 13 exf6 Bxf6 14 c3 Be7 15 Rad1 puts Black under pressure, de Firmian–Knezević, Reykjavik 1984.

(q) 12 Rad1 f6 13 Nd4 Nxd4 14 Bxd4 fxe5 15 Bxe5 ⩲, García–Arencibia, Havana 1993.

(r) On 4 . . . Nxe4 best is 5 0-0, transposing into column 8.

(s) 5 0-0 Bc5 6 e5 Nd5 7 Bg5 Be7 8 Bxe7 Qxe7 9 Nxd4 0-0 =, Zsu. Polgar–Sherzer, Brno 1993.

(t) 7 Ba4 Nc5 8 c3?! Nxa4 9 Qxa4 b5 10 Qc2 dxc3 11 Nxc3 Be7 is a speculative pawn sacrifice, Bird–Steinitz, London 1866. The column is Kuinda–Tseitlin, USSR 1977.

(u) In the nineteenth century 4 d3 and 4 Nc3 were commonly seen. Of course such moves are alright, but they set Black no problems, e.g. 4 d3 d6 5 c3 Be7 or 5 . . . g6! =.

(v) 5 Bxc6 bxc6 6 Nxe5 Qe7 7 Nd3 Ba6 8 Nc3 0-0 9 b3 Rfe8 10 f3 Nd5! allows Black fine play for the pawn, J. Polgar–Smejkal, Moscow Ol. 1994. Also 7 f4 d6 8 Nxc6 Qxe4 9 Qxe4 Nxe4 10 d4 Bb6 11 c3 a5! 12 Nd2 (Formanek–Coppini, Italy 1977) 12 . . . Nxd2 13 Kxd2 Kd7 is at least equal for Black. The column is I. Ivanov–Weinberger, Los Angeles 1989.

RUY LOPEZ
Cozio and Bird's Defenses

1 e4 e5 2 Nf3 Nc6 3 Bb5

	13	14	15	16	17	18
	Nge7 ....(Cozio Defense)			Nd4 (Bird's Defense)		
4	0-0	c3	Nc3(g)	Nxd4		Bc4(q)
	g6(a)	g6(d)	Ng6(h)	exd4		Bc5(r)
5	c3	d4	d4	0-0		Nxd4
	Bg7	exd4	exd4	Bc5(j)		Bxd4
6	d4	cxd4(e)	Nxd4	c3(k)	Bc4	c3
	exd4	d5	Bc5	c6	d6(m)	Bb6
7	cxd4	Nc3	Be3	Ba4	c3(n)	d4
	d5	Bg7	Bxd4	Ne7	c6(o)	Qe7
8	exd5	Bg5	Bxd4	d3	a4!?(p)	0-0
	Nxd5	f6	0-0	d5	Ne7	Nf6
9	Re1†	Be3	h4!	Nd2	b4	a4
	Be6	Be6	d6	Bb6	Bb6	a6
10	Bg5(b)	0-0	h5	cxd4	a5	Be3
	Qd6	0-0	Nge5	Bxd4	Bc7	Nxe4
11	Nbd2	Re1	h6	Kh1	cxd4 ±	Re1
	0-0(c)	Bf7(f)	Bg4(i)	0-0(l)		0-0(s)

(a) 4 ... Ng6 5 d4 exd4 6 Nxd4 Bc5 7 Nb3 Bb6 8 Nc3, Dzindzichasvili–Larsen, Tilburg 1978, is slightly better for White, as is 4 ... a6 5 Bc4.

(b) 10 Ne5 0-0 11 Nxc6 bxc6 12 Bxc6 Rb8 13 Nc3 Rb4 14 Qc2 Rxd4 wins the pawn back with even chances, Xie Jun–Ye Rongguang, Kuala Lumpur 1994.

(c) 12 Ne4 Qb4 13 Bxc6 bxc6 14 Qc1 Rfe8 (14 ... Bf5 15 Ng3 ±) 15 h3 Rab8 16 b3 Bf5 17 Bd2 Qf8 18 Ng3 ±, Tiviakov–I. Sokolov, Wijk aan Zee 1995.

(d) (A) 4 ... a6 5 Ba4 b5 6 Bb3 d5 7 d3! f6 (7 ... dxe4? 8 Ng5) 8 Nbd2 Be6 9 0-0 Ng6 10 a4 b4 11 a5 Be7 12 Ba4 ±, Ornstein–Rantanen, Norway 1978. (B) 4 ... d5 5 Nxe5 dxe4 6 Qe2 Qd5 7 Nxc6 Nxc6 8 d4 ±, Fischer–Shipman, New York 1971.

(e) 6 Bg5 Bg7 7 cxd4 d5 8 exd5 Qxd5 9 Nc3 Qd6 10 0-0 0-0 11 d5 Ne5 12 Ne4 Qb4 =, Dobrev–Radulov, Bulgaria 1991.

(f) 12 Rc1 dxe4 13 Nxe4 Qd5 14 Nc3 Qd6 15 Qa4 a6 16 Bc4 ±, Meyer–Soppela, Hamburg 1992.

(g) The straightforward 4 d4 exd4 5 Nxd4 leads to an equal game after 5 ... g6 6 Nc3 Bg7 7 Be3 0-0 8 0-0 d5! 9 exd5 Nxd5 10 Nxc6 bxc6 11 Bxc6 Nxe3 12 fxe3 Rb8.

47

(h) Now (A) 4 . . . g6 runs into 5 d4 exd4 6 Nd5! Bg7 7 Bg5 h6 8 Bf6 Bxf6 9 Nxf6†
Kf8 10 Nxd4 Kg7?! (10 . . . Nf5 11 Nh7† ⩲) 11 Qd2! ±, Murey–Dreev 1989, as
11 . . . Kxf6 12 Qc3 is a fierce attack. (B) 4 . . . d6 5 d4 Bd7 6 Bc4 ⩲,
Lasker–Steinitz, World Chp. 1894.

(i) 12 Qd2 g6 13 f4 ±, Wedberg–Hartman, Sweden 1989.

(j) 5 . . . c6 6 Bc4 Nf6 7 Re1 d6 8 c3 Ng4 9 h3 Ne5 10 d3! Nxc4 11 dxc4 dxc3
12 Nxc3 Be7 13 Bf4 ⩲, Ketterer–Frank, corr. 1986.

(k) 6 d3 c6 7 Bc4 d5 8 exd5 cxd5 9 Bb5† Bd7 10 Bxd7† Qxd7 11 Nd2 Ne7 12 Nb3
Bb6 13 Bg5 f6 14 Bd2 a5 with chances for both sides, Rohde–Christiansen, US
Chp. 1986.

(l) 12 f4 f5 13 e5, Hübner–Nunn, Brussels 1986; now instead of 13 . . . b5? 14 Bb3
c5 15 Nf3 ±, Black would be only slightly worse after 13 . . . Bb6 14 Bb3.

(m) Black must take heed, as the more strategic 6 . . . c6? or 6 . . . Ne7? fail to
7 Bxf7† Kxf7 8 Qh5† and 9 Qxc5.

(n) 7 d3 c6 8 Qh5 Qe7 9 Nd2 Nf6 10 Qh4 may also give White a slight edge.

(o) (A) 7 . . . Qf6 8 Na3 Bxa3 9 Qa4† Bd7 10 Qxa3 Ne7 11 Qb3 ±, Ehlvest–
Kupreichik, USSR 1986. (B) 7 . . . Ne7 8 cxd4 Bxd4 9 Qa4† ⩲.

(p) 8 d3 Nf6 9 Nd2 0-0 10 cxd4 Bg4 11 Nf3 Bxd4 12 h3 Bxf3 13 Qxf3 d5 =,
Ehlvest–Ivanchuk, Reggio Emilia 1988. The column is Burnett–Levine,
Philadelphia 1995, with 11 cxd4 instead of 11 b5?!.

(q) 4 Ba4 Bc5 5 0-0 Nxf3† 6 Qxf3 Ne7 7 d3 0-0 8 Be3 Bb6 =, Reti–Spielmann,
Vienna 1913.

(r) 4 . . . Nxf3† 5 Qxf3 Qf6 6 Qg3 Bc5 7 d3 d6 8 Nc3 c6 9 0-0 Qg6 neutralizes
White's initiative, Fleck–Grzesik, Germany 1984.

(s) 12 Bd5 Nf6 13 dxe5 Nxd5 14 Qxd5 Bxe3 15 Rxe3 Rb8 16 Nd2 b5 =,
Romanishin–Malaniuk, Tbilisi 1986.

RUY LOPEZ

Old Steinitz Defense and 3 . . . g6

1 e4 e5 2 Nf3 Nc6 3 Bb5

	19	20	21	22	23	24
	d6 ....(Old Steinitz Defense)			g6(k)		
4	d4(a)			c3.........................d4		
	Bd7(b)			d6(l).........a6!(p)		exd4(s)
5	Nc3			d4	Bc4(q)	Bg5!
	Nf6 ....exd4.........Nge7			Bd7	Bg7	f6(t)
6	0-0(c)	Nxd4	Bc4(i)	0-0	d4	Bh4
	Be7	g6	exd4	Bg7	d6	Bg7
7	Bxc6(d)	Be3(f)	Nxd4	dxe5(m)	Bg5	Nxd4
	Bxc6	Bg7	Nxd4	dxe5(n)	Nge7	Nge7
8	Qd3	Qd2	Qxd4	Qe2	dxe5	Nc3
	exd4	Nf6	Nc6	Nge7	dxe5	0-0
9	Nxd4	Bxc6(g)	Qe3	Rd1	Qe2	0-0
	Bd7	bxc6	Ne5	Qc8	0-0	Kh8
10	b3	Bh6!	Bb3	Be3	a4	Nde2
	0-0	0-0	c6	0-0	Qe8	d6
11	Bb2	Bxg7	Qg3	Bc5	Qe3	a3
	c6(e)	Kxg7(h)	Ng6(j)	Rd8(o)	Kh8(r)	Be6(u)

(a) The moves 4 c3, 4 0-0 and 4 Bxc6† bxc6 5 d4 are all sensible and give White chances for advantage, but 4 d4 is the best and most forceful move.

(b) 4 . . . exd4 5 Qxd4 Bd7 6 Bxc6 Bxc6 7 Nc3 Nf6 8 Bg5 Be7 9 0-0-0 is a line from Philidor's Defense that is quite good for White.

(c) Note that this position may arise from the move order 1 e4 e5 2 Nf3 Nc6 3 Bb5 Nf6 4 0-0 d6 5 d4 Bd7 6 Nc3.

(d) 7 Re1 hopes that Black will fall into a famous trap with 7 . . . 0-0? 8 Bxc6 Bxc6 9 dxe5 dxe5 10 Qxd8 Raxd8 11 Nxe5 Bxe4 12 Nxe4 Nxe4 13 Nd3 f5 14 f3 Bc5† 15 Nxc5 Nxc5 17 Bg5 Rd5 18 Be7 threatening both 19 Bxf8 and 19 c4 winning a piece, Tarrasch–Marco, Dresden 1892. Black should play 7 . . . exd4 8 Nxd4 0-0 9 Bxc6 bxc6 10 Bg5 Re8 11 Qd3 h6 12 Bh4 Nh7 =, Lasker–Capablanca, World Chp. (G6) 1921.

(e) 12 Rad1 Qc7 13 Rfe1, Pillsbury–Steinitz, Vienna 1896. Although Black's position is solid, White has more space and a harmonious position.

(f) 7 0-0 Bg7 8 Bxc6 bxc6 9 Re1 Ne7 10 Bf4 f6 (Stripunsky–Onischuk, Nikolaev 1995) 11 Qd2 is a small edge.

(g) 9 f3 0-0 10 0-0-0? Nxd4 11 Bxd4 Nxe4! 12 fxe4 Bxd4 13 Qxd4 Bxb5 14 Nxb5 Qg5† and 15 . . . Qxb5 wins a pawn.

(h) 12 0-0-0 Re8 13 f3 Qb8 14 g4 Qb4 15 a3 Qb7 16 Rde1 Rab8 17 Nd1 leaves White the more viable attacking prospects, Psakhis–Haik, Sochi 1985.

(i) Moving the bishop again is justified here because f7 is weak. Also reasonable is 6 0-0 Ng6 7 b3 Be7 8 Bb2 0-0 9 Nd5 ±, Rogulj–Orlov, Yugoslavia 1980.

(j) Lasker–Steinitz, World Chp. (G1) 1894. Now 12 Be3 keeps White on top.

(k) The rarely played 3 . . . Bb4 is dubious, one reason is that 4 c3 Ba5 5 0-0 Nge7 6 Bxc6 Nxc6 7 b4 Bb6 8 b5 Na5 9 Nxe5 wins a pawn for insufficient compensation.

(l) Not 4 . . . Bg7?! 5 d4 and Black must give up the center.

(m) 7 Qb3 is a worthy alternative. Both 7 . . . Na5 8 Qa4 c6 9 Be2 b5 10 Qc2 Ne7 11 Be3 0-0 12 dxe5 dxe5 13 a4!, Kupreichik–Smyslov, Moscow 1976, and 7 . . . Nge7 8 d5 Na5 9 Bxd7† Qxd7 10 Qc2, Rasin–Mays, Boylston 1993, leave White somewhat better.

(n) 7 . . . Nxe5?! 8 Nxe5 dxe5 (8 . . . Bxb5 9 Qd5) 9 Qb3 ±).

(o) 12 Nbd2 a6 13 Bc4 Be6 14 Ng5 Bxc4 15 Qxc4 Rf8 16 Nf1 ±, R. Byrne–Saloman, Philadelphia 1989.

(p) The most precise move order for Black. 3 . . . a6 4 Ba4 g6 allows 5 d4 exd4 6 Nxd4 Bg7 7 Nxc6! bxc6 8 0-0 ±, de Firmian–Smyslov, Copenhagen 1985.

(q) (A) Nothing comes of 5 Bxc6 dxc6 6 0-0 (6 Nxe5 Qg5 =) 6 . . . Bg7 7 d4 exd4 8 cxd4 Ne7 9 Nc3 Bg4 10 Be3 0-0 11 h3 Bxf3 =, Chandler–Spassky, Vienna 1986. (B) Now 5 Ba4 d6 6 d4 Bd7 7 0-0 Bg7 8 dxe5 dxe5 9 Be3 Nf6 10 Nbd2 0-0 is equal, Black having gained on the queenside by the insertion of . . . a6. White can do better with 8 Be3 or 8 d5 (see Modern Steinitz Defense, cols. 1–2).

(r) 12 a5 Bd7 13 Nbd2 f6 14 Bh6 Bxh6 15 Qxh6 Nd8 =, Dudek–Kolmann, corr. 1992.

(s) 4 . . . Nxd4 5 Nxd4 exd4 6 Qxd4 Qf6 7 e5 Qb6 8 Qxb6 axb6 9 Nc3 Bb4 10 Bd2 Ra5 11 a4 c6 12 Ne4! ±, Kasparov–García Santos, Galicia 1991.

(t) 5 . . . Be7 6 Bxe7 Qxe7 7 0-0 Qb4 8 Bxc6 dxc6 9 Qxd4 Qxd4 10 Nxd4, de Firmian–Azmaiparashvili, Moscow 1990, leaves White distinctly better in the endgame as the exchange of dark-squared bishops limits Black's counterplay.

(u) 12 f4 Bg8, Glek–Hübner, Germany 1993; now instead of 13 f5?! Ne5 14 Nd4 c6 15 Be2 d5 =, White should play 13 Kh1 with a small advantage.

RUY LOPEZ

Schliemann Variation

1 e4 e5 2 Nf3 Nc6 3 Bb5 f5(a)

	25	26	27	28	29	30
4	Nc3.. d4............ d3(u)					
	fxe4 .... Nd4(o)				fxe4	fxe4
5	Nxe4			Ba4(p)	Bxc6(s)	dxe4
	Nf6 .... d5			Nf6	dxc6	Nf6
6	Qe2.......... Nxf6†		Nxe5(j)	Nxe5(q)	Nxe5	0-0
	d5(b)	Qxf6	dxe4	Bc5	Bf5	Bc5(v)
7	Nxf6†	Qe2(f)	Nxc6	Nd3	0-0	Qd3
	gxf6	Be7	Qg5(k)	Bb6	Bd6	Qe7
8	d4	Bxc6	Qe2	e5	Qh5†	Bg5
	Bg7(c)	dxc6(g)	Nf6(l)	Ne4	g6	a6
9	dxe5	Nxe5	f4!	Nd5	Qe2	Bxc6
	0-0	Bf5	Qxf4(m)	0-0	Qh4	dxc6
10	Bxc6(d)	0-0!	Ne5†	0-0	Nc3	Nbd2
	bxc6	0-0(h)	c6	c6	Nf6	Bg4
11	e6	d4	d4	Nxb6	f3	Qc3
	Re8(e)	Bd6(i)	Qh4†(n)	axb6(r)	Bxe5(t)	Bd6(w)

(a) If Black inserts 3 . . . a6 4 Ba4 before playing 4 . . . f5, White replies with 5 d4!
exd4 6 e5 Bc5 7 0-0 Nge7 8 c3 dxc3 9 Nxc3 d5 10 Bg5! Kf8 (10 . . . b5 11 Nxb5!
axb5 12 Bxb5 and Rc1 wins back the piece) 11 Rc1 Ba7 12 Bxc6 bxc6 13 Ne2
c5 14 Nf4 c6 15 e6, leaving Black in dire straits, W. Watson–Nunn, London
1984.

(b) 6 . . . Qe7 7 0-0 d5 8 Ng3 e4 9 Nd4 Bd7 10 Bxc6 bxc6 11 d3 ±, Dvoirys–
Srebrnić, Ljubljana 1992.

(c) Black seeks an open game for the bishops. Instead, 8 . . . e4 9 Nh4 Be6
10 Qh5† Bf7 11 Qf5 Qd6 12 c3 Qe6 13 Bf4 0-0-0 14 f3 Qxf5 15 Nxf5 ±,
Brodsky–Kuzmin, Nikolaev 1993, as 15 . . . exf3 16 g3! leaves White the better
pawn structure.

(d) 10 e6 Ne5 11 Bf4 (11 0-0 Bxe6 12 Nd4 Bg4 13 f3 Bd7 =) 11 . . . c6 12 Bd3
Nxd3† 13 Qxd3 c5 14 0-0 Bxe6 =, De la Villa–Nylor, London 1994.

(e) 12 0-0 (12 Be3 c5! =) c5! 13 Qb5 Bf8 14 b3 Rxe6 15 Qa5 d4 16 Bf4 Bd6 17 Bxd6
Qxd6 =, Almasi–Khalifman, Wijk aan Zee 1995. Black has worse pawn struc-
ture, but more active pieces.

(f) 7 0-0 Nd4 8 Nxd4 exd4 9 Re1† Be7 10 Qe2 c6 11 Bd3 d5 12 b3 0-0! 13 Qxe7
Qxf2† 14 Kh1 Bh3 15 gxh3 Qf3† is a draw, and 15 Rg1 Rae8 16 Qxf8† Qxf8
17 Rf1 Bxg2† is a slightly better ending for Black, Buscher–Mičić, Germany
1994.

(g) 8 . . . bxc6 9 d4 exd4 10 Bg5 Qe6 11 Qxe6 fxe6 12 Bxe7 Kxe7 13 Nxd4 with superior pawn structure, Ianovsky–Tseshkovsky, Russia 1992.

(h) 10 . . . Bxc2? 11 d3 Ba4 12 Ng4 is trouble for Black.

(i) 12 c3 c5 13 Bf4! Rae8 14 Rfe1 cxd4 15 cxd4 leaves Black insufficient compensation for the pawn, Kotronias–Vouldis, Greek Chp. 1992.

(j) 6 Ng3 Bg4 7 h3 Bxf3 8 Qxf3 Nf6 9 0-0 Bd6 10 Nh5 e4 11 Nxf6† Qxf6 12 Qxf6 gxf6 13 d3 0-0-0 =, Karpov–Lautier, Úbeda 1994.

(k) The older plan is 7 . . . Qd5 8 c4 Qd6 when 9 Nxa7† allows Black some activity for the pawns, but 9 Qh5† g6 10 Qe5† Qxe5 11 Nxe5† c6 12 Ba4 Be6 (12 . . . Bg7 13 d4) 13 d4 exd3 14 Bg5! Bg7 15 0-0-0 Bxe5 16 Rhe1 puts White on top, Timman–Piket, Wijk aan Zee 1995.

(l) Not 8 . . . Qxg2? 9 Qh5† winning.

(m) 9 . . . Qh4†?! 10 g3 Qh3 11 Ne5† c6 12 Bc4 Bc5 13 d3 Ng4 14 Nf7! Bf2† 15 Kd2 (15 Kd1 e3 16 Qf3 Nxh2 17 Qe4† is also good) 15 . . . e3† 16 Kc3 b5 17 Ng5 Qh6 18 h3 bxc4 19 hxg4 Qxh1 20 Bxe3 Bxg4 21 Qxg4 Be1† 22 Bd2 Bxd2† 23 Kxd2 Qxa1 24 Qe6† with a winning position, Olivier–Boudin, Royan 1989.

(n) 12 g3 Qh3 13 Bc4 Be6 14 Bf4 Rd8 (14 . . . 0-0-0 ± may improve) 15 0-0-0 Bd6 16 Bg5 Qf5 (16 . . . 0-0 17 Qf1!), Bologan–Chandler, Germany 1994; now 17 h4 gives White a clear advantage.

(o) 4 . . . Nf6 5 exf5 Bc5 (5 . . . e4 6 Ng5 d5 7 d3 ±) 6 0-0 0-0 7 Bxc6 dxc6 8 Nxe5 Bxf5 9 d3 Qe8 10 Qe2 Bd6 11 f4 Nd7 12 Nc4 ±, Svidler–Topalov, Wijk aan Zee (blitz) 1999.

(p) (A) 5 exf5 c6 6 Bd3 (6 Nxe5!? Qe7 7 0-0 Kd8 8 Re1 ± —Nunn) 6 . . . Nxf3† 7 Qxf3 Nf6 8 Qe2 Bd6 9 b3 0-0 10 Bb2 Bc7 11 f3 d5 12 g4 b5 with chances for both sides, Leko–I. Sokolov, Wijk aan Zee 1996. (B) 5 Bc4 c6 6 d3 (6 Bxg8 Rxg8 7 0-0 d6 8 d3 ±) 6 . . . Qf6 7 Nxd4 exd4 8 Ne2 Bc5 9 0-0 ±, Hellers–Keller, Lugano 1986.

(q) The older line is 6 0-0 Bc5 7 Nxe5 0-0 8 Nd3 fxe4! 9 Nxc5 d5 which allows Black an attack worth the sacrificed piece.

(r) 12 Bb3† Nxb3 13 cxb3 d6 14 b4 Kh8 15 Qb3 f4 16 f3 ±, Haba–Brauning, Kecskemet 1992. 12 c3 may gain a greater advantage.

(s) The sharp continuation gains White nothing—5 Nxe5 Nxe5 6 dxe5 c6 7 Nc3 (7 Be2 Qa5† wins the e-pawn) 7 . . . cxb5 8 Nxe4 d5 9 exd6 Nf6 10 Bg5 Qa5† 11 Nc3 b4 12 Bxf6 gxf6 13 Nd5 b3† 14 c3 Be6 15 Nc7† Kd7 ∓, Wohlfahrt–Grabher, Liechtenstein 1993.

(t) 12 dxe5 exf3 13 Rxf3 Qd4† 14 Kh1 Ne4 =, J. Polgar–Ivanchuk, Dortmund 1997.

(u) 4 Bxc6 dxc6 5 Nc3 Nf6 6 Qe2 fxe4 7 Nxe4 Bg4 8 d3 Qd5 9 h3 Bxf3 10 Qxf3 Bb4† 11 c3 Be7 12 Bg5 0-0-0 13 Bxf6 gxf6 14 Ke2 Kb8 =, Velimirović–Ristić, Novi Sad 1995.

(v) 6 . . . d6 7 Qd3 Bg4 (7 . . . Be7 8 Qc4 Qd7 9 Ba4 ±) 8 h3 Bxf3 9 Qxf3 Be7 10 Qd3 a6 11 Bc4 b5 12 Bb3 Nd4 13 Bg5 Nd7 14 Be3 ±, Ermenkov–Damjanović, Alicante 1978.

(w) 12 Nc4 (Pirttimaki–Konsala, Finland 1992) 12 . . . h6! 13 Bh4 (13 Bxf6 gxf6 =) 13 . . . Bxf3 14 Qxf3 g5 produces even chances.

RUY LOPEZ WITH 3 . . . a6,
VARIANTS ON MOVES 4–6

1 e4 e5 2 Nf3 Nc6 3 Bb5 a6

T HE VALUE OF 3 . . . a6 was recognized by Paul Morphy one and a half centuries ago, and now it is the usual move. If White plays 4 Ba4 (as in all lines except the Exchange Variation) Black can always break the pin with . . . b5.

The variations included in this subchapter are:

1 The EXCHANGE VARIATION
2 The MODERN STEINITZ VARIATION
3 Lines with . . . a6 and . . . Bc5
4 ARKANGEL VARIATION (and Counterthrust Variation)
5 Fifth-Move Variants
6 Sixth-Move Variants
7 The OPEN VARIATION

1. The EXCHANGE VARIATION, 4 Bxc6 (columns 1–6), has the strategic idea of obtaining a kingside pawn majority after playing d4 and exchanging for the Black e-pawn (note that White cannot win a pawn with 4 Bxc6). White would have an endgame edge because Black's queenside would be difficult to mobilize. Fischer was very successful with this variation in the 1960s, but no one since then has taken up the torch. Black's two bishops and easy development create active play and he has little difficulty equalizing.

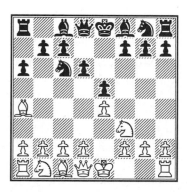

2. The MODERN STEINITZ VARIATION, 4 Ba4 d6 (columns 7–18), see above diagram, has themes much like several of the variations without . . . a6, with the added flexibility for Black of playing . . . b5 at some moment. 5 c3 Bd7 6 d4 (columns 7–10) is a strategic maneuvering game that can be similar to the King's Indian Defense if White closes the center with d5. The

Siesta Variation, 5 c3 f5 (columns 11–12), is a sharp line, like the Schliemann Variation, and like the Schliemann it is also risky. White's fifth move alternatives are equally interesting. 5 0-0 (columns 13–14) leads to an attack for someone—Black attacks in column 13 with 5 . . . Bg4 6 h3 h5 and White attacks in column 14 with a pawn sacrifice. 5 Bxc6† bxc6 6 d4 (columns 15–16) is also a sharp continuation. The older lines 5 c4 (column 17) and 5 d4 (column 18) allow Black to equalize without much trouble.

3. The recent fashion in the Ruy Lopez has been to defend with 3 . . . a6 and . . . Bc5 (columns 19–24). This line has not been named yet, as it has only come into significance in the last few years. For a century it has been thought that the most sound defense for Black involves placing the bishop on e7. This is being reevaluated, as placing the bishop on c5 is much more active. White gains time with d2–d4, but this is not as important as previously thought.

4. The ARKANGEL VARIATION is 4 . . . Nf6 5 0-0 b5 6 Bb3 Bb7 (columns 25–28).

This is a sharp counterattacking system where Black plays to win. 7 Re1 (columns 25–26) is the most usual continuation, although Black has reasonable chances. 7 c3 (column 27) is a wild line in which Black sacrifices a piece for good play. 7 d3 (column 28) is safe, with chances for a small edge to White. The Counterthrust Variation, 4 . . . b5 5 Bb3 Na5 (columns 29–30), is an older system in which Black hunts down the "Spanish bishop," but this allows White to gain the initiative in the center.

5. In the Fifth-Move Variants (columns 31–36) we have included 5 0-0 Be7 6 c3 d6 (column 31) as it has similarities with the next columns. Here Black refrains from an early b5, since this move gains space, but also weakens the queenside. In columns 32–33 Black plays 5 . . . d6, but doesn't develop the bishop to e7. Columns 34–36 cover 5 Qe2, 5 Nc3 and 5 d3. These take play into less known territory that should not be dangerous for Black.

6. Sixth-Move Variants (columns 37–42) include the Worrall Attack, 6 Qe2 (columns 37–38) in which White frees the d1 square for his rook to play on the d-file. Black has no serious problems. 6 d4, the Center Variation (columns 39–40), is also theoretically fine for Black, but the play is sharp and easy to go astray. 6 Bxc6, the Exchange Variation Deferred (columns 41–42), loses a tempo over the Exchange Variation, but leaves the Black knight on f6 and the Black bishop on e7—not their best squares.

7. The OPEN VARIATION, 4 Ba4 Nf6 5 0-0 Nxe4 (columns 43–60), see above diagram, is a major, well-respected defense to the Ruy Lopez. Black takes the unprotected e-pawn with the idea that while White is recapturing his pawn, Black will take a stake in the center. The Open Variation allows more fluid play than the Closed Variations, with less maneuvering and more active possibilities. The chief disadvantage is that Black's position becomes a trifle loose, leaving targets to attack.

After 6 d4 b5 7 Bb3 d5 8 dxe5 Be6 the most fashionable move is 9 Nbd2 (columns 43–45), immediately contesting the strong Black knight on e4. Play is often very tactical, with long sharp variations.

The classic continuation is 9 c3 (columns 46–54). Black responds with either the active 9 . . . Bc5 (columns 46–48), or the steady 9 . . . Be7 (columns 49–54). In the former, the Dilworth Attack (column 48) is still promising for Black. 9 . . . Be7 10 Nbd2 (columns 49–50) is currently leaving White with pleasant positions. 9 . . . Be7 10 Be3 (columns 50–51) is a position that can arise by the order of moves 9 Be3 Be7 10 c3 so that the Dilworth Attack is avoided. Black has reasonable chances against this and also against 10 Bc2 (column 53) and 10 Re1 (column 54).

Columns 54–60 investigate lesser played alternatives, which theory considers to offer fewer chances. Notable is the Howell Attack, 9 Qe2 (columns 55–56), an aggressive line where White looks for play on the d-file. In column 60 Black plays greedily with 6 . . . exd4.

RUY LOPEZ

Exchange Variation

1 e4 e5 2 Nf3 Nc6 3 Bb5 a6 4 Bxc6 dxc6(a)

	1	2	3	4	5	6
5	0-0					d4(t)
	f6		Qd6	Bg4	Bd6	exd4
6	d4		d3(l)	h3	d4	Qxd4
	Bg4	exd4	Ne7(m)	h5(o)	exd4	Qxd4
7	dxe5(b)	Nxd4(h)	Nbd2	d3	Qxd4	Nxd4
	Qxd1	c5	Ng6	Qf6	f6	Bd7(u)
8	Rxd1	Nb3(i)	Nc4	Be3(p)	b3(r)	Be3
	fxe5(c)	Qxd1	Qf6	Bxf3	Qe7	0-0-0
9	Rd3(d)	Rxd1	Bg5	Qxf3	Nbd2	Nd2
	Bd6(e)	Bg4(j)	Qe6	Qxf3	Nh6!(s)	Ne7
10	Nbd2	f3	Bd2	gxf3	Nc4	0-0-0
	Nf6(f)	Be6	Bc5	Bd6	Bc5	Re8
11	b3	Nc3	b4	Nd2	Qd3	Rhe1
	0-0-0	Bd6	Ba7	Ne7	Nf7	Ng6
12	Bb2	Be3	Be3	Rfb1!?	Be3	Ne2
	Rhe8(g)	b6(k)	0-0(n)	Ng6(q)	0-0 =	Bd6 =

(a) 4 . . . bxc6?! 5 d4 exd4 6 Qxd4 leaves White in control of the center.

(b) 7 c3 Bd6 8 Be3 Qe7 (8 . . . Ne7 9 Nbd2 0-0 10 Qb3† Kh8 11 dxe5 fxe5 ∞, Rozentalis–Beliavsky, Belgrade 1999) 9 Nbd2 0-0-0 10 Qc2 exd4 11 cxd4 Re8 12 e5 Bb4 13 h3 Be6 14 a3 Bxd2 15 Bxd2 Bd5 =, Bebenek–Siciarz, corr. 1992.

(c) 8 . . . Bxf3 9 gxf3 fxe5 10 Be3 (10 f4?! Nf6!) 10 . . . Bd6 11 Nd2 Ne7 12 Nc4 0-0-0 13 Rd3 ±, Fischer–Rubinetti, Buenos Aires 1970.

(d) 9 Nbd2 0-0-0 10 Re1 Bd6 11 h3 Bh5 12 g4 Bf7 13 Nf1 Rf8 14 Ng3 Be6 15 Kg2 g6 16 Bd2 h5 =, Timman–Beliavsky, Groningen 1997.

(e) On 9 . . . Bxf3 10 gxf3! still gives White an edge.

(f) Also equal is 10 . . . b5 11 b3 Ne7 12 Bb2 Ng6 13 g3 0-0 14 Kg2 Rf6, Nunn–Portisch, Wijk aan Zee 1985.

(g) 13 Nc4 Nxe4 14 Nfxe5 Be6! 15 Rad1 Bc5 =, Kaidanov–I. Sokolov, Groningen 1993.

(h) 7 Qxd4 Qxd4 8 Nxd4 is less good since White would like to be castled queenside in this particular endgame.

(i) 8 Ne2 Qxd1 9 Rxd1 Bd7 10 Nbc3 Ne7 11 Bf4 0-0-0 12 Rd2 Ng6 13 Bg3 Ne5 =, Fischer–Spassky, match 1992.

(j) On 9 . . . Bd6 10 Na5! b5 11 c4 Ne7 12 Be3 pressures the black queenside, Fischer–Portisch, Havana Ol. 1966.

(k) 13 a4 Kf7 (13 . . . 0-0-0 14 a5 Kb7 15 e5! ±, Fischer–Spassky, match 1992) 14 a5 c4 15 Nd4 b5 16 Nxe6 Kxe6 =, V. Meyers–Onischuk, Hamburg 1993.

(l) (A) 6 d4 exd4 7 Nxd4 Ne7 8 Nc3 Bd7 9 Be3 0-0-0 10 Qe2 f5 =, Waitzkin–Benjamin, New York 1992. (B) 6 Na3 Be6 7 Qe2 f6 8 Rd1 Bg4 9 Nc4 Qe6 10 Ne3 Bxf3 11 Qxf3 0-0-0 12 d3 c5 13 Qf5 Qxf5 14 Nxf5 c4 =, Illescas–Anand, Dos Hermanas 1997.

(m) Also good is 6 . . . f6 7 Be3 c5 8 Nbd2 Be6 9 Qe2 Ne7 10 c3 Nc6 11 Rfd1 Qd7 12 Nb3 Bxb3 13 axb3 Bd6 =, Dvoretsky–A. Ivanov, Philadelphia 1991.

(n) 13 Qd2 Qe7 14 Bxa7 Rxa7 15 Qc3 f6 16 Ne3 Nf4 17 Rfe1 Rd8 18 Rad1 Ra8 =, van der Wiel–Z. Almasi, Groningen 1994.

(o) White gains a simple edge after 6 . . . Bxf3 7 Qxf3 Qd7 8 d3 0-0-0 9 Be3 f6 10 Nd2 Ne7 11 b4 Ng6 12 Rfb1 Be7 13 a4, Fischer–Kramer (blitz) Manhattan 1971.

(p) White's pieces are more tangled after 8 Nbd2 Ne7 9 Re1 Ng6 10 d4 Bd6, so he must play 11 hxg4 hxg4 12 Nh2 Rxh2! 13 Qxg4 (13 Kxh2? Qxf2 ∓) 13 . . . Qh4 =, Chow–A. Ivanov, Dallas 1996.

(q) 13 b4 f6 14 a4 with a slight endgame initiative, Shirov–Topalov, Madrid 1997. Note the similarity to Fischer's play in note (o).

(r) 8 Be3 Ne7 9 Nbd2 Be6 10 Rad1 0-0 11 Qc3 Qe8 12 Nc4 Rd8 13 Nd4 Bc8 =, Kelleher–Basescu, Philadelphia 1997.

(s) 9 . . . Be6 10 Nc4 Bc5 11 Qd3 Rd8 12 Qe2 Qf7 13 Na5! Bb6 14 Bd2 ±, Timman–Piket, Brussels 1992. The column is B. Lalić–Hebden, Hastings 1996/97.

(t) Black has no difficulties after 5 Nc3 f6 6 d3 Bd6 7 Be3 c5 8 Ne2 Ne7 9 Ng3 Be6 10 c3 Qd7 11 0-0 0-0 =, Romanovsky–Botvinnik, Moscow 1935.

(u) Black also has no troubles after 7 . . . Bd6 8 Be3 Ne7 9 Nd2 c5 10 Ne2 Be6 11 Nf4 Bxf4 12 Bxf4 0-0-0, Keitlinghaus–Kindermann, Prague 1992. The column is Petterson–Alekhine, Örebro 1935.

RUY LOPEZ

Modern Steinitz Defense

1 e4 e5 2 Nf3 Nc6 3 Bb5 a6 4 Ba4 d6 5 c3

	7	8	9	10	11	12
	Bd7..f5(n)					(Siesta Variation)
6	d4				exf5(o)	
	g6...........................Nge7 ....Nf6				Bxf5	
7	0-0(a)		0-0(i)	0-0	0-0...........d4	
	Bg7		Ng6	Qe7(k)	Bd3	e4
8	Be3 ....d5(e)		d5	Re1	Re1	Ng5(r)
	Nf6	Nce7(f)	Nb8	g6	Be7	d5
9	Nbd2	Bxd7†	c4	Nbd2	Bc2(p)	f3
	0-0(b)	Qxd7	Be7	Bg7	Bxc2	h6!
10	h3(c)	c4	Nc3	Nf1(l)	Qxc2	fxe4
	Qe8	h6	0-0	0-0	Nf6	hxg5
11	Bxc6!	Nc3	Bxd7	Bg5	d4	exf5
	Bxc6	f5	Nxd7	h6	0-0	Bd6
12	dxe5	Ne1(g)	g3	Bh4	d5!	Nd2
	Nxe4	Nf6	f5	Qe8	e4	Qe7†
13	Nxe4	f3	exf5	Bc2	Ng5	Qe2
	Bxe4(d)	0-0(h)	Rxf5(j)	Nh5(m)	Ne5(q)	0-0-0(s)

(a) 7 Bg5 f6 8 Be3 Nh6 9 0-0 (9 b4 Bg7 10 Bb3 Qe7 11 0-0 Nf7 12 Bd5 exd4 13 Nxd4 0-0 14 Nd2 Kh8 15 Nxc6 bxc6 16 Bb3 Ne5 17 Bd4 a5 =, Kindermann–Mokry, Trnava 1987) 9 . . . Bg7 10 h3 0-0 = 11 Qb3†?! Nf7 12 dxe5 fxe5 13 Qxb7 Rb8 14 Bxc6 Rxb7 ∓, Kamsky–Wolff, New York 1989.

(b) 9 . . . Ng4 10 Bg5 f6 11 Bh4 Ne7 12 h3 Nh6 13 Bb3 leaves Black disorganized, Vladimirov–Smyslov, Moscow 1990.

(c) (A) On 10 Re1 not 10 . . . Qe8? 11 Bxc6 Bxc6 12 dxe5 ±, but 10 . . . Ng4 11 Bg5 Qe8 12 h3 Nh6 13 Nf1 f6 14 Bb3† Nf7 =, Klovans–Butnorius, USSR 1968. (B) 10 dxe5 dxe5! 11 Bc5 Re8 12 Ba3 Qc8 13 Bc2 b6 =.

(d) 14 exd6 Rd8 15 Nd2 Qc6 16 Nxe4 Qxe4 17 Qb1 Qxb1 18 Raxb1 cxd6 19 Rfd1 with play against the isolated pawn, Chandler–Azmaiparashvili, Moscow 1990.

(e) As in note (c), White gets very little from exchanging in the center—8 dxe5 dxe5 9 Be3 Nf6 10 Nbd2 Qe7 (or 0-0) 11 b4 b6 12 Bb3 0-0 13 a4 h6 14 h3 Rfd8 15 Qc2 Nh5 16 Rfd1 Nf4 =, Hort–Spassky, Germany 1983.

(f) 8 ... Nb8 9 Bxd7† Nxd7 10 c4 h6 11 Ne1 Ne7 12 Nc3 0-0 13 Nd3 f5 14 f3, Z. Almasi–Zsinka, Cattolica 1993. White is a little better as the position is like a main line King's Indian Defense with the exchange of White's bad bishop.

(g) 12 exf5 gxf5 13 Nh4 Nf6 14 f4 e4 15 Be3 c5 16 dxc6 Qxc6 17 Rc1 0-0 18 h3 Kh7 19 Rf2 d5 =, Kholmov–Kornasiewicz, Warsaw 1989.

(h) 14 Nd3 c6 15 a4 Rac8 16 Qb3 fxe4 17 fxe4 cxd5 18 cxd5 Qc7 =, Giorgadze–Oms, Vendrell 1996.

(i) (A) An excellent alternative is 7 Be3!? Ng6 8 h4! h5 9 g3 Be7 10 d5 Nb8 11 Bxd7† Nxd7 12 Nfd2 Nf6 13 f3 0-0 14 c4, leaving Black with only passive pieces, Topalov–Yusupov, Novgorod 1995. (B) 7 Bb3 h6 8 Nbd2 Ng6 9 Nc4 Be7 10 Ne3 Bg5! 11 Nxg5 hxg5 12 g3 exd4 13 cxd4 Kf8 14 0-0 (14 Nd5 Bh3 =) Qf6! 15 Nd5 Qxd4 gives Black active play on the weakened kingside light squares, Short–Portisch, Linares 1990.

(j) 14 Ne4 Qf8 15 Kg2 h6 16 Be3 Qf7 17 Nfd2 ±, Anand–Short, Monaco (blind-fold) 1993. White has a powerful knight on e4.

(k) (A) 7 ... Nxe4 8 Re1 f5 9 dxe5 dxe5 (9 ... Nxe5? 10 Nxe5 dxe5 11 Rxe4! fxe4 12 Qh5†) 10 Nbd2 Nxd2 11 Nxe5! ±. (B) 7 ... Be7 8 Re1 0-0 9 Nbd2 ±.

(l) 10 Bxc6 Bxc6 11 Nc4 Nxe4 12 d5 Bb5 13 Rxe4 f5 14 Bg5 Bf6 15 Bxf6 Qxf6 16 Nxd6† cxd6 =, Ufassson–Grétarsson, Icelandic Chp. 1996.

(m) 14 Ne3 Ne7 15 Qd2 f6 16 h3 Be6 17 c4 ±, Ribli–Kavalek, Amsterdam 1973.

(n) 5 ... Nf6 6 d4 b5 (6 ... Bd7 is column 4) 7 Bb3 Bg4 8 d5 Nb8 9 h3 Bh5 10 a4 ±, Keres–Rootare, Tallinn 1945.

(o) 6 d4 fxe4 7 Nxe5 dxe5 8 Qh5† Ke7! 9 Bxc6 bxc6 10 Bg5† Nf6 11 dxe5 Qd5 12 Bh4 Kd7 13 Qg5 h6 14 Qf5† Ke8 15 Qg6† Qf7 16 Qxf7† Kxf7 17 exf6 gxf6 ∓ (Capablanca).

(p) 9 Re3!? e4 10 Ne1 Bg5 11 Rh3 Nh6 12 Nxd3 exd3 13 Qe1† Kd7 14 Rxd3 Rf8 15 Na3 Ng4 16 Bxc6† bxc6 17 f3 Qe8 18 Qg3 h5 with an attack the for material, van der Tak–Nederkoorn, corr. 1986.

(q) 14 Ne6 Qd7 15 Nd2 (15 Nxf8?! Qg4 with attack) 15 ... e3 16 Rxe3 Nxd5 17 Nxf8 Nxe3 18 Qxh7† Kxf8 19 fxe3 Re8 20 Ne4 Qg4 21 Bd2 ±, Z. Almasi–Winants, Wijk aan Zee 1995.

(r) 8 d5 exf3 9 Qxf3 (9 dxc6? b5 10 Qxf3 Bxb1 11 Bb3 Bg6 ∓, Capablanca–H. Steiner, New York 1931) 9 ... Qe7† (9 ... Bxb1!? ∓) 10 Kd1 Be4 11 Qh3 Qf7 12 dxc6 Bxc6 13 Re1† Be7 =, Kasparov–Lautier, Lyon 1994. Two World Champions had no luck with the White pieces, so 8 d5 is not recommended.

(s) 14 Nf1 Re8 15 Qxe7 Rxe7† 16 Kf2 Nf6 17 g3 Rhe8 with an attack despite the trade of queens, Dvoirys–Frosch, Graz 1994.

RUY LOPEZ

Modern Steinitz Defense

1 e4 e5 2 Nf3 Nc6 3 Bb5 a6 4 Ba4 d6

	13	14	15	16	17	18
5	0-0..........		Bxc6†.....................		c4............	d4
	Bg4.........Bd7		bxc6		Bd7(o)	b5
6	h3	d4(e)	d4		Nc3	Bb3
	h5(a)	b5	f6 ....exd4		g6	Nxd4
7	d4!(b)	Bb3	Be3(i)	Qxd4(l)	d4	Nxd4
	b5	Nxd4(f)	Ne7	c5	exd4	exd4
8	Bb3	Nxd4	Nc3	Qd3	Nxd4	Bd5(p)
	Nxd4(c)	exd4	Ng6	g6(m)	Bg7	Rb8
9	hxg4	c3(g)	Qe2(j)	Nc3	Be3	Bc6†
	hxg4	dxc3	Be7	Bg7	Nge7	Bd7
10	Ng5	Qh5	0-0-0	Bf4	0-0	Bxd7†
	Nh6	Qe7	Bd7	Ne7	0-0	Qxd7
11	Bd5	Nxc3	h4	Qd2	h3	Qxd4
	c6	Nf6	h5	0-0	Nxd4	Nf6
12	c3	Qd1!	Ne1	Bh6	Bxd7	Nc3
	cxd5(d)	c6(h)	Qb8(k)	Bg4(n)	Ne2† =	Be7(q)

(a) 6 ... Bh5 7 c3 Qf6 (7 ... Nf6 8 d4 b5 9 Bb3 ±) 8 g4 Bg6 9 d4! Bxe4 10 Nbd2 with a terrific initiative for the pawn, Fischer–Geller, Bled 1961.

(b) A noteworthy alternative is 7 Bxc6† bxc6 8 d4 Qf6 (8 ... Bxf3 9 Qxf3 exd4 10 Rd1 Be7 11 e5 dxe5 12 Qxc6† Kf8 13 c3 ±, Geller–Hansson, Reykjavik 1990) 9 dxe5 dxe5 10 Nbd2 Ne7 11 Nc4 Ng6 12 Qd3 Bxf3 13 Qxf3 Qxf3 14 gxf3 ±, Moiseev–Biro, Kecskemet 1990.

(c) 8 ... Bxf3 9 Qxf3 Qf6 10 Qc3 Nge7 11 dxe5 dxe5 12 Be3 g5 13 a4 ±, Nikolaevsky–Shiyanovsky, USSR 1962.

(d) 13 cxd4 Be7, Hellsten–Winants, Antwerp 1994; now instead of 14 dxe5 Bxg5 =, White can play 14 Qd2 with advantage.

(e) 6 c3 Nf6 7 d4 transposes into column 11.

(f) 7 ... exd4 8 c3 dxc3 (8 ... d3 9 Qxd3 ±) 9 Qd5! Qe7 9 Nxc3 Nf6 10 Qd1 also gives White fine play for the pawn, Kindermann–Göhring, Germany 1988.

(g) A well known trap is 9 Qxd4? c5 10 Qd5 c4 winning a piece.

(h) 13 Re1 Be6 14 Bg5 h6 15 Nd5! with a strong initiative for the pawn, Arnason–Grétarsson, Reykjavik 1995.

(i) On 7 Nc3 Bg4 8 Be3 Qb8 is sufficient for equality.

(j) 9 Qd3 Be7 10 h4 h5 11 0-0-0 a5 12 Qc4 Bd7 13 dxe5 fxe5 14 Ng5 Bxg5 15 Bxg5 Qb8 =, Kotronias–Hübner, Yerevan Ol. 1996.

(k) 13 g3 Qb4 14 f3 Rb8 15 Nd3 Qc4 =, Anand–Yusupov, match 1994.

(l) 7 Nxd4 c5 8 Ne2 Bb7 9 Nbc3 g6 10 Be3 Bg7 11 Qd2 Nf6 12 f3 Nd7 13 Bg5 Bf6 14 h4 h6 =, Schmittdiel–Tisdall, Gausdal 1990.

(m) 8 . . . Ne7 9 Nc3 Rb8 10 b3 Ng6 11 0-0 Be7 12 Nd5 ±, Mecking–Keres, Petropolis Int. 1973.

(n) 13 0-0-0 Nc6 14 Nd5 Rb8 15 Bxg7 Kxg7 16 Qc3† f6 with chances for both sides, Hellers–Goldin, New York 1993.

(o) Also reasonable is 5 . . . Bg4 6 h3 Bxf3 7 Qxf3 Nf6 8 d3 Nd7 9 Be3 Be7 10 0-0 0-0 11 Nc3 Rb8 12 Nd5 Nc5 with roughly equal chances, Brodsky–Yandemirov, Kstovo 1994. The column is Keres–Capablanca, Buenos Aires Ol. 1939.

(p) 8 c3?! dxc3 9 Qh5 Qd7 10 Nxc3 Nf6 11 Qe2 Be7 12 0-0 0-0 13 h3 Bb7 leaves White little compensation for the pawn, de Firmian–Hübner, San Francisco 1995.

(q) 13 0-0 0-0 with equal chances, Stoltz–Alekhine, Bled 1931.

RUY LOPEZ

3 . . . a6 and . . . Bc5

1 e4 e5 2 Nf3 Nc6 3 Bb5 a6 4 Ba4 Nf6 5 0-0

	19	20	21	22	23	24
	b5				Bc5	
6	Bb3 Bc5				c3 . . . . b5(m)	Nxe5(r) Nxe5
7	a4 . . . . Rb8(a)	c3 . . . . d6	d3 . . . . d6(h)	Nxe5 Nxe5	Bc2(n) d6(o)	d4 b5!(s)
8	axb5 axb5	a4(e) Bg4(f)	a4 Rb8	d4 Bxd4(j)	d4(p) Bb6	dxe5(t) Nxe4
9	c3(b) d6	d3 0-0	axb5 axb5	Qxd4 d6	a4 Bg4	Bb3 Bb7
10	d4 Bb6	h3 Bxf3	Be3 0-0	c3(k) c5	d5 Ne7	Bd5(u) Bxf2†!
11	h3(c) 0-0	Qxf3 Na5	Nbd2 h6	Qd1 0-0	axb5 axb5	Rxf2 Nxf2
12	Re1 Bb7(d)	Bc2 b4(g)	Qe2 Nd7(i)	f3 Bb7(l)	Rxa8 Qxa8(q)	Kxf2 Qh4†(v)

(a) An important alternative is 7 . . . Bb7 8 d3 transposing into col. 28 of the Arkangel Variation. Bad though is 7 . . . b4?! 8 Nxe5 Nxe5 9 d4 ±.

(b) 9 Nxe5 Nxe5 10 d4 Bxd4 11 Qxd4 d6 12 f4 Nc6 13 Qc3 Ne7 14 Qd3 (14 Ra7 c5 15 e5 Nfd5 =) 14 . . . 0-0 15 Nc3 c5 16 Nxb5 Nxe4 17 Qxe4 Rxb5 18 Ra7 c4! 19 Bxc4 d5 20 Qxe7 dxc4 and the bishops of opposite color allowed Black to draw with little trouble, Kasparov–Topalov, Novgorod 1997.

(c) White may do better with 11 Na3 0-0 12 Nxb5 Bg4 13 Re1 (13 Be3 exd4 14 cxd4 Nxe4 15 Bd5 Qe8 =, Nijboer–Piket, Wijk aan Zee 1998) 13 . . . Bxf3 (13 . . . d5 14 exd5 Nxd5 15 h3! Bh5 16 g4 Bg6 17 Nc3 ±, Anand–Oll, Belgrade 1999) 14 gxf3 Nh5 15 Kh1! Qf6 16 Rg1 Nf4 17 Be3 ±, Svidler–Shirov, Linares 1998.

(d) 13 Na3 exd4 14 cxd4 Na5 15 Bc2 b4 16 Nb1 c5 17 Bg5 cxd4 (Anand–Shirov, Wijk aan Zee 1998) 18 Nxd4 b3! 19 Nxb3 Nxb3 20 Bxb3 g5 21 Bg3 Nxe4 =.

(e) 8 d4 Bb6 9 dxe5 (9 Bg5 h6 10 Bd5 Bd7 =) 9 . . . Nxe5 10 Nxe5 dxe5 11 Qxd8† Kxd8 12 Bxf7 Rf8=.

(f) 8 . . . Rb8 9 axb5 axb5 would transpose into the previous column. The text move is safer, preventing d2-d4.

(g) 13 Nd2 Rb8 14 Qe2 Re8 15 Nf3 bxc3 16 bxc3 Nb3 17 Bxb3 Rxb3 18 d4 exd4 19 cxd4 Rxf3! with chances for both sides, Anand–Karpov, FIDE World Chp. 1998.

(h) (A) 8 . . . Bb7 transposes into column 28 of the Arkangel Variation. (B) 8 . . . 0-0 9 Bg5 h6 10 Bh4 g5 11 Bg3 d6 12 c3 ⩲, Koglin–Puljek, Dresden 1998.

(i) 13 c3 Qf6 14 g3 Ne7, Milos–Shirov, Groningen 1997; now 15 d4 Bb6 16 Bc2 Ng6 17 b4 gives White an edge (Milos).

(j) 8 . . . Nxe4? 9 dxc5 wins material, Garcia–Stephenson, Dubai Ol. 1986.

(k) Black was threatening 10 . . . c5, 11 . . . c4 winning the bishop. On 10 f4 Nc6 11 Qc3 Bb7 12 e5 Ne4 13 Qe3 Na5 is equal, Svidler–Shirov, Groningen 1996.

(l) 13 a4 Bc6 14 Na3 Re8 =, de Firmian–Tkachiev, New York 1995.

(m) 6 . . . Ba7 7 d4 Nxe4 8 Re1 f5 9 Nbd2 0-0 (9 . . . Nxd2 10 Nxe5! ±) 10 Nxe4 fxe4 11 Bg5 Qe8 12 Rxe4 d6 13 dxe5 ±, Capablanca–Milner-Barry, Hastings 1935.

(n) 7 Bb3 transposes into column 20. In this order of moves White makes use of the opportunity to guard his e-pawn with the bishop.

(o) 7 . . . d5?! 8 d4 dxe4 9 Nxe5 Nxe5 10 dxe5 Qxd1 11 Rxd1 Ng4 12 Bxe4! Rb8 13 Bc6† Ke7 14 Bg5† with play against the king, Shirov–Ivanchuk, Monaco (rapid) 1998.

(p) 8 a4 Bg4! 9 h3 Bh5 10 b4 Bb6 11 axb5 axb5 12 Rxa8 Qxa8 13 Na3 Nd8 =, Svidler–Benjamin, World Team Chp. 1997.

(q) 13 Na3 b4 (13 . . . Bd7 14 Qe2 ±) 14 cxb4 0-0 15 h3 leaves White on top (Deep Blue Team).

(r) 6 Bxc6 dxc6 7 d3 Qd6 8 Nbd2 Be6 9 a3 a5 10 b3 Nd7 11 Ng5 0-0 12 Bb2 f6 =, Kamsky–Ivanchuk, Monaco (blindfold) 1996.

(s) 7 . . . Nxe4 8 Qe2 Be7 9 Qxe4 Ng6 10 c4 0-0 11 Nc3 c6 12 Bc2 ⩲, Fedoro-wicz–Gulko, US Chp. 1989.

(t) 8 Bb3 Bxd4 9 Qxd4 d6 transposes into column 22.

(u) 10 Nc3 Qh4 11 Bxf7†!? (Short–Onischuk, Wijk aan Zee 1997) 11 . . . Kxf7 12 Qxd7† Kg6 13 Nxe4 Bxe4 14 Be3 Bxe3 15 fxe3 Raf8 16 g3 = (Onischuk).

(v) 13 Kf1 Bxd5 14 Qxd5 0-0 ∓, Stefansson–Hector, Reykjavik 1997.

RUY LOPEZ

Arkangel Variation (and 4 . . . b5, 5 . . . Na5)

1 e4 e5 2 Nf3 Nc6 3 Bb5 a6 4 Ba4

	25	26	27	28	29	30
	Nf6				b5	
5	0-0 b5				Bb3 Na5	
6	Bb3 Bb7(a)				0-0(q) d6	
7	Re1		c3	d3(m)	d4	
	Bc5		Nxe4(g)	Bc5(n)	Nxb3	exd4(t)
8	c3 d6	0-0	d4 Na5(h)	a4 0-0(o)	axb3 f6	Nxd4 Bb7(u)
9	d4 Bb6	d4 Bb6	Bc2 exd4	Nc3 Na5!?	Nh4(r) Ne7	Bd2 Nxb3(v)
10	Be3(b) 0-0(c)	Bg5(e) h6	Nxd4(i) c5(j)	axb5 Nxb3	f4 Bb7	Nxb3 Nf6
11	Nbd2 h6	Bh4 Re8	Nf5 Qf6(k)	cxb3 axb5	d5 c6	Re1 Be7
12	h3 Rb8(d)	Qd3 d6(f)	Nd2! Qxf5(l)	Rxa8 Bxa8(p)	c4 exf4(s)	Na5 Rb8(w)

(a) Black can still play the closed variations with 6 . . . d6 7 c3 Be7 8 Re1 since 7 Ng5 d5 8 exd5 Nd4 9 Re1?! Bc5! 10 Rxe5† Kf8 11 c3 Ng4 12 cxd4 Bxd4 is trouble for White.

(b) White has two serious alternatives. (A) 10 Bg5 h6 11 Bh4 Qe7 (11 . . . 0-0 12 Qd3 g5? 13 Nxg5! hxg5 14 Bxg5 exd4 15 e5! Nxe5 16 Rxe5 threatening 17 Qg6† wins, Diaz–Valdes, Cuba 1988) 12 a4 g5 13 Bg3 h5 14 axb5 axb5 15 Rxa8† Bxa8 16 h3 h4 17 Bh2 g4 =, Ernst–Jepson, Haninge 1997. (B) 10 a4 h6 11 Nh4 exd4 12 Nf5 dxc3 13 Nxg7† Kf8 14 Nf5 cxb2 15 Bxb2 Ne5 ∞, Müller–Lang, Tallinn 1997.

(c) Not 10 . . . Nxe4? 11 d5 winning a piece. 10 . . . Ng4? loses time to 11 Bg5.

(d) Better than 12 . . . Qb8?! 13 d5 Ne7 14 Bxb6 cxb6 15 Bc2 Nd7 16 Nh4! ±, Anand–Kamsky, match 1995. After 12 . . . Rb8 White cannot play 13 d5 Bxe3 14 dxc6 Bxd2 15 cxb7 Bxe1 as the rook on a8 is not attacked, so Kir. Georgiev–Beliavsky, Budva 1996, continued 13 Bc2 Re8 14 a3 Na7 15 a4 Nc6 16 axb5 axb5 17 Bd3 b4 =.

(e) 10 Be3 exd4 11 cxd4 Na5 12 Bg5 Nxb3 13 axb3 h6 14 Bh4 g5 15 Nxg5 Nxe4! =, Anand–Ivanchuk, Belgrade 1997.

(f) 13 Nbd2 Na5 14 Bc2 c5 15 d5 c4 16 Qe2 Kh7 17 b4 ±, Savon–Gipslis, USSR Chp. 1970.

(g) 7 . . . d5 8 exd5 Nxd5 9 d4 exd4 10 Ng5! Qd7 11 Qf3 Nd8 12 cxd4 Be7 13 Nc3 ±, Arencibia–Lugo, Úbeda 1997.

(h) 8 . . . exd4 9 Re1 d5?! 10 Ng5! threatens 11 Rxe4.

(i) White's attempt to win a piece allows counterplay—10 b4 Nc4 11 Bxe4 Bxe4 12 Re1 d5 13 Nxd4 c5! 14 bxc5 Bxc5 15 f3 0-0 16 fxe4 dxe4 17 Rxe4 Qd5 18 Qf3 Ne5 19 Qf5 Rae8 20 Nd2 b4 21 Rh4 g6 22 Ne4! Bxd4† 23 cxd4 Qxd4† 24 Qf2 =, Hellers–Shirov, Stockholm 1990.

(j) 10 . . . Ng5 11 a4 c5 (Z. Almasi–Onischuk, Parana 1991) 12 Re1† Ne6 13 Nf5 ±.

(k) In another Z. Almasi–Beliavsky game from Belgrade 1998 Black played 11 . . . d5!? which worked out well after 12 f3?! Ng5, but White should try 12 Qe1 Qd7 13 f3 or 12 . . . g6 13 Ng3 Qe7 14 f3.

(l) Or 12 . . . d5 13 Nxe4 dxe4 14 Ng3 ±, Z. Almasi–Beliavsky, Dortmund 1998. After 12 . . . Qxf5 13 Nxe4 Qd5 (Onischuk–Lin Weiguo, Beijing 1998) 14 Re1! leaves Black in some trouble meeting the threatened double check (14 . . . Qxd1 15 Nd6† Kd8 16 Nxf7†, or 14 . . . Be7 15 Bg5).

(m) 7 d4 Nxd4 8 Nxd4 (8 Bxf7† Kxf7 9 Nxe5† Kg8 10 Qxd4 c5 11 Qd1 Qe8 =) 8 . . . exd4 9 e5 Ne4 10 c3 dxc3 11 Qf3 d5 12 exd6 Qf6! 13 d7† (van der Wiel–Gonzalez, Biel 1985) 13 . . . Kd8! 14 Qxf6 Nxf6 15 Nxc3 Kxd7 = (Ligterink).

(n) The strange looking 7 . . . Bd6 is not so bad—8 c3 0-0 9 Nbd2 Na5 10 Bc2 Re8 11 Re1 Bf8 12 d4 ±, W. Watson–Hellers, Oslo 1991.

(o) 8 . . . d6 9 Nc3 b4 (9 . . . Na5 10 Ba2 b4 11 Ne2 ±, Short–Lalić, Pula 1997) 10 Nd5 Na5 11 Nxf6† Qxf6 12 Ba2 h6 13 Be3 ±, Kasparov–Anand, World Chp. 1995.

(p) 13 Nxe5 d5 14 Bg5 Be7 15 Nxb5 dxe4 16 dxe4 Bxe4 17 Nc3 (17 Qxd8!?) 17 . . . Bb7 18 Re1 h6 19 Bf4 Bb4 20 Ng4 Nxg4 21 Qxg4 Re8 22 Rxe8† draw agreed, Kasparov–Shirov, Linares 1998.

(q) Tempting but dubious is the sacrifice 6 Bxf7† Kxf7 7 Nxe5† Ke7 8 d4 Nf6 9 Qf3 Bb7 ∓.

(r) Also good is 9 c4 Bb7 10 Nc3 Ne7 11 Qe2 c6 12 Rd1 Qc7 13 Be3 Ng6 14 Rac1 ±, Fischer–Johannessen, Havana Ol. 1966.

(s) 13 Rxf4 g5 14 Qh5† Kd7 15 Rxf6 ±, Arnason–Agdestein, Gausdal 1987; after 15 . . . gxh4 White has a strong attack for the piece.

(t) 8 . . . f6 9 Nh4 will usually transpose into the previous column since Black will eventually have to take on b3.

(u) (A) 8 . . . c5? 9 Bd5! (B) 8 . . . Nxb3 9 axb3 Bb7 10 Re1 g6 11 Nc3 Bg7 12 Qd3 Ne7 13 Bg5 ±, Kotronias–Stein, Gausdal 1990.

(v) 9 . . . c5 10 Bd5! Bxd5 11 exd5 cxd4 12 Qe1† Qe7 13 Bxa5 ±, Smyslov–Evans, Havana 1964.

(w) 13 Nxb7 Rxb7 14 Qf3 Qc8 15 Nc3 ±, Smagin–Kupreichik, Minsk 1985.

RUY LOPEZ

Fifth-Move Variants (and 6 . . . d6)

1 e4 e5 2 Nf3 Nc6 3 Bb5 a6 4 Ba4 Nf6

	31	32	33	34	35	36
5	0-0......................................Qe2.........Nc3.........d3(p)					
	Be7 ....d6			b5(j)	b5(m)	d6
6	Re1	c3............Re1(g)		Bb3	Bb3	c3(q)
	d6	Bd7(d)	b5	Be7(k)	Be7(n)	g6!
7	c3(a)	d4	Bb3	c3	d3	Nbd2
	Bg4	Qe7(e)	Na5	d5!	d6	Bg7
8	d3(b)	Re1	d4	d3	Nd5	Nf1?!(r)
	0-0	g6	Nxb3	0-0	Na5	0-0
9	Nbd2	Nbd2	axb3	Bg5	Nxe7	Ng3
	Re8	Bg7	Bb7(h)	dxe4	Qxe7	b5
10	Nf1	Nf1	Bg5	dxe4	0-0	Bb3
	Bf8	0-0	h6	Nd7	0-0	Na5
11	h3	Bg5	Bh4	Be3	Bg5	Bc2
	Bd7	h6	g5	Na5	h6	c5
12	Ng3	Bh4	Bg3	Bc2	Bh4	0-0
	g6(c)	Qe8(f)	Nxe4(i)	Nc4(l)	g5(o)	Re8 $\mp$

(a) White has a good alternative in 7 Bxc6† bxc6 8 d4 Nd7 (8 . . . exd4 8 Nxd4 $\pm$) 9 Na3! f6 10 Nc4 Nf8 11 Na5 Bd7 12 Qd3 Ne6 13 Be3 Qb8 14 a4! (preventing Qb5) $\pm$, Lobron–Kavalek, Reggio Emilia 1985/86.

(b) 8 h3 Bh5 9 Bxc6†! (9 d3 Qd7 10 Nbd2 g5! mixes things up, Kots–Spassky, USSR 1961) 9 . . . bxc6 10 d4 exd4 11 cxd4 0-0 12 Nc3 Re8 13 Bf4 is also somewhat better for White, Tal–Kuijpers, Moscow 1963.

(c) 13 d4 Bg7 14 a3 $\pm$, Gufeld–A. Petrosian, USSR 1979.

(d) 6 . . . Nxe4 7 d4 gives Black more than a pawn's worth of problems.

(e) (A) 7 . . . Be7 8 Re1 0-0 9 Nbd2 Re8 10 Nf1 h6 11 Ng3 $\pm$, Tal–Rellstab, Hastings 1973/74. (B) 7 . . . g6 8 Re1 b5 9 Bb3 Bg7 10 Bg5 $\pm$.

(f) Or 12 . . . Rfe8 13 dxe5 dxe5 14 Ne3 $\pm$. After 12 . . . Qe8 13 Bc2 Nh5 14 Ne3 Ne7 15 Qd2 f6 16 h3 Be6 17 c4 Rd8 18 b4 White is slightly better, Ribli–Kavalek, Amsterdam 1973.

(g) 6 Bxc6† is again a good alternative—6 . . . bxc6 7 d4 Nxe4 (7 . . . exd4 8 Nxd4 c5 9 Nf3 Be7 10 Nc3 $\pm$, Smyslov–Botvinnik, World Chp. 1954) 8 dxe5 d5 9 Nbd2 Nxd2 10 Bxd2 Bg4 11 h3 Bh5 12 Re1 Bc5 13 b4 Bb6 14 e6 $\pm$, Bellin–Bisguier, Hastings 1975/76.

(h) 9 . . . exd4 10 Nxd4 Bd7 11 e5 dxe5 12 Rxe5† Be7 13 Qe2! c5 14 Nf3 Be6 15 Bg5 ±, Hübner–Kavalek, Tilburg 1980.

(i) 13 Nxe5! dxe5 14 Bxe5 f6 15 Qh5† Kd7 16 Qg4† Ke8 17 Nc3 fxe5 18 Nxe4 Bxe4 19 Qxe4 with good play for the piece (Hort).

(j) Sharper and equally good is 5 . . . Bc5 6 Bxc6 (6 c3 b5 7 Bb3 d6 =) 6 . . . bxc6 7 Nxe5 0-0 8 0-0 Qe7 9 Nd3 Bd4! =, Tiviakov–I. Sokolov, Linares 1995.

(k) Also 6 . . . Bc5 7 a4 Rb8 8 axb5 axb5 9 d3 d6 10 Be3 Bg4 11 h3 Bh5 12 Nbd2 0-0 =, Alekhine–Duras, St. Petersburg 1913.

(l) 13 Bc1 Bb7 14 Nbd2 Nxd2 15 Bxd2 c5 =, Tiviakov–Adams, Groningen 1997.

(m) 5 . . . Bc5 can be played since on 6 Bxc6 dxc6 7 Nxe5 both 7 . . . Bxf2† 8 Kxf2 Qd4† and 7 . . . Qd4 8 Nd3 Ba7 are fine for Black. See 5 0-0 Bc5 for comparison.

(n) 6 . . . Bc5 7 Nxe5 Nxe5 8 d4 Bd6 9 dxe5 Bxe5 10 f4 Bxc3† 11 bxc3 Bb7 12 e5 Ne4 13 0-0 d5 14 Qg4 Qe7! =, Bisguier–Turner, New York 1955.

(o) 13 Bg3 Bg4 14 h3 Bh5 =, Benjamin–Kaidanov, US Chp. 1997.

(p) Black has no problems with either (A) 5 Bxc6 dxc6 6 d3 Bd6 7 Nbd2 Be6 8 Qe2 Nh5 9 Nc4 Bxc4 10 dxc4 Qf6 =, Flohr–Reshevsky, Kemeri 1937, or (B) 5 d4 exd4 6 e5 Ne4 7 0-0 Nc5 =, Morphy–Löwenthal, London 1858.

(q) The old Duras line is 6 c4 g6 7 d4 exd4 8 Nxd4 Bd7 9 Nxc6 bxc6 10 0-0 Bg7 11 c5 0-0 12 Nc3 Qe7 13 cxd6 cxd6 14 f3 d5 =, Duras–Cohn, Carlsbad 1911.

(r) White's play is slow, so he should opt for equality with 8 0-0 0-0 9 Re1. The column is Sax–Z. Almasi, Hungarian Chp. 1997.

RUY LOPEZ

Sixth-Move Variants

1 e4 e5 2 Nf3 Nc6 3 Bb5 a6 4 Ba4 Nf6 5 0-0 Be7

	37	38	39	40	41	42
6	Qe2 (Worrall Attack)		d4 .....(Center Variation)		Bxc6(p)	Exchange
	b5(a)		exd4(j)		dxc6	Variation Deferred
7	Bb3		Re1 ....e5		d3 ....Qe1(u)	
	0-0(b)		b5(k)	Ne4	Nd7(q)	c5!
8	c3(c)		e5(l)	Nxd4	Nbd2	Nxe5
	d5 ....d6		Nxe5	Nxd4(n)	0-0	Qd4
9	d3	Rd1(g)	Rxe5	Qxd4	Nc4(r)	Nf3
	Bb7(d)	Na5(h)	d6	Nc5	f6(s)	Qxe4
10	Bg5(e)	Bc2	Re1	Nc3	Nh4	Qxe4
	Na5!	c5	bxa4	0-0	Nc5	Nxe4
11	Bc2	d4	Nxd7	Bg5	Qf3	Re1
	Nd7!	Qc7	Bd3	Bxg5	Be6	Nf6(v)
12	Bxe7	d5	Qf3	Qxc5	Ne3	b3
	Qxe7	Bd7	d5	Be7	g6	b6
13	Nbd2	Nbd2	Nc3	Qe3	Qg3	Bb2
	c5(f)	c4(i)	0-0(m)	d5(o)	Kh8(t)	Be6(w)

(a) 6 ... Bd6 7 c3 0-0 8 d4 Bd7 9 Rd1? Nxd4! 10 exd4 Bxa4 ∓, Lasker–Willigerode, (simul) 1909. White can gain an edge though with 9 dxe5 Nxe5 10 Bxd7.

(b) Black found a tricky equalizing line in Tiviakov–Ibragimov, USSR 1991—7 ... d6 8 a4 Bg4 9 c3 0-0 10 h3 Na5! 11 Bc2 Be6 12 axb5 axb5 13 d4 Bc4 14 Bd3 Bxd3 15 Qxd3 Nc4 16 Rxa8 Qxa8 17 b3 Qa2! draw agreed.

(c) 8 a4 Rb8 9 axb5 axb5 10 Nc3 d6! 11 h3 Bd7 =, Treybal–Alekhine, Pistyan 1922.

(d) The older line is also alright—9 ... Re8 10 Re1 Bb7 11 Nbd2 Qd7 12 Nf1 Rad8 13 Bg5 Na5 14 Bc2 dxe4 15 dxe4 Nc4 =, Keres–Geller, Budapest 1952.

(e) 10 Rad1 Re8 11 Nbd2 Bf8 12 Nf1 h6 13 a3 Nb8 =, Anand–Ehlvest, Riga 1995.

(f) 14 exd5 Bxd5 15 Rfe1 Rae8 16 d4 cxd4 17 cxd4 Nc6 leaves Black at least even chances, Vidarsson–Hector, Reykjavik 1998.

(g) 9 d4 Bg4 10 Rd1 exd4 11 cxd4 d5 12 e5 Ne4 13 Nc3 Nxc3 14 bxc3 Qd7 =, Feige–van Riemsdijk, Argentina 1997.

(h) A good alternative is 9 ... Be6 10 Bc2 d5 11 d3 Re8 12 Nbd2 Bd6 13 Nf1 h6 =, Barlov–Velimirović, Vršac 1983.

(i) 14 Nf1 Nb7 15 Ng3 Rfe8 16 h3 Nc5 17 Be3 Rab8 =, Short–Piket, Wijk aan Zee 1997.

(j) 6 . . . Nxe4 7 Re1 b5 (7 . . . f5 8 dxe5 ±) 8 Rxe4 d5 9 Nxe5! Nxe5 10 Rxe5 bxa5 11 c4 ±, Smirin–Piket, Wijk aan Zee 1994.

(k) 7 . . . 0-0 8 e5 Ne8 (8 . . . Nd5 9 Bb3 Nb6 10 c3 ∞) 9 c3 dxc3 10 Nxc3 d6 11 exd6 Nxd6 12 Nd5 Re8 is also equal, P. Cramling–Korchnoi, London 1982.

(l) 8 Bb3 d6 9 Bd5 Nxd5 (9 . . . Bb7 10 Nxd4 Nxd5 11 Nxc6! Bxc6 12 exd5 ±) 10 exd5 Ne5 11 Nxd4 0-0 12 Nc3 Re8 =, Timman–Spassky, match 1983.

(m) 14 Nxd5 Nxd5 15 Qxd5 Bf6 16 Qc5 Qb8 =, Romanovich–Yemilin, St. Petersburg 1997. Black can also play 12 . . . 0-0 13 Nxc6 Bxc6 =.

(n) Equally satisfactory is 8 . . . 0-0 9 Nf5 d5 10 Bxc6 bxc6 11 Nxe7† Qxe7 12 Re1 f6 =.

(o) 14 Rad1 c6 15 Ne2 Qa5 16 Bb3 Bg4 =, Honfi–Krogius, Hamburg 1965.

(p) The moves 6 Nc3 and 6 d3 (both solid but unambitious) are covered under Fifth Move Variants.

(q) 7 . . . Qd6 has been regularly used by Karpov, e.g. 8 Nbd2 Be6 9 b3 c5 10 Nc4 Bxc4 11 dxc4 Qxd1 12 Rxd1 Nd7 =, Hjartarson–Karpov, match 1989.

(r) 9 b3 f6 10 Bb2 Nc5 11 d4 exd4 12 Nxd4Re8 13 Qe2 Ne6 14 Nf5 Bf8 leaves Black with a solid game, Nijboer–van der Wiel, Dutch Chp. 1994.

(s) 9 . . . Bf6?! 10 b3 Re8 11 Bb2 c5 12 h3 b5 13 Ne3 Nb6 14 a4 ±, Benko–Rossolimo, US Chp. 1968.

(t) 14 b3 Bf7 15 f4 exf4 16 Rxf4 Ne6! (16 . . . Bd6 17 Bb2 Bxf4 18 Qxf4 Nd7 19 Ng4!) 17 Rf2 Bd6 =, Wedberg–Reshevsky, Reykjavik 1984.

(u) The latest fashion is 7 Qe2 Bg4 8 h3 Bh5 9 d3 (9 g4 Bg6 10 Nxe5 Bxe4 11 g5? Rg8! 12 d3 Bf5 ∓, McDonald–Wells, London 1998) 9 . . . Nd7 10 Be3 (10 Nbd2 Bg5! =) 10 . . . 0-0 11 Nbd2 Re8 12 Rfe1 Bf8 13 Nf1 with perhaps a slight edge, G. Hernández–Fernandez Garcia, Zaragoza 1996.

(v) Black got into trouble in Christiansen–Nunn, Germany 1989 after 11 . . . Nd6 12 Nc3 Kd8 13 d4 c4 14 Bf4 Re8 15 b3 cxb3 16 axb3 ± Bg4?! 17 Ne5 Bf5 18 Nd5! Bxc2? 19 Rac1 Bxb3 20 Nxf7†! Resigns, as 20 . . . Nxf7 21 Bxc7† Kd7 22 Nb6 is mate.

(w) 14 Ng5 Bd7 15 c4 Kf8 16 d4 Re8 17 Nf3 (Anand–Short, Tilburg 1991) 17 . . . cxd4 =.

RUY LOPEZ

Open Variation

**1 e4 e5 2 Nf3 Nc6 3 Bb5 a6 4 Ba4 Nf6 5 0-0 Nxe4
6 d4 b5 7 Bb3 d5 8 dxe5 Be6**

	43	44	45	46	47	48
9	Nbd2			c3		
	Nc5(a)			Bc5		
10	c3			Nbd2(m)		
	d4		Bg4(i)	0-0		(Dilworth
11	Bxe6 ....Ng5		Bc2	Bc2		Attack)
	Nxe6	Qxg5(f)	Be7(j)	Bf5 ....f5		Nxf2
12	cxd4	Qf3	Re1	Nb3	Nb3(r)	Rxf2
	Ncxd4	0-0-0(g)	Qd7(k)	Bg6(n)	Bb6	f6
13	a4(b)	Bxe6†	Nf1	Nfd4	Nfd4	exf6
	Bc5(c)	fxe6	Rd8	Bxd4	Nxd4	Bxf2†(u)
14	Ne4	Qxc6	Ne3	cxd4(o)	Nxd4	Kxf2
	Bb6(d)	Qxe5	Bh5	a5	Bxd4(s)	Qxf6
15	Nfg5	b4	b4	Be3	Qxd4!	Nf1
	Nxg5	Qd5!	Ne6	a4	c5	Ne5
16	Bxg5	Qxd5	g4	Nd2(p)	Qd1	Be3
	Qd7	exd5	Bg6	a3	h6	Rae8
17	Re1	bxc5	Nf5	Nxe4	f3	Bc5(v)
	0-0(e)	dxc3(h)	0-0(l)	axb2(q)	Ng5(t)	Nxf3(w)

(a) Alternatives leave White an edge: (A) 9 . . . Bc5 10 Nxe4 dxe4 11 Ng5 Qd1 12 Rxd1 Bxb3 13 axb3 0-0 14 Nxe4 Bb6 15 Bf4 Rfe8 16 Nc3 Nd4 17 Nc3! ±, Khalifman–Golod, Belgrade 1999. (B) 9 . . . Nxd2 10 Qxd2 Be7 11 Rd1!. (C) 9 . . . Be7 10 Nxe4 dxe4 11 Bxe6 fxe6 12 Ng5 Bxg5 13 Qh5† g6 14 Qxg5 0-0 15 Qg4 Qd5 16 Re1 Rf5 17 Bh6! ±, Geller–Krasenkov, Capelle-la-Grande 1992.

(b) (A) The most popular continuation used to be 13 Ne4 Be7 14 Be3 Nf5 15 Qc2 0-0 16 Rad1 Nxe3 17 fxe3 Qc8, which is an equal position, e.g. 18 Nd4 Nxd4 19 exd4 Qe6 20 Qxc7 Rac8 21 Qa5 Rc2 22 Rf2 Qg4 =, de Firmian–Hellers, Biel 1989, or 18 Rd3 c5 19 Nd6 Qb8 20 Rfd1 Ra7 =, Hübner–Hort, Wijk aan Zee 1986. (B) 13 Nxd4 Qxd4 14 Qf3 Rd8 15 Qc6† Qd7 16 Qxa6 Qd5 =.

(c) 13 . . . Be7 (13 . . . Rb8 14 axb5 axb5 15 Ne4 ±) 14 Nxd4 Qxd4 (14 . . . Nxd4 15 Ne4 0-0 16 axb5 Nxb5 17 Be3 ±) 15 axb5 Qxe5 16 bxa6 0-0 17 Qg4 Qb5 18 Qc4 Rfb8 19 Ra2 and Black has trouble recovering the pawn, de Firmian–Timman, Biel 1995.

(d) 14 . . . 0-0 15 Nxc5 Nxf3† 16 Qxf3 Nxc5 17 axb5 axb5 18 Bg5 Rxa1 19 Bxd8 ±, Topalov–Anand, Dos Hermanas 1996.

(e) 18 Ra3! with attacking chances (A. Rodríguez).

(f) Black has two serious alternatives: (A) 11 . . . dxc3 12 Nxe6 fxe6 13 bxc3 Qd3 was tested in the 1995 World Championship. Kasparov–Anand, game 10, continued brilliantly 14 Bc2! Qxc3 15 Nb3! Nxb3 16 Bxb3 Nd4 (16 . . . Qxa1 17 Qh5† g6 18 Qf3 Nd8 19 Rd1 ±) 17 Qg4 Qxa1 18 Bxe6 Rd8 19 Bh6! Qc3 20 Bxg7 Qd3 21 Bxh8 Qg6 22 Bf6 with a winning position. (B) 11 . . . Bd5!? 12 Bxd5 Qxd5 13 Nb3 Nxb3 14 axb3 Be7 15 Nf3 d3 16 Be3 0-0 17 Bd4 Rfd8 18 Qxd3 Qxb3 =, Onischuk–I. Sokolov, Wijk aan Zee 1987.

(g) 12 . . . Bd7?! 13 Bxf7† Ke7 14 Bd5 Nxe5 15 Qe2 d3 16 Qe1 c6 17 f4 Qh6 18 Bf3 Kd8 19 fxe5 ±, Wolff–Flear, London 1990.

(h) A sharp endgame has arisen in which Black has advanced passed d- and c- pawns for a knight. Shirov–Timman, Wijk aan Zee 1996 continued 18 Nb3 d4 19 Ba3 g6 20 Bb4 Bg7 21 a4 Kd7 with chances for both sides.

(i) (A) 10 . . . Be7 11 Bc2 Bg4 is just a transposition of moves. (B) 10 . . . Nxb3 11 Nxb3 Be7 12 Nfd4! Nxd4 (12 . . . Nxe5 13 Re1 Ng6 14 Nxe6 fxe6 15 Nd4 ±, Kuzmin–Beliavsky, USSR Chp. 1977) 13 cxd4 0-0 14 Bd2 f6 15 exf6 Bxf6 16 Bf4 ±.

(j) (A) 11 . . . Qd7 12 Re1 d4 13 Nb3?! dxc3 14 Qxd7† Bxd7 15 bxc3 Nd8 =, Leko–Anand, Linares 1999, but White should play 13 h3 so that 13 . . . Bh5 14 Nb3 improves the variation. (B) 11 . . . Ne6 12 Re1 Bc5 13 Nf1 Bh5 14 Ng3 Bg6 15 h4 0-0?! (15 . . . Bxc2 ±) 16 Bb3 h6 17 h5 Bh7 18 Bxd5 ±, Z. Almasi–Yusupov, Úbeda 1997.

(k) 12 . . . 0-0 13 Nf1 Re8 14 h3 Bh5 15 Ng3 Bg6 16 Nf5 Ne4 17 Nxe7† Rxe7 18 Bf4 Qd7 19 Nh4 Nc5 20 Nxg6 hxg6 21 Be3 Ne6 22 f4 d4 23 Be4 Rad8 24 Bf2! Ree8 (24 . . . Nxf4 25 Qf3 Nd5 26 cxd4 ±) 25 Qg4 Ne7 26 Rad1 +, Svidler–Adianto, Groningen 1997.

(l) Or 17 . . . h5 18 h3 ±. After 17 . . . 0-0 18 a4 d4 19 axb5 axb5 20 Be4 Rfe8 21 Qd3 Nb8 22 cxd4 White has a spatial advantage, Haba–Marin, Budapest 1993.

(m) 10 Qd3 merits serious attention. 10 . . . 0-0 11 Nbd2 (11 Be3 f6! 12 exf6 Qxf6 13 Nbd2—13 Bxd5 Rad8 = —13 . . . Bxe3 14 Qxe3 Nxd2 15 Qxd2 Rad8 =, Kamsky–Anand, match 1995) 11 . . . f5 12 exf6 Nxf6 13 a4 Rb8 14 axb5 axb5 15 Ng5 (15 Ra6 Bb6 ∞) 15 . . . Ne5 16 Qg3 Qd6 17 Bc2 Bd7 18 Nb3 Bb6 19 Bf4 (19 Nd4 h6 20 Bf4 Bxd4! 21 cxd4 Nh5 =, A. Sokolov–Sulkis, Geneva 1998) 19 . . . Rbe8 20 Nd4 Nh5 21 Bxe5 Rxe5 22 Bxh7† Kh8 23 Qh4 g6 with roughly equal chances in this complex position, A. Sokolov–Timman, Reykjavik 1988.

(n) White gets a better ending after 12 . . . Bg4 13 h3 Bh5 (13 . . . Bxf3 14 gxf3! ±) 14 g4 Bg6 15 Bxe4 dxe4 16 Nxc5 exf3 17 Bf4 Qxd1 18 Raxd1 Nd8 19 Rd7 ±, Karpov–Korchnoi, World Chp. (G24) 1978.

(o) 14 Nxd4 Qd7 15 f4 Nxd4 16 cxd4 f6 17 Be3 fxe5 18 fxe5 Rxf1† 19 Qxf1 Rf8 =, Leko–Korchnoi, Leon 1994.

(p) 16 Nc1 a3 17 b3 f6 18 Nd3 fxe5 19 Nxe5 Nxe5 20 Bxe4 dxe4 =, Ivanchuk–Timman, Riga 1995.

(q) 18 Rb1 Bxe4 19 Rxb2 Qd7 20 Bd3! Bxd3 21 Qxd3 b4 22 Rc1 ±, Hellers–Wedberg, Sweden 1993.

(r) Leading only to equality is 12 exf6 Nxf6 13 Nb3 Bb6 14 Ng5 Qd7 15 Nxe6 Qxe6 16 Nd4 Nxd4 17 cxd4 Re8 = (Larsen).

(s) 14 ... Qd7 15 f3 Nc5 16 Kh1 Nb7 17 Be3 ±, Stein–Keres, Moscow 1967.

(t) 18 Be3 Rc8 19 Qd2 a5 20 Rad1 Qe7 21 Bb1 Kh8 22 Rfe1 ±, Short–Timman, match 1993.

(u) Taking the rook immediately is better than 13 ... Qxf6?! 14 Qf1! Bg4 15 h3 Bh5 16 Nd4 ±.

(v) 17 Kg1 Nxf3† 18 gxf3 Qxf3 19 Qxf3 Rxf3 20 Bf2 Bh3 is a roughly even ending, Aseev–Leko, Moscow 1995.

(w) 18 gxf3 Rf7 19 Kg2 (19 Ng3 Bg4 20 Kg1 Qxf3 21 Qxf3 Rxf3 =) 19 ... d4!? 20 Bxd4 Qg5† 21 Ng3 c5 22 Bf2 Rxf3! 23 Kxf3 Bg4† 24 Kg2 Bxd1 =, Kudrin–Kaidanov, US Chp. 1997. The Dilworth Attack is a promising choice for Black.

RUY LOPEZ

Open Variation

1 e4 e5 2 Nf3 Nc6 3 Bb5 a6 4 Ba4 Nf6 5 0-0 Nxe4
6 d4 b5 7 Bb3 d5 8 dxe5 Be6 9 c3 Be7(a)

	49	50	51	52	53	54
10	Nbd2		Be3(h)		Bc2	Re1(r)
	0-0(b)		Nc5	0-0(l)	0-0(o)	0-0
11	Qe2	Bc2	Bc2	Nbd2	Qe2	Nd4
	Nc5(c)	f5	Nd7(i)	Qd7	Qd7	Nxe5!(s)
12	Nd4	Nb3	Re1	Re1(m)	Nd4(p)	f3
	Qd7(d)	Qd7	Ndxe5	Rad8	f5	Bd6
13	Bc2	Re1(f)	Nxe5	Bc2	f3	fxe4
	f6	Rad8	Nxe5	f5	Ng5	Bg4
14	b4	Qe2	Bd4	exf6	Be3	Qd2
	Na4	Rfe8	Ng6(j)	Nxf6	f4	Qh4
15	N2f3	Nfd4	Bxg7	Qb1	Bf2	h3
	Nxd4	Nxd4	Rg8	h6	Bf7	c5
16	Nxd4	Nxd4	Bxg6	Nh4	Nd2	Qf2
	c5	c5	Rxg7	Ne5	Ne6	Qh5
17	exf6	Nxe6	Rxe6	Nb3	N2b3	Re3
	Rxf6(e)	Qxe6(g)	hxg6(k)	Nfg4(n)	Bg6(q)	dxe4(t)

(a) 9 . . . Nc5 10 Bc2 Bg4 11 Nbd2 transposes into column 45.

(b) 10 . . . Nc5 11 Bc2 d4 12 Ne4 d3 13 Nxc5 dxc2 14 Qxd8† Rxd8 15 Nxe6 fxe6
16 Be3 Rd5 17 Rac1 Nxe5 18 Nxe5 Rxe5 19 Rxc2 Kf7 20 c4 b4 21 Rd1 Rd8
22 Rxd8 Bxd8 23 Kf1 Bg5 24 Ba7! ±, Xie Jun–Zsu. Polgar, Women's World
Chp. 1996. This slightly worse ending may be Black's best choice.

(c) 11 . . . Nxd2 12 Qxd2 Na5 13 Bc2 Nc4 14 Qd3 g6 15 Bh6 gave White strong
kingside play in Tal–Korchnoi, USSR 1955.

(d) 12 . . . Nxb3 13 Nxc6 Nxc1 14 Raxc1 Qd7 15 Nxe7† Qxe7 16 f4 ±.

(e) 18 Nxe6 Qxe6 19 Qd3 Rg6 20 Bf4 Rf8 21 Rae1 with strong play on the light
squares, Short–Unzicker, Germany 1988.

(f) Also 13 Nfd4 Nxd4 14 Nxd4 c5 15 Nxe6 Qxe6 16 f3 Ng5 17 a4 ±,
A. Rodríguez–Passerotti, Malta Ol. 1980.

(g) 18 f3 Ng5 19 a4 ±, Nunn–Wedberg, Novi Sad Ol. 1990.

(h) This position is often reached by the order of moves 9 Be3 Be7 10 c3 in order
to avoid 9 c3 Bc5.

(i) 11 ... Bg4 12 Nbd2 Ne6 13 Qb1! Bh5 14 b4 Qd7 15 a4 Rb8 16 axb5 axb5 17 Bf5 ±.

(j) 14 ... Nc6 15 Bxg7 Rg8 16 Qh5 Qd6 17 Bh6? Bg4 18 Qh4 0-0-0 won Black the exchange in Morozevich–Ivanchuk, New York 1995, but 17 Qh6! 0-0-0 18 Bxh7 nets a pawn.

(k) 18 Re2 Kf8 19 Nd2 Rg8 20 Nf3 Bf6 21 Qd2 Qd6 =, Khalifman–Korchnoi, Úbeda 1997.

(l) (A) 10 ... Qd7 11 Nbd2 Rd8 12 Re1 0-0 13 Bc2 Bf5 14 Nxe4 Bxe4 15 Bxe4 dxe4 16 Qxd7 Rxd7 17 e6! fxe6 18 Nd2 with the better endgame, Kotronias–Lirindzakis, Greece 1997. (B) 10 ... Na5 11 Nd4 0-0 12 Nd2 Nxd2 13 Qxd2 Nc4 14 Bxc4 dxc4 15 f4 Bd5 16 Rad1 ±, Unzicker–Euwe, Dubrovnik Ol. 1950.

(m) 12 Bc2 f5 13 exf6 Nxf6 14 Qb1 Kh8 15 Ng5?! Ng4! lets Black take over the initiative since 16 Nxh7 Qd6 17 g3 Nxe3 18 fxe3 Rxf1† leaves the knight on h7 stranded, Z. Almasi–I. Sokolov, Wijk aan Zee 1995.

(n) 18 Nc5 Qc8 19 Nxe6 Qxe6 with chances for both sides, Kir. Georgiev–Ivanchuk, Manila Ol. 1992.

(o) 10 ... Bg4 11 h3 Bxf3 (11 ... Bh5 12 g4 Bg6 13 Bb3 ±, Fischer–Olafsson, Havana Ol. 1966) 12 gxf3 Nc5 13 f4 Qd7 14 Qf3 ±, J. Polgar–Hübner, Munich 1991.

(p) 12 Rd1 f5 13 Nbd2 Kh8 14 Nb3 Bf7 15 Nbd4 Bh5 =, Tal–Keres, Moscow 1966.

(q) 18 Bxg6 hxg6 19 Rfe1 Ncxd4 20 cxd4 a5 =, R. Byrne–Unzicker, Hastings 1971.

(r) 10 Qe2 Nc5 11 Bc2 d4 12 Rd1 Bc4 13 Qe1 d3 14 Na3 Qc8 15 Bb1 Bd5 16 Bxd3 Bxf3 17 gxf3 Nxd3 18 Rxd3 Qf5! and Black stands well (Euwe).

(s) 11 ... Nxd4?! 12 cxd4 h6 13 f3 Ng5 14 Nc3 c5 15 f4 with attacking prospects, Hübner–Piket, Dortmund 1992. The old column continuation is better!

(t) 18 hxg4 Nxg4 19 Rh3 Qxh3 20 Qxf7† Rxf7 21 Bxf7† Kxf7 22 gxh3 cxd4 23 hxg4 Bc5 draw agreed, Teichmann–Johner, Breslau 1913.

RUY LOPEZ

Open Variation

1 e4 e5 2 Nf3 Nc6 3 Bb5 a6 4 Ba4 Nf6 5 0-0 Nxe4 6 d4(a)

	55	56	57	58	59	60
	b5..					exd4
7	Bb3					Re1
	d5					d5
8	dxe5..				Nxe5(o)	Nxd4(q)
	Be6				Nxe5	Bd6
9	c3.............	Qe2 (Howell Attack).....		Be3(k)	dxe5	Nxc6
	Nc5	Be7	Bc5	Nc5(l)	c6(p)	Bxh2†
10	Bc2	Rd1(e)	Be3(i)	Nc3(m)	Be3	Kh1!
	Bg4	0-0(f)	Ne7(j)	Nxb3	Be7	Qh4
11	Re1	c4	Nbd2	cxb3	Nd2	Rxe4†
	d4?!(b)	bxc4	Bxe3	Be7	Nxd2	dxe4
12	h3	Bxc4	Qxe3	Rc1	Qxd2	Qd8†
	Bh5	Bc5(g)	Nxd2	Qd7	0-0	Qxd8
13	e6!	Be3	Qxd2	Ne2	Qc3	Nxd8†
	fxe6(c)	Bxe3	c5	Nd8	Bb7	Kxd8
14	cxd4	Qxe3	c3	Nf4	f4	Kxh2
	Bxf3	Qb8	Qd7	Nb7	a5	Be6
15	Qxf3	Bb3	Rad1	Nd4	a3	Be3
	Nxd4(d)	Na5(h)	h6 =	0-0(n)	b4 =	f5(r)

(a) Black gains easy equality after 6 Re1?! Nc5 7 Bxc6 (7 Nxe5 Nxe5 8 Rxe5† Be7 =) 7 ... dxc6 8 Nxe5 Be7 9 d4 Ne6 10 Be3 0-0 11 Nc3 f6 12 Nf3 Re8 =, Soler–Mitchell, England 1932.

(b) (A) 11 ... Be7 12 Nbd2 transposes into column 3 (this is probably Black's best choice now). (B) 11 ... Qd7 12 Nbd2 Rd8 13 Nb3 Be7 14 Nxc5 Bxc5 15 Qd3 ±, Petrosian–Kochiev, Riga 1973.

(c) 13 ... Nxe6 14 Be4 ±, Gutkins–Klavens, USSR 1968.

(d) 16 Qh5† g6 17 Bxg6† hxg6 18 Qxh8 Nc2 19 Bh6! with a winning advantage, Unzicker–Lehmann, Berlin 1953.

(e) Aggressive, but speculative is 10 c4 bxc4 11 Ba4 Bd7 12 Nc3 Nc5 13 e6 fxe6 14 Bxc6 Bxc6 15 Ne5 Qd6 16 Qh5† g6 17 Nxg6 hxg6 18 Qxh8† Kd7 19 Qg7 d4 with ample compensation for the exchange, Abrosin–Radchenko, USSR 1954.

(f) White gains an edge after 10 ... Nc5 11 c4 d4 (11 ... bxc4 12 Bxc4 0-0 13 Nc3 ±) 12 cxb5 d3 (12 ... Nxb3 13 axb3 axb5 14 Rxa8 Qxa8 15 Bg5 Bxb3

16 Rc1 Bxg5 17 Nxg5 h6 18 Nd2! ±, A. Rodríguez–Agzamov, Cienfuegos 1984)
13 Qf1 Nxb3 14 axb3 Nb4 15 Bd2 Nc2 16 Rxa6 Rxa6 17 bxa6 Bxb3 18 Bg5! Bc4
(18 . . . Bxg5 19 Rxd3) 19 Bxe7 Qxe7 20 a7 0-0 21 Nbd2 ±, Greenfeld–Pernik,
Israel 1983.

(g) 12 . . . Qd7 13 Nc3 Nxc3 14 bxc3 f6 15 exf6 Bxf6 16 Ng5 Bxg5 17 Bxg5 h6
18 Be3 Ne5 19 Bb3 Qd6 20 Rd4 c5 21 Rf4 ±, Brodsky–Sorin, Groningen 1994.
White's bishops provide him with some initiative.

(h) 16 Nbd2 Qa7 17 Nd4 Nxd2 18 Qxd2 Qb6 19 Bc2 c5 =, Kavalek–Karpov,
Montreal 1979.

(i) White gets very little from 10 Nbd2 Nxd2 11 Bxd2 0-0 12 Rad1 Ne7 13 c3 Qd7,
Kindermann–Slobodjan, Nussloch 1996.

(j) 10 . . . 0-0 11 Rd1 Bxe3 12 Qxe3 Na5 13 Nbd2 Nxd2 14 Rxd2 c6 15 c3 ±,
Hjartarson–Korneev, Linares 1995.

(k) Black has no trouble after 9 a4 b4 10 a5 Nc5 11 Bg5 Qd7 12 Nbd2 h6 13 Bh4
Be7 14 Bxe7 Qxe7 =, Ljubojević–Hjartarson, Amsterdam 1991.

(l) (A) 9 . . . Be7 10 c3 transposes into column 51. (B) 9 . . . Bc5 10 Qd3 0-0
11 Nc3 Nb4 12 Qe2 Nxc3 13 bxc3 Bxe3 14 Qxe3 Nc6 (Stefansson–Piket,
Moscow Ol. 1994) 15 a4 gives White a pull.

(m) 10 c3 Nxb3 11 axb3 Be7 12 Nbd2 0-0 13 b4 d4 14 Nxd4 Nxd4 15 Bxd4 Bxb4
16 Nc4 also gives White an edge, Bronstein–Sorokon, Argentina 1996 (Bron-
stein has aged, but still plays fine chess).

(n) 16 Nc6 Rfe8 17 Qc2 ±, Ernst–Wedberg, Copenhagen 1991. White has pressure
on the c-file.

(o) 8 a4 Nxd4 9 Nxd4 exd4 10 axb5 Bc5 11 c3 0-0 12 cxd4 Bb6 13 Nc3 Bb7 =,
Lasker–Schlechter, World Chp. (G8) 1910.

(p) Now 9 . . . Be6 10 c3 Bc5 11 Qe2 0-0 12 Be3 is good for White (Keres). The col-
umn is Fischer–Addison, US Chp. 1966.

(q) White may prefer the simpler line 8 Bg5 Be7 9 Bxe7 Qxe7 10 Nxd4 0-0
11 Bxc6 bxc6 12 f3 c5 13 Nc6 Qd6 14 Qxd5! Nf6 Qxd6 with a good endgame,
Karastoichev–Paskalev, Silven 1961.

(r) 16 Nc3 Ke7 17 g4! with an endgame edge, Capablanca–Ed. Lasker, New York
1915.

RUY LOPEZ MAIN LINES— CLOSED VARIATIONS AND THE MARSHALL ATTACK

1 e4 e5 2 Nf3 Nc6 3 Bb5 a6 4 Ba4 Nf6 5 0-0 Be7 6 Re1 b5 7 Bb3 is the start of a fascinating opening struggle where both sides are able to develop and build their positions toward a tense and dynamic middlegame. The end of this subchapter is the Marshall Attack and Anti-Marshall Systems, which begin with 7 . . . 0-0. Everything else begins with 7 . . . d6 8 c3 0-0 (see diagram below), which constitutes the Closed Defense.

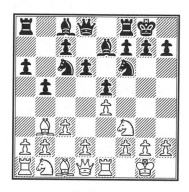

Columns 1–6 cover lines in the Closed Defense that are not major systems. The minor variations 9 h3 Nd7 (columns 1–2) and 9 h3 Be6 (column 3) can be difficult to meet, although accurate play leaves White ahead. The impatient 9 d4 without the preparatory h3 is covered in columns 4–5. Black is all right in these lines. 9 d3 (column 6) is slow and unambitious.

The most common defense after the usual 9 h3 is still the CHIGORIN VARIATION, 9 . . . Na5 10 Bc2 c5 11 d4 (columns 7–18). Black has the first threats on the c–file in the main continuation 11 . . . Qc7 12 Nbd2 cxd4 13 cxd4 (columns 7–12), which slows White's development. Black is quickly ready for action, as White would hold the advantage if he is able to deploy his pieces without trouble. The other continuations after 12 Nbd2 are 12 . . . Nc6 (column 13) and 12 . . . Bd7 (column 14). These do not pressure White as much as the main continuation. Other eleventh moves for Black are 11 . . . Nc6 (column 15), 11 . . . Nd7 (columns 16–17) and 11 . . . Bb7 (column 18). White may be able to gain an edge in these lines, but the rich and complex positions offer opportunities to the better player.

In the BREYER VARIATION, 9 h3 Nb8 (columns 19–24), Black redevelops his queen's knight at d7, centralizing his pieces and maintaining control of the center. This allows White time to choose his plan of play on the kingside, queenside or both. Column 19 is probably White's best line.

The SMYSLOV VARIATION, 9 h3 h6 (columns 25–30), has been somewhat out of fashion for some time. Kasparov's loss to Deep Blue in the second game of their 1997 match did little to bolster the variation's image.

The ZAITSEV VARIATION, 9 h3 Bb7 10 d4 Re8 (columns 31–36), has lost some of its shine since Karpov abandoned it as his regular defense in favor of the Caro-Kann. It still leads to sharp, complicated positions that are very difficult to handle, but some games of Anand have indicated that White should have a theoretical edge.

The MARSHALL ATTACK, 7 . . . 0-0 8 c3 d5 (columns 37–40), see above diagram, is a remarkable pawn sacrifice introduced by Frank Marshall against Capablanca in 1918. Black's compensation for the pawn is mostly positional—based on creating weaknesses in the White kingside and slowing White's development. There is no direct forcing line that either side must play, and for this reason the gambit is hard to refute. New ideas are constanly being tried as the opening remains topical. Currently White is obtaining some advantage, but the long complex variations leave scope for alternative play. England's Micky Adams is the Marshall's greatest advocate today.

The Anti-Marshall Systems, 7 . . . 0-0 8 h3 (column 41) and 7 . . . 0-0 8 a4 (column 42), avoid the long complex variations of the Marshall Attack and still present Black problems in equalizing.

RUY LOPEZ

Closed Defense

**1 e4 e5 2 Nf3 Nc6 3 Bb5 a6 4 Ba4 Nf6 5 0-0 Be7
6 Re1 b5 7 Bb3 d6 8 c3 0-0**

	1	2	3	4	5	6
9	h3		.............Be6(h)	d4		d3(t)
	Nd7			Bg4		Na5(u)
10	d4(a)		d4	Be3 ....d5		Bc2
	Bf6 ....Nb6		Bxb3	exd4(m)	Na5	c5
11	a4(b)	Nbd2	axb3(i)	cxd4	Bc2	Nbd2
	Bb7(c)	exd4(e)	exd4(j)	Na5(n)	Qc8(q)	Re8
12	Na3	cxd4	cxd4	Bc2	Nbd2	Nf1
	exd4	Nb4	d5(k)	c5	c6	Nc6
13	cxd4	Nf1	e5	dxc5(o)	h3	h3
	Na5	c5	Ne4	dxc5	Bd7	h6
14	axb5!	a3	Nc3	Nbd2	dxc6	Ng3
	axb5	Nc6	f5	Re8	Bxc6(r)	Be6
15	Bc2	Be3(f)	exf6	Qb1	Nf1	d4
	b4	c4	Bxf6	Nd7	Nc4	cxd4
16	Nb1	Bc2	Nxe4	e5	Ng3	cxd4
	Re8(d)	d5(g)	dxe4(l)	Nf8(p)	g6(s)	exd4(v)

(a) 10 a4 Nc5 11 Bd5 Bb7 12 axb5 axb5 13 Rxa8 Qxa8 14 d4 Na4 15 Na3 b4 16 Nb5 Qa5 =, Adorjan–Beliavsky, Frankfurt 1998.

(b) 11 Be3 Na5 12 Bc2 Nc4 13 Bc1 Bb7 14 a4 exd4 15 Nxd4 is also slightly better for White, Popović–Lengyel, Pecs 1980.

(c) (A) 11 . . . Na5 12 Bc2 Bb7 13 d5 Be7 14 Na3 c6 15 b4! Nc4 16 Nxc4 bxc4 17 dxc6 Bxc6 18 Nd2 ±, Leko–Pinter, Hungarian Chp. 1997. (B) 11 . . . Rb8 12 axb5 axb5 13 Be3 Ne7 14 Nbd2 c5 15 Nf1 cxd4 16 cxd4 ±, Spassky–Smyslov, Bugojno 1984.

(d) 17 Bf4 c5 18 Nbd2 cxd4 19 Bxd6 Nc6 20 Ba4 ±, Oll–Wells, Hungary 1997.

(e) 11 . . . Bf6 12 Nf1 Re8 13 Ng3 g6 14 Bh6 Na5 15 Bc2 c5 16 d5 ±, de Firmian–I. Ivanov, US Chp. 1996.

(f) White must respect the wave of Black pawns on the queenside. After the natural 15 Ng3 c4 16 Bc2 d5 17 e5 a5 18 Be3 b4 19 axb4 axb4 20 Rxa8 Nxa8 Black's chances are at least equal, Svidler–Adams, Groningen 1997.

(g) 17 Ne5! Qc7 18 Ng3 g6 19 Qf3 Be6 20 Nxc6 Qxc6 21 Bh6 Rfe8 22 e5 a5 23 Nh5! with the attack, Topalov–Peng, Elista Ol. 1998.

(h) (A) 9 . . . Qd7 10 d4 Re8 11 Nbd2 Bf8 12 a3 g6 14 Ba2 Bg7 15 b4 Nh5

15 Nf1 $\pm$, Kuzmin–Smyslov, USSR 1974. (B) 9 . . . a5 10 a4 b4 11 d4 bxc3 12 bxc3 exd4 13 cxd4 d5 14 Ne5! Nb4 15 Nc3 Bb7 (Gufeld–Blatny, Hawaii 1992) 16 exd5 Nbxd5 17 Nxd5 Nxd5 18 Qh5 with attacking chances.

(i) On 11 Qxb3 Black has two reasonable choices: (A) 11 . . . Qd7 12 Nbd2 Na5 13 Qc2 exd4 14 cxd4 c5 (Matanović–Pfleger, Hamburg 1965) 15 d5 is a small edge for White. (B) 11 . . . d5 12 exd5 Na5 13 Qc2 exd4 14 cxd4 Nxd5 15 Nc3 c6! 16 Ne4 Rc8 17 Nc5 Bxc5 18 dxc5 Qf6 with roughly equal chances, Timman–P. Nikolić, Tilburg 1990.

(j) 11 . . . Re8 12 d5 Nb8 13 c4 c6 14 dxc6 Nxc6 15 Bg5 gives Black trouble on the light squares, Dolmatov–P. Nikolić, Hastings 1989/90.

(k) 12 . . . Nb4 13 Nc3 c5 14 Bf4 c4 15 bxc4 bxc4 16 Bg5 Nd3 17 Re2 Nh5 18 Be3 $\pm$, Ivanchuk–Agdestein, Tilburg 1989.

(l) 17 Rxe4 Qd5 18 Rg4! h5 19 Rf4 Rad8 20 Be3 Nb4 21 Qb1 Qxb3 22 Rf5 $\pm$, Anand–Kamsky, match 1994.

(m) 10 . . . d5 11 exd5 exd4 12 Bxd4 Nxd4 13 cxd4 Re8 14 Nc3 Bd6 15 Qd3 $\pm$, Fishbein–Rios, Philadelphia 1992.

(n) Black can also play 11 . . . d5 12 e5 Ne4 13 h3 Bh5 14 Nc3 Nxc3 15 bxc3 Qd7! 16 Bc2 f5 17 exf6 Bxf6 =, Panchenko–I. Sokolov, Palma de Mallorca 1989.

(o) 13 Nbd2 cxd4 14 Bxd4 Nc6 15 Be3 d5 =, Unzicker–Keres, match 1956.

(p) 17 Bf5 Bxf5 18 Qxf5 Qc8 19 Qh5 Qe6 20 Ne4 Nc4! 21 Bxc5 Nxb2 =, Haba–Foisor, Bad Wörishofen 1992.

(q) The older 11 . . . c6 allows White some chances for advantage after 12 h3 Bc8 (12 . . . Bxf3 13 Qxf3 cxd5 14 exd5 Nc4 15 Nd2 Nb6 16 Nf1 Nbxd5 17 Ng3 with good play for the pawn; 12 . . . Bd7?! 13 Nxe5 dxe5 14 d6 $\pm$) 13 dxc6 Qc7 14 Nbd2 Qxc6 15 Nf1 Nc4 16 Ng3 g6 17 a4 Bb7 18 Qe2 $\pm$, Sutovsky–Gabriel, Bad Homburg 1997.

(r) Also 14 . . . Qxc6 15 Nf1 Rac8 16 Ng3 Rfe8 17 a4 Bd8 18 axb5 axb5 19 Qe2 Qb6 19 Bd3 Qb8 =, Movsesian–Adams, Bundesliga 1998.

(s) 17 Qe2 Qb7 18 a4 Rfc8 19 b3 Nb6 =, Adams–Ivanchuk, Linares 1997.

(t) 9 a4 Bg4 10 h3 Bxf3 11 Qxf3 Na5 12 Ba2 b4! 13 cxb4 Nc6 14 Qc3 Qd7 15 Na3 d5 16 b5 axb5 17 axb5 Nd4 18 exd5 Nxd5 produces a sharp position with chances for both sides, Ljubojević–Smejkal, Dubai Ol. 1986.

(u) 9 . . . Be6 is another good way to play against this slow system—10 Nbd2 Bxb3 11 Qxb3 Nd7 12 Nf1 Nc5 13 Qc2 d5 =.

(v) 17 Ne2 (17 Nxd4 Nxd4 18 Qxd4 Rc8 $\mp$) 17 . . . Nb4 18 Bb1 d3 19 Ned4 Bf8 20 Bd2 Nc2 =, Psakhis–Khalifman, European club match 1997.

RUY LOPEZ

Chigorin Variation

**1 e4 e5 2 Nf3 Nc6 3 Bb5 a6 4 Ba4 Nf6 5 0-0 Be7 6 Re1 b5 7 Bb3 d6
8 c3 0-0 9 h3 Na5 10 Bc2 c5 11 d4 Qc7 12 Nbd2 cxd4 13 cxd4**

	7	8	9	10	11	12
	Bb7			Nc6		Bd7
14	d5	Nf1		Nb3	a3(p)	Nf1
	Rac8(a)	Rac8		a5	Bd7	Rac8
15	Bb1(b)	Re2	Bb1(i)	Be3	d5(q)	Ne3(s)
	Nd7(c)	Nh5(f)	exd4!	a4	Na5	Nc6(t)
16	Nf1	a4(g)	Nxd4?!(j)	Nbd2	Nf1	d5
	f5(d)	bxa4	Rfe8	Bd7(m)	Nh5	Nb4
17	exf5	Bxa4	Ng3	Rc1	b3	Bb1
	Nf6	Nf6	d5	Qb7	Rfc8	a5
18	Ng5	Ng3	exd5(k)	Qe2(n)	Ne3	a3
	Bxd5	g6	Bb4!	Rab8	g6	Na6
19	Ne3	Bd2!	Bd2	a3	Bd2	b4!
	Qb7(e)	Nc4(h)	Bxd2(l)	Rfe8(o)	Bd8(r)	g6(u)

(a) 14 . . . Bc8 15 b4! Nc4 16 Nxc4 Qxc4 (16 . . . bxc4 17 Re3 Bd7 18 a4 ±)
17 Rb1 Bd7 (17 . . . Qxa2? 18 Nd2 traps the queen) 18 Bd3 Qc7 19 Be3 Ne8
20 Nd2 Qd8 21 Nb3 ±, Tseshkovsky–van Riemsdijk, Riga 1979.

(b) 15 Bd3 Nd7 16 Nf1 f5 17 Bg5 (17 exf5 Bxd5 =) 17 . . . Nc5 18 exf5 Nc4 19 Bxc4
bxc4 20 Bxe7 Qxe7 21 Ne3 Nd3 22 Re2 Rc5! 23 b3 e4 with chances for both
sides, De la Villa–Pinter, Spain 1993.

(c) 15 . . . Nh5 16 Nf1 Nf4 17 Kh2 Qd7 18 Ng1 Nc4 19 g3 Ng6 20 b3 Nb6
21 Ne3 ±, van Riemsdijk–Matsuura, Curitiba 1992.

(d) 16 . . . Nc4 17 Re2 Ncb6 18 Rc2 Qb8 19 Ne3 g6 20 Bd2 Na4 21 b3 ±, Tal–
Petrosian, USSR Chp. 1959.

(e) 20 b3 Rfe8?! (20 . . . Bc6 ±) 21 Bd2 Bd8 22 Bb4 ±, Shirov–Alda, Bordeaux
1998.

(f) 15 . . . d5 16 Nxe5 dxe4 17 Ng3 Rfd8 18 Nf5 Bd6 19 Nxd6 Qxd6 20 Be3 h6
21 Qd2 ±, Stefansson–Pinter, France 1994.

(g) 16 Bd3 f5!? 17 dxe5 dxe5 18 Rc2 Qd6 19 Rxc8 Rxc8 20 Nxe5 Qxe5
21 Qxh5 Qd4 22 Qe2 fxe4 =, Ivanović–Kovačević, Zagreb 1985.

(h) 20 Bh6 Rfd8 21 Rc1 Qb6 22 b3 ±, Prandstetter–Pinter, Barcelona 1993.

(i) 15 Bd3 d5! 16 dxe5 Nxe4 17 Ng3 f5 18 exf6 Bxf6 19 Nxe4 dxe4 20 Bxe4 Rcd8
21 Qe2 Rfe8 22 Nd2 Qe5 with compensation for the pawn, Fischer–Janosević,
Belgrade 1958.

81

(j) White can maintain equality with 16 Ng3 Rfe8 17 Bf4 Nc4 18 Qxd4 Nd7 19 Bg5 Bf8 20 Nf5 Nc5 (Honfi), when Black's activity compensates for his isolated d-pawn.

(k) 18 e5 Bb4 19 Bd2 Bxd2 20 Qxd2 Nc4 wins a pawn, Rigo–Pinter, Dortmund 1995.

(l) 20 Qxd2 Nc4 21 Rxe8† Rxe8 22 Qc1 Qe5 ∓, Rabiega–Z. Almasi, Austria 1995.

(m) (A) 16 . . . Be6 17 a3 Na5 18 Ng5 Bc8 19 f4 ±. (B) 16 . . . Nb4 17 Bb1 Bd7 18 a3 Nc6 19 Qe2! Qb7 (19 . . . Na5 20 Bd3 ±) 20 Bd3 Rfe8 21 Rac1 ±, Kasparov–Hort, Lucerne Ol. 1982.

(n) 18 Bb1 Rfc8 19 Nf1 Rc7 20 d5 Na5! 21 b3 Rxc1 22 Bxc1 axb3 23 axb3 Bd8 with full equality, Anand–Piket, Linares 1997.

(o) 20 Bb1 h6 (Nijboer–van der Sterren, Rotterdam 1998) 21 dxe5 dxe5 22 Bc5 gains White an edge.

(p) 14 d5 Nb4 15 Bb1 a5 16 Nf1 Bd7 17 Bd2 Rfc8 18 Ne3 Na6 19 Nh2 Nc5 20 Qf3 Qd8 =, Adams–Ivanchuk, Lucerne 1989.

(q) 15 Nb3 a5 16 d5 Nb8 17 Bd2 a4 18 Nc1 Rc8 19 Bc3 Na6 =, Timman–Torre, Tilburg 1982.

(r) 20 Bd3 Qb8 21 Kh2 Bb6 22 g3 Rc7 23 Nh4 Qd8 =, Leko–Sturua, Yerevan Ol. 1996.

(s) White may also get an edge with 15 Re2 Rfe8 16 b3 Nc6 17 Bb2 Bf8 18 Rc1 Qb7 19 Bb1 ±, Chandler–Thipsay, London 1989.

(t) More passive is 15 . . . Rfe8 16 b3 exd4 17 Nxd4 Bf8 18 Bb2 Qd8 19 Ndf5 ±, Spassky–Keres, match 1965.

(u) 20 Bd2 Nh5 21 Bd3 Nf4 22 Bf1 f5 23 exf5 gxf5 24 Rc1, Leko–Lukacs, Budapest 1993. White is slightly better in this complex position.

RUY LOPEZ

Chigorin Variation

1 e4 e5 2 Nf3 Nc6 3 Bb5 a6 4 Ba4 Nf6 5 0-0 Be7 6 Re1 b5
7 Bb3 d6 8 c3 0-0 9 h3 Na5 10 Bc2 c5 11 d4

	13	14	15	16	17	18
	Qc7.........................Nc6..........Nd7.............(Keres Variation)					Bb7
12	Nbd2(a)		d5(k)	Nbd2........dxc5		d5(u)
	Nc6..........Bd7(g)		Na5(l)	cxd4	dxc5	Nc4
13	d5!(b)	Nf1	Nbd2	cxd4	Nbd2	a4
	Nd8(c)	Nc4(h)	c4	Nc6(n)	Bb7(s)	Nb6
14	a4(d)	b3(i)	Nf1	Nb3(o)	Qe2	Nbd2(v)
	Rb8	Nb6	Nb7	a5	Re8	g6
15	b4	Ne3	Ng3	Be3(p)	b3	a5
	Nb7(e)	c4	Nc5	a4	Bc6!	Nbd7
16	axb5	Ba3	Be3	Nbd2	Nf1	Nf1
	axb5	Rfe8	Qc7	Bf6(q)	Nb7	Nh5
17	Nf1	Qd2	Nd2	d5	Bb2	Bh6
	Bd7	a5	Re8	Nd4	Nd6	Re8
18	Be3	bxc4	b3	Rc1!	Rad1	Qd2
	Ra8(f)	Nxc4(j)	cxb3(m)	Bb7(r)	Bf8(t)	Bf8(w)

(a) 12 b4 cxb4 13 cxb4 Nc4 14 Nbd2 Bb7 15 Nxc4 bxc4 16 d5 a5 17 b5 a4!
18 Bxa4 Qa5 19 Bc2 Qxb5 =, Tal–Sanguinetti, Munich Ol. 1958.

(b) The older line, 13 dxc5 dxc5 14 Nf1 Be6 15 Ne3 Rad8 16 Qe2 c4 17 Nf5 Rfe8
18 Bg5 Nd7 20 Bxe7 Nxe7 21 Ng5 Nf8, is simply equal, Rubinetti–Filip, Palma
de Mallorca Int. 1970.

(c) 13 ... Na5 14 b3 Bd7 15 Nf1 Nb7 16 c4 Rfb8 17 Ne3 Bf8 18 Nf5 Nd8
19 Nh2 ±, Karpov–Andersson, Stockholm 1969.

(d) Playing only on the kingside is not so promising—14 Nf1 Ne8 15 g4 g6
16 Ng3 Ng7 17 Kh2 f6 18 Be3 Bd7 19 Qd2 Nf7 =, Robatsch–Padevsky, Am-
sterdam 1972. White has more space, but Black's position is solid.

(e) 15 ... c4 16 Nf1 Ne8 17 axb5 axb5 18 N3h2 f6 19 f4 ±, Karpov–Spassky,
USSR Chp. 1973.

(f) 19 Qd2 Rfc8 20 Bd3 g6 21 Ng3 Bf8 22 Ra2 and White has the advantage on
both sides of the board, Karpov–Unzicker, Nice Ol. 1974.

(g) 12 ... Re8 13 Nf1 Bf8 14 Bg5 Nd7 15 b3 Nb6 16 Rc1 Nc6 17 Bb1 Ne7
18 Ng3 ±, R. Byrne–Ivkov, Skopje Ol. 1972.

(h) 13 ... Rfe8 14 b3! (keeping the knight from c4) 14 ... g6 15 Bg5 Nh5 16 Bxe7 Rxe7 17 Ne3 Nf6 18 Rc1 Nb7 19 b4 c4 20 a4 with a distinct advantage, Stein–Matanović, Tel Aviv Ol. 1964.

(i) 14 Ne3 Nxe3 15 Bxe3 Rfc8 16 Rc1 Bc6 17 Nd2 cxd4 18 cxd4 Qb7 19 d5 Be8 =, Karpov–Petrosian, Milan 1975.

(j) 19 Nxc4 bxc4, Shirov–Piket, Wijk aan Zee 1998; now simply 20 Rad1 is an edge for White.

(k) (A) 12 Nbd2 cxd4 13 cxd4 exd4 14 Nb3 Nb4 15 Nbxd4 (15 Bb1 d3 =) 15 ... Nxc2 16 Qxc2 Bb7 17 Nf5 Re8 =, Matulović–Abramović, Yugoslavia 1996. (B) 12 Be3!? cxd4 13 cxd4 Nb4 14 Bb3 is interesting, intending 14 ... Nxe4? 15 a3 Nc6 16 Bd5.

(l) 12 ... Na7 13 a4 Nd7 14 Be3 Qc7 15 Nbd2 Nb6 16 a5 ±, Nunn–van der Wiel, Amsterdam 1988.

(m) 19 axb3 Nb7 20 Bd3! Bd7 21 Rc1 ±, Jansa–Bellin, Wrexham 1997.

(n) Black should not yet give up his strongpoint in the center—13 ... exd4 14 Nxd4 Bf6 15 Nf1 Ne5 16 Ne3 g6 17 Nd5 Bg7 18 a4 leaves White in control, Kotkov–Zhukhovitsvky, USSR 1964.

(o) (A) 14 Nf1 exd4 15 Nxd4 Nxd4 16 Qxd4 Ne5 (threatening 17 ... Bxh3!) 17 Qd1 Bf6 18 Ne3 Be6 19 a4 Nc6 20 Nd5 Bxd5 21 exd5 Nb4 =, Shirov–Piket, Tilburg 1997. (B) 14 d5 Nb4 15 Bb1 a5 16 a3 Na6 17 b4 Nb6! =, Suetin–Tal, USSR Chp. 1965.

(p) Also 15 Bd3 Ba6 16 d5 Nb4 17 Bf1 a4 18 Nbd4 exd4 19 a3 Nxd5 20 exd5 Bf6 21 Nxd4 Nc5 22 Nc6 Qb6 23 Bf4! Rfe8 24 Qc2 ±, Anand–Piket, Wijk aan Zee 1999.

(q) 16 ... exd4 17 Nxd4 Nxd4 18 Bxd4 Ne5 19 Nf1 Be6 20 Ne3 Bg5 21 b3 ±, Tarjan–Karklins, US Chp. 1973.

(r) 19 Bb1 Qb6 20 Nf1 Rfc8 21 Qd2 ±, Gufeld–Romanishin, Vilnius 1975.

(s) (A) 13 ... f6 14 Nh4 Nb6 15 Nf5 Ra7 16 Qf3 Kh8 17 h4 Be6 18 h5 ±, Tringov–Barle, Yugoslavia 1974. (B) 13 ... Qc7 14 Nf1 Nb6 15 Ne3 Rd8 16 Qe2 Be6 17 Nd5! Nxd5 18 exd5 Bxd5 19 Nxe5 Ra7 20 Bf4 with the initiative, Fischer–Keres, Curaçao Candidates 1962.

(t) 19 Ne3 Qb8 20 c4 Qb7 21 Nd2 Rad8 22 f3 g6 23 Bc3 b4 24 Bb2 Bg7 25 Qf2 Nf8 26 Nd5 Ne6 27 Nf1 Nd4 and Black's careful maneuvering has equalized the game, both sides having strongly posted knights, Short–Nenashev, Calcutta 1998.

(u) 12 Nbd2 cxd4 13 cxd4 exd4! 14 Nxd4 Re8 15 Nf1 Bf8 16 Ng3 g6 17 b3 Nd7 18 Bb2 Rc8 19 Qd2 Bg7 20 Rad1 Ne5 =, Wagner–Romanishin, Munich 1993.

(v) 14 Qe2 Nxa4 15 Bxa4 bxa4 16 Rxa4 Nd7 17 c4 Nb6 18 Ra3 a5 19 Nc3 a4 =, Topalov–Piket, Groningen 1997.

(w) 19 Be3 c4 20 g4 ±, de Firmian–Spangenberg, Elista Ol. 1998.

RUY LOPEZ

Breyer Variation

1 e4 e5 2 Nf3 Nc6 3 Bb5 a6 4 Ba4 Nf6 5 0-0 Be7
6 Re1 b5 7 Bb3 d6 8 c3 0-0 9 h3 Nb8

	19	20	21	22	23	24
10	d4					d3
	Nbd7(a)					Nbd7
11	Nbd2			Nh4	........c4(o)	Nbd2
	Bb7			g6(m)	c6!	Bb7
12	Bc2			Bh6	c5(p)	Nf1
	Re8			Re8	Qc7	Nc5
13	Nf1 ....a4............		b4(j)	Nf3(n)	cxd6	Bc2
	Bf8(b)	Bf8	Bf8	c5	Bxd6	Re8
14	Ng3	Bd3	a4	Nbd2	Bg5	Ng3
	g6	c6(g)	Nb6(k)	Bf8	exd4!	Bf8
15	a4(c)	b3(h)	a5	Be3	Bxf6	b4(s)
	c5(d)	g6	Nbd7	Bb7	gxf6	Ncd7
16	d5	Bb2	Bb2	d5	Qxd4(q)	d4
	c4(e)	Qb6	Rb8	Nb6	Ne5	g6
17	Bg5	Qc2	Rb1	Bc2	Nbd2	a4
	h6(f)	Nh5(i)	Ba8(l)	Bc8 =	Rd8(r)	Bg7(t)

(a) Counterattacking the White e-pawn works badly—10 ... Bb7?! 11 dxe5! dxe5 (11 ... Nxe4 12 e6 fxe6 13 Bxe6† Kh8 14 Bd5 ±, Gligorić–Benko, Bled Candidates Tournament 1959) 12 Qxd8 Bxd8 13 Nxe5 Nxe4 14 Be3 Bf6 15 Ng4 Nd7 16 Nd2 Nxd2 17 Bxd2 Rfe8 18 Bf4 ±, Keres–Benko, Bled Candidates 1959.

(b) 13 ... d5?! 14 Nxe5 Nxe5 15 dxe5 Nxe4 16 f3 Ng5 (16 ... Nc5 17 b4 ±) 17 Ng3 Bc5† 18 Kh2 f6 19 Bxg5 fxg5 20 Qb1! h6 21 Qd1 ±, Lobron–Portisch, Wijk aan Zee 1985.

(c) White needs play on both the queenside and the kingside to gain an advantage. On 15 b3 Bg7 16 d5 Nb6 17 Be3 Rc8 18 Qe2 c6 19 c4 cxd5 20 cxd5 Nbxd5! 21 exd5 Nxd5 Black has full compensation for his knight, Kamsky–van der Sterren, match 1994.

(d) 15 ... Bg7 16 Bd3 c6 (16 ... d5?! 17 Bg5 ±) 17 Bg5 h6 (17 ... Rb8 18 Qd2 Bc8 19 Red1 c5 20 b4 ±, Popović–Abramović, Yugoslav Chp. 1996) 18 Bd2 Qc7 19 b3 d5! =, de Firmian–Zaitdanov, San Francisco 1999. More promising is 19 Qc1 Kh7 20 h4 pressuring the kingside.

(e) 16 ... Nb6 17 Qe2 Nxa4 18 Bxa4 bxa4 19 Rxa4 ± due to White's better pawn structure.

(f) 18 Be3 Nc5 19 Qd2 h5 20 Bg5 Be7 21 Ra3 leaves White slightly better in a complex, multifaceted position, Shirov–van der Sterren, Wijk aan Zee 1998.

(g) 14 . . . b4 15 a5 d5 16 exd5 exd4 17 Rxe8 Qxe8 18 c4 Nc5 19 Nb3 ±, Khalifman–Beliavsky, USSR Chp. 1990.

(h) 15 Nf1 d5 16 Bg5 dxe4 17 Rxe4 Be7 18 Re2 exd4 19 Nxd4 Bf8 20 Rd2 Qc7 21 Bf5 c5 22 Nf3 Ne5 is just a minimal edge for White, Anand–Beliavsky, Linares 1992.

(i) 18 Bf1 exd4! 19 cxd4 d5 20 e5 Nf4 21 Nh2 Ne6 22 Ndf3 c5 =, Ehlvest–Krivonosov, Tallinn 1998.

(j) 13 b3 Bf8 14 d5 c6 15 c4 Qc7 16 Nf1 Rec8 17 Ne3 (Ljubojević–Beliavsky, Reykjavik 1991) 17 . . . bxc4 18 bxc4 cxd5 19 cxd5 a5 =.

(k) 14 . . . a5 15 bxa5 Rxa5 16 Rb1 Ba6 17 d5 Qa8 18 Ba3 ±, Beliavsky–A. Petrosian, USSR 1973.

(l) 18 Ba1 g6 19 c4 bxc4 20 dxe5 Nxe5 21 Nxe5 dxe5 22 Bc3 Bc6 =, Browne–Karpov, Amsterdam 1976.

(m) (A) Risky is the pawn grab 11 . . . Nxe4 12 Nf5 Ndf6 13 Nxe7† Qxe7 14 Re2! (Bronstein) planning 15 Qe1 and 16 f3. (B) 11 . . . Nb6 12 Nd2 c5 13 dxc5 dxc5 14 Nf5 c4 also offers reasonable chances for Black, Browne–Ivkov, Amsterdam 1972.

(n) 13 f4 c5! 14 Nf3 c4 15 Bc2 Bb7 16 Nbd2 Bf8 17 Bxf8 =, and actually agreed drawn in R. Byrne–Portisch, Amsterdam 1969. The column is R. Byrne–Unzicker, Ljubljana 1969.

(o) 11 Bg5 Bb7 12 Nbd2 h6 13 Bh4 Re8 14 Bc2 c5 15 Bg3 Bf8 =, Zapata–Spassky, Salamanca 1991.

(p) 12 c5 is most energetic, but White may do better with the rarely played (A) 12 Qc2 Bb7 13 Nc3 b4 14 Ne2 exd4 15 Nexd4 Re8 16 Nf5 ±, Hjartarson–Beliavsky, Linares 1989. (B) 12 a3 bxc4 13 Bxc4 Nxe4! =, Howell–van der Sterren, London 1993.

(q) Worse is 16 Nxd4 Nc5 17 Qh5 Bh2† 18 Kh1 Nd3! 19 Re2 Be5 ∓, Milos–Timman, Manila Ol. 1992.

(r) 18 Qe3 Nd3 19 Qh6 Bf4 20 Qxf6 Rd6 21 Qc3 Nxe1 22 Rxe1 Qd8 with chances for both sides, Fischer–Portisch, Santa Monica 1966.

(s) 15 Nh2 Ne6 16 Nf5 h6 17 Ng4 Nxg4 18 Qxg4 Kh7 draw agreed, Matanović–Ivkov, Palma de Mallorca 1966.

(t) 18 Bd3 bxa4 19 dxe5 Nxe5 20 Nxe5 Rxe5 = (Matanović).

RUY LOPEZ

Smyslov Variation

**1 e4 e5 2 Nf3 Nc6 3 Bb5 a6 4 Ba4 Nf6 5 0-0 Be7 6 Re1 b5
7 Bb3 d6 8 c3 0-0 9 h3 h6 10 d4 Re8**

	25	26	27	28	29	30
11	Nbd2					Be3
	Bf8					Bf8
12	Nf1				Bc2(n)	Nbd2
	Bd7(a)		Bb7		Bd7(o)	Bd7(q)
13	Ng3(b)		Ng3		Bd3	a3
	Na5		Na5		g6	Rc8(r)
14	Bc2		Bc2		a3	Bc2
	c5 .... Nc4		Nc4(h)		Bg7	g6
15	b3	b3!(e)	b3...	Bd3(l)	b3	b4
	Nc6	Nb6	Nb6	Nb6	Nh5	Bg7
16	d5(c)	Nh2(f)	a4(i)	Bd2	Bb2	Rc1
	Ne7	c5	bxa4(j)	c5	Nf4	Nh5
17	Be3	f4	bxa4	d5	Bf1	Nb3
	Ng6	cxd4	a5	Bc8	f5	Qf6 =
18	Qd2	cxd4	Bd3	Nh2	dxe5	
	Nh7(d)	Rc8(g)	Bc6(k)	Nh7(m)	fxe4(p)	

(a) Not 12 . . . exd4 13 cxd4 Nxe4? 14 Bd5 winning a knight.

(b) Simplification with 13 dxe5 Nxe5 14 Nxe5 dxe5 15 Qf3 c5 16 Rd1 c4 results in complete equality, Keres–Spassky, match 1965.

(c) 16 Be3 cxd4 17 cxd4 Rc8 18 Rc1 exd4 19 Nxd4 d5 =, Xie Jun–Geller, Vienna 1993.

(d) Or 18 . . . Qc7 19 Nf5! ±. After 18 . . . Nh7 19 a4 White has a spatial advantage. Deep Blue–Kasparov, match 1997, continued 19 . . . Nh4?! 20 Nxh4 Qxh4 21 Qe2 Qd8 22 b4 Qc7 23 Rec1 c4 24 Ra3 Rec8 25 Rca1 ±, and White won in 45 moves.

(e) Initiating queenside play gives no advantage here: 15 a4 c5 16 b3 Na5 17 axb5 axb5 18 d5 Qc7 19 Be3 Ra7 20 Nd2 Rea8 21 f4 Nb7 =, Kavalek–Reshevsky, Netanya 1969.

(f) 16 Be3 c5 17 d5 a5 18 Nd2 Qc7 19 Qe2 a4 =, van der Doel–Xie Jun, Wijk aan Zee 1998.

(g) 19 Nf3 Qc7 20 Bd3 exd4 21 Bb2 with strong play in the center, Minić–Savon, Skopje vs. Ohrid 1968.

(h) 14 . . . c5 15 d5! leaves both the bishop on b7 and the knight on a5 badly placed.

(i) 16 Bb2 c5 17 dxe5 dxe5 18 c4 Nbd7 =, Westerinen–Gligorić, Berlin 1971.

(j) 16 . . . d5!? 17 axb5 axb5 18 Rxa8 Bxa8 19 dxe5 Nxe4 20 Nxe4 dxe4 21 Qxd8 Rxd8 22 Bxe4 Bxe4 23 Rxe4 b4 (Kindermann–Lukacs, Austria 1994) 24 Rd4! ±.

(k) 19 d5 Bd7 20 Bb5 and White trades off Black's good bishop, retaining more space and activity, Anand–Kamsky, Linares 1991.

(l) 15 a4 d5! 16 b3 dxe4 17 Nxe4 Nxe4 18 Rxe4 Bxe4 19 Bxe4 Nb6 20 Bxa8 Nxa8 =, Stein–Reshevsky, Los Angeles 1967.

(m) 19 Rf1 Be7 20 f4 exf4 21 Bxf4 Bg5 with equal chances, Mather–Davies, corr. 1993.

(n) 12 a3 Bd7 13 Ba2 a5 14 Nf1 a4 15 Ng3 Na5 16 Be3 c6! 17 Rc1 Be6 18 Bxe6 Rxe6 =, Keres–Portisch, Moscow 1967.

(o) 12 . . . Bb7 13 d5 (13 a4 is the Zaitsev Variation) 13 . . . Ne7 14 c4 c6 15 b3 ±, Topalov–Piket, Amsterdam 1995. Black may do better with 13 . . . Nb8.

(p) 19 Rxe4 dxe5 20 c4 Bf5 21 Re3 e4! gives both sides chances in this sharp position, Ernst–Geller, Helsinki 1992.

(q) 12 . . . Bb7 13 Qb1! Qd7 (13 . . . Nb8 14 a4 ±) 14 a3 d5?! 15 dxe5 Nxe5 16 Nxe5 Rxe5 17 Bd4 Re6 18 e5 Rae8 19 f4 c5 20 Be3 ±, Murey–Balashov, Moscow 1991.

(r) 13 . . . a5?! 14 d5 Na7 15 a4 c6 16 axb5 cxb5 17 c4 leaves White in good shape, Tseshkovsky–Smyslov, USSR 1974. The column is Hort–Pietzsch, Havana Ol. 1966.

RUY LOPEZ

Zaitsev (Fianchetto) Variation

1 e4 e5 2 Nf3 Nc6 3 Bb5 a6 4 Ba4 Nf6 5 0-0 Be7 6 Re1 b5
7 Bb3 d6 8 c3 0-0 9 h3 Bb7 10 d4(a) Re8(b)

	31	32	33	34	35	36
11	a4................		.....Nbd2................		....	.Ng5
	h6(c)		Bf8			Rf8
12	Nbd2		Bc2..........	d5	a3(q)	f4(u)
	Bf8(d)		g6(k)	Nb8(n)	g6(r)	exf4
13	Bc2		d5	Nf1	Ba2(s)	Bxf4
	exd4(e)		Nb8	Nbd7	Bg7	Na5
14	cxd4		b3	N3h2(o)	b4	Bc2
	Nb4		c6	Nc5!	a5	Nd5
15	Bb1		c4	Bc2	d5	exd5
	c5(f)		Bh6(l)	c6	Ne7	Bxg5
16	d5		a4	dxc6	Nb3	Qh5
	Nd7		b4	Bxc6	axb4	h6
17	Ra3		Nf1	Bg5	cxb4	Nd2
	c4............	f5	Bxc1	h6	Nxe4!	Bxd5
18	axb5(g)	g4(i)	Rxc1	Bxf6	Rxe4	Ne4
	axb5(h)	f4(j)	cxd5(m)	Qxf6(p)	Bxd5(t)	Bxf4(v)

(a) 10 d3 Re8 11 Nbd2 h6 12 Nf1 Bf8 13 Ng3 Nb8 14 Nh4 d5 15 exd5 Bxd5 =, Kasparov–Svidler, Linares 1998.

(b) 10 . . . Qd7 11 Nbd2 Rae8 12 Nf1 exd4 13 cxd4 Na5 14 Bc2 d5 15 e5 Ne4 16 Ne3 ±, Dimitrov–Svidler, Linares 1994.

(c) 11 . . . Bf8 12 d5 lands Black in difficulties after both 12 . . . Nb8 13 axb5 axb5 14 Rxa8 Bxa8 15 Na3 c6 16 Bg5 Nbd7 17 dxc6 Bxc6 18 Nc2 Qa8 19 Bxf6 Nxf6 20 Nb4! Bxe4 21 Rxe4! Qxe4 22 Ng5 ±, and 12 . . . Na5 13 Ba2 c6 14 Na3 cxd5 15 exd5 bxa4 16 Qxa4 Nxd5 17 Ng5! Re7 18 b4 Nxc3 19 Qc2 ±, Karpov–Miles, London 1984.

(d) 12 . . . exd4 13 cxd4 Nb4 14 axb5 axb5 15 Rxa8 Qxa8 16 e5 dxe5 17 dxe5 Nfd5 18 Ne4 c5 19 e6! fxe6 20 Ne5 ±, de Firmian–Nikolić, Tunis Int. 1985.

(e) A solid, though passive, plan is 13 . . . Nb8 14 Bd3 c6 15 Nf1 Nbd7 16 Ng3 Qc7 17 Bd2 g6 18 Qc1 Kh7 19 b3 Bg7 20 Qc2 Nf8 21 Be3 Ne6 22 Rad1 Rac8 23 Bf1 ±, Kasparov–Karpov, World Chp. 1985.

(f) (A) 15 . . . bxa4 16 Rxa4 a5 17 Ra3 Ra6 18 Nh2! g6 19 f3 Qd7 20 Nc4 Qb5 21 Rc3 ±, Kasparov–Karpov, World Chp. (G2) 1990. (B) 15 . . . g6 16 Ra3 Bg7 17 e5! dxe5 18 dxe5 Nh5 19 axb5 axb5 20 Qb3 c5 21 Ne4 Bxe5 22 Nxc5 ±, Anand–Kamsky, match 1995.

(g) 18 Nd4 Qf6 19 N2f3 Nd3 20 Bxd3 b4! 21 Bxc4 bxa3 22 b3 Nc5 23 Qc2 Qg6 =, Anand–Kamsky, match 1995.

(h) 19 Nd4 with three choices for Black: (A) 19 . . . Qb6?! 20 Nf5 g6 21 Nf1! ±. (B) 19 . . . Rxa3 20 bxa3 Nd3 21 Bxd3 cxd3 22 Re3 Nc5 (22 . . . Ne5 23 N4f3 ±) 23 Bb2 Bc8 (23 . . . Qa5 ∞ is probably better) 24 Nc6 Qh4 25 Bd4 ±, Anand–Beliavsky, Madrid 1998. (C) 19 . . . Ne5 20 Rxa8 Qxa8 21 Nxb5 Rc8 (de Firmian–A. Ivanov, US Chp. 1996) 22 Re3 ±.

(i) Other moves are weaker. (A) 18 Nh2 Nf6 19 g4 (19 Rf3 Re5 ∞) fxe4 20 Nxe4 Nbxd5 =, Leko–Z. Almasi, Dortmund 1998. (B) 18 exf5 Nf6 19 Ne4 Bxd5 20 Nxf6+ Qxf6 21 Bd2 Qxb2 22 Bxb4 Bf7! =, Kasparov–Karpov, World Chp. (G4) 1990.

(j) Both 18 . . . fxg4 19 hxg4 and 18 . . . fxe4 19 Nxe4 allow White a strong attack. After 18 . . . f4 19 Nb3 c4 (19 . . . g5 20 axb5 axb5 21 Bd2 ±, de Firmian–A. Ivanov, Philadelphia 1991) White can play 21 axb5 axb5 22 Rxa8 Bxa8 23 Nxb5 Nbd3 24 Bxd3 Nxd3 25 Re3 ±, instead of 21 Bxf4 Qf6 ∞, Hellers–Almasi, Malmö 1994.

(k) 12 . . . Nb8 is often played, similar to the Breyer Variation, but 13 a4 Nbd7 14 Bd3 c6 15 Nf1 leaves White an edge.

(l) 15 . . . a5 16 dxc6 Bxc6 17 cxb5 Bxb5 18 Nc4 Na6 19 Bg5 Nb4 20 Ne3 Be7 21 Bxf6 Bxf6 22 a3 ±, Anand–Kamsky, match 1994.

(m) 19 cxd5 Nbd7 20 Qd2 a5 =, Wags–Lambert, corr. 1988.

(n) 12 . . . Ne7 13 Nf1 Ng6 14 N3h2 Nd7 15 a3 Nc5 16 Ba2 Nf4 17 c4 c6 18 cxb5 cxb5 19 Bb1 a5 20 h4 g6 21 g3 ±, Topalov–Piket, Wijk aan Zee 1996.

(o) 14 Ng3 g6 15 Bg5 Bg7 16 Qd2 Qe7 17 Nh2 h5! 18 Rad1 Qf8 =, Leko–Piket, Dortmund 1995.

(p) 19 Ng4 Qg5 20 Qf3 Qf4! with chances for both sides, Nijboer–Karpov, Wijk aan Zee 1998.

(q) 12 a4 h6 is a common route into column 1. With this move order Black has the option of 12 a4 Qd7 13 axb5 (13 d5 Ne7 14 c4 Ng6 15 Bc2 c6 16 b3 Qc7 =) 13 . . . axb5 14 Rxa8 Bxa8 15 d5 Nd8 16 Ba2 c6 17 b4 Nb7 18 Nf1 ±, Krzyston–Sokolov, corr. 1989.

(r) 12 . . . h6 13 Bc2 Nb8 14 b3 Nbd7 15 Bb2 g6 16 a4 c6 17 Qb1 ±, Short–Hjartarson, Reykjavik 1987.

(s) 13 Bc2 Nb8 14 b4 Nbd7 15 Bb2 Rc8 16 Qb1 c5 =, Smyslov–Reshevsky, Moscow 1991. These two legends had battles for over half a century.

(t) 19 Re1 e4 20 Nfd4 c5 21 bxc5 dxc5 22 Nxc5 Bxa2 23 Rxa2 Qxd4 =, Chiburdanidze–A. Ivanov, USSR 1980.

(u) Many games have ended 12 Nf3 Re8 13 Ng5 Rf8 14 Nf3 Draw. This is a problem with the Zaitsev Variation if Black must play to win.

(v) 19 Qf5 g6 20 Nf6+ Kg7 21 Nh5+ Kh8 22 Qxf4 Qg5 23 Qxg5 hxg5 24 Nf6 Be6 with roughly even chances, Gruenfeld–P. Nikolić, Lugano 1987.

RUY LOPEZ

Marshall Attack (and Anti-Marshall Systems)

1 e4 e5 2 Nf3 Nc6 3 Bb5 a6 4 Ba4 Nf6 5 0-0 Be7 6 Re1 b5 7 Bb3 0-0(a)

	37	38	39	40	41	42
8	c3...h3(p)					a4
	d5				Bb7(q)	Bb7(v)
9	exd5(b)				d3	d3
	Nxd5(c)				d6	d6(w)
10	Nxe5				a3(r)	Nc3(x)
	Nxe5				Nb8(s)	Na5
11	Rxe5				Nbd2	Ba2
	c6!(d)				Nbd7	b4
12	d4 ....Bxd5 ....d3(l)			Bd6	Nf1	Ne2
	Bd6		cxd5	Bd6	c5(t)	c5
13	Re1..........Re2		d4	Re1	Ng3	c3
	Qh4	Bg4(g)	Bd6	Qh4(m)	Rc8	bxc3
14	g3	f3	Re3	g3	Qe2	bxc3
	Qh3	Bh5!	Qh4(i)	Qh3	Qc7	c4!
15	Be3(e)	Bxd5	h3	Re4	Nf5	Ng3
	Bg4	cxd5	Qf4(j)	Qf5(n)	Bd8	cxd3
16	Qd3	Nd2	Re5	Nd2	Bg5	Qxd3
	Rae8(f)	f5(h)	Qf6(k)	Qg6(o)	c4(u)	Bc8(y)

(a) Sweden's Jonny Hector has championed 7 . . . Bb7, intending 8 c3 d5 9 exd5 Nxd5 10 Nxe5 Nxe5 11 Rxe5 Nf4 ∞. White's best response is probably 8 d4 Nxd4 9 Bxf7†! Kf8 10 Bd5 ±, Timman–Hector, Malmö 1997.

(b) 9 d4 exd4 10 e5 Ne4 11 cxd4 Bg4 =, Revuckij–Farkas, Hungary 1998.

(c) 9 . . . e4?! 10 dxc6 exf3 11 d4! fxg2 12 Qf3 Be6 13 Bf4 Nd5 14 Bg3 a5 15 Nd2 ± (Tal).

(d) Other moves are simply inferior: (A) 11 . . . Nf6 12 d4 Bd6 13 Re1 Ng4 14 h3 Qh4 15 Qf3 Nxf2 16 Re2! ±, Capablanca–Marshall, New York 1918. (B) 11 . . . Bb7 12 d4 Bf6 (12 . . . Qd7 13 Nd2 Nf4 14 Ne4 Nxg2 15 Kxg2 Bf6 16 Qf3! ±, Gindl–Wenger, corr. 1991) 13 Re1 Re8 14 Nd2 b4 15 c4 Nf4 16 d5 Nd3 17 Rxe8† Qxe8 18 Bc2 ±, de Firmian–Kreiman, US Chp. 1994, since 18 . . . Nxb2 19 Bxb2 Bxb2 20 Bxh7†! holds the pawn.

(e) 15 Re4?! g5 16 Qf3 (16 Bxg5? Qf5) 16 . . . Bf5 17 Bxd5 cxd5 18 Re3 Rad8 19 Nd2 Rfe8 =, Timman–Short, Tilburg 1991.

(f) Instead, 16 . . . f5 17 f4 Kh8 18 Bxd5 cxd5 19 Nd2 g5 20 Qf1 Qh5 21 a4! bxa4 22 fxg5 f4 23 Bxf4 Rxf4 24 gxf4 Rf8 25 Re5 Bxe5 26 dxe5 h6 27 Qxa6! ±, Sax–Ehlvest, Skelleftea 1989.

After 16 . . . Rae8 17 Nd2 we have the main line of the Marshall Attack, an extremely complicated position that may slightly favor White, but offers winning chances for both sides. Two examples: (A) 17 . . . Qh5 18 a4 Bf5 19 Qf1 Bh3 20 Bd1 Qf5 21 Qe2 c5 22 Nf3 ±, Morović–Adams, match 1997. (B) 17 . . . Re6 18 a4 f5 19 Qf1 Qh5 20 f4 bxa4 21 Rxa4 Rfe8 22 Qf2 g5 23 Rxa6 (23 fxg5 f4 24 gxf4 Bh3 is very sharp) 23 . . . gxf4 24 gxf4 Kh8 25 Bxd5 cxd5 26 Nf1 Rg8 27 Ng3 Bf3 28 Ra8 with perhaps a slight edge to White. Theory in this main variation has not changed much for years as players with White, seeking clearer positions, have concentrated their efforts on other lines.

(g) Also 13 . . . Qh4 14 g3 Qh3 (14 . . . Qh5 15 Nd2 Bg4 16 f3 Bxf3 17 Nxf3 ±) 15 Nd2 Bf5 16 a4 Rae8 17 Rxe8 Rxe8 18 Nf1 h5! gives Black sufficient counterplay, de Firmian–Adams, New York 1996.

(h) 17 Qb3 Re8 (better than 17 . . . Bf7 18 f4 Bxf4 19 Nf3±) 18 Rxe8† Qxe8 19 Nf1 (19 Qxd5†? Bf7 20 Qxd6 Qe3† 21 Kf1 Re8 etc.) 19 . . . Bf7 20 Bd2 f4 with full compensation for the pawn, Kotronias–Nunn, Kavala 1991.

(i) 14 . . . f5 15 Nd2 f4 16 Re1 Qg5 17 Nf3 Qh5 18 Ne5 f3 19 gxf3 Bh3 20 f4 ± (Tal).

(j) There are two sharp alternatives. (A) 15 . . . g5 16 Qf3 Be6 17 Qf6 Rfe8 18 Nd2 (18 Na3 Qh5 19 Bd2 Be7 20 Qf3 Qg6 21 Rae1 g4 =, Hübner–Nunn, Haifa 1989) 18 . . . Qf4 19 Qxf4 Bxf4 20 Re1 Bxh3 21 Nf3 Rxe1† 22 Nxe1 Bf5 23 Bxf4 gxf4 24 Nf3 Re8 25 Re1 ±, de Firmian–Imanaliev, Elista Ol. 1998. (B) 15 . . . f5 16 Qf3 Bb7 17 Nd2 g5 18 Qe2 f4 19 Nf3 Qh5 20 Nxg5! ±, Hübner–Nunn, Skelleftea 1989.

(k) 17 Re1 Qg6 18 Qf3 Bf5 19 Be3 Be4 (other moves have been tried, but this seems best) 20 Qg4 h5 21 Qxg6 Bxg6 22 Nd2 ±, Tal–Spassky, match 1965. This ending is difficult to win, however.

(l) 12 g3 Bd6 13 Re1 Qd7! 14 d3 Qh3 transposes back into the column.

(m) 13 . . . Bf5 14 Qf3 Qh4 15 g3 Qh3 16 Bxd5 cxd5 17 Bf4 Bxf4 18 Qxf4 Bxd3 19 Nd2 Rad8 20 Re3 ±, A. Rodríguez–Peng, Lucerne 1993.

(n) (A) 15 . . . Nf6 16 Rh4 Qf5 17 Nd2! g5 18 Rh6 Ng4 19 Ne4 Nxh6 20 Nxd6 ±, Svidler–Adams, Elista Ol. 1998. (B) 15 . . . Qd7 16 Nd2 Bb7 17 Re1 c5 18 Ne4 Be7 19 a4 b4 20 Bg5 Bxg5 21 Nxg5 ±, Leko–Slobodjan, Groningen 1997.

(o) 17 Re1 f5 18 Nf3 (18 f4 Bxf4 19 Qf3 Bb8 20 Bxd5† cxd5 21 Nb3—21 Qxd5† Kh8 22 Qxa8 Qb6† and 23 . . . Bb7—21 . . . Qf7 22 Nd4 Ba7 =, Leko–Adams, Linares 1999) 18 . . . f4 19 Ne5 Bxe5 20 Rxe5 fxg3 21 hxg3 Bg4 22 Qe1 Bf3 =, Leko–Svidler, Dortmund 1998.

(p) Of the Anti-Marshall systems, only 8 h3 and 8 a4 are serious attempts for advantage. On 8 d4 Nxd4 (or 8 . . . d6! 9 c3 Bg4) 9 Nxd4 exd4 10 e5 Ne8 11 c3 dxc3 12 Nxc3 d6 13 Qf3 Be6 14 Nd5 Rc8 15 Bf4 Bg5 chances are even, I. Gurevich–Nunn, Hastings 1992/93.

(q) 8 . . . d6 9 c3 is back in normal closed channels, but White has avoided the Marshall Attack.

(r) 10 c3 Na5 11 Bc2 c5 12 Nbd2 Qc7 13 Nf1 Rfe8 14 Ng3 Rad8 =, Tal–Geller, Kislovodsk 1966.

(s) (A) 10 . . . Qd7 has fared poorly of late—11 Nc3 Rae8 12 a4! b4 (12 . . . Na5 13 Bxf7†! Rxf7 14 axb5 wins a pawn) 13 Nd5 Nxd5 14 Bxd5 Na5 15 Bxb7 Nxb7 16 d4 with a distinct edge, J. Polgar–Adams, Wijk aan Zee 1998. (B) 10 . . . Na5 11 Ba2 c5 12 Nc3 Nc6 13 Bg5 Qd7 14 Nh2 Ne8, Kasparov–Adams, Linares 1999. Although Adams lost the game his position is reasonable at this point.

(t) 12 . . . Re8 13 Ng3 c6 (13 . . . h6 14 Ng3 Re8 15 Nf5 Bf8 16 Nh2 ±) 14 Nf5 Bf8 15 Nh2 d5 16 Qf3 ±, Shiov–Adams, Wijk aan Zee 1998.

(u) 17 Ba2 Re8 18 Rad1 d5 19 exd5 Bxd5 20 dxc4 bxc4 21 Bxf6 Nxf6 22 Nxe5 g6 with fair play for a pawn, Shirov–I. Sokolov, Groningen 1996.

(v) 8 . . . b4 9 a5 d6 10 d3 Be6 11 Nbd2 Rb8 12 Bc4 Qc8 13 Nf1 Bxc4 14 dxc4 h6 15 Ne3 Qe6 16 Nd5 Bd8 17 Qd3 Ne7 18 Bd2 ±, Z. Almasi–Peng, Groningen 1997.

(w) 9 . . . Re8 10 Nbd2 Bf8 11 c3 h6 12 Ba2 d6 13 Nh4 Qd7 14 Ng6 ±, Kasparov–Short, World Chp. 1993.

(x) 10 Nbd2 Re8 11 c3 Na5 12 Ba2 c5 13 Ng5 Rf8 14 Nf1 c4 15 Ng3 h6 16 Nf3 Re8 =, Svidler–Adams, Groningen 1997.

(y) 17 Bg5 Nb7 18 Be3 Qa5 19 Qc4 Ng4 draw agreed, Nunn–van der Wiel, Amsterdam 1990.

PETROV'S DEFENSE

1 e4 e5 2 Nf3 Nf6

Petrov's Defense, named after the nineteenth-century Russian master who practiced it, is your plain, steady, workman type opening. It presents your opponent with no surprises, doesn't force him into long complicated lines and seems to show no imagination by simply copying White's moves. There are no frills, no glamour; it just does the job. This is problably the reason for its relatively little use, considering that it's a first-rate defense where White must struggle hard to gain even a small advantage. White, it is true, can vitually force a draw by trading down to a dull symmetrical endgame, but this is not a concern if the job Black seeks to do is equalize chances. The Petrov's popularity at the club level is not so high, since there the desire to be a daring combatant is greater. Yet it is a useful tool for a professional player to earn his (her) bread with, including some of the recent World Champions.

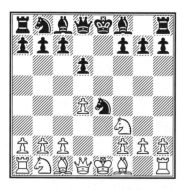

The main line is 3 Nxe5 d6 4 Nf3 Nxe4 5 d4 (columns 1–6), see above diagram. Black's 5 . . . d5 (columns 1–5) supports the knight on e4 and equalizes the amount of territory. White's usual plan is to try to undermine the Ne4 with Bd3 and c4 or Re1. If White forces Black to retreat without too many exchanges he will have the initiative. White plays a risky strategy in column 2—c3 and Qb3. He wins a pawn at the cost of allowing Black a strongpoint on e4. Column 6, 5 . . . Be7, is an old line that allows White a spatial advantage.

White's fifth-move alternatives in columns 7 and 8 have little promise of advantage. Column 7 is the drawing line where queens are exchanged early. The only serious winning alternative to the main line is the sharp 3 d4!? (columns 9–12), which has seen much use in the last twenty years from players looking to unbalance the game. Black's most reliable continuation is 3 . . . Nxe4 4 Bd3 d5 (columns 9–10), although Murey's startling 4 . . . Nc6!? (column 11) is not so bad. Column 12, 3 . . . exd4 4 e5 Ne4 leads to a symmetical pawn structure, but White can develop aggressively.

PETROV'S DEFENSE

	1	2	3	4	5	6
	d5 ....Be7					
6	Bd3					Bd3
	Be7 ....Nc6..........Bd6					Nf6
7	0-0		0-0(k)	0-0		h3
	Nc6		Bg4(l)	0-0		0-0
8	c4 ....Re1		c4	c4		0-0
	Nb4	Bg4(g)	Nf6	c6		Re8
9	Be2(a)	c3(h)	cxd5(m)	cxd5(o) Qc2		c4
	0-0	f5	Bxf3	cxd5	Na6!	Nc6(t)
10	Nc3	Qb3	Qxf3	Nc3	a3(q)	Nc3
	Be6(b)	0-0(i)	Qxd5	Nxc3	f5(r)	h6
11	Be3(c)	Nbd2	Qe2†	bxc3	Nc3	Re1
	Bf5!(d)	Kh8	Be7	Bg4	Nc7	Bf8
12	Qb3(e)	Qxb7	Bb5	Rb1	c5	Rxe8
	c6(f)	Rf6(j)	Qd6(n)	b6(p)	Be7(s)	Qxe8(u)

(a) 9 cxd5 Nxd3 10 Qxd3 Qxd5 11 Re1 Bf5 12 Nc3 Nxc3 13 Qxc3 Be6! 14 Qxc7 Bd6 15 Qc2 0-0 16 Bd2 Bf5 with enough play for the pawn, Hübner–Smyslov, match 1983.

(b) 10 . . . Bf5 11 a3 Nxc3 12 bxc3 Nc6 13 cxd5 Qxd5 14 Bf4 Bd6 (14 . . . Na5!? 15 Bxc7 Rac8 ∞, Svidler–Sakaev, Russian Chp. 1998) 15 c4 Qe4 16 Be3 Rad8 17 Ra2! b6 18 Re1 Bg6 19 Qc1 ±, Kamsky–Yusupov, Moscow 1992.

(c) 11 Ne5!? deserves attention. If 11 . . . c5 12 Nxe4 dxe4 13 d5 Bd6 14 a3 Bxe5 15 axb4 Bd7 16 bxc5 Qc7 17 Be3 Bxh2† 18 Kh1 ±, Wahls–Pavlović, Dresden 1998. Critical is 11 . . . f6! 12 Bg4 Bc8 13 Bxc8 Rxc8 14 Nf3 c5 15 Qe2 (15 Re1 or 15 Be3 may be tried) 15 . . . cxd4 16 Nxd4 Re8 =, Anand–Kramnik, Frankfurt 1998.

(d) 11 . . . f5 12 a3 Nxc3 13 bxc3 Nc6 14 Qa4 f4 15 Bc1! Kh8 16 Rb1 ±.

(e) (A) 12 Rc1 dxc4 13 Bxc4 c6 14 Ne5 Nxc3 15 bxc3 Nd5 16 Qf3 Be6 17 Bd2 f6 =, Topalov–Ivanchuk, Novgorod 1996. (B) 12 Ne5 f6! 13 Nd3 Nxc3 14 bxc3 Nxd3 =.

(f) 13 c5 Nxc3 14 bxc3 Nc2 15 Qxb7!? (15 Rad1 Nxe3 =) 15 . . . Nxa1 16 Rxa1, de Firmian–Marciano, Elista Ol. 1998; now instead of 16 . . . Bf6? 17 Qxc6 ±, Black should play 16 . . . Qd7 17 Qxd7 Bxd7 18 Ne5 Be8 19 Ba6 f6 20 Nd3 g5! with equal chances.

(g) (A) Retreating with 8 . . . Nf6 allows White a simple edge with 9 Bf4. (B) On 8 . . . Bf5 9 c4 Nb4 10 Bf1 dxc4 11 Nc3! Nf6 (11 . . . Nxc3 12 bxc3 Nc2

13 Re5 ±) 12 Bxc4 0-0 (12 . . . Nc2 13 Nh4) 13 a3 Nc6 14 d5 ±, Karpov–Portisch, Tilburg 1982.

(h) 9 c4 Nf6! 10 cxd5 Bxf3 11 Qxf3 Qxd5 12 Qxd5 (12 Qg3 Qxd4 13 Nc3 0-0 14 Nb5 Qg4 =, Sax–Yusupov, Thessaloniki Ol. 1984) 12 . . . Nxd5 13 Be4 0-0-0 14 Nc3 Bb4 =, Ljubojević–Tal, Bugojno 1984.

(i) 10 . . . Qd6 11 Nfd2! 0-0-0 12 f3 Bh4 13 Rf1 Bh3 14 Qc2! Qg6 15 Nb3 Rhf8 16 Na3 repulses the attack, Ivanchuk–Anand, Reggio Emilia 1988/89.

(j) 13 Qb5 Rb8 14 Qa4 Bd6 15 h3 Bh5 16 Be2 Rg6 17 Kf1 and White made use of his extra pawn in Ivanchuk–Shirov, Dortmund 1998. The position is very complicated and most players will have trouble defending against Black's attack, but a precise defense should gain White some advantage.

(k) Timid play is 7 h3 Be7 8 0-0 0-0 9 Re1 Bf5 =.

(l) 7 . . . Be7 transposes into column 1.

(m) (A) 9 Nc3 Bxf3 10 Qxf3 Nxd4 11 Qe3† Ne6 12 cxd5 Nxd5 13 Nxd5 Qxd5 14 Be4 Qb5 15 a4 Qa6 16 Rd1 Be7 17 b4 0-0 18 Qh3 g6 19 Bb2 Qc4! =, Kasparov–Karpov, World Chp. 1986. (B) Noteworthy is the simple 9 Be3, which keeps play in the position.

(n) 12 . . . Qxd4?! 13 Nc3 gives White a powerful initiative. After 12 . . . Qd6 13 Nc3 0-0 14 Bxc6 bxc6 15 Be3 Nd5 16 Rac1 Rfe8 17 Nxd5 Qxd5 18 Qc4 Bd6, Timman–Yusupov, match 1986; now 19 g3 gains White a slight edge.

(o) If White fails to exchange in the center he enters a long, sharp drawing variation—9 Nc3 Nxc3 10 bxc3 dxc4! 11 Bxc4 Bg4 12 Qd3 Nd7 13 Ng5 Nf6 14 h3 Bh5 15 f4 h6 16 g4 hxg5 17 fxg5 b5 18 Bb3 Nxg4 19 hxg4 Qd7! 20 gxh5 Qg4† 21 Kf2 Rae8 22 Rg1 Qh4† 23 Kg2 Qh2† 24 Kf1 Bf4 25 Qf3 Re1† 20 Kxe1 Qxg1† 27 Ke2 Bxc1 28 Rxc1 Qxc1 29 g6 Re8† 20 Kd3 Qb1† with perpetual check, A. Sokolov–Oll, USSR Chp. 1989.

(p) Equally good is 12 . . . Nd7 13 h3 Bh5 14 Rb5 Nb6 15 c4 Bxf3 16 Qxf3 dxc4 17 Bc2 Qd7 18 a4 g6 19 Bd2 (19 Be3!?) c3 20 Bxc3 Rac8 21 Be4 Rc4 =, Topalov–Akopian, Madrid 1997. After 12 . . . b6 13 Rb5 Bc7 14 h3 a6 15 Rxd5 Qxd5 16 hxg4 White has compensation for the exchange, but probably no more than that.

(q) 10 Bxe4 dxe4 11 Qxe4 Re8 12 Qd3 Bg4 gives Black good play for the pawn.

(r) Sharp tactics follow after 10 . . . Bg4 11 Ne5 Bxe5 12 dxe5 Nac5 13 f3 Nxd3 Qxd3 Nc5 15 Qd4 Nb3 16 Qxg4 Nxa1 17 Bh6 g6 18 cxd5 Qxd5 19 Nc3 Qc5† 20 Kh1 Nb3 21 Qf4 Rfe8 22 Ne4 Qxe5 23 Nf6† Kh8 24 Qh4 Re6 ∞, Giaccio–Ginzburg, Argentinian Chp. 1998. This may be Black's objectively best continuation, but he must defend coolly.

(s) 13 Ne2 Ne6 14 b4 Bf6 15 Bb2 a6 16 a4 g6 17 Ne5 ±, Kaspustin–Kuzenkov, corr. 1986.

(t) Slightly better is 9 . . . Nbd7 10 Nc3 Nf8 11 d5 Ng6 12 Re1 ±, Tal–Smyslov, USSR Chp. 1981. In any case Black has a passive position.

(u) 13 Bf4 Bd7 14 Qd2 with advantage in both space and mobility, Fischer–Gheorghiu, Buenos Aires 1968.

PETROV'S DEFENSE

1 e4 e5 2 Nf3 Nf6

	7	8	9	10	11	12
3	Nxe5 ....d4(h)					
	d6(a)		Nxe4 ....exd4(t)			
4	Nf3(b)		Bd3(i)			e5
	Nxe4		d5 ....Nc6			Nxe4
5	Qe2..........Nc3(d)		Nxe5		Bxe4(q)	Qxd4
	Qe7	Nxc3	Nd7 ....Bd6		d5	d5
6	d3	dxc3	Nxd7(j)	0-0	Bg5!	exd6
	Nf6	Be7	Bxd7	0-0	Qd7(r)	Nxd6
7	Bg5	Be3(e)	0-0	c4	Bd3	Nc3
	Qxe2†	0-0(f)	Qh4(k)	Bxe5(n)	e4	Nc6
8	Bxe2	Qd2	c4	dxe5	0-0	Qf4
	Be7	Nc6	0-0-0	Nc6	f6	g6
9	Nc3	0-0-0	c5	cxd5(o)	Bf4	Be3
	c6!	Be6	g5	Qxd5	exd3	Bg7
10	0-0-0	Kb1	Nc3(l)	Qc2	Qxd3	0-0-0
	Na6	Ne5	Bg7	Nb4	Bd6	0-0
11	Rhe1	Nd4	g3	Bxe4	Re1†	h4
	Nc7(c)	Bc4(g)	Qh3(m)	Nxc2(p)	Kf7(s)	h6(u)

(a) 3 . . . Nxe4? 4 Qe2 Qe7 5 Qxe4 d6 6 d4 wins a pawn.

(b) (A) Ineffective is 4 Nc4 Nxe4 5 d4 d5 6 Ne3 Be6 7 Bd3 f5 8 0-0 Bd6 with equal chances, Paulsen–Schallopp, Frankfurt 1887. (B) Speculative but entertaining is the sacrifice 4 Nxf7, e.g. 4 . . . Kxf7 5 Nc3 c5!? 6 Bc4† Be6 7 Bxe6† Kxe6 8 d4 Kf7 9 dxc5 Nc6 with chances for both sides, Topalov–Kramnik, Linares 1999.

(c) 12 Bf1 Ne6 13 Bd2 Bd7 =, Spassky–Petrosian, World Chp. 1969. Against reasonable defense 5 Qe2 produces no advantage. White is two tempi ahead in development, but can make no real use of them.

(d) 5 c4 Nc6! 6 Nc3 (6 d4?! d5 7 Nc3 Bb4 8 Qc2 Qe7 9 Be3 Bf5 with threats) 6 . . . Nxc3 7 dxc3 Be7 8 Bd3 Bg4 9 Be4 Qd7 10 Be3 Bf5 =, Timman–Yusupov, match 1986.

(e) 7 Bf4 0-0 8 Qd2 Nd7 9 0-0-0 Nc5 10 Nd4 Re8 11 f3 Ne6 12 Be3 Bg5 =, Dolmatov–Yusupov, USSR Chp. 1981.

(f) (A) 7 . . . d5?! 8 c4 dxc4 9 Qxd8† Bxd8 10 Bxc4 Bf6 11 0-0-0 ±, Nunn–Mascarinas, Thessaloniki Ol. 1984. (B) Still good is the old plan 7 . . . Nc6

8 Qd2 Bg4! 9 Be2 Qd7 10 0-0-0 0-0 =, Nimzovich–Marshall, St. Petersburg 1914.

(g) Chances are even—12 b3 Bxf1 13 Rhxf1 Bf6 14 h3 Qd7 15 g4 Nc6 16 Nf5 a5 17 h4 Ne7 =, Arnason–Makarichev, Reykjavik 1990.

(h) White has no serious alternatives to 3 Nxe5 and 3 d4, but he can play for surprise value: (A) 3 Nc3 Bb4 (3 . . . Nc6 transposes to the Four Knights' Defense) 4 Nxe5 0-0 5 Nd3 Bxc3 6 dxc3 Nxe4 7 Be2 d5 8 0-0 c6 9 Nf4 Bf5 10 c4 d4 11 Bd3 Re8 12 f3 Nd6 =, Adams–Rozentalis, Aarhus 1997. (B) 3 Bc4 Nxe4 4 Nc3 Nxc3 5 dxc3 f6! 6 Nh4 ?! (6 Nxe5? Qe7 wins, 6 0-0 d6 7 Nh4 g6 8 f4 Qe7 9 f5 Qg7 ∓) 6 . . . g6 7 f4 c6! 8 f5 d5 ∓, Estay–Araya, Santiago 1998.

(i) 4 dxe5 d5 5 Nbd2 Nxd2 6 Bxd2 Be7 7 Bf4 c5 8 c3 Nc6 9 Bd3 Be6 =, Short–Seirawan, Lugano 1986.

(j) (A) 6 Qe2 Nxe5 7 Bxe4 dxe4 8 Qxe4 Be6 9 Qxe5 Qd7 10 Be3 Bb4† 11 c3 Bd6 gives Black fair play for the pawn. (B) 6 Nxf7 Kxf7 (6 . . . Qe7 ∞) 7 Qh5† Ke7 8 Qe2 Kf7 =, Nunn–Balashov, Malta Ol. 1980.

(k) The most active move. Other choices are: (A) 7 . . . Bd6 8 c4 c6 9 cxd5 cxd5 10 Qh5 0-0 11 Qxd5 Bc6 12 Qh5 g6 13 Qh3 Ng5 (13 . . . Bb4!?) 14 Qg4 Ne6 15 Bh6 Re8 16 Nc3 Bf4 (16 . . . Nxd4 17 Rad1 leaves White a small initiative) 17 Bxf4 Qxd4 18 Be4 f5 19 Qd1 Qxd1 20 Rfxd1 fxe4 21 Be3 ±, Kasparov–Piket, Wijk aan Zee 1999. (B) 7 . . . Be7 8 c4 Nf6 9 Nc3 Be6 10 c5 0-0 11 Bf4 c6 12 h3 Re8 13 Re1 ±, Svidler–Yusupov, Kazan 1997.

(l) (A) 10 Be3 Re8 11 Nd2 Bg7 12 Nf3 Qh5 13 Nxg5! ±, Kasparov–Ivanchuk, Debrecen 1992, but Black could try 11 . . . Nxd2 or 10 . . . Nf6 11 Nd2 Rg8 ∞, I. Gurevich–Barua, Hastings 1993. (B) 10 f3 Nf6 11 Be3 Re8 12 Qd2 Rg8 =.

(m) 12 Nxe4 dxe4 13 Bxe4 Bb5 14 Bxg5 Rxd4 15 Bg2 Qf5 16 Qb3 c6 17 Be3 Bxf1 18 Rxf1, Hraček–Haba, Czech Republic 1998; now instead of 18 . . . Rd7 19 Qa4 a6 20 Bxc6!, Black should play Alex Ivanov's 18 . . . Rhd8! with equality.

(n) 7 . . . c6?! allows White to build his initiative easily—8 Nc3 Nxc3 9 bxc3 Bxe5 (else 10 f4 with a strong attack) 10 dxe5 dxc4 11 Bxc4 Qxd1 12 Rxd1 Bf5 13 Ba3 with a clear advantage in the endgame, Maróczy–Marshall, Paris 1900.

(o) 9 Bf4 Nb4 10 Na3 Nc5 11 Bb1 dxc4 12 Nxc4 Be6 = (van der Wiel).

(p) 12 Bxd5 Bf5! 13 g4! Bxg4 14 Be4 Nxa1 15 Bf4 f5 16 Bd5† Kh8 17 Rc1 c6 18 Bg2 Rfd8 19 Nd2 Rxd2 (19 . . . h6?! 20 h4 Rd3?! 21 Bf1! Rd4 22 Be3 Rd5 23 Rxa1 ±) 20 Bxd2 Rd8 21 Bc3 Rd1 † 22 Rxd1 Bxd1 and though a draw is likely, White has some winning chances in the endgame because of the knight on a1, e.g. 23 f4 Nc2 24 Kf2 Kg8 25 a4 a5 26 Bf1!? Nb4?! 27 Bxb4 axb4 28 Bc4† Kf8 29 a5! ±, Nielsen–Viksma, corr. 1995.

(q) (A) 5 Nxe5 Nxe5 6 Bxe4 d5 7 dxe5 dxe4 8 Qxd8† Kxd8 9 Nc3 Bb4 10 Bg5† Ke8 11 0-0-0 Bg4 12 Rd4 Bxc3 13 bxc3 h6 14 Rxe4 Bh3! =, Shirov–Timman, Wijk aan Zee 1998. (B) 5 d5 Nc5 6 dxc6 e4 =.

(r) (A) 6 . . . f6? 7 Nxe5 dxe4 8 Qh5† ±. (B) 6 . . . Qd6 7 dxe5! Qb4† 8 Nc3 dxe4 9 a3 Qa5 10 Nd4 Nxe5 11 0-0 with attacking chances (albeit in a sharp position), Palac–Kos, Austria 1995.

99

(s) 12 Qd2 Rf8 13 Nc3 Bb4 14 Re2 ±, Milu–Ionescu, Romania 1995.

(t) 3 . . . d5 4 exd5 exd4 5 Bb5† c6 6 Qe2† Be7 7 dxc6 bxc6 8 Bc4 0-0 9 0-0 Bg4 10 c3! leaves White the better pawn structure, Prues–Butler, corr. 1960.

(u) 12 Bc5 Be6 13 Bb5 a6 14 Bxc6 bxc6 15 Bd4 ±, Ivanchuk–Akopian, Lucerne 1997.

SCOTCH GAME

1 e4 e5 2 Nf3 Nc6 3 d4 exd4

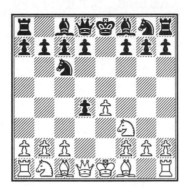

THE SCOTCH GAME RECEIVED ITS NAME from a celebrated correspondence match between London and Edinburgh in 1824, though of course the three opening moves are older. It is another opening that was mainstream in the ninteeth century and then more or less abandoned in the twentieth century. The Scotch is different, though, because it has been resurrected to nearly its significance of a century earlier. Garry Kasparov has led the revival, playing it in three successive World Championship matches (1990, 1993, 1995) and inspiring other grandmasters to add it to their repertoire.

The move 3 d4 more or less forces Black to give up the center with 3 . . . exd4. Black must then decide whether to attack the e-pawn (with either 4 . . . Nf6 or 4 . . . Qh4), or to develop (with 4 . . . Bc5 or another move). Columns 1–6 deal with the old main line in which Black plays 4 . . . Nf6 and after 5 Nc3, pins with 5 . . . Bb4. Columns 1–4 have similar contours—Black has a center pawn on d5 while White points his pieces at the kingside. The exchange at f6 in column 2 is a typical Scotch ending—White has the better pawn structure, Black the two bishops.

Columns 5–6 feature early divergences by White and Black. Columns 7–9 feature the modern variation, 5 Nxc6 followed by 6 e5. This is Kasparov's preference, but Black currently seems to be able to hold his own. Columns 10–12 show 4 . . . Bc5 met by 5 Nxc6. Kasparov likes this line also. Columns 13–16 feature the old 5 Be3 while 17–18 are the relatively new 5 Nb3. Positional rather than tactical motifs dominate this page. Columns 19–20 show early deviations by both White and Black. Columns 21–22 analyze the Steinitz line 4 . . . Qh4. This attempt at pawn-grabbing has been around for over a century, and even though Black's position often looks dubious, no really clear refutation is known. Finally, columns 23–24 are the Scotch Gambit. Black can accept it or dodge it with reasonable prospects.

SCOTCH GAME

1 e4 e5 2 Nf3 Nc6 3 d4 exd4 4 Nxd4 Nf6 5 Nc3 Bb4(a)
6 Nxc6 bxc6 7 Bd3 d5(b) 8 exd5

	1	2	3	4	5	6
	cxd5..					Qe7†
9	0-0...Qe2†					Qe2(u)
	0-0				Be7(p)	Qxe2(v)
10	Bg5				0-0(q)	Kxe2
	c6...Be6(l)				0-0	Nxd5(w)
11	Qf3(c)......................Na4			Qf3(m)	Re1	Nxd5(x)
	Be7..........Bd6		h6(h)	Be7	Re8(r)	cxd5
12	Rae1	Na4(e)	Bh4	h3	Bg5	Bb5†
	Re8(d)	h6(f)	Re8(i)	h6(n)	Bg4	Bd7
13	Ne2	Bxf6	c4	Bf4	Qe5(s)	Bxd7†
	Bg4	Qxf6	Rb8(j)	c5	c6	Kxd7
14	Qf4	Qxf6	Rc1	Rfd1	Qg3	Rd1(y)
	Bxe2	gxf6	Be6	d4	Bh5	Rhe8†
15	Rxe2	c4	cxd5	Ne4	Qh4	Be3
	Nh5 =	Ba6(g)	Bxd5(k)	Nd5(o)	Bg6(t)	Kc6(z)

(a) Alternatives are: (A) 5 . . . Bc5 6 Nxc6 bxc6 7 Bd3 d6 8 0-0 Ng4 9 Bf4 g5 10 Bd2 Qf6 11 Qe2 ±, Miles–Sorin, Matanzas 1995. (B) 5 . . . Nxe4 6 Nxe4 Qe7 7 f3 d5 8 Bb5 Bd7 9 Bxc6 bxc6 10 0-0 dxe4 11 fxe4 ±, Pukshansky–V. Ivanov, Leningrad 1974.

(b) 7 . . . 0-0 8 0-0 Re8 9 Bg5 h6 10 Bh4 Be7 11 Qf3 d6 =, Mahmoud–Mounib, Novi Sad 1990.

(c) 11 Ne2 h6.12 Bh4 g5 13 Bg3 Ne4 14 c3 Bc5 =, Afek–Ziatdinov, Leuven 1996.

(d) 12 . . . h6 13 Bc1 ± (13 Bxh6 gxh6 14 Qe3 d4 15 Qxh6 Qd6 16 Qg5† Kh8 =) 12 . . . Be6 13 Nd1 h6 14 Bc1 Bd6 15 Ne3 ±, Zhuravlev–Shekhtman, Leningrad 1975. The column is Condie–Thomas, Oakham 1986.

(e) (A) 12 Bxf6 Qxf6 13 Qxf6 gxf6 14 Rad1 Be6 =, Hort–Portisch, Monte Carlo 1968. (B) 12 Rfe1 Rb8 13 Na4 h6 14 Bxf6 Qxf6 15 Qxf6 gxf6 16 Rad1 =, Nunn–Sulkis, Moscow 1994.

(f) 12 . . . Be5 13 Bf4 Bg4 14 Qe3 Bxf4 15 Qxf4, Godena–Piket, Linares 1995; now 15 . . . Re8 favors Black (Piket).

(g) The game Sutovsky–Z. Almasi, Tilburg 1996 continued 16 Rac1 Rab8 17 g3 Rb4 with a slight edge for Black.

(h) (A) 11 ... Be6 12 c3 Be7 13 Re1 Re8 14 b4 Nd7 15 Bxe7 Qxe7 16 Qd2 a5 =, Z. Almasi–Shirov, Dortmund 1998. (B) 11 ... Bd6 12 c4 (12 Qf3 would transpose to column 2) 12 ... h6 13 Bh4 Bg4 14 Qc2 Be6 =, Zsu. Polgar–Xie Jun, Jaen 1996.

(i) (A) 12 ... Be7 13 Rc1 Be6 14 c3 Nd7 =, Arkhipov–Mi. Tseitlin, Moscow 1992. (B) 12 ... Bd6 13 Re1 c5 14 b3 Be6 15 Qf3 Rb8 16 Bf5 ±, Rublevsky–Gavrikov, St. Petersburg 1993.

(j) Also 13 ... Be6 14 c5 Qe7 15 Rc1 =, Hector–Skembris, Greece 1992.

(k) After 16 Bc4 Re6 17 b3 Qa5 chances are even, Topalov–Skembris, Burgas 1992.

(l) (A) 10 ... Be7 is an interesting sacrifice. After 11 Bxf6 Bxf6 12 Qh5 g6 13 Qxd5 Be6 Black has some compensation, Hoi–Short, Dubai 1986. (B) 10 ... Bxc3 11 bxc3 h6 12 Bh4 Re8 13 c4 ±, Trifunović–Pachmann, Budapest 1948.

(m) 11 Nb5 c5 12 a3 Ba5 13 b4 cxb4 (13 ... Bb6 14 bxc5 Bxc5 ±, Grushevsky–Purgin, Russia 1003) 14 Qe1 bxa3 15 Bxf6 gxf6 16 Qe3 Bb6 17 Qh6 f5 is about even (Yaković).

(n) 12 ... c6 13 Ne2 Nd7 14 Bxe7 Qxe7 15 Rfe1 Nc5 16 Nd4 Qd6 17 Bf5 g6 18 b4 ±, Estevez–Rivera, Cuba 1988.

(o) 16 Bd2 with a slight edge for White, Radulov–Lukacs, Baile Herculaine 1982.

(p) 9 ... Be6 10 Bb5† Kf8 11 0-0 Qd6 12 Qf3 Bg4 13 Qf4 d4 14 a3 Bc5 15 Na4 Qxf4 16 Bxf4 Bd6 17 Bxd6† cxc6 18 f3 Bf5 19 Rfd1 ±, Svidler–Arencibia, Moscow 1994.

(q) 10 Bg5 0-0 11 0-0-0 c6 12 Rhe1 is a suggestion of Miles's that is worth a try.

(r) Possible is 11 ... Be6 12 Bg5 h6 13 Bh4 c6, L. B. Hansen–Pinter, Copenhagen 1995; now instead of 14 Na4? Rc8 15 Bg3 Qa5 ∓, 14 Bg3 would be = (Pinter).

(s) 13 Qd2 c5 14 Re5 a suggestion of Krasenkov's produces a position where chances are balanced.

(t) 16 Bxg6 fxg6 17 Qh3 Bf8 18 Re6 Qc8 with chances for both sides, Istratescu–Krasenkov, Erevan 1996.

(u) 9 Kf1 cxd5 10 Bg5 c6 11 Qf3 0-0 (not 11 ... h6? 12 Bb5†, Velimirović–Lukić, Yugoslavia 1962) 12 Re1 =, Myashikov–Shamaev, USSR 1956. 9 Be2 is an untested idea of Tartakower's.

(v) Several other moves are plausible here: (A) 9 ... cxd5 10 Qxe7† Kxe7 11 a3 Bc5 12 Na4 Bd6 13 Be3 ±, Spangenberg–Kamsky, Buenos Aires 1993. (B) 9 ... Nxd5 10 Qxe7 Kxe7 11 a3 Bxc3† 12 bxc3 Be6 13 0-0 f6, Lautier–Karpov, Biel 1992; now 14 Bd2 Kf7 15 Rfb1 Rab8 16 Rb3 is a small plus for White (Karpov).

(w) 10 ... cxd5 11 Nb5 Ba5 12 Bf4 c5 13 Bc7 Bxc7 14 Nxc7 Kd8 15 Nxa8 c4 is unclear, van Houtte–Flear, Brussels 1987.

103

(x) 11 Bd2 Rb8 12 Rhe1 Be6 =, Mueller–Aleksandrov, Oakham 1992.

(y) 14 Be3 Ba5 15 Rac1 Rab8 16 b3 Bc3 17 Rhd1 c6 18 Rd3 was also good for White in Rublevsky–Aleksandrov, Oakham 1992.

(z) 16 c4 dxc4 17 Rd4 Ba5 18 Rc1±, Oll–Beliavsky, Manila 1992.

SCOTCH GAME

1 e4 e5 2 Nf3 Nc6 3 d4 exd4 4 Nxd4

	7	8	9	10	11	12
	Nf6			Bc5		
5	Nxc6 bxc6			Nxc6 Qf6(m)		
6	e5(a) Qe7(b)			Qd2(n) dxc6(o)		Qxc6
7	Qe2 Nd5			Nc3 Be6	Ne7(t)	Bd3(x) Nf6(y)
8	c4(c) Ba6(d)		Nb6	Na4 Rd8(p)	Qf4 Ng6(u)	0-0 0-0
9	b3(e) .... g5(f)	Nd2 g6(i)	Nd2(k) Qe6	Bd3 Bd4	Qxf6 gxf6	b4(z) Bd4
10	Ba3(g) d6	Qe4 Nb6	b3 a5	c3(q) Bxf2†(r)	Bd2(v) Rg8	c3 Bb6
11	exd6 Qxe2†	Bd3 Bg7	Bb2 a4	Qxf2 Rxd3	Na4 Bd6	c4 Bd4
12	Bxe2 Bg7(h)	0-0 0-0(j)	Qe3 axb3(l)	Qxf6 Nxf6(s)	0-0-0 Be6(w)	Nc3 a5(aa)

(a) The alternatives present few problems: (A) 6 Nd2 Bc5 7 Bd3 0-0 8 0-0 d5 9 exd5 cxd5 10 Nf3 Bg4 11 Bg5 Re8 =, Kokanović–Durić, corr. 1990. (B) 6 Bd3 d5 7 exd5 (7 e5 Ng4 8 0-0 Bc5 9 Qe2 Qe7 ∓, Minasian–Bachmatov, USSR 1986) 7 . . . cxd5 8 0-0 Be7 9 Nc3 0-0 =, Stanojević–Davidović, Dortmund 1988.

(b) (A) 6 . . . Ne4 7 Qf3 Nc5 (7 . . . Ng5 and 7 . . . Qh4 are no better) 8 Bc4 Ne6 9 Bxe6 fxe6 10 Qh5† ± (Gutman). (B) 6 . . . Nd5 7 Bd3 d6 8 exd6 Bxd6 (8 . . . cxd6 9 0-0 Be7 10 Be4 ± — Keres) 9 0-0 0-0 10 Re1 is somewhat better for White.

(c) (A) 8 Nd2 Qe6 7 Nf3 a5 8 Qe4 Qg6 =, Svidler–Smagin, Novgorod 1995. (B) 8 h4 f6 9 c4 Ba6 10 Rh3 0-0-0 ∓, Landa–Garcia, Bayamo 1989. (C) 8 g3 g6 9 c4 Ba6 11 Nd2 Bg7 12 f4 0-0 =, Milov–Pinter, Germany 1994.

(d) 8 . . . Qb4† 9 Nd2 Nf4 10 Qe3 Ne6 11 Bd3 Qb6 12 Qg3 was better for White in Smagin–Murey, Vienna 1991.

(e) 9 g3 g6 10 b3 Bg7 11 Bb2 0-0 12 Bg2 Rfe8 (12 . . . Rae8 13 0-0 Bxe5 14 Qxe5 ±, Rublevsky–Nikolić, Polanica Zdroj 1996) 13 0-0 Nb6 14 Re1 ±, Kasparov–I. Sokolov, Erevan 1996.

(f) The older moves, 9 . . . g6 and 9 . . . Qh4, allow White chances for the advantage. Interesting is 9 . . . 0-0-0 10 g3 Re8 11 Bb2 f6 12 Qd2 Nb6 13 a4 Qb4! with chances for both sides, De la Riva–Xie Jun, Pamplona 1999.

(g) 10 g3 Bg7 11 Bb2 (Kasparov–P. Nikolić, Linares 1997) 11 . . . 0-0-0 ∞.

(h) After 13 cxd5 Bxe2 14 Kxe2 Bxa1 chances are even, Kasparov–Anand, New York 1995.

(i) 9 . . . Nb4 10 Nf3 c5 11 a3 ±, Puljck–Erneste, Poland 1984.

(j) Black is for choice, Beliavsky–Nikolić, Munich 1994. If 13 f4?! now, then 13 . . . d6 ∓ (Sax).

(k) 9 Nc3 Qe6 10 Qe4 Bb4 11 Bd2 =, J. Polgar–Piket, Aruba 1995. Also 9 . . . g6 10 Ne4 Qe6 11 Nf6† Kd8 12 Bd2 Ba6 13 b3 d5 is about even, van der Wiel–G. Garcia, Wijk aan Zee 1996.

(l) 13 axb3 Rxa1 14 Bxa1 ±, Svidler–I. Sokolov, Groningen 1995.

(m) 5 . . . bxc6 6 Bd3 Ne7 7 0-0 0-0 8 Nd2 ± (Gutman).

(n) Infrequently seen and causing fewer problems are 6 Qe2, 6 Qf3 and 6 f4.

(o) 6 . . . bxc6 7 Bd3 Ne7 8 0-0 0-0 9 Kh1 ±, Ehlvest–O. Rodríguez, Lograno 1991.

(p) 8 . . . Bd6 9 Qe3 Nh6 10 h3 0-0 11 Be2 ±, Zsu. Polgar–Xie Jun, Jaen 1996.

(q) 10 0-0 Qh4 (10 . . . b5 11 c3 bxa4 12 cxd4 Qxd4 13 Qg5 ±, Ro. Perez–de la Paz, Santa Clara 1995) 11 Qf4 Qh5 12 Qg3 Ne7 13 Be3 Bf6 =, Zsu. Polgar–Xie Jun, Jaen 1996.

(r) 10 . . . b5 11 cxd4 Qxd4 12 Bc2 bxa4 13 Qxd4 Rxd4 14 Be3 is a big edge for White, Rublevsky–Kupreichik, Russia 1996.

(s) 13 Nc5 Rd8 14 Nxb7 Rb8 =, Rublevsky–Anand, Moscow 1996.

(t) (A) 7 . . . Qe7 8 Qg5 Nf6 9 Be3 Bxe3 10 Qxe3 Be6 11 h3 Nd7 12 Be2 with a small edge for White, Leko–Svidler, Linares 1999. (B) 7 . . . Nh6 8 Qf4 Qe7 9 Be3 Bd6 10 Qg5 f6 11 Qh5† Nf7 12 f4 Bb4 13 Bd3 ±, Rublevski–I. Ibragimov, Russia 1996.

(u) 8 . . . Qe6 9 Bd3 0-0 10 0-0 Ng6 11 Qg3 Qd6 12 Bd2 f5 is about equal, Nunn–Flear, Hastings 1996.

(v) 10 Na4 Bd6 11 Be3 f5 12 exf5 Bxf5 13 0-0-0 0-0-0 =, Relange–Onischuk, Halle 1995.

(w) After 13 Nc3 0-0-0 14 g3 Bg4 15 Be2 Ne5 16 Bf4 Bh3 Black's activity compensates for his pawn weaknesses, Kasparov–Topalov, Las Palmas 1994.

(x) 7 Nc3 Nf6 8 Bd3 0-0 9 0-0 Re8 10 Qd1 b6 11 Bf4 Bb7 12 Bb5 Qe6 13 e5 Nd5 =, Illescas–Korchnoi, Wijk aan Zee 1997.

(y) 7 . . . Ne7 8 0-0 0-0 9 b4 Bd4 10 c3 Bf6 11 Qe2 Qe6 12 f4 d6 13 Be3 ±, Azmaiparashvili–Gomez Esteban, Pamplona 1996.

(z) 9 Qf4 d6 10 Qh4 Be6 11 Nc3 Ng4 12 Nd5 Rfe8 13 h3 Ne5 14 Ne7† Rxe7 15 Qxe7 Bxh3 16 Qh4 Be6 Pandavos–Solozhenkin, Naleczow 1988. Black has enough for the exchange.

(aa) Not 12 . . . Bxc3?! 13 Qxc3 Nxe4 14 Qc2 ±. After 12 . . . a5 Smagin–Hjartarson, Germany 1991 continued 13 Bb2 Re8 14 b5 Qd6 15 Rad1 Qe5 16 h3 c5 17 Na4 and White had a substantial advantage.

SCOTCH GAME

1 e4 e5 2 Nf3 Nc6 3 d4 exd4 4 Nxd4 Bc5

	13	14	15	16	17	18
5	Be3				Nb3	
	Qf6(a)				Bb6	Bb4†
6	c3(b)				a4(o)	c3(t)
	Nge7			Qg6	a6(p)	Be7
7	Bc4		g3(i)	Nd2(l)	Nc3	c4(u)
	Ne5(c)	0-0	d5(j)	Nge7(m)	d6	Nf6
8	Be2	0-0	Bg2	h4	Nd5(q)	Nc3
	Qg6	Bb6(g)	dxe4(k)	Bxd4	Ba7	0-0
9	0-0	Nc2(h)	Nd2	cxd4	Qe2(r)	Be2(v)
	d6(d)	Qg6	Bxd4	d5	Nge7	Re8
10	f3(e)	Bxb6	cxd4	h5	Bg5	0-0(w)
	0-0	axb6	0-0	Qe6	0-0	a5
11	Kh1	Nd2	Nxe4	h6	0-0-0	a4
	d5	Kh8	Qg6	g6	f6	d6
12	Nd2	Ne3	0-0	Rh4	Bh4	Be3
	dxe4(f)	d6 ±	Be6 =	0-0(n)	Be6(s)	Nd7(x)

(a) 5 ... Bb6 is met most sharply by 6 Nf5. After 6 ... Bxe3 7 Nxe3 Nf6 8 Nc3 0-0 9 Qd2 White was better in Smagin–Unzicker, Dortmund 1992, and if 6 ... d5 7 Nxg7† Kf8 8 Bxb6 ±.

(b) 6 Nb5 is the Blumenfeld Variation. After 6 ... Bxe3 7 fxe3 Qh4† 8 g3 Qd8 9 Qg4 Kf8 10 Qf4 d6 it is about even, Mieses–Schelfout, Amsterdam 1946. 8 ... Qxe4 is risky but perhaps playable.

(c) 7 ... b6 8 Qd2 Qg6 9 f3 Ne5 10 Bf1 d5 11 b4 Bd6 12 f4 Ng4 13 e5 Bxe5 14 fxe5 Qe4, Handoko–Speelman, Moscow 1994, is a wild position but probably chances are even.

(d) (A) 9 ... d5 10 Bh5 Bg4 11 Bxg6 Bxd1 12 Bxf7† Kxf7 13 Rxd1 Nc4 14 b4 Bb6 15 Nd2 Nxe3 16 fxe3 Rhe8 17 c4 dxc4 18 Nxc4 ±, Rublevsky–H. Grétarsson, Yerevan 1996. (B) 9 ... 0-0 10 Nd2 d6 11 Bh5 Qf6 12 f4 N5c6 =, Sveshnikov–Jandemirov, Russia 1995.

(e) 10 Kh1 Qxe4 11 Nd2 Qg6 12 Nb5 0-0 13 Nxc7 Rb8 14 Nc4 Nxc4 15 Bxc4 Bxe3 16 fxe3 Bf5 17 Nd5 Rbe8 =, Rublevsky–Svidler, Russian Chp. 1998.

(f) 13 fxe4 Bg4 =, Thórhallsson–Pinter, Manila 1992.

(g) 8 ... Qg6 9 Nd2 Bxd4 10 cxd4 d5 11 exd5 Nb4 12 Bf4 Nbxd5 and chances are about even, J. Polgar–Piket, Tilburg 1996.

(h) (A) 9 Kh1 Rd8 10 Qh5 h6 11 Nd2 d5 =, Kasparov–Kamsky, Tilburg 1991. (B) 9 Na3 d6 10 Ndb5 a6 11 Nxd6 Bxe3 = (Kuzman). (C) 9 Bb3 Na5 10 Bc2 Nc4 11 Bc1 d5 =, J. Polgar–Granda, Madrid 1992. The column is Sveshnikov–Onischuk, Alushta 1994.

(i) Some other possibilities here are 7 Qd2, 7 Be2 and 7 Nc2.

(j) (A) 7 . . . b6 8 Bg2 Bb7 9 0-0 0-0-0 10 Qa4 ±, Sveshnikov–Kozyrev, Chelyabinsk 1975. (B) 7 . . . d6 8 Bg2 0-0 9 0-0 Ne5 10 h3 Nc4 11 Bc1 Nc6 ±, Palosh–Spassky, Dubai 1986.

(k) 8 . . . Nxd4 9 cxd4 Bb4† 10 Nc3 Bxc3† 11 bxc3 dxe4 12 Bxe4 c6 13 0-0 0-0 is equal, Salov–Karpov, Reggio Emilia 1991. The column is Zurovsky–Lukacs, Manila 1992.

(l) 7 Qe2 Nxd4 8 cxd4 (8 Bxd4 Bxd4 9 cxd4 Ne7 10 Nc3 0-0 11 0-0-0 c6 with chances for both sides, Ivanchuk–Smyslov, Tilburg 1994) 8 . . . Bb4† 9 Bd2 Bxd2† 10 Nxd2 Ne7 11 h4 0-0 12 h5 Qh6 =, Pavasović–Krasenkov, Asti 1996.

(m) 7 . . . Nf6 8 f3 d5 9 Bb5 Bxd4 10 Bxd4 dxe4 =, Berg–Hector, Reykjavik 1996.

(n) 13 g3 dxe4, Pavasović–Skembris, Asti 1996; now 14 Rxe4 would keep chances balanced.

(o) 6 Nc3 is also played. After 6 . . . d6, 7 a4 a6 would transpose, while 7 Nd5 Nf6 is fine for Black, Kupreichik–Razuvaev, USSR 1977.

(p) (A) 6 . . . a5 7 Nc3 d6 8 Nd5 Ba7 9 Bb5 Bd7 10 0-0 Ne5 11 Bd2 Nf6 12 Bxa5 Nxd5 13 exd5 ±, van der Wiel–Gulko, Amsterdam 1987. (B) 6 . . . Qf6 7 Qe2 a6 8 Nc3 Nge7 9 a5 Ba7 10 Be3 Bxe3 11 Qxe3 d6 12 0-0-0 0-0 =, Ljubojević–Karpov, Bugojno 1980.

(q) 8 Be2 h6 9 0-0 Nf6 10 a5 Ba7 11 Kh1 0-0 12 f4 Be6 13 Ra4 Re8 14 h3 Qd7 15 Qd3 with even chances, Ljubojević–Beliavsky, Tilburg 1981.

(r) 9 Be3 Bxe3 10 Nxe3 Nf6 11 Bd3 0-0 12 0-0 Re8 13 f3 Be6 =, van der Wiel–Gomez Estaban, Linares 1995.

(s) 13 f4 Qd7 14 h3 Rae8 15 Qd2 =, Shvertel–Leezan, corr. 1982.

(t) 6 Bd2 a5 7 a3 Bxd2† 8 Qxd2 Nf6 9 Nc3 0-0 10 0-0-0 d6 11 Be2 Bd7 =, Radulov–Smejkal, Vrbas 1997.

(u) (A) 7 f4 d6 8 Bd3 Bh4† 9 g3 Bf6 10 Be3 h5 11 h3 g5 12 Qd2 gxf4 13 gxf4 Nge7 14 Na3 Bh4† 15 Bf2 Ng6 draw, Hubner–Spassky, Linares 1985. (B) 7 g3 Nf6 8 Bg2 d6 9 0-0 Bg4 =, Klyavinsh–Borisenko, USSR 1956.

(v) 9 a3 d6 10 Be2 Re8 11 0-0 Nd7 =, S. Garcia–Smejkal, Novi Sad 1976.

(w) 10 f3 a5 11 a4 d6 12 0-0 Nd7 13 Be3 Bf6 and Black is very comfortable, Ivanović–T. Petrosian, Tallinn 1979.

(x) 13 Nb5 Bf6 14 Qc2 Nb4 15 Qd2 b6 16 Rad1 Bb7 17 f3 Nc5 with roughly even chances, Ljubojević–Gligorić, Nikšić 1978.

SCOTCH GAME

1 e4 e5 2 Nf3 Nc6 3 d4 exd4

	19	20	21	22	23	24
4	Nxd4	....			Bc4	
	Bc5	..........Nge7(d)	Qh4		Bc5(q)	
5	Nf5	Bc4(e)	Nb5(j)		c3	
	d6(a)	Nxd4	Bb4†(k)	.....Bc5	dxc3(r)	......d3
6	Nxg7†	Qxd4	Bd2(l)	Qe2(p)	Bxf7†(s)	b4
	Kf8	Nc6	Qxe4†(m)	Bb6	Kxf7	Bb6
7	Nh5	Qd5	Be2	Be3	Qd5†	Qb3(v)
	Qh4	Qf6	Kd8(n)	Ba5†	Kf8	Qf6(w)
8	Ng3	0-0	0-0	Nd2	Qxc5†	0-0
	Nf6	Ne5(f)	Bxd2	a6	Qe7(t)	d6
9	Be2	Be2(g)	Nxd2	Nd4	Qxe7†(u)	a4
	Ne5	c6	Qf4(o)	Nxd4	Ngxe7	a6
10	Nc3(b)	Qb3	g3	Bxd4	Nxc3	a5(x)
	Neg4	Ng6(h)	Qh6	Bxd2†	d5	Ba7
11	Bxg4	f4	Nc4	Qxd2	exd5	b5
	Nxg4(c)	Bc5†(i)	Nge7 =	Qxe4† ±	Nb4 =	axb5(y)

(a) (A) 5 ... d5 6 Nxg7† Kf8 7 Nh5 Qh4 8 Ng3 Nf6 9 Be2 (9 Qd2 Ng4 10 Qxd5 Bxf2† 11 Ke2 Nf6 ∓, Ivanović–Pinter, Plovdiv 1979) 9 ... Ne5 10 Nc3 Neg4 11 Bxg4 Nxg4 12 Qxd5 Bxf2† 13 Ke2 Rg8 14 Nf5 Bxf5 15 Qxf5 ± (Gutman). (B) 5 ... Qf6 6 Nc3 Nge7 7 Ne3 ±, Timman–Hübner, Sarajevo 1991. (C) 5 ... g6 6 Ne3 Nf6 7 Nc3 0-0 8 Bd3 ±, Timman–Smyslov, Bugojno 1986.

(b) (A) 10 f3?! Rg8 11 Kd2 d5 ∓. (B) 10 b4 Bxb4† 11 c3 Bc5 12 Ba3 Nxe4 13 Bxc5 Nxc5 ∓, Timman–Borm, Netherlands 1985.

(c) After 12 Qf3 (12 Rf1 Rg8 13 Na4 Nxh2 14 Nxc5 =, Timman–Karpov, Brussels 1988) 12 ... Bxf2† 13 Ke2 Bd4 14 Nb5 Ne5 15 Nf5 Bxf5 16 Qxf5 Bb6 17 g3 White is slightly better (Gutman).

(d) Other unusual moves here are 4 ... d6, 4 ... g6, 4 ... Qf6, 4 ... Bb4† and 4 ... Nxd4.

(e) Reasonable alternatives are: (A) 5 Be3 Nxd4 6 Bxd4 Nc6 7 Be3 Bb4† 8 Nd2 Qe7 9 Bd3 Ne5 =, S. Arkell–Condie, Edinburgh 1988. (B) 5 Nc3 Nxd4 6 Qxd4 Nc6 7 Qe3 Nb4 8 Bd3 Be7 9 Nd5 ±, Schmidt–Velimirović, Polanica Zdroj 1964.

(f) 8 ... Bb4 9 a3 Ba5 10 Bd2 Bb6 11 Bc3 Qg6 12 Nd2 d6 13 Kh1 Be6 with even chances, van der Wiel–Tkachiev, Wijk aan Zee 1995.

(g) If 9 Bb3 c6 10 Qa5 d6 11 f4 Ng6 Black has counterplay.

(h) Van der Wiel–I. Sokolov, Groningen 1994 went 10 . . . h5 11 Qc3 g5 12 Bxg5 Qxg5 13 f4 Qe7 14 Qxc5 ±.

(i) 12 Kh1 d6 is equal according (I. Sokolov).

(j) White may do better with 5 Nc3 Bb4 6 Be2 Nge7 7 0-0 Bxc3 8 bxc3 Qxe4 9 Nb5 ±, Smagin–Sermak, Vienna 1989.

(k) Steinitz's 5 . . . Qxe4† isn't played much nowadays as White gains definite compensation for the pawn. Still, pawn-grabbers may try it, e.g. 6 Be3 Qe5 7 Qe2 Kd8 8 N1c3 a6 9 Nxc7 Qxc7 10 Nd5 Qa5† 11 c3 with chances to both sides, S. Arkell–Hugue, England 1989.

(l) 6 c3 Ba5 7 Nd2 a6 8 Na3 Bb6 =, Radulov–Trapl, Decin 1976.

(m) 6 . . . Bc5 7 Qe2 d6 8 g3 Qd8 9 Be3 Bxe3 10 Qxe3 Nf6 is about even, Barbero–Wells, Graz 1991.

(n) (A) 7 . . . Qxg2 8 Bf3 Bxd2† 9 Nxd2 Qh3 10 Bxc6 ±, Gallagher–Costa, Berne 1991. (B) 7 . . . Qe5 8 0-0 Nf6 9 Re1 ± (Steinitz).

(o) 9 . . . Qe5 10 Re1 Nf6 11 Bc4 Qf5 ±, Sveshnikov–Sarmek, Bled 1994. The column is Botterill–Staples, Manchester 1974, where White has enough compensation for the pawn.

(p) 6 Qf3 Nd4 7 Nxd4 Bxd4 8 c3 Bb6 =, Sibarević–Chiburdanidze, Banja Luka 1985. In the column White's initiative more than compensates for the lost pawn.

(q) 4 . . . Nf6 is covered in the Two Knights' Defense.

(r) For 5 . . . Nf6 see the Giuoco Piano.

(s) 6 Nxc3 d6 7 Bg5 Qd7 = (but 7 . . . Nge7 8 Nd5 f6 9 Bxf6! ± —Keres).

(t) 8 . . . d6 9 Qc4 Bg4 10 Nxc3 Bxf3 11 gxf3 Qf6 12 f4 Qf7 13 Qb5 ±, Sveshnikov–Kupreichik, Hastings 1984.

(u) After 9 Qxc3 Qb4 the endgame is about equal. The column is Schlechter–Spielmann, Mannheim 1914.

(v) Another way to play is 7 0-0 d6 8 Bg5 f6 9 Bh4 Nh6 10 a4 a5 11 b5 Ne5 =, V. Khenkin–Kholodkevich, USSR 1957.

(w) 7 . . . Qe7 8 0-0 d6 9 a4 a6 10 a5 Ba7 11 Bg5 Nf6, Schlechter–Janowski, 1898; now 12 b5 axb5 13 a6 is very good for White.

(x) 10 Bb2 Nge7 11 a5 Ba7 12 Bd3 0-0 13 c4 Nd4 14 Nxd4 Bxd4 15 Nc3 Be6 16 Kh1 ±, Domingues–Valkarsel, Las Palmas 1972.

(y) If instead 11 . . . Ne5 12 Nxe5 dxe5 13 bxa6 bxa6 14 Qa4 Bd7 15 Qd1 leaves White a small edge, Sveshnikov–A. Petrosian, USSR 1974. After 11 . . . axb5 12 a6 Nge7 (12 . . . bxa6?! 13 Bd5 Nge7 14 Bg5 ±, I. Zaitsev–Aronin, Moscow 1964) 13 Bd5 Bb6 14 Bg5 Qg6 15 Bxe7 Kxe7 the game is roughly even. (I. Zaitsev).

VIENNA GAME

1 e4 e5 2 Nc3

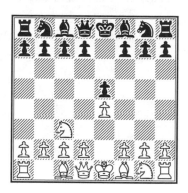

IENNA BEFORE WORLD WAR I was the capital of a polyglot empire and an important intellectual center—the names Freud and Wittgenstein come readily to mind. The opening is named after this city since Viennese masters of this time, notably Tartakower and Spielmann, regularly employed it. It was also adopted by such giants as Alekhine and Chigorin around this time. Except for a revival by the American Weaver Adams in the 1940s and 50s (who claimed it led to a forced win for White), the Vienna has moved backstage. These days enterprising players like Shabalav and Anand occasionally play it, but its main proponent is the Russian grandmaster Tseitlin who wrote a book about it (with Glaskov).

The idea behind 2 Nc3 is to develop while leaving open the options of f2-f4 and Qh5 (or Qf3). Black's most natural reply is 2 . . . Nf6, which is considered in columns 1–12. Against 3 Bc4 Black can play 3 . . . Nxe4 (columns 1–2), the so-called Frankenstein-Dracula Variation, with great complications. More positional play arises from 3 . . . Nc6, 3 . . . Bc5 or 3 . . . Bb4 (columns 3–6).

Instead of 3 Bc4 White has the slow-building 3 g3 (columns 7–8) or the old thematic 3 f4 (columns 9–12) with fairly balanced play.

Black's major second-move alternative is 2 . . . Nc6 (columns 13–17). White now has 3 f4 that can lead to either the Pierce, Hamppe-Allgaier or Steinitz Gambits, with interesting chances for both sides. 2 . . . Bc5 (column 18) was played by Capablanca and is a way to avoid the usual lines.

VIENNA GAME

1 e4 e5 2 Nc3 Nf6 3 Bc4

	1	2	3	4	5	6
	Nxe4		Nc6		Bb4	Bc5(y)
4	Qh5(a) Nd6		d3(i) Na5	 Bb4	f4 Nxe4	d3(z) d6(aa)
5	Bb3 Be7	 Nc6	Nge2 Nxc4	Bg5(m) h6	Qh5(s) 0-0	Bg5 Be6
6	Nf3(b) Nc6(c)	Nb5(f) g6	dxc4 Bc5(j)	Bxf6(n) Bxc3†(o)	fxe5 d5	Qd2 Nbd7
7	Nxe5 g6(d)	Qf3 f5	0-0 c6	bxc3 Qxf6	Nxd5(t) Nc6(u)	Nge2 Bxc4
8	Qe2(e) Nd4	Qd5 Qe7(g)	Qd3 d6(k)	Ne2 d6	Nf3(v) Be6	dxc4 h6
9	Qd3 Nxb3	Nxc7† Kd8	b3 Be6	0-0(p) g5(q)	Ne3 g6	Be3 Qe7
10	axb3 Nf5	Nxa8 b6	Na4 Nd7	d4 h5	Qh6 Nxe5(w)	Ng3 Bxe3
11	0-0 d6 =	Qf3(h) Bb7 ∞	Nxc5 Nxc5(l)	f3 h4(r)	Nxe5 Bxd2†(x)	fxe3 g6 =

(a) Black does well after both 4 Nxe4 d5 and 4 Bxf7†. 4 Nf3 transposes into the Boden-Kieseritzky Gambit of the Petrov's Defense.

(b) 6 Qxe5 0-0 7 d4 Nc6 8 Qf4 b6 9 Nge2 Ba6 =, McCormick–Hartles, USA 1959.

(c) 6 ... 0-0 7 h4 Nc6 8 Ng5 h6 9 Qg6 Bxg5 10 hxg5 Qxg5 11 Qxg5 hxg5 12 Nd5 ±, Gufeld–Tarve, Tallinn 1969.

(d) 7 ... 0-0 8 0-0 Nd4 9 Nd5 Nxb3 10 axb3 Ne8 11 Qe2 Nf6 12 Nc6 dxc6 13 Nxe7† Kh8 14 Nxc8 ± (Larsen).

(e) 8 Nxc6 dxc6 9 Qf3 0-0 =, Shabanov–Raetsky, Gorky 1988. The column is Anand–Ivanchuk, Roquebrune 1992.

(f) Weaver Adams's 6 d4 is interesting. After 6 ... Nxd4 7 Nd5 Ne6 8 Qxe5 c6 9 Nf4 Qe7 10 Be3 (10 Nf3 should favor Black) 10 ... Nxf4 11 Qxf4 White has some compensation.

(g) 8 ... Qf6 9 Nxc7† Kd8 10 Nxa8 b6 11 Nxb6 axb6 12 d4 Nxd4 13 Nf3 ± (Konstantinopolsky).

(h) Other tries are: (A) 11 Nf3 Bb7 12 d4 Nxd4 13 Bg5 Nxf3† 14 Qxf3 Qxg5 15 Bd5 ∞, L. Prins–Zsinka, Cattolica 1993. (B) 11 d3 Bb7 12 h4 f4 13 Qf3 Nd4 14 Qg4 Bh6 15 Bd2 e4 16 0-0-0 exd3 is probably ± but still wild.

(i) 4 f4 Nxe4 5 Nf3 Nxc3 6 dxc3 Qe7 7 b4 d6 8 0-0 Be6 9 Bxe6 Qxe6 ∓, Kuindzhi–Razuvaev, Tbilisi 1973.

(j) (A) 6 . . . Bb4 7 0-0 d6 8 Bg4 Be6 9 Nd5 Bxd5 10 cxd5 h6 11 Bxf6 Qxf6 12 c3 Bc5 13 Qa4† ±, Shamkovich–Gligorić, Vrbas 1977. (B) 6 . . . d6 7 Qd3 Be7 8 0-0 Be6 9 Nd5 0-0 10 Ng3 Nxd5 11 cxd5 ±, Lematchko–Pedko, USSR 1969.

(k) 8 . . . 0-0 9 Kh1 d6 10 f4 exf4 11 Bxf4 ±, Seibt–Kheberman, corr. 1979.

(l) 12 Qe3 b6 13 f4 f6, Short–Karpov, Tilburg 1990; now 14 f5 is a small plus for White.

(m) 5 Nge2 d5 6 exd5 Nxd5 7 Bxd5 Qxd5 8 0-0 Qd8 9 f4 exf4 10 Bxf4 0-0 =, Balashov–Nunn, Dortmund 1988.

(n) 6 Bh4 d6 7 Ne2 Be6 8 0-0 g5 9 Bg3 h5 is good for Black.

(o) 6 . . . Qxf6 7 Ne2 Na5 8 0-0 ±, Rogers–Karkanague, Khania 1991.

(p) 9 Qd2 can be met by 9 . . . Qg5 =, Mieses–Reti, Bad Kissingen 1928.

(q) 9 . . . 0-0 10 f4 exf4 11 Rxf4 ± (Konstantinopolsky).

(r) 12 Bb5† Kf8, Cruz–Cobo, Havana 1984; and now 13 Qd3 ±.

(s) Bad alternatives are: (A) Not 5 fxe5? Nxc3 ∓. (B) 5 Bxf7†?! Kxf7 6 Nxe4 d5 7 Ng5† Kg8 ∓. (C) 5 Nxe4 d5 ∓. (D) 5 Nd5 Bc5 ∓.

(t) 7 Bxd5? Nxc3 8 dxc3 Qxd5 9 cxb4 Qxg2 10 Qf3 Bh3 ∓.

(u) 7 . . . Nxd2 8 Bxd2 Bxd2† 9 Kxd2 ± (Wolff).

(v) (A) 8 a3 Nxe5 9 Qxe5 Re8 ∓. (B) 8 Ne2 Be6 9 Nef4 Nd4 10 Nxb4 Bxc4 11 c3 Ne6 is promising for Black (Wolff).

(w) 10 . . . Dxc4 11 Nxc4 Nd4 12 c3 Nc2† 13 Ke2 Nxa1 14 d3 is good for White (Shabalov).

(x) After 12 Ke2 Qf6 13 Bxe6 Qf2† 14 Kd1 Rad8 the game is wild but probably even chances, Shabalov–Wolff, Boston 1994.

(y) 3 . . . c6 4 d4 Qa5 5 dxe5 Nxe4 6 Qd4 d5 7 exd6 Nxd6 8 Bb3 Na6 9 Nf3 ±, Herzog–Opel, Graz 1981. If 4 . . . Bb4 5 Ne2 Nxe4 6 0-0 Nxc3 7 bxc3 Bd6 8 Ng3 ±, (Harding).

(z) 4 f4 Bxg1 5 Rxg1 d5 6 exd5 0-0 7 d3 Re8 8 f5 e4 9 d4 e3 10 Qf3 c6 ∓, Khavin–Polyak, USSR 1948.

(aa) Alternatives are: (A) 4 . . . 0-0 5 Nf3 Re8 6 Ng5 Re7 7 0-0 h6 8 Nf3 c6 9 d4 exd 4 10 e5 Ne8 11 Nxd4 d5 =, Arapović–Beliavsky, Sarajevo 1982. (B) 4 . . . c6 5 f4 d6 6 Nf3 b5 7 Bb3 Qe7 8 Qe2 Nbd7 9 Rf1 Bb4 10 fxe5 dxe5 11 g4 ±, Short–Speelman, London 1991. The column is Khavin–Sokolsky, USSR 1944.

VIENNA GAME

1 e4 e5 2 Nc3 Nf6

	7	8	9	10	11	12
3	g3 .... f4					
	d5(a) Bc5		d5			
4	exd5	Bg2	fxe5(h)			
	Nxd5	Nc6(e)	Nxe4			
5	Bg2	Nge2	Nf3(i) .... d3 .... Qf3			
	Nxc3(b)	d6	Be7(j)	Bg4	Nxc3(o)	f5(s)
6	bxc3	Na4(f)	d4	Qe2	bxc3	d3
	Bd6(c)	Bg4	0-0	Nxc3(l)	d4(p)	Nxc3
7	Nf3	h3	Bd3	dxc3	Nf3	bxc3
	0-0	Be6	f5	Nc6(m)	Nc6(q)	d4
8	0-0	d3	exf6	Bf4	cxd4	Qg3
	Nc6(d)	a6(g)	Bxf6	Qd7	Bb4†	Nc6(t)
9	Rb1	Nxc5	0-0	Qe3	Bd2	Be2(u)
	Rb8	dxc5	Nc6	a6	Bxd2†	Be6
10	d4	b3 ±	Ne2(k)	0-0-0	Qxd2	Bf3
	Re8 =		Nb4 =	0-0-0(n)	Nxd4(r)	Qd7(v)

(a) (A) 3 . . . c6 4 Bg2 d5 5 exd5 cxd5 is alright, Gulko–Bronstein, Moscow 1978. (B) 3 . . . h5!? 4 Nf3 h4 5 Nxh4 Rxh4 6 gxh4 Qxh4 is unclear, Dreev–Khalifman, USSR 1984. (C) 3 . . . Bb4 and (D) 3 . . . g6 are also reasonable tries.

(b) 5 . . . Be6 6 Nf3 Nc6 7 0-0 Be7 8 Re1 Bf6 9 Nxd5 Bxd5 10 d4 is quite good for White after either 10 . . . e4 11 Nd2 Bxd4 12 Nxe4, Schneider–Schmelev, corr. 1979, or 10 . . . Bxf3 11 Bxf3 Nxd4 12 Bxb7, Schneider–Oppenrider, corr. 1978.

(c) 6 . . . Be7 6 Nf3 Nc6 7 0-0 0-0 8 Re1 Bf6, Soltis–Ljubojević, New York 1985; now 10 Rb1 would be unpleasant for Black.

(d) 8 . . . Nd7 9 d4 c6 10 Re1 Qc7 11 Qd3 c5 12 Rb1 exd4 13 cxd4 c4 14 Qd2 (Marinković–Pavasović, Cacak 1995) 14 . . . c3 ∞. The column is Krasenkov–Kupreichik, Pinsk 1986.

(e) Other plausible moves are 4 . . . 0-0, 4 . . . c6 and 4 . . . a6.

(f) 6 0-0 h5 7 d3 h4 8 Bg5 hxg3 9 Nxg3 Nd4 was sharp and unclear in Augustin–Nunn, Moscow 1977.

(g) (A) 8 . . . Bb6 9 Nxb6 axb6 10 c4 ±, Tseitlin–Feller, Moscow vs. Luxembourg, 1983. (B) 8 . . . Qd7 9 f4 ±, Tseitlin–Peggi, Vathen 1992. The column is Tseitlin–Kovacs, Bagneux 1991.

(h) 4 d3 exf4 5 exd5 (5 e5 d4 is poor for White) 5 . . . Nxd5 6 Nxd5 Qxd5 7 Bxf4 Bd6 =, Bronstein–Matanović, Vienna 1957.

(i) 5 Qe2 Nc6 6 Nf3 Bf5 7 Qb5 a6 8 Qxd5 (8 Qxb7 Nb4 9 Nxe4 Bxe4 ∓ —Keres) ∓, Berg–Spassky, Bundesliga 1986.

(j) Others moves are: (A) 5 . . . Nc6 6 Bb5 a6 7 Bxc6† bxc6 8 Qe2 ±, Poliak– Bondarevsky, Moscow 1945. (B) 5 . . . Bb4 6 Qe2 Bxc3 7 bxc3 0-0 8 Qe3 ±, Spielmann–Vidmar, Semmering 1926. (C) 5 . . . Bc5 6 d4 Bb4 7 Bd2 Bg4 8 Nxe4 dxe4 9 Bxb4 exf3 =, Ljubojević–Ciocaltea, Skopje 1972.

(k) 10 Nxe4 dxe4 11 Bxe4 Nxd4 12 c3 Nxf3† =, Suetin–Nei, Moscow 1968.

(l) 6 . . . Ng5 7 d4 Ne6 (7 . . . Nxf3† 8 gxf3 Be6 9 Be3 Nc6 10 Qg2 ± —Konstan- tinopolsky) 8 Be3 Nc6 9 Qf2 ∞, Cirabisi–Hector, Genoa 1989.

(m) 7 . . . Qd7 8 Bf4 Na6 9 h3 Be6 10 Nd4 draw agreed, Anand–Dorfman, OHRA 1990.

(n) 10 Bc4 Be6 12 Bb3 Na5 =, Djurić–Vojinović, Yugoslavia 1993.

(o) (A) 5 . . . Qh4† 6 g3 Nxg3 7 Nf3 Qh5 8 Nxd5 Nxh1 (8 . . . Bg4 9 Bg2 is no better) 9 Nxc7† Kd8 10 Nxa8 ±, Hon–van der Sterren, London 1992. (B) 5 . . . Bb4 is an attempt for an immediate draw. After 6 dxe4 Qh4† 7 Ke2 Bxc3 8 bxc3 Bg4† 9 Nf3 dxe4 10 Qd4 Bh5 11 Kd2 (11 Ke3 Bxf3 12 gxf3 Qe1† is a perpetual check as Chigorin's 12 Bb5† c6 13 gxf3 Qh6† is too risky) 11 . . . Qg4 12 h3 Qf4† 13 Ke1 Qg3† 14 Qf2 Qxf2† 15 Kxf3 exf3 chances are about even, Ezen–Beikhem, corr. 1985.

(p) 6 . . . c5 7 Nf3 Nc6 8 d4 cxd4 9 cxd4 Bb4† was okay for Black in Szczepaniec–Serva, Wroclaw 1962.

(q) (A) 7 . . . dxc3 8 Be2 Nc6 9 0-0 Bc5† 10 Kh1 0-0 is unclear, Ivanović–Basagić. (B) 7 . . . c5?! 8 Be2 Be7 9 0-0 0-0 10 Qe1 f6 11 Qg3 fxe5 12 Bh6 Bf6 13 Ng5 ±, Becker–Penckens, corr. 1968.

(r) After 11 c3 Nxf3† 12 gxf3 Qh4†, Postoff–Grille, corr. 1981, or 12 . . . f6 Hodgson–Rivas, Hastings 1981, Black holds a slight plus.

(s) Steinitz's 5 . . . Nc6 is not so bad. After 6 Bb5 (6 Nxe4? Nd4 ∓) 6 . . . Nxc3 7 bxc3 (7 dxc3 Qh4† 8 g3 Qe4† =, Contedini–Costieri, Leipzig 1960) 7 . . . Qh4† 8 g3 Qe4† 10 Qxe4 dxe4 11 Bxc6† bxc6 12 Ne2 a controversial ending arises; Tseitlin thinks Black is better, but Lepeshkin and Konstan- tinopolsky do not.

(t) 8 . . . c5 9 Be2 Nc6 10 Bf3 Qe7 ±, Genter–Solomonovitz, Prague 1924.

(u) 9 Nh3 and 9 Rb1 are met by 9 . . . Qd5, but 9 Bb2 (Tseitlin) bears investigation.

(v) 11 Ne2 0-0-0 12 0-0 Bc5 13 c4 Bxc4 14 Nf4 Nxe5 ∓, Vorotnikov–Kapengut, Cheliabinsk 1975. The game concluded 15 dxc4 d3† 16 Kh1 dxc2 17 Bd5 Rhe8 18 Bb2 Ng4 19 Rac1 c6 20 Bf3 Ne3 21 Rfe1 Nd1 22 Rf1 Qd2 23 Qxg7 Re1 24 Resigns.

VIENNA GAME

1 e4 e5 2 Nc3

	13	14	15	16	17	18
	Nc6...Bc5					
		Pierce G.				
3	Bc4..........f4					Nf3(s)
	Bc5	exf4(f)	Hamppe-			d6
			Allgaier G.	Steinitz G.		
4	Qg4(a)	Nf3 ....d4				d4(t)
	g6(b)	g5(g)		Qh4†		exd4
5	Qf3(c)	d4 ....h4		Ke2		Nxd4
	Nf6	g4(h)	g4	d6(m) d5		Nf6(u)
6	Nge2	Bc4	Ng5	Nf3	exd5(o)	Bg5(v)
	d6	gxf3	h6(k)	Bg4	Bg4†	h6(w)
7	d3	0-0	Nxf7	Bxf4	Nf3	Bh4
	Bg4	d5(i)	Kxf7	f5(n)	0-0-0	0-0
8	Qg3	exd5	d4	Be3	dxc6	Nb3(x)
	h6(d)	Bg4	d5	fxe4	Nf6(p)	Bb6
9	f4	Qd2	Bxf4	Nxe4	Qe1	Bd3
	Bxe2(e)	Nce7	Bb4	Be7	Bxf3†(q)	Rc8
10	Nxe2 ±	Qxf4	Be2	Kd3	gxf3	0-0
		Qd7(j)	Bxc3†(l)	Qh5 =	Re8†(r)	Be6(y)

(a) Another try is 4 d3 d6 5 Be3 Nf6 6 Bxc5 dxc5 7 Nge2 Na5 8 Bb3 ±, Tartakower–Rubinstein, Moscow 1925.

(b) Perhaps better is 4 ... Kf8 when 5 Qf3?! Nf6 6 Nge2 d6 7 d3 Nb4 (7 ... h6 8 h3 ±, Hennings–Korchnoi, Sarajevo 1981) 8 Bb3 Bg4 9 Qg3 Be6 slightly favors Black, Rosselli–Yates, Semmering 1926. (B) 4 ... Qf6 5 Nd5! Qxf2† 6 Kd1 Kf8 7 Nh3 Qd4 8 d3 Bb6 9 Qf3 ±, Alekhine–Jugovsky, 1931.

(c) 5 Qg3 d6 6 d3 Nd4 7 Bb3 Be6 =, Spielmann–Tarrasch, Vienna 1922.

(d) 8 ... Bxe2 9 Nxe2 ±, Estrin–Ravinsky, Moscow 1964.

(e) 9 ... Qe7 10 Nd5 Nxd5 11 Qxg4 ±, Larsen–Portisch, Santa Monica 1966.

(f) (A) 3 ... Nf6 4 fxe5 Nxe5 5 d4 Ng6 6 e5 ±, Steinitz–Bird, London 1866. (B) After 3 ... Bc5 the simplest is 4 Nf3 d6 5 Bb5 getting a favorable variation of the King's Gambit Declined.

(g) Attempts to sidestep this by moves like 4 ... Nf6, 4 ... h6, or 4 ... Be7 lead to White getting good lines in the King's Gambit; Black's knight sometimes becomes a target for White's d-pawn, and White's knight on c3 controls d5.

(h) (A) 5 ... Bg7 6 d5 Ne5 7 d6 Nxf3† 8 Qxf3 cxd6 9 h4 h6 10 Bc4 Ne7 11 g3 ±, Arnason–A. Ivanov, St. Martin 1992. (B) 5 ... d6 6 d5 Ne5 7 Bb5† Bd7 8 Bxd7† Nxd7 9 Qd4 f6 10 h4 g4 11 Ng5 ±, Arnason–Adams, Manila 1992.

(i) (A) 7 ... Qg5 8 Rxf3 Nxd4 9 Bxf7† Kxf7 (9 ... Kd8 10 Rf2 ±, Motwani–Kula, Berlin 1991) 10 Rxf4† Nf6 11 Nd5 ±, Motwani–Antunes, Manila 1992. (B) 7 ... Bg7 8 Bxf4 Bxd4† 9 Kh1 Bxc3 10 Bxf7† Kxf7 11 Qd5† Ke8 12 Qh5† Ke7 13 e5 ± (Keres).

(j) 11 d6 Ng6 12 Qe4† Kd8 13 h3 and in a messy position White has compensation for the sacrificed material.

(k) 6 ... Nh6 7 d4 Bg7 8 Bxf4 Nxd4 9 Bc4 is another murky position, Rytov–Ivanovsky, USSR 1990.

(l) After 11 bxc3 Nf6 12 0-0 Kg7 13 c4 White has a strong attack, Glazkov–Soloviev, Moscow 1975.

(m) 5 ... b6 6 Nb5 Ba6 7 a4 0-0-0 8 Nf3 Qe7 9 Kf2 ±, Martin–Adams, London 1992.

(n) 7 ... 0-0-0 8 Ke3 Qh5 9 Be2 g5 10 Nxg5 Nf6 11 Rf1 Bxe2 12 Qxe2 ±.

(o) 6 Nxd5 Bg4† 7 Nf3 0-0-0 8 c3 f5 ∓, Keres–Kumerth, corr. 1935.

(p) 8 ... Bc5 was analyzed extensively in the 19th century. After 9 cxb7† Kb8 10 Nb5 Nf6 11 c3 Rhe8† 12 Kd3 Bf5† 13 Kc4 Be6† 14 Kxc5 (14 Kd3 =) a fantastic—some might say ridiculous—position arises, which is unclear. White has a better try with 9 Qe1 (L'Hermet); after 9 ... Qh5 10 cxb7† Kb8 11 Kd2 Bxf3 12 gxf3 Bxd4 13 Bd3 Qxf3 14 Qf1 is complicated but seems to favor White (Tseitlin).

(q) 9 ... Re8† 10 Kd2 Qh5 11 Qf2 Bb4 12 Bd3 Re3 13 cxb7† Kb8 14 Ne5 ±, Chigorin–Mortimer, Paris 1900.

(r) 11 Ne4 Qh5 12 Kf2 Qh4† 13 Ke2 = (Bilguier).

(s) (A) 3 f4 d6 leads to a King's Gambit Declined. (B) 3 Qg4 Nf6 4 Qxg7 Rf8 5 Qh6 Bxf2†, ∓, Tsikhelashvili–Karpov, USSR 1968.

(t) 4 Na4 Bb6 (4 ... Nd7 5 d3 Ngf6 6 Be2 0-0 7 0-0 c6 8 Nxc5 Nxc5 9 Ne1 Ne6 10 c3 d5 is about even—Tseitlin) 5 Nxb6 axb6 6 d3 Nf6 7 Be2 Nc6 8 0-0 Ne7 9 Re1 ±, Tseitlin–Yanvarev, Budapest 1989.

(u) (A) 5 ... Ne7 6 Be2 0-0 7 0-0 Bxd4 8 Qxd4 Nbc6 9 Qe3 f5 =, Rosselli–Alekhine. (B) 5 ... Nc6 6 Nxc6 bxc6 7 Bd3 Qh4 8 Qf3 Ne7 9 Qg3 ±, Tseitlin–Gusev, Moscow 1978.

(v) 6 Be2 d5 7 e5 Ne4 8 0-0 Nxc3 =, Voitkevich–Tolush, USSR 1962.

(w) 6 ... Nc6 7 Nxc6 bxc6 8 Bd3 0-0 9 Na4 Bb6 10 0-0 Qe7 11 Qe2 ±, Oll–Kakhiani, Helsinki 1992.

(x) 8 Be2 Re8 9 f3 c6 10 Nb3 Bb6 =, Kuif–I. Sokolov, Netherlands 1996.

(y) 11 Kh1 Nbd7 12 f4 ± (Konstantinopolsky).

FOUR KNIGHTS' GAME

1 e4 e5 2 Nf3 Nc6 3 Nc3 Nf6

B EFORE WORLD WAR I the Four Knights' Game was very popular. Tarrasch, Schlecter, Maróczy and Janowski played it with regularity, and Alekhine had several examples in his first game collection. By the 1930s it had lost its appeal as masters considered it to be dull and drawish. The lack of threats and symmetrical structure seemed to leave Black few problems in reaching equality. This view persisted for sixty years until English players in the 1990s revived the opening to some degree. After John Nunn wrote a book *New Ideas in the Four Knights'* the opening started to be played more frequently. Short, Speelman and Shirov are some of the grandmasters who try it now.

If Black is satisfied with an equal drawish game, then copying White's move is a good strategy. 4 Bb5 Bb4 5 0-0 0-0 6 d3 d6 (columns 1–6) After 7 Bg5 (columns 1–5) Black should not continue with 7 . . . Bg4?! (see note (b)), but eliminate the queen's knight with 7 . . . Bxc3 when he should have few problems. White can play 7 Ne2 (column 6), but it usually leads to symmetrical equality.

Earlier deviations form the symmetry are seen in columns 7–12. Black can play 6 . . . Bxc3 and 7 . . . d5 (column 7), the Svenonius Variation, or 6 . . . Nd4 (column 8), to liven up the play, but both are risky. With 6 Bxc6 (column 9) White can reach a position resembling the Exchange Ruy Lopez. Columns 10–13 cover the Rubinstein Defense, 4 . . . Nd4, a violent attempt to avoid the symmetry with a pawn sacrifice. This is popular today as it is Black's best winning attempt.

Columns 14 and 15 are little-played fourth-move alternatives for Black. Both a little risky, but not bad. The Belgrade Gambit, 4 d4 (columns 16–18), is a speculative attempt to complicate the game. Black can either play into complications (column 16), dodge them with 5 . . . Be7 (column 17) or attempt to avoid the whole question with 4 . . . Bb4.

FOUR KNIGHTS' GAME
Symmetrical Variation

1 e4 e5 2 Nf3 Nc6 3 Nc3 Nf6 4 Bb5 Bb4 5 0-0 0-0(a) 6 d3 d6

	1	2	3	4	5	6
7	Bg5 .... Ne2					
	Bxc3(b)					Ne7(s)
8	bxc3					c3
	Qe7(c) .... Bd7 .... Ne7					Ba5
9	Re1		Rb1(j)	Nh4		Ng3
	Nd8		a6	Ne8 .... c6(p)		c6(t)
10	d4		Ba4	Bc4(m)	Ba4	Ba4
	Ne6(d)		Rb8	Be6	Ne8	Ng6(u)
11	Bc1(e)		Bb3	Bxe6(n)	Bb3	d4
	c5(f) Rd8		h6	fxe6	Be6	Re8
12	Bc4	a4	Bh4	Qg4	d4(q)	Bb3
	Rd8	c5	Qe7	Qd7	h6	h6(v)
13	Bd5	Bc4(h)	Re1(k)	f4	Be3	h3
	Nc7(g)	h6(i)	Na5(l)	exf4(o)	exd4(r)	exd4(w)

(a) (A) 5 ... Bxc3 6 bxc3 0-0 7 Re1 d6 8 d4 ±, Petrosian–Novotelnov, USSR 1949. (B) 5 ... d6 6 Nd5 Ba5 (better than 6 ... Bc5 of Tarrasch–Lasker, Munich 1908 or 5 ... Nxd5 of Smagin–Purgin, St. Petersburg 1993, which leaves Black with definite problems) 7 d4 Nd7 8 c3 0-0 9 b4 ±, Podlesnik–Kupreichik, Ljubljana 1989.

(b) (A) 7 ... Bg4 8 Bxf6 gxf6 9 Nd5 Bc5 10 Qd2 ± (Schlecter). (B) 7 ... Ne7 8 Nh4 c6 9 Bc4 Ng6 10 Nxg6 hxg6 11 f4 ±, Bachmann–Marron, Stockholm 1930. (C) 7 ... Be6 8 Ne2 h6 9 Bh4 Bg4 10 c3 Ba5 11 Nd2 g5 12 Bg3 ±, Smagin–Borge, Copenhagen 1993.

(c) 8 ... h6 9 Bh4 Qe7 10 Re1 Nd8 11 d4 Ne6 12 dxe5 dxe5 13 Nxe5 Qc5 14 Bxf6 Qxb5 15 Ng4 ∞, Speelman–Karpov, Linares 1992.

(d) 10 ... Bg4 11 h3 Bxf3 (11 ... Bh5 12 g4 Bg6 13 d5 ±, Spassky–Gligorić, Sarajevo 1986) 12 Qxf3 Ne6 13 Bh4 ±, Shirov–Yusupov, Munich 1993.

(e) (A) 11 Bh4 Rd8 12 Bd3 Nf8 13 Nd2 Ng6 14 Bg3 c5 =, Shirov–Salov, Wijk aan Zee (blitz) 1998. (B) 11 Bd2 c6 12 Bf1 Qc7 13 Nh4, Smagin–Naumkin, Amantea 1994; now 13 ... g6 (Smagin) is best, with only a slight advantage to White. Black should try 11 ... Rd8 or 11 ... c5.

(f) 11 ... c6 12 Bf1 Rd8 13 g3 Qc7 14 Bg2 ±, Louma–Blatny, Czechoslovakia 1983.

(g) 14 dxe5 dxe5 15 c4 Bg4 =, Alexander–Pachman, Dublin 1957.

(h) 13 dxe5 dxe5 14 Qe2 Nf4 15 Bxf4 exf4 16 Bc4 Be6 17 e5 Nd5 was even in Nadirhanov–Kholmov, Sochi 1994.

(i) 14 h3 Nf8 15 Nh4 and now instead 15 . . . cxd4?! of Shirov–Lesiege, North Bay 1994, 15 . . . g5 would leave chances for both sides.

(j) 9 d4 h6 10 Bh4 Re8 =, Urzica–Karpov, Stockholm 1967.

(k) 13 Qc1 Kh7 14 Re1 Bg4 15 Qe3 b6 with a balanced game, Marciano–Lukacs, Montpellier 1991.

(l) After 14 d4 Rbd8 there are two main lines: (A) 15 h3 Kh7 16 Qc1 Nxb3 17 axb3 Bc8 (17 . . . Bc6 18 Ra1 Rg8 ±, Short–Speelman, London 1991) 18 Qe3 b6 19 c4 Rde8 20 b4 Rg8 =, Chandler–Karpov, Reykjavik 1991; (B) 15 Qc1 Nxb3 16 axb3 Bg4 17 Nd2 g5 18 Bg3 Nh5 19 Nc4 Nf4 ±, Nunn–Smejkal, Bundesliga 1992.

(m) 10 f4 f6 11 fxe5 fxg5 12 Rxf8† Kxf8 13 Qf3† is a dangerous piece sacrifice but Nunn's suggestion of 11 . . . dxe5 is better, when White's advantage has to be proven.

(n) 11 Nf5 Bxf5 12 exf5, now instead of 12 . . . Qd7 ± (Tarrasch–Vidmar, San Sebastian 1911) 12 . . . Kh8 is roughly equal.

(o) 14 Rxf4 Rxf4 15 Qxf4 Nf6 16 Bxf6 Rf8 17 Qe3 Rxf6 18 Qxa7 ±, Chandler–Agdestein, Hastings 1991.

(p) 9 . . . Ng6 10 Nxg6 fxg6 11 Bc4† Kh8 12 f4 (or 12 f3 Qe7 13 Rb1 b6 ±, Hjartarson–Rausis, Iceland 1996) 12 . . . Qe8 13 fxe5 dxe5 14 Qb1 b6 15 Qb3 ±, Adams–Korchnoi, Madrid 1996.

(q) 12 Bxe6 fxe6 13 Qg4 ±, Marshall–Capablanca, New York 1909, is very much like previous column.

(r) Nunn–Tatai, Manila 1992 featured 13 . . . b6?! 14 Bxe6 fxe6 15 Qg4 Rf6 16 f4 ±. Instead 13 . . . exd4 14 Qxd4 is about even.

(s) 7 . . . Bg4 8 Bxc6 bxc6 9 Ng3 Nh5 10 h3 (10 c3 Bc5 11 Nf5 Qf6 12 h3 Bxf5 13 Bg5 Qe6 14 exf5 Qxf5 15 g4 Qe6 16 gxh5 Qxh3 ∞, Berg–Bronstein, Tastrup 1990) 10 . . . Nxg3 11 fxg3 Bc5† 12 Kh2, James–De La Vega, Buenos Aires 1985; now 12 . . . Bxf3 is best but still slightly in White's favor.

(t) 9 . . . Ng6 10 d4 a6 11 Ba4 b5 12 Bc2 Bb7 13 a4 h6 was here agreed drawn in Gulko–Sosonko, Thessaloniki 1988.

(u) 10 . . . Bb6 11 d4 exd4 12 cxd4 d5 13 e5 Ne4 14 Bc2 Nxg3 (Podlesnik–Djurić, Yugoslavia 1988) 15 hxg3 ±.

(v) 12 . . . exd4 13 cxd4 Be6 14 Ng5 Bxb3 15 Qxb3 Qd7 16 f3 ±, Alekhine–Euwe, Amsterdam 1936.

(w) 13 . . . Be6 is also possible. After 14 Re1 Bb6 15 Be3 Qc7 is equal, Sveshnikov–Yusupov, USSR 1979. After 13 . . . exd4 14 Nxd4 d5 15 exd5 Nxd5 16 Ndf5 Qf6 the postion is completely equal and was soon agreed drawn in Kuzmin–Kharitonov, Moscow 1991.

FOUR KNIGHTS' GAME

1 e4 e5 2 Nf3 Nc6 3 Nc3 Nf6 4 Bb5

	7	8	9	10	11	12
	Bb4.....................................Nd4 (Rubinstein Variation)					
5	0-0			Ba4(i)		
	0-0			c6...........Nxf3†.......Bc5		
6	d3 ....Bxc6			Nxe5(j)	Qxf3(p)	Nxe5
	Bxc3(a) Nd4		dxc6(f)	d6(k)	c6(q)	0-0(s)
7	bxc3	Nxd4	d3	Nf3(l)	d3	Nd3
	d5	exd4	Nd7(g)	Bg4	d6	Bb6
8	exd5	Ne2	Ne2	d3(m)	Bb3	e5(t)
	Qxd5	c6(d)	Bd6	d5	Be7	Ne8
9	Bc4(b)	Ba4	Ng3	Be3	Qe2	Nd5
	Qa5	d5	Nc5	Nxf3†	0-0	d6
10	Rb1	e5	Be3	gxf3	f4	Ne3
	a6	Ng4	Re8	Bh5	Bg4	dxe5(u)
11	Re1	c3	Nxe5	Bd4(n)	Qf2	Nxe5
	b6(c)	dxc3(e)	Bxe5(h)	dxe4(o)	Be6(r)	Qg5(v)

(a) 6 ... d5 7 Nxd5 Nxd5 8 exd5 Qxd5 9 Bc4 Qd6 10 c3 Bc5 11 b4 Bb6 12 a4 a5 13 b5 Ne7 14 Ng5 ±, Sterk–Marshall, Pistyan 1912.

(b) 9 c4 Qd6 10 Bxc6 bxc6 11 Bb2 Re8 12 Qe1 Bg4 13 Nxe5 was also good for White in Korn–Frydman, corr. 1938.

(c) 12 Qe2 Bg4, Em. Lasker–Reti, Moscow 1925; now 13 Bg5 (instead of Lasker's 13 Bb2) 13 ... Qxc3 14 Bxf6 gxf6 15 Qe4 gives White a small plus.

(d) If 8 ... d5 9 e5 (9 exd5 Qxd5 10 Bc4 Qd8 11 h3 Re8 =, Maróczy–Marshall, Carlsbad 1929) 9 ... Ng4 10 c3 dxc3 11 bxc3 Ba5 12 d4 ±, Campora–Acosta, Argentina 1987.

(e) In the game Perlis–Alekhine, Carlsbad 1919, there followed 12 bxc3 Ba5 13 d4 Qh4 14 h3 Nh6 15 Bc2 Bf5 16 Rb1 b5 17 Bxf5 Nxf5 18 Qd3 Qe4 19 Qxe4 ±.

(f) 6 ... bxc6 7 Nxe5 Bxc3 (7 ... Qe8 8 Nd3 Bxc3 9 dxc3 Qxe4 10 Re1 Qh4 11 Qf3 Ba6 12 Ne5 ±, Tseitlin–Haba, Ostrava 1991) 8 bxc3 Nxe4 9 Re1 f5 10 f3 Nd6 was slightly better for White in Franzoni–Barus, Novi Sad Ol. 1990.

(g) 7 ... Bxc3 8 bxc3 Bg4 9 h3 Bxf3 10 Qxf3 ±, Wittmann–W. Jesuriya, Dubai 1986. However, Black has very reasonable alternatives in 7 ... Qe7 and 7 ... Re8.

(h) 12 Bxc5 Bxb2 13 Rb1 Bd4 was is roughly equal, Lugo–G. Garcia, Cuba 1992. White's attacking chances are balanced by Black's queenside play.

(i) (A) 5 Nxd4 exd4 6 e5 dxc3 7 exf6 Qxf6 (7 . . . cxd2† 8 Bxd2 Qxf6 9 0-0 Be7
10 Bc3 Qg5 11 Re1 Qxb5 12 Qg4 with a very strong attack, Shipman–Weber,
New York 1985) 8 dxc3 Qe5† with a boring and drawish position, Shabanov–
Tseitlin, Leningrad 1986. (B) 5 Bc4 Bc5 6 Nxe5 Qe7! 7 Nf3 (7 Nxf7? d5 ∓;
7 Bxf7†? Kd8 ∓) 7 . . . d5 8 Nxd5 Nxd5 9 Bxd5 c6 =, Vulfson–Shvarts, USSR
1981.

(j) 6 d3 b5 7 Bb3 Nxb3 8 axb3 d6 9 d4 Qc7 10 Qd3 Be7 11 Bg5 0-0 ∞, Nunn–
Malaniuk, Pardubice 1993.

(k) 6 . . . d5 7 d3 Bd6 8 Nf3 Bg4 9 Be3 Bc5 10 Bxd4 Bxd4 11 Qd2 Bxf3 12 gxf3 ±,
Shirov–I. Sokolov, Linares 1995.

(l) 7 Nd3 b5 8 Bb3 a5 9 a3 d5 10 e5 Ne4 11 0-0 Nc5 12 Nxc5 Bxc5 13 Kh1 0-0
14 Ne2 a4 15 Ba2 f6 16 Nxd4 Bxd4 17 c3 Bxe5 =, Adams–Kramnik, Linares
1999.

(m) 8 h3 Bxf3 9 gxf3 g6 10 Kf1 Bg7 11 Ne2 Nxf3 12 d4 Qa5 is unclear, Ponomar-
jov–Gomez Estaban, Pamplona 1996.

(n) 11 e5 d4 12 exf6 dxc3 ∓, Istratescu–Malaniuk, Erevan 1996.

(o) After 12 dxe4 Bxf3 13 Qxf3 Qxd4 is roughly equal.

(p) 6 gxf3 c6 7 d4 exd4 8 Qxd4 d6 ∞, Nunn–Cooper, Walsall Kipping 1992. On
6 . . . Bc5 7 f4 Qe7 8 d3 favors White.

(q) 6 . . . Bb4 7 Ne2 0-0 8 c3 Ba5 (8 . . . Be7!? Yudasin) 9 d3 (Better than 9 h3 d5
10 d3 dxe4 =, Yudasin–Huzman, Israel 1994) 9 . . . d5 10 Bg5 Qd6 11 Bxf6
dxe4 12 dxe4 Qxf6 13 Qxf6 ± (Yudasin).

(r) 12 0-0 exf4 13 Bxf4 d5 with chances for both sides, Anand–Ivanchuk, Dort-
mund 1992.

(s) 6 . . . Qe7 7 Nd3 Nxe4 (7 . . . b5 8 Nxc5 Qxc5 9 Bb3 ±, Armas–Antunes, Cuba
1992) 8 0-0 Nxc3 9 bxc3 Ne6 10 Nxc5 Qxc5 11 Qf3 ±, Mainka–Schwekendiek,
Bad Wörishofen 1992.

(t) 8 Nf4 d5 9 d3 Bg4 10 f3 Nh5 11 Nxh5?! (11 fxg4 Qh4† 12 g3 Nxg3 13 Ng2 Qf6 14
hxg3 Nf3† Draw, G. Roder–F. Roder, Bavaria 1985) 11 . . . Bxh5 12 Nxd5 f5 ∓
Dediashin–Poleschuk, corr. 1986.

(u) 10 . . . Qg5 11 f4 Qg6 12 0-0 f6, Short–Timman, Linares 1992: now 13 Kh1 c6
is unclear (Timman).

(v) 12 N5c4 f5 13 f4 Qxf4 14 c3 Ne6 15 d4 Qh4† (15 . . . c6?! 16 g3 Qe4 17 Rf1 ±,
Bosch–Ciolac, Leukerbad 1992) 16 g3 Qd8 17 0-0 f4 18 gxf4 Nxf4 is about
even, Shirov–Short, Novgorod 1994.

FOUR KNIGHTS' GAME

1 e4 e5 2 Nf3 Nc6 3 Nc3 Nf6

	13	14	15	16	17	18
4	Bb5			d4(n)		
	Nd4	a6	Bc5	exd4		Bb4
5	Nxe5(a)	Bxc6	0-0(j)	Nd5 Belgrade Gambit		d5(t)
	Qe7(b)	dxc6	0-0	Nxe4(o)	Be7	Ne7
6	f4(c)	Nxe5(g)	Nxe5	Bc4(p)	Bf4	Nxe5
	Nxb5	Nxe4	Nxe5(k)	Be7	d6	0-0(u)
7	Nxb5	Nxe4	d4	Nxd4	Nxd4	Qd4(v)
	d6	Qd4	Bd6	0-0	0-0	Bxc3†
8	Nf3	0-0	f4	Nb5	Nb5	bxc3
	Qxe4†	Qxe5	Nc6	Bc5	Nxd5	Re8
9	Kf2	Re1	e5	0-0	exd5	Be3(w)
	Ng4†	Be6	Be7(l)	Nxf2	Ne5(r)	Ng6
10	Kg1(d)	d4	d5	Qh5	Qd2	Nxg6
	Qc6	Qf5(h)	Nb4	Ne5	c6	Rxe4
11	N5d4(e)	Bg5	exf6	Nbxc7	Nc3	Qd3
	Qc5(f)	Bd6(i)	Bxf6(m)	d6(q)	Bf5(s)	hxg6(x)

(a) 5 0-0 Nxb5 6 Nxb5 c6 7 Nc3 d6 8 d4 Qc7 9 Bg5 Be7 =, Sutovsky–Illescas, Pamplona 1998.

(b) (A) 5 ... Nxe4?! 6 Nxe4 Nxb5 7 Nxf7 ±. (B) 5 ... Bb4 6 Be2 Qe7 7 Nd3 ⩲.

(c) 6 Nf3 Nxb5 7 Nxb5 Qxe4† 8 Qe2 Qxe2† 9 Kxe2 Nd5 =.

(d) 10 Kg3 Qg6 11 Nh4 Qh5 12 Nxc7† Kd8 13 h3 Nf6 14 Nxa8 Qxh4† with the idea of ... Ne4 and ... Be7 mating is an old idea of Rubinstein's.

(e) 11 Qe2† Be7 12 h3 Qb6† 13 d4 Nf6 ∓.

(f) 12 h3 Nf6 13 Kh2 Be6 14 Re1 0-0-0 ∞, Bisguier–Soltis, New York (blitz tournament) 1971.

(g) The quiet 6 d3 Bd6 7 Qe2 Qe7 8 Bd2 Bd7 9 Nd1 Nh5 10 g3 g6 leaves chances for both sides, Smagin–Ivanchuk, Minsk 1986.

(h) 10 ... Qd5 11 Ng5 0-0-0 12 Nxe6 fxe6 13 Qg4 ±, Reti–Spielmann, Vienna 1914.

(i) (A) 11 ... h6 12 Qd3 Kd7 13 Bh4 ±, Schlechter–Tarrasch, Hastings 1895. After (B) 11 ... Bd6 12 Qd2 (on 12 g4 not 12 ... Qg6 13 f4 ± Znosko-Borovsky–Rubinstein, Ostend 1907, but 12 ... Qd5 ∞) 12 ... h6 13 Bh4 g5 14 Nxd6† cxd6 15 Bg3 ±, Yudasin–Segalchik, Kemevovo 1995.

(j) Another plan is 5 Bxc6 dxc6 6 d3 0-0 7 h3 Re8 8 Ne2 Bf8 9 g4 =, Psakhis–Barua, Calcutta 1988.

(k) 6 . . . Re8, Morphy's move, is possible here. 7 Nf3 Nxe4 8 Nxe4 (8 d4 Nxc3 9 bxc3 Bf8 10 Ng5 h6 =, Ljubojević–Beliavsky, Linares 1993) 8 . . . Rxe4 9 c3 d5 10 d4 Bd6 11 Ng5 ±, Wolff–Winants, Wijk aan Zee 1993.

(l) 9 . . . a6 10 Be2 Bb4 11 d5 Bc5† 12 Kh1 Nxd5, Short–Adams, England 1991; now instead of Short's 13 Nxd5, Nunn's 13 Qxd5 d6 14 f5 Nxe5 15 Ne4 is a strong attack.

(m) 12 a3 Bxc3 13 bxc3 Nxd5 14 Qxd5 c6 15 Qd3 cxb5 16 f5 f6 ∞, Nunn–Hodgson, England 1991.

(n) Glek has been playing 4 g3 consistently for many years, e.g. 4 . . . d5 5 exd5 Nxd5 6 Bg2 Nxc3 7 bxc3 Bc5 =, Glek–van der Sterren, Germany 1996, or 4 . . . Bb4 5 Bg2 Bxc3 6 bxc3 Nxe4 7 Nxe5 Nxe5 8 Bxe4 d5 9 Bg2 ±, Glek–Korchnoi, Wijk aan Zee 1997.

(o) 5 . . . Nb4 is an interesting alternative. After 6 Nxd4 (6 Bc4 and 6 Nxf6† have been played also) 6 . . . Nxe4 7 Nf5 c6 8 Nxb4 Qa5 9 Qf3 Bxb4† 10 Kd1? (10 c3 is better, but White should probably try the sixth-move alternatives) 10 . . . Qe5 11 Nxg7† Kd8 12 Nf5 d5 ∓, Prie–Psakhis, Paris 1970.

(p) 6 Qe2 f5 7 Ng5 d3 8 cxd3 Nd4 9 Qh5† (9 Nxe4 Nxe2 10 Bg5 Nf4 ∓) 9 . . . g6 10 Qh4 c6 11 dxe4 cxd5 12 exd5 Bg7 (12 . . . Qa5† probably forces a draw) 13 Qg3 0-0 ∓, Mishuchkov–Malinin, corr. 1990.

(q) 12 Rxf2 (12 Nxa8 Bg4 13 Bg5 Bxh5 ∓) 12 . . . Bg4 13 Qg5 ∓ (Nunn).

(r) A complicated alternative is 9 . . . Bg5 10 Bxg5 Qxg5 11 Qd2 (11 Nxc7 Qe7† or 11 dxc6 Re8†) 11 . . . Qe5† 12 Be2 a6 13 Nxc7 Nd4 ∞, Hector–Fernandez Garcia, Spain 1990.

(s) 12 Be2 Bf6 13 0-0 c5 14 Rfe1 a6 15 a4 Re8 was fine for Black in Bellon Lopez–I. Ivanov, Benidorm 1982.

(t) 5 Nxe5 Nxe4 6 Qg4 Nxc3 7 Qxg7 Rf8 8 a3 Ba5 9 Nxc6 dxc6 10 Qe5† Qe7 11 Qxe7† Kxe7 12 Bd2 Bf5 13 bxc3 (13 Bxc3 Bxc3† 14 bxc3 Bxc2 = — Bogolybov; 13 Bd3 Bxd3 14 cxd3 Rg8 = —Parma) 13 . . . Bxc2 14 c4 Bxd2† 15 Kxd2 Bg6 16 h4 h6 17 Rh3 ±, Nadyrkhanov–Safin, Bishkek 1991.

(u) 6 . . . d6 7 Bb5† Kf8 (7 . . . c6 8 dxc6 0-0 9 Nd7 ±) 8 Nd3 Bxc3† 9 bxc3 Nxe4 10 Qf3 Nf6 11 Bc4 Bg4 = (Gutman).

(v) 7 Bd3 Nexd5 8 exd5 Re8 9 0-0 Rxe5 10 d6 Bxd6 11 Nb5 Bf8 12 Bf4 Rc5 13 Be3 Re5 is a curious draw by repetition.

(w) 9 Bg5 Nf5 10 exf5 d6 11 f4 is an unclear alternative.

(x) After 12 Be2 d6 13 0-0 Re5 14 Bd4 Bf5 15 Qc4 Re7 16 Bd3 Ng4 17 Rfe1 Ne5 18 Qb5 b6 chances are equal, Valenti–Arlandi, Lugano 1989.

THREE KNIGHTS' GAME

1 e4 e5 2 Nf3 Nc6 3 Nc3

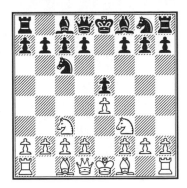

I F THE PROSPECT OF PLAYING the Black side of that symmetrical opening of the Four Knights' Game makes you depressed, then perhaps the various deviations of the Three Knights' Game will be more to your taste. Such enterprising players as Steinitz, Alekhine, Keres, Larsen and Geller played it with the motive of avoiding dull draws. These days it is sometimes seen in the games of van der Sterren, Gulko, Romanishin (the 3 . . . Bc5 line), Tisdall and others.

The most frequent Black third move is 3 . . . g6, columns 1–4. After 4 d4 exd4 White has a choice between 5 Nxd4 and 5 Nd5 with both moves possibly leading to a small edge. Column 5, 3 . . . Bb4 is rarely played but White usually doesn't get more than a small advantage. Column 6, 3 . . . Bc5, is riskier. As mentioned before, Romanishin has played this line often, but after the beating it took by Glek at Biel in 1996 it will need some improvements before it is tried again.

THREE KNIGHTS' GAME

1 e4 e5 2 Nf3 Nc6 3 Nc3

	1	2	3	4	5	6
	g6...Bb4..........Bc5(v)					
4	d4(a)				Nd5	Nxe5
	exd4				Ba5(r)	Nxe5
5	Nd5 ....Nxd4				Bc4(s)	d4
	Bg7(b)		Bg7		Nf6	Bd6
6	Bg5		Be3		0-0	dxe5
	Nce7(c)		Nf6(k)		d6	Bxe5
7	Nxd4........e5(h)		Nxc6 ....Qd2		d3	Bd3(w)
	h6(d)	h6	bxc6	0-0	h6	Qh4(x)
8	Bh4(e)	Bxe7(i)	e5	0-0-0	c3	Nd5(y)
	c6	Nxe7	Ng8	Re8(n)	Nxd5(t)	Ne7(z)
9	Nc3	Qxd4	Bd4(l)	f3(o)	exd5	g3
	Qb6	Nxd5	Qe7	d5	Ne7	Qh3
10	Nb3	Qxd5	Qe2	Nxc6(p)	d4	Nxe7
	a5(f)	0-0	f6(m)	bxc6	exd4	Kxe7
11	a4	0-0-0	exf6	Bh6	Qa4†	f4
	d5(g)	d6(j)	Nxf6±	Bh8(q)	c6(u)	Qg2(aa)

(a) 4 Bc4 Bg7 5 a3 d6 6 d3 h6 7 0-0 =, Pedrich–Grabarczyk, Poland 1991.

(b) (A) 5 . . . Nb4 6 Bg5 f6 7 Nxf6† Nxf6 8 e5 Nbd5 9 Qd4 c5 10 Qh4 Qa5†
11 Bd2 Qb6 is unclear—Berger. (B) 5 . . . h6 6 Nxd4 Nf6 7 Nb5 Nxd5 8 exd5 a6
9 Qe2† ±, Volchok–Kots, USSR 1962.

(c) 6 . . . Nge7? 7 Nxd4 Bxd4 8 Qxd4 wins. (B) 6 . . . f6 7 Bf4 d6 8 Nxd4 Nge7
9 Bc4 Ne5 10 Bb3 ±, Gershman–Tukmakov, USSR 1966.

(d) 7 . . . c6 8 Nxe7 Nxe7 9 Qd2 h6 10 Bh4 d5 11 exd5 g5 12 Bg3 Qxd5 is about
even, Karlsson–Geller, Reykjavik 1986.

(e) 8 Bf4 d5 9 Qd2 Nf6 10 0-0-0 Nxe4 11 Nxe4 dxe4 12 Bc4 Nf5 =, Lehmann–Keres,
West Germany vs. USSR 1966.

(f) 10 . . . d5 11 Bd3 Be6 12 0-0 dxe4 13 Nxe4 ±, Bhend–Ackermann, Brocco 1991

(g) After 12 Bd3 Nf6 13 0-0 dxe4 (Bisguier–Keres, Gothenburg 1955) White gains
a slight advantage with 14 Bxf6 Bxf6 15 Nxe4.

(h) 7 Bc4 c6 8 Nxe7 Nxe7 9 0-0 =, Honfi–Radovici, Kecskemet 1962.

(i) 8 Bh4 g5 9 Nxe7 Qxe7 10 Bg3 f5 (Zukertort) is equal.

(j) 12 h3 Be6 13 Qxb7 Rb8 14 Qe4 Qe8 15 Re1 c5 16 b3 Rb4 and Black has com-
pensation for his pawn, Osman–Tisdall, Capelle-la-Grande 1993.

(k) 6 ... Nge7 7 Qd2 0-0 8 0-0-0 d6 9 Kb1 a6 10 h4 h5 11 Nxc6 Nxc6 12 Bg5 $\pm$, Leko–Alterman, Munich 1991.

(l) 9 Bf4 Qe7 10 Qf3 f6 $\mp$, Chernin–Radashkovich, USSR 1971.

(m) 10 ... Qe6 11 Ne4 d6 12 Ng5 $\pm$, Radu–Dabrowska, Singapore 1990.

(n) (A) 8 ... Nxd4 9 Bxd4 d6 10 f3 Be6 11 g4 c5 12 Be3 Qa5 13 Bh6 $\pm$, Yurtaev–Gulko, Frunze 1985. (B) 8 ... Ng4 9 Nxc6 bxc6 10 Bd4 Bxd4 11 Qxd4 Qf6 12 h3 Qxd4 13 Rxd4 $\pm$, Am. Rodríguez–Lima, Matanzas 1992.

(o) 9 Nxc6 bxc6 10 Bg5 Qe7 11 Bc4 Qe5 12 Rde1 d6 13 f4 Qa5 14 e5 $\pm$, Abdel–van der Sterren, Lucerne 1989.

(p) (A) 10 Bb5 Bd7 11 exd5 Nxd4 12 Bxd4 Bxb5 13 Nxb5 Qxd5 14 Nxc7 (14 Nc3 Qc6 =, Braun–Geller, Dortmund 1992) 14 ... Qxa2 15 c3 Rec8 leaves an unclear position, Malahov–Geller, Russia 1994. (B) 10 exd5 Nxd5 11 Nxc6 bxc6 12 Nxd5 cxd5 13 Bd4 $\pm$, Chandler–Geller, Tilburg 1992.

(q) After 12 exd5 Nxd5 13 Bc4 is clearly in White's favor, Svidler–Geller, Moscow 1992.

(r) (A) 4 ... Nf6 5 Nxb4 Nxb4 6 Nxe5 Qe7 7 d4 d6 8 a3 dxe5 9 axb4 exd4 10 Qxd4 with a slight edge for White (Belavenets). (B) 4 ... Be7 5 d4 d6 6 Bb5 Bg4 7 dxe5 dxe5 8 h3 Bd7 9 Qe2 $\pm$, Botvinnik–Smyslov, Sverdlovsk 1943.

(s) 5 c3 d6 6 b4 Bb6 7 a4 a6 8 Nxb6 $\pm$ (Keres).

(t) 8 ... 0-0 9 b4 Bb6 10 a4 $\pm$, Alekhine–Cohn, Karlsbad 1911.

(u) White has a small edge after 12 dxc6 bxc6 13 Nxd4 Bd7 14 Re1, Leonhardt–Tarrasch, Hamburg 1919.

(v) (A) 3 ... f5 4 d4 fxe4 5 Nxe5 Nf6 6 Bc4 d5 7 Nxd5 Nxd5 8 Qh5† g6 9 Nxg6 hxg6 10 Qxg6† Kd7 11 Bxd5 $\pm$, Breyer–Balla, Pistyan 1912. (B) 3 ... Nge7 4 Bc4 Ng6 5 d4 exd4 6 Nxd4 Bb4 7 0-0 Bxc3 8 bxc3 0-0 9 f4 Na5 10 Bd3 $\pm$, Goldenov–Bakulin, USSR 1965.

(w) (A) 7 f4 Bxc3† 8 bxc3 Qe7 9 Qd4 Nf6 10 e5 d6 11 Be2 dxe5 with chances for both sides (Romanishin). (B) 7 Bc4 Nf6 8 0-0 0-0 9 Bg5 $\pm$, Nepeina–Litinskaya, Simferopol 1992.

(x) Romanishin's patent. On 7 ... d6 8 0-0 Qh4 9 f4 Bd4† 10 Kh1 leaves White a clear plus, Verlinsky–Kubbel, USSR 1922.

(y) 8 Be3 Nf6 9 g3 Qg4 10 Qxg4 Bxc3† 11 bxc3 Nxg4 12 Bd4 is a good ending for White, Istratescu–Hauchard, Bucharest 1993.

(z) (A) 8 ... c6 9 Ne3 Ne7 10 g3 Qh3 11 f4 $\pm$. (B) 8 ... Nf6 9 Ne3 Nxe4 10 Qe2 Nc5 11 Nd5 Nxd3† 12 cxd3 $\pm$ (Glek).

(aa) After 12 Rf1 Bd4 13 Qh5 d5 14 Bd2 Rd8 15 f5 Bxb2 16 Rd1 dxe4 17 Bc4 Black Resigned in Glek–Romanishin, Biel 1996. Romanishin needs to do some repair work on this line.

PHILIDOR'S DEFENSE

1 e4 e5 2 Nf3 d6

PHILIDOR WAS BY FAR THE BEST PLAYER in the eighteenth century. He proposed this defense in his *L'analyse* of 1749. In the nineteenth century Philidor's Defense was frequently played—the most famous example being the game at the opera, Morphy vs. the Duke of Brunswick et alia. The early twentieth-century greats Nimzovich, Tartakower, Alekhine and Marco used it occasionally, but the opening has been out of fashion since then. Its most prominent advocate today is English grandmaster Tony Kosten who plays the defense regularly and has written a book about it.

White's usual response is 3 d4 (columns 1–5) when Black has two main options: maintaining the e5 strongpoint (columns 1–3), or giving up the center with 3 . . . exd4. Nimzovich's 3 . . . Nf6 (columns 1–2) avoids some of the sharper lines White has against 3 . . . Nd7. White can try to exploit this move order with 4 dxe5 (note b) but the usual continuation, 4 Nc3, leads to a slight spatial advantage. The Hanham Variation 3 . . . Nd7 (col. 3) has been revived since some of the sting of the aggressive 7 Ng5 has been removed. After 3 . . . exd4 (columns 4–5) White can recapture with either the queen (column 4) or the knight (column 5). Both moves lead to sharp positions where castling on opposite wings is common. White can play slowly and safely with 3 Bc4 (column 6), though this gives him few chances for the advantage.

PHILIDOR'S DEFENSE

1 e4 e5 2 Nf3 d6

	1	2	3	4	5	6
3	d4					Bc4
	Nf6(a)		Nd7	exd4		Be7(x)
4	Nc3(b)		Bc4	Qxd4	Nxd4	0-0(y)
	Nbd7		c6	Nf6(n)	Nf6(r)	Nf6
5	Bc4		Nc3(j)	Bg5(o)	Nc3	d3
	Be7		Be7	Be7	Be7	0-0
6	0-0(c)		dxe5	Nc3	Bf4(s)	c3
	0-0		dxe5	0-0	0-0	c6
7	a4(d)		Ng5	0-0-0	Qd2	Bb3
	c6(e)		Bxg5	Nc6	c6(t)	Bg4(z)
8	Re1	Qe2	Qh5	Qd2	0-0-0	Nbd2
	b6	exd4(h)	Qe7(k)	a6(p)	b5(u)	Nbd7
9	Bg5(f)	Nxd4	Bxg5(l)	Kb1	f3	h3
	a6	Re8	Ngf6	b5	b4	Bh5
10	dxe5	Ba2	Qh4	Bd3	Nce2(v)	Re1
	Nxe5(g)	Bf8(i)	b5(m)	Ne5(q)	c5(w)	Nc5(aa)

(a) Against 3 ... f5 the simplest line is 4 exf5 e4 5 Ng5 followed by a subsequent f3—Larsen.

(b) 4 dxe5 is an attempt to exploit this move order. After 4 ... Nxe4 5 Qd5 (5 Nbd2 Nxd2 6 Bxd2 Be7 7 Bf4 d5 =, Geller–Campora, Moscow 1989) 5 ... Nc5 6 Bg5 Be7 7 exd6 Qxd6 8 Nc3 Qe6† (8 ... Qxd5 9 Nxd5±) 9 Be3 c6 10 Qd4 White holds a slight edge, Rublevsky–Abramović, Yugoslavia 1996.

(c) 6 dxe5 dxe5 7 Bxf7† Kxf7 8 Ng5† Kg8 9 Ne6 Qe8 10 Nxc7 Qg6 11 Nxa8 Qxg2 12 Rf1 Nc5 leads to even chances.

(d) 7 dxe5 dxe5 8 Qe2 c6 9 a4 Qc7 10 h3 Nc5 11 Rd1 Ne6 12 Be3 a5 =, Rosentalis–Yanvarev, Uzhgorod 1987.

(e) 7 ... a6 8 a5 exd4 9 Qxd4 b5 10 axb6 ±, Topalov–Rivas Pastor, Dos Hermanas 1994.

(f) 9 d5 cxd5 10 Nxd5 Nxd5 11 Bxd5 Rb8 12 Qd3 Nf6 13 Bb3 h6 14 Bd2 Bb7 =, O. Korneev–Panchenko, Russia 1995.

(g) 11 Nxe5 (11 Be2 h6 12 Bf4 Ng6 13 Be3 Ng4 =, Luciano–Kosten, Imperia 1993) 11 ... dxe5 12 Qf3 Nd7 13 Be3 Bc5 14 Ne2 a5 15 Rad1 Bxe3 16 Qxe3 Qe7 =, Vujadinović–Abramović, Yugoslavia 1996.

(h) (A) 8 ... a5 9 Rd1 exd4 10 Nxd4 Re8 12 Bf4 Ne5 13 Bb3 Nfd7 is roughly equal, Petrushin–Savon, Podolsk 1992. (B) 8 ... Qc7 9 h3 b6 10 Rd1 Bb7 11 dxe5 Nxe5

12 Bb3 a5 ±. 8 . . . b6 9 Rd1 Qc7 10 d5 c5 11 Nh4 a6 12 Nf5 ±, J. Polgar–Izeta, Dos Hermanas 1993.

(i) After 11 Qf3 Ne5 12 Qd1 a5 =, Ruban–Bologan, USSR 1991.

(j) 5 0-0 Be7 6 dxe5 dxe5 7 Ng5 is similar to the text. 5 Ng5 Nh6 6 0-0 Be7 7 Qh5 0-0 8 c3 Nf6 is about even.

(k) This is better than the older moves 8 . . . Qf6 and 8 . . . g6.

(l) 9 Qxg5 is possible here, with perhaps a slight edge for White.

(m) 11 Bb3?! Nc5 ∓, Magem Badals–Striković, Zaragoza 1994. 11 Be2 keeps the game approximately even.

(n) Many moves have been played here. (A) 4 . . . a6 5 Bg5 Nc6 6 Qe3 Be7 7 Nc3 (Kotronias–Skembris, Agios Nikolaos 1995) 7 . . . Bxg5 = (Kotronias). (B) 4 . . . Nc6 5 Bb5 Bd7 6 Bxc6 was played in many 19th-century games. (C) 4 . . . Bd7 5 Bf4 Nc6 6 Qd2 Nge7 7 Nc3 Ng6 8 Bg5 Be7 9 Bxe7 Qxe7 10 0-0-0 ±, Kurajica–Westerinen, Sollingen 1974.

(o) 5 e5 is considered to lead to equality after 5 . . . dxe5 6 Qxd8† Kxd8 7 Nxe5 Be6 8 Bc4 Bxc4.

(p) 8 . . . Be6 9 h4 Re8 10 Bb5 a6 11 Bxc6 bxc6 12 Nd4 Bd7 13 f3 h6 14 Be3 d5 15 exd5 Nxd5 16 Nxc6 ±, Rosentalis–Glek, Budapest 1996.

(q) 11 Nxe5 dxe5 12 f3 c6 =, Sax–Tseshkovsky, Banja Luka 1981.

(r) 4 . . . g6 is another line here. A typical example is 5 Nc3 Bg7 6 Be3 Bg7 7 Qd2 0-0 8 0-0-0 Re8 9 f3 Nc6 10 h4 Nxd4 11 Bxd4 Be6 ±, V. Chernov–Negulescu, Rumania 1995.

(s) White has a wide choice of reasonable moves here—6 Bc4, 6 Be2, 6 g3 and even 6 Qf3 (van der Wiel–Bosboom, Leeuwarden 1994) have been tried.

(t) 7 . . . d5 8 Ndb5 Bb4 9 0-0-0 c6 10 Nc7 Nxe4 11 Qe3 Bc5 (11 . . . Nxc3 12 bxc3 Ba3† 13 Kb1 Na6 14 Nxa8 ±, Kalegin–Ryabchenko, Russia 1992) 12 Qxe4 Qxc7 13 Bxc7 ±.

(u) 8 . . . d5 9 exd5 Nxd5 10 Nxd5 Qxd5 11 Kb1 ±, Leko–Barbero, Hungary 1994.

(v) Am. Rodríguez recommends 10 Nb1! instead, which should be at least equal for White.

(w) 11 Nf5 Bxf5 12 exf5, Am. Rodríguez–Conquest, Cienfuegos 1996; now 12 . . . d5 13 g4 d4 would slighly favor Black.

(x) Other choices are 3 . . . Nd7, 3 . . . Qf6, 3 . . . Be6, 3 . . . Bg4, 3 . . . Be6 and 3 . . . Nc6.

(y) 4 d4 exd4 5 Nxd4 transposes into column 5.

(z) 7 . . . Be6 and 7 . . . Nbd7 (Yusupov) could also be played.

(aa) 10 . . . d5?! 11 cxd5 cxd5 12 g4 Bg6 13 Nxe5 Nxe5 14 Rxe5 is good for White—Black has not enough for the pawn. After 10 . . . Nc5 11 Bc2 Ne6 12 Nf1 Nd7 13 Ng3 Bxf3 14 Qxf3 g6 15 Be3 Bg5, the game is completely equal, Gelfand–Yusupov, Munich 1994. This line resembles some quiet lines in the Bishop's Opening.

PONZIANI'S OPENING

1 e4 e5 2 Nf3 Nc6 3 c3

P ONZIANI'S OPENING is a simple attempt to build a strong pawn center of e4 and d4. The plan is somewhat crude, however, and Black can equalize with little trouble. The opening was popular in the nineteenth century, but nowadays it is used only for surprise value or by players like Hector and Velimirović who wish to avoid the beaten paths.

Black can counter White's threatened pawn center in several ways. He can counterattack and remove White's e-pawn with 3 . . . Nf6 4 d4 Nxe4 (columns 1–2), which is the simplest route to equality. He can play 4 . . . d5 (column 3) forcing central exchanges. He can try to seize the initiative with 3 . . . d5 (columns 4–6), which leads to sharp play. After 4 Qa4 Black can either sacrifice material with 4 . . . Nf6 (column 4) or solidify the center with f6 (column 5). Both methods lead to appoximate equality. 4 Bb5 (column 6) leads to a sharp position with mutual chances.

PONZIANI'S OPENING

1 e4 e5 2 Nf3 Nc6 3 c3

	1	2	3	4	5	6
	Nf6 .... d5(n)					
4	d4			Qa4.........................		Bb5
	Nxe4 .... d5(j)			Nf6(o).......f6		dxe4(u)
5	d5		Bb5	Nxe5	Bb5	Nxe5
	Ne7(a).......Nb8		exd4(k)	Bd6	Ne7	Qd5(v)
6	Nxe5	Bd3(f)	e5	Nxc6	exd5	Qa4
	Ng6	Nc5(g)	Ne4	bxc6	Qxd5	Ne7
7	Nxg6(b)	Nxe5	Nxd4	d3(p)	d4	f4
	hxg6	Nxd3†	Bc5(l)	0-0	e4(s)	exf3(w)
8	Qe2	Nxd3	0-0	Be2	c4	Nxf3
	Qe7	d6(h)	0-0	Re8(q)	Qd7	Be6(x)
9	Bf4(c)	0-0	Bxc6	Bg5	d5	0-0
	d6	Be7	bxc6	Rb8	exf3	0-0-0
10	Na3	Qf3	Be3(m)	Qc2	gxf3	d4
	Rh5(d)	0-0	Qe8	h6	Qh3	Qh5
11	0-0-0	Be3	f3	Bxf6	dxc6	c4
	Rf5(e)	Nd7(i)	Nd6 =	Qxf6(r)	b6(t)	Bg4(y)

(a) 5 ... Bc5 6 dxc6 Bxf2† (6 ... Nxf2 7 Qd5 Qe7 8 cxb7±) 7 Ke2 bxc6 8 Qa4 f5 9 Nbd2 0-0 10 Nxe4 fxe4 11 Qxe4 Bb6 12 Kd2 d6 13 Bd3 Bf5 14 Qxc6 ±, Hector–Sandstrom, Copenhagen 1991.

(b) (A) 7 Bd3 Nxe5 8 Bxe4 Bc5 9 Qh5 d6 10 Bg5 Bg4! ∓ (Anand). (B) 7 Qd4 Qf6 8 Qxe4 Qxe5 =, Lukin–Guliev, Katowice 1991.

(c) 9 Be3 Rh5 10 c4 Qe5 11 f4 Bb4† 12 Kd1 Qe7 is about equal, Makropoulos–P. Nikolić, Athens 1985.

(d) 10 ... Rh4 11 g3 Rh5 12 0-0-0 Nf6 13 Re1 was slightly better for White in Hector–Marin, Haifa 1989.

(e) 12 Qe3 Bf6 13 Bb5† Kd8 =, Hector–Khalifman, London 1991.

(f) 6 Nxe5 is another major line. Afer 6 ... Qe7 (6 ... Bc5 7 Nd3 Bb6 8 Qf3 0-0 9 Be2 ±, Stern–Rodin, corr. 1974) 7 Qd4 Nd6 8 Qe3 Nf5 9 Qe2 d6 10 Nf3 Nd7 is roughly equal, Velimirović–Skembris, Jagodina 1994.

(g) 6 ... Nf6 7 Nxe5 Bc5 8 0-0 0-0 9 b4 Bb6 10 Bg5 h6 11 Bh4 d6 12 Nc4 ±, Chigorin–Gunsberg, Havana 1890.

(h) 8 ... Be7 9 Qg4 0-0 10 Bh6 Bf6 11 d6 ±, Blad–Clarke, Lugano 1968.

(i) 12 Nd2 Bf6 13 h3 =, Dueckstein–Prameshuber, Krems 1967.

(j) 4 . . . d6 5 Bd3 (5 Bb5 Bd7 would transpose into the Ruy Lopez) 5 . . . Be7 6 0-0 0-0 7 h3 exd4 8 cxd4 Nb4 9 Nc3 Nxd3 10 Qxd3 with a small edge for White, Dolmatov–Plachetka, Hradec Kralove 1981.

(k) 5 . . . Nxe4 6 Nxe5 Bd7 7 Nxd7 Qxd7 8 0-0 Be7 9 Nd2 Nxd2 10 Bxd2 0-0 is even according to Estrin, though White may do better with 6 Bxc6.

(l) 7 . . . Bd7 is possible also. After 8 Qb3 a6 9 Be2 Bc8 10 Nxc6 bxc6 chances are even, Makropoulos–Dorfman, Zamardi 1980.

(m) 10 b4 Bxd4 11 cxd4 Ba6 12 Re1 Qh4 $\mp$, Bator–Berkell, Sweden 1986.

(n) 3 . . . f5 4 d4 fxe4 5 Nxe5 Qf6 6 Ng4 Qg6 7 d5 Nb8 8 Bf4 d6 9 Ne3 $\pm$, Bogdano–Tsvetkov, Sofia 1955. This is like a Latvian Gambit.

(o) 4 . . . Bd7 5 exd5 Nd4 6 Qd1 Nxf3† 7 Qxf3 Nf6 8 Bc4 e4 9 Qe2 Bd6 10 d3 0-0 11 dxe4 Nxe4 12 Be3 f5 13 Nd2 Nxd2 14 Qxd2 f4 15 Bd4 Qe7†, Kranzl–Blatny, Vienna 1991. Chances are about even.

(p) Neither 7 Qxc6† Bd7 8 Qa6 dxe5 nor 7 d4 dxe5 8 Ba6 Bd7 9 Bb7 c5 is good for White.

(q) 8 . . . Qe8 9 Nd2 Rb8 10 0-0 c5 and Black has enough for the pawn, Nowak–Kaikamdzhozov, Sofia 1970.

(r) 12 Nd2 Qg6 13 0-0 Bh3 14 Bf3 Re5 =, Lukin–Ma. Tseitlin, Leningrad 1985.

(s) (A) 7 . . . Bd7 8 Be3 exd4 9 cxd4 Ne5 10 Nc3 Nxf3† 11 gxf3 Qf5 12 0-0-0 a6 13 d5 $\pm$, Maas–Mitchell, London 1912. (B) 7 . . . a6 8 Bc4 Qe4† 9 Be3 exd4 10 cxd4 Bd7 may be playable.

(t) After 12 Qd1 Ng6 (Zagorovsky), chances are equal.

(u) 4 . . . Qd6 5 exd5 Qxd5 6 Qe2 f6 7 d4 Bd7 (7 . . . Bg4 8 c4 Bxf3 9 cxd5 Bxe2 10 Kxe2 a6 11 dxc6 axb5 12 cxb7 $\pm$, Sakaev–A. Ivanov, Leningrad 1990) 8 dxe5 Nxe5 9 Bxd7† Kxd7 10 Nxe5† Qxe5 11 Qxe5 fxe5 12 Nd2 $\pm$, Sakaev–N. Mitkov, Leningrad 1991.

(v) 5 . . . Qg5 6 Qa4 (6 d4 is possible here) 6 . . . Qxg2 7 Bxc6† bxc6 8 Qxc6† Kd8 9 Rf1 Bh3 10 Qxa8† Ke7 11 Kd1 Qxf1† 12 Kc2 Bf5 13 Na3 ∞, Berg–K. Mueller, corr. 1991.

(w) 7 . . . Bd7 8 Nxd7 Kxd7 9 c4 Qf5 10 0-0 Rd8 11 d4 $\pm$, Mechkarov–Karastoichev, corr. 1955.

(x) 8 . . . Bd7 9 0-0 0-0 10 d4 Qh5, Falkbeer–Anderssen, Berlin 1851; now 11 Nbd2 is a slight edge for White.

(y) 12 d5 Nf5 13 Bf4 Bc5† 14 Kh1 Ncd4 15 b4, Filchev–Pelitov, Sofia 1954: now 15 . . . Bxf3 16 Rxf3 Nxf3 17 bxc5 Nxh2 18 Bxh2 Ng3† is a draw (Filchev). Instead of 11 c4 White might try 11 Nbd2.

THE GÖRING GAMBIT

1 e4 e5 2 Nf3 Nc6 3 d4 exd4 4 c3

THE GÖRING GAMBIT is like the Danish and Scotch Gambits. White offers a pawn sacrifice to develop quickly, posts his bishop on c4 to pressure f7, and hopes his initiative will lead to a strong attack. White obtains fair compensation for a pawn, but no advantage, so the opening sees only occasional use. Alekhine played the Göring on occasion as did Marshall and Mieses. Sometimes modern grandmasters will employ it, but more often in blitz games where sacrifices need less justification.

Accepting the gamibt leaves Black with equal chances. Column 1 is 4 . . . dxc3 5 Nxc3 Bb4, while column 2 is 5 . . . d6. In column 3 White plays the Danish-like 5 Bc4, gambiting two pawns, and Black plays to hold the material.

Declining the gambit is safer (columns 4–6). Column 4, 4 . . . d3, may allow White a slight positional plus. 4 . . . Nf6 (column 5) leads to complicated and obscure play. Column 6 is Capablanca's drawing line. It has held up over the years and is a big reason the Göring Gambit is little played.

GÖRING GAMBIT

1 e4 e5 2 Nf3 Nc6 3 d4 exd4 4 c3

	1	2	3	4	5	6
	dxc3.....................................d3 ....Nf6 ....d5					
5	Nxc3 ....Bc4			Bxd3	e5	exd5
	Bb4..........d6		cxb2	d6(n)	Ne4(p)	Qxd5
6	Bc4	Bc4	Bxb2	0-0	Qe2	cxd4
	d6(a)	Nf6(g)	d6(k)	Nf6	f5(q)	Bb4†(u)
7	0-0(b)	Qb3	0-0(l)	Nd4	exf6(r)	Nc3
	Bxc3	Qd7	Be6	Be7	d5	Bg4
8	bxc3	Ng5	Bxe6	f4	Nbd2(s)	Be2
	Nf6(c)	Ne5	fxe6	0-0	Qxf6	Bxf3(v)
9	e5(d)	Bb5	Qb3	Qc2	Nxe4	Dxf3
	Nxe5(e)	c6	Qd7	Re8	dxe4	Qc4
10	Nxe5	f4	Ng5	Nd2	Qxe4†	Bxc6†(w)
	dxe5	Neg4(h)	Nd8	Bf8	Qe6	bxc6(x)
11	Qb3	Bc4(i)	f4	N2f3	Bd3	Qe2†
	Qe7	d5	Nf6	g6	dxc3	Qxe2†
12	Ba3	Nxd5	Nd2	Bd2	0-0	Kxe2
	c5(f)	Nxd5(j)	Be7(m)	Bg7(o)	Qxe4(t)	0-0-0(y)

(a) A playable alternative is 6 ... Nf6 7 e5 d5 8 exf6 dxc4 9 Qxd8† Nxd8 10 fxg7 Bxc3† 11 bxc3 Rg8 12 Bh6 f6 =, Dolgov–Kaverin, corr. 1991.

(b) The immediate 7 Qb3 Bxc3† 8 bxc3 (8 Qxc3 is possibly better) 8 ... Qd7 9 Qc2 Nf6 leaves Black a slight plus, Ciocaltea–Kovacs, Puja 1971.

(c) (A) 8 ... Bg4 9 Qb3 Bxf3 10 Bxf7† Kf8 11 gxf3 Ne5 12 Bxg8 Rxg8 13 f4 Nf3† 14 Kh1 Qd7 16 c4 (16 f5 Qc6, Cargnel–Hegeler, corr. 1986) with even chances. (B) 8 ... Be6 9 Bxe6 fxe6 10 Qb3 Qd7 11 Qxb7 =, Bjerring–Lein Varna 1974.

(d) 9 Ba3 is interesting here. After 9 ... Bg4 10 Qb3 Bxf3 11 Bxf7† Kf8 12 gxf3 Ne5 13 Be6 White is slightly better, Styazhkin–Bunich, Leningrad 1984.

(e) 9 ... dxe5 10 Qe2 0-0 11 Ba3 ±, Velimirović–Hug, Vrnjacka Banja 1966.

(f) 13 Bb5† Kf8 (the most challenging; 13 ... Bd7 14 Bxd7† Nxd7 15 Qxb7 Rb8 16 Qxa7 0-0 =, Chudinovskikh–Saharov, USSR 1979; 13 ... Nd7 14 Bxd7† Bxd7 15 Qxb7 =, Velimirović–Littleton, Hague 1966) 14 f4 e4 15 f5 h5 (15 ... h6 is possible) 16 Rad1 Qc7, Saksis–Prieditis, corr. 1997. White probably has slighty worse chances.

(g) 6 ... Be6 7 Bxe6 fxe6 8 Qb3 Qd7 9 Qxb7 Rb8 10 Qa6 Be7 11 0-0 Bf6 (11 ... Nf6 12 Rd1 0-0 13 Qe2 e5 14 Nd5 ±, Klovans–Tolush, USSR 1962) 12 e5 Nxe5 13 Nxe5 Bxe5 14 Qxa7 is about even, Levy–Feller, Praia del Rocha

135

1969. In this line if 8 . . . Qc8?! 9 Ng5 Nd8 10 f4 Be7 11 f5 Bxg5 12 Bxg5 ±, Zhuravlev–Tarve, USSR 1968.

(h) 10 . . . cxb5 11 fxe5 Ng4 12 e6 fxe6 13 Nxb5 a6 14 Qxe6† Qxe6 15 Nc7† ±, Obuhov–Kudrjavcev, Russia 1996.

(i) 11 h3 cxb5 12 hxg4 h6 13 Nxb5 d5 = (Lepeshkin).

(j) Following 13 exd5 Bc5 14 dxc6 Qe7† 15 Kf1 0-0 16 Bd2 Bf5 Black had good compensation for his material, Fedoseev–Obultov, Russia 1996.

(k) 6 . . . Bb4† 7 Nc3 Nf6 8 Qc2 d6 9 0-0-0 0-0 10 e5 Ng4 11 Nd5 Bc5 12 exd6 cxd6 13 h4 with a good attack (Dolgov).

(l) 7 Nc3 Be7 8 Qb3 Nh6 9 Nd5 f6 10 0-0 Na5 was good for Black in Csom–Barcza, Hungary 1967.

(m) 13 Rad1 h6 14 e5 hxg5 15 exf6 Bxf6 16 fxg5 Bxb2 17 Qxb2 was a slight edge for White, Dolgov–Wulthauser, corr. 1990.

(n) 5 . . . Bc5 6 0-0 d6 7 b4 Bb6 8 a4 a6 9 Na3 ±, Milner-Barry–Hilton, England 1959.

(o) 13 Rae1 Nd7 14 b4 ±, Shevelev–Zarubin, Voronezh 1987.

(p) 5 . . . Nd5 6 cxd4 d6 7 Bb5 Be7 8 Nc3 Nxc3 9 bxc3 0-0 10 0-0 Bg4 11 Qd3 Qc8 12 Bf4 is a tiny edge for White, Lukin–Ceshkovski, Russia 1995.

(q) 6 . . . d5 7 exd6 f5 8 Nxd4 (8 Nbd2 Qxd6 9 Bxe4 fxe4 10 Qxe4† Qe6 11 Bd3 dxc3 =, Dueckstein–Xi Jun, Vienna 1993) 8 . . . Bxd6 9 f3 Qh4† 10 g3 Bxg3† 11 hxg3 Qxh1 12 Bf5 is slightly better for White.

(r) 7 Nxd4 Bc5 8 Nxf5 0-0 9 Qxe4 d5 10 exd6 Bxf2† ∓ (Soltis).

(s) (A) 8 Ng5 Qxf6 9 f3 d3 10 Nxe4 dxe4 10 Qxe4† Be6 12 Bxd3 0-0-0 gives Black good play, Speransky–Yakovlev, Leningrad 1983. (B) 8 Nxd4 Nxd4 9 cxd4 Kf7 10 fxg7 Bb4† 11 Kd1 Re8 ∓, Levy–Boey, Siegen 1970.

(t) 13 . . . Qxe4 14 Bxe4 Bd6 14 Re1 Ne7 15 bxc3 0-0 16 Bg5 Ng6 17 Bxg6 ±, Shevelev–Bezman, Simferopol 1989.

(u) 6 . . . Nf6 7 Nc3 Bb4 8 Be2 Ne4 9 Bd2 Bxc3 10 bxc3 0-0 11 0-0 Nxd2 =, Ljubojević–Portisch, Milan 1975.

(v) 8 . . . 0-0-0 9 0-0 Qd7 (9 . . . Qa5 10 Be3 Nge7 11 Na4 Ng6 12 h3 Be6 ±, Estrin–Sevecek, corr. 1968) 10 Be3 Nf6 11 Qa4 ±, Mieses–Levy, Vienna 1907.

(w) (A) 10 Qb3 Qxb3 11 axb3 Nge7 12 0-0 a6 =, Ljubojević–Ree, Amsterdam 1972. (B) 10 Be3 Bxc3† 11 bxc3 Qxc3† 12 Kf1 Qc4† 13 Kg1 Nge7 14 Rc1 Qxa2 15 Ra1 draw agreed, Marshall–Capablanca, Lake Hoptacong 1926.

(x) 10 . . . Qxc6 11 0-0 Ne7 12 Qb3 Bxc3 13 bxc3 0-0 14 c4 with a slight White edge, Neumeier–Svidler, Dortmund 1991.

(y) 13 Be3 Ne7 14 Kd3 c5 15 Kc4 ±, Dolgov–Orlovsky, corr. 1993.

DANISH GAMBIT

1 e4 e5 2 d4 exd4 3 c3

ccording to Lutes in his book *Danish Gambit,* this opening was first analyzed by a Danish jurist named Blankensteiner in 1830. In 1856 a Swedish player Dr. H. A. W. Lindehn proposed 4 Bc4, sacrificing the second pawn. This was used by the Dane Martin From (who usually is credited with the opening) in Paris in 1867.

In the early years of the twentieth century Marshall, Blackburne, Alekhine and Mieses used the gambit, but with the twenties it sank into desuetude as Black's defenses became known. There are no grandmasters who use this gambit in serious competition, although recently young Russian masters Gusev, Sergejevski and Radevic have been injecting new life into the somewhat moribund Danish.

Columns 1–2 comprise the acceptance of both pawns, when White has raking bishops targeting the Black kingside. 5 . . . d5, returning one of the pawns, is the Schlechter Defense (column 1), thought to lead to an even but unbalanced endgame. Column 2 is a more ambitious attempt at refutation. Columns 3–4 show Black holding on to the pawns at least temporarily and trying to defend, resulting in unclear play. Column 5 is an interesting old line tried by Spielmann and Nezmetdinov and never refuted. Finally, declining the gambit with 3 . . . d5 is likely good enough for equality, with 4 . . . Qxd5 usually transposing into the Göring Gambit lines, and 4 . . . Nf6 5 Bb5† giving White a tiny edge.

DANISH GAMBIT

1 e4 e5 2 d4 exd4 3 c3(a)

	1	2	3	4	5	6
	dxc3..Qe7.........d5					
4	Bc4 cxb2				cxd4(r) Qxe4†	exd5 Nf6(w)
5	Bxb2 d5 ....Bb4†(j)			d6	Be3(s) Nf6(t)	Bb5†(x) c6(y)
6	Bxd5(b) Nf6 ....Bb4†		Kf1(k) Nf6(l)	Qb3(o) Qd7	Nc3 Bb4	dxc6 bxc6
7	Bxf7†(c) Kxf7	Nc3(f) Bxc3†	e5 d5	Nf3(p) Nc6	Nf3 Nd5	Bc4 Bc5
8	Qxd8 Bb4†	Bxc3 Nf6	Bb5† c6(m)	Bc3 Nh6	Qd2 Nxe3	Qe2† Qe7
9	Qd2 Bxd2†	Qf3(g) Nxd5	exf6 cxb5	0-0 f6	fxe3 Qe7	Qxe7† Kxe7
10	Nxd2 c5(d)	exd5(h) 0-0	fxg7 Rg8	Nbd2 Nf7	Bd3 d5(u)	cxd4 Bxd4
11	Ngf3 Nc6(e)	Ne2 Re8(i)	Qc2 Be6(n)	Rad1 Ncd8(q)	0-0 f5(v)	Nf3 Rd8(z)

(a) 3 Nf3 Bc5 4 Nxd4 Nf6 5 Nc3 d5 6 exd5 0-0 =, Blumenfeld and Klyatskin vs. Alekhine, Moscow 1920.

(b) 6 exd5 Nf6 7 Nf3 Bb4† 8 Nbd2 Qe7† ∓.

(c) 7 Nc3 Be7 8 Qe2 Nxd5 9 Nxd5 c6 10 Nxe7 Qxe7 11 Bxg7 Rg8 12 Bg2 ∓, Hector–Schussler, Malmö 1985. White could try 8 Qb3 or 8 Qa4† (Christiansen).

(d) 10 . . . Re8 11 Ngf3 Nc6 12 0-0 h5 is about even.

(e) 12 e5 Nd5 13 Ne4 b6 14 0-0-0 Nf4 15 Nd6† Ke7 16 Nxc8† Raxc8 17 e6, Preo–Sarink, corr. 1989. White has attacking chances.

(f) Others possibilities: (A) 7 Nd2 Bxd2† 8 Qxd2 Nf6 9 Qg5 0-0 (9 . . . Rg8 10 0-0-0 Nxd5 11 Qh5 with attack—Christiansen) 10 Rd1 Nbd7 ∓, Preo–Franzen, corr. 1980. (B) 7 Ke2 Nf6 8 Qa4† c6 9 Bxf7† Kxf7 10 Qxb4 Rc8 is about even, Thomas–Teo, Southampton 1986. (C) 7 Kf1 Nf6 8 Qa4† Nc6 9 Bxc6† dxc6 10 Qxb4 Qd1† wins for Black.

(g) 9 Nf3?! Nxd5 10 exd5 Qe7† 11 Kf1 0-0 ∓, Radevich–Asaturyan, USSR 1968.

(h) 10 Rd1 0-0 11 Rxd5 Qe7 should favor Black.

(i) Although there is play, objectively White doesn't have enough compensation for the lost pawn, Grob–Weishaupt, corr. 1960.

(j) (A) 5 . . . Nf6 6 e5 d5 7 exf6 dxc4 8 Qxd8† Kxd8 7 fxg7 Bb4† 8 Nc3 (Marshall–Duras, New York 1913; now 10 . . . Rg8 is all right. Also 6 Nc3 d5 7 Nxd5 Nxd5 8 exd5 Bb4† 9 Kf1 0-0 10 Qd4 f6 11 Ne2 gives White some attacking chances for the pawn. (B) 5 . . . Nh6 (the Nordic Defense) 6 Nf3 b6 7 Qe2 Bb4† 8 Nc3 0-0 9 0-0-0 with the idea of g4, h4 (Collijn) is unclear.

(k) (A)6 Nd2 Nf6 7 Bxf7† Kxf7 8 Qb3† d5 9 Qxb4 Nc6 10 Qb3 Re8 with play for both sides. (B) 6 Nc3 d6 7 Nf3 Nf6 8 0-0 Bxc3 9 Bxc3 0-0 10 e5 Ne4 11 Bb2 and White has compensation for his material, Hartlaub–Testa, Bremen 1913.

(l) The retrograde 6 . . . Bf8 turned out badly in Mieses–Albin, Monte Carlo 1903 after 7 Nc3 Nh6 8 Nf3 Nc6 9 Nd5.

(m) 8 . . . Nfd7 9 Qg4 Bf8 10 e6 fxe6 11 Qh5† ±.

(n) 12 Qxh7 Kd7 13 Nf3 ±, Klovans–Petkevich, USSR 1962.

(o) 6 f4 Be6 7 Bxe6 fxe6 8 Qh3 Nd7 9 Qxe6† Qe7 is better for Black.

(p) 7 Nc3 Nc6 8 Nd5 Na5 9 Qg3 f6 10 Be2 c6 11 Nf4 Nh6, Mieses–Marshall, Hanover 1902; now 12 Nh5 would give even chances.

(q) 12 Nd4 Be7 13 f4 0-0 (Bryson–Fernandes, Salonica 1984) 14 e5 play for the material.

(r) (A) 4 Qxd4 Nf6 5 Bd3 Nc6 6 Qa4 d5 7 Bg5 Bd7 8 Nd2 Ne5 9 Bb5 Nd3† ∓, Preo–Sapundzhiev, corr. 1977. (B) 4 Bd3 d5 5 e5 Nc6 ∓.

(s) 5 Be2 Qxg2 6 Bf3 Qg6 7 Nc3 Bb4 8 Nge2 Ne7 9 Nf4 Qf5 10 Be3 d5 11 Rg1 gives White fair attacking chances. But 5 . . . d5 6 Nf3 Qe6 7 0-0 Be7 8 Re1 Qd6 tends to favor Black.

(t) 5 . . . d5 is quite playable here. After 6 Nc3 Qe6 7 Nf3 c6 8 Bd3 Be7 9 0-0 Nf6 White probably does not have enough for the pawn.

(u) 10 . . . d6 11 0-0 Bxc3 12 bxc3 Nc6 13 e4 0-0 14 Rae1, Romashkevich–Saburov, Russia 1889; now 14 . . . f6 is about even.

(v) After 12 a3 Bxc3 13 bxc3 0-0 White has not quite enough compensation for the pawn.

(w) 4 . . . Qxd5 5 cxd4 Nf6 6 Nf3 Bb4† 7 Nc3 0-0 (7 . . . Nc6 see the Göring Gambit) 8 Be2 Ne4 7 Bd2 Bxc3 10 bxc3 Nxd2 11 Qxd2 Bg4 =, Ghitescu–Puribzab, Varna 1958.

(x) (A) 5 c4 c6 ∓. (B) 5 Bc4 Nxd5 6 Qb3 Qe7† ∓. (C) 5 Nf3 Nxd5 6 Qxd4 Nc6 7 Bb5 Be7 =, Alekhine–Molina, Buenos Aires 1926.

(y) 5 . . . Bd7 6 Bc4 dxc3 7 Nxc3 gave White a space advantage in Klovans–Zhuravlev, Riga 1962, even though the game ended as a draw after 7 . . . Bd6 8 Qb3 Na6 9 Be3 0-0 10 Qxb7 Nc5 11 Bxc5 Bxc5 12 Qb3.

(z) Not 11 . . . c5? 12 Nxd4 cxd4 13 b3 with a big edge for White, Gusev–Khachaturov, Moscow 1959. After 11 . . . Rd8 12 0-0 Ba6 13 Bxa6 Nxa6 14 Nxd4 Rxd4 15 Be3 White has a small advantage.

LATVIAN GAMBIT

1 e4 e5 2 Nf3 f5

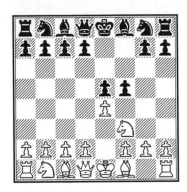

I N THE WORDS OF THE SWEDISH grandmaster Jonny Hector, "The best thing about the Latvian Gambit is that it is not as bad as its reputation. There are a couple of lines that give White a small advantage, but no more." First mentioned by Damiano in 1512 and known as the Greco Counter Gambit, it was adopted by Latvian players, notably Behting and Nimzovich in the 1920s and 30s. It is played a lot in correspondence chess because of the fantastic complications that can arise, and has a newsletter devoted to it.

Columns 1–2 cover White's immediate attempt to exploit the a2–g8 diagonal with 3 Bc4. After 3 . . . fxe4 4 Nxe5 Qg5 (column 1), a blood-curdling position arises that has been analyzed and played by the great Paul Keres. 4 . . . d5 (column 2), the Svedenborg Variation, is equally double-edged and exciting. Column 3, 3 exf5, and column 4, 3 d4, are lesser played alternatives that also result in messy positions. The sane 3 Nxe5 (columns 5–6) is most popular these days. Black can reply with the speculative 3 . . . Nc6 (note p) or the usual 3 . . . Qf6 (columns 5–6). White's two main sixth-move options, 6 Nc3 and 6 Be2, seem to ensure a small edge.

LATVIAN GAMBIT

1 e4 e5 2 Nf3 f5

	1	2	3	4	5	6
3	Bc4		exf5	d4	Nxe5	
	fxe4(a)		e4	fxe5	Qf6(p)	
4	Nxe5		Ne5(j)	Nxe5	d4(q)	
	Qg5(b)	d5	Nf6	Nf6	d6	
5	d4	Qh5†	Be2	Bg5(m)	Nc4	
	Qxg2	g6	d6	d6	fxe4	
6	Qh5†	Nxg6	Bh5†	Nc3(n)	Nc3	Be2
	g6	hxg6(f)	Ke7	dxe5	Qg6	Nc6(t)
7	Bf7†	Qxg6†(g)	Nf7	dxe5	f3(r)	d5
	Kd8(c)	Kd7	Qe8	Qxd1†	exf3	Ne5
8	Bxg6	Bxd5	Nxh8(k)	Rxd1	Qxf3	0-0
	Qxh1†	Nf6	Qxh5	h6	Nc6	Nxc4
9	Ke2	Nc3	Qxh5	Bxf6	Bd3	Bxc4
	c6(d)	Qe7	Nxh5	gxf6	Qg4	Qg6
10	Nc3	d3(h)	g4	Nd5	Qe3†	Bb5†
	e3(e)	exd3†(i)	Nf6(l)	Kd7(o)	Be7(s)	Kd8(u)

(a) 3 ... b5 merits consideration, providing the Black king with a shelter later in a particularly critical line. 4 Bxb5 fxe4 5 Nxe5 Qg4 6 d4 Qxg2 7 Rf1 Nf6 was at least equal for Black in Strelis–Eglitis, corr. 1977. On 4 Bb3 fxe4 and now 5 d4 exd4 6 Nxd4 Nf6 7 Nxb5 ≙ (Kosten). The piece sacrifice 5 Nc3 is risky but possible. On the other hand, 4 Bxg8 calms the waters considerably, leading to about even chances.

(b) Blackburne's 4 ... Nf6 is interesting. After 5 Nf7 Qe7 6 Nxh8 d5 7 Be2 (7 Bxd5 Bg4 8 f3 exf3† 9 Kf2 Qc5† ∓, Woll–Amilibir, corr. 1994) 7 ... Nc6 with some compensation for the material. 5 Bf7† Ke7 6 Bb3 d5 is probably a little better for White.

(c) 7 ... Ke7 8 Bg5† Nf6 9 Qh4 Qxh1† 10 Kd2 e3† 11 Ke2 Bg7 12 Nc3 Qg2 13 Ne4 Kf8 14 Bxf6 g5 15 Qh5 Qxe4 16 Bxg7† Kxg7 17 Qxg5† and White wins, Kozlov–Svendsen, corr. 1991.

(d) 9 ... Qxc1 10 Nf7† Ke7 and now both 11 Nxh8 and 11 Nd2 are promising for White but not entirely clear (Kosten).

(e) 11 Nf7† Kc7 12 Be3 Qxa1 13 Qg5 Be7 14 Bf4† Kb6 15 Na4† Ka6 16 Nc5† Kb6 (16 ... Bxc5 17 Bd3† b5 18 Qxc5 Qxa2 19 Nd6 wins, Harding–Comley, corr. 1986) 17 Qg3 d6 18 Bxd6 Bxd6 19 Nxd6 wins (Harding). This is typical of the wild play in this line.

(f) 6 ... Nf6 7 Qe5† Be7 8 Bb5† (8 Nxh8 dxc4 9 b3 Nc6 10 Qb5 Be6 leaves Black compensation for the material; 8 Qxe7† Qxe7 9 Nxe7 Kxe7 10 Be2 Rg8 gave Black good play in Nymann–Kozlov, corr. 1991) 8 ... c6 9 Nxe7 Qxe7 10 Qxe7† Kxe7 11 Be2 Rg8 12 g3 ±. Black cannot use c6 for his knight.

(g) 7 Qxh8 Kf7 8 Qd4 Be6 9 Bb3 Nc6 10 Qe3 Bh6 11 f4 Nge7 12 0-0 Nf5 13 Qe1, Jackson–Jensen, corr. 1991; now 13 ... Bf8 would give Black reasonable compensation.

(h) (A) 10 0-0 Nc6 11 Bxe4 Ne5 12 Qg3 Rg8 ∓, Drucke–Kranze, corr. 1991. (B) 10 b3 c6 11 Bxe4 Rg8 12 Qf5† Kd8 13 Qf3 Bg4 14 Qe3 Nbd7 15 d3 Qg7 with at least equality for Black, Heap–Kranze, corr. 1993.

(i) 11 Be3 c6 12 Bb3 Bh6 13 0-0-0 Bxe3† 14 fxe3 b6 15 Rxd3 Kc7 ∓, Melchor–Elburg, corr. 1989.

(j) Others possibilities are: (A) 4 Qe2 Qe7 5 Nd4 Nc6 6 Qh5† Kd8 7 Nxc6† dxc6 =, Psomiddis–Hector, Katerini 1992. (B) 4 Ng1 Nf6 5 g4 (5 d3 Qe7 is okay) 5 ... h5 6 g5 Ng4 (looks like an Allgaier reversed now) 7 d4 e3 8 Bxe3 Nxe3 9 Qe2 Qg5 =, Magee–Budovskis, corr. 1991. (C) 4 Nd4 Qf6 5 c3 Nc6 6 Nb5 Qe5 7 Qe2 Kd8 =, Downey–Kranz, corr. 1992.

(k) 8 Nc3 g6 9 fxg6 hxg6 10 Nxh8 gxh5 =, Stummer–Schlenker, corr. 1991.

(l) 11 Nc3 (11 Rg1 Nc6 12 Rg3 Nd4 13 Kd1 g6 is fine for Black, Elburg–Itcap, corr. 1991) 11 ... Nxg4 12 Nd5† or 11 ... c6 12 Rg1 is rated as a little better for White (Kosten).

(m) 5 Bc4 d5 6 Bb3 Be6 7 Bg5 Be7 =, Stockholm vs. Riga, corr. 1934.

(n) 6 Nd2?! dxe5 7 dxe5 Qd5 8 exf6 Qxg5 9 Nxe4 Qa5† 10 c3 Be6 ∓.

(o) Better than 10 ... Kf7 11 Nxc7 ±. After 10 ... Kd7! 11 Nb6† Kc6 12 Nxa8 fxe5 13 Bc4 Bd6 Black is slightly better, Pietrusiak–Hector, Sweden 1984.

(p) Speculative but interesting is 3 ... Nc6 4 Nxc6 (4 Qh5† g6 5 Nxg6 Nf6 6 Qh3 hxg6 7 Qxh8 Qe7 with compensation, Jensen–Magee, corr. 1991) 4 ... dxc6 5 Nc3 Bc5 6 d3 Nf6 with some play for Black, Doncević–Hermann, Bundesliga 1988.

(q) 4 Nc4 fxe4 5 Nc3 Qf7 6 Ne3 c6 7 d3 (7 Nxe4 d5 is okay for Black) 7 ... exd3 8 Bxd3 d5 =, Diravieks–Downey, corr. 1992.

(r) 7 Ne3, 7 Be3, 7 Nd5 and 7 Bf4 are all possible alternatives.

(s) 11 0-0 Nf6 (11 ... Qxd4 12 Nb5 Qxe3† 13 Nxe3 Kd8 14 Nd5 ±) 12 d5 Nb4 13 Rf4 ±, Rublevsky–Maliutin, Russia 1992.

(t) 6 ... Qd8 7 d5 Nf6 8 Nc3 Be7 9 Be3 0-0 10 Nd2 c5 11 Ndxe4 Qb6 12 Rb1 ±, Kosten–Hector, Torcy 1988.

(u) 11 Bf4 h5?! 12 f3 Bf5 13 Nc3 exf3 14 Qxf3 Bxc2 15 Bg5† Nf6 16 Rae1 c6 (16 ... Qxg5 17 Qxf6†) 17 Bxf6† Qxf6 18 Qe2 Qd4† 19 Kh1 Bg6 20 Rxf8† winning, Bronstein–Mikenas, Kostov 1941. Better is 11 ... Nf6, though White stands better after 12 Nc3.

BISHOP'S OPENING

1 e4 e5 2 Bc4

T HE BISHOP'S OPENING is an attempt to delay developing the king's knight and to retain the option of moving the f-pawn forward. Studied by the old masters Lucena and Ruy Lopez, it was also favored by Philidor. Among modern players only Bent Larsen has played it much, but even Kasparov gave it a whirl (winning against Bareev). Often this opening transposes to the Vienna, the King's Gambit or the Giuoco Piano.

Black's most natural response is 2 . . . Nf6. Now White is at a crossroads on how to defend e4. The most common method is 3 d3 (columns 1–3), and after 3 . . . c6 4 Nf3 Black can either go through with 4 . . . d5 (column 1) or play the quiet 4 . . . d6. Both ways seem to be sufficient for equality. Black can proceed aggressively with 3 . . . d5, usually sacrificing the e-pawn for active play. This is perhaps a tad too dynamic. Columns 4–5 feature the old 3 d4 in which White sacrifices a pawn for quick development. Black can defend with either 7 . . . Nc6 or 7 . . . c6. Column 6 shows Black imitating White with 2 . . . Bc5. White's attempt to blast through the center leads to approximate equality.

THE BISHOP'S OPENING

1 e4 e5 2 Bc4

	1	2	3	4	5	6
	Nf6					Bc5(u)
3	d3(a)			d4		c3(v)
	c6		d5	exd4		Nf6(w)
4	Nf3(b)		exd5	Nf3		d4
	d5	Be7	Nxd5	Nxe4(n)		exd4
5	Bb3(c)	0-0	Nf3(i)	Qxd4		e5
	Bd6(d)	d6	Nc6	Nf6(o)		d5
6	Nc3	c3(f)	0-0	Bg5(p)		exf6(x)
	dxe4	0-0	Bg4(j)	Be7		dxc4
7	Ng5(e)	Bb3	Re1	Nc3		Qh5
	0-0	Nbd7(g)	Be7(k)	Nc6	c6	0-0
8	Ncxe4	Re1	h3	Qh4	0-0-0	Qxc5
	Nxe4	Re8	Bh5(l)	d6	d5	Re8†
9	Nxe4	Nbd2	g4	0-0-0	Rhe1	Ne2(y)
	Bf5	Bf8	Bg6	Be6	Be6(r)	d3
10	0-0	d4	Nxe5	Bd3	Bd3(s)	Be3
	Na6 =	g6(h)	Nxe5(m)	Nd7(q)	Nbd7(t)	dxe2(z)

(a) Other tries for White are: (A) 3 f4 Nxe4 (or 3 . . . d5 4 exd5 e4) 4 d3 Nd6 5 Bb3 e4 =, van Popiel–Pillsbury, Budapest 1896. (B) 3 Qe2 Bc5 4 Nf3 Nc6 5 c3 d6 6 d3 a6 =, Kim–Morgado, corr. 1984.

(b) 4 Bb3 Na6 5 Nf3 Be7 6 0-0 Qc7 =, Mazl–M. Sorokin, Ljubljana 1992.

(c) 5 exd5 cxd5 6 Bb3 (6 Bb5† Bd7 7 Bxd7 Nbxd7 =, Galego–Solomon, Manila 1992) 6 . . . Bb4† 7 c3 Bd6 =, Adams–H. Steiner, St. Louis 1941.

(d) (A)5 . . . dxe4 6 Ng5 Be6 7 Bxe6 fxe6 8 Nxe4 ±, Honfi–Lukacs, Hungary 1975. (B) 5 . . . a5 6 Nc3 Bb4 7 a3 Bxc3† 8 bxc3 ±, Kasparov–Bareev, Linares 1993. (C) 5 . . . Bb4† 6 c3 Bd6 7 Bg5 dxe4 (7 . . . Be6 8 Nbd2 Nbd7 9 d4 ±, Yudasin–Alterman, Israel 1994) 8 dxe4 h6 9 Bh4 0-0 10 Nbd2 Bc7 11 0-0 Na6 =, Mestel–Talbot, Hastings 1981. In this line if, 6 Bd2 Bxd2† 7 Nbxd2 dxe4 8 Nxe5 0-0 9 dxe4 Nxe4 10 Ndf3 Nd7 11 0-0 Nxe5 12 Nxe5, Larsen–Nunn, London 1986; and now 12 . . . Bf5 equalizes.

(e) 7 dxe4 Na6 8 Be3 Qe7 =, Honfi–Kholmov, Kecskemet 1975.

(f) 6 Nc3 0-0 7 Qe2 Nbd7 8 a4 b6 =, Skora–Antoshin, 1978.

(g) 7 . . . Bg4 8 Nbd2 Nbd7 9 h3 Bh5 10 Re1 h6 11 Nf1 Nh7 12 Ng3 ±, Prodanov–Dolmadzhan, Bulgaria 1981.

(h) 11 Ng5 d5 12 Ndf3 h6 13 exd5 Nxd5 =, Nunn–Scheeren, Wijk aan Zee 1983.

(i) 5 Nc3 Nxc3 6 bxc3 Nd7 =.

(j) 6 . . . Be7 7 Re1 f6 8 d4 Nb6 9 Bb3 Bg4 10 c3 Qd7 11 h3 Bh5 12 g4 ±, Freiman–Konstantinopolsky, Kiev 1938.

(k) Alternatives are: (A) 7 . . . Qd6 8 d4 ±. (B) 7 . . . f6 8 Nxe5 ±. (C) 7 . . . Bc5 8 h3 Bh5 9 d4 ±.

(l) 8 . . . Bxf3 9 Qxf3 Nd4 10 Qg4 0-0 11 Rxe5 ±, Larsen–Berger, Amsterdam 1964.

(m) 11 Rxe5 Nb6 12 Bb3 0-0 13 Nc3 ±, Dolmatov–Chekov, USSR 1980.

(n) 4 . . . d5 5 exd5 Bb4† 6 c3 Qe7† 7 Be2 dxc3 8 Nxc3 0-0 9 0-0 Nbd7 =, Laes–Flores, corr. 1970, is a way for Black to avoid complications.

(o) (A) 5 . . . Nc5 6 Bg5 f6 7 Be3 c6 8 Nc3 d5 9 0-0-0 ±, Estrin–Taimanov, Leningrad 1949. (B) 5 . . . Nd6 6 0-0 Qf6 7 Re1† Be7 8 Qxf6 ±. (C) 5 . . . d5 6 Bxd5 Nf6 7 Bxf7† Kxf7 8 Qxd8 Bb4† 9 Qd2 Re8† 10 Kf1 Bxd2 11 Bxd2 ±.

(p) 6 Nc3 Nc6 7 Qh4 Bb4 8 0-0 Bxc3 9 bxc3 0-0 10 Bg5 is compensation for the pawn (Keres).

(q) If instead 10 . . . Qd7 11 Bb5 0-0 12 Nd4 h6 (12 . . . a6 13 Bd3) 13 Bxh6 gxh6 14 Qxh6 Ng4 15 Qh5 is dangerous for Black. Also 12 Ne5 Qe8 13 Nxc6 bxc6 14 Bd3 h6 15 f4 with an attack (Estrin). The text avoids these complications. After 10 . . . Nd7 11 Qg3 Nde5 12 Bxe7 Qxe7 13 Nxe5 Nxe5 14 Qxg7 0-0-0 the position is equal.

(r) 9 . . . 0-0 10 Qh4 Nbd7 11 Bd3 g6 12 Re2 Re8 13 Rde1 Ne4 14 Bxe7 Qxe7 15 Qxe7 Rxe7 16 Nd4 Nb6 17 f3 c5 is equal.

(s) 10 Qh4 Nbd7 11 Nd4 Nf8 12 Nf5 Bxf5 13 Bxf6 Be6 14 Bxe7 Qxe7 15 Qd4 Qf6 16 Qe3, Schlechter–Teichmann, Vienna 1904. White's attacking chances balance Black's extra pawn.

(t) 11 Qh4 Nc5 (11 . . . c5 12 Ne5 Nxe5 13 Rxe5 d4 14 f4 Nd7 15 Bb5 Bxg5 16 fxg5 Qc7 White has compensation, Timoshchenko–Karpov, USSR 1967) 12 Nd4 Ng8 13 Bxe7 Qxe7 14 Qg3 g6. Now 15 Nce2, 15 f4 and 15 b4 give White play in an obscure position.

(u) (A) 2 . . . f5 3 d3 Nf6 4 f4 d6 5 Nf3 fxe4 (5 . . . Nc6 Keres) 6 dxe4 Bg4 7 fxe5 ±, Pereira–Roose, corr. 1982. (B) 2 . . . c6, (C) 2 . . . Nc6 and (D) 2 . . . d6 are all reasonable moves here.

(v) (A) 3 f4 Bxg1 4 Qh5 Qe7 5 Rxg1 Nc6 ∓. (B) 3 b4 Bxb4 4 f4 d5 5 exd5 e4 ∓. (C) 3 Qg4 Qf6 4 Nc3 Ne7 (4 . . . Qxf2† is risky) 5 Qg3 Nbc6 =, Chekov–Perez, Caracas 1976. (D) 3 Nf3 usually transposes into other openings such as the Giuoco Piano.

(w) Some alternatives are 3 . . . Qf6, 3 . . . Qe7, 3 . . . Nc6 and 3 . . . d5.

(x) 6 Bb5† Bd7 7 Bxd7† Nfxd7 8 cxd4 Bb4† = (Larsen).

(y) 9 Kf1? dxc3 10 Nxc3 Qd3† 11 Nge2 Rxe2 12 Qd5 Rc2† ∓.

(z) 11 Nd2 Na6 12 Qxc4 Qxf6 13 Qxe2 leads to a balanced position with drawish tendencies.

CENTER GAME

1 e4 e5 2 d4 cxd4 3 Qxd4

L IKE THE KING'S GAMBIT, the Center Game is an attempt to knock out Black's central strongpoint at e5. It succeeds in this, but the resulting exposure of the queen allows Black to develop with tempo, so his forces enter the game quickly. This is another opening that was thought to have been buried in the nineteenth century (even though Mieses got a winning position against Capablanca with it). At the end of the twentieth century some adventurous grandmasters from the former USSR started playing it with some success, forcing a reevaluation of old lines once considered good for Black. Morozevich and Shabalov have led the revival but Shirov (against Karpov) and Adams have used it as well.

3 . . . Nc6 4 Qe3 Nf6 5 Nc3 Bb4 6 Bd2 0-0 7 0-0-0 Re8 is the main line, covered in columns 1–2. After 8 Qg3 Black can play the supposed refutation 8 . . . Rxe4 or the more conservative 8 . . . d6 favored by Karpov. 5 . . . Be7 (column 3) is a quieter way to balance the game. The White deviation 5 e5 (column 4) is not as bad as its reputation. 4 . . . g6 (column 5) is a reasonable way to sidestep the main lines. In column 6 White plays 4 Qa4, a Center Counter with an extra tempo.

CENTER GAME

1 e4 e5 2 d4 exd4 3 Qxd4 Nc6(a)

	1	2	3	4	5	6
4	Qe3(b)					Qa4
	Nf6(c)				g6	Nf6(v)
5	Nc3			e5	Nc3(r)	Bg5(w)
	Bb4		Be7	Ng4	Bg7	Be7(x)
6	Bd2		Bd2(k)	Qe4(o)	Bd2(s)	Nc3
	0-0		d5	d5	Nf6(t)	0-0
7	0-0-0		exd5	exd6†	0-0-0	Nf3
	Re8		Nxd5	Be6	0-0	d6
8	Qg3(d)		Qg3(l)	Be2(p)	Be2	0-0-0
	Rxe4(e)	....dG	Nxc3(m)	Nf6	d6	Rd7(y)
9	a3(f)	f3	Bxc3	dxc7	h4	Qc4
	Bd6(g)	Ne5	Bf6	Qxc7	Ne5	Be6
10	f4	h4	Bxf6	Qa4	h5	Qe2
	Re8	Kh8(i)	Qxf6	Bc5	Neg4	Nd7
11	Nf3	Nh3	0-0-0	c3	Qg3	h4(z)
	Bc5(h)	Nh5(j)	0-0(n)	0-0(q)	Nxh5(u)	Nde5 =

(a) Black could try 3 . . . Qf6 4 Qe3 Bb4† 5 c3 Ba5 6 Bc4 d6 7 f4 Ne7 8 Nf3 Nbc6 9 Qe2 Bb6 =, Thorsteinsson–Gunnarsson, Reykjavik 1990.

(b) Some other choices here are 4 Qc4 Nf6 5 Nc3 d5 =, Mieses–Leonhardt, Berlin 1920, and the unusual 4 Qd2 or 4 Qd1.

(c) 4 . . . Bb4† 5 c3 (5 Nc3 Nge7 6 Bd2 0-0 7 0-0-0 d6 8 Qg3 Kh8 9 f4 f5=, Tolush–Botvinnik, USSR 1944) 5 . . . Ba5 5 Be2 d6 7 Na3 Bb6 8 Qg3 Qf6 is about even, Braga–Hoen, Buenos Aires 1978.

(d) 8 Bc4 d6 (8 . . . Na5 9 Be2 d5 10 Qg3 =) 9 f3 Na5 10 Bb3 Nxb3† 11 axb3 a5 ∓, Romero–Karpov, Madrid 1992.

(e) 8 . . . Nxe4 9 Nxe4 Rxe4 10 c3 Bf8 11 Bd3 Re8 12 Nf3 and White has compensation for the pawn.

(f) (A) 9 f4 d5 10 Bd3 Re8 ∓, Wallyn–Sharif, Lyon 1990. (B) 9 Bd3 Rg4 10 Qh3 (Zinn–Sax, Bajal 1972) 10 . . . d6 ∓.

(g) 9 . . . Rg4 10 Qe3 Ba5 11 f3 Rg6 12 h4 Bb6 13 Qe1 d6 14 h5 Nxh5? 15 Rxh5 Bxg1 is a messy position with chances for both sides, Shabalov–Socrates (computer), Cambridge 1994. Computers like to take pawns.

(h) After 12 Bd3 d5 (12 . . . d6 13 Rde1 Rxe1† 14 Rxe1 Ne7 15 Nh4 Bd7 ∓) the position is murky, Shabalov–A. Ivanov, USA 1994.

147

(i) (A) 10 . . . c6?! 11 h5 turned out badly for Black in Morozevich–Hebden, London 1994. If (B) 10 . . . h6 not 11 Bxh6 Nh5 12 Qg5 Qxg5 13 Bxg5 Bxc3 with compensation, but 11 Qh2 intending g4 (Karpov).

(j) 12 Qh2 c6 13 a3 Ba5, Shirov–Karpov, Dos Hermanas 1995; now either 14 Nf4 or 14 Ng5 would have kept the chances balanced.

(k) (A) 6 Qg3 is an alternative. After 6 . . . 0-0 7 Bh6 Ne8 8 Bf4 d6 9 0-0-0 Be6 White was a little better in Winawer–Janowski, Nuremberg 1896. (B) After 6 Bc4 Nb4 7 Qd2 0-0 8 a3 Nc6, White had no advantage in Soloviev–Yudovic, USSR 1955.

(l) This is better than 8 Nxd5 Qxd5 9 Ne2 Bg4 10 Nf4 Qd7 11 f3 0-0-0 12 0-0-0 Bf5 13 Bd3 Bd6 ∓ (Griffiths).

(m) Anand recommends 8 . . . 0-0 9 Bh6 Bf6 10 0-0-0 Be6 11 Ne4 Kh8 =.

(n) After 12 Nf3 White holds a small plus, Adams–Anand, Linares 1994.

(o) After 6 Qe2 d6 (6 . . . d5 7 h3 Nh6 8 Bxh6 gxh6 9 Nf3 is better for White) 7 f3 Nh6, both 8 Bxh6 Qh4† 9 Qf2 Qxh6 and 8 exd6† Be6 favor Black. Also no help is 7 exd6† Be6 8 dxc7 Qxc7 9 Nf3 Bc5 ∓, Makovets–Maróczy, Budapest 1895, and 7 h3 Ngxe5 8 f4 Qh4† 9 Kd1 Ne4 ∓.

(p) (A) 8 dxc7 Qd1† 9 Kxd1 Nxf2† 11 Ke1 Nxe4 ∓. (B) 8 Ba6 Qxd6 9 Bxb7 Qb4† 10 Qxb4 Nxb4 11 Na3 Rb8 12 Bf3 Ne5 ∓, Mieses–Burn, Breslau 1912. 8 Bc4 and 8 Bb5 are also possibilities.

(q) 12 Nf3 Ng4 13 0-0 Qb6 14 Ng5 Nxf2 15 Qc2 Nh3† 16 Kh1 Nxg5 17 Bxg5 Be3 =, Ghinda–Lukacs, Baile Herculaine 1982.

(r) 5 Bc4 Bg7 6 Ne2 Nf6 7 Nbc3 0-0 =, Antoshin–Zurakhov, USSR 1956.

(s) 6 Nf3 Nge7 7 Bc4 d6 8 Bd2 0-0 9 0-0-0 a6 is probably about even, Smederevac–Kicović, Yugoslavia 1954.

(t) 6 . . . Nge7 7 0-0-0 0-0 8 Bc4 d6 9 h4 ±, Mieses–Spielmann, Breslau 1912.

(u) After 12 Rxh5 gxh5 13 f3, White has fair play for his sacrificed material, Chigorin–Otto, St. Petersburg 1883.

(v) 4 . . . Bc5 must be reasonable here, as well as 4 . . . Be7 and 4 . . . g6.

(w) 5 Nf3 d5 6 Nc3 dxe4 immediately equalizes.

(x) 5 . . . h6 6 Bh4 Qe7 7 Nc3 Qb4 8 Qxb4 Bxb4 9 Bxf6 gxf6 10 Nge2 is somewhat better for White (Keres).

(y) 8 . . . Ng4 is also possible here. After 9 Bxe7 Qxe7 10 Rd2 White is hard-pressed to prove an advantage.

(z) An attempt to liven up the position. After 11 Bxe7 Qxe7 White's slightly greater command of space means little. The column is Milev–Chipev, Bulgaria 1961.

UNUSUAL DOUBLE
KING PAWN OPENINGS

1 e4 e5

Alapin's Opening

T HE HUNGARIAN DEFENSE, 2 Nf3 Nc6 3 Bc4 Be7!? is an attempt to avoid
the intricacies of the Giuoco Piano or the Two Knights' Defense.
Played by positional defenders like Reshevsky, Hort and Smyslov,
it has a reputation for solidity and stodginess. After 4 d4 d6 White now de-
termines the future course of the game; he can try for a small edge in the
endgame (column 1, note b) or he can play for a space advantage on the
queenside with 5 d5 followed by a subsequent c4, with King's Indian–like
play (column 1). If he prefers more fluid piece play he opts for 5 Nc3 (col-
umn 2). Either method usually leads to a slight edge.

Column 3, 3 . . . d6, is another attempt to defuse White's setup, lead-
ing to sharp play slightly favoring White. At least the territory is mostly
unmapped in this line.

The brazen Queen's Pawn Counter Gambit, 2 . . . d5 (columns 4–5),
is an impatient attempt to seize the initiative. Black gives up a pawn,
sometimes two, to get ahead in development and misplace White's queen.
Almost never played at a high level, the opening needs some new analy-
sis to rehabilitate it.

2 Ne2 (column 6) is Alapin's Opening, a curiosity from the turn of
the century.

149

UNUSUAL DOUBLE KING PAWN OPENINGS

1 e4 e5

	1	2	3	4	5	6
2	Nf3 ....(Hungarian	(Queen's Pawn Counter Gambit)				Ne2 (Alapin)
	Nc6.........Defense)		d5(n)			Nf6(v)
3	Bc4			exd5(o)		f4(w)
	Be7 ....d6(j)			e4(p)		Nxe4(x)
4	d4		c3(k)	Qe2		d3
	d6(a)		Be7(l)	Nf6(q).......f5		Nc5
5	d5(b) Nc3		Qb3	Nc3(r)	d3	fxe5
	Nb8	Nf6(g)	Nh6	Be7	Nf6	d5
6	Bd3(c)	h3	d4	Nxe4	dxe4	d4
	Nf6	0-0	0-0	Nxd5(s)	fxe4	Ne6(y)
7	c4	0-0	Bxh6	d3	Nc3	Nf4
	0-0(d)	a6(h)	gxh6	0-0	Bb4	c5(z)
8	h3(e)	a4	Nbd2	Qd1	Qb5†	Nc3
	Nbd7	exd4	Na5	Bg4	c6	cxd4
9	Nc3	Nxd4	Qc2	Be2	Qxb4	Ncxd5
	Ne8(f)	Nb4(i)	Nxc4(m)	f5(t)	exf3(u)	Nc6(aa)

(a) 4 ... exd4 5 Nxd4 d6 6 Nc3 Nf6 7 0-0 0-0 8 h3 Nxd4 9 Qxd4 c6 10 a4 ±, Spassky–Hort, Reykjavik 1977.

(b) 5 dxe5 dxe5 (5 ... Nxe5 6 Nxe5 dxe5 7 Qh5 ±) 6 Qxd8† (6 Bd5 Bd7 7 Ng5 Bxg5 8 Qh5 ±, Bronstein–Shcherbakov, USSR 1955) 6 ... Bxd8 7 Nc3 Nf6 ±, van der Wiel–P. Nikolić, Malta 1980.

(c) 6 Nc3 Nf6 7 h3 c6 =, Chekover–Rabinovich, USSR 1938.

(d) 7 ... Nbd7 8 Nc3 Nf8 9 h3 Ng6 10 0-0 0-0 11 Be3 Nh5 12 Re1 Nhf4 13 Bf1 f5 14 Kh2 Qe8 15 exf5 Bxf5 16 Ng1 with a White edge in Lukovnikov–Malevinsky, USSR 1976.

(e) 8 Nc3 c6 9 0-0 Nbd7 10 Rb1 Re8 =, Mestel–Smyslov, Las Palmas 1982.

(f) 10 0-0 g6 11 Bh6 Ng7 12 Qe2 ±, Fuchs–Kholmov, USSR 1967.

(g) 5 ... Bg4 6 Bb5 exd4 7 Qxd4 Bxf3 8 gxf3 Nf6 9 Rg1 Kf8 10 Bxc6 bxc6 11 Be3 ±, Sveshnikov–Padevski, Plovdiv 1973.

(h) (A) 7 ... exd4 would transpose into Spassky–Hort of note (a). (B) 7 ... h6 8 Re1 Re8 9 Be3 exd4 10 Nxd4 Bf8 11 Bf4 ±, Tal–Filip, Miskolć 1963. (C) 7 ... Nxe4 8 Nxe4 d5 9 Bxd5 Qxd5 10 Nc3 Qd6 11 dxe5 ±, Mariotti–Osterman, Yugoslavia 1975.

(i) 10 Nd5 Nbxd5 11 exd5 ±, Lipnitsky–Petrosian, USSR 1951.

(j) Other third moves are: (A) 3 . . . g6 4 d4 exd4 5 c3 d3 (5 . . . dxc3 6 Nxc3 Bg7 7 Qb3 is dangerous for Black) 6 0-0 Bg7 7 Qb3 Qe7 8 Bg5 with an edge for White, Macijewski–Schinzel, Lodz 1980. (B) 3 . . . Nd4 4 Nxd4 (4 Nxe5 Qg5 5 Bxf7† Ke7 6 0-0 Qxe5 7 Bxg8 Rxg8 8 c3 is speculative) 4 . . . exd4 5 c3 dxc3 6 Nxc3 ± (Unzicker).

(k) Also (A) 4 d4 Bg4 5 h3 Bxf3 6 Qxf3 Qf6 7 Qb3 Nd8 8 dxe5 ±, Gavrikov–Vladimirov, USSR 1978. If 7 . . . Nf6 8 Qb3 or 8 d5. (B) 4 0-0 Be6 5 Bxe6 fxe6 6 d4 exd4 7 Nxd4 ±, Solomon–Sarapu, Manila 1992.

(l) (A) 4 . . . Bg4 5 d4 Qe7 6 Be3 Nf6 7 Qb3 ±, Levenfish–Tolush, USSR 1936. (B) 4 . . . g6 5 0-0 Bg7 6 d4 Nf6 7 dxe5 dxe5 8 Qxd8† ±, Bologan–Kr. Georgiev, Capelle-la-Grande 1992.

(m) 10 Nxc4 f5 11 Ne3 ±, Makarichev–Averbakh, USSR 1978.

(n) Other rarely played moves are: (A) 2 . . . Qe7 3 Nc3 c6 4 d4 d6 5 Bg5 Nf6 6 Qd2 ±, T. Georgadze–Kupreichik, USSR 1971. (B) 2 . . . f6 (Damiano's Defense) 3 Nxe5 Qe7 4 Nf3 d5 5 d3 dxe4 6 dxe4 ±, Schiffers–Chigorin, St. Petersburg 1897. (C) 2 . . . c6 3 Nxe5 Nf6 4 d4 Nxe4 5 Bd3 Nf6 6 0-0 Be7 7 h3 ±, Malyutin–Bondarenko, Moscow 1991.

(o) 3 Nxe5 Bd6 4 d4 dxe4 5 Bc4 Bxe5 6 Qh5 Qf6 7 dxe5 ±.

(p) 3 . . . Bd6 (The Elephant Gambit) 4 d4 e4 5 Ne5 Nf6 6 Nc3 0-0 7 Bc4 ±, Motwani–Rogers, Plymouth 1989.

(q) 4 . . . Be7 5 Qxe4 Nf6 6 Bb5† Bd7 7 Qe2 ±, Morphy–Paulsen, New York 1857.

(r) 5 d3 Be7 6 dxe4 0-0 7 Nc3 Re8 8 Bd2 Bb4 9 0-0-0 is also good for White.

(s) 6 . . . 0-0 7 Nxf6† Bxf6 8 d4 Re8 9 Be3 ±, Khaled–Volpinar, Novi Sad 1990.

(t) 10 Ng3 Nc6 11 c3 ±, Salomonsson–H. Sorensen, Malmo 1982.

(u) 10 Bg5 cxd5 11 0-0-0 Nc6 Tal–Lutikov, Tallinn 1964, now 12 Qe5 is a clear plus for White.

(v) Other possibilities are: (A) 2 . . . Bc5 3 c3 Nc6 4 d4 Bb6 5 f4 Nf6 6 fxe5 Nxe4 7 Nd2 ±, Alapin–Halprin, Vienna 1898. (B) 2 . . . Nc6 3 Nbc3 Bc5 4 Na4 Be7 5 d4 Nf6 6 dxe5 Nxe5 7 f4 Nc6 8 e5 Ng4 9 h3 Nh6 =, Cheab–Lodhi, Novi Sad 1990.

(w) 3 Nbc3 Nc6 4 f4 d5 5 fxe5 Nxe4 6 d4 Bb4 7 Bd2 Bg4 8 Nxe4 dxe4 9 c3 =, Bakonyi–Exner, Hungary 1925.

(x) (A) 3 . . . exf4 4 Nxf4 d5 5 Nxd5 Nxd5 6 exd5 Qxd5 7 Nc3 Qe5† 8 Qe2 =, Hemra–Arulaid, USSR 1948. (B) 3 . . . d5 4 fxe5 Nxe4 5 d3 Nc5 6 Be3 Nc6 7 d4 Ne4 8 Nd2 Bf5 9 Nxe4 Bxe4 =, Plater–Kolarov, Moscow 1956.

(y) 6 . . . Ne4 7 Nd2 Nxd2 8 Bxd2 Bg4 = (Keres).

(z) If 7 . . . Be7 8 Nc3 c6 9 Be3 0-0, Bakony–Kostić, Spindlerovy-Mliny 1948; now 10 Bd3 g6 11 Qd2 with the idea 0-0-0 is slightly better for White.

(aa) Now instead of 10 Bd2?! Nxf4 11 Nxf4 Nxe5 12 Bb5† Bd7 13 Qe2 Bd6 ∓, Alapin–Rubinstein, Vienna 1908, White should play 10 Bb5 Nxf4 11 Bxc6† bxc6 12 Nxf4 Bb4† with even chances (Fine).

II
SEMI-OPEN GAMES

ALEKHINE'S DEFENSE

1 e4 Nf6

T HIS PROVOCATIVE, COMBATIVE DEFENSE immediately unbalances the pawn structure and spatial equilibrium of the board. White gains territory (after the advance e5), but is then forced to defend it. The approach is the "hypermodern" concept that occupying the center is not important, controlling it is what counts. There are almost no dull or symmetrical lines for White to choose, making Alekhine's a good choice for aggressive, fighting players. Adams, Alburt, Korchnoi and Fischer have been pracititioners of this defense, attesting to its dynamic possibilities.

The negative view of Alekhine's Defense is that Black simply gives away space for no significant return. Sometimes White routinely obtains control of the board, leaving Black cramped with little room to maneuver. There is enough danger of this happening to make most grandmasters avoid Alekhine's as a frontline defense, using it instead as a surprise weapon to unsettle an opponent, as Alekhine did when launching the opening into respectability against A. Steiner at Budapest in 1921. The unconventional Alburt is the one high-level player who regularly replies to 1 e4 with 1 . . . Nf6, and his thorough knowledge of the opening has brought him fair success.

The Modern Variation, 2 e5 Nd5 3 d4 d6 4 Nf3 (columns 1–12), is considered White's best response. White keeps a modest space advantage and seeks no more until all his pieces are deployed. 4 . . . Bg4 (columns 1–6) is Black's most tested reply, although White maintains a pull. Columns 4 and 5 are offbeat lines that may confuse an unprepared opponent. 4 . . . g6 (columns 7–9) produces sharp positions that require accurate play.

The Exchange Variation, 2 e5 Nd5 3 d4 d6 4 c4 Nb6 5 exd6 (columns 13–18), is a relatively safe response. White gives up his central point at e5 to avoid problems and just develops logically. Black's most enterprising recapture is 5 . . . cxd6 (columns 13–16), which preserves the chance for a dynamic central advance. White's best chance of advantage seems to be column 15 (6 Nc3), trying to take play into an advantageous endgame.

The Four Pawns' Attack, 2 e5 Nd5 3 d4 d6 4 c4 Nb6 5 f4 (columns 19–24), attempts to dominate the center with pawns (see diagram above). White's aggressive reaction must be met by careful defense; otherwise White will obtain the initiative and a great advantage in space. Theory has given Black several reasonable plans to counter the aggression, so a prepared player will have little reason to fear this variation. The main line has not been improved for years (column 19)—White sacrifices the exchange to press his initiative, requiring active defense from Black.

Of the minor variations, the Two Pawns' Attack (columns 25–26), is an aggressive attempt to gain an attack, often at the cost of a pawn. Black gains full equality against this and the other minor variations with accurate play.

ALEKHINE'S DEFENSE

Modern Variation

1 e4 Nf6 2 e5 Nd5 3 d4 d6 4 Nf3 Bg4

	1	2	3	4	5	6
5	Be2..h3					
	e6..c6............Nc6					Bxf3
6	0-0			Ng5(m)	0-0!	Qxf3
	Be7.......................Nc6			Bf5	dxe5(p)	dxe5
7	c4		c4	e6(n)	Nxe5	dxe5
	Nb6		Nb6(j)	fxe6	Nxe5(q)	e6
8	h3(a)		exd6	g4	dxe5	Bc4(s)
	Bh5(b)		cxd6	Bg6	Bxe2	Nc6
9	Nc3		d5	Bd3	Qxe2	Qe4
	0-0(c)		exd5	Bxd3	Qd7	Nde7
10	Be3		cxd5	Qxd3	c4	Be3
	a5(d)	........d5	Bxf3	Nf6	Nb4	Nf5
11	exd6(e)	c5(g)	Bxf3 (k)	Nxe6	Rd1	0-0
	cxd6	Bxf3	Ne5	Qd7	Qf5	Qh4
12	Qb3	gxf3(h)	Be4	Qe2	Nc3	Qxh4
	N8d7(f)	Nc8(i)	Be7(l)	Kf7(o)	Nc6(r)	Nxh4 =

(a) 8 exd6 cxd6 9 Be3 0-0 Nc3 d5 11 c5 Bxf3 12 Bxf3 Nc4 13 Bf4 Nc6 14 b3 N4a5 15 Rc1 b6 =, Sax–Hecht, Wijk aan Zee 1973. White should keep the wedge on e5 for cramping effect.

(b) 8 . . . Bxf3 9 Bxf3 Nc6 10 Bxc6† gives White a simple edge in space and pawn structure.

(c) 9 . . . dxe5 10 Nxe5! Bxe2 11 Qxe2 Qxd4 12 Rd1 is a powerful initiative for the pawn.

(d) Black has also played 10 . . . a6 with the same idea—to play 11 . . . Bxf3 12 Bxf3 Nxc4 13 Bxb7 Ra7!. After 10 . . . a6 11 b3 d5 12 c5 Nc8 13 g4 Bg6 14 Ne1! f6 15 exf6 Bxf6 16 f4 White has an edge, Nunn–Agnos, Isle of Man 1994.

(e) 11 b3 Na6 12 g4 Bg6 13 h4 h6! is unclear (not 13 . . . Bxh4?? 14 g5 winning).

(f) 13 Qb5 Bg6 14 c5 Nc8 15 Rfd1 1, Glek–Shabalov, USSR 1989. White's queen is in some danger, yet his queenside initiative is strong.

(g) 11 cxd5 exd5 (11 . . . Nxd5 12 Qb3 1) 12 Ne1 Bxe2 13 Qxe2 Nc6 14 Nd3 Qd7 15 Rad1 Nd8 16 Nc5 Qc8 17 f4 f5 =, Plachetka–Bagirov, Kirkovan 1978.

(h) White can keep his pawn structure intact at the cost of allowing the Black knight to come to c4—12 Bxf3 Nc4 13 Bf4 Nc6 14 b3 N4a5 15 Rc1 Qd7 16 Be3 f6 17 exf6 Bxf6 18 Qd2 b6 =, Geller–Bagirov, USSR Chp. 1979.

(i) 13 f4 Nc6 14 f5 exf5 15 Bf3 f4 16 Bxf4 Bg5 17 Bg3 N8e7 18 Bg4! ±, Sax–Ivanchuk, Tilburg 1989.

(j) Safer play is 7 . . . Nde7, although White is certainly for choice after 8 Qa4 or 8 exd6.

(k) Also good is Boleslavsky's 11 gxf3! Ne5 12 Bb5† Ned7 13 Qd4 Qf6 14 Re1† Be7 15 Qxf6 gxf6 16 Nc3 ±.

(l) 13 a4 Nbd7 14 f4, and White has greater control of the board, Zadrima–Koroveshi, Albania 1991.

(m) Alternatives are: (A) 6 0-0 Bxf3 7 Bxf3 dxe5 8 dxe5 e6 9 Nd2 Nd7 10 Re1 Qc7 11 Nc4! 1, since 11 . . . b5?! 12 Bxd5 cxd5 13 Nd6† Bxd6 14 Qxd5! 6 (Gufeld–Goh, Penang 1991) is the point of 11 Nc4; (B) 6 c4 Nc7 7 exd6 exd6 is very little for White.

(n) (A) 7 Bg4 Bxg4 8 Qxg4 h6 9 Nf3 dxe5 10 dxe5 e6 =, Adams–Burgess, England 1990. (B) 7 Bd3 Bxd3 8 Qxd3 e6 9 0-0 dxe5 10 dxe5 Nd7 11 Re1 h6 12 Nf3 Qc7 13 c4 Ne7 14 Nc3 0-0-0 15 Qe2 g5 = (Burgess).

(o) 13 Ng5† Ke8 14 Rg1 Na6 15 Nc3 ±, de Firmian–Burgess, Gausdal 1995.

(p) (A) 6 . . . e6 transposes into column 3. (B) 6 . . . Nb6 7 h3 Bxf3 (7 . . . Bh5 8 c6!) 8 Bxf3 e6 9 Nc3 6, Aseev–Sorokin, Russian Chp. 1995.

(q) 7 . . . Bxe2 8 Qxe2 Nxd4?! 9 Qc4 c5 10 Be3 a6 11 Nc3 e6 12 Bxd4 Nb6 13 Qb3 cxd4 14 Na4 Nxa4 15 Qxb7! Qd5 16 Qxf7† Kd8 17 Rfe1 ±, Thorsteins–C. Hansen, Reykjavik 1985.

(r) 13 Be3 g6 14 Nb5 Rc8 15 Nxa7 Nxa7 16 Bxa7 Bg7 17 Bd4 ±, Kindermann–Siegel, Germany 1992.

(s) 8 Qe4 Nd7 9 Bc4 Nc5 10 Qe2 Nb6 =, Pavlenko–Bagirov, USSR 1979. The column is Zhuravlev–Alburt, Odessa 1974. Black has few problems against 5 h3.

ALEKHINE'S DEFENSE

Modern Variation

1 e4 Nf6 2 e5 Nd5 3 d4 d6 4 Nf3

	7	8	9	10	11	12
	g6..			dxe5......................		Nc6(r)
5	Bc4(a).....................		Ng5	Nxe5		c4
	Nb6(b)		c6(j)	Nd7	g6	Nb6
6	Bb3		c4	Nxf7(l)	g3(o)	e6!
	Bg7		Nc7	Kxf7	Bg7	fxe6
7	a4(c)........	Ng5	Qf3	Qh5†	Bg2	Nc3(s)
	dxe5(d)	e6(g)	f6	Ke6	0-0	g6
8	a5	Qf3(h)	exf6	c4(m)	0-0	h4
	N6d7(e)	Qe7	exf6	N5f6	c6(p)	Bg7
9	Bxf7†	Ne4	Qe3†	d5†	Ke1	Be3
	Kxf7	dxe5	Be7	Kd6	Bf5	e5(t)
10	Ng5†	Bg5	Nf3	Qf7	c3	d5
	Kg8	Qb4†	0-0	Ne5!	Nd7	Nb4
11	Ne6	c3	Bd3	Bf4	Nf3	a3
	Qe8	Qa5	Re8	c5	Re8	Na6
12	Nxc7	Bf6	0-0	Nc3	Nbd2	h5
	Qd8(f)	Bxf6(i)	d5(k)	a6(n)	N7f6(q)	Bf5(u)

(a) A major alternative is 5 c4 Nb6 6 exd6 cxd6 transposing into the Exchange Variation, column 13.

(b) 5 . . . c6 6 0-0 Bg7 7 exd6! Qxd6 8 Nbd2 Bg4 9 h3 Bxf3 10 Nxf3 Nd7 11 Bb3 ±, Christiansen–Vaganian, New York 1990.

(c) 7 Qe2 0-0 8 h3 Nc6 9 0-0 Na5 10 Bg5 d5 11 Nbd2 h6 12 Bh4 f5 ∞, Duarte–Vasquez, Santiago 1997.

(d) On 7 . . . a5 White has a strong and simple plan to take squares—8 Qe2 0-0 9 h3! Nc6 10 0-0 dxe5 11 dxe5 Nd4 12 Nxd4 Qxd4 13 Re1 Bf5 14 Nd2 and Black gets pushed back. Note that Nc6-a5 has been eliminated.

(e) 8 . . . Nd5 9 Nxe5 0-0 10 0-0 1 c5? 11 Nxf7! Kxf7 12 Qf3† wins, Nunn–Schroll, Vienna 1991.

(f) 13 Nxa8 exd4 14 c3 Nc5 15 cxd4 Bxd4 16 0-0 e5, Christiansen–Alburt, US Chp. 1990. The position is sharp and difficult to evaluate. White is now ahead in material, but Black controls the center and should win the knight on a8. With 17 Nc3 and perhaps 18 Nb5 White should gain a small edge.

(g) not 7 . . . 0-0? 8 e6 6. 7 . . . d5 8 f4 f6 9 Nf3 Nc6 10 c3 0-0 11 0-0 Bf5 12 Nh4 ±, Balashov–Baturin, Alborg 1993.

(h) 8 f4 dxe5 9 fxe5 c5 10 0-0 0-0 11 c3 cxd4 12 cxd4 Nc6 13 Nf3 f6 =, Shamkovich–Alburt, Reykjavik 1984.

(i) 13 Qxf6 0-0 14 Qxe5 Qxe5 15 dxe5 Nc6 16 f4 Na5 with just a minimal endgame edge for White, Hort–Begovac, Switzerland 1992.

(j) 5 . . . f6 6 c4 Nb6 7 e6! fxg5 8 d5 gives White a bind on critical squares for the sacrificed knight, O'Kelly–Golombek, Amsterdam 1951.

(k) 13 Nc3 Bf8 14 Qd2 dxc4 15 Bxc4† Be6 =, Ljubojević–Tal, Brussels 1988.

(l) The knight sacrifice is promising, but White can avoid complications with 6 Nf3 or 6 Bc4, which give chances for a small edge.

(m) 8 g3 b5 9 a4 c6 10 Bh3† Kd6 11 Nc3 b4 12 Nxd5 cxd5 13 c4 Nf6 14 Qe5† Kc6 15 Bg2 Qd6 16 Bf4 Kd7 and the attack roughly balances the extra piece, Yemelin–V. Popov, Russia 1998.

(n) 13 b4! (not 13 0-0-0? g6! 14 Re1 Bh6 winning) 13 . . . Qb6! (13 . . . cxb4 14 c5† Kxc5 15 Na4† Kd6 16 Nb2 ±—Keres, or 13 . . . b6 14 Rb1 g6 15 bxc5† bxc5 16 Rb7!), now 14 Rc1 Qxb4 15 Bd3 looks good for White, although the position is undeniably unclear. Bold players might try both sides of this variation.

(o) The more standard 6 Bc4 also leaves White freer after 6 . . . c6 7 0-0 Bg7 8 Re1 0-0 9 Bb3 Be6 10 Nd2.

(p) 8 . . . c5?! 9 dxc5 Nb4 10 Qe2 Qc7 11 c3! Qxc5 (Plaskett–Valvo, New York 1979) 12 Nxf7 Rxf7 13 cxb4 6.

(q) 13 Nc4 Qc7 14 Nce5 Ng4 15 Nh4 ±, Anand–Adams, match 1994.

(r) Rarely played are: (A) 4 . . . Nb6 5 a4 a5 6 exd6 cxd6 7 Bb5† Bd7 8 d5 g6 9 Qd4 ±, Hjartarson–Wolf, Germany 1990; (B) 4 . . . c6 5 h3 Bf5 6 Bd3 Bxd3 7 Qxd3 dxe5 8 dxe5 e6 9 0-0 Nd7 10 Qe4 h6 11 Nbd2 ±, Landa–Agdestein, Capelle-la-Grande 1999.

(s) White also achieves a promising position with 7 Ng5 e5 8 d5 Nd4 9 Bd3, D. Gurevich–Yermolinsky, St. Martin 1993.

(t) 9 . . . d5 10 c5 Nd7 11 h5 e5 12 h6 Bf6 13 Nxd5 exd4 14 Nxd4 ±.

(u) 13 hxg6 hxg6 14 Rxh8† Bxh8 15 Ng5 Qc8 16 Be2 c6 17 g4 Bd7 18 Qd3 ±, Korneev–Dyachkov, Russian Chp. 1996.

ALEKHINE'S DEFENSE

Exchange Variation

1 e4 Nf6 2 e5 Nd5 3 d4 d6 4 c4 Nb6 5 exd6

	13	14	15	16	17	18
	cxd6..exd6					
6	Nf3 ....Nc3				Nc3	
	g6(a)		g6(g)		Be7(m)	
7	Be2 ....h3		Be3 ....Bd3(k)		Be3 ....Qf3	
	Bg7	Bg7	Bg7	Bg7	Nc6	Nc6(p)
8	0-0	Nc3	Rc1(h)	Nge2	Nf3(n)	Be3
	0-0	0-0	0-0	0-0	Bg4	0-0
9	h3(b)	Be3	b3!	0-0	b3	0-0-0
	Nc6	Nc6	e5(i)	Nc6	0-0	f5
10	Nc3	Rc1	dxe5	Be3	Bc2	g3
	Bf5	d5(e)	dxe5	Bg4!	Re8	f4
11	Be3(c)	c5	Qxd8	f3	Qd2	gxf4
	d5	Nc4	Rxd8	Bf5!	Bf6	Bf5
12	c5	Bxc4	c5	b3(l)	0-0	c5
	Nc4	dxc4	N6d7	Bxd3	d5	Nd7
13	Bxc4	0-0	Bc4	Qxd3	c5	Bh3
	dxc4(d)	Bf5(f)	Nc6(j)	e6 =	Nc8(o)	Kh8(q)

(a) 6 ... Bg4 7 Be3 e6 8 Nbd2 Be7 9 h3 Bf5, Leimkühler–Bagirov, Eupen 1993, seems reasonable for Black. Yet to be tested is 10 g4 Bg6 11 Bg2 giving White more space.

(b) 9 Nc3 Nc6 10 Be3 Bg4! 11 b3 d5 12 c5 Nc8 13 b4 a6 14 Rb1 e6 15 a4 N8e7 16 b5 axb5 17 axb5 (Oll–Wallach, Manila Ol. 1992) 17 ... Bxf3! 18 Bxf3 Na5 =.

(c) 11 Bf4 h6! 12 Rc1?! (12 Be3 =) 12 ... e5 13 Be3 e4 14 Nd2 d5 15 cxd5 Nxd5 ∓, Geller–Vaganian, Moscow 1985.

(d) 14 Qa4 e5! (14 ... Bd3 15 Rfd1 f5 16 d5 Ne5 17 Ne1 1) 15 Rfd1 exd4 16 Nxd4 Nxd4 17 Bxd4 Bxd4 18 Qxc4 Bxf2† =, Sigurjonsson–Alburt, Reykjavik 1982.

(e) White is prepared to meet 10 ... Bf5 with 10 d5 Ne5 11 Nxe5 ±. Also less satisfactory is 10 ... e5 11 d5! Ne7 12 Be2 Nf5 13 Bg5 Bf6 14 Bxf6 Qxf6 15 Ne4 ±, Serper–Yermolinsky, Tilburg 1994.

(f) After 14 Qa4, not 14 ... Bd3?! 15 Rfd1 e5 16 d5 Nd4 17 Nxd4 exd4 18 Rxd3! ±, but 14 ... e5! =, Pytel–Gipslis, Lublin 1982. The White rook already on c1 doesn't make much difference compared with the previous column.

(g) 6 ... Bf5 7 Qf3 Qc8 8 c5 dxc5 9 dxc5 Qxc5 10 Qxb7 Bd7 11 Be3 Qc6 12 Qxc6 Nxc6 13 Nf3 ±, Dvoretsky–Platonov, USSR 1973.

(h) 8 Qd2 0-0 9 h3 Nc6 10 Nf3 d5 11 c5 Nc4 12 Bxc4 dxc4 13 d5 Nb4 14 0-0 Bf5 15 Bd4 Bd3 =, Seirawan–Wirth, Zurich (simul) 1988.

(i) 9 . . . f5 10 Nf3 f4 11 Bd2 Nc6 12 d5 Ne5 13 Nxe5 Bxe5 14 Be2 ±, M. Ivanov–Chekhov, Moscow 1995.

(j) 14 Nf3 Nd4 15 Ng5 Rf8 16 Nce4 Nf5 17 0-0 Nf6 18 Nd6 Nxd6 19 cxd6 Bd7 20 a4 with the better ending for White, Dzindzichasvili–Alburt, US Chp. 1996.

(k) 7 h4 h5 8 Be3 Bg7 9 Qb3 Nc6 10 Rd1 0-0 11 Be2 e5 =, Kurajica–Hecht, Wijk aan Zee 1973.

(l) 12 Bxf5? Nxc4! puts Black on top. The column is Minić–Gipslis, Yerevan 1971.

(m) 6 . . . g6 7 Nf3 Bg4 8 h3 Bxf3 9 Qxf3 Bg7?! 10 c5 ±, Kaminski–Oliwa, Polish Chp. 1996.

(n) 8 Bd3 Bf6 9 Nge2 0-0 10 0-0 Bg4 11 f3 Bh5 12 b3 Re8 =, Ilyin-Zhenevsky–Rabinovich, USSR Chp. 1937.

(o) 14 h3 Be6 15 b4 a6 16 b5 axb5 17 Nxb5 Na5 18 Bf4 ±, Djurhuus–Tisdall, Gausdal 1996.

(p) Black probably does better with 7 . . . c6 8 Bd3 d5 9 c5 N6d7 10 Bf4 0-0 11 Nge2 Re8, Dolgener–Fogarasi, Budapest 1993. Although he lacks space his position is solid.

(q) 14 d5 Ncb8 15 cxd6 cxd6 16 Bxf5 Rxf5 17 Nge2 ±, Korchnoi–Miles, Biel 1992.

ALEKHINE'S DEFENSE

Four Pawns' Attack

1 e4 Nf6 2 e5 Nd5 3 d4 d6 4 c4 Nb6 5 f4 dxe5(a) 6 fxe5

	19	20	21	22	23	24
	Nc6...c5(q)					
7	Be3					d5
	Bf5					e6
8	Nc3					Nc3
	e6					exd5
9	Nf3					cxd5
	Be7.........................Bg4..........Qd7.........Bb4(n)					c4
10	d5...........Be2		Be2(i)	Be2(k)	Be2	Nf3
	exd5(b)	0-0	Bxf3	0-0-0	Na5(o)	Bb4(r)
11	cxd5(c)	0-0	gxf3	0-0	c5	Bxc4
	Nb4	f6	Qh4†	Bg4!(l)	Nd5	Bxc3†
12	Nd4	exf6(f)	Bf2	c5	Bd2	bxc3
	Bd7(d)	Bxf6	Qf4	Nd5	Nc6	Nxc4
13	e6	Qd2	c5	Nxd5	0-0	Qa4†
	fxe6	Qe7(g)	Nd7	Qxd5	0-0	Nd7
14	dxe6	Rad1	Bb5!	Ng5	Bg5	Qxc4
	Bc6(e)	Rad8(h)	Be7(j)	Bxe2(m)	f6(p)	Nb6(s)

(a) 5 . . . Bf5 6 Nc3 e6 7 Be3 Be7 8 Nf3 0-0 9 Bd3! Bxd3 10 Qxd3 $\pm$.

(b) 10 . . . Nb4 11 Rc1! exd5 12 a3 c5 13 axb4 d4 14 Bxd4 cxd4 15 Qxd4 Bxb4 16 c5 Nd5 17 Bb5† Bd7 18 0-0 Nxc3 19 Bxd7† Qxd7 20 bxc3 Qxd4† 21 cxd4 $\pm$, Flores–Carretero, corr. 1989. White's strong center provides the endgame advantage.

(c) 11 Bxb6?! axb6 12 cxd5 Nb4 13 Nd4 Bg6 14 d6 (14 Bb5† c6 15 dxc6 0-0!) 14 . . . 0-0 15 a3 cxd6 16 axb4 Rxa1 17 Qxa1 dxe5 18 Ndb5 Bxb4 $\mp$, Kabisch–Biehler, Germany 1989.

(d) 12 . . . Bg6? 13 Bb5† Kf8 14 0-0 Kg8 15 Nf5 Bxf5 16 Rxf5 N4xd5 17 Bxb6 Nxb6 18 Qb3 Bc5† 19 Kh1 Qe7 20 Na4! Nxa4 21 Rxf7 wins (N. Weinstein).

(e) 15 Qg4 Bh4† 16 g3 Bxh1 17 0-0-0 Qf6 with even chances in this complicated position. Fernandez Garcia–Leko, Debrecen 1992, continued 18 Bb5† c6 19 gxh4 when 19 . . . N6d5 puts Black on top. White can play 18 gxh4 0-0 19 Bb5 c5 20 Bg5 Qe5 21 e7 cxd4 22 exf8=Q† Rxf8 23 Rxh1 dxc3 24 Qxb4 h6 =, Murey–Alburt, Beersheba 1980.

(f) 12 Qb3 a5 13 d5 a4 14 Nxa4 Na5 15 Qb5 Nbxc4 16 Bxc4 c6 17 bxc6 bxc6 $\mp$, Handoko–Baburin, Liechtenstein 1992.

(g) 13 ... Rf7?! 14 Rad1 Rd7 15 c5 Nd5 16 Nxd5 exd5 17 Ne5 Bxe5 18 Rxf5 ±, F. Garcia–Pomar, Barcelona 1985.

(h) 15 Qc1 Kh8 16 h3 h6 17 Rf2 Bh7 =, Spassky–Fernandez, Dubai Ol. 1986.

(i) 10 Qd2 Bb4 11 a3 Be7! 12 Ne4 Qd7 13 Be2 0-0-0 14 0-0-0 Bf5 15 Ng3 Bg6 = 16 h4? Nb4! 17 b3 (17 axb4 Qa4 18 Bd3 Nxc4 wins) 17 ... Nc2 18 c5 Qc6 ∓, Hübner–Hort, Biel 1987.

(j) 15 Bxc6 bxc6 16 0-0 ±, Leriche–Bergeron, Quebec 1997.

(k) Aggressive but risky is 10 d5 exd5 11 cxd5 Nb4 12 Nd4 N6xd5 13 Nxd5 Nxd5 14 Nxf5 Bb4† 15 Ke2 0-0-0 16 Nd6† Bxd6 17 Qxd5 Qf5 and Black has suffi-cient play for the piece, Tomić–Gipslis, Dortmund 1978.

(l) 11 ... f6 12 d5! exd5 (12 ... Nxe5 13 Nxe5 fxe5 14 a4 6) 13 Bxb6 axb6 14 cxd5 6 (14 ... Nxe5? 15 Nxe5 fxe5 16 Rxf5 wins).

(m) 15 Qxe2 Nxd4 16 Bxd4 Qxd4† 17 Kh1 Qd2 18 Qxd2 Rxd2 19 Rxf7 Bxc5 =, Volkman–Lisanti, Trier 1991.

(n) 9 ... Nb4?! 10 Rc1 c5 11 Be2 Be7 12 0-0 0-0 (12 ... cxd4 13 Nxd4 Bg6 14 a3 Nc6 15 Nxc6 bxc6 16 Qxd8 Rxd8 17 Rfd1 0-0 18 b4 ±, Penrose–Mecking, Palma de Mallorca 1969) 13 dxc5 Nd7 14 a3 Nc6 15 b4 Ndxe5 16 Nb5 Bd3 17 Nxe5 Nxe5 18 Bd4 Bxe2 19 Qxe2 ±, Abraham–Prichly, corr. 1990. The game finished quickly—19 ... Nc6 20 Bc3 Bf6? 21 Rcd1 Qe7 22 Rxf6! gxf6 23 Rd7 Qxd7 24 Qg4† and mate next move.

(o) 10 ... 0-0 11 0-0 Bxc3 12 bxc3 Na5 13 Nd2 Qd7 14 Rf4 Bg6 15 Qf1 ±, Zuidema–Hecht, Amsterdam 1971.

(p) 15 exf6 gxf6 16 Nxd5 Qxd5? (16 ... fxg5 17 Nxb4 Nxb4 18 Qd2 1) 17 Bh6 Rfd8 18 Be3 and the bishop on b4 is in dire straits, Rohde–Shamkovich, New York 1976.

(q) 6 ... Bf5 7 Nc3 e6 8 Nf3 Bb4?! 9 Bd3! Bg4 (9 ... Bxd3 10 Qxd3 c5 11 0-0 cxd4 12 Ne4! 6) 10 0-0 Nc6 11 c5! Bxc3 12 bxc3 ±, Velimirović–Martz, Vrnjačka Banja 1973.

(r) 10 ... Bg4 11 Be2 Bc5 (11 ... Bb4 12 0-0 6) 12 Ng5 Bf5 13 Rf1 Bg6 14 h4 h6 15 h5! ±, Büker–Fleck, Germany 1985.

(s) 15 Qb5† Qd7 16 Qxd7† Bxd7 17 d6 Rc8 18 0-0 Rxc3 =, Formanek–Shabalov, New York 1995.

Minor Variations

1 e4 Nf6 2 e5(a) Nd5

	25	26	27	28	29	30
3	c4 (Two Pawns' Nb6 Attack)		d4 ....Nc3 d6			Nxc3(n)
4	c5 Nd5		Bc4 ....f4 Nb6	dxe5(k)	dxc3.........bxc3 d6	d5(q)
5	Bc4(b) e6(c)		Bb3 dxe5(i)	fxe5 c5	Nf3 Nc6	d4 c5
6	Nc3 Nxc3(d)	d4 b6	Qh5 e6	Nf3(l) cxd4	Bf4(o) dxe5(p)	Nf3 Nc6
7	dxc3 Nc6	cxb6 axb6	dxe5 a5	Qxd4 Nc6	Qxd8† Nxd8	Be2 Bg4
8	Bf4 Bxc5(e)	Nf3 Ba6(g)	a4 Na6	Qe4 g6	Bxe5 c6	0-0 e6
9	Qg4 g5!	Bxa6 Rxa6	Nf3 g6	Bc4 Nb6	Bd3 f6	Rb1 Rb8
10	Bxg5 Rg8(f)	0-0 Nc6(h)	Qh3 h6(j)	Bb3 Bg7(m)	Bg3 e5 =	h3 Bh5 =

(a) 2 Nc3 d5 3 e5 (3 exd5 Nxd5 =) 3 . . . d4! (3 . . . Nfd7 4 f4 e6 5 Nf3 c5 6 g3 ±)
4 exf6 dxc3 5 fxg7 cxd2† 6 Bxd2 (safe is 6 Qxd2 Qxd2† 7 Bxd2 Bxg7 8 0-0-0
Bg4 =) 6 . . . Bxg7 7 Qf3!? Bxb2 8 Rd1 Qd6 9 Bc4 Bf6 10 Ne2 Nc6 11 Bc3 Bxc3†
12 Qxc3 Qb4 ∓, Balashov–Timoshenko, Moscow 1989.

(b) 5 Nc3 e6 6 d4 (6 Nxd5 exd5 7 d4 b6 =) 6 . . . Nxc3 7 bxc3 b6 8 cxb6 axb6 9 Nf3
Bb7 10 Bd3 d6 11 0-0 Be7 =, Sveshnikov–Morozevich, Alushta 1994.

(c) 5 . . . c6 6 Qe2 b6 7 Nc3 Nxc3 8 dxc3 bxc5 9 Nf3 e6 10 Ng5 f5 11 Bf4 ±,
Shirazi–Alburt, Lone Pine 1981. Alburt later equalized against Soltis in New
York 1984 with 6 . . . e6 7 d4 b6, but White can play 7 Nf3 Bxc5 8 0-0 and
9 d4 with attacking chances.

(d) 6 . . . d6 7 Nxd5 exd5 8 Bxd5 c6 9 Bxf7† Kxf7 10 cxd6 ±, Vasiukov–Spassky,
Tbilisi 1959.

(e) 8 . . . Qh4 9 g3 Qe7 10 b4 g5 11 Be3 Nxe5 12 Bd4 Bg7 13 Be2 d6 14 cxd6 cxd6
15 h4 with an initiative for the pawn, Posch–Baburin, Vienna 1995.

(f) 11 Nh3 Be7 12 f4 Nxe5 13 fxe5 Bxg5 14 Qh5 Rg7 15 0-0 Qe7 16 Bd3 b6 17 Be4
c6 =, Krol–Bardeli, Zbaszyn 1993.

(g) 8 . . . Be7 9 0-0 0-0 10 Nc3 Bb7 11 Bd3 d6 12 Bb1 Nd7 13 Ne4 dxe5 14 dxe5
Nc5 =, Torok–Baburin, Budapest 1992.

(h) 11 Nbd2 Be7 12 Ne4 Qa8 13 a3 Ra4 =, Fodre–Krizsany, Budapest 1995.

(i) 5 . . . Bf5 6 Qf3 Qc8 7 Nh3 e6 8 Ng5 Nc6 9 c3 Qd7 (9 . . . dxe5? 10 Nxf7!) 10 exd6 cxd6 11 0-0 d5 with chances for both sides, Striković–Lukić, Yugoslavia 1991.

(j) 11 Nc3 Nc5 12 0-0 Nxb3 13 cxb3 Nd5 14 Rd1 Bg7 =, Kotronias–Kakageldiev, Manila Ol. 1992.

(k) 4 . . . Bf5 5 Nf3 e6 6 Bd3 Bxd3 7 Qxd3 c5 8 0-0 Nc6 9 f5!? cxd4 10 fxe6 fxe6 11 Ng5 and White's original play has gained an edge, Georgiev–Petkov, Bulgarian Chp. 1992.

(l) Bad is the impetuous 6 c4? Nb4 7 d5 Bf5 8 Na3 e6 9 Qa4† Qd7 10 Qxd7† Nxd7 and White is overextended in the endgame, Zapata–Tal, Subotica 1987.

(m) 11 0-0 Bf5 12 Qf4 0-0 13 Nc3 Qb8 =, Kupreichik–Varga, Debrecen 1992.

(n) 3 . . . e6 4 Nxd5 exd5 5 d4 d6 6 Nf3 Nc6 7 Be2?! (7 Bd3 is more aggressive) 7 . . . Be7 8 Bf4 0-0 =, Sämisch–Alekhine, Budapest 1922.

(o) 6 Bb5 Bd7 7 Qe2 a6 8 Bc4 e6 9 Bf4 dxe5 10 Nxe5 Bd6 =.

(p) 6 . . . g6?! 7 Bc4 Bg7 8 Ng5 0-0 9 e6 f6 10 Nf7 Qe8 11 Qe2 ±, Gallego–Tisdall, Yerevan Ol. 1996. The column is Lombart–Santo Roman, Uzes 1989.

(q) 4 . . . d6 5 f4 g6 6 Nf3 Bg7 7 d4 0-0 8 Bd3 c5 9 0-0 dxe5 10 dxe5 Nc6 11 Qe1 leaves White with more control of the center, Trapl–Stratil, Czech League 1995. The column is Vaisman–Alburt, Bucharest 1978.

CARO-KANN DEFENSE

1 e4 c6

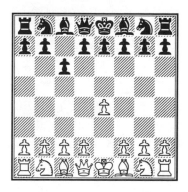

T HIS UNPRETENTIOUS DEFENSE has gained greater favor in recent years, placing it among the most respected defenses to 1 e4. The plan of 1 . . . c6 and 2 . . . d5 seems strange at first. Black advances only slowly in the center, often lags in development and makes no aggressive movements. It is no wonder that the defense, known since the sixteenth century, was little understood until the 1890s, when H. Caro of Berlin and M. Kann of Vienna first analyzed it seriously. Many famous players have since made use of the opening, but its greatest exponents have been three World Champions of the twentieth century: Capablanca, at the beginning of the century, Botvinnik in the middle years and Karpov at the end.

The positive attributes of the Caro-Kann are that Black succeeds in developing all his pieces without creating weaknesses or making other positional concessions (such as the locked-in queen's bishop the French Defense accepts). On the minus side, White is granted more freedom of movement. White's challenge is to make use of his extra mobility before Black completely frees his position.

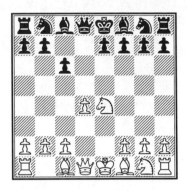

The MAIN LINE is 2 d4 d5 3 Nc3 dxe4 4 Nxe4 (columns 1–30). See diagram above. The classical 4 . . . Bf5 (columns 1–12) is Black's oldest and most solid response. White can obtain a small kingside bind by advancing his pawn to h5, but to exploit this is a difficult task. A problem with 4 . . . Bf5 is the lack of winning chances against reasonable play by White. The current fashion is 4 . . . Nd7 (columns 13–24), which is favored by Karpov. In order to play for the advantage, White has developed sharp continuations, sometimes involving piece sacrifices or castling on opposite wings. The popularity of 4 . . . Nd7 is explained by the interesting, double-edged positions that arise. Black accepts doubled pawns in columns 25–30 with 4 . . . Nf6. Columns 25–27 deal with 5 Nxf6† gxf6, which opens the g-file for Black and produces sharp attacking positions. With proper play, White obtains the upper hand. Safer play is 5 Nxf6† exf6 (columns 28–30), when Black's doubled f-pawn provides him extra protection on the king's wing, but the queenside majority allows White a small edge.

The PANOV-BOTVINNIK ATTACK, 2 d4 d5 3 exd5 cxd5 4 c4 (columns 31–42) is a time-honored plan to turn the defense into an open game (see above diagram). Play is often similar to the Queen's Gambit Accepted or the Semi-Tarrasch Defense (of the Queen's Gambit). Black has various defenses that offer reasonable chances.

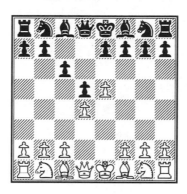

New strategies have been invented in the ADVANCE VARIATION, 2 d4 d5 3 e5 (columns 42–48). The old play for White was a direct attacking scheme that led to tactical fights. Now White usually plays positionally with 4 . . . Bf5 5 Nf3 and 6 Be2, a strategy developed by English players, most notably Nigel Short. The reader will notice the dense material of columns 42–48, reflecting the new ideas discovered.

The TWO KNIGHTS' VARIATION, 2 Nc3 d5 3 Nf3 (columns 49–54), takes play into different territory, often similar to a reversed King's Indian. White delays (or avoids) d4 in favor of flexible piece play. Black has a freer hand here than in the main line, allowing several equalizing choices.

Columns 55–60 cover three minor variations. Black plays 3 . . . g6 in columns 55–56, a type of hybrid Caro-Pirc defense. This is offbeat, but fairly respectable. The EXCHANGE VARIATION, 2 d4 d5 3 exd5 cxd5 4 Bd3 (columuns 57–58), is a simple plan to develop pieces and play for a kingside initiative, but it holds few prospects for an advantage. The FANTASY VARIATION, 2 d4 d5 3 f3 (columns 59–60), is not theoretically critical, but can be used to surprise an opponent.

Lines without 2 d4 (other than the Two Knights' Variation) are the subject of columns 61–66. 2 c4, (columns 61–63) requires some careful defense from Black to equalize. Columns 64–65 is the King's Indian reversed strategy, which is not dangerous if Black chooses a good plan.

CARO-KANN DEFENSE

Main Line 4 ... Bf5

1 e4 c6 2 d4 d5 3 Nc3 dxe4 4 Nxe4 Bf5 5 Ng3 Bg6 6 h4 h6
7 Nf3 Nd7 8 h5 Bh7 9 Bd3 Bxd3 10 Qxd3

	1	2	3	4	5	6
	Qc7..e6					
11	Bd2...Rh4				Bf4 ....Bd2	
	e6			e6	Ngf6(r)	Ngf6
12	0-0-0 ....Qe2		Bf4	0-0-0	0-0-0	
	Ngf6(a)		Ngf6	Qa5†(n)	Be7	Be7
13	Ne4.........Kb1		0-0-0	Bd2	Ne5	Qe2(u)
	0-0-0(b)	0-0-0(f)	0-0-0(i)	Qb6(o)	0-0(s)	0-0
14	g3	c4	Ne5	0-0-0	Qe2	Ne5
	Nxe4(c)	c5	Nb6(j)	Be7	Qa5	c5
15	Qxe4	Bc3	Ba5(k)	Rg4!?	Kb1	dxc5
	Nf6(d)	cxd4	Rd5	Ngf6	Rad8	Nxc5
16	Qe2	Nxd4	Bxb6(l)	Rxg7	Bd2	Kb1(v)
	Bd6	a6	axb6	Bf8(p)	Qc7	Qc7
17	c4	Nf3(g)	c4	Rxf7	Ng6	Bc3
	c5(e)	Be7(h)	Ra5(m)	Kxf7(q)	Rfe8(t)	Rfd8 =

(a) 12 ... Bd6 13 Ne4 Ngf6 14 Kb1! Bf4 15 Nxf6† Nxf6 16 Bxf4 Qxf4 17 Qa3 Qc7
18 Ne5 Qe7 19 Qe3 ±, Khalifman–Seirawan, Amsterdam 1995.

(b) (A) 13 ... Be7 14 Nxf6† Bxf6 15 Qe4 0-0-0 16 Bf4 ±, Karpov–Seirawan, Linares
1983. (B) 13 ... Rd8 14 Nxf6† Nxf6 15 Ne5! a6 (15 ... Bc5 16 Qg3 Bxd4
17 Qxg7 6) 16 Bf4 Bd6 17 Qg3 ±, Wedberg–Stean, Lucerne Ol. 1982.

(c) 14 ... Nc5 15 Nxc5 Bxc5 16 c4! Rhe8 (16 ... Bxd4? 17 Nxd4 c5 18 Nb5 wins)
17 Bc3 Kb8 18 Qe2 ±, Christiansen–Chandler, Wijk aan Zee 1982.

(d) 15 ... Bd6 16 c4 c5 17 d5 (17 Bc3 cxd4 18 Bxd4! ±, Hübner–Hjartarson,
Barcelona 1989) 17 ... Nf6 18 Qc2 exd5 19 cxd5 Rhe8 20 Bc3 ±, So. Polgar–
Buchnicek, Czech Republic 1994.

(e) 18 Bc3 exd4 19 Nxd4 (19 Bxd4 Qa5 20 Kb1 Qf5† ∞) 19 ... a6 20 Nf3 Rd7
21 Ne5 Bxe5 22 Bxe5 Qa5 23 a3 ±, de Firmian–Miles, Biel 1989. White has an
edge, although it is tough work to make progress.

(f) (A) 13 ... Bd6 14 Ne4 Nxe4 15 Qxe4 0-0-0 16 c4 c5 17 Bc3 ± is similar to the
previous column. (B) 13 ... c5 14 c4 cxd4?! (14 ... 0-0-0) 15 Nxd4 a6
16 Nxe6!? fxe6 17 Qg6† Kd8 18 Rhe1 Kc8?! (18 ... Qb6 looks better)
19 Rxe6 b6 20 Qf5 Kb7 21 Bf4 Qc5 22 Rxf6! Nxf6 23 Rd7† Kc6 24 Rc7 mate,
Evans–Berger, Amsterdam 1964.

(g) 17 Nb3 Be7 18 Ba5 b6 19 Bc3 Nc5 20 Qf3 Qb7 =, Spassky–Portisch, match 1980.

(h) 18 Qe2 Bd6 19 Ne4 Nxe4 20 Qxe4 Nf6 21 Qe2 Qc5 22 Ne5 Bxe5 draw agreed, Hort–Karpov, Waddinxveen, 1979.

(i) (A) 13 . . . Bd6 14 Nf5 Bf4 15 Bxf4† Qxf4 16 Ne3 0-0-0 17 Kb1 Rhe8 18 Nc4 ±, Ivanović–García Palermo, Reggio Emilia 1984. (B) 13 . . . c5 14 Rh4 Rc8 15 Nf5 cxd4 16 N3xd4 Qc4 17 Qxc4 Rxc4 18 Re1 ∞, Rodríguez–Valerga, St. Martin 1995.

(j) 14 . . . Nxe5 15 dxe5 Nd7 16 f4 Be7 17 Ne4 Nc5 18 Nc3 ±, Spassky–Petrosian, World Chp. 1966. White's pawns grip the kingside.

(k) 15 c4!? Rxd4 16 Be3 Rxd1† 17 Rxd1 Rg8 (17 . . . Qxe5?! 18 Rd8† Kxd8 19 Bxb6† axb6 20 Qxe5 1) 18 f4 Kb8 19 Ne4 Nxe4 20 Bxb6 axb6 21 Rd7 Qc8 22 Qxe4 f6 23 Qd3 Bc5 24 Ng6 b5! ∓, Fedorowicz–Adianto, New York 1993.

(l) 16 b4 Rxa5! 17 bxa5 Ba3† 18 Kb1 Na4 19 Qf3 Bb4 20 Rd3 Qxa5 ∓, Ulmanis–Jone, corr. 1977.

(m) 18 Kb1 Bd6 19 f4 Rd8 20 Ne4 Bf8 21 g4 b5 =, Luther–Adianto, Liechtenstein 1993.

(n) Black can play safely at the cost of a small disadvantage—12 . . . Bd6 13 Bxd6 Qxd6 14 Ne4 Qe7 15 Qa3! Qxa3 16 bxa3 Ke7 17 Rb1 Rb8 18 Nc5 Nxc5 19 dxc5 a5 20 Ra4 ±, Klausner–Wolf, corr. 1989.

(o) 13 . . . Qc7 14 0-0-0 Be7 15 Rh3 0-0-0 16 Qe2 Bd6 (16 . . . Ngf6 17 Nf5) 17 Ne4 Bf4 18 Rh4 Bxd2† 19 Nexd2 Ne7 20 Nc4 ±, Martinović–Miles, Amsterdam 1985.

(p) 16 . . . Kf8? 17 Rxf7† Kxf7 18 Qg6† Kf8 19 Ne5 Nxe5 20 dxe5 Ng8 21 Nf5! Resigns (21 . . . exf5 22 e6 and 23 Qf7 mate), Lindström–Likka, corr. 1976.

(q) 18 Ne5† Nxe5 19 dxe5 Nd5 20 Qg6† Ke7 21 Ne4 Rd8 (21 . . . Kd7 22 c4 Qd8 23 Bc3 Qe7 24 f4 ±, Leconte–Olivier, corr. 1990) 22 c4 Kd7 23 Qf7† Kc8 24 Qxe6† Kc7 25 cxd5 cxd5 26 Qxb6† axb6 27 Nf6 ±, Casado–Espino, corr. 1990. White's rook sacrifice is promising, although the final verdict is still out. To avoid 11 Rh4 see note (r).

(r) 11 . . . Qa5† 12 Bd2 Qc7 transposes into column 1, avoiding column 4 (11 Rh4). On 11 . . . Qa5† 12 c3 Ngf6 13 a4 Nd5 the game is equal.

(s) 13 . . . a5 14 Rhe1 a4?! 15 Ng6! Nd5 16 Nf5! Bf8 17 Bd6 Rg8 18 c4 Nb4 19 Qh3 fxg6 20 Rxe6 Kf7 21 hxg6† Kxe6 22 Re1† Ne5 23 Bxe5 Resigns, Beliavsky–Larsen, Tilburg 1981.

(t) 18 Nxe7† Rxe7 19 Nf5 Ree8 20 Nxh6†!? gxh6 21 Bxh6 Kh7 22 Bc1 Rg8 23 Qd2 Rg7 24 g4! with a strong attack, Kauranen–Neishtadt, corr. 1988.

(u) 13 Ne4 Nxe4 14 Qxe4 Nf6 15 Qe2 Qd5 16 c4 Qe4 17 Qxe4 Nxe4 18 Be3 Bf6 =, Armas–Tal, Germany 1990. Note that in this column Black can often play . . . Qc7, transposing into previous columns.

(v) 16 Bxh6? Qa5 17 Bg5 Qxa2 gives Black a terrific attack. The column is Gallagher–Hort, Brocco 1990.

CARO-KANN DEFENSE

4 ... Bf5 Variation

1 e4 c6 2 d4 d5 3 Nc3 dxe4 4 Nxe4 Bf5 5 Ng3(a) Bg6

	7	8	9	10	11	12
6	h4			Bc4	Nf3	N1e2
	h6			e6	Nd7	Nf6(q)
7	Nf3		f4	N1e2	Bd3(n)	Nf4(r)
	Nd7 .... Nf6!?		e6	Nf6	e6	e5!(s)
8	Bd3(b)	Ne5(e)	Nf3	0-0(j)	0-0(o)	Nxg6
	Bxd3	Bh7	Nd7(h)	Bd6	Ngf6	hxg6
9	Qxd3	Bd3(f)	h5	f4	c4	dxe5
	Qc7	Bxd3	Bh7	Qd7(k)	Bd6	Qa5†
10	Bd2	Qxd3	Bd3	Bd3	b3	Bd2
	Ngf6	e6	Bxd3	Bxd3	0-0	Qxe5†
11	0-0-0	Bd2	Qxd3	Qxd3	Bb2	Qe2
	e6	Nbd7	Qc7	g6	c5	Qxe2†
12	Kb1(c)	f4	Bd2	f5!?(l)	Bxg6	Bxe2
	0-0-0(d)	Be7(g)	Ngf6(i)	exf5(m)	hxg6(p)	Nbd7 =

(a) 5 Nc5 Qb6 6 g4 (6 Nf3 e6 7 Nb3 Nd7 8 Bd3 Bg6 =) 6 . . . Bg6 7 f4 e6 8 Qe2 Bxc5 9 dxc5 Qb4† 10 c3 Qe4 11 Bg2 Qxe2† 12 Nxe2 Nf6 13 g5, van der Wiel–van der Werf, Wijk aan Zee 1995: now with 13 . . . Ne4 Black has at least equal chances.

(b) White chooses to play the positions of the main line (cols. 1–6) with the pawn on h4 instead of h5. Although it is less cramping on h4 it is also less exposed.

(c) 12 Rhe1 0-0-0 13 Qb3 Bd6 14 Ne2 Ng4 15 Rf1 Ndf6 =, Lasker–Lee, London 1899.

(d) 13 c4 c5 14 Bc3 cxd4 15 Nxd4 a6 16 Nf3 Bc5 17 Qe2 Bd6 18 Ne4 Be7 19 Nxf6 Bxf6 =, Spassky–Petrosian, World Chp. 1966.

(e) 8 h5 Bh7 9 Bd3 Bxd3 10 Qxd3 e6 11 Bd2 (11 Bf4 Bd6 12 Ne5 Qc7 13 0-0-0 Nbd7 =, A. Rodríguez–Spraggett, Havana 1997) 11 . . . Nbd7 transposes into column 6, and 11 . . . c5?! 12 Ne4 Nbd7 13 0-0-0 Qc7 14 dxc5 ± is Hazai–Campora, Tuzla 1983.

(f) White gets nothing from 9 Bc4 e6 10 Qe2 (threatening Nxf7) Nd5 11 Bb3 (de Firmian–Brunner, Biel 1996) 11 . . . Bb4†! forcing 12 Kf1, since 12 Bd2? Nf4! is trouble. Interesting is 11 Bd2 intending 11 . . . Bxc2 12 Qh5 g6 13 Qf3 with play. Ivanchuk–Dreev, Russian Chp. 1998 continued 11 . . . Nd7 12 0-0-0 Nxe5 13 dxe5 Qc7 14 f4 0-0-0 15 Ne4 Be7 16 h5?! f6 17 exf6 gxf6 18 Rhf1 Rhe8 draw agreed.

(g) 13 0-0-0 0-0 14 Qe2 c5 15 dxc5 Nxc5 16 Bc3 Qc7 17 f5 ±, Adams–Leko, Linares 1999.

(h) Black should avoid 8 . . . Bd6 9 Ne5 Bxe5? 10 fxe5 Ne7 11 h5 Bh7 12 c3 c5 13 Qg46, Arnason–Adianto, Dubai Ol. 1986. The game ended shortly— 13 . . . Rg8 14 Bc4 cxd4 15 0-0! Qc7 16 b3 dxc3 17 Ba3 Nbc6 18 Rxf7! Qxe5 19 Bxe6 c2 20 Raf1 Bd3 21 Bd7† Kd8 22 Bxc6 Resigns.

(i) 13 Ne5 c5 14 0-0-0 cxd4 15 Qxd4 Bc5 16 Qc4 0-0! 17 Nxd7 Nxd7 18 Ne4 Rfc8 19 g4 Be7 =, Mortensen–Danielsen, Denmark 1994.

(j) 8 Nf4 Bd6 9 Bb3 (9 Nxg6 hxg6 =) 9 . . . Qc7 10 Qf3 Nbd7 11 h4 0-0-0 12 h5 Bf5 13 Nxf5 Qa5† 14 c3 Qxf5 15 Qd3 Qxd3 16 Nxd3 h6 17 Rh4 Rhe8 18 Be3 Nd5 =, Keres–Petrosian, First Piatigorsky Cup 1963.

(k) 9 . . . Qc7 10 Kh1 Nbd7 11 f5 exf5 12 Nxf5 Bxf5 13 Rxf5 0-0 14 Qf1 Rae8 15 Bg5 ±, Zaitsev–Pavlov, USSR 1967. White has attacking chances.

(l) Black is not worse after the ordinary 12 b3 Na6 13 Bb2 Be7 14 c4 Nc7 15 Qf3 0-0, van der Wiel–Seirawan, Baden 1980.

(m) 12 . . . gxf5?! 13 Bg5 Be7 14 Rae1 Na6 15 Nxf5! exf5 16 Ng3! Nb4 17 Qc4 Nbd5 18 Nxf5 Ng8 19 Bxe7 Ngxe7 20 Nxe7 Nxe7 21 Rxf7 with a winning game, Milos–Valerga, Buenos Aires 1996. After 12 . . . exf5 13 Bg5 Be7 14 Rae1 0-0 15 Nxf5 gxf5 16 Rxf5 (Reynen–van Antwerpen, corr. 1992) 16 . . . Nd5 17 Bh6 Qe6 chances are roughly equal in a sharp game.

(n) Insipid is 7 Bc4 Ngf6 8 0-0 e6 9 Qe2 Be7 10 Re1 0-0 =.

(o) 8 Bxg6 hxg6 9 Qe2 Ngf6 10 Bd2 Qc7 11 0-0-0 c5 =, de Firmian–Seirawan, Lone Pine 1981.

(p) 13 Re1 Qc7 14 dxc5 Bxc5 15 Qc2 Rfd8 16 Ne4 Nxe4 17 Qxe4 Draw, Spassky–Karpov, match 1974.

(q) Equally good is 6 . . . e6 7 Nf4 Qc7 8 h4 Bd6 9 Nxg6 hxg6 10 Ne4 Bf4 11 g3 Bxc1 12 Qxc1 Nf6, Panchenko–I. Ivanov, Vilnius 1978.

(r) 7 h4 h6 8 Nf4 Bh7 9 Bc4 e6 10 Qe2 Bd6 11 Be3 Nbd7 12 Ngh5 Nxh5 13 Nxh5 Rg8 =, Tal–Botvinnik, World Chp. 1960.

(s) 7 . . . e6 8 h4! Bd6 9 h5 Bf5 10 Nxf5 Qa5† 11 Bd2 Qxf5 12 Bd3 ±, Gligorić–Pomar, Tel Aviv Ol. 1964. The column is Tseshkovsky–Bagirov, USSR 1978.

CARO-KANN DEFENSE

Main Line 4 ... Nd7

1 e4 c6 2 d4 d5 3 Nc3 dxe4 4 Nxe4 Nd7

	13	14	15	16	17	18
5	Bd3.................................Ng5..........Nf3					
	Ngf6(a)			Ndf6(o)	Ngf6	
6	Ng5			N1f3(p)	Ng3	
	e6(b)			Bg4(q)	e6............c5(v)	
7	N1f3			h3	Bd3	dxc5(w)
	Bd6.......................h6(k)			Bxf3	c5	e6
8	Qe2(c)		Nxe6!	Nxf3	0-0	b4(x)
	h6		fxe6(l)	e6	cxd4(s)	b6
9	Ne4		Bg6†	g3!	Nxd4	Be2
	Nxe4		Ke7	Bd6	Bc5	bxc5
10	Qxe4		Bf4(m)	Bg2	c3	b5
	Nf6 ....c5		Qa5†	Ne7	0-0(t)	Bb7
11	Qe2(d)	Bd2(g)	c3	0-0	Bc2	c4
	Qc7(e)	Qc7(h)	Kd8	0-0	Re8	Qc7
12	Bd2	0-0	0-0	Qe2	Bg5	Bb2
	b6	Nf6(i)	Be7	Qc7	a6	Bd6
13	0-0-0	Qh4	Re1	c4	Qf3	a4
	Bb7(f)	Bd7(j)	Nf8(n)	b6(r)	Bxd4(u)	a5(y)

(a) 5 ... Ndf6 6 Ng5 Bg4 7 N1f3 Bh5 (7 ... h6? 8 Nxf7 Bxf3 9 Bg6! Qa5† 10 Bd2 wins; 7 ... e6 8 h3 1) 8 c3 e6 (8 ... Qc7 9 Qc2 h6 10 Ne6! Qd6 11 Nxf8 1) 9 Qb3 Qc7 10 Ne5 Bd6 (van der Wiel–Karpov, Amsterdam 1988) 11 h3 ±.

(b) (A) 6 ... h6? was harshly dealt with in Tal–Oll, USSR 1986—7 Ne6 Qa5† 8 Bd2 Qb6 9 Nf3 (9 Nxf8 ±) fxe6 10 Bg6† Kd8 11 0-0 c5 12 c4! cxd4 13 Nxd4 e5 14 c5! Nxc5 15 Ba5 exd4 16 Qxd4† Ncd7 17 Bxb6† axb6 18 Rac1 e5 19 Qc4 Bc5 20 Rfd1 Rf8 21 b4 Bd4 22 Rxd4! Resigns (22 ... exd4 23 Qc7† Ke7 24 Re1 etc). Oll picked the wrong guy to mix it up with. (B) 6 ... g6 7 N1f3 Bg7 8 Qe2 0-0 9 h4 h6 10 h5! Nxh5 11 g4 Nhf6 12 Ne6 fxe6 13 Qxe6† attacking, Dizdarević–Menken, Hessen 1994.

(c) White gets no advantage unless he presses the initiative. 8 0-0 h6 9 Ne4 Nxe4 10 Bxe4 0-0 11 c3 c5 12 Bc2 Qc7 13 Re1 Rd8 14 h3 Nf6 15 Qe2 cxd4 16 Nxd4 Bh2† 17 Kh1 Bf4 =, Kamsky–Karpov, Tilburg 1991.

(d) 11 Qh4 Ke7!? (threatening 12 ... g5!) 12 Ne5 Bxe5 13 dxe5 Qa5† 14 c3 Qxe5† 15 Be3 b6 16 0-0-0 g5 17 Qh3! c5 18 Rhe1 Bb7 19 Bc4 with attacking chances for the pawn, Morozevich–Iordachescu, Chisinau 1998.

(e) 11 ... c5 12 dxc5 Bxc5 13 Bd2 Qb6 14 0-0-0! Bd7 15 Ne5 ±, Benjamin–Orlov, US Chp. 1994.

(f) 14 Ne5 (better than 14 Kb1 0-0-0 15 Ba6 Bxa6 16 Qxa6† Kb8 17 Qe2 Qb7 18 Ne5 Bxe5 19 dxe5 Nd5 =, Adams–Seirawan, Bermuda 1999) 14 ... c5 (14 ... 0-0-0 15 f4 ±) 15 Bb5† Ke7 16 dxc5! Qxc5 (16 ... Bxe5 17 cxb6 Qc5 18 Qxe5 Qxe5 19 Bb4† wins) 17 a3 a5 18 Bc3 Rhd8 19 Bd4 Qc7 20 Nc4 Bc5 21 Be5 with a distinct initiative, Anand–Karpov, Monaco 1996.

(g) (A) Black is all right after 11 Qg4 Kf8 since the White queen is exposed on the kingside, e.g. 12 0-0 Qc7 13 Re1 b6 14 c3 Bb7 15 h4 Rd8 16 Bd2 Nf6 ∞, Shirov–Karpov, Monaco (blindfold) 1998. If Black chooses the move order (B) White may prefer 11 0-0 Nf6 12 Qh4 Qc7 13 Re1 Bd7 14 Bg5 (14 Bd2 transposes into note (j)) 14 ... Be7 15 dxc5 Qxc5 16 Ne5 Bc6 17 Qh3 Rd8 ∞, Ivanchuk–Karpov, Dortmund 1997.

(h) 11 ... Nf6?! 12 Bb5† Bd7 13 Qxb7 Rb8 14 Bxd7† Nxd7 15 Qa6 Rb6 16 Qa4 Rxb2 17 dxc5 ±, Psakhis–Meduna, Trnava 1988.

(i) 12 ... c4 13 Be2 Nf6 14 Qh4 Bd7 15 Ne5 Bxe5 16 dxe5 Qxe5 17 Df3! 0-0?! (17 ... Bc6 18 Bxc6† bxc6 19 Qxc4 0-0 20 b3 ±) 18 Bxb7 Rab8 19 Bf4 Qb5 20 Bxb8 ±, Almasi–Karpov, Tilburg 1996.

(j) 14 Rfe1 cxd4 15 Rad1 0-0-0 16 Qxd4 Qc5 17 Be3 ±, Shabalov–Gulko, US Chp. 1996.

(k) (A) 7 ... Qc7?! 8 Qe2 h6 9 Bg6! hxg5 10 Bxf7† Kd8! 11 Nxg5 Nb6 (van der Wiel–Karpov, Amsterdam 1987) 12 g3 6. (B) 7 ... Be7 8 0-0 (8 Qe2 h6 9 Nxe6 fxe6 10 Bg6† Kf8 11 0-0 Nb6 12 Ne5 with compensation for the knight, Almasi–Kumaran, Kopavogur, 1994) 8 ... h6 9 Ne4 Nxe4 10 Bxe4 Nf6 11 Bd3 0-0 12 Bf4 c5 13 dxc5 Bxc5 14 Qe2 ± (Khalifman).

(l) White's attack is even more fierce after 8 ... Qe7 9 0-0 fxe6 10 Bg6† Kd8 11 Bf4. The historic final game of the Deep Blue–Kasparov match, New York 1997, continued 11 ... b5?! 12 a4 Bb7 13 Re1 Nd5 14 Bg3 Kc8 15 axb5 cxb5 16 Qd3 Bc6 17 Bf5! exf5 18 Rxe7 Bxe7 19 c4 Resigns. Black could fight on, but seeing 19 ... bxc4?! 20 Qxc4 Kb7 21 Qa6 mate he threw in the towel.

(m) White lost his way in Wolff–Granada Zuñiga, New York 1992—10 0-0 Qc7 11 Re1 Kd8! 12 c4 (12 Rxe6 Bd6 13 Re1 Nf82) 12 ... Bb4 13 Re2 Nf8 14 Ne5? (14 Bc2∞) Nxg6 15 Nxg6 Re8 ∓.

(n) 14 Bd3 Bd7 15 Ne5 Kc8 16 b4 Qb6 17 Nf7 Nd5 18 Bg3 Rg8 19 c4 Nxb4 20 Be4 Be8 21 Nd6† Bxd6 22 Bxd6 a5 23 a3 Na6 24 Qf3 and White's control of the board outweighs Black's extra piece, McDonald–Summerscale, London 1994. This knight sacrifice (8 Nxe6) gives White better chances, yet adventurous players may still wish to try the Black side as it is easy for White to go wrong.

(o) The most usual move is 5 ... Ngf6 6 Bd3, transposing into column 13. Also 6 Bd3 now transposes into note (a). This column looks at alternatives.

(p) 6 Bc4 e6 7 Ne2 c5 8 0-0 h6 9 Nf3 a6 10 a4 cxd4 11 Nexd4 Bd6 12 Qe2 Ne7 13 Ne5 Qc7 =, de Firmian–Karpov, Biel 1990.

(q) 6 ... h6? 7 Nxf7 Kxf7 8 Ne5† Ke8 9 Bd3 wins.

(r) 14 b3 Rad8 15 Bb2 Rfe8 16 Rad1 ±, de Firmian–A. Fernandes, New York 1993.

(s) 8 . . . Be7 9 Qe2 0-0 10 Rd1 Qc7 11 c4 cxd4 12 Nxd4 a6 12 b3 Re8 14 Bb2 ±, Kasparov–Karpov, Amsterdam 1988.

(t) 10 . . . Bxd4 11 cxd4 0-0 12 Bg5 h6 13 Bf4 Nb6 14 Bc2 Nbd5 15 Be5 ±, Tal–Flesch, Lvov 1981. The game was another Tal masterpiece—15 . . . Qb6 16 Qd3! Nb4 17 Qd2 Nxc2 18 Bxf6! Nxa1 19 Nh5 e5 20 dxe5 g5 21 e6! Qxe6 22 h3! (A whole rook down, Tal calmly plays for kingside squares; the knight on h5 is secure and the attack will be irresistible.) 22 . . . Qf5 23 Rxa1 Be6 24 Re1 Qg6 25 g4 Rac8 26 Bc3 Rfd8 27 Qe3 Rd3 28 Qe5 Rcxc3 29 bxc3 Kh7 30 Nf6† Kg7 31 Nd5† Kh7 32 Ne7 Resigns.

(u) 14 cxd4 Qa5 15 Be3 Qd5 16 Qe2 b6 17 Bb3 Qd6 18 Qf3 Ra7 =, Taulbut–Speelman, Hastings 1981.

(v) 6 . . . g6 7 Bc4 Nb6 8 Bb3 Bg7 9 0-0 0-0 10 h3 a5 11 a4 with a minimal edge, Farago–Szabo, Budapest 1996.

(w) 7 Bd3 cxd4 8 0-0 g6 9 Nxd4 Bg7 10 Re1 0-0 =, Zapata–Spiridinov, Moscow 1989.

(x) 8 c6 bxc6 9 Be2 Be7 10 c4 0-0 11 0-0 c5 12 b3 Bb7 13 Bb2 Qc7 14 Qc2 Rfd8 15 Rad1 Nf8 16 Ne5 Ng6 =, Rodríguez–Iglesias, Argentina 1995.

(y) 14 Qc2 h5 15 Nf1 0-0-0 16 N1d2 Bf4, Tiviakov–Adams, Ischia 1995. Chances are roughly equal in this wild and crazy position.

CARO-KANN DEFENSE

Main Line 4 . . . Nd7

1 e4 c6 2 d4 d5 3 Nc3 dxe4 4 Nxe4 Nd7

	19	20	21	22	23	24
5	Nf3 ....Bc4					
	Ngf6		Ngf6			
6	Nxf6†		Ng5.....................................Nxf6†			
	Nxf6		e6(i)			Nxf6
7	Ne5(a)		Qe2			c3(w)
	Be6 ....Nd7(e)		Nb6(j)			Qc7
8	Be2	Bf4(f)	Bb3........................Bd3			Qb3
	g6	Nxe5	h6(k)		h6	e6
9	0 0	Bxe5	N5f3		N5f3	Nf3
	Bg7	Qd5!(g)	a5............c5		c5	Bd6
10	c4(b)	c4(h)	c3	Bf4(o)	dxc5(r)	Bg5
	0-0	Qa5†	c5	Ndb5	Bxc5(s)	Nd5
11	Be3	Qd2	a3(l)	Be5	Ne5	0-0
	Ne4(c)	Qxd2†	Qc7	Qa5†	Nbd7	b6
12	Qc2	Kxd2	Nh3(m)	Nd2	Ngf3	Rfe1
	Nd6	Bf5	Bd7	b5(p)	Qc7(t)	0-0
13	b3	Bd3	0-0	dxc5	0-0(u)	Qc2
	c5(d)	Bxd3 =	cxd4(n)	Bxc5(q)	0-0(v)	h6(x)

(a) 7 Bc4 is column 24. 7 c3 Bg4 8 h3 Bxf3 9 Qxf3 e6 10 Bc4 Be7 11 0-0 Nd5 12 Be3 Qb6 13 Qe2 0-0 =, Kasparov–Karpov, World Chp. 1987.

(b) 10 c3 0-0 11 Re1 Nd7 12 Nd3 Bc4 13 Bg5 Re8 14 Bf1 Bxd3 15 Bxd3 Bf6 16 Bxf6 Nxf6 =, Browne–Loftsson, Lone Pine 1976.

(c) Without this move Black fails to equalize, e.g. 11 . . . Nd7 12 Nf3 Nf6 13 h3 Qc7 14 Qc1 Rad8 15 Bf4 Qc8 16 Be5 ±, Pedzich–Lehmann, Germany 1991.

(d) 14 Rad1 Nf5 15 d5 Bxe5 16 dxe6 Qc7 17 exf7† Rxf7 =, A. Sokolov–Karpov, match 1987.

(e) 7 . . . Bf5?! 8 c3 e6 9 g4! Bg6 10 h4 gives Black a problem with his light-squared bishop.

(f) 8 Nd3 g6 9 c3 Bg7 10 Be2 e5 11 dxe5 Nxe5 12 Nxe5 Qxd1† 13 Bxd1 Bxe5 =, Leko–Karpov, Belgrade 1996.

(g) 9 . . . Qb6?! 10 Bd3! f6 11 Bg3 Be6 12 Qe2 Bf7 13 0-0 e6 14 c3 0-0-0 15 Bc4 Re8 16 b4 h5 17 h4 Rg8 18 Qf3 Be7 19 a4 g5? 20 a5 Qd8 21 a6 gxh4 22 axb7† Kxb7 23 Rxa7†! Resigns, Larsen–Rogoff, Lone Pine 1978.

(h) The column has been the continuation of many games ending in draws. More interesting is 10 Be2!? Qxg2 11 Bf3 Qg5 12 Qe2 with complications, Kavalek–Christiansen, US Chp. 1986.

(i) 6 . . . Nd5 7 N1f3 h6 8 Ne4 N7b6 9 Bd3 Nb4 10 0-0 Nxd3 11 Qxd3 e6 12 Ne5 gives White an edge (Fischer).

(j) Not 7 . . . Be7? 8 Nxf7! winning.

(k) It is too dangerous to take the pawn—8 . . . Qxd4? 9 N1f3 Qd5 10 Ne5 Qxg2 11 Rf1 Be7 12 Nef3! Qg4 13 Nxf7 6, Arnason–Helmers, Reykjavik 1982.

(l) 11 dxc5 Bxc5 12 Ne5 0-0 13 Ngf3 Nbd7 14 0-0 Nxe5 15 Nxe5 b6 16 Qf3 Qc7! =, Adams–Seirawan, Bermuda 1999.

(m) 12 Ne5?! cxd4 13 cxd4 (Kasparov–Karpov, Linares 1994) 13 . . . Bxa3! 14 Ngf3 Bb4† leaves White with too little for the pawn.

(n) 14 Bf4 Bd6 15 Bxd6 Qxd6 16 Rad1 0-0 17 Rxd4 Qc5 =, Short–Gulko, match 1994.

(o) 10 c3 Be7 11 Be3 (11 dxc5 Nbd7) Nbd5 12 Ne5 0-0 13 Ngf3 Qc7 14 Bd2 b6 15 0-0 Bd6 16 Rfe1 Bb7 =, Dvoiris–Meduna, Sochi 1983.

(p) 12 . . . cxd4 13 Ngf3 Be7 14 Nxd4 0-0 15 0-0-0 Bd7 16 Kb1 Qb6 17 c4! Nb4 18 Ne4 Nxe4 19 Qxe4 ±, Anand–Khalifman, Biel Int. 1993.

(q) 14 0-0-0 Bb7 15 Ne4 Be7 16 Nd6† Bxd6 17 Bxd6 Rd8 18 Be5 0-0 19 Nf3 Nd7 20 Bd6 Rfe8 =, Shabalov–Karpov, Tilburg 1996.

(r) 10 Be3 Nbd5 11 Ne5 a6 12 c3 cxd4 13 Bxd4 Nf4 14 Qf3 Nxd3† =, Wedberg–Adorjan, Reykjavik 1982.

(s) Complications arise from 10 . . . Nbd7 11 b4 b6 12 Nd4 Nd5 (12 . . . bxc5? 13 Nc6 Qc7 14 Qxe6† fxe6 15 Bg6 mate!) 13 Bb2 Nxb4 14 Nxe6 Nxd3† 15 Qxd3 Qe7 16 0-0-0 fxe6 17 Qe4 Rb8 18 c6 Nc5 19 Qg6† Qf7 20 c7! Ra8 21 Rd8† Ke7 22 Qxf7† Kxf7 23 Nf3 6. Black could hold his troubles to a minimum with 11 . . . Nd5 12 Bd2 Qf6 13 Rb1 a5 14 a3 ±.

(t) Playable is the long and complicated continuation 12 . . . Nxe5 13 Nxe5 0-0 14 Bd2 Qd5 15 0-0-0 Qxa2 16 c3 b5 17 Bxh6 Bb7! 18 Nd7 (18 Bb1 Qa4 =) 18 . . . Nxd7 19 Qg4 Qa1† 20 Bb1 g6 22 Rxd7 Ba3 22 bxa3 Qxc3† 23 Kd1 Rfd8 24 Rd2 Rxd2† 25 Bxd2 Rd8 26 Qg5 Bf3† 27 gxf3 Qxf3† ∓, Barlov–Radulov, Belgrade 1982.

(u) (A) 13 Bd2? Nxe5 14 Nxe5 Bxf2†! 15 Kxf2 Qxe5 16 Qxe5 Ng4† nets a pawn. (B) 13 Bf4 Bb4†! 14 Nd2 Bxd2† 15 Kxd2 0-0 16 Rhd1 Nc5 17 Ke1 Nd5 =, Timman–Karpov, match 1993.

(v) 14 Re1 Bd6 15 Nc4 Be7 with equal chances, Izeta–Karpov, Dos Hermanas 1993.

(w) 7 Nf3 Bf5 8 Qe2 e6 9 Bg5 Be7 10 0-0-0 Bg4 11 h3 Bxf3 12 Qxf3 Nd5 =, Fischer–Petrosian, Bled 1961.

(x) 14 Bh4 Ne7! 15 Bxe7 Qxe7 16 Ne5 c5 =, Balashov–Hort, Tilburg 1977.

CARO-KANN DEFENSE

Main Line, 5 . . . gxf6 and 5 . . . exf6

1 e4 c6 2 d4 d5 3 Nc3 dxe4 4 Nxe4 Nf6 5 Nxf6†(a)

	25	26	27	28	29	30
	gxf6 .... exf6					
6	c3............Bf5	Nf3..........Bg4(f)	Ne2(j)........h5(k)	c3............Bd6(m)	Bc4..........Bd6(r)	Nf3(v)........Bd6(w)
7	Nf3(b)........Qc7(c)	Be2..........Qc7(g)	Qd3..........Qa5†	Bd3..........0-0	Ne2(s)........0-0	Be2..........0-0
8	g3............Nd7	0-0(h)........Nd7	Bd2..........Qf5	Qc2(n)........Re8†	0-0............Qc7(t)	0-0............Re8
9	Bg2..........0-0-0	c4............0-0-0	Qb3..........Bh6	Ne2..........g6(o)	Ng3..........Re8	Be3..........Nd7
10	0-0............e6(d)	Be3..........f5?!	0-0-0........Bxd2†	h4............Be6(p)	Qf3..........Be6	Qd2..........Qc7
11	Re1..........Bg4	Ng5!..........Ne5	Rxd2..........Qxf2	h5............f5	Bb3..........Nd7	c4............Nf8
12	b4............h5(e)	f3............Bh5(i)	Ng3..........Qe1†(l)	hxg6..........fxg6(q)	Be3..........Nb6(u)	Rfe1..........Bf5(x)

(a) 5 Ng3 g6 6 Nf3 Bg7 7 Be2 0-0 8 0-0 Qb6 9 b3 a5 =, Sax–Larsen, Tilburg 1979.

(b) 7 Ne2 Nd7 8 Ng3 Bg6 9 h4 h5 10 Be2 Qa5 11 b4 Qc7 12 Nxh5 e5! 13 Ng3 0-0-0 14 h5 Bh7 15 Bg4 Kb8 with compensation for the pawn due to White's scattered position, Cazelais–Spraggett, Quebec 1989.

(c) 7 . . . e6 8 g3 Qd5 9 Bg2 Qc4 10 Nh4 Bd3 11 Be3 Nd7 12 Qd2 Qa6 13 Rd1 Bg6 14 b3 ±, De Armas–Santa Torres, Sagua La Grande 1989.

(d) 10 . . . e5 11 Qb3 Nb6 12 Re1 Bd6 13 Bh6! Rhg8 14 dxe5 fxe5 15 Nh4 Be6 16 Qc2 ±, Dvoiris–Orlov, St. Petersburg 1995.

(e) 13 Qa4 Bxf3 14 Bxf3 Kb8 15 Bf4 Bd6 16 Bxd6 Qxd6 17 Rad1 h4 18 c4 and White's attack is the more dangerous, de Firmian–Conquest, London 1986.

(f) 6 . . . Bf5 7 Bd3 Bg6 8 Qe2 e6 9 Bd2 Bd6 10 c4 Qe7 11 c5 Bc7 12 0-0 ±, Garcia–Donner, Havana 1968.

(g) 7 . . . e6 8 h3 (8 0-0 Qc7 9 h3 h5!?) Bh5 9 0-0 Qc7 10 c4 Nd7 11 Be3 0-0-0 12 Qa4 Kb8 13 b4 ±, Wolski–Stummer, Bad Wörishofen 1990.

(h) Also 8 h3 Bh5 (Bxf3 9 Bxf3 1) 9 0-0 Nd7 10 d5 Rd8 11 c4 Nb6 12 Be3 Bxf3 13 Bxb6! axb6 14 Bxf3 ±, Smyslov–Pachman, Amsterdam 1964.

(i) 13 Qc2 Bg6 14 f4 Ng4 15 Bxg4 fxg4 16 f5 h6 17 Ne6 6, King–Emms, England 1987. Black does better to play the normal 10 . . . e6 11 Qa4 ±, Emms–Schmedders, Hastings 1993.

(j) 6 Bc4 Bf5 7 Ne2 h5 8 Be3 e6 9 Nf4 h4 10 Qe2 Nd7 11 0-0-0 Be7 12 Bb3 Qc7 13 g4 Bh7 14 h3 0-0-0 =, Fries Nielsen–Jelling, Denmark 1988.

(k) 6 . . . Bf5 7 Ng3 Bg6 8 h4 h6! 9 h5 Bh7 10 c3 e6 11 Be3 Nd7 12 Qd2 Qa5 13 Be2 0-0-0 14 Bxh6 Bxh6 15 Qxh6 e5 and both sides have chances in this obscure position, Meking–Larsen, San Antonio 1972.

(l) 13 Rd1 Qa5 14 Bc4 e6 15 Rhe1 Kf8 16 Kb1 Na6 17 Qf3 with attacking chances for the pawn, Vogt–Ermenkov, Stockholm 1969.

(m) 6 . . . Bf5 7 Ne2 Bd6 8 Ng3 Bg6 9 Bc4 0-0 10 0-0 Re8?! (10 . . . Bxg3 11 hxg3 6) 11 f4! b5 12 Bb3 Be4 13 Qh5! Qd7 14 Nxe4 Rxe4 15 Bc2 g6 16 Qh4 Re8 17 f5 and already White is winning, Nunn–Arkell, London 1987.

(n) The conservative approach is 8 Ne2 Re8 9 0-0 Qc7 10 Ng3, which may be slightly better for White after 10 . . . g6 or 10 . . . Nd7. Not 10 . . . f5? 11 f4! c5 12 d5 Bd7 13 c4 ±, Khalifman–Seirawan, Wijk aan Zee 1991.

(o) (A) 9 . . . h6 is passive—10 Be3 Nd7 11 h3 Nb6 12 c4 c5 13 0-0 ±, Hort–Antonio, Novi Sad Ol. 1990. (B) 9 . . . Kh8!? 10 0-0 Qc7 11 Ng3 g6 12 Ne4 Be7 13 g3 Be6 14 Bf4 Qd8 15 Rfe1 ±, McDonald–Okrajek, Bad Wörishofen 1993.

(p) 10 . . . f5 11 h5 Qf6 12 hxg6 fxg6 13 Qb3† Kh8 14 Bg5! Qg7 (14 . . . Qxg5? 15 Qf7 wins) 15 0-0-0 with good attacking chances, Sznapik–Plachetka, Bratislava 1983.

(q) 13 Bh6 Nd7 14 g4!? Bd5 15 0-0-0 Bxh1 16 Rxh1 Bf8 17 Bd2, Kudrin–King, England 1988; now instead of the game continuation 17 . . . fxg4? 18 Qb3† Kg7 19 Rxh7† Kxh7 20 Qf7† Kh8 21 Nf4 Resigns, Black should play 17 . . . Nb6 18 gxf5 Qd5 19 Ng3 Qxa2 with almost equal chances.

(r) (A) 6 . . . Qe7† 7 Qe2 Be6 8 Bb3 Na6 9 c3 Nc7 10 Bf4 Bxb3 axb3 Nd5 12 Bg3 a6 with a minimal edge for White, Keres–Smyslov, Amsterdam 1971. (B) 6 . . . Qb6 7 c3 Be6 is interesting.

(s) 7 Qe2† Qe7 8 Qxe7† Kxe7 9 Ne2 Be6 10 Bd3 Nd7 =, I. Gurevich–Dlugy, New York (blitz) 1993. Black's doubled f-pawns are a negligible liability here.

(t) 8 . . . Be6 9 Bxe6 fxe6 10 Bf4 Re8 11 c3 Bxf4 12 Nxf4 Qd7 13 Qg4 ±, Post–Tartakower, Mannheim 1914. Black's pawn on f6 causes a small weakness.

(u) 13 Rad1 Nd5 14 Bc1 b5 15 Kh1 Re7 16 Ne4 Rae8 =, Milos–U. Rodríguez, Oviedo 1993.

(v) 6 g3!? c5 7 Nf3 Bd6 8 Be3 Qc7 9 dxc5 Bxc5 10 Bxc5 Qxc5 11 Qe2† (Tal–Lechtynsky, Tallinn 1979) 11 . . . Kf8! 12 Bg2 g6 13 0-0 Kg7 with only a minute plus for White.

(w) (A) 6 . . . Bg4 7 Be2 Bd6 8 h3 Bh5 9 Nh4 Bg6 10 Be3 f5 11 g3 ±, Kupreichik–Hort, Germany 1995. (B) 6 . . . Na6 7 Be2 Bd6 8 0-0 Nc7 9 c4 0-0 10 Re1 Re8 11 h3 Bf5 12 Be3 with a tiny edge, Unzicker–Backwinkel, Germany 1983.

(x) 13 c5 Be7 14 d5 cxd5 15 Qxd5 Be6 16 Qh5 Red8 17 b4 a5 18 a3 f5 =, Larsen–C. Hansen, Naestved 1988.

CARO-KANN DEFENSE

Panov-Botvinnik Attack

1 e4 c6 2 d4 d5 3 exd5 cxd5 4 c4 Nf6 5 Nc3 Nc6

	31	32	33	34	35	36
6	Bg5			Nf3		cxd5
	Be6	.... Qa5 .... e6(j)		Bg4 .... e6		Nxd5
7	a3(a)	Bd2(e)	c5(k)	cxd5	c5(p)	Bc4(s)
	Qd7	dxc4(f)	Be7	Nxd5	Ne4(q)	Nb6
8	b4(b)	Bxc4	Bb5	Qb3(m)	Qc2(r)	Bb5
	dxc4	e6(g)	0-0	Bxf3	f5	a6?!(t)
9	Bxf6	Nf3(h)	Nf3	gxf3	Bb5	Bxc6+
	gxf6	Qd8	Ne4	e6(n)	Bd7	bxc6
10	d5	Bg5	Bxe7	Qxb7	0-0	Nf3
	0-0-0	Be7	Qxe7	Nxd4	Be7	e6
11	Bxc4(c)	0-0	Qc2	Bb5+	Bxc6	0-0
	Ne5	0-0	Ng5	Nxb5	bxc6	c5
12	Bb5	a3	Nxg5	Qc6+	Bf4 ±	Be3 ±
	Qc7(d)	a6(i)	Qxg5(l)	Ke7(o)		

(a) There are serious alternatives: (A) 7 Bxf6 gxf6 8 c5 Rg8 9 g3 Bg4 10 Be2 Qd7 11 Bxg4 Rxg4 =, Psakhis–Zontakh, Potorož 1995; (B) 7 c5 Ne4 8 Bh4 Nxc3 9 bxc3 Qa5 10 Qd2 Bf5 11 a4 e5 12 Bb5 Bd7 13 Nf3 e4 14 Bxc6 bxc6 15 Ne5 Qa6 =, Gelfand–Dreev, Munich 1994; (C) 7 g3 Qa5 8 Bg2 Ne4 9 Bxe4 dxe4 10 d5 0-0-0 11 Bd2 Nb4 12 Nxe4 Bf5 13 Qb1 Qb6 14 Ne2 e6 =, Tal–Hodgson, Sochi 1986.

(b) 8 Bxf6 gxf6 9 g3?! 0-0-0 10 Bg2 Bg4! 11 f3 Be6 12 c5 Bf5 13 b4 e5 14 Nge2 Qe6 ∓, Topalov–Leko, Vienna 1996.

(c) Not 11 dxe6? Qxe6+ 12 Qe2 Ne5 ∓. Lanka evaluates 11 dxc6 Qxc6 12 Qa4 Qb6 13 Rd1 Bh6 14 Nf3 Rhg8 as compensation for the piece.

(d) 13 Nge2, Lanka–Adianto, Adelaide 1990; now instead of 13 ... Rg8? as played, simply 13 ... Kb8 avoiding trouble on the c-file leaves Black with good play.

(e) (A) 7 Bxf6 exf6 8 cxd5 Bb4! 9 Qd2 Bxc3 10 bxc3 Qxd5 11 Nf3 0-0 =, van der Sterren–Nikolac, Eerbeek 1978. (B) 7 Qd2 Be6 8 c5 Ne4! 9 Nxe4 dxe4 10 Qxa5 Nxa5 =, Ernst–Engqvist, Gausdal 1992.

(f) 7 ... Qd8 8 Nf3 e6 9 c5 Be7 10 Bb5 0-0 11 0-0 ±, Kindermann–Goldenberg, Trouville 1982. White has control of the e5 square and a good queenside pawn majority.

181

(g) 8 ... Nxd4? 9 Nb5 Qb6 10 Nxd4 Qxd4 11 Qa4† Bd7 12 Bxf7† wins the queen.

(h) 9 d5 exd5 10 Nxd5 Qd8 11 Qe2† Be6 12 Nf4 Nd4 13 Nxe6 fxe6 14 Qd3 Qb6 =, Bronstein–Bagirov, Tallinn 1981.

(i) 13 Ba2 b5 14 Re1 Bb7 15 Qd3 ±, Kosten–Bagirov, Yurmala 1987. This is a typical isolated queen-pawn position in which White is more active.

(j) Black lands in trouble with both (A) 6 ... Qb6 7 cxd5 Nxd4 8 Be3 e5 9 dxe6 Bc5 10 exf7† Ke7 11 Bc4 Rd8 12 Nf3 6, and (B) 6 ... dxc4 7 Bxc4! Qxd4 8 Qxd4 Nxd4 9 0-0-0 e5 10 Bb5† (10 f4 ∞) Bd7 11 Bxf6 gxf6 12 Bxd7† Kxd7 13 Nf3 Bc5 14 Nb5 ±, Ginzburg–Salas, Argentina 1991.

(k) Black wins after 7 cxd5 exd5 8 Bxf6?! Qxf6 9 Nxd5 Qd8 10 Bc4 Be6 11 Qe2? b5!.

(l) 13 Bxc6 bxc6 =, Keres–Alekhine, AVRO 1938.

(m) White does best to play actively, otherwise Black has an easy time. If 8 Bc4 e6 9 0-0 Be7 10 h3 Bxf3 11 Qxf3 Nxd4 12 Qe4 Nxc3 13 bxc3 Rc8 (13 ... Nc6 2) 14 cxd4 Rxc4 15 Qxb7 Qd7 =, Tartakower–Nimzovich, Liege 1930.

(n) 9 ... Nb6 10 Be3 e6 11 0-0-0 Be7 12 d5 exd5 13 Nxd5 Nxd5 14 Rxd5 Qc7 15 Kb1 0-0 16 f4 Nb4 17 Rd4 Nc6 18 Rd1 Bf6 19 Bg2 ±, Anand–Karolyi, Frunze 1987.

(o) 13 Qxb5 Qd7 14 Nxd5† Qxd5 15 Bg5† f6 16 Qxd5 exd5 17 Be3 Ke6 18 0-0-0 Bb4 19 Rd3 Rhd8 20 a3 Rac8† 21 Kb1 Bc5, with just a minimal edge for White in the ending, Karpov–Kramnik, Linares 1993.

(p) 7 a3 and 7 cxd5 Nxd5 transpose into the Queen's Gambit, Semi-Tarrasch Defense.

(q) Normal development leaves White better: 7 ... Be7 8 Bb5 0-0 9 0-0 Bd7 10 a3 a6 11 Bd3—White controls e5 and has a queenside pawn majority.

(r) 8 Bd3 Nxc3 9 bxc3 Be7 10 0-0 b6 11 cxb6 axb6 12 Re1 Ba6 14 Bc2 0-0 =, Blek–Vladimirov, Frunze 1988. The column is Vasiukov–Padevsky, Varna 1971.

(s) 7 Nf3 transposes into column 34. 7 Bb5 Nxc3 8 bxc3 Qd5 9 Be2 Qxg2 10 Bf3 Qg6 11 Ne2 e5! 12 d5 Nd8 leaves White too little for the pawn, Shamkovich–Adianto, New York 1994.

(t) Black should do better with 8 ... e6 9 Nf3 Be7 10 0-0 0-0 11 Re1 Nb4. The column is Alekhine–Coleman, Buenos Aires 1926.

CARO-KANN DEFENSE

Panov-Botvinnik Attack

1 e4 c6 2 d4 d5 3 exd5 cxd5 4 c4 Nf6 5 Nc3

	37	38	39	40	41	42
	e6...g6					
6	Nf3			Qb3(o) cxd5		
	Be7 ....Bb4(i)			Bg7		Bg7(u)
7	c5............cxd5(e)		cxd5(j)	cxd5		Bc4(v)
	0-0(a)	exd5(f)	Nxd5	0-0		0-0
8	Bd3	Bb5†	Qc2(k)	Be2 ....Nge2		Nge2
	b6	Bd7(g)	Nc6	Nbd7	Nbd7(r)	Nbd7
9	b4	Bxd7†	Bd3(l)	Bf3	g3	Nf4
	a5	Nbxd7	Ba5	Nb6	Nb6	Nb6
10	Na4	Qb3!	Be4(m)	Nge2	Bg2	Bb3
	Nfd7!	Nb6	h6	Bg4(p)	Bf5	Bf5
11	b5(b)	0-0	0-0	Bxg4	Nf4	0-0
	bxc5	0-0	0-0	Nxg4	h6	Qd7
12	dxc5	Bg5	Rd1	a4	a4	a4
	e5(c)	h6	Qd6	Nf6	a5(s)	a5
13	c6	Bh4	Qb3	Nf4	0-0	h3
	e4(d)	Rc8(h)	Rd8(n)	a5(q)	g5(t)	h5(w)

(a) Starting immediately with a queenside counter leads to grave troubles— 7 . . . b6?! 8 b4 a5 9 Na4 Nfd7 10 Bb5 0-0 11 Bf4 threatening 12 c6, Euwe–Kramer 1941.

(b) 11 h4 is very tricky as White threatens 12 Nxb6 Nxb6 13 Bxh7†! Kxh7 14 Ng5† Bxg5 15 hxg5† Kg8 16 Qh5 winning. Black defended well in Karlsson–Mahlin, corr. 1970—11 . . . f5 12 Ng5 Qe8! 13 Kf1 axb4 14 Nxe6 Nxc5 15 Naxc5 bxc5 16 Nxf8 c4 ∓.

(c) 12 . . . Nxc5? 13 Nxc5 Bxc5 14 Bxh7† Kxh7 15 Ng5† Kg6 16 Qc2† ±.

(d) 14 cxd7 Nxd7 15 0-0 exf3 16 Qxf3 Ne5 17 Qg3 Nxd3 18 Qxd3 d4 =, Sokolsky–Smagin, corr. 1964.

(e) 7 Bg5 0-0 8 Be2 dxc4 9 0-0 a6 10 Bxc4 b5 11 Bd3 Bb7 12 Qe2 Nc6 13 Rad1 Nb4 =, Zsu. Polgar–Inkiov, Stara Zagora 1990.

(f) 7 . . . Nxd5 transposes into the Queen's Gambit, Semi-Tarrasch Defense, after 8 Bc4 Nc6 or 8 Bd3 Nc6.

(g) 8 . . . Nc6 9 Ne5 Bd7 10 0-0 0-0 11 Re1 Re8 12 Bg5 Be6 13 Bxc6 bxc6 14 Na4 1, Zsu. Polgar–Larsen, Monaco 1994.

(h) 14 Rfe1 Rc6 15 Re2 g5 16 Bg3 Nh5 17 Rae1 ±, Adams–Granada Zuñiga, Elenite 1993.

(i) 6 . . . Nc6 transposes into col. 35.

(j) (A) 7 Bd3 dxc4 8 Bxc4 transposes into the Nimzo-Indian Defense. (B) 7 Bd2 0-0 8 Rc1 b6 9 cxd5 Bxc3 10 bxc3 Qxd5 11 c4 Qd6 12 Be2 Bb7 =, Hort–Ribli, Manila Int. 1976.

(k) 8 Bd2 Nc6 9 Bd3 0-0 10 0-0 Be7 11 Qe2 Nf6 12 Ne4 Qb6 13 a3 Bd7 14 Rfd1 Rad8 15 Nxf6† Bxf6 =, Kamsky–Karpov, match 1996.

(l) 9 Be2 0-0 10 0-0 Re8 11 Rd1 Bf8 12 Bd3 g6 13 Be4 Nxc3 14 bxc3 Bd7 15 Bf4 Rc8 =, Wolff–Lutz, Groningen 1993.

(m) 10 a3 Nxc3 11 bxc3 Nxd4 12 Nxd4 Qxd4 is Speelman's daring pawn grab, giving Black reasonable chances.

(n) 14 Bb1 Bxc3 15 bxc3 b6 16 Nd2 f5 =, Golfstein–Spraggett, Canadian Open 1997.

(o) 6 Bg5 Bg7 7 Bxf6 Bxf6 8 cxd5 (8 Nxd5 Bg7 9 Nf3 Nc6 then . . . e6 and . . . Nxd4) 8 . . . Qb6 9 Bb5† Bd7 10 Bxd7† Nxd7 11 Nge2 0-0 12 0-0 Rfd8 13 Qd3 Rac8 14 a4 Bg7 15 a5 Qa6! 16 Qe3 Re8 =, Smyslov–Bronstein, USSR 1967.

(p) 10 . . . Bf5 11 0-0 Qd7 12 a4 Bd3 13 d6 Bc4 14 Qb4 (Milos–Christiansen, Szirak 1987) 14 . . . Qxd6 15 Qxd6 exd6 16 Bxb7 Rab8 17 Bf3 Nbd5 allows Black play for the pawn.

(q) 14 0-0 Qd6 15 Rd1 Rfd8 16 Nb5 Qd7 17 d6 exd6 18 Nc3 Ra6 19 Be3 Rc8 =, Sax–Gipslis, Valby 1994.

(r) 8 . . . Na6 9 g3 Qb6 10 Qxb6 axb6 11 Bg2 Nb4 12 0-0 Rd8 13 d6! exd6 14 Bg5 Re8 15 a3 Nc6 16 Rfe1 Bg4 17 Bxf6! Bxf6 18 Nd5 Bd8 19 Nec3 ±, Tal–Botvinnik, Moscow 1966.

(s) 12 . . . Qd7 13 a5 Nc8 14 Na4! Nd6 15 0-0 g5 16 Nd3 Bh3 17 Ne5 ±, Suba–Dvoiris, Sochi 1983.

(t) 14 Nfe2 Qd6 15 Nb5 Qb4 16 Qxb4 axb4 17 d6 is Makarichev's suggestion, producing unclear complications after 17 . . . Bd3 or 17 . . . exd6.

(u) 6 . . . Nxd5 7 Qb3 Nxc3 (7 . . . Nb6 8 d5 Bg7 9 Be3 0-0 10 Rd1 ±) 8 Bc4! e6 9 bxc3 Nc6 10 Nf3 Bg7 11 Ba3 Bf8 12 0-0 ±, Tal–Pohla, USSR 1972.

(v) 7 Bb5† Nbd7 8 d6 exd6 9 Qe2† Qe7 10 Bf4 Qxe2† 11 Bxe2 Ke7 12 Bf3 Nb6 13 0-0-0 Be6! 14 Bxb7 Rab8 with level chances in this complex ending, Johansen–Rogers, Canberra 1995.

(w) 14 Qe2 Ne8 =, Trabeth–Horvath, Balatonbereny 1994. Black threatens 15 . . . Bxd4, and 15 Re1 Nd6 16 Qxe7?? loses to 16 . . . Rfe8 17 Qxd7 Rxe1†.

CARO-KANN DEFENSE

Advance Variation

1 e4 c6 2 d4 d5 3 e5

	43	44	45	46	47	48
	Bf5 .... c5					
4	Nf3		Nc3	Qb6	h4(r)	dxc5
	e6		e6		h5(s)	Nc6(v)
5	Be2(a)		g4	g4(p)	c4	Db5(w)
	Ne7 .... c5(g)		Bg6	Bd7	e6	e6
6	0-0	0-0(h)	Nge2	Na4	Nc3	Be3(x)
	Nd7(b)	Nc6	c5(l)	Qc7	dxc4(t)	Nge7
7	Nh4(c)	c3	h4(m)	Nc5	Bxc4	c3
	Bg6(d)	Bg4(i)	h6(n)	e6	Nd7	Bd7
8	Nd2	Nbd2	Be3	Nxd7	Bg5	Bxc6
	c5	cxd4	Qb6!	Nxd7	Be7	Nxc6
9	c3	cxd4	f4!	f4	Qd2	f4
	Nc6(e)	Nge7	Nc6	c5	Qa5	g5
10	Nxg6	a3(j)	f5	c3	Nge2	fxg5
	hxg6	Nf5	Bh7	Ne7	0-0-0	Nxe5
11	Nf3	b4	Qd2	Nf3	Qe3	Nf3
	Be7	Be7	0-0-0	h5	Bxg5	Nxf3+
12	g3	h3	0-0-0	gxh5(q)	hxg5	Qxf3
	Qb6(f)	Bxf3(k)	c4(o)	Nf5 =	Nb6(u)	Bg7(y)

(a) White's strategy beginning with 4 Nf3 was popularized by England's Nigel Short, who has recently favored (A) 5 a3. Short–Leko, Places 1996 continued 5 . . . c5 6 c4 Bxb1 7 Rxb1 Nc6 8 Qb3 Qb6 9 Qxb6 axb6 10 cxd5 exd5 11 Bb5 ±. Better defense is 5 . . . Nd7 6 c4 dxc4 7 Bxc4 Nb6 8 Bb3 Ne7 9 0-0 Ned5 10 Re1 Be7 11 Nbd2 0-0, Short–Adams, Groningen 1997. White is active, but Black has a solid position. (B) 5 c3 c5 6 Be3 Qb6 7 Na3 c4 8 Qa4† Nc6 9 b3 Qa5! 10 Qxa5 Nxa5 11 Nb5 Kd7 12 bxc4 Nxc4 13 Bxc4 dxc4 14 d5 exd5 15 Rd1 Be6 16 Nxa7 Nh6 =, Tkachiev–Adianto, Jakarta 1994.

(b) (A) 6 . . . Bg6 7 c3 Nf5 8 Nbd2 c5 9 g4!? Nh4 10 Nxh4 Qxh4 11 f4 h5 12 g5 Nc6 13 Rf2 cxd4 14 Nf3 Qg4† 15 Rg2 Qf5 16 Nxd4 ±, Xie Jun–Hort, Copenhagen 1997. (B) 6 . . . c5 7 c4 Nbc6 8 dxc5 d4 9 Bd3 Bxd3 10 Qxd3 Ng6 11 Qe4 Bxc5 12 Nbd2 0-0 13 Nb3 Bb6 14 Bg5 ±, Bologan–Razuvaev, Reggio Emilia 1997.

(c) 7 c3 is a good alternative. Benjamin–Seirawan, US Chp. 1991 continued 7 . . . c5 8 dxc5 Nc6 9 b4 Ndxe5 10 Nd4 Bxb1 11 Rxb1 Be7 12 f4 ±. Karpov was more cautious against Anand in their 1991 match, 7 . . . h6 8 Na3 a6

9 Nc2 Bh7 10 Nce1 c5 11 Bd3 Bxd3 12 Nxd3 Ng6, with only a minor edge to White.

(d) 7 . . . Qb6 8 c3 c5 9 Nxf5 Nxf5 10 Bd3 g6 11 Re1 Nb8 12 Bxf5 gxf5 13 c4 dxc4 14 d5 ±, Nunn–Adams, Brussels 1992.

(e) 9 . . . Qb6 10 Nxg6 hxg6 11 Nf3 Nf5 12 c4! dxc4 13 d5 0-0-0 14 Bxc4 ±, Almasi–Bareev, Úbeda 1997.

(f) 13 h4 Rc8 14 Kg2 cxd4 15 cxd4 Rc7 16 Rb1 a6 17 b4 ±, Sutovsky–Adianto, Buenos Aires 1997.

(g) 5 . . . Nd7 6 0-0 h6 (usual is 6 . . . Ne7 transposing into the previous column) 7 b3 Ne7 8 c4 Ng6 9 Na3 Be7 10 cxd5 cxd5 11 Nc2 ±, Almasi–Kallai, Hungary 1997.

(h) 6 Be3 cxd4 7 Nxd4 Ne7 8 c4 Nbc6 9 Qa4 a6 10 Na3 Qa5† 11 Qxa5 Nxa5 12 0-0 dxc4 13 Nxc4 Nxc4 14 Bxc4 Be4 =, Svidler–Epishin, Russia 1997.

(i) 7 . . . cxd4 8 Nxd4 (8 cxd4 also offers chances for an edge) Nge7 9 Nxf5 Nxf5 10 Bd3 Be7 11 Re1 d4 12 a3 dxc3 13 Nxc3 ±, Ivanchuk–Anand, Linares 1999.

(j) 10 h3 Bxf3 11 Nxf3 Nf5 12 Rb1 Qb6 13 Be3 Be7 14 b4 0-0 15 Bd3 Nxe3 16 fxe3 Rac8 17 Kh1 Qd8 18 Qe1, Anand–Karpov, Reggio Emilia 1991; now Seirawan's suggestion 18 . . . g6 allows Black to level the chances.

(k) 13 Nxf3 0-0 14 Bb2 a6 (Short–Karpov, match 1992) 15 Bd3 and White's king-side possibilities put him on top.

(l) (A) 6 . . . Ne7 7 Nf4 c5 8 h4 cxd4 9 Nb5 Nec6 10 h5 Be4 11 f3 a6 12 Nd6† Bxd6 13 exd6 g5 14 Nh3 h6 15 fxe4 dxe4 16 Bg2 f5 with a wild and crazy position, Topalov–Anand, Linares 1999. (B) 6 . . . f6 7 h4 fxe5 8 h5 Bf7 9 dxe5 Nd7 10 f4 Qb6 11 Nd4 ± Bc5?! 12 Na4 Qa5† 13 c3 Bxd4 14 Qxd4 c5 15 Qd1 ±, Sax–Lauber, Hungary 1997.

(m) 7 Be3 Nc6 8 dxc5 Nxe5 9 Nd4 Nd7 10 f4 Be4 =.

(n) 7 . . . cxd4 8 Nxd4 h5 9 f4 hxg4 10 Bb5† Nd7 11 f5 Rxh4 12 Rf1 exf5 13 e6 fxe6 14 Nxe6 Qe7 15 Qe2 (Krempel–Giert, corr. 1990) 15 . . . Kf7 16 Ng5† Ke8 =.

(o) 13 Nf4 Qa6 14 fxe6 Nb4! 15 exf7 Ne7 16 a3 Nxc2, Prasad–Ravi, India 1991. In this wild and messy position chances are roughly equal. Black threatens 17 . . . Na1, 18 . . . Nb3 mate, so 17 Qf2 b5 (17 . . . Na1 18 Re1) 18 Bg2 b4!? is one reasonable variation.

(p) 5 Bd3 Bxd3 6 Qxd3 e6 7 Nge2 Qa6 8 Qh3 b5!? 9 b3 Nd7 10 Qd3 Ba3 11 0-0 Ne7 =, Pilgaard–Pedersen, Denmark 1996.

(q) 12 f5?! hxg4 13 fxe6 gxf3 14 exd7† Qxd7 15 Qxf3 cxd4 16 cxd4 Nc6 ∓, Ve-limirović–Kasparov, Moscow 1982.

(r) 4 Bd3 Bxd3 5 Qxd3 e6 6 Nc3 Ne7 7 Nge2 Nd7 8 0-0 a6 9 Nd1 c5 10 c3 Rc8 11 Ne3 h5 12 Bd2 g6 =, Hellers–Ivanchuk, Biel 1989.

(s) 4 . . . h6 5 g4 Bd7 6 h5 c5 7 c3 e6 8 f4 Qb6 9 Nf3 leaves White in control of the kingside, Tal–Pachman, Bled 1961.

(t) Equally good is 6 . . . Nd7 7 cxd5 cxd5 8 Qb3 Qb6 9 Bb5 Ne7 10 Na4 Qc7 11 Bd2 Nc6 12 Rc1 a6 13 Bxc6 bxc6 14 Nf3, draw agreed, Hjartarson–Khalif-man, Tilburg 1994.

186

(u) 13 Bb3 Ne7 14 0-0 h4 15 Nf4 Rd7 =, Förster–Polak, Bern 1994.

(v) 4 . . . e6 5 be3 Nd7 6 Bb5 Qc7 7 Nf3 Bxc5 8 Bxc5 Qxc5 9 Nc3 Ne7 10 0-0 0-0 11 Re1 ±, Lutz–Campora, Biel 1996.

(w) 5 Nf3 Bg4 6 Bb5 Qa5† 7 Nc3 e6 8 Be3 Nge7 9 Bd2 Qc7 10 Be2 a6 =, Spassky–Kotov, Moscow 1955.

(x) 6 b4 a5 7 c3 Bd7 8 Bxc6 Bxc6 9 Nf3 axb4 10 cxb4 b6 =, San Segundo–Khenkin, Zaragoza 1995.

(y) 13 0-0 0-0 14 Nd2 Bb5, Lutz–Kacheishvilli, Pula 1997; now instead of 15 Rf2?! e5 =, White can play 15 Rfe1 e5 16 Qf5 with an edge (Lutz).

CARO-KANN DEFENSE

Two Knights' Variation

1 e4 c6 2 Nc3 d5 3 Nf3

	49	50	51	52	53	54
	Bg4				Nf6	dxe4
4	h3				e5	Nxe4
	Bxf3			Bh5	Ne4	Nd7(r)
5	Qxf3			exd5(m)	Ne2	Bc4(s)
	Nf6		e6	cxd5	Bg4(p)	Ngf6
6	d3		d4!(i)	Bb5†	Nfg1	Neg5
	e6		dxe4(j)	Nc6	Bxe2	e6
7	Bd2	g3(e)	Nxe4	g4	Bxe2	Qe2
	Nbd7(a)	Bf4(f)	Nf6	Bg6	e6	Nd5(t)
8	g4	Bd2	Bd3	Ne5	d3	d4
	Bb4(b)	d4	Qxd4(k)	Rc8	Nc5	h6
9	g5(c)	Nb1	c3	d4	Nf3	Ne4
	Ng8	Qb6	Qd8	e6	Ncd7	Be7
10	h4	b3(g)	0-0	Qe2(n)	0-0	0-0
	d4	a5	Be7	Bb4	c5	0-0
11	Nb1	a3	Rd1	h4	c3	a4
	Qb6(d)	Bxd2†(h)	Nbd7(l)	Nge7(o)	Nc6(q)	a5(u)

(a) Tate–Epishin, New York 1993, continued 7 . . . Be7 8 g4 Na6 9 g5?! (9 0-0-0 ±)
9 . . . Nd7 10 h4 Nb4! 11 Qd1 (11 0-0-0?! d4) 11 . . . Qb6 =.

(b) (A) 8 . . . g6 9 Qg2! Bd6 10 f4 d4 11 Ne2 e5 12 fxe5 Bxe5 13 g5 Nh5 14 0-0-0 ±,
van der Wiel–van Mil, Dutch Chp. 1991. (B) 8 . . . h6 9 h4! Ne5 10 Qg3 Nexg4
11 e5 Bc5 12 Nd1 Qc7 13 f4 ±, Timman–Miles, Amsterdam 1985.

(c) 9 a3 Ba5 10 g5 (10 0-0-0 0-0 =) 10 . . . Ng8 11 h4 d4 12 Nb1 h6 =.

(d) 12 b3 Qa5?! 13 a3 Bxd2† 14 Nxd2 Qc3 15 Ra2! ±, Suetin–Shamkovich, USSR
1972. Instead 12 . . . Ne7 13 a3 Bxd2† 14 Nxd2 Qc5 gives equal chances.

(e) 7 a3 Bc5 8 Be2 0-0 9 0-0 Nbd7 10 Qg3 Bd4 11 Bh6 Ne8 12 Bg5 Ndf6 =,
Fischer–Larsen, Zurich 1959.

(f) Also 7 . . . Nbd7 8 Bg2 Bc5 9 0-0 0-0 10 Qe2 Bd4 11 Kh2 Bxc3 12 bxc3 dxe4
13 dxe4 Qa5 is equal, Smyslov–Flohr, USSR Chp. 1950.

(g) 10 c3 Bc5 11 Bc1 Nbd7 12 Nd2 Ne5 13 Qe2 dxc3 14 bxc3 0-0-0! 15 d4 Bxd4
16 cxd4 Rxd4 with a strong initiative for the small material investment,
Daniliuk–Bezgodov, Cheliabinsk 1987.

(h) 12 Nbxd2 Nbd7 13 Bg2 Qc5 14 Qd1 h5 =, Fischer–Benko, Bled Candidates 1959.

(i) White can play more slowly with 6 d3, which transposes into the previous columns after 6 . . . Nf6 or take an independent course after 6 . . . Qf6 7 Qe2 Bb4 8 Bd2 Nd7 9 a3 Ba5 =, Unzicker–Pomar, Varna Ol. 1962.

(j) 6 . . . Nf6 7 Bd3 Qb6 (7 . . . dxe4 8 Nxe4 Qxd4 is the column) 8 0-0 Qxd4 9 exd5 Nxd5 10 Rd1 Qf6 11 Qg3 with good play for the pawn, Balashov–Smagin, Russian Chp. 1995.

(k) 8 . . . Nxe4 9 Qxe4 Nd7 10 c3 Nf6 11 Qe2 Bd6 12 0-0 ±, Short–Karpov, Monaco 1993.

(l) 12 Qg3 Nxe4 13 Bxe4 g6 14 Bf4 with an initiative worth more than the sacrificed pawn, Korchnoi–Spassky, USSR Chp. 1959.

(m) 5 d4 e6 (5 . . . dxe4 6 Nxe4 Bxf3 7 Qxf3 Qxd4 8 Be3 Qxb2 9 Bc4!) 6 Be2 Bb4 7 0-0 Nf6 8 Bg5 h6 9 Bxf6 gxf6!? ∞, Staller–Khenkin, Bad Ragaz 1995.

(n) It doesn't pay to rush matters: after 10 h4 f6 11 Nxg6 hxg6 12 Qd3 (12 Bd3 f5!) 12 . . . Kf7 13 a3 (Ljubojević–Salov, Linares 1991), the simple 13 . . . a6 14 Bxc6 Rxc6 gives Black an edge.

(o) 12 h5 Be4 13 f3 0-0! 14 Nxc6 Nxc6 15 Be3 Qf6! 16 fxe4 Nxd4 17 Bxd4 Qxd4 18 Rd1 Bxc3† 19 bxc3 Qxc3† 20 Kf1 dxe4 21 Qxe4 f5! 22 Qxe6† Kh8 23 Kg2! Qxc2† 24 Qe2 fxg4 25 Rhf1 Qc5 26 Rxf8† Rxf8 27 h6! ±, van der Wiel–van der Sterren, Dutch Chp. 1991. This is a long and sharp line where one expects theoretical improvements every few years.

(p) 5 . . . Qb6 6 d4 c5 7 dxc5 Qxc5 (7 . . . Nxc5 8 Nf4 e6 9 Be2 Be7 10 0-0 ±) 8 Ned4 Nc6 9 Bb5 a6 10 Bxc6† bxc6 11 0-0 Qb6 12 e6! fxe6 13 Bf4 g6 14 Be5 Nf6 15 Ng5 ±, Fischer–F. Olafsson, Bled Candidates 1959.

(q) Estrin–Kopylov, Moscow 1951. Black has a solid position, yet White earns a small edge with 12 d4.

(r) (A) 4 . . . Bg4 5 h3 Bxf3 6 Qxf3 e6 7 c3! Nf6 d4 ±. (B) 4 . . . Nf6 5 Nxf6† gxf6 6 g3 Bg4 7 Bg2 Qd7 8 h3 Bf5 9 Nh4?! Be6 10 d3 Na6 11 Be3 h5 12 Qd2 Bd5 =, van der Wiel–Miles, Brussels 1986. Somewhat better is 9 d3 with thoughts of 0-0-0.

(s) 5 d4 transposes into the main line 4 . . . Nd7 variations.

(t) 7 . . . Nb6 8 Ne5! Nxc4 9 Qxc4 Qd5 10 Qxd5 exd5 Ngxf7 ±.

(u) Tseshkovsky–Dzindzichasvili, USSR 1972. White has a slight edge if he plays for the attack while deterring Black's pawn breaks—a plan such as c3, Re1 and Bd3.

CARO-KANN DEFENSE

3 . . . g6, Exchange and Fantasy Variations

1 e4 c6 2 d4 d5

	55	56	57	58	59	60
3	Nc3..........Nd2 ....exd5 (Exchange				f3 (Fantasy Variation)	
	g6(a)	g6(f)	cxd5	Variation)	dxe4.........e6(r)	
4	e5(b)	Ngf3	Bd3		fxe4	Nc3
	Bg7(c)	Bg7	Nc6		e5	Bb4
5	f4	h3	c3		Nf3	Bf4
	h5	dxe4(g)	Nf6 ....Qc7		Be6(o)	Nf6
6	Be3	Nxe4	Bf4(i)	Ne2	Bg5(p)	Qd3
	Nh6	Nd7	Bg4(j)	Bg4(m)	Be7	b6
7	Nf3	Bd3	Qb3	f3	Bxe7	Nge2
	Bg4	Ngf6	Qd7(k)	Bd7	Qxe7	Ba6
8	h3(d)	0-0	Nd2	Na3	Nc3	Qe3
	Bxf3	Nxe4	e6	a6	Bg4	0-0
9	Qxf3	Bxe4	Ngf3	Nc2	Bc4	0-0-0
	Nf5	0-0	Bxf3	e6	Nd7	Be7
10	Bf2	Bg5!	Nxf3	Bf4	d5	g4
	h4(e)	h6(h)	Bd6(l)	Bd6(n)	Ngf6(q)	b5(s)

(a) 3 . . . b5?! 4 a3! simply leaves Black with a queenside weakness.

(b) 4 h3 dxe4 5 Nxe4 Bg7 6 Nf3 transposes into the next column. Black has also played 4 . . . Nh6!? 5 Bf4 f6 6 exd5 cxd5 7 Nb5 Na6 8 c4! 0-0 9 cxd5 Qxd5 10 Nc3 ±.

(c) 4 . . . h5 5 Bd3 Nh6 6 Nce2 c5 7 c3 ±.

(d) 8 Be2 Bxf3 9 Bxf3 e6 10 Qd2 Bf8 11 0-0 Nd7 12 g3 a6 13 Ne2 Nf5 14 Bf2 Qb6 15 b3 Be7 16 c4 ±, Stefansson–Pelikan, New York 1997.

(e) 11 Bd3 e6 12 Ne2 Nd7 13 Bxf5 exf5 14 g4 hxg3 15 Nxg3 Bf8 16 h4 ±, Blatny–Casagrande, Germany 1992.

(f) Of course 3 . . . dxe4 4 Nxe4 is back in the main line. This column and the previous one show the difference between 3 Nc3 and 3 Nd2 if Black doesn't capture on e4.

(g) Black can keep the position closed with the odd-looking 5 . . . Nh6 6 Bd3 0-0 7 0-0 f6! 8 Re1 Nf7, yet after 9 c4 Na6 10 exd5 cxd5 11 Qb3 Nc7 12 cxd5 b6 13 Ne4 White has the more harmonious position, Svidler–Georgadze, Gausdal 1992.

(h) 11 Be3 c5 (Chandler–Christiansen, Thessaloniki Ol. 1984) 12 Qd2! cxd4 13 Bxh6 ±.

(i) 6 Nf3 appears more natural, but 6 . . . Bg4 7 0-0 e6 allows Black quick equality.

(j) 6 . . . g6 7 Nf3 Bg7 8 Nbd2 Bf5! 9 Bxf5 gxf5 10 Ne5 Qb6 =, Spielmann–Sämisch, Berlin 1920.

(k) 7 . . . Qc8 is also reasonable, but 7 . . . Na5?! 8 Qa4† Bd7 9 Qc2 e6 10 Nf3 Qb6 11 a4! (avoiding the exchange of light-squared bishops) is an edge for White, Fischer–Petrosian, USSR vs. Rest of the World 1970.

(l) 11 Bxd6 Qxd6 12 0-0 0-0 13 Rae1 Rab8 14 Ne5 b5 15 a3 a5! 16 Bxb5 Ne4 17 Nxc6 Qxc6 18 a4 Nd6 =, Torre–Adorjan, Shenzhen 1982.

(m) 6 . . . e6 7 Bf4 Bd6 8 Bxd6 Qxd6 9 Nd2 Nf6 10 f4! Ng4 11 Nf3 ±, Meyer–Lein, Berlin 1984.

(n) 11 Bxd6 Qxd6 12 0-0 Nge7 13 Qd2 ±, Lein–Goffman, USA 1980.

(o) Risky is 5 . . . exd4 6 Bc4 when White has quick play against the f7 square, e.g. 6 . . . Be7 7 0-0 Nf6 8 Ng5 0-0 9 Nxf7!.

(p) Not 6 Nxe5? Qh4†. 6 c3 Nf6 7 Nxe5 Nxe4 8 Nf3 Be7 9 Bd3 Ng5 10 Nbd2 Nd7 11 0-0 0-0 12 Qc2 h6 13 Kh1 Nxf3 14 Nxf3 Bd6 15 Bd2 Qa5 =, Adams–Seirawan, Bermuda 1999.

(q) 11 h3 Bxf3 12 Qxf3 Nb6 13 Bb3 0-0 =, Murrey–Seirawan, New York 1985.

(r) 3 . . . g6 4 c3 Bg7 5 Na3 Nd7 ∞, Vinogradov–Kopylov, USSR 1946.

(s) 11 Ng3 b4 12 Nce2 Bc4 =, Wall–Hodgson, British Chp. 1990.

CARO-KANN DEFENSE

Lines without 2 d4 (Except Two Knights')

1 e4 c6

	61	61	63	64	65	66
2	c4..			d3		Nc3
	d5(a)			d5		d5
3	exd5			Nd2		Qf3
	cxd5			e5...	g6(m)	dxe4(p)
4	cxd5(b)			Ngf3	Ngf3	Nxe4
	Nf6 ....Qxd5			Bd6	Bg7	Nd7
5	Bb5† ....Nc3(f)		Nc3	g3(l)	Be2(n)	d4
	Nbd7(c)	Nxd5	Qd6	Nf6	e5	Ndf6!
6	Nc3	Nf3	d4	Bg2	0-0	c3
	a6(d)	Nxc3(g)	Nf6	0-0	Ne7	Nxe4
7	Qa4	bxc3	Nge2(j)	0-0	b4	Qxe4
	Rb8	g6	e6	Re8	0-0	Nf6
8	Bxd7†	d4(h)	g3	Re1	Bb2	Qc2
	Qxd7	Bg7	Be7	Nbd7	Nd7	Bg4
9	Qxd7†	Bd3	Bg2	c3	Re1	Ne2
	Bxd7	Nc6	0-0	a5	a5	e6
10	Nge2	0-0	0-0	a4	a3	Ng3
	Rd8(e)	0-0(i)	Rd8(k)	Nc5 =	Qc7(o)	Qd5 =

(a) 2 ... e5 3 d4 Bb4† 4 Bd2 Bxd2† 5 Qxd2 d6 6 Nc3 Qf6!? 7 Nge2 Ne7 8 0-0-0 0-0 9 f4 Bg4 10 f5 Nc8 (Sax–Miles, Lugano 1989) 11 d5 ±.

(b) 4 d4 transposes into the Panov-Botvinnik Attack.

(c) 5 ... Bd7 6 Bc4 b5 7 Bb3 Na6 8 Nf3 Nb4 9 Ne5 Nbxd5 10 Nc3 e6 11 0-0 ±, Stohl–Blatny, Vienna 1993.

(d) 6 ... g6 7 Nf3 Bg7 8 0-0 0-0 9 d6 exd6 10 d4 with a minimal edge, Alekhine–Feigin, Kemeri 1937.

(e) 11 d4 Bf5 12 Nf4 g5 13 Nfe2 Rg8 14 Be3 Nxd5 =, Lautier–Illescas, Barcelona 1993.

(f) 5 Qa4† Nbd7 6 Nc3 g6 7 Nf3 Bg7 8 Qb3 0-0 9 Bc4 a6 10 a4 b6 11 d4 Bb7 12 Bf4 Nh5 13 Be3 Qc7 14 0-0 Rac8 15 Nd2 Ndf6 =, Kazhgaleyev–Hellsten, Yerevan Ol. 1996.

(g) 6 ... Nc6 7 d4 transposes into the Panov-Botvinnik Attack.

(h) Original, but dubious is 8 h4 Bg7 9 h5 Nc6 10 Rb1 Qc7 11 Ba3 Bf5 12 Rb5 a6 13 Rc5 Qd7 14 Qb3 0-0 ∓, A. Sokolov–Karpov, match 1987.

(i) 11 Re1 Bg4 12 h3 Bxf3 13 Qxf3 Qa5 14 Bb2 Rac8 15 a4 Rfd8 =, Ehlvest–Lobron, Groningen 1993.

(j) 7 Bc4 e6 8 Nf3 Nc6 9 0-0 Be7 10 Nb5 Qd8 11 Bf4 0-0 =, Makarichev–Seirawan, Hastings 1979/80.

(k) 11 Qc2 Qa6 12 Be3 Nc6 13 a3 Bf8 14 Rfd1 Ne7 15 Bg5 Nfd5 16 Nxd5 exd5 draw agreed, Nunn–Miles, Biel 1986.

(l) 5 d4 exd4 6 exd5 cxd5 7 Nxd4 Nc6 8 N2f3 Nf6 9 Be2 0-0 10 0-0 Re8 11 Re1 Qb6 12 c3 Bg4 =, Adams–Morović, New York 1995. The column is Godena–Seirawan, Lugano 1988.

(m) 3 . . . Nd7 4 Ngf3 Qc7 5 exd5! cxd5 6 d4 g6 7 Bd3 Bg7 8 0-0 e6 9 Re1 Ne7 10 Nf1 ±, Fischer–Marović, Zagreb 1970.

(n) White can continue in the style of the King's Indian Attack with 5 g3 e5 6 Bg2 Ne7 7 0-0, but retaining the bishop on the f1–a6 diagonal is more active.

(o) 11 Bf1 Re8 12 d4 exd4 13 Bxd4 ±, Havecker–Schmidt, corr. 1993.

(p) Black may choose the more complicated 3 . . . d4 4 Bc4 Nf6 5 e5 dxc3 6 exf6 exf6 7 bxc3 Bd6 8 d4 0-0 =, Harvath–Borsi, Hungarian Chp. 1991. The column is Lutikov–Petrosian, USSR Chp. 1960.

FRENCH DEFENSE

1 e4 e6

A LTHOUGH ANALYZED by the Italian Lucena in the fifteenth century, the French Defense was named for the Parisian players who adopted the move 1 . . . e6 in an 1834 correspondence game against London. The contrarian temperament it takes to play the defense may also remind some of the French nature. Most young players eschew the French in favor of defenses with direct counterplay such as the Sicilian or Pirc. With the French Defense one must first defend, then counterattack. This is not for everyone, but its great exponents—Botvinnik, Korchnoi and Short—have scored well with the opening.

With 1 . . . e6 and 2 . . . d5 Black makes his (her) claim in the center. The conflict between the White pawn on e4 and the Black pawn on d5 begins the central struggle. Usually before the tenth move the pawn structure for the middlegame is determined, White looking for the kingside initiative and Black for counterchances on the queenside. One frequent positional theme is the liberation of Black's light-squared bishop, locked inside the pawn chain by Black's first move. The problem bishop may cause difficulties even in the endgame.

After 2 d4 d5 the most direct solution to Black's attack on e4 is the ADVANCE VARIATION, 3 e5 (columns 1–6). See above diagram. Clearly visible here is the White pawn chain on the dark squares, which urges for king-side play, and the Black pawn chain on the light squares, which supports queenside play after the usual 3 . . . c5. Although frequently used by Benjamin and Sveshnikov, the Advance Variation leads only to equal chances against correct defense.

After 2 d4 d5 3 Nc3 Nf6 4 Bg5 (see diagram) 4 . . . Be7 5 e5 Nfd7 6 Bxe7 Qxe7 is the CLASSICAL VARIATION, which was orthodox play in the early twentieth century. The White plan combining f4, Qd2 and 0-0-0 (column 7) leaves White with a solid center and some initiative. Other lines allow Black reasonable counterchances. The Alekhine-Chatard Attack, 6 h4 (columns 11–12), is a pawn sacrifice Black does best to accept, when the extra pawn compensates for the White's initiative.

The MACCUTCHEON VARIATION, 4 . . . Bb4 (columns 13–15), is a sharp alternative to the prosaic 4 . . . Be7. Play is more original than in the Orthodox Variation as neither king may find a safe haven. Recent practice shows that White should gain an edge due to his dark-square control.

The BURN'S VARIATION, 4 . . . dxe4 (columns 16–18), is a respectable alternative to allowing the advance 5 e5. White obtains a slight advantage in space, which is acceptable to some players when they have Black (Sweden's Ulf Andersson is one example). It is similar to the Rubinstein Variation (3 . . . dxe4) and there are some transpositions between these variations.

Black immediately gives up the center with 3 . . . dxe4 in the RUBINSTEIN VARIATION (columns 19–24). Recent fashion has produced a renaissance for the Rubinstein, as French Defense players have decided that seeking exchanges and looking to simply neutralize White's initiative is acceptable practice. White obtains a slightly more active game, but Black's solid position is difficult to break down. Note that the Rubinstein Variation also arises from the move order 1 e4 e6 2 d4 d5 3 Nd2 dxe4 4 Nxe4.

The STEINITZ VARIATION 3 Nc3 Nf6 4 e5 (columns 25–30), see above di-
agram, is White's alternative to the Classical Variation, with similar
chances for the advantage. The difference (in the usual line with 5 f4) is
that White's dark-squared bishop develops inside the pawn chain to e3 in-
stead of outside the pawn chain at g5. Black should avoid the old line of
column 25 in which he sacrifices a piece for three pawns. The pawn grab
of column 27 is sharp, but risky for Black against a good attacking player.

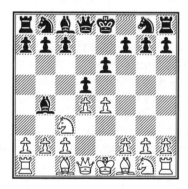

If Black seeks direct counterplay and postional imbalances, his
choice should be the The WINAWER VARIATION, 3 Nc3 Bb4 (columns 31–60),
see diagram above. The battles of space vs. structure, bishops vs. knights
and initiative vs. material ensure a lively complex struggle. After 4 e5 c5
5 a3 Bxc3† 6 bxc3 Ne7 (see diagram below) White has the choice of im-
mediate tactical play or positional play.

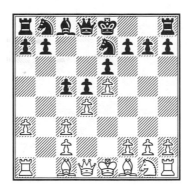

    White can play 7 Qg4, the aggressive, complicated Poisoned Pawn Variation (columns 31–36). Black obtains positional compensation for the pawn in the lines following 7 . . . Qc7 8 Qxg7, but more recent practice has shown that 7 . . . 0-0 (columns 35–36) should also be satisfactory.

    In the main line Winawer (columns 37–42) White plays positionally with 7 Nf3 (columns 37–40) or 7 a4 (columns 41–42), intending to use the advantage of his bishop pair and kingside pawn wedge. Play can be very difficult—for years Fischer had trouble with these positions—yet with best play White should obtain some advantage, at least with 7 Nf3.

    Columns 43–45 cover the older 6 . . . Qc7, which is similar but a bit less flexible than 6 . . . Ne7. The tactical 5 . . . Ba5 (columns 46–48) has been a favorite of Armenian players in the 1980s and 90s. White needs to react precisely to gain the advantage.

    Alternatives to 5 a3 are seen in columns 49 and 50. These produce no special problems for Black. Columns 51–54 cover the alternatives to 4 . . . c5, plans involving . . . b6 and the exchange of light-squared bishops. This is positionally well motivated, but it slows Black's queenside counterplay.

    White has a choice of second-rate continuations if he wishes to avoid the positional complexities of 4 e5 (see columns 55–60). Some of these fourth-move alternatives are entertaining, but none of them are dangerous to a well-prepared player.

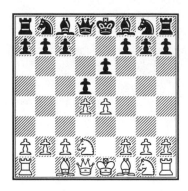

The TARRASCH VARIATION, 2 d4 d5 3 Nd2 (columns 61–90), see diagram above, allows White to avoid the pin . . . Bb4 and maintains the mobility of the c-pawn for the drawback of temporarily blocking the queen's bishop. Favored by Adams and Benjamin, it is safer and positionally clearer than 3 Nc3, but also less aggressive. Black's usual responses are 3 . . . Nf6, 3 . . . c5 and less frequently 3 . . . Nc6.

The main line after 3 . . . Nf6 is 4 e5 Nfd7 5 Bd3 c5 6 c3 is given in columns 61–66. White seeks to simply develop his pieces and maintain his central pawn wedge. Black can obtain reasonable chances by a timely . . . f6, attacking the head of the pawn chain instead of the base.

Alternative lines are covered in columns 67–72. With 5 f4 (columns 67–69) White seeks to fortify his pawn wedge, but Black has counterplay from the insecure White king. Black's fourth-move alternatives in columns 70–72 have not been proven reliable, but could be underrated.

The point to 3 . . . c5 (columns 73–84) is that White's 3 Nd2 puts no pressure on d5, so Black has more freedom in the center. 4 exd5 exd5 (columns 73–78) is a classical continuation that usually leaves Black with an isolated d-pawn, but mobilized and active pieces. White obtains a slightly more comfortable position, but for many players this is insignificant—Korchnoi has played the Black side for decades. Black can avoid the isolated d-pawn with 4 . . . Qxd5 (columns 79–82), an equally favored continuation in which Black has no structural weaknesses, but White may gain an attack. The active 4 Nf3 (columns 83–84) leaves tension in the center, which seems to benefit Black as much as White.

Guimard's 3 . . . Nc6 (columns 85–90) is surprisingly good considering that the move blocks the important Black c-pawn. The idea is to play directly for the d4 and e5 squares. White can have trouble reacting to this, but good sharp play (such as column 86) gives Black problems.

The EXCHANGE VARIATION, 2 d4 d5 3 exd5 exd5 (columns 91–93), is a simple continuation that gains no advantage. The view that it is a drawing line is only partially correct, as many decisive games occur when one of the players is in a fighting mood.

Unusual lines includes Chigorin's 2 Qe2 (column 94), 2 d3 (column 95), which is like the King's Indian Attack, and 3 Nf3 d5 4 Nc3 (column 96). These present no special problems, but allow White to avoid typical French positions.

FRENCH DEFENSE

Advance Variation

1 e4 e6 2 d4 d5 3 e5 c5(a)

	1	2	3	4	5	6
4	c3...Nf3(x)					
	Nc6(b)					cxd4
5	Nf3					Bd3
	Qb6 ....Bd7.........Nge7(t)					Nc6
6	Be2.........a3(g)			Be2(o)	Na3(u)	0-0
	cxd4(c)	c4...........Bd7(l)		Nge7(p)	cxd4	Nge7(y)
7	cxd4	Nbd2	b4	0-0(q)	cxd4	Bf4
	Nh6(d)	Na5(h)	cxd4	cxd4(r)	Nf5	Ng6
8	Nc3(e)	Be2(i)	cxd4	cxd4	Nc2	Bg3
	Nf5	Bd7	Rc8	Nf5	Qb6(v)	Be7
9	Na4	0-0	Bb2	Nc3	Bd3	Nbd2
	Bb4†	0-0-0(j)	Na5	Be7	Bb4†	f5
10	Bd2	Rb1	Nbd2	g4	Kf1	exf6
	Qa5	Qc7	Nc4	Nh4	Be7	gxf6
11	Bc3	Re1	Nxc4(m)	Nxh4	h4	Nh4
	b5	Bc6	dxc4	Bxh4	Bd7	f5!
12	a3	Nf1	Rc1	Be3	g4	Nxg6
	Bxc3†(f)	h6(k)	a5(n)	0-0(s)	Nh6(w)	hxg6(z)

(a) Attacking the base of the pawn chain. Alternatives are weak, e.g. 3 . . . b6 4 c3 Qd7 5 a4 a5 6 f4 Ne7 7 Nd2 h5 8 Ndf3 Ba6 9 Bxa6 Nxa6 10 Be3 Nf5 11 Bf2 Be7 12 Ne2 ±, Kupreichik–Korchnoi, Sochi 1970.

(b) An interesting try is 4 . . . Qb6 5 Nf3 Bd7 6 Be2 cxd4 (6 . . . Bb5 7 c4! ±) 7 cxd4 Bb5 trading off the bad bishop. Wilder–Weiss, Chicago 1989, continued 8 Nc3 Bxe2 9 Nxe2 Bb4† 10 Bd2 Nc6 11 0-0 Bxd2 12 Qxd2 Nge7 with just a small edge for White.

(c) 6 . . . Nh6 with: (A) 7 Bd3 cxd4 8 cxd4 Nf5 9 Bxf5 exf5 10 Nc3 Be6 11 Ne2 h6 12 h4 0-0-0 =, Benjamin–Shaked, Kona 1998. (B) 7 Bxh6 gxh6 (7 . . . Qxb2? 8 Be3 Qxa1 9 Qc2 cxd4 10 Nxd4 puts Black's queen in danger) 8 Qd2 Bg7 9 0-0 0-0 10 Na3 cxd4 11 cxd4 f6 12 exf6 Rxf6 13 Nc2 ±, Lein–Ehlvest, New York 1989.

(d) 7 . . . Nge7 8 Na3 Nf5 9 Nc2 Bb4† 10 Kf1 Be7 11 h4 ±, Benjamin–Bareev, Munich 1994.

(e) (A) 8 Bxh6?! Qxb2 9 Nbd2 gxh6 10 0-0 Qb6 (10 . . . Nxd4?! 11 Nxd4 Qxd4 12 Bb5†) is a speculative gambit, but one that may appeal to attacking players.

(B) 8 b3 Nf5 9 Bb2 Bb4† 10 Kf1 Be7 11 Nc3 Qd8 12 g3 f6 13 Kg2 fxe5 14 dxe5 0-0 =, Sveshnikov–Portisch, Biel 1993.

(f) 13 Nxc3 b4 14 axb4 Qxb4 15 Bb5 Bd7 16 Bxc6 Bxc6 17 Qd2 Bb5 18 Nxb5 Qxb5 =, Nunn–Schmittdiel, Dortmund 1991.

(g) White has a dubious gambit with 6 Bd3 cxd4 7 cxd4 Bd7 8 0-0 Nxd4 9 Nxd4 Qxd4 10 Nc3. Either 10 . . . Qxe5 11 Re1 Qb8! 12 Nxd5 Bd6, or 10 . . . a6 11 Qe2 Ne7 12 Kh1 Nc6 13 f4 Nb4 leaves Black with slightly better chances.

(h) 7 . . . f6 8 Be2 fxe5 9 Nxe5 Nf6 (9 . . . Nxe5 10 dxe5 Qc7 11 0-0 Ne7 12 b3 cxb3 13 c4! with initiative, Kasper–Uhlmann, Berlin 1982) 10 f4 Bd6 11 Bh5† g6 12 Bf3 0-0 13 Qe2 ±, Pahtz–Uhlmann, Nordhausen 1986.

(i) 8 g3 Bd7 9 Bh3 Ne7 10 0-0 h6 11 Ne1 0-0-0 12 Ng2 Kb8 13 Rb1 Ka8 14 Kh1 Nec6 15 f4 g6 =, Lobron–Hjartarson, Manila Int. 1990.

(j) White obtains better prospects after 9 . . . Ne7 10 Re1 h6 11 Rb1 Nc8 12 Nf1 Qb3 13 Qxb3 Nxb3 14 Bf4 Ba4 15 Ng3 ±, Sveshnikov–Lutz, Berlin 1989.

(k) 13 Ng3 Qd7 14 Nh5 Ba4 15 Qd2 g6 16 Nf6 Qc7 =, Dabrowska–Peng, Jakarta 1993. Unusual maneuvering by both sides is called for in this closed position.

(l) An interesting try is 6 . . . Nh6 7 b4 cxd4 8 cxd4 Nf5 9 Bb2 Be7 10 Bd3 a5 11 Bxf5 exf5 12 Nc3 Be6 13 b5 a4 14 0-0 (Ivanovskis–Jonckheere, corr. 1992), now 14 . . . Na5 15 Qxa4 0-0 is a promising pawn sacrifice.

(m) 11 Bxc4 dxc4 12 Rc1 c3! 13 Bxc3 Ne7 14 0-0 Nd5 15 Ne4 Be7 16 Bd2 0-0 with compensation for the pawn, Sax–Nogueiras, Lucerne 1989.

(n) 13 Nd2 axb4 14 Nxc4 Qd8 15 axb4 b5 (15 . . . Bxb4† 16 Bc3 ±) 16 Nd6† Bxd6 17 exd6 Nf6 18 Rc5 ±, Sveshnikov–Lputian, Moscow 1991.

(o) 6 a3 f6 7 Bd3 Qc7 8 0-0 0-0-0 9 Bf4 c4 10 Bc2 h6 =, Adams–Epishin, Ter Apel 1992. 6 a3 is more promising with Black's queen on b6.

(p) (A) 6 . . . f6 7 0-0 fxe5 8 Nxe5 Nxe5 9 dxe5 Qc7 10 c4 0-0-0 11 cxd5 Qxe5 12 Bf3 exd5 13 Re1 Qd6 14 Nc3 Nf6 15 b4!? (15 g3 and 16 Bf4 is good play for the pawn) 15 . . . Bc6 16 bxc5 Qxc5 ∞, Timman–P. Nikolić, Dutch Chp. 1997. (B) 6 . . . Nh6 7 Bxh6 gxh6 8 0-0 Qb6 9 Qd2 Bg7 10 Na3 0-0 11 Nc2 ±, Topalov–Bareev, Novgorod 1997.

(q) 7 Na3 cxd4 8 cxd4 Nf5 9 Nc2 Nb4 10 0-0 Nxc2 11 Qxc2 Qb6 12 Qd3 Rc8 13 Rd1 h6 =, Campora–Dreev, Biel 1995.

(r) (A) 7 . . . Ng6 8 g3 Be7 9 h4 cxd4 10 cxd4 0-0 11 h5 Nh8 12 h6 g6 13 Nbd2 ±, Hjartarson–Korchnoi, Amsterdam 1991. (B) 7 . . . Nf5 8 Bd3 cxd4 9 Bxf5 exf5 10 Nxd4 ±. (C) 7 . . . Rc8 8 dxc5 Ng6 9 b4 Be7 10 Be3 Ncxe5 11 Nxe5 Nxe5 12 Nd2 0-0 13 f4 Ng6 14 Nb3 Qe8 15 Bd4 ±, Peng–Yusupov, Elista Ol. 1998.

(s) 13 f4 f6 14 exf6 Bxf6 15 Rc1 g6 16 Qd2 ±, Nunn–Anand, Munich 1991.

(t) 5 . . . Nh6?! 6 Bd3 cxd4 7 cxd4 Nf5 8 Bxf5 exf5 9 Nc3 Be6 10 Ne2 h6 11 h4 Qa5† 12 Kf1 Be7 13 Kg1 ±, Adams–Lputian, Pula 1997. The pawn structure allows White more active prospects.

(u) 6 a3 Bd7 7 b4 cxd4 8 cxd4 Nf5 9 Bb2 a5 10 b5 Na7 11 a4 Bb4† 12 Nbd2 ±, Baklan–Glek, Bad Zwesten 1999.

(v) 8 . . . Qa5† 9 Bd2 Qb6 10 Bc3 Be7 11 Bd3 a5 12 a3 Bd7 13 0-0 0-0 14 g4 Nh4 15 Nxh4 Bxh4 16 f4 f6 17 g5! fxg5 18 Qh5 ±, Hodgson–B. Lalić, Isle of Man 1995.

(w) 13 Rg1 Ng8 14 Rb1 a5 15 Qe2 Nb4 16 Nxb4 axb4 17 a3 with a spatial advantage, Rohde–Spraggett, New York 1986.

(x) (A) 4 dxc5 Nc6 5 Nf3 Bxc5 6 Bd3 f6 7 Qe2 fxe5 8 Nxe5 Nf6 =. (B) 4 Qg4 cxd4 5 Nf3 Nc6 6 Bd3 Nge7 7 0-0 Ng6 8 Re1 Be7 9 a3 0-0 10 Nbd2 f5! ∓, Gershkovich–Petrosian, Tbilisi 1945.

(y) Also playable is 6 . . . f6 7 Qe2 fxe5 8 Nxe5 Nxe5 9 Qxe5 Nf6 10 Bf4 Qb6 11 Nd2 Be7 12 Nb3 0-0 =, van Wigerden–van der Sterren, Leeuwarden 1977.

(z) 13 Nf3 Bf6 14 Bb5 Bd7 15 Bxc6 bxc6 ∓, Hartman–Bekefi, Toronto 1994.

FRENCH DEFENSE

Classical Variation

1 e4 e6 2 d4 d5 3 Nc3 Nf6 4 Bg5 Be7 5 e5(a) Nfd7(b)

	7	8	9	10	11	12
6	Bxe7				h4 (Alekhine-Chatard Att.)	
	Qxe7				Bxg5	c5(t)
7	f4			Bd3(m)	hxg5	Bxe7(u)
	0-0(c)			0-0	Qxg5	Kxe7(v)
8	Nf3			Nce2(n)	Nh3	f4
	c5			c5	Qe7	Qb6
9	Qd2		dxc5(i)	c3	Nf4	Na4(w)
	Nc6		Nc6(j)	f6	g6(p)	Qc6
10	0-0-0		Bd3	f4	Qg4(q)	Nxc5
	Nb6(d)		f6	fxe5	Nc6	Nxc5
11	Qe3	dxc5	exf6	fxe5	0-0-0	dxc5
	cxd4	Qxc5	Qxf6	cxd4	h5(r)	Qxc5
12	Nxd4	Bd3(f)	g3	Nxd4	Qf3	Qd2
	Nxd4(e)	Bd7	Nxc5	Nxe5	Nb6	Nc6
13	Rxd4	Kb1(g)	0-0	Bxh7†	g4	0-0-0
	Bd7	Rac8	Bd7	Kxh7	h4	Bd7
14	h4 ±	Bxh7†	Qd2(k)	Qh5†	Nh3	Kb1 ±
		Kxh7(h)	Nxd3(l)	Kg8(o)	Bd7(s)	

(a) 5 Bxf6 Bxf6 6 Nf3 c5 (6 . . . 0-0?! 7 Bd3 c5 8 e5 Be7 9 h4!) 7 exd5 exd5 8 Bb5†
Nc6 9 0-0 0-0 10 dxc5 Qa5 =.

(b) 5 . . . Ne4 6 Bxe7 Qxe7 7 Nxe4 dxe4 8 c3 c5 9 Qg4 cxd4 10 Qxg7 Rf8 11 Ne2
Nc6 12 Rd1 ±, Zhelnin–Glek, Kharkov 1986.

(c) 7 . . . a6 8 Nf3 c5 9 dxc5 (9 Qd2 Nc6 10 0-0-0 c4!? is double-edged) 9 . . . Nc6
10 Bd3 Qxc5 (10 . . . Nxc5 11 0-0 f5 12 exf6 Qxf6 13 Qe2 0-0 14 Ne5 ±,
Liberzon–Benzion, Israel 1974) 11 Qd2 Nb6 12 a3 Nc4 13 Bxc4 Qxc4
14 0-0-0 ± (Psakhis).

(d) Other choices make White's task easier: (A) 10 . . . f6 11 exf6 Qxf6 12 g3 cxd4
13 Nxd4 Nc5 14 Bg2 Bd7 15 Rhe1 ±, Stahlberg–Keres, Kemeri 1937; (B)
10 . . . a6 11 dxc5! Nxc5 (11 . . . Qxc5 12 Bd3 b5?! 13 Bxh7†! Kxh7 14 Ng5†
Kg8 15 Qd3 Re8 16 Qh7† Kf8 17 Qh5 Nd8 18 Nh7† Kg8 19 Rd3 +, Chan-
dler–Agnos, London 1989) 12 Qe3 b5 13 Bd3 Nxd3 14 cxd3! f6 15 Rhf1 Bd7
16 Ne2 fxe5 17 Nxe5 ±, Arnason–Dolmatov, Sochi 1988. (C) 10 . . . c4!?
11 Nb5 Nb6 12 h4 Bd7 13 Nd6 Rab8, Bologan–Gleizerov, Calcutta 1999; now
14 h5 (instead of 14 f5?! f6! =) would leave White slightly better chances.

(e) 12 ... Bd7 13 Kb1 Qc5 14 h4 Rac8 15 Rh3 Na5 16 Nb3! Qxe3 17 Rxe3 Nac4 18 Rf3 with a superior endgame for White, Larsen–Bareev, Hastings 1990. This is an example of a common theme from the Classical Variation—White gains play on the dark squares.

(f) (A) 12 h4!? Bd7 13 h5 should be met by 13 ... h6, instead of 13 ... Rfc8?! 14 h6 g6 15 Nh2! and 16 Ng4, Almasi–Züger, Altensteig 1993. (B) 12 Kb1 Bd7 13 Nb5 Na4 (13 ... Nxe5? 14 Nxe5 Bxb5 15 b4 wins) 14 Nd6?! f6! ∓, Hjartarson–Brynell, Stockholm 1996.

(g) White can also sacrifice immediately—13 Bxh7† Kxh7 14 Ng5† Kg8 15 Qd3 Rfe8 16 Qh7† Kf8 17 Rhe1 Qb4 18 Qh8† Ke7 19 Qh4 Kd8! with a complex, probably balanced position, van der Wiel–Korchnoi, Amsterdam 1991.

(h) 15 Ng5† Kg8 16 Qd3 Rfe8 17 Qh7† Kf8 18 Qh5 Ke7! 19 Nxf7 Na5! 20 Nd6, Sax–Timman, Rotterdam 1989. Here the players agreed to a draw. Chances are balanced, but a wild and difficult game should ensue. With 13 ... Na5 (instead of 13 ... Rac8) Glek–Morozevich, Russian Chp. 1998 continued the same until move 18 when 18 Nce4 dxe4 19 Nxe4 Qc6 20 Rd6 Qb5 21 Qh8† Ke7 22 Qh4† Kf8 was agreed drawn.

(i) Tricky is 9 Bd3, hoping for 9 ... cxd4? 10 Bxh7†! Kxh7 11 Ng5†. The game Szilagyi–Harding, corr. 1989, continued 11 ... Qxg5 12 fxg5 dxc3 13 Qh5† Kg8 14 0-0 Nxe5 15 Rae1 Ng6 16 Re3 e5 17 g4 Rd8 18 Rh3 Rd6 19 Qh7† Kf8 20 Rh6! Rf6 21 Rxf6 Resigns. After 9 Bd3 Black should play 9 ... f6 10 exf6 Qxf6! 11 Ng5?! Qxf4 12 Bxh7† Kh8 13 Qh5 Nf6 14 Nf7† Rxf7 15 Qxf7 kxh7 16 Rf1 Qxd4 Rf3 Qg1† with excellent winning chances.

(j) (A) 9 ... Qxc5 10 Qd2 Nc6 11 0-0-0 Nb6 transposes into the previous column. (B) 9 ... Nxc5 10 Bd3 will usually transpose back into the column, but White could also play 10 Qd2 Nc6 11 0-0-0 a6 12 Qe3 b5 13 Bd3 with a small edge.

(k) 14 Qe2 Nd4 15 Nxd4 Qxd4† 16 Qf2 Qb4 17 a3 Qb6 =.

(l) 15 cxd3 e5! 16 Rae1 exf4 17 Nxd5 Qd6 18 Nxf4 Bg4 19 Qe3 Rad8 20 Rf2 h6 21 h4 Rf7 with full compensation for the pawn, Arnason–Bareev, Sochi 1988.

(m) (A) 7 Qd2 0-0 8 f4 c5 9 Nf3 transposes into column 7. (B) 7 Qg4?! 0-0 8 Nf3 c5 9 Bd3 cxd4 (also 9 ... f5) 10 Bxh7† Kxh7 11 Qh5† Kg8 12 Ng5 Qxg5 13 Qxg5 dxc3 with advantage to Black (Alekhine).

(n) This attempts to maintain the central pawn wedge. More circumspect is 8 Nf3 c5 9 dxc5 Nc6 10 Qe2 f6 11 exf6 Qxf6 12 0-0 Nxc5 =, Savon–Rozentalis, Odessa 1989.

(o) 15 Qxe5 Nc6 16 Nxc6 bxc6 ∓ (Keres).

(p) 9 ... Nc6 10 Qg4 (10 Qd2 Nb6 11 Nh5 f5 =) 10 ... Nxd4 110-0-0 Nf5 12 Nfxd5 exd5 13 Nxd5 Qxe5 14 Bb5 0-0 15 Bxd7 leaves White somewhat better in a complex struggle, Khalifman–Gulko, Reykjavik 1991.

(q) A good alternative is 10 Bd3 Nb6 11 Bxg6! Nc6 (Sax–Bareev, Moscow 1990) 12 Bxh7 ±.

(r) 11 ... Nb6?! 12 Rh6! Bd7 13 Bb5 0-0-0 14 Bxc6 Bxc6 15 Rdh1 ±, Sax–Kovačević, Vinkovci 1993.

(s) 15 g5 0-0-0 16 Qf4 Na5 17 Ng1 Nac4 18 a3 c5 =.

(t) Other moves allow White the advantage: (A) 6 . . . a6 7 Qg4 Bxg5 8 hxg5 c5 9 dxc5 Nxe5 10 Qg3 Nbc6 11 0-0-0 ±, Thiel–Jenssen, Hungary 1994; (B) 6 . . . f6 7 Qh5† Kf8 (7 . . . g6 8 exf6! ±) 8 exf6 Nxf6 9Qe2 c5 10 dxc5 Na6 11 Nf3 Nxc512 0-0-0 ±, Spassky–Guimard, Gothenburg 1955; (C) 6 . . . h6 7 Be3 c5 8 Qg4 Kf8 9 Nf3 Nc6 10 0-0-0 ±, Dubinin–Rabinovich, USSR Chp. 1934.

(u) 7 Nb5 f6 8 Bd3 a6! 9 Qh5† Kf8 10 Rh3 axb5 11 Bh6 Qa5† 12 Bd2 Qc7 13 Rg3 cxd4 14 Nf3 Nxe5 15 Rxg7! h6 16 Bh7 Kxg7 17 Qxh6† Draw (17 . . . Kf7 18 Qh5†), Rossetto–Stahlberg, Viña del Mar 1947.

(v) 7 . . . Qxe7 8 Nb5 0-0 9 Nc7 cxd4 10 Nxa8 f6! 11Qxd4 Nc6 12 Qd2 fxe5 13 0-0-0 Nf6 14 f3 Qd6 15 Ne2 Bd7 16 Nc3 Rxa8 17 Ne4 with a very small edge for White, Bronstein–Stahlberg, Budapest 1950. Some players may even prefer Black's position.

(w) White also has a dangerous double pawn sacrifice with 9 Nf3 Qxb2 10 Nb5 a6 11 Rb1 Qxa2 12 Nd6 Qa5† 13 Kf2, Matulović–Zaradić, Zagreb 1955. The column is analysis from the *Russian Chess Openings Encyclopedia*.

FRENCH DEFENSE

MacCutcheon and Burn's Variations

1 e4 e6 2 d4 d5 3 Nc3 Nf6(a) 4 Bg5

	13	14	15	16	17	18
	Bb4... (MacCutcheon Variation)			dxe4 (Burn's Variation)		
5	e5(b)			Nxe4		
	h6			Be7 .... Nbd7		
6	Bd2(c)			Bxf6		Nf3(w)
	Bxc3			Bxf6 .... gxf6		Be7
7	bxc3 .... Bxc3			Nf3	Nf3	Nxf6†
	Ne4		Ne4	0-0(o)	b6(t)	Bxf6(x)
8	Qg4(d)		Bb4(m)	Qd2(p)	Bc4(u)	h4
	g6 .... Kf8		c5	b6(q)	Bb7	h6(y)
9	Bd3(e)	h4!(i)	Bxc5(n)	Nxf6†	Qe2	Bxf6
	Nxd2	c5(j)	Nxc5	Qxf6	c6	Qxf6
10	Kxd2	Rh3	dxc5	Bd3	0-0-0	Bc4
	c5	Nc6(k)	Nd7	Bb7	Qc7	0-0
11	Nf3(f)	Bd3	Qd4	Ng5	Rhe1	Qe2
	Nc6	Nxd2	Qc7	h6(r)	Nd7	c5
12	Qf4	Kxd2	Nf3	Nh7	Kb1	0-0-0
	Qa5(g)	c4	Nxc5	Qxd4	0-0-0	cxd4
13	dxc5	Be2	Bd3	Nxf8	Ba6	Rxd4
	Qxc5(h)	b5(l)	Bd7 =	Kxf8(s)	Bxa6(v)	e5(z)

(a) We note here two rare tries by Black on move 3: (A) 3 . . . Nc6 4 Nf3 Nf6 5 Bg5 Be7 6 e5 Ne4 7 Bxe7 Qxe7 8 Bd3 Qb4 9 Bxe4! dxe4 10 a3 Qxb2 11 Nxe4 ± (*Russian Encyclopedia*). (B) 3 . . . Be7 4 Nf3 Nf6 5 Bd3 c5 6 exd5 cxd4 7 Bb5† Bd7 8 Bxd7† Qxd7 9 dxe6! Qxe6† 10 Ne2 ±.

(b) (A) 5 exd5 Qxd5! (5 . . . exd5?! 6 Qf3 c6 7 Bxf6 ±) 6 Bxf6 Bxc3† 7 bxc3 gxf6 8 Qd2 Qa5 9 Bd3 Bd7 10 Ne2 Bc6 11 f3 Nd7 12 0-0 0-0-0 =, Magem Badals–Glek, 1996. (B) 5 Nge2 dxe4 6 a3 Be7 7 Bxf6 gxf6 8 Nxe4 f5 9 N4c3 b6 =, Kuijf–Ree, Amsterdam 1983.

(c) The best square for the bishop. Alternatives are: (A) 6 Bh4 g5 7 Bg3 Ne4 =. (B) 6 Bc1 Ne4 7 Qg4 Kf8 8 a3 Bxc3† 9 bxc3 c5 10 Bd3 Nxc3 11 dxc5 Nc6 12 Bd2 f5! 13 exf6 Qxf6 14 Qf3 Ne4 =, Malich–Fuchs, East Germany 1963. (C) 6 exf6 hxg5 7 fxg7 Rg8 =. (D) 6 Be3!? Ne4 7 Qg4 Kf8 8 a3 Bxc3† 9 bxc3 c5 10 Bd3 Nxc3 11 dxc5 Nc6 12 Nf3 f5! 13 exf6 Qxf6 =, Klovans–Shereshevsky, USSR 1977.

(d) 8 Bd3 Nxd2 9 Qxd2 c5 10 dxc5 Qc7 11 Qe3 0-0 12 Nf3 Nd7 13 0-0 Nxc5 14 Nd4 Bd7 =, Fink–Stoppel, Vienna 1966.

(e) White obtains active play for a pawn after 9 Bc1 c5 10 Bd3 Nxc3 11 dxc5 Qa5 12 Bd2 Qa4 13 h3 Ne4 14 Ne2 Nxc5 15 Qf3 Qh4 16 0-0 Nc6 17 g3 Qe7 18 Qe3, Tal–Vooremaa, Tallinn 1981.

(f) Too ambitious here is 11 h4 Qa5 12 h5 g5 13 f4? cxd4 14 Nf3 dxc3† 15 Ke2 Qa4! pinning the f-pawn, Seirawan–Makarychev, Reykjavik 1990.

(g) 12 . . . Qc7 13 h4 f5 14 g4 cxd4 15 cxd4 Ne7 16 gxf5 exf5 17 Bb5† Kf8 18 Bd3 ±, Fischer–Rossolimo, New York 1965.

(h) 14 Nd4 Nxd4 15 Qxd4 (also 15 cxd4 ±) Qxd4 16 cxd4 Bd7 17 a4 Bc6 18 a5 with a distinctly better endgame for White, Tischbierek–Stock, Munich 1992.

(i) Natural development allowed Black to equalize in Anand–Ivanchuk, Linares 1992—9 Nf3 c5 10 Bd3 Nxd2 11 Kxd2 Nc6 12 Qf4 Qe7 13 a3 Bd7 =, but White could try 12 dxc5!?. Short–Morozevich, Bundesliga 1998 saw instead 11 . . . c4 12 Be2 Nc6 13 a4 Bd7 14 h4 a6 15 Qf4 b5 16 g4 ±.

(j) 9 . . . f5 10 exf6 Qxf6 11 Nf3 Nc6 12 Qf4 Nxd2 13 Qxd2 e5 14 Bb5 exd4 15 Bxc6 dxc3 16 Qxd5 bxc6 17 Qc5† Qe7† 18 Qxe7† Kxe7 19 0-0-0 ±, Harju–Olafsson, corr. 1980.

(k) 10 . . . Qa5 11 Bd3 Nxd2 12 Rg3! g6 13 Kxd2 cxd4 14 Qxd4 Nc6 15 Qf4 d4 16 Nf3! Qxc3† 17 Ke2 Qxa1 18 Qf6 Rg8 19 h5 ± (Maróczy).

(l) 14 Rg3 Rg8 15 Qf4 a5 16 Bh5 Qe7 (Yurtaev–Shabalov, Riga 1988), now 17 a3 Rb8 18 Ne2 leaves White clearly on top.

(m) (A) 8 Bd2 Nxd2 9 Qxd2 c5 10 dxc5 Nd7 11 Bb5 0-0 12 Bxd7 Bxd7 = (Psakhis). (B) 8 Ba5?! 0-0 9 Bd3 Nc6 10 Bc3 Nxc3 11bxc3 f6 ∓, Fischer–Petrosian, Cura-çao Candidates 1962.

(n) A blunder is 9 dxc5? Nxf2 10 Kxf2 Qh4† and 11 . . . Qxb4. The column is Spielmann–Nimzovich, Gothenburg 1920.

(o) 7 . . . Bd7 8 Qd2 Bc6 9 Nxf6† Qxf6 10 Ne5 0-0 11 0-0-0 Nd7 12 Nxc6 bxc6 13 h4! Rab8 14 Rh3 c5 15 Qg5 ±, Spassky–Petrosian, World Chp. 1966.

(p) 8 c3 Nd7 9 Qc2 e5 10 0-0-0 exd4 11 Nxd4 Qe7 12 h4 Nc5 13 Nxc5 Qxc5 14 Bd3 h6 =, Glek–Lputian, Antwerp, 1993.

(q) 8 . . . Nd7 9 0-0-0 b6 10 Bc4 c6 (avoiding 10 . . . Bb7 11 d5!) 11 Qe3 leaves White more control of the center, Kindermann–Dreev, Nussloch 1996.

(r) Dangerous complications arise from 11 . . . g6 12 0-0-0 Nc6 13 h4! Nxd4 14 h5 Bxg2 15 Nxh7! Kxh7 16 hxg6† Kg8 17 Rh6 Nf3 18 gxf7† Rxf7 19 Rxf6 Nxd2 20 Rg6† Rg7 (20 . . . Kf8 21 Rxg2 Nf3 22 Bg6 Rf6 23 Bh7 ±) 21 Rxg7† Kxg7 22 Rg1 Nf3 23 Rxg2†Kh8 24 Rg6 ±, Sax–M. Gurevich, Manila Int. 1990.

(s) 14 c3! Qh4 (14 . . . Qe5† 15 Be2 threatens 16 Qd8 mate) 15 g3 Qf6 16 Rf1 (16 0-0!? Qf3?? 17 Be4 +) 16 . . . Nd7 17 f4 Nc5 18 0-0-0 leaves Black with in-sufficient compensation for the exchange, Kindermann–Bareev, Pardubice 1994. Black could try the strange continuation 13 . . . Qxb2!? 14 Bh7† Kh8 15 0-0 Na6 16 Nxe6 Kxh7, but 17 Nd8 Be4 18 Nxf7 is still better for White.

(t) 7 . . . f5 is active but loosens squares. After 8 Nc3 Bf6 9 Qd2 c5 10 d5! 0-0 (10 . . . exd5 11 Qe3† Be6 12 Qxc5) 11 0-0-0 e5 12 h4 Nd7 13 d6 Nb6 14 Qe3 e4 15 Ng5 Bd7 16 g4! Bd4 17 Rxd4 cxd4 18 Qxd4 f6 19 Bc4† Nxc4 20 Qxc4† Kg7 21 Ne6† White was clearly better in Lau–Sakaev, Dortmund 1991.

(u) White should consider 8 Qd2 Nd7?! (8 . . . Bb7) 9 Qh6! Bf8 10 Qf4 Bb7 11 0-0-0 ±, Botvinnik–Guimard, Groningen 1946.

(v) 14 Qxa6† Kb8 15 Qe2 Rhe8 16 c3 Nf8 17 g3 ±, Leko–U. Andersson, Úbeda 1997. This variation gives Black a solid yet cramped position.

(w) 6 Nxf6† Nxf6 7 Nf3 transposes into the Rubinstein Variation (col. 19). The reader should note the similarity of the column to the Rubinstein Variation.

(x) Passive is 7 . . . Nxf6 8 Bd3 c5 9 dxc5 Qa5† 10 c3 Qxc5 11 Qe2 Bd7 12 Ne5 Bc6 13 h4! Rd8 14 0-0-0 ±, Spassky–Petrosian, World Chp. 1966.

(y) 8 . . . c5 9 Qd2 cxd4 10 0-0-0 0-0 (10 . . . e5 11 Re1) 11 Nxd4 a6 12 g4 Qb6 13 Bg2 leaves White more active, Krakops–Gavrikov, Riga 1995.

(z) 14 Rd2 a6 15 Re1 Re8 16 Qe4 Nc5 17 Qe3 and Black is under pressure, Shabalov–Schwartzman, US Chp. 1997.

FRENCH DEFENSE

Rubinstein Variation

1 e4 e6 2 d4 d5 3 Nc3 (or 3 Nd2) dxe4 4 Nxe4

	19	20	21	22	23	24
	Nd7 .... Bd7					
5	Nf3					Nf3
	Ngf6 .... Be7					Bc6
6	Nxf6†(a)				Bd3(p)	Bd3
	Nxf6				Ngf6	Nd7
7	Bg5		Bd3(i)		Qe2!	0-0(s)
	h6 ....c5		c5 ....Be7(m)		0-0(q)	Ngf6
8	Bxf6(b)	Bb5†(e)	dxc5(j)	Qe2(n)	0-0	Ng3(t)
	Qxf6	Bd7	Bxc5	0-0	b6	Be7
9	Bb5†!	Bxd7†	Qe2(k)	Bg5	Nxf6†	b3
	c6	Qxd7	Qc7	c5	Nxf6	0-0
10	Bd3	Qe2(f)	Bd2	dxc5	c4	Bb2
	Bd6(c)	Be7(g)	0-0	Qa5†	Bb7	Bxf3
11	c3	0-0-0	0-0-0	c3	Rd1	Qxf3
	0-0	0-0	b6	Qxc5	Qe8	c6
12	Qe2	dxc5	Ne5	0-0-0	Bd2	c4
	Rd8(d)	Qc6(h)	Bb7(l)	g6(o)	Rd8(r)	Re8(u)

(a) (A) 6 Bd3 Nxe4 7 Bxe4 Nf6 8 Bg5 (8 Bd3 is col. 21) 8 . . . Qd6! 9 Bxf6 gxf6 10 0-0 f5 11 Bd3 Bg7 =, Anand–Speelman, Linares 1991. (B) 6 Bg5 Be7 transposes to Burn's Variation, col. 18, while 6 Bg5 h6 7 Nxf6† Nxf6 is this column.

(b) This simple exchange seeks a small advantage. Other tries: (A) 8 Be3!? Nd5 9 Qd2 (9 Qd3!?) 9 . . . Bd6 10 0-0-0 Bd7 11 Ne5 Bxe5 =, J. Polgar–Speelman, Hastings 1992/93. (B) 8 Bh4 c5 9 Bb5† (9 Bc4!? cxd4 10 0-0 Be7 11 Qe2 a6 12 Rad1 b5 13 Bb3 ±, Morozevich–Ulybin, Russia 1998) 9 . . . Bd7 10 Bxd7† Qxd7 11 Qe2 Be7 12 0-0-0 0-0 13 dxc5 Qc6! 14 Ne5 Qxc5 15 Bxf6 Bxf6 16 Nd7 Bxb2† 17 Kxb2 Qb4† 18 Kc1 Qa3† = (19 Kd2?! Rfc8 ∓), Benjamin–Christiansen, US Chp. 1997. (C) 8 Bd2 c5 9 dxc5 Bxc5 10 Bd3 0-0 11 Qe2 Qb6 (11 . . . e5!?) 12 0-0-0 Ng4!.

(c) 10 . . . g6 11 c3 Bg7 12 Qe2 0-0 13 0-0 Rd8 14 Rad1 Bd7 15 Ne5 ±, Smyslov–Dolmatov, Rostov 1993.

(d) 13 0-0 c5 14 Rad1 cxd4 15 cxd4 (Belov). Although Black has a solid position White will keep the initiative with the knight coming to e5.

(e) Out of fashion, but still dangerous, is Tal's 8 Bc4 cxd4 9 0-0 Be7 (9 . . . Bc5!?) 10 Qe2 h6 11 Bf4 0-0 12 Rad1 Bd7 13 Rxd4 with which he sacrificed his way to victories against Portisch and Benko. This is recommended for attacking players only.

(f) 10 Bxf6 gxf6 11 c3 cxd4 12 Nxd4 Bc5 13 Qf3 0-0-0 =, Spassky–Petrosian, World Chp. 1966.

(g) 10 . . . cxd4?! 11 0-0-0 Bc5 12 Qe5 Be7 13 Nxd4 Rc8 14 f4 0-0 15 Nf5 Qc7 16 Nxe7† Qxe7 17 Rd2 ±, Fischer–Sarapu, Sousse Int. 1967.

(h) 13 Kb1 (13 Ne5 Qxc5 14 Bxf6 Bxf6 15 Nd7 Bxb2† = —see note (b) (B)) 13 . . . Qxc5 14 Ne5 Rfd8 15 Bxf6 Bxf6 16 Nd7 (Timman–Korchnoi, Lucerne 1989) 16 . . . Qe7 17 Qb5 a6! is equal (Timman) since 18 Qxb7? Rdb8 wins for Black.

(i) (A) 7 Bc4 c5 8 0-0 cxd4 9 Nxd4 (9 Bg5 Be7 10 Qe2 is note (e)) 9 . . . Be7 (9 . . . Bc5 10 c3 ±) 10 0-0 0-0 11 c3 a6 12 Re1 is just a small plus for White. (B) 7 Be3!? Nd5 8 Ne5 is worth a try.

(j) 8 0-0 cxd4 9 Nxd4 Bc5 10 c3 0-0 11 Re1 is a simple small edge for White. This is typical of the Rubinstein Variation. White is slightly more active and Black obtains a solid position.

(k) 9 0-0 0-0 10 Qe2 Qc7 11 Bg5 b6! 12 Ne5 Bb7 = 13 Bxf6 gxf6 14 Bxh7† Kxh7 15 Qh5† Draw (perpetual check), Ivanchuk–Karpov, Las Palmas 1996.

(l) 13 f4 Nd5 14 Kb1 f6 15 Nf3 Nxf4 16 Bxf4 Qxf4 17 Qxe6† Kh8 =, Topalov–Nogueiras, Yerevan Ol. 1996.

(m) 7 . . . b6 8 Qe2 Bb7 9 Bg5 Be7 10 0-0-0 0-0 11 h4 with attacking chances, Bronstein–Kan, Moscow 1947.

(n) Less aggressive is 8 0-0 0-0 9 Qe2 b6 10 Bg5 Bb7 11 Rad1, Szabo–Snaevarr, Munich 1936, though even here White retains attacking chances.

(o) 13 h4 b6 14 h5 Bb7 15 hxg6 hxg6 16 Be3 Qa5 17 Bd4 ±, Kupreichick–Kataev, Sverdlovsk 1984.

(p) White has other reasonable choices: (A) 6 c4 Ngf6 7 Nc3 0-0 8 Bd3 c5 9 0-0 cxd4 10 Nxd4 ±, Sax–Ree, Amsterdam 1984. (B) 6 Bf4 Ngf6 7 Nxf6† Nxf6 8 Bd3 c5 9 dxc5 Qa5† 10 c3 Qxc5 12 0-0 with a small edge, Oll–Tal, Seville 1992.

(q) (A) 7 . . . Nxe4 8 Qxe4 c5 9 Qg4 Bf6 10 Be3 cxd4 11 Bxd4 Bxd4 12 Qxd4 Qf6 13 Qb4 ±, Svidler–Haba, Yerevan Ol. 1996. (B) 7 . . . c5 8 Nxf6† Bxf6 9 d5 Nb6 10 Bb5† Kf8 11 dxe6 Bxe6 12 a4 ±, Timman–Granada Zuñiga, Amsterdam 1995.

(r) Najdorf–Stahlberg, Budapest 1950, continued 13 Bc3 Nd7 14 h4 c5, when 15 Bc2 looks promising for White.

(s) 7 c3 Ngf6 8 Nxf6† Nxf6 9 0-0 Bxf3!? 10 Qxf3 Qd5 11 Qe2 Be7 12 Re1 0-0 13 Bf4 ±, Adams–Rozentalis, Belgrade 1999.

(t) The text is most natural, yet most aggressive is 8 Neg5!? Bd6 (8 . . . h6?! 9 Nxe6! fxe6 10 Bg6† with a strong attack) 9 Re1 h6 10 Nh3 Bxf3 11 Qxf3 c6 12 Nf4 0-0 13 Nh5 ±, Korchnoi–Dreev, Brno 1992.

(u) 13 h4 g6 14 h5 Qa5 15 hxg6 hxg6 16 a3! Qg5 17 Rfe1 ±, Ivanchuk–Epishin, Tilburg 1992.

FRENCH DEFENSE

Steinitz Variation

1 e4 e6 2 d4 d5 3 Nc3 Nf6 4 e5 Nfd7(a)

	25	26	27	28	29	30
5	f4					Nf3(t)
	c5					c5
6	Nf3					dxc5
	Nc6(b)					Nc6
7	Be3					Bf4(u)
	Qb6		cxd4......................		a6	Bxc5
8	Na4(c)		Nxd4		Qd2	Bd3
	Qa5†		Qb6 ....Bc5(m)		b5	f6
9	c3		Qd2(i)	Qd2	dxc5(q)	exf6
	cxd4.........c4		Qxb2	0-0(n)	Bxc5	Nxf6
10	b4!	b4	Rb1	0-0-0	Bxc5	0-0
	Nxb4(d)	Qc7	Qa3	a6	Nxc5	0-0
11	cxb4	Be2(f)	Bb5	h4	Qf2(r)	Ne5
	Bxb4†	Be7	Nxd4(j)	Nxd4	Qb6	Bd7(v)
12	Bd2	0-0	Bxd4	Bxd4	Bd3	Nxc6
	Bxd2†	0-0(g)	Bb4	b5	Rb8!	Bxc6
13	Nxd2	Qb1	0-0(k)	Kb1(o)	0-0	Qe2
	b6(e)	b5(h)	a6(l)	Bb7(p)	Na4(s)	Qe7 =

(a) 4 . . . Ne4 5 Nxe4 dxe4 6 Bc4 a6 7 a4 b6 8 Ne2 Bb7 9 0-0 Nc6 10 c3 Ne7 11 Ng3 c5 12 Be3 Qc7 13 Qe2 Ng6 14 Bb3 Rc8 15 Rac1 Qb8 16 Bc2 Qa8 17 Qg4 ±, Georgadze–Toria, Tbilisi 1986.

(b) 6 . . . Qb6 7 Be3 a6 (7 . . . Qxb2? 8 Nb5!) 8 Na4 Qa5† (8 . . . Qc6 9 Nxc5 Nxc5 10 dxc5 Bxc5 11 Qd2! Bd7 (Luther–Piskov, Erfurt 1993), now 12 Bd3 leaves White with a comfortable plus) 9 c3 cxd4 10 b4 Qc7 11 Qxd4 Nc6 12 Qd2 b5 13 Nb2 f6 ∞, Lutz–Morozevich, Elista Ol. 1998.

(c) 8 a3 cxd4 9 Nxd4 Bc5 10 Na4 Qa5† 11 c3 Bxd4 12 Bxd4 Nxd4 13 Qxd4 b6 14 Qb4 Qxb4 15 axb4 Ke7 =, Nunn–Ehlvest, Reykjavik 1990. The White knight is poorly placed on a4.

(d) Retreating with 10 . . . Qc7 11 Nxd4 allows White a simple, clear advantage due to control over the d4 and c5 squares.

(e) Instead 13 . . . g5?! 14 Rb1 gxf4 15 Bb5 Rb8 16 Nc5 Qc3 17 Nd3 with a big edge for White, Short–Timman, Amsterdam 1994. After 13 . . . b6 14 Bd3! White's extra knight is worth more than the three Black pawns: (A) 14 . . . Nc5?! 15 Nxc5 bxc5 16 0-0 g6 (16 . . . 0-0 17 Bxh7†! Kxh7 18 Qh5† Kg8 19 Nf3 f6 20 Ng5! wins (Timman)) 17 Rc1 Qb6 18 Qa4† Bd7 19 Qa3 Rc8 (19 . . . c4 20 Bxc4) 20 Rb1 with infiltration to follow; (B) 14 . . . Ba6 15 Nb2 Nc5 16 Bxa6 Qxa6 17 Qe2 Qa3 18 Qb5† Ke7 19 0-0 Qe3† 20 Rf2 Rhc8 21 Nf1 Qc3 22 Rf3 d3 23 Rd1 Qd4† 24 Kh1 Ne4 25 Nxd3 ±, Nunn–Zysk, Germany 1987.

(f) 11 Nc5 Be7 12 Nxd7 Bxd7 13 a4 0-0-0 14 g3 f5 15 h3 h5 16 Be2 g6 17 Qd2 Rdg8 =, Khalifman–Vaganian, Moscow 1990. Svidler's 11 g3 Be7 12 Bh3 is worthy of investigation.

(g) 12 . . . b5 13 Nc5 a5 14 a3 Nxc5 15 dxc5 0-0 16 Nd4 Nxd4 17 Bxd4 Bd7 18 Qd2 axb4 19 axb4 Rxa1 20 Rxa1 Qb7 =, Anand–Dreev, Biel Int. 1993. White should try 15 bxc5 so that 15 . . . 0-0 16 Qb1 transposes into the column.

(h) 14 Nc5 a5 15 a3 Nxc5 16 bxc5 Rb8 17 Ng5 g6 18 Qe1 f6 19 exf6 Bxf6 20 Nf3 b4 21 Ne5 ±, Oll–Vaganian, USSR Chp. 1989.

(i) (A) 9 Be2 Bc5! 10 Na4 Qa5† 11 c3 Bxd4 12 Bxd4 Nxd4 13 Qxd4 b6 with at least equality for Black, Gaprindashvili–Ree, Wijk aan Zee 1979. (B) 9 Ncb5 a6! 10 Nf5 Bc5 ∓.

(j) 11 . . . Ndb8?! 12 0-0 a6 13 f5! axb5 14 fxe6 Bxe6 15 Nxe6 fxe6 16 Nxb5 Qa5 17 Qf2 wins, Poluyakov–O. Ivanov, USSR 1989.

(k) 13 Rb3 Qa5 14 a3 Be7 (Bxa3? 15 Nxd5 ±) 15 f5 exf5 16 Nxd5 Bh4† 17 Kd1 and now not (A) 17 . . . Qd8? 18 Nf6†! gxf6 19 gxf6 0-0 20 Rg3† Kh8 21 Qh6 Rg8 22 Rg7 Resigns, de Firmian–Hübner, Polanica Zdroj 1995, but (B) 17 . . . Qxd2† 18 Kxd2 Bd8! 19 Rg3 a6 20 Bxd7† Bxd7 21 Rxg7 Be6 22 Nf6† Kf8! =.

(l) Better that 13 . . . 0-0 14 Rb3 Qa5 15 Qf2! f5 (15 . . . a6? 16 Bxd7 Bxd7 17 Bb6 wins) 16 Rfb1 Be7 16 Bxd7 Bxd7 17 Rxb7 ±, Kruppa–Kaidanov, USSR 1988. Note that White also keeps the initiative after 13 . . . a6 14 Rb3 Qa5 15 Rfb1! Be7 16 Bxd7† Bxd7 17 Qe3!.

(m) 8 . . . Nxd4 9 Bxd4 Nb8 10 Bd3 Nc6 11 Bf2 Be7 12 Qh5 Qa5 13 0-0 leaves Black in difficulty, Nunn–Sutton, Peterborough 1984.

(n) Black can play to draw with 9 . . . Nxd4 10 Bxd4 Bxd4 11 Qxd4 Qb6 12 Qxb6 Nxb6 13 Nb5 Ke7. White is slightly better because of the better bishop, but Black's position is hard to crack. More dynamic and more risky is Kasparov's 12 Qd2!?.

(o) 13 Rh3 b4 14 Na4 Bxd4 15 Qxd4 Qa5 16 b3 Bb7 17 c3 Rfc8 18 Kb2 bxc3† 19 Rxc3 ±, Nijboer–Luther, Leeuwarden 1992. Short tried 15 . . . f6 against Kasparov in Amsterdam 1994. After 16 Qxb4! fxe5 17 Qd6 Qf6 18 f5!! Black was in great difficulty.

(p) 14 h5 b4 15 Ne2 a5 16 Bxc5 Nxc5 17 Nd4 Ne4 18 Qe3 Qb6 19 Bd3 ±, de Firmian–Short, Manila Int. 1990.

(q) It is not clear what move is best for White. Other tries: (A) 9 h4 Bb7 10 h5 Be7 11 dxc5 Nxc5 12 Bd3 Rc8 =, Kasparov–Bareev, Dortmund 1993. (B) 9 Qf2 Qb6 10 Bd3 cxd4 11 Nxd4 Nxd4 12 Bxd4 Bc5 13 Ne2 Bxd4 14 Nxd4 Nc5 15 0-0 0-0 may give White a slight pull, Kruppa–Savchenko, Minsk 1996. (C) 9 a3 Bb7 10 Bd3 cxd4 11 Nxd4 Nxd4 12 Bxd4 Bc5 13 Ne2 Bxd4 14 Nxd4 with a small edge, Vasiukov–Dokhoian, Moscow 1990. (D) 9 Be2 Bb7 10 a3 Rc8 11 Nd1 cxd4 12 Nxd4 Bc5 13 c3 Na5 =, Topalov–Shirov, Wijk aan Zee 1999.

(r) 11 Bd3 b4 12 Ne2 Qb6 13 Ned4 Nxd4 14 Nxd4 a5 15 Qe3 0-0 16 0-0 Ba6 =, Nunn–Korchnoi, Amsterdam 1988.

(s) 14 Nxa4 bxa4 15 Qxb6 Rxb6 16 b3 Ke7 =, Mokry–Schmidt, Moscow Ol. 1994.

(t) 5 Nce2 c5 6 c3 Nc6 7 f4 is an attempt to maintain the pawn center. After
7 . . . b5 8 Nf3 b4 9 f5 bxc3 10 fxe6 fxe6 11 bxc3 cxd4 12 cxd4 Bb4† the game
is level, Sax–Korchnoi, match (G8) 1991.

(u) Rigo's 7 Bb5 can be met by 7 . . . Bxc5 8 0-0 0-0 9 Na4 Be7 10 Re1 Qa5 =.

(v) Premature is the advance 11 . . . Ne4?! 12 Bxe4 Rxf4 13 Nd3 Bxf2† 14 Rxf2
Rxf2 15 Bxh7† Kxh7 16 Qh5† Kg8 17 Nxf2 ± e5 18 Rd1 d4? (18 . . . Be6)
19 Nfe4! Qe7 20 Rf1 dxc3 21 Ng5 Qxg5 22 Qxg5 cxb2 23 Rb1 Resigns,
Ljubojević–Bednarski, Skopje Ol. 1972. The column is Spassky–Petrosian,
World Chp. 1966.

FRENCH DEFENSE

Winawer, Poisoned Pawn Variation

1 e4 e6 2 d4 d5 3 Nc3 Bb4 4 e5 c5 5 a3 Bxc3† 6 bxc3 Ne7 7 Qg4

	31	32	33	34	35	36
	Qc7				0-0(p)	
8	Qxg7(a)				Bd3	Nf3
	Rg8				Nbc6(q)	Nbc6(u)
9	Qxh7				Qh5	Bd3
	cxd4				Ng6(r)	f5
10	Ne2			Kd1	Nf3	exf6
	Nbc6			Nbc6	Qc7	Rxf6
11	f4(b)			Nf3	Be3(s)	Bg5
	dxc3			dxc3(n)	c4	e5(v)
12	Qd3			Bf4	Bxg6	Qg3(w)
	Bd7(c)			Bd7	fxg6	Rxf3!
13	Nxc3	Qxc3	Rb1(j)	Ng5	Qg4	gxf3
	a6	Nf5(g)	d4(k)	Rf8	Qf7	c4
14	Rb1(d)	Rb1	Nxd4(l)	Bd3	h4	Be2
	Na5(e)	d4(h)	Nxd4	Qb6	Qf5	exd4
15	h4	Qd3	Qxd4	Be3	Qxf5	Bf6
	Nf5(f)	0-0-0(i)=	Nf5(m)	d4(o)	Rxf5(t)	Qf8(x)

(a) 8 Bd3!? c4 (8 . . . cxd4 9 Ne2 dxc3 10 Qxg7 ±) 9 Be2 Nf5 10 Nf3 Nc6 11 Qh5 h6 12 g4 Nfe7 13 Ng5 (Lautier–Vaiser, France 1996) 13 . . . Rf8 14 Nh3 Qa5 =.

(b) 11 Bf4 dxc3 12 Qd3 Bd7 13 Qxc3 0-0-0 14 h4 Ng6 15 Bg3 Ngxe5 =.

(c) 12 . . . d4 13 Nxd4 Nxd4 14 Qxd4 Bd7 15 Rg1! Nf5 16 Qf2 Qc6 17 Bd3 Qd5 18 Rb1 Bc6 19 Rb3 ±, Ernst–Einarsson, Reykjavik 1990.

(d) 14 Ne2 Rc8 (14 . . . Nf5?! 15 h3 Na5 16 g4 Bb5 17 Qc3 ±) with two choices: (A) 15 Bd2 Nf5 16 h3 Nxe5! 17 fxe5 Bb5 18 Qc3 Qd8 19 Qb2 Qh4† 20 Kd1 Qf2 with a strong attack for the piece, Jezek–Kolcak, corr. 1991. (B) 15 Rb1 Na7! 16 Qb3 Bb5 17 Nd4 Bxf1 18 Kxf1 Nac6 19 Nxc6 Qxc6 =, Arnason–Timman, Reykjavik 1989.

(e) Also 14 . . . Rc8 15 h4 Nf5 16 Rh3 Nce7 17 Bd2 Bc6 18 h5 Nh6 19 Rg3 Rxg3 20 Qxg3 Nef5 21 Qh3 d4 22 Nd1 Qd8 with compensation for the pawn, Korchnoi–Nogueiras, Brussels 1988. Tal notes the possible continuation 23 g4 Nh4 24 Rb3 Ba4 25 Bd3 Bc6!?.

(f) 16 Rh3 0-0-0 17 h5 Rg4 with about even chances, Lutz–Uhlmann, Dresden 1998. This is typical for the French Poisoned Pawn. White has the extra pawn, but his king is stuck in the center, allowing Black attacking chances.

214

(g) 13 . . . 0-0-0 14 Ng3!? (14 Rb1 d4 15 Qd3 Nf5 is back in the column) 14 . . . Rh8 15 Bd2 Rdg8 16 0-0-0 Kb8 17 Bd3 Nc8 18 Rdg1 ±, Spassky–Nogueiras, Montpellier Candidates 1985.

(h) Less accurate is 14 . . . Rc8?! 15 Bd2 a6 16 Rg1 b5 17 g4 and already Black is in difficulties, Short–Kosten, Hasting 1988/89.

(i) Black has equal chances in this complex position. Sznapik–Nogueiras, Thessaloniki Ol. 1988, continued 16 Rg1 Be8 17 g4 Nh4 18 Rg3 f6! 19 exf6 e5 20 g5 Bf7 21 Bh3† Kb8 22 fxe5? (22 f5) 22 . . . Nxe5 23 Qe4 Rge8! 24 Kf1 (24 Qxh4 Qxc2 wins) 24 . . . Neg6 25 Qg4 Qxc2 26 Bf4† Nxf4 27 Qxf4† Ka8 28 Re1 d3 29 Qxh4 Qxe2†! 30 Resigns.

(j) White can try to develop with 13 Be3 0-0-0 14 g3 Nf5 15 Bf2 Kb8 16 Bh3 Nce7 17 g4 (17 Qxc3 Qxc3 18 Nxc3 Rc8 19 Kd2 Rc7 and Rgc8—Sulman) 17 . . . Nh6 18 Rg1 Rc8 19 Nd4 Ng6 20 Qe3 ±, Sax–Sulman, Pula 1997. However, the thematic move for Black is 15 . . . d4! with an unclear game. One possible variation is 16 Bh3 Nce7 17 g4 Ne3 18 Bxe3 dxe3 19 Qxe3 Bc6 20 0-0 Rh8 ∞.

(k) (A) Now 13 . . . Nf5 is met by 14 h3! d4 15 g4 Nh4 16 Qh7 Nf3† 17 Kf2 0-0-0 18 Kxf3 Nxe5† 19 fxe5 Bc6† 20 Kf2 Bxh1 21 Rb4 Qxe5 22 Bf4 ±, Horvath–Uhlmann, Szirak 1985. (B) 13 . . . 0-0-0 14 Nxc3 Na5!? 15 g3 Kb8 16 Ne2 Ba4 17 c3 Nf5 18 Bh3 d4! ∞, Svidler–Ivanchuk, Linares 1999.

(l) 14 Ng3 0-0-0 15 Ne4 Nxe5! 16 fxe5 Qxe5 17 Qe2 Bc6 18 Ng3 Qh8 is good compensation for the piece, Smirin–Short, Tilburg 1992.

(m) 16 Qf2 Bc6 17 Rg1 Rd8 18 Bd3 Rxd3! 19 cxd3 Qd8 with more than enough compensation for the exchange, Palkovi–F. Portisch, Eger 1987.

(n) Dangerous complications follow 11 . . . Nxe5 (note that this may arise from 10 . . . Nd7) 12 Bf4! Qxc3 13 Nxe5 Qxa1† 14 Bc1 d3! (14 . . . Rf8 15 Bd3 Bd7 16 Re1 Nc6 17 Nxf7!, Fuchs–Uhlmann, 1966) 15 Qxf7† Kd8 16 Qf6 dxc2† 17 Kxc2 Qa2† 18 Bb2 Bd7 19 Nf7† Ke8 20 Nd6† Kd8 21 Nxb7† Ke8 22 Be2!.

(o) 16 Bf4 Ng6!? (Thipsay–Agdestein, Thessaloniki Ol. 1984), now 17 Bxg6 fxg6 18 Qxg6† Kd8 19 Nxe6†?! Bxe6 20 Qxe6 Rxf4 21 Qg8† Kc7 22 Qxa8? d3 wins, so Thipsay played 17 Ne4 0-0-0 18 Nd6† Kb8 19 Bg3 Ngxe5 and slowly lost the game.

(p) 7 . . . Kf8 8 Nf3 Qa5 9 Bd2 Qa4 10 Ra2 b6 11 Qf4 h6 12 h4 Nd7 (A. Sokolov–Eingorn, USSR Chp. 1988), now White keeps the more harmonious position with the simple 13 Bd3 and 14 0-0.

(q) 8 . . . f5 9 exf6 Rxf6 10 Bg5 Rf7 11 Qh4 h6 12 Bxe7 Qxe7 (12 . . . Rxe7 13 Qg3 Qa5 14 Ne2 ±) 13 Qxe7 Rxe7 14 0-0-0 Nc6 15 dxc5! b6 16 Bb5 ±, Kruppa–Savchenko, Kherson 1989.

(r) Black must beware: (A) 9 . . . h6? 10 Bxh6! gxh6 11 Qxh6 Nf5 12 Bxf5 exf5 13 0-0-0 f4 14 Nh3 Ne7 15 Ng5 Bf5 16 g4! Be4 17 Rhe1 Qb6 18 e6 Bg6 19 Rd3 Resigns, Maus–Hübner, Lugano 1989. (B) 9 . . . Nf5 10 Nf3 f6 11 g4 c4 12 gxf5 cxd3 13 Rg1 Ne7 14 exf6 Rxf6 15 Rxg7†! Kxg7 16 Qg5† Ng6 17 fxg6 hxg6 18 Bf4 Bd7 19 Be5 dcx2 20 h4! Be8 21 Nh2 with a winning attack, Kruppa–Kamerov, Kherson 1991.

(s) Morozevich has a creative idea—11 h4!? cxd4 (11 . . . c4? 12 Ng5!) 12 Kd1 dxc3 13 Rh3—risky but entertaining.

(t) 16 Ke2 h6 17 g4 Rf7 18 Rag1 Bd7 and White has only a minimal endgame advantage, Kamsky–Yusupov, Linares 1993.

(u) 8 . . . f5 9 exf6 Rxf6 10 Bg5 Nd7! (10 . . . Qa5 11 Bxf6 Qxc3† 12 Ke2 Ng6 13 Rc1 gxf6 14 h4 ±) 11 Bd3! c4 12 Be2 Rf5 (Smirin–Ulibin, USSR 1988) 13 0-0 Nf6 14 Bxf6 Rxf6 15 Ne5 ±.

(v) 11 . . . Rf7 12 Bxe7 Rxe7 13 Qh4 g6 14 0-0 c4 15 Be2 Bd7 16 Rfe1 Qf8 17 Bf1 Rae8 18 Re2 ±, Sax–Schmidt, Warsaw 1987.

(w) An equal game results from (A) 12 Qh4 e4 13 Bxf6 gxf6 14 Qxf6 exd3, Psakhis–Dokhoian, Klaipeda 1988. (B) 12 Bxh7† Kxh7 13 Qh5† Kg8 14 Bxf6 gxf6 15 dxe5 Qf8! also holds the balance.

(x) 16 Bxd4 Nf5 17 Qg5 Nfxd4 18 cxd4 Bf5 19 c3 Re8 20 Ra2 Re6 with excellent compensation for the exchange, Maliutin–Piskov, USSR 1989.

FRENCH DEFENSE

Winawer Variation, Main Line

1 e4 e6 2 d4 d5 3 Nc3 Bb4 4 e5 c5 5 a3 Bxc3† 6 bxc3 Ne7

	37	38	39	40	41	42
7	Nf3				a4(r)	
	Nbc6	Bd7	b6	Qc7	Qa5	
8	Be2(a)	dxc5(g)	Bb5†(j)	a4(m)	Bd2	Qd2
	Qa5(b)	Qc7(h)	Bd7	b6(n)	Nbc6	Nbc6
9	Bd2	Bd3	Bd3	Bb5†	Nf3(s)	Nf3
	Bd7(c)	Ba4	Ba4	Bd7	Bd7	Bd7
10	0-0	Rb1	0-0	0-0-0(o)	Bb5(t)	Be2(w)
	c4(d)	Nd7	c4(k)	Bxb5	Qc7(u)	f6
11	Ng5	Rb4	Be2	axb5	0-0	exf6
	h6	Bc6	h6	Nd7(p)	0-0	gxf6
12	Nh3	0-0	Ne1	Qd3	Re1	dxc5
	Ng6	Nxc5	Nbc6	h6	b6	0-0-0
13	Bh5	Rg4	g3	Ra4	Bd3	0-0
	0-0-0(e)	Ng6	Kd7!	0-0	h6	e5
14	f4	Nd4	Ng2	Bd2	Qc1	c4(x)
	Rdf8	0-0-0	Qg8	Rfc8	c4	d4
15	Qe1	f4	Nf4	Rc1!	Bf1	Qh6
	Nge7(f)	Bd7(i)	Qh7(l)	Nf8(q)	Kh7(v)	Ng6(y)

(a) Also reasonable is 8 Bd3 Qc7 9 0-0 Bd7 10 a4 c4 11 Be2 f6 12 Re1 Ng6?!
13 Ba3! fxe5 14 dxe5 Ncxe5 15 Nxe5 Nxe5 16 Qd4 Ng6 17 Bh5 ±, Fischer–
Larsen, match 1971. White must reckon though with 8 . . . Qa5 9 Bd2 c4
10 Bf1 f6 11 exf6 gxf6 ∞, R. Byrne–Korchnoi, London 1979.

(b) 8 . . . Qc7 9 0-0 Bd7 10 Re1 f6 11 Bf4 Ng6 12 Bg3 fxe5 (f5 13 h4!) 13 Bd3 0-0-0
14 Bxg6 hxg6 15 Nxe5 Nxe5 16 Bxe5 ±, Nunn–Hess, Lugano 1986.

(c) 9 . . . cxd4 (9 . . . Qa4 10 Rb1!) 10 cxd4 Qa4 11 Rb1! Nxd4 12 Bd3 Ndc6
13 Rb3! gives White terrific compensation for the pawn, Dolmatov–Oll, USSR
Chp. 1989 (13 . . . 0-0? 14 Bxh7†!). Black cannot improve with 12 . . . Nxf3†
13 Qxf3 Qd4 14 0-0! Qxe5 15 Re1 Qf6 16 Qg3 ±, or 12 . . . Nec6 13 0-0 Nxf3†
14 Qxf3 Nxe5 15 Qg3 Nxd3 16 Qxg7 winning.

(d) It is dangerous to open the position with 10 . . . f6 11 c4! Qc7 12 cxd5 Nxd5
13 c4 Nde7 14 exf6 gxf6 15 Bc3 0-0-0? (relatively best is 15 . . . cxd4 16 Nxd4
Nxd4 17 Qxd4 e5 18 Bh5† Ng6 19 Qe4 ±) 16 d5! exd5 17 cxd5 Be6 18 Bxf6
Rhg8 19 dxc6! Rxd1 20 cxb7† Kb8 21 Rfxd1 with overwhelming compensa-
tion for the queen, Markarichev–Lputian, USSR 1979.

(e) 13 . . . Nce7 14 a4! 0-0-0 15 Qe1 Kb8 16 Bc1 Rc8 17 Ba3 ±, Planinc–Timman, Amsterdam 1974.

(f) 16 a4 f6 (Balashov–Naumkin, USSR Chp. 1991) 17 Bc1 fxe5 18 fxe5 Rxf1† 19 Kxf1 Rf8† 20 Nf2 ± (Naumkin).

(g) Choosing broken pawn structure in exchange for activity. Instead: (A) 8 Bd3 Qc7 9 0-0 c4 10 Be2 is like the next column except here the Black b-pawn is on b7 instead of b6—a minor improvement for Black. (B) 8 Be2?! Qc7 9 0-0 Ba4 = with pressure on c2. (C) 8 a4 Qa5 should transpose into column 41 or 42.

(h) More promising may be 8 . . . Ng6 9 Bd3 Nc6 10 0-0 Ncxe5 11 Nxe5 Nxe5 12 Bf4 Qf6 13 Qd2 Nxd3 14 cxd3 d4 15 cxd4 Qxd4 16 Bd6 f6 with just a minimal edge for White, Chandler–Beliavsky, London 1985.

(i) 16 Rg3 Kb8 17 Qe1 Ka8 18 h4 Nxd3 19 cxd3 h5 20 Be3 ±, Spassky–Korchnoi, match 1977.

(j) 8 a4 Ba6 9 Bb5† (9 Bxa6 Nxa6 10 0-0 Nb8 =) 9 . . . Bxb5 10 axb5 Qd7 11 Qe2 c4 12 Ba3 Qxb5 13 Ng5 Qd7 (13 . . . h6 14 Qh5 g6 15 Qf3!) 14 Qh5 Ng6 15 0-0 Nc6 16 f4 0-0-0, Gulko–Eingorn, USSR 1983. White has compensation for the pawn, but probably no more.

(k) Black chooses to close the postion, making the game a strategic fight. Instead, 10 . . . h6 11 Re1 Qc7 12 dxc5 bxc5 13 c4 Nd7 14 cxd5 Nxd5 15 Qe2 ±, de Firmian–Antonsen, Stockholm 1997.

(l) 16 Ra2 Kc7 17 Nh5 Raf8 18 Bg4 Kb7 19 Re1 Re8 20 Bh3 Rhf8 21 Re2 ±, de Firmian–Gulko, San Francisco 1995. Despite his awkward-looking position, White has the initiative on the kingside.

(m) (A) 8 Bd3 (8 Be2!? b6 =) b6 9 0-0 Ba6 10 Bxa6 Nxa6 11 a4 Nc6 12 Qe2 Nab8 13 Ba3 Nd7 =, Cooke–Claasen, Dortmund 1993. (B) Noteworthy is 8 h4!? Bd7 9 h5 h6 10 Bd3 Ba4 11 dxc5 Nd7 12 Rh4 Qa5 13 Be3 ±, Short–Ivanchuk, Horgen 1995.

(n) (A) 8 . . . Nbc6 9 Ba3 cxd4 10 cxd4 Qa5† 11 Qd2 Qxd2† 12 Kxd2 Na5 (12 . . . Bd7 13 a5! Nf5 14 Bc5 ±) 12 Bd3 Bd7 14 Rhb1 Rc8 Bb4 Nec6 16 Bd6 leaves Black an unpleasant endgame, Golubev–Ivanchuk, Klaipeda 1985. (B) 8 . . . Bd7 9 Bd3 Nbc6 10 0-0 c4 transposes into note (a).

(o) 10 Bd3 Nbc6 11 0-0 h6 12 Ba3 Na5 13 Nd2 0-0 14 dxc5 bxc5 15 Nb3 Nxb3 16 cxb3 ±, although the position is very unbalanced.

(p) (A) 11 . . . 0-0 12 Qd3 h6 13 Ra4 Rc8 (13 . . . Nd7 is back into the column) 14 dxc5 bxc5 15 Rg4 with attacking prospects. (B) 11 . . . a5 12 Ng5 h6 13 Nh3 Nd7 14 Nf4 0-0 15 Nh5 ±, Ivkov–R. Byrne, Sousse Int. 1967.

(q) 16 Ra6 Qd7 17 Rca1 c4 18 Qf1 Qxb5 19 Rxa7 Rxa7 20 Rxa7 Nc6 21 Ra2 ±, Karpov–Mednis, Vienna 1986.

(r) Adventurous is 7 h4!? Qa5 (7 . . . Qc7 is safer) 8 Bd2 cxd4 9 cxd4 Qa4 10 Nf3 Nbc6 11 Bd3 Nxd4 12 h5 Nec6 13 Kf1 Nf5 14 Bxf5 exf5 15 h6 with active play for the pawn, Fedorowicz–Yermolinsky, St. Martin 1993.

(s) In the great Herceg Novi blitz tournament of 1970 Fischer experimented with 9 Qg4 against Korchnoi. After 9 . . . 0-0 10 Nf3 f6 11 Bd3 f5 12 Qg3 c4 13 Be2 b5 14 0-0 bxa4 15 Ng5? Nxd4 Fischer suffered his only loss of the tournament.

(t) Black has comfortable equality after the straightforward 10 Be2 f6! 11 exf6 gxf6 12 0-0 (12 c4 Qc7 13 cxd5 Nxd5 14 c4 Nde7 15 Bc3 cxd4 16 Nxd4 Nxd4 17 Qxd4 e5 =) 12 . . . 0-0-0 13 Re1 c4 =, Tringov–Timman 1983.

(u) 10 . . . c4 110-0 a6 12 Bxc6 Bxc6 13 Ng5 h6 14 Qh5 g6 15 Qh3 Bxa4 16 Rfb1 is somewhat uncomfortable for Black, Nunn–Hübner, Germany 1987.

(v) 16 Bf4 Ng6 17 Bg3 Qd8 18 Qd2 f5 19 exf6 Rxf6 20 Nh4 Nge7 =, Nunn–Gulko, San Francisco 1995.

(w) (A) 10 Bd3 f6 11 0-0 fxe5 12 Nxe5 Nxe5 13 dxe5 0-0 14 c4 Qxd2 15 Bxd2 Bc6 17 a5 Rad8 =, Fischer–Uhlmann, Stockholm Int. 1962. (B) 10 Ba3 cxd4 11 cxd4 Qxd2† 12 Kxd2 Nf5 13 c3 Na5 14 Ra2 f6 (Brunner–Kindermann, Bern 1990) 15 Bd3 Nc4† 16 Bxc4 dxc4 =.

(x) 14 Qh6 Rdf8 15 c4 (Timman–Nogueiras, Brussels 1988) 15 . . . Nf5 16 Qh5 Ng7 =.

(y) 16 Nd2 f5 17 Nb3 Qc7 18 f4 Nb4 19 Bd1 d3 20 cxd3 Nxd3 with chances for both sides, Bogdanović–Uhlmann, Sarajevo 1965.

FRENCH DEFENSE

Winawer Variation

1 e4 e6 2 d4 d5 3 Nc3 Bb4 4 e5 c5 5 a3

	43	44	45	46	47	48
	Bxc3†....................................Ba5(n)					
6	bxc3			b4.........................Bd2(x)		
	Qc7(a)			cxd4(o)		Nc6!
7	Qg4.........................Nf3			Qg4.........Nb5		Nb5
	f5(b)		Bd7(k)	Ne7	Bc7	Nxd4
8	Qg3..........Qh5†		a4	bxa5(p)	f4	Nxd4
	Ne7(c)	Qf7(g)	Nc6	dxc3	Bd7(t)	cxd4!
9	Qxg7	Qd1(h)	Ba3	Qxg7	Nf3	Bb5†
	Rg8	b6	b6(l)	Rg8	Ne7(u)	Bd7
10	Qxh7	a4	Bd3	Qxh7	Nxc7†(v)	Bxd7†
	cxd4	Ba6	Na5	Nbc6	Qxc7	Kxd7
11	Kd1!	Bb5†	0-0	Nf3(q)	Bd3	Nf3
	Bd7	Bxb5	Ne7	Qc7(r)	Nbc6	Bb6
12	Qh5†(d)	axb5	Re1	Bf4	0-0	0-0
	Kd8(e)	Ne7	f5	Bd7	a6	Ne7
13	Ne2	h4(i)	exf6	Bd3	Qe2	a4
	dxc3	0-0	gxf6	0-0-0	h5	a6 =
14	Qf3	Nh3	Qc1	Bg3	Bd2	Ng5?!
	Nbc6(f)	h6(j)	c4(m)	Qxa5(s)	Nf5(w)	Qe8(y)

(a) The classical Winawer, less used in modern practice. Rare sixth-move alternatives are: (A) 6 ... Nc6 7 Qg4 g6 8 a4 f5 9 Qd1 Qa5 10 Bd2 Nge7 11 Nf3 ±, Gligorić–Maksimović, Yugoslav Chp. 1991. (B) 6 ... Qa5 7 Bd2 cxd4 8 cxd4 Qa4 9 Rb1 Nc6 10 Nf3 Qxa3 11 Bb5 Bd7 12 0-0 Qf8 13 Bxc6 Bxc6 14 Bb4 ±, Sznapik–Matlak, Polish Chp. 1991.

(b) (A) 7 ... f6?! 8 Bb5† Nc6 9 Nf3 Qf7 10 Bxc6† bxc6 11 0-0 Ne7 12 dxc5 Ng6 13 Re1 ±, Oll–Yermolinsky, Sverdlovsk 1987. (B) 7 ... cxd4? 8 Qxg7 Qxc3† 9 Kd1 Qxa1 10 Qxh8 Kf8 11 Bd3 Nc6 12 Bxh7 Nce7 13 h4 ±.

(c) 8 ... cxd4 9 cxd4 Ne7 (9 ... Qxc2?! 10 Bd2 and 11 Rc1 ±) 10 Bd2 g6 11 Bd3 b6 12 Ne2 Ba6 13 Nf4 Qd7 14 Bb4 ±, Hort–Petrosian, Kapfenberg 1970.

(d) White also came out on top in Hjartarson–Berg, Gausdal 1996, after 12 Nf3 Ba4 13 Rb1 Qxc3 14 Ne1! b6?! 15 Bd2 Qc7 16 Bb4 Nbc6 17 Bd6 ±. The game finished quickly—17 ... Qb7 18 Nd3 Qd7? 19 Nb2 b5 20 Nxa4 bxa4 21 Bb5 Rf8 22 Qxe7†! Nxe7 23 Bxd7† Kxd7 24 Rb7† Resigns.

(e) 12 ... Ng6 13 Ne2 d3 14 cxd3 Ba4† (14 ... Nc6!—Tal) 15 Ke1 Qxe5 16 Bg5! Nc6 17 d4 Qc7 18 h4! ±, was the historic first game of the Tal–Botvinnik World Chp. 1960.

(f) 15 Qxc3 Nxe5 16 Qxc7† Kxc7 17 Nd4 Ng4 18 Ke1 e5 19 f3! Nf6 20 Nb3 Rac8 21 Bb2 ± (Pachman).

(g) 8 ... g6 9 Qd1 Nc6 10 Nf3 Bd7 11 dxc5 h6 12 Rb1 Nge7 =, Spassky–Portisch, match 1980.

(h) 9 Qxf7† Kxf7 10 Nf3 cxd4 11 Nxd4 Bd7 12 f4 Ne7 13 Rb1 b6 14 c4 Rc8 =, Kindermann–Yusupov, Munich 1990.

(i) White may do better with other moves—13 Nf3, 13 c4!? or 13 Ne2.

(j) 15 h5 Nd7 16 Nf4 Rfc8 17 Rh3 Nf8 with at least equal chances for Black, Horvath–Uhlmann, Debrecen 1988.

(k) Black can play Ne7 now or next move, transposing into the main lines (6 ... Ne7). Dubious is 7 ... b6 8 a4 Ba6 9 Bxa6 Nxa6 10 Qe2 Nb8 11 a5 bxa5 12 Ba3 Nd7 13 dxc5 Ne7 14 c6! Qxc6 15 0-0 ±, Tal–Donner, Wijk aan Zee 1968.

(l) White has the better endgame after 9 ... cxd4 10 cxd4 Qa5† 11 Qd2 Qxd2† 12 Kxd2.

(m) White has a large advantage, Taimanov–Shamkovich, Leningrad 1951. The game continued 15 Qh6! Nac6 (15 ... cxd3 16 Qxf6 Ng6 17 Ne5 +) 16 Bf5! Kf7 (both 16 ... exf5 and 16 ... Nxf5 lose to 17 Qxf6) 17 Bxe6† Bxe6 18 Ng5† fxg5 19 Qxe6† Kg7 20 Bxe7 Nxe7 21 Qxe7† Qxe7 22 Rxe7† Kg6 23 Rae1 h6 24 R1e6† Kh5 25 f3 Resigns.

(n) 5 ... cxd4 6 axb4 dxc3 7 Nf3! cxb2?! 8 Bxb2 Ne7 9 Bd3 b6 10 0-0 Bb7 11 Nd4 a6 12 Qh5 ±, J. Kristiansen–C. Hansen, Reykjavik 1981.

(o) 6 ... cxb4? 7 Nb5 Nc6 8 axb4 Bxb4† 9 c3 Be7 10 Bd3 a6 11 Qg4 Kf8 12 Ba3 puts Black in an ugly position, Liberzon–Khasin, USSR 1960.

(p) 8 Nb5 Bc7 9 Qxg7 Rg8 10 Qxh7 a6! 11 Nxc7† Qxc7 12 Ne2 Qxe5 13 Bb2 Qf6 14 f4 Nbc6 15 Qd3 Nf5 16 0-0-0 Qh6 17 Kb1 Bd7 =, Müller–Vaganian, Germany 1993.

(q) Risky is 11 f4 Qxa5 12 Nf3 (12 Rb1 Bd7 13 Nf3 0-0-0 14 Qd3 d4 15 g3 Nf5 =, Shirov–Romero Holmes, Spain 1998) 12 ... Bd7 13 Ng5 0-0-0!? (Rf8) 14 Nxf7 Nf5 15 Nxd8 Qxd8 and Black has a dangerous initiative for the exchange, Ernst–Karlsson, Swedish Chp. 1993.

(r) 11 ... Qxa5?! 12 Bd3 Bd7 13 0-0 0-0-0 14 Bg5 Rh8 15 Qg7 Rdg8 16 Qf6 leaves White distinctly better, Hazai–Raaste, Helsinki 1989.

(s) 15 0-0 Qa4 16 Rfe1 Ng6 17 Qh6 Rh8 18 Qe3 and White has a stronger grip on the important squares, de Firmian–Lputian, Yerevan Ol. 1996.

(t) 8 ... Nh6 9 Nf3 Bd7 10 Nfxd4! a6 11 Nxc7† Qxc7 12 Bd2 Nc6 13 Nf3 Ne7 14 a4 Nef5 15 Bd3 Qb6 16 Qe2 0-0 17 Qf2 ±, Hellers–Knaak, Novi Sad Ol. 1990.

(u) 9 ... Bxb5 10 Bxb5† Nc6 11 Bd3 Nge7 12 Qe2 Bb6 13 0-0 Nf5 14 Kh1 Qc7 15 a4! Nxb4 16 Bxf5 exf5 17 Qb5† Nc6 18 Ba3 with the attack, Stefansson–Müller, Altensteig 1992.

221

(v) Also 10 Nbxd4 Nc6 11 c3 Nxd4 12 cxd4 0-0 13 Be2 Nc8 14 0-0 Nb6 15 a4! ±, Dolmatov–Lputian, USSR 1983.

(w) 15 Rfb1 Nce7 16 a4 g6 17 Qf2 Qb6 18 c3 Kf8 19 cxd4 ±, Aseev–Budnikov, Moscow 1991.

(x) Recently popular is Short's 6 Qg4!? Ne7 7 dxc5 Bxc3† 8 bxc3, but the old remedy is good—8 . . . Nd7! 9 Nf3 (9 Qxg7?! Rg8 10 Qxh7 Nxe5 11 Be2 Qa5 ∓) 9 . . . Qc7 10 Qxg7 Rg8 11 Qxh7 Nxe5 12 Qh5 Nxf3† 13 Qxf3 Bd7 14 Bf4 (Shamkovich–Gipslis, USSR 1961) 14 . . . Qxc5 =.

(y) 15 Qf3 Bc7 16 Qxf7 Qxf7 17 Nxf7 Rhf8 18 Ng5 h6 19 Nf3 Nc6 20 Rfe1 Rxf3! 21 gxf3 Nxe5 and Black holds the edge in the endgame.

FRENCH DEFENSE

Winawer Variation

1 e4 e6 2 d4 d5 3 Nc3 Bb4 4 e5

	49	50	51	52	53	54
	c5............................		b6..			Qd7(q)
5	Bd2..........Qg4(d)		a3...........................Qg4(m)			Bd2(r)
	Ne7(a)	Ne7	Bxc3† Bf8	Bf8	Bf8	b6(s)
6	a3(b)	Nf3(e)	bxc3	Bb5†(i)	Nh3(n)	Bb5
	Bxc3	Nbc6	Qd7(f)	c6	Ne7(o)	c6
7	Bxc3	Bb5	a4(g)	Ba4	Bg5	Ba4
	Nc6(c)	Bxc3†	Ba6	Ba6(j)	Nbc6	a5
8	Nf3	bxc3	Bxa6	Nce2	Bb5	a3
	cxd4	Qa5	Nxa6	Bb5	Bd7	Bxc3
9	Nxd4	Bxc6†	Qg4	Bb3!	0-0-0	Bxc3
	Nxe5	bxc6	f5	c5(k)	h6	Ba6
10	Nxe6	Bd2	Qh5†	c3	Be3	Bd2
	Bxe6	Qa4	g6	Nc6	a6	Bb5
11	Bxe5	0-0	Qe2	Nf3	Be2	Bxb5
	0-0	Nf5	Nb8	Nge7	Qc8	cxb5
12	Bd3	Rfc1	h4	0-0	Nf4	Qg4
	Nc6 =	0-0 =	h6(h)	Nf5(l)	Qb7(p)	f5(t)

(a) 5 ... Nc6 6 Nb5 Bxd2† 7 Qxd2 Nxd4 8 Nxd4 cxd4 9 f4 Qb6 10 b4!? Nh6 11 Nf3 Nf5 12 Bd3 Ne3 13 Kf2 Bd7 14 a4 with a faint edge for White, Hector–C. Hansen, Vejle 1994.

(b) 6 Nb5 Bxd2† 7 Qxd2 0-0 8 c3 Nbc6 9 f4 a6 10 Nd6 cxd4 11 cxd4 f6 12 Nf3 Ng6 =, Timman–Agdestein, Taxco Int. 1985.

(c) Black can land in trouble with 7 ... cxd4 8 Qxd4 Nbc6 9 Qg4 Nf5 10 Nf3 0-0 11 Bd3 ±, Keres–Spassky, Moscow 1967.

(d) A tricky line is 5 Nf3 Nc6 6 dxc5 Nge7 7 Bd3 d4 (7 ... Ng6 8 Bxg6 and 9 Be3 ±) 8 a3 Ba5 9 b4 Nxb4 10 axb4 Bxb4 11 Bb5† Bd7! (Fine–Botvinnik, AVRO 1938, continued 11 ... Nc6?! 12 Bxc6† bxc6 13 Ra4! Bxc3† 14 Bd2 ± and Fine went on to score a quick victory) 12 Qxd4 Bxc3† 13 Qxc3 Bxb5 ∓.

(e) 6 dxc5 (6 a3?! Qa5!) 6 ... Nbc6 7 Bd2 Nf5 8 Nf3 Bxc5 9 Bd3 h5 10 Qf4 Nce7 =, Leko–Hertneck, Moscow Ol. 1994. The column is Hebden–Vaganian, Hastings 1982/83.

(f) On 6 ... Ba6 or 6 ... Ne7 White creates play on the kingside with 7 Qg4 since there is no painless way to defend g7. For example, J. Polgar–L. B. Hansen,

Vejstrup 1989, saw 6 . . . Ne7 7 Qg4 Kf8 8 Nf3 Ba6 9 Bd3 c5 10 dxc5 Bxd3 11 cxd3 bxc5 12 0-0 Nd7 13 a4 ±.

(g) Equally good is 7 Qg4 f5 8 Qg3 Ba6 9 Bxa6 Nxa6 10 Ne2 0-0-0 (10 . . . Nb8 11 Nf4 threatens 12 Nxe6! Qxe6 13 Qxg7) 11 a4 Kb7 12 0-0 Qf7 (12 . . . Nb8 13 a5 ±) 13 c4 Ne7 14 Bg5 dxc4 15 Qc3 ±, Fischer–Bisguier, US Chp. 1957.

(h) 13 Nh3 Nc6 14 Nf4 Nge7 15 g4! 0-0-0 16 gxf5 gxf5 17 Ba3 Rdg8 18 Nh5 Na5 20 Bb4 Nec6 21 Nf6 Qg7 22 Nxg8 Rxg8, Timman–Planinc, Banja Luka 1974. Black will post a wonderful knight on c4, but it is still not enough compensation for the exchange.

(i) The intention of this move is to avoid the exchange of light-squared bishops if possible. On 6 Nf3 Ne7 7 Bd3 Ba6 Black has good chances for equality.

(j) 7 . . . a5 8 Nce2 Ba6 9 Nf3 Ne7 10 0-0 Nf5 11 Re1 b5 12 Bb3 c5 13 c3 ±, Fedorowicz–Zerm, Philadelphia 1997.

(k) 9 . . . Ne7 10 Nf3 Bc4 11 Bxc4 dxc4 12 Ng3 h6 13 0-0 Ng6 14 Nh5 Qd5 15 Qe2 Nd7 16 b3 ±, Kruppa–Moroz, Kherson 1989.

(l) 13 Re1 Be7 14 Bc2 g6 15 Nf4 ±, Cabrilo–Arancibia, Manila Int. 1990.

(m) 5 Bd2 Bf8! (5 . . . Ne7 is also reasonable) 6 Nf3 Ne7 7 h4 h5 8 Bg5 Qd7 9 Bb5 c6 10 Bd3 Ba6 =, van der Wiel–Portisch, Tilburg 1988.

(n) Other choices are: (A) 6 Nf3 Qd7 7 Be2 Ba6 8 0-0 Ne7 9 Bxa6 Nxa6 10 Ne2 Nb4 11 c3 with a slight initiative, Hübner–P. Nikolić, Germany 1988. (B) 6 Bg5 Qd7 7 f4 h6 8 Bh4 h5 9 Qh3 Ba6 10 Nf3 Nh6 =, Topalov–Vaganian, Groningen 1993.

(o) (A) 6 . . . Ba6 7 Nb5 Qd7 8 a4 Ne7 9 Nf4 Ng6 10 Nh5 Rg8 11 Bh6! ±, Tal–Kärner, USSR 1979. (B) 6 . . . Qd7 7 Nf4 Nh6 8 Qh3! Nf5 9 Be3 Ba6 10 Bxa6 Nxa6 11 g4 Nxe3 12 fxe3 Bb4 13 0-0 ±, Simagin–Lyskov, Moscow 1957.

(p) 13 Qf3 0-0-0 14 Nh5 Be8 15 g4 Kb8 16 Qg2 Rc8 17 Qf1 Ka7 18 f4 with pressure, Perenyi–Portisch, Hungary 1987.

(q) 4 . . . Ne7 is sometimes played to confuse White. After 5 a3 Bxc3† 6 bxc3 c5 or 6 . . . b6 play transposes into the main line Winawer or into col. 51. 4 . . . Ne7 5 Bd2?! c5 is col. 49.

(r) (A) 5 a3 Bxc3† (5 . . . Bf8 6 Bb5 c6 7 Ba4 is similar to col. 52) 6 bxc3 b6 transposes to col. 51. (B) 5 Qg4 f5 6 Qg3 b6 7 Nh3 Ba6 8 Bxa6 Nxa6 9 Nf4 ±.

(s) 5 . . . Ne7 6 Qg4 Nf5 7 Bd3 h5 8 Qf4 Nc6 9 Bxf5 exf5 10 Nf3 ±, Nunn–Hort, Amsterdam 1988.

(t) 13 Qh5† g6 14 Qe2 h6 15 h4 Nc6 16 Qd3 Nge7 17 Ne2 ±, Khalifman–Panzer, Germany 1993.

FRENCH DEFENSE

Winawer Variation, Fourth-Move Alternatives

1 e4 e6 2 d4 d5 3 Nc3 Bb4

	55	56	57	58	59	60
4	Nge2		a3		Bd2	Qg4?!(p)
	dxe4		Bxc3†		dxe4	Nf6
5	a3		bxc3		Qg4	Qxg7
	Be7	Bxc3†	dxe4		Nf6(m)	Rg8
6	Nxe4	Nxc3	Qg4(g)		Qxg7	Qh6
	Nc6(a)	Nc6(d)	Nf6		Rg8	Rg6
7	Bf4(b)	Bb5(e)	Qxg7		Qh6	Qe3
	Nf6	Ne7	Rg8		Qxd4(n)	c5
8	Qd3	Bg5	Qh6		0-0-0	Bd2
	0-0	f6	Nbd7	Rg6(j)	Bf8	Ng4!(q)
9	0-0-0	Be3	Ne2	Qd2(k)	Qh4	Qd3
	Nd5	0-0	b6(h)	b6	Rg4	Nc6
10	h4	Qd2	Bg5	Bb2	Qh3	Nge2
	f5	a6	Qe7	Bb7	Qxf2	cxd4
11	Ng5	Bxc6	Qh4	0-0-0	Be2	Nxd4
	Rb8!?	Nxc6	Bb7	Qe7	Rh4	Nxf2
12	Bd2	Nxe4	Ng3	c4	Qxh4!	Kxf2
	b5(c)	e5(f)	h6(i)	Nbd7(l)	Qxh4(o)	Bc5(r)

(a) Also good is 6 ... Nf6: (A) 7 Qd3 0-0 8 Bf4 Nbd7 9 0-0-0 Nxe4 10 Qxe4 c5 =, Gipslis–Krogius, Moscow 1991. (B) 7 N2c3 0-0 8 Be3?! (8 Bc4 =) 8 ... Nxe4 9 Nxe4 f5 10 Nc3 f4 11 Bc1 Nc6 ∓, Keres–Mikenas, Moscow 1940.

(b) 7 Be3 Nf6 8 N2c3 0-0 9 Ng3 b6 10 Be2 Bb7 11 0-0 Qd7 12 Qd2 Rfd8 =, Alekhine–Euwe, World Chp. 1935.

(c) 13 Nf4 (Westerinen–Casadei, Cattolica 1993), now Black should play 13 ... Qd6 = instead of the game continuation 13 ... Nxf4 14 Bxf4 b4 15 Qc4 ±.

(d) (A) No help is 6 ... Nf6?! 7 Bg5 ±. (B) 6 ... f5 7 f3! exf3 8 Qxf3 Qxd4 9 Qg3 Nf6 10 Qxg7 Qe5† 11 Be2 Rg8 12 Qh6 Rg6 13 Qh4 Bd7 14 Bg5! Bc6 15 0-0-0 Bxg2 16 Rhe1 Be4 17 Bh5 Nxh5 18 Rd8† Kf7 19 Qxh5 Resigns, Alekhine–Nimzovich, Bled 1931.

(e) Black has no problems after both 7 d5 Nce7! and 7 Be3 Nf6.

(f) 13 dxe5 Qxd2† 14 Kxd2 Nxe5 with an equal endgame, Gipslis–Casper, Yurmala 1987.

(g) The gambit 6 f3 exf3 7 Nxf3 Nf6 8 Bd3 allows White very good attacking chances. Black is wise to decline it with 6 ... e5 7 Be3 Nf6 8 dxe5 Nd5 ∓.

(h) 9 . . . c5 10 Ng3 Qc7 11 Bb5! (11 Qe3 Qc6 =) 11 . . . Rg6 12 Qd2 a6 13 Be2 b6 14 0-0 Bb7 15 f3 ± (*Russian Encyclopedia*).

(i) 13 Bd2 (not 13 Qxh6? Ng4! 14 Bxe7 Nxh6 15 Bh4 Rg4 wins) 13 . . . 0-0-0 14 Be2 Nf8 is the famous game Fischer–Kovačević, Zagreb 1970, where Fischer lost to a violent attack after 15 0-0? Ng6 16 Qxh6 Rh8 17 Qg5 Rdg8. Nonetheless, the recommended 15 Nh5 is a little better for White.

(j) 8 . . . c5 9 Ne2 Nc6 10 dxc5 Rg6 11 Qd2 Bd7 12 Rb1 Qc7 13 Qd6 ±, Smyslov–Botvinnik, World Chp. 1954.

(k) 9 Qe3 looks more natural, but after 9 . . . Nc6 10 Bb2 Ne7! Black will gain time attacking the queen.

(l) 13 Ne2 0-0-0 14 Nc3 c5 15 d5 exd5 16 Nxd5 Nxd5 17 cxd5 Rd6 18 c4 b5 =, R. Byrne–Sherzer, New York 1988.

(m) Murky complications arise from 5 . . . Qxd4 6 0-0-0 h5 (6 . . . f5 7 Qg3 Bd6 8 Bf4 Bxf4† 9 Qxf4 Qc5 f3 ∞) 7 Qe2 Nf6 8 Bh6 Qe5 9 f4 Qf5 10 Bxg7 Rg8 11 Bxf6 Qxf6 12 Nxe4 Qxf4†, Jensen–Kroll, Århus 1987.

(n) 7 . . . Nc6 8 0-0-0 Rg6 9 Qh4 Bxc3 10 Bxc3 Qd5 11 b3 Ne7 12 f3 ±, Keres–Botvinnik, World Chp. 1948.

(o) 13 g3 Qh6 14 Bxh6 Bxh6† 15 Kb1 Bd7 16 Nh3 Be3! =, Rasmussen–Czibulka, corr. 1988.

(p) 4 exd5 exd5 transposes into the Exchange Variation.

(q) In Planinc–R. Byrne, Moscow 1975 White gained an edge after the natural-looking 8 . . . Nc6?! 9 Bb5! Bd7 10 Bxc6 Bxc6 11 Nge2 dxe4 12 dxc5 Ng4 13 Qd4 Qxd4 14 Nxd4 ±.

(r) 13 Be3 Qf6† 14 Ke1 Bxd4 15 Bxd4 Qxd4 with at least equality for Black.

FRENCH DEFENSE

Tarrasch Variation, 3 ... Nf6 Main Line

1 e4 e6 2 d4 d5 3 Nd2 Nf6 4 e5 Nfd7 5 Bd3 c5 6 c3

	61	61	63	64	65	66
	Nc6					b6
7	Ne2				Ngf3	Ne2(v)
	cxd4(a)				Qb6	Ba6
8	cxd4				0-0	Ba6
	f6			Qb6(p)	cxd4(s)	Nxa6
9	exf6		Nf4(k)	Nf3	cxd4	0-0
	Nxf6		Nxd4(l)	f6	Nxd4	b5(w)
10	0-0(b)		Qh5†	exf6	Nxd4	a4(x)
	Bd6		Ke7	Nxf6	Qxd4	b4
11	Nf3(c)		exf6†	0-0	Nf3	c4
	Qc7	0-0	Nxf6	Bd6	Qb6	Nc7
12	Bg5(d)	Bf4	Ng6†	Nc3!	Qa4	Nf4
	0-0	Bxf4	hxg6	0-0	Qb4(t)	Be7
13	Bh4(e)	Nxf4	Qxh8	Be3(q)	Qc2	cxd5
	e5(f)	Ne4(h)	Kf7(m)	Bd7	Qc5	exd5
14	dxe5	g3(i)	0-0(n)	a3	Bxh7	dxc5
	Nxe5(g)	Qf6(j)	e5(o)	Be8!(r)	b6(u)	Nxc5(y)

(a) It is best to exchange immediately. 7 ... f6?! 8 Nf4 Qe7 9 exf6 Qxf6 10 Nf3 cxd4 11 0-0! Nc5 12 Re1 Be7 13 cxd4 ±, Torre–Ostos, Novi Sad Ol. 1990.

(b) 10 Nf3 Bd6 11 Bf4 Bxf4 12 Nxf4 Qa5† 13 Qd2 Qxd2† 14 Kxd2 0-0 15 Rhe1 Ne4† 16 Bxe4 Rxf4 17 Bd3 Bd7! 18 Ke3 Raf8 =, Sorokin–Dreev, Borzhomi 1980.

(c) Noteworthy is 11 f4!? Qb6 12 Nf3 0-0 13 Kh1 Bd7 14 a3 Ne7 15 Nc3 Nf5 16 Ne5 Be8 17 g4 Ne7 18 Qe2 Rd8, Rodin–Smirov, Russian Club Chp. 1995. White has chances for the initiative in this double-edged position.

(d) (A) 12 Nc3 a6 13 Bg5 0-0 14 Bh4 Nh5 15 Re1 g6! 16 Bg5 Qg7 17 Be3 Bd7 18 Bf1 h6 19 g3 Be8 20 Bg2 g5 =, Rogic–Beliavsky, Portorož 1996. (B) 12 g3 0-0 13 Bf4 Bxf4 14 Nxf4 Qb6 15 b3 Kh8 16 Ng5 e5 17 Nxh7 Nxh7 18 Qh5 e4 19 Ng6† Kg8 20 Qxd5† ±, Dvoiris–M. Gurevich, USSR Chp. 1988.

(e) 13 Rc1 Ng4 14 Ng3 g6 15 Nh4 e5 16 Be2 Nf6 17 dxe5 Bxe5 18 b4 Bf4 19 Bxf4 Qxf4 20 b5 Nd4 21 Nf3 Nxe2† 22 Nxe2 Qb4 23 Nc3 with just a tiny edge, Johnson–Powell, corr. 1993.

(f) 13 ... Nh5 14 Qc2 h6 15 Bg6 is slightly better for White after both 15 ... Rxf3 16 gxf3 Bxh2† 17 Kh1 Nf4 18 Ng3 and 15 ... Nf4 16 Nxf4 Bxf4 17 Rfe1.

(g) 15 Nxe5 Bxe5 16 Bg3 Bxg3 17 Nxg3 Qb6 18 Qd2 Bd7 19 Rfe1 Rae8 20 h3 Bb5 21 Bc2 and White has just a minor edge, Svidler–M. Gurevich, Haifa 1995.

(h) 13 . . . Qd6 14 g3 e5 15 dxe5 Nxe5 16 Nxe5 Qxe5 17 Qb3 ±, Timman–Kuijf, Dutch Chp. 1987.

(i) White has other choices: (A) 14 Ne2 Rxf3! 15 gxf3 Ng5 16 Kh1 (16 f4 Nf3† 17 Kg2 Qh4 18 Kxf3 Qh3† 19 Ng3 e5 ∞) 16 . . . e5 17 dxe5 Nxf3 18 Bxh7† Kh8 19 Ng1 Ncd4 20 Nxf3 Bg4! 21 Nxd4 Bxd1 22 Raxd1 Kxh7 =, Kramnik–Ulibin, Moscow 1991. (B) 14 Qc1 Ng5 15 Nxg5 Qxg5 16 Ne2 Qxc1 17 Raxc1 a6 18 a3 Bd7 19 Rc5 Rac8 20 Rfc1 Na7 21 Rc7 Bc6 =, De la Riva–De La Villa, Pamplona 1998.

(j) Not 14 . . . Ng5?! 15 Ne5 Nxe5 16 dxe5 Rxf4 17 gxf4 Nh3† 18 Kh1 Nxf4 19 Rg1 Bd7 20 Rg4! ±, Ivanović–Maksimović, Yugoslav Chp. 1991. After 14 . . . Qf6 15 h4 h6 16 Bxe4 dxe4 17 Ne5 Rd8 18 Nxc6 bxc6 19 Qa4 leaves White slightly better, Spraggett–Matamoros, Dos Hermanas 1998.

(k) White cannot maintain the pawn center since 9 f4 fxe5 10 fxe5?! Nxd4 nets a pawn for insufficient compensation.

(l) 9 . . . Qe7 10 Nf3 fxe5 11 dxe5 Ndxe5 12 Nxe5 Nxe5 12 Qh5† Nf7 14 0-0 g6 15 Qe2 Bg7 16 Bb5† Kf8 17 Re1 with good compensation for the pawn, Glatt–Sinke, corr. 1987.

(m) 13 . . . e5!? 14 Nf3 (safer than 14 Bxg6 e4 15 0-0 Ne2†16 Kh1 Nf4) 14 . . . Nxf3† 15 gxf3 Bf5 16 Bxf5 gxf5 17 Bg5 Qa5† 18 Kf1 e4 19 Qh3 leaves White with the better of the complications, Kholmov–Jurek, Decin 1996.

(n) 14 Qh4 e5 15 Nf3 Nxf3† 16 gxf3 Bf5 17 Bxf5 gxf5 18 Bg5 Qa5† 19 Kf1 g6! 20 Bxf6 Qa6† 21 Kg2 Qxf6 ∓, van der Wiel–Timman, Brussels 1986.

(o) 15 Nb3 (15 Nf3 Nxf3† =) Nxb3 16 axb3 Bf5 17 Bxf5 gxf5 18 Bg5 Bc5 19 Qh3 Qd7 =, Unzicker–Libeau, Münster 1994.

(p) 8 . . . Nb6 9 a3 a5 10 b3 Bd7 11 0-0 Rc8 12 Bb2 Be7 13 f4 ±, Estrin–Arapović, Lublin 1978.

(q) 13 Bg5 Kh8 (13 . . . Qxb2? 14 Nb5 Be7 15 Rb1 Qxa2 16 Ra1 Qb2 17 Ra4! and 18 Bc1 wins) 14 Na4 Qc7 15 Rc1 Ng4 16 h3 Nh2 =, Akopian–Ulibin, Minsk 1990.

(r) 15 Qd2 (15 Nb5 Bb8 =; 15 Ng5 Ne7! 16 h3 Bc7 =) 15 . . . Bh5 16 Ne5 Ng4 =, I. Gurevich–Gdanski, Chile 1990.

(s) Declining the pawn is also possible—8 . . . Be7 9 Re1 g5 10 Nf1 cxd4 ∞.

(t) 12 . . . Be7 13 Qg4 g6 14 h4 allows White dangerous kingside play for the pawn.

(u) 15 Bf4 Ba6 16 Rfc1 Qxc2 17 Bxc2 Nc5 =, Furman–Uhlmann, Polanica Zdroj 1967. Black's calm defense takes the sting out of the pawn sacrifice. White can try 14 Qe2 Qb6 in this line, but he has no more than equality.

(v) (A) 7 Nh3 Ba6 8 Bxa6 Nxa6 9 0-0 b5 10 Qg4 Nb6 11 Nf3 Qd7 12 dxc5 Nxc5 13 Nf4 ±, Akopian–Short 1996. (B) 7 f4!? Ba6 8 Bb1 cxd4 9 cxd4 Nc6 10 Ndf3 Qc7 11 Be3 Bb4† 12 Kf2 Rc8 13 f5 with kingside initiative, Licina–Horvath, Moscow 1994.

(w) 9 . . . Nc7 10 Nf4 Be7 11 Qg4 g6 12 Re1 Qc8 13 c4 dxc4 14 Nxc4 0-0 15 dxc5 $\pm$, Kestler–Keene, Mannheim 1975.

(x) White also keeps an edge with 10 Nf4 Be7 11 Qg4 g6 12 h4 h5 13 Qe2 $\pm$, Kotronias–Short, Novi Sad Ol. 1990.

(y) 15 Nb3 0-0 16 Be3 N5e6 17 Nxe6 Nxe6 18 f4 g6 19 f5 $\pm$, Rozentalis–Shabalov, New York 1997.

FRENCH DEFENSE

Tarrasch Variation, 3 . . . Nf6 and Unusual Third Moves

1 e4 e6 2 d4 d5 3 Nd2

	67	68	69	70	71	72
	Nf6			a6		Be7(s)
4	e5(a) Nfd7(b)			Ngf3 c5	e5 Bd7(p)	Ngf3 Nf6
5	f4(c) c5			dxc5(n) Bxc5	Ngf3(q) Bb5	e5 Nfd7
6	c3 Nc6			Bd3 Nc6(o)	Be2 Bxe2	Bd3 c5
7	Ndf3 . . . . Ngf3 cxd4(d) Qa5	Qa5	a5(l)	0-0 Nge7	Qxe2 c5	c3 b6
8	cxd4 Qb6	Be3(h) b5(i)	Bb5 Qb6	c3 0-0	dxc5 Bxc5	Qe2 cxd4
9	g3(e) Bb4†	dxc5 b4	Qa4 cxd4	Re1 Ng6	0-0 Nc6	cxd4 a5
10	Kf2 g5!	Nd4(j) Qxc5	Nxd4?!(m) Nc5	exd5 exd5	c4! Nge7	Nf1 Ba6
11	h3(f) gxf4	Qa4! Bb7	Qc2 Bd7	Nb3 Be7	cxd5 Nxd5	Bxa6 Rxa6
12	Bxf4 f6(g)	Bb5 Ncb8(k)	Bxc6 bxc6 ∓	h3 ±	Qc4 Be7(r)	Ng3 Ra7(t)

(a) 4 Bd3 c5 5 exd5 (5 . . . dxc5 dxe4 =) Qxd5 =.

(b) On 4 . . . Ne4 5 Bd3 f5 (5 . . . Nxd2 6 Bxd2 c5 7 dxc5 ±) 6 exf6 Nxf6 7 Ngf3 Bd6 8 0-0 0-0 9 Re1 c5 10 dxc5 Bxc5 11 Nb3 Bb6 12 Nbd4 ±, Anand–Mariotti, Thessaloniki Ol. 1988.

(c) 5 Ngf3 c5 6 c3 Nc6 7 Bd3 transposes into column 65.

(d) 7 . . . Qb6 is often played, delaying the exchange of pawns, which is rarely of any significance.

(e) (A) Spassky's 9 h4 can be met by 9 . . . Be7! 10 g3 a5 11 Kf2 a4 12 Ne2 f6 13 Kg2 0-0 14 h5 a3 15 b3 f5 with chances for both sides, Adams–Dimitrov, Elenite 1993. (B) 9 Ne2 f6 10 g3 Bb4† =.

(f) (A) 11 fxg5 Ndxe5 12 Nxe5 Nxe5 13 Be3 Nc4 =. (B) 11 Ne2 f6 12 exf6 gxf4 13 f7† Kxf7 14 Kg2 Rf8 ∞, Kempen–Gibbs, corr. 1994.

(g) 13 Kg2 Bf8 14 Rh2!? Qxb2† 15 Kh1 Qa3 16 Rc1 Bg7 17 Bd3 0-0, chances are roughly equal, Waitzkin–Shaked, US Junior Chp. 1996.

(h) Black is posed few problems by the old 8 Kf2 Be7 9 Bd3 Qb6 10 Ne2 f6 11 exf6 Bxf6 =, Reshevsky–Vaganian, Skopje 1976.

(i) White has a simple advantage after 8 . . . cxd4 9 Nxd4 Nxd4 10 Bxd4 Nb8 11 Nf3 Nc6 12 Bd3 Bd7 13 Be3, Adorjan–Farago, Hungary 1974.

(j) 10 a3 b3 11 Ne2 (11 Qxb3 Bxc5 ∞) 11 . . . Bxc5 12 Bxc5 Nxc5 13 Ned4 Nxd4 14 Nxd4 ±, Dolmatov–Prandstetter, Hradec Kralove 1981.

(k) Schandorff–Knudsen, Århus 1983, continued 13 Nge2?! bxc3 14 bxc3 a6 ∞. White should play 13 Kf2 bxc3 14 Nxe6 with a clear advantage in the complications.

(l) 7 . . . Qb6 8 Nb3 cxd4 9 cxd4 a5 10 a4 Bb4† 11 Kf2 f6 12 Be3 0-0 =, Steinitz–Schiffers, Russia 1896.

(m) White should accept equality with 10 cxd4 Na7 11 Bd3 Qb4. The column is Palmiotto–Bascetta, corr. 1989.

(n) For 5 exd5 exd5 see 3 . . . c5 4 exd5 exd5 5 Ngf3 a6 (col. 75).

(o) 6 . . . Nf6 7 0-0 dxe4 8 Nxe4 Be7 9 Qe2 Nbd7 10 c4 0-0 11 Bg5, and White has a distinct edge, Gelfand–Dolmatov, Moscow 1989. The column is Speelman–Schussler, Thessaloniki Ol. 1988, in which Black had no compensation for his isolated queen-pawn.

(p) 4 . . . c5 5 c3 Nc6 6 Ndf3 Bd7 7 Bd3 (7 dxc5?! Bxc5 9 Bd3 Nge7 =) 7 . . . Rc8 8 Ne2 cxd4 9 Nexd4 Nge7 10 Qe2 Nxd4 11 Nxd4 Nc6 12 0-0 Qc7 13 Nxc6 Bxc6 14 Re1 ±, Aronin–Shamkovich, USSR 1952.

(q) Black quickly equalized after 5 Ne2 c5 6 Nf3 Bb5 7 c3 Nc6 8 Be3 cxd4 9 Nexd4 Bxf1 10 Kxf1 Nge7, Oll–Topalov, Ibercaja 1992.

(r) 13 Qg4 0-0 14 Ne4 ±. The column is an improvement on Lau–Eingorn, Palma de Mallorca 1989, which saw instead 11 Rd1 0-0 12 Ne4 Qb6! =.

(s) 3 . . . dxe4 4 Nxe4 is the Rubinstein Variation. Black's rarely played alternatives are suspect: (A) 3 . . . f5?! 4 exf5 exf5 5 Ndf3! Nf6 6 Bd3 Bd6 7 Ne2 0-0 8 0-0 9 c4 c6 10 Qb3 ±, Psakhis–Shilov, USSR 1978. (B) 3 . . . b6 4 Ngf3 Be7 5 Bd3 dxe4 6 Nxe4 Bb7 7 0-0 Nf6 8 Qe2 0-0 9 Bf4 Nbd7 10 Rad1 ±, Hellers–Kekki, Nordic Chp. 1985.

(t) 13 h4 h6 14 Nh5 g6 15 Nf4 Qc8 16 Be3 Bb4† 17 Kf1 ±, Ehlvest–Lputian, Manila Int. 1993.

FRENCH DEFENSE

Tarrasch Variation

1 e4 e6 2 d4 d5 3 Nd2 c5 4 exd5 exd5

	73	74	75	76	77	78
5	Ngf3 .... Bb5†					
	Nc6 .... a6 .... Nf6(o)				Nc6 .... Bd7	
6	Bb5		Be2(j)	Bb5†	Qe2†(r)	Qe2†
	Bd6(a)		c4(k)	Bd7	Be7(s)	Be7!
7	dxc5 0-0		0-0	Bxd7†	dxc5	dxc5
	Bxc5(b)	cxd4	Bd6	Nbxd7	Nf6	Nf6
8	0-0	Nb3(g)	b3	0-0	Nb3	Nb3(v)
	Ne7	Ne7	b5(l)	Be7	0-0	0-0
9	Nb3	Nbxd4	a4	dxc5	Be3(t)	Be3(w)
	Bd6(c)	0-0	Bb7(m)	Nxc5	Re8	Re8
10	Re1(d)	Be3(h)	bxc4	Nb3(p)	Nf3	0-0-0(x)
	0-0	Bg4	bxc4	Nce4	a6	a6
11	Bd3(e)	h3	Bxc4!	Nfd4	Bd3	Bxd7
	h6	Bh5	dxc4	Qd7	d4!	Nbxd7
12	h3	Qd2	Nxc4	f3	Nfxd4	Qd2
	Nf5	Rc8	Be7	Nd6	Nxd4	a5
13	c3	c3	Re1	Nc5	Nxd4	a4
	Qf6(f)	Bb8(i)	Qc7(n)	Qc7(q)	Bxc5(u)	Qc7 =

(a) Other moves fall short: (A) 6 ... Qe7†?! 7 Be2! cxd4 8 0-0 Qd8 9 Nb3 Bd6 10 Nbxd4 Nge7 11 b3! 0-0 12 Bb2 Ng6 13 c4 ±, Tal–Holm, Kapfenberg 1970. (B) 6 ... a6 7 Bxc6† bxc6 8 0-0 Bd6 9 dxc5 Bxc5 10 Nb3 Bb6 11 Be3! Bxe3 12 Re1 ±. (C) 6 ... Bd7 7 0-0 Nxd4 8 Nxd4 cxd4 9 Qe2† Be7 10 Nf3 ±, Alekhine–Bartosček, Prague 1943.

(b) 7 ... Qe7† 8 Qe2 Bxc5 9 Nb3 Qxe2† 10 Kxe2 Bb6 11 Be3 Bg4 12 h3 Bh5 13 Bxb6 ±, Tal–Korchnoi, USSR Chp. 1973.

(c) Previously 9 ... Bb6 was equally popular. Nowadays White gains the edge with 10 Re1 0-0 11 Be3 Bg4 (11 ... Bf5 12 c3 Be4 13 Bxb6 Qxb6 14 Nfd4 ±, Wolff–Wilder, Philadelphia 1986) 12 Bxb6 Qxb6?! (12 ... axb6 13 c3 ±) 13 Bxc6 Nxc6 14 Qxd5 Nb4 15 Qe4 Bxf3 16 gxf3 ±, Karpov–Krogius, USSR 1970.

(d) (A) 10 Nbd4 transposes into the next column. (B) 10 Bg5 0-0 11 Bh4 Qb6 12 Bd3 a5 13 a4 Nf5! =, Rozentalis–Psakhis, Sevastopol 1986. (C) 10 Bxc6† bxc6 11 Qd4 0-0 12 Bf4 Nf5 13 Qa4 a5! 14 Rfe1 Be6 =, Smagin–W. Schmidt, Copenhagen 1990.

(e) A major alternative is 11 Bg5 Bg4 with further choices: (A) 12 Bh4 a6 13 Bd3 h6 14 Bg3 Re8 15 c3 Qc7 =, Aseev–Epishin, Sevastopol 1986. (B) 12 h3 Bh5

13 Bxc6 bxc614 Nbd4 Rc8 15 c4 h6 16 Bxe7 (16 Bh4 g5) Bxe7 17 g4 Bg6 18 Ne5 Bc5 =, Wolff–Gulko, New York 1987. (C) 12 Be2 Re8 13 c3 h6 14 Bh4 Qb6 15 Bxe7 Rxe7! 16 Qxd5 Rae8 17 Qd2 a5 with active play, Psakhis–Vaganian, Moscow 1981.

(f) 14 Bc2 Rd8 (14 . . . Be6 15 Qd3 Rfe8 16 Bd2 g6 17 Re2 Bf8 18 Rae1 ±, Wolff–Benjamin, San Francisco 1991) 15 Qd3 g6 16 Bd2 a5 17 a4 b6 18 Qe2 Ba6 19 Bd3 Bxd3 20 Qxd3 d4!? 21 cxd4 Nfxd4 22 Nfxd4 Nxd4 23 Bc3 Nxb3 24 Bxf6 Bh2† 25 Kxh2 Rxd3 26 Rad1 ±, Brodsky–Lputian, Wijk aan Zee (B) 1999.

(g) 8 Nxd4?! Bxh2†! 9 Kxh2 Qh4† 10 Kg1 Qxd4 ∓, Geller–Ivkov, Skopje 1969.

(h) 10 c3 (10 Bg5 f6 11 Be3 Ne5 12 Re1 a6 =) 10 . . . Bg4 11 Qa4 Qd7 12 Be3 a6 13 Be2 Nxd4 14 Qxd4 Nc6 =, Karpov–Korchnoi, World Chp. 1974.

(i) 14 Bf4 Bxf4 15 Qxf4 Bxf3 16 Nxf3 Qb6 17 Bxc6 bxc6 =, Kunzelman–Schwarz, corr. 1989. This line is more comfortable for White, although it produces no significant edge.

(j) White also gains a plus from the straightforward 6 dxc5 Bxc5 7 Nb3 Ba7 8 Bg5 Nf6 (8 . . . Ne7 9 Qd2 0-0 10 0-0-0 ±) 9 Qe2† Be6 10 Nbd4 Qe7 11 0-0-0 0-0 12 Nf5 ±, Jansa–Andersson, Biel Int. 1985.

(k) Less committal is 6 . . . Nf6 7 0-0 Be7 8 dxc5 Bxc5 9 Nb3 Ba7 10 Bg5 (Bf4!? ±) 0-0 12 c3 Re8 ∞, Kudrin–Dreev, New York 1991.

(l) Safer play is 8 . . . cxb3 9 axb3 Ne7 10 Re1 0-0 11 Nf1 Nbc6 12 Ne3 Bf4 13 Bd3 Be6 14 Ba3 Re8 15 c3 Qc7 16 Ra2 Rad8 17 Rae2 ±, Geller–Korchnoi, Moscow 1975.

(m) White obtains great compensation for a knight after 9 . . . c3?! 10 axb5! cxd2 11 Bxd2.

(n) Black is under heavy attack. Geller–Dreev, New York 1990, continued 14 Rb1 Qxc4 15 Rxb7 Nc6 16 Nd2! Qxd4 17 Bb2 Qxa4 18 Re4 Qa2 19 Bxg7 0-0-0 20 Rb3 Bf6 21 Qg4† Kc7 22 Qf4† Kc8 23 Bxf6 Nxf6 24 Qxf6 Qxc2 25 Qf5† Resigns.

(o) Rare and underrated is the immediate 5 . . . c4. Then 6 Be2 Nc6 7 0-0 Bd6 8 b3 cxb3 9 axb3 Nge7 is like note (l) with Black saving a tempo (no a7-a6). White has only a minimal edge after 6 b3 cxb3 7 Bb5† Bd7 8 Qe2† Qe7 9 Bxd7† Nd7 10 axb3 Ngf6, Beliavsky–Gulko, Reykjavik 1991.

(p) (A) 10 Nd4 Qd7 11 Qf3 0-0 12 N2b3 Nce4 13 Qf5 (13 Nf5 Bd8! =) 13 . . . Rfc8 14 Re1 Bf8 15 c3 with a tiny edge, Kasparov–Kharitonov, USSR Chp. 1988. (B) 10 Re1 0-0 11 Nf1 Re8 12 Be3 a5 13 Re2 b5 14 Bd4 Ne6 is about equal, Rozentalis–Bareev, Elista Ol. 1998.

(q) 14 Nd3 0-0 15 b3 (c3!?) Rad8 16 Be3 Rfe8 17 Re1 ±, A. Sokolov–Bareev, Geneva 1996.

(r) 6 Ne2 Nf6 7 0-0 Bd6 8 dxc5 Bxc5 9 Nb3 Bb6 10 Ned4 0-0! 11 Nxc6 bxc6 12 Bxc6?! Ng4! threatening 13 . . . Qh4 with a deadly attack, Yudasin–Vaganian, USSR 1982.

(s) White has the better endgame on 6 . . . Qe7 7 dxc5 Qxe2† 8 Nxe2 Bxc5 9 Nb3 Bb6 10 Bd2 Bd7 (10 . . . Nge7 11 Bb4 ±, Euwe–Botvinnik, 1948) 11 Bc3 f6 12 0-0 Nge7 13 Bd4 ± (Keres).

(t) Black regains the pawn with good play after 10 Nf3 Re8 11 Be3 Ne4 and capturing on c5.

(u) 14 c3 Ng4 15 0-0 Qh4 16 h3 Nxe3 17 fxe3 Bxh3! 18 gxh3 Bxd4 19 cxd4 Qg3† 20 Kh1 Rxe3 21 Bxh7†! =, Brynell–Schmidt, Naestved 1988.

(v) 8 Ngf3 0-0 9 0-0 Bxc5 10 Nb3 Re8 11 Qd3 Bb6 =, Gruenfeld–Kaminski, Wichern Open 1992.

(w) 9 Bg5 runs into 9 . . . Re8 10 0-0-0 a5! 11 a4 Na6 12 Nh3 Nc7! 13 Bxd7 Qxd7 14 Qe5 Ne6 15 Bxf6 Bxf6 16 Qxd5 Qxa4 when the a-pawn gives Black fine attacking prospects, Dvoirys–Gruenberg, Sochi 1983.

(x) 10 Nf3 a6 11 Bd3 a5 12 a4 Ng4 13 0-0 Na6 14 c6 Bxc6 15 Bd4 Nb4 =, Karpov–Bareev, Tilburg 1994. The column is Robatsch–Spassky, Beverwijk 1967.

FRENCH DEFENSE

Tarrasch Variation

1 e4 e6 2 d4 d5 3 Nd2 c5

	79	80	81	82	83	84
4	exd5...Ngf3					
	Qxd5				Nc6..........cxd4(t)	
5	Ngf3				Bb5	Nxd4(u)
	cxd4(a)				dxe4(p)	Nf6
6	Bc4				Nxe4	exd5(v)
	Qd6(b)				Bd7	Nxd5
7	0-0(c)				Bg5(q)	N2f3
	Nf6				Qa5†	Be7
8	Nb3				Nc3	Bc4
	Nc6				a6(r)	0-0
9	Nbxd4(d)				Bxc6	0-0
	Nxd4				Bxc6	Bf6
10	Nxd4.....................................Qxd4				d5	c3
	Bd7..........a6			Bd7(n)	Bxd5	Nc6
11	b3(e)	Re1..........b3(k)	b3(k)	Bf4	0-0	Re1
	0-0-0(f)	Qc7(h)	Qc7	Qxd4	Bc6	Nxd4
12	Bb2	Bb3	Bb2(l)	Nxd4	Ne5	Nxd4
	Qc7	Bd6(i)	Bd6	Rc8	Qc7	Qb6
13	Qe2	Nf5!	Nf3	Be2	Re1	Nf3
	h5(g)	Bxh2†(j)	b5(m)	Nd5(o)	Nf6(s)	Ne7 =

(a) 5 . . . Nc6 6 Bc4 Qd8 7 dxc5 Bxc5 8 0-0 Nf6 9 Qe2 Qc7 10 Ne4 Be7 11 Re1 Bd7 12 b3 0-0-0 13 Bb2 ±, Nunn–Levitt, London 1983.

(b) (A) Trying to retain the extra pawn with 6 . . . Qc5 leads to trouble—7 Qe2 Nc6 8 Nb3 Qb6 9 0-0 Nge7 10 Rd1 Nf5 11 Bd3 Nd6 12 a4 a6 13 a5 Qa7 14 Ra4 Nb5 15 Bxb5 axb5 16 Raxd4! Nxd4 17 Nfxd4 ±, Beliavsky–P. Nikolić, Wijk aan Zee 1984. (B) 6 . . . Qd8 7 0-0 a6 8 Nb3 Qc7 9 Bd3 Nc6 10 Nbxd4 Nxd4 11 Nxd4 Bd6 12 h3 Ne7 13 Re1 0-0 14 Qh5 Ng6 15 Nf3 with a kingside initiative, Adams–Dreev, London 1995.

(c) Castling queenside is also to be considered—7 Qe2 Nf6 8 Nb3 Nc6 9 Bg5 a6 10 0-0-0 b5 11 Bd3 Be7 (11 . . . Bb7 12 Nbxd4 Nxd4 13 Nxd4 0-0-0? 14 Bxb5! axb5?! 15 Nxb5 ±, Smagin–Levitt, Amantea 1993) 12 Kb1 Bd7 13 Rhe1 Rd8 with chances for both sides, Landenbergue–Hug, Horgen 1994.

(d) Setting Black few problems is 9 Re1 Bd7 10 g3!? (10 Nbxd4 =) 10 . . . Qc7 111 Bf4 Bd6 12 Bxd6 Qxd6 =, Bensiek–Michel, corr. 1989.

(e) (A) A major alternative is 11 c3 Qc7 (11 . . . 0-0-0 12 Qe2 Qc7 13 a4! ±) 12 Qe2 Bd6 (12 . . . Be7 13 Nb5 Qb8 14 g3 ±, Adams–Glek, Places 1996) 13 Nb5 Bxb5 14 Bxb5† Ke7 15 g3 a6 16 Ba4 ±, Ivanchuk–Ehlvest, Manila Ol. 1992. (B) 11 Bb3 Be7 12 Bg5 0-0 13 Re1 Rfd8 14 c3 Qc5 15 Bh4 b5 =, Ivanchuk–M. Gurevich, USSR Chp. 1988.

(f) Less sharp is 11 . . . Be7 12 a4 Qc7 13 Re1 0-0 14 Bb2 Bd6 15 h3 a6 16 Qf3 ±, Stromberg–Nordstrom, Sweden 1994.

(g) 14 Nf3 Ng4! 15 h3 Bc6 16 Rfd1 (16 hxg4? Bxf3 17 gxf3 hxg4 18 Qe5 Bd6 19 Qe4 gxf3 20 Qxf3 Ba3 wins) 16 . . . Bc5 17 hxg4 hxg4 18 Be5! Rxd1† 19 Qxd1 Qe7 20 Nh2 Qg5 21 Bg3 Rxh2! 22 Bxh2 (22 Kxh2? Qh5† 23 Kg1 Bxg2! wins) 22 . . . g3 23 Bxg3 Qxg3 24 Qf1 Qf4 25 Rd1 Bd6 26 Rxd6 draw agreed, Kopilov–Kahn, corr. 1989. A wonderful tactical fight! Certainly the last word on this entertaining line is yet to be said.

(h) 11 . . . Bd7 12 Bb3 0-0-0 13 Bg5 Qc7 14 Qf3 Bd6! 15 h3 Bh2† 16 Kh1 Be5 17 Rad1 Bxd4 18 Rxd4 Bc6 19 Qc3 Rxd4 =, Wolff–Mednis, New York 1990.

(i) Black may wish to sidestep the complications by 12 . . . Bd7 13 Qf3 Bd6 14 h3 0-0-0 15 Bd2!? Bc6 16 Nxc6 Bh2† 17 Kh1 Rxd2 18 Nb4 ±, Marciano–Goldewicht, Utasellato 1991.

(j) 14 Kh1 with two defenses: (A) 14 . . . Kf8?! 15 Qd4 h6 (15 . . . exf5 16 Qxf6! ±) 16 g3 exf5 17 Bf4 Qc6† 18 Kxh2 ±, Beliavsky–Hertneck, Munich 1991. (B) 14 . . . 0-0 15 Nxg7 Rd8 16 Qf3 Kxg7 17 Bh6† Kg6 18 c3 Nh5 19 Bc1! Bf4 (19 . . . f5 20 g4! b5 21 gxh5† Kg7 22 Qg2† ±, Adams–McDonald, England 1997) 20 g4 Ng3† 21 fxg3 Bxc1 22 Raxc1 b6 23 Bc2† Kg7 24 Be4 Ra7 25 Rc2 Bb7 26 Rh2 ±, Brodsky–Glek, Wijk aan Zee (B) 1999.

(k) 11 a4 Qc7 12 Qe2 Bd6 13 h3 0-0 14 Rd1 b6 15 Bg5 Bh2† 16 Kh1 Be5 =, Ljubojević–Hübner, Wijk aan Zee 1988.

(l) Black has no difficulties after 12 Qe2 Bc5 13 Bb2 0-0 14 Rad1 b5 15 Bd3 Bb7 16 Nf3 Qf4, Kotronias–Kindermann, Debrecen 1989.

(m) 14 Bd3 Bb7 15 h3 0-0 16 Qe2 h6 17 Ne5 Rfd8 18 f4 Bc5† 19 Kh2 Bd4 =, Tal–Hübner, Brussels 1987.

(n) The immediate exchange of queens allows White a small edge—10 . . . Qxd4 11 Nxd4 a6 (11 . . . Bd7 12 Be2 Bc5 13 Nb3 Bb6 14 Bd2 ±, Tiviakov–Chernin, Podolsk 1993) 12 Be2 Bd7 13 Bf4 Nd5 14 Bg3 Bc5 15 Rfd1, van der Wiel–Chernin, Wijk aan Zee 1986.

(o) 14 Bg3 Bc5 15 Nb3 Bb6 16 c4 Ne7 17 Rfd1 Nf5 =, Womacka–Luther, Dresden 1987.

(p) Equally good is 5 . . . cxd4 6 Nxd4 Bd7 7 Nxc6 Bxc6 8 Bxc6 bxc6 9 c4 Bc5 (9 . . . Nf6?! 10 Qa4 Qd7?! 11 e5) 10 0-0 Ne7 =.

(q) 7 Be3 Qa5† 8 Nc3 cxd4 9 Nxd4 Bb4 10 0-0 Bxc3 11 bxc3 Nge7 12 Nxc6 Bxc6 =, Kuijf–Uhlmann, Amsterdam 1990.

(r) Catastrophe befell Black after 8 . . . cxd4 9 Nxd4 Bb4?! 10 0-0 Bxc3 11 bxc3 Qxc3 12 Nf5! exf5 13 Re1† Be6 14 Qd6 a6 15 Bd2! Qxc2 16 Bb4 winning, Tal–Uhlmann, Moscow 1971.

(s) 14 Bxf6 gxf6 15 Nxc6 Qxc6 16 Qh5 Be7, Gibbs–Roels, corr. 1988. White has just compensation for the pawn.

(t) Transpositions to other lines occur from 4 . . . a6 (into 3 . . . a6, col. 70), 4 . . . Nf6 5 e5 Nfd7 (into 3 . . . Nf6 4 e5) and 4 . . . Nf6 5 exd5 exd5 (into 4 exd5 exd5, col. 76).

(u) White can play 5 exd5 Qxd5 6 Bc4 transposing into 4 exd5 Qxd5 (col. 79).

(v) 6 e5 Nfd7 7 N2f3 Nc6 8 Nxc6 bxc6 9 Bd3 Ba6! 10 0-0 Bxd3 11 Qxd3 Be7 12 c4 0-0 =, Svidler–Dreev, Rostov 1993. The column is Kramnik–Illescas, Dos Hermanas 1996.

FRENCH DEFENSE
Tarrrasch Variation, Guimard's Line

1 e4 e6 2 d4 d5 3 Nd2 Nc6

	85	86	87	88	89	90
4	Ngf3..c3					
	Nf6(a)					e5(q)
5	e5					exd5
	Nd7					Qxd5
6	Be2..........Bd3..........Nb3 ....Bb5..........c3............Ngf3					
	f6(b)	f6(g)	a5(j)	a6(l)	f6	exd4
7	exf6	exf6(h)	a4	Bxc6	exf6	Bc4
	Qxf6(c)	Qxf6	b6	bxc6	Qxf6	Qf5(r)
8	Nf1	0-0!	Bg5	Nb3	Be2(o)	Nxd4
	Bd6(d)	Nxd4(i)	Be7	a5(m)	Bd6	Nxd4
9	Ne3	Nxd4	Qd2	Bg5	Nf1	cxd4
	0-0(e)	Qxd4	h6	Be7	0-0	Be6
10	0-0	Re1	Bxe7	h4	Ng3	Qa4†
	Qg6	Nf6	Nxe7	h6	Nb6	Bd7
11	g3	Ne4	Nc1	Be3	Be3	Qb3
	Nf6	Qb4	c5	a4	e5	0-0-0
12	Nh4	Ng5 ±	c3	Nc5	dxe5	0-0
	Qe8(f)		0-0(k)	Nxc5(n)	Nxe5(p)	Bd6(s)

(a) Too ambitious is 4 . . . e5 5 Bb5 exd4 6 Nxd4 Bd7 7 Nxc6 bxc6 8 Bd3 Bc5 9 0-0 Nf6 10 e5 Ng4 11 Nf3 ±, Fiorito–Feige, Argentina 1997.

(b) 6 . . . Be7 7 Nf1 0-0 8 Ne3 f6 9 exf6 Nxf6 10 0-0 Bd6 11 c4 b6 12 a3 Ne7 13 b4 dxc4 14 Nxc4 Nfd5 15 Bd3 h6 (Psakhis–Drashko, Sarajevo 1984) 16 Re1 ±.

(c) White obtains a simple edge after 7 . . . Nxf6 8 0-0 Bd6 9 Re1 0-0 10 c4 b6 11 b3 Bb7 12 Bb2 ±, Svidler–Vysochin, Yurmala 1992.

(d) 8 . . . e5 9 Ne3 e4 10 Nxd5 Qd6 11 Bc4 exf3 12 0-0 Nb6 13 Re1† Kd7 14 Re6! Nxc4 15 Rxd6† Nxd6 16 Bf4 ±, Peters–Lakdawala, Long Beach 1992.

(e) 9 . . . b6 10 0-0 Bb7 11 Ng4 Qf5 12 h3 0-0-0 13 Re1 h5 14 Ne3 Qf6 15 c4 ±, Ivanov–Naumkin, Moscow 1991.

(f) 13 f4 Bd7 14 Re1 Ne7 15 Ng4 c5 16 c3 ±, Zagorovsky–van Manen, corr. 1991.

(g) 6 . . . Nb4 7 Be2 c5 8 c3 Nc6 9 0-0 is similar to the variations arising from 3 . . . Nf6 4 e5, except that White has gained time from the Black knight's tour.

(h) Hellers–Jacobsen, Groningen 1984, was a wonderful short game—7 Ng5 fxg5? 8 Qh5† g6 9 Bxg6† hxg6 10 Qxg6† Ke7 11 Ne4! Ndxe5 12 dxe5 Nxe5 13 Qf6†

Kd7 14 Qxe5 dxe4 15 Bxg5 Qe8 16 0-0-0† Bd6 17 Qb5† c6 18 Rxd6†! Kxd6 19 Rd1† Kc7 20 Bf4† Resigns. Black can defend better by 7 . . . Ndxe5! 8 dxe5 fxg5 9 Qh5† Kd7 10 Nf3 g6 11 Qg4 Be7 12 Nxg5 Qg8 13 Qa4 h6 14 Nf3 Kd8 =, Nunn–Short, British Chp. 1979.

(i) It is better to decline the pawn with 8 . . . Bd6 9 c4 0-0 10 Nb3 h6 11 Qe2 dxc4 12 Bxc4 Nb6 13 Bb5 Bd7 14 Be3 a6 15 Bd3 ±, Emms–Titshoff, Münster 1995. The column is Ghinda–Urzica, Romania 1984.

(j) (A) 6 . . . Be7 7 Bb5 0-0 8 0-0 Ncb8 9 Qe2 b6 10 Bf4 Bb7 11 Bd3 a5 12 Rfd1 a4 13 Nbd2 Re8 14 c4 Nf8 15 Rac1 with a definite plus, Suetin–Korchnoi, Leningrad 1951. (B) 6 . . . f6?! 7 Bb5 ±.

(k) 13 Bd3 Ba6 14 0-0 Bxd3 15 Nxd3 c4 16 Nf4 b5 17 axb5 Rb8 18 Rfe1 Rxb5 19 Ra2 Qb6 20 g4 Rb8 21 Re2 ±, R. Byrne–Šahović, Reykjavik 1982. White's kingside play has more potential than Black's queenside demonstration.

(l) 6 . . . a5 7 a4 Na7 8 Bd3 c5 9 c4 cxd4 10 cxd5 Nc5 11 Nc4 exd5 12 Bg5 ±, Djurić–Drashko, Sarajevo 1984.

(m) 8 . . . c5 (8 . . . Be7 9 Na5 Nb8 10 Be3! Bb4† 11 Bd2 ±) 9 Bg5 Be7 10 Na5! Nxe5 (10 . . . Nb8 11 Bxe7 ±) 11 dxe5 Bxg5 12 Nc6 Qd7 13 Nxg5 h6 (13 . . . Qxc6 14 Qh5) 14 Nxf7 ±, Yudasin–Drashko, Tbilisi 1987.

(n) 13 dxc5 Ba6 14 Qd4 (Tolnai–Monin, Budapest 1990) 14 . . . Bb5 15 Rh3 Qc8 16 0-0-0 leaves White more freedom to maneuver.

(o) 8 Bb5 Bd6 9 Nf1 e5 10 dxe5 Ncxe5 11 Nxe5 Qxe5† =, Radulov–Szabo, Montilla 1975.

(p) 13 Bxb6 axb6 14 Qxd5† Be6 15 Qxb7 Qf7 16 Rd1 Rxa2 17 0-0 Rxb2 draw agreed, De Wit–Brynell, Brussels 1996.

(q) Action is called for. If instead 4 . . . Nf6 5 e5 Nd7 6 Bd3 f5 7 g4! ±, or 4 . . . dxe4 5 Nxe4 Qd5 6 Bd3 e5 7 Qe2 Be6 8 f4! exf4 9 Nf3 0-0-0 10 Bxf4 ±, Lauterbach–Dahlgruen, Haifa 1989.

(r) 7 . . . Qh5 (7 . . . Qc5 8 0-0 with attacking chances) 8 cxd4 Nf6 9 0-0 Be7 10 Re1 0-0 11 h3 Bd6 12 Nf1 ±, A. Sokolov–Kovačević, Novi Sad 1984.

(s) 13 Nf3 (Black has the attack after 13 Bxf7 Nh6) 13 . . . f6 14 Re1 Ne7 15 Bd2 Nc6 with only a minimal edge to White, Simić–Praznik, Slovakia 1996.

FRENCH DEFENSE

Exchange Variation and Unusual Lines

1 e4 e6

	91	92	93	94	95	96
2	d4			Qe2	d3	Nf3(r)
	d5			c5(m)	d5	d5
3	exd5 (Exchange Variation)			Nf3	Nd2	Nc3
	exd5			Nc6	Nf6	d4(s)
4	Bd3	Nf3	Nc3(i)	g3	g3(p)	Nce2
	Bd6(a)	Bd6(e)	Bb4(j)	g6!(n)	dxe4	c5
5	c3	c4(f)	Bd3	Bg2	dxe4	c3
	Nc6(b)	Nf6	Nc6	Bg7	e5	Nf6!
6	Nf3(c)	Nc3	Ne2(k)	0-0	Bg2	d3
	Nge7	0-0(g)	Nge7	Nge7	Nc6	Nc6
7	0-0	cxd5	0-0	d3	Ngf3	g3(t)
	Bg4	Nbd7	Bf5	0-0	Bc5	e5
8	Re1	Bg5	Ng3	c3	0-0	Bg2
	Qd7	h6	Bxd3	d6	0-0	Be7
9	Nbd2	Bh4	Qxd3	a3	c3	0-0
	0-0(d)	Nb6	0-0	b6	a5	0-0
10	h3	Be2	Nce2	Nbd2	Qe2	Ne1(u)
	Bf5 =	Be7(h)	Qd7(l)	h6(o)	b6(q)	

(a) As Black is not under pressure he could play many reasonable moves—4 . . . c5, 4 . . . Nc6, 4 . . . Nf6. The text is the simplest, though.

(b) Maintaining the symmetry has been a common route to a draw, e.g. 5 . . . c6 6 Ne2 Ne7 7 Bf4 0-0 8 0-0 Bf5 9 Bxd6 Qxd6 10 Ng3 Bxd3 11 Qxd3 Nd7 12 Nd2 Draw, Hort–Petrosian, Hastings 1977/78.

(c) 6 Qf3 Nf6 7 h3 0-0 8 Ne2 Re8 9 Bg5 Be7 10 Be3 Ne4! 11 Bxe4 dxe4 12 Qxe4 Nb4! 13 Kd1 Nd5 14 Nf4 Nxe3† 15 fxe3 Bd6 16 Qf3 c5, and Black has active play for the pawn, Malaniuk–Psakhis, Moscow 1983.

(d) Black could play 9 . . . 0-0-0 if he wants to make a sharper game. The column is Tal–Korchnoi, USSR 1955.

(e) (A) 4 . . . Bg4 5 h3 Bh5 6 Qe2† Qe7 7 Be3 Nc6 8 Nc3 0-0-0 9 g4 Bg6 10 0-0-0 f6 11 a3 Qd7 12 Nd2 f5 13 Nb3 Nf6 14 f3 ±, Kasparov–Short, Tilburg 1991.

(f) 5 Bd3 Nf6 6 0-0 0-0 7 Bg5 Bg4 8 Nbd2 Nbd7 =, Capablanca–Maróczy, Lake Hopatcong 1926. There is more punch to 5 c4.

(g) (A) 6 . . . dxc4 7 Bxc4 0-0 8 0-0 Bg4?! 9 h3 Bh5 10 g4 Bg6 11 Ne5 ±, Ulibin–Lautier, Sochi 1989. (B) 6 . . . c6 7 Bg5 0-0 8 cxd5 Qb6!? 9 Bxf6 Qxb2 was all right for Black in Teske–Knaak, Stralsund 1988.

(h) 11 Bxf6 Bxf6 12 Qb3 Bg4 13 0-0 Bxf3 14 Bxf3 Bxd4 15 Rad1 ±, Ulibin–Monin, USSR 1986.

(i) With 4 c4 Nf6 5 Nc3 White unbalances the pawn structure. Ashley–de Firmian, Bermuda 1997, continued 5 . . . Bb4 6 Bd3 0-0 7 Nge2 dxc4 8 Bxc4 Nbd7 9 0-0 Nb6 10 Bb3 Re8 11 Bg5 h6 12 Bh4 Be6 13 d5 Bf5 with chances for both sides.

(j) 4 . . . Nf6 5 Bg5 Be7 is a solid alternative. The column continuation often arises from the order of moves 1 e4 e6 2 d4 d5 3 Nc3 Bb4 4 exd5 exd5.

(k) 6 a3 Bxc3† 7 bxc3 Nge7 8 Qf3 Be6 9 Nh3 Qd7 10 Nf4 Bf5 11 0-0 0-0-0 =, Short– Timman, Tilburg 1990.

(l) 11 c3 Bd6 12 Bf4 a6 13 Rfe1 Rae8 14 Qf3 Nd8 =, Spielmann–Euwe, Zandvoort 1936.

(m) Other reasonable choices are 2 . . . Nc6, 2 . . . Be7 and 2 . . . b6, but Black should avoid 2 . . . e5 3 f4! when White has a slightly improved King's Gambit.

(n) White gains a small initiative after 4 . . . Be7 5 Bg2 d5 6 d3 Nf6 7 0-0 0-0 8 e5 Ne8 9 c4, Psakhis–Stiković, Yerevan Ol. 1996.

(o) 11 Rd1 e5 12 b4 Be6 13 Bb2 b5 =, Hort–Gheorghiu, Manila Int. 1976.

(p) Also commonly played is 4 Ngf3 c5 5 g3 Nc6 6 Bg2 Be7 7 0-0 transposing into the King's Indian Attack. White should consider this, as the column allows Black easy play.

(q) 11 Nc4 Ba6 12 Nfd2 Qd7 13 h3, Timpel–Schmidt, Germany 1994; now 13 . . . Qe6 gives Black at least equal chances.

(r) 2 c4 d5 3 exd5 exd5 4 cxd5 (4 d4 is note (i)) 4 . . . Nf6 5 Bb5† Nbd7 6 Nc3 Be7 7 Qf3 0-0 8 Bxd7 Qxd7 9 Nge2 Rd8 10 Nf4 Bd6 = (Keres and Minev).

(s) Black can force play into more usual lines with 3 . . . Nf6 4 e5 Nd7 5 d4 c5 (Steinitz Variation) or 3 . . . Bb4 4 e5 Ne7, probably transposing into the Winawer Variation.

(t) 7 cxd4 cxd4 8 Qa4 Bd7 9 Nexd4 Bb4† 10 Kd1 Bc5 11 Qc4 Nxe4! 12 dxe4 Nxd4 13 Nxd4 Bxd4 ∓, Kiriakov–Kapengut, USSR 1965.

(u) The position is roughly equal, but players who like King's Indian pawn structures will prefer White.

SICILIAN DEFENSE

1 e4 c5

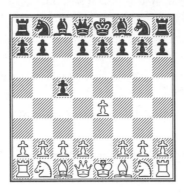

IN THE MODERN ERA, the Sicilian Defense has been the defense of champions. Kasparov and Fischer became World Champions with almost religious devotion to the Sicilian, while all other World Champions of the twentieth century have used it at least fairly extensively. Other luminaries and national champions have been likewise captivated by the sea of Sicilian variations, making the theory of the opening rich with a diversity of plans and ideas.

The opening dates back to Italy of four hundred years ago. It was mentioned by Polerio in 1594 and given its name by Greco early in the next century. The match between MacDonnell and La Bourdonnais in 1834 greatly helped the chess world appreciate the virtues of the Sicilian, which requires some sophistication to think of playing as the strategy is not initially obvious.

With 1 . . . c5 Black stakes out territory in the center, denying White the pawn duo of e4 and d4. The black d- and e-pawns will later advance to control key squares, but their presence around the king allows Black to blunt any quick attack. White's most effective plan is Morphy's d4 (after Nf3), gaining space and opening lines. After . . . cxd4 Black has an open c-file for counterplay, along with his two center pawns that play their initially defensive role. The positions arising are asymmetrical, which has the appealing aspect of local imbalances on the board. Frequently White will have pressure on one area of the board and Black on another area, such as the typical White kingside attack vs. Black's queenside counterplay. Thus the games tend to be lively, with fierce struggles and winning chances for both sides. The lively play, combined with the inherent soundness of the defense, is the reason for the Sicilian's popularity.

This chapter is large, as there are many variations of the Sicilian that differ significantly in strategy and positional structure. Therefore the chapter is broken up into subchapters of major variations or similar variations. These subchapters are:

1. The Najdorf Variation
2. The Dragon Variation (and Accelerated Dragon)
3. The Scheveningen Variation
4. Systems with 2 . . . e6—Taimanov Variation, Paulsen Variation and Four Knights' Variation
5. Classical Sicilian—Richter-Rauser Attack, Boleslavky Variation and Sozin-Velimirović Attack
6. Systems with . . . Nc6 and . . . e5—Sveshnikov (Pelikan) Variation, Kalashnikov and Löwenthal Variation (and 4 . . . Qb6).
7. Non-open systems (lines without 2 Nf3 and 3 d4)—Closed Sicilian, 2 c3 Sicilian, 3 Bb5 variations, the f4 Attack, Unusual Second Moves.

NAJDORF VARIATION

1 e4 c5 2 Nf3 d6 3 d4 cxd4 4 Nxd4 Nf6 5 Nc3 a6

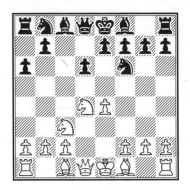

THIS HAS BEEN CALLED the Rolls-Royce or Cadillac of chess openings. The number of devoted followers to the Najdorf makes it akin to a religion. The followers are convinced that this is the absolute best play in the game of chess, and they spend much of their lives searching for the "truth" by analyzing amazing variations of the Najdorf thirty moves deep. The opening was the favorite of the great Bobby Fischer, and could have been called the Fischer Variation instead of taking its name from the Polish/Argentine grandmaster Miguel Najdorf. Kasparov, Portisch, Gelfand and your author are among the many practitioners of this defense.

The strategy behind 5 . . . a6 is to prepare for queenside play while keeping maximum flexibility. Black's e-pawn may go to e6 or e5, the queen's knight to d7 or c6 or Black may develop only his queen for many moves (the Poisoned Pawn Variation). Play is usually sharp and aggressive, many variations leading to almost unfathomable tactical complications. White's sixth move does much to determine the character of the game.

6 Bg5 (columns 1–18) is the sharpest response, as White intends to castle queenside and launch a fierce attack with a pawn storm or pieces. Black can cross up White's plans with 6 . . . e6 7 f4 Qb6!?, the Poisoned Pawn Variation (columns 1–6), see diagram below.

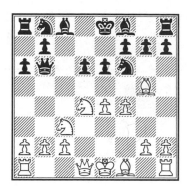

The retreat 8 Nb3 (columns 5–6) is a concession to Black, although some players like the sharp, equal positions that arise. The critical lines begin with 8 Qd2 Qxb2 (columns 1–4). White has a serious lead in development, but Black's flexible position is difficult to crack.

The old main line of 6 Bg5 is 6 . . . e6 7 f4 Be7 8 Qf3 Qc7 9 0-0-0 Nbd7 (columns 7–12). White's most promising continuation is the pawn storm, initiated by 10 g4 (columns 7–9). A significant change in the theory is column 7, which used to be considered equal and now is regarded as definitely favorable for White. Black has a reasonable alternative in column 8 (13 . . . Bxg5†). Columns 9–12 investigate alternatives for White from the main continuation, but Black is able to hold the balance in these sharp lines.

Less used variations following 6 Bg5 are the subject of columns 13–18. Column 13 was a favorite of former US Champion Walter Browne, but it is suspect. The Polugaevsky Variation, 6 . . . e6 7 f4 b5 (columns 14–15), looks suicidal but has defied attempts to refute it. Column 16 (7 . . . Nbd7) and column 17 (7 . . . Qc7) are respectable alternatives to the Poisoned Pawn Variation or the old main line. Column 18 is an out-of-date continuation that leaves White with the initiative.

6 Be2 (columns 19–24) is the most popular positional treatment. It has gained even more followers in recent years as Black has weathered well the sharp, tactical assaults on the Najdorf. Strategic concerns and piece maneuvering play a much greater role here than the sharp variations. After Black's usual response 6 . . . e5, the struggle revolves around the weakened d5 square. Currently Black has adequate resources to balance the struggle.

6 Bc4 (columns 25–30) is another sharp continuation. This got a workout in the 1993 World Championship match Kasparov vs. Short and was a favorite of Fischer. The evaluation has not changed much in twenty years: the double-edged positions that arise leave Black as many winning chances as White.

6 Be3 (columns 31–34) has become a serious weapon in White's arsenal. After 6 . . . e5 (columns 31–33) the strategic factors, such as control

of d5, is similar to the 6 Be2 lines, but with 6 Be3 White may also add an attacking element by castling queenside. Column 34 (6 . . . Ng4) has been shown by Kasparov to be a good alternative to 6 . . . e5.

6 g3 (columns 35–36) is a positional treatment that has surprise value. Black will be worse if his play is imprecise.

6 f4 (columns 37–40) can lead to either a positional or attacking game. Play is not as forced as in the 6 Bg5 or 6 Bc4 variations as White's strategy involves slowly building an attack. With the direct response 6 . . . e5 (columns 37–38) Black gains equal chances.

Columns 41–42 cover White's unusual sixth-move alternatives.

SICILIAN DEFENSE

Najdorf, Poisoned Pawn Variation

1 e4 c5 2 Nf3 d6 3 d4 cxd4 4 Nxd4 Nf6 5 Nc3 a6 6 Bg5 e6 7 f4 Qb6(a)

	1	2	3	4	5	6
8	Qd2 .... Nb3(v)					
	Qxb2				Be7 .... Nbd7(z)	
9	Rb1...................................... Nb3			Qf3(w)	Be2(aa)	
	Qa3			Qa3(q)	Nbd7	Be7
10	f5 .... Bxf6 .... e5(l)			Bxf6(r)	0-0-0	Qd3
	Nc6(b)	gxf6	dxe5	gxf6	Qc7	Qc7
11	fxe6	Be2	fxe5	Be2	Bd3(x)	Bf3
	fxe6(c)	Nc6(i)	Nfd7	Nc6(s)	b5	h6(bb)
12	Nxc6	Nxc6	Bc4(m)	0-0	a3	Bxf6
	bxc6	bxc6	Qa5(n)	Bd7	Bb7(y)	Nxf6
13	e5(d)	0-0	0-0	Kh1	Rhe1	0-0-0
	dxe5(e)	Qa5!	Nxe5	Rc8	Nc5	e5
14	Bxf6	Kh1	Rbe1	Bh5	Qh3	f5
	gxf6	Be7	Nxc4(o)	Bg7	0-0-0	Bd7
15	Ne4(f)	f5	Qf4	Rf3	Nxc5	Kb1
	Be7(g)	h5(j)	Nd6	0-0	dxc5	b5
16	Be2	Bf3	Ne4	Rd1(t)	e5	Nd2
	h5(h)	Kf8(k)	Qc7(p)	f5(u)	Nd5=	Rc8=

(a) The interpolation of 7 . . . h6 8 Bh4 Qb6 can be met by 9 a3 (as 9 . . . Qxb2? 10 Na4 wins the queen), when the option of Bf2 gives White the initiative.

(b) 10 . . . b5 11 fxe6 fxe6 12 Rb3 Qa5 (12 . . . Qc5? 13 Ncxb5!) 13 Bxf6 gxf6 14 Be2 h5 (14 . . . b4 15 0-0! Bg7 16 Nd1 0-0 17 Bc4 ± —Hartston) 15 0-0 Be7 16 Kh1 Bd7 17 Qd1 b4 (Bogdanov–Glushenko, corr. 1970) 18 Qb1 ±.

(c) Not 11 . . . Bxe6? 12 Nxe6 fxe6 13 Bc4 ±.

(d) A major alternative is the calmer 13 Be2 Be7 14 0-0 0-0 (14 . . . Rf8 avoids forced draws) 15 Rb3 Qc5† (15 . . . Qa5 16 Nd5 Qxd2 17 Nxe7† Kf7 18 Bxd2 Kxe7 19 e5! ±) 16 Be3 Qe5 17 Bf4 Qc5† 18 Kh1 (18 Be3 repeats the position) 18 . . . Ng4 19 h3 e5 20 Na4 Qa7 21 Bc4† Kh8 22 hxg4 exf4 23 Nb6 d5! 24 exd5 cxd5 25 Bxd5 Rb8 26 Nxc8 Rbxc8 27 Rh3 Qb6 =, Ivanchuk–Kasparov, Linares 1990.

(e) White has good attacking chances after 13 . . . Nd5 14 Nxd5 cxd5 15 Be2 dxe5 16 0-0 Bc5† 17 Kh1 Rf8 18 c4 Rxf1† 19 Rxf1 Bb7 20 Qc2! (Fischer).

(f) The natural-looking 15 Be2?! Qd6! ∓ allows the Black queen to return to play.

(g) Also playable is the greedy 15 . . . Qxa2 16 Rd1 (16 Nxf6† Kf7 17 Rd1 Qb2! 18 Ne4 Bb4 ∓) 16 . . . Be7 17 Be2 0-0 18 0-0 Ra7 19 Rf3 Kh8 20 Rg3 Rd7 21 Qh6 Rf7 22 Qh5 Rxd1† 23 Bxd1 Qa5 24 Kf1 Qd8! 25 Qxf7 Qxd1† 26 Kf2 Qxc2† 27 Ke3 Bc5† that led shortly to a draw in G. Andersson–Pousen, corr. 1992.

(h) 17 Rb3 Qa4 with two choices. (A) 18 c4 f5 19 0-0 fxe4 and Black is at least all right in this complex position, e.g. 20 Qxc3 Qxa2 21 Bd1 Rf8 22 Bxh5† Kd8 23 Rd1† Bd7 24 Qe3 Qa5 25 Rb7 Bc5 26 Rdxd7† Kc8 27 Rdc7† Kd8 draw agreed, Kavalek–Fischer, Sousse Int. 1967. (B) 18 Nxf6† Bxf6 19 c4 Bh4† 20 g3 Be7 21 0-0 h4 22 Qd3 Qa5 23 Bh5† Rxh5 24 Qg6† Kd8 25 Qxh5 Qc5† ∓.

(i) 11 . . . Bg7 12 0-0 f5 13 Rfd1 Nc6 14 Nxc6 bxc6 15 Rb3 Qc5† 16 Kh1 0-0 17 Qxd6 Qxd6 =, Matanović–Bronstein, Wijk aan Zee 1963.

(j) White has attacking chances if Black plays the old line 15 . . . exf5?! 16 exf5 Bxf5 17 Bxa6! Qxa6 18 Rxf5 d5 19 Re1 Qb7 20 Qh6! (Nunn).

(k) 17 Rb3 Ra7 18 Qf2 Rb7 ∓, Ziegler–Magnusson, Stockholm 1988. White doesn't obtain enough compensation for the pawn in this line.

(l) An important alternative, worked out to equality in the 1980s, is 10 Be2 Nbd7 (10 . . . Be7 11 0-0 Qa5 12 f5 Nc6 is also good) 11 0-0 Be7 12 e5 (12 f5 Ne5 ∓) 12 . . . dxe5 13 fxe5 Nxe5 14 Bxf6 gxf6! (14 . . . Bxf6 15 Rxf6! gxf6 16 Ne4 is dangerous) 15 Ne4 f5 16 Rb3 Qa4 17 Nxf5 (17 Qc3 Rg8 ∓) 17 . . . exf5 18 Nd6† Bxd6 19 Qxd6 Qe4 20 Re1 Nc6 21 Kf1 Be6 22 Bh5 Qc4† 23 Rd3 Nd8 24 Qd7† Kf8 25 Qd6† Ke8 26 Qd7† Draw, Pogrebniak–Guk, USSR 1986.

(m) 12 Ne4 h6! 13 Bb5 axb5 14 Nxb5 hxg5 15 Nxa3 Rxa3 ∓, Platonov–Minić, USSR vs. Yugoslavia 1968.

(n) Black has a good alternative in 12 . . . Bb4 13 Rb3 Qa5 14 0-0 0-0 15 Bf6 Nxf6 16 exf6 Rd8 17 Rxb4 Qxb4 18 Qg5 g6 with at least equal chances.

(o) 14 . . . Nbc6 15 Nxc6 Nxc6 16 Qf4 Bc5† 17 Kh1 0-0 18 Qg3 Bd4 19 Ne4 results in attacking chances for the pawns, Gaida–Grigoriev, corr. 1992.

(p) 17 c4 (Hellers–Oll, Groningen 1984), now Black should return the piece with 17 . . . Nb5! 18 cxb5 Qxf4 19 Bxf4 f6, when White's initiative is not quite worth the two pawns.

(q) 9 . . . Nc6 allows White to reach a slightly favorable endgame almost by force: 10 Bxf6 gxf6 11 Na4! Qa3 12 Nb6 Rb8 13 Nc4 Qa4 14 a3 b5 15 Nxd6† Bxd6 17 Qxd6 Qxe4† 17 Be2 Qd5 (Black must trade queens—17 . . . Bb7? 18 0-0-0! Qe3† 19 Kb2 Rd8 20 Qc7 Qxe2 21 Rhe1 Qh5 22 g4 Qxg4 23 Qxb7 Rxd1 24 Qxc6† Ke7 25 Qc5† Ke8 26 h3 Qf3 27 Nd4 Rxd4 28 Qxd4 Rg8 29 Re3 ±) 18 Qxd5 exd5 19 0-0-0 Be6 20 Bf3 Ne7 24 Nc5 ±. Some grandmasters are willing to defend Black's position to make a draw, but this is not recommended for most players.

(r) 10 Bd3 Be7 11 0-0 h6 12 Bxf6 (12 Bh4 Nxe4! 13 Nxe4 Bxh4 ∓, Spassky–Fischer, World Chp. 1972) 12 . . . Bxf6 13 e5 dxe5 14 Ne4 Nd7 15 f5 Qe7 ∓, Mukhin–Sorokin, USSR 1973.

(s) 11 . . . h5 12 0-0 Nd7 13 Kh1 (13 f5 Nc5 14 Qd4 Nxb3 15 axb3 Qc5 16 Qxc5 dxc5 17 fxe6 fxe6 18 Rxf6 Bg7 = —Nunn) 13 . . . h4 14 h3 Be7 15 Rad1 b6

16 Qe3 Bb7 17 f5 Rc8 18 fxe6 fxe6 19 Bg4 (Short–Kasparov, Riga 1995) 19 . . . Nc5 ∓.

(t) 16 Rg3 Kh8 17 Rf1 Ne7! 18 f5 exf5 ∓, Shabalov–de Firmian, US Chp. 1997.

(u) 17 exf5 exf5 18 Nd5 (A. Rodríguez–Vera, Havana 1978), now 18 . . . Qxa2 19 Rg3 Qb2 is a complicated, roughly balanced position.

(v) Minor alternatives are: (A) 8 a3 Nbd7! 9 Be2 (9 Qd2? Qxb2 10 Nb3 Nc5!) 9 . . . Be7 10 Nb3 h6 =, V. Georgiev–Ermenkov, Bulgarian Chp. 1995. (B) 8 Qd3 Qxb2 9 Rb1 Qa3 10 f5 Be7 11 Be2 Nc6 =, Nunn–Kasparov, Brussels 1986. (C) 8 Bxf6 gxf6 9 Be2?! Rg8! 10 Bf3 Qxb2 11 Na4 Qa3 12 c3 Nd7 ∓, Harman–Magerramov, corr. 1992.

(w) 9 Qe2 h6 10 Bxf6 (10 Bh4? Nxe4!) Bxf6 11 0-0-0 Nd7 12 h4 Bxc3 13 bxc3 Nf6 14 Rh3 e5 15 f5 Bd7 16 c4 Qc6 17 Re3 a5 18 g4 a4 19 Nd2 0-0-0 ∓, Deppe–Novikov, Moscow 1990.

(x) White has several alternatives: (A) 11 Qg3 b5 12 Bxf6 Nxf6 13 e5 dxe5 14 fxe5 Nd7 15 Bxb5 axb5 16 Nxb5 Qb6 (16 . . . Qc4!) 17 Qxg7 Rf8 18 Nd6† Bxd6 19 exd6 Rxa2 20 Kb1 Ra7 =, Shabalov–de Firmian, US Chp. 1996. (B) 11 g4 b5 12 Bxf6 Nxf6 13 g5 Nd7 14 a3 Rb8 15 h4 b4 16 axb4 Rxb4 =, Akopian–Collinson, Oakham 1992. (C) 11 a4 h6 12 Bh4 g5 13 fxg5 Ne5 14 Qf2 Nfg4 15 Qg1 Bd7 16 h3 Ng6 =, Chiburdanidze–Nunn, London 1985.

(y) Also good is 12 . . . Rb8 13 Rhe1 b4 axb4 Rxb4 =, Camposra–Morović, Buenos Aires 1997. The column is Spassky–Portisch, Tilburg 1979.

(z) 8 . . . Qe3† 9 Qe2 Qxe2† 10 Bxe2 is well known to be an endgame edge for White.

(aa) 9 Qf3 Be7 transposes into the previous column. 9 Qe2 Qc7 10 0-0-0 b5 11 a3 Bb7 12 g3 Be7 13 Bg2 h6 14 Bxf6 Nxf6 15 e5 dxe5 16 Nxb5 Qb6 17 Nd6† Bxd6 18 Rxd6 Qxd6 19 Bxb7 Ra7 =, Ljubojević–Browne, Buenos Aires 1980.

(bb) 11 . . . Rb8 12 0-0-0 b5 13 Kb1 b4 14 Ne2 a5 15 g4 ± a4?! 16 Nbd4 Qc5 17 e5! dxe5 18 Nc6 e4 19 Bxe4 Rb6 20 Bxf6 gxf6 21 Ned4 ±, Krakops–Novikov, Cappelle-la-Grande 1997. The column is Ljubojević–Kir. Georgiev, Novi Sad Ol. 1990.

SICILIAN DEFENSE
Najdorf Variation, 6 Bg5—Old Main Line

**1 e4 c5 2 Nf3 d6 3 d4 cxd4 4 Nxd4 Nf6 5 Nc3 a6 6 Bg5 e6
7 f4 Be7 8 Qf3 Qc7(a) 9 0-0-0 Nbd7**

	7	8	9	10	11	12
10	g4..Bd3.........................Qg3(v)					
	b5			b5............h6		b5!
11	Bxf6			Rhe1	Bh4(r)	Bxf6(w)
	Nxf6(b)			Bb7	g5	Bxf6(x)
12	g5			Qg3(n)	fxg5(s)	Bxb5!
	Nd7			b4!	Ne5	0-0!
13	f5 ....a3(j)			Nd5	Qe2	Bxd7
	Nc5?!........Bxg5†	Rb8		exd5	Nfg4	Bxd7
14	f6(c)	Kb1	h4(k)	e5!(o)	Nf3	e5
	gxf6	Ne5	b4	dxe5	hxg5	dxe5
15	gxf6	Qh5	axb4	fxe5	Bg3(t)	Ne4
	Bf8	Qe7(g)	Rxb4	Nh5!	Nxf3	exd4
16	Rg1!(d)	Nxe6(h)	Bh3	Qh4(p)	Qxf3!	Nxf6†
	Bd7(e)	Bxe6	Qc5(l)	Bxg5	Ne5	Kh8
17	Rg7	fxe6	Nb3	Qxg5	Bxe5	Nh5
	Bxg7(f)	g6(i)	Qb6(m)	g6(q)	dxe5(u)	Rg8(y)

(a) 8 ... Nbd7 9 Bc4! h6 (9 ... Qc7 10 Bxe6!) 10 Bxf6 Bxf6 11 0-0-0 Qb6 12 Nxe6!
fxe6 13 Bxe6 Nf8 14 Bb3 with a strong attack, Giles–Browne, US Open 1988.

(b) 11 ... gxf6 (11 ... Bxf6?! 12 Bxb5! ±) 12 f5 Ne5 13 Qh3 0-0 14 Rg1 Kh8
15 Nce2 Rg8 16 Rg3! Bd7 17 Nf4 ±, Brodsky–Stoica, Romania 1994.

(c) Less incisive is 14 h4 b4 15 Nce2 (15 Nb1 Bb7 =; 15 fxe6 fxe6 16 Nce2 g6 =)
15 ... e5 16 Nb3 Nxe4! 17 Qxe4?! (17 Bg2 =) 17 ... Bb7 18 Rd5 Rc8 19 c3 Qc4
20 Qxc4 Rxc4 21 Bg2 Bxd5 22 Bxd5 Rxh4! ∓, Nunn–Browne, Gjovik 1983.

(d) The best move, putting Black under strong pressure. There are many sharp al-
ternatives, e.g.: (A) 16 Bh3?! b4 ∓. (B) 16 Qh5 Bd7 (16 ... b4?! 17 Nd5! exd5
18 exd5 Bb7 19 Re1† Kd8 20 Kb1! with a strong attack) 17 Bh3 b4 18 Nce2
0-0-0 19 Qxf7 Bh6† 20 Kb1 Rdf8 21 Qh5 Rxf6 =, Browne–Mecking, San Anto-
nio 1972. (C) 16 a3 (second best) Bd7 17 Qh5 Qa5 18 Be2 b4 19 axb4 Qxb4
20 Rhf1 Rb8 21 Qxf7† Kd8! 22 Nb3 a5 23 Qh5 ±, Ernst–de Firmian, New York
1990.

(e) (A) 16 ... b4 17 Nd5! exd5 18 exd5 Bd7 19 Rg7 0-0-0 20 Rxf7 Bh6† 21 Kb1
Rdf8 22 Rxf8† Rxf8 23 Ne6 Nxe6 24 dxe6 Bxe6 25 Bh3! Qd7 26 Qa8† Kc7
27 Qa7† Kc8 28 Qxa6† Kc7 29 Qa5† Kc8 30 Rd4! Rxf6 31 Qa8† Kc7 32 Rc4†

Bxc4 33 Qa7† winning, Simon–Pasztor, Hungary 1997. (B) On 16 . . . h5 simply 17 a3 leaves White in control.

(f) If 17 . . . b4 then either 18 Nd5 exd5 19 exd5, as in note (e), or 18 e5 d5 19 Nxd5! exd5 20 Qxd5 ±. After 17 . . . Bxg7 18 fxg7 Rg8 White has 19 e5! 0-0-0 20 exd6 Qb6 21 Ne4! Bc6 22 Nxc6 Qxc6 23 Qc3 Qxe4 24 Qxc5† Kb8 25 Qc7† Ka8 26 Qxf7 ±. Las Vegas theoretician Danny Olim and many other players have spent tremendous time trying to rehabilitate Black's position after 13 . . . Nc5, so far to no avail.

(g) White gains a bit more from 15 . . . Qd8 16 Rg1 Bf6 17 fxe6 0-0 (17 . . . g6 18 exf7† Kxf7 19 Qh6 ±) 18 Bh3 g6 19 Nd5 Kh8 20 Qe2 fxe6 21 Bxe6 Ra7 (Psakhis–Cvitan, Geneva 1992) 22 Rgf1 ±.

(h) 16 fxe6 (16 Rg1 Bf6 17 fxe6 g6 =) 16 . . . g6 17 exf7† Kxf7 18 Qe2 Bg4 19 Qf2† Qf6 20 Qxf6† Bxf6 21 Be2 Bc8 with a more comfortable ending for Black, Shabalov–Hellers, New York 1993.

(i) 18 exf7† Kxf7 19 Qe2 Kg7 20 Nd5 Qd8 21 Bh3, and White holds a very small edge, Shmuter–Gruenfeld, Rishon 1994.

(j) 13 Bh3?! b4! 14 Nce2 Bb7 15 Kb1 Nc5 16 Ng2 d5! with the initiative, Smyslov–Fischer, Bled Candidates 1959.

(k) An old line is 14 Bh3 Nc5 15 Rhg1 b4 16 axb4 Rxb4 17 f5 Qb7! =.

(l) 16 . . . Qb6 17 Nf5 Bf8! is all right (not 17 . . . exf5 18 Nd5 Qc5 19 exf5 ±), for example, 18 Ne3 Qa5 19 Qe2 Nb6 =, Boetew–Tenev, corr. 1987.

(m) 18 h5 Nc5 19 Nxc5 dxc5! 20 g6 fxg6 21 hxg6 h6 22 Nd5 exd5 23 Bxc8 0-0 ∓, Kaplan–Browne, Madrid 1973.

(n) (A) The slow 12 a3 can be met by either 12 . . . Qb6 or 12 h6 =. (B) Black is theoretically fine after the complicated 12 Nd5 Nxd5 13 exd5 Bxg5 14 Rxe6† fxe6 15 Nxe6 (15 Qh5†? g6 16 Bxg6† hxg6 17 Qxh8† Nf8 18 Nxe6 Bxf4†! ∓) 15 . . . Qb6! 16 Qh5† g6 17 Qxg5 Qe3† 18 Kb1 Kf7 19 Qh6 Rag8 20 Ng5† Ke8 21 Qh4 Kd8! ∓, Maliszewski–Surowiak, corr. 1992.

(o) 14 exd5 Kd8 15 Qe3 Nb6 16 Nf5 Nbxd5 17 Qd4 (17 Qe2 Bc8 ∓) 17 . . . Bf8 18 Be4 Kc8 19 Nxg7 Nxe4 20 Ne8 (Kohlweyer–Tomczak, Baden-Baden 1987) 20 . . . Qc6 21 Qxh8 Qxe8 ∓. This variation is involved and tactical, but precise play should give Black the edge.

(p) The spectacular 16 e6 leads to a draw after 16 . . . Nxg3 17 exf7† Kxf7 18 Rxe7† Kg8 19 hxg3 Qxg3 20 Ne6 Qe5 21 Rf1 Nf8 22 Bf5 Bc8 23 Re8 Kf7! 24 Re7† Kg8 25 Re8 Kf7, Hellers–de Firmian, Biel 1989.

(q) 18 e6 (18 g4?! h6 19 Qd2 Ng7 20 e6 Nf8 ∓) 18 . . . Nc5! 19 exf7† Kxf7 20 Rf1† Kg8 21 Nf5 Ne6 22 Nh6† Kg7 23 Nf5† is a draw. Neither side can deviate from this line without incurring some disadvantage.

(r) (A) 11 Qh3 Nb6 12 f5 e5 13 Nde2 Bd7 14 Be3 Bc6 =, Chandler–Browne, Bath 1983. (B) 11 h4 Nc5! ∓.

(s) 12 e5 gxh4! 13 exf6 Nxf6 14 f5 e5 15 Nde2 Bd7 16 Be4 Rg8 ∞ (Nunn).

(t) 15 Bxg5 Bxg5† 16 Nxg5 Qc5 17 Nh3 Bd7 leaves Black with enough compensation for the pawn.

(u) 18 Rhf1 Rh7 19 h4! Bd7 20 h5 0-0-0 21 g4 ±, J. Polgar–Gelfand, Vienna 1996.

(v) 10 Be2 b5 11 Bxf6 Nxf6 12 e5 Bb7 13 exf6 (13 Qg3 dxe5 14 fxe5 Nd7 15 Bxb5!? axb5 16 Ndxb5 Qc5 17 Qxg7 Qxe5! is fine for Black, Mischke–Braczko, corr. 1991) 13 . . . Bxf3 14 Bxf3 Bxf6 15 Bxa8 Bxd4 16 Rxd4 d5 17 Bxd5 exd5 18 Nxd5 Qc5 19 Re1† Kf8 =, Keres–Fischer, Bled Candidates 1959.

(w) 11 Bxb5 axb5 12 Ndxb5 Qb8 13 e5 dxe5 14 fxe5 Nxe5 15 Rhe1 (15 Bf4 Nfg4 16 h3 g5!) 15 . . . Ng6 16 Nc7† Kf8 17 Nxa8 Qxa8 ∓, Shirazi–Browne, US Chp. 1983.

(x) 11 . . . Nxf6 12 e5 dxe5 13 fxe5 Nd7 14 Bxb5! axb5?! (14 . . . 0-0 15 Bxd7 ±) 15 Ndxb5 Qb6 16 Qxg7 ±.

(y) 18 Rxd4 Rac8 19 Qf2 (19 c3 Bc6 20 Kb1 Bd5 =) 19 . . . Qa5 20 Kb1 Ba4 21 b3 Bxb3 22 axb3 Qxh5 =, Ivanović–de Firmian, Vršać 1983.

SICILIAN DEFENSE
Najdorf Variation, 6 Bg5

1 e4 c5 2 Nf3 d6 3 d4 cxd4 4 Nxd4 Nf6 5 Nc3 a6 6 Bg5

	13	14	15	16	17	18
	e6..Nbd7					
7	f4(a)					Bc4
	Be7.........b5...Polugaevsky			Nbd7........Qc7(t)		Qa5
8	Qf3	e5(f) Variation		Qf3(o)	Qf3(u)	Qd2
	h6?!	dxe5		Qc7	b5!?	e6(x)
9	Bh4	fxe5		0-0-0	f5(v)	0-0-0
	Qc7(b)	Qc7		b5	b4	b5
10	0-0-0	exf6.........Qe2		Bxb5(p)	Ncb5!	Bb3
	Nbd7	Qe5†	Nfd7	axb5	axb5	Bb7
11	Be2!	Be2	0-0-0	Ndxb5	Bxb5†	Rhe1
	g5(c)	Qxg5	Bb7(j)	Qb6(q)	Bd7	0-0-0
12	fxg5	0-0(g)	Qg4(k)	e5	fxe6	a3
	Ne5	Qe5(h)	Qxe5(l)	Bb7	Bxb5	Be7
13	Qe3	Nf3	Bd3(m)	Qe2	Nxb5	Kb1
	Nfg4(d)	Bc5†	h6	h6!	Qc5	Qb6
14	Bxg4	Kh1	Bh4	Bxf6(r)	Bxf6	f3
	Nxg4(e)	Qxf6(i)	g5(n)	gxf6(s)	Qxb5(w)	Kb8(y)

(a) The alternatives allow Black to equalize quickly: (A) 7 Qf3 h6! 8 Bxf6 (8 Bh4 Nbd7 9 0-0-0 Qc7 =) 8 ... Qxf6 9 Qxf6 gxf6 10 Be2 h5 11 0-0-0 Bd7 12 Kb1 Kd8 13 f4 Nc6 14 Rhf1 Kc7 =, Bokucheva–Platonov, Gorky 1971; (B) 7 Qd3 b5 8 0-0-0 b4 9 Nce2 Bb7 =, Tisdall–H. Olafsson, Torshavn 1997. (C) 7 Qe2 h6 8 Be3 b5 9 a3 Bb7 10 f3 Nbd7 11 0-0-0 Rc8 =, Zaitdinov–Browne, San Francisco 1999.

(b) 9 ... g5 is the (in)famous Göteborg Variation. After 10 fxg5 Nfd7 11 Qh5! (11 Nxe6 fxe6 12 Qh5† Kf8 13 Bb5! Rh7! 14 0-0† Kg8 is entertaining, but not better for White) 11 ... Ne5 12 Bg3 Bxg5, simplest is 13 Nf3 Nbc6 (13 ... Nbd7 14 Nxg5 Qxg5 15 Qd1 ±) 14 Rd1 Bf6 15 Be2 Rh7 16 Bf2 Qa5 17 Nd4 Nxd4 18 Bxd4 Bd7 19 0-0 Bh8 20 Qh4 ±, Geenen–Spassov, corr. 1994.

(c) Black has a difficult choice. On (A) 11 ... b5?! 12 Bxf6 Nxf6 13 e5 Bb7 14 Qg3 dxe5 15 fxe5 Nd7 16 Nxe6! fxe6 17 Qg6† Kd8 18 Qxe6 is very strong, M. Hansen–Sephan, corr. 1984. (B) 11 ... Rb8 12 Qg3 Rg8 13 Rhf1 g5 (13 ... b5 14 e5 dxe5 15 Nxe6!) 14 fxg5 Ne5 15 Nf3 hxg5 16 Nxg5 Rg6 17 Qf4! b5 18 Nxf7! Nxf7 19 Bh5 and White is winning (Nunn).

(d) 13 ... Nh7 14 Rhf1 hxg5 15 Bg3 Nf8 (15 ... Bd7 16 Nf3 ±) 16 Nf3 f6 17 Nxg5! fxg5 18 Bxe5 dxe5 19 Qf2 ±, Feldman–Lubin, Leningrad 1970.

(e) 15 Qd2 hxg5 16 Bxg5 Nf2 17 Bxe7 Nxd1 18 Nd5! exd5 19 Bf6 ±, Planinc–Pokojowczyk, Polanica Zdroj 1979.

(f) Alternatives allow Black to develop aggressively. (A) 8 a3 Bb7 =. (B) 8 Qf3 Bb7 9 0-0-0 Nbd7 10 Bd3 Be7 11 Rhe1 Qb6 =, Kupper–Tal, Zurich 1959.

(g) Crazy complications ensue with 12 Qd3 Qxf6 13 Rf1 Qe5 14 Rd1 Ra7 15 Nf3 (15 Ndxb5 Rd7 16 Qc4 Bc5 ∞) 15 . . . Qc7 16 Ng5 f5 17 Qd4 Qe7! 18 Bh5† g6 19 Qxh8 Qxg5 20 Bf3 Nd7 (Hellers–Polugaevsky, Biel 1989), and now 21 Qxh7 leaves White with a slight plus.

(h) 12 . . . Ra7 13 Qd3 Rd7 14 Ne4 Qe5 15 Nf3 Qxb2 16 Qe3 Bb7 17 Rab1 Qxc2 18 Nfg5 Qc7 19 fxg7 Bxg7 20 Nf6† Bxf6 21 Rxf6 with a dangerous attack (Nunn).

(i) 15 Ne4 Qe7 16 Ne5 f5 (16 . . . 0-0 17 Nxf7 ±) 17 Bh5† g6 18 Nxg6! hxg6 19 Bxg6† Kf8 20 Nxc5 Rh6! 21 Nxe6† Bxe6 22 Bxf5 Bf7 with just a faint edge to White, Diaz–Vera, Havana 1986.

(j) 11 . . . Nc6 12 Nxc6 Qxc6 13 Qd3 b4! 14 Ne4 Bb7 ∞ is a good alternative.

(k) White can sacrifice now with 12 Nxe6?! fxe6 13 Qg4 Qxe5 14 Bd3 Be7 15 Bxe7 Kxe7 16 Rhe1 h5 17 Qb4† Qc5 18 Qh4† Nf6 19 Qg3 Kf8 ∓, Sauermann–Lassen, corr. 1983.

(l) Black should probably try the less usual 12 . . . Qb6 13 Be2 Nxe5 14 Qh3 Nbd7 15 Rhe1 h6 16 Bh4 g6 (16 . . . g5? 17 Nxe6! fxe6 18 Bf2! Qxf2 19 Qxe6† Kd8 20 Bxb5 ±, Goth–Smrcka, corr. 1984) 17 Bg4 h5 18 Bxe6 Bh6† 19 Kb1 fxe6 20 Nxe6 Kf7 21 Rxd7† Nxd7 22 Nf4 Bxf4 23 Qxd7† Kg8 24 Re6 Qg1† 25 Nd1 (Venn–Castalso, corr. 1986) 25 . . . Rh7 =.

(m) (A) White is worse after 13 Bxb5 axb5 14 Rhe1 h5! 15 Qh4 Qc5 16 Ncxb5 Rxa2! 17 Kb1 Bd5 (Polugaevsky). (B) 13 Be2 Bc5 14 Rhf1 Bxd4 15 Rxd4 f6 16 Bd2 f5 17 Qh4 0-0 18 Rd3 Qf6 19 Bg5 Qf7 ∞, Ponisch–Pfeiffer, corr. 1989.

(n) 15 Nxe6! h5! 16 Qh3 Bh6 17 Kb1 g4 18 Nc7† Qxc7 19 Rhe1† Kf8 20 Be7† Kg8 21 Qxh5 Bg7 22 Qg5 Nc6 23 Bf5 Nce5 24 Bd6 ±, Mendes–Ribeiro, Portugal 1989.

(o) A sharp line is 8 Qe2 Qc7 9 0-0-0 b5 10 g3 b4!? (10 . . . Bb7) 11 Nd5 exd5 12 Bg2 (12 exd5† Be7 13 Nf5 Nc5! 14 Nxg7† Kd8 ∓, Yudasin–Gelfand, Manila Int. 1990) 12 . . . Be7 13 Nf5 Nb6 14 Nxg7† Kf8 15 Bh6 Kg8 16 Nh5 (Shirov–Gelfand, Dos Hermanas 1995) 16 . . . dxe4 17 Nxf6† Bxf6 18 Qxe4 Bg4 ∓, although the position is very complicated.

(p) (A) White can force a draw with 10 e5 Bb7 11 Qh3 dxe5 12 Nxe6 fxe6 13 Qxe6† Be7 14 Bxf6 (14 Nxb5 axb5 15 Bxb5 Be4! ∓; 14 Bxb5 axb5 15 Nxb5 Qc6 16 Nd6† Kd8 17 fxe5 Kc7! 18 Qxe7 Rxa2 =) 14 . . . gxf6 15 Be2 h5 16 Nd5 Bxd5 17 Rxd5 Nb6 18 Bxh5† Rxh5 19 Qg8† Bf8 20 Qe6† draw agreed, Capelan–Polugaevsky, Solingen 1974. (B) 10 Bd3 Bb7 11 Rhe1 Be7! transposes into column 10.

(q) 11 . . . Qb8 12 e5 Ra5! (12 . . . Bb7 13 Qe2 dxe5 14 Qc4! is strong, Tal–Stean, Hastings 1973/74) 13 exf6 gxf6 14 Bh6! Bxh6 15 Nxd6† Ke7 16 Kb1 Rd8 17 Rhe1 Nb6 18 Ndb5 Rxb5 19 Nxb5 Nc4 20 Qb3 Nd2† 21 Rxd2 Rxd2 22 Qb4† Rd6 23 g3 Bd7 24 Qxd6† draw agreed, Brodsky–Timoshenko, Moscow 1992.

(r) 14 Bh4?! dxe5 15 fxe5 Nd5 16 Nxd5 Bxd5 17 Rxd5 exd5 18 Nd6† Bxd6 19 exd6† Kf8 20 Qe7† Kg8 21 Qxd7 Rxa2 ∓.

(s) 15 Nxd6† Bxd6 16 Rxd6 Qb4 17 Qd2 Nb6 ∓, Hellers–V. Ivanov, Philadelphia 1992. 15 exd6! should leave chances about level.

(t) (A) Walter Browne has often played 7 . . . Nc6. This can transpose into the Richter-Rauzer variation, but critical is 8 e5 h6 9 Bh4 g5 10 fxg5 Nd5 11 Nxd5 exd5 12 exd6 Bxd6 13 Qe2† Kf8 14 0-0-0 Nxd4 15 Rxd4 hxg5 16 Bf2 ±, Shabalov–Browne, Chicago 1997. (B) Danner's 7 . . . Be7 8 Qf3 Qa5!? is logically met by 9 0-0-0 Bd7 10 Bh4 Nc6 11 Nb3 Qc7 12 g4 ±.

(u) (A) 8 Qe2 Nc6 9 0-0-0 Nxd4 10 Rxd4 Be7 (as played by Kasparov) gives Black equal chances. (B) 8 Bxf6 gxf6 9 Be2 Nc6 10 Nb3 b5 11 a3 Bb7 12 Bd3 h5 13 0-0 Ne7 =, Wittmann–Gavrikov, Vienna 1990.

(v) 9 0-0-0 b4 10 e5?! Bb7 11 Ncb5 axb5 12 Bxb5† Nbd7 (12 . . . Nfd7? 13 Nxe6! fxe6 14 Qh3 Kf7 15 f5 Be4 16 fxe6† Kg8 17 Qb3 ±, Kr. Georgiev–Kasparov, Malta Ol. 1980) 13 Qh3 b3! 14 exf6 (or 14 Qxb3 Bd5 15 c4 Ne4 ∓, van der Wiel–Brunner, Baden-Baden 1992) 14 . . . bxa2 15 Kd2 Qa5† 16 c3 0-0-0 ∓, Heinrich–Hefka, corr. 1992.

(w) 15 Bxg7 Bxg7 16 Qxf7† Kd8 17 Qxg7 Re8 18 Rf1 b3 19 cxb3 Qa5† 20 Kd1 ±, Hector–Rashkovsky, Espergaerde 1992.

(x) 8 . . . h6 9 Bxf6 Nxf6 10 0-0-0 e6 11 Rhe1 Be7 12 f4 0-0 13 Bb3 Re8 14 Kb1 Bf8 15 g4! Nxg4 16 Qg2 gave White a strong attack in Spassky–Petrosian, World Chp. 1969.

(y) 15 Be3 Nc5 16 Ba2 b4 17 axb4 Qxb4 18 Nb3 ±, Gulko–Petrosian, Moscow 1976.

SICILIAN DEFENSE

Najdorf Variation, 6 Be2

1 e4 c5 2 Nf3 d6 3 d4 cxd4 4 Nxd4 Nf6 5 Nc3 a6 6 Be2

	19	20	21	22	23	24
	e5..Nbd7(u)					
7	Nb3(a)					0-0
	Be7..Be6					Nc5(v)
8	0-0....................................			Be3(o)	f4	Bf3
	0-0(b)			Be6	Qc7(r)	e6
9	Kh1 ....Be3 ....f4(l)			Qd2(p)	g4!	Be3
	b6(c)	Be6(g)	b5!(m)	0-0	exf4(s)	Be7
10	Be3(d)	Qd2(h)	a4(n)	f4	g5	a4
	Bb7	Nbd7(i)	b4	exf4	Nfd7	0-0
11	f3	a4	Nd5	Bxf4	Bxf4	a5
	b5!(e)	Rc8	Nxd5	Nc6	Nc6	Qc7
12	a4	a5	Qxd5	0-0-0	Qd2	b4!
	b4	Qc7	Qb6†	Ne5	Rc8	Ncd7
13	Nd5	Rfd1(j)	Kh1	Nd4	0-0-0	Na4
	Nxd5(f)	Rfe8(k)	Bb7 =	Qd7!(q)	Nce5(t)	d5(w)

(a) 7 Nf3 is safe and solid, but not challenging. After 7 . . . h6 8 0-0 Be6 9 Re1 Nbd7 10 Bf1 Be7 11 a4 b6 12 b3 0-0 13 Bb2 Qc7 14 h3 Rfc8 15 Qd2 Qb7 Black has fully equal chances, Zapata–H. Olafsson, Belgrade 1988.

(b) 8 . . . Be6 9 f4 Qc7 10 Kh1 Nbd7 (10 . . . 0-0?! 11 f5 Bc4 12 g4! d5 13 g5 Nxe4 14 Nxe4 dxe4 15 f6 ±, Hjartarson–de Firmian, Stockholm 1997) 11 a4 (11 g4 h6 ∞) 11 . . . 0-0 12 f5 Bc4 13 a5 transposes into note (m), the old main line, which gives White easier play.

(c) Black has many ways to go wrong: (A) 9 . . . b5 10 a4 Bb7 11 Nd5 bxa4 (11 . . . b4 12 Be3 ±) 12 Rxa4 Bc6 13 Ra3 Nxe4 14 Na5 Nf6 15 Nxc6 Nxc6 16 Bc4! Nd4 17 Rh3 ±, Kasparov–Anand, Las Palmas 1996. (B) 9 . . . Be6 10 f4 Qc7 11 f5 Bc4 12 g4! ± as in note (b). (C) 9 . . . Qc7 10 f4 (10 a4 Be6 11 f4 Nbd7 12 f5 Bc4 13 a5 is the old main line, note (m)) 10 . . . b5 11 fxe5 dxe5 12 Bg5 Nbd7 13 Bd3 h6 14 Bh4 Bb7 15 Qe2 g6 16 a4 b4 17 Nd1 ±, Stefansson–Akesson, Torshavn 1997.

(d) 10 Bg5 Nbd7 (10 . . . Bb7 11 Bxf6 Bxf6 12 Bc4 Nc6, Kasparov–Gelfand, Linares 1997; now 13 a4 is a little better for White) 10 . . . Nbd7 11 Nd5 (11 a4 Bb7 12 f3 d5! with good chances) 11 . . . Nxd5 12 Qxd5 Rb8 13 Bxe7 Qxe7 14 Rad1 Nf6 15 Qxd6 Qxd6 16 Rxd6 Nxe4 =, Sutovsky–Gelfand, Tel Aviv 1999.

(e) Without this precise move Black would be condemned to a difficult defense, e.g. 11 . . . Nbd7?! 12 a4 Qc7 13 Rf2 h6 14 Bf1 Rfc8 15 Nc1 Nc5 16 N1a2 a5?! 17 Rd2 ±, Solozhenkin–Saulin, Russian Chp. 1995.

(f) 14 exd5 Nd7 15 c3 bxc3 16 bxc3 Bg5 17 Bg1 Qc7 =, Anand–Gelfand, Dos Hermanas 1997.

(g) 9 . . . Qc7 10 a4 Be6 11f4 Nbd7 12 Kh1 exf4 13 Rxf4 Ne5 with a minimal edge for White, Karpov–Polugaevsky, Candidates match 1974.

(h) (A) 10 f4 exf4 11 Bxf4 (11 Rxf4 Nc6 12 Nd5 Bxd5 13 exd5 Ne5 14 Rb4 Qc8 =) 11=Nc6 12 Kh1 Rc8 13 Qe1 Ne8 (or 13 . . . Nd7 14 Rd1 Nde5 ∞) 14 Rd1 Bh4 15 Qd2 Bf6 16 Be3 Be5 =, Pritchett–Portisch, Malta Ol. 1980. (B) 10 Nd5 Nbd7 11 Qd3 Bxd5 12 exd5 Re8 13 a4 Bf8 14 a5 Rc8 15 c4 e4 (15 . . . g6!?) 16 Qd1 Ne5 17 Nd2 Nfd7 ₄18 b4 f5 19 Rc1 Qh4 with chances for both sides, Kosten–Hellers, Esbjerg 1988. (C) 10 a4 Nc6 11 a5 Bxb3 12 cxb3 Nxa5 13 Nd5 Nc6 is a roughly equal game.

(i) 10 . . . b5?! 11 a4 b4 12 Nd5 Nxe4 13 Nxe7† Qxe7 14 Qxb4 f5 15 Na5 ±, Yudasin–Gavrikov, Sverdlovsk 1984.

(j) 13 Rfc1 Rfe8 14 Nd5 Qc6 15 Bf3 Bxd5 16 exd5 Qc4 17 Qd3 Qh4 =, Chandler–A. Petrosian, Yurmala 1983.

(k) 14 Qe1 Bf8 15 Nc1 h6 16 h3 Qc6 17 Bf3 Ra8 18 Nd3 b5 =, van der Vaeren–Curtacci, corr. 1992.

(l) (A) Slow play is also unpromising—9 Re1 Be6 10 Bf1 Nbd7 11 Nd5 (11 a4 Rc8 12 a5 Qc7 =) 11 . . . Nxd5 12 exd5 Bf5 13 a4 Rc8 14 c3 Bg6 =, Geller–Lutz, Dortmund 1991. (B) For 9 a4 see note (o).

(m) The old main line, which can arise by various move orders, is 9 . . . Qc7 10 a4 Be6 11 f5 (11 Be3—see note (g)) 11 . . . Bc4 12 a5 Nbd7 13 Kh1 b5 14 axb6 Nxb6 15 Bg5 Rfc8 16 Bxc4 Nxc4 17 Bxf6 Bxf6 18 Nd5 Qd8 19 Ra2 ±, Klovans–Commons, Primorska 1976.

(n) 10 fxe5 (10 Bf3 Bb7 =) 10 . . . dxe5 11 Qxd8 Rxd8 (or 11 . . . Bxd8!) 12 Bg5 Be6 13 a4 b4 14 Bxf6 Bxf6 15 Nd5 Bxd5 16 exd5 Ra7 =, Klovans–Gutman, USSR 1978. The column is Larsen–Romanishin, Riga Int. 1979.

(o) (A) 8 a4 allows Black's knight to come to b4, covering d5. Castenada–Browne, Philadelphia 1993, continued 8 . . . Nc6 9 f4 0-0 10 0-0 Nb4 11 Kh1 Bd7 12 a5 Rc8 13 Be3 Bc6 =. (B) 8 Bg5 Be6 9 Bxf6 Bxf6 10 Nd5 Nd7 11 a4 Rc8 12 c3 0-0 13 a5 Bg5 =, Del Campo–de Firmian, Linares N.L. 1994.

(p) 9 f4 exf4 10 Bxf4 Nc6 11 Qd2 would transpose into the column after 11 . . . 0-0 12 0-0-0, but Black can also try 11 . . . d5!? 12 exd5 Nxd5 13 Nxd5 Qxd5 14 0-0-0 Qe4 with good chances to equalize, R. Byrne–King, London 1991.

(q) 14 Nxe6 Qxe6 15 Kb1 Rac8 16 Rhe1 Rc5 17 Bd3 Rfc8 =, Dolmatov–Browne, Reykjavik 1990.

(r) 8 . . . exf4 allows White to gain a tempo over note (h). After 9 Bxf4 Be7 10 0-0 0-0 11 Kh1 Nc6 12 Qe1 Rc8 13 Rd1 White is clearly better, de Firmian–Hamann, Copenhagen 1998.

(s) (A) 9 . . . b5 should be met by 10 a3 instead of 10 g5 b4! ∞. (B) 9 . . . h6 10 g5 hxg5 11 fxg5 Nfd7 12 Bg4 ±, D. Gurevich–Balashov, USSR 1974.

(t) 14 h4 Be7 15 Nd4 Qa5 16 Nf5 ±, R. Byrne–Sanders, US Open 1990.

(u) (A) 6 . . . e6 transposes into the Scheveningen Variation, as does 6 . . . Qc7 7 0-0 e6. (B) Too risky is 6 . . . b5?! 7 a4 b4 8 Nd5. (C) 6 . . . g6 is Black's other reasonable attempt to avoid main lines. White could then play as in the Classical Dragon with 7 0-0 Bg7 8 a4 0-0, where the interpolation of a4, a6 is slightly to White's benefit. A sharper try is 7 g4 Bg7 8 g5 Nfd7 9 Be3 b5 10 Qd2 Bb7 ∞, Svidler–Xu Jun, Yerevan Ol. 1996.

(v) 7 . . . g6 8 a4 b6 9 f4 Bb7 10 Bf3 Qc7 11 Qe1 e5 12 Nde2 Bg7 13 Kh1 0-0 14 f5! Rae8 15 Qh4 ±, Smagin–Ilinić, Yugoslavia 1991.

(w) 14 exd5 exd5 15 c3 Bd6 16 h3 Ne5 17 Nb6 ±, Geller–Quinteros, Baden-Baden 1985.

SICILIAN DEFENSE

Najdorf Variation, 6 Bc4

1 e4 c5 2 Nf3 d6 3 d4 cxd4 4 Nxd4 Nf6 5 Nc3 a6 6 Bc4 e6 7 Bb3(a)

	25	26	27	28	29	30
	b5..				Nbd7(r)	
8	0-0(b)				f4(s)	
	Be7			Bb7(m)	Nc5	
9	Qf3		f4(j)	Re1(n)	f5	e5
	Qc7	Qb6	Bb7(k)	Nbd7(o)	Be7(t)	dxe5(w)
10	Qg3	Be3	e5	Bg5	Qf3(u)	fxe5
	0-0(c)	Qb7	dxe5	h6(p)	0-0	Nfd7
11	Bh6	Qg3	fxe5	Bxf6	Be3	Bf4
	Ne8	b4(g)	Bc5!	Nxf6	e5	b5
12	Rad1(d)	Na4	Be3	Qd3	Nde2	Qe2(x)
	Bd7	Nbd7(h)	Nc6	Nd7	Nxb3	Bb7
13	Nf3(e)	f3	exf6	Qh3	axb3	0-0-0
	Nc6	0-0	Bxd4	Nc5	b5!	Qa5
14	Bf4	Rad1	Qe1	Bd5!	Nxb5?!	Rhf1
	Qb7(f)	Kh8(i)	Bxe3†(l)	Qc7(q)	d5(v)	Be7(y)

(a) (A) Some players choose 7 0-0 here so that 7 . . . b5 8 Bb3 is column 25, thus avoiding 7 . . . Nbd7 of column 29. White's options are reduced, though in response to 7 . . . Nc6 or 7 . . . Be7. (B) 7 a3 Be7 8 Ba2 0-0 9 0-0 b5 10 f4 Bb7 11 f5 e5 12 Nde2 Nbd7 13 Ng3 Rc8 14 Bg5 Rxc3! 15 bxc3 Nxe4 ∓, Ermenkov–Portisch, Skara 1980.

(b) (A) Rarely played any more is the old line 8 f4 Bb7 9 f5 e5 10 Nde2 Nbd7 11 Bg5 Be7 12 Ng3 Rc8 13 Nh5 (13 0-0?! h5!) 13 . . . Nxh5 14 Qxh5 0-0 =. (B) 8 Bg5 Be7 9 Qe2 0-0 10 0-0-0 Nxe4! 11 Qxe4 Bxg5† 12 f4 d5 ∓, Hengst–Müller, corr. 1977.

(c) 10 . . . Nc6 11 Nxc6 Qxc6 12 Re1 Bb7 (12 . . . 0-0 13 Bh6 Ne8 14 Nd5! Bd8 15 a4 or 15 Re3 ±) 13 Qxg7!? Rg8 14 Qh6 0-0-0 15 Qh3 Kb8 16 f3 Rg6 17 Be3 Rdg8 18 Re2, Ivanchuk–Polugaevsky, Monaco (blindfold) 1993, leaves Black with an initiative, but no clear compensation for the pawn.

(d) 12 Rfe1 Bd7 13 a4 (13 Nf5? exf5 14 Nd5 Qd8 15 exf5 Bf6 wins), is Kasparov–Gelfand, Paris 1991. Black would have an equal game after 13 . . . Bf6 14 Rad1 bxa4.

(e) (A) 13 a3 Nc6 14 Nxc6 Bxc6 15 Bf4 Qb7 16 Rfe1 a5 =, Short–Kasparov, World Chp. 1993. (B) 13 f4 Nc6 14 Nxc6 Bxc6 15 f5 Kh8 16 Be3 b4 17 Na4, A. Sokolov–Gelfand, USSR Chp. 1989; now 17 . . . Nf6 leaves both sides with active play.

(f) 15 Rfe1 b4 16 Ne2 e5 17 Bg5 Be6 18 Nh4 Bxg5 19 Qxg5 Na5 20 Bd5 Bxd5 21 Rxd5 Nc4 =, Hraček–Lutz, Germany 1996.

(g) White retains some initiative after 11 . . . Nc6 12 Nxc6 Qxc6 13 f3 ±, Hübner–Armas, Germany 1989, but 11 . . . 0-0 12 Bh6 Ne8 13 Rad1 Bd7, similar to the previous column, is sensible.

(h) 12 . . . Nxe4?! 13 Qxg7 Bf6 14 Qh6 Rg8 15 f3 ±, Tisdall–Popovych, New York 1974.

(i) 15 Rfe1 Rb8 16 Kh1 Ne5 17 Ne2 Qc7 =, Short–Kasparov, London 1993. White may do better to play for the queenside with Zapata's 14 Rfd1 Kh8 15 Rac1.

(j) (A) 9 Be3 0-0 10 f4 b4 11 Na4 Bb7 12 e5 dxe5 13 Nxe6!? fxe6 14 Bxe6† Kh8 15 Qxd8 Rxd8 16 fxe5 Ng8 17 Nb6 Ra7 = 18 Rad1?! Nc6 19 Rxd8 Nxd8 20 Bxg8 Kxg8 21 Nc8 Bxc8 22 Bxa7 Nc6 ∓, Kaidanov–de Firmian, Las Vegas 1994. (B) 9 a4 b4 10 Na2 Bb7 11 Bxe6 fxe6 12 Nxe6 Qd7 13 Nxg7† Kf7 14 Nh5 Bxe4 15 Nxf6 Bxf6 16 Qh5† Kg8 17 Nxb4 Nc6 =, Polgar–Ribli, Hungarian Chp. 1971.

(k) Also reasonable is 9 . . . 0-0 10 e5 dxe5 11 fxe5 Nfd7 12 Be3 Nxe5 13 Qh5 Nc4 14 Bxc4 bxc4 15 Rad1 Qc7 16 Rf3 g6 17 Qh6 f6 18 Rdf1 e5 19 Rg3 Bd8 20 Nf3 Nc6 21 Bc5 Be7 22 Rxg6† hxg6 23 Qxg6† with perpetual check, de Firmian–Ivanchuk, Amsterdam 1996.

(l) 15 Qxe3 Qd4 16 Rae1 Rd8 =, Zhidkov–Lepeshkin, USSR 1970.

(m) Very dangerous is 8 . . . b4?! 9 Na4 Nxe4 10 Re1 d5 (10 . . . Nf6 11 Bg5 Bc7 12 Nf5 exf5 13 Bxf6 gxf6 14 Qd5 wins) 11 Bf4 Bb7 12 Nxe6! fxe6 13 Qh5† Kd7 (13 . . . g6 14 Qe5 ±) 14 Rxe4 winning, Rowley–D'Arruda, 1989.

(n) 9 f4?! b4 10 Na4 Bxe4 ∓.

(o) 9 . . . b4 10 Na4 Nbd7 11 a3! Nxe4 (11 . . . bxa3 12 Bxe6! fxe6 13 Nxe6 Qa5 14 Rxa3 ±) 12 Nxe6! fxe6 13 Bxe6 ±, de Firmian–Hort, Baden-Baden 1981.

(p) Black must watch out for sacrifices: (A) 10 . . . Be7?! 11 Bxe6! ±. (B) 10 . . . Nc5 11 Bd5! b4 Bxb7 Nxb7 13 Nd5 exd5 14 exd5† Kd7 15 c3 ±, Tal–Mukhin, USSR 1972. (C) 10 . . . Qb6 11 a4 b4 12 Nd5 exd5 13 exd5† Ne5 14 a5 Qc5 15 Be3! Qc8 16 Ba4† Ke7 17 f4 ±, Adams–Sadler, Dublin 1993.

(q) 15 Bxb7 Qxb7 16 b4 Na4 (16 . . . Nd7 17 Nxe6!) 17 Nxa4 ±, de Firmian–Ehlvest, Polanica Zdroj 1995.

(r) (A) Often played is 7 . . . Nc6, transposing into the Sozin Variation. (B) 7 . . . Be7?! can be met by 8 g4! Nc6 (8 . . . h6 9 Rg1 Nc6 10 Be3 ±; 8 . . . d5 9 exd5 Nxd5 10 Nxd5 exd5 11 Nf5 ±) 9 g5 Nd7 10 h4 Nc5 11 Be3 ±, Djurhuus–van Wely, Gausdal 1994.

(s) 8 Qe2 Nc5 9 Bg5 Be7 10 f4 h6 11 Bxf6 Bxf6 12 0-0-0 Qc7 13 g4 Bd7 14 h4 0-0-0 =, Farago–Roehrich, Budapest 1995.

(t) 9 . . . e5?! 10 Nde2 Nxb3 11 axb3 h6 12 Ng3 Bd7 13 Nh5 ±, Zapata–Fedorowicz, Philadelphia 1993.

(u) 10 0-0 0-0 11 fxe6 fxe6 12 Nf5 Nxb3 13 Nxe7† Qxe7 14 axb3 Bd7 =, Berthelot–Loeffler, Cannes 1996.

(v) 15 exd5 Nxd5 16 Ng3 Bb7 ∓, Akopian–Anastasian, Tbilisi 1989. White does better to decline the pawn with 14 g4 b4 15 Na4 =.

(w) 9 . . . Nfd7 10 exd6 Nf6 11 Be3 Bxd6 12 Qf3 0-0 13 0-0-0 ⩱, Shtyrenkov–Zhelnin, Orel 1996.

(x) 12 Qg4 h5 13 Qg3 h4 14 Qg4 g5!? 15 0-0-0, Short–Kasparov, World Chp. 1993; here Short evaluates 15 . . . Rh6 16 Qxg5 Qxg5 17 Bxg5 Rh5 18 Bf4 Bb7 as better for Black.

(y) 15 Qg4 g6 16 Bh6 Nxe5 17 Qf4 b4 with a sharp, unclear position, Vavra–Ftačnik, Czech Republic 1995.

SICILIAN DEFENSE

Najdorf Variation, 6 Be3 and 6 g3

1 e4 c5 2 Nf3 d6 3 d4 cxd4 4 Nxd4 Nf6 5 Nc3 a6

	31	32	33	34	35	36
6	Be3				g3	
	e5(a)			Ng4	e5(u)	
7	Nb3		Nf3	Bg5	Nde2	Nb3
	Be6		Be7(m)	h6	b5(v)	Be7(y)
8	f3(b)		Bc4	Bh4	Bg5(w)	Bg2
	Nbd7	Be7(h)	0-0(n)	g5	Nbd7	0-0(z)
9	g4(c)	Qd2	0-0	Bg3	Nd5	0-0
	b5(d)	Nbd7(i)	Be6	Bg7	Be7	Be6(aa)
10	g5	g4	Qe2(o)	Be2(q)	Bxf6	a4
	Nh5(e)	h6(j)	b5	h5	Nxf6	Nbd7
11	a4	0-0-0(k)	Bb3	Bxg4(r)	Nec3	a5
	bxa4(f)	b5	h6	Bxg4(s)	Be6	Qc7
12	Rxa4	h4	Rfd1	f3	a4	h3
	Be7	Nb6	Nbd7	Bd7	b4!	h6
13	Nd5	Qf2	a3	0-0	Nxb4	Re1
	Bxg5(g)	Rb8(l)	Qe8(p)	Nc6(t)	Qa5(x)	b5(bb)

(a) (A) A common reply is 6 ... e6, transposing into the Scheveningen Variation. (B) 6 ... Nbd7 7 g4 d5 8 Nb3! Nxe4 9 Nxd5 Nd6 10 Qe2 e6 11 Bf4 Nb6 12 Nxb6 Qxb6 13 0-0-0 ±, Sax–Balashov, Baile Herculaine 1982.

(b) (A) 8 f4 exf4 9 Bxf4 Nc6 10 Qe2 Be7 11 h3 Nd7! 12 0-0-0 Nce5 13 Nd5 Bxd5 14 Rxd5 0-0 15 h4 Rc8 =, Shirov–Gelfand, Greece 1993. (B) 8 Nd5 Nbd7 9 f3 Bxd5 10 exd5 g6 11 c4 Bg7 12 Bd3 0-0 =. (C) 8 Qd2 Nbd7 9 f3 is note (c) below.

(c) 9 Qd2 b5 with two continuations: (A) 10 a4 b4 11 Nd5 Bxd5 12 exd5 Nb6 13 Bxb6 Qxb6 14 a5 Qb7 15 Bc4 Be7 16 Ra4 Rb8 17 Qd3 Ra8 18 Qd2 Rb8 19 Nc1 Bd8 20 Nd3 Bxa5! 21 Rxa5 Qc7 =, Shirov–Gelfand, Vienna 1996. (B) 10 g4 Nb6 11 g5 Nfd7 12 Nd5 Rc8! 13 0-0-0 Bxd5 14 exd5 Nc4 =, J. Polgar–Gelfand, Novgorod 1996.

(d) 9 ... h6 10 Qd2 Be7 transposes into the next column.

(e) Also possible is 10 ... b4!? 11 Nd5 Nxd5 12 exd5 Bf5 13 Bd3 Bxd3 14 Qxd3 Be7 15 Rg1 0-0 16 0-0-0 a5 with reasonable chances for Black, Leko–Kasparov, Linares 1999.

(f) This is necessary now since 11 ... b4?! 12 Nd5 Bxd5 13 Qxd5 Be7 14 Na5! is very strong.

(g) 14 Bxg5 Qxg5 15 Nc7† Ke7 16 Nxa8 Qh4† 17 Kd2 Qg5† 18 Ke1 Qh4† 19 Kd2 Qg5† Draw, Topalov–Gelfand, Madrid 1996. White may improve with 13 Qd2!? instead of allowing the tactical play.

(h) 8 . . . h5 9 Nd5 Nxd5 10 exd5 Bf5 11 Bd3 Bxd3 12 Qxd3 Nd7 13 0-0-0 Be7 14 Kb1 Bg5 15 Bf2 ±, Adams–Svidler, Linares 1999.

(i) 9 . . . 0-0 10 0-0-0 Nbd7 (10 . . . b5 11 g4 b4 12 Nd5 Bxd5 13 exd5 a5 14 Kb1 a4 15 Nc1 ⩲) 11 g4 b5 12 g5 Nh5 (12 . . . b4?! 13 Ne2 Nh5 14 Ng3 ±) 13 Nd5 Bxd5 14 exd5 b4 (14 . . . Rc8 15 Bh3 ±, R. Byrne–Fischer, NY Blitz 1972) 15 Kb1 a5 16 Bb5 leaves White with more control of the board, Milos–Kuczynski, Moscow Ol. 1994.

(j) 10 . . . b5?! 11 a4! b4 12 Nd5 Bxd5 13 exd5 Qc7 (13 . . . Nb6 14 a5 Nbxd5 15 g5 ±) 14 g5 Nh5 15 0-0-0 Nf4 16 h4 ±, Nunn–Sadler, London 1993.

(k) 11 h4 b5 12 Rg1 Nb6 13 g5 Nfd7 14 Nd5 Bxd5 15 exd5 hxg5 16 hxg5 Rc8 =, Kir. Georgiev–Kasparov, Paris 1995.

(l) 14 Kb1 Nc4 15 Bxc4 bxc4 16 Nc5 Qa5 =, Socko–Lutz, Groningen 1995, since 17 N5a4 Nd7 18 f4 exf4 19 Bxf4 Nc5 favors Black.

(m) Alternatives allow White an edge: (A) 7 . . . Qc7 8 a4 Be7 9 a5 0-0 10 Be2 Nbd7 (10 . . . Nc6 11 Bb6 Qd7 12 Nd2 d5 13 Nxd5 Nxd5 14 exd5 Qxd5 15 0-0 Be6 16 c3 ±, Smirin–Kuczynski, Moscow Ol. 1994) 11 0-0 b5 12 axb6 Nxb6 13 Qd3 Bb7 14 Nd2 Rac8 15 Nb3 Nc4 16 Bc1 h6 17 Rd1 ±, Stefansson–Gausel, Moscow Ol. 1994. (B) 7 . . . h6 8 Bc4 Be7 9 0-0 0-0 10 Nh4 Qc7 11 Bb3 Be6 12 Qf3 Nc6 13 Nf5 ±, Kotronias–Bouaziz, Manila Ol. 1992.

(n) 8 . . . Be6 9 Bxe6 fxe6 10 Ng5 Qd7 11 Qf3 d5 12 0-0-0 d4 13 Bxd4! exd4 14 e5 Nc6 15 exf6 Bxf6 16 Nce4 Bxg5† 17 Nxg5 0-0-0 18 Qh3 ±, Hellers–de Firmian, Reykjavik 1990.

(o) 10 Qd3 Nc6 11 a3 (Shirov–Gavrikov, Horgen 1994) 11 . . . b5 12 Bd5 Rc8 13 Rfd1 Qc7 =.

(p) 14 Ne1 (Short–Kasparov, Horgen 1995) 14 . . . Nc5 15 Bxc5 dxc5 16 Bxe6 fxe6 17 a4 b4 18 Nb1 Nh5 19 g3 Qg6 is equal according to Short, but most players would prefer White. Black should consider 13 . . . Rc8 14 Nh4 Rxc3 15 bxc3 Nxe4 16 Bxe6 fxe6 17 Qg4 Bxh4 =.

(q) 10 Qd2 Nc6 11 Nb3 b5 12 f3 (12 h4 gxh4 13 Bxh4 Be6 =) 12 . . . Nge5 13 Bf2 Na5 (or 13 . . . Rb8 14 Nd4 b4 15 Nd1 Nxd4 16 Bxd4 d5! with chances for both sides, Ivanchuk–Kasparov, Linares 1999) 14 Nxa5 Qxa5 15 Nd5 Qxd2† 16 Kxd2 Rb8 17 c3 Bb7 =, Aronian–H. Olafsson, Yerevan Ol. 1996. A sharp idea is 11 . . . f5 12 exf5 Bxf5 13 h4 Qd7 14 0-0-0 Nb4 15 Nd4 Rc8 16 a3 (Anand–Gelfand, Biel 1997) 16 . . . Bxd4! 17 Qxd4 Nxc2 ∞.

(r) A tactical mess arises after 11 h4 Nc6 12 Nb3 gxh4 13 Rxh4 Be6 14 Qd2 Qb6 15 Nd5 Bxd5 16 exd5 Nce5 17 0-0-0!? Bh6 18 f4 Qe3 19 Qxe3 Nxe3 20 fxe5 Nf5† 21 Kb1 Nxg3 22 exd6! Bg5 23 Rb4 Nxe2 24 dxe7! Bxe7 25 Rxb7 with complications favorable to White, De La Villa–Hodgson, Zaragoza 1993. Black could try instead 17 . . . Ng6 18 Rh3 Bh6 19 f4 Nf6 ∞.

(s) Kasparov, who has won so many games with 6 . . . Ng4, was also successful against Shirov in Wijk aan Zee 1999 after 11 . . . hxg4!? 12 0-0 e6 13 Qd2 Nd7 14 Bxd6 Ne5 15 Ndb5!? axb5 16 Nxb5 f6 ∞.

(t) 14 Bf2 e6 15 Nce2 Ne5 16 b3 g4 17 f4 h4! 18 Be3 h3 19 g3 Nc6 =, Shirov–Kasparov, Linares 1997.

(u) (A) Lines with 6 . . . e6 are covered under the Taimanov and Scheveningen Variations. (B) 6 . . . g6 7 Bg2 Bg7 8 h3 Qc7 9 Bg5 Nbd7 10 Qd2 Nb6 11 b3 ±, Tal–Hulak, Novi Sad 1974.

(v) 7 . . . Nbd7 8 a4 b6 9 Bg2 Bb7 10 h3 Be7 11 g4 Nc5 12 Ng3 0-0 13 0-0 g6 14 f4 exf4 15 Bxf4 ±, A. Ivanov–Browne, Las Vegas 1996.

(w) (A) 8 Bg2 Nbd7 9 h3 Be7 10 g4 0-0 11 Ng3 Nc5 12 0-0 Bb7 13 Be3 Rc8 14 a3 g6 =, Kamsky–Wolff, US Chp. 1993. (B) 8 a4 Bb7 9 Bg2 Be7 10 axb5 axb5 11 Rxa8 Bxa8 12 Bg5 Nbd7 =, Peters–Tarjan, US Chp. 1984.

(x) 14 Nc6 Qc5 15 Nxe7 Kxe7 16 Qd2 Rhb8 17 Rb1 Rb4 18 Bd3 Rab8 19 0-0 a5 with compensation for the pawn due to queenside pressure and dark square play, A. Ivanov–de Firmian, US Chp. 1989.

(y) (A) 7 . . . b5 8 Bg5 Be7 (8 . . . Nbd7 9 a4 b4 10 Nd5 ±) 9 Bxf6 Bxf6 10 a4 ±, Arnason–Hellers, Debrecen 1992. (B) 7 . . . Nbd7 8 a4 b6 9 Bc4! Bb7 10 Bg5 Be7 11 Qd3 0-0 12 0-0 Qc7 13 Rfd1 Rfc8 14 Bxf6 Nxf6 15 Nd2 ± (control of d5), Kudrin–Vigorito, Philadelphia 1997.

(z) 8 . . . Nbd7 9 a4 b6 10 0-0 Bb7 11 Re1 Rc8 12 Nd2 Rc5!? 13 Nf1 Qa8 14 Qd3 (14 g4 Rxc3!) 14 . . . 0-0 15 Ne3 g6 16 Nc4 d5 ∞, P. Popović–Schumi, Vienna 1994.

(aa) 9 . . . Nbd7 10 a4 b6 11 Re1 Bb7 12 Nd2 Rc8 13 Nf1! Nc5 14 Bg5 Nc6 15 Bxf6 Bxf6 16 Ne3 ±, P. Popović–Polugaevsky, Sarajevo 1987.

(bb) 14 axb6 Nxb6 15 Na5 Rfc8 16 Be3 Nc4 with a minimal edge for White, P. Popović–Ftačnik, Novi Sad 1984.

SICILIAN DEFENSE

Najdorf Variation, 6 f4 and 6 Misc.

1 e4 c5 2 Nf3 d6 3 d4 cxd4 4 Nxd4(a) Nf6 5 Nc3 a6

	37	38	39	40	41	42
6	f4 .... a4 .... f3!?(v)					
	e5 .... Qc7 .... Nbd7(o)			Nc6(s)	b5(w)	
7	Nf3		Bd3(k)	Be2	Be2	a4
	Nbd7		g6(l)	e5(p)	e5	b4
8	a4(b)		0-0	fxe5	Nxc6	Nd5
	Be7(c)		Bg7	dxe5	bxc6	Nxd5
9	Bd3(d)		Nf3	Nf5	f4	exd5
	0-0		Nbd7	Qb6	Qa5(t)	g6
10	0-0		Qe1	Bf3(q)	0-0	Be3
	Nc5 .... exf4		b5(m)	g6	Rb8	Bb7
11	Kh1	Bxf4(h)	e5	Ne3	Kh1	Bc4
	exf4(e)	Qb6†	dxe5	Bb4	Be7	Qc7
12	Bxf4	Kh1	fxe5	0-0	fxe5	Bb3
	Bg4!	Qxb2	Ng4	Bxc3	dxe5	Nd7
13	Be3(f)	Qe1(i)	e6	bxc3	Bc4	Qd2
	Rc8(g)	Qb6(j)	fxe6(n)	0-0(r)	0-0(u)	Nf6(x)

(a) 4 Qxd4 is used by players who wish to avoid theory. After 4 ... Nc6 5 Bb5 Bd7 6 Bxc6 Bxc6 7 Nc3 Nf6 8 Bg5 e6 9 0-0-0 Be7 10 Rhe1 0-0 11 Qd2 h6 12 Bf4 (12 Bh4 Nxe4! ∓ 12 ... e5 chances are equal, Sutovsky–Hodgson, Harplinge 1998. Also reasonable is 4 ... a6 5 c4 Nc6 6 Qd2 g6 =.

(b) (A) 8 Bd3 b5 9 0-0 Be7 10 Kh1 0-0 =. (B) 8 Bc4 b5 9 Bd5 Rb8 =. White must stop Black on the queenside to play for an advantage.

(c) 8 ... Qc7 9 Bd3 g6 10 0-0 Bg7 11 Qe1 b6 12 Qh4 Bb7 13 Kh1 0-0 14 f5 allows White good attacking chances, P. Cramling–Arnason, Reykjavik 1994.

(d) 9 Bc4 Qa5 10 Qe2 (10 Bd2 exf4 =) 10 ... exf4 11 Bxf4 0-0 12 0-0 Ne5 13 Nd5 Nxd5 14 Bxd5 Qb6† 15 Kh1 Nxf3 16 Qxf3 Be6 =, Leko–Sutovsky, Tilburg 1996.

(e) 11 ... d5 12 Nxe5 dxe4 13 Be2 Qc7 (13 ... Qxd1 14 Rxd1 ±) 14 Be3 b6 15 Qe1 Bb7 16 Qg3 Rad8 17 Rad1 ±, Psakhis–Balashov, Irkutsk 1986.

(f) 13 Qd2 Bh5 14 Rae1 Bg6 15 b4 Nxd3 16 cxd3 d5! =, Z. Almasi–Oll, Yerevan Ol. 1996.

(g) 14 Qe1 (14 Qd2 Nxd3 15 cxd3 d5 = or 15 Qxd3 Be6 =) 14 ... Bh5 15 Nd4 Ng4 16 Nd5 Bh4 17 Qd2 Re8 18 Nf5 Nxe3 19 Qxe3 Bg6 20 Qd4 Re5 with even chances, Kindermann–de Firmian, Biel 1995.

(h) White can avoid the pawn sacrifice with 11 Kh1 Nh5!? 12 Nd5 (12 Nd4 Ndf6 13 Be2 g6 =, J. Polgar–Gelfand, Linares 1997) 12 . . . Nc5 13 Nd4 g6 14 Nxf4 Nxf4 15 Bxf4 Bg5 16 Qd2 Bxf4 17 Qxf4 Ne6 =, Dvoirys–Shneider, Podolsk 1993.

(i) 13 Nd5 Nxd5 14 exd5 Qb4! ∓.

(j) 14 Nd5 Nxd5 15 exd5 Qd8! 16 c4 Nc5 17 Bc2 Bg4 18 Qg3 Bxf3 19 Rxf3 Bh4 20 Qh3 g6 21 Bh6 Bf6 22 Raf1 Bg7 23 g4! with attacking chances that compensate for the pawn, but not more after 23 . . . Qe7, Jepson–A. Rodríguez, Nondaiz Ballneario 1994.

(k) 7 a4 Nc6 8 Be2 g6 9 0-0 Bg7 10 Nb3 0-0 11 Kh1 b6 12 Nd5 Nxd5 13 exd5 Nb4 14 c3 Bf5! and Black has counterplay, Anand–Ljubojević, Thessaloniki Ol. 1988.

(l) Black could try the unusual 7 . . . e5 8 Nf3 b5!? with fair chances.

(m) 10 . . . 0-0 11 f5! b5 12 Qh4 Bb7 13 Bh6 or 13 fxg6 gives White a dangerous attack.

(n) 14 Qh4 Nde5 (14 . . . Ngf6 15 Bh6 ±) 15 Nxe5 Nxe5 16 Be4 Bb7 (Almasi–Lalić, Hrvatska 1996) 17 Bxb7 Qxb7 18 Bh6 ±.

(o) (A) 6 . . . g6?! 7 Nf3! Bg7 8 e5 Nh5 9 Bc4 0-0 10 Ng5 e6 11 g4 ±, Kavalek–R. Byrne, US Chp. 1978. (B) 6 . . . e6 transposes into the Scheveningen Variation.

(p) 7 . . . g6 8 0-0 Bg7 9 a4 0-0 10 Kh1 Nc5 11 Bf3 ±, Stoica–Buljovcić, Bajmok 1984.

(q) 10 Nd5 Nxd5 11 Qxd5 Qc5 12 Qb3 Nf6 13 Bc4 Qb4† =, Kasparov–Gelfand, Horgen 1994.

(r) 14 Qe1 Nc5 15 Kh1 Be6 16 Qh4 ±, Wallace–Agrest, Sweden 1995.

(s) 6 . . . e5 7 Nf3 h6 8 Bc4 Qc7 9 Bb3 Be6 10 0-0 Nbd7 11 Nh4 ±, Balashov–Sunye, Wijk aan Zee 1982.

(t) Also reasonable is 9 . . . a5 10 0-0 Be7 11 Qe1 0-0 12 Kh1 Nd7 =.

(u) 14 Qe1 Kh8 =, Fishbein–Browne, USA 1994.

(v) Other sixth moves have little theoretical importance. On (A) 6 h3 Black gains easy equality with 6 . . . e6, 6 . . . g6 or 6 . . . Nc6, but not 6 . . . e5?! 7 Nde2 Be6 8 g4 ± that gives some justification to 6 h3. (B) 6 Bd3 e5 7 Nde2 Be7 8 0-0 0-0 9 Be3 b5 10 a3 Nbd7 =, Hassabis–de Firmian, Reykjavik 1990. (C) 6 Rg1!? (planning 7 g4 like a Keres Attack) 6 . . . e5 7 Nb3 h5!? 8 Bg5 Be7 9 Be2 Nbd7 10 a4 b6 11 Nd2 Bb7 12 Nc4 Qc7 13 Ne3 Qc5 14 Qd3 Qd4 =, Glek–Lautier, Bad Zwesten 1999.

(w) Safer for Black is to transpose into column 31 with 6 . . . e5 7 Nb3 Be6 8 Be3, or play as Kasparov does with 6 . . . e6, transposing into the English System against the Scheveningen.

(x) 14 Ne2 a5 15 0-0-0 Rc8 16 Nd4 Bg7 17 Nb5 Qd8 18 g4 with attacking prospects, Anand–Topalov, Wijk aan Zee 1999.

DRAGON VARIATION
(INCLUDING THE ACCELERATED DRAGON)
1 e4 c5 2 Nf3 d6 3 d4 cxd4 4 Nxd4 Nf6 5 Nc3 g6

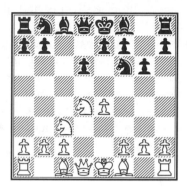

T HE Dragon Variation is Black's most direct attacking (or counterattacking) scheme in the Sicilian. The fianchettoed bishop on g7 exerts a powerful influence on the long diagonal, bearing down on the center and queenside. The opening is named for the serpentlike pawn formation of Black's kingside (see diagram above). The name is also appropriate for the aggressive, dangerous character of the defense. Black can generate crushing attacks when things go his way, or his position can go up in flames itself.

The Yugoslav Attack, 6 Be3 Bg7 7 f3 Nc6 8 Qd2 0-0 (columns 1–18), see diagram below, meets the aggressive Dragon with a response worthy of St. George.

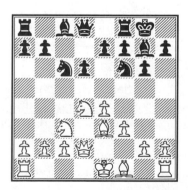

White castles on the queenside and thrusts forward his kingside pawns, playing for mate. The most involved and complex positions arise in the Soltis Line, 9 Bc4 Bd7 10 0-0-0 Rc8 11 Bb3 Ne5 12 h4 h5 (columns 1–6). White has chances for advantage with the subtle 13 Bg5 (columns 1–3), although play is involved and dangerous for both sides.

The older plan for Black is to play 12 . . . Nc4 (columns 7–8) instead of blocking h4–h5. This and the other Black alternatives after 9 Bc4 (covered in columns 9–12) allow White some initiative. As usual in the Yugoslav Attack, one slip by either side can be fatal.

Recent theory has favored 9 0-0-0 (columns 13–15), not losing time with 9 Bc4 and Bb3. The problem with this had always been that Black plays in the center with 9 . . . d5, but the positional approach of column 13 is pleasant for White. Black can gain equality against 9 g4 (columns 16–17). Black takes risks with the delayed castling system of column 18.

The Classical Variation is 6 Be2 Bg7 7 0-0 0-0 8 Be3 Nc6 (columns 19–24). White castles kingside, putting his monarch away fron the dangerous Dragon diagonal (a1–h8). White seeks to keep a spatial advantage, a safer and more natural stategy than the Yugoslav Attack, but Black has adequate resources to gain equality. Columns 25 and 26 are alternative variations for White after the classical 6 Be2. Column 26, in which White castles queenside, is especially interesting.

6 f4 is the Levenfish Variation (columns 27–29), in which White plays for a quick attack in the center. Black has little trouble if he responds with 6 . . . Nc6 (column 27). 6 g3 (column 30) is a way to take play into unusual territory and not theoretically troublesome for Black.

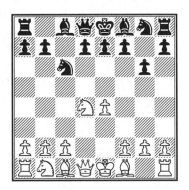

The ACCELERATED DRAGON is 2 Nf3 Nc6 3 d4 cxd4 4 Nxd4 g6, see diagram above. The idea behind this variation is to achieve the break . . . d7–d5 in one move. For example, both 5 Nc3 Bg7 6 Be3 Nf6 7 Be2 d5 and 5 Nc3 Bg7 6 Be3 Nf6 7 f3 0-0 8 Qd2 d5 leave Black a full tempo ahead of the normal Dragon.

White needs to control d5, and he can do this with pieces (Nc3 and Bc4) or pawns (e4 and c4). The former can transpose into the Dragon, but there are many independent lines that are covered in columns 1–6. These are generally complicated, tactical lines that leave Black with good chances if he is familiar with the theory.

With 5 c4 White establishes the Maróczy Bind (columns 7–12). This leads to a quieter positional type of game, yet Black will get strangled if he cannot find active play.

SICILIAN DEFENSE

Dragon Variation, Yugoslav Attack—Soltis Line

1 e4 c5 2 Nf3 d6 3 d4 cxd4 4 Nxd4 Nf6 5 Nc3 g6 6 Be3 Bg7 7 f3 Nc6 8
Qd2 0-0 9 Bc4 Bd7 10 0-0-0 Rc8 11 Bb3 Ne5 12 h4 h5

	1	2	3	4	5	6
13	Bg5			Bh6	Kb1	g4(x)
	Rc5!(a)			Bxh6(q)	Nc4	hxg4
14	Kb1		f4(l)	Qxh6	Bxc4	h5
	b5 ....Re8		Nc4(m)	Rxc3!	Rxc4	Nxh5
15	g4(b)	Rhe1(g)	Qd3	bxc3	Nde2(v)	Bh6
	a5!(c)	Qa5(h)	Ng4!?(n)	Qc7(r)	b5	e6!
16	gxh5	a3(i)	Bxc4	Kb1	Bh6	Rdg1
	a4(d)	Qa6!(j)	Nf2	Rc8!(s)	Qa5	Qf6
17	h6!	f4	Qe2	g4	Bxg7	Bxg7(y)
	Bh8	Nc4	Nxh1	Qxc3(t)	Kxg7	Qxg7
18	h7†(e)	Bxc4	Bb3	gxh5	Nf4	fxg4
	Nxh7	Rxc4	Qb6(o)	Nc4	Rfc8	Nf6
19	Bd5	e5	f5	Bxc4	Ncd5	Rh4
	b4(f)	Nh7(k)	Bxd4(p)	Rxc4(u)	Qxd2(w)	g5(z)

(a) 13 . . . Nc4 14 Qe2! Na5 15 Kb1, Geller–Miles, Linares 1983, leaves White safe
on the queenside and ready for kingside action.

(b) 15 Rhe1 a5 16 f4 Nc4 (16 . . . Neg4?! 17 e5! a4—17 . . . b4 18 Na4 ± —
18 Bxf7† Rxf7 19 e6 ±, Tornai–Horvath, Budapest 1994) 17 Bxc4 Rxc4
18 e5 b4 19 Ncb5 dxe5 (19 . . . Qb6? 20 Nxd6! exd6 21 exf6 wins, Santo
Roman–Moingt, Cannes 1993) 20 fxe5 Nd5 with chances for both sides, van
Kempen–Poli, corr. 1996.

(c) 15 . . . hxg4 16 h5 Rxc3 (16 . . . Nxh5?! 17 Nd5 Re8 18 Rxh5! gxh5 19 Qh2 ±,
Z. Marković –M. Marković, Niš 1993) 17 h6! Nxf3 18 Nxf3 Rxf3 19 hxg7 Kxg7
20 Bh6† Kg8 21 Bg7! ± (Nunn).

(d) 16 . . . Nxh5 17 Nd5 Re8 18 Nf4! (18 a3 Nc4 19 Qd3 Be6! ∞, Khin–Zaw, Yan-
gon 1999) 18 . . . Nxf4 19 Qxf4 Nc4 (19 . . . a4 20 Bd5 Qb6 21 h5 e6 22 h6 ±,
Garcia–Henao, Desempate 1988) 20 Qg3 Qb6 21 h5 a4 (21 . . . d5 22 h6! ±)
22 Bxc4 bxc4 23 hxg6 ±, Kiss–Farago, Budapest 1997.

(e) After 18 Bd5?! Kh7! Black has an edge since his king is now safely hidden on
the h-file.

(f) 20 Nce2 Nxg5 21 hxg5 e6 22 Nf4 (22 Ng3 ∞) 22 . . . Bg7 23 Ndxe6 fxe6 24 Nxe6
Bxe6 25 Bxe6† Nf7 26 f4 Re8 27 Qxd6 Qxd6 28 Rxd6 Kf8 29 Ra6 ±, Garcia–
Kudrin, Salamanca 1989.

(g) (A) 15 g4?! hxg4 16 h5 Nxh5 17 Nd5 Rxd5 18 exd5 Nxf3 19 Nxf3 gxf32, Martin–Mestel, Lloyds Bank 1994. (B) 15 f4!? Nc4 16 Qd3 Qc8 17 f5 Ne5 18 Qe2 Kh7 19 Bxf6 Bxf6 20 g4 hxg4 21 Nd5 Bg7 ∞, Large–W. Watson, London (rapid) 1991. (C) 15 Bh6 Bh8 16 g4 a5 17 gxh5 Nxh5 18 f4?! Ng4 ∓, Finn–Mestel, Hastings 1991.

(h) 15 . . . b5 16 f4 Nc4 17 Bxc4 (17 Qd3 may be better) 17 . . . Rxc4 18 e5 b4 ∞, Glimbrant–Komljenović, Andorra 1991.

(i) 16 f4 Nc4 17 Bxc4 Rxc4 18 Bxf6 Bxf6 19 Nd5 Qxd2 20 Nxf6† exf6 21 Rxd2 f5 =, Beliavsky–Georgiev, Wijk aan Zee 1985.

(j) 16 . . . b5?! 17 Bxf6 exf6 18 Nde2 Rc6 19 Nd5 ±, Anand–Kasparov, World Chp. 1995.

(k) 20 e6 Bxe6 21 Nxe6 Bxc3 22 bxc3 Qxa3 23 Nd4 Nxg5 24 hxg5 Ra4 draw agreed, Smirin–Hodgson, Ischia 1996. 25 Nb3 leaves Black perpetual check.

(l) 14 g4 hxg4 with two continuations: (A) 15 h5 Nxh5 16 Nd5 Rxd5 17 Bxd5 Qb6 18 Bb3 gxf3 ∓. (B) 15 f4 Nc4 16 Qd3 (16 Qe2 b5 17 f5 Qa5 =) 16 . . . b5 17 f5 gxf5 18 exf5 Qc8 19 Rhf1 Ne5 20 Qe3 Rxc3 21 Qxc3 Qxc3 =, Sax–Kir. Georgiev, Quebec 1986.

(m) 14 . . . Neg4 15 Rhe1 Qa5 16 f5 gxf5 17 Nxf5 Bxf5 18 exf5 Re8 19 Nd5 ±, Kamsky–Ivanchuk, Buenos Aires 1994.

(n) 15 . . . b5 16 e5 Ng4 17 exd6 Rxg5 18 fxg5! Nf2 19 Qe2 Nxd1 20 Rxd1 Nxd6 21 Ncxb5 Nxb5 22 Nxb5 Bxb5 23 Bxf7† ±, Rocha–Langier, Mar del Plata 1989.

(o) 18 . . . a5 19 a4! changes little in the position.

(p) 20 Rxd4 Rxf5 21 exf5 Qxd4 22 fxg6 Qg1† 23 Nd1 Bg4 24 gxf7† Kg7 25 Qd2 ±, Klovans–Tiviakov, Groningen 1991.

(q) 13 . . . Nc4 14 Bxc4 Rxc4 15 Bxg7 Kxg7 16 Kb1 Qa5 17 Nb3 Qc7 18 g4 hxg4 19 h5 gxf3 ∞, Short–Fleck, Germany 1987.

(r) 15 . . . Qa5 16 Kb1 Rc8 17 g4 Qxc3! transposes back into the column. Note that Black waits for 17 g4 to capture on c3 so that 18 Ne2 would leave f3 unprotected.

(s) 16 . . . a5? 17 f4 Nfg4 18 Qg5 a4 19 fxe5 axb3 20 cxb3 Nf2 21 e6! ±, Short–H. Olafsson, Wijk aan Zee 1987.

(t) 17 . . . a5 18 Nf5! Bxf5 19 exf5 Qxc3 20 fxg6 Nc4 21 gxf7† Kxf7 22 Qc1 ±, W. Watson–Kudrin, Palma de Mallorca 1989.

(u) 20 Rd3 Qb4† 21 Nb3 Nxh5 =, De Jong–Jeuthe, corr. 1989.

(v) 15 Nb3 Qc7 16 Bd4 Bc6! 17 Qe2 b5 18 e5 Nd5 19 Nxd5 Bxd5 =, Kaplan–Miles, Hastings 1976/77.

(w) 20 Rxd2 Nxd5 21 Nxd5 Kf8 =, Anand–Kasparov, World Chp. 1995.

(x) 13 Rdg1 Qa5 14 Kb1 Rc5! (14 . . . Rc4!?) 15 g4 hxg4 (15 . . . Rxc3 16 gxh5! ∞) 16 h5 Nxh5 leaves Black with somewhat better chances.

(y) 17 fxg4 (17 Bg5? Nxf3 ∓) 17 . . . Bxh6 18 Qxh6 Qf4† 19 Qxf4 Nxf4 ∓, Goodman–Miles, England 1974.

(z) 20 Rh3 Rxc3! ∓ (Sapi and Schneider).

SICILIAN DEFENSE

Dragon Variation, Yugoslav Attack

**1 e4 c5 2 Nf3 d6 3 d4 cxd4 4 Nxd4 Nf6 5 Nc3 g6
6 Be3 Bg7 7 f3 0-0 8 Qd2 Nc6 9 Bc4**

	7	8	9	10	11	12
	Bd7					Nxd4(u)
10	0-0-0(a)					Bxd4
	Rc8		Qa5		Qc7(r)	Be6
11	Bb3		Bb3		Bb3	Bb3
	Ne5		Rfc8		Na5	Qa5
12	h4(b)		Kb1(i)		h4	0-0-0
	Nc4		Ne5		Nc4	b5(v)
13	Bxc4		h4(j)		Bxc4	Kb1
	Rxc4		Nc4	b5	Qxc4	b4
14	h5(c)		Bxc4	Ncxb5(m)	Bh6(s)	Nd5
	Nxh5		Rxc4	Qxd2(n)	b5	Bxd5
15	g4		Nb3	Bxd2(o)	Bxg7	exd5
	Nf6		Qc7(k)	Nc4(p)	Kxg7	Qb5
16	Nde2	Bh6(f)	Bd4	Bxc4	Kb1	Qd3
	Re8(d)	Nxe4	Be6	Rxc4	e6	Qb7
17	Bh6	Qe3(g)	h5	b3	h5	Rhe1
	Bh8(e)	Rxc3(h)	a5(l)	Rc5(q)	b4(t)	a5(w)

(a) 10 Bb3 allows the possibility of 10 . . . Nxd4 11 Bxd4 b5 12 h4 a5 13 a4 bxa4 14 Nxa4 Be6! with chances for both sides, Shirov–Ivanchuk, Wijk aan Zee 1999.

(b) (A) 12 g4?! b5! allows Black immediate queenside play. (B) 12 Kb1 Nc4 13 Bxc4 Rxc4 14 g4 Qc7 15 g5 Nh5 16 Nd5 Qd8 17 Ne2 Be6 18 Ng3 Bxd5 19 exd5 Qd7 =, Svidler–van Wely, Wijk aan Zee 1999.

(c) This move is by far the most common choice, but 14 g4 may be stronger, e.g. 14 . . . b5 15 h5 b4 16 Nd5 e6 (16 . . . Nxd5 17 exd5 Qa5—17 . . . Qc7 18 Kb1 ± —18 Kb1 Qxd5 19 Qh2 ±) 17 Nxb4 when Black has practical chances for the pawn, but careful play should favor White.

(d) 16 . . . Qa5?! 17 Bh6 Bxh6 (17 . . . Bh8 18 Bxf8 is not enough compensation for the exchange) 18 Qxh6 Rfc8 19 Rd3! ± threatening 20 g5 Nh5 21 Nf4, Karpov–Korchnoi, match 1974.

(e) 18 e5 Nxg4! (18 . . . dxe5? 19 g5 ±) 19 fxg4 Bxe5 20 Bf4 Qa5 21 Bxe5 Qxe5 22 Qh6 Qg7 ∓, Kerek–Schneider, Budapest 1994.

(f) There are several alternatives for White, all as significant as 16 Bh6, though likewise gaining no advantage. (A) 16 Nb3 Re8 17 Bh6 (17 e5 Nxg4! as in the previous column) 17 . . . Bh8 18 Bg5 Qc8 19 Rh4 (19 Qh2 Be6 =) 19 . . . Nxg4! 20 fxg4 Bxg4 (Khalifman) leaves Black in good shape. (B) 16 Nd5 e6 17 Nxf6† Qxf6 18 Qh2 Rfc8 =. (C) 16 Kb1 Re8! 17 Nd5 e6 18 Nxf6† Qxf6 19 Qh2 h6!? (19 . . . e5 is sensible) 20 Qxd6 Rd8 = (Ward). (D) 16 e5 Nxg4 (also 16 . . . dxe5 17 Nb3 Rc6 18 Bc5 h6 ∞, Wibe–Nesis, corr. 1991) 17 fxg4 Bxg4 18 Rdg1 dxe5 19 Rxg4 Rxd4! 20 Bxd4 exd4 21 Ne4 Qd5 with fair compensation for the rook, Hellers–Ernst, Sweden 1987.

(g) (A) 17 Nxe4? Rxd4 18 Qh2 Be5 19 Qh4 Rxd1† 20 Kxd1 f5 21 Bxf8 Kxf8 ∓, Baikov–Utiatsky, USSR 1967. (B) 17 Qh2 Be5 18 f4 Bxd4 19 Rxd4 Rxd4 20 Bxf8 h5 21 gxh5 Qxf8 22 hxg6 Qg7 23 gxf7† Kxf7 24 Rg1 Bg4 25 Nxe4 Rxe4 26 Rxg4 =, Reichelt–Schneider, Dortmund 1988.

(h) 18 bxc3 Nf6 19 Bxg7 Kxg7 20 Rh4 Rg8 21 Ne2 Bc6 with chances for both sides, Wells–Duncan, England 1994.

(i) 12 h4 Ne5 13 h5 Nxh5 14 g4 Nf6 15 Bh6 Rxc3 16 bxc3 Bxh6 =, Tal–Wade, Palma de Mallorca 1966. White can play 13 Kb1 transposing into the column, but it is most flexible to play it on move 12.

(j) The positional approach, 13 Bg5, gains an edge after 13 . . . Nc4 14 Bxc4 Rxc4 15 Nb3 Qe5 16 Bf4 Qe6 17 Ne2. Black does better with the sharp 13 . . . Rc5! 14 Rhe1 (14 Bxf6 Bxf6 15 Nd5 Qxd2 16 Nxf6† Kg7 =) 14 . . . b5 15 f4 Nc4 16 Bxc4 bxc4 17 e5 Rb8!? 18 exf6 exf6 19 Bh4 Qb4 with good play for Black, Sievers–Ward, England 1991.

(k) There is no good square for the queen: (A) 15 . . . Qe5 16 Bd4 Qe6 17 Rhe1 Bc6 18 Qd3 a5 19 e5 ±, Thórhallsson–Tisdall, Gausdal 1996. (B) 15 . . . Qa6 16 e5! Ne8 (16 . . . dxe5 17 Nc5) 17 Nd5 Bxe5 18 Nxe7† Kf8 19 Nd5 Rxc2 20 Bh6† Ng7 21 Qxc2 Bf5 22 Qxf5 gxf5 23 f4 ±, Zuckerman–van Scheltinga, Wijk aan Zee 1968. (C) 15 . . . Qd8 16 Bh6 ±.

(l) 18 hxg6 hxg6 19 a4 b5!? (19 . . . Rb4 20 Rh4 b5 21 Nxb5 Qc4 22 Nc3 Rab8 23 Rdh1 ±, Wood–Ward, Lloyds Bank 1994) 20 Nxb5 Qb8 21 Nc3 Rb4 22 Bxf6?! Bxf6 23 Nd5 Bxd5 24 Qxd5 Ra6 ∓, Stefansson–Ward, Reykjavik 1998, as . . . e6 has been prepared. White can play 21 Bc3 Rxa4 22 N5d4 with slightly better chances, although the position is very sharp.

(m) 14 h5 Nc4 15 Bxc4 bxc4 16 Bh6 Bxh6 17 Qxh6 Rab8 18 Nd5 Nxd5 19 exd5 Qa3 20 Nb3 cxb3! 21 bxa3 bxc2† 22 Ka1 cxd1(Q)† 23 Rxd1 Bf5 =, Tolnai–Jovicić, Leibnitz 1990.

(n) 14 . . . Qd8?! 15 Qe2 Rc5 16 Nc3 Rb8 17 Ne6! fxe6 18 Bxc5 dxc5 19 f4 ±, Glek–Ward, Copenhagen 1995.

(o) 15 Rxd2 Rab8 16 Nc3 a5 17 a4 Nc4 18 Bxc4 Rxc4 19 Rd3 Rcb4 20 Ndb5 Bxb5 21 axb5 Nd7 =, Schlosser–Ward, Oakham 1990.

(p) 15 . . . Rab8 16 Nc3 Nc4 17 Bg5 Kf8 18 Nde2 Be6 19 Bc1 Nd7 20 h5 with a distinct edge to White, Brinck Claussen–Borge, Copenhagen 1994.

(q) 18 c4 a6 (18 . . . e5 19 Ne2 Bxb5 20 cxb5 Rxb5 21 Bg5 ±, Thórhallsson–Halldorsson, Iceland 1994) 19 Nc3 Rb8 20 Kc2 Ng4 21 fxg4 Bxd4 22 g5 ±, Reeh–Ward, England 1993.

(r) 10 . . . Qb8 11 h4 Rc8 12 Bb3 a5 13 h5! a4 14 Bd5 Nxh5 15 g4 Nf6 16 Nf5! Bxf5 17 gxf5 Nb4 18 fxg6 Nfxd5 19 Bd4! Bxd4 20 Qxd4 e5 21 gxf7† Kf8 22 Qg1 ±, Agdestein–Karlsson, Gausdal 1987.

(s) 14 h5 Rfc8 15 g4 b5 16 Kb1 b4 17 Nd5 Nxd5 18 exd5 ∓, Kiss–Pirisi, Budapest 1997.

(t) 18 hxg6 fxg6 19 Nce2 e5 20 Nb3 Rac8 21 g4 Be6 22 Ng3 ±, De Jong–Golzow, corr. 1992.

(u) 9 . . . Nd7 10 Bb3 Nb6 11 Nd5! Nxd5 12 Bxd5 Bd7 13 h4 is a simple edge for White, Jurković –Petrillo, Genoa 1987.

(v) 12 . . . Bxb3 13 cxb3! Rfc8 14 Kb1 keeps the White king safe on the queenside while h4, h5 starts a kingside attack.

(w) 18 Ba4! gives White a clear advantage, Browne–Kastner, USA 1970.

SICILIAN DEFENSE

Dragon Variation, Yugoslav Attack
9 0-0-0, 9 g4, Misc.

1 e4 c5 2 Nf3 d6 3 d4 cxd4 4 Nxd4 Nf6 5 Nc3 g6 6 Be3 Bg7 7 f3(a)

	13	14	15	16	17	18
	0-0..Nc6					
8	Qd2					Qd2
	Nc6					Bd7
9	0-0-0 ....g4			Be6(o)		0-0-0(w)
	d5 ....Nxd4(l)					Rc8
10	exd5.........Qe1(h)	Bxd4	0-0-0(p)			g4
	Nxd5	e6(i)	Be6	Nxd4........Ne5		Ne5
11	Nxc6	h4(j)	Kb1	Bxd4	h4(t)	h4
	bxc6	Qc7	Qc7(m)	Qa5	Bc4	h5
12	Bd4(b)	h5(k)	Nd5(n)	a3	Bh3	g5
	e5(c)	Nxh5	Bxd5	Rfc8(q)	Ba6	Nh7
13	Bc5	exd5	exd5	h4	b3	Kb1
	Be6(d)	exd5	Rfc8	Rab8	Qa5	0-0
14	Ne4	Ndb5	Rc1!	h5	Kb1	f4
	Rb8(e)	Qg3	a5	b5	Rfc8(u)	Ng4
15	Bc4(f)	Bf2	g4 ±	hxg6(r)	Nd5	Bg1
	Re8(g)	Qf4†=		fxg6(s)	Qxd2(v)	a6(x)

(a) 7 Bc4 Ng4! 8 Bb5† Kf8 gives Black fully equal chances.

(b) It has long been known that grabbing a pawn is dangerous here—12 Nxd5 cxd5 13 Qxd5 Qc7 14 Qc5 (14 Qxa8?! Bf5 ∓) 14 ... Qb8 15 b3 Bf5 16 Bd3 Rc8 17 Qa5 Rc3 18 Bxf5 Rxe3 19 Be4 Qf4! with good play for the pawn, Ivanchuk–Hodgson, Amsterdam 1996. White has declined the pawn with 13 Bh6 Bxh6 14 Qxh6 Qa5 15 Kb1 e5! 16 h4 Rb8 17 Bd3 (17 h5 Bf5) 17 ... e4 18 fxe4 Qb4 19 b3 dxe4 20 Be2 Qc5 21 h5 g5 =, Podlesnik–Justin, Yugoslavia 1989.

(c) Black has experimented with alternatives. (A) 12 ... Nxc3 13 Qxc3 Bh6† 14 Be3 Bxe3† 15 Qxe3 Qb6 16 Qxe7 Be6 17 Qa3 Rfd8 (17 ... Rad8 18 Re1 Rfe8 19 Bd3 c5 20 Qa4 ±, Becerra–Gallego, Linares 1997) 18 Ba6!? c5 19 Be2 c4 20 f4 ±, Kasparov–Topalov, Amsterdam 1995. (B) 12 ... Bxd4 13 Qxd4 Qb6 (13 ... Qc7 14 Bc4 ±) 14 Na4! Qa5 15 b3 Bf5 16 g4 Be6 (16 ... Bxc2 17 Rd2!) 17 Qe5 Qb4 18 c4 ±, Herra–Hernández, Havana 1993.

(d) Black should not yet worry about Bxf8 as he would get fine compensation in dark-square play. 13 . . . Re8 allows 14 Nxd5 cxd5 15 Qxd5 Qxd5 16 Rxd5 Be6 17 Rd2 Bxa2 18 b4 a5 19 Bb5 Rec8 with a tiny edge for White, but even stronger is 14 Ne4, when 14 . . . Be6 transposes into note (e) and 14 . . . f5 15 Nd6 Bf8 16 Bb5! Bd7 17 Ba4! Re6 (17 . . . Qh4 18 Bb3) 18 Nb7 Qh4 19 Bxf8 Qxa4 20 Ba3 Qc4 21 b3 Qa6 22 Na5 leaves White in control.

(e) 14 . . . Re8 15 h4 h5 (15 . . . f5 16 Ng5 Bh6 17 c4 is good; 15 . . . h6 16 g4 Qc7 17 g5 h5 18 Bc4 ±, Ehlvest–Marin, Calcutta 1997; 15 . . . Nf4 16 Qe1 Qc7 17 g3 Nd5 18 g4 a5 19 a4 ±, Zivković–Milosević, Pula 1996) 16 Bc4 a5 17 a4 Nf4 18 Qxd8 Raxd8 19 Rxd8 Rxd8 20 Bxe6 Nxe6 21 Bb6 with an endgame advantage, Kudrin–Golubev, Moscow 1995.

(f) A sharp continuation is 15 c4 Re8 16 g4 Qc8 17 Nd6 Qa6 18 b3 Nf6 19 Nxe8 Rxe8 20 Bd3 Nd7 with compensation for the exchange, Hendriks–Traut, corr. 1990.

(g) Not 15 . . . Qc8? as White can finally take the exchange safely—16 Bxf8 Qxf8 17 Qa5 ±. After 15 . . . Re8 16 h4 a5 17 Bb3 h6 18 g4 Ra8 19 a4 ± White controls some extra squares in a complex position, Popović–Sax, Subotica Int. 1987.

(h) 10 Kb1 Nxd4 11 e5! is a recent addition to White's options. Adams–Ivancuk, Dortmund 1998, continued creatively 11 . . . Nf5 12 exf6 Bxf6! 13 Nxd5 Qxd5! 14 Qxd5 Nxe3 15 Qd2 Nxd1 16 Qxd1 Be6 17 Bd3 Rfd8 with compensation for the queen.

(i) 10 . . . e5 11 Nxc6 bxc6 12 exd5 Nxd5! (12 . . . cxd5?! 13 Bg5 Be6 14 Bc4 ±) 13 Bc4 Be6 14 Ne4 Qc7 15 Bc5 Rfe8 16 h4 Nf4 may also equalize, Dvoirys–Medvegy, Oberwart 1996.

(j) 11 g4 e5! (because f3 is now unprotected) 12 Nxc6 bxc6 13 exd5 cxd5 14 Bg5 (14 g5 d4 15 gxf6 Qxf6 16 Ne4 Qxf3 ∓) 14 . . . Bb7 15 Qxe5?! h6 16 Bh4 g5 17 Be1 Nxg4 ∓, Morozevich–Savchenko, Moscow 1991.

(k) 12 exd5 exd5 13 Qd2 h5 14 Bf4 Qe7 15 Bg5 Qb4 16 Nb3 d4 17 Nxd4 Nxd4 18 Qxd4 Qxd4 19 Rxd4 Nh7 =, Gallagher–Hodgson, Bern 1996. The column is Adams–Tiviakov, Wijk aan Zee 1996.

(l) (A) 9 . . . Bd7 10 g4 Rc8 11 h4 Ne5 12 h5 Nxf3!? 13 Nxf3 Bxg4 14 h6! Bh8 15 Be2 ±, Ehlvest–Henley, New York 1997. (B) 9 . . . Be6 10 Nxe6 fxe6 11 g3! ±, as the White bishop can pressure from h3.

(m) 11 . . . Qa5? 12 Nd5 Qxd2?! 13 Nxe7† ±.

(n) Wild complications result from 12 h4 Rfc8 13 h5 Qa5 14 hxg6 hxg6 15 a3 Rab8 16 Bd3 b5 17 Qg5 Bc4 18 f4 e5!? 19 fxe5 b4 20 exf6! Qxg5 21 fxg7 f6 22 Bxc4† Rxc4 23 Rh8† Kxg7 24 Rxb8 bxc3 25 Rb7† ±, Edelman–Sziebert, Budapest 1996. The column is Golubev–Stisis, Biel 1994, with 15 g4 instead of 15 a4?!.

(o) (A) Black should wait for White to castle before exchanging on d4, e.g. 9 . . . Nxd4 10 Bxd4 Be6 11 h4 Qa5 12 h5 Rfc8 13 hxg6 hxg6 14 a3 Rab8 15 Bd3 with attacking prospects, Nunn–Ward, Lloyds Bank 1984. (B)

9 . . . Bxg4?! 10 fxg4 Nxg4 11 Nb3 a5 12 a4 Rc8 13 0-0-0 Nce5 14 Kb1 ±, Zsu. Polgar–Ashley, New York 1992. (C) 9 . . . e6 10 0-0-0 d5 11 Be2 Nxd4 12 Bxd4 dxe4 13 g5 Nh5 14 Qe3! Qc7 15 Bxg7 Kxg7 16 Nxe4 ±, Morris–Kudrin, Gausdal 1982.

(p) 10 Nxe6 fxe6 leaves Black with a compact center and the open f-file bearing on the f3 pawn. Ward cites 11 0-0-0 Ne5 12 Be2 Qc8! 13 h4 Nc4 14 Bxc4 Qxc4 as equal. Worse is 12 . . . Rc8 13 h4 Qa5 14 h5 ±.

(q) 12 . . . Rab8 13 h4 b5 14 Nd5 Qxd2† 15 Rxd2 Bxd5 16 exd5 a5 17 Bh3 Nd7 18 f4 Bxd4 19 Rxd4 Rfc8 20 g5 allows White a slight endgame edge, Stripunsky–Obsivac, Fera Vrana 1992.

(r) A tactical mess arises after 15 h6 b4! 16 Nb5 (16 hxg7 bxa3! ∓) 16 . . . Rxb5 17 Bxb5 Qxb5 18 hxg7 bxa3 19 Qd3 axb2† 20 Bxb2 Bc4 ∞, Shirov–Golubev, USSR 1985.

(s) Not 15 . . . hxg6? 16 Qg5 ±, or 15 . . . b4? 16 Nd5! Bxd5 17 g5 ±, Zsu. Polgar–Lindemann, Vienna 1991. After 15 . . . fxg6 16 g5 Nh5 17 Bxg7 (Sax–Relange, Pula 1997) 17 . . . Kxg7 18 Qd4† Kf7 19 Nd5 b4!? gives chances for both sides.

(t) 11 g5 Nh5 12 f4 Nc4 13 Bxc4 Bxc4 14 b3 Be6 15 Nce2 Bg4 =, Herbrechtsmeier–Kern, corr. 1983.

(u) 14 . . . Qa3?! 15 g5 Nh5 16 f4 Nc6 17 Bg4 Nxd4 18 Bxd4 Bxd4 19 Qxd4 Nxf4 20 e5 ±, Anand–Milenković, Sharjah 1985.

(v) 16 Rxd2 Nxd5 17 exd5 Rc3 is equal.

(w) 9 Bc4 is also reasonable against this delayed castling system. After 9 . . . Rc8 10 Bb3 Ne5 11 0-0-0 Qa5?! (11 . . . Nc4 along more usual lines is better) 12 h4 Nc4 13 Bxc4 Rxc4 14 Nb3 Qc7 15 Bd4 Bc6?! 16 e5! dxe5 17 Bxe5 White had a big advantage in Fischer–Camara, Siegen Ol. 1970.

(x) 16 Nde2 b5 17 Nd5 Bc6 18 Bg2 Re8 19 Ne3 ±, Myo–Tiviakov, Jakarta 1997.

SICILIAN DEFENSE

Classical Dragon

**1 e4 c5 2 Nf3 d6 3 d4 cxd4 4 Nxd4 Nf6
5 Nc3 g6 6 Be2 Bg7 7 0-0 Nc6 8 Be3 0-0**

	19	20	21	22	23	24
9	Nb3				Qd2	.... f4(r)
	Be6		a5	a6(k)	d5(n)	Qb6!
10	f4		a4	a4(l)	exd5	Qd3(s)
	Qc8	Na5(e)	Be6	Be6	Nxd5	Ng4
11	Kh1(a)	f5	f4(i)	f4	Nxc6(o)	Bxg4(t)
	Bg4(b)	Bc4	Rc8	Rc8	bxc6	Bxd4
12	Bg1	Bd3(f)	Bf3(j)	f5	Rad1	Bxd4
	Rb8	Bxd3	Nd7	Bxb3	Qc7	Qxd4†
13	Nd4	cxd3	Rf2	cxb3	Nxd5(p)	Qxd4
	Bxe2	d5!(g)	Nb6	Na5	cxd5	Nxd4
14	Qxe2	Nxa5	Be2	Bd3	Qxd5	Bd1
	b5!?	Qxa5	Nc4	Nd7	Be6	Be6
15	e5(c)	e5	Bxc4	Rc1	Qc5	Rf2
	dxe5(d)	d4(h)	Bxc4 =	Nc5(m)	Qxc5(q)	Rac8 =

(a) (A) 11 Bf3 Bg4 12 h3 (12 Nd5 Bxf3 13 Qxf3 Nd7 =) 12 . . . Bxf3 13 Qxf3 e6 14 Rad1 Rd8 15 f5 Ne5 16 Qf2 Nc4 = (Fedorowicz). (B) 11 h3 Rd8 12 Bf3 Bc4 13 Rf2 e5 =.

(b) Black can also play 11 . . . Rd8 12 Bg1 d5 13 e5 Ne4 14 Bd3 f5 15 exf6 exf6 16 Nb5 f5 17 c3 Bf7 with fair chances, Barua–Tiviakov, Tilburg 1992.

(c) 15 Nxc6 Qxc6 16 Bxa7 b4! 17 Nd5 (17 Bxb8?! bxc3 ∓) 17 . . . Rb7 wins the pawn back with a good game.

(d) 16 dxe5 Nd7 17 Nxc6 Qxc6 18 Bxa7 Rb7 19 Bd4 b4 20 Ne4 Nxe5 =, Glek–Khalifman, Moscow 1995.

(e) 10 . . . Rc8 11 Kh1 (11 f5?! Bd7 12 g4 Ne5 13 g5 Rxc3! is good) 11 . . . Na5 12 f5 Nc4 13 Bd4 Bd7 14 Bxc4 Rxc4 15 Qe2 b5 16 a4 ±, Seitaj–Velimirović, Kavala 1985.

(f) 12 Nxa5 Bxe2 13 Nxb7 Bxd1 14 Nxd8 Bxc2 was equal in Lasker–Riumin, Moscow 1936.

(g) 13 . . . Nxb3 14 Qxb3! Ng4 15 Bg5, Mortensen–Arnason, Esbjerg 1984, is good for White since 15 . . . Bd4† 16 Kh1 Nf2† 17 Rxf2 Bxf2 18 Nd5 Re8 19 f6 is strong.

(h) 16 Bxd4 Nd7 17 f6 exf6 18 exf6 Bxf6 19 Bxf6 Qb6† 20 Rf2 Nxf6 21 Qf3 Kg7 =, Rufenacht–Sagorowski, corr. 1991.

(i) 11 Nd4 Nxd4 12 Bxd4 Rc8 13 f4 Bc4 14 Rf2 e5 ∞, Tolush–Rovner, Leningrad 1939.

(j) 12 Kh1 Nd7 13 Bf3 Nb6 14 Bxb6 Qxb6 15 Nd5 Bxd5 =, Shamkovich–de Firmian, New York 1985. The column is Hartman–Ernst, Norrkoping 1988.

(k) The lines with . . . a6 in the Classical Dragon often arise from the Najdorf move order, 5 . . . a6 6 Be2 g6 etc. On 9 . . . Bd7 10 f4 b5!? 11 Bxb5 Ng4 12 Qf3 Nb4 is unclear, Nagy–Wharton, Budapest 1992, but 10 Kh1 is slightly better for White.

(l) 10 f4 b5 11 Bf3 Bd7 12 Qd2 Rb8 13 Nd5 b4 =, Glek–D. Gurevich, USA 1994.

(m) 16 Bc2 Nc6 17 Kh1 e6 18 Qg4 ±, Backelin–Karlsson, Uppsala 1992.

(n) 9 . . . Ng4 10 Bxg4 Bxg4 11 Nxc6 (11 f4 Nxd4 12 Bxd4 e5! =) 11 . . . bxc6 12 Bh6 Bxh6 13 Qxh6 Rb8 14 b3 Qa5 15 Qe3 ±, Timman–Topalov, Novgorod 1995.

(o) 11 Nxd5 Nxd4! 12 c4 e5 =, Honfi–Gufeld, Kecskemet 1958.

(p) 13 Bd4 e5 14 Bc5 Rd8 15 Ne4 Bf5 16 Ng3 (16 Nd6 Bf8!) 16 . . . Be6 =.

(q) 16 Bxc5 Bxb2 =, Kovalev–Savchenko, USSR 1988.

(r) Any slow move such as 9 Kh1 or 9 h3 is met with 9 . . . d5! =.

(s) (A) 10 Qd2? Nxe4 wins a pawn. (B) 10 e5 dxe5 11 dxe5 Nxe5 12 Nf5 Qxb2! 13 Nxe7† Kh8 14 Bd4 Qb4 15 Bxe5 Qxe7 16 Qd4 Nh5 ∓.

(t) 11 Nd5 Bxd4! 12 Nxb6 Bxe3† 13 Kh1 Bxb6 leaves Black well on top, Horowicz–Reshevsky, US Chp. 1951. The column is Podlesnik–Savchenko, Ljubljana 1996.

SICILIAN DEFENSE

Dragon Variation
Minor Classical, Levenfish, Misc.

1 e4 c5 2 Nf3 d6 3 d4 cxd4 4 Nxd4 Nf6 5 Nc3 g6

	25	26	27	28	29	30
6	Be2		f4 (Levenfish Variation)			g3(r)
	Bg7		Nc6!	Bg7	Nbd7	Nc6(s)
7	0-0	Be3	Nxc6(h)	e5	Be2(p)	Nde2(t)
	0-0	Nc6(e)	bxc6	dxe5?!(m)	Bg7	Bg7(u)
8	Nb3	Qd2(f)	e5	fxe5	0-0(q)	Bg2
	Nc6	0-0	Nd7(i)	Nfd7(n)	0-0	0-0
9	Bg5(a)	0-0-0	exd6(j)	e6	Bf3	0-0
	Be6(b)	Nxd4	exd6	Ne5	a6	Rb8
10	f4(c)	Bxd4	Be3(k)	Bb5†	Nb3	a4
	b5!	Be6	Be7!	Nbc6	Nb6	a6
11	Bf3	h4!	Qf3 (l)	exf7†	a4!	Nd5
	b4	Qa5	d5	Kf8(o)	Be6	b5
12	Nd5	Qg5	0-0-0	Nxc6	a5	axb5
	a5	b5!?	0-0	Qxd1†	Nc4	axb5
13	a4	Qxb5	g4	Nxd1 ±	g4 ±	Bg5
	bxa3(d)	Qc7(g)	Bf6 =			Nd7(v)

(a) 9 Kh1 a5 10 a4 Be6 11 f4 Qb6 12 Nd5 Bxd5 13 exd5 Nb4 14 Bf3 Qa6 =, Sigurjonsson–Arnason, Iceland 1985.

(b) White gains a slight plus after 9 . . . a5 10 a4 Be6 11 Kh1 Rc8 12 f4 Nb4 13 Nd4 Bc4 14 Ndb5! Bxe2 15 Qxe2 Rc5 16 Rad1 ±, Fishbein–Olesen, Philadelphia 1992.

(c) 10 Kh1 Na5 11 f4 Nc4 12 f5 Nxb2 13 Qc1?! (13 Qe1 =) 13 . . . Bc4 14 e5 Bxe2 15 Nxe2 Ne4 16 f6 exf6 17 exf6 Re8! ∓, Khalifman–Savchenko, USSR 1984.

(d) 14 Rxa3 a4 15 Bxf6 Bxf6 16 Nxf6† exf6 17 Nd4 Qb6 18 c3 Bb3 =, Ye–Ljubojević, Moscow Ol. 1994.

(e) 7 . . . Nbd7 8 0-0 a6 9 a4 is a hybrid Najdorf-Dragon where Black has some trouble freeing his position.

(f) 8 Nb3 0-0 9 f4 Be6 10 g4 is an attempt to smash Black on the kingside. In Shabalov–Finegold, Key West 1994, Black leveled the chances with 10 . . . Na5 11 g5 Nd7 12 Bd4 f6! 13 gxf6 Nxf6 14 Qd2 Rc8 15 f5 Bf7.

(g) 14 e5 (14 h5 Rfc8 ∞) 14 . . . Ne8 15 exd6 Nxd6 16 Qc5 Qxc5 17 Bxc5 Bxc3 18 bxc3 Rfc8 19 Bxd6 exd6 20 Rxd6 Rxc3 21 h5 Rc5 22 Kb2 Rf5 23 Rb1 draw agreed, Shirov–Topalov, Madrid 1996. White has some chances for advantage in this line.

(h) (A) 7 Bb5 Bd7 8 Bxc6 Bxc6 9 e5 dxe5 10 fxe5 Ne4! 11 Nxe4 Bxe4 12 0-0 Bg7 =, Penrose–Barden, Hastings 1957/58. (B) 7 Nf3 Bg7 8 Bd3 0-0 9 0-0 a6 =.

(i) 8 . . . dxe5?! 9 Qxd8† Kxd8 10 fxe5 Nd5 11 Bd2 Bg7 12 0-0-0 Kc7 13 Nxd5 † cxd5 14 c4 ±, Adianto–Babu, Madras 1996.

(j) On 9 Qf3 Black simply develops, sacrificing the soldier on c6 for time— 9 . . . Bg7 10 Bb5 0-0 11 Bxc6 Rb8 =, Bronstein–Vasiukov, USSR Chp. 1959.

(k) 10 Qd4 Nf6 11 Be3 Be7 12 Be2 0-0 13 0-0 c5 14 Qd2 d5 15 Bf3 Bb7 16 Rad1 Rb8 =, Szabo–Reshevsky, Helsinki 1952.

(l) 11 Qd2 0-0 12 0-0-0 Nb6 13 Be2 d5 14 h4 h5! 15 g4?! Bxg4 16 Bxg4 Nc4 17 Qd3 Qb8! 18 b3, Larsen–Lein, Lone Pine 1979; now 18 . . . Nxe3 19 Qxe3 Re8 20 Qd2 hxg4 21 h5 Qd6 is favorable for Black, though complicated. The column is Tarjan–Timman, Venice 1974.

(m) Black may still be able to equalize with 7 . . . Nh5 8 Bb5† Bd7 9 e6 fxe6 10 Nxe6 Bxc3† 11 bxc3 Qc8 12 Bxd7† Kxd7 13 Ng5 Qxc3† 14 Bd2 Qc4 15 Rb1 b6 ∞, Conquest–W. Watson, England 1989.

(n) A common mistake has been 8 . . . Ng4? 9 Bb5† Kf8? (9 . . . Bd7 10 Qxg4 also wins) 10 Ne6† winning the queen.

(o) 11 . . . Kxf7 12 0-0† Bf6 13 Nxc6 bxc6 14 Qxd8 Rxd8 15 Ba4 Ba6 16 Re1 ±, San Pedro–Diaz, Vasallo 1993. The column is Dzafarov–Guseynov, corr. 1975.

(p) 7 Nf3 Qc7 8 Bd3 a6 9 0-0 Bg7 transposes into the Najdorf Variation, column 39.

(q) 8 Be3 0-0 9 0-0 a6 10 Bf3 e5 11 Nb3 exf4 12 Bxf4 Ne5 13 Qe2 Be6 =, V. Ristić– N. Ristić, Yugoslavia 1990. The combination of Be3 and f4 is not best against this system. The column is Ely–Miles, Birmingham 1973.

(r) 6 Bc4 Bg7 7 h3 Nc6 8 Be3 0-0 9 Bb3 Qa5 10 0-0 transposes into the Accelerated Dragon, column 3.

(s) 6 . . . Bg7 7 Bg2 0-0 8 h3 (8 0-0 Bg4! 9 Nde2 Qc8 =) 8 . . . Nc6 9 Nb3 Rb8! 10 a4 b6 11 0-0 Bb7 =, Petursson–de Firmian, Akureyri 1994.

(t) 7 Bg2 allows the exchange 7 . . . Nxd4! 8 Qxd4 Bg7 9 0-0 0-0 with simple equality.

(u) 7 . . . Bd7 8 Bg2 Qc8 9 h3 Bg7 10 a4 0-0 11 Be3 Rd8 12 Qd2 Nb4 13 Rc1 ±, Rechlis–Rachels, Manila Int. 1990.

(v) 14 Ra2 h6 15 Bd2 Bb7 16 Bc3 Nde5 17 b3 e6 =, G. Hernández–Serper, Chicago 1997.

SICILIAN DEFENSE

Accelerated Dragon

1 e4 c5 2 Nf3 Nc6 3 d4 cxd4 4 Nxd4 g6 5 Nc3 Bg7 6 Be3 Nf6

	1	2	3	4	5	6
7	Nxc6 .... Bc4					
	bxc6		Qa5......................... 0-0			
8	e5		0-0(k)		Bb3	
	Ng8..........Nd5		0-0		a5	
9	f4(a)	Nxd5	Bb3(l) Nb3		f3(t)	
	Nh6	cxd5	d6	Qc7	d5	
10	Qd2(b)	Qxd5	h3	f4	exd5.........Bxd5	
	0-0	Rb8	Bd7	d6	Nb4	Nxd5
11	0-0-0	Bxa7(g)	f4(m)	Be2	Nde2	exd5(w)
	d6(c)	Rxb2	Qh5(n)	b6(q)	a4	Nb4
12	h3(d)	Bd4	Nf3(o)	g4(r)	Nxa4	Nde2
	Nf5	Rxc2(h)	b5	Bb7	Nfxd5	Bf5
13	Bf2	Bd3	a3	g5	Bf2(u)	Rc1
	c5	e6(i)	a5	Nd7	Bf5	b5
14	Bc4(e)	Qa8	Qd3	Nd5	0-0	0-0(x)
	Bb7(f)	Rc6(j)	b4(p)	Qd8(s)	b5(v)	Rc8(y)

(a) 9 Bd4 Qa5 10 Bc4 Bxe5 11 0-0 Nf6 12 Re1 d6 13 Bxe5 dxe5 14 Qe2 Bf5 =, Tringov–Stein, Sarajevo 1967.

(b) (A) White chose the wrong plan in C. Marino–Donaldson, Philadelphia 1997—10 Bc5?! 0-0 11 Ne4? d6! 12 exd6 exd6 13 Bxd6 Bg4 14 Be2 Re8 15 Ng3 Qb6 16 c4 Rad8 winning. (B) 10 Qf3?! 0-0 11 Bc4 d5! 12 exd6 exd6 13 Qxc6 Bd7 14 Qf3 Rc8 15 Bd3 Bg4 ∓, Fichtl–Gereben, Warsaw 1956.

(c) 11 . . . Qa5?! 12 h3 Nf5 13 Bf2 d6 14 g4 dxe5 15 gxf5 Bxf5 leaves Black too little compensation for the piece.

(d) 12 exd6 exd6 13 Qxd6 (13 Bd4 Bxd4 14 Qxd4 Nf5 15 Qd2 d5 =) 13 . . . Qxd6 14 Rxd6 Nf5 15 Rd3 Ba6 16 Bc5 Bxd3 17 Bxf8 Bxf1 18 Bxg7 Bxg2 19 Rg1 Kxg7 20 Rxg2 Rb8 ∓, Fritz 2–Kasparov, Germany 1993.

(e) 14 g4?! Nd4 15 Bg2 Rb8 16 Bxd4 cxd4 17 Qxd4 Qa5 18 Rhe1 Be6, Dückstein–Waller, Austria 1969, is good for Black as the threat of . . . Rb4 followed by . . . Rfb8 gives him a very strong attack.

(f) 15 Bd5 Bxd5 16 Nxd5 (16 Qxd5? Rb8 17 g4 Nd4 18 Bxd4 cxd4 19 Rxd4 dxe5 20 fxe5 Qb6 ∓, Faulks–Donaldson, Bermuda 1995) 16 . . . e6 17 Nf6† Bxf6 18 exf6 Qxf6 19 g4 Nd4 20 Bxd4 cxd4 21 Qxd4 Qxd4 22 Rxd4 d5 is a roughly equal endgame.

281

(g) (A) 11 0-0-0 Bb7 12 Qd4 (12 Qd2?! Bxe5 13 Bd4 Bxd4 14 Qxd4 0-0 15 Qxd7 Qa5 16 Bc4 Bxg2 17 Rhg1 Bf3 18 Rd3 Be4 19 Rc3 Qb6 20 b3 Qf6 21 Rgg3 Rfd8 22 Qxa7 Ra8 23 Qc7 Bxc2 ∓, Radulov–Forintos, Hungary 1969) 12 . . . 0-0 13 f4 d6 14 Bc4 Qc7 15 Bb3 dxe5 16 fxe5 Bxg2 =, Stein–Nei, USSR 1960. (B) 11 Bc4 0-0 12 0-0-0 (12 f4 d6 13 Bb3 Bb7 14 Qd2 dxe5 15 0-0-0 exf4 =, and 12 0-0 Qc7 13 Bf4 Bb7 14 Qd4 d6 15 Rfe1 Rfd8 16 Qc3 Rbc8 17 Bb3 Qxc3 18 bxc3 dxe5 19 Bxe5 e6 20 Bxg7 Kxg7 21 Re3 Rc7 is also equal) 12 . . . d6 13 Bxa7 Rb4 14 Bb3 Qc7 15 exd6 Qxa7 16 d7 Rxb3 17 dxc8(Q) Bxb2† 18 Kb1 Rb8 19 Qh3 Bg7† 20 Kc1 Bb2† 21 Kb1 Bg7† draw agreed, Frolov–Shabalov, USSR Chp. 1991.

(h) 12 . . . Rb8 13 Bc4 0-0 14 0-0 Bb7 15 Qc5 d6 16 exd6 exd6 17 Qa7 Bxg2! 18 Kxg2 Ra8 19 Qb6 Qd7 and since Black threatens . . . Rfb8, White must allow . . . Qg4† with perpetual check.

(i) 13 . . . Rc6 14 0-0 Ba6 15 Bxa6 Rxa6 16 a4 0-0 17 Rfd1 Ra5 18 Qb7 Qa8 19 Qb4 Bxe5 20 Bxe5 Rxe5 21 Rxd7 draw agreed, Soltis–Cvitan, Moscow 1989.

(j) With two choices: (A) 15 Bb5 Ra6 16 Bxa6 Qa5† 17 Kf1 (17 Ke2? 0-0 18 Bb7 Qb5† 19 Ke3 Bxb7, Barcza–Pokojowczyk, Subotica 1981) 17 . . . 0-0 18 Qa7 Bxa6† 19 Kg1 =, Rachels–Petursson, Manila Int. 1990. (B) 15 0-0 0-0 16 Bb5 Ba6 17 Qxd8 Rxd8 18 Bxc6 Bxf1 19 Kxf1 dxc6 20 Bc3 Rd3 21 Rc1 Rd5 22 Re1 Rc5 23 Re3 Rc4 24 Bb2 h5 =, Kupreichik–Petursson, Reykjavik 1980.

(k) Black's 7 . . . Qa5 forces White to castle kingside, as is plainly shown when White tries other eighth moves, e.g.—(A) 8 Qd2? Nxe4! 9 Nxc6 Qxc3 wins, or (B) 8 Nb3 Qb4 9 Bd3 Nxe4 etc.

(l) 9 h3!? Qb4 (9 . . . d6 is safer) 10 Bb3 Nxe4 11 Nd5 Qa5 12 Nxc6 dxc6 13 Nxe7† Kh8 14 Re1 Nc5 15 Qd6 Nxb3 16 axb3 Qd8 17 Qxd8 Rxd8 18 Bb6 ±, Hector–Andersson, Haninge 1990.

(m) 11 Re1 Rac8 12 Qd3 Ne5 13 Qe2 Qa6! (fighting for the c4 square) 14 Qxa6 bxa6 15 Nd5?! (15 Rad1 Nc4 16 Bc1 =) 15 . . . Nxd5 16 Bxd5 Nc4 17 Bxc4 Rxc4 ∓, Povah–Silman, England 1978.

(n) 11 . . . Nxd4 12 Bxd4 Bc6 13 Qd3 (13 Nd5 Rfe8 14 Bxf6 exf6 15 f5 Rxe4 16 fxg6 hxg6 17 Nxf6† Bxf6 18 Rxf6 Qc5† 19 Kh1 d5 20 Qf3 Qe7 =, Hector–Donaldson, Malmö 1986) 13 . . . Rad8 (planning . . . e5 and . . . d5) 14 Rad1 Nd7 15 Bxg7 Kxg7 16 Kh1 Nc5 17 Qd4† e5 18 Qe3 Nxb3 19 axb3 exf4 20 Rxf4 Qe5! =.

(o) 12 Qd3 a5 13 Rae1 b5 14 a3 b4 15 Nxc6 Bxc6 16 axb4 axb4 17 Nd5 Nxd5 18 exd5 Ba4! ∓.

(p) Worse is 14 . . . a4 15 Bd5! Nxd5 16 exd5 ±, J. Polgar–Kamsky, Buenos Aires 1994. After 14 . . . b4! 15 axb4 axb4 16 Rxa8 Rxa8 17 Ne2 Qa5 is equal, Hector–Minzer, La Coruña 1995. Critical and complicated is 15 Ne2 bxa3! when 16 Ng3 axb2 17 Nxh5 bxa1(Q) 18 Rxa1 Nxh5 is about equal.

(q) 11 . . . Rd8 12 Bf3 e5 13 Rf2 Be6 14 Nd5 Bxd5 15 exd5 exf4 16 Bxf4 Ne5 17 Rc1 Nfd7 18 c4 Nc5 19 Nxc5 Qxc5 =, Prandstetter–Znamenacek, Prague 1992.

(r) 12 Bf3 Bb7 13 Rf2 Na5! 14 Nxa5 bxa5 15 Bd4 Nd7 16 Nd5 Bxd5 17 exd5 Bxd4 18 Qxd4 Qc5 19 Rd1 Rfb8 20 c3 Rb7 ∓, Hammie–Silman, USA 1975.

(s) 15 Rb1 (15 Nd4?! e6! 16 Nc3 Nxd4 17 Bxd4 e5 18 Be3 exf4 19 Bxf4 Bxc3 20 bxc3 Nc5 $\mp$, Saveride–Silman, USA 1974) 15 . . . e6! 16 Nc3 Bxc3 17 bxc3 Ne7! slightly favors Black (Silman).

(t) The important alternative is 9 a4 Ng4 10 Qxg4 (10 Nxc6 Nxe3 11 Nxd8 Nxd1 12 Nd5 e6 13 Nc7 Rb8 14 Rxd1 Rxd8 15 Nb5 b6 16 f4 Ba6 17 e5 Bxb5 18 axb5 Bf8 =) 10 . . . Nxd4 11 Qh4 Nxb3 12 cxb3 Ra6?! (12 . . . e6 seems better) 13 0-0 Re6 14 Rfe1 b6 15 Bh6 Bb7 16 Bxg7 Kxg7 17 Re3 $\pm$, Topalov–Larsen, Las Palmas 1992.

(u) 13 Bd4 Bxd4 14 Qxd4 Bf5 15 Nac3 Nxc2† 16 Bxc2 Nxc3 17 Qxd8 Rfxd8 18 Bxf5 Nxe2 19 Kxe2 gxf5 20 Rhe1 e5 =, Petrushin–Khashin, USSR 1976.

(v) 15 Nac3 Nxc3 16 Nxc3 Qxd1 17 Rfxd1 Bxc2 18 Bxc2 Nxc2 19 Rac1 Bxc3 20 Rxc2 Bf6 21 b3 h5 =, Kuzmin–Tukmakov, Kishinev 1975.

(w) 11 Nxd5 f5 12 Nxc6 (12 c3 fxe4 13 fxe4 e6!? 14 Nf4 Nxd4 15 cxd4 Bxd4 16 Qxd4 Qxd4 17 Bxd4 Rxf4 18 0-0-0 Bd7! =) 12 . . . bxc6 13 Nb6 Rb8 14 Qxd8 Rxd8 15 Rd1 Rxd1† 16 Kxd1 fxe4 17 fxe4 Bxb2 18 Nxc8 Rxc8 19 Ke2 Be5 20 Rb1 Bxh2 21 a4 Bc7 22 Rb7 Kf7 =, Ivanchuk–Zsu. Polgar, Monaco 1994.

(x) Critical is 14 a3, when White gets two pieces for a rook, but allows Black active counterplay—14 . . . Nxc2† 15 Rxc2 Bxc2 16 Qxc2 b4 17 Na4 Qd5 18 Nb6 Qe6 19 Kf2 (19 Nxa8 Qxe3 20 Nc7 Rc8 21 Nd5 Rxc2 22 Nxe3 Rxb2 23 axb4 Rb1† 24 Nd1 a4 25 0-0 a3 26 Ndc3 Rxb4 27 Rd1 h5 28 Rd8† Kh7 29 Ra8 Rb3 30 Rc8 Rb2 31 Ra8 = —analysis by Bagirov) 19 . . . Rab8 20 Nf4 Qa2 21 axb4 axb4 22 Qb1 b3 23 Qxa2 bxa2 24 Ra1, Lanka–Priedniek, USSR 1980; now 24 . . . Rb7 25 Rxa2 Rfb8 26 Nc4 Rb4 is an even ending.

(y) 15 Nd4 Bxd4 16 Qxd4 Nxc2 17 Rxc2 Bxc2 18 Bh6 e5 19 Qxc5 f6 20 Qe6† Rf7 21 Ne4 Bxe4 22 fxe4 Qd7 23 Qxd7 Rxd7 24 Rxf6 Re8! with an equal ending, de Firmian–Pigusov, Moscow 1989.

SICILIAN DEFENSE

Accelerated Dragon, Maróczy Bind

1 e4 c5 2 Nf3 Nc6 3 d4 cxd4 4 Nxd4 g6 5 c4

	7	8	9	10	11	12
	Nf6 . . . . Bg7					
6	Nc3		Be3			
	d6		Nh6 . . . . Nf6			
7	f3 . . . . Be2		Nc3	Nc3		
	Nxd4(a)	Nxd4	d6	Ng4 0-0		
8	Qxd4	Qxd4	Be2(i)	Qxg4	Be2	
	Bg7	Bg7	0-0	Nxd4	b6 . . . . d6	
9	Be3(b)	Bg5(e)	0-0	Qd1	0-0(r)	0-0
	0-0	0-0	f5	Ne6(m)	Bb7	Bd7
10	Qd2	Qd2	exf5	Rc1(n)	Nxc6(s)	Qd2(v)
	Qa5	Be6	gxf5(j)	d6(o)	Bxc6(t)	Nxd4
11	Rc1	Rc1	f4	b4(p)	f3	Bxd4
	Be6	Qa5(f)	Qb6(k)	0-0	d6	Bc6
12	Nd5(c)	f3(g)	Nxf5	Be2	Qd2	f3
	Qxa2(d)	Rfc8(h)	Qxb2(l)	a5(q)	Qd7(u)	a5(w)

(a) Now that White has played f2-f3 Black can also play 7 . . . Bg7 8 Be3 0-0, when the natural 9 Be2 (9 Qd2 deters Black's equalizing continuation) allows 9 . . . Nxd4 10 Bxd4 Be6 11 Rc1 Qa5 12 Qd2 Rfc8 13 b3 a6 14 Be3 b5 =, Ernst–Petursson, Reykjavik 1994.

(b) 9 Bg5 0-0 10 Qd2 a6 11 Be2 Be6 12 Rc1 b5! 13 cxb5 axb5 14 a3 Nd7 15 b4 (on 15 Nxb5 or 15 Bxb5 then 15 . . . Nc5 with very good play for the pawn) 15 . . . Rxa3 16 Nxb5 Ra2 =, Topalov–Antunes, Candas 1992.

(c) The important alternative is 12 Be2 Rfc8 13 b3 a6 14 Na4 Qxd2† 15 Kxd2 Nd7 16 g4! (16 h4 f5 17 Bd3 Rab8 18 Nc3 Nc5 =, Nijboer–Zsu. Polgar, Groningen 1993) 16 . . . f5 17 exf5 gxf5 18 h3 (18 g5 d5) 18 . . . Rf8 19 f4 Rad8 (19 . . . d5 20 cxd5 Bxd5 21 Rhd1 ±) 20 Nc3 d5 21 gxf5 Bxf5 22 cxd5 Nf6 23 Bb6 Rd7 24 Ke3 with a slight endgame edge, A. Rodríguez–Antunes, Matanzas 1994.

(d) On 12 . . . Qxd2† 13 Kxd2 White enjoys an endgame plus. After 12 . . . Qxa2 13 Nxe7† Kh8 14 Be2 (14 Bd4 Rae8 15 Nd5 Bxd5 16 cxd5 Rc8 17 Be2 Rxc1 18 Qxc1 Nd7 19 Bxg7† Kxg7 20 Qc3† Kg8 21 Kf2 Nb6 22 Qf6 Na4 =) 14 . . . Ng8 15 Nd5 Bxd5 16 cxd5 Rfc8 17 0-0 a5 18 Bd4 1 Qb3?! 19 f4 Qb4 20 Qxb4 axb4 21 Bxg7† Kxg7 22 e5 ±, Shaked–Donaldson, Reno 1994.

(e) White's alternatives may be preferable: (A) 9 0-0 0-0 10 Qe3 Be6 11 Bd2 Qb6! 12 b3 Qxe3 13 Bxe3 Nd7 14 Rac1 Nc5 15 f3 a5 16 Nd5 Bxd5 17 exd5 Bb2 18 Rc2 Ba3 =. (B) 9 Be3 0-0 10 Qd2 Be6 11 0-0 Qa5 12 Rab1!? Rfc8 13 b3 Ng4

(13 ... b5 14 b4 Qc7 15 e5 dxe5 16 Nxb5 ±, Ivanchuk–Kovačević, Belgrade 1997) 14 Nd5 Qxd2 15 Bxd2 Kf8 (15 ... Bxd5 16 exd5 ±) 16 Bg5 f6 17 Bd2 Ne5 18 f4 ±, Gelfand–Andersson, Polanica Zdroj 1997.

(f) 11 ... a6 12 b3! b5? (Black should transpose back to the main lines with 12 ... Qa5 13 f3 Rfc8 when 14 Na4 is similar to note (c)) 13 cxb5 axb5 14 Bxb5 Qa5 15 Bc6! Ra6 16 Na4! ±, Serper–Donaldson, Las Vegas 1997.

(g) 12 0-0 Rfc8 13 b3 a6 14 f4 Rc5 15 Bf3 Rac8 16 Qe3 b5 17 e5 dxe5 18 fxe5 Nd7 19 Bd5 bxc4 20 b4 Qxb4 21 Bxe7 Qa5 22 Bxe6 fxe6 23 Bxc5 Qxc5 24 Qxc5 Nxc5 =, Wojtkiewicz–Donaldson, Hamburg (rapid) 1994.

(h) 13 b3 a6 14 Nd5 (14 Na4 transposes to note (c) after a later ... f6 and Be3) 14 ... Qxd2† 15 Kxd2 Nxd5 16 cxd5 Bd7 17 h4 f6 18 Be3 f5 19 exf5 gxf5 20 g4 fxg4 21 fxg4 Bb2 =, Mokry–Zsu. Polgar, Tenčianské Teplice 1985.

(i) 8 h3 f5 9 exf5 Nxf5 10 Nxf5 Bxf5 11 Qd2 Qa5 12 Rc1 0-0 =, Tsing Huan–Larsen, Bled/Portorož 1979.

(j) 10 ... Nxd4 11 Bxd4 Bxd4 12 Qxd4 Nxf5 13 Qd2 Bd7 14 Bf3 Bc6 15 Bd5† ±, Tal–Kupreichik, Sochi 1970.

(k) 11 ... Bd7 12 Qd2 Ng4 13 Bxg4 fxg4 14 Rad1 Qe8 15 Nde2 Rd8 16 b3 Qg6 17 Nb5 ±, Illescas–Abramović, Biel Int. 1993.

(l) 13 Nxh6† Bxh6 14 Rc1 Bg7 15 Rc2 (15 Nd5 Qxa2 16 c5 Kh8 17 Bf3 Be6 18 cxd6 exd6 19 Nc7 Bb3 ∓, Yermolinsky–I. Ivanov, USSR 1980) 15 ... Qa3 16 Qd2 Be6 17 Kh1 Rac8 with chances for both sides, Spassov–Nicevski, Sofia 1976.

(m) 9 ... e5!? 10 Nb5 (10 Bd3 0-0 11 0-0 d6 12 Nb5!? Nxb5 13 cxb5 d5 14 exd5 Qxd5 15 f3 Be6 16 Qe2 Qd7 17 Rfd1 ±, Z. Almasi–Chatalbashev, Krynica 1998) 10 ... 0-0 11 Qd2 Qh4 12 Bd3 d5 13 cxd5 Nxb5 14 Bxb5 Qxe4 15 0-0 Rd8 16 Rfd1 ± 16 ... Qf5 17 Rac1 Bd7 18 Be2 e4 19 Rc7!? Bc6 20 dxc6 Rxd2 21 Rxd2 bxc6 22 Bc4 Be5 23 Rb7 (23 Rxf7 Qxf7 24 Bxf7† Kxf7 25 Rd7† Ke6 26 Rxh7 a5 =, Gufeld–Espig, Sochi 1972) 23 ... Rf8 24 Rxa7 Bf4 =, Quist–Espig, Germany 1993.

(n) 10 Be2?! Bxc3† 11 bxc3 b6 12 0-0 Bb7 13 f3 Qc7 14 Rb1 0-0 15 Qd2 f5 16 exf5 gxf5 ∓.

(o) 10 ... Qa5 11 Be2 b6 12 Qd5 Qxd5 13 cxd5 Nd4 14 Bc4 Bb7 15 Kd2 e6 16 Rhd1 ±, Ribli–Rogers, Germany 1995.

(p) Taking away c5 from the Black knight. A different type of game arises from 11 Bd3 (11 Qd2 Qa5 12 Be2 Bd7 13 0-0 Nc5 14 f3 Na4! =) 11 ... 0-0 12 0-0 a5 13 Bb1 Bd7 14 Qe2 Bc6 15 Rfd1 ±, Beliavsky–Velimirović, Reggio Emilia 1986/87.

(q) Worse is 12 ... b6 13 Qd2 Bb7 14 f3 Kh8 15 0-0 f5 16 exf5 gxf5 17 f4 ±, Suba–Joksić, Zurich 1987. The column is Marjanović–Velimirović, Sarajevo 1984, which continued 13 a3 axb4 14 axb4 Bd7 15 0-0 Bc6 16 Qd2 Ra3 17 Nd5 Re8 18 Rfd1 Nf8 19 h3 ±.

(r) 9 Nxc6 immediately may also give White some advantage.

(s) There are some tricky lines to avoid: (A) 10 Rc1? Nxd4 11 Bxd4 Bh6! 12 Rc2 Nxe4 ∓. (B) 10 Qd2?! Nxd4 11 Bxd4 e5! 12 Bxe5 Nxe4 13 Nxe4 Bxe5 ∓.

(C) 10 f3 Rc8 11 Qd2 d6 12 Rfd1 is slightly better for White, but Black could try 10 . . . Nh5.

(t) On 10 . . . dxc6 11 c5! is very good for White.

(u) 13 a4 Qb7 14 a5 bxa5 15 Rxa5 Rfb8 16 Rb1 Qb4 17 Nb5 ±, Ghitescu–Gavrilakis, Sofia 1986.

(v) (A) 10 Nb3 a5 11 Nd2 Nb4 12 a3 Na6 13 Rb1 Nc5?! 14 e5! ±, Tukmakov–Cebalo, Bled 1997. (B) 10 Rc1 Nxd4 11 Bxd4 Bc6 12 f3 a5 13 b3 Nd7 14 Bxg7 Kxg7 15 Qd4† Kg8 16 Rfd1 ±.

(w) 13 Kh1 Nd7 14 Bxg7 Kxg7 15 f4 Nc5 16 Bf3 a4 17 Rae1 ±, Karlsson–Wedberg, Eksjo 1980.

SCHEVENINGEN VARIATION

2 Nf3 e6 3 d4 cxd4 4 Nxd4 Nf6 5 Nc3 d6

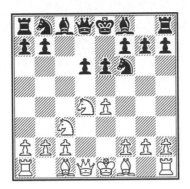

NAMED AFTER THE DUTCH CITY, the Scheveningen Variation is a classically motivated defense. Black creates a backward pawn center with his duo at d6 and e6, leaving no weakness on the important central squares d5 and e5. Black intends to simply develop his (her) pieces and then proceed with queenside counterplay. The Scheveningen has been a favorite of Kasparov's, although he often arrives at the position through transposition, playing 5 . . . a6 and 6 . . . e6. Other top players use the defense frequently and it is well respected, but it doesn't have the devoted following of the Najdorf or Dragon Variations, perhaps because it is too straightforward and logical. White has several ways to combat the Scheveningen Variation, almost all of them leading to dynamic positions.

The main line is 6 Be2 Be7 7 0-0 Nc6 8 f4 0-0 9 Be3 a6 (columns 1–6), in which both sides develop before embarking on an active plan. White can play to restrict Black on the queenside with 10 a4 (columns 1–3) as did Anand in several games of his 1995 World Championship match with Kasparov. Plans where White plays g4, launching a kingside assualt, can be very dangerous. 10 Qe1 (columns 4–6) is a more direct attacking attempt, which Black has less trouble handling.

Other variations of 6 Be2 are covered in columns 7–12. Black delays or omits . . . a6 in columns 7–9, leaving White somewhat freer. An early . . . a6 and less played lines are the subject of columns 10–12. Black has reasonable chances in these, so often White should look to transpose into column 1.

The Keres Attack, 6 g4 (columns 13–18), is the sharpest response to the Scheveningen, favored by attacking players. White immediately begins kingside operations, not waiting to complete development. The safest response is 6 . . . h6 (columns 1–3), holding kingside space. Black can

287

maintain a solid pawn formation with 6 . . . a6 (column 4), 6 . . . Be7 (column 5) or 6 . . . Nc6 (column 6) at the cost of allowing White the initiative.

6 Be3 (columns 19–21) had been developed into a dangerous attacking scheme by English players in the 1980s and early 90s, but accurate countermeasures have been discovered for Black. 6 f4 (columns 22–23) and 6 g3 are reasonable choices to obtain a playable position, but they are not theoretically critical.

SICILIAN DEFENSE

Scheveningen Variation, Main Line (6 Be2)

1 e4 c5 2 Nf3 e6 3 d4 cxd4 4 Nxd4 Nf6 5 Nc3 d6
6 Be2 Be7 7 0-0 Nc6 8 Be3 0-0 9 f4 a6

	1	2	3	4	5	6
10	a4...Qe1(n)					
	Qc7(a)			Qc7........................Bd7(w)		
11	Kh1(b)			Qg3..........Kh1		Rd1(x)
	Re8(c)			Nxd4(o)	Nxd4(s)	Nxd4
12	Bf3(d)			Bxd4	Bxd4	Bxd4
	Rb8(e).....................Bd7			b5	b5	Bc6
13	g4............Qd2		Nb3	a3	a3(t)	Bf3
	Nxd4	Na5(h)	b6(j)	Bb7	Bb7	Qc7
14	Bxd4	Qf2	g4(k)	Rae1	Qg3	e5
	e5(f)	Nc4	Bc8	Bc6	Bc6	Nd7
15	fxe5	Bc1	g5	Bd3	Rae1	exd6
	dxe5	e5	Nd7	e5(p)	Rae8(u)	Bxd6
16	Ba7	Nde2	Bg2	dxe5	Bd3	Bxc6
	Ra8	exf4	Bb7(l)	Nh5	e5!	Qxc6
17	g5	Nxf4	Qh5	exd6!?(q)	fxe5	Qg3
	Rd8(g)	Be6(i)	Nb4(m)	Nxg3(r)	Nh5(v)	g6 =

(a) There can be several different move orders that reach this position. 10 . . . Bd7 11 Nb3 transposes into column 7.

(b) A useful waiting move. Instead, (A) the retreat 11 Nb3 b6 12 Bf3 Rb8 13 Qe2 Nd7 14 Rfd1 Na5! allows Black active play, Yuja–Arnason, Thessaloniki 1984. (B) 11 Qe1 Nxd4 12 Bxd4 e5 13 Be3 exf4 14 Bxf4 Be6 15 Qg3 Nd7 16 Bh6 Qc5† 17 Kh1 Qe5 18 Bf4 Qc5 19 Nd5 Bxd5 20 exd5 Ne5! 21 Bxe5 dxe5 22 Qxe5 Bd6 23 Qf5 Rae8 with good play for the pawn in the bishops of opposite color middlegame.

(c) 11 . . . Rd8 12 Qe1 (12 Bf3?! Ne5!) 12 . . . Nxd4 13 Bxd4 e5 14 Bg1! exf4 15 a5 Re8 16 Bb6 Qb8 17 Rxf4 Be6 (17 . . . d5?! 18 Qf2 dxe4 19 Bc4! ±) 18 Qg3 Nd7 19 Bd4 Ne5 20 Na4 Qc7 21 Nb6 Rab8 22 c4 ±, Klovans–Maksimenko, Riga 1988. (B) 11 . . . Bd7 12 Qe1 Nxd4 13 Bxd4 Bc6 14 Qg3 ±.

(d) (A) 12 Bd3 Nb4 13 a5 Bd7 14 Nf3 Rac8 15 Bb6 (15 Bd4 Bc6 16 Qe1 Nd7 17 Qg3 Bf8 =, Svidler–Anand, Linares 1999) 15 . . . Qb8 16 Qe2 Bc6 17 Nd4 Nxd3 18 cxd3 d5 =, Anand–Kasparov, World Chp. 1995. (B) 12 Qe1 Nxd4 13 Bxd4 e5 14 fxe5 dxe5 15 Qg3 Bd8! =.

(e) 12 . . . Nxd4 13 Qxd4 e5 14 Qd2 exf4 15 Bxf4 Be6 16 Rfd1 Rad8 17 h3 ±, Panchenko–A. Sokolov, Moscow 1981.

(f) 13 . . . Bf8 14 g5 Nd7 15 Bg2 g6 16 Qd2 ±, de Firmian–Schroer, Philadelphia 1997.

(g) 18 Qe2 Ne8 19 Be3 (19 Qf2? Rxa7!) 19 . . . Be6 20 Qf2 Rdc8 (20 . . . Qc4?! 21 Nd5 Bxd5 22 b3 Qc3 23 exd5 ±, Dolmatov–Namgilov, Russian Chp. 1996) 21 Rad1 Bc5 22 Nd5 Bxd5 23 Rxd5 Bxe3 24 Qxe3 Qxc2 25 Rxe5 with a sharp position, Voitsekhovsky–Vaulin, Russian Chp. 1997. White has serious attacking chances (Qf4 is next) while Black's pawn structure is better. Both sides should note the interesting line 20 Bg4 Bc4 21 Qf2 Qc6! 22 b3 Bxf1 23 Rxf1 Nd6 (23 . . . f6 24 Nd5! ±) 24 Nd5 Re8 25 c4 b5! =.

(h) (A) 13 . . . Bd7 14 Nb3 b6 15 g4 Bc8 16 g5 Nd7 17 Bg2 is similar to the next column. (B) 13 . . . Nxd4 14 Bxd4 e5 15 Ba7 Ra8 16 Be3 Bd7 (16 . . . exf4 17 Bxf4 Be6 18 Rfd1 ± is note (e)) 17 a5 Rac8 18 Be2 Bc6 ∞, Karpov–Kasparov, World Chp. 1985.

(i) 18 b3 Ne5 19 Bb2 Rbc8 20 Rac1 Qc5 21 Qg3 g6 with chances for both sides, Anand–Kasparov, Linares 1997.

(j) 13 . . . Na5 14 Nxa5 Qxa5 15 Qd3 Rad8 16 Rfd1 Bc6 17 b4! Qc7 18 b5 Bd7 19 Rab1 axb5 20 Nxb5! with the initiative, Anand–Kasparov, World Chp. 1995.

(k) 14 Qd2 Rab8 15 Bf2!? Bc8 16 Bg3 Nd7 17 e5 dxe5 18 Rae1 Bb7 19 fxe5 Ncxe5 20 Bxb7 Rxb7 21 Qe2 f6 22 Qxa6 Bb4 23 Nb5 Qc8 24 c3 Bf8 and White is just a shade better, Anand–Topalov, Linares 1999.

(l) 16 . . . Rb8 17 Qh5 g6 18 Qh3 Nb4 19 f5! Ne5 (19 . . . Nxc2? 20 fxg6 fxg6 21 Rf7!) 20 Nd4 exf5 21 exf5 Bb7 22 Ne4 ±, Rachels–Browne, US Chp. 1989.

(m) 18 Nd4 g6 19 Qh3 e5 20 fxe5 Nxe5 (20 . . . dxe5? 21 Rxf7!) 21 Rae1 Bf8 22 Rf4 Bg7 with chances for both sides, Aleksieva–Palac, Cannes 1997. White probably has a theoretical advantage in this 12 . . . Bd7 line, but in practice Black finds many resources.

(n) Slow is 10 Kh1 Bd7 11 Qe1 (11 a4 Nxd4 12 Bxd4 Bc6 =) 11 . . . b5 12 a3 Qb8! 13 Qg3 b4 14 axb4 Qxb4 =. Notice that the Black queen saved a tempo here by not going to c7.

(o) 11 . . . Bd7 12 Kh1 transposes into note (r).

(p) Less complicated is 15 . . . Rae8 16 Qh3 e5 17 Be3 Qd7 =, J. Polgar–Portisch, Monaco 1994, but 16 Kh1 is pleasant for White.

(q) 17 Qf3 dxe5 18 Nd5 Bxd5 19 exd5 exd4 =, Hazai–Averkin, Sochi 1982.

(r) 18 dxc7 Nxf1 19 Nd5 (Wang–Liang, Beijing 1993) 19 . . . Bxd5 20 exd5 Bd6 21 Be5 Rfe8 22 Bxd6 Rxe1 23 Kf2 Rd1 24 Bf4 Nxh2! 25 Bxh2 Rxd3 26 cxd3 Kf8 27 d6 Ke8 ∓. This is a long and complicated variation, yet Black seems to be in good shape.

(s) Black can again step into a critical variation with 11 . . . Bd7 12 Qg3 b5 (12 . . . Kh8 13 a3 b5 14 Bd3 ±) 13 e5 dxe5 14 fxe5 Nxe5 15 Rxf6!? Bxf6 16 Bf4 b4! 17 Ne4 Kh8 18 Nf3 Qxc2 19 Nxe5 (19 Nxf6 Nf3 ∞), now Reyes–Eseban, Jaca 1990 continued 19 . . . Qxe2? 20 Nxf6 gxf6? 21 Bh6 Resigns. Black can try instead 19 . . . Qxe4 20 Bf3 Qc2 with fair chances.

(t) 13 e5 dxe5 14 dxe5 Nd7 15 Ne4 Bb7 16 Bd3 Rad8 17 Qg3 Bxe4 18 Bxe4 Nc5 Draw, Chandler–Ribli, Germany 1991.

(u) The older defense leaves White with attacking prospects—15 . . . Qb7 16 Bd3 b4 17 Nd1! bxa3 18 bxa3 g6 19 Nf2 Nh5 20 Qe3 Nxf4?! 21 Qxf4 e5 22 Ng4! ±, Shirov–Benjamin, Horgen 1994.

(v) 18 Qh3 dxe5 19 Be3 Nf4 20 Bxf4 exf4 21 e5 g6 =, Brenjo–Abramović, Yugoslavia 1996.

(w) 10 . . . Nxd4 11 Bxd4 b5 12 Rd1!? Bb7 (12 . . . b4?! 13 Na4 Nxe4? 14 Bf3) 13 Bf3 Qc7 14 e5 dxe5 15 fxe5 Nd7 16 Bxb7 Qxb7 17 Ne4 Qc7 18 Qg3 Kh8 19 Nd6 Kg8 20 c3 ±.

(x) 11 Qg3 Nxd4 12 Bxd4 Bc6 13 Rae1 b5 14 a3 Qd7! and . . . a5 with quick counterplay. White should try 11 a4, as the column (analysis by Kasparov) brings no advantage.

SICILIAN DEFENSE

Scheveningen Variation, 6 Be2

1 e4 c5 2 Nf3 e6 3 d4 cxd4 4 Nxd4 Nf6 5 Nc3 d6 6 Be2

	7	8	9	10	11	12
	Be7 . . . . a6					
7	0-0			0-0 . . . . Be3(s)		
	Nc6			Qc7(l) Nbd7		Nbd7(t)
8	Be3 . . . . Kh1		f4	f4(p)	g4
	0-0		0-0	Be7(m)	b5	h6?!(u)
9	f4 . . . . f4		Kh1	Bf3	f4
	Bd7 . . . . e5(e)		Nxd4(j)	0-0	Bb7	Nc5
10	Nb3(a)	fxe5(f)	Qxd4	Bf3(n)	e5(q)	Bf3
	a6(b)	dxe5	Bd7	Nc6	Bxf3	e5
11	a4	Nf5	Bf3	Nxc6	Nxf3	Nf5
	Na5(c)	Bxf5	Bc6	bxc6	dxe5	Bxf5(v)
12	e5	Rxf5	a4	Na4	fxe5	exf5
	Ne8	g6(g)	Qc7	Bb7	Ng4	Qb6
13	Nxa5	Rf2	Be3	c4	Qe2	Nd5
	Qxa5	Nd4	Rfd8	c5	b4!	Nxd5
14	Qd2	Bd3(h)	a5	Qc2	Na4	Qxd5 ±
	Rc8(d)	b5(i)	d5(k)	Nd7(o)	Rc8(r)	

(a) 10 Qe1 Nxd4 11 Bxd4 Bc6 12 Qg3 g6 13 f5?! (13 Bf3 b5 =) 13 . . . e5 14 Be3 Nxe4 15 Nxe4 Bxe4 16 Bh6 Re8 17 Kh1 Rc8 ∓. Black's queen on d8 helps with the defense.

(b) (A) 10 . . . Qc7 11 Bf3 Rfd8 12 Kh1 Be8 13 Qe2 Nd7 14 Rad1 ±, Andersson–Akoral, Vaxjo 1992. (B) 10 . . . a5 11 a4 Nb4 12 Bf3 e5 13 Rf2 Bc6 14 Rf2 exf4 15 Bxf4 Qb6† 16 Kh1 Nd7 17 Bxd6 Bxd6 18 Rxd6 Ne5 19 Nd5 Qf2 20 Ne7† Kh8 21 c3 ±, Mokry–Bönsch, Brno 1991.

(c) If Black allows 12 a5 his position becomes constricted on the queenside. On 11 . . . b6 12 Bf3 Rb8 13 Qe2 Nb4 14 Rad1 Qc7 15 g4 White has a clear plus, Fishbein–Cebalo, Herning 1991.

(d) Or 14 . . . Qc7 15 Bd4 ±. After 14 . . . Rc8 15 Bf3 Qc7 16 a5 Bc6 17 Bb6 Qb8 18 Rae1 White controls more space, Geller–Espig, Dortmund 1991.

(e) On 9 . . . Qc7 Black would equalize against both 10 Ndb5 Qb8 and 10 Qe1 Nxd4 11 Bxd4 e5. White should play 10 Kh1 when 10 . . . a6 11 a4 transposes into column 1 and 10 . . . Bd7 11 Qe1 leaves White with his usual initiative.

(f) 10 Nb3 exf4 11 Bxf4 (11 Rxf4 Be6 12 Nd5 Bxd5 13 exd5 Ne5 =) 11 . . . Be6 12 Kh1 d5 13 e5 Nd7 14 Nxd5 Ndxe5 15 c4 Bg5 =, Kamsky–Anand, Buenos Aires 1994.

(g) 12 . . . Qxd1 13 Rxd1 g6 14 Rf2 Nd4 15 Bh6 Nxe2† (15 . . . Nxc2? 16 Bg5! Nd5 17 Bxe7 Nxe7 18 Rd7 Nc6 19 Bc4 ±, Geller–Tal, USSR Chp. 1983) 16 Rxe2 Rfd8 17 Rf1! Ng4 18 Bd2 ±, Prodanov–Cvetković, Varna 1983.

(h) 14 Qd3 Qb6! (Illescas) equalizes immediately as White has trouble with b2.

(i) 15 a3 a5 16 Bg5 b4 (Burnazović –Petrović, Pula 1990) 17 axb4 axb4 18 Rxa8 Qxa8 19 Bxf6 ±.

(j) (A) 9 . . . a6 10 Nxc6! bxc6 11 e5 dxe5 12 fxe5 Nd5 13 Ne4 ±, Mestel–Stean, Margate 1982. (B) Interesting is 9 . . . Qb6 10 Nb3 Qc7! 11 Bf3 a6 12 a4 b6 13 Be3 Bb7 (Adorjan) that seems to give Black fair chances.

(k) 15 e5 Ne4 16 Bxe4 dxe4 17 Qc4 Rac8 18 Qe2 (18 Bxa7 e3!) 18 . . . Bb4 19 Bxa7 Bxa5 =, Benjamin–Shabalov, Pleasantville 1993.

(l) Black takes risks with 7 . . . b5 8 Bf3 Ra7 9 a4 b4 10 Na2 d5 11 e5 Nfd7 12 Re1 Bc5 13 Bf4 0-0 14 Nc1 Rc7 15 Ncb3 +, Khalifman–Nepomnishay, Leningrad 1988.

(m) 8 . . . b5 9 Bf3 Bb7 10 e5 dxe5 11 fxe5 Nfd7 12 Bf4 b4 13 Ne4 Nxe5 14 Kh1! Be7 15 Ng5 Bxg5 16 Bxb7 Qxb7 17 Bxe5 0-0 18 Qg4 ±, Karpov–Ljubojević, Turin 1982.

(n) 10 a4 Nc6 11 Be3 transposes into column 1.

(o) 15 Be3 Rad8 16 b3 Rfe8 17 Rad1 Bc6 18 Nc3 Nf8 19 g3 Bf6 with just a minor edge, Landa–Milov, Oberwart 1994.

(p) 8 a4 b6 9 f4 Qc7 10 Kh1 Bb7 11 Bf3 Be7 12 Qe2 0-0 13 g4 Nc5 14 g5 Nfd7, Dasakis–Kofidis, Katerini 1993; now 15 Bg2 and 16 Rf3-h3 should generate real attacking chances.

(q) 10 a3 Rc8 11 Qe1 Rc4 12 Be3 h5!? 13 Kh1 e5 14 Nb3 Ng4 ∞, J. Kristiansen–Mokry, Malmö 1985/86.

(r) 15 Bf4 (15 h3 Qa5) 15 . . . Qa5 16 b3 Qb5 17 Rae1 h5 18 Qd2 Nc5 19 Nb2 Rd8 =, Anand–J. Polgar, Dortmund 1996.

(s) White can always respond to . . . a6 with a4 if he is willing to play the main lines of cols. 1–3.

(t) Black can also play the usual 7 . . . Be7, after which 8 f4 0-0 9 9 0-0 Nc6 is the main lines of cols. 1–6.

(u) Black's best play is Kasparov's untested suggestion 8 . . . Nc5 9 Bf3 h6 10 h4 g6! =. 9 f3 b5 10 a3 Qc7 11 g5 Nfd7 12 Qd2 Nb6 was unclear in Pierrot–Bastidas, Argentina 1997.

(v) 11 . . . g6 12 fxe5! Nfxe4 13 Nxe4 Nxe4 14 Nxd6† Bxd6 15 exd6 ±. The column is Liang–Rodríguez, Penang 1991.

SICILIAN DEFENSE

Scheveningen Variation, Keres Attack

1 e4 c5 2 Nf3 e6 3 d4 cxd4 4 Nxd4 Nf6 5 Nc3 d6 6 g4

	13	14	15	16	17	18
	h6			a6............	Be7	Nc6(u)
7	g5............	h4(g)		g5	g5	g5
	hxg5	Nc6..........	Be7(m)	Nfd7	Nfd7	Nd7
8	Bxg5	Rg1	Rg1(n)	Be3	h4	Be3(v)
	Nc6(a)	h5(h)	d5	b5	Nc6	a6(w)
9	Qd2	gxh5(i)	exd5	a3	Be3	Qd2(x)
	Qb6(b)	Nxh5	Nxd5	Bb7(p)	0-0(s)	Qc7
10	Nb3	Bg5	Nxd5	h4	Qe2	0-0-0
	a6	Nf6(j)	Qxd5	Nb6(q)	Nxd4	Nxd4
11	0-0-0	Rg3(k)	Bg2	h5	Bxd4	Qxd4
	Bd7	a6	Qc4	N8d7	a6	b5
12	h4(c)	Nxc6	Be3	g6!	0-0-0	h4
	Qc7	bxc6	Bd7	hxg6	b5	Rb8
13	Be2	Qf3	Qe2	hxg6	a3	Kb1
	0-0-0(d)	Rb8	Qxe2†	Rxh1	Rb8	b4
14	f4(e)	0-0-0	Kxe2	gxf7†	f4	Na4 ±
	Be7(f)	Qb6(l)	Nc6(o)	Kxf7(r)	Re8(t)	

(a) 8 . . . a6 9 Bg2 Bd7 10 Qe2! Be7 11 0-0-0 Qc7 12 h4 Nc6 13 f4 leaves White more active than in the column, Geller–Korchnoi, Moscow 1971.

(b) It is good to chase the knight from the center. On 9 . . . a6 10 0-0-0 Bd7 11 h4 Be7 12 f4 Nh5 13 Bh3! Nxd4 14 Qxd4 f6 15 Bg4 Qc7 16 f5 fxg5 17 Bxh5† Rxh5 18 Qxg7 ±, Veroci Petronic–Ioseliani, 1980.

(c) 12 f4 0-0-0 13 h4 Qc7 14 Bg2 Be7 15 Bf3 is another order of moves to arrive at note (f).

(d) Sharper is 13 . . . b5 14 Rhe1 Be7 15 Kb1 b4 16 Nd5! exd5 17 exd5 Na5 18 Nd4 Kd8 19 Qf4 Kc8 20 Bf3 with an attack for the piece, Grünfeld–Akopian, Haifa 1995.

(e) 14 h5 Be7 15 Qf4!? Ne5 (15 . . . e5 16 Qf3 Bg4 17 Qxf6! gxf6 18 Bxg4† Kb8 19 Nd5 ±, Tisdall–Jansa, Oslo 1988) 16 h6 Ng6 17 Qf3 Ne5 18 hxg7! ±, van Riemsdijk–Paolozzi, Brazil 1986. Black should try 14 . . . Nxh5 15 Bxh5 f6.

(f) 15 Bf3 g6 16 Ne2 Ne8 17 Bxe7 Nxe7 18 Qe3 e5 with a very small edge for White, Palac–Stohl, Vinkovci 1995.

(g) (A) 7 Rg1 Nc6 8 h4 is an equally common order of moves as the column continuation. White has played plans for a slower buildup: (B) 7 h3 Nc6 8 Be3 g5! 9 Bc4 Ne5 10 Bb3 a6 11 a4 Bd7 12 f3 Rc8 13 Qe2 Qa5 14 0-0 Ng6 =, Bologan–Atlas, Yerevan Ol. 1996. (C) 7 Bg2 Nc6 8 h3 Bd7 9 Be3 a6 10 f4 Qc7 11 Qf3 Nxd4 12 Bxd4 e5 13 Be3 Bc6 ∞, Svidler–Akopian, Russia 1993.

(h) 8 . . . d5 9 Bb5 Bd7 10 exd5 Nxd5 11 Nxd5 exd5 12 Be3 Qxh4 13 Qe2 Nxd4 14 Bxd4† Qe7 15 Bxd7† Kxd7 16 Be3! Rd8 17 0-0-0 ±, Ashley–Salov, New York 1995.

(i) 9 g5 Ng4 10 Be2 d5! 11 Nxc6 (11 Bxg4 hxg4 12 g6 f6 13 exd5 exd5 =) 11 . . . bxc6 12 Bxg4 hxg4 13 Qxg4 d4 14 Ne2 Rb8 gives Black good play for the pawn, Schmittdiel–Adorjan, Dortmund 1984.

(j) 10 . . . Qb6?! 11 Nb3 a6 12 Qe2! (now a more active post than d2) 12 . . . Qc7 13 0-0-0 b5 14 Bg2 ±, Ljubojević –Kotronias, Dubai Ol. 1986.

(k) 11 Qd2 Qb6 12 Nb3 a6 13 Be2 Qc7 14 h5 Nxh5 15 Rh1 g6 16 Bxh5 gxh5 17 Qe2 b5 18 Rxh5 Rxh5 19 Qxh5 b4 =, Popović –Ljubojević, Manila Int. 1990.

(l) 15 b3 Nh5 16 Rg1 d5 17 Kb1 Bb4 18 Bh3 Qa5 19 Ne2 Bd7 20 c4! with the attack, Morović–Veingold, Spain 1993.

(m) 7 . . . a6 8 Bg2 Nc6 9 g5 hxg5 10 hxg5 Rxh1† 11 Bxh1 Nd7 12 f4 Qb6 13 Nde2 g6 14 b3 Qc5 15 Qd2 b5 16 Bb2 Bb7 17 0-0-0 ±, Anand–J. Polgar, Madrid 1993.

(n) Now 8 Bg2 is not so effective because Black has time on the kingside— 8 . . . Nc6 9 g5 hxg5 10 hxg5 Rxh1† 11 Bxh1 Nh7 12 f4 g6! 13 e5 (otherwise Black plays . . . e5) 13 . . . dxe5 14 Nxc6 bxc6 15 Qxd8† Kxd8 16 Bxc6 Rb8 =, Kruppa–Epishin, Minsk 1990.

(o) 15 Nxc6 Bxc6 16 Bxc6† bxc6 17 Bd4 0-0 18 h5 with just a small plus for White in the endgame, Rasik–Jansa, Ostrava 1992.

(p) Against 9 . . . Nb6 Shamkovich has found a strong plan—10 Rg1 (10 h4 is not so effective here) 10 . . . N8d7 11 f4 Bb7 12 f5 e5 13 Ne6! fxe6 14 Qh5† g6 (14 . . . Ke7 15 fxe6 ±) 15 fxg6 Ke7 16 gxh7 Bg7 17 0-0-0 Qe8 18 g6 6 Nf6? 19 Qxe5! Qc6 (19 . . . dxe5 20 Bc5 mate) 20 Rxd6 Qxd6 21 Bc5 with a winning game, Shamkovich–Benko, US Chp. 1978.

(q) 10 . . . Nc6 11 h5 Rc8 12 Rh3! Nde5 13 f4 Nxd4 14 Bxd4 Nc4 15 b3 Nb6 16 Qd2 ±, Luther–Rotstein, Spain 1994.

(r) 14 . . . Ke7? 15 Qg4 Qc8 16 Qxe6† Kd8 17 Qe8† Kc7 18 Ne6† Kc6 19 Nd5! wins. After 14 . . . Kxf7 15 Qf3† Qf6 16 Qxh1 White has a distinct advantage, Adams–C. Hansen, Wijk aan Zee 1991.

(s) 9 . . . a6 10 Qe2 Qc7 11 0-0-0 b5 12 Nxc6 Qxc6 13 Bd4 b4 14 Nd5 exd5 15 Bxg7 Rg8 16 exd5 Qc7 17 Bf6 Ne5 18 Bxe5 dxe5 19 f4 with good compensation for the piece, Karpov–Dorfman, USSR Chp. 1976.

(t) Perhaps 14 . . . b4 ± is better. After 14 . . . Re8 15 Qh2!? Bf8 16 g6! hxg6 17 h5 b4 18 hxg6 h6 19 axb4 Rxb4 20 f5 e5 21 Be3 Nf6 22 Bg5 White is clearly on top, Rogalewicz–Kjejdo, corr. 1993.

(u) (A) 6 . . . e5?! has confused many White players, but a clear solution has been found—7 Bb5† Bd7 8 Bxd7† Qxd7 9 Nf5 h5 10 gxh5 Nxh5 (10 . . . Nxe4

295

11 Nxg7† ±) 11 Bh6! Nc6 (11 . . . g6 12 Bxf8 ±) 12 Qxh5 Ne7 13 Qg5 Nxf5 14 exf5 Rxh6 15 Nd5 ±, Morović–Suba, Las Palmas 1995. (B) The other central thrust is also bad—6 . . . d5 7 exd5 Nxd5 8 Bb5† Bd7 9 Nxd5 and Black has an isolated pawn.

(v) 8 Ndb5 Nb6 9 Bf4 Ne5 10 Qh5 Ng6 11 Be3 a6 12 Nd4 d5 13 0-0-0 Bb4 with counter play, Mieske–Mochocki, corr. 1993.

(w) (A) 8 . . . Nb6 9 h4 d5 10 Bb5 Bd7 11 exd5 exd5 12 Qe2 Be7 13 0-0-0 ±, A. Ivanov–Lesiege, Philadelphia 1991. (B) 8 . . . Be7 9 h4 transposes into the previous column.

(x) An old move, but probably best. On 9 h4 Qc7 10 Qe2 b5 11 Nxc6 Qxc6 12 Bd4 (Nunn–Howell, London 1990) 12 . . . b4 13 Nd5 a5 is unclear. A noteworthy idea is 9 Bc4!? along the lines of the Velimirović Attack. The column is Hort–Andersson, Las Palmas 1973.

SICILIAN DEFENSE
Scheveningen Variation

1 e4 c5 2 Nf3 e6 3 d4 cxd4 4 Nxd4 Nf6 5 Nc3 d6

	19	20	21	22	23	24
6	Be3			f4		g3(y)
	a6		Nc6	a6(s)		Nc6(z)
7	Qd2(a) g4		f4(m)	Qf3 . . . . Bd3(w)		Bg2
	b5(b)	e5(h)	Be7(n)	Qb6!	Be7	Bd7
8	f3	Nf5	Qf3	Nb3(t)	0-0	0-0
	Nbd7	g6	Qc7(o)	Qc7	0-0(x)	Be7
9	0-0-0	g5(i)	0-0-0(p)	g4	Nf3	Re1(aa)
	Bb7(c)	gxf5	a6(q)	b5	Nbd7	0-0
10	g4	exf5	g4	Bd3(u)	Qe1	Nxc6
	h6	d5	Nxd4	Bb7	Nc5	Bxc6
11	h4(d)	gxf6(j)	Bxd4	g5	Be3	a4
	b4	d4	e5	Nfd7	Nxd3	Qd7
12	Nce2(e)	Bc4	fxe5	Be3	cxd3	Re3
	d5	Qc7(k)	dxe5	Nc5	b5	Rfd8
13	Bh3(f)	Qd3	Qg3	a3	Qg3	Rd3
	dxe4	dxe3	Bd6	Nc6	Re8	b6 =
14	g5	0-0-0	Be3	0-0	e5	
	hxg5(g)	exf2!(l)	Bxg4!(r)	Nxb3(v)	Nd5 =	

(a) This attacking plan is known as the English System since it was developed by English players (e.g. Short and Nunn) in the 1980s. 7 f3 b5 8 g4 h6 9 h4 b4 10 Nce2 e5 11 Nb3 Be6 12 Ng3 d5 13 Bd3 Nbd7 14 Qe2 a5 15 Rg1 a4 16 Nd2 Qc7 17 g5 hxg5 18 hxg5 dxe4 =, Anand–Gelfand, Linares 1994.

(b) 7 . . . Nc6 slows Black a bit. 8 f3 Be7 9 g4 Qc7 10 0-0-0 b5 (10 . . . 0-0 11 g5 Nd7 12 h4 b5 13 g6! ±, Adams–Sheldon, British Chp. 1997) 11 Nxc6 Qxc6 12 h4 Bb7 13 Kb1 Nd7 14 Ne2 Ne5 15 Nd4 Qc7 16 h5 ±, Ivanchuk–J. Polgar, Buenos Aires 1994.

(c) 9 . . . b4 10 Nce2 d5 11 exd5 Nxd5 12 Nf4 N7f6 13 Bc4 Bb7 14 Rhe1 Qc7 15 Bb3 with threats for White due to his well-developed centralized game, Dgebuadze–Stohl, Czech Republic 1995.

(d) 11 Bd3 Ne5 12 Rhe1 b4 13 Na4 d5 14 exd5 Nxd5 15 Bf2 Bd6 =, Hjartarson–Kasparov, Thessaloniki 1988.

(e) 12 Nb1 d5 13 Bh3 g5 14 hxg5 hxg5 15 exd5 Nxd5 16 Bxg5 Qb6 17 Bg2 Rxh1 18 Bxh1 Rc8 19 Re1 Qa5 20 f4 Qxa2 21 f5 Nc5 22 fxe6 Bg7 with roughly even chances in a very sharp position, Anand–Kasparov, Linares 1999.

(f) Black has at least equality after 13 Ng3 dxe4 14 g5 hxg5 15 hxg5 Rxh1 16 Nxh1 Nd5 17 g6 Qf6, Nunn–J. Polgar, Amsterdam 1995.

(g) 15 hxg5 exf3 and White must play 16 Ng3 Ne4 = since 16 Nf4?! Ne4 17 Qe1 Rxh3! 18 Nxh3 e5 19 Nb3 a5 allows Black a strong initiative, Anand–Ljubojević, Buenos Aires 1994.

(h) Black can transpose into the Keres Attack with 7 . . . Nc6 8 g5 Nfd7 (col. 18) or play 7 . . . h6 8 f4 e5 (8 . . . b5 and 8 . . . e5 are risky, but 8 . . . Nc6 9 h3 Qc7 10 Qe2 b5 11 Nxc6 Qxc6 12 Bg2 Bb7 ∞, Leko–Gelfand, Dortmund 1996) 9 Nf5 h5 10 gxh5 exf4 11 Bxf4 Nxh5 12 Nxd6† Bxd6 13 Bxd6 Qh4† 14 Kd2 Qg5† 15 Ke1 Qh4† with a draw, Timman–Kasparov, Wijk aan Zee 1999.

(i) White has tried 9 Bg2 gxf5 10 exf5 Rg8 11 h3 Nc6 12 Qe2 with practical chances for the piece, but even 12 . . . Bxf5 13 Bxc6† bxc6 14 gxf5 is all right for Black.

(j) 11 Qf3 d4 12 0-0-0 Nbd7 13 Rxd4 exd4 14 Bxd4 Bc5 15 Bxc5 Nxc5 16 Bc4 Qe7 17 gxf6 Qe5 18 Rd1 Bxf5 19 Rd5 Qe1† 20 Rd1 Qe5 =, Gipslis–Rastjanis, corr. 1988.

(k) 12 . . . Qxf6?! 13 Nd5 Qc6 14 Bxd4! Bb4† 15 c3 Qxc4 16 Be3 Be7 17 Nb6 Qc6 18 Rg1 Bd8 19 Nxa8 ±, Blehm–Novikov, Capelle-la-Grande 1997. The game finished 19 . . . b5 20 Qe2 Nd7 21 Bd4 Bf6 22 Nb6! Nxb6 23 Bxe5 Kf8 24 0-0-0 Nc4 25 Rd8† Ke7 26 Bxf6† Kxf6 27 Rxh8 Bxf5 28 Qe8 Bd7 29 Qd8†Ke6 30 Re1† Kf5 31 Rxh7 Resigns.

(l) 15 Bxf7†! Kxf7 16 Qd5† Ke8 17 f7† Ke7 18 Qf3 Bh6† 19 Kb1 Kf8 with about equal chances, Shirov–J. Polgar, Dortmund 1996. The whole line is highly tactical and difficult to play.

(m) 7 f3 a6 8 Qd2 transposes into note (b), while 7 Bc4 is the Sozin Variation.

(n) 7 . . . e5 is a good alternative. After 8 Nf3 Ng4 9 Qd2 Nxe3 10 Qxe3 exf4 11 Qxf4 Be6 12 0-0-0 Be7 13 Nd5 0-0 14 Kb1 Rc8 15 Be2 (Svidler–A. Sokolov, Russian Chp. 1994) 15 . . . Bxd5 16 Rxd5 Qc7 17 c3 a6 is almost even chances.

(o) Now 8 . . . e5 9 Nxc6 bxc6 10 f5 Qa5 11 0-0-0 0-0 12 Bc4 is to White's advantage as his play from g4-g5 is more significant than any play Black generates in the center or on the queenside. After 12 . . . Bb7 13 g4 d5 14 g5 dxc4 15 gxf6 Bxf6 16 Qh5 White has an attack, Thipsay–Murugan, India 1988.

(p) Too tame is 9 Bd3 a6 10 0-0 0-0 11 Nb3 Nb4 and . . . Nxd3 =.

(q) 9 . . . 0-0 gives White a target—10 Rg1 a6 11 g4 Nxd4 12 Bxd4 b5 13 g5 Nd7 14 Rg3 with a powerful attack looming, Spraggett–Arakhamia, Bern 1995.

(r) 15 Bb5† axb5 16 Nxb5 Qc6 17 Nxd6† Kf8 18 Nf5 (Geenen–Bolzoni, Belgium 1993), now 18 . . . h5 (Geenen) solves Black's problems since 19 Qxe5 Qxe4 and 19 h3 Nxe4 20 Qxe5 Bxf5 21 Qxf5 Rxa2 are fine for Black.

(s) (A) 6 . . . Nc6 7 Be3 transposes into the previous column. (B) 6 . . . Be7 has little independent significance and will transpose into column 21 or 23.

(t) 8 a3 has the idea that 8 . . . Qxd4 loses to 9 Be3, but after 8 . . . Nc6 White should play 9 Nb3 anyway and this has no advantage over the immediate retreat.

(u) 10 g5 b4!? 11 Nb5 axb5 12 gxf6 Nd7 13 Bxb5 gxf6 14 f5 Qb6 (Gipslis–van Wely, Gausdal 1992) is alright for Black since 15 fxe6 fxe6 16 Qxf6 Qxb5 17 Qxh8 Ba6 gives Black activity for the exchange.

(v) Better than 14 . . . Be7 15 Qf2 Nxb3 16 cxb3 0-0 17 h4 Rfe8 18 b4 Bf8 19 Rad1 g6 20 h5 with pressure, Mestel–Polugaevsky, Reykjavik 1990. After 14 . . . Nxb3 15 cxb3 g6! 16 Rad1 h6 Black has counterplay.

(w) After 7 Be3 b5 8 Qf3 Bb7 9 Bd3 Nbd7 10 g4 b4 11 Nce2 e5 12 Nb3 exf4 13 Bxf4 h5! Black has full equality, Micayabas–Browne, New York 1984.

(x) Black should aim to swap off the bishop on d3 for his knight in order to blunt the kingside attack. 8 . . . Nc6 is playable as the knight can go to b4, but this gives White the option of 9 Nxc6 bxc6 10 Kh1 then 11 Na4 and 12 c4 ±. The column is Mokry–Nguyen Anh Dung, Yerevan Ol. 1996.

(y) (A) 6 Bc4 is rarely played against the Scheveningen. Black can transpose into the Najdorf Variation with 6 . . . a6 or into the Sozin Variation with 6 . . . Nc6. He has an even better plan—6 . . . Be7 7 Bb3 0-0 8 Be3 Na6! 9 f4 Nc5 10 Qf3 a6 11 0-0 Qc7 =. (B) 6 Bg5 h6 7 Bxf6 Qxf6 =.

(z) If Black plays . . . a6 now or on one of the next few moves the position will transpose into the Taimanov Variation, 6 g3.

(aa) 9 Nce2 Rc8 10 c4 0-0 11 b3 a6 12 Bb2 b5 =, Gligorić –Boleslavsky, Zurich 1953. The column is Browne–Petrosian, San Antonio 1972, with 13 . . . b6 instead of Petrosian's 13 . . . Ne8.

SICILIAN VARIATIONS WITH
2 Nf3 e6 3 d4 cxd4 4 Nxd4

2 Nf3 e6 3 d4 cxd4 4 Nxd4 Nc6 is the Taimanov Variation (see above diagram). Black plays to avoid an early confrontation, maintaining a flexible position at the cost of reducing his aggressive posibilities. Quick attacks against the king or long tactical lines are less common than most Sicilian variations, so White must usually opt to play for positional pressure. Transpositions into the Paulsen or Scheveningen Variations can easily occur.

5 Nc3 a6 6 g3 (columns 1–6) is a safe plan, attempting to control the center and keep Black restricted. Black has several setups to choose from, most leaving him slightly cramped, although not in serious trouble. Column 2 is an active plan for Black.

6 Be2 (columns 7–12) is sharper than 6 g3. Play could transpose into the Scheveningen Variation if Black chooses 6 . . . d6 and . . . Be7. A particular feature of the Taimanov is . . . Bb4 from column 7, which leads to White sacrificing a pawn to control central and queenside squares.

6 Be3 (columns 13–14) is similar to 6 Be2 and can transpose into it, yet there are some distinct sharp lines. 6 Nxc6 (column 15) opts for quick development in exchange for Black's strong center. 5 Nb5 d6 6 c4 (columns 16–17) reaches a Maróczy Bind–type position where Black is restricted, but White can make little use of this. 5 Nb5 and 6 Bf4 forces Black to play e6-e5, but the plan is too time consuming and Black has no problems.

The PAULSEN (or Kan) VARIATION, 4 . . . a6 (see above diagram), is a close cousin of the Taimanov. Black has an even more flexible position as the queen's knight need not develop to c6. White has somewhat more aggressive choices than the Taimanov Variation since Black has made no move yet to contol the center.

White can play sharply with 5 Bd3 (columns 1–4), which often leads to a kingside attack.

White seems to gain some edge from this reply.

Ambitious is 5 c4 (columns 5–6), trying to control the center. Black should react aggressively (column 5) when his chances are good.

5 Nc3 (columns 7–10) would transpose into the Taimanov Variation if Black chooses 5 . . . Nc6. The Paulsen variations of those columns have their own style, though White can maintain some initiative with proper play. The offbeat continuations 5 Nd2 (column 11) and 5 g3 (column 12) are not dangerous for Black.

The FOUR KNIGHTS' VARIATION, 4 . . . Nf6 5 Nc3 Nc6 (columns 1–4), is rarely played, though it is quite a reasonable choice considering its surprise value. If White is prepared he can gain an edge by following column 1, but this is the only advantageous continuation.

The Sicilian Counter Attack, 5 . . . Bb4 (columns 5–6), is tactical, and so promising against an unprepared opponent, but it is simply bad if White knows what to do.

SICILIAN DEFENSE

Taimanov Variation

1 e4 c5 2 Nf3 e6 3 d4 cxd4 4 Nxd4 Nc6 5 Nc3 a6 6 g3

	1	2	3	4	5	6
	Qc7(a)..d6 ....Nge7(t)					
7	Bg2				Bg2	Nb3
	Nf6				Bd7	d6(u)
8	0-0				0-0	a4
	Be7..............Bc5 ....Nxd4(j) d6				Nf6(p)	Bd7
9	Re1(b)	Nxc6(g)	Qxd4	Re1	a4(q)	Bg2
	Nxd4(c)	dxc6	Bc5	Be7(m)	Be7	Nc8
10	Qxd4(d)	Na4	Bf4!	Nxc6	Nb3	0-0
	Bc5	Ba7	d6(k)	bxc6	0-0	Be7
11	Qd1(e)	c4	Qd2	e5	f4	Qe2
	d6	Nd7	h6	dxe5	Qc7	0-0
12	Na4	b4	Rad1	Rxe5	g4	Be3
	Ba7	a5(h)	e5	0-0(n)	d5!	Qc7
13	c4!	b5	Be3	Bf4	e5(r)	f4
	Bd7(f)	e5(i)	Bg4(l)	Qb7(o)	Ne8(s)	Rb8(v)

(a) Note that in the Taimanov (and Paulsen) Variation Black can play ...
a6, ... Nc6 and ... Qc7 in different orders and arrive at this position.

(b) (A) 9 a4 0-0 10 Nb3 d6 11 f4 Bd7 transposes into column 5. (B) 9 b3 0-0
10 Bb2 d6 11 Nce2 Nxd4 12 Nxd4 e5 13 Nf5 Bxf5 14 exf5 d5! =,
Parma–Matanović, Zagreb 1965.

(c) (A) 9 ... d6 transposes into column 4. (B) 9 ... 0-0 10 Nxc6 dxc6 11 e5 Rd8
12 Qf3 Nd5 13 h4 Nxc3 14 Qxc3 Bd7 15 Bg5 Be8 16 b4 a5 17 a3 axb4
18 axb4 Rxa1 19 Rxa1 Bxg5 20 hxg5 Qb6 21 Bf1 Qd4 (21 ... Rd4 22 Ra8 Rd8
23 Qe3! ±) 22 Qxd4 Rxd4 23 Ra8 Kf8 24 c4 with a definite endgame edge,
Georgiev–Umanskaya, Greece 1993.

(d) 10 e5 is possible here. 10 ... Nb5 (10 ... Nc6 11 exf6 gxf6 12 Qg4 with a king-
side invasion) 11 exf6 Nxc3 12 fxg7 Rg8 13 Qd3 Rxg7 14 bxc3 Rb8 15 Rb1 ±,
Wagman–Tolnai, New York 1993.

(e) 11 Bf4 d6 12 Qd2 e5 13 Bg5 Ng4 14 Nd5 Qc6 15 Rf1 h6 16 h3 Be6 17 hxg4
hxg5 =, Tal–Barlov, Sochi 1984.

(f) 14 Be3 Bxe3 15 Rxe3 0-0 16 Nc3 Qxc4 17 Qxd6 ±, Djurić –Gostisa, Yugoslavia
1991.

(g) (A) 9 Bf4 e5! 10 Nb3 exf4 11 Nxc5 fxg3 12 hxg3 d6 13 Nd3 h5 =, A.
Ivanov–Benjamin, Chicago 1995. (B) 9 Nb3 Ba7 10 Kh1 (10 Bg5 Ne5 =)

10 . . . d6 11 f4 h5 12 h3 Bd7 =, de Firmian–Benjamin, US Chp. 1995. (C) 9 Be3 Ne5 10 h3 b5 =, de Firmian–Sjoberg, Stockholm 1998.

(h) 12 . . . b5?! 13 Nb2 c5 14 bxc5 Bxc5 15 Qg4 Kf8 16 Nd3 ±, Tiviakov–Liang, Beijing 1997.

(i) 14 Rb1 Bd4 15 Bb2 c5 16 Bxd4 cxd4 17 c5! Nxc5 18 Qc2 b6 19 Rfc1 Be6 20 Nxc5 Qxc5 21 Qxc5 bxc5 22 Rxc5 Bxa2 23 Rxe5† ±, Spangenberg–Sadler, Buenos Aires 1995. The endgame is sharp as Black's a-pawn provides counterplay.

(j) 8 . . . h6 9 Re1 Nxd4 10 e5! Nb5 11 Nxb5 axb5 12 exf6 gxf6 13 c3 d6 14 Be3 Bd7, de Firmian–Rohde, New York 1988; now 15 Qf3 wins the pawn back with a superior position.

(k) After 10 . . . Bxd4 11 Bxc7 d5 12 exd5 Bxc3 13 bxc3 Nxd5 14 Be5 f6 15 c4! Black has a poor ending, Honfi–Kozma, Wijk aan Zee 1969.

(l) If instead 13 . . . Ke7 14 Bxc5 Qxc5 15 Na4 Qc6 16 f4! a5 17 Qd3 b5 18 Nc3 Be6 19 Qxb5! Qxb5 20 Nxb5 Bc4 21 Nxd6 Bxf1 22 Nf5† leaves White clearly ahead, Kotronias–Damjanović, Belgrade 1993. After 13 . . . Bg4 14 Bxc5 dxc5 15 f3 Be6 16 f4 Rd8 17 Nd5 Bxd5 18 exd5 c4 19 Rfe1! Rxd5 20 Rxe4† Kd8 21 Qe2 Rxd1† 22 Qxd1† Qd7 23 Qxd7† Kxd7 24 Re5 White has the edge in the endgame, brilliantly converted into a win in the game Fischer–Taimanov, match 1971.

(m) (A) 9 . . . Rb8 10 Nxc6 bxc6 11 e5 d5 12 Ne2! c5 13 c4 d4 14 Nf4 g6 15 Nd3 ±, Tiviakov–Plachetka, Torcy 1991. (B) 9 . . . Bd7 10 Nxc6 bxc6 11 Na4 Rb8 12 c4 c5 13 Nc3 Be7 14 Bf4 e5 (14 . . . Rxb2 15 e5!) 15 Bc1 ±, Kavalek–Garcia Gonzalez, Buenos Aires Ol. 1978.

(n) 12 . . . Nd5 13 Nxd5 cxd5 14 Bf4 Bd6 15 Qxd5! ±.

(o) 14 Na4 Nd5 15 Bd2 Bf6 16 Re2 leaves White with the better pawn structure, A. Ivanov–Ashley, Philadelphia 1989.

(p) 8 . . . Qc7 9 Nxc6 Bxc6 10 Re1 Be7 11 Bf4 Nf6 12 e5 dxe5 13 Bxe5 Qc8 14 Ne4 Nxe4 15 Bxe4 Bxe4 16 Rxe4 ±, Sutovsky–Brodsky, Groningen 1993.

(q) 9 Re1 Be7 10 Nxc6 Bxc6 and now both 11 e5 dxe5 12 Bxc6† bxc6 and 11 a4 0-0 12 a5 Nd7 13 Be3 Qc7 14 Na4 Rae8! are equal.

(r) 13 exd5 Nb4! 14 dxe6 Bxe6 gives Black great activity for the pawn.

(s) 14 Be3 Bb4 15 Ne2 f6! 16 c3 Be7 17 exf6 Nxf6 18 Ng3 Bd6 =, de Firmian–Zvjaginsev, Biel 1995.

(t) This threatens 7 . . . Nxd4 8 Qxd4 Nc6 =. The immediate exchange allows White a small plus—6 . . . Nxd4 7 Qxd4 Ne7 8 Bf4 Nc6 9 Qd2 b5 10 Bg2 Bb7 11 0-0 Be7 12 Rfd1 Na5 13 b3 Rc8 14 Ne2 0-0 15 c3 Bc6 16 Nd4 ±, A. Ivanov–Christiansen, US Chp. 1994.

(u) (A) 7 . . . Na5 8 Qh5! Nec6 9 Bg5 Qc7 10 Bf4 d6 11 Nxa5 Nxa5 12 0-0-0 ±, Timman–Andersson, Tallin 1973. (B) 7 . . . b5 8 Bg2 Qc7 9 Be3 Bb7 10 f4 ±.

(v) 14 g4 Re8 15 g5 Nb4 16 Qf2 b5 17 axb5 axb5 18 f5 Nxc2 19 Qxc2 b4 (Topalov–Illescas, match 1994) 20 f6! Bd8 (20 . . . Bf8 21 g6! hxg6 22 fxg7 Bxg7 23 Qf2) 21 fxg7 allows White attacking chances.

SICILIAN DEFENSE

Taimanov Variation, 6 Be2

1 e4 c5 2 Nf3 e6 3 d4 cxd4 4 Nxd4 Nc6 5 Nc3 a6 6 Be2

	7	8	9	10	11	12
	Qc7..Nge7					
7	0-0...f4					Bf4(u)
	Nf6(a)				Nxd4(s)	Ng6
8	Be3.........................Kh1				Qxd4	Nxc6!
	Bb4(b)		Bb4..........Nxd4		b5	bxc6
9	Na4(c)		Qd3(l)	Qxd4	Be3	Bd6
	0-0..........Be7(h)		0-0	Bc5	Bb7	Bxd6(v)
10	Nxc6(d)	c4(i)	Bg5	Qd3	0-0(t)	Qxd6
	bxc6(e)	Nxe4	Bxc3	b5(o)	Rc8	Qe7
11	c4(f)	c5	bxc3	f4	Rad1	0-0-0
	Bd6	0-0(j)	Ne5(m)	Bb7(p)	Nf6	Qxd6
12	f4	Rc1	Qe3	Bf3	Bf3	Rxd6
	Nxe4	Rd8	Neg4	h5(q)	h5	Ke7
13	Bd3	Qb3!?	Qh3	e5	Kh1	Rhd1
	Nf6(g)	Nxd4(k)	Nxf2†(n)	Ng4(r)	Be7 =	Nf4(w)

(a) 7 . . . b5 8 Nxc6 dxc6 (8 . . . Qxc6 9 Bf3 ±) 9 Bg5!? Bb7 10 Qd2 Nf6 11 Rad1 b4 12 Bxf6 gxf6 13 Na4 c5 (Anand–Leko, Dortmund 1996) 14 Nb6! Rd8 15 Qxd8† Qxd8 16 Rxd8† Kxd8 17 f3 (Miles) gives White an endgame advantage.

(b) 8 . . . d6 now (and earlier) transposes into the Scheveningen Variation.

(c) 9 f3 0-0 10 Na4 d5 11 Nxc6 bxc6 12 Nb6 Rb8 13 Nxc8 Rfxc8 14 Bxa6 Rd8 lets Black take over the initiative, Peterwitz–Christ, Germany 1992.

(d) Possibly better is the immediate 10 c4 Bd6 11 g3 Nxe4 12 Bf3 Nf6 (12 . . . f5 13 c5! Be5 14 Nb6 Rb8 15 Bxe4 fxe4 16 Nc4 ±, Gufeld–Conquest, Hastings 1986/87) 13 c5 Nxd4 14 Bxd4 Be7 15 Rc1 d5 16 cxd6 Qxd6 17 Nb6 giving White more than enough pressure for the pawn, Todorović –I. Sokolov, Yugoslav Chp. 1988.

(e) 10 . . . dxc6 11 c4 Bd6 12 f4! Nxe4 13 Qc2 f5 14 c5 Be7 15 Nb6 Rb8 (Tal–Suetin, Sochi 1973) 16 Bd3 Nf6 17 Bd4 with excellent play for the pawn.

(f) The older line is just equal—11 Nb6 Rb8 12 Nxc8 Rfxc8 (not 12 . . . Qxc8?! 13 e5 Nd5 14 Ba7 Ra8 15 Bd4 c5 16 c4! ±) 13 Bxa6 Rf8 14 Bd3 Bd6 15 g3 Be5 16 a4 Bxb2 17 Ra2 d5 =, Kamsky–Ehlvest, Linares 1991.

(g) 14 Bb6 Qb8 15 Bd4 Be7 16 c5 Rd8 17 Nb6 d6! 18 Nxa8 dxc5 19 Bxf6 (19 Be5 Qa7!) 19 . . . Bxf6 20 Qe2 Qxa8 with about even chances, Thipsay–Al Modiahki, Calcutta 1996.

(h) The alternatives leave Black in trouble. (A) 9 . . . Bd6 10 g3 Be7 11 c4! d6 12 f3 Bd7 13 Rc1 0-0 14 Nxc6 Bxc6 15 Nb6 Rad8 16 b4 ±, Kasparov–J. Polgar, Linares 1997. (B) 9 . . . Ne7 10 c4 Nxe4 11 Qc2 Nf6 12 c5 ±.

(i) 10 Nxc6 bxc6 11 Bd3 (11 Nb6 Rb8 12 Nxc8 Qxc8 13 e5 Nd5 14 Bc1 Bc5 15 Qd3 0-0 16 Qg3 Re8 17 Rd1 a5 =, Salov–Karpov, Buenos Aires 1994) 11 . . . c5 12 c4 Bb7 13 Nc3 0-0 14 f4 d6 15 Qf3 Rad8 16 Qh3 Rfe8 17 Rae1 Nd7 18 Rf3 Nf8 19 f5 Bf6 =, Shirov–Anand, Wijk aan Zee 1999.

(j) 11 . . . Nf6 12 Bf3 0-0 13 Rc1 Rb8 14 g3 g6 15 Nb6 Rd8 16 Qa4 ±, Kamsky–Karpov, Buenos Aires 1994.

(k) Not 13 . . . Rb8? 14 Rfd1 d5 15 cxd6 Bxd6 16 Bf3 with strong pressure, Shirov–Leko, Frankfurt 1996. After 13 . . . Nxd4 14 Bxd4 Nd2 15 Qb6 Qf4 16 Be3 Qxa4 17 Bxd2 d5 Black has a good game. White could try instead 13 Qc2.

(l) (A) 9 Nxc6 bxc6 10 f4 d5 11 e5 Bxc3! 12 bxc3 Ne4 13 Bd3 Nxc3 14 Qe1 d4 15 Bb2 c5 = (Shirov). (B) 9 Bg5 Bxc3 10 Bxf6 gxf6 11 bxc3 Ne7 12 Qd2 d5 13 exd5 Nxd5 14 Qh6 Qf4 15 Qg7 Rf8 16 Rad1 Bd7 ∞, Reefat–Franzoni, Yerevan Ol. 1996.

(m) 11 . . . Qe5 12 f4! Qxe4 13 Qg3 Nxd4 14 Bxf6 Nf5 15 Qg4 h5 16 Qxh5 gxf6 17 Bd3 Qd5 18 Rf3 Re8 19 Bxf5 Kf8 20 Qh6† ±, Rublevsky–Gagrahmanov, Russia 1996.

(n) 14 Rxf2 Nxe4 15 Bh4 Nxf2† 16 Bxf2 d5 17 Bd3 h6 =, Oll–van der Werf, Holland 1996. White's attacking chances compensate for Black's better pawn structure.

(o) Also reasonable is 10 . . . h5 11 Bg5 Ng4 12 f4 f6 13 Bh4 b5 14 e5 f5 15 Nd5!? exd5 16 Qxf5 Qc6 17 e6 dxe6 18 Qg6† Kf8 19 f5 Rh6 =, Gallagher–Kobalija, Biel 1997 (the game ended in a draw by perpetual check).

(p) Now 11 . . . h5?! 12 e5 Ng4 13 Qh3! Nh6 14 Qxh5 Bb7 15 Bf3 0-0-0 16 Bxb7† Qxb7 17 Qf3 Nf5 18 h3 Qxf3 19 Rxf3 Nd4 20 Rd3 Nxc2 21 Ne4! Nxa1 22 Nxc5 is good for White, van der Wiel–Meulders, Lyon 1990.

(q) 12 . . . 0-0 13 e5 Ne8 14 Bxb7 Qxb7 15 f5 f6 16 Bf4 Be7 (16 . . . exf5 17 a4 fxe5 18 Bxe5 ±, Anand–Kasimdzhanov, Wijk aan Zee 1999) Be7 17 Rae1 fxe5 18 Bxe5 Rc8 19 fxe6 Rxf1† 20 Rxf1 dxe6, Ivanchuk–Hjartarson, New York 1995; now 21 Ne4 Qd5 22 Qf3 h6 23 Bc3 gives White an edge.

(r) 14 Bxb7 Qxb7 15 Ne4 Be7 16 b3 Rc8 17 Bb2 Nh6 18 Qf3 Qb8 =, Lutz–Grabliauskas, Pula 1997.

(s) 7 . . . b5 8 Nxc6 Qxc6 9 Bf3 Bb7 10 e5 Qc7 11 Ne4 Rc8 12 0-0 Nh6 (12 . . . Qxc2 13 Qxc2 Rxc2 14 Nd6† Bxd6 15 Bxb7 ±) 13 Be3 Nf5 14 Bf2 d5 15 exd6 Bxd6 16 Nxd6† Nxd6 17 Bxb7 Nxb7 18 a4 0-0 19 axb5 axb5 20 c3 ±, Kudrin–Matulović, Belgrade 1988.

(t) More aggressive play also fails to gain an advantage—10 0-0-0 Rc8 11 Rd2 Nf6 12 Bf3 Be7 13 Rhd1 0-0 14 e5 b4! =, Hector–P. Cramling, Valby 1991.

(u) (A) 7 0-0 Nxd4 8 Qxd4 Nc6 9 Qd3 Qc7 10 Bg5 Bd6 11 Kh1 f6 12 Be3 b5 13 f4 Be7 14 e5 0-0 15 exf6 Rxf6 16 f5 Bb7 17 Bg5 Rf8 with near equality for Black, Nijboer–van Mil, Eindhoven 1993. (B) 7 Be3 Nxd4 8 Qxd4 b5!

305

9 0-0 Nc6 10 Qd2 Be7 11 Rad1 0-0 12 Bf4 f6 =, Hjartarson–Taimanov, Leningrad 1984.

(v) 9 . . . Qb6 10 0-0 c5 11 Bxf8 Rxf8 12 Qd2 ±, Beliavsky–Taimanov, Leningrad 1977. Here at least Black's position is solid.

(w) 14 Bf3 Rb8, Kovacević–Romanishin, Pula 1990; now instead of 15 a4? Nd5!, White can play 15 Rbd2 with a pleasant endgame.

SICILIAN DEFENSE

Taimanov Variation

1 e4 c5 2 Nf3 e6 3 d4 cxd4 4 Nxd4 Nc6

	13	14	15	16	17	18
5	Nc3.....................................Nb5(m)					
	a6(a)			d6		
6	Be3(b).....................Nxc6			c4...........................Bf4		
	Qc7		bxc6	Nf6		e5
7	Be2..........Bd3(g)		Bd3(k)	N1c3(n)		Be3
	b5(c)	Nf6	d5	a6		Nf6
8	Nxc6	0-0	0-0	Na3		Bg5
	Qxc6	Ne5(h)	Nf6	Be7(o).......b6		Be6(t)
9	0-0(d)	h3	Re1(l)	Be2	Be2	Nd2(u)
	Bb7	Bc5(i)	Be7	0-0	Bb7	Be7!
10	Bf3	Kh1	e5	0-0	0-0	Bxf6
	Rc8!(e)	d6	Nd7	b6	Nb8(q)	Bxf6
11	e5	f4	Qg4	Be3	f3	Nc4
	Qc7	Ned7	g6	Bb7	Nbd7	0-0
12	Bxb7	a3	Bh6	Qb3	Bf4(r)	Qxd6
	Qxb7	0-0	Rb8	Nd7	Qc7	Qc8
13	Qd3	Qe1	Nd1	Rfd1	Qd2	c3
	Ne7(f)	b5(j)	Rb4 =	Nc5(p)	Be7(s)	Bxc4(v)

(a) 5 . . . Qc7 is also commonly played to arrive at the positions of the Taimanov
Variation. It has little independent significance since on 6 g3, 6 Be2 or
6 Be3 Black's most flexible option is 6 . . . a6.

(b) 6 Bf4 d6 7 Bg3 Be7 (7 . . . Nf6?! 8 Be2 Be7 9 Nxc6 bxc6 10 e5 ±) 8 Be2 e5!
9 Nb3 Nf6 10 0-0 0-0 11 Qd3 Be6 =, W. Watson–Portisch, New York 1987.

(c) 7 . . . Nf6 8 0-0 transposes to the more popular lines of cols. 7 and 8.

(d) On 9 f4 Black can play either 9 . . . Bb7 10 Bf3 Qc4 11 e5 Bxf3 12 Qxf3 Rc8 =,
Anand–Timman, Novi Sad Ol. 1990, or 9 . . . Ba3!? 10 Bd4 Bxb2 11 Nxb5 Bxa1
12 Bxa1 axb5 13 Bxg7 Qxe4 =, Kavalek–Stein, Sousse Int. 1967.

(e) (A) 10 . . . Rd8 runs into 11 Re1! with the sacrifice Nd5 in the air, e.g.
11 . . . Ne7 12 a4 b4 13 Nd5 Ng6 14 c3 Ne5 15 Bd4 ±, Lanka–Drei, Nice 1996.
(B) 10 . . . Qc7 11 e5 Ne7 12 Bxb7 Qxb7 13 Qd3 Nf5 14 Rad1 Be7?!
(14 . . . Rc8!) 15 Bf4 Rd8 16 Ne4 h6 17 g4 Nh4 18 Bg3 Ng6 19 f4 ±,
Shirov–Adams, Greece 1993.

(f) 14 Rad1 Nf5 15 Ne4 Rc4! = 16 f3?! Nxe3 17 Qxe3 Rxc2 ∓, Petermann–
Benjamin, Stockholm 1996.

(g) 7 Qd2 Nf6 8 f3 d5 9 exd5 Nxd5 10 Nxd5 exd5 11 0-0-0 Bd6 12 Kb1 0-0 13 h4 Re8 14 h5, Short–Zvjaginsev, Moscow 1994; here instead of the weakening 14 . . . h6?!, simply 14 . . . Bd7 15 h6 g6 is equal.

(h) (A) 8 . . . Bd6 9 Nxc6 bxc6 10 f4 e5 11 f5 Be7 is an unbalanced position, White having the strong f5 pawn, Black being ready to advance in the center. After 12 Na4 d5 13 Bb6 Qb8 14 Qe1 a5 15 c4 0-0 16 Rc1 Nd7 chances are equal, Hector–Emms, Isle of Man 1996. (B) 8 . . . b5 9 Nxc6 Qxc6 10 Qd2 Bb7 11 f3 Bc5 12 Kh1 Bxe3 13 Qxe3 b4 14 Ne2 0-0 15 Rfc1 e5 16 c3 ±, Short–Rogers, Manila Ol. 1992.

(i) Now 9 . . . b5?! 10 f4 Nc4 11 Bxc4 Qxc4 12 Qd3 Bb7 13 a4 Qxd3 14 cxd3 b4 15 Nce2 allows White play against the weakened queenside, Short–Illescas, Linares 1990.

(j) Kasparov–Ivanchuk, Novgorod 1994, saw instead 13 . . . Qb6?! when 14 Na4 would be strong. After 13 . . . b5 14 b4 Bb6 15 a4 bxa4 16 Nxa4 Ba7 there are chances for both sides.

(k) 7 e5 Qc7 8 f4 f5! 9 Be3 Ne7 10 Bc5 Nd5 =, Rytshagov–Ye, Helsinki 1992.

(l) 9 Qe2 Be7 10 b3 0-0 11 Bb2 c5 12 Rae1 Re8 13 Kh1 Bb7 14 f4 c4! 15 bxc4 dxc4 16 Bxc4 Bb4 17 Bb3 Rc8 =, Karasev–Taimanov, St. Petersburg 1995. The column is Yemelin–Taimanov, St. Petersburg 1997.

(m) Insipid is 5 c4 Nf6 6 Nc3 Bb4 7 Nxc6 bxc6 8 Bd3 e5 9 0-0 0-0 =, Christiansen–Ribli, Germany 1992.

(n) 7 N5c3 Be7 8 Be2 0-0 9 0-0 b6 10 Bf4 Bb7 11 Nd2 a6 12 a3 Nd4 13 Bd3 Nd7 is equal, Ljubojević –Karpov, Madrid 1973.

(o) A tricky line ensues with 8 . . . d5 9 cxd5 exd5 10 exd5 Nb4 11 Be2 Nfxd5 (11 . . . Bc5 12 Be3!) 12 0-0 Be6 13 Qa4† b5 14 Naxb5 axb5 15 Bxb5† Ke7 16 Nxd5† Nxd5 17 Qe4 with good compensation for the knight, Almasi–Horvath, Hungarian Chp. 1993.

(p) 14 Qc2 Qc7 15 Rac1 Rac8 16 Nab1 Nb4 17 Qd2 Qb8 18 f3 Rfd8 =, Yudasin–Lautier, Pamplona 1992.

(q) Less accurate is 10 . . . Ne5?! 11 f4 Ned7 12 Bf3 Be7 13 Qe2 0-0 14 g4! taking squares, Geller–A. Sokolov, Pancevo 1987.

(r) 12 Be3 Be7 13 Qd2 Qc7 14 Rac1 Rc8 15 Rfd1 0-0 16 Bf1 Qb8 17 Kh1 Rfe8 is an equal, typical hedgehog position, Santo Roman–Cebalo, Cannes 1993.

(s) 14 Rfd1 Ne5 15 Rac1 0-0 =, I. Gurevich–Zsu. Polgar, New York 1992. White has difficulty making his spatial advantage into something concrete.

(t) White gains an edge from 8 . . . Qa5† 9 Qd2 Nxe4 10 Qxa5 Nxa5 11 Be3 Kd7 12 f3 Nf6 13 Bxa7 d5 14 f4! Nc6 15 fxe5, A. Rodríguez–Hellsten, Yerevan Ol. 1996.

(u) 9 N1c3 a6 10 Bxf6 gxf6 11 Na3 d5! 12 exd5 Bxa3 13 bxa3 Qa5 14 Qd2 0-0-0 left White in difficulties, Fischer–Petrosian, match 1971.

(v) 14 Bxc4 Qg4 15 0-0 Rad8 16 Qc5 Qxe4 17 Rfe1 Be7 18 Rxe4 draw agreed, Nunn–Tal, Reykjavik 1988.

SICILIAN DEFENSE

Paulsen Variation

1 e4 c5 2 Nf3 e6 3 d4 cxd4 4 Nxd4 a6

	1	2	3	4	5	6
5	Bd3...c4					
	Nf6(a).....................Nc6..........Bc5(m)				Nf6	
6	0-0		Nxc6	Nb3	Nc3(p)	
	d6 ....Qc7		dxc6(j)	Ba7	Bb4..........Qc7	
7	c4(b)	Qe2(g)	Nd2	Nc3	Bd3(q)	Be2(u)
	Be7(c)	Bd6(h)	e5	Nc6	Nc6	Bb4(v)
8	Nc3	Kh1	Qh5	Qe2	Nxc6(r)	0-0
	0-0	Nc6	Bd6	d6	dxc6	0-0(w)
9	Qe2	c3	Nc4	Be3(n)	e5	Bg5
	Nbd7(d)	Ne5	Nf6(k)	Bxe3	Qa5!	Bxc3
10	f4	f4	Nxd6†	Qxe3	exf6	Bxf6
	Qc7	Nxd3	Qxd6	Nf6	Bxc3†	Bxb2
11	Kh1	Qxd3	Qh4	f4(o)	bxc3	Rb1
	b6	Be7	Nd7	Qc7	Qxc3†	gxf6
12	Bd2(e)	c4	0-0	g4 ±	Qd2(s)	Rxb2
	g6(f)	d6(i)	Nc5(l)		Qxa1(t)	Kh8(x)

(a) 5 . . . g6 equalizes against 6 c4 Bg7 7 Be3 d5! 8 exd5 exd5 9 Nc3 Nf6. White does better with 7 Nb3 Ne7 8 Nc3 Nbc6 9 Be2 0-0 10 0-0 ± as Black's dark squares have been weakened, Nijboer–Bologan, Wijk aan Zee 1996.

(b) With this White seizes space. Black's position is too flexible to break down by straightforward kingside play—7 f4 Be7 8 Kh1 Nbd7 9 Qe2 Nc5 10 Nd2 0-0 11 N2f3 Nxd3 12 cxd3 Bd7 with no problems for Black, Lesiege–Shamkovich, New York 1989.

(c) (A) 7 . . . g6 8 Nc3 Bg7 9 Be3 0-0 10 Re1!; now 10 . . . b6 11 f3 Bb7 12 Bf1 Nbd7 13 Qd2 ± is a good hedgehog position, and 10 . . . Nbd7 11 Bf1 d5 12 exd5 exd5 13 cxd5 Nb6 14 Nb3 Nbxd5 15 Bc5 Nxc3 16 bxc3 Re8 17 Qxd8 Rxd8 18 Be7 Re8 19 Bxf6 Rxe1 20 Rxe1 Bxf6 21 Re8† pins the bishop on c8. (B) 7 . . . b6 8 Nc3 Bb7 9 f4 Be7 10 Kh1 Nc6 11 Nxc6 Bxc6 12 Qe2 0-0 13 b3 Qc7 14 Bb2 ±, Matulović –Tringov, Vrnjacka Banja 1986.

(d) 9 . . . Nc6 10 Nxc6 bxc6 11 f4 e5 12 Kh1 Nd7 13 f5 a5 14 Be3 ±, Adams–Christiansen, Reykjavik 1990.

(e) White can also play 12 Be3 or 12 b3 and Bb2. With 12 Bd2 White leaves the e-file unblocked and can also play on the queenside at some point with b2-b4.

(f) 13 Rac1 Bb7 14 b4 Rac8 15 a3 Qb8 16 Nf3 ±, Commons–Najdorf, Lone Pine 1976.

(g) 7 c4 Nc6 8 Nxc6 dxc6! 9 f4 e5 10 f5 Bc5† 11 Kh1 h5 12 Nc3 Ng4 13 Qf3 Qd8! 14 Nd1 Qh4 allows Black active play, Murey–Psakhis, Tel Aviv 1991.

(h) 7 . . . d6 8 c4 g6 9 Nc3 Bg7 10 Rd1 0-0 11 Nf3 Nc6 12 Bf4 e5 (12 . . . Nd7 13 Rac1 Nde5 14 b3 ±) 13 Be3 Bg4 14 h3 Bxf3 15 Qxf3 Nd7 16 Nd5 Qd8 17 b4 ±, Kotronias–Stefansson, Komotrini 1993.

(i) 13 Nc3 0-0 14 b3 Nd7 15 f5! Bf6 16 fxe6 Ne5 17 Qg3 fxe6 18 Bg5 with a lead in development, Anand–Ljubojević, Linares 1993.

(j) 6 . . . bxc6 has been considered suspect ever since Fischer–Petrosian, match (G7) 1971, which went 7 0-0 d5 8 c4 Nf6 9 cxd5 cxd5 10 exd5 exd5 11 Nc3 Be7 12 Qa4† Qd7 13 Re1! Qxa4 14 Nxa4 Be6 15 Be3 0-0 16 Bc5! Rfe8 17 Bxe7 Rxe7 18 b4 Kf8 19 Nc5 Bc8 20 f3 and Fischer went on to win with his more active pieces.

(k) 9 . . . Bc7 10 Bg5 Nf6 11 Qe2 h6 12 Bh4 Qe7 13 0-0-0! Be6 14 f4! Bxc4 15 Bxc4 b5 16 Bb3 0-0 17 Bxf6 Qxf6 18 Rd7 ±, Tseshkovsky–Miles, Bled/ Portorož 1979.

(l) 13 Be3 Nxd3 14 Rfd1 Qe7 15 Qxe7† Kxe7 16 Rxd3 f6 17 Rb3 Rd8 18 Kf1 Rb8 19 Ba7 Ra8 20 Bb6 Rd2 21 Rc1 with a large endgame advantage, van der Wiel–Miezis, Amsterdam 1996.

(m) 5 . . . Qb6 6 Nf3 Nc6 7 0-0 Qc7 8 b3! Nge7 9 Bb2 Ng6 10 c4 Bc5 11 Nc3 ±, Gufeld–Ehlvest, Las Vegas 1997.

(n) An original plan was seen in the game Movsesian–Votava, Czech Republic 1996—9 Bd2!? Nge7 10 h4!? Ne5 11 h5 h6 12 Rh3 with attacking chances.

(o) (A) 11 g4 e5! 12 g5 Nh5 13 Nd5 Be6 with dark square play, Giaccio–Giardelli, Buenos Aires 1993. (B) The standard 11 0-0-0 0-0 12 f4 is also an edge for White, but 11 . . . e5 is worth a try. The column is Browne–Ramirez, Arizona 1990.

(p) Black equalizes easily after 6 Bd3 Nc6 7 Nxc6 dxc6 8 0-0 e5 9 Nc3 Be6 10 h3 Be7 11 Be3 Nd7, Levitan–Frias, New York 1993.

(q) (A) 7 Nc2 Bxc3† 8 bxc3 Nc6 9 Qd3 d5 =, Almasi–Horvath, Budapest 1994. (B) 7 e5 Ne4 8 Qg4 Nxc3 9 a3 Bf8! with at least equality.

(r) The main alternative is 8 Bc2 Qc7 9 0-0 Nxd4 (or 9 . . . 0-0 10 Kh1 Nxd4 11 Qxd4 Ng4 12 f4 b5! 13 Qd1 Bxc3 14 bxc3 Qxc4 15 Rb1 ∞) 10 Qxd4 Ng4 11 e5 Nxe5 12 Ne4 d6 13 f4 Qxc4 14 Be3 Qxd4 15 Bxd4 d5 16 fxe5 dxe4 17 Bxe4 0-0 18 Rac1 with compensation for the pawn, Hector–Paramos Dominguez, La Coruña 1995.

(s) 12 Bd2 Qxd3 13 fxg7 Rg8 14 Bh6 Qc3† 15 Kf1 Qf6 is roughly equal, Poulsen–Farago, Svendborg 1981.

(t) 13 0-0 Qxf6 14 Bb2 e5 15 Re1 0-0 16 Rxe5 with an attack for the sacrificed material, Velimirović–Pikula, Yugoslav Chp. 1996. White won the game, but precise defense allows Black at least equality.

(u) 7 Bd3 Nc6 8 Nf3 b6 9 0-0 Ng4 10 h3?! (10 g3 =) 10 . . . h5 11 g3 Nge5 12 Be3 h4 ∓, Kamsky–I. Gurevich, New York 1991.

(v) 7 . . . b6 8 0-0 Bb7 9 f3 Bd6?! (9 . . . Nc6) 10 Kh1! Be7 (10 . . . Bxh2 11 f4 Bg3 12 Qd3) 11 Be3 ±, Almasi–Bezold, Hungary 1997.

(w) 8 . . . Bxc3 9 bxc3 Nxe4 10 Bd3 Nc5 11 Bc2 0-0 12 Re1 f5 13 Ba3 with play for the pawn, Almasi–Fogarasi, Budapest 1994.

(x) 13 Qd2 d6 14 Rd1 Nd7 15 Nb3 Nc5 (Hector–Csom, Århus 1991) 16 Qf4 Qe7 17 Rbd2 ±.

SICILIAN DEFENSE

Paulsen Variation

1 e4 c5 2 Nf3 e6 3 d4 cxd4 4 Nxd4 a6

	7	8	9	10	11	12
5	Nc3...				Nd2.........	g3
	Qc7......................................			b5	d6(o)	d5
6	Bd3..........	Be2..........	g3	Bd3(l)	Bd3	Nf3(q)
	Nf6(a)	b5(e)	Bb4!(i)	Bb7	Nf6	Nf6
7	0-0	0-0	Ne2(j)	0-0	0-0	exd5
	d6(b)	Bb7	Nf6	Ne7(m)	Nbd7(p)	exd5(r)
8	f4	Re1(f)	Bg2	Re1	c4	Bg2
	Nbd7	Nc6	Be7	Nbc6	g6	Bc5
9	Kh1	Nxc6	0-0	Nxc6	b3	0-0
	Be7	dxc6	0-0	Bxc6	Bg7	0-0
10	Qe2(c)	e5	Nf4	Bg5	Bb2	Nbd2
	0-0(d)	Bb4(g)	d6	f6	b6	Nc6
11	Bd2	Bd3	Nd3	Bh4	Qe2	Nb3
	g6	Ne7	Nc6	Ng6	Bb7	Ba7
12	Rae1 ±	Qg4	f4	Qh5	Rae1	Nbd4
		Bxc3(h)	Nd7(k)	Be7(n)	0-0 =	Bg4(s)

(a) The alternatives leave White an edge: (A) 6 . . . Nc6 7 Nxc6 dxc6 8 0-0 Nf6 9 f4 e5 10 Kh1 h5 11 a4 Ng4 12 f5 Bc5 13 Qe2 b6 14 Bg5 ±, Bologan–Motwani, France 1992. (B) 6 . . . b5 7 0-0 Bb7 8 Qe2 Nc6 9 Nxc6 Qxc6 10 a4 b4 11 Nd5 Nf6 12 Bc4 ±, Kupreichik–Sunye, Palma de Mallorca 1989.

(b) 7 . . . Bc5 8 Nb3 Be7 (8 . . . Ba7 9 Qf3 d6 10 Bh6!) 9 f4 d6 10 Qf3 Nbd7 11 Bd2 b6 12 Qg3 g6 13 Rae1 ±, Minasian–Lein, Las Vegas 1991.

(c) 10 Qf3 b5 11 Bd2 Bb7 12 a3 0-0 13 Rae1 Nc5 14 b4 Nxd3 15 cxd3 Rac8 with no problems for Black, Ljubojević–Velikov, Groningen 1970.

(d) 10 . . . b5?! 11 Bd2 Bb7 12 b4! 0-0 13 a4 bxa4 14 Rxa4 Nb6 15 Ra1 ±, Short–Seirawan, Holland 1983. The column is Jansa–Dankert, Hamburg 1993.

(e) (A) 6 . . . Nc6 transposes into the Taimanov Variation, and (B) 6 . . . d6 transposes into the Scheveningen Variation. (C) 6 . . . Nf6 7 0-0 Bb4 8 Qd3 Nc6 9 Bg5 ±.

(f) 8 Bf3 Nc6 9 a4 b4 10 Nxc6 Bxc6 11 Nb1 Nf6 12 Nd2 a5 is just equal, Paglietti–Gheorghiu, Biel 1989.

(g) Less reliable is 10 . . . Ne7 11 Bd3 Rd8 12 Qe2 c5 13 Bg5 h6 14 Qh5 Rd7 15 a4 b4 16 Ne4 Ng6 17 Nd6† Bxd6 18 exd6 Rxd6 19 Bxg6 ±, Kamsky–Lutz, Dortmund 1993.

(h) 13 bxc3 c5! 14 a4 c4 15 Be4 0-0 16 Ba3 Rfe8 =, Wang–P. Cramling, Jakarta 1993.

(i) Black players have often responded by transposing into the Taimanov Variation via 6 . . . Nc6 or 6 . . . Nf6. The text move forces a concession.

(j) 7 Bd2 Nf6 8 Bg2 Nc6 9 Nb3 Be7 10 f4 d6 11 0-0 b5 12 Qe2 Bb7 13 Rae1 0-0 =, Svidler–Shulman, St. Petersburg 1994.

(k) 13 Be3 Re8 14 Kh1 Bf8 15 Bg1 b6 16 Qd2 Bb7 with a completely equal position, Boudre–Spraggett, Torcy 1991.

(l) 6 g3 Bb7 7 Bg2 Nf6 8 a3 d6 9 0-0 Qc7 10 Re1 Be7 11 a4 b4 12 Na2 0-0 13 Bg5 Nbd7 14 Qd2 a5 with chances for both sides, Topalov–Short, Dortmund 1997.

(m) (A) 7 . . . Nc6 8 Nxc6 Bxc6 9 Qe2 d6 10 a4 b4 11 Nd5 ±, Karklins–Evans, USA 1973. (B) 7 . . . d6 8 Qe2 Nf6 9 Bd2 is similar to column 7.

(n) 13 a4 bxa4 14 Nxa4 0-0 15 Bg3 with a distinct White advantage, Stocek–Gipslis, 1995.

(o) 5 . . . Nf6 6 e5 Nd5 7 Bc4 d6 8 exd6 Nf6 9 0-0 Bxd6 10 N2f3 ±, Geller–Gipslis, Sousse Int. 1967.

(p) 7 . . . Be7 8 c4 0-0 9 b3 Nbd7 10 Bb2 Qc7 11 Rc1 b6 12 Qe2 Bb7 13 Bb1 with attacking chances, Kapengut–Grigorian, USSR Chp. 1971. The column is Needleman–Urday, Mar del Plata 1997.

(q) 6 Nc3?! dxe4 7 Nxe4 e5 8 Nb3 Qxd1† 9 Kxd1 Nc6 10 Bg2 Bg4† 11 f3 0-0-0† ∓, A. Ivanov–Zapata, Linares N.L. 1992.

(r) 7 . . . Qxd5 8 Qxd5 Nxd5 9 Bg2 is also alright for Black, but Lobron drifted into trouble against Anand in Munich 1994 after 9 . . . Bc5?! (9 . . . Be7) 10 0-0 0-0 11 Nbd2 Nc6 12 Nc4 b5 13 Nce5 Nxe5 14 Nxe5 ±.

(s) 13 Be3 Ne5 14 c3 Re8 15 Nc2 Bb6 =, Sherzer–Bezold, Brno 1993.

SICILIAN DEFENSE

Four Knights' Variation and Sicilian Counter Attack

1 e4 c5 2 Nf3 e6 3 d4 cxd4 4 Nxd4 Nf6 5 Nc3

	1	2	3	4	5	6
	Nc6 (Four Knights' Variation)				Bb4 (Sicilian Counter Attack)	
6	Ndb5 ....Nxc6 ....g3(p)				e5	
	Bb4(a)		bxc6	d5(q)	Nd5 ....Ne4(w)	
7	a3...........Bf4(g)		e5	exd5	Bd2!(t)	Qg4
	Bxc3†	Nxe4	Nd5	Nxd5	Nxc3	Qa5(x)
8	Nxc3	Qf3	Ne4(k)	Bg2	bxc3	Qxe4
	d5	d5	Qc7(l)	Ndb4(r)	Be7(u)	Bxc3†
9	exd5(b)	Nc7†	f4	Nxc6	Qg4	bxc3
	exd5(c)	Kf8	Qb6	Qxd1†	0-0	Qxc3†
10	Bd3	0-0-0(h)	c4(m)	Kxd1	Bh6	Kd1
	0-0	Bxc3	Bb4†	bxc6	g6	Qxa1
11	0-0	bxc3	Ke2	a3	h4!	Nb5
	d4(d)	e5(i)	f5	Nd5	Qa5	d5
12	Ne2(e)	Nxd5	Nf2(n)	Ne4	Qg3	Qb4!
	Qd5(f)	Ng5(j)	Ba6(o)	Ba6(s)	d6(v)	Nc6(y)

(a) 6 ... d6 7 Bf4 e5 8 Nd5!? (8 Bg5 transposes into the main lines of the Sveshnikov Variation) 8 ... Nxd5 9 exd5 exf4 10 dxc6 bxc6 11 Qf3 d5 12 0-0-0 Be7 13 Qc3 0-0 14 Qxc6 Be6 15 Nc7 Rc8 16 Nxe6 Rxc6 17 Nxd8 Rxd8 with an equal ending, Kuznetsov–Chelushkina, USSR 1991.

(b) 9 Bd3 dxe4?! 10 Nxe4 Nxe4 11 Bxe4 Qxd1† 12 Kxd1 e5 13 Re1 leaves White slightly better in the ending, de Firmian–Illescas, Linares N.L. 1994. Black should play 9 ... Ne5! 10 Bb5† Bd7 11 Qd4 Nc6 =, Christiansen–Alburt, US Chp. 1996.

(c) 9 ... Nxd5 10 Bd2! Nxc3 11 Bxc3 Qxd1† 12 Rxd1 f6 13 f4 with the bishop pair in the endgame, Psakhis–Andersson, Manila Ol. 1992.

(d) (A) 11 ... h6 12 Bf4 d4 13 Nb5! Nd5 14 Bg3 (Timoshenko's 14 Qf3 Be6 15 Rfe1 Qd7 16 Be5 may be better) 14 ... Be6 15 Re1 Qd7 16 Nd6 ±, J. Polgar–Stein, Dortmund 1991. (B) 11 ... Bg4 12 f3 Be6 13 Bg5 ±, Janowski–Blackburne, Monaco 1901.

(e) 12 Ne4 Bf5 13 Bg5 Bxe4 14 Bxe4 h6 15 Bh4 g5 16 Bxc6 bxc6 17 Bg3 Qd5 18 f4 Ne4 19 fxg5 hxg5 20 Qd3 f5 and though Black's position is somewhat loose, the centralization gives him counterplay, Kir. Georgiev–Chandler, Leningrad 1987.

(f) After 12 . . . Qd5 13 Nf4 Qd6 14 Nh5 Nxh5 15 Qxh5 h6 16 Rfe1 Bd7 17 Qh4 White has a plus, Tiviakov–Sorokin, St. Petersburg 1993. Black has tried other 12th moves without success. (A) 12 . . . h6 13 b4 Bg4 14 Bb2 a6 15 f3 Be6 16 Kh1 ±, Rytshagov–Liva, Estonia 1996. (B) 12 . . . Bg4 13 f3 Bh5 14 Bg5 Qd6 15 Qd2 Rad8 16 Rad1 ±, Zapata–Chandler, London 1987.

(g) 7 Nd6†?! Ke7 8 Nxc8† Rxc8 2 hands Black a lead in development.

(h) 10 Nxa8 e5 11 0-0-0 Bxc3 12 bxc3 exf4 13 Bc4 (13 Qxf4 Qa5) 13 . . . Be6 14 Qxf4 Qxa8—Black has two knights for the rook.

(i) 11 . . . g5 12 Qxe4 Qxc7 13 Bxc7 dxe4 14 h4 g4 15 Bb5 f6 is an equal ending, Rasik–Rogozenko, European Junior Chp. 1992.

(j) 13 Bxg5 (13 Qe3?! exf4) 13 . . . Qxg5† 14 Kb1 h5! 15 h4 Qg4 =, Martinez–Khenkin, Alcobenda 1994.

(k) 8 Nxd5 cxd5 9 Bd3 Ba6! 10 0-0 (10 Bxa6 Qa5†) 10 . . . Bxd3 11 Qxd3 Qc7 12 Re1 Rc8 13 c3 g6 14 Be3 Bg7 =, Campora–Illescas, Buenos Aires 1993.

(l) 8 . . . Qa5† 9 Bd2 Qc7 10 f4 Qb6 11 Bd3 Be7 12 Qe2 with attacking prospects, Emms–Sutovsky, Gausdal 1995.

(m) 10 Bd3 Ba6 11 Bxa6 Qxa6 12 Qe2 Qxe2† 13 Kxe2 f5 14 Nf2 Rb8 15 c4 Nb4 is an even endgame, De La Villa–Nunn, Leon 1997.

(n) 12 exf6 Nxf6 13 Be3 Qa5 14 Nxf6† gxf6 15 Kf2 0-0 16 Bd3 Rf7 17 a3 Bc5 has been seen several times in grandmaster praxis. White is a tad more comfortable, nothing more.

(o) 13 Kf3 Ne7 14 Be3 Bc5 15 Bxc5 Qxc5 16 Qd6 Qb6 17 b3 c5 18 Rd1 Bb7† 19 Ke3 Kf7 20 Be2 (20 Qxb6 axb6 21 Rxd7 Bc6 22 Rd2 g5! ∞) 20 . . . Rhd8 21 Bh5† g6 22 Bf3 Bxf3 23 gxf3 Rac8 with roughly even chances, Adams–Nunn, Kilkenny 1996.

(p) 6 Be2 Bb4 7 0-0 Bxc3 8 bxc3 Nxe4 9 Bd3 d5 10 Ba3 Nxd4 11 cxd4 Qa5 12 Qc1 Bd7 =.

(q) (A) 6 . . . a6 7 Bg2 Qc7 transposes into the Taimanov Variation, 6 g3. (B) Sharp and risky is 6 . . . Bb4 7 Bg2 d5 8 exd5 Nxd5 9 0-0! Bxc3 (9 . . . Nxc3 10 Nxc6! bxc6 11 bxc3 Bxc3 12 Bxc6† Bd7 13 Qf3 ±) 10 bxc3! Nxc3 11 Bxc6† bxc6 12 Qf3 ±, Mestel–Sveshnikov, Hastings 1977/78.

(r) Black has a worse, but defensible ending after 8 . . . Nxc3 9 bxc3 Nxd4 10 Qxd4 Be7 11 Qxd8† Bxd8 12 0-0 f6 13 c4 Rb8, Movsesian–Chekhov, Germany 1996.

(s) 13 Nd2 0-0-0 14 c4! Bxc4 15 Nxc4 Ne3† 16 Ke2 Nxc4 17 Bxc6 ±, Kaidanov–Khenkin, New York 1994.

(t) 7 Qg4 0-0! 8 Bh6 g6 9 Bxf8 Qxf8 10 Qg3 Qc5 11 Ne2 Nc6 wins the e-pawn and gives Black almost equal chances.

(u) 8 . . . Ba5 9 Qg4 0-0 10 Bd3 d6 11 Nf3 g6 12 h4 dxe5 13 h5 f5 14 Bxf5! exf5 15 Qc4† Rf7 16 hxg6 hxg6 17 Ng5 Qc7 18 Qh4 wins, Wagman–Barle, Biel 1981.

(v) 13 Bxf8 Bxf8 14 exd6 Qc5 15 Rd1 Bxd6 16 Nb3! with a winning endgame, Opl–Klinger, Austrian Chp. 1995.

(w) A tricky old line that still crops up from time to time is 6 . . . Qa5?!
7 exf6 Bxc3† 8 bxc3 Qxc3† 9 Qd2! Qxa1 10 fxg7 Rg8 11 c3 and Black is in
trouble, e.g. 11 . . . Qb1 12 Bd3 Qb6 13 Qh6 Qc5 14 0-0 Qe5 15 Nb5! Na6
16 Bg5 Qxg7 17 Nd6† Kf8 18 Qh5 Resigns, Kriviashvili–Paksashvili, Decin
1996.

(x) 7 . . . Nxc3 8 Qxg7! Rf8 9 a3 Nb5† 10 axb4 Nxd4 11 Bg5 Qb6 12 Bh6 Qxb4†
13 c3 Nf5 14 cxb4 Nxg7 15 Bxg7 ±, Szabo–Mikenas, Kemeri 1939.

(y) Or 12 . . . Qxe5 13 f4 Nc6 14 fxe5 Nxb4 15 Nc7† ±. After 12 . . . Nc6
13 Nc7† Kd8 14 Qd6† Bd7 15 Nxa8 Qxe5 16 Ba3 Qd4† 17 Kc1 Qa1†
18 Kd2 Qd4† 19 Bd3 Qxf2† 20 Kd1 Qxg2 21 Qc7† Ke8 22 Rf1 e5 23 Qxb7 f6
(Berg–Johnsen, Gausdal 1993), White wins with 24 Nc7† Kf7 25 Ne6!.

SICILIAN DEFENSE, CLASSICAL VARIATION

2 Nf3 Nc6 3 d4 cxd4 4 Nxd4 Nf6 5 Nc3 d6 has been dubbed the "Classical Variation" for Black's straighforward development and for want of a better name. There are three serious responses for White.

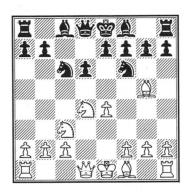

6 Bg5 IS THE RICHTER-RAUZER ATTACK (columns 1–21), see above diagram. White sets up an indirect pin on the f6 knight and prepares the aggressive plan Qd2 and 0-0-0. Black can continue with straightforward natural moves, 6 . . . e6 7 Qd2 Be7 8 0-0-0 0-0 (columns 1–6) when White has the choice of 9 f4 (columns 1–3) or 9 Nb3 (columns 4–6), which both present Black with some trouble.

Black can change tune and play less natural moves with 7 . . . a6 8 0-0-0 Bd7 (columns 7–12), which seems to allow more counterplay. The continuation 9 f4 b5 10 Bxf6 gxf6 is critical, but Black should be all right.

With 7 . . . a6 8 0-0-0 h6 Black puts the question to the bishop. Black is usually obtaining good chances, although White may gain some edge with 9 Be3 Be7 10 f4 (column 13).

Alternatives to the usual lines after 6 Bg5 are seen in columns 19–21. Of these, Larsen's old move 6 . . . Bd7 is the most significant.

6 Be2 e5! is the Boleslavsky Variation (columns 22–23). It is covered in only two columns because Black obtains almost immediate equality and there have been no improvements on White's side for decades. 6 f3 (column 24) is a more recent idea, though not particularly dangerous.

6 Bc4 (columns 25–36) is at least as aggressive as 6 Bg5. After 6 . . . e6 7 Be3 (columns 25–30) White plays the Velimirović Attack with the plan of castling queenside and hunting the Black king. Sacrifices and combinations are routine in this ultra-sharp opening. Theoretically Black is alright, but many players are uncomfortable defending against the White onslaught.

The Sozin Variation is 6 Bc4 with the plan of castling kingside (columns 31–34). This was a Fischer favorite in the 1960s, but it is not considered fearsome today. Black can sidestep the main lines with 6 . . . Qb6 (columns 35–36) and also obtain reasonable chances.

SICILIAN DEFENSE

Richter-Rauzer Attack

1 e4 c5 2 Nf3 Nc6 3 d4 cxd4 4 Nxd4 Nf6
5 Nc3 d6 6 Bg5 e6 7 Qd2 Be7 8 0-0-0 0-0(a)

	1	2	3	4	5	6
9	f4 .... Nb3(m)					
	Nxd4 .... h6(i)			Qb6 .... a5 .... a6		
10	Qxd4		Bh4(j)	f3	a4(r)	Bxf6
	Qa5		e5	Rd8(n)	d5	gxf6
11	Bc4(b)		Nf5	Be3(o)	Bb5	Qh6(u)
	Bd7(c)		Bxf5	Qc7	Nb4(s)	Kh8
12	e5 .... Bb3(f)		exf5	Qf2	e5(t)	Qh5
	dxe5	Bc6	exf4	d5(p)	Nd7	Qe8
13	fxe5	h4(g)	Kb1	exd5	Bxe7	f4
	Bc6	h6	d5	Nxd5	Qxe7	Rg8
14	Bd2(d)	Kb1	Bxf6(k)	Nxd5	f4	Bd3
	Nd7	Qc5	Bxf6	Rxd5	b6	Rg7
15	Nd5	Qd3	Nxd5	Rxd5	h4	g4
	Qd8	b5	Be5	exd5	Nc5	b5
16	Nxe7†	Bxf6	Bc4	Bb5	Nd4 ±	h4
	Qxe7(e)	Bxf6(h)	b5(l)	Ne5(q)		b4(v)

(a) Column 1 is sometimes reached by the order of moves 8 . . . Nxd4 9 Qxd4 0-0 10 f4. White would have the opportunity to play 10 e5 dxe5 11 Qxe5 Qe8 12 h4 Bd7 13 Rh3 Bc6 14 Rg3 Qb8 15 Qe3, Tal–Timman, Brussels 1988, which requires careful defense from Black.

(b) Black has an easier time with other moves. (A) 11 Kb1 h6 12 h4 (12 Bh4 e5! =) 12 . . . e5 13 Qd3 exf4 14 Bxf4 Be6 =, Shirov–Kamsky, Buenos Aires 1994. (B) 11 e5 dxe5 12 Qxe5 (12 fxe5?! Rd8 ∓) 12 . . . Qxe5 13 fxe5 Nd5 14 Bxe7 Nxe7 15 Bd3 b6 16 Be4 Rb8 17 Rhe1 Ng6 18 Bxg6 fxg6 19 Nb5 Bb7 20 g3 a6 21 Nd6 Bd5 =, Short–Kramnik, Riga 1995.

(c) 11 . . . h6 12 Bh4 e5 13 fxe5 dxe5 14 Qd3 Bg4 15 Bxf6 Bxf6 16 Rdf1 Bg5† 17 Kb1 Be6 18 Nd5 ± Garcia–Papo, Santa Clara 1996.

(d) 14 Bxf6 gxf6 15 Bd5 f5! 16 Bxc6 bxc6 17 g4 Bg5† 18 Kb1 Rad8 =, J. Polgar–Kramnik, Linares 1994.

(e) 17 Rhe1 Rfd8 18 Qg4 Nf8 19 Bd3; now in many games Black has sacrificed the exchange 19 . . . Rxd3 20 cxd3 Qd7 21 Bb4 Qd5, but White can retain a small edge after 22 Bxf8 Rxf8 23 Kb1, Tiviakov–Atalik, Beijing 1997. Black can also try 19 . . . Rd5 20 Bb4 Qd8 21 h4 Ng6 22 Bxg6 hxg6, Yemelin–Kharlov, Russian Chp. 1996, intending to meet 23 h5 with 23 . . . g5 24 Bd2 Rd4.

(f) White has tried several moves in this position. (A) 12 Rhe1 Bc6 13 f5 b5 14 Bb3 b4 15 e5 (A. Ivanov–Khan, Chicago 1997) 15 . . . bxc3! $\mp$, since 16 exf6 Qxf5 defends. (B) 12 Rd3 Rad8 13 e5 (13 Rg3 Kh8) 13 . . . dxe5 14 Qxe5 Qb4 15 Rg3 Kh8 16 Bd3 Bc6 17 Rh3 Rfe8! =, Anand–Kramnik, Las Palmas 1996, because 18 Bxf6?! Bxf6 19 Rxh7† Kg8 hands the initiative over to Black. (C) 12 Kb1 Bc6 13 Rhf1 h6 14 Bh4 Qh5! =, Tal–Larsen 1969. Transferring the queen to the kingside is an important defensive resource.

(g) Black is fine after 13 Qd3 b5! 14 Kb1 h6 15 Bxf6 Bxf6, J. Polgar–Salov, Dos Hermanas 1997, since 16 Qxd6 Qb6 and 17 . . . Rfd8 generates active play.

(h) 17 Qxd6 Qxd6 18 Rxd6 Rfc8 19 f5 $\pm$ (but not 19 e5 Be7 20 Rd2 b4 21 Na4 Rd8 $\mp$). Instead of the column continuation, Topalov–Kramnik, Novgorod 1995, saw 16 a3?! a5 17 f5 b4 $\mp$.

(i) The immediate 9 . . . e5 10 Nf5 Bxf5 11 exf5 is not so good because . . . exf4 can always be answered with Bxf4. Also suspect is 9 . . . d5 10 e5 Nd7 11 Bxe7, trading off Black's good bishop.

(j) Grabbing the d-pawn allows Black thematic play on the dark squares— 10 Bxf6 Bxf6 11 Nxc6 bxc6 12 Qxd6 Qb6 13 Qd3 Rb8 14 b3 Rd8 15 Qf3 Rd4 16 Rxd4 (16 e5? Rxf4) 16 . . . Bxd4 =, Relange–D. Gurevich, Capelle-la-Grande 1994.

(k) 14 Qxf4 d4 15 Bxf6 Bxf6 16 Ne4 Be5 17 Qf3 Rc8 18 Bc4 b5! generates counterplay, Matulović–Ivanović, Belgrade 1985.

(l) 17 Bb3 (17 Bxb5 Rb8 18 c4 Nd4 19 Rhe1 f6 =) 17 . . . a5 18 a3 a4 19 Ba2 b4 20 Nxb4 Qf6 21 Nd5 Qxf5 22 Qd3 Qg5 23 Qe4 Rab8 24 c3 $\pm$, Sabel–Lensky, corr. 1992.

(m) (A) As usual, going after the d-pawn allows Black good play—9 Ndb5 Qa5 10 Bxf6 (10 Nxd6? Rd8) 10 . . . Bxf6 11 Nxd6 Rd8 12 f4 e5! =, Korchnoi–Boleslavsky, USSR Chp. 1952. (B) 9 f3 a6 10 g4 d5 11 exd5 Nxd5 12 Bxe7 Ncxe7 =, Rasik–Epishin, Czech Republic 1994.

(n) 10 . . . a6 11 h4 Rd8 12 h5 Qc7 13 h6! g6 14 Qf4 Ne8 15 Bxe7 leaves Black somewhat loose on the kingside, Nielsen–Muir, Århus 1991.

(o) (A) 11 Kb1 a6 12 Be3 Qc7 13 Qf2 Nd7 14 g4 b5 =. (B) 11 Nb5 Rd7 12 Be3 Qd8 13 N5d4 Ne5!? 14 g4 d5 15 g5 Ne8 ∞, Armas–Fedorowicz, Wijk aan Zee 1989.

(p) 12 . . . Nd7 13 Nb5 Qb8 14 g4 a6 15 N5d4 $\pm$ was first played in Fischer–Benko, US Chp. 1959/60.

(q) 17 Bxa7 (17 Rd1 Nc4 =) 17 . . . Nc4 18 Bc5 Rxa2 =, van der Wiel–Salov, Wijk aan Zee 1992.

(r) 10 a3 a4 11 Nd4 d5 12 exd5 Nxd5 13 Bxe7 Ncxe7 14 Bc4 Nb6 15 Ba2 Bd7 =, van der Wiel–Sosonko, Wijk aan Zee 1982.

(s) Capturing on e4 allows White a strong endgame initiative. Tal–Korchnoi, Montpellier Candidates Tournament 1985, went 11 . . . dxe4 12 Qxd8 Bxd8 13 Rhe1 Na7 14 Bc4 h6 15 Bxf6 gxf6 16 Nxe4 f5 17 Nd6 Bc7 18 g3 b6 19 Nxf5! exf5 20 Bd5 Be6 21 Bxa8 Rxa8 22 Nd4 Bd5 23 Re7 Rc8 24 Nb5! Resigns (24 . . . Nxb5 25 Rxd5).

(t) 12 Rhe1 Bd7 13 e5 Ne8 14 h4! Nc7 15 Nd4 also is an edge for White, Z. Wang–Gurevich, Belgrade 1988. Play would be similar to this game if Black responds 12 . . . Ne8 after 12 e5. The column is Fedorowicz–Winants, Wijk aan Zee 1988.

(u) (A) 11 f4 Kh8 12 f5 b5 13 Kb1 Rg8 14 Ne2 exf5 15 exf5 Ne5 16 Nbd4 Bb7 =, Klovans–Smirin, Geneva 1992. (B) 11 h4 Kh8 12 g4 b5 13 g5 b4 14 Na4 Rg8 15 f4 puts Black under pressure, Short–Karpov, match 1992.

(v) 17 Ne2 e5 18 f5 a5 19 Kb1 a4 20 Nd2 with a clear plus to White despite the strange placement of his queen, Adams–Frias, London 1990.

SICILIAN DEFENSE

Richter-Rauzer Attack

1 e4 c5 2 Nf3 Nc6 3 d4 cxd4 4 Nxd4 Nf6
5 Nc3 d6 6 Bg5 e6 7 Qd2 a6 8 0-0-0 Bd7

	7	8	9	10	11	12
9	f4				f3	Be2
	Be7	b5		h6(o)	Be7	b5(w)
10	Nf3(a)	Bxf6(h)		Bh4(p)	h4	Nxc6
	b5	gxf6(i)		g5(q)	b5(t)	Bxc6
11	Bxf6(b)	Kb1	f5(l)	fxg5	Kb1(u)	Qe3
	gxf6(c)	Qb6	Nxd4(m)	Ng4	0-0	Be7!
12	Kb1(d)	Nce2(j)	Qxd4	Nxc6(r)	g4	e5
	Qb6	Rc8	Bh6†	Bxc6	Ne5	Nd5
13	f5(e)	g3	Kb1	Be2	Bxf6	Nxd5
	0-0-0(f)	h5	Bf4	Ne5	Bxf6	Bxg5
14	g3	Bg2	fxe6	g3	g5	Nc7†
	Kb8	Na5	fxe6	Ng6	Be7	Qxc7
15	fxe6	b3	Ne2	Rhf1!	f4	Qxg5
	fxe6	Nc6	Be5	Be7	Nc4	dxe5
16	Bh3	Rhf1	Qd2	gxh6	Bxc4	Qxg7
	Bc8(g)	Qa5(k)	0-0(n)	Nxh4(s)	bxc4(v)	Rf8(x)

(a) 10 Nb3 is also logical—10 . . . b5 11 Bxf6 gxf6 12 Kb1 b4 13 Ne2 h5! 14 Ned4 Qb6 15 f5 Nxd4 16 Nxd4 e5 17 Nf3 Rc8 with chances for both sides, Ivanović–Popović, match 1995.

(b) 11 e5 b4! 12 exf6 bxc3 13 Qxc3 gxf6 14 f5 d5 15 fxe6 fxe6 16 Bh4 Nb4 and Black has good counterplay, I. Gurevich–Hennigan, Hastings 1993/94.

(c) 11 . . . Bxf6?! 12 Qxd6 Be7 13 Qd3 b4 14 Na4 Ra7 15 Qe3 Qa5 16 b3 Rb7 17 Nd2 Na7 18 Nc4 Qc7 19 Rxd7 Qxd7 20 Nc5 regains the initiative, Psakhis–Geller, Moscow 1986.

(d) (A) 12 Bd3 Qa5 13 Kb1 b4 14 Ne2 Qc5 15 f5 a5 16 Nf4 a4 with counterplay, Fischer–Spassky, World Chp. 1972. (B) 12 f5 Qb6 13 g3 b4 14 fxe6 fxe6 15 Ne2 Qf2 =, Tiviakov–Sakaev, St. Petersburg 1993.

(e) 13 Bd3 0-0-0 14 Rhf1 Kb8 15 Qe1 Qc5 16 Nd2 Nd4 17 Ne2 Bc6 =, Anand–Timman, Amsterdam 1992.

(f) Black kept his king in the center and suffered an attack in van der Wiel–Langeweg, Holland 1993—13 . . . b4 14 fxe6! fxe6 15 Ne2 a5 16 Nf4 Qc5 17 g3 a4 18 Bh3 Kf7 19 Rhf1 a3 20 Nxe6! Bxe6 21 Bxe6† Kxe6 22 Qd5† Qxd5 23 exd5† Kd7 24 dxc6† ±.

322

(g) 17 Qe1 Rhe8 18 Ne2 Bf8 19 Nf4 Bg7 20 Rf1 Qc5 21 Rf2 ±, Leko–Timman, Wijk aan Zee 1995. Black's pawn center is somewhat loose. On 21 . . . b4 22 Rfd2 Bh6 23 Nd4!.

(h) 10 Nxc6 Bxc6 11 Bd3 Be7 12 e5 dxe5 13 fxe5 Nd5 (13 . . . Nd7 is sharper) 14 Bxe7 Qxe7 15 Ne4 0-0 16 Rhf1 f5 17 exf6 Nxf6 with only a faint White advantage, J. Polgar–Dreev, Linares 1997.

(i) 10 . . . Qxf6?! 11 e5 dxe5 12 Ndxb5 Qd8 13 Nd6† Bxd6 14 Qxd6 exf4 15 Bxa6! Rxa6 16 Nb5 Ra7 17 Nxa7 Nxa7 18 Qd4 Nc6 19 Qxg7 Rf8 20 Rd2 ±, Balashov–Shebakov, Cheliabinsk 1990.

(j) 12 Nxc6 Bxc6 13 Bd3 b4 14 Ne2 h5 15 Rhf1 a5 16 c3 Rb8 17 Nd4 Bd7 18 Bc4 Rc8 19 Qd3 bxc3 20 b3 a4 =, Waitzkin–Mednis, Reno 1996.

(k) 17 c3 Qb6 18 f5 Bh6 19 Qe1 Nxd4 20 Nxd4 e5 21 Nc2 a5 with enough counterplay to hold the balance, Hjartarson–Yermolinsky, Yerevan Ol. 1996.

(l) 11 Nxc6 Bxc6 12 Qe1 b4 13 Nd5 a5 14 Bd3 (14 Rd4 f5! 15 Rc4?!—15 exf5 Bg7 = —15 . . . Bxd5 16 exd5 Qf6 17 dxe6 fxe6 18 Rc7 Kd8 19 Rc6 Bg7 ∓, Ulfarsson–Waitzkin, Cadet Chp. 1994) 14 . . . Bg7 15 f5 (15 g4 h5 =) Bxd5 16 exd5 e5 17 Bb5† Ke7 18 Bc6 Rb8 = as the Black king is safe on e7, Short–Damljanović, Manila Int. 1990.

(m) Also reasonable is 11 . . . Qb6 12 Nce2 Qa5 13 Qxa5 Nxa5 14 Kb1 Ke7 15 Nf4 Bh6 16 g3 (Yudasin–Tukmakov, New York 1990) 16 . . . Bxf4 17 gxf4 Nc6 =.

(n) White has the more comfortable position, but in Tolnai–Kozul, Croatia 1994, Black defended accurately to secure equal chances—17 Nd4 f5 18 Nf3 Bc6 19 Nxe5 dxe5 20 Qe1 Qc7 21 Bd3 Rad8 22 Qe3 Rd4 23 exf5 exf5 24 Rhe1 Bxg2! 25 Qxe5 Qxe5 26 Rxe5 Be4 =.

(o) 9 . . . Qc7 10 Bxf6 gxf6 11 Kb1 h5 12 Qe1 0-0-0 13 Nxc6 Bxc6 14 Bd3 h4 15 Rf1 Kb8 16 f5 ±, Fedorowicz–Shamkovich, New York 1994.

(p) 10 Bxf6 Qxf6 11 Nf3 Qd8 12 Bc4 Be7 13 Bb3 Qc7 14 f5 0-0-0 15 Kb1 Kb8 =, Yemelin–Aseev, Russian Chp. 1996.

(q) 10 . . . Nxe4 11 Qe1! Nf6 12 Nf5 Qa5 13 Nxd6† Bxd6 14 Rxd6 0-0-0 15 Rd1 Qc7 16 Qe3 Ne7 17 Bd3 Bc6 18 Kb1 ±, Lutz–Landenbergue, Biel 1996.

(r) 12 Nf3 hxg5 13 Bg3 (13 Bxg5? f6 14 Bf4 e5 15 Bg3 Bh6 wins) 13 . . . Be7 14 Be2 Nge5 15 Kb1 b5 16 Rdf1 Rc8 17 Nxe5 Nxe5 18 Rf2 f6 =, Short–Kasparov, World Chp. 1993.

(s) 17 gxh4 Bf8 18 Qd4 Rh7 (18 . . . Rxh6 19 Nd5!) 19 Nd5! Bxh6† 20 Kb1 Bg7 21 Nf6† Bxf6 22 Rxf6 Qc7 23 e5 ±, Wahls–Anka, Berlin 1995.

(t) 10 . . . Qc7 11 Kb1 0-0?! 12 h5 Rfd8 13 g4 d5 14 e5! Nxe5 15 h6 with a strong attack, Ehlvest–Timoshenko, New York 1994. The game concluded 15 . . . Nc4 16 Bxc4 bxc4 17 hxg7 Bc6 18 Qe1 Kxg7 19 Qh4 Ng8 20 Nxe6† fxe6 21 Qxh7† Resigns.

(u) 11 Nxc6 Bxc6 12 Kb1 Rc8 13 Ne2 0-0 14 Nd4 Bb7 15 g4 Qc7 16 Bh3 (Tolnai–A. Grosar, Ljubljana 1993) 16 . . . Rfe8 =.

(v) 17 f5 Re8 18 Rhf1 Rb8 with both sides attacking in this balanced position, Abreu–Rodríguez, Cuba 1988.

323

(w) 9 . . . h6 10 Bh4 b5?! 11 Nxc6 Bxc6 12 Qe3 Qa5 13 Nd5! ±, Fedorowicz–
Zaltsman, Reykjavik 1986. Black can improve with 10 . . . Rc8 (now threaten-
ing 11 . . . Nxe4) 11 Bg3 Nxd4 12 Qxd4 e5 13 Qd3 Qa5 ∞, Chiburdanidze–
Arbakov, Moscow 1981.

(x) 17 Qxh7 Bxg2 18 Rhg1 Bd5 19 Rg7 e4 =, Vladimirov–Granada Zuñiga, Gaus-
dal 1986.

SICILIAN DEFENSE

Richter-Rauzer

1 e4 c5 2 Nf3 Nc6 3 d4 cxd4 4 Nxd4 Nf6
5 Nc3 d6 6 Bg5 e6 7 Qd2 a6 8 0-0-0 h6

	13	14	15	16	17	18
9	Be3				Bf4(t)	
	Be7(a)			Bd7	Bd7	
10	f4		f3	f4(p)	Nxc6(u)	
	Nxd4(b)		Nxd4	Be7(q)	Bxc6	
11	Bxd4(c)		Bxd4(l)	Bd3(r)	Qe1	f3
	b5		b5(m)	b5	Be7(v)	d5(y)
12	Qe3	Bd3(g)	h4(n)	h3	h4(w)	Qe1
	Qc7(d)	b4(h)	Qa5	Nxd4	Qc7	Bb4
13	e5	Na4(i)	Qf2	Bxd4	e5(x)	a3
	dxe5	Rb8	Rb8	b4	d5	Ba5
14	fxe5(e)	e5	Kb1	Ne2	Rh3	b4(z)
	Nd7	dxe5	b4	e5	Nd7	Bb6
15	Ne4	Bxe5	Ne2	Be3	Kb1	exd5
	Bb7	Bd7!	e5	Qa5	Nc5	Bxd5
16	Nd6†	f5(j)	Ba7	Kb1	h5	Be5(aa)
	Qxd6(f)	Bxa4(k)	Rb7(o)	0-0(s)	0-0-0 =	0-0(bb)

(a) 9 . . . Nxd4 10 Bxd4 has little independent significance as Black should play 10 . . . Be7 anyway, since 10 . . . b5?! 11 f4 Bb7 12 Qe3 Qc7 13 Bb6 Qc8 14 e5 is very good for White, Nunn–Fedorowicz, Wijk aan Zee 1991.

(b) 10 . . . Bd7 11 Nf3 favors White.

(c) 11 Qxd4 b5 12 Be2 Bb7 13 g4 Rc8 14 g5 hxg5 15 fxg5 Rh3! ∓, Smirin–Greenfeld, Israel (blitz) 1995.

(d) Black should investigate the alternative 12 . . . Bb7 13 Bxf6 Bxf6! (13 . . . gxf6 14 Bd3 ±) 14 e5 Be7 15 exd6 Bxd6 16 Ne4 (16 Qd4 b4! 17 Na4 Bc7 =, Smirin–Yermolinsky, USA 1997) 16 . . . Bxe4 17 Qxe4 0-0 18 Bd3 g6 19 h4 h5 20 g4 Qf6 21 Rdf1 ± (Yermolinsky).

(e) 14 Bxe5 Ng4! 15 Qf3 Nxe5 16 Qxa8 Nd7 provided Black fine compensation for the exchange in Ivanchuk–Kramnik, Dos Hermanas 1996.

(f) 17 exd6 Bg5 18 Qxg5 hxg5 19 Bxg7 Rh4 20 Bd4, Short–Anand, Dos Hermanas 1997. Black has some compensation for the pawn with his developed pieces, but White has the winning chances.

(g) 12 Kb1 b4 (12 . . . Bb7 13 Bd3 0-0 14 e5 dxe5 15 fxe5 Nd7 16 Ne4 Bxe4 17 Bxe4 Rb8 18 c3 ±, Kasparov–Kramnik, Novgorod 1997) 13 Na4 Nxe4 14 Qxb4 d5 15 Qe1 0-0 16 Bd3 f5 ∞, Palac–Khalifman, Vienna 1996.

(h) The older 12 . . . Bb7 transposes into Kasparov–Kramnik in note (g) above after 13 Kb1.

(i) 13 Ne2 Qa5 14 Kb1 e5 15 Be3 0-0 16 Ng3 Rd8 17 f5 d5 18 Qf2 Rb8 =, Dvoirys–Svidler, Russian Chp. 1997.

(j) 16 Bxb8 Qxb8 17 b3 Bxa4 18 bxa4 0-0 is fine compensation for the exchange, J. Polgar–Kramnik, Moscow 1996.

(k) 17 fxe6 Rc8 (17 . . . 0-0?! 18 exf7† and 19 Bxb8) 18 exf7† Kxf7 19 Qf4 Qb6 20 Bc4† Kf8 21 Rhe1 g5 22 Qf1 Kg7 with roughly equal chances, Z. Wang–Atalik, Beijing 1996.

(l) Insipid is 11 Qxd4 b5 12 e5 dxe5 13 Qxe5 Bd7 14 Ne4 Nxe4 15 Qxe4 Rc8 =.

(m) 11 . . . e5 12 Be3 Be6 has proved a solid alternative, e.g. 13 g4 Qa5 14 Qf2 Nd7 15 Kb1 Rc8 16 Nd5 Bg5 17 h4 Bxe3 18 Qxe3 Qc5 =, Ivanchuk–Sax, Buenos Aires 1994.

(n) 12 Kb1 Rb8 13 Qe3 (13 Bxf6 Bxf6 14 Qxd6 Qxd6 15 Rxd6 Ke7 16 Rd1 Bxc3 =) 13 . . . b4 14 Na4 Qc7 15 b3 0-0 16 Bd3 e5 17 Bb2 Bd7 =, Kasparov–Kramnik, Moscow 1996.

(o) 17 Nc1 Be6 18 Be3 d5 19 Nb3 Qa4 20 Bc5 0-0 21 g4 d4 =, Ivanchuk–Salov, Tilburg 1996.

(p) 10 f3 also makes problems for Black—10 . . . Qc7 11 g4 Ne5 12 h4 b5 13 a3 Rb8 14 Kb1 g6 15 Rh2 ±, McDonald–Csom, Budapest 1995.

(q) 10 . . . b5 11 Bd3 Qc7 12 Kb1 Na5 13 Qe1 Nc4 14 Bc1 b4 15 Nce2 a5 16 h3 Be7 17 g4 ±, Svidler–Lutz, Moscow Ol. 1994.

(r) 11 Be2 b5 12 Bf3 Rc8 13 Kb1 b4 14 Nce2 Qc7 15 g4 e5 16 Nf5 Bxf5 17 exf5 e4 18 Bg2 Na5 19 Bd4 Nc4 20 Qc1 Nxg4 21 Bxe4 Bf6 with the initiative in Black's hands, Wolff–Korchnoi, New York 1996.

(s) 17 g4 Rfd8 (17 . . . exf4 18 Bxf4 Be6 19 b3 d5 20 e5 Ne4 21 Bxe4 dxe4 22 Nd4 ±) 18 c4! bxc3 19 Nxc3 Bc6 20 g5 with attacking chances, Olivier–Delchev, Chambery 1996.

(t) (A) 9 Bxf6?! Qxf6 10 Nxc6 bxc6 11 f4 Qd8! ∓. (B) A good coffee house variation is 9 Bh4 Nxe4 10 Qf4 g5 (10 . . . Ng5 11 Nxc6 bxc6 12 Qa4 Qb6 13 Bd3 Rb8 14 f4 Nh7 ∞, Almasi–Cao, Budapest 1997) 11 Qxe4 gxh4 12 Nxc6 bxc6 13 Qxc6† Bd7 14 Qe4 Rb8 =, Krogius–Polugaevsky, Tbilisi 1956.

(u) Pressuring the d-pawn is useless—10 Nb3 Ne5 11 Bg3 Nh5 =, or 10 Nf3 b5! 11 a3 e5 with an active game.

(v) 11 . . . Qa5 12 f3 0-0-0 (12 . . . Rd8 13 h4 b5 14 Kb1 ±, Nunn–van der Wiel, Wijk aan Zee 1983) 13 Bc4 Nd7 14 a3 Qc7 15 Ba2 Be7 16 Kb1 ±, Waitzkin–Csom, Budapest 1997.

(w) 12 e5 Nh5 13 Be3 Qc7 14 Be2 g6 15 Bxh5 gxh5 16 Bf4 0-0-0 and Black's activity compensates for the bad pawn structure, Adams–Timman, Amsterdam 1994.

(x) 13 f3 b5 14 Bd3 b4 15 Ne2 Qb6 16 g4 Nd7 17 g5 Ne5 18 Kb1 a5 =, Wolff–Fedorowicz, New York 1989. The column is Kotronias–Shirov, Greece 1993.

(y) White keeps control if Black doesn't break in the center—11 . . . Qb6 12 Bc4 0-0-0 13 Be3 Qc7 14 Qf2 Nd7 15 a3 ±, A. Ivanov–Fedorowicz, New York 1989.

(z) (A) 14 Bd2 Qe7 15 e5 Nd7 16 Kb1 Bb6 17 f4 h5! 18 Ne2 g6 is a level game, Topalov–Salov, Madrid 1993. (B) Black has good compensation for the queen after 14 exd5 Nxd5 15 b4 Nxf4! 16 Rxd8 Bxd8 =.

(aa) 16 Nxd5 Nxd5 17 Qg3 0-0 18 c4 Rc8 19 Kb2 Bc7! 20 Bxc7 Rxc7 21 Qe5 Qf6 =, Hübner–Salov, Skelleftea 1989.

(bb) 17 Qh4 Be3† 18 Kb2 Bg5 19 Qd4 Bc6 20 a4 (20 f4 Qxd4 21 Rxd4 Bh4) 20 . . . Qxd4 21 Bxd4 Rfd8 22 Bc4 Rac8 23 Kb3, A. Ivanov–Thórhallsson, Philadelphia 1996; now 23 . . . Bf4 whould secure an equal game.

SICILIAN DEFENSE

Minor Richter-Rauzer, Boleslavsky Variation, Rare Sixth Moves

1 e4 c5 2 Nf3 Nc6 3 d4 cxd4 4 Nxd4 Nf6 5 Nc3 d6

	19	20	21	22	23	24
6	Bg5			Be2......	Boleslavsky	f3(s)
	e6	Bd7	Qb6(i)	e5!	Variation	e5(t)
7	Qd3(a)	Qd2(d)	Nb3	Nb3	.... Nf3	Nb3(u)
	Be7(b)	Rc8(e)	e6	Be7	h6(o)	Be7
8	0-0-0	0-0-0	Bd3(j)	0-0(l)	0-0	Be3
	0-0	Nxd4	Be7	0-0	Be7	Be6
9	Nb3	Qxd4	0-0	Be3(m)	Re1	Nd5
	d5!	Qa5	a6	Be6	0-0	Bxd5
10	Bxf6	f4(f)	Kh1	Bf3(n)	h3(p)	exd5
	Bxf6	h6(g)	Qc7	a5	Be6(q)	Nb4
11	exd5	Bxf6	f4	Nd5	Bf1	c4
	Nb4	gxf6	Bd7	Bxd5	Nb8!	a5
12	Qb5	Be2	Qe2	exd5	a4	Nd2
	Bxc3(c)	Qc5(h)	h6(k)	Nb4 =	Nbd7(r)	Nd7(v)

(a) Other alternatives to 7 Qd2 are: (A) 7 Bb5 Bd7 8 Bxc6 bxc6 9 Qf3 h6 10 Bh4 Qb6 11 0-0-0 Be7 12 Nb3 a5 =, Westerinen–Fedorowicz, London 1987; or (B) 7 Be2 Be7 8 0-0 0-0 9 Qd3 (Bronstein–Keres, Budapest 1951) 9 . . . h6 = or 9 . . . Nxd4 10 Qxd4 Nxe4! 11 Nxe4 Bxg5 =.

(b) Also 7 . . . a6 8 0-0-0 Bd7 9 f4 h6 10 Bh4 g5 11 fxg5 Ng4 12 Nxc6 Bxc6 13 Kb1 hxg5 =, Tolnai–Atalik, Budapest 1992.

(c) 12 bxc3 Nxd5 13 c4 Bd7 14 Qxb7 Qg5† 15 Rd2 Nf6 =, Yudasin–Khalifman, USSR Chp. 1990.

(d) Black's defense with 6 . . . Bd7 is Larsen's plan. (A) 7 Be2 e6 8 Qd2 a6 9 0-0-0 transposes into column 12. (B) 7 Bxf6 gxf6 =.

(e) 7 . . . Nxd4 8 Qxd4 Qa5 9 Bd2 Qc7 10 Bc4 e6 11 Bb3 ±, R. Byrne–Benko, USA 1970.

(f) 10 Bd2 may be better. Then 10 . . . g6 11 Kb1 Bg7 12 Nb5! Qd8 13 Qxa7 produces favorable complications. On 10 . . . e5 11 Qd3 a6 12 a3 Be6 13 Nd5 Qd8 14 Bg5 Bxd5 15 Bxf6 Qxf6 16 Qxd5 Qxf2 17 Bc4 Rc5 18 Rd2! Qf4 19 Qd3 White has good play for the pawn, Riemersma–Piket, Dordrecht 1986.

(g) (A) 10 . . . e6 11 e5 dxe5 12 fxe5 Bc6 13 Nb5 Bxb5 14 exf6 Bc6 (14 . . . Ba4 15 Bd2! Rxc2† 16 Kb1 ±) 15 h4 g6 16 Bc4 Bc5 17 Qg4 h5 18 Qe2 ±, Varga–Robatsch, Austria 1995. (B) The exchange sacrifice is almost sound—10 . . . Rxc3

11 bxc3 e5 12 Qb4 Qxb4 13 cxb4 Nxe4 14 Bh4 g5 15 fxg5 Be7 16 Bc4 ±, Schlosser–Lendwai, Austrian Chp. 1992.

(h) 13 Qd2 Bg7 14 Kb1?! f5 15 e5 0-0 hands Black the initiative, Svidler–Aseev, St. Petersburg 1997. White does better with 12 f5 h5 13 Kb1 Qc5 14 Qd3 h4 15 Be2 where he may hold a small edge, Dolmatov–Dorfman, USSR Chp. 1980.

(i) 6 . . . a6 is a position that usually arises from the Najdorf Variation (6 Bg5 Nc6), so the position is covered in that section if White chooses 7 f4 instead of 7 Qd2 e6 reentering the main lines.

(j) 8 Bxf6 gxf6 9 Be2 a6 10 0-0 Be7 11 Kh1 0-0 12 f4 Kh8 gives Black fewer problems, Tarjan–Ostojić, Venice 1974.

(k) 13 Bh4 g5?! 14 Bg3! gxf4 15 Rxf4 Ne5 16 Raf1 ±, R. Byrne–Benjamin, US Chp. 1984.

(l) 8 Bg5 Nxe4 9 Bxe7 Nxc3 10 Bxd8 Nxd1 11 Rxd1 Kxd8 12 Rxd6† Ke7 =, Böök–Bronstein, Saltsjöbaden 1948.

(m) 9 f4 a5! (thematic in the Boleslavsky Variation) 10 a4 Nb4 11 Kh1 Be6 12 f5 Bd7 13 Bg5 Rc8 14 Nd2 Bc6 with an easy game for Black, Brooks–Gabriel, New York (Marshall Chess Club) 1995.

(n) 10 f4 exf4 11 Bxf4 d5 is completely equal. The column is Spassky–Ioseliani, Monaco 1994.

(o) White garners a tiny edge after 7 . . . Be7 8 Bg5 0-0 9 0-0 Be6 10 Bxf6 Bxf6 11 Nd5 (control of d5).

(p) 10 Bf1 Bg4 11 h3 Bh5 12 Be2 Bg6 13 Bd3 Rc8 =, Thipsay–Yermolinsky, London 1994.

(q) Black is also alright after 10 . . . Re8 11 Bf1 Bf8 12 b3 a6 13 Bb2 b5 14 a4 b4 15 Nd5 Nxd5 16 exd5 Ne7 17 a5 Bb7 18 Bc4 Rc8, Xie–Demina, Manila Ol. 1992.

(r) 13 a5 a6 14 Nd5 Nxd5 15 exd5 Bf5 with chances for both sides, Zagrebelny–Benjamin, Lucerne 1993.

(s) Other rare sixth moves are: (A) 6 g3 Nxd4 7 Qxd4 g6 8 Bg2 Bg7 9 0-0 0-0 transposing to an insipid line against the Dragon. (B) 6 Be3 Ng4 7 Bg5 (7 Bb5 Nxe3 =) h6 8 Bh4 g5 9 Bg3 Bg7 10 Nb3 Be6 =, Adams–Kramnik, Belgrade 1995. (C) 6 f4 e5 7 Nf3 Be7 8 Bd3 (8 Bc4 0-0 9 Bb3 Bg4 =) 8 . . . Qb6! 9 Rb1 0-0 10 Qe2 Bg4 =, Sznapik–Hort, Lucerne Ol. 1982.

(t) 6 . . . e6 7 Be3 Be7 transposes into the Scheveningen Variation (6 Be3 Be7 7 f3 Nc6).

(u) 7 Nde2 Be7 8 Be3 Be6 9 Qd2 Qa5 =, Dysing–Degerman, Stockholm 1995.

(v) 13 Ne4 f5 14 Nc3 0-0 15 Be2 Bg5 =, Topalov–Kramnik, Linares 1994.

SICILIAN DEFENSE

Velimirović Attack

1 e4 c5 2 Nf3 Nc6 3 d4 cxd4 4 Nxd4 Nf6 5 Nc3 d6 6 Bc4 e6 7 Be3

	25	26	27	28	29	30
	Be7					a6
8	Qe2					Qe2
	0-0				a6	Qc7
9	0-0-0				0-0-0	0-0-0
	a6			Qa5(l)	Qc7	Na5
10	Bb3			Bb3	Bb3	Bd3(r)
	Qc7(a)			Nxd4	Na5	b5
11	Rhg1		g4	Bxd4	g4	a3(s)
	Nd7 .... Na5(f)		Nxd4(i)	Bd7	b5	Bb7
12	g4	g4	Rxd4	Rhg1	g5	g4
	Nc5	b5	Nd7(j)	Rfc8(m)	Nxb3†(o)	Rc8(t)
13	Nf5(b)	g5	g5	g4	axb3	g5
	b5(c)	Nxb3†	Nc5	e5	Nd7	Nd7
14	Bd5(d)	axb3	f4	Be3	h4(p)	f4
	Bb7	Nd7	f5!	Rxc3	b4	Nc5(u)
15	g5	f4(g)	Rg1	Bd2	Na4	Kb1
	Rfc8(e)	b4(h)	b5(k)	Bb5(n)	Nc5(q)	Nxd3(v)

(a) 10 . . . Qe8?! 11 Rhg1 Nd7 12 g4 Nc5 13 g5 b5 14 Nxc6 Nxb3† (14 . . . Qxc6 15 Bxc5 dxc5 16 Nd5!) 15 axb3 Qxc6 16 Bd4 b4 17 Qh5! Bb7 (17 . . . bxc3 18 Bf6 Qc7 19 Qh6!, slightly better is 17 . . . Bd7 18 Rg4! bxc3 19 Rh4 Bxg5† 20 Qxg5 f6 21 Qh5 ±, Plaskett–Wahls, Hastings 1990) 18 Nd5! exd5 19 Rd3 Rfc8 20 c3 dxe4 21 Rh3 Kf8 22 g6! fxg6 23 Qxh7 Ke8 24 Rxg6 Kd7 25 Rxg7 Re8 26 Bf6 and White won in a few more moves, Howell–Ragozin, Cannes 1993.

(b) Fascinating complications also arise from 13 g5 Bd7 (13 . . . b5 14 Nxc6 Nxb3† 15 axb3 Qxc6 transposes into note (a)) 14 Rg3 Rfc8 15 Qh5 g6 16 Qh6 Bf8 17 Qh4 Be7 (17 . . . Nxd4 18 Bxd4 Nxb3† 19 axb3 e5 20 Be3 b5 21 Rd2 Be6 22 Rh3! h5 23 gxh6 Bxh3 24 Qxh3 is a good exchange sacrifice) 18 f4?! (18 Qh6 Bf8 19 Qh4 Be7 is a draw) 18 . . . b5 19 Nf5?! Nxb3† 20 axb3 exf5 21 Nd5 Qa5! 22 Kb1?! Nb4 wins. White could try 15 Kb1 Nxb3 16 axb3 b5 17 Qh5 g6 18 Qh6 Bf8 19 Qh4 b4?! 20 Rh3 Bg7 21 Qxh7† Kf8 22 Nf5! gxf5 23 g6 with a strong attack, Hansen–Berg, Denmark 1993.

(c) White has a tremendous attack after (A) 13 . . . exf5?! 14 gxf5 Bd7 15 Nd5 Qd8 16 Qh5 Kh8 17 Rxg7! Kxg7 18 f6†, Sokolov–Grigorian, USSR 1978. Better, but still unsatisfactory, is (B) 13 . . . Nxb3† 14 axb3 b5 15 Nxe7† Nxe7 16 Qd3 ±, Nijboer–Cebalo, Lucerne 1989.

(d) 14 Nxe7† Qxe7 15 f3 Bb7 16 g5 Rfc8 is about equal.

(e) 16 Rg3 Bf8 (16 . . . Ne5 17 Rh3 Ng6 18 Qh5 Nf8 19 Nxg7! Bxd5 20 Qh6 and 21 Nh5 is good, Fedorov–Lanka, Pula 1997) 17 Qh5 g6 18 Nh6† Kh8 19 Qh4 b4 20 Rh3 bxc3 21 Ng4 f5 22 Nf6 h6 23 Qxh6† Bxh6 24 Rxh6† Kg7 25 Rh7† Kf8 26 Rh8† Draw, Rogers–Lanka, Linz 1997.

(f) (A) Risky is 11 . . . Nxd4?! 12 Bxd4 b5 13 g4 b4 14 g5! Nd7 15 Qh5 bxc3 16 g6 cxb2† 17 Kb1 fxg6 (17 . . . hxg6 18 Rxg6 fxg6 19 Bxe6† Rf7 20 Qxg6 Ne5 21 Bxf7† ±) 18 Bxe6† Kh8 19 Rxg6 Ne5 20 Rxg7! Kxg7 21 Rg1† Kh8 22 Qh6 Resigns, Pieri–Bernard, Paris 1994. (B) An old line recently resurrected is 11 . . . b5 12 g4 b4 13 Nxc6 Qxc6 14 Nd5 exd5 15 g5 Nxe4 16 Bxd5 Qa4 17 Bxe4 (17 Bxa8 Nc3!) 17 . . . Be6 18 Bd4 g6 19 f4 Rfc8 (19 . . . Rac8 20 f5 Bxa2 21 Kd2 Rfe8 22 b3), Brunner–Weindl, Switzerland 1991; now 20 Bxa8 Rxa8 21 Rg3 Rc8 22 a3 is a bit better for White.

(g) (A) 15 Nf5 exf5 16 Nd5 Qd8 17 exf5 Rd8 ∞. (B) 15 h4 b4 16 Na4 Nc5 17 h5 Bd7 18 Kb1 Rac8 19 g6 Bf6 20 gxh7† Kh8 21 Bg5 ±, Ehlvest–Yudasin, USSR 1986.

(h) 16 Nf5! Nc5 (16 . . . exf5?! 17 Nd5 Qd8 18 exf5 Re8 19 Bd4! Bb7—19 . . . Bf6 20 Qxe8†! Qxe8 21 gxf6 ±, Nijboer–Winants, Wijk aan Zee 1988—20 g6 fxg6 21 Qe6† Kh8 22 Bxg7†! Kxg7 23 fxg6 wins) 17 Nxe7† Qxe7 18 e5 d5 19 Qf2 Nd7 20 Na4 ±, Nunn–Arakhamia, England 1997.

(i) 11 . . . Nd7 allows White more options such as 12 h4 or 12 Rhg1, and also 12 Nf5!? Nc5 (12 . . . exf5 13 Nd5 Qd8 14 gxf5 Nf6 15 Rhg1 with a strong attack) 13 Nxe7† Nxe7 (13 . . . Qxe7 14 f4 ± —Anand) 14 Qd2 Rd8?! 15 Bf4 ±, Anand–Salov, Dos Hermanas 1997.

(j) Black may also choose (A) 12 . . . b5 13 g5 Nd7 14 f4 Nc5 15 Rg1 Rb8 16 Kb1 a5 =, de Firmian–Lein, New York 1990. Black should avoid (B) 12 . . . e5?! 13 Rc4 Qd8 14 g5 Ne8 15 Rxc8! Rxc8 16 h4 ± as White controls the key central squares, Segueiro–de la Torre, corr. 1994.

(k) 16 Kb1 Bd7 17 h4 Rae8 18 h5 Bc6 19 exf5 Rxf5 =, Nunn–Shirov, Monaco (rapid) 1995.

(l) (A) 9 . . . d5 10 Bb3 Na5 11 e5 Nd7 12 f4 Bb4 13 Bd2 Nc5 14 Rhf1 Naxb3† 15 axb3 a5 16 Kb1 Bxc3 17 Bxc3 Ne4 18 Rf3 ±, de Firmian–Sosonko, Lucerne 1989. (B) 9 . . . Bd7 10 f4! Rc8 11 e5 Ne8 12 Nxc6 Bxc6 13 f5! exf5 14 e6 ±, Topalov–Leko, Dortmund 1996.

(m) (A) 12 . . . b5?! 13 e5! dxe5 14 Qxe5 Rfc8 15 g4 Qc7 16 g5 Ne8 17 Nd5 ±, Yudasin–Fedorowicz, Novi Sad Ol. 1990. (B) 12 . . . Bc6 13 g4 Nd7 14 Kb1 Rfe8 15 g5 with attacking chances, Bosch–Sosonko, Amsterdam 1996.

(n) 16 Qe1 Rxc2† 17 Kxc2 Qc7† 18 Bc3 leaves Black only partial compensation for the exchange, MacArthur–Epstein, USA 1991.

(o) White gains a continuing attack after 12 . . . Nd7?! 13 Bxe6! fxe6 14 Nxe6 Qc4 15 Nxg7† Kf7 16 Qh5†! Kxg7 17 Bd4† Ne5 18 Nd5 Nc6 19 Bxe5† Nxe5 20 Nxe7 Nf7 21 g6, Benedetti–Cassaro, corr. 1989.

(p) 14 Nf5 is a well-analyzed sacrifice that has been worked out to a draw with best play—14 . . . exf5 15 Nd5 Qd8 16 exf5 Bb7 17 f6 gxf6 18 Rhe1 Bxd5 19 Rxd5 Rg8 20 gxf6 Nxf6 21 Rf5 Ng4! 22 Bg5 Ne5 23 Bxe7 Qxe7 24 f4 Qe6

25 Qe4 Nd3† 26 Kd2 Nxe1 27 Qxa8† Ke7 28 Qb7† Kf8 29 Qb8† Draw, Waitzkin–de Firmian, Bermuda 1995.

(q) White has two reasonable plans here, but not 16 f3?! Bd7 which is just too slow. (A) 16 h5 Bd7 17 Kb1 Bxa4 18 bxa4 Qb7! 19 g6 Bf6 20 f3 Nxa4 21 Qc4 0-0 22 gxf7† Qxf7 23 Qxe6 Qxe6 24 Nxe6 Nxb2 =, de Firmian–D. Gurevich, Philadelphia 1995. (B) 16 Qc4 Qb7 (16 . . . Bd7 17 Qxb4 Rb8 18 Qc3 Bxa4 19 bxa4 Qb7 20 Nf5! exf5 21 Qxg7 Rf8—Kupreichik–Morawietz, Cologne 1997—22 exf5 ±) 17 e5 Nxa4 18 bxa4 dxe5 19 Nc6 Qc7 20 Nxe5 Qxc4 21 Nxc4 Bb7 22 Rhe1 Bc6 23 Bf4 0-0 24 Bd6 with a tiny endgame edge, Matulović–Hamann, Vrnjacka Banja 1967.

(r) 10 Bb3 b5 forces the concession 11 f3 to defend the e-pawn, after which 11 . . . Be7 12 g4 Nxb3† 13 axb3 b4 14 Na4 Nd7 is fine for Black.

(s) Valery Salov has dealt effectively with White's alternatives: (A) 11 g4 b4 12 Nb1 e5 13 Nf5 Be6 14 b3 g6 15 g5 Nd7 16 Nh6 Bg7 =, Nunn–Salov, Wijk aan Zee 1992. (B) 11 Bg5 Be7 12 a3 Bd7 13 f4 Nc4 14 Rhf1 Rc8 15 Bxc4 Qxc4 with active play, Rublevsky–Salov, Oviedo 1992.

(t) 12 . . . d5 13 exd5 Nxd5 14 Ndxb5! axb5 (14 . . . Qb8 15 Nxd5 Bxd5 16 Nc3 Bxh1 17 Rxh1 ±) 15 Bxb5† Kd8 16 Nxd5 exd5 17 Rd3 with a strong attack, Nunn–Sosonko, Thessaloniki Ol. 1984.

(u) 14 . . . Nc4? 15 Ndxb5! axb5 16 Nxb5 Qb8 17 Bxc4 Bxe4 18 Rhe1 d5 19 Bd3 Bxd3 20 Qxd3 Be7 21 Nd4 leaves White a pawn ahead, Wolff–Inkiov, St. John 1988.

(v) 16 cxd3 Be7 17 Rc1 Qd7 18 h4 ±, Cselotei–Kovacs, Budapest 1995.

SICILIAN DEFENSE

Sozin Variation

1 e4 c5 2 Nf3 Nc6 3 d4 cxd4 4 Nxd4 Nf6 5 Nc3 d6 6 Bc4

	31	32	33	34	35	36
	e6 .... Qb6(p)					
7	Bb3				Ndb5	Nb3(v)
	Be7		a6		a6(q)	e6
8	Be3(a)		Be3		Be3	0-0(w)
	0-0		Be7	Qc7(m)	Qa5(r)	Be7
9	0-0(b)		f4	0-0	Nd4	Be3
	a6	Bd7(f)	0-0	Na5(n)	Ne5(s)	Qc7
10	f4	f4(g)	Qf3(i)	f4	Nb3(t)	f4
	Nxd4(c)	Rc8	Nxd4(j)	b5	Qc7	0-0
11	Bxd4	Qf3	Bxd4	f5	Be2	Bd3
	b5	Qa5	b5!	e5	e6	b6(x)
12	e5(d)	Nde2(h)	Bxf6(k)	Nde2	f4	Qf3
	dxe5	Rfd8	Bxf6	Bb7	Nc6!	Bb7
13	fxe5	Kh1	e5	Nd5	g4	a3
	Nd7(e)	Qa6 =	Bh4†(l)	Nxd5(o)	b5(u)	Rad8(y)

(a) (A) 8 f4 Qa5 9 0-0 d5! 10 Nxc6 bxc6 equalizes immediately, Zaichik–Christiansen, Philadelphia 1990. (B) 8 0-0 0-0 9 Be3 is just a transposition of moves.

(b) (A) 9 Qe2 a6 10 0-0-0 Qc7 is the Velimirović Attack (col. 25–27). (B) 9 f4 a6 10 Qf3 is column 33, but Black can also play 9 . . . Nxd4 10 Bxd4 (10 Qxd4 Ng4 ∞) 10 . . . b5! =.

(c) 10 . . . Bd7 11 f5! Qc8?! (11 . . . Nxd4 ±) 12 fxe6 Bxe6 13 Nxe6 fxe6 14 Na4! ±, Fischer–Larsen, match 1971.

(d) 12 a3 Bb7 13 Qd3 a5! 14 e5 dxe5 15 fxe5 Nd7 16 Nxb5 Nc5 17 Bxc5 Bxc5† 18 Kh1 Qg5 with a strong initiative for the pawn, Fischer–Spassky, World Chp. 1972.

(e) 14 Ne4 Bb7 15 Nd6 Bxd6 16 exd6 Qg5 17 Qe2 a5 18 c3 Ra6 19 Rad1 Rxd6! 20 Bxg7 Rxd1 21 Rxd1 Kxg7 22 Rxd7 Bc6 =, de Firmian–Fishbein, Philadelphia 1997.

(f) (A) 9 . . . Nxd4 10 Bxd4 b5 11 Nxb5 Ba6 12 a4 Nxe4 13 c4 Qd7 14 Bc2 ±, Carstens–Marian, Germany 1984. (B) 9 . . . Na5 10 f4 b6 11 e5 Ne8 12 Qg4 ±.

(g) White may do better with 10 Qe2 Nxd4 11 Bxd4 Bc6 12 Rad1 Qa5 13 f4 e5 14 fxe5 dxe5, Freidank–Gebuhr, corr. 1988; now 15 Nd5! keeps the initiative.

(h) Natural play would be 12 Rad1 Nxd4 13 Rxd4 Bc6 14 Qg3 with some initiative. The column is Kindermann–Lobron, Munich 1991.

(i) (A) 10 0-0 transposes into column 31. (B) 10 Qe2 Nxd4 11 Bxd4 b5 12 0-0-0 Bb7 =, but not 10 . . . Bd7?! 11 0-0-0 Na5 12 g4 ±, A. Ivanov–Ashley, Bermuda 1995.

(j) 10 . . . Qc7 11 0-0-0 b5 12 e5 (12 g4 Nxd4 13 Rxd4 b4!) 12 . . . Nxd4 13 Qxa8 dxe5 14 fxe5 Nxb3† 15 axb3, Yakovich–Ionov, St. Petersburg 1993; now Ionov's suggestion 15 . . . Bb7 16 Qa7 Ng4 may be enough compensation for the exchange.

(k) 12 e5?! dxe5 13 fxe5?! Qxd4 14 exf6 Bc5! ∓, Kherlin–Shamkovich, USSR 1972. If 15 Qxa8 Qf2† 16 Kd1 Be3 wins.

(l) 14 g3 Rb8 15 gxh4 (15 0-0-0 Be7 16 Rhe1 d5 ∓, Morozevich–de Firmian, Amsterdam 1996) 15 . . . Bb7 16 Ne4, Short–Kasparov, World Chp. 1993; now simplest is 16 . . . Qxh4† 17 Qg3 Qxg3† 18 Nxg3 Bxh1 19 Nxh1 dxe5 =.

(m) 8 . . . Na5 9 f4 b5 10 e5 dxe5 11 fxe5 Nxb3 12 axb3 Nd5 13 Qf3 Bb7 (13 . . . Nxe3 14 Qxa8 Nxg2† 15 Kf1! ±) 14 0-0 Qc7 15 Nxd5 Bxd5 16 Qf2! ± Qb7? 17 Nxb5! winning, A. Sokolov–Timoshenko, Moscow 1990.

(n) 9 . . . Be7 10 f4 Nxd4 11 Bxd4 b5 12 a3 0-0 13 Qf3 Bb7 14 Rae1 (this position can be reached by various move orders) 14 . . . Rac8 15 Qg3 Kh8 16 Kh1 Qc6 17 Rf3 a5 18 Qg5 b4 19 axb4 axb4 20 Nd1 h6 21 Rh3 with an attack, Ljubojević–Anand, Buenos Aires 1994.

(o) 14 Bxd5 Nc4 15 Bc1 Qc5† 16 Kh1 Bxd5 17 exd5 Nb6 18 Nc3 Be7 (de Firmian–Salov, New York 1996) 19 Qf3 ± as White threatens 20 Be3 Qc7 21 Bxb6 Qxb6 22 Ne4 ±.

(p) Unusual tries are: (A) 6 . . . g6?! 7 Nxc6 bxc6 8 e5 Ng4 (8 . . . dxe5? 9 Bxf7† wins) 9 Bf4! ± (Sosonko). (B) 6 . . . Bd7 7 0-0 g6 8 Nxc6 Bxc6 9 Nd5! Bg7 10 Bg5 Bxd5 exd5 ±. (C) 6 . . . e5 7 Nde2 Be6 8 Bb3 Be7 9 0-0 0-0 10 Kh1 Na5 11 f4 ±, Sax–Markland, Wijk aan Zee 1973.

(q) 7 . . . Bg4 8 f3 Bd7 9 Qe2 a6 10 Be3 Qa5 11 Nd4 b5 12 Bb3 e6 13 0-0-0 b4 14 Nb1 Be7 15 g4 Nxd4 16 Rxd4 e5 17 Rdd1 ± Be6!? 18 Nd2 Bxb3 19 cxb3! ±, Topalov–Kramnik, Dos Hermanas 1996.

(r) After 8 . . . Qd8 9 Nd4 e6 play transposes into column 33 with 10 Bb3 or the Velimirović Attack (col. 30) with 10 Qe2.

(s) (A) The e-pawn is poisoned—9 . . . Nxe4? 10 Qf3 f5 11 Nxc6 bxc6 12 0-0-0 d5 13 Nxd5! exd5 14 Bxd5 Rb8 15 Bc6† Kf7 16 Bxe4 winning. (B) 9 . . . Ng4 10 Nxc6 bxc6 11 Bd2 g6 12 Qe2 Bg7 13 f4 0-0 14 0-0-0 ±, de Firmian–Dranov, New York 1993. (C) The most important alternative is 9 . . . e6 10 0-0 Be7 11 Bb3 0-0 12 f4 Bd7 13 f5 Nxd4 14 Bxd4 exf5 15 exf5 Bc6 16 Qd3 Rae8 17 Rad1 Bd8?! (17 . . . Nd7 ±) 18 Kh1 Nd7 19 Qg3 Bf6 20 Bd5! ±, de Firmian–Kramnik, Yerevan Ol. 1996.

(t) 10 Bd3 Neg4 11 Bc1 (11 Bd2? Qb6) 11 . . . g6 12 Nb3 Qb6 13 Qe2 Bg7 14 f4 Nh5! with counterplay, Topalov–Kramnik, Belgrade 1995.

(u) 14 g5 Nd7 15 Bf3 Bb7 with chances for both sides, Christiansen–Yermolinsky, US Chp. 1997. White should consider 11 Bd3.

(v) (A) 7 Nxc6 bxc6 8 0-0 g6 9 e5!? dxe5 10 Qe2 Qd4 11 Be3 Qd6 12 Rad1 Qc7 13 f4 Bg4 14 Qf2 e4 (14 . . . Bxd1 15 fxe5 Qxe5 16 Bd4 attacking) 15 Rde1 Bf5

16 h3 h5 17 Bd4 Bg7 =, Topalov–Kramnik, Novgorod 1997. (B) 7 Nde2 e6 8 0-0 Be7 9 Bb3 0-0 10 Bg5 Na5 11 Qd3 h6 =, Hector–J. Polgar, San Sebastian 1991.

(w) 8 Bg5 a6 9 0-0 Be7 10 Bxf6 gxf6 11 a4 Na5 12 Nxa5 Qxa5 =, de Firmian–Smirin, New York 1995.

(x) The old method with 11 . . . a6 12 a4 b6 gives Black a little extra activity.

(y) After 14 Qh3 Qc8 15 Nd4 Nxd4 16 Bxd4 Nd7 17 Rac1 Nc5 18 Qg3 White has a slight pull, Schandorff–Oll, Copenhagen 1993.

SICILIAN WITH 2 ... Nc6
AND ... e5

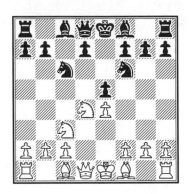

THE SVESHNIKOV (OR PELIKAN) VARIATION is 2 Nf3 Nc6 3 d4 cxd4 4 Nxd4 Nf6 5 Nc3 e5. This looks anti-positional as Black immediately creates a backward d-pawn. Even worse looking are the doubled f-pawns Black is forced to accept in the main line. For this reason the variation saw little use until Sveshnikov showed the dynamic potential of Black's position in the 1970s and 80s.

The main line is 6 Ndb5 d6 7 Bg5 a6 8 Na3 b5 9 Bxf6 gxf6 10 Nd5 (columns 1–6). Certainly the Black position looks ugly, with the centralized White knight sitting on top of the backward d-pawn, plus the doubled Black f-pawns. Yet Black has some trumps: the doubled f-pawns can be liquidated with ... f5, the White knight on a3 is out of play, Black has the bishop pair and the White knight on d5 can be challenged. All this may be enough to gain equality for Black, but in any case the game is complex and imbalanced.

White declines to double Black's pawns with 9 Nd5 (columns 7–9), seeking to steer the game into more static channels where control of the d5 square is enough to gain the advantage. Column 10 (8 ... Be6) is an older continuation that fails to equalize. 7 Nd5 (column 11) and 6 Nf3 (column 12) gain no advantage against proper defense.

Black has some uncommon continuations after 2 Nf3 Nc6 3 d4 cxd4 4 Nxd4. 4 ... e5 5 Nb5 d6 is the Kalashnikov Variation (columns 1–3), which is similar in spirit to the Sveshnikov Variation. The Kalashnikov has been used fairly frequently in the 1990s, although now its surprise value has passed and White is gaining the upper hand. 5 ... a6 is the Löwenthal Variation (columns 4–5), a tricky continuation playing for quick development. White has a few ways to reach a better position and so the variation has been out of favor for years. 4 ... Qb6 (column 6) is a good way to take the game off the beaten tracks. White may hold some edge (as in note (s)), but for those short of study time this is recommended.

SICILIAN DEFENSE
Sveshnikov (Pelikan) Variation

1 e4 c5 2 Nf3 Nc6 3 d4 cxd4 4 Nxd4 Nf6 5 Nc3 e5
6 Ndb5 d6 7 Bg5 a6 8 Na3 b5 9 Bxf6 gxf6 10 Nd5

	1	2	3	4	5	6
	f5				Bg7	
11	Bd3........................		c3(j)	Nxb5(o)	Bd3..........	c3(w)
	Be6		Bg7(k)	axb5	Ne7	Ne7(x)
12	Qh5(a)		exf5	Bxb5	Nxe7	Nxe7
	Bg7(b).......Rg8		Bxf5	Bd7(p)	Qxe7	Qxe7
13	0-0	g3	Nc2	exf5	0-0(s)	Nc2
	f4(c)	Nd4(g)	Be6(l)	Bg7	0-0(t)	f5
14	c4(d)	c3(h)	g3(m)	a4	c3	exf5
	bxc4	fxe4	0-0	Nd4	f5	0-0
15	Bxc4	Bxe4	Bg2	Bxd7+	Nc2	Ne3
	0-0	Bg4	a5	Qxd7	Rb8(u)	Bb7
16	Rac1	Qxh7	0-0	c3(q)	exf5	Be2
	Kh8(e)	Rg7	f5	Qc6	e4	Rad8
17	Rfd1	Qh6	Qh5	Ne3	Re1	Nd5
	Rb8(f)	Nf3+(i)	Rb8(n)	Bh6(r)	Bf5(v)	Qg5(y)

(a) 12 0-0 Bg7 13 Qh5 transposes back into the column. Black can deviate with 12 ... Bxd5 13 exd5 Ne7 14 c3 Bg7 15 Qh5 e4 16 Bc2 Qc8 17 Rad1 0-0 (17 ... Qc5 18 Bb3 ±) 18 Bb1 Ng6 19 Kh1 Re8 20 f4! ±, Almasi–Markowski, Bern 1996.

(b) Releasing the central tension before White castles invites tactical play— 12 ... f4?! 13 g3 Rg8 14 gxf4 Bg4 15 Qxh7 Rg7 16 Qh8 Nd4 17 Kf1 Rg6 18 h3! Rh6 19 hxg4 Rxh8 20 Rxh8 exf4 21 c3 Ne6 22 Nxb5 ±, C. Horvath–P. Horvath, Hungary 1989.

(c) (A) 13 ... 0-0? 14 exf5 Bxd5 15 f6 wins. (B) 13 ... h6 14 c3 0-0 15 Nc2 fxe4 16 Bxe4 f5 17 Nf4! puts holes in Black's position, Spassky–Sveshnikov, USSR Chp. 1973.

(d) 14 c3 0-0 15 Rad1 Rb8 16 Nc2 Qd7 17 Qe2 Kh8 18 Rfe1 f5 19 Ncb4 Nxb4 20 Nxb4 a5 21 exf5 Bg8 =, R. Byrne–Timman, Bugojno 1978.

(e) (A) 16 ... Ne7 17 Rfd1 Rc8 18 Nxe7+ Qxe7 19 Rc3 ±, Short–Sax, match 1988. (B) 16 ... Rb8 17 b3 Qd7 18 Rfd1! Kh8 transposes back into the column since White is better after both 18 ... Bg4?! 19 Qg5 and 18 ... Nd4 19 Nc2 Nxc2 20 Rxc2 Kh8 21 Qh4 f5 22 Ne7!, Howell–Jelen, Slovenia 1995.

(f) 18 b3 Qd7 19 Qh4 f5 (19 ... Bxd5 20 Bxd5 Nb4 21 Rd2 f5 22 Qh3 f3 23 Nc4 ±, Ernst–Benjamin, Reykjavik 1990) 20 Nxf4 exf4 21 Bxe6 Qxe6 22 Rxc6 fxe4

337

23 Rcxd6 Qe8 24 Qg4 e3 25 Qf3 leaves Black little compensation for the pawn, Ernst–Holmsgaard, 1993.

(g) 13 . . . Rg4 14 f4 exf4 (14 . . . Bg7?! 15 c3 b4 16 Nc2 bxc3 17 Nxc3 exf4 18 exf5 Rg5 19 Qxh7 Bxc3† 20 bxc3 Bd5 21 gxf4 ±, Magem Badals–I. Sokolov, Barcelona 1992) 15 Nxf4 Qa5† 16 c3 (16 Kd1 Rxf4 17 gxf4 Qb4 18 exf5 Bd5 is excellent play for the exchange) 16 . . . Rxf4! 17 gxf4 b4 18 Nc2 bxc3 19 b3 Nb4 20 Nxb4 Qxb4 (Analysis by *Chess Base Magazine*) gives Black much play for the exchange, yet White may hold an edge after 21 Qf3.

(h) 14 0-0-0 Rc8 is a sharp position with attacking chances for both sides, Barcenilla–Altan, World Junior Chp. 1991, continued 15 f4 Bxd5 16 exd5 Qf6 17 c3 e4 18 Rhe1 b4 19 Bxa6 Rc5 20 Rxd4 bxa3 21 Rb4 cxb2† 22 Kb1 Qxc3 23 Rb8† Ke7 24 Qh4†, now instead of 24 . . . f6?! 25 Qxh7† Rg7 26 Rxe4†!, Black can draw with 24 . . . Rg5! 25 Qxg5† f6 26 Rb7† Kd8 =.

(i) Here White has an important decision on where to place the king. (A) 18 Ke2 Ng5† 19 f3 Nxe4 20 fxg4 Qc8 21 Qe3 Qxg4† 22 Qf3 Qxf3† 23 Kxf3 f5 24 Nc2 Kf7 25 Nce3, Beliavsky–Shirov, Groningen 1993; now Black equalizes with 25 . . . Nf6 instead of 25 . . . Ke6? 26 Nxf5! as played. (B) 18 Kf1 Rg5 19 Nf6† Ke7 20 Qh8 Nd2† 21 Kg2 Nxe4 22 Nxe4 Rg6 23 Qh4† Kd7 24 Qxd8† Rxd8 = as Black's bishop pair compensates for White's extra pawn, Magem Badals–Zsu. Polgar, Madrid 1992.

(j) The position on move 13 is often reached by the move order 11 exf5 Bxf5 12 c3 Bg7, which gives White the chance to go astray with (A) 12 Qf3? Nd4! 13 Nc7† Qxc7 14 Qxa8† Ke7 15 c3 b4! 16 cxb4 Bh6! ∓ 17 Qxh8?! Qb7 winning, or (B) 12 Bd3 e4 13 Qe2 Nd4 14 Qe3 Bg7 15 f3 (15 Bxe4 0-0 is good for Black) 15 . . . Qh4† 16 g3 Nxf3† 17 Qxf3 exf3 18 gxh4 Bxd3 19 cxd3 Bxb2 ∓.

(k) 11 . . . fxe4? now runs into a winning sacrifice—12 Bxb5! axb5 13 Nxb5 Qg5 14 Nbc7† Kd8 15 Nxa8 Qxg2 16 Rf1 Ba6 17 Ne3 Qf3 18 Rg1 Bd3 19 Qxf3 exf3 20 Rd1 e4 21 Rxd3 exd3 22 Nb6 and White won the endgame against Black's shattered pawns in Almasi–Kuhn, Budapest 1992.

(l) (A) 13 . . . Ne7?! 14 Bd3! Nxd5 (14 . . . Be6 15 Nxe7 Qxe7 16 Be4 ±) 15 Bxf5 Ne7 16 Qg4 ±, Ivanchuk–Kramnik, Novgorod 1994. (B) 13 . . . 0-0 14 a4 Ne7 15 Bd3! Be6 16 Be4 Rc8 (Anand–Khalifman, Belgrade 1999) 17 axb5 axb5 18 0-0 ±.

(m) 14 Nce3 Ne7 15 Nxe7 Qxe7 16 Qf3 e4! 17 Qxe4 d5! gives Black more than enough for the pawn, Berebora–Vanczak, Szolnok 1989.

(n) 18 Rad1 Kh8 19 Rd2 Bf7 =, Hellers–Schandorff, Århus 1997.

(o) The other sacrifice on b5 has been worked out to an edge for Black—11 Bxb5 axb5 12 Nxb5 Ra4! 13 Nbc7† Kd7 14 0-0 Rxe4 15 Qh5 Nd4 16 c3 (16 Qxf7† Kc6 17 Nb4† Kb7 ∓) 16 . . . Ne2† 17 Kh1 Kc6 18 g3 Rg8 19 Qf3 Qxc7! (Horvath) and the three pieces are stronger than the queen.

(p) Less tested, but just as good a defense, is 12 . . . Bb7 13 exf5 Rc8!? 14 c3 Bg7 =, Wojtkiewicz–Majorovas, Estonia 1992.

(q) 16 0-0 Qb7! 17 c4 Rc8 18 f6 Bh6 19 Qd3 Qb6 ∓, Olthof–Tyagunov, corr. 1984.

(r) 18 cxd4 Bxe3 19 fxe3 Qxg2 20 Rf1 Qxb2 Draw, Nunn–Adorjan, Skara 1980.

(s) On 13 c4 Black must be willing to sacrifice a pawn, but then he has good chances—13 . . . f5 14 0-0 (14 cxb5 d5!) 14 . . . 0-0 15 Qh5 (15 Qf3 Re8!? 16 Rfe1 f4 17 cxb5 Qg5 18 h3 d5! 19 exd5 f5—Ochoa; 15 Re1 fxe4 16 Bxe4 Rb8 17 cxb5 axb5 18 Qd3 f5 19 Bd5† Kh8 20 Nxb5 e4 21 Qb3 Be5 22 a4 Bd7 23 Rac1 Qe8 24 Bc4 Qh5 attacking, Kosten–Chandler, Hastings 1991) 15 . . . Rb8 16 exf5 e4 17 Rae1 Bb7 18 Nc2 bxc4 19 Bxc4 d5 20 Bxd5 Bxd5 21 f6 Qxf6 22 Qxd5 Rxb2 23 Ne3 Qe6 =, Short–Illescas, Linares 1992.

(t) 13 . . . f5?! 14 exf5 Bb7 15 Re1 Qg5 16 g3 0-0 17 c4 Rea8 18 Be4 ±, Anand–Lobron, Dortmund 1996.

(u) 15 . . . Bb7 16 exf5 d5 17 Re1 Qg5 (Borge–Schandorff, Denmark 1996) 18 Ne3 ± since 18 . . . d4 19 cxd4 exd4 20 Qg4 repulses the attack.

(v) 18 Nb4 Qb7 19 Bc2 a5 20 Nd5 Rfe8 21 Qd2 with an edge for White, A. Rodríguez–Huerta, Albacete 1997.

(w) (A) 11 g3 f5 12 Bg2 f4 13 e3 0-0 14 Nc2 Kh8 15 Qd3 Bh6 16 a4 bxa4 17 Rxa4 a5 18 0-0 Bd7 19 Raa1 f5 =, Zapata–Conquest, Cuba 1996. (B) 11 Qh5 Ne7 12 Ne3 f5 13 exf5 e4! 14 0-0-0 0-0 =.

(x) 11 . . . f5 transposes into column 3. This is recommended as this column is difficult for Black.

(y) 18 h4! Qh6 19 Rh3 Kh8 20 Kf1 e4, Adams–Nunn, Brussels 1992; now 21 g4! leaves White a clear edge.

SICILIAN DEFENSE

Sveshnikov (Pelikan) Variation

1 e4 c5 2 Nf3 Nc6 3 d4 cxd4 4 Nxd4 Nf6 5 Nc3 e5

	7	8	9	10	11	12
6	Ndb5					Nf3(t)
	d6					Bb4
7	Bg5				Nd5(p)	Bc4(u)
	a6				Nxd5	0-0(v)
8	Na3(a)				exd5	0-0
	b5			Be6	Nb8(q)	Bxc3
9	Nd5			Nc4	c4	bxc3
	Be7		Qa5†	Rc8	a6	Nxe4
10	Bxf6(b)		Bd2	Bxf6	Nc3	Ba3
	Bxf6		Qd8	gxf6(m)	Be7	d6
11	c3		Nxf6†(i)	Bd3	Be2(r)	Re1
	0-0(c)		Qxf6	Ne7	0-0	Ng5
12	Nc2		Bd3(j)	Ne3	0-0	Nxg5
	Bg5	Rb8	Qg6(k)	Bh6(n)	f5	Qxg5
13	a4(d)	h4(f)	0-0	0-0	f4	Bxd6
	bxa4	Ne7(g)	Be7	Bxe3	Bf6	Bg4
14	Rxa4	Nxf6†	Qf3	fxe3	g3	Qc1
	a5(e)	gxf6(h)	Be6(l)	Qb6(o)	Nd7(s)	Qxc1 =

(a) Black obtains quick counterplay after the immediate 8 Bxf6 gxf6 9 Na3 f5 10 Bd3 Rg8 11 g3 Nd4 12 Nd5 f4 =, Brownescombe–Shaked, USA 1994.

(b) 10 Nxe7 Nxe7! 11 Bxf6 gxf6 12 Qf3 (12 c4 Bb7!) 12 . . . f5 13 exf5 Bxf5 14 Bd3 Be6 15 0-0 0-0 16 c4 f5 17 Rae1 Ng6 with active play, Russel–Paterson, Scotland 1994.

(c) Black has experimented with alternatives. (A) 11 . . . Ne7 12 Nxf6† gxf6 13 Bd3 d5 14 Qe2 Bb7 15 0-0-0 Qc7 16 exd5 Nxd5 17 Be4 ±, Wahls–Becerra Rivero, Cuba 1996. (B) 11 . . . Bb7 12 Nc2 Nb8 13 a4 bxa4 14 Rxa4 Nd7 15 Rb4! Nc5 16 Rxb7! Nxb7 17 b4 and White's pieces control key squares, more than compensating for the exchange, Kasparov–Shirov, Horgen 1994. (C) 11 . . . Bg5 12 Nc2 Rb8 is sensible. 13 a4 bxa4 14 Ncb4 Bd7! would be sharp and unclear, so perhaps best is 13 a3 a5 14 Bd3 0-0 15 Qe2 Na7 16 h4!? Bh6 17 g4 Bf4 18 Qf3 ±, Nispeanu–Rogozenko, Bucharest 1995.

(d) Too slow is 13 Be2 Ne7 14 Ncb4 a5 15 Nxe7† Qxe7 16 Nd5 Qb7 17 Qd3 b4 with active play for Black, Kamsky–Lautier, Dos Hermanas 1995.

(e) Better than 14 . . . Rb8?! 15 h4! Bh6 16 Bxa6 Rxb2 17 Bxc8 Qxc8 18 Rc4 Qb8 19 0-0 ±, Iordachescu–Sawatzki, Berlin 1995. After 14 . . . a5 15 Bc4 Rb8 16 b3 Kh8 17 0-0 f5 18 exf5 Bxf5 19 Nce3 Bg6 20 Be2 Bf7 21 Nc4 e4 22 Kh1 Bg8 chances are even, Leko–Gelfand, Polanica Zdroj, 1998. White may gain an edge with the unusual 15 Bb5!? Bb7 16 Nce3 Bxe3 17 Nxe3 Ne7 18 0-0, Kasparov–van Wely, Wijk aan Zee 1999.

(f) This move of Kasparov's, restricting the dark-squared bishop and consequently Black's kingside, has put 12 . . . Rb8 under a cloud. White can only play for a scant advantage with 13 Be2 Bg5 14 0-0 Be6.

(g) (A) 13 . . . g6 14 g3 Be6 15 h5 Bg7 16 Bh3 a5 17 Nce3 ±, J. Polgar–Illescas, Leon 1996. (B) 13 . . . Be7 14 Nce3 Be6 15 g3 Qd7 16 Qf3 ±, Tiviakov–Yakovich, Russian Chp. 1997.

(h) 15 Bd3 d5 16 exd5 Qxd5 17 Ne3 Qe6 18 Qh5 e4 19 Bc2 b4 20 c4 Kh8 21 0-0-0 f5 22 Qg5 Rb6 23 h5 Rc6 24 Kb1 Rc5 25 h6 Qe5 26 Rh5 Rg8 27 Ng4! Resigns, Kasparov–Lautier, Moscow Ol. 1994.

(i) White can repeat the position with 11 Bg5 or try 11 c4 Nxe4 12 cxb5 Be6 13 Bc4 Ne7 14 0-0 Bxd5 15 Bxd5 Nxd5 16 Ba5 Ndc3! 17 Bxc3 Nxc3 18 bxc3 d5 with even chances, Bokros–Ladanyi, Budapest 1997.

(j) 12 c4 Qg6 13 f3 Be7 14 cxb5 Bh4† 15 g3 Bxg3† 16 hxg3 Qxg3† 17 Ke2 Bg4!? 18 Ke3 f5 19 bxc6 fxe4 is a wild position probably favoring White, Beikert–Conquest, Baden-Baden 1993. Black can sacrifice only pawns with 15 . . . Nd4 16 Be3 0-0 17 Bxd4 exd4 18 Qd2 d5 19 Bd3 Bg5 ∞, Anand–Hergott, Thessaloniki Ol. 1984.

(k) 12 . . . d5?! 13 exd5 Nb4 14 Be4 Qh4 15 Qe2 f5 16 d6! ±, J. Diaz–A. Hernández, Cuba 1997.

(l) 15 c3 Bg5 16 Bxg5 Qxg5 17 Nc2 0-0 =, Findlay–Williams, Toronto 1997.

(m) 10 . . . Qxf6 11 Nb6 Rb8 12 Ncd5 Qd8 13 c3 Be7 14 a4 Bg5 15 Bc4 0-0 16 0-0 allows White a grip on the queenside and the center, Herrera–Cifuentes, Cuba 1996.

(n) 12 . . . Qb6 13 0-0 Qxb2 14 Ncd5 Bxd5 15 exd5 Qd4 16 Rb1 Rc7 17 Qf3 ±, Geenen–Prasad, Novi Sad Ol. 1990.

(o) 15 Qf3 h5 16 Nd5 Bxd5 17 exd5 Rh6 18 Rab1 Qa5 19 e4 f5 20 a3 f4 21 Kh1 Ng6 22 b4 Qd8 23 c4 ±, Fogarasi–Rovid, Hungary 1991.

(p) 7 a4 is too slow to maintain the initiative—7 . . . a6 8 Na3 Be7 9 Bc4 0-0 10 0-0 Be6 11 Bg5 Bxc4 12 Nxc4 Nxe4 13 Bxe7 Nxe7 14 Nxe4 d5 =, Howell–Nunn, Hastings 1994.

(q) Black can also play 8 . . . Ne7 9 c3 Nf5 10 a4 Be7 11 Bd3 0-0 12 0-0 Nh4 13 f4 a6 14 Na3 exf4 15 Bxf4 Ng6 16 Bxg6! fxg6 17 Nc4 Qc7 18 b3 Bf5 19 a5 Be4! =, Ye–Novik, Moscow Ol. 1994.

(r) 11 Be3 0-0 12 Bd3 f5 13 f4 Bh4†14 g3 exf4 15 Bxf4 Re8† 16 Ne2 Bf6 17 Qc2 (Akopian–Stephens, USA 1993) 17 . . . b5 =.

(s) 15 Qc2 exf4 16 gxf4 Bd4† =, Yudasin–Kramnik, match 1994.

(t) Other moves give little chance for advantage: (A) 6 Nb3 Bb4 7 Bc4?! Nxe4 8 Bxf7† Kxf7 9 Qd5† Kf8 10 Qxe4 d5 ∓. (B) 6 Nf5 d5 7 exd5 Bxf5 8 dxc6 bxc6 =.

(u) Black gains the initiative after both 7 Bg5 h6 and 7 Bd3 d5.

(v) Also fine is 7 . . . Nxe4 8 0-0 Nxc3 9 bxc3 Be7 10 Qd5 0-0 11 Nxe5 d6 =, Kofidis–Makropoulou, Greek Chp. 1994. The column is Mukhin–Minasian, Leningrad 1990.

SICILIAN DEFENSE

Open Lines with 2 . . . Nc6 and 4 . . . e5 or 4 . . . Qb6

1 e4 c5 2 Nf3 Nc6 3 d4 cxd4 4 Nxd4

	1	2	3	4	5	6
	e5..Qb6(r)					
5	Nb5(a)					Nb5(s)
	d6... (Kalashnikov Variation)			a6 (Löwenthal Var.)		a6
6	c4..........................N1c3			Nd6†		Be3
	Be7(b)		a6	Bxd6		Qd8!(t)
7	N1c3(c)		Na3	Qxd6		N5c3(u)
	a6		b5	Qf6		e6
8	Na3		Nd5	Qd1 ....Qxf6(o)		Na4
	Be6..........h6		Nge7(i)	Qg6	Nxf6	b5
9	Bd3(d)	Be2(f)	c4	Nc3	Nc3	Nb6
	Bg5	Be6(g)	Nd4(j)	d5(m)	Nb4	Rb8
10	0-0	0-0	cxb5	Nxd5	Kd2!	Nxc8
	Bxc1	Bg5	Nxd5	Qxe4†	d6(p)	Qxc8
11	Rxc1	Nc2	exd5	Be3	a3	Bf4
	Nf6	Nge7	Qh4(k)	Nd4	Nc6	e5
12	Nc2	b3	Be3	Nc7†	Bd3	Be3
	0-0(e)	Bxc1(h)	Nf5(l)	Ke7(n)	Be6(q)	Nf6 =

(a) 5 Nxc6 bxc6 6 Bc4 Nf6 7 0-0 (Morphy–Löwenthal, London 1858) 7 . . . Bc5 =.

(b) 6 . . . f5 7 N1c3 a6 8 Bg5! Qd7 9 Nd5 axb5 10 cxb5 gives White the better of the complications, Pinski–Dobrotka, Bojnice 1994.

(c) 7 b3!? Nf6 (7 . . . a6?! 8 N5c3 f5 9 Bd3 f4 10 Nd5 ±, Almasi–Ivanović, Yugoslavia 1997) 8 Bd3 0-0 9 0-0 Nd7 10 N1c3 a6 11 Na3 Bg5 12 Bb2 ± (as White preserves his dark-squared bishop), Khalifman–Sherbakov, Russian Chp. 1995.

(d) (A) 9 Nd5 Rc8 10 Be3 Bg5 11 Bb6 Qd7 12 Bd3 Bd8 =, McDonald–Kinsman, Capelle-la-Grande 1991. (B) 9 Be2 Bg5 10 0-0 (10 Bxg5 Qxg5 11 0-0 Rd8 12 Nd5 Nf6 13 Nc7† Kf8 =, Anand–van der Wiel, Wijk aan Zee 1989) 10 . . . Bxc1 11 Rxc1 Nf6 12 Nc2 0-0 13 Qd2 Qb6 14 b3 Rfd8 =, Z. Almasi–Fauland, Austria 1995.

(e) 13 Qd2 Qb6 14 Ne3 Rfc8 15 b3 Rab8 16 Kh1 Qa5 17 Ned5 Nd7 (Fedorowicz–Bellin, Amsterdam 1996) 18 Qb2 ±.

(f) 9 b3 Qa5 10 Nab1 Nf6 11 Bd3 0-0 12 0-0 (Aseev–Kalinichev, Berlin 1992) 12 . . . Bg4 13 f3 Be6 ∞.

(g) 9 . . . Bg5 10 Nc2 Nf6?! 11 Bxg5 hxg5 12 Qd2 Rh6 13 Qxg5 Rg6 14 Qe3 Rxg2 15 0-0-0 ±, Hjartarson–Spraggett, Manila Int. 1990.

(h) 13 Rxc1 Ng6 14 Bg4 0-0 15 Ne3 Nd4 16 Ne2 $\pm$, Kuzmin–Sveshnikov, USSR 1987.

(i) (A) 8 . . . Nf6 9 Bg5 transposes into the Sveshnikov Variation, covered in the previous pages. (B) 8 . . . Nce7 allows the promising sacrifice 9 Bg5 h6 10 Bxb5†! axb5 11 Nxb5 Ra6 (11 . . . Ra7 12 Nxa7 Qa5† 13 Qd2 Qxa7 14 Be3 $\pm$, Feigin–I. Ivanov, Kharkov 1997) 12 Ndc7† Kd7 13 Qd2! hxg5 14 Nxa6 Nc6 15 Nac7 Nd4 16 0-0-0 $\pm$, Edelman–Benjamin, New York 1993. Safer play for White is 9 c4 Nxd5 10 exd5 bxc4 11 Nxc4 Nf6 12 Be3 Rb8 13 Be2 Be7 14 a4 0-0 15 0-0 $\pm$, Bologan–Milov, New York 1997.

(j) 9 . . . Nxd5 10 cxd5 Ne7 11 h4! Bd7 12 Nc2 h5 13 g3 g6 14 Bg2 Bg7 15 0-0 0-0 16 Nb4 $\pm$, Bologan–Stripunsky, Wijk aan Zee 1996.

(k) (A) 11 . . . Be7 12 Bc4 axb5 13 Nxb5 Ba6 14 Na3 $\pm$, Klovans–Kiselev, USSR 1988. (B) 11 . . . Bd7 12 Be3 $\pm$.

(l) 13 Nc2 Be7 14 Be2 Nxe3 15 Nxe3 0-0 16 0-0 f5 17 Nc4 (17 bxa6 f4 18 Nc2 Rf6 with the attack) 17 . . . axb5 18 Nxe5 dxe5 19 d6 Rb8 =, Kruppa–Neverov, Nikolaev 1993. White could try 14 bxa6 0-0 15 Qd2 with chances for advantage, but the position remains double-edged.

(m) Against the slower 9 . . . Nge7 White plays 10 h4! h5 11 Bg5 d5 12 exd5 Nb4 13 Bxe7! Kxe7 14 Bd3 Nxd3† 15 Qxd3 Qxd3 16 cxd3 Bf5 17 0-0-0 with a definite endgame plus, Klundt–Meister, Linz 1995.

(n) 13 Rc1 (better than the old 13 Qd3 Nxc2† 14 Kd2 Qxd3† 15 Bxd3 Nxe3 16 Nxa8 Nd5 17 Rac1 Ngf6 18 Nc7 Nb6 ∞ as the knight on c7 is trapped) 13 . . . Bg4 14 Qd3 Qxd3 15 Bxd3 Rd8 16 h3 Bh5 17 f4 f6 18 Kf2 Nh6 19 c4 $\pm$, Starrer–Radulski, Bulgaria 1991.

(o) 8 Qa3 Nge7 9 Nc3 Rb8 10 Be3 b5 11 Nd5 Nxd5 12 exd5 b4 13 Qa4 $\pm$, Freitag–Neulinger, Austria 1995.

(p) 10 . . . d5 11 a3 d4 12 axb4 dxc3† 13 Ke3! $\pm$, Velimirović–Ristić, Yugoslavia 1979.

(q) 13 f3 0-0 14 Ke2 $\pm$ as White has the bishop pair in the endgame.

(r) (A) 4 . . . Nxd4?! 5 Qxd4 just centralizes the white queen. (B) 4 . . . Qc7 5 c4 e6 (5 . . . Qe5 6 Be3 Qxe4 7 Nc3 $\pm$ with a big lead in development) 6 Nc3 Nf6 7 Be3 b6 (Ivanchuk–Kamsky, Dortmund 1992) 8 Qd2 $\pm$. (C) 4 . . . g6 is the Accelerated Dragon.

(s) More circumspect is 5 Nb3 Nf6 $\pm$ Nc3 e6 7 Bd3 Be7 8 0-0 a6 9 Kh1 Qc7 10 f4 d6 11 Qf3 0-0 12 Bd2 b5 13 Kh1 Bb7 14 Qh3 with attacking chances, Lobron–Grünfeld, Dortmund 1983.

(t) 6 . . . Qa5† 7 N5c3 e6 8 Nd2 b5 9 a4 b4 10 Nc4 Qc7 11 Nd5! exd5 12 exd5 Nb8 13 Qe2 d6 14 Bb6† Qe7 15 Nxd6† Kd7 16 Ne4 is a tremendous attack as White threatens 17 Qb5†! mating, Ehlvest–Smirin, Moscow 1992.

(u) 7 Nd4 Nf6 8 Nc3 e5 9 Nf5 d5 10 exd5 Nb4 =, Czebe–Knezević, Budapest 1996. The column is Kaidanov–Yermolinsky, Ashville 1992.

NON-OPEN SICILIANS

T HE NON-OPEN VARIATIONS are those in which White does not play 2 Nf3 and 3 d4. These offer him less chance for the advantage, but there is less theory to learn and there may be surprise value in the unusual lines.

The Closed Sicilian, main line, is 2 Nc3 Nc6 3 g3 g6 4 Bg2 Bg7 5 d3 d6 (columns 1–6), see diagram below. This has been an occasional weapon of Spassky's throughout his career. White expands on the kingside without opening a central front as in the open variations. Black has little theoretical difficulty in equalizing, yet White often gets attacking chances against an unwary opponent.

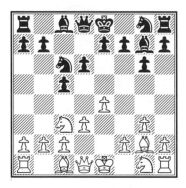

Minor Closed Variations are covered in columns 7–10. These are an assortment of plans White has tried in practice. As with the main line Closed Variation, Black has few theoretical difficulties.

In columns 11–12 we cover the Morra Gambit, 2 d4 cxd4 3 c3. This is entertaining, but not very good.

2 c3 has seen a surge of interest in recent years. This is a safe continuation that avoids all the theory of the open lines, yet still allows White to play an active game. The reader will notice the dense material of these columns, reflecting the many new plans that have been discovered. 2 . . . Nf6 (columns 1–3) has recently been scoring well for Black. 2 . . . d5 (columns 4–5) and 3 . . . e6 (column 6) are also reasonable.

3 Bb5 is White's best theoretical alternative to the open variations. This logical developing move allows White to castle and retains options for various plans. The move has more punch against 2 . . . Nc6 (columns 1–4) when Black may be saddled with doubled pawns. 2 . . . d6 3 Bb5† (columns 5–6) is considered more of a drawing line.

The f4 Attack arises by 2 Nc3 and 3 f4 (columns 1–3) or 2 f4 (columns 4–6), although the latter is seen less frequently because of the reply 2 . . . d5 (column 4). The variation has been often used on the English grand prix circuit and offers scope for original play.

Unusual Second Moves include 2 Nf3 Nf6 (columns 1–2), Nimzovich's offbeat line, 2 . . . a6, O'Kelley's tricky line (column 3), 2 g3 (column 4), the optimistic Wing Gambit, 2 b4 (column 5), and the rare 2 b3 (column 6).

SICILIAN DEFENSE

Closed Variation (main lines)

1 e4 c5 2 Nc3 Nc6 3 g3 g6 4 Bg2 Bg7 5 d3 d6(a)

	1	2	3	4	5	6
6	f4		Be3		Nh3	Nge2
	e6	e5(f)	e5	e6(l)	e6(p)	e5(s)
7	Nf3	Nh3(g)	Qd2	Qd2	0-0	0-0
	Nge7	Nge7	Nge7(i)	Nge7	Nge7	Nge7
8	0-0	0-0	Nf3	Bh6(m)	Be3	Be3
	0-0(b)	exf4!(h)	0-0	Bxh6(n)	0-0	0-0
9	Be3(c)	Nxf4	0-0	Qxh6	Qd2	a3(t)
	Nd4	0-0	f5(j)	Nd4	Nd4(q)	Be6
10	e5(d)	Be3	Bh6	0-0-0	f4	Rb1
	Nef5	Rb8	Be6	Qa5	Rb8	Qd7
11	Bf2	Rb1	Bxg7	Qg7	Nd1	b4
	Nxf3†	b5	Kxg7	Rf8	f5	Nd4
12	Qxf3	a3	Ng5	Qxh7	c3	Nd5
	Nd4(e)	a5 =	Bg8(k)	Nec6(o)	Ndc6(r)	b6 =

(a) 5 . . . e6 6 Be3 Nd4 (6 . . . d6 transposes into col. 4) 7 Nce2 Ne7 8 c3 Nxe2 9 Nxe2 d6 10 0-0 0-0 11 Qd2 Re8 12 d4 ±, Smyslov–Golombek, London 1947.

(b) 8 . . . Rb8?! 9 e5! dxe5 10 fxe5 Nxe5 11 Bf4 b5 12 Kh1 N7c6 13 Nxe5 Nxe5 14 Qe2 Qd4 15 Ne4 Bb7 16 c3 Qd7 17 Nxc5 Bxg2† 18 Qxg2 Qc8 19 d4 Rb6 20 Bxe5 Resigns, Lemke–Müller, corr. 1987.

(c) 9 Bd2 Rb8 10 Rb1 b5 11 a3 Qd7 12 Kh1 a5 13 a4 b4 14 Nb5 Na7 =, Spassky–J. Polgar, Monaco 1994.

(d) Less tactical play is 10 Qd2 Rb8 11 Rae1 b5 12 Nh4 b4 13 Nd1 f5 =, Csom–Minić, Berlin 1968.

(e) 13 Qd1 dxe5 14 fxe5 Bxe5 15 Ne4 f5 16 Nxc5 Qc7 17 b4 Bg7 18 c3 (18 Re1 a5! 19 c3 Nb5 ∓) 18 . . . Nb5 19 Qb3 Nxc3 20 Rae1 Qf7 21 Nxe6 Bxe6 22 Rxe6 a5 =, Balashov–Karpman, Moscow 1989.

(f) 6 . . . Nf6 7 Nf3 0-0 8 0-0 Rb8 9 h3 b5 10 a3 a5 11 Be3 b4 12 axb4 axb4 13 Ne2 Bb7 14 b3 Ra8 15 Rc1 Ra2 16 g4 Qa8 17 Qe1 Qa6 18 Qf2 Na7 19 f5 with a promising attack, Spassky–Geller, match 1966.

(g) Black equalizes routinely after 7 Nf3 Nge7 8 0-0 0-0 9 Be3 Nd4 10 Qd2 exf4 11 Bxf4 Nxf3† 12 Rxf3 Be6 13 Bh6 Nc6 14 Bxg7 Kxg7 =, Smyslov–Tal, Leningrad 1962.

(h) (A) An old trap is 8 . . . 0-0?! 9 f5! gxf5 10 exf5 Bxf5 11 Rxf5 Nxf5 12 Be4 ±, since 12 . . . Nfe7? 13 Bxh7† Kxh7 14 Qh5† Kg8 15 Ng5 wins immediately.

(B) Also difficult for Black is 8 . . . Nd4 9 f5! gxf5 10 Qh5 h6 11 Rf2 Be6 12 Be3 Qd7 13 Raf1 0-0-0 14 Bxd4 cxd4 15 exf5! Nxf5 16 Nd5 Ne3 17 Rxf7 Nxd5 18 Rxd7 ±, Sale–Psakhis, Potorož 1995. The column is Christiansen–de Firmian, Palo Alto 1981.

(i) Black also gains equality with 7 . . . Be6 8 f4 Nge7 9 Nf3 Nd4 10 0-0 0-0 11 Rae1 Nxf3† 12 Bxf3 Qd7, Hort–Tal, Wijk aan Zee 1968.

(j) Safe play is 9 . . . Nd4 10 Bh6 f6 11 Bxg7 Kxg7 12 Nxd4 cxd4 =, Mecking–Portisch, Vršac 1971.

(k) 13 exf5 Nxf5 14 Kh1 Nfd4 with chances for both sides, Pekarek–Gschnitzer, Germany 1993.

(l) Black can choose immediate queenside play—6 . . . Rb8 7 Qd2 b5 8 f4 b4 9 Nd1 e6 10 Nf3 Nge7 11 g4 f5! =, La Rota–Kudrin, New York 1996.

(m) 8 f4 0-0 9 Nf3 Nd4 10 0-0 transposes into note (d).

(n) White gets attacking chances after 8 . . . 0-0 9 Bxg7 Kxg7 10 h4 h6 11 f4 f6 12 g4 Nd4 13 Nh3 Nec6 14 0-0, Smyslov–Brinck-Claussen, Copenhagen 1986.

(o) 13 Kb1 Bd7 14 Nf3 Nb4 with good attacking possibilities for the pawn, Wanzek–Movsesian, Slovakia 1995.

(p) 6 . . . e5 7 0-0 Nge7 8 f4 transposes into column 2.

(q) 9 . . . b6 10 Bh6 Bxh6 11 Qxh6 f6 12 Qd2 Bb7 13 f4 d5 14 Nf2 Qd7 15 Rae1 f5 16 Qc1 d4 17 Ne2 ±, C. Hansen–van Wely, Cap d'Agde 1996.

(r) 13 Kh1 b6 14 Bg1 d5 15 exd5 Nxd5 =, Spraggett–Yrjölä, Yerevan Ol. 1996.

(s) 6 . . . e5 is most effective against 6 Nge2 since the f5 advance is harder for White to achieve. Black gains equality more slowly with 6 . . . e6 7 0-0 Nge7 8 Bg5 0-0 9 Qd2 Rb8 10 Bh6 b5 11 Bxg7 Kxg7 12 f4 Nd4 13 Nxd4 cxd4 14 Ne2 e5 =, Spassky–Karpov, Bugojno 1986. 6 . . . Nf6 7 0-0 0-0 is also acceptable for Black.

(t) 9 Qd2 Rb8 10 h3 b5 11 f4 b4 12 Nd1 Nd4 13 g4 Nxe2† 14 Qxe2 exf4 ∓, Kholmov–Doda, Leningrad 1967. The column is Ekstom–Akesson, Sweden 1995.

SICILIAN DEFENSE

Minor Closed Variations and Morra Gambit

1 e4 c5

	7	8	9	10	11	12
2	Nc3.....................		Nf3		d4 (Morra Gambit)	
	Nc6..........e6		Nc6..........d6		cxd4	
3	g3	g3	Nc3	c3(m)	c3	
	e6	d5	e5(i)	Nf6	dxc3(p)	
4	Bg2	exd5(f)	Bc4	h3?!(n)	Nxc3	
	Nf6	exd5	Be7	Nc6	Nc6	
5	Nge2(a)	Bg2	d3	Bd3	Nf3	
	d5(b)	Nf6	d6	d5!	d6 ....e6(s)	
6	exd5	Nge2	Nd2(j)	e5	Bc4	Bc4
	exd5	d4	Nf6(k)	Nd7	a6(q)	Qc7(t)
7	d4	Ne4	Nf1	e6	0-0	Qe2
	cxd4	Nxe4	Bg4	fxe6	Nf6	Nf6
8	Nxd4	Bxe4	f3	Ng5	Qe2	0-0
	Bb4(c)	Nd7	Be6	Nf6	Bg4	Ng4
9	0-0	d3(g)	Ne3	Bxh7	Rd1	Nb5
	0-0	Nf6	0-0	Nxh7	e6	Qb8
10	Bg5(d)	Bg2	0-0	Qh5†	Bf4	h3
	Bxc3(e)	Bd6(h)	Ne8(l)	Kd7(o)	Be7(r)	h5(u)

(a) 5 f4 d5 6 e5 Nd7 7 Nf3 Be7 8 0-0 0-0 9 d3 Rb8 10 Kh1 b5 11 Ne2 b4 12 g4 f6 13 exf6 Nxf6 with chances for both sides, Lukin–Sveshnikov, St. Petersburg 1994.

(b) 5 . . . d6 6 0-0 Be7 7 d3 (7 d4 cxd4 8 Nxd4 Bd7 9 a4 a6 transposes into the Taimanov Variation, 6 g3) 7 . . . 0-0 8 f4 Bd7 9 Kh1 Rc8 10 Be3 ±, Gdanski– Adorjan, Budapest 1993.

(c) 8 . . . Bg4 9 Qd3 Be7 10 h3 Be6 11 Nxe6 fxe6 12 0-0 0-0 13 Bg5 h6 14 Bd2 Qd7 15 Rae1 ±, Fischer–Bertok, Rovinj/Zagreb 1970.

(d) 10 Nce2 is solid, but Black should hold the balance by active play—10 . . . h6 11 c3 Bc5 12 Be3 Bb6 13 h3 Re8 14 Re1 Ne5.

(e) 11 bxc3 h6! 12 Bf4 (12 Bxf6 Qxf6 13 Bxd5 Rd8) 12 . . . Bg4 13 Qd3 Qd7 14 Rfe1 Rfe8 15 Nxc6 bxc6 16 Qd4 Bh3 =, Spassky–G. Garcia, Linares 1981.

(f) 4 Bg2 dxe4 5 Nxe4 Be7 6 Ne2 Nf6 7 d4 Nxe4 8 Bxe4 Nc6 =, Abramović– Cvetković, Iceland 1989.

(g) 9 0-0 Nf6 10 Bg2 Bd6 11 c3 d3 12 Nf4 0-0 13 Nxd3 Bxg3 14 fxg3 Qxd3 15 Qf3 Qxf3 =, Spassky–Kasparov, Bugojno 1982.

(h) 11 0-0 0-0 12 Bf4 Bg4 13 Bxd6 Qxd6 =, Kuipers–van den Berg, Holland 1995.

(i) Other moves such as 3 . . . e6, 3 . . . g6 or 3 . . . Nf6 allow 4 d4, transposing to open Sicilian lines.

(j) (A) Adams–Coleman, British Chp. 1989, saw the creative sacrifice 6 Ng5!? Bxg5 7 Qh5 Be7 8 Qxf7† Kd7 9 Qxg7 Nf6 10 0-0, and although White won the game he has at best compensation for the piece. (B) 6 Nd5 Nf6 7 c3 Nxd5 8 Bxd5 0-0 9 a3 Bf6! 10 b4 Ne7 11 Bb3 b6 12 0-0 Bb7 =, Balashov–Yakovich, Russian Chp. 1994. (C) 6 0-0 Be7 7 Nd5 Nf6 8 Ng5 Bxd5 9 exd5 Nb8 =, Hector–Sherbakov, Aalborg 1993.

(k) 6 . . . Bg5 7 h4 Bh6 8 Qh5! g6 9 Qd1 Nf6 10 Nf1 Bxc1 11 Qxc1 Be6 12 Ne3 Nd4 13 Ncd5 h5 14 c3 with control of the light squares, Adams–Smirin, Ischia 1995.

(l) 11 Ncd5 Bg5 12 a3 Nc7 13 Nxc7 Qxc7 14 Nd5 Bxd5 15 Bxd5 Bxc1 16 Qxc1 Ne7 17 Bc4 ±, Tseshkovsky–Sveshnikov, Russian Chp. 1994.

(m) (A) 3 c4 is well met by 3 . . . e5 or 3 . . . Bg4. (B) 3 Bc4 Nf6 4 d3 e6 5 Bb3 Be7 6 0-0 0-0 7 c3 b5 8 Re1 Bb7 9 Nbd2 Nc6 =, Waitzkin–Wolff, New York 1996. (C) 3 Nc3 Nf6 (3 . . . e5 4 Bc4 Be7 5 d3 Nc6 transposes into the previous column) 4 e5!? dxe5 5 Nxe5 Nbd7 6 Nc4 g6 7 g3 Nb6 8 Nxb6 Qxb6 =, P. Popović–Browne, Novi Sad 1979.

(n) The e-pawn is protected because of 5 Qa4†. (A) On 4 Bd3 Nc6 5 Bc2 Bg4 6 d3 g6 is even chances. (B) 4 Be2 Nc6 5 d4 cxd4 6 cxd4 Nxe4 7 d5 Qa5† 8 Nc3 Nxc3 9 bxc3 Ne5 10 Nxe5 Qxc3† 11 Bd2 Qxe5 leaves the onus on White to justify his two-pawn sacrifice.

(o) 11 Nxh7 b6 12 0-0 Ba6 13 Re1 Qe8 14 Nf6† exf6 15 Qxh8 Qg6 with overwhelming compensation for the exchange, Gonzalez–Vera, Cuban Chp. 1996.

(p) Black can decline the gambit and reach a reasonable position. Either 3 . . . Nf6 4 e5 Nd5 transposing into the 2 c3 Sicilian, or 3 . . . d3 4 Bxd3 Nc6 5 c4 d6 6 Nc3 g6 7 h3 Bg7 8 Nf3 Bxc3† 9 bxc3 Nf6 leaves chances for both sides. A very sharp alternative is 3 . . . d5 4 exd5 Qxd5 5 cxd4 covered under the 2 c3 Sicilian.

(q) (A) The older line is 6 . . . e6 7 0-0 Nf6 8 Qe2 a6 9 Bg5 Be7 10 Rfd1 Qc7 11 Rac1 0-0 12 Bb3 h6 13 Bf4 e5 with even chances, Fischer–Korchnoi, Buenos Aires 1960. (B) A trap is 6 . . . Nf6? 7 e5! dxe5 8 Qxd8† Nxd8 (8 . . . Kxd8 9 Ng5) 9 Nb5 Rb8 10 Nxe5 e6 11 Nc7†! Ke7 12 Be3 Nc6 13 0-0-0! and Black is in dire straits, Kristiansen–Roberts, Harrachov 1967.

(r) 11 h3 (11 e5 Nh5!) 11 . . . Bxf3 12 Qxf3 Qc7 13 Rac1 0-0 14 Bb3 Qb8 15 Rd2 Nd7 ∓, Kagas–Tzermiadianos, Greek Chp. 1994.

(s) 5 . . . g6 6 Bc4 Bg7 7 e5 (7 0-0 d6 8 Qe2 Nf6 9 Rd1 Bg4 ∓) 7 . . . Nh6 8 0-0 0-0 9 Bf4 Na5 10 Bd5 e6 11 Be4 d5 12 exd6 f5 ∞, Torres–West, Thessaloniki 1988.

(t) 6 . . . Bb4 7 0-0 Nge7 8 Qe2 0-0 9 Rd1 allows White a strong initiative in the center.

(u) 11 g3 Nge5 12 Nxe5 Nxe5 13 Bf4 a6 produces a sharp positon with roughly equal chances, Schmidt–Müller, Germany 1993.

SICILIAN DEFENSE

2 c3

1 e4 c5 2 c3

	1	2	3	4	5	6
	Nf6 .... d5 .... e6(y)					
3	e5 Nd5			exd5 Qxd5		d4 d5
4	d4(a) cxd4			d4 Nf6(q)		exd5(z) exd5
5	Nf3 .... Qxd4(n) Nc6 .... e6(k) e6			Nf3 e6 .... Bg4(v)		Nf3(aa) Nc6
6	Bc4(b) Nb6(c)	cxd4 b6	Nf3(o) Nc6	Bd3(r) Be7	Be2(w) e6	Bb5 Bd6
7	Bb3 d5(d)	Nc3(l) Nxc3	Qe4 d6	0-0 0-0	h3 Bh5	dxc5 Bxc5
8	exd6 Qxd6	bxc3 Qc7!	Nbd2(p) dxe5	Be3(s) cxd4	0-0 Nc6	0-0 Nge7
9	0-0(e) Be6(f)	Bd2 Bb7	Nxe5 Nxe5	cxd4 Nc6	Be3 cxd4	Nbd2 0-0
10	Na3(g) dxc3(h)	Bd3 d6	Qxe5 Qd6	Nc3 Qd6(t)	cxd4 Bb4	Nb3 Bb6
11	Qe2(i) Bxb3(j)	0-0 Nd7(m)	Bb5† Bd7 =	a3 b6(u)	a3 Ba5(x)	Re1 Nf5(bb)

(a) (A) 4 Nf3 Nc6 5 Bc4 Nb6 6 Bb3 c4 7 Bc2 Qc7 8 Qe2 g5! 9 e6 dxe6 10 Nxg5 Qe5 with no problems for Black, Rozentalis–Sadler, Hastings 1999. (B) For those who strongly wish to avoid theory, 4 g3 is recommended—4 . . . d6 5 exd6 Qxd6 6 Bg2 Nc6 7 Ne2 Bf5 8 d4 e6 9 Na3 Qd7 with chances for both sides, Hoffman–de Firmian, Buenos Aires 1995.

(b) Black enjoys an easy game after the natural 6 cxd4 d6 7 Bc4 Nb6 8 Bb3 (8 Bb5 dxe5 9 Nxe5 Bd7 =) 8 . . . dxe5 9 d5 Na5 10 Nc3 Nxb3 11 Qxb3 e6 12 Nxe5 exd5 13 Be3 Bd6 14 Qb5† Kf8 15 0-0-0 Be6, van der Werf–van Wely, Wijk aan Zee 1995. Also making no problems for Black is 7 Nc3 dxe5 8 dxe5 Nxc3 9 Qxd8† Nxd8 10 bxc3 g6 =, Sveshnikov–Kozul, Nova Gorica 1996.

(c) The old defense is 6 . . . e6 7 cxd4 d6 8 0-0 Be7 9 Qe2 0-0 10 Nc3 Nxc3 11 bxc3 b6 12 Bd3 with attacking chances for White.

(d) (A) 7 . . . d6 8 exd6 arrives at the same position (7 . . . d5 intends 8 cxd4 Bg4 and 9 . . . e6 with an easy game). (B) Too greedy is 7 . . . dxc3?! 8 Nxc3 e6 9 Ne4 Bb4† 10 Bd2 0-0 11 Bc3 Bxc3† 12 bxc3 f6 13 exf6 gxf6 14 Nd6 ±, Vilinen–Innala, 1993.

(e) 9 Na3 immediately gains an edge after 9 . . . a6 10 0-0 e6 (10 . . . Be6 11 Bxe6 Qxe6 12 Nxd4 Nxd4 13 Qxd4 Rd8 14 Qh4 ±) 11 cxd4 Be7 12 Be3 0-0 13 Ne5! Nb4 (13 . . . Bf6 14 Rc1 Bd7 15 Nac4 ±) 14 Nac4 Nxc4 15 Nxc4 Qd8 16 Qf3 Nd5 17 Ne5 Qd6 18 Rac1 ±, Bruchfeld–van der Vees, corr. 1989. Black should try instead 9 . . . Be6 10 Nb5 Qd7 11 Bxe6 Qxe6† 12 Be3! Qd7 13 Nbxd4 e6 14 0-0 Nc4 ∞, Shaked–de Firmian. Las Vegas 1994, or 9 . . . dxc3 10 Qe2 Bf5 11 Nb5 Qd7 12 Ne5 Nxe5 13 Qxe5 f6 14 Nc7† Kd8 15 Ne6† Bxe6 16 Qxe6 Qxe6 17 Bxe6 Na4 ∞, Guido–Berthelot, Cannes 1995.

(f) (A) A common mistake is 9 . . . Bf5?! 10 Nxd4 Nxd4 11 cxd4 e6 12 Nc3 Be7 13 Qf3! ± (Lautier–J. Polgar, Hilversum 1993) as both 13 . . . Qxd4 14 Qxb7 and 13 . . . Qd7 14 d5 put Black in real difficulties. (B) 9 . . . e6 10 cxd4 Be7 11 Nc3 ±.

(g) 10 Bxe6 Qxe6 11 Nxd4 Nxd4 12 Qxd4 Rd8 13 Qh4 Qe2! allows Black good counterplay as many games have shown. On 14 Be3 Qxb2 15 Nd2 Rxd2 16 Rab1 Qxa2 ∓.

(h) 10 . . . Bxb3 11 Qxb3 Qd5 (11 . . . e6 12 Nb5 ±) 12 Nb5 Rc8 13 Nfxd4 Nxd4 14 Nxd4 e6 15 Rd1 Bc5 16 Qb5† Ke7 17 Qe2 Rhd8 18 Be3 Qe5 19 Qg4 ±, Benjamin–Browne, US Chp. 1997.

(i) 11 Nb5 Qxd1 12 Rxd1 Rc8 13 Bxe6 fxe6 14 bxc3 Nc4! ∓.

(j) 12 Nb5 Qb8 13 axb3 e5 14 Nbd4 f6 15 bxc3 Qc8 16 Nxc6 bxc6 17 Nh4 g6 18 f4 Bc5† with at least even chances for Black, Rytshagov–Sadler, Pula 1997.

(k) Rarely played, but reasonable is 5 . . . d6 6 Bc4 Nb6 7 Bb5† Nc6 8 cxd4 dxe5 transposing into note (b). On 7 Bb3 dxe5 8 Nxe5 e6 9 0-0 Nc6 is equal, Kharlov–Yudasin, Kemerov 1995.

(l) 7 Bd3 Bb4† 8 Bd2 Bxd2† 9 Qxd2 Ba6 10 Nc3 Nxc3 11 bxc3 Bxd3 12 Qxd3 d5 =,Vogt–A. Grosar, Altensteig 1995.

(m) 12 Re1 (12 Bf4 Be7 =) 12 . . . dxe5 13 Nxe5 (13 dxe5 Be7 14 Nd4 Nc5! ∓, Rozentalis–I. Sokolov, Malmö 1997) 13 . . . Nxe5 14 Rxe5 Bd6 15 Rh5 g6 16 Rh3 0-0 17 Qg4 f5 18 Qh4 Rf7 with chances for both sides, Cohen–Povah, London 1994.

(n) 5 cxd4 can be met by either 5 . . . e6 6 Nf3 transposing into columns 2, or 5 . . . d6 6 Bc4 Nb6 7 Bb5† Nc6 (7 . . . Bd7 8 e6! Bxb5 9 Qh5 ±) 8 Nc3 (8 d5 a6) 8 . . . dxe5 9 d5 a6 10 Ba4 Nxa4 11 Qxa4 b5 12 Nxb5 Bd7! 13 Nc3 Nd4 14 Qd1 Bf5 ∓, Rozentalis–Sadler, Hastings 1997/98.

(o) 6 Bc4 Nc6 7 Qe4 Nde7!? 8 f4 d5 9 exd6 Nf5 10 Bd3 Bxd6 11 Nf3 Qc7 12 0-0 h5 =, Vavpetić–Kozul, Ljubljana 1994.

(p) 8 Bb5 Bd7 9 c4 Nc7 10 exd6 Bxd6 11 0-0 Nxb5 12 cxb5 Ne7 =, Stein–Plachetka, Copenhagen 1990. The column is Rogers–Yudasin, Moscow Ol. 1994.

(q) (A) 4 . . . cxd4 5 cxd4 Nc6 (5 . . . e5 6 Nf3 ±) 6 Nf3 e5 (an old sharp line is 6 . . . Bg4 7 Nc3 Bxf3 8 gxf3 Qxd4 9 Qxd4 Nxd4 10 Nb5! Nc2† 11 Kd1 Rc8 12 Nxa7 Rc5 and Black seems to hang on) 7 Nc3 Bb4 8 Bd2 Bxc3 9 Bxc3 e4 10 Ne5 Nxe5 11 dxe5 Ne7 12 Be2 0-0 13 0-0 Qe6 14 Qd4 Qg6 15 Rfe1 ±, Smagin–Yagupov, Moscow 1995. (B) 4 . . . e5 5 dxe5 Qxd1† 6 Kxd1 Nc6 7 f4 Bf5 8 Nf3 0-0-0† 9 Ke1 f6 10 Bb5 ±, Rozentalis–Ftačnik, Germany 1994.

(r) (A) 6 Be3 cxd4 7 cxd4 Nc6 8 Nc3 Qd6 9 a3 Be7 10 Bd3 b6! 11 0-0 Bb7 12 Qe2 0-0 transposes into note (u) at the end of the column. Less accurate is 10 . . .

0-0 11 Qc2! ± forcing 11 . . . Bd7 as 11 . . . b6 12 Ne4 wins a pawn. (B) 6 Na3 Qd8 7 Bf4 Nc6 8 dxc5 Nd5 9 Bd6 Bxd6 10 cxd6 Qxd6 11 Nb5 Qe7 12 c4 a6! 13 cxd5 exd5† =, van der Werf–Hulak, Wijk aan Zee 1995. (C) 6 Be2 Nc6 7 0-0 Be7 8 c4 Qd8 9 dxc5 Qxd1 10 Rxd1 Bxc5 11 Nc3 0-0 12 a3 with just a small edge to White, Benjamin–Serper, New York 1996. Black should try 6 . . . cxd4 7 Nxd4 Qxg2 8 Bf3 Qh3 9 Nb5 Na6 10 Bf4 Bc5 ∞.

(s) 8 c4 Qh5 9 Be2 (9 dxc5 Rd8 10 Bf4 Qxc5 =) 9 . . . Rd8 10 Be3 cxd4 11 Nxd4 Qe5 12 Nc3 Bd7 13 Bf3 Nc6 =, Dvoretsky–Polugaevsky, Leningrad 1974. White has played 10 Ne5 Qh4 11 Nf3 to repeat the position, so if Black wishes to avoid a draw he should play 7 . . . cxd4.

(t) Although slightly less active 10 . . . Qd8 is often played, reaching an isolated queen pawn position that arises from several different openings (see the Semi-Tarrasch). Play is similar to the column, with a tad extra activity for White.

(u) 12 Qe2 Bb7 13 Rad1 h6 14 Rfe1 Rfd8 15 Bb1 Bf8 with chances for both sides, V. Ivanov–Zagrebelny, Moscow 1995.

(v) 5 . . . Nc6 6 dxc5!? (6 Be3 cxd4 7 cxd4 e6 8 Nc3 Qd6 9 Bd3 Be7 10 a3 is like the previous column) 6 . . . Qxd1† (6 . . . Qxc5 7 Na3 Ng4 8 Qe2 Bf5 9 h3 Bd3 10 Qd2 ±) 7 Kxd1 e5 8 b4 Bf5 9 Bb5 0-0-0† 10 Ke2 Be7 11 Be3 Nd5 12 Bxc6 bxc6 13 Nxe5 Rhe8 is a very sharp, unresolved position, Sermek–Wirthensohn, Mitropa Cup 1993.

(w) 6 Nbd2 Nc6 7 Bc4 Bxf3 8 gxf3 (8 Qb3 Na5 9 Bxd5 Nxb3 10 Nxf3 Nxd5 =, Shirov–J. Polgar, Dos Hermanas 1997) 8 . . . Qf5 9 Qb3 0-0-0! 10 Bxf7 Nd5 11 Bxd5 Rxd5 ∓ (Deep Blue).

(x) 12 Nc3 Qd6 13 Nb5 (Deep Blue–Kasparov, match 1996), now 13 . . . Qd5 is equal as 14 Bc4 Bxf3! is good. Instead Kasparov played 13 . . . Qe7?! 14 Ne5 Bxe2 15 Qxe2 0-0 16 Rac1 Rac8 17 Bg5! and suffered a loss in 37 moves.

(y) (A) Black has played 2 . . . d6 3 d4 Nf6 intending 4 dxc5 Nc6! 5 cxd6 Nxe4 6 dxe7 Qxd1†. White can play simply 4 Bd3 Nc6 5 Nf3 Bg4 6 d5 ±. (B) 2 . . . b6 3 d4 Bb7 4 Bd3 Nf6 5 Nd2 ±. (C) 2 . . . e5 3 Nf3 Nc6 4 Bc4 ±.

(z) Many players (such as Benjamin) play 4 e5 transposing into the Advance Variation of the French Defense.

(aa) 5 Be3 cxd4 (5 . . . c4 6 b3 cxb3 7 axb3 Bd6 8 Bd3 Nc6 9 Qf3 allows White some initiative) 6 Bxd4 Nc6 7 Bb5 Ne7 8 Qe2 Be6 9 Nf3 Nf5 10 g4 Nd6 11 Bxc6† bxc6 12 Ne5 Qc7 with chances for both sides, Blatny–Züger, Prague 1996.

(bb) 12 Bd3 h6 13 Bc2 Qd6 14 Qd3 Rd8! 15 Be3 (15 g4 Qg6) 15 . . . Bxe3 16 fxe3 g6 =, Ivanchuk–Lobron, Dortmund 1995.

SICILIAN DEFENSE

With 3 Bb5

1 e4 c5 2 Nf3

	1	2	3	4	5	6
	Nc6..d6					
3	Bb5				Bb5†	
	g6...........................e6...........Nf6(m)				Bd7..........Nd7(u)	
4	0-0..........Bxc6		0-0(i)	Nc3	Bxd7†	d4
	Bg7	bxc6(f)	Nge7	Nd4(n)	Qxd7(q)	Ngf6
5	Re1(a)	0-0	c3(j)	e5	0-0(r)	Nc3
	Nf6(b)	Bg7	a6	Nxb5	Nc6	cxd4(v)
6	c3(c)	Re1	Be2(k)	Nxb5	c3(s)	Qxd4
	0-0	Nh6(g)	d5	Nd5	Nf6	e5(w)
7	d4	c3	exd5	Ng5!	Re1(t)	Qd3
	d5!	0-0	Nxd5	f5(o)	e6	h6
8	e5(d)	d4	d4	0-0	d4	Be3
	Ne4	cxd4	cxd4	a6	cxd4	Be7
9	Nbd2	cxd4	Nxd4	Nc3	cxd4	Bc4
	cxd4	f6	Nxd4	Nxc3	d5	a6
10	cxd4	Nc3	Qxd4	dxc3	e5	a4
	Qb6(e)	d6(h)	Bd7(l)	e6(p)	Ne4 =	Qa5(x)

(a) 5 c3 Nf6 6 e5 (6 d4 cxd4 7 cxd4 Nxe4 8 d5 Nd6! leaves White compensation for the pawn, but no more) 6 ... Nd5 7 d4 cxd4 8 cxd4 0-0 9 Nc3 Nc7! (9 ... Nxc3 10 bxc3 d6 11 exd6 Qxd6 12 a4 ±) 10 Bg5 h6 11 Bh4 g5 12 Bg3 Nxb5 13 Nxb5 a6 14 Nc3 d6 =, Adams–Illescas, Madrid 1996.

(b) On 5 ... e5 White has (A) 6 Bxc6 bxc6 7 c3 transposing into note (g), or (B) 6 b4 cxb4 7 a3 Nge7 8 axb4 0-0! (taking the b-pawn allows White play with Ba3) 9 Bb2 d6 10 c3 h6 =, Hawelko–Dokhoian, Lublin 1993.

(c) Black has fewer problems with (A) 6 e5 Nd5 7 Nc3 Nc7 8 Bxc6 dxc6 9 Ne4 Ne6 10 d3 0-0 11 Be3 b6 12 Qd2 f5! =, Kramnik–Kasparov, Moscow 1996 (rapid), and (B) 6 Nc3 0-0 7 e5 Ne8 =.

(d) 8 exd5 Qxd5 9 c4 Qd6 10 d5?! Nd4! 11 Nxd4 cxd4 ∓, Gubanov–Svidler, St. Petersburg 1995. White loses the exchange after 12 Qxd4 Ng4 13 Qf4 Qxf4 14 Bxf4 Bxb2.

(e) 11 Bxc6 Qxc6 12 Nxe4 dxe4 13 Ng5 Rd8 14 Bf4 (14 Qb3 Qd5) 14 ... Qd5 =, J. Polgar–Kramnik, Monaco (blindfold) 1994.

(f) 4 ... dxc6 5 d3 Bg7 6 h3 Nf6 (6 ... e5 7 Nc3 Qe7 8 Be3 Nf6 9 Qd2 0-0 10 Bh6 Ne8 11 Nh2 ±, Grabarczyk–Markowski, Polish Chp. 1996) 7 Nc3 0-0 8 Be3 b6

9 Qd2 Re8 10 a3 a5 11 0-0 Nd7 12 Nh2 Nf8 13 f4 ±, Rublevsky–Andersson, Polanica Zdroj 1997.

(g) (A) 6 . . . Nf6 7 e5 Nd5 8 c4 Nc7 9 d4 cxd4 10 Qxd4 ±, Kasparov–Salov, Dortmund 1992. (B) 6 . . . e5 7 c3! Ne7 8 d4 cxd4 9 cxd4 exd4 10 Nxd4 0-0 11 Nc3 Bb7 12 Bg5 h6 13 Bh4 g5 14 Bg3 ±, Smyslov–Zsu. Polgar, Monaco 1994.

(h) 11 b3 Bd7 12 Bb2 Nf7 13 Qc2 Rc8 14 h3 Qc7 15 Rad1 Rfe8 16 Qd2 Qa5 leaves Black with almost equal chances, Rublevsky–Svidler, Russia 1996.

(i) The immediate 4 Bxc6 bxc6 5 b3 sets the doubled pawns as a weakness. Then 5 . . . d6 6 e5! dxe5?! 7 Nxe5 Qd4 8 Nc4 Qxa1? 9 Nc3 is bad for Black, and 5 . . . f6 6 0-0 Nh6 7 d4 Nf7 8 Ba3! cxd4 9 Bxf8 Kxf8 10 Qxd4 is an edge for White, de la Paz–C. Lopez, Matanzas 1996. Best is probably 5 . . . d5 6 e5 Ba6 7 d3 c4! 8 dxc4 dxc4 9 Qxd8† Rxd8 10 Be3 Rd7 11 Nbd2 (Psakhis–Bönsch, Herzliya 1993) 11 . . . Bb4 with chances for both sides.

(j) 5 Nc3 a6 (5 . . . Nd4 6 Nxd4 cxd4 7 Ne2 a6 8 Ba4 Nc6 9 d3 Bc5 10 c4 Rb8 11 Bf4 d6 12 b4! Bxb4 13 Nxd4 ±, W. Watson–Nunn, Kilkenny 1996) 6 Bxc6 Nxc6 7 d4 cxd4 8 Nxd4 Qc7 9 Re1 Bd6! 10 Nd5 exd5 11 exd5† Ne5 (Timman–Lautier, Horgen 1995) 12 f4 0-0 =.

(k) Black has no problems after 6 Ba4 b5 7 Bc2 Bb7 8 a4 Ng6 =, Spassov–Gulko, Biel Int. 1993.

(l) 11 Bf3 Bc6 12 Nd2 Qc7 13 Nc4, Kramnik–Miladinović, Belgrade 1995; now Black gains equality with 13 . . . b5! 14 Qe5 0-0-0 15 Qxc7† Kxc7 16 Ne5 Be8 = (Kramnik).

(m) (A) 3 . . . Qb6 4 Bxc6 Qxc6 5 0-0 d6 6 d4 cxd4 7 Nxd4 Qxe4 8 Nc3 Qg4 9 Qd3 ±, Plaskett–Larsen, London 1989. (B) 3 . . . d6 transposes into note (u).

(n) 4 . . . g6 5 e5 Ng4 6 Bxc6 dxc6 7 h3 Nh6 8 Ne4 b6 9 Qe2 Nf5 10 c3 Bg7 11 g4 ±, Rytshagov–Spassov, Yerevan Ol. 1996.

(o) (A) 7 . . . h6? 8 Nxf7! Kxf7 9 Qf3† Ke6 10 c4 Nb6 11 d4 d5 12 dxc5 dxc4 13 Be3 Na4 14 Nd4† Resigns, Rasin–Schmitt, Boyston 1994. (B) 7 . . . f6 8 Ne4 f5 9 c4 Nc7 10 Nxc5 ±, Tal–Mnatsakanian, Yerevan 1986.

(p) 11 Nh3 Be7 12 Qh5† g6 13 Qf3 Ra7 14 Qg3 ±, Friedrich–Neuberger, Wiesbaden 1988.

(q) 4 . . . Nxd7 is equally playable—5 0-0 Ngf6 6 Re1 e6 7 c3 Be7 8 d4 cxd4 9 cxd4 d5 10 e5 Ne4 =, Leko–Yudasin, Leon 1993, or 5 c4 Ngf6 6 Nc3 e6 7 0-0 Be7 8 d4 cxd4 9 Nxd4 0-0 10 b3 a6 11 Bb2 Re8 12 Qe2 Bf8 13 Rad1 Qa5 14 f4 Rad8 15 Kh1 Qh5 =, Sedina–Novikov 1997.

(r) On 5 c4 Black should not grab a pawn with 5 . . . Qg4? 6 0-0 Qxe4 7 d4 cxd4 8 Nxd4 leaving White a strong initiative. Safe is 5 . . . Nc6 6 0-0 g6 7 d4 cxd4 8 Nxd4 Bg7 9 Be3 Nf6 =.

(s) A tricky line is 6 b3 Nf6 7 Re1 g6 8 c3 Bg7 9 d4 cxd4 10 cxd4 d5 11 e5 Ne4 12 Bb2 0-0 13 Nbd2; now 13 . . . Nxd2 14 Qxd2 e6 is equal, but the attractive-looking 13 . . . f5?! 14 exf6 Nxd2 15 Ne5! Nxe5 16 dxe5 left Black in difficulties, Christiansen–C. Hansen, Reykjavik 1998.

(t) 7 d4 Nxe4 8 d5 Ne5! 9 Nxe5 dxe5 10 Re1 Nf6 11 Rxe5 e6 12 c4 Bd6 13 Re1 0-0-0 =. The column is Knežević–Fischer, Skopje 1967.

(u) 3 . . . Nc6 4 0-0 Bd7 is rarely seen, for no particular reason. After 5 Re1 Nf6 6 c3 a6 (6 . . . e6 7 d4 ±) 7 Bxc6 Bxc6 8 d4 Bxe4 9 Bg5 Bd5 10 Nbd2 c4 11 b3 b5 12 Qe2 Rc8 13 a4 White has compensation for the pawn, Brynell–Rogers, London 1990. Black must be accurate with this line, e.g. Timman–Cifuentes, Holland 1996, saw 5 . . . a6?! 6 Bxc6 Bxc6 7 d4 cxd4 8 Nxd4 Nf6 9 Bg5 e6 10 Nxc6 bxc6 11 Qf3 e5? 12 Bxf6 Qxf6 13 Qc3 ±.

(v) 5 . . . a6 6 Bxd7† Nxd7 7 0-0 e6 8 Bg5 Qc7 9 dxc5 Nxc5 10 Qd4 f6 11 Be3 Be7 12 a4 Nd7 13 Qd1 Ne5 14 Nd4 ±, Krays–Browne, Philadelphia 1997.

(w) Black is under pressure after both (A) 6 . . . e6 7 Bg5 a6 8 Bxd7† Bxd7 9 0-0-0 ±, Rublevsky–Ruban, Russia 1995, and (B) 6 . . . g6 7 e5 dxe5 8 Nxe5 Bg7 9 Bg5 0-0 10 0-0-0 Qa5 11 Nc4! Qc7 12 Rhe1 Qxh2 13 Rxe7 Qxg2 14 Qh4 ±, Timman–Lautier, Wijk aan Zee 1997.

(x) 11 0-0 Nc5 12 Bxc5 Qxc5 13 Nd5 Nxd5 14 Bxd5 0-0 15 Ra3 Rb8 16 Rd1 Kh8 17 Rc3 Qa5 18 Qc4 f5 =, Yudasin–Kozul, Pula 1997.

SICILIAN DEFENSE

f4 Attack

1 e4 c5

	1	2	3	4	5	6
2	Nc3......................................f4					
	Nc6........................d6(i)		d5!..........g6............e6			
3	f4		f4	exd5	d4(q)	Nf3
	g6		g6	Nf6(o)	cxd4	d5
4	Nf3		Nf3(j)	Bb5†	Qxd4	Nc3(s)
	Bg7		Bg7	Bd7	Nf6	dxe4
5	Bb5..........Bc4		Bc4(k)	Bxd7†	e5	Nxe4
	Nd4(a)	e6	Nc6(l)	Qxd7	Nc6	Nf6(t)
6	0-0(b)	f5(e)	0-0	c4	Qd3	Bb5†(u)
	Nxb5	Nge7(f)	e6	e6	Ng8!	Bd7
7	Nxb5	fxe6	d3(m)	Qe2	Be3	Bxd7†
	d6(c)	fxe6(g)	Nge7	Bd6	Bg7	Nbxd7
8	a4	d3	Qe1	d3	Nc3	Qe2
	Nf6	d5	0-0	0-0	d6	Be7
9	d3	Bb3	f5	dxe6	exd6	d3
	0-0	b5!	d5	fxe6	Bf5(r)	0-0
10	Qe1	exd5	Bb3	Nf3	Qb5	0-0
	e6(d)	exd5(h)	c4(n)	Nc6(p)	Qxd6 2	b5 =

(a) 5 ... d6 (5 ... e6?! 6 Bxc6 bxc6 7 e5 ±) 6 Bxc6† (better than 6 0-0 Bd7 7 d3 Nd4 or 7 ... a6 =) 6 ... bxc6 7 0-0 Nf6 8 d3 0-0 9 Qe1 Ne8 10 Qh4 f5 11 e5 ± — the doubled c-pawn restricts Black's activity.

(b) (A) 6 Nxd4 cxd4 7 Ne2 Nf6 8 Bd3 d6 9 0-0 0-0 10 c3 dxc3 =, Hodgson–Peturs-son, Reykjavik 1993. (B) 6 Bd3 d6 7 Nxd4 cxd4 8 Ne2 e6 9 c3 dxc3 10 dxc3 Nf6 11 0-0 0-0 =, Perelstein–Hjartarson, New York 1996.

(c) 7 ... d5 8 e5! d4 9 c3 a6 10 Na3 d3 11 Nc4 b5 12 Ne3 Nh6 13 b3 Nf5 14 Qe1 0-0 15 Ba3 with a big advantage for White after his unorthodox maneuvers, Hebden–Thorsson, Kopavogur 1994.

(d) 11 Qh4 a6 12 Nxd6 Qxd6 13 e5 Qd8 14 f5! exf5 15 Bg5 Re8 16 Bxf6 Bxf6 17 exf6 Qd6 with chances for both sides, Hraček–Alterman, Pula 1997.

(e) Slower play allows Black an easier defense—6 0-0 Nge7 7 d3 d5 8 Bb3 0-0 9 Qe1 Na5 10 Qh4 Nec6 11 Qf2 b6 with no problems, Carlier–Rogers, Hungary 1991.

(f) 6 ... gxf5 7 d3 Nge7 8 0-0 d5 9 exd5 exd5 10 Bb3 Be6 11 Ne2 Qd7 12 c3 0-0-0 13 d4 ±, Herman–Servat, Rosario 1992.

(g) The most common recapture. Safer and less ambitious is 7 . . . dxe6 8 d3 0-0 9 0-0 Na5 10 Bb3 Nxb3 11 axb3 Nc6 =, Gabriel–Nutiu, Singapore 1990.

(h) 11 0-0 (11 Nxb5? Qa5†) 11 . . . c4 (White has compensation for a piece after 11 . . . Bxc3 12 bxc3 c4 13 Ng5 Bf5 14 Qe2 cxb3 15 axb3) 12 dxc4 dxc4 13 Qxd8† Nxd8 14 Nxb5 cxb3 15 Nc7† Kd7 16 Nxa8 bxc2! ∓, Wedberg–Kharlov, Haninge 1992, as Black will win the trapped knight on a8.

(i) (A) 2 . . . e6 3 f4 d5 4 Nf3 transposes into column ±. (B) 2 . . . g6 3 d4 (3 f4 Bg7 4 Nf3 d6 is back in the column) 3 . . . cxd4 4 Qxd4 Nf6 5 Bb5 Nc6 6 Bxc6 dxc6 7 Qxd8† Kxd8 =, Horvath–Kader, Keszthely 1994.

(j) 4 d4 cxd4 5 Qxd4 Nf6 6 e5 Nc6 7 Bb5 Nh5! 8 Nf3 Bg7 9 0-0 0-0 with an active game, Christiansen–Ftačnik, Groningen 1991.

(k) 5 Bb5† Bd7 6 Bxd7† (6 a4 Nc6 7 d3 Nf6 8 Be3 0-0 9 h3 Ne8 10 0-0 Nc7 =, Sigurjonsson–de Firmian, Reykjavik 1993) 6 . . . Qxd7 7 0-0 Nc6 8 d3 Nf6 9 Qe1 0-0 10 Bd2 Rac8 11 Kh1 Nd4 =, C. Hansen–van Wely, Cap d'Adge 1996.

(l) After 5 . . . e6?! White switches plays—6 d4! cxd4 7 Nxd4 Ne7 8 Bb3 0-0 9 0-0 Nbc6 10 Be3 6 (play against the d-pawn), Short–Kolev, Burgas 1995.

(m) 7 f5 exf5 8 d3 Nge7 9 Qe1 h6! 10 Qg3 (10 Bd2 fxe4 ∓; 10 exf5 Bxf5 11 g4 Bxg4 12 Bxf7† Kxf7 13 Ne5† Kg8 14 Nxg4 Nd4 ∓, Hellers–Gelfand, Novi Sad Ol. 1990) 10 . . . Ne5 11 Bb5† Bd7 ∓, Abramović–Kozul, Yugoslav Chp. 1986.

(n) 11 dxc4 dxe4 (11 . . . d4 12 f6! Bxf6 13 e5 Bg7 14 Ne4 Nxe5 15 Nxe5 Bxe5 16 Bg5 f5 17 Qh4 with play against the loose kingside, Mitkov–Stefansson, Austria 1991) 12 f6 Bxf6 13 Nxe4 Bg7 14 Bg5 f6 15 Rd1 Qc7 16 Be3 b6 =, Wolff–Browne, US Chp. 1995.

(o) The simple 3 . . . Qxd5 is quite all right—4 Nc3 Qd8 5 Nf3 Nf6 6 Ne5 e6 7 Qf3 Be7 8 b3 0-0 9 Bb2 Nfd7! 10 Bd3 Nxe5 11 fxe5 Nc6 12 Qe4 g6 13 0-0-0 Bd7 14 h4 Nb4 15 Rh3 Bc6 16 Qe2 h6 17 h5 g5 =, Campora–Veličković, Belgrade 1988.

(p) 11 0-0 Rae8 12 Nc3 e5 13 f5! Qxf5 14 Bg5 e4 15 dxe4 Nxe4 (Short–Kasparov, Paris 1990) 16 Rae1 Nf6 =.

(q) 3 Nf3 Bg7 4 Nc3 Nc6 transposes into column 1.

(r) 9 . . . Nf6 10 Bc5! exd6 11 Bxd6 Be6 12 0-0-0 Qa5 13 Qb5 ±, Hebden–Mokry, Copenhagen 1985.

(s) (A) 4 exd5 exd5 5 Bb5† Bd7 6 Qe2† Qe7 7 Ne5 a6 =, Seijas–Rodríguez, Candas 1992. (B) 4 e5 may transpose into a French Defense, but Black can also play 4 . . . Nc6 5 c3 d4 =. (C) 4 Bb5† Bd7 5 Bxd7† Nxd7 6 d3 Ne7 7 Nc3 d4 8 Ne2 Nc6 9 0-0 Be7 =, Lu–Peng, Moldavia 1995.

(t) 5 . . . Be7 6 d4! cxd4 7 Qxd4 Qxd4 8 Nxd4 a6 (Adams–Lautier, Tilburg 1997); now Adams suggests 9 g3 Nf6 10 Bg2 Nbd7 11 Bd2 with a substantial edge in the endgame.

(u) 6 Nxf6† Qxf6 7 Ne5? Qxf4 8 Bb5† Bd7 9 Qe2 Bxb5† 10 Qxb5 Nc6 ∓, Wahls–Lutz, Germany 1994. The column is Motwani–King, Dublin 1991.

SICILIAN DEFENSE

Unusual Second Moves

1 e4 c5

	1	2	3	4	5	6
2	Nf3			g3	b4(n)	b3(r)
	Nf6...(Nimzovich Var.)a6			d5(k)	cxb4	Nc6(s)
3	e5	Nc3	c4(i)	exd5	a3	Bb2
	Nd5	Nc6(f)	Nc6	Qxd5	d5(o)	d6
4	Nc3(a)	d4	d4	Nf3	exd5	Bb5(t)
	e6(b)	d5	cxd4	Nc6(l)	Qxd5	Bd7
5	Nxd5	exd5	Nxd4	Bg2	Nf3	f4
	exd5	Nxd5	Nf6	Qe6†	e5	Nf6
6	d4	Nxd5	Nc3	Kf1	axb4	Nc3
	Nc6(c)	Qxd5	e5	g6	Bxb4	e6
7	dxc5	Be3	Nf5	Nc3	c3(p)	Nf3
	Bxc5	cxd4	d5	Bg7	Bc5!	Be7
8	Qxd5	Nxd4	cxd5	d3	Na3	0-0
	Qb6(d)	Qa5†(g)	Bxf5	Nf6	Nf6	0-0
9	Bc4	c3	exf5	Be3	Bc4(q)	Bxc6
	Bxf2†(e)	Nxd4(h)	Nd4(j)	Nd5(m)		Bxc6 =

(a) 4 d4 cxd4 5 Qxd4 e6 6 Bc4 Nc6 7 Qe4 d6 8 exd6 Nf6 9 Qe2 Bxd6 10 Nc3 a6 11 Bg5 h6 =, Tkachiev–Shirazi, France 1996.

(b) 4 ... Nxc3 5 dxc3 Nc6 6 Bf4 e6 7 Qd2 Qc7 8 0-0-0 h6 9 h4 b6 10 Bc4 Bb7 11 Qe2 with an edge (Nunn).

(c) 6 ... d6 7 Bb5† Nc6 8 0-0 Be7 9 exd6 Qxd6 10 dxc5 Qxc5 11 Qd3 0-0 12 Be3 Qd6 13 c3 ±, Alda–Rossetto, Buenos Aires 1991.

(d) 8 ... d6 9 exd6 Qb6 10 Qe4† Be6 11 Bc4 Qb4† 12 Nd2 0-0 13 0-0 Rae8 14 c3 Qb6 15 Nf3 h6 16 b4 Bxd6 17 Be3 ±, van der Wiel–Short, Wijk aan Zee 1990.

(e) 10 Ke2 0-0 11 Rf1 Bc5 12 Ng5! Nxe5 (12 ... Nd4† 13 Kd1 Ne6 14 Ne4 d6 15 exd6 Rd8 16 Bd3 Bxd6 17 Qh5 ±) 13 Qxe5 d5! 14 Qxd5! (14 Bxd5 Bg4† 15 Kd3—Kaidanov–Kreitner, Chicago 1995—15 ... Rae8! 16 Bxf7† Kh8 17 Bxe8 Rxf1 18 Bd2 Rf2! ∓) 14 ... Re8† 15 Kf3 Qf6† 16 Kg3 Bd6† 17 Rf4 Be6 18 Nxe6 Rxe6 19 Qxd6! Qg6† 20 Rg4 Re3† 21 Bxe3 Qxd6† 22 Kf2 with a winning game, Spassky–Ciric, Marianské Lásne 1962. Black can improve with 14 ... Bg4† 15 Rf3, but White is still ahead.

(f) 3 ... d5 4 exd5 Nxd5 5 Bb5† Nc6 (5 ... Bd7 6 Qe2 ±) 6 0-0 Bg4 7 h3 Bh5?! (7 ... Bxf3 ±) 8 g4 Bg6 9 Ne5 Qd6 10 Nc4 Qd7 11 Qf3 e6 12 Ne5 Qd6 13 d4! cxd4 14 Nxd5 exd5 15 Bf4 Qc5 16 Nxg6 hxg6 17 Rfe1† Kd7 18 Re5! Resigns, Wibe–Svenneby, corr. 1990.

(g) (A) 8 . . . Nxd4 9 Qxd4 Qxd4 10 Bxd4 also leaves White with the better endgame. (B) 8 . . . Bd7 9 Nb5 Qxd1† 10 Rxd1 Rc8 11 Nxa7 Nxa7 12 Bxa7 Rxc2 13 Bd4 ± e5? 14 Bd3! Bb4† 15 Kf1 Rc8 16 Bxe5 ±, Siero-Gonzalez–Casafus, Rio Gallegos 1986.

(h) 10 b4! Qe5 11 Qxd4 Qxd4 12 Bxd4 f6 13 f4 e6 14 g3 Bd6 15 0-0-0 with an endgame plus, Spassky–Pribyl, Tallinn 1973.

(i) (A) White falls into the trap with 3 . . . d4? cxd4 4 Nxd4 Nf6 5 Nc3 e5! 6 Nf3 Bb4 and Black is very active, Schmidt–O'Kelly, Beverwijk 1964. (B) 3 c3 is a good alternative as White has an improved version of the 2 c3 Sicilian lines, . . . a6 being premature.

(j) 10 Bd3 Nxd5 11 0-0 Bb4 12 Be4 Nxc3 13 bxc3 Bxc3 14 Rb1 0-0 15 Rxb7 ±.

(k) Black can play any of the moves 2 . . . g6, 2 . . . d6, 2 . . . Nc6 or 2 . . . e6 that would likely transpose into the closed variations covered in the previous pages.

(l) 4 . . . Bg4 is double-edged—5 Bg2 Qe6† 6 Kf1 Nc6 7 h3 Bh5 8 Nc3 Nf6 9 d3 Qd7 10 g4 Bg6 11 Bf4 e6 12 g5 Nh5 13 Ne5 Nxe5 14 Bxe5 Bd6 =, Nadyrhanov–Stefansson, Lucerne 1993.

(m) 10 Bd2 Nxc3 11 Bxc3 Bxc3 12 bxc3 Qf6 leaves Black at least equal, Sepp–Dreev, Moscow Ol. 1994.

(n) The delayed Wing Gambit—2 Nf3 d6 3 b4—is dubious: 3 . . . cxb4 4 d4 Nf6 5 Bd3 e6 6 0-0 Be7 7 Nbd2 d5 8 e5 Nfd7 ∓, Cordon–Gligorić, Hastings 1969/70.

(o) Accepting the gambit allows White fair play for the pawn—3 . . . bxa3 4 Nxa3 d6 5 Bb2 Nc6 6 d4 Nf6 7 Bd3 e6 8 Nf3 Be7 9 0-0 0-0 10 c4 b6 11 Qe2 Bb7 =, Marshall–Sämisch, Baden-Baden 1925.

(p) The old line gains White equality—7 Na3 Bxa3 8 Bxa3 Nc6 9 c4 Qd8 10 Qb1 Nge7 =, Bronstein–Benko, Moscow vs. Budapest 1949.

(q) White cannot play 9 Nb5 0-0 10 Nc7 Bxf2†! 11 Kxf2 Qc5† winning. After 9 Bc4 Qe4† 10 Be2 0-0 11 Nb5 Na6 White has insufficient compensation for the pawn, Porrasmaa–Kask, corr. 1987.

(r) Other rare moves: (A) 2 Ne2 d6 3 g3 g6 4 Bg2 Bg7 5 0-0 Nc6 6 c3 e5 7 d3 Nge7 8 a3 0-0 9 b4 b6 =, Keres–Fischer, Curaçao Candidates 1962. (B) 2 Bc4 e6 3 Nc3 a6 4 a4 Nc6 5 d3 g6 6 f4 Bg7 7 Nf3 Nge7 8 0-0 0-0 =, MacDonnell–Burns, London 1862. (C) 2 c4 Nc6 3 Nf3 e5 =.

(s) Black has several reasonable responses: (A) 2 . . . e6 3 Bb2 d5 4 Bb5† Nc6 5 exd5 exd5 6 Nf3 Qe7† =, Bosković–Micić, Yugoslavia 1993. (B) 2 . . . Nf6 3 e5 Nd5 4 Bb2 g6!? 5 g3 Bg7 6 Bg2 Nc7 7 Qc1 Nc6 8 f4 0-0 9 Nf3 d6 =, Blatny–Jirovsky, Czech Republic 1996.

(t) 4 f4 Nf6 5 Nc3 g6 6 g3 Bg7 7 Bg2 0-0 =, Spassky–Najdorf, Bugojno 1982. The column is Root–Weinstein, Lone Pine 1979.

PIRC DEFENSE

1 e4 2 d6 2 d4 Nf6 3 Nc3 g6

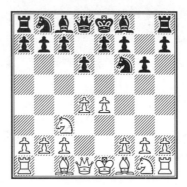

THE PIRC DEFENSE, named after the Yugoslav Vasja Pirc, is one of the "hypermodern" defenses, following that theory of controlling the center rather than occupying it. White is allowed to create a pawn center that Black strives to undermine. The direct central confrontation is delayed, but the first moves anticipate this moment. If Black has not planned his counterplay he can be overrun, while if White pushes too far too fast he will be left with a shattered position.

The usual counterplay for Black is to augment his fianchettoed king's bishop with . . . e5 or . . . c5, pressuring the central dark squares. Usually this waits until after . . . Bg7 and . . . 0-0, but sometimes it is desirable to break more quickly. White plans to develop his pieces and advance in the center if Black does not prevent it. The timing of a White central advance or Black counterthrust is critical.

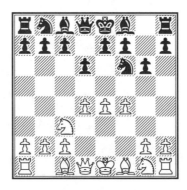

The Austrian Attack, 4 f4 (columns 1–12), is the most aggresive continuation (see above diagram). White seeks a strong grip on the center in preparation for a later advance. After the White pieces are developed, the thrust e5 will start the attack. The Austrian was Fischer's favorite choice, as well as your author's.

After 4 . . . Bg7 5 Nf3 Black has two serious defenses. The most usual continuation is 5 . . . 0-0 6 Bd3 (columns 1–5), when Black has the choice of the natural 6 . . . Nc6 (columns 1–3) or the more creative 6 . . . Na6 (columns 4–5). The alternatives to 6 Bd3 are somewhat easier for Black to deal with. 6 Be3 (column 6) and 6 e5 (columns 7–8) are very aggressive. 6 Be2 (column 9) is tame for the Austrian Attack. 5 . . . c5, immediately seeking counterplay is Black's second defense. White can play the safe 6 dxc5 (column 10), which may gain a small plus, but most interesting is 6 Bb5† Bd7 7 e5 (columns 11–12), which leads to a real slugfest.

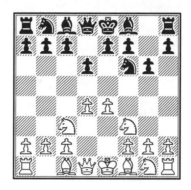

The Classical System is 4 Nf3 (columns 13–18), which is usually followed by 4 . . . Bg7 5 0-0. With this unpretentious continuation White contents himself with a modest center and quickly develops his pieces. There is little chance of White overextending himself here, and so Black has fewer winning chances than other lines. On the other hand, Black has less risk of losing with accurate defense.

White has many minor systems to choose from on the fourth move. 4 Bg5 (column 19—the Byrne Variation), 4 f3 (column 20), 4 Be3 (column 21) and 4 Bc4 (column 22) are aggressive lines that allow active play for both sides. The positional system 4 g3 (column 23) allows flexibility to both sides. 4 Be2 Bg7 5 h4!? (column 24) is an offbeat line.

PIRC DEFENSE

Austrian Attack

1 e4 d6 2 d4 Nf6 3 Nc3 g6 4 f4 Bg7 5 Nf3 0-0

	1	2	3	4	5	6
6	Bd3					Be3
	Nc6			Na6(k)		b6(r)
7	0-0		e5	0-0	e5	Bc4(s)
	Bg4	e5	dxe5	c5	Nd7	Bb7(t)
8	e5	fxe5	dxe5(h)	d5	Be3(p)	e5
	dxe5	dxe5	Nd5	Rb8(l)	Nb6(q)	Ng4
9	dxe5	d5	Bd2	Qe2(m)	a3	Qe2
	Nd5	Nd4(d)	Bg4(i)	Nc7	c5	c5
10	h3(a)	Nxe5	Be4	a4	Bxa6	0-0-0
	Nxc3	Nxe4(e)	e6	a6	cxd4!	Nxe3
11	bxc3	Bxe4	h3	a5	Bxd4	Qxe3
	Bf5	Bxe5	Bxf3	Bd7(n)	bxa6	cxd4
12	Bxf5	Bf4	Qxf3	Na4	exd6	Nxd4
	Qxd1(b)	Bg7(f)	Nd4	Bg4	Qxd6	dxe5!(u)
13	Rxd1	Qd2	Qf2	c4	Bxg7	Ne6
	gxf5(c)	Nf5(g)	c5(j)	e6(o)	Qxd1=	Qc8(v)

(a) Sharper play arises after 10 Qe1 Ndb4 11 Be4 f5! 12 Bxc6 Nxc6 13 Be3 Bxf3 14 Rxf3 e6 15 Bc5 Rf7 16 Rd1 Rd7 =, Ljubojević–Timman, Hilversum 1987.

(b) 12 . . . gxf5 13 Qe1 Qd5 14 Be3 allows White attacking chances against the weakened Black kingside.

(c) 14 Nd4 Rfd8 15 Be3 (Ba3!?) Nxd4 16 cxd4 e6 17 g4 with a slight endgame advantage, Mallo–Moncada, European Team Chp. 1990.

(d) 9 . . . Ne7 10 Nxe5 Nfxd5 (10 . . . c6 11 Bg5 ±) 11 Nxf7! Nxc3 12 bxc3 Rxf7 13 Rxf7 Kxf7 14 Bc4† Be6 15 Qf1† Bf6 16 Bxe6† Kxe6 17 Qc4† Kd7 18 Bf4 Ke8 19 Rf1 with a strong attack for the piece, Nijboer–Cuipers, Dutch Chp. 1989.

(e) 10 . . . Nxd5 11 nxd5 Bxe5 12 Bf4 Qd6 13 Qd2 ±, Marjanović–Nikolić, Sarajevo 1982.

(f) 12 . . . Bxf4 13 Rxf4 Nf5 14 Bxf5 Bxf5 15 Qd4! Bxc2 16 Re1 with excellent play for the pawn, J. Polgar–Ftačnik, Budapest 1993.

(g) Poor is 13 . . . Bd7?! 14 Rae1 Nf5 15 Bxf5 Bxf5 16 Nb5 ±, de Firmian–Bjorgfinn, Reykjavik 1998. After 13 . . . Nf5 14 Bxf5! Bxf5 15 Nb5 Rc8 (15 . . . c6 16 Nc7 Rc8 17 d6 ±) 16 c4! White has more space and mobility.

(h) 8 fxe5 Nh5! 9 Be3 Bg4 10 Be2 f6 11 exf6 exf6 12 Qd2 Ne7 13 Ng5 Qd7 =, Hector–C. Hansen, Malmö 1996.

(i) Also playable is 9 . . . Ncb4 10 Be4 c6 11 Nxd5 cxd5 12 Bxb4 dxe4 =, Zude–Bernard, Val 1988.

(j) 14 0-0 f6 15 exf6 Nxf6 16 Bd3 Nh5 ∓, Grigorian–Spilker, USSR 1978.

(k) (A) 6 . . . Nbd7 7 e5 Ne8 8 Ne4 c5 9 c3 Qb6 10 h4 is a promising attack. (B) 6 . . . c6 7 0-0 Bg4 8 Kh1 leaves White in control. (C) 6 . . . Bg4 7 h3 Bxf3 8 Qxf3 Nc6 9 Be3 e5 10 dxe5 dxe5 11 f5 ±.

(l) On 8 . . . Bg4 the standard theory is 9 Bc4 Nc7 10 h3 ±, but this may not be accurate. White should consider 9 Qe1 Nb4 10 Qh4 c4 11 Bxc4 Nxc2 12 Rb1 Qb6† 13 Kh1 Rfc8 14 Bb3 Qa6 15 Bd2 Qd3 (Tseitlin–Pein, Tel Aviv 1992) 16 e5! dxe5 17 fxe5 Bxf3 18 Rxf3 Qxd2 19 Rd1 Qh6 20 Qxh6 Bxh6 21 exf6 ±.

(m) Also good is 9 Kh1 Nc7 10 a4 b6 11 Qe1 a6 12 Qh4 with serious attacking prospects, and 9 . . . Bg4 10 Qe1 Nb4 11 Qh4 b5 12 a3 Nxd3 cxd3 a5 14 f5 is also good for White, de Firmian–Markowski, Polanica Zdroj 1995.

(n) 11 . . . b5 12 axb6 Rxb6 13 Na4 Rb8 14 c4 ±, Dolmatov–Marin, Calcutta 1999.

(o) 14 h3 exd5 15 exd5 Re8 16 Qd1 Bxf3 17 Qxf3 Nd7 18 Bd2 ±, Olivier–Sheshkachev, Cannes 1995.

(p) Entertaining is 8 h4 c5 9 h5 cxd4 10 hxg6 hxg6 12 Ng5 Nxe5! 12 fxe5 dxc3 13 Kf2!, threatening 14 Rh8† Bxh8 15 Qh1, but 13 . . . Bxe5 should defend.

(q) (A) Also playable is 8 . . . Nb4 9 Be2 c5! 10 a3 cxd4 11 Nxd4 dxe5 12 fxe5 Nc6 13 e6 Nxd4 14 exf7† Rxf7 15 Bxd4 Ne5 =, de Firmian–Leski, USA 1987. (B) 8 . . . c5? 9 Bxa6 cxd4 10 Bxd4 dxe5 11 fxe5 bxa6 12 e6! fxe6 13 Bxg7 Kxg7 14 Qd4† Nf6 15 0-0-0 ±, Timman–Nunn, Wijk aan Zee 1982. The column is van der Wiel–Short, Marbella 1982.

(r) Black has other choices of which (c) can be recommended. (A) 6 . . . Nc6 7 Be2 e6 (7 . . . Ng4 8 Bg1 e5 9 fxe5 dxe5 10 d5 ±) 8 h3 b6 9 g4 Bb7 10 g5 Nh5 11 Rg1 ±, van der Wiel–Azmaiparashvili, Groningen 1994. (B) 6 . . . c5 7 dxc5 Qa5 8 Qd2 dxc5 9 Nb5 Qxd2† 10 Nxd2 Na6 11 0-0-0 ±, Beliavsky–Mednis, Vienna 1986. (C) 6 . . . Nbd7 7 Qd2 (7 e5 Ng4 8 Bg1 c5 =) 7 . . . c5 8 0-0-0 Ng4 9 Bg1 cxd4 10 Nxd4 e5 11 Nde2 exf4 12 Nxf4 Qa5 13 Bd4 Nge5 =, Beliavsky–Azmaiparashvili. USSR Chp. 1986.

(s) 7 e5 Ng4 8 Bg1 c5 9 h3 Nh6 10 d5 Bb7! 11 Qd2 Nf5 12 Bh2 dxe5 13 fxe5 e6 =, Beliavsky–Anand, Munich 1991.

(t) 7 . . . e6?! 8 Qe2 d5 9 Bd3 dxe4 10 Nxe4 Nbd7 11 0-0-0 Bb7 12 Nxf6† Nxf6 13 Kb1 Nd5 14 Bd2 c5 15 h4! with good attacking chances, Bologan–Pfleger, Germany 1994.

(u) 12 . . . Qc8 (12 . . . Nc6 13 Nxc6 Bxc6 14 e6 ±) 13 Bd5 dxe5 (Lanka–Bernard, Cannes 1995) 14 Qe4! Bxd5 15 Nxd5 ±.

(v) 14 Nxf8 Qxc4 (Gipslis) leaves Black with full compensation for the exchange. Note that 13 dxe5 Qc8 14 Bd5 e6 would be equal.

PIRC DEFENSE

Austrian Attack

1 e4 d6 2 d4 Nf6 3 Nc3 g6 4 f4 Bg7 5 Nf3(a)

	7	8	9	10	11	12
	0-0......................................c5					
6	e5.........................Be2			dxc5.........Bb5†		
	dxe5.........Nfd7		c5	Qa5	Bd7(o)	
7	dxe5(b)	h4(f)	dxc5	Bd3	e5(p)	
	Qxd1†	c5	Qa5	Qxc5	Ng4	
8	Kxd1	h5	0-0	Qe2	e6............Bxd7†(u)	
	Nh5(c)	cxd4	Qxc5†	Bg4(l)	fxe6(q)	Qxd7
9	Bc4	Qxd4(g)	Kh1	Be3	Ng5	d5
	Bg4	dxe5	Nbd7(j)	Qa5	Bxb5	dxe5
10	Rf1(d)	Qf2	Bd3	0-0	Nxe6(r)	h3
	Nc6	e4	b6	Nc6	Bxd4!	e4
11	Ke1	Nxe4(h)	Qe1	h3(m)	Nxb5(s)	Nxe4(v)
	Rad8	Nf6	Bb7	Bxf3	Qa5†	Nf6
12	Be3	Nxf6†	Be3	Qxf3	Qd2	Nxf6†
	Na5(e)	exf6(i)	Qh5(k)	0-0(n)	Bf2†(t)	Bxf6(w)

(a) (A) 5 e5 Nfd7 6 Nf3 c5! 7 exd6 (7 dxc5 dxe5) 7 ... 0-0! 8 dxc5 Qa5 9 Be2 Bxc3† 10 bxc3 Qxc3† 11 Bd2 Qxc5 ∓, Ivanović–M. Gurevich, Lucerne 1989. (B) 5 Bd3 aims to sidestep 5 ... c5, since 6 dxc5 would be good. Black gains equality with 5 ... Nc6 6 Nf3 Bg4 7 e5 Bxf3 8 gxf3 Nh5 9 Be3 e6 10 h4 0-0, Fedorowicz–Smyslov, New York 1989.

(b) 7 fxe5 Nd5 8 Bc4 Nb6 9 Bb3 Nc6 10 Be3 Na5 11 Qe2 Nxb3 12 axb3 f6 13 0-0 Be6 14 Rad1 c6 =, Perecz–Schüssler, Dortmund 1979.

(c) 8 ... Rd8† 9 Ke1 Nd5 (9 ... Ne8!) 10 Nxd5 Rxd5 11 Bc4 Rd8 12 Ng5 e6 13 Be3 leaves White with the initiative in the endgame.

(d) 10 Ke2 Nc6 11 Be3 g5! 12 fxg5 Bxe5 ∓, Niedermann–Blessmann, corr. 1986.

(e) Ott–Jansa, Bad Wörishofen 1992, saw instead 12 ... Bh6?! 13 g3 Kh8 14 Rd1 ±. After 12 ... Na5 13 Bd3 f6! the game is equal.

(f) 7 Bc4 Nb6 8 Bb3 Nc6 9 Be3 Na5 10 Qe2 Nxb3 11 axb3 f6 =, Unzicker–Tringov, Ljubljana 1979.

(g) 9 hxg6 dxc3 10 gxf7† Rxf7 11 Bc4 e6 12 Ng5 Nxe5! 13 Qh5 (13 fxe5 cxb2 wins) 13 ... h6 14 fxe5 hxg5 15 Qh7† Kf8 16 Qh8† Bxh8 17 Rxh8† Kg7 18 Rxd8 Rc7 19 Bb3 cxb2 20 Bxb2 d5 ∓, Baillout–Doucet, France 1973.

(h) 12 Ng5 Nf6 13 hxg6 hxg6 14 Ncxe4 Nxe4 15 Nxe4 Qd4! =, Cawdery–Danisa, San Antonio 1995.

364

(i) 13 hxg6 Re8† 14 Be3 hxg6 15 Bd3 (Bañas–Kindermann, Trnava 1987) 15 . . . Qb6! 16 Kd2 Qa5† ∞.

(j) Also good is 9 . . . Nc6 10 Bd3 Bg4 11 Qe1 Bxf3 12 Rxf3 Nb4 13 Be3 Nxd3 14 cxd3 Qb4 =, Short–Speelman, match 1988.

(k) 13 Nd2 Ng4 14 Bg1 Bd4 15 Rf3 Bxg1 16 Qxg1 Qc5 =, van der Wiel–Smirin, Wijk aan Zee 1994.

(l) The most flexible move as Black should pin the knight in any case. Black was less precise in Tal–Gufeld, USSR 1970—8 . . . 0-0 9 Be3 Qc7 10 0-0 Nbd7 11 h3 a6 12 a4 b6 13 Qf2 Bb7 14 Qh4 ±.

(m) This is almost always played, but White can probably improve with 11 Qe1 0-0 12 Kh1 Nb4 (12 . . . Bxf3 13 Rxf3 Rac8 14 a3 ±) 13 Nd4 Nxd3 14 cxd3 Bd7 15 h3 e6 16 Qf2 Ne8 (van der Wiel–Nijboer, Wijk aan Zee 1993) 17 f5 ±.

(n) 13 Kh1 Nd7 14 Bd2 Nc5 15 Rad1 Qb6 16 Bc1 (Kindermann–Khalifman, Hamburg 1991) 16 . . . Nxd3 17 cxd3 f5 =.

(o) Not 6 . . . Nbd7? 7 e5 Ng4 8 e6 fxe6 9 Ng5 winning.

(p) 7 Bxd7† Nfxd7 8 d5 b5 9 Qe2 b4 10 Nd1 Nb6 11 0-0 0-0 12 Nf2 Qc8 =, Shirov–Beliavsky, Madrid 1997.

(q) 8 . . . Bxb5 9 exf7† Kd7 10 Nxb5 Qa5† 11 Nc3 cxd4 12 Nxd4 Bxd4 (12 . . . h5 13 h3 Nc6 14 Nde2 Nh6 15 Be3 Nf5 16 Bf2 ±) 13 Qxd4 Nc6 14 Qc4 Qb6 15 Qe2 h5 16 Ne4 Nd4 17 Qd3 Nf5 18 a4 a6 19 Ra3 ±, McDonald–Zimmerman, Yelets 1996.

(r) (A) 10 Qxg4 Bc4 11 b3 Bxd4 12 Bd2 Bd5 13 Nxd5 exd5 14 0-0-0 Nc6 15 Qe6 Qc8 16 Qf7† Kd7 17 Qxd5 Qg8 =, Nunn–Seirawan, Skelleftea 1989. (B) 10 Nxb5 Qa5† 11 c3 Qxb5 12 Nxe6 (12 Qxg4 cxd4 13 Nxe6 Qc4 14 Nxg7† Kf7 =) 12 . . . Na6! 13 Nxg7† Kf7 14 Qxg4 Kxg7 =, Anand–M. Gurevich, Linares 1991.

(s) 11 Nxd8 Bf2† 12 Kd2 Be3† 13 Ke1 Bf2† is a draw.

(t) 13 Kd1 Ne3† 14 Ke2 Qxb5† 15 Kxf2 Ng4† 16 Kg3 Na6! 17 Re1 (17 Kxg4?! Qd7) 17 . . . Nh6 with about even chances, de Firmian–Chernin, Biel 1994.

(u) 8 h3 cxd4 9 Qxd4 dxe5 10 Qd5 e4 11 Ng5 Nh6 12 Qxb7 Bxc3† 13 bxc3 0-0 14 Qxa8 Qc7 15 Qxe4 Qxc3† 16 Kf2 Qxa1 =, J. Polgar–Tregubov, Budapest 1992.

(v) 11 hxg4 exf3 12 Qxf3 Na6 13 Bd2 0-0-0 =, Westerinen–Nijboer, Skei 1994.

(w) 13 0-0 0-0 14 Be3! Na6 (14 . . . Bxb2 15 Rb1 Bg7 16 Bxc5 Rd8 17 c4 Qc7 18 Bd4 Qxc4 19 Bxg7 Kxg7 20 Rxb7 ±, Acs–Chernin, Lillafured 1999) 15 Ne5 Qd6 16 Ng4 Bxb2 17 Rb1 Bg7 18 f5 Nb4 19 c4 Nxa2 20 Rxb7 ±, Yusupov–Hort, Germany 1994.

PIRC DEFENSE
Classical System

1 e4 d6 2 d4 Nf6 3 Nc3 g6 4 Nf3 Bg7

	13	14	15	16	17	18
5	Be2...				h3	Bc4(u)
	0-0				0-0	c6(v)
6	0-0				Be3	e5
	Bg4.........................		c6.............	c5(m)	c6(q)	dxe5
7	Be3(a)		Re1(i)	d5(n)	a4	Nxe5
	Nc6(b)		Nbd7(j)	Na6(o)	d5(r)	0-0
8	d5	Qd2	e5	Bf4	e5	0-0
	Bxf3	e5(d)	dxe5	Nc7	Ne4	Nbd7
9	Bxf3	d5(e)	dxe5	a4	Nxe4	Bg5
	Ne5	Ne7	Ng4	b6	dxe4	Nb6
10	Be2	Rad1(f)	e6	Re1	Ng5	Bb3
	c6	Bd7	fxe6	Bb7	c5	a5!
11	f4!	Ne1	h3	Bc4	c3(s)	a4
	Ned7	Ng4(g)	Nge5(k)	Nh5	Qd5	Nbd5
12	dxc6	Bxg4	Nxe5	Bg5	Qc2	Re1
	bxc6(c)	Bxg4(h)	Nxe5(l)	Nf6(p)	Nc6(t)	Be6 =

(a) 7 h3 Bxf3 8 Bxf3 Nc6 9 Ne2 (9 d5 Ne5 10 Be2 c6 =) 9 ... e5 10 c3 Re8 11 d5 Ne7 12 c4 Nd7 13 Nc3 f5 14 Rb1 (Rogers–Hoi, Vestrup 1989) 14 ... a5 =.

(b) 7 ... Nbd7 8 Nd2 Bxe2 9 Qxe2 e5 10 d5 c6 11 a4 cxd5 12 exd5 ±, Kavalek–Christiansen, match 1987.

(c) 13 Qd3 Qb8 14 a3 Nc5 (14 ... Rd8 15 Rad1 Ne8 16 b3 Nc7 17 Kh1 ±, Malaniuk–Tseshkovsky, Kropotkin 1995) 15 Bxc5 dxc5 16 e5 Nd5 17 Na4 f6 18 c4 Nb6 19 Nxc5 fxe5 20 Ne6 ±, Hraček–Ftačnik, Yerevan Ol. 1996.

(d) Waiting allows White to centralize his forces—8 ... Re8 9 Rad1 a6 10 Rfe1 e5 11 dxe5 dxe5 12 Qc1 Qe7 13 Nd5 Nxd5 14 exd5 Nd8 15 c4 ±, Geller–Pribyl, Sochi 1984.

(e) White gets no advantage from the simplifying 9 dxe5 dxe5 10 Rad1 Qc8 11 Qc1 Rd8 12 Rxd8† Nxd8 (12 ... Qxd8 is also all right) 13 Rd1 Ne6 14 h3 Bxf3 15 Bxf3 c6 16 Ne2 Draw, Blatny–Nunn, Pardubice 1993.

(f) 10 Ne1 Bxe2 11 Qxe2 c6! 12 dxc6 bxc6 13 Rd1 d5 14 Bc5 Re8 =, Vokač–Jansa, Czech Chp. 1986.

(g) 11 ... b5 12 a3 a5 13 Nd3 Qb8 14 f3 c6 15 dxc6 Bxc6 16 b4 d5! 17 Bc5 Re8 =, Kuczynski–Chernin, Budapest 1993.

(h) 13 f3 Bd7 14 f4 Bg4 15 Nf3 (15 Rb1 c6 16 h3 Bd7 ∞) 15 . . . f5 16 fxe5 dxe5 17 h3 Bxf3 18 Rxf3 Nc8 19 exf5 gxf5 20 Bh6 Nd6 =, Geller–Thipsay, New Delhi 1987.

(i) (A) 7 h3 Qc7 8 Bf4 Nh5 9 Be3 (9 Bh2 e5 10 a4 Re8 11 dxe5 dxe5 12 Bc4 Be6 =, Mephisto–Piket, AEGON 1992) 9 . . . e5 10 Qd2 Nd7 11 a4 Re8 12 Rad1 exd4 13 Nxd4 Nhf6 14 f3 a6 15 Nb3 d5! 16 Bf4 Ne5 =, Tal–Gipslis, St. John 1988. (B) 7 a4 Qc7 8 a5 Nbd7 9 Be3 Rb8 10 Nd2 b5 11 axb6 axb6 =, Flear–Hodgson, London 1990.

(j) 7 . . . Qc7 8 e5 dxe5 9 Nxe5 Nbd7 (9 . . . Be6 10 Bf4 ±; 9 . . . Nfd7 10 Nc4 Nb6 11 Ne4 Bf5 12 Bf1 ±, Kweits–Siroky, corr. 1985) 10 Bf4 Nxe5 11 Bxe5 ± (Parma).

(k) 11 . . . Ngf6 12 Bc4 Nd5 13 Ne4! Ne5 14 Nxe5 Bxe5 15 Qe2 ±̄, Karpov–Shirov, Linares 1995.

(l) 13 Qxd8 Rxd8 14 Bf4 Nf7 with equal chances, Okhotnik–Tkachiev, France 1996.

(m) (A) 6 . . . Nc6 7 h3 e5 8 dxe5 dxe5 9 Qxd8 Rxd8 10 Bc4 ±, Rozentalis–Ehlvest, Koszalin 1998. (B) 6 . . . Nbd7 7 e5 dxe5?! (7 . . . Ne8 8 Bg5 ±) 8 dxe5 Ng4 9 e6 ±, Kasparov–Sendur, Wattignies 1976.

(n) 7 dxc5 dxc5 8 Be3 b6 9 Qc1 Bb7 10 Rd1 Qc8 11 Nd5 Nc6 =, Stripunsky–Hait, Pardubice 1993.

(o) Black can try many different moves, e.g., 7 . . . Ne8 8 Bf4 Nd7 9 Qd2 Rb8 10 Bh6 Nc7 11 a4 a6 12 a5 ±, Rotstein–Minasian, Paris 1994. Even though Black is slightly worse he retains dynamic possibilities.

(p) 13 Qd3 a6 14 Rad1 Rb8 15 h3 Nd7 16 Qd3 ±̄, Karpov–Korchnoi, World Chp. 1978.

(q) 6 . . . a6 7 a4 b6 8 Bc4 e6 9 0-0 Bb7 10 d5 exd5 11 exd5 Re8 12 Re1 Nbd7 13 Bd4 Rxe1† 14 Qxe1 Nc5 15 b4 Ncd7, Istraescu–Chernin, Moscow Ol. 1994; now 16 Qd2 gives White a slight edge.

(r) If Black plays routinely White gains an edge—7 . . . Nbd7 8 a5 Qc7 9 Be2 e5 10 dxe5 dxe5 11 0-0 ±.

(s) 11 dxc5 Qc7 12 Qd5 Nc6 13 Qxe4 Bf5 14 Qh4 h6 15 Nf3 Bxc2 16 Rc1 Qa5† 17 Bd2 Qxa4 ∓, Kastev–Laurenc, corr. 1993.

(t) 13 Qxe4 Qb3 14 Bb5 h6 15 Nf3 Bf5 ∓, Kudrin–Raubal, New York 1996.

(u) 5 Bf4 0-0 6 Qd2 Bg4 7 0-0-0 c6 8 Bh6 Qa5 9 Kb1 Nbd7 10 Be2 e5 11 Bxg7 Kxg7 12 h3 Bxf3 13 Bxf3 b5 with chances for both sides, Christiansen–Benjamin, US Chp. 1997.

(v) 5 ⁄. . 0-0 6 Qe2 Bg4 7 e5 Nh5 8 h3 Bxf3 9 Qxf3 dxe5! 10 Qxb7 Nd7 11 dxe5 Nxe5 12 Be2 Nf6 =, Hort–Planinc, Yugoslavia 1977. The column is Kaidanov–Ehlvest, New York 1997.

PIRC DEFENSE

1 e4 d6 2 d4 Nf6 3 Nc3(a) g6(b)

	19	20	21	22	23	24
4	Bg5	f3	Be3	Bc4	g3	Be2
	Bg7(c)	c6	c6!(j)	Bg7	Bg7	Bg7
5	Qd2(d)	Be3	Qd2	Qe2	Bg2	h4!?
	c6(e)	Nbd7(h)	b5	c6(m)	0-0	h5(s)
6	f4	Qd2	f3(k)	e5	Nge2(p)	Nf3
	0-0	b5	Nbd7	Nd5!	e5	0-0
7	Nf3	Nh3	g4	Bd2	h3	Ng5
	b5	Bb7	Nb6	0-0	c6(q)	Nc6!
8	Bd3	Be2	h4	0-0-0(n)	a4	Be3
	Bg4	e5	h5	Nxc3	a5	e5
9	e5(f)	0-0	g5	Bxc3	0-0	d5
	b4!	a6	Nfd7	b5	Na6	Ne7
10	Ne2	Rad1	d5	Bd3	Be3	f3
	Bxf3	Bg7	Ne5!	dxe5	Qc7	c6
11	gxf3	Nf2	dxc6	dxe5	Qd2	Bc4?!
	Nd5(g)	0-0(i)	Nbc4(l)	Qd5(o)	Nb4(r)	b5!(t)

(a) An equal ending follows from 3 f3 e5 4 dxe5 dxe5 5 Qxd8† Kxd8 6 Bc4 Ke8 7 Bg5 Nbd7 8 Nd2 Be7 9 Ne2 Nb6 10 Bb3 Nfd7 11 Be3 Bc5 =, Korchnoi–Speelman, Antwerp 1993.

(b) (A) 3 . . . e5 4 Nf3 Nbd7 transposes into the Philidor Defense. (B) The Prybil Defense is 3 . . . c6 4 f4 Qa5. This is unconventional, but also suspect after 5 Bd3 e5 6 Nf3 Bg4 7 Be3 Nbd7 8 0-0 Be7 9 h3 ±, Browne–Benjamin, US Chp. 1995.

(c) (A) 4 . . . h6 5 Be3 c6 6 Qd2 b5 7 f3 Nbd7 8 a4 b4 9 Nd1 ±, Romanishin–Putianien, Yerevan 1976. (B) 4 . . . c6 5 Qd2 b5 6 Bd3 h6 7 Bf4 ±.

(d) 5 f4 h6 (5 . . . 0-0 will probably transpose back into the column) 6 Bh4 c5 7 dxc5 Qa5 8 Bd3 Qxc5 9 Qd2 Nc6 10 Nge2 0-0 11 0-0-0 ±, Yermolinsky–Gulko, US Chp. 1996.

(e) 5 . . . h6 6 Bh4 Nbd7 7 0-0-0 g5 8 Bg3 Nh5 9 e5!? (9 Nge2 c5 =) 9 . . . dxe5 10 dxe5 e6 11 Be2 Nxg3 12 hxg3 Qe7 13 f4 Nb6 14 Nf3 ±, Z. Almasi–Beliavsky, Yugoslavia 1997.

(f) 9 f5 d5! 10 e5 Ne4 11 Nxe4 dxe4 12 Bxe4 gxf5! wins at least a pawn, Santo Roman–Ftačnik, Lyon 1988.

(g) 12 Bc4 a5 13 0-0-0 f6 14 exf6 exf6 15 Bh4 Bh6 16 Bf2 Nd7 =, Dreev–Zaharević, Russia 1996.

(h) 5 . . . Qb6 6 Qc1 Bg7 7 Nge2 h5 8 Nf4 Qc7 9 Qd2 Nbd7 10 0-0-0 b5 ∞, Yudasin–Svidler, Haifa 1995.

(i) 12 dxe5 dxe5 13 Nd3 Qc7 14 Nc5 Rad8 is roughly equal, Jimenez–Botvinnik, Palma de Mallorca 1967.

(j) Queenside expansion is demanded, the sooner the better After 4 . . . Bg7 5 Qd2 c6 (5 . . . 0-0 6 0-0-0 Nc6?! (6 . . . c6) 7 f3 e5 8 Nge2 exd4 9 Nxd4 Nxd4 10 Bxd4 Be6 11 Be3 Re8 12 Bg5 Qe7 13 g4 allows White a strong attack, Chernin–Zaichik, Lvov 1987) 6 f3 b5 7 Nge2 Nbd7 8 Bh6 Bxh6 9 Qxh6 Bb7 10 a3 e5 11 0-0-0 Qe7 12 Kb1 a6 13 Nc1 0-0-0 14 Nb3 1 exd4 15 Rxd4 c5 16 Rd1 Nb6 17 g3 Kb8 18 Na5 Ba8 19 Bh3 d5 20 Qf4† Ka7 21 Rhe1 d4 22 Nd5 Nbxd5?! 23 exd5 Qd6 24 Rxd4!! exd4 25 Re7† Kb6 (25 . . . Qxe7 26 Qxd4† Kb8 27 Qb6† mates) 26 Qxd4† Kxa5 27 b4† Ka4 28 Qc3 Qxd5 29 Ra7 Bb7 30 Rxb7 Qc4 31 Qxf6 Kxa3 32 Qxa6† Kxb4 33 c3† Kxc3 34 Qa1† Kd2 35 Qb2† Kd1 36 Bf1! Rd2 Rd7 winning, Kasparov–Topalov, Wijk aan Zee 1999.

(k) 6 Bd3 Nbd7 7 Nf3 Qc7 (7 . . . e5 8 dxe5 dxe5 9 h3 ±, Nunn–Gelfand, Munich 1991) 8 0-0 (8 Bh6 b4 9 Ne2 Bxh6 10 Qxh6 c5 is equal) 8 . . . Bb7 with the plan of . . . a6 and . . . c5 should equalize (Nunn).

(l) 12 Bxc4 Nxc4 13 Qd4 Rg8 14 Nxb5?! (14 Nge2 Qa5 =) 14 . . . Qa5† 15 Nc3 Be6 allows Black fine play for the pawns, Nijboer–Smirin, Pula 1997.

(m) A sharp line is 5 . . . Nc6 6 e5 Nd7 (6 . . . Nxd4 7 exf6 Nxe2 8 fxg7 ±) 7 Nf3 (only equal is 7 Bxf7† Kxf7 8 e6† Kg8) 7 . . . Nb6 8 Bb3 0-0 9 h3 Na5 10 0-0 h6 11 Ne4 Nxb3 12 axb3 f6 ∞, Kveinys–Speelman, Moscow Ol. 1994.

(n) 8 Bb3 a5 9 a4 dxe5 10 dxe5 Na6 11 Nf3 Nc5 =, Tan–Smyslov, Petropolis Int. 1973.

(o) 12 Kb1 Be6 13 b3 Qc5 14 Bb2 a5 with chances for both sides, Englebert–Movsesian, Hamburg 1992.

(p) 6 Nf3 Bg4! 7 0-0 Nc6 8 h3 Bxf3 9 Bxf3 e5 10 dxe5 dxe5 11 Be3 Nd4 =, Pachow–Belov, Katowice 1993.

(q) (A) 7 . . . Nbd7 8 0-0 c6 9 a4 Re8 10 Re1 ± allows White the setup he is aiming for. (B) 7 . . . Nc6!? 8 Be3 exd4 9 Nxd4 Bd7 10 0-0 Re8 11 Re1 a6 12 a4 Nb4 13 g4 c5 14 Nde2 Bc6 with counterplay, Magem Badals–Svidler, Yerevan Ol. 1996.

(r) 12 Rad1 Be6 13 f4 Bc4 14 Rf2 Rad8 =, Estrada Nieto–Horvath, Budapest 1996.

(s) White gets more chances after 5 . . . Nc6 6 h5 gxh5 7 Nh3 e5 8 dxe5 dxe5 9 Qxd8† ±, Nisipeanu–Itkis, Romania 1995.

(t) 12 Bb3 b4 13 Ne2 cxd5 14 cxd5 Bb7 ∓, García Palermo–Moreno, Spain 1994. 11 Qd2 = would have been more sensible.

ROBATSCH DEFENSE

1 e4 g6 2 d4 Bg7

THIS DEFENSE IS NAMED after the Austrian master K. Robatsch who first analyzed it seriously. It gained some respectability in the 1950s, but it wasn't until twenty years later that it experienced real popularity with several young British players who called it the "Modern Defense."

The great virtue of the Robatsch is its flexibility. Black can play up one or two squares with his d-pawn, c-pawn, b-pawn and sometimes his e-pawn or a-pawn. His queen's knight and queen's bishop can develop to different squares and the order of moves can vary. There is often transposition to the Pirc Defense when Black plays an early . . . Nf6, but the theme of the Robatsch is to use this tempo for queenside play instead. The drawback to the Robatsch is that White has a free hand in the center for the first few moves. Eventually Black must concern himself with the center also, and there is danger that White has effectively staked out the territory. White usually emerges from the opening slightly better and Black must be content with his flexible position.

3 Nc3 (columns 1–6) is the most natural reply by White. After 3 . . . d6 (columns 1–4) White has the same choice of continuations he does in the Pirc Defense (Black could then transpose to the Pirc with 4 . . . Nf6). 4 f4 (columns 1–2) gains a grip on the center, as in the Austrian Attack. 4 Be3 (column 3) planning f3 is also aggressive. The classical 4 Nf3 is safe and sound. Black reaches more obscure positions with 3 . . . c6 (columns 5–6).

3 Nf3 (column 7) is simple and good. Other third moves cannot transpose into the Pirc Defense. Lines in which White plays c3 to block the long diagonal (columns 8 and 9) allow Black to counter in the center with . . . e5. After 3 c4 d6 4 Nc3 Black can transpose into the King's Indian Defense with 4 . . . Nf6, or choose the distinctly Robatsch play of columns 10–12.

ROBATSCH DEFENSE

1 e4 g6 2 d4 Bg7 3 Nc3

	1	2	3	4	5	6
	d6				c6	
4	f4 .... c6	Nc6(e)	Be3 .... c6(i)	Nf3(l) c6(m)	Bc4 .... b5(p)	Nf3(r) b5(s)
5	Nf3 Bg4(a)	Be3(f) e5?!(g)	Qd2 b5	Be2 Nd7(n)	Bb3 b4	Bd3 d6
6	Be3 Qb6(b)	dxe5! dxe5	f3(j) Nd7	a4 b6	Nce2 d6	h3 Bb7
7	Qd2! Bxf3	Qxd8† Kxd8(h)	Nh3 Nb6	0-0 Bb7	Nf3 Nf6	0-0 Nd7
8	gxf3 Nd7(c)	0-0-0† Bd7	Nf2 a5	Re1 a6	e5 dxe5	Re1 Qc7
9	0-0-0 Qa5	Nf3 Nh6	Bd3 Nc4	Bc4 e6	Nxe5 0-0	e5 dxe5
10	Kb1 0-0-0(d)	h3±	Bxc4 bxc4(k)	Bg5 Ne7(o)	0-0 Nfd7(q)	Nxe5 Ngf6(t)

(a) 5 . . . Qb6 6 Bc4 Nh6 (6 . . . Bg4? 7 Bxf7†!) 7 Bb3 Bg4 8 Be3 Bxf3 9 gxf3 d5 10 f5! ±, Vera–Hergott, Linares N. L. 1992.

(b) 6 . . . Nd7 7 h3 Bxf3 8 Qxf3 c5 9 dxc5 Bxc3† 10 bxc3 Qa5 11 Bd4! e5 12 fxe5 dxe5 13 Bc4! exd4 14 Qxf7† Kd8 15 0-0 Qxc3?! 16 Bb5 Resigns, Hector–Zaitsev, Jyväskylä 1994.

(c) 8 . . . Qxb2 9 Rb1 Qa3 10 Rxb7 Nd7 11 Rb3 Qa5 12 d5 ±, de Firmian–Soltis, US Chp. 1983.

(d) Or 10 . . . b5 11 f5 ±. After 10 . . . 0-0-0 11 Rg1 Kb8 12 Rg5 Qc7 13 d5 Nb6 14 dxc6 bxc6 15 Qd3 White has an edge, J. Polgar–Crouch, Hastings 1992/93.

(e) 4 . . . a6 5 Nf3 b5 6 Bd3 Bb7 7 0-0 Nd7 8 e5 c5 9 Be4 Bxe4 10 Nxe4 cxd4 11 exd6 Qb6 12 f5! gxf5 13 Ng3 ±, Bareev–Pekarek, Dortmund 1990.

(f) 5 Nf3 is also good, but allows the plan 5 . . . Bg4 6 Be3 Bxf3 7 gxf3 d5!? (8 Nxd5?! e6 9 Nc3 Nxd4 =).

(g) It is probably better to now transpose into the Pirc Defense with 5 . . . Nf6, as 5 . . . e6 simply leaves White with more space.

(h) 7 . . . Nxd8 8 Nb5 Ne6 9 f5 a6 10 fxe6 axb5 11 Bxb5† c6 12 exf7† wins a pawn, Shirov–Vial, Oviedo 1992. The column is Werner–Schneider, Germany 1990.

(i) 4 . . . a6 5 h4 h5 6 Nh3 b5 7 Ng5 Nh6 8 f3 Nc6 9 Qd2 ±, Adams–Zamora, New York 1995.

(j) 6 Bd3 Nd7 7 Nf3 Bb7 8 0-0 Qc7 9 a4 b4 10 Ne2 c5 =, Jansa–Hickl, Bad Wör-
ishofen 1992.

(k) 11 0-0 Nf6 12 Rae1 Rb8 13 Nd1 ±, Hennings–Burkhart, Germany 1991.

(l) (A) 4 Bg5 Nc6! 5 Bb5 a6 6 Bxc6† bxc6 7 Nge2 Rb8 8 b3 Nf6 9 0-0 Bb7 10 f3 h6
11 Be3 0-0 =, Winants–Speelman, Brussels 1988. (B) Sharp and crazy is 4 Bc4
c6 5 Qf3 e6 6 Nge2 b5 7 Bb3 a5 8 a3 Ba6 9 d5 cxd5 10 exd5 e5 11 Ne4 h6
12 g4 Nf6 13 N2g3 Nxe4 14 Nxe4 0-0 15 Qh3 f5 16 gxf5 Bc8 17 Ng3 Rxf5! ∞,
Izmukhambetov–Bologan, Sevastopol 1997.

(m) Other tries (besides 4 . . . Nf6 transposing into the Pirc Defense): (A) 4 . . . Bg4
5 Be2 Nc6 6 Be3 e5 7 d5 Nce7 8 Ng5 Bd7 9 f4 ±, Balashov–Beszterczey, Wisla
1992; (B) 4 . . . Nd7 5 Bc4 e6 6 Bg5 Ne7 7 Qd2 h6 8 Be3 a6 9 a4 ±, Emms–
Buckley, British Chp. 1994.

(n) 5 . . . b5 6 0-0 Qc7 7 a3 a6 8 Be3 Nd7 9 Qd2 Bb7 10 Rad1 h6 11 Rfe1 e6 12 Bf1
Ne7 13 Bf4 ±, Jorgensen–Pedersen, Denmark 1994. This is a typical example
of the Robatsch—White has an edge while Black has a flexible position.

(o) 11 Qd2 h6 12 Be3 d5 13 exd5 cxd5 14 Bd3 Kf8 15 Ne2 Kg8 16 Ng3 ±, Bologan–
Chernin, Geneva 1996.

(p) 4 . . . d5 5 exd5 b5 6 Bb3 b4 7 Nce2 cxd5 8 Bd2 a5 9 a3 bxa3 10 Rxa3 Nc6
11 Nf3 e6 12 Ba4 Bd7 13 Bxc6 Bxc6 14 Qa1 a4 15 0-0 Ne7 16 Bb4 ±, Almasi–
Teplicky, Budapest 1993.

(q) 11 Nd3 Na6 12 a3 ±, Dreev–Malisauskas, Dreben 1992.

(r) 4 f4 d5 5 e5 transposes into the Caro-Kann, 3 . . . g6 line, col. 54.

(s) (A) 4 . . . d5 5 h3 dxe4 6 Nxe4 transposes into the Caro-Kann, 3 . . . g6 line,
col. 55. (B) 4 . . . d6 transposes into column 4 of this page.

(t) 11 Bf4 Nxe5 12 Bxe5 Qd7 13 a4 a6 14 Ne4 ±, Glek–Hanken, Philadelphia
1990.

ROBATSCH DEFENSE

1 e4 g6 2 d4 Bg7

	7	8	9	10	11	12
3	Nf3		c3	c4		
	d6		d6(g)	d6(j)		
4	Bc4	c3	f4	Nc3		
	Nf6(a)	Nc6(d)	Nf6	Nc6	e5	Nd7
5	Qe2	Bd3(e)	Bd3(h)	d5	dxe5(m)	Nf3(p)
	0-0(b)	e5	e5	Nd4	dxe5	e5
6	0-0	dxe5	Nf3	Be3	Qxd8†	Be2
	Bg4	dxe5	exd4	c5	Kxd8	c6(q)
7	e5	0-0	cxd4	Nge2	f4	0-0
	Ne8	Nf6	0-0	Qb6	Be6(n)	Nh6
8	Bf4	b4	Nc3	Na4(k)	Nf3	dxe5
	Nc6	a6	Nc6	Qa5†	Nd7	dxe5
9	Rd1	a4	0-0	Bd2	Be2	Rb1
	Qd7	0-0	Bg4	Qd8	Ne7	0-0
10	Bd5	Ba3	Be3	Bc3	0-0	b4
	Rd8(c)	Re8(f)	Re8(i)	e5(l)	h6(o)	f6(r)

(a) 4 ... e6 5 Bb3 Ne7 6 0-0 0-0 7 c3 b6 8 Nbd2 Nbc6 9 Re1 Na5 10 Bc2 c5 11 Nf1 ±, Hübner–Petrosian, Biel Int. 1976.

(b) 5 ... c6 (5 ... Nc6 6 c3 ±) 6 Bb3 0-0 7 0-0 Bg4 8 Nbd2 e5 9 dxe5 dxe5 10 h3 Bxf3 11 Nxf3 Nbd7 12 c3 ±, Kotronias–Rukavina, Pucarevo 1987.

(c) 11 Nc3 Nb4 12 Bb3 Qf5 13 Bg3 c6 14 a3 ±, Santo Roman–Seret, Montpellier 1991. Black should now play 14 ... Nc6 instead of the game continuation 14 ... Bxf3? 15 Qxf3 Qxf3 16 gxf3 Na6 17 Bh4! ±.

(d) 4 ... Nf6 5 Qc2 0-0 6 Be2 c6 7 0-0 Qc7 8 h3 e5 9 dxe5 dxe5 10 a4 Nh5 11 Re1 Nf4 12 Bc4 Be6 13 Na3 with an edge to White, Panno–Gulko, Viña del Mar 1988.

(e) 5 Bb5 Bd7 6 0-0 Nf6 7 Re1 0-0 8 h3 a6 9 Bf1 e5 10 dxe5 dxe5 =, Brinck Claussen–Hoi, Denmark 1987.

(f) 11 Qc2 Bg4 12 Nbd2 Nh5 13 h3 Be6 14 Bc4 Nf4 15 Rfd1 Qf6 =, Magem Badals–Hickl, Horgen 1994.

(g) 3 ... d5 4 exd5 Qxd5 5 Nf3 c5 6 Na3 cxd4 7 Bc4 Qd8 8 Qb3 e6 9 Nxd4 Ne7 10 Bg5 ±, Sveshnikov–Cvitan, Tilburg 1993.

(h) 5 e5 dxe5 6 fxe5 Nd5 7 Nf3 0-0 8 Bc4 Be6 9 Bb3 c5 10 0-0 cxd4 11 cxd4 Nc6 with chances for both sides, Plachetka–Hoi, Ostrava 1992.

(i) 11 h3 Bf5! 12 Ng5 Nxe4 13 Bxe4 Bxe4 14 Ncxe4 h6 =, Saidy–Czerniak, Netanya 1973.

(j) 3 . . . c5 transposes into the Sicilian Defense, Accelerated Dragon (Maróczy Bind) after 4 Nf3 cxd4 5 Nxd4, or to Benoni positions after 4 d5.

(k) 8 Nxd4 cxd4 9 Na4 Qa5† 10 Bd2 Qc7 11 Bd3 Nf6 12 b4 Ng4 13 Rc1 0-0 14 0-0 Ne5 15 Nb2 a5! =, Korchnoi–Speelman, Beersheba 1987.

(l) 11 dxe6 Nxe6 12 Bxg7 Nxg7 13 Qd2 Nf6 14 f3 Be6 15 Nf4 Qe7 16 0-0-0 ±, Gelfand–Azmaiparashvili, Dortmund 1990.

(m) (A) 5 d5 Nd7 6 Bd3 Ne7 7 Nge2 0-0 8 0-0 Nc5 9 Bc2 a5 10 Rb1 f5 =, Aleksandrov–Balashov, Smolensk Cup 1991. (B) 5 Nf3 exd4 6 Nxd4 Nc6 7 Be3 Nge7 8 Be2 0-0 9 0-0 f5 10 exf5 Bxd4! 11 Bxd4 Nxf5 12 Be3 Nxe3 is equal, Hjartarson–Azmaiparashvili, Madrid 1988.

(n) 7 . . . Nc6 8 Nf3 Nd4 9 Kf2 exf4 10 Bxf4 Ne6 11 Bg3 Nh6 12 Bd3 Bxc3 13 bxc3 f6 14 Rhe1 Bd7 15 Rad1 Ke8 16 Kg1 Nf7 17 e5! f5 18 c5! and White's position becomes active, Petursson–Nikolaidis, Athens 1993.

(o) 11 Nd5 c6 12 Nxe7 Kxe7 13 f5 gxf5 14 exf5 Bxf5 15 Nxe5 Be6 16 Nxd7 Draw, Vaganian–Azmaiparashvili, Reggio Emilia 1992.

(p) (A) 5 f4 e5 6 fxe5 dxe5 7 d5 Ngf6 8 Nf3 0-0 9 Bd3 c6 10 0-0 Qb6† with even chances, Hjartarson–Berg, Akureyri 1994. (B) 5 Be3 e5 6 Nge2 Ngf6 7 f3 is similar to the King's Indian Defense, Sämisch Variation.

(q) 6 . . . Ne7 7 d5 0-0 8 h4! f5 9 h5 (Polugaevsky) takes squares on the kingside.

(r) 11 c5 Nf7 12 Bc4 Qe7 13 Be3 Kh8 14 Qc2 a5 15 a3 ±, Hjartarson–Zaichik, Philadelphia 1991.

CENTER COUNTER DEFENSE

1 e4 d5 2 exd5

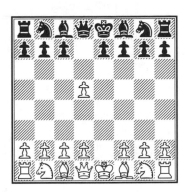

T HE CENTER COUNTER DEFENSE (also know as the Scandinavian Defense) is easy to play and easy to learn. 1 . . . d5 contests the center and removes the white king-pawn from play, ensuring that Black will not have great troubles ahead. The problem for Black is that he loses time when recapturing on d5. Taking with the queen allows White to develop Nc3 with tempo. Recapturing with Nf6 and Nxd5 allows White an extra move in setting up a pawn front with d4 and c4. Thus it is normal for White to gain a slight advantage, but only a slight advantage. If Black can find a surprising idea his chances are not bad—in this way Anand reached an excellent position against Kasparov in the 1995 World Championship. Other than as a surprise, few grandmasters will use the Center Counter, Australia's Ian Rogers being the most notable exception.

2 . . . Qxd5 3 Nc3 Qa5 (columns 1–3) safely puts the Black queen on the edge of the board. With normal development, 4 d4 and 5 Nf3 or 5 Bc4, White holds the initiative. To gain a large advantage is not easy as Black's position is solid, often similar to a Caro-Kann.

On 2 . . . Nf6 White should not try to hold onto the pawn with 3 Bb5† (column 6), but play 3 d4 Nxd5 4 Nf3 (columns 4–5) and at some point c4, when he holds a spatial advantage. Black can try to confuse matters with 3 . . . Bg4!?, the Portuguese Variation (see note (n)).

CENTER COUNTER (SCANDINAVIAN) DEFENSE

1 e4 d5 2 exd5

	1	2	3	4	5	6
	Qxd5			Nf6		
3	Nc3(a)			d4		Bb5†
	Qa5(b)			Nxd5(n)		Bd7
4	d4(c)			Nf3(o)		Be2(v)
	Nf6			g6	Bg4	Nxd5
5	Nf3		Bc4	c4	Be2	d4
	Bg4	c6(f)	c6	Nb6	Nc6(t)	Bf5!
6	h3	Bc4	Bd2	Nc3	c4	Nf3
	Bh5	Bf5(g)	Bf5	Bg7	Nb6	e6
7	g4	Ne5(h)	Nd5(j)	c5(p)	d5	a3(w)
	Bg6	e6	Qd8	N6d7(q)	Bxf3	Be7
8	Ne5	g4	Nxf6†	Bc4	gxf3!	c4
	e6	Bg6	gxf6(k)	0-0	Ne5	Nb6
9	Bg2(d)	h4	Bf4(l)	0-0	f4	Be3
	c6	Nbd7	Qb6	c6(r)	Ned7	0-0
10	h4	Nxd7	Bb3	Re1	Nc3	Nc3
	Be4(e)	Nxd7(i)	a5(m)	Nf6(s)	c6(u)	Bf6(x)

(a) (A) 3 d4 allows the counter 3 ... e5! 4 dxe5 Qxd1† 5 Kxd1 Nc6 6 f4 Bf5 7 c3 0-0-0† 8 Ke1 f6 =, de Firmian–Granada Zuñiga, Amsterdam 1996. (B) 3 Nf3 Bg4 4 Be2 Nc6 5 Nc3 Qh5!? 6 h3 0-0-0 ∞.

(b) Other retreats leave White in control: (A) 3 ... Qd8 4 d4 Nf6 (4 ... g6 5 Bf4 Bg7 6 Qd2! Nf6 7 0-0-0 ±, Fischer–Robatsch, Varna Ol. 1962) 5 Nf3 Bg4 6 h3 Bh5 7 g4 Bg6 8 Ne5 e6 9 Bg2 ±, Chandler–Santo Roman, Cannes 1992. (B) 3 ... Qd6 4 d4 Nf6 5 Nf3 a6 (5 ... Bg4 6 h3 Bh5 7 g4 Bg6 8 Ne5 ±) 6 Bg5 Nbd7 7 Bd3 ±.

(c) It is best to take charge of the center. Wimpy is 4 Nf3 Nf6 5 Bc4 Nc6 6 d3 Bf5 =.

(d) 9 h4 Bb4 10 Rh3 Bxc3† 11 bxc3 Nbd7 12 Nxd7 Nxd7 13 h5 Be4 14 Re3 Bc6 15 Bd2 0-0-0 =, Arnason–Rogers, Bor 1984.

(e) Better than 10 ... Nbd7 11 Nxd7 Kxd7 12 Bd2 h5 13 g5 Ng8 14 d5! ±, Smirin–Asanov, Beijing 1991. After 10 ... Be4 11 Bxe4 Nxe4 12 Qf3 Nd6 13 Bf4 f6 14 Nd3 White holds a definite edge, Popović–Rogers, Vršac 1987.

(f) (A) 5 ... Bf5 6 Bc4 c6 7 Bd2 transposes into note (g). (B) 5 ... Nc6?! 6 Bb5 Bd7 7 Bd2 0-0-0 8 a4 ±, Psakhis–Efimov, Lenk 1991.

(g) 6 ... Bg4 7 h3 Bh5 8 Bd2 e6 9 Qe2 Bb4 10 0-0-0 (less accurate is 10 a3 Nbd7 11 0-0-0 Bxc3 12 Bxc3 Qc7 13 g4 Bg6 14 Ne5 Ne4! =, Wolff–Rogers, Honolulu

1998) 10 . . . Nbd7 11 g4 Bg6 12 Kb1 0-0-0 13 a3 Bxc3 14 Bxc3 Qc7 15 Bd2 Ne4 16 Bc1 Nb6 17 Bd3 ⩱, Dolmatov–Rogers, Tallin 1985.

(h) 7 Bd2 e6 8 Qe2 (8 Nd5 is similar to col. 3) 8 . . . Bb4 9 Ne5 (9 0-0-0 Nbd7 10 Kb1 Nb6 11 Bb3 Bxc3 12 Bxc3 Qb5! 13 Qxb5 cxb5 =, Hjartarson– C. Hansen, Reykjavik 1995) 9 . . . Nbd7 10 Nxd7 Nxd7 11 a3 Bxc3 12 Bxc3 Qc7 13 d5 cxd5 14 Bxd5 0-0 15 Bf3 ⩱.

(i) 11 h5 Be4 12 Rh3 Bg2 (12 . . . Bd5 13 Bd3 ⩱) 13 Re3 Nb6 14 Bd3 Nd5 15 f3!, Anand–Lautier, Biel 1997. Now 15 . . . Nxc3 16 bxc3 Qxc3† 17 Bd2 Qxd4 18 Kf2 Bxf3! allows Black to play with a minor disadvantage. Instead Lautier allowed a brilliancy—15 . . . Bb4 16 Kf2 Bxc3 17 bxc3 Qxc3 18 Rb1 Qxd4 19 Rxb7 Rd8 20 h6! gxh6 21 Bg6! Ne7 (21 . . . Qxd1 22 Rxe6† Kf8 23 Bxh6† Kg8 24 Bxf7 mate) 22 Qxd4 Rxd4 23 Rd3! Rd8 24 Rxd8† Kxd8 25 Bd3 Resigns.

(j) 7 Nf3 e6 8 Qe2 transposes into note (g). Black could try 7 Nf3 Qc7, avoiding 8 Nd5. The point of White's move order is that 6 . . . Qc7?! 7 Nge2 and 8 Bf4 is quite good.

(k) 8 . . . exf6 9 Bf4! Bd6 10 Qe2† Kf8 11 Bxd6† Qxd6 12 Qd2 ±, W. Watson– Christiansen, Germany 1995.

(l) 9 c3 e6 10 Ne2 Nd7 11 0-0 (Georgiev–Babula, Romania 1995) 11 . . . Bd6 ∞.

(m) 11 a4 Rg8 12 Ne2 Na6 (12 . . . Rxg2? 13 Bg3) 13 0-0 Nb4 14 Bg3 e6 15 Nf4 ⩱, W. Watson–Rogers, London 1987.

(n) The Portuguese Variation, 3 . . . Bg4!? 4 f3 Bf5, is very entertaining. Now 5 c4 e6 6 dxe6 Nc6! 7 Be3 Bb4† 8 Nc3 Qe7 allows Black fine play for the pawn(s), de Firmian–Vescovi, Bermuda 1996. More testing is 5 Bb5†! Nbd7 6 c4 e6 7 dxe6 Bxe6 8 d5 Bf5 9 Nc3 Bc5 10 Qe2†, Renet–Gallego, Asiago 1994.

(o) 4 c4 has little independent significance as White usually plays this soon.

(p) 7 Be2 0-0 8 0-0 Nc6 9 d5 Ne5 10 c5 Nxf3† 11 Bxf3 Nd7 12 Be3 Ne5 13 Be2 ⩱, Isaksen–Nielsen, Esbjerg 1994.

(q) 7 . . . Nd5 8 Bc4 Nxc3 9 bxc3 0-0 10 0-0 ±.

(r) 9 . . . b6 10 Re1! bxc5 11 Bg5 (Jaković) leaves Black in a quandary over how to defend e7.

(s) 11 h3 b5 12 Bb3 a5 13 a3 Na6 14 Qe2 ±, de Firmian–Azmaiparashvili, Yere- van Ol. 1996.

(t) 5 . . . e6 6 0-0 Be7 7 c4 Nb6 8 Nc3 0-0 9 Be3 Nc6 10 b3 ±, Kovacs–Horvath, Hungary 1993.

(u) 11 Be3 cxd5 12 cxd5 Nc8 13 Qb3 Nd6 14 Nb5 ±, G. Hernández–Armas, Matan- zas 1995. Black can play more quietly with 10 . . . Nf6 and 11 . . . g6, with only a slight disadvantage.

(v) 4 Bc4 b5 5 Bb3 a5 6 a3 Bg4 7 f3 Bc8 8 Nc3 Ba6 with compensation for the pawn, Zukertort–Kenny, Southampton 1884. Black should now play . . . g6 and develop before trying to recapture the pawn.

(w) 7 0-0 Be7 8 c4 Nb4 9 Na3 0-0 10 Bf4 c6 ∞.

(x) 11 h3 Nc6 12 g4 Bg6 13 h4 e5! 14 dxe5 Nxe5 15 Nxe5 Bxe5 leaving Black with at least equality, Balashov–Smagin, Novgorod 1995.

NIMZOVICH DEFENSE

1 e4 Nc6

THIS ODD DEFENSE is another addition to opening theory from the inventive Aron Nimzovich, but it is not held in nearly the same regard as the Nimzo-Indian Defense. Although not the first to advocate 1 . . . Nc6, Nimzovich was the first to subject the opening to deep study and conclude it was sound. Most modern masters disagree with him and the defense is seen only rarely. Yet players such as Miles and Benjamin, who specialize in unorthodox openings, make use of the Nimzovich sporadically, when the surprise value may catch their opponent unprepared.

2 d4 (columns 1–4) takes up the challenge, grabbing the center squares. Black's most reliable reply has been 2 . . . e5 (columns 1–2), yet recently this has come under a cloud with White's strong continuation of column 1. 2 . . . d5 has long been regarded as less principled, and White holds the advantage with proper play. 2 Nf3 (columns 5–6) allows Black a chance to transpose back into the double king pawn openings with 2 . . . e5. The Nimzovich continuation of 2 . . . d6 keeps the game in little charted territory, but again allows White an edge with good play.

NIMZOVICH DEFENSE

1 e4 Nc6

	1	2	3	4	5	6
2	d4				Nf3	
	e5		d5(g)		d6(m)	
3	d5	dxe5	e5	Nc3(j)	d4	
	Nce7	Nxe5	Bf5(h)	dxe4	Nf6(n)	
4	Nf3(a)	Nf3	c3	d5	Nc3	
	Ng6(b)	Nxf3†(d)	e6	Nb8(k)	Bg4	
5	h4!	Qxf3	f4	Nxe4	Be3	d5(q)
	h5	Qf6	Qd7	e6	e6	Nb8(r)
6	Bg5	Qg3	Nf3	Bb5†	Be2(o)	Be2
	Nf6	Bb4†(e)	f6	c6	Be7	g6
7	Nc3	c3	Be2	dxc6	d5	0-0
	Bc5	Bd6	Nge7	Qxd1†	exd5	Bg7
8	Na4	f4	0-0	Kxd1	exd5	a4
	Bb4†(c)	Qg6(f)	0-0-0(i)	Nxc6(l)	Bxf3(p)	0-0(s)

(a) 4 Bd3 Ng6 5 Be3 Nf6 6 h3 Bb4† 7 Nd2 0-0 8 c3 Be7 9 Ne2 d6 10 c4 h6 11 Qc2 Nd7 12 Nc3 Bg5 =, Gallagher–Rogers, Biel 1996.

(b) 4 ... d6 5 Nc3 is slightly in White's favor, but at least this is untested and could lead to a confusing position.

(c) 9 c3 Be7 10 Bxf6 Bxf6 11 d6 cxd6 12 g3 d5!? 13 Qxd5 d6 14 Bb5† Kf8 15 0-0-0 and White holds a distinct advantage, A. Ivanov–Benjamin, US Chp. 1996.

(d) 4 ... Bb4† 5 c3 Bd6 has been played sometimes by Miles. 6 Nxe5 Bxe5 7 f4 Bd6, or 6 Nbd2 Nxf3† 7 Nxf3 Ne7 allows Black near equality and an unusual position.

(e) 6 ... Qg6 7 Qxc7 Bd6 (7 ... Qxe4†?! 8 Be3 ±) 8 Qc4 Nf6 9 Nc3 0-0 10 Be3 Be5 11 0-0-0 ±, Simonenko–Malinin, corr. 1994.

(f) (A) 9 Bd3 Qxg3† 10 hxg3 Bc5 11 Nd2 d6 12 Nc4 a6 13 a4 Nf6 =, Hübner–Hort, Oslo 1984. (B) Sharper is 9 Qf3 Bc5 10 Bd3 d6 11 h3 Ne7 12 f5 Qf6 13 Bf4 (Miln–Tomescu, Bucharest 1992) 13 ... Nc6 ∞.

(g) 2 ... d6 3 d5 Nb8 4 Nf3 e5 5 dxe6 fxe6 6 Nc3 Nc6 7 Bc4 Nf6 8 a3 g6 9 Bg5 Bg7 10 Qd2 ±, Najdorf–Perez Garcia, Mar del Plata 1974.

(h) 3 ... f6 4 f4 (4 Bd3 g6) 4 ... Bf5 5 Ne2 e6 6 Ng3 fxe5 7 fxe5 Qd7 (7 ... Qh4 ±) 8 Nxf5 ±, Koste–Nimzovich, Baden-Baden 1925. Nimzovich managed to win the game though, helping to keep his interest in the opening.

(i) 9 b4 Kb8 10 Nbd2 Nc8 11 a4 a5 12 bxa5 Nxa5 13 Nh4 ±, Sokolov–Gay, St. Martin 1992.

(j) 3 exd5 Qxd5 4 Nf3 Bg4 5 Be2 0-0-0 6 c4 Qf5 7 Be3 Nf6 8 Nbd2 e5 9 d5 Nb4 10 Rc1 Nxa2 11 Ra1 Nb4 12 0-0 a6 13 h3 with good play for the pawn, de Firmian–Waitzkin, New York 1990.

(k) 4 . . . Ne5 5 Qd4 Ng6 6 Bb5† Bd7 7 Nge2 Nf6 8 Bg5 ±, Cooper–O'Donnell, St. John 1988.

(l) 9 Bxc6† bxc6 10 c3 Ba6 11 Be3 0-0-0† 12 Ke1 Kb8 =, Gara–Molnar, Budapest 1994.

(m) Black declines the invitation to play 2 . . . e5, transposing back into the normal openings of 1 e4 e5 2 Nf3 Nc6.

(n) 3 . . . Bg4 may transpose back to the column after 4 Be2 Nf6 5 Nc3. It may also entice White to play 4 c3 Nf6 5 h3 Bh5 6 Nbd2 ±.

(o) 6 h3 Bh5 7 Bb5 a6 8 Bxc6† bxc6 9 Qe2 and 10 0-0-0 gives White some advantage, although the position can easily become double-edged.

(p) 9 Bxf3 Ne5 10 Be2 Qd7 11 0-0 0-0 12 h3 Rfe8 13 Qd2 a6 14 a4 Bd8 15 Rfe1 ±, Sznapik–Castro, Lublin 1979. White has the simple advantage of the bishop pair and more space.

(q) (A) 5 Be2 e5 6 d5 Ne7 7 Nh4 Bd7 8 Bg5 Ng6 9 Nf5 (Koćovski–Mestrović, Pula 1991) 9 . . . h6 =, (B) 5 Bb5 a6 6 Bxc6† bxc6 7 h3 Bh5 (similar to note (o)) 8 Qe2 ±, yet double-edged due to Black's compact center.

(r) 5 . . . Ne5?! 6 Bb5† c6 7 dxc6 (better than 7 Nxe5 Bxd1 dxc6 dxe5 9 c7† Qd7) 7 . . . Nxc6 8 e5 dxe5 9 Qxd8† Rxd8 9 Bxc6† bxc6 10 Nxe5 Bd7 12 Be3 ±, Timman–Miles, Tilburg 1981.

(s) 9 a5 c6 10 Be3 Qc7 11 h3 Bxf3 12 Bxf3 Rc8 =, Wolff–Benjamin, New York 1990.

UNUSUAL KING'S PAWN DEFENSES

1 e4

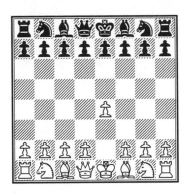

HE UNUSUAL DEFENSES covered here are 1 . . . b6, Owen's Defense,
1 . . . a6, and 1 . . . g5, the Basman's Defense. Other moves, such as
1 . . . h5, are not considered as they are simply too bad and need
no discussion. The three defenses considered here are also viewed by the-
ory as unreliable. Some players use them anyway, counting on surprise
value and the psychological impact of flouting known principles.

1 . . . b6 is Owen's Defense (columns 1–2). Black sets up pressure on
the long white diagonal and can follow up with . . . e6 and . . . c5. After
2 d4 Bb7 White does best to defend e4 with 3 Bd3 (column 1) so that later
c3 can defend d4. 3 Nc3 (column 2) is also good for a small plus.

1 . . . a6 (columns 3–4) is similar to Owen's Defense as Black will
again place his bishop on the long white diagonal. Here Black will also
expand on the queenside with 2 . . . b5, adding an extra dimension to
Black's play over Owen's Defense. White gains the advantage with accu-
rate play, but less precision allows Black the unclear game he seeks. Miles
once used this opening to defeat Karpov, who was clearly shocked to see
Black's first move.

The Basman's Defense, 1 . . . g5 (columns 5–6), is a Grob's Attack in
reverse. The reaction most players have with White is "this must be really
bad." In fact, Black is only somewhat worse, and if White plays with too
much disregard he can have troubles.

UNUSUAL KING'S PAWN DEFENSES

1e4

	1	2	3	4	5	6
	b6 (Owen's Defense)		a6		g5 (Basman's Defense)	
2	d4		d4		d4	
	Bb7		b5		h6 ....Bg7	
3	Bd3.........Nc3		Bd3.........c4		Bd3(l)	Bxg5(o)
	e6(a)	e6	Bb7	e6!?(j)	d6	c5
4	Nf3	Nf3(e)	Nf3	cxb5	Ne2	Nf3!
	c5	Bb4	Nf6	axb5	c5	Nc6(p)
5	c3	Bd3	Nbd2(g)	Bxb5	c3	Nbd2
	Nf6(b)	Nf6	e6	Bb7	Nf6	cxd4
6	Nbd2(c)	Bg5	0-0	Nc3	0-0	Nb3
	Nc6	h6	c5	Bb4	Nc6	Qb6
7	a3!	Bxf6	dxc5(h)	f3	Nd2	a4
	d5	Bxc3†	Bxc5	Qh4†	Bd7(m)	a6
8	e5	bxc3	e5	g3	Nc4	a5
	Nfd7(d)	Qxf6(f)	Nd5(i)	Qh5(k)	Bg7(n)	Qa7(q)

(a) Too ambitious is 3 ... f5? 4 exf5 Bxg2 5 Qh5† g6 6 fxg6 Bg7 7 Qf5! Nf6 8 Bh6! Bxh6 9 gxh7 Bxh1 10 Qg6† Kf8 11 Qxh6† Kf7 12 Nh3 with a winning attack, Brüder–Vegener, corr. 1982.

(b) 5 ... cxd4 6 cxd4 Bb4† 7 Nc3 Nf6 8 Qe2 d5 9 e5 Ne4 10 0-0!? Bxc3 11 bxc3 Nxc3 12 Qe3 Nc6 13 Bb2 Ne4 14 Ba3 ±, Adams–van der Waerden, Moscow Ol. 1994.

(c) 6 Qe2 Be7 7 0-0 Nc6 8 a3 Na5 9 Nbd2 c4 10 Bc2 Qc7 11 Ne5 b5 12 f4 ±, Kir. Georgiev–Miles, Biel 1992.

(d) 9 b4 Be7 10 0-0 0-0 11 Re1 with a clear plus for White.

(e) 4 a3 Nf6 5 Bd3 c5 6 Nf3 cxd4 7 Nxd4 Nc6 8 Nxc6 Bxc6 9 e5 Nd5 10 Ne4 ±, Prada–Scaramuao, corr. 1989.

(f) 9 0-0 d6 10 Nd2 e5 11 f4 ±, Tkachiev–Minasian, Cannes 1995.

(g) (A) 5 e5 Nd5 6 a4 b4 7 Ng5 e6 8 Qh5 g6 9 Qh3 Be7 10 Ne4 Nc6 11 Be3 (Sjoberg–Windleboe, Aarhus 1994) 11 ... d6 ∞. This is the kind of messy position Black is aiming for. (B) The most famous outing of 1 ... a6 was Karpov–Miles, Skara 1980, which saw 5 Qe2 e6 6 a4 c5 7 dxc5 Bxc5 8 Nbd2 b4 9 e5 Nd5 10 Ne4 Be7 ∞, and Miles went on to win.

(h) Simple and strong is 7 c3, maintaining the center and planning to complete development before attacking.

382

(i) 9 Ne4 Be7 10 Bg5 0-0 11 Nd6 Bc6 12 Bxe7 Qxe7 13 a4 f6 14 Ne4 ±, Tischbierek–Reefschäger, Germany 1994.

(j) 3 . . . Bb7 4 f3 bxc4 5 Bxc4 e6 6 Nc3 ±, Ratna Sulistya–Botsari, Buenos Aires 1992. The column's gambit of a wing pawn is more promising.

(k) 9 Qd3 Ne7 10 Nge2 f5 11 Nf4 Qf7 with chances for both sides, Bronstein–Beck, Budapest 1989.

(l) 3 h4 g4 4 Nc3 d6 5 Be3 c6 6 Qd2 b5 7 Bd3 Nd7 8 Nge2 Ngf6 9 Ng3 Bb7 10 0-0-0 Qa5 11 Kb1 0-0-0 =, Barlov–Basman, 1988.

(m) 7 . . . Qc7 8 b4! b6 (8 . . . cxb4 9 cxb4 Nxb4 10 Qa4† Nc6 11 d5) 9 bxc5 bxc5 10 Rb1 Bd7 11 Nc4 ±, Nunn–Basman, London 1980.

(n) 9 d5 Ne5 10 Nxe5 dxe5 11 Ng3 Qc7 12 Qe2 a6 13 b4 ±, Wulf–Herrnkind, Germany 1992.

(o) Safer play is 3 c3 h6 along the lines of the previous column.

(p) 4 . . . Qb6 5 Nc3 Qxb2 6 Nb5 Na6 7 Bd3 cxd4 8 0-0 Qb4 9 Re1 e5 10 Rb1 Qc5 11 Qd2 Ne7 12 Bh6 with good play for the pawn, Roscher–Bettermann, corr. 1989.

(q) 9 Bd3 d6 10 Nfd2 Nf6 11 Nc4 Be6 12 Nb6 ±, Jongman–Wind, corr. 1981.

III
DOUBLE QUEEN PAWN OPENINGS

QUEEN'S GAMBIT DECLINED

1 d4 d5 2 c4 e6

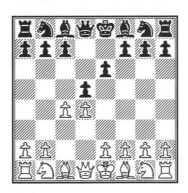

 NE OF THE OLDEST OPENINGS, the Queen's Gambit (1 d4 d5 2 c4), is first mentioned in the Göttingen manuscript of 1490 and analyzed in the early seventeenth century by Salvio and Greco. Perhaps the name "gambit" is a misnomer, because Black cannot really hold on to the pawn. In the nineteenth century it was considered by many to be an attempt to avoid the open clashes that resulted from the double king pawn openings. The percentage of games played with it began to rise in the last quarter of the nineteenth century, when the theories of Steinitz and Tarrasch began to percolate downward to the great mass of players.

The question of how to meet the Queen's Gambit began to attract the theorists' attention. The majority of chess writers, starting with Jaenisch (1843), seemed to be of the opinion that holding the center with 2 . . . e6 was the way to go. After this move there are many divergences, some depending on what White does and others on Black's choices. Some of the better-known variations that might arise are the Orthodox Variation, the Cambridge Springs Defense, the Exchange Variation, Lasker's Defense, the Tartakower System, the Ragozin System, the Vienna Variation, the Semi-Tarrasch Defense (the Tarrasch Defense proper will be treated separately) and others.

What is White's idea when he plays 2 c4? He (or she) wishes to remove Black's d-pawn from the center and make way for his e-pawn to advance to e4. Black by playing 2 . . . e6 stops White from doing this but imprisons his light-squared bishop. Black will often try to imitate White by attacking White's d-pawn with a timely . . . c5. In the course of this struggle one side or the other often accepts structural weaknesses in return for dynamic strengths. Isolated and hanging pawns abound for both sides in this group of openings.

The Orthodox Defense is characterized by the moves 3 Nc3 Nf6 4 Bg5 Be7 5 e3 0-0 6 Nf3 Nbd7 (see above diagram). It was christened "orthodox" by Dr. Tarrasch, who was sarcastically making fun of the accepted dogma of the day. It is used today by very few players because of its lack of active counterplay and the small likelihood of Black getting any winning chances. It reached a peak of popularity during the 1927 Capablanca–Alekhine match in Buenos Aires, a contest that is a serious contender for most boring World Championship ever.

Columns 1–6 illustrate the Capablanca freeing maneuver . . . dxc4 and . . . Nd5 followed by . . . e5. White tries for an edge either by trading pawns and attacking on the kingside (columns 1–3) or by keeping the tension in the center (columns 4–6). White can deviate on move 11 with Alekhine's 11 Ne4 (columns 7–10) or Black can on move 8 with . . . h6 (columns 11–12). The move 7 Qc2 is more popular today than 7 Rc1; columns 13–18 show how this line develops. Black can try to improve matters with 6 . . . h6 and if White responds 7 Bxf6 Bxf6 we have the Petrosian Variation (columns 19–24). This was popular in the 1980s, with Kasparov as one of its most enthusiastic advocates. Black's defenses have been strengthened since then so White now has trouble gaining an advantage with it. If Black plays 5 . . . h6 a different group of variations arise, covered in columns 25–28. Columns 29–30 deal with 5 Qc2, a favorite of Kramnik's.

Lasker's Defense is 6 . . . h6 7 Bh4 Ne4 (columns 31–36). Black tries to trade off several pieces in a bid for freedom. Among top-flight players Yusupov is the most persistant practitioner of this method. Before moving on to the Tartakower we consider another old variation, The Cambridge Springs Defense (columns 37–42), characterized by . . . c6 and . . . Qa5, which tries to exploit the absence of White's bishop from the queenside. This was first used in the Cambridge Springs International Tournament of 1904, a great triumph for Frank Marshall.

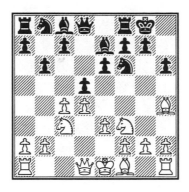

The well-respected and popular Tartakower Variation arises after
6 . . . h6 7 Bh4 b6 (columns 43–48), see above diagram. This has been a fa-
vorite of Karpov, Short and Spassky's. Black's . . . b6 allows the problem
bishop to develop and prepares for . . . c5. White has four serious re-
sponses, 8 Be2 (columns 43–44), 8 Bd3 (columns 45–46), 8 Qb3 (columns
47) and 8 cxd5 (columns 48).

The Exchange Variation, 4 exd5 (columns 49–60), is a respected way
for White to limit Black's options. White can play this line with several
different plans. He can play a quiet positional game and attempt to get an
edge on the queenside with the "minority attack." He can push in the cen-
ter with e4, opening the game. He can castle queenside and aggressively
attack (this is popular these days).

Developing with 5 Bf4 (columns 61–72) instead of the usual place at
g5 continues to be a viable alternative. The main continuation is 5 . . . 0-0
6 e3 c5 7 dxc5 Bxc5 (columns 61–67). White oftens castles queenside and
hurls his kingside pawns forward with lively play. Play with . . . c6 is
seen in columns 68–71.

The Ragozin System (columns 73–78) is 4 . . . Bb4 à la Nimzo-
Indian, to which it can sometimes transpose. The most crucial theoretical
line is the Vienna Variation, 5 Bg5 dxc4 6 e4 (columns 73–75), which re-
cieved a test in the 1993 Karpov vs. Timman match.

Black can try to avoid the pin of his king's knight by delaying . . . Nf6,
which is seen in columns 79–82. Columns 83–84 cover Black hitting back
in the center with . . . c5 after his king's knight does get pinned.

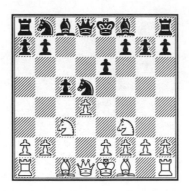

The complex of variations known as the Semi-Tarrasch Defense arises after 3 Nc3 Nf6 4 Nf3 c5 (columns 85–102), with 5 cxd5 Nxd5 (columns 85–100, see above diagram) the usual follow-up. White has different ways to deal with this. In columns 85–92 White gets an isolated d-pawn or hanging pawns. Columns 93–96 are lines where White has a big center and Black the queenside majority. In columns 97–100 White fianchettoes his king's bishop. Columns 101–102 are miscellaneous deviations.

QUEEN'S GAMBIT DECLINED

Orthodox Defense

**1 d4 d5 2 c4 e6 3 Nc3 Nf6 4 Bg5 Be7 5 e3 0-0 6 Nf3 Nbd7 7 Rc1 c6
8 Bd3 dxc4 9 Bxc4 Nd5 10 Bxe7 Qxe7 11 0-0 Nxc3 12 Rxc3 e5**

	1	2	3	4	5	6
13	dxe5...................................Bb3(k).......Qc2..........Qb1					
	Nxe5			exd4	exd4(n)	exd4(u)
14	Nxe5			exd4	exd4	exd4
	Qxe5			Nf6(l)	Nb6(o)	Nb6(v)
15	f4(a)			Re1	Re1	Bb3(w)
	Qe4.......................Qf6(f)			Qd6	Qd8(p)	Qf6(x)
16	Qe2(b)	Qe1(d)	f5(g)	Rce3	Bb3	Re1(y)
	Bf5	Bf5	b5(h)	Bg4	Nd5	Be6(z)
17	Bd3	Bd3	Bb3(i)	h3	Bxd5(q)	Bxe6
	Qe6	Qd5	b4	Bxf3(m)	Qxd5	fxe6
18	e4	e4	Rc5	Rxf3 =	Re5(r)	Rce3
	Rfe8	Qd4†	Ba6		Qd6	Rae8(aa)
19	Re1	Qf2	Rf4		Qe4(s)	
	Qd6(c)	±Qxf2†(e)	Rad8(j)		f6 =(t)	

(a) 15 Qb3 Qe7 16 Rd1 Bf5 17 e4 Bg6 (if 17 ... Bxe4 15 Qe3 is good for White) 15 f3 Rfd8 =, Grünfeld–Bogolybov, Carlsbad 1929.

(b) 16 Bd3 Qxe3† 17 Kh1 Qe7 18 f5 Qf6 gave White insufficient compensation for the pawn in Chekover–Huber, corr. 1932.

(c) White's mobile kingside majority gives him a small advantage, Garcia Gonzales–Toth, Thessaloniki 1984.

(d) 16 Bb3 Be6? (better 16 ... Bf5) 17 Bc2 Qb4 18 f5 Qxb2 19 Qe1 Bd7 20 f6† is Pafnutieff–R. Gross, California 1953. In this line if 17 ... Qd5 18 f5 Qxd1 19 Rxd1 Bc8 20 e4 White is much better in the ending.

(e) After 20 Kf2 White had an advantage in the ending because of his well-centralized king and better development; Hertneck–Sonntag, West Germany 1985.

(f) Some other choices after: (A) 15 ... Qe7 16 f5 b5 17 Bb3 b4 18 f6 gxf6 19 Rxc6 Qxe3† 20 Kh1, and White has strong attacking chances, Euwe–Thomas, Hastings 1934. (B) 15 ... Qa5 16 f5 Bxf5 17 Qh5 g6 18 Qg5 Kg7 19 e4 f6 20 Qf4 Bd7 21 Qd6 and White has a strong initiative (Taimanov).

(g) 16 e4 Be6 17 e5 Qe7 18 Bd3 f5 19 Qa4 a6 =, Capablanca–Lasker, Moscow 1935. White's protected passed pawn is balanced by Black's mobile queenside majority.

(h) 16 . . . a5 17 a4 Rb8 18 Qc2 Bd7 19 Rd3 Rbd8 20 Qd2 b5 21 Bxb5 would be better for White while 21 axb5 led to nothing in Stahlberg–Trifunović, Amsterdam 1950.

(i) 17 Bd3 b4 18 Rc5 Re8 led to unclear play in Stahlberg–Eliskases, Stockholm 1952.

(j) Black's command of the open file was not enough compensation for the lost pawn and structural weaknesses, Bronstein–Gereben, Moscow 1949.

(k) 13 h3 is a relatively new move. In Vaganian–Radulov, Dubai 1986, there followed 13 . . . e4 (13 . . . exd4 14 exd4 ± according to Vaganian) 14 Nd2 and now 14 . . . Nf6 15 Qc2 Bf5 was the best try to equalize.

(l) 14 . . . Nb6 15 Re1 Qf6 16 Qe2 Bf5 17 Qe7 ±, Stahlberg–Sundberg, Örebro 1937.

(m) 17 . . . Bh5 18 g4 Bg6 19 Re5 Rad8 21 Qc1 is slightly better for White.

(n) 13 . . . e4 14 Nd2 Nf6 15 Rc1 Bf5 16 a3 Rad8 17 b4 ±, Pirc–Termek, Yugoslavia 1947. White's queenside play gives him a slight edge.

(o) 14 . . . Nf6 is too risky. A game Lputian–Balashov, Yerevan 1986, continued 15 Re1 Qd8 16 h3 Nd5 17 Bxd5 Qxd5 18 Re5 Qd6 19 Ng5 g6 20 Rf3 f6 21 Qb3† Kg7 22 Re8 a5 23 Rxc8 Resigns.

(p) 15 . . . Qd6 16 Ng5 is risky; 15 . . . Qf6 16 Bb3 Bf5 17 Qe2 ±, Trifunović–Vidmar, Yugoslavia 1948.

(q) 17 Rc5 Be6 ∓, S. Vukovic–Trifunović, Yugoslavia 1948.

(r) 18 Rc5 Qd6 (18 . . . Qd8 19 Ng5 g6 20 Qe4 h6 was about equal in Garcia Gonzalez–Ree, Wijk aan Zee 1979) 19 Rce5 h6 20 d5 Bd7 (possible is 20 . . . cxd5 21 Qb3 d4 22 Rd5 Qb6 = —Neishtadt) 21 Qb3 b6 22 h3 Rae8 =, Stahlberg–Gligorić, Sweden–Yugoslavia, 1948.

(s) 19 Rce3 h6 20 Qc3 (20 Re7 Rb8 21 Re8 Be6 =, Cobo–Hooper, Helsinki 1952) 20 . . . Be6 21 h3 Rad8 is even—Pirc–Gligorić, Yugoslavia 1951.

(t) Black has equalized—Eliskases–Trifunović, Helsinki 1952.

(u) 13 . . . e4 14 Nd2 Qf6 15 b4 (15 Bb3 Bg4 16 Re1 Kh8 17 h3 Be6 18 Bxe6 Qxe6 19 Rec1 Rae8 20 Ra3 a6 was equal in Capablanca–Stahlberg, Buenos Aires 1939) 15 . . . Bg4 (15 . . . Nd5 16 Bxd5 cxd5 17 Qb3 Be6 18 Rfc1 was substantially better for White in Najdorf–Guimard, Mar del Plata 1946) 16 Rfc1 ± in Najdorf–Pilnik, Buenos Aires, 1947.

(v) 14 . . . Nf6 15 Re1 Qd6 16 h3 (16 Rce3 Bg4 17 Ne5 Qxd4 18 Qc1 is unclear) 16 . . . Bd7 17 Rce3 Rae8 18 Re5 was ±, Perez–Kristianssen, Havana 1966.

(w) 15 Re1 Qd8 16 Bd3 h6 17 Ne5 Be6 was approximately even in Suetin–Barle, Portorož 1973.

(x) 15 . . . Bd7 16 Re1 Qd6 17 Ng5 g6 18 Rf3 Bf5 19 Nxf7 Qxd4 (19 . . . Rxf7 20 Bxf7† Kxf7 21 g4 ±) 20 Nh6† Kh8 21 Nxf5 with a big edge—Najdorf–Bolbochan, Mar del Plata 1947.

(y) 16 Re3 Bg4 17 Qe4 Bxf3 18 Rxf3 Rae8 19 Qd3 Qd6 was completely level in Stahlberg–Gligorić, Belgrade 1949.

392

(z) 16 . . . Bg4 17 Qe4 is bad for Black. If 16 . . . Bf5 17 Qc1 Rad8 18 Re5 Nd7
19 Ree3 Rfe8 20 Qe1 and White retains a slight initiative, Ekstrom–Karlsson,
Stockholm 1987.

(aa) According to Mueller the position is equal. White's pressure on e6 is counter-
balanced by Black's on d5.

QUEEN'S GAMBIT DECLINED

Orthodox Variation

1 d4 d5 2 c4 e6 3 Nc3 Nf6 4 Bg5 Be7 5 e3 0-0 6 Nf3 Nbd7 7 Rc1 c6 8 Bd3

	7	8	9	10	11	12
8	dxc4				h6(k)	
9	Bxc4				Bf4(l)	Bh4
	Nd5				dxc4(m)	dxc4
10	Bxe7(a)				Bxc4	Bxc4
	Qxe7				a6(n)	b5(p)
11	Ne4(b)				Bd3	Bd3
	Qb4†	e5	N5f6		c5	a6
12	Qd2	0-0(d)	Nxf6†	Ng3	a4	a4(q)
	Qxd2†	exd4	Qxf6	b6(h)	cxd4	bxa4(r)
13	Kxd2	Qxd4	Bb3(f)	0-0	exd4	Nxa4
	Rd8	N7b6	e5	c5	Nb6	Qa5†
14	Rhd1	Bb3	0-0	e4	0-0	Nd2
	N5f6	Bg4	exd4	Rd8(i)	Nbd5	Bb4(s)
15	Nxf6†	Ng3	Qxd4	e5	Be5(o) ±	Nc3(t)
	Nxf6(c)	Bxf3(e)	Qxd4(g)	Ng4(j)		c5(u)

(a) (A)10 Ne4 f6 11 Bf4 (Not 11 Bh4 g5 12 Bg3 f5 followed by . . . f4) 11 . . . Nxf4 12 exf4 Nb6 13 Bb3 Bb4† is at least equal for Black. (B) 10 h4 f6 11 Bf4 Nxf4 12 exf4 Nb6 was murky in Eingorn–Morović, Bor 1985.

(b) 11 Qc2 Nxc3 12 Qxc3 b6 13 0-0 Bb7 was insipid in Capablanca–Vidmar, Hastings 1929.

(c) Black has a difficult ending but Capablanca seemed to think it was tenable and succeeded in holding it more than once, for example Alekhine–Capablanca, Buenos Aires 1927.

(d) 12 dxe5 Nxe5 13 Nxe5 (13 Bxd5 cxd5 14 Nc3 Bg4 15 Nxd5 Qd6 is better for Black, Mitchell–Thomas, Edinburgh 1926) 13 . . . Qxe5 14 Bxd5 cxd5 15 Nc3 Rd8 is ±, Cherepkov–Korelov, USSR 1969.

(e) The column is Najdorf–Stahlberg, Zurich 1953. After 16 gxf3 Qf6 17 Qxf6 Nxf6 18 Nf5 Rad8 19 Rfd1 Nc8 (19 . . . Nfd5 was perhaps better) White had a small but enduring advantage in the endgame.

(f) 13 0-0 e5 14 e4 cxd4 15 Qxd4 Qxd4 16 Nxd4 Rd8 17 Rfd1 ±, Bukić–Raicević, Stip 1977.

(g) 16 Nxd4 Rd8 17 Rcd1 Ne5 18 f4 Ng6 19 h3 Bd7 is slightly better for White after the suggested 20 Rd2, Korchnoi–Hübner, Biel 1986.

(h) Emanuel Lasker played 12 . . . e5 here against Alekhine, Zurich 1934. After 13 0-0 exd4 14 Nf5 Qd8 15 N3xd4 Ne5 16 Bb3 Bxf5 17 Nf5 Qb6 (17 . . . g6 was necessary and would have avoided the subsequent debacle) 18 Qd6 N5d7 19 Rfd1 Rac8 20 Qg3 g6 21 Qg5 Kh8 22 Nd6 Kg7 23 e4 Ng8 24 Rd3 f6 25 Nf5† Kh8 26 Qxg6 Resigns (if 26 . . . hxg6 27 Rh3 mate). This was the first time Alekhine beat Lasker.

(i) A recent idea. Previously 14 . . . cxd4 and 14 . . . Bb7 were known.

(j) After 16 h3 Nh6 (16 . . . Nde5 17 Be2 Nxf2 18 Rxf2 White is winning— Yermolinsky) 17 d5 exd5 18 Qxd5 Rb8 19 e6 Bb7 20 Nf3 Qxe6 21 Qxe6 White had a small advantage in the ending, Yermolinsky–Orlov, USA 1995.

(k) The immediate 9 . . . b5 10 Bd3 a6 11 a4 bxa4 12 Nxa4 Qa5† 13 Nc3 c5 14 Ra1 Qb4 15 0-0 Bb7 is ±, Vidmar–Lasker, Nottingham 1936.

(l) 10 Bxf6 Bxf6 11 0-0 dxc4 11 Bxc4 e5 12 Bb3 exd4 13 exd4 Re8 =, Zysk– Georgadze, Dortmund 1984.

(m) 10 . . . Nh5 11 Be5 Nxe5 12 dxe5 and now 12 . . . g6 is not so bad, but not 12 . . . dxc4 13 Bxc4 ±, Fine–Maróczy, Zandvoort 1936.

(n) 10 . . . Nd5 11 Bg3 is ±.

(o) Tolush–Konstantinopolsky, USSR 1952. In this typical isolated queen pawn position, White's greater mobility and development outweigh his structural weakness.

(p) 10 . . . Nd5 11 Bg3 Nxc3 12 bxc3 Qa5 (12 . . . c5 13 0-0 Qa5 14 Qe2 a6 15 d5 ±, Tal–Kinnemark, Nice 1974) 13 0-0 b5 14 Bd3 Qxa2 15 Ra1 Qb2 16 Nd2 ±, Olaffson–Gerusel, Bad Lauterberg 1977.

(q) There are several alternatives: (A) 12 0-0 c5 13 a4 b4 14 Ne4 cxd4 15 Bg3 (if 15 Nxd4 Bb7 =) 15 . . . dxe3 16 Bc7 exf2† 17 Rxf2 Qe8 18 Nd6 unclear. (B) 12 Bb1 Bb7 13 Qc2 c5 14 dxc5 b4 15 Rd1 g5 16 Nxg5 hxg5 is another specu- lative attempt hard to judge.

(r) 12 . . . b4 13 Bxf6 gxf6 (13 . . . Nxf6 14 Ne4 ±) 14 Ne4 f5 15 Ng3 c5 16 e4 cxd4 17 exf5 e5 18 Rxc6 Nf6 19 Qc1 ±, Ribli–Hennings, Leipzig 1973.

(s) Both 14 . . . c5 15 dxc5 Nxc5 16 Nxc5 Bxc5 17 Bxf6 gxf6 18 Qg4† Kh8 19 Qe4 and 14 . . . Bb7 15 0-0 are bad for Black.

(t) 15 Bxf6 Nxf6 16 Nc5 e5 17 Nb3 Qb6 was disadvantageous for White in Pachmann–Rosetto, Mar del Plata 1960.

(u) From this position there have been several fairly recent games. In Vyzmanavin–Djurić, Cap d'Agde 1994 there followed 16 Nc4 Qc7 17 0-0 Bb7? (17 . . . exd4 was recommended) 18 Na2 with a substantial White advantage. In Kamsky–Salov, Sanghi Nagar 1995, it went 16 Nb3 Qd8 17 0-0 cxd4 18 Nxd4 Bb7 19 Nc6 Bxc6 20 Bxc6 Ra7 22 Bg3 Ne5 23 Rd4 Bd6 24 Ne4 Nc6 25 Nxf6† gxf6 26 Rc6 Be5 27 Qg4† and White won in 35 moves.

QUEEN'S GAMBIT DECLINED

Orthodox Variation

1 d4 d5 2 c4 e6 3 Nc3 Nf6 4 Bg5 Be7 5 e3 0-0 6 Nf3 Nbd7

	13	14	15	16	17	18
7	Rc1 .... Qc2(l)					
	c6	a6	dxc4	c6	c5	
8	Qc2	b3(f)	Bxc4	0-0-0	0-0-0(q) Rd1	
	a6	h6	c5	dxc4(m)	Qa5(r)	cxd4(w)
9	a4(a)	Bh4	0-0	Bxc4	Kb1(s)	Nxd4
	Re8(b)	Bb4	a6	b5(n)	dxc4	dxc4
10	Bd3	Bd3	Be2(i)	Bd3	Bxc4	Bxc4
	dxc4	c5	cxd4	Bb7(o)	cxd4	Qa5
11	Bxc4	0-0	Nxd4	Kb1	Rxd4(t)	Bh4
	Nd5(c)	cxd4(g)	Qb6	h6	h6(u)	Ne5
12	Bxe7(d)	exd4	Qc2(j)	h4	h4	Be2
	Qxe7	Qa5	Re8	Rc8	b5	Ng6
13	0-0	Qc2	Rfd1	Rh3	Bxb5(v)	Nb3(x)
	Nb4(e)	dxc4(h)	Nf8(k)	Qa5(p)		Qb6(y)

(a) 9 cxd5 exd5 10 Bd3 Re8 11 0-0 Nf8 12 Rfe1 Be6 12 a3 Nh5 was ⩲, Andersson–A. Sokolov, Reykjavik 1988.

(b) If 9 . . . h6 10 Bf4 is slight better for White. Alekhine gives 9 . . . Ne4! =.

(c) At this point Vyzmanavin gives 11 . . . b5 12 Bd3 Bb7 as unclear.

(d) This move was a novelty. 12 Bf4 Nxf4 13 exf4 c5 14 dxc5 Qc7 15 0-0 Qxf4 16 Ne4 was played in Alekhine–Rubinstein, Karlovy Vary 1923. The game continued 16 . . . Nxc5 17 Nxc5 Bxc5 18 Bd3 b6 19 Bxh7† Kh8 (A decisive error according to Alekhine; after 19 . . . Kf8, he said, it would be difficult to prove a win.) 20 Be4 Ra7 (20 . . . Rb8 would be somewhat better) 21 b4 Bf8 22 Qc6 Rd7 23 g3 Qb8 24 Ng5 Red8 25 Bg6! Qe5 (if 25 . . . fxg6 26 Qe4 Bxb4 27 Qh4† Kg8 28 Qh7† Kf8 29 Qh8† mates in a few) 26 Nxf7† Rxf7 27 Bxf7 Qf5 28 Rfd1 Rxd1 20 Rxd1 Qxf7 30 Qxc8 Kh7 31 Qxa6 Qf3 32 Qd3† Resigns.

(e) Following 14 Qb3 a5 15 e4 b6 16 e5 White had an advantage in the game Vyzmanavin–F. Braga, Benidorm 1993.

(f) Others: (A) 8 c5 c6 9 Be2 e5 10 0-0 h6 11 Bh4 exd4 12 exd4 g5 13 Bg3 Nh5 =, Farago–L. Portisch, Hungary 1996. (B) 8 cxd5 exd5 9 Bd3 c6 10 0-0 Re8 11 Bb1 Nf8 gives perhaps a tiny edge to White; Gligorić–Ivkov, Bugojno 1979.

(g) 11 . . . Qa5 12 Qc2 Ba3 13 Rb1 Bb4 14 Rfc1 Ba3, suggested by Kharitonov, is a slight improvement.

(h) The game continued 14 bxc4 b5 15 c5 Bb7 and now 16 Ne4 would have given White a clear edge, Zvjaginsev–Kharitonov, Russia 1995.

(i) 10 dxc5 Nxc5 (if 10 . . . Bxc5 11 Ne4 Be7 12 Nd6 ±) 11 Nd4 with a small advantage.

(j) Nenashev suggests 12 Qb3, which is also somewhat better for White.

(k) White has a slight advantage, Nenashev–Peregadov, Akmala 1993.

(l) 7 Qb3 b6 8 0-0 Bb7 9 Rad1 h6 10 Bh4 Ne4 = (Bogatirchuk).

(m) Other moves are passable here. (A) 8 . . . Re8 9 Kb1 a6 10 h4 b5 11 c5 b4 12 Na4 a5 13 Bxf6 Bxf6 14 Ng5 with a good attack, P. Cramling–Arakhamia, Tilburg 1994. (B) 8 . . . a6 9 Kb1 dxc4 10 Bxc4 Nd5 11 Bxe7 Qxe7 12 Ne4 ±, Topalov–Pomar, St. Cugat 1992.

(n) 9 . . . Nd5 10 Bxe7 Qxe7 11 Kb1 Nxc3† 12 Qxc3 c5 13 Bxb5 ±, Vyzmanavin–Balster, Gelsen Kirchen 1991.

(o) 10 . . . b4 11 Na4 ± in Burgess–Richardson, England 1987.

(p) White has good attacking chances, Burgess–Ravikumar, London 1987.

(q) 8 cxd5 Nxd5 (possible also is 8 . . . cxd4 9 Nxd4 Nxd5 10 Bxe7 Nxe7 11 Be2 Nf6 and White has very little, Vladimirov–Kharitonov, Moscow 1981) 9 Bxe7 Qxe7 10 Nxd5 exd5 11 Bd3 g6 =, Piket–Morović, Wijk aan Zee 1994.

(r) 8 . . . cxd4 9 Nxd4 Nb6 10 Kb1 Bd7 11 Bxf6 Bxf6 12 c5 Nc8 13 Bd3 gave White good attacking chances in Browne–I. Ivanov, Durango 1992.

(s) 9 h4 cxd4 10 Nxd4 Bb4 11 Nb3 Qb6 12 Kb1 dxc4 13 Bxc4 Qc6 is about even, Cebalo–Campora, Sarajevo 1986.

(t) 11 exd4 b5 12 Bxb5 Rb8 13 Bd3 Ba3 unclear, Timoshchenko–Ruban, Novilsk 1987.

(u) Not 11 . . . e5? 12 Rh4 Re8 13 Nd5 g6 14 Nc7 winning, Shpindler–Dejlic, corr. 1972.

(v) The position is rather unclear, though probably favorable for White.

(w) 8 . . . Qa5 9 cxd5 Nxd5 10 Bxe7 Nxe7 11 Bd3 Nf6 12 0-0 cxd4 13 Nxd4 Bd7 gave White a tiny edge in a lifeless position, Capablanca–Lasker, Havana 1921.

(x) 13 Bg3 e5 14 Nb3 Qb6 15 0-0 ±, C. Hansen–Kveinys, Groningen 1990.

(y) After 14 Bg3 Bd7 15 h4 White is better, Korchnoi–Osnos, USSR 1963.

QUEEN'S GAMBIT DECLINED

Petrosian Variation

1 d4 d5 2 c4 e6 3 Nc3 Nf6 4 Bg5 Be7 5 e3 0-0 6 Nf3 h6 7 Bxf6 Bxf6

	19	20	21	22	23	24
8	Rc1		Qc2		Qd2	Qb3
	c6(a)		Na6...	c5(n)	dxc4(s)	c6
9	Bd3		Rd1(j)	dxc5	Bxc4	Rd1(w)
	Nd7(b)		c5	Nc6(o)	Nd7(t)	Nd7
10	0-0		dxc5(k)	cxd5	0-0-0	Bd3
	dxc4		Qa5	exd5	g6(u)	Rb8(x)
11	Bxc4		cxd5	0-0-0(p)	h4	0-0
	e5	c5	Nxc5	Be6	Bg7	b5
12	h3(c)	Qe2(f)	Nd4(l)	Nd4(q)	Kb1	cxb5
	exd4	a6	exd5	Rc8	a6	cxb5
13	exd4	Rfd1	a3	Bb5	Bb3	Rc1(y)
	Nb6	cxd4(g)	Ne6	Ne7	Qe7	a6
14	Bb3	Nxd4(h)	Be2(m)	Nb3	Rc1	Ne2
	Re8(d)	Qe7	Nxd4	b6	b6	e5(z)
15	Re1	Ne4	exd4	Ba6	Na4(v) =	dxe5
	Rxe1†(e)	Be5(i)	Be6 =	Rb8(r)		Nxe5 (aa)

(a) Other possibilities are: (A) 8 . . . Be7 9 a3 c6 10 Bd3 Nd7 11 0-0 b6 12 Qe2 $\pm$, A. Petrosian–Hübner, Seville 1997. (B) 8 . . . a6 9 a3 c6 10 Bd3 Nd7 11 0-0 b5 =, Portisch–Short, Brussels 1986. (C) 8 . . . Nc6 9 cxd5 exd5 10 Be2 Ne7 11 b4 a6 12 a4 with a substantial White edge in Korchnoi–Spassky, USSR 1963.

(b) If 9 . . . dxc4 10 Bxc4 Nd7, White plays 11 Ne4 e5 12 Nxf6† Qxf6 13 0-0 Qe7 14 e4 $\pm$ as in Gligorić–Portisch, Zagreb 1965.

(c) 12 Bb3 exd4 13 exd4 Re8 14 h3 Nf8 16 d5 Bd7 was equal in Ribli–Karpov, London 1984, while 12 Ne4 exd4 13 Nxf6† Nxf6 14 Qxd4 Bg4 15 Qf4 Bxf3 16 Qxf3 Qd2 =, Dorfman–Lputian, USSR 1984.

(d) 14 . . . Bf5 is also adequate. After 15 Re1 a5 16 a3 Re8 17 Rxe8† Qxe8 18 Qd2 Qd7 it was even in H. Olafsson–van der Sterren, Wijk aan Zee 1987.

(e) 16 Qxe1 Bf5 17 Ne4 Bxe4 18 Qxe4 Nd5 19 Bxd5 cxd5 20 Qf5 Qb6 21 Rc8† Rxc8 22 Qxc8† Kh7 23 Qf5† Kg8 24 Qxd5 Qxb2 =, Shabalov–Klovans, USSR 1987.

(f) 12 dxc5 Nxc5 13 b4 Bxc3 14 Rxc3 Ne4 15 Rd3 Qe7 16 Rd4 $\pm$, A. Petrosian–M. Gurevich, Baku 1986.

(g) If 13 . . . b5 14 dxc5 bxc4 15 c6 is advantageous for White (Kasparov).

(h) 14 exd4 b5 15 Bb3 Qb6 16 d5 Nc5 leads to an unclear position according to Kasparov.

398

(i) 16 Qh5 Rd8 17 Bf1 Bb8 18 Qa5 b6 and White had pressure ±, Kasparov–
H. Olafsson, Dubai 1986.

(j) (A) 9 cxd5 Nb4 10 Qb3 Nxd5 11 Bc4 (11 Rc1 is ECO's recommendation)
11 . . . Nxc3 12 bxc3 b6 was toothless in P. Nikolić–K. Georgiev, Heraklion
1985. (B) 9 a3 dxc4 10 Bxc4 c5 11 Rd1 cxd4 12 Nxd4 Bd7 13 Ba2 Qe7 14 h4
(Ribli–Beliavsky, Reggio Emilia 1986), and now 14 . . . Bxh4 15 g3 Bf6 16 Bb1
would have been unclear according to Ribli.

(k) 10 cxd5 Nb4 11 Qb3 Nxd5 12 Nxd5 exd5 gives White nothing.

(l) 12 a3 Na4 is slightly better for White (Sturua).

(m) In the game Piket–Sturua, Debrecen 1992, White unwisely tried to win mate-
rial here with 14 Nb5? a6 15 b4 Qd8 16 Rxd5 Bd7 17 Qd2 axb5 18 Rxd7 and
was rocked by 18 . . . Qxd7! 19 Qxd7 Bxc3† 20 Ke2 Rfd8 21 Qxb7 Ng5 22 e4
Rxa3 23 Qxb5 Ra2† 24 Ke3 Bd2†. In view of 25 Ke2 Bf4† 26 Ke1 Ra1† 27 Ke2
Rd2 mate, Piket gave up.

(n) 8 . . . Nc6 led to interesting play in Piket–Vaganian, Debrecen 1992: 9 Rd1
(9 0-0-0 has been played) 9 . . . b6 10 a3 Bb7 11 cxd5 exd5 12 Be2 Ne7 13 0-0
a6 and now instead of 14 Ne5 as played, Piket recommends 14 Rd2 Qd6
15 Rfd1 with the idea Bf1, g3, Bg2 as in the game Piket–de Boer, Leeuwarden
1992.

(o) (A) 9 . . . dxc4 10 Bxc4 Nd7 11 c6 Ne5 12 Nxe5 Bxe5 13 Be2 bxc6 =, van Wely–
Dautov, Belgium 1992. (B) 9 . . . Qa5 10 Rc1 Nc6 11 a3 d4 12 exd4 Nxd4
13 Nxd4 Bxd4. The position is approximately even; White's queenside major-
ity is balanced by Black's play in the center, Piket–Korchnoi, Tilburg 1992.

(p) After 11 Bb5 Black can either equalize with 11 . . . Qa5 12 0-0 d4 as in Chernin–
Geller, USSR 1985, or play for complications with 11 . . . Bg4 12 Bxc6 bxc6
13 Nd4 Bxd4 14 exd4 Re8 as in Douven–Geller, Cska 1986, unclear.

(q) A recent idea. 12 a3 was usual previously.

(r) The game van Wely–Piket, Leeuwarden 1992 continued 16 Ne4 Be5 17 f4 Qc7
and now 18 Nc3 Bxc3 19 Qxc3 Qc6 would have been unclear (van Wely).

(s) Other plausible moves are (A) 8 . . . c6 9 0-0-0 Nd7 10 h4 g6 11 g4 Bg7 12 g5
h5 13 e4 ±, van der Sterren–Donner, Marbella 1982, and (B) 8 . . . Nc6 9 Rc1
a6 10 Be2 dxc4 11 Bxc4 e5 12 d5 Na7 13 Qc2 Bd7 which was even in Eingorn–
A. Petrosian, USSR 1985.

(t) 9 . . . c5 10 dxc5 Nd7 11 Ne4 Be7 12 c6 bxc6 13 0-0 Nf6 was about even in
Tukmakov–A. Petrosian, USSR 1985.

(u) If 10 . . . c5 11 h4 cxd4 12 exd4 Nb6 13 Bb3 Bd7 14 g4 with attacking chances
for White.

(v) Better than 15 Ne2 c5 with a Black edge in the game Sadler–van der Sterren,
Linares 1995.

(w) 9 0-0-0 Nd7 10 e4 dxc4 11 Bxc4 e5 12 d5 Nc5 13 Qc2 Qb6 was even in
Filip–Zita, Czechoslovakia 1963.

(x) 10 . . . b6 11 cxd5 cxd5 12 e4 dxe4 13 Bxe4 Rb8 14 0-0 b5 =, Kasparov–Karpov,
Moscow 1985. The text tries to play . . . b5 in one move.

(y) Yusupov suggests 13 Ne2 here with the plan of Nf4 and Bb1.

(z) Perhaps too active; 14 . . . Bb7 has been played here with reasonable chances.

(aa) In the game Yusupov–Bonsch, Baden-Baden 1992, the continuation 16 Nfd4 Rb6 17 Bb1 g6 18 Qc2 Qd6 gave White a very slight advantage.

QUEEN'S GAMBIT DECLINED

Modern Variants

1 d4 d5 2 c4 e6 3 Nc3 Nf6 4 Bg5 Be7

	25	26	27	28	29	30
5	Bg5				Qc2	
	h6				0-0	
6	Bh4			Bxf6	Bg5	
	0-0			Bxf6	h6	Nbd7
7	Rc1	cxd5	Qc2(i)	e4(o)	Bxf6	Rd1
	dxc4	Nxd5	b6(j)	dxe4	Bxf6	dxc4
8	e3(a)	Bxe7	Bxf6(k)	Nxe4	Rd1(t)	e4
	c5	Qxe7	Bxf6	Nc6	g6(u)	Nb6(y)
9	Bxc4	Qb3(f)	e4	Nxf6†(p)	e3(v)	h4
	cxd4	Nxc3(g)	Nc6(l)	Qxf6	c6	Nfd7(z)
10	Nxd4(b)	Qxc3	0-0-0	Qd2(q)	Bd3	Be2
	Bd7	b6	dxe4(m)	Bd7(r)	dxc4	Re8
11	Bg3(c)	Rc1	Qxe4	Qe3	Bxc4	Be3
	a6(d)	c6	Bb7	0-0-0	Nd7	c6(aa)
12	e4	e3	Bd3	Be2	h4(w)	e5
	Nc6(e)	Bb7(h)	g6(n)	Rhe8(s)	Bg7(x)	Nf8(bb)

(a) 8 e4 Nc6 9 e5 Nd5 10 Bxe7 Ncxe7 11 Bxc4 Nxc3 12 bxc3 b6 was =, Tukmakov–Beliavsky, Tilburg 1984.

(b) 10 exd4 Nc6 11 0-0 Nh5 12 Bxe7 Nxe7 was equal in Korchnoi–Karpov, Meran 1981.

(c) 11 0-0, Karpov–Kasparov, Moscow 1984, and 11 Be2 Nc6 12 Nb3 Nd5 =, Korchnoi–Karpov, Meran 1981 were played before.

(d) Karpov recommends 11 . . . Nc6 12 Ndb5 a6 13 Nd6 b5 with counterplay for Black.

(e) White had a small edge in the game Karpov–Beliavsky, Dortmund 1995.

(f) There are other moves here: 9 Rc1, 9 g3, 9 e3, 9 Nxd5.

(g) 9 . . . Rd8 is an older move that is slightly better for White.

(h) After 13 Be2 Nd7 14 0-0 c5 15 dxc5 Nxc5 16 b4 Black should have played not 16 . . . Ne4 as in M. Gurevich–Hjartarson, Groningen 1993, but 16 . . . Na6 17 a3 Rac8 18 Qb3 Nb8 19 Qa4 a6 20 Nd4 Rc7 = (M. Gurevich).

(i) 7 Qb3 c5 8 dxc5 Nbd7 9 e3 Nxc5 10 Qc2 b6 led to nothing in Kurajica–Kir. Georgiev, Sarajevo 1985.

(j) 7 . . . Na6 8 Rd1 b6 9 Bxf6 Bxf6 10 e4 c6 was solid in Torre–Karpov, Brussels 1986. Speelman mentions 7 . . . dxc4 8 e4 a6, unclear.

(k) 8 Rd1 Bb7 9 Bxf6 Bxf6 10 cxd5 exd5 11 g3 Qe7 was = in T. Petrosian–Klovans, Yurmala 1983.

(l) 9 . . . c5 10 e5 Be7 11 cxd5 exd5 12 dxc5 bxc5 13 0-0-0 was much better for White in Zaitsev–Krogius, Sochi 1976.

(m) 10 . . . dxc4 is met by 11 e5 Be7 12 Bxc4 Bb7 13 a3 with the idea d5 (Hjartarson).

(n) The game Ree–Hjartarson, Reykjavik 1984 continued 13 h4 Rb8 14 Qg4 Bg7 15 Be2 Ne7 with chances for both sides.

(o) 7 cxd5 exd5 8 g3 0-0 9 Bg2 c6 10 0-0 Be7 11 Qc2 Be6 =, Timman–Kavalek, Bugojno 1982.

(p) 9 d5 Ne5 10 Nxf6† (10 Be2 0-0 11 Qb3 exd5 12 cxd5 c6 was good for Black in Romanishin–Geller, USSR 1978) 10 . . . Qxf6 11 Nxe5 Qxe5† 12 Qe2 Qf6 13 g3 0-0 was simple equality in P. Nikolić–Tal, Wijk aan Zee 1982.

(q) The alternative 10 Qd3 0-0 (also 10 . . . b6 11 Qe4 Bb7 12 Ne5 0-0-0 13 Nxc6 Rd6 =, Tatai–Geller, Las Palmas 1979) 11 Qe4 Bd7 12 Bd3 g6 13 0-0 is about even—Beliavsky–Georgadze, USSR 1978.

(r) 10 . . . 0-0 is well playable. After 11 0-0-0 e5 12 dxe5 Nxe5 13 Qd4, it was equal in Tatai–Korchnoi, Rome 1981, while 11 Qe3 Nb4 12 Qb3 c5 13 dxc5 Na6 14 0-0-0 Nxc5 = is Matulović–Ivkov, Sousse 1967.

(s) The game Vladimir–Kholmov, Leningrad 1967 concluded 13 0-0 Kb8 14 Ne5 Nxe5 15 dxe5 Qg5, draw.

(t) 8 e4 dxe4 9 Qxe4 c5 10 0-0-0 (Better than 10 Bd3 g6 11 dxc5 Nd7 12 Qe3 Qa5 ∓, Barbero–Petursson, Thessaloniki 1984) 10 . . . Qa5 11 Bd3 g6 (not 11 . . . Rd8 12 Qh7† Kf8 13 Ne4 ±, Trifunović–Rosetto, Mar del Plata 1950) would probably favor White. 8 0-0-0 c5 9 dxc5 d4 10 Ne4 (10 e3 leads to the queen sacrifice 10 . . . dxc3 11 Rxd8 cxb2† 12 Kb1 Rxd8 unclear, Ree–Boersma, Netherlands 1985) 10 . . . e5 11 e3 Nc6 12 exd4 exd4 13 a3 Bg4 14 Be2 b6 15 cxb6 axb6—Black had good compensation in Chekov–Bönsch, Leipzig 1986.

(u) (A) 8 . . . c6 9 e4 b6 10 Bd3 dxe4 11 Bxe4 Bb7 12 0-0 Nd7 13 b4 ±, Romanishin–Tarjan, Hastings 1976. (B) 8 . . . c5 favored White after 9 dxc5 Qa5 10 cxd5 exd5 11 Qd2 Bxc3 12 Qxc3 Qxc3† 13 bxc3 Be6 14 Nd4 Rc8 15 e4 ±, Romanishin–Beliavsky, Leningrad 1977.

(v) 9 e4 dxe4 10 Nxe4 Bg7 11 Be2 Nc6 would be unclear according to Kramnik.

(w) 12 0-0 Bg7 13 e4 (or possibly 13 b4) 13 . . . Qe7 14 e5 c5 was another possibility (Kramnik).

(x) The position is unclear. White's attacking chances can be met by counterpunching in the center. The game Kramnik–Short, Dortmund 1995 continued 13 a3 Qe7 14 Ba2 b6 15 Bb1 h5 16 0-0 Bb7 17 Ng5 Rfd8 18 Ba2 Nf6 19 e4 Ng4 20 e5 Rd7 (20 . . . c5) 21 Ne2 Rad8 22 Bxe6 fxe6 23 Qxg6 Nxe5 24 Qh7† Kf8 25 Nf4 Resigns. A brilliant finish.

(y) Kramnik evaluates 8 . . . c5 as a small White edge.

(z) Not 9 . . . h6?! 10 Bxf6 Bxf6 11 g4 with an attack.

(aa) 11 . . . Nf8 12 h5 h6 13 Ne5 is ± says Kramnik.

(bb) 13 Ne4 Bd7 14 0-0 ±, Kramnik–Beliavsky, Dortmund 1995.

QUEEN'S GAMBIT DECLINED

Lasker's Variation

1 d4 d5 2 c4 e6 3 Nc3 Nf6 4 Bg5 Be7 5 e3 0-0 6 Nf3 h6(a)
7 Bh4 Ne4 8 Bxe7 Qxe7

	31	32	33	34	35	36
9	cxd5............................Rc1..........................Qc2					
	Nxc3		c6(l)		Nxc3 ....c6(y)	
10	bxc3		Bd3(m)		Qxc3	Nxe4(z)
	exd5		Nxc3		dxc4(t)	dxe4
11	Qb3(b)		Rxc3		Bxc4	Qxe4
	Rd8..........Qd6(g)		Nd7 ....dxc4		b6	Qb4†
12	c4	c4(h)	0-0(n)	Bxc4(p)	0-0(u)	Nd2
	dxc4(c)	dxc4	dxc4	Nd7	Bb7	Qxb2
13	Bxc4	Bxc4	Bxc4	0-0	Be2	Rb1(aa)
	Nc6	Nd7(i)	b6	e5(q)	Rc8(v)	Qxa2(bb)
14	Be2(d)	0-0	Qe2	Bb3	b4	Bd3
	b6(e)	Nb6(j)	a5	exd4(r)	Nd7(w)	f5
15	0-0	Rfc1	Rfc1	exd4	Rfc1	Qe5(cc)
	Bb7(f)	Nxc4(k)	Bb7(o)	Nf6(s)	c5(x)	Qa3(dd)

(a) Inserting 6 . . . h6 is the modern form. Black makes luft and removes the h-pawn from take. If immediately 6 . . . Ne4 then 7 Bxe7 Qxe7 8 cxd5 Nxc3 9 bxc3 exd5 10 Qb3 Rd8 11 c4 dxc4 12 Bxc4 Nc6 13 Be2 Rd6 11 0-0 ± (Beliavsky).

(b) 11 Bd3 is possible here. The game Uhlmann–Averbakh, Polanica Zdroj 1975, continued 11 . . . c5 12 0-0 Nc6 (12 . . . Bg4) 13 h3 Be6 14 Re1 Rfd8 =.

(c) 12 . . . Nc6 13 cxd5 Na5 14 Qc3 b6 15 Bd3 Bb7 16 0-0 ± (Beliavsky).

(d) 14 Qc3 Bg4 15 0-0 Bxf3 16 Qxf3 Qf6 17 Be2 Rac8 =, Karpov–Yusupov, London 1989.

(e) This is a recent idea. The older plan was 14 . . . Rd6 15 0-0 Be6 16 Qb2 Bd5 ±, Ivkov–Wexler, Buenos Aires 1960. Other moves such as 14 . . . Na5, 14 . . . Qb4, 14 . . . Nb4 and 14 . . . Bg4 fail to equalize.

(f) 16 Rac1 Na5 17 Qb2 Rac8 =, Kramnik–Lutz, Germany 1994.

(g) 11 . . . c6 is also playable. 12 Be2 (12 Bd3 and 12 c4 are possible) 12 . . . Nd7 13 0-0 Nf6 14 c4 dxc4 15 Bxc4 is ± (Neishtadt).

(h) 12 Bd3 is too tame. 12 . . . Nd7 13 0-0 c5 14 Qa3 Qc7 15 Rfb1 b6 was completely equal in Bilek–Donner, Budapest 1961.

(i) 13 . . . Nc6 14 Qc3 b6 (14 . . . Bg4 15 Be2 Ne7 16 0-0 ±, Gilg–Keller, Gemany 1940) 15 0-0 Bb7 16 Rac1 Na5 led to a small edge for White in Gligorić–O. Bernstein, Yugoslavia–France 1956.

403

(j) 14 . . . c5 15 Qa3 b6 16 e4 Bb7 17 e5 Qe7 18 Rfe1 b5 19 Bxb5 Bxf3 20 gxf3 ±
(Pachman).

(k) After 16 Qxc4 c6 17 a4 Be6 18 Qc5 Qxc5 19 dxc5 White had an edge in the
ending, Flohr–Denker, Groningen 1946.

(l) 9 . . . Nf6 10 Qc2 Rd8 11 a3 dxc4 12 Bxc4 c5 was about even in Farago–
Andersson, Wijk aan Zee 1988. 9 . . . Rd8 10 Qc2 Nc6 11 a3 Nxc3 12 Qxc3 ±,
Osnos–Shabanov, USSR 1973.

(m) 10 Qc2 Nxc3 11 Qxc3 Nd7 12 a3 dxc4 13 Bxc4 b6 =, Petrosian–Spassky,
Moscow 1969.

(n) 12 cxd5 exd5 13 Qb1 Nf6 14 Nd2 Re8 ±, Bolbochan–Aaron, Stockholm 1962.

(o) Epishin–Vaganian, Reggio Emilia 1995 continued 16 h3 (a novelty according
to Epishin; 16 Bd3 had been normal before) 16 . . . c5 17 Bb5 e5 18 dxe5 ±.

(p) 12 Rxc4 with the idea of setting up a battery on h7 is a plausible alternative;
12 . . . Nd7 13 Bb1 e5 14 Qc2 f5 15 dxe5 Nxe5 ±, Polugaevsky–Augustin,
Lugano 1968.

(q) 13 . . . b6 is well possible here; 14 Bd3 c5 15 Bb5 Rd8 16 Bc6 Rb8 =, Smyslov–
Kasparov, Vilnius 1984.

(r) Perhaps (A) 14 . . . Re8 15 d5 cxd5 16 Qxd5 Nf6 (P. Nikolić–Yusupov) or
(B) 14 . . . e4 15 Nd2 Nf6 16 Qc2 Re8 (Polugaevsky–Mikhalchishin, USSR
1978) are safer alternatives.

(s) The game Karpov–Yusupov, London 1989 continued 16 Re1 Qd6 17 Ne5 and
now Yusupov could have kept the balance with 17 . . . Be6 18 Bxe6 fxe6
19 Qb3 (Makarichev suggests 19 Rg3) 19 . . . Qxd4 (Beliavsky).

(t) 10 . . . c6 11 cxd5 exd5 12 Bd3 Nd7 13 0-0 Nf6 ±, Teschner–Vidmar, Kottbus
1942.

(u) 12 d5 was played in Lobron–Yusupov, Munich 1993. After 12 . . . cxd5
13 Bxd5 c6 14 Bc4 Bb7 15 Ne5 b5 16 Bb3 Qc7 17 a4 Nd7 18 Ng6 Rfe8 19 axb5
Rac8 20 0-0 c5 21 Nf4 c4 22 Bc2 White held a slight edge.

(v) An immediate 13 . . . c5 was played in Hübner–Yusupov, Munich 1993.
14 dxc5 Rc8 15 b4 bxc5 16 b5 a6 17 Nd2 (Hübner says 17 a4 axb5 18 axb5 Nd7
19 Nd2 is ±) 17 . . . axb5 18 Bxb5 Bxg2 19 Kxg2 Qb7† 20 Kh3 Qxb5 is unclear.

(w) 14 . . . c5 15 dxc5 bxc5 16 b5 Nd7 17 a4 a6 18 Rfc1 axb5 19 Bxb5 Bc6 (19 . . . c4
Zsu. Polgar) 20 Bxc6 Rxc6 was ±, Zsu. Polgar–Chiburdanidze, St. Petersburg
1995.

(x) After 16 dxc5 bxc5 17 b5 a6 18 a4 c4, Psakhis–Yusupov, Baden-Baden 1992,
White had an advantage. Psakhis suggests 18 . . . axb5 19 Bxb5 Bxf3 20 gxf3
and calls it ±.

(y) (A) 9 . . . Nf6 10 cxd5 exd5 11 Bd3 c6 12 0-0 Be6 13 Rab1 a5 was somewhat fa-
vorable for White in Lengyel–Kotov, Amsterdam 1968. (B) 9 . . . Rd8 10 Bd3
Nxc3 11 Qxc3 c6 12 0-0 Nd7 13 Rfd1±, Geller–Moiseev, USSR 1952.

(z) (A) 10 Be2 Nd7 11 0-0 =, Kotov–Pilnik, Stockholm 1952. (B) 10 Bd3 Nxc3
11 Qxc3 dxc4 12 Bxc4 Nd7 13 0-0 b6 14 e4 Bb7 15 Rfe1 c5 =, Timman–
Donner, Leeuwarden 1981.

(aa) 13 Qb1 Qc3 14 Qc1 Qxc1† 15 Rxc1 Nd7 16 Be2 c5 =, Trifunović–Najdorf, Yugoslavia 1949. White must sacrifice the a-pawn if he wants to try for an advantage.

(bb) 13 . . . Qc3 14 Qd3 Qa5 15 Be2 e5 16 0-0 cxd4 17 ex4 Bf5 18 Ne4 Re8 19 Bf3 led to a slight advantage for White in Taimanov–Cvetkov, Moscow 1956.

(cc) 15 Qh4 c5 and now 16 dxc5 Qa3 17 Ke2 Nd7 or 16 Ke2 cxd4 17 Ra1 Qb2 18 Rhb1 Qc3 or 16 d5 Nd7 17 dxe6 Ne5 18 e7 Nd3† are all bad for White.

(dd) 16 Ke2 Qe7 17 c5 Nd7 18 Qc7 e5 19 Nf3 exd4 20 Nxd4 Qe5 21 Qxe5 Nxe5 21 f4 Nxd3 22 Kxd3. White has unclear compensation for the pawn.

QUEEN'S GAMBIT DECLINED

Cambridge Springs Variation

1 d4 d5 2 c4 e6 3 Nc3 Nf6 4 Bg5 Nbd7 5 Nf3 c6(a) 6 e3(b) Qa5

	37	38	39	40	41	42
7	Nd2				cxd5	
	Bb4(c)				Nxd5(p)	
8	Qc2				Qd2	
	e5		0-0(j)		Bb4(q)	
9	Nb3	dxe5	Be2		Rc1	
	Qc7	Ne4(f)	e5	c5	0-0(r)	
10	Be2	Ndxe4	0-0	0-0(n)	Bd3	
	dxc4(d)	dxe4	exd4	cxd4	h6	e5
11	Bxc4	0-0-0	Nb3	Nb3	Bh4	0-0
	0-0	f6(g)	Qc7(k)	Qb6	e5	exd4
12	0-0	exf6	Nxd4	exd4	0-0(s)	exd4
	Bd6	Qxg5(h)	Bxc3(l)	dxc4	exd4	f6(u)
13	h3	Nxe4	bxc3	Bxc4	exd4	Bh4
	a6(e)	Qa5(i)	dxc4(m)	Qc7(o)	Re8(t)	Rd8(v)

(a) 5 . . . Bb4 is the Manhattan Variation, a type of Ragozin with the Black knight committed to d7, and is considered under that opening. 5 . . . h6 6 Bh4 dxc4 7 e4 Bb4 8 Qc2 c5 9 Bxc4 cxd4 10 Nxd4 was ± in Vaganian–Taimanov, USSR 1974.

(b) 6 e4 dxe4 7 Nxe4 Be7 (7 . . . a6 8 Nxf6† Nxf6 9 Bc1 c5 10 a3 Be7 = —Neishtadt) 8 Nc3 0-0 =, Alekhine–Lundin, Örebro 1935.

(c) 7 . . . dxc4 8 Bxf6 Nxf6 9 Nxc4 Qc7 10 Be2 Be7 11 a3 Bd7 12 Rc1 0-0 13 0-0 c5 14 dxc5 Qxc5 15 b4 was a slight advantage in Rashkovsky–Smagin, USSR 1980.

(d) 10 . . . Ne4 11 Bh4 exd4 12 Nxd4 Qa5 13 0-0 Bxc3 14 cxd5 cxd5 15 bxc3 Qxc3 16 Qd1 is good for White according to Kramnik.

(e) In the game Kramnik–Kasmsky, Linares 1993, 13 . . . Re8 14 Rad1 exd4 15 Nxd4 Be5 16 f4 Bxd4 17 Rxd4 Rxe3 18 Rfd1 was ±; Black played too actively. After 13 . . . a6 it's probably ±.

(f) 9 . . . Bxc3† 10 Qxc3 Qxc3† 11 bxc3 Nxe5 12 Bxf6 gxf6 13 cxd5 cxd5 is equal (M. Gurevich).

(g) 11 . . . Bxc3 12 Qxc3 Qxc3† 13 bxc3 0-0 14 Rd4 ±.

(h) Not 12 . . . Bxc3? 13 bxc3 Qxg5 14 Qxe4† Qe5 15 f7† winning.

(i) In the game Lutz–M. Gurevich, Munich 1993, the mistake 13 . . . Qe5? was made; and 14 f4 Qa5 15 a3 Bf8 16 fxg7 Bxg7 17 Nd6† was winning for White. But after 13 . . . Qa5, 14 a3 Bf8 15 fxg7 Bxg7 16 Nd6† Ke7 17 Qe4† Qe5 the position would be unclear.

(j) Others: (A) 8 ... dxc4 9 Bxf6 Nxf6 10 Nxc4 Qc7 11 Be2 0-0 12 0-0 b6 13 Rac1 ±, van Wely–Thórhallsson, Manila 1992; or (B) 8 ... Ne4 9 Ndxe4 dxe4 10 Bh4 0-0 11 a3 Bxc3† 12 Qxc3 ±, Hort–Janosević, Madonna di Campiglio 1974.

(k) 11 ... Qb6 was introduced in the game van der Sterren–Yusupov, Munich 1994. After 12 Nxd4 (12 exd4!?) Yusupov could have equalized with 12 ... Bxc3 13 bxc3 dxc4 14 Bxf6 Nxf6 15 Bxc4 (van der Sterren).

(l) 12 ... dxc4 13 Bxc4 Qe5 14 Nf3 Qe7 ±, Beliavsky–Smagin, USSR 1986.

(m) 14 Bxc4 Qe5 and now not 15 Bh4 Qe4 =, Ruban–Cvetković, Yugoslavia 1993, but 15 Bf4 Qc5 16 Bd3 Ne5 17 Bxe5 Qxe5 18 e4 ± (Ruban).

(n) 10 Nb3 Qa4 (10 ... Bxc3† 11 bxc3 Qa4 12 cxd5 c4 13 Qb2 was good for White in Azmaiparashvili–Ivanchuk, Moscow (rapid) 1994) 11 Bxf6 Nxf6 12 dxc5 dxc4 13 Bxc4 Qc6 14 0-0 Bxc5 was Lobron–Ivanchuk, Munich 1994. Now 15 Nxc5 Qxc5 16 Ne4 Nxe4 17 Qxe4 would be ± according to Lobron.

(o) The game has turned into a sort of Nimzo-Indian with White's knight on b3 instead of f3. After the game continuation 14 Qe2 Bxc3 15 bxc3 Ne4 16 Qxe4 Qxc4 the position was unclear, Azmaiparashvili–Ivanchuk, Tilburg 1994. Azmai mentions 14 Nb5 Qc6 15 a3 Be7 16 Na5 Qb6 17 b4 a6 18 Nc3 Qxd4 19 Rad1 Qg4 20 f4 as a speculative White alternative.

(p) Neither 7 ... exd5 nor 7 ... cxd5 is in the spirit of the Cambridge Springs. But 7 ... Ne4 has been tried by Ljubojević; after 8 dxe6 fxe6 9 Qa4 (9 Bh4 is also played) 9 ... Qxa4 10 Nxa4 Bb4† 11 Ke2 b5 12 Nc5 Ndxc5 13 dxc5 Bxc5 14 Rc1 White is better (Filip).

(q) 8 ... N7b6 9 Bd3 f6 10 Bh4 Nxc3 11 bxc3 Ba3 12 Rb1 ±, Vaganian–Smyslov, Montpellier 1985.

(r) 9 ... h6 10 Bh4 c5 11 a3 Bxc3 12 bxc3 Qxa3 13 e4 N5f6 14 Bd3 Qa5 15 d5 c4 16 Bxc4 exd5 17 Bxd5 ±, M. Gurevich–Cardon, Belgium 1994.

(s) If 12 a3 Bxc3 13 bxc3 exd4 14 cxd4 Qxa3 15 0-0 Re8 as in Rogers–Smagin, Prague 1992, Ftačnik suggests 16 e4 N5b6 17 Rfe1. It is unclear whether White has enough for the pawn.

(t) Following 14 Bb1 Nf8 15 Ne5 Be6, there are several White tries. 16 Qd3 Nf4 17 Qf3 N4g6 18 Bg3 Nxe5 =, Uhlmann–Smagin, Dortmund 1991, or 16 Rfe1 c5 and now 17 Nf3 was recommended by Smagin rather than the 17 Nc4 Qa6 18 Ne3 Nxe3 19 fxe3 Bxa2 ∓ of Oll–Smagin, Copenhagen 1993.

(u) If 12 ... N7f6 13 Rfe1 h6 14 Bxh6 is good according to Kasparov.

(v) After 14 a3 (If 14 Qc2 Nf8 15 Nxd5 cxd5 16 Bg3 Bd6 and Black has equalized) Black has two unappetizing choices. If 14 ... Bd6 15 Nxd5 Qxd2 16 Nxf6† Nxf6 17 Nxd2 Bf4 18 Rcd1 Rxd4 19 Nf3 and Kasparov judges the endgame as very favorable to White. The game Kasparov–Smyslov, Vilnius 1984, continued instead 14 ... Bxc3 15 bxc3 Nf8 (If 15 ... Qxa3 16 c4 with a big edge) 16 Bg3 ± Be6 17 Rfe1 Bf7 18 c4 Qxd2 19 Nxd2 Nb6 20 Nb3 Na4 21 Bf1 Rd7 22 Na5 Ne6 23 d5 Nd4 24 dxc6 Nxc6 25 Nxc6 bxc6 26 c5 Re8 27 Rxe8† Bxe8 28 Bd6 Bf7 29 Rb1 Bd5 30 Rb8† Kf7 31 Rf8† Ke6 32 g3 g6 33 Ba6 Rxd6 34 cxd6 Kxd6 35 Rxf6† Ke5 36 Rf8 c5 37 Re8† Kd4 38 Rd8 Ke5 39 f4† Ke4 40 Bf1 Bb3 41 Kf2 Nb2 and White won. Filigree technique by Kasparov.

QUEEN'S GAMBIT DECLINED
Tartakower Variation

1 d4 d5 2 c4 e6 3 Nc3 Nf6 4 Bg5 Be7 5 e3 0-0 6 Nf3 h6(a) 7 Bh4 b6

	43	44	45	46	47	48
8	Be2(b)........		Bd3........		Qb3	cxd5(x)
	Bb7		Bb7	dxc4(o)	Bb7(t)	Nxd5
9	Bxf6		0-0(i)	Bxc4	Bxf6(u)	Bxe7
	Bxf6		Nbd7	Bb7(p)	Bxf6	Qxe7
10	cxd5		Qe2(j)	0-0	cxd5	Nxd5
	exd5		Ne4(k)	Nbd7(q)	exd5	exd5
11	b4(c)		Bg3	Qe2	Rd1(v)	Rc1(y)
	c6............	c5	c5	Ne4(r)	Re8	Be6
12	0-0	bxc5	cxd5	Bg3	Bd3	Qa4(z)
	Re8(d)	bxc5	exd5	Bd6	c5	c5
13	Qb3	Rb1	Rad1(l)	Rfd1	dxc5	Qa3
	a5	Bc6(g)	Nxg3(m)	Bxg3	Nd7	Rc8
14	bxa5(e)	0-0	hxg3	hxg3	c6	Be2(aa)
	Rxa5(f)	Nd7(h)	Bf6(n)	Qe7(s)	Bxc6(w)	Kf8(bb)

(a) 6 . . . b6 leads to similar play without the useful luft. An example is 7 cxd5 Nxd5 8 Bxe7 Qxe7 9 Nxd5 exd5 10 Rc1 Be6 11 Qa4 c5 12 Qa3 Rc8 13 Bb5 ±, Petrosian–Trikaliotis, Siegen 1970.

(b) White also can play the immediate 8 Bxf6 Bxf6 9 cxd5 exd5 10 Be2, when 10 . . . Bb7 would transpose to the column, but Black could consider 10 . . . Be6.

(c) 11 0-0 is less ambitious. Black can choose between 11 . . . Qe7, 11 . . . c5, 11 . . . c6, 11 . . . Re8 and 11 . . . Nd7.

(d) 12 . . . Qd6 13 Qb3 Nd7 14 Rfe1 Be7 15 Rab1 a5 16 bxa5 Rxa5 17 a4 Re8 18 Bf1 Bf8 19 Qc2 g6 20 e4 led to trouble for Black in Karpov–Kir. Georgiev, Tilburg 1994. After 20 . . . dxe4 21 Nxe4 Qf4 22 Bc4 Bg7 23 Re3 c5 24 d5 Raa8 25 Rbe1 Rad8 26 Qb3 Ba8 27 g3 Qb8 28 d6, White won brilliantly with 29 Bxf7† Rxf7 30 Neg5 hxg5 31 Nxg5 Rf8 32 Re8 Qxd6 33 Qxf7† Kh8 34 Ne6 Resigns.

(e) 14 b5 c5 15 Rad1 (Not 15 dxc5 bxc5 16 Rac1 Bxc3 ∓, Timman–Short, San Lorenzo 1993) 15 . . . c4 16 Qc2 ± (H. Olafsson).

(f) 15 Rab1 Nd7 16 Rfe1 Be7 (16 . . . Qa8 17 a4 Ba6 is unclear—H. Olafsson) 17 a4 Bd6 18 e4 (18 Bd3 led to nothing in H. Olafsson–Lputian, Tilburg 1994) 18 . . . dxe4 19 Bc4 Rf8 20 Nxe4 would have been interesting according to Olafsson.

(g) 13 . . . Qa5 has proved too risky: 14 Qd2 cxd4 15 Nxd4 Bxd4 16 exd4 and now neither 16 . . . Ba6 17 Nb5 Qd8 18 0-0 Nc6 19 a4 (Azmaiparashvili–Short,

Manila 1992) or 16 . . . Bc6 17 Nb5 Qd8 18 0-0 Nd7 (Vaganian–Gomez, Haifa 1989) was good enough to equalize.

(h) After 15 Bb5 Qc7 16 Qc2 (16 Qd2 Rfd8 =, Kasparov–Karpov, Moscow 1984) 16 . . . Rfc8, White had little in Khalifman–Portisch, Biel 1993.

(i) 9 cxd5 Nxd5 10 Bxe7 Qxe7 11 Nxd5 Bxd5 12 Rc1 Rc8 13 0-0 c5 was =, Beliavsky–Geller, Erevan 1975.

(j) (A) 10 Bg3 is best met by 10 . . . Bd6, when 11 Rc1 Bxg3 12 hxg3 c5 13 Qe2 a6 14 a4 Ne4 15 Rfd1 Qe7 16 Rb1 Rfd8 17 cxd5 Draw, Mikhalchishin–Diaz, Trnava II 1988. (B) 10 cxd5 exd5 11 Bf5 g6 12 Bd3 Ne4 was about equal in Mirales–Barbero, Montpellier 1987, but also not bad is 10 . . . Nxd5 11 Bxe7 Qxe7 12 Re1 c5. Now 13 Nxd5 was equal, but 13 e4 Nf4 14 d5 exd5 15 exd5 Qd6 16 Bc4 Nf6 was ∓ in Shirov–Beliavsky, Linares 1993.

(k) 10 . . . c5 11 Rac1 (11 Bg3 cxd4 12 exd4 dxc4 (12 . . . Bb4 Vyzmanavin) 13 Bxc4 a6 ±, Vyzmanavin–Beliavsky, Novosibirsk 1995) 11 . . . Ne4 12 Bg3 Nxg3 13 hxg3 cxd4 was unclear in Andersson–Schussler, Haninge 1988.

(l) 13 Rac1 is an alternative; if 13 . . . Rc8 14 Ba6 Nxg3 15 hxg3 Qc7 16 Bxb7 Qxb7 17 Rfd1±, Timoschenko–Marić, London 1996.

(m) 13 . . . Ndf6 14 dxc5 Nxc3 15 bxc3 Bxc5 16 Nd4 Qe7 17 Bh4 ±, Vyzmanavin–A. Petrosian, Palma de Mallorca 1989.

(n) 15 Bb1 Re8 16 Rd2 a6 =, Vyzmanavin–Pigusov, Moscow II 1988

(o) 8 . . . c5 9 dxc5 bxc5 10 cxd5 Nxd5 (if 10 . . . exd5? 11 Bxf6 Bxf6 12 Nxd5 Bxb2 13 Rb1 Bf6 14 Be4 wins) 11 Bg3 Nd7 12 0-0 Nxc3 13 bxc3 ±, Smyslov–Szabo, Mar del Plata 1962.

(p) Not 9 . . . Ba6? 10 Bxa6 Nxa6 11 Qa4 Nb4 12 Bxf6 ±, Kholmov–Saigin, USSR 1953.

(q) 10 . . . Ne4 11 Nxe4 Bxe4 12 Bg3 Bd6 13 Qe2 Bxg3 14 hxg3 Nd7 15 Bb5 c6 16 Ba4 ±, L. Lengyel–Zuidema, Amsterdam 1965.

(r) 11 . . . a6 12 a4 is a slight White advantage (Hort).

(s) After 15 Nxe4 Bxe4 White is slightly better, Gheorghiu–Pfleger, Lucerne 1985.

(t) 8 . . . bxc4 9 Bxc4 Bb7 10 Ne5 Nfd7 (10 . . . Nbd7 Shirov) 11 Nxf7. Now Beliavsky playing Shirov blundered with 11 . . . Rxf7? and after 12 Bxe6 Bxh4 13 Bxf7+ Kh8 14 Bd5 was lost. 11 . . . Kxf7 12 Bxe6+ Ke8 13 Qc2 Bxh4 14 Qg6+ Ke7 15 Bd5 Rxf2 would have been unclear (Shirov).

(u) 9 0-0-0 Nbd7 10 Rg1 c5 11 g4 Ne4 12 Bxe7 Qxe7 =, Spassky–Drimer, Reykjavik 1957.

(v) Here 11 0-0-0 c5 12 g4 Nc6 13 h4 cxd4 14 exd4 g6 15 h5 g5 16 Qf5 Nb4 is equal, Agdestein–H. Olafsson, Gjovik 1985.

(w) The game Lautier–Beliavsky, Dortmund 1995 continued 15 0-0 Nc5 16 Qc2 Bb7 17 Bb5 Re7 18 Nxd5 Bxd5 19 Qf5 ±.

(x) (A) 8 Qc2 Bb7 9 Bxf6 Bxf6 10 cxd5 exd5 11 0-0-0 c5 12 dxc5 Nd7 13 c6 Bxc6 ∓, Ubilava–Kharitonov, USSR 1983. (B) 8 Rc1 Bb7 9 Be2 dxc4 10 Bxc4 Nbd7 11 0-0 c5 12 Qe2 a6 13 a4 cxd4 =, Yusupov–Karpov, Bugojno 1986.

(y) 11 Be2 Be6 12 0-0 c5 13 b3 Rc8 14 Rc1 a5 =, Najdorf–Gheorghiu, Lugano 1968.

(z) 12 Bd3 c5 13 Bb1 Nd7 14 Qc2 Nf6 15 dxc5 Rfc8 16 b4 bxc5 bxc5 Ba6 gave Black good play, Timman–Rukavina, Sombor 1972.

(aa) 14 Bb5 Qb7 15 dxc5 bxc5 16 Rxc5 Rxc5 17 Qxc5 Na6 with ample play for the pawn, Timman–Geller, Hilversum 1973.

(bb) 15 dxc5 bxc5 16 0-0 a5 17 Rc7 Nd7 18 Rb3 (Winants–Kasparov, Brussels 1987). Now 18 . . . a4 is equal (Kasparov).

QUEEN'S GAMBIT DECLINED
Exchange Variation

1 d4 d5 2 c4 e6 3 Nc3 Nf6 4 cxd5 exd5 5 Bg5 c6 6 Qc2 Be7

	49	50	51	52	53	54
7	e3					
	Nbd7(a)					
8	Bd3					
	Nh5	0-0				
9	Bxe7	Nf3		Nge2		
	Qxe7	Re8		Re8		
10	0-0	0-0(e)		0-0(m)		
	Nhf6(b)	Nf8		Nf8(n)		
11	Qc2	Rab1(f)......a3		f3		Rab1
	0-0	g6(g)	g6(i)	Be6(o)		Ne4(u)
12	Rfe1	b4	Rab1(j)	Bh4(p) Rad1		Bxe7(v)
	g6(c)	Ne6	Ne6	N6d7(q)	Rc8(s)	Qxe7
13	a3	Bh4	Bh6(k)	Bf2	a3	Bxe4(w)
	Nb6(d)	a6(h)	Ng7(l)	Rc8(r) =	c5(t)	dxe4(x)

(a) 7 ... Bg4 is dubious. After 8 Bd3 Nbd7 9 h3 Be6 10 Nge2 it was $\pm$ in Vaganian–Short, Skelleftea 1989.

(b) 10 ... 0-0 11 Qb1 Nhf6 (If 11 ... g6 12 b4 a6 13 a4 Ng7 14 b5 with a big edge—Kramnik) 12 b4 Re8 13 Rc1 a6 14 a4 g6 15 Qb2 a5 16 bxa5 $\pm$, Kramnik–Timman, Belgrade 1995.

(c) A recent idea. 12 ... Re8 is the older move.

(d) After 14 b4 White is a little better, Piket–Timman, Wijk aan Zee 1996.

(e) 10 0-0-0 Nf8 11 Bxf6 Bxf6 12 h3 Be6 13 Kb1 Rc8 14 g4 and now 14 ... b5 was a mistake made in Korchnoi–Yusupov, Dortmund 1994. Instead 14 ... c5 15 Bb5 Nd7 would have equalized, according to Yusupov.

(f) Some other moves here are: (A) 11 Rae1 Be6 12 Ne5 N6d7 13 Bxe7 Rxe7 14 f4 f6 15 Nf3 Rc8 $\pm$, Rogers–Speelman, Spain 1994. (B) 11 Bxf6 Bxf6 12 b4 Bg4 13 Nd2 Be7 =, Timman–Kasparov, World vs. USSR 1984. (C) 11 a3 a5 12 Ne5 Ng4 13 Bxe7 Qxe7 =, Bagirov–Avsalumov, USSR 1986.

(g) (A) 11 ... a5 12 a3 Ne4 13 Bxe7 Qxe7 $\pm$, Gligorić–Larsen, Copenhagen 1965. (B) 11 ... Be6 12 b4 a6 13 Na4 N6d7 14 Bxe7 Qxe7 15 Nc5 $\pm$, Portisch–Yusupov, Bugojno 1986. Also 11 ... Ng6, 11 ... Ne4 and 11 ... Bd6 are all $\pm$.

(h) 14 a4 Ng7 15 b5 axb5 16 axb5 Bf5 17 bxc6 (17 h3 Bxd3 18 Qxd3 Nf5 is equal—Ftačnik) 17 ... bxc6 18 Ne5 Rc8 with chances for both sides, Ftačnik–Ivanchuk, Moscow 1994.

411

(i) 11 . . . Be6 is another main line here. After 12 Bxf6 Bxf6 13 b4 Rc8 14 Na4 (14 Rac1 is also played) 14 . . . Rc7 15 Rac1 Be7 16 Qb1 Bd6 it was ⩲ in Karpov–Campora, San Nicholas 1994; 12 Rab1 N6d7 13 Bf4 Nb6 14 Na4 (14 b4 Bd6 15 Bxd6 Qxd6 16 a4 a6 was ⩲, Beliavsky–Ivanchuk, Linares 1993) 14 . . . Nxa4 15 Qxa4 Ng6 16 Bh2 Bd6 was ⩲; I. Sokolov–Yusupov, Amsterdam 1994. Also 11 . . . Nh5 12 Bxe7 Qxe7 13 Rab1 a5 14 a3 g6 gave a small advantage to White; Psakhis–Ruban, Novosibirsk 1993.

(j) (A)12 Bxf6 Bxf6 13 b4 Be7 13 b5 Bd6 15 bxc6 ⩲ P. Nikolić–L. Boltansen, Wijk aan Zee 1995. (B) 12 Bh6 Ne6 13 Rab1 c5 14 dxc5 Nxc5 15 Rbd1 Qa5?! 16 Nd4 Bd7 17 Bg5 ⩲, Yermolinsky–Kaidanov, Asheville 1995.

(k) 13 Bh4 Ng7 14 b4 a6 15 a4 ⩲, Gelfand–Lobron, Munich 1994.

(l) 13 . . . a5 14 a3 Ng7 15 b4 axb4 16 axb4 Bf5 =, Yermolinsky–G. García, New York 1994. In the column 14 b4 a6 15 a4 Bf5 16 Bxg7 Bxd3 17 Qxd3 Kxg7 18 b5 is an edge for White, Ruban–Panchenko, Russia 1994.

(m) White has several alternatives: (A)10 0-0-0 Qa5 11 Kb1 b5 12 Ng3 h6 13 Bf4 g5 unclear, Miles–Morović, Tunis 1985. (B) 10 h3 Nf8 11 g4 a5 12 Ng3 h6 13 Bxf6 Bxf6 was unclear in Salov–van der Sterren, Hilversum 1993.

(n) 10 . . . g6 11 f3 Nh5 12 Bxe7 Rxe7 13 e4 Nb6 14 Rf2 (instead of 14 e5 c5 Timman–Short, San Lorenzo 1993) ⩲ (Timman).

(o) Here also Black has many choices: (A) 11 . . . c5 12 Bxf6 Bxf6 13 dxc5 Rxe3 14 Rad1 ⩲, Mozetic–Abramović, Yugoslavia 1995. (B) 11 . . . Ng6 12 Rad1 Nh5 13 Bxe7 Qxe7 ⩲, Markov–P. Horvath, Harkany 1991. (C) 11 . . . b5 12 Bh4 a6 13 Bf2 Bb7 14 Kh1 ⩲, Gelfand–Beliavsky, Belgrade 1991. (D) 11 . . . Nh5 12 Bxe7 Rxe7 13 e4 dxe4 14 fxe4 Ne6 15 d5 Nc5 16 Rab1 Qb6 =, I. Sokolov–van der Sterren, Netherlands 1995.

(p) 12 Rae1 Rc8 13 Kh1 a6 (13 . . . N6d7 14 Bxe7 ⩲, Kasparov–Andersson, Belfort 1988) 14 a3 h6 15 Bh4 c5 was about equal in Yrjölä–Pigusov, Helsinki 1992.

(q) 12 . . . Rc8 13 Rad1 Qa5 14 Bf2 N6d7 15 a3 f6 16 Ng3 ⩲, Malaniuk–Nenashev, Tashkent 1987.

(r) Better than the inferior 13 . . . Bh4 as played in Sadler–Murugan, London 1993.

(s) 12 . . . N6d7 13 Bxe7 Qxe7 14 Nf4 ⩲ in Ruzele–van der Sterren, Manila 1992, while 13 Bf4 Rc8 14 a3 a5 15 Kh1 b5 was also ⩲, Kamsky–van der Sterren, Wijk aan Zee 1994.

(t) After 14 dxc5 Rxc5 15 Nd4 White is slightly better (Hansen).

(u) Others: (A) 11 . . . Ng4 12 Bf4 (12 Bxe7 Qxe7 13 h3 Nf6 14 b4 Ne6 = according to Murugan) 12 . . . Bd6 13 b4 Bxf4 14 Nxf4 and now instead of 14 . . . g5?, which occurred in Hodgson–Murugan, England 1993, 14 . . . Qd6 15 h3 g5 16 hxg4 gxf4 17 Qe2 Qh6 would have been unclear (Murugan). (B) 11 . . . Nh5 12 Bxe7 Qxe7 13 b4 a6 14 a4 Qg5 15 b5 Re6 16 bxa6 bxa6 17 Bf5 Rh6 18 Bxc8 Rxc8 led to a position where Black's attacking chances balanced his structural weaknesses in Hodgson–Crouch, Dublin 1993.

(v) This was new at the time. The usual move is 12 Bf4.

(w) After 13 b4 a6 14 a4 as recommended by Leko, White is probably a little bit better.

(x) After 14 d5 Qc5 (not 14 . . . cxd5 15 Nxd5 Qg5 17 Nc7 Bh3 18 Nf4 ±) 15 b4 Qc4 16 Rfd1 cxd5 17 Rxd5 Bg4 18 Rd4 Qc6 it would have been murky (Leko). The game Leko–Almasi, Hungary 1995 continued 14 Ng3 f5 15 Rfd1 Be6 16 b4 a6 17 Na4 (17 a4) 17 . . . Qf7 18 a3 Nd7 and Black had equalized.

QUEEN'S GAMBIT DECLINED

Exchange Variation

1 d4 d5 2 c4 e6 3 Nc3 Nf6 4 cxd5 exd5(a)

	55	56	57	58	59	60
5	Bg5 .... Nf3 .... Bf4					
	c6		c6			Be7
6	Qc2 .... e3		Bg5 .... Bf4			Qc2
	Na6	Bf5(g)	h6	Nbd7		c5(v)
7	e3(b)	Qf3	Bh4	Qc2		dxc5
	Nb4(c)	Bg6	Bf5(l)	Nb6(p) Nh5		d4
8	Qd2(d)	Bxf6	Qb3	e3(q)	Bg3	0-0-0(w)
	Bf5	Qxf6(h)	g5	Bg4	g6(t)	Qa5
9	Rc1	Qxf6	Bg3(m)	Ne5	e3	Qa4†(x)
	a5	gxf6	Qb6	Bh5	Nxg3	Qxa4
10	a3	Kd2(i)	e3	h3	hxg3	Nxa4
	Na6	Nd7	Na6(n)	Bd6(r)	Bd6	Ne4
11	Nge2(e)	Bd3(j)	Be5	g4	Bd3	Bg3
	h6	a5	Be7	Bg6	Nf6	Nc6
12	Bf4	Nf3	Qxb6	Qb3	0-0-0	Nf3
	Bd6(f)	Nb6(k)	axb6(o)	Qe7(s)	Be6(u)	Nxc5(y)

(a) 4 ... Nxd5 is possible. After 5 e4 Nxc3 6 bxc3 c5 7 a3 Be7 8 Nf3 0-0 9 Bd3 cxd4 (9 ... Nc6 is more usual) 10 cxd4 Nc6 White was perhaps slightly better in this Semi-Tarrasch-like position, Bareev–Hraček, Pardubice 1994.

(b) 7 a3 is the alternative. After 7 ... Nc7 8 e3 Ne6 9 Bh4 Be7 10 Bd3 g6 White was slightly better, Vaganian–Westerinen, Moscow 1982.

(c) 7 ... Nc7 8 Bd3 Be7 9 Nge2 Nh5 10 Bxe7 Qxe7 11 0-0-0 g6 12 Kb1 Ng7 13 Ng3 0-0 14 h4 h5 15 Qd2 ±; Dohosian–Vaganian, Tilburg 1994.

(d) (A) 8 Qd1 Bf5 9 Rc1 Qa5 10 Bxf6 gxf6 (10 ... Nxa2 11 Bh4 Bb4 12 Qd2 Nxc1 13 Qxc1 is unclear—Ehlvest) 11 Qd2 Nxa2 12 Ra1 Nxc3 13 Rxa5 Ne4 14 Rxd5 was unclear in Ehlvest–Short, Manila 1992. (B) 8 Qb1 h6 (not 8 ... g6 9 Qd1 a5 10 a3 Na6 11 Bd3 ±, Dohosian–Vaganian, Tilburg 1994 fourth match game) 9 Bh4 g6 10 Qd1 Bf5 11 Rc1 g5 12 Bg3 Qa5 13 Qf3 ±.

(e) 11 Bxa6 Rxa6 12 Nge2 Be7 =, Züger–King, Bern 1988.

(f) The game Barsov–Se. Ivanov, Germany 1994 continued 13 Ng3 Bh7 14 Bxd6 Qxd6 with about even chances.

(g) 6 ... Qb6 7 Qd2 Ne4 8 Nxe4 dxe4 9 Ne2 Be6 10 Nc3 Bb4 11 Be2 Qa5 12 Bf4 ±, Knaak–Faibisovich, Berlin 1987.

(h) 8 ... gxf6 9 Qd1 Qb6 10 Qd2 Na6 ±, Petrosian–Barcza, Budapest 1953.

414

(i) 10 Rd1 is interesting. In Timman–Short, San Lorenz 1993, Black played 10 . . . Nd7 11 Bd3 Nb6 12 Nge2 Kd7 and now instead of 13 e4?, 13 h4 and 13 0-0 have been suggested.

(j) 11 h4 Nb6 12 h5 Bf5 =, Vaiser–Ruban, Novosibirsk 1993.

(k) 13 b3 Kd7 14 Ne1 Bb4 15 Nc2 Bxc3† 16 Kxc3 Nc8 was about even in Ivanchuk–Short, Linares 1992.

(l) This is new idea novelty. 7 . . . Be7 was usual before.

(m) 9 Qxb7? gxh4 10 Qxa8 Qb6 is losing for White.

(n) 10 . . . Qxb3 11 axb3 Nbd7 is equal—Shirov.

(o) The position is unbalanced but roughly equal, Beliavsky–Shirov, Biel 1992.

(p) 7 . . . Bb4 8 e3 Nh5 9 Bg5 Be7 10 Bxe7 Qxe7 11 0-0-0 Nb6 12 h3 ±, Epishin–Ivanchuk, Tilburg 1992.

(q) 8 h3 Bd6 9 Bxd6 Qxd6 10 e3 Qe7 11 Bd3 Epishin–Smagin, Russia 1995. Now instead of 11 . . . Nc4 that led after 12 Bxc4 dxc4 13 0-0 0-0 14 e4 b5 15 Rfe1 to a much superior position for White, 11 . . . Be6 with the idea of Nc8-d6 has been suggested as enough to equalize by Smagin.

(r) 10 . . . Bg6 11 Qb3 a5 12 a3 a4 13 Qd1 Ne4 14 Be2 Bd6 15 Nxg6 hxg6 16 Nxe4 dxe4 17 Qc2 f5 18 Bxd6 Qxd6, Kir. Georgiev–Piket, Moscow 1994; now 19 b4! would have been ±.

(s) 13 Be2 Nfd7 14 Nd3 a5 15 Bxd6 Qxd6 was approximately even in Kir. Georgiev–Smagin, Yugoslavia 1995.

(t) Other moves are 8 . . . h6 and 8 . . . 0-0.

(u) In the game Piket–Seirawan, Amsterdam 1995, 13 Kb1 Qe7 14 Ka1 0-0-0 15 Rc1 (Seirawan suggests 15 Rb1 with the idea 16 Rhc1 and 17 b4) 15 . . . Kb8 was about even.

(v) 6 . . . 0-0 7 e3 c5 8 dxc5 Bxc5 9 Nf3 Nc6 10 Be2 (not 10 Bb5 d4 11 Bxc6 dxc3 12 Qxc3 Qe7 winning) 10 . . . d4 11 exd4 Nxd4 12 Nxd4 Qxd4 =, Karpov–Kasparov, Moscow 1985.

(w) 8 Rd1 would leave the king vulnerable in the center, while 8 Qa4† Nc6 9 Nb5 0-0 10 Bc7 Qd7 11 Bd6 Ne4 with a Black initiative—Zd. Vuković.

(x) 9 Rxd4 Nc6 leaves Black with a strong attack; White prefers to exchange queens, but Black's initiative persists.

(y) 12 . . . h5 13 Nd2 Nxd2 14 Rxd2 Bg5 15 f4 Bf6 would have clearly been advantageous for Black. The text is Ilinić–Zd. Vuković, Yugoslavia 1995, which continued 13 Nxc5 Bxc5 14 Ne5 Nxe5 15 Bxe5 Bf5 16 g4 Bg6 17 Bg2? (17 Rd2 was better) 17 . . . Rc8 and Black had a decisive advantage.

QUEEN'S GAMBIT DECLINED
5 Bf4 Variation

1 d4 d5 2 c4 e6 3 Nc3 Nf6 4 Nf3 Be7 5 Bf4 0-0 6 e3 c5 7 dxc5 Bxc5

	61	62	63	64	65	66
8	Qc2				a3	cxd5
	Nc6				Nc6	Nxd5(u)
9	a3				Be2(p)	Nxd5
	Qa5(a)				dxc4	exd5
10	0-0-0(b)		Nd2		Bxc4	a3(v)
	Be7(c)		Bb4	Be7	Qxd1†(q)	Nc6
11	h4	g4	cxd5	Bg3	Rxd1	Bd3
	Rd8(d)	dxc4	exd5(i)	Bd7(l)	a6(r)	Bb6(w)
12	g4(e)	Bxc4	Bd3(j)	Be2	Be2(s)	0-0
	Bd7	e5	d4	Rac8(m)	Rd8	Bg4(x)
13	Kb1	g5	0-0	0-0	Rxd8†	h3
	dxc4	exf4	Bxc3	Qd8	Nxd8	Bh5
14	Bxc4	gxf6	Nc4	cxd5(n)	0-0	b4
	Rac8	Bxf6	Qh5	exd5	Bd7	a6(y)
15	g5	Nd5(g)	bxc3	Nf3	Rd1	Rc1
	Nh5(f)	Ne7(h)	Nd5(k)	a6(o)	Be8(t)	d4(z)

(a) 9 ... Qe7 10 Rd1 Rd8 11 b4 Nxb4 (11 ... Bd6 12 Bg5 ±, Miles–Kogan, U.S. 1980) 12 axb4 Bxb4 13 Nd2 Bd7 14 Be2 was unclear in Miles–Zlatinov, Montpellier 1994.

(b) The old 10 Rd1 Be7 11 Nd2 (11 Rd2 Ne4 12 Nxe4 dxe4 13 Qxe4 Rd8 was fine for Black in Agzamov–Alzate, Bogota 1984) 11 ... e5 12 Nb3 Qb6 13 Bg5 d4 14 Bxf6 Bxf6 15 Nd5 Qd8 is about even, Korchnoi–Karpov, Baguio 1978.

(c) (A) 10 ... Ne4 11 Nb5 a6 12 Nc7 e5 13 Rxd5 f5 (13 ... Nf6 14 Ng5 Bf5 was the best try—Kasparov) 14 Rxe5 Nxe5 15 Bxe5 ±, Kasparov–Vaganian, Debrecen 1992. (B) 10 ... Bd7 11 cxd5 Nxd5 12 Ng5 g6 13 Nge4, Piket–Timman, Amsterdam 1995; now 13 ... Nxc3 14 Qxc3 Qxc3† 15 Nxc3 e5 is murky (Piket).

(d) 11 ... dxc4 12 Bxc4 b6 13 Ng5 Ba6 14 Nce4 g6 15 Nxf6† Bxf6 16 Ne4 Be7 17 Bxa6 ±; Kasparov–Vaganian, Novgorod 1995.

(e) 12 Nd2 was played in Agdestein–Short, Stornoway 1995. Here 12 ... dxc4 (instead of 12 ... Rd7) 13 Bxc4 Ne5 is equal.

(f) After 16 Bd6 g6 17 Be2 Bxd6 18 Rxd6 Ne7 Black gradually equalized in Kasparov–Ehlvest, Novgorod 1995.

(g) 15 Rd5 Qc7 16 Rh5 g6 17 Nd5 Qd8 18 Rg1 Be6 19 Ng5 Bxg5 (19 . . . Bxd5 20 Bxd5 Qxd5 21 Nxh7 Qd8 22 Rxg6† fxg6 23 Qxg6† Bg7 24 Ng5 Rf6 25 Rh8† would have been a nice finish) was unclear in Libeau–Hoffman, Biel 1993.

(h) After 16 Nxf6† gxf6 17 Rhg1† Kh8, 18 Nd4 is an interesting attempt to improve on the previous 18 Qe4 of Kasparov–Khalifman, Reggio Emilia 1991. After 18 . . . fxe3 19 fxe3 Bf5 20 Nxf5 Qxf5 21 Bd3 White gained an edge, Akopian–Pigusov, Tilburg 1994.

(i) 11 . . . Nxd5 12 Nxd5 exd5 13 Bd3 h6 14 Rc1 Be7 15 0-0 Be6 16 Nb3 Qb6 17 Nc5 Rac8 (17 . . . Bxc5 18 Qxc5 Qxb2 19 Rb1 Qd2 20 Rfd1 Qa5 21 Rb5 ±, Bareev–Dzandzgava, Debrecen 1992) 18 Nxe6 fxe6 19 Qe2 Bf6 20 Qh5 is good for White; Kramnik–Hübner, Germany 1993.

(j) 12 Rc1, suggested by Lputian, is a good alternative.

(k) After 16 Bg3 (16 Bd6 Rd8 17 cxd4 b5 18 Ne5 Rxd6 19 Nxc6 Rh6 Black has too strong an attack) 16 . . . dxe3 17 Rae1 with chances for both sides, Tukmakov–Lputian, Tilburg 1994.

(l) This simple developing move is more active than the older 11 . . . Qd8.

(m) 12 . . . Rfd8 13 0-0 a6 14 b4 Qb6 15 c5 Qa7 16 Na4 ±, L. B. Hansen–P. Andersen, Denmark 1993.

(n) 14 Rad1 would allow 14 . . . d4 15 Nb5 dxe3 16 fxe3 Qb6.

(o) White had a small edge, L. B. Hansen–Cifuentes Parada, Wijk aan Zee II 1994.

(p) 9 Rc1 d4 (9 . . . dxc4 10 Bxc4 Qxd1 =, Kramnik–Vaganian, Lucerne 1993 is also good) 10 Nxd4 e5 11 Nb3 Bxa3 12 bxa3 exf4 led to equality; Kramnik–Beliavsky, Belgrade 1993.

(q) (A) 10 . . . a6 11 Qc2 Be7 12 Bd3 Bb7 13 Ne4 Qa5† 14 Ke2 Be7 15 Nxf6† Bxf6 16 Bxh7† Kh8 17 Rac1 ±, I. Sokolov–Cifuentes Parada, Oviedo 1992. (B) 10 . . . Nh5 11 Qxd8 Rxd8 12 Bc7 Rd7 13 Be5 b6 was about even in Lobron–Lutz, Nussloch 1996.

(r) 11 . . . b6 12 e4 Bb7 13 e5 Ng4 14 Ne4 Rfd8 15 0-0 ± in the rapid game Kramnik–Yusupov, Moscow 1995.

(s) 12 Bd3 Rd8 13 Bg5 h6 14 Bh4 e5 15 Bxf6 gxf6 unclear—M. Gurevich.

(t) After 16 Nd2 Nc6 17 Nde4 Nxe4 18 Nxe4 Be7 19 Nd6 Bxd6 20 Bxd6 White holds a small edge, M. Gurevich–Ekstrom, Neuchatel 1996.

(u) 8 . . . exd5 is intriguing. The game Slutzkin–Kibalnichenko, Russia 1992 continued 9 Rc1 Nc6 10 a3 d4 (a novelty; 10 . . . Be6, 10 . . . Be7, 10 . . . a6 and such had been played) 11 Na4 (11 exd4 Nxd4 12 Nxd4 was perhaps better) 11 . . . Qa5† 12 b4 Nxb4 13 Nd2 dxe3 14 fxe3 Na6 15 Bxa6 Bxa3 16 Ra1 Qxa6 17 Rxa3 b5 ±.

(v) 10 Bd3 Bb4† 11 Ke2 Nc6 12 Qc2 h6 13 Rhd1 Qf6 14 Kf1 Ba5 15 Be2 Bb6 is harmless, Quinteros–Najdorf, Mar del Plata 1982.

(w) 11 . . . Be7 12 0-0 Be6 13 Ne5 was good for White in the game Kraidman–Radashkovich, Netanya 1973.

(x) 12 . . . Qf6 is quite possible here. After 13 b4 Bf5 14 b5 Nd4 15 Bxf5 Nxf3†
16 Qxf3 Qxf5 17 Rfd1 Rfd8 18 a4 Rac8 19 h3 h6 the game soon petered out to
a draw, Yusupov–Goldin, Tilburg 1992.

(y) 14 . . . Re8 has often been played here. 15 Rc1 d4 16 g4 Bg6 17 Bxg6
hxg6 18 b5 (Dreev–Geller, Helsinki 1992) and now 18 . . . dxe3 19 bxc6 e2
20 Qxd8 exf1Q† 21 Kxf1 = (Dreev); 15 g4 Bg6 16 Bxg6 hxg6 17 b5 Na5 =,
Chiburdanidze–Geller, Aruba 1992.

(z) After 16 g4 Bg6 17 e4 Re8 18 Nd2 Rc8 19 Bg3 (19 Qb3!?) 19 . . . f6, Beliavsky–
Kir. Georgiev, Biel 1992; now 20 f4 would have been ±.

QUEEN'S GAMBIT DECLINED

5 Bf4 Variation

1 d4 d5 2 c4 e6 3 Nc3 Nf6 4 Nf3 Be7(a) 5 Bf4 0-0 6 e3

	67	68	69	70	71	72
6	c5............c6...b6(y)					
7	dxc5	Qc2.......................................			Bd3	cxd5(z)
	Bxc5	Nbd7(e)			Nbd7	Nxd5
8	Be2	h3		a3	0-0(t)	Nxd5
	Bb4(b)	a6	Re8	Nh5	Nh5	exd5(aa)
9	0-0	Rd1	a3(i)	Be5(m)	Qc2(u)	Bd3
	Bxc3	h6(f)	Nf8	f6(n)	Nxf4	Bb4†(bb)
10	bxc3	a3	Bd3	Bg3	exf4	Ke2
	Nc6	dxc4(g)	dxc4(j)	f5(o)	dxc4(v)	Bd6
11	Nd2	Bxc4	Bxc4	Be5	Bxc4	Bxd6
	Qe7(c)	Nd5	Nd5	Nhf6(p)	Nb6(w)	Qxd6
12	Bg5	0-0	Bg3(k)	Bf4(q)	Bd3	Rc1(cc)
	Rd8	Nxf4	Nxc3	Ne4(r)	g6	c5(dd)
13	Qc2	exf4	Qxc3	h3	a3	dxc5
	h6(d)	Qc7(h)	Bd6(l)	Ndf6(s)	Nd5(x)	bxc5(ee)

(a) 4 ... Nbd7 5 Bf4 dxc4 6 e3 Nb6 7 Bxc4 Nxc4 8 Qa4† Bd7 9 Qxc4 Bd6 10 Bg5 h6 11 Bxf6 Qxf6 12 0-0 0-0 13 e4 led to a position where White's space advantage slightly overbalanced Black's bishops, Blagojević–Cvetković, Yugoslavia 1993.

(b) Moving the bishop again is a recent idea. Alternatives are 8 ... dxc4 or 8 ... Nc6.

(c) 11 ... dxc4 12 Bxc4 Nd5 13 Bxd5 Qxd5 14 c4 might be an easier method of equalization.

(d) After 14 Bh4 Ne5 15 Rfd1 (15 cxd5 exd5 16 c4 d4 17 exd4 Rxd4 would be no improvement) 15 ... Ng6 16 Bg3 b6 17 Bd3 Nf8 is roughly equal, Hertneck–Beliavsky, Munich 1994.

(e) 7 ... a6 was tried in Meulders–Winkler, Brussels 1993, and after 8 Rd1 Nbd7 9 Bd3 dxc4 10 Bxc4 b5 11 Be2 c5 12 dxc5 Bxc5 the game was equal.

(f) Alternatives are 9 ... Qa5 10 Nd2 ± or 9 ... b5.

(g) Kramnik recommends 10 ... Re8 as a better defense.

(h) Or 13 ... Re8 14 Ne5 Nf8 15 f5 with a good attack. The column is Kramnik–Lputian, Debrecen 1992, which continued 14 Ne5 Nf6 15 Ba2 Bd7 16 Bb1 Be8? (16 ... Rfd8 was necessary, when 17 Ne4 Kf8 18 Nxf6 Bxf6 19 Qh7 was still ±) 17 d5! Rd8 (18 Nxd5 after either pawn capture was immediately fatal)

18 Rfe1 Kh8 19 dxe6 Rxd1 20 Rxd1 fxe6 21 Ne4 g6 22 Nc5 Bxc5 23 Qxc5 Rg8 24 Ba2 Kg7 25 Bxe6 Rf8 26 Nd7 Resigns.

(i) Other moves are possible here: (A) 9 cxd5 Nxd5 10 Nxd5 exd5 11 0-0-0 Nf8 12 Bd3 Bd7 13 Kb1 Rc8 14 g4 Qb6 15 Rc1 c5 is about even, Gelfand–Azmaiparashvili, Moscow 1990. (B) 9 Bh2 Nf8 10 0-0-0 dxc4 11 Bxc4 b5 11 Bd3 Bb7 was unclear, Georgadze–Kakhiani, Baden-Baden 1991.

(j) 10 . . . Ng6 11 Bh2 Bd6 12 Bxd6 Qxd6 13 0-0 dxc4 14 Bxc4 Nd5 was about equal, Mikhalchishin–Brestian, Trnava 1988.

(k) Other moves such as exchanging on d5 lead to nothing.

(l) The column is Beliavsky–Speelman, Linares 1991. After 14 0-0 Bxg3 15 fxg3 Bd7 16 g4, White had a useful advantage in space.

(m) After 9 Bd3 Nxf4 10 Bxh7† Kh8 11 exf4, both 11 . . . dxc4 and 11 . . . g6 (suggested by M. Gurevich) give Black reasonable chances.

(n) 9 . . . Nxe5 10 dxe5 g6 11 0-0-0 Qa5 12 g4 with an attack.

(o) The immediate 10 . . . Nxg3 11 hxg3 f5 is met by 12 g4.

(p) Intending . . . Nxe5 without stranding the other knight on h5.

(q) The shuffling of the bishop is amusing, but also quite logical.

(r) If now 12 . . . Nh5 13 Bd3 Nxf4 14 exf4 and e6 is weak.

(s) After 14 Bd3 Bd7 15 0-0 Be8 16 Bh2 Bh5 17 Ne5 Nd7 18 f3 Nxe5 19 Bxe5 White has a small advantage in M. Gurevich–A. Fernandez, Linares 1995.

(t) 8 Ne5 was tried in Tregubov–Pigusov, St. Petersburg 1993. After 8 . . . Nxe5 9 Bxe5 dxc4 (9 . . . b6 ±) 10 Bxc4 b6 11 0-0 Bb7 12 Qe2 White was more comfortable.

(u) 9 c5 Nxf4 10 exf4 b6 11 b4 bxc5 12 bxc5 Qa5 leads to no advantage. 9 Be5 might be tried here as well.

(v) Dorfman suggests 10 . . . g6 without the exchange on c4 would give Black more chances than the column continuation.

(w) 11 . . . c5 12 Rad1 cxd4 13 Nxd4 ± —Dorfman.

(x) After 14 g3 Bd7 15 Ne4 Rc8 16 Rac1 b6 17 Qe2 White had a small but stable advantage. Dorfman–Ivkov, France 1993.

(y) 6 . . . dxc4 7 Bxc4 a6 8 Bd3 Nbd7 9 e4 c5 10 e5 Nh5 is unclear, Dreev–Nenashev, Manila 1992.

(z) 7 Rc1 is the main alternative. After 7 . . . c5 8 cxd5 cxd5 (8 . . . Nxd5 9 Nxd5 exd5 10 Bd3 Nd7 11 0-0 ±, Agdestein–Spassky, Gvojik 1983) 9 Be2 Bb7 10 0-0 Nbd7 White had a tiny edge, Gheorghiu–Ree, Wijk aan Zee 1981.

(aa) 8 . . . Qxd5 is played here also. After 9 Bd3 the lines branch: 9 . . . Ba6 10 0-0 c5 11 e4 Qb7 is not clear; 9 . . . Bb4† 10 Ke2 is dubious for Black; 9 . . . c5 10 Qc2 Bb7 11 0-0 cxd4?! 12 Bxh7† Kh8 13 Bd3 dxe3 14 fxe3 White was considerably better, Dreev–Doroshkievich, Rostov-on-Don 1993.

(bb) 9 . . . c5 10 Ne5 cxd4 11 exd4 Bb4† 12 Kf1 with chances for both sides.

(cc) 12 Qc2 Ba6, when 13 Bxa6 Nxa6 14 Qa4 is met by 14 . . . b5, but 13 Rad1 is slightly better for White—Psakhis.

(dd) Now 12 . . . Ba6 is met by 13 Bxa6 Nxa6 14 Qa4 b5 15 Qc2 ±.

(ee) The game Psakhis–Westerinen, Gausdal 1994 continued 14 Qa4 Ba6 15 Rhd1 Bxd3† 16 Rxd3 Nc6 17 Rd2 Rab8 18 Kf1 and White had a medium-size edge in a messy position.

QUEEN'S GAMBIT DECLINED

Ragozin Variation

1 d4 d5 2 c4 e6 3 Nc3 Nf6 4 Nf3 Bb4

	73	74	75	76	77	78
5	Bg5			cxd5(l)		Qa4†
	dxc4(a)			exd5		Nc6
6	e4(b) Vienna			Bg5		Ne5(u)
	c5(c) Variation			Nbd7(m)		Bd7
7	Bxc4		e5	Qc2(n)	e3	Nxd7
	cxd4		cxd4	h6(o)	c5	Qxd7
8	Nxd4		Qa4† (i)	Bh4	Bd3	e3(v)
	Bxc3†(d)		Nc6	c5(p)	c4	Ne4(w)
9	bxc3		0-0-0	e3	Bf5	Qc2
	Qa5		Bd7(j)	c4	Qa5	Nxc3(x)
10	Bb5† (e)		Ne4	Be2	Qc2	bxc3
	Bd7..........	Nbd7	Be7	Qa5	0-0	Be7
11	Bxf6	Bxf6	exf6	Nd2(q)	0-0	cxd5(y)
	gxf6	Qxc3†(g)	gxf6	0-0	Re8	exd5
12	Qb3	Kf1	Bh4	Bf3	Nd2(s)	Bd3
	a6(f)	gxf6(h)	Rc8(k)	Bxc3(r)	g6(t)	h6(z)

(a) 5 ... h6 6 Bxf6 Qxf6 7 e3 0-0 8 Rc1 dxc4 (8 ... c6 9 a3 Bxc3† 10 Rxc3 Nd7 ± —Gipslis) 9 Bxc4 c5 10 0-0 cxd4 11 exd4 ±, Gelfand–Benjamin, Horgen 1994.

(b) 6 Qa4† Nc6 7 e4 Bd7 8 Qc2 h6 9 Bd2 b5 10 Nxb5 Bxd2† is equal after 11 Nxd2 a6 12 Na3 Nxd4 (Lipnitski).

(c) 6 ... h6 7 Bxf6 Qxf6 8 Bxc4 0-0 9 0-0 Rd8 10 Qe2 Nc6 11 e5 ±, Chernin–Frias, Saint John 1988.

(d) (A) 8 ... Qa5 9 Bd2 Qc5 10 Bb5† Bd7 11 Nb3 ±, Dautov–Levin, USSR 1987. (B) 8 ... Qc7 9 Qb3 Bxc3 10 Qxc3 Nxe4 11 Nb5 Qc5 12 Qxg7 was ±, Averbakh–Estrin, Moscow 1967.

(e) (A) 10 Nb5 got a workout in the Karpov–Timman match of 1993. It seems that after 10 ... Nxe4 neither 11 Qd4 0-0 12 Qxe4 a6 13 Be7 axb5 (8th game) nor 11 Bf4 0-0 12 0-0 Nd7 gives White an advantage. (B) 10 Bxf6 Qxc3† 11 Kf1 gxf6 12 Rc1 Qa5 12 Bb5† Ke7 was unclear in Kaidanov–Ivanchuk, Lvov 1987.

(f) 12 ... 0-0 13 0-0 Bxb5 14 Nxb5 Nc6 15 c4 ±, M. Gurevich–Vidarsson, Akureyri 1988. After the text there followed 13 Be2 Nc6 14 0-0 Qc7 15 Rab1 ±, Kasparov–Hjartarson, Tilburg 1989.

(g) 11 ... gxf6 12 0-0 gives White attacking chances for nothing.

(h) After 13 h4 a6 (13 ... Ke7 14 Rh3 Qa5 15 Rb1 Rd8 16 Qc1 ±, Dzhandzhava–Maliutin, USSR 1991) 14 Rh3 Qa5 15 Be2 Qe5!? the position is not so clear—Burgess (15 ... Ke7 16 Nb3 Qb6 17 Qc1 ±, Akopian–Se. Ivanov, Saint Petersburg 1995; 15 ... Nc5 16 Nb3 Nxb3 17 Qxb3 was much better for White, Kramnik–Kaidanov, Groningen 1993).

(i) 8 Nxd4 Qa5 9 exf6 Bxc3† 10 bxc3 Qxg5 11 fxg7 Qxg7 12 Qf3 is a little better for White, Ribli–Chernin, Subotica 1987.

(j) 9 ... h6 10 exf6 hxg5 11 fxg7 Rg8 12 Nxd4 Bxc3 13 bxc3 Qa5 14 Qxa5 ±, Timman–Karpov, Amsterdam 1987.

(k) After 13 Kb1 Na5 14 Qc2 e5 15 Nxd4 exd4 16 Rxd4 Qb6 17 Rd5 Be6 18 Qa4† Nc6 the position was unclear and eventually drawn, Khalifman–Ribli, Groningen 1993.

(l) 5 Qb3 c5 6 dxc5 Nc6 7 e3 0-0 (7 ... Qa5 Skembris) 8 Be2 Qe7 led to a slight edge for White in Skembris–Barle, Debrecen 1992.

(m) 6 ... h6 7 Bh4 g5 8 Bg3 Ne4 9 Nd2 Nxc3 10 bxc3 Bxc3 11 Rc1 Ba5 (11 ... Bb2 12 Bxc7 Qd7 13 Be5 unclear—Khalifman) 12 h4 g4 is double-edged, Khalifman–Serper, Saint Petersburg 1994.

(n) 7 Rc1 h6 8 Bh4 (8 Bxf6 is usual) 8 ... c5 9 dxc5 Qa5 10 Qd4 0-0 11 a3 Bxc5 12 Qd2 is a small advantage for White, Epishin–Serper, Moscow 1992.

(o) 7 ... c5 8 dxc5 Nxc5 9 e3 0-0 10 a3 ±, Horvath–Kovacevic, Osijec 1993.

(p) 8 ... g5 is too violent. After 9 Bg3 Ne4 10 e3 Nb6 11 Bd3 Bf5 12 Nd2 ±, Sanchez Jimenez–Campos Moreno, Linares 1991.

(q) An improvement on 11 0-0 Bxc3 12 bxc3 Ne4 13 Rfc1 Nb6 14 a4, which was slightly advantageous, Kramnik–Lautier, Cannes 1993.

(r) White had a fair advantage after 13 bxc3 Qa3 14 0-0 b5 15 Rfb1, Krasenkov–Garcia Ilundain, Las Palmas 1993.

(s) 12 Bh4 g6 13 Bh3 Bxc3 (13 ... Ne4 14 Bxd7 Bxd7 15 Ne5 Bxc3 16 Nxd7 Qb5 17 bxc3 Qxd7 ±, F. Levin–G. Georgadze, Belgrade 1992) 14 bxc3 =, Ubilava–Serper, Manila 1992.

(t) 13 Bxd7 Nxd7. Now 14 f3 Nb6 15 Bf4 Bf8 of Hebden–Winants, Ostend 1992, would be best met by 16 g4 Bd7 ∞, while 15 ... Bd7 16 e4 Rac8 was balanced in P. Cramling–P. Blatny, Manila 1992. 14 Rfe1 Nb6 15 f3 Na4 =, Kamsky–J. Polgar, Dos Hermanas 1995.

(u) 6 cxd5 exd5 7 Bg5 h6 8 Bxf6 Qxf6 9 e3 0-0 10 Be2 Be6 11 0-0 a6 12 Rfc1 Bd6 13 Qd1 Ne7 14 Na4 b6 (14 ... Rad8 15 Nc5 Bc8 16 Qb3 ± —Lautier) 15 b4 (Usual is 15 Nc3) 15 ... g5 16 Nb2 Ng6 unclear, Beliavsky–Lautier, Biel 1992.

(v) 8 a3 Bxc3† 9 bxc3 0-0 10 e3 a6 11 Qc2 Na5 12 cxd5 exd5 =, Porreca–Minev, Zagreb 1955.

(w) 8 ... e5 9 dxe5 d4 10 a3 Bxc3† 11 bxc3 dxe3 12 Bxe3 Ng4 is reckoned to be good for Black, Spielmann–Fine, Zandvoort 1936.

(x) Karpov mentions 9 ... Bxc3† 10 bxc3 Na5 11 cxd5 exd5 12 Bd3 Nd6 with a hold on c4.

(y) Other possibilities are 11 Rb1 or 11 c4—Karpov.

(z) After 13 Qa4 a6 (13 ... 0-0 14 Rb1 Rab8 15 c4 is ±) 14 Rab1 Ra7 15 c4 b5 16 cxb5 axb5 17 Qxb5 0-0 there are chances for both sides, Karpov–Lautier, Baden-Baden 1992.

QUEEN'S GAMBIT DECLINED

1 d4 d5 2 c4 e6 3 Nc3(a)

	79	80	81	82	83	84
	Be7(b)...................		Bb4........................		Nf6	
4	cxd5		cxd5........	e3(p)	Bg5	
	exd5		exd5	Ne7	c5	
5	Bf4		Bf4	Bd2	cxd5	
	c6............	Nf6	Nf6	0-0	cxd4.........	Qb6
6	e3	e3	e3	Nf3(q)	Qxd4(t)	Bxf6(y)
	Bf5	Bf5	c5(l)	Nd7	Be7	Qxb2(z)
7	g4	Nge2(g)	Bd3(m)	Bd3	e4(u)	Rc1(aa)
	Be6(c)	0-0(h)	Nc6	b6(r)	Nc6	gxf6
8	h4(d)	Ng3(i)	Nge2	cxd5	Qd2(v)	e3
	c5(e)	Be6(j)	cxd4	exd5	exd5(w)	cxd4
9	dxc5	Bd3	exd4	0-0	Bxf6	Bb5†
	Bxc5	c5	Bg4(n)	a5	Bxf6	Bd7
10	Nge2	dxc5	f3	Qc2	exd5	Bxd7†
	Nc6(f)	Bxc5(k)	Be6(o)	h6(s)	Qe7†(x)	Nxd7(bb)

(a) 3 Nf3 Nf6 4 Bg5 h6 (other Black fourth moves usually transpose to some other line) 5 Bxf6 Qxf6 6 Nc3 Qd8 7 a3 Be7 8 e4 ±, Christiansen–Lombardy, Grindavik 1984.

(b) Other moves are possible here. (A) 3 . . . a6 is the so-called Janowski Defense. After 4 cxd5 exd5 5 Bf4 Nf6 6 e3 White is slightly better, Euwe–Alekhine, Zurich 1934. (B) 3 . . . b6 4 Nf3 Bb7 5 cxd5 exd5 6 e4 dxe4 7 Ne5 Bd6 8 Qg4 Kf8 9 Bc4 gave White good attacking chances in Pillsbury–Swidenski, Hanover 1902.

(c) 7 . . . Bg6 is riskier. After 8 h4 h5 (8 . . . Bxh4 9 Qb3 b6 10 Rxh4 Qxh4 11 Nxd5 ±) 9 g5 Bd6 10 Nge2 is ±, Karpov–Portisch, Linares 1989, and 8 . . . h6 9 Nf3 Nd7 10 Bd3 was slightly better for White in Knaak–Raicević, Athens 1992.

(d) 8 h3 Nf6 9 Bd3 c5 is nothing special for White.

(e) There are some other moves here. The greedy (A) 8 . . . Bxh4?! 9 Qb3 g5 10 Bh2 (with the idea 11 Nf3) was good for White in Vaiser–Diaz, Havana 1985. (B) 8 . . . Nf6 9 f3 c5 10 Bd3 Nc6 11 Nge2 was ±, Chernin–Pigusov, Copenhagen 1986. (C) 8 . . . Nd7 9 h5 Nb6 10 Be2 ±, Kasparov–Karpov, Moscow 1985.

(f) 10 . . . Ne7 11 Nd4 Nbc6 12 Nxe6 ±, Flear–Beliavsky, Szirak 1987. After the text, a suggestion of Beliavsky, it is about even.

(g) 7 Qb3 Nc6 8 Qxb7 Nb4 9 Rc1 0-0 10 a3 Nc2† 11 Rxc2 Bxc2 12 Bxc7 Qc8 13 Ba6 Qxb7 14 Bxb7 Rab8! with chances for both sides, Ehlvest–Yusupov, Linares 1991.

(h) 7 . . . Nd7 8 h3 Bg6 9 Ng3 Nf8 10 h4 Bxh4 11 Qb3 Bxg3 12 Bxg3 with chances for both sides (Hertneck).

(i) The alternative is 8 Rc1. The text aims for development.

(j) If 8 . . . Bg6 9 h4 h6 10 h5 Bh7 11 Bd3 White is better—Kasparov.

(k) The game Kasparov–Yusupov, Linares 1993 continued 11 0-0 Nc6 12 Rc1 and now Kasparov suggests 12 . . . d4 13 Nb5 Bb6 14 e4 and calls it unclear.

(l) The game Safin–Nenashev, Siskek 1993 went 6 . . . Ne4 7 Qc2 (7 Rc1! Nenashev) 7 . . . c5 8 Bd3 cxd4 9 exd4 Bf5 =.

(m) 7 Bb5† Bd7 8 Bxd7† Qxd7 9 dxc5 Bxc3† 10 bxc3 0-0 11 Ne2 Rc8 and Black had enough for the pawn, Hertneck–Lautier, Tilburg 1992.

(n) 9 . . . 0-0 10 0-0 Re8 would leave White a little better.

(o) Hertneck–Lautier, Munich 1993. After 11 0-0 0-0 12 a3, now 12 . . . Bd6 would have limited White to a tiny edge.

(p) 4 a3 has been played here. After 4 . . . Bxc3† 5 bxc3 c5 6 e3 Ne7 7 Bd3 Qc7 8 cxd5 exd5 9 Ne2 Bf5 chances are about even, Shirov–Lautier, Linares 1994. A little better is 7 Nf3 Qc7 8 Bb2 0-0 9 Rc1 ±, Korchnoi–Winants, Antwerp 1994.

(q) 6 a3 Bxc3 7 Bxc3 b6 8 Nf3 Ba6 9 b3 is slightly better for White, Yusupov–Lautier, Amsterdam 1994.

(r) 7 . . . dxc4 8 Bxc4 c5 9 a3 Bxc3 10 Bxc3 ± —Georgadze.

(s) The game G. Georgadze–Conquest, Senden 1993 continued 11 Rac1 Ba6 12 Bxa6 Rxa6 13 a3 Bxc3 14 Bxc3 ±.

(t) 6 Qa4† Qd7 7 Qxd4 Nc6 8 Qa4 Nxd5 9 0-0-0 Be7 was nothing for White, H. Steiner–Wade, Venice 1953.

(u) 7 e3 exd5 8 Bb5† Nc6 9 Nf3 0-0 10 Qa4 Be6 11 0-0 (11 Bxc3 bxc6 12 Qxc6 would give Black good play with either 12 . . . Rc8, 12 . . . Qa5 or 12 . . . Rb8— S. Ivanov) 11 . . . Qb6 12 Rac1 h6 =, Eingorn–S. Ivanov, Berlin 1992.

(v) 8 Qe3 Nb4 (8 . . . exd5 9 Bxf6 Bxf6 10 exd5† Ne7 11 d6 Qxd6 12 Bb5† Bd7 13 Rd1 ±, Evans–Bisguier, USA 1964) 9 Qd2 exd5 10 Bxf6 Bxf6 11 Bb5† Bd7 12 Bxd7† Qxd7 13 Nxd5 Nxd5 14 exd5 0-0 15 Ne2 Rac8 16 0-0 Rc5 is = (Euwe).

(w) (A) 8 . . . Nxd5 9 exd5 Bxg5 10 f4 Bh4† 11 g3 exd5 12 gxh4 Qxh4† 13 Qf2 Qe7† 14 Qe2 Be6 15 Nf3 was ±, Furman–Dzindzichasvili, USSR 1967. (B) 8 . . . Nxe4 9 Nxe4 exd5 10 Bxe7 Qxe7 11 Qxd5 f5 (11 . . . 0-0 12 f3 Nb4 13 Qc4 Be6 14 Qc5 Qxc5 15 Nxc5 Nc2† 16 Kd2 ±) 12 Bb5 ±.

(x) 10 . . . Nb4 11 Bb5† Bd7 12 Bxd7† Qxd7 13 Nge2 ±; but after the text, 11 Nge2 Ne5 12 d6 is good—Burgess.

(y) (A) 6 Nf3 Qxb2 7 Na4 Qb4† 8 Bd2 Qa3 9 dxe6 Bxe6 10 e3 Ne4 is equal— Neishtadt. (B) 6 dxe6 cxd4 7 exf7† Kxf7 8 Na4 Bb4† 9 Bd2 Bxd2† 10 Qxd2 Qb5 unclear, Borisenko–Makarov, USSR 1956.

(z) 6 . . . gxf6 7 e3 Qxb2 8 Bb5† Bd7 9 Bxd7† Nxd7 10 Nge2 cxd4 11 Rb1 ±,
Taimanov–A. Geller, USSR 1956.

(aa) 7 Qc1 Qxc1† 8 Rxc1 gxf6 9 Nf3 Kd8 10 e4 was a fair edge to White in Furman–
Kavalek, Harrachow 1956.

(bb) After 11 exd4 Bb4 12 Ne2 Rc8 (an attempt to improve on the 12 . . . Bxc3†
13 Rxc3 Qxa2 14 dxe6 fxe6 15 0-0 ± of Spassky–Uitumen, Sochi 1966) 13 0-0
(13 Rc2 Qa3 14 dxe6 fxe6 15 0-0 is also ±, Usov–Serebriansky, Kharkov 1961)
13 . . . Bxc3 14 Qd3 Nb6 15 Rxc3 0-0 16 dxe6 fxe6 17 Ra3, White was much
better, C. Hansen–Zsu. Polgar, Debrecen 1990.

QUEEN'S GAMBIT DECLINED

Semi-Tarrasch Variation

1 d4 d5 2 c4 e6 3 Nc3 Nf6 4 Nf3 c5 5 cxd5 Nxd5 6 e3 Nc6
7 Bd3 cxd4(a) 8 exd4 Be7 9 0-0 0-0

	85	86	87	88	89	90
10	Re1					
	Bf6 ....Nf6(r)					
11	Be4......................................a3				a3............Bg5	
	Nce7(b)			Qb6(n)	b6	h6(v)
12	Qd3(c) Qb3			Be4	Bg5(s)	Be3
	h6(d)		b6(j)	Nce7(o)	Bb7	Nb4
13	Ne5..........Bd2		Bxd5(k)	Ne5	Bc2	Bb1
	Nxc3	Bd7(g)	Nxd5(l)	g6	Nd5	b6(w)
14	Qxc3	Bxd5(h)	Nxd5	Bh6	Qd3	Qd2
	Nf5	exd5	Qxd5	Bg7(p)	g6	Re8(x)
15	Be3	Bf4	Qxd5	Bxg7	h4	a3
	a5(e)	Be6	exd5	Kxg7	Bxg5	Nc6(y)
16	Rac1	Be5	Bg5	Qd2	Nxg5(t)	Qd3(z)
	a4(f)	Nf5(i)	Bxg5(m)	Nf6(q)	Nce7(u)	Bb7(aa)

(a) 7 ... Be7 without the preliminary exchange in the center is also possible. After 8 0-0 0-0 9 Nxd5 Qxd5 10 e4 Qh5 11 dxc5 Bxc5 the position is about equal, Keres–Tal, Zurich 1959. Another try is 9 a3 Nxc3 10 bxc3 b6 11 Bb2 Bb7 12 Qe2 ±, Psakhis–Sveshnikov, Sochi 1985.

(b) 11 ... Qd6 12 Bg5 Bxg5 13 Nxg5 with a small edge for White, Gheorghiu–Petursson, Lone Pine 1979.

(c) 12 Ne5 Bd7 13 Qh5 g6 14 Qh3 Bc6 15 Bh6 Bg7 was about =, Velimirović–Matulović, Yugoslavia 1995.

(d) 12 ... g6 13 Bh6 Bg7 14 Qd2 Nf6 15 Bc2 b6 16 Rad1 Bb7 17 Ne5 ±, Winslow–Nur, New York 1993.

(e) The older move is 15 ... Nxe3 16 Qxe3 Qb6 with a slight White plus.

(f) The game Topalov–Karpov, Linares 1995 continued 17 Red1 Nxe3 (Karpov suggests 17 ... Ra5 18 Nc4 Rb5 and calls it unclear) 18 Qxe3 Qb6 19 Ng4 ±.

(g) 13 ... b6 14 Ne5 Bb7 15 Qg3 ± (Legkij).

(h) White could also try 14 Ne5, but the text is more straightforward.

(i) 16 ... Nc6 would be slightly advantageous for White. After 16 ... Nf5 the game Jagupov–Legkij, Javaroniki 1995 continued 17 Bxf6 Qxf6 18 Rac1 Nd6 19 Ne5 Rfd8 when 20 h3 would keep White's edge.

(j) 12 . . . Qb6 has been tried. The game Himmel–Podgaets, Dortmund 1993 continued 13 Bxd5 Nxd5 14 Nxd5 exd5 15 Qxb6 axb6 16 Bd2 Bg4, draw.

(k) 13 Bg5 Bxg5 14 Nxg5 h6 15 Nf3 Bb7 is slightly better for Black according to Epishin. 13 Bf4 with the idea 13 . . . Bb7 14 Bg3 is another of his suggestions, but looks no better than the text.

(l) 13 . . . exd5 14 Bf4 Bg4 15 Ne5 ± (Epishin).

(m) 17 Nxg5 f6 18 Nf3 ±, Sveshnikov–Epishin, Biel 1993.

(n) In Gulko–Kaidanov, USA 1994, 11 . . . Bd7 was tried. After 12 Bc2 Rc8 (12 . . . Nxc3 13 bxc3 Rc8 was better—Gulko) 13 Ne4 Be7 14 Qd3 g6 15 Bd2 White held a plus.

(o) 12 . . . Nxd4 13 Bxd5 exd5 14 Nxd5 Nxf3† 15 Qxf3 Qc6 16 Bd2 is ± (Gulko).

(p) 14 . . . Rd8 15 Qf3 Qxd4 16 Rad1 ±.

(q) The game Gulko–Beliavsky, Groningen 1994 continued 17 Rad1 Rd8 18 Re3 Bd7 19 Rf3 Neg8 20 g4 Be8 21 g5 Nh5 22 Na4 Qc7 (22 . . . Bxa4 23 Rxf7† Kh8 24 Rxb7) 23 Nc5 Rab8 24 Qc3 Qe7. Now instead of Gulko's 25 Nxf7, which led to a draw after further adventures, Gulko gives 25 d5!! Qxg5† 26 Kh1 Ngf6 27 Rg1 Qh4 28 dxe6 Nxe4 29 exf7 Bxf7 30 Rxf7† Kg8 31 Qb3 Kh8 32 Rxh7† Kxh7 33 Qf7† and mate next. This would have been a logical end to the game.

(r) Another move here is 10 . . . Ncb4. After 11 Bb1 b6 12 a3 Nxc3 13 bxc3 Nd5 14 Qd3 Nf6 15 Bg5 g6 16 Ne5 Bb7 17 Bh6 Re8 18 Qh3 White is definitely better, Adams–Seirawan, Wijk aan Zee 1991.

(s) On 12 Bc2 Black should play 12 . . . Ba6 13 Bg5 Rc8, generating play around the weak light squares on the queenside. Note that the natural 12 . . . Bb7 runs into 13 Qd3, when 13 . . . Rc8 or 13 . . . Re8 allows 14 d5! exd5 15 Bg5 with strong threats, and 13 . . . g6 14 Bh6 ± permits White to save a tempo over similar lines with 12 Bg5.

(t) Here 16 hxg5 would leave the pawn vulnerable after 16 . . . Nxc3 17 bxc3 Na5 with the threat . . . Bxf3.

(u) After 17 Qf3 Nxc3 18 Qxb7 Ncd5 19 Qa6 Rc8 20 Be4 Rc7 it was roughly even in Salov–Beliavsky, Madrid.

(v) 11 . . . b6 12 Qe2 Bb7 13 Rad1 Nb4 14 Bb1 ±, Bobotsov–Petrosian, Moscow 1967.

(w) Karpov questions this move, recommending 13 . . . Re8.

(x) 14 . . . Bb7 15 Bxh6 Bxf3 16 Bxg7 Kxg7 17 Qg5† Kh8 18 Qh6† Kg8 19 Re5 would end the game.

(y) 15 . . . Ncd5 16 Nxd5 exd5 (Both 16 . . . Qxd5 and 16 . . . Nxd5 lead to similar sacrifices on h6) 17 Bxh6 gxh6 18 Qxh6 Ne4 19 Rxe4 dxe4 20 Bxe4 f5 21 Qg6† Kh8 22 Ne5 Rf8 23 Bxa8 wins—Karpov.

(z) Here Karpov gives 16 d5 Na5 17 Qc2 exd5 18 Bd4 g6 19 Bxf6 Bxf6 20 Rxe8† Qxe8 21 Nxd5 with good attacking chances as a possible continuation.

(aa) Following 17 Ne4 Kf8 18 Bf4 Nd5 20 Bg3 Ba6 Black managed somehow to escape with a draw (after 50 more moves), Karpov–Beliavsky, Linares 1995.

QUEEN'S GAMBIT DECLINED

Semi-Tarrasch Variation

1 d4 d5 2 c4 e6 3 Nc3 Nf6 4 Nf3 c5 5 cxd5 Nxd5(a)

	91	92	93	94	95	96
6	e3		e4			
	Nc6		Nxc3			
7	Bc4		bxc3			
	cxd4(b)	Nxc3	cxd4(i)			
8	exd4	bxc3	cxd4			
	Be7	Be7	Nc6(j)			
9	0-0	0-0	Bc4			a3
	0-0	0-0	Bb4†	b5		Be7
10	Re1	Bd3	Bd2	Be2	Bd3	Bd3
	Bf6(c)	cxd4(f)	Bxd2†	Bb4†	Bb4†	0-0
11	Ne4	exd4	Qxd2	Bd2	Bd2	e5
	b6	b6	0-0	Qa5(n)	Qa5(q)	b5(s)
12	a3(d)	Qc2	0-0	d5!(o)	a3	Be4(t)
	Bb7	g6	b6(k)	exd5	Bxd2†	Bb7
13	Qd3	Bh6(g)	Rad1(l)	exd5	Qxd2	Qd3
	Nce7(e)	Re8(h)	Bb7(m)	Ne7(p)	Qxd2†(r)	h6(u)

(a) 5 ... exd5 is considered bad because of 6 Bg5 leading to unfavorable isolated queen pawn positions.

(b) 7 ... Be7 8 Bxd5 exd5 9 dxc5 Be6 10 0-0 Bxc5 11 b3 0-0 12 Bb2 a6 13 Na4 ±, Larsen–Tal, match 1969.

(c) (A) 10 ... b6 11 Nxd5 exd5 12 Bb5 Bd7 13 Qa4 was good for White in Botvinnik–Alekhine, AVRO 1938. (B) 10 ... a6 11 Bb3 Nxc3 12 bxc3 b5 13 Qd3 ±, A. Sokolov–Karpov, match 1987. (C) 10 ... Nxc3 11 bxc3 b6 12 Bd3 Bb7 13 Qe2 Na5 14 Ne5 Rc8 was equal in Larsen–Ribli, Las Palmas 1982.

(d) 12 Nxf6† Nxf6 13 Bg5 is a suggested by Oll, which may be a better continuation.

(e) 13 ... Re8 was played in Serper–Kaidanov, Groningen 1993, after which 14 Neg5 g6 15 h4 would have given attacking chances. The column is, Korchnoi–Oll, Groningen 1993, which continued 14 Bd2 Ng6 15 Neg5 Nde7, and now Korchnoi played the dubious 16 Rxe6?!, whereas 16 Rad1 would have been approximately equal.

(f) 10 ... b6, refusing to exchange in the center, was played in Hjartarson–Polugaevsky, Groningen 1993. After 11 Bb2 Bb7 12 Qe2 Rc8 13 Rac1 cxd4 14 exd4 (if 14 cxd4 Nb4 15 Bc4 Rxc4 16 Qxc4 Ba6 would equalize—

Polugaevsky) 14 . . . Bf6 15 Rfd1 Qd6 the position was balanced. Groningen 1993 was almost like a theme tournament for this variation.

(g) Eingorn suggests 13 h4 without placing the bishop on h6 as a more effective attacking scheme.

(h) After 14 h4 Bf8 (14 . . . Bf6 may be better) 15 Qd2 Bb7 16 Rfe1 Rc8 17 h5 Bxh6 18 Qxh6 Qf6 19 Ng5 Qg7 20 Qxg7† Kxg7 21 h6† Kg8 White had an edge in the ending, Eingorn–Alterman, Debrecen 1992.

(i) Other moves here are: (A) 7 . . . Nd7 8 Rb1 Qc7 9 Bd3 ±, Vaganian–Gavrikov, USSR 1972. (B) 7 . . . Be7 8 Bc4 Qa5 9 Bd2 0-0 10 0-0 b5 11 Bd3 Rd8 12 Qe2 with attacking chances for White in Burgess–B. G. Christensen, Aarhus 1992.

(j) 8 . . . Bb4† 9 Bd2 will usually transpose back. If Black plays 9 . . . Qa5 10 Rb1 Bxd2† (10 . . . Nc6? 11 Rxb4) 11 Qxd2 Qxd2† 12 Kxd2 was ±, Rubinstein–Schlecter, San Sebastian 1912. If Black attempts to avoid putting the knight on c6 it usually turns out poorly, e.g. 9 . . . Bxd2† 10 Qxd2 0-0 11 Bc4 b6 12 d5 Ba6 13 Bxa6 Nxa6 14 d6 e5 15 0-0 was ± in Moskalenko–Djurić, Holguino 1989.

(k) 12 . . . Qd6 13 Rfd1 Rd8 14 Rac1 Bd7 15 e5 Qe7 16 Qf4 ±, Petrosian–Korchnoi, Il Ciocco 1977.

(l) 13 d5 is interesting. After 13 . . . Na5 14 Be2 exd5 15 exd5 Bg4 16 Qb4 (in the game Karpov–Seirawan, Monaco 1993, 16 d6 Qf6 17 Rfd1 Rad8 18 Qd4 Rfe8 led to nothing for White). Now 16 . . . Bd7 17 Nd4 and 16 . . . Bh5 17 Rad1 are both good for White, according to van der Vliet.

(m) The game Khalifman–Ruban, Russia 1995 continued 14 Rfe1 Rc8 15 d5 exd5 16 exd5 Na5 (16 . . . Ne7 17 d6 ± Khalifman) 17 Bf1 Qd6 is unclear.

(n) 11 . . . Bxd2† 12 Qxd2 a6 13 a4 bxa4 (Not 13 . . . b4 14 d5 ± Ftačnik–Paulsen, Dortmund 1981). After 14 0-0 0-0 15 Rxa4, Martz–Bisguier, USA 1973, White is slightly better.

(o) (A) 12 Bxb4 Qxb4† 13 Qd2 Bb7 14 a3 Qxd2† 15 Kxd2 a6 =, Portisch–Pinter, Hungary 1984. (B) 12 a4 Bxd2† 13 Qxd2 Qxd2† 14 Kxd2 bxa4 15 Rxa4 ±, Pogorelov–Franco, Ibercaja 1994.

(p) The game Adorjan–Farago, Hungary 1993 continued 14 0-0 Bxd2 15 Nxd2 0-0 16 Nb3 Qd8 (16 . . . Qb6 17 d6 Nc6 18 d7 ±) 17 Bf3 Nf5 18 Qd3 ±.

(q) 11 . . . a6 12 Rc1 Bxd2† 13 Qxd2 Bb7 14 0-0 0-0 ±, Browne–Pinter, Las Palmas 1982.

(r) If 13 . . . a6 then 14 a4 b4 15 0-0 0-0 16 d5 with a big advantage for White Zaitov–Gutop, Moscow 1992. After 13 . . . Qxd2† 14 Kxd2 a6 15 a4 White has a small positional advantage typical of this variation.

(s) A recent approach to the position. Before 11 . . . f5 to defend the kingside was considered necessary.

(t) 12 Qc2 Bb7 13 Bxh7† Kh8 14 Be4 Nxd4 15 Nxd4 Qxd4 16 Bxb7 Qxe5† rebounds in Black's favor (Magem Badals).

(u) The game Bareev–Magem Badals, Madrid 1994, went 14 Bd2 Qd7 15 0-0 Rfd8 with an approximately balanced position.

QUEEN'S GAMBIT DEFENSE

Semi-Tarrasch Variation

1 d4 d5 2 c4 e6 3 Nc3 Nf6 4 Nf3 c5

	97	98	99	100	101	102
5	cxd5............				....	e3(w)
	Nxd5............				cxd4	Nc6
6	g3				Qxd4	a3
	Nc6				Nxd5(p)	a6(x)
7	Bg2				e4(q)	b3
	Be7(a)............			cxd4	Nxc3	cxd4
8	0-0			Nxd4	Qxc3	exd4
	0-0			Nxc3	Nc6	Be7
9	Nxd5............		e4	bxc3	Bb5	c5
	exd5		Nb6(i)	Nxd4	Bd7(r)	b6
10	dxc5(b)		dxc5(j)	Qxd4	0-0(s)	cxb6(y)
	Bxc5		Qxd1(k)	Qxd4	Qb6	Nd7
11	Bg5(c)		Rxd1	cxd4	a4(t)	Bd3
	Qb6(d) Qd7		Bxc5	Bb4†(n)	Qc5	a5
12	Ne1(e)	Ne1(g)	Bf4(l)	Bd2	Qd3(u)	Nb5
	h6(f)	h6(h)	f6(m)	Bxd2†(o)	Qd6(v)	Qxb6(z)

(a) 7 ... Nxc3 8 bxc3 cxd4 9 cxd4 Bb4† 10 Bd2 Be7 11 Bc3 0-0 12 0-0 Bd7
13 Qd2, Gulko–Vaganian, Erevan 1996; now 13 ... b5 (instead of Vaganian's
13 ... Rc8) would have been about even.

(b) 10 Be3 c4 11 b3 cxb3 12 Qxb3 Na5 13 Qd3 Nc4 14 Nd2 Nxe3 15 Qxe3 Be6 was
about even in the game Murdzia–A. Greenfeld, Pardubice 1995.

(c) 11 Qc2 used to be normal here. After 11 ... Bb6 12 Ng5 g6 13 Qd2 Nd4 White
has little, Smyslov–Alburt, Subotica 1987.

(d) 11 ... f6 12 Bd2 Bf5 13 Qb3 Bb6 14 Be3 Na5 15 Qc3 Bxe3 16 Qxe3 Re8
17 Qc5, Kramnik–Kenghis, Riga 1995; now 17 ... Rc8 instead of Kenghis's
17 ... b6 would have held White to a small plus.

(e) (A) 12 Rc1 d4 and now 13 Bf4 Bf5 14 Bc7 Qb5 15 Nd2 Bb6 16 Bxb6 axb6
17 Nc4 draw was Kramnik–Anand, Linares 1994; or 13 Qc2 Bd6 14 Nd2 Be6
15 Ne4 Be7 16 Bxe7 ±, Illescas–Lautier, Dos Hermanas 1994; (B)12 Qxd5 Be6
13 Qd2 h6 14 Bf4 Rfd8 15 Qc3 Rac8 is good play for the pawn (Parma).

(f) 13 Bd2 Be6 14 Nd3 Bd6 15 Qa4 Rfd8 16 Rac1 ±, Petursson–Pelt. Nielsen,
Copenhagen 1994.

(g) 12 Qc2 Bb6 13 Rad1 h6 14 Bf4 (14 Bc1 Rd8 15 a3 Qf5 16 Qxf5 Bxf5 =,
Wl. Schmidt–Stettler, Germany 1994) 14 ... Qe7 15 a3 Rd8 was about even in
the game Schwartzman–L. B. Hansen, Wijk aan Zee 1995.

(h) (A) 12 ... d4 13 Nd3 Bb6 14 Bd2 Qe7 15 Nf4 White is ±, Kramnik–Anand, Monaco 1995. (B) 12 ... h6 13 Bd2 Bb6 14 Nd3 Qd6 15 Bf4 Qf6 it was =, Wl. Schmidt–Greenfeld, Moscow 1994.

(i) 9 ... Ndb4 is another line. After 10 d5 exd5 11 exd5 Na5 (11 ... Nd4 is also playable) 12 a3 Na6 13 Bf4 Bd6 is chances for both sides, Pira–Gouret, Tarcy 1991; 10 a3 cxd4 11 Nb5 Qb6 12 Nbxd4 e5 is also equal, Greenfeld–Gruenfeld, Tel Aviv 1991.

(j) 10 d5 exd5 11 exd5 Nb4 12 Ne1 Bf6 13 Nd3 Bg4 14 Qxg4 Nxd3 =, Yermolinsky–Dlugy, Washington D.C. 1991.

(k) 10 ... Bxc5 11 Qe2 is another possibility, but the exchange of queens is the safest way to play.

(l) White might consider 12 e5, trying to keep Black cramped.

(m) After 13 Rac1 e5 14 Nb5 exf4 15 Rxc5 fxg3 16 hxg3 Bg4 17 Rd2 Rad8 18 Nd6, Korchnoi–Brunner, Zurich 1996; now 18 ... Ne5 is equal instead of 18 ... Bxf3 as played, which led to a small White edge.

(n) 11 ... Bd6 12 0-0 Rb8 13 e4 0-0 (13 ... Bd7 would restrict White to ± — Kramnik) 14 e5 Be7 15 Be3 Bd7 16 Rfc1 with a big advantage for White, Kramnik–Lautier, Horgen 1995.

(o) 13 Kxd2 Ke7 14 Rhc1 Rd8 15 Rc7† Rd7 was a small edge for White, Kramnik–Lautier, Belgrade 1995.

(p) 5 ... exd5 6 e4 Nc6 7 Bb5 is dangerous for Black.

(q) 7 Bg5 is interesting here: 7 ... f6 8 Nxd5 exd5 9 Bd2 Nc6 10 Qa4 Qb6 (10 ... d4 Ruban) 11 Bc3 Bd7 unclear, Goldin–Ruban, Novosibirsk 1993.

(r) 9 ... Qb6 10 Bxc6† Qxc6 11 Qxc6† bxc6 12 0-0 Be7 13 Be3 0-0 14 Rfc1 ±, Muresan–Savereide, Tiflis 1982.

(s) 10 Bd2 Qb6 11 Be2 Bc5 12 0-0 0-0 =, Kachar–Pavlovichev, Podolsk 1991.

(t) 11 Ba4 Qc5 (or 11 ... Qb4 12 Qxb4 Bxb4 13 Rd1 f6 =, Dukhov–Pavlovichev, Podolsk 1990) 12 Qd3 Qd6 =, Miles–Ribli, Baden-Baden 1981.

(u) 12 Be3 Qxc3 13 bxc3 a6 14 Be2 Bd6 is even, Rohde–Ruban, Interpolis 1992.

(v) 13 Qe2 Be7 (13 ... a6 may be better) 14 b3 Qc7 14 Bb2 0-0 15 Rac1, ±, Piket–Brodski, Wijk aan Zee 1995.

(w) 5 Bg5 cxd4 6 Nxd4 (6 Qxd4 Be7 =) 6 ... e5 7 Nf3 d4 8 Nd5 Be7 (not 8 ... Nc6 9 e4 Be7 10 Bxf6 Bxf6 11 b4 ±, Euwe–Alekhine, Holland 1937; 8 ... Qa5†!?) 9 Bxf6 Bxf6 =.

(x) Alternatives are (A) 6 ... Ne4 7 Bd3 Nxc3 8 bxc3 Be7 =, or (B) 6 ... cxd4 7 exd4 Be7 8 c5 Ne4 9 Qc2 Nxc3 10 Qxc3 a5 =, Ivkov–Suba, Sochi 1983.

(y) 10 b4 bxc5 11 bxc5 (11 dxc5 e5 12 Na4 Bg4 is unclear—Gelfand) 11 ... Ne4 12 Bd2 Bf6 with counterplay.

(z) The game Gelfand–Kramnik, Sanghi Nagar 1994, continued 13 Bf4 0-0 14 0-0 Na7 (better is 14 ... Nf6 with a small disadvantage) 15 Nc7 Rb8 16 b4 Bb7 17 bxa5 Qxa5 18 Qe2 e5?, now 19 Nxe5 Qxc7 20 Rac1 would be winning.

TARRASCH DEFENSE

1 d4 d5 2 c4 e6 3 Nc3 c5

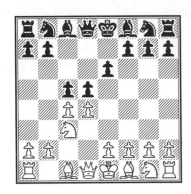

THE TARRASCH DEFENSE gives Black immediate activity at the cost of an isolated pawn. Black obtains freedom of development and active piece play. Aggressive players have thought this to be good value, so the defense has been used many times by the masters of attack, Keres, Spassky, Kasparov and others. The problem with the opening is that play may proceed quietly with exchanges lessening active possibilities for Black, so that he is slightly worse the whole game. This was Kasparov's experience in his 1984 match with Karpov and resulted in Kasparov changing to another queen pawn defense. Since then the Tarrasch has been somewhat out of fashion, as no new champion of the opening has shown up. Yet this is just fashion—there is nothing wrong with the opening and most players will not have opponents who pursue tiny advantages as methodically as Karpov.

White's play has become almost standard against the Tarrrasch as easily the most popular continuation is the Rubinstein Variation, 4 cxd5 exd5 5 Nf3 Nc6 6 g3 Nf6 7 Bg2 Be7 8 0-0 0-0 (columns 1–12). White's king-side fianchetto limits Black's kingside attacking chances and the focus of the battle stays in the center.

The main contiuation is 9 Bg5 (columns 1–6), when 9 ... cxd4 10 Nxd4 h6 (columns 1–4) is the play typical for the opening—Black having an isolated d-pawn in an otherwise balanced and involved middlegame. Ninth-move alternatives for Black are seen in columns 5–6. 9 ... c4 (column 5) reaches a less-known position with reasonable chances for Black.

White's other choices on move 9 comprise columns 7–12. 9 dxc5 (columns 7–8), is a positional approach in which White plays with two hopping knights. 9 b3 (columns 9–10) places the dark-squared bishop on a less aggressive post than 9 Bg5. 9 Be3 (columns 11–12) can surprise opponents, but Black is all right with proper play.

More variety is seen is columns 13–18, where all other variations except the Rubinstein are covered. These have less theoretical punch, but lines like the Swedish Variation (column 13) and the Schara-von Hennig Gambit (column 18) have surprise and entertainment value.

TARRASCH DEFENSE

1 d4 d5 2 c4 e6 3 Nc3 c5 4 cxd5 exd5 5 Nf3 Nc6
6 g3 Nf6 7 Bg2 Be7 8 0-0 0-0 9 Bg5

	1	2	3	4	5	6
	cxd4..c4...........Be6					
10	Nxd4				Ne5	dxc5
	h6(a)				Be6	Bxc5
11	Be3(b)				Nxc6(t)	Rc1(x)
	Re8				bxc6	Bb6
12	Rc1........................Qb3.........Qa4(o)				b3	b3
	Bf8(c) Bg4	Na5	Bd7(p)	Qa5(u)	d4(y)	
13	Na4(d)	h3	Qc2	Rad1(q)	Na4	Ne4
	Bd7(e)	Be6	Bg4	Nb4	Rad8(v)	Qe7
14	Nc5	Kh2(g)	Nf5(k)	Qb3	e3	Nh4
	Ne5(f)	Qd7(h)	Bb4(l)	a5	c5	Kh8
15	Nxd7	Qc2(i)	Bd4(m)	a4(r)	Bxf6	Bxf6
	Qxd7 ±	Rac8(j)	Rc8(n)	Rc8(s)	gxf6(w)	gxf6(z)

(a) 10 . . . Re8 11 Qa4 Bd7 12 e3 Ne4 13 Bxe7 Nxe7 14 Qa3 is a slight edge for White, Suba–Zysk, Dortmund 1984.

(b) Also reasonable is 11 Bf4 Re8 12 Ncb5 (12 Ndb5 d4 13 Bxc6 bxc6 14 Nxd4 Qb6 was unclear in Mikhailov–L. Grigorian, USSR 1970) 12 . . . Nh5 13 Be3 Bg4 14 Qa4 with a slight plus for White, I. Sokolov–Todorović, Nikšić 1991.

(c) 12 . . . Be6 13 Nxc6 bxc6 14 Na4 Qa5 15 a3 ±, Campos–Villavicencio, Benidorm 1989.

(d) Karpov's 13 a3 is interesting here. In the game Karpov–Illescas, Leon 1993, there followed 13 . . . Bg4 14 h3 Be6 15 Nxc6 bxc6 16 Bd4 Bd7 17 Qd3 Nh7 18 Be3 and now Anand suggests 18 . . . Ng5 19 Bxg5 hxg5 with reasonable play for Black.

(e) 13 . . . Ng4 14 Nxc6 bxc6 15 Bd4 ±, Robatsch–Anikaev, Sochi 1974.

(f) 14 . . . Na5 15 b3 Rc8 17 Nxd7 Qxd7 17 Qd3 ±, Kramnik–Illescas, Linares 1994.

(g) 14 Qc2 Qd7 15 Nxe6 fxe6 16 Rfd1 led to a minimal White advantage in Marin–Petursson, Greece 1987.

(h) 14 . . . Qa5 15 Qa4 Qxa4 16 Nxa4 Bd7 17 Nc3 Nxd4 18 Bxd4 Bc6 19 e3 Ne4 20 Rc2 is a slightly favorable ending for White, van Wely–Piket, Wijk aan Zee 1992.

(i) 15 Nxc6 bxc6 16 Na4 is also possible, but more promising is to keep the Black d-pawn isolated.

(j) 16 Rfd1 Bf8 17 a3 Kh8?! (17 . . . Na5 ±) 18 Qa4 a6 19 Nxc6 Qxc6 20 Qh4 Qc4 21 Ne4 ±, Timman–Magodemov, Moscow 1994.

(k) 14 h3 Bd7 15 Rad1 Qc8 =, Vukić–Novoselski, Yugoslavia 1984.

(l) 14 . . . Rc8 15 Nxe7† Rxe7 16 Rad1 Qe8 17 h3 Bh5 is just a bit better for White, Karpov–Kasparov, Moscow 1984.

(m) 15 h3 Bxf5 16 Qxf5 Bxc3 17 bxc3 Nc4 (17 . . . Rxe3 is possible here) was unclear in Kouatly–Martin Gonzalez, Thessaloniki 1984.

(n) Now 16 Ne3 is an edge for White, Portisch–Wilder, New York 1984, but 16 Qa4 Nc6 17 Bxf6 Qxf6 is only equal, Chabanon–Szitas, French Team Championship 1991.

(o) 12 Qc2 Bg4 13 Rfd1 Qd7 14 Nb3 Rad8 15 Rac1 Be6 =, Sandstrom–Brojtigem, Berlin 1985.

(p) 12 . . . Na5 13 Rad1 Nc4 14 Bc1 is slightly better for White, Kirov–Makropoulos, Pernik 1981.

(q) 13 Qb3 Na5 14 Qc2 Rc8 15 Rad1 Nc4 16 Bc1 Bb4 17 Nxd5 Nxd5 18 Bxd5 Qe7 was murky in Chlong–Zolnierowicz, Berne 1991.

(r) Letting the pawn advance with 15 Rd4?! a4 16 Qd1 a3 allows Black excellent play, Beliavsky–Kasparov Moscow 1983.

(s) The game Yusupov–Illescas, Linares 1988 was about even after 16 Ndb5 Bc6 17 Bd4 Be5.

(t) 11 f4 Ng4 12 Bxe7 Nxe7 13 Qd2 Nxe5 14 fxe5 Qd7 15 Rf2 b5 16 e3 b4 and Black's prospects on the queenside are more serious than White's attack on the kingside and the center, Summermatter–Balashov, Lenk 1991.

(u) 12 . . . cxb3 13 axb3 h6 14 Bf4 Qb6 15 Qd3 a5 16 Rfc1 ±, Sveshnikov–Rogulj, Smederevska Palanka 1980.

(v) This is an improvement on 13 . . . Rfd8 14 e3 c5 15 Nxc5 Bxc5 16 dxc5 Qxc5 17 Bxf6 gxf6 18 bxc4 dxc4 19 Bxa8 with advantage, Chernin–Marjanović, Subotica 1987. Now there is no rook on a8 to take.

(w) The game Dokhoian–Nenashev, USSR 1991, continued 16 Nxc5 Bxc5 17 dxc5 Qxc5 18 Qh5 Qd6 19 Rfd1 Qe5 20 Qh4 a5 21 Bf1 Rb8 22 Qd4 Rfc8 23 Rac1 Qxd4 24 Rxd4 Kg7 25 Rc3 cxb3 26 Rxb3 Rxb3 27 axb3 Rb8 28 Ra4 Rb3 29 Ra5 d4 30 exd4 Rb1† 31 Kg2 Rd1, draw agreed.

(x) 11 Na4 Be7 (11 . . . Bb6 is playable, as in Tal–Keres, Yugoslavia 1959) 12 Be3 Bg4 13 Rc1 Re8 =, Geller–Spassky, Riga 1965.

(y) 12 . . . Re8 13 e3 Nb4. Now 14 Nd4 h6 15 Bxf6 Qxf6 = was Rubenstein–Lasker, Berlin 1918. Korchnoi suggests 14 a3 Nc6 15 b4. 12 . . . Rc8 13 Bxf6 Qxf6 14 Nxd5 Bxd5 15 Qxd5 Qxb2 16 Qd2 ±.

(z) After 16 Qd2 Ne5 17 Qh6 Ng6 18 Qh5 Rad8 19 Nf5 Bxf5 20 Qxf5 Kg7 21 a4, it was bad for Black in Korchnoi–Piket, Nijmegen 1993.

TARRASCH DEFENSE

1 d4 d5 2 c4 e6 3 Nc3 c5 4 cxd5 exd5 5 Nf3 Nc6
6 g3 Nf6 7 Bg2 Be7 8 0-0 0-0

	7	8	9	10	11	12
9	dxc5..................		b3..........................		Be3(s)	
	Bxc5 ....d4		Ne4..........Bg4(o)		Ng4..........c4(y)	
10	Bg5	Na4	Bb2	dxc5	Bf4	Ne5
	d4(a)	Bf5(h)	Bf6	Bxc5	Be6	Be6(z)
11	Bxf6(b)	Ne1(i)	Na4	Bb2	dxc5(t)	Nxc4
	Qxf6	Qd7	Re8	Re8(p)	Bxc5(u)	dxc4
12	Nd5	Nd3	Rc1	Rc1	Na4(v)	d5
	Qd8(c)	Rad8(j)	b6	a6(q)	Be7	Nxd5
13	Nd2	Bd2	dxc5(m)	Nxd5	Nd4	Nxd5
	Re8(d)	Bh3(k)	Bxb2	Bxf2†	Nxd4	Bf6
14	Rc1(e)	b4	Nxb2	Rxf2	Qxd4	Rc1
	Bb6(f)	Rfe8	bxc5	Nxd5	Qa5(w)	Bxb2
15	Nb3	Nab2	Nd2	Ne5	Rac1	Rxc4
	Be6(g)	Bxg2(l)	Qf6(n)	Nxe5(r)	Rac8(x)	Ne7(aa)

(a) 10 . . . Be6 leads almost by force to a slightly better ending for White: 11 Bxf6 Qxf6 12 Nxd5 Qxb2 13 Nc7 Rad8 14 Qc1 Qxc1 15 Raxc1 Bb6 16 Nxe6 fxe6 17 e3, Chesarsky–Damjanović, Tel Aviv 1991.

(b) 11 Ne4 Be7 is nothing for White while 11 Na4 Be7 12 Rc1 Be6 13 Bxf6 Bxf6 14 Nc5 Qe7 15 Qa4 Bd5 16 Rfe1 Rad8 is fine for Black, Larsen–Granada Zuñiga, Buenos Aires 1991.

(c) 12 . . . Qd6 13 Nd2 Be6 14 Nf4 Bb6 15 Qa4 Rac8 16 Rac1 Na5 17 Nd3 ±, Azmaiparashvili–Lautier, Manila 1992.

(d) 13 . . . a6 14 Rc1 Ba7 15 Nb3 Qd6 ±, Plachetka–Nunn, Skara 1980.

(e) 14 Re1 Bg4 15 Nb3 Bb6 16 Rc1 Ba5 17 Nxa5 Qxa5 18 b4 Nxb4 19 Qd2 Nc6 20 Qxa5 Nxa5 21 Nc7 d3 =, Spraggett–Leski, San Francisco 1987.

(f) 14 . . . Bf8 15 Nb3 Bg4 16 Nxd4 Nxd4 17 Qxd4 Bxe2 18 Rfe1 ±, Barlov–Dabetić, Yugoslavia 1994.

(g) After 16 Nxb6 Qxb6 17 Nc5 Bg4 the position was equal in Palatnik–Legky, USSR 1981.

(h) Other reasonable moves here are: (A) 10 . . . Be6 11 a3 Qd7 12 b4 Rad8 13 Bd2 ±, Geller–Enevoldsen, Moscow 1956. (B) 10 . . . Bg4 11 a3 Ne4 12 b4 Bf6 13 Bb2 ±, Anetbaev–Itkis, USSR 1972. Not enough for the pawn in either case.

(i) White has many choices here. (A) 11 Nh4 Bg4 12 a3 Nd5 13 Qb3 Be6 was good for Black in Fine–Vidmar, Hastings 1938. (B) 11 b4 d3 12 e3 Nxb4 =, Eliskases–Koch, Swinemunde 1936. (C) 11 Bd2 Ne4 12 Rc1 Bf6 13 b4 Re8 unclear, Sznapik–Nunn, Mexico 1977.

(j) 12 . . . Be4 is well possible. After 13 b4 Bxg2 14 Kxg2 b5 15 cxb6 Nxb4 there are chances for both sides, Calvo–Borik, West Germany 1984.

(k) 13 . . . Nd5!? was used in Ilić–Marjanović, Yugoslavia 1976. After 14 b4 Bf6 White should have played 15 b5 ∞.

(l) The position is roughly equal, Vaisman–Urzica, Romania 1974.

(m) Delaying this capture with 13 Re1 Ba6 14 dxc5 Bxb2 15 Nxb2 bxc5 16 Na4 c4 17 Nd2 Qf6 is good for Black, Cherepkov–Novik, Leningrad 1991.

(n) The position is about equal, but after 16 Nd3 Black blundered with 16 . . . Nc3? (better 16 . . . Ba6 or 16 . . . Bg4) 17 Rxc3 Qxc3 18 Bxd5 Bd7 19 Ne4 Qd4 20 Ndxc5 Rad8 21 Nb7 ± in the game Sturua–Kosić, Anzio 1994.

(o) After 9 . . . Re8 10 Bb2 Bg4 11 dxc5 would transpose, but 11 Ne5 cxd4 12 Nxc6 bxc6 13 Qxd4 Qa5 was excellent for Black in Pilardeau–Jablonska, World Junior 1991.

(p) 11 . . . Rc8 12 h3 Be6 13 e3 Qe7 14 Ne2 Rfd8 15 Nfd4 ±, Uhlmann–Espig, Halle 1981.

(q) (A) 12 . . . Bb6 13 Na4 Qe7 14 e3 ±, Uhlmann–Espig, East Germany 1976. (B) 12 . . . Bf8 13 Na4 Rc8 14 a3 Ne4 ±, Inkjov–Liverios, Plovdiv 1982.

(r) 16 Qxd5 Qg5 17 Rcf1 Rad8 18 Qxb7 f6 19 Bxe5 Qxe5 20 e4 Bc8 21 Qc6 Rd6 22 Qc1 Bb7 23 Qc4† Kh8 24 Rf5 Qe7 Black has compensation in an unclear struggle, Rivas Pastor–Fernandez Garcia, Torremolinos 1983.

(s) 9 Bf4 Be6 10 dxc5 (10 Rc1 c4 11 Ne5 Qb6 12 e4 Nxe5 13 dxe5 Nxe4 14 Nxd5 Bxd5 15 Qxd5 Ng5 is equal—Shamkovich) 10 . . . Bxc5 11 Rc1 Bb6 12 Na4 d4 with chances for both sides, Lengyel–Quinones, Amsterdam 1964.

(t) 11 Qa4 c4 12 Rad1 a6 13 e4 b5 14 Qc2 Nb4 15 Qe2 Nf6 16 Ne5 dxe4 17 d5 Nbxd5 =, Yrjölä–H. Olafsson, Gausdal 1985.

(u) 11 . . . d4?! is bad after 12 Ne4 Bd5 13 Nd6 b6 14 Nxd4 Bxg2 15 Kxg2 ±, Taimanov–Padevski, Havana 1964.

(v) Alternatives are: (A) 12 Rc1 a6 13 Qd3 h6 14 h3 Nf6 =, Tal–Chandler, Yurmala 1983. (B) 12 Ne1 Bd4 13 Nd3 Nf6 14 Rc1 h6 15 Na4 Ne4 was equal in Flohr–Lasker, Moscow 1935. (C) 12 Qc2 h6 13 Rad1 Rc8 14 Qb1 Qb6 15 e3 ±, Larsen–Sarapu, Sousse 1967.

(w) Not 14 . . . Bf6?! 15 Qb4 Rc8 16 Rad1 with a substantial White advantage, Darga–Wade, Havana 1964.

(x) 16 Nc3 Bc5 17 Qd2 Qb6 18 e3 d4 =, Agdestein–Petursson, Gausdal 1985.

(y) 9 . . . Bg4 10 Qa4 (10 dxc5 Bxf3 11 Bxf3 d4 12 Bxc6 dxe3 13 Bxb7 exf2† 14 Kg2 Bc5 was unclear in Holzl–Barbero, Graz 1991) 10 . . . Bxf3 11 Bxf3 c4 12 b3 is good for White—Zlotnik.

(z) 10 . . . Bf5 11 Qa4 Nb4 12 Rfc1 a6 13 Qd1 was ± in Larsen–Ljubojević, Manila
1975; 10 . . . h6 11 Qa4 a6 12 Nxc6 bxc6 13 Rb3 Rb8 14 Bf4 unclear, Schroll–
Lendwal, Austria 1991.

(aa) After 16 Nxe7† Qxe7 17 Bc5 Qc7 18 Rc2 Rac8 19 Be4 Rfd8 20 Qb1 Qe5
21 Rxb2 Rxc5 22 Bxh7† Kh8 23 Bd3 ± in Tukmakov–Szitas, Hix-les-Bains
1991.

TARRASCH DEFENSE

1 d4 d5 2 c4 e6 3 Nc3 c5 4 cxd5

	13	14	15	16	17	18
	exd5					cxd4
5	Nf3 Nc6		dxc5 d4	e4 dxe4	e3 Nc6	Qa4†(x) Bd7(y)
6	g3 c4	Bg5 Be7(f)	Ne4(k) Nc6(l)	d5 f5(o)	Nf3 Nf6(s)	Qxd4 exd5
7	Bg2(a) Bb4	Bxe7 Ngxe7	Nf3 Bf5(m)	Bf4 Bd6	Bb5(t) Bd6	Qxd5 Nc6
8	0-0 Nge7	e3(g) cxd4(h)	Ng3 Bg4	Bb5†(p) Kf7	0-0(u) 0-0	Nf3 Nf6
9	e4(b) 0-0(c)	Nxd4 Qb6(i)	Qc2 Nf6	Nh3 Nf6	h3 cxd4(v)	Qd1 Bc5
10	exd5 Nxd5	Nb3 Be6	h3 d3	Bc4(q) a6	exd4 h6	e3 Qe7
11	Nxd5(d) Qxd5(e)	Bd3 0-0(j)	Qxd3 Qxd3(n)	a4 h6(r)	Re1 Qc7(w)	Be2 0-0-0(z)

(a) The immediate 7 e4 dxe4 8 Ng5 Qxd4 9 Be3 Qxd1† 10 Rxd1 h6 11 Nd5 Bb4†
12 Nxb4 Nxb4 13 Nxe4 Nc2† 14 Kd2 Nxe3 led to equality in Zaitsev–Mikenas,
USSR 1962.

(b) 9 a3 is often played here. Against this Andrew Martin recommends 9 . . . Bxc3
10 bxc3 Qa5 (10 . . . 0-0 11 a4 Re8 12 Ba3 ±, Korchnoi–Ekstrom, Liechten-
stein 1984) 11 Bd2 0-0 12 Ne1 Bg4 13 f3 Bh5 and if 14 Qc2 f5 =.

(c) 9 . . . dxe4 10 Nxe4 0-0 11 Qc2 Qd5 12 Be3 Ng6 13 Nh4 Qb5 14 Nxg6 hxg6
15 a3 Be7 16 d5 ±, Reshevsky–Stahlberg, Zurich 1953.

(d) (A)11 Bg5 Qa5 12 Nxd5 Qxd5 13 Ne5 Qxd4 14 Nxc6 Qxd1 leads to an unclear
ending—Kasparov. (B) 11 Ng5 Nf6 12 d5 Ne7 13 Qd4 Bxc3 14 Qxc3 h6 15 Ne4
Nxe4 16 Bxe4 Nxd5 was about even in Magerramov–Lputian, USSR 1991.

(e) After 12 Be3 Bf5 (12 . . . Bg4 13 Ne5 Qxg2† 14 Kxg2 Bxd1 15 Nxc6 bxc6
16 Rfxd1 ±) 13 Ne5 Qb5 14 Qf3 Bd3 15 Nxd3 cxd3 16 Qd5 White was better
in the game Becerra Revero–Palao, Cuba 1995.

(f) 6 . . . f6 7 Be3 c4 8 g3 Bb4 9 Bg2 Nge7 10 0-0 0-0 11 Ne1 Bf5 12 Nc2 ±, Lputian–
Tseitlin, Gemersky Pohar 1991.

(g) 8 dxc5 d4 9 Ne4 0-0 10 g3 Bf5 =, Nimzovich–Spielmann, Carlsbad 1907.

(h) Some other moves here are : (A) 8 . . . c4 9 Be2 Rb8 10 b3 Qa5 11 Rc1 b5
12 bxc4 bxc4 =, Tal–Vera, Malaga 1981. (B) 8 . . . Qb6 9 Bb5 0-0 10 0-0 Bg4
11 Bxc6 Qxc6 12 dxc5 Qxc5 13 Qd4 ±, Geller–Aronin, USSR 1949. (C)

8 . . . 0-0 9 dxc5 Qa5 10 Bb5 a6 11 Bxc6 bxc6 12 0-0 ±, Szabo–Duckstein, Krems 1967.

(i) 9 . . . 0-0 10 Nxc6 bxc6 11 Be2 Be6 12 0-0 ±, P. Nikolić–Kotronias, Kavala 1985.

(j) After 12 0-0 Rfd8 chances are even, Aronson–Polugaevsky, USSR 1957.

(k) The old line is 6 Na4 b5 7 cxb6 axb6 8 b3 Nf6 9 e3 Bd7 10 Qxd4 Nc6 10 Qb2 Ne4 when Black has very active play for his material deficit (Kasparov).

(l) 6 . . . Qd5 7 Nd6† Bxd6 8 cxd6 Nc6 9 e3 ± (Bareev).

(m) 7 . . . Bxc5 8 Nxc5 Qa5† 9 Bd2 Qxc5 is another reasonable plan for Black.

(n) After 12 exd3 Bxf3 13 gxf3 Bxc5 the position is roughly equal, Bareev–Lobron, Dortmund 1995.

(o) After 6 . . . Nf6 7 Bg5 Be7 8 Bb5† Kf8 9 Nge2 a6 10 Ba4 b5 11 Bc2 Bb7 it was about even in Bronstein–Aronin, Moscow 1962.

(p) 8 Nh3 a6 9 f3 Nf6 10 fxe4 fxe4 favored Black in Burn–Tarrasch, Ostend 1905.

(q) 10 Ng5† Kg6 11 Qd2 Bxf4 12 Qxf4 Nh5 13 Qe5 Qxg5 14 h4, B. Vladimirov–Pankratov, USSR 1957; now 14 . . . Qf4 is clearly better for Black.

(r) After 12 f3 exf3 13 Qxf3 Re8 14 Be2 b6 15 0-0 Ra7 16 Qg3 Bxf4 of Bronstein–Marjanović, Kirkovan 1978, White doesn't have enough for a pawn.

(s) This position can come about by various move orders and from several openings.

(t) 7 Be2 cxd4 8 Nxd4 Bd6 9 0-0 0-0 10 b3 Be5 11 Nxc6 bxc6 12 Bb2 Qd6 13 h3 Qe6 14 Bf3 Ne4 =, Hansen–Leko, Wijk aan Zee 1994.

(u) 8 dxc5 Bxc5 9 0-0 0-0 10 b3 Bg4 11 Bb2 Rc8 was about even in Sunye–Kasparov, Graz 1981.

(v) 9 . . . Be6 10 dxc5 Bxc5 11 b3 ± —Karpov.

(w) Black has fair chances. The text is an improvement over 11 . . . Bd7?! of Karpov–Morović, Las Palmas 1994, which continued 12 Ne5 Rc8 13 a3 a6 14 Ba4 b5 15 Bb3 Be6 16 Bc2 Qb6 17 Be3 Rc8 18 Ng4 Bxg4 19 hxg4 Bb8 20 Bf5 Rc7 21 a4 b4 22 a5 Nxa5 23 Na4 Qd6 24 g3 Ra7 25 g5 hxg5 26 Bxg5 Nc6 27 Rc1 Na5 28 Rc5 Nc4 29 b3 Na3 30 Kg2 Re7 31 Rh1 Rde8 32 Rh8† Kxh8 33 Qh1† Kg8 34 Bxf6 Qxg3† 35 fxg3 Re2† 36 Kh3 gxf6 37 Kg4 Resigns. A brilliant victory.

(x) 5 Qxd4 usually leads to the same position as the text, while avoiding 5 . . . Nc6 6 Qd1 cxd5 7 Qxd5 Be6.

(y) 5 . . . b5?! 6 Qxd4 Nc6 7 Qd2 cxd5 8 Qxd5 Bd7, Bareev–Ljubojević, Linares 1993; now 9 Bg5 Nf6 10 Bxf6 is ± —Bareev.

(z) 12 0-0 g5 13 b4 Bxb4 14 Bb2 g4 15 Nd4 h5 16 Ncb5 Kb8 17 Qa4 a6 18 Nxc6 Bxc6 19 Bxf6 Qe4, now White can force a draw with 20 Be5† Ka8 21 Nc7† Ka7 22 Nb5† or go in for unclear complications with 20 f3, Bronznik–Cech, Prague 1995.

442

QUEEN'S GAMBIT ACCEPTED

1 d4 d5 2 c4 dxc4

T HE NAME OF THIS OPENING "Queen's Gambit Accepted" implies a coura-
geous attempt to take White's offered pawn and repel the ensuing
onslaught. One may think of the King's Gambit Accepted with its
many sacrifices to conjure an image of the gambit on the queenside. Thus
it is usually a surprise to the uninitiated that this opening is one of Black's
safest and stodgiest defenses to 1 d4.

The opening dates back to Damiano in 1512, and in the early cen-
turies Black would try to hold on to his booty. This materialistic approach
gave the opening a bad name as Black runs into more difficulties than the
pawn is worth. The modern concept behind 2 . . . dxc4 is to play for free
development and saddle White with an isolated d-pawn after . . . c5
and . . . cxd4. Black's "problem child" of the Queen's Gambit Declined—
the light squared bishop—always finds an active post an g4 or b7 in the
Queen's Gambit Accepted.

The disadvantage of 2 . . . dxc4 is that Black gives up the center.
White obtains active pieces and good attacking chances as his isolated
d-pawn may threaten to advance, opening lines of attack. Yet this advance
can also lead to wholesale exchanges, producing sterile equality. For this
reason the Queen's Gambit Accepted is considered a rather safe opening.

The main line is 3 Nf3 Nf6 4 e3 e6 5 Bxc4 c5 6 0-0 a6 7 Qe2 (columns 1–6), see above diagram. White plans Rd1, Nc3 and e4 with aggressive play in the center. Black's usual and best response is 7 . . . b5 (columns 1–5) gaining queenside space and preparing . . . Bb7. By developing his pieces to flexible defensive squares Black should be able to stem the White initiative. It is only against 8 Bd3 (column 5) that Black should play an early . . . cxd4. White obtains an isolated d-pawn after recapturing exd4, but also freedom of movement for his pieces and open lines.

Alternatives to the Main Line should be considered by White since Black's defenses are holding up there. 7 a4 (column 7) prevents Black's queenside expansion, but leaves a hole on b4. 7 e4 (column 8) is an interesting pawn offer that Black problably should decline. 6 Qe2 (column 10) prepares to play dxc5 without allowing the exchange of queens. This is currently in vogue and offers White attacking chances.

A different type of game arises after 4 . . . Bg4 (columns 11–12). Black simply develops his pieces and prepares to reply with . . . e5 against a later e4.

Columns 13–14 cover 4 Nc3, in which White makes a true gambit out of the opening. Black needs to play very accurately against this. Third-move alternatives for Black are seen in columns 15–18. These offbeat lines take play into different types of territory, but they are risky.

Third-move alternatives for White comprise columns 19–24. Of these, 3 e4 (columns 19–21), immediately advancing in the center, is the most dangerous. Column 24, 3 Nf3 Nf6 4 Qa4†, is similar to the Catalan.

QUEEN'S GAMBIT ACCEPTED

Main Line

1 d4 d5 2 c4 dxc4 3 Nf3 Nf6 4 e3 e6 5 Bxc4 c5 6 0-0 a6 7 Qe2

	1	2	3	4	5	6
	b5					Nc6
8	Bb3				Bd3	Nc3(q)
	Bb7				cxd4	b5(r)
9	Rd1			a4	exd4	Bb3
	Nbd7(a)			b4(k)	Be7(n)	Bb7
10	Nc3(b)			Nbd2	a4	Rd1
	Qb8	Qc7(f)	Bd6	Be7	bxa4	Qc7(s)
11	d5(c)	e4	e4	Nc4	Rxa4	d5
	Nxd5(d)	cxd4(g)	cxd4	0-0	0-0	exd5
12	Nxd5	Nxd4	Rxd4	Rd1	Nc3	e4!
	Bxd5	Nc5(h)	Bc5	Qc7	Bb7	d4
13	Bxd5	Bg5	Rd3	Bd2(l)	Rd1(o)	Nd5
	exd5	Bd6	Ng4	Nbd7	a5	Qd8
14	Rxd5	Rac1	Bg5!	Nfe5	Bg5	Bf4
	Be7(e)	Bxh2†(i)	Qb6(j)	Rfd8(m)	Nc6(p)	Rc8(t)

(a) (A) 9 ... Nc6 10 Nc3 transposes into column 6. (B) 9 ... Be7 10 Nc3 0-0 11 e4 b4 (11 ... cxd4 12 Nxd4 Qc7 13 Bg5 ±) 12 d5! bxc3 13 dxe6 Qb6 14 exf7† Kh8 15 e5 Ne4 16 e6 Bf6 17 Ne5! with heavy threats, Kir. Georgiev–Dlugy, Belfort 1983.

(b) The imaginative 10 e4 Bxe4 is better for Black after 11 Ng5 Bg6 12 d5 e5 13 Ne6 Qb6, but 11 d5 e5 12 Nxe5 Nxe5 12 Nc3 begins interesting complications. Wieringa–De Graaf, corr. 1993, continued 13 ... c4 14 Nxe4 cxb3 15 d6 Nxe4 16 Qxe4 Bxd6 17 Bg5 f6 18 Rxd6 Qxd6 19 Qxa8† Qd8 20 Qxa6 and now 20 ... 0-0 21 Qxb5 Qd3 is equal. Black can also play 10 ... cxd4 11 e5 Bxf3 12 gxf3 Nh5 =.

(c) (A) The straightforward 11 e4 cxd4 12 Nxd4 Bd6 13 h3 0-0 is simply equal. More complicated is (B) 11 Ne5!? with the idea that 11 ... Nxe5 12 dxe5 Qxe5 13 Nxb5! c4 14 Bxc4 axb5 15 Bxb5† is a very strong attack. Neishtadt's 11 ... Bd6 12 Nxd7 Nxd7 13 d5 exd5 is alright for Black.

(d) 11 ... exd5 12 Nxd5 c4? 13 e4! threatens the devastating 14 Bf4. After 13 ... Bd6 14 Bc2 0-0 15 Nxf6† Nxf6 16 Bg5 White is clearly better.

(e) 15 e4 Qb7 (15 ... Nb6 16 Rh5 0-0 17 e5 ±) 16 Bg5 Nb6 (16 ... Bxg5 17 Rad1! is good) 17 Rad1 f6 18 Bf4 0-0! (better than 18 ... Nxd5 when White gains active play for the exchange—19 exd5 0-0 20 d6 Bd8 21 d7 Bc7 22 Qe6† Rf7 23 b4! c4 24 Be3 c3 25 Ne1 Rd8 26 Bc5 ±, Vaganian–García Palermo, Reggio Emilia 1992/93) 19 R5d2 Rad8 (or 19 ... Rfe8) =, Christiansen–Hübner, Germany 1992.

445

(f) 10 . . . Qb6 11 d5 exd5 12 Nxd5 Nxd5 13 Bxd5 Bxd5 14 Rxd5 Be7 15 e4 Qb7 transposes into column 1. White can try 11 a4 c4 12 Bc2 b4 13 a5 Qc7 14 Na4 Rc8 15 e4 b3 16 Bb1 Qxa5 17 e5 with a sharp game, Hoi–Sadler, Yerevan Ol. 1996.

(g) 11 . . . b4?! 12 Nd5 exd5 13 exd5† Be7 14 dxc5 ±, Addison–Berliner, USA 1962.

(h) (A) 12 . . . Be7 13 Bg5 b4 14 Na4 Qe5 15 Bxf6 Nxf6 16 Nb6 Rd8 17 Ba4† ±, Keres–Smyslov, Candidates Tournament 1950. (B) 12 . . . Bc5 13 Be3 Qe5 14 Nf3 Qh5 15 Bxc5 Nxc5 16 Nxb5 0-0 17 Nd6 Bxe4 18 Nxe4 ±, Olesen–Kishnev, Copenhagen 1991.

(i) 15 Kh1 Be5 16 Bxf6 gxf6 17 Ncxb5 Qe7! 18 Rxc5! Qxc5 19 Nxe6 fxe6 20 Qh5† Ke7 21 Bxe6! Kxe6 22 Qg4† Kf7 23 Rd7† Qe7 24 Qh5† Kf8 25 Qh6† Kf7 with equality after the complications, Christiansen–Anand, Las Palmas 1993.

(j) 15 Nd5! Bxd5 16 exd5 Bxf2† (16 . . . Nxf2 17 dxe6! Nxd3† 18 Kf1 fxe6 19 Qxd3 with the attack, Klovans–Koblents, USSR 1962) 17 Kf1 Nc5, Levitt–Sadler, London 1988; now 18 h3 Nxd3 19 hxg4 Bg3 20 Be3 Nc5 21 Rc1 Bd6 22 dxe6 is a continuing attack.

(k) The safest reply. 9 . . . Nbd7 10 axb5 axb5 11 Rxa8 Qxa8 12 Nc3 b4 13 Nb5 Qa5 (13 . . . Bxf3 14 gxf3 Qb8 15 f4 Be7 16 e4 ±) 14 e4 Be7 15 e5 Ne4 16 Rd1! cxd4 17 Nfxd4 0-0 18 Nxe6 fxe6 19 Rxd7 Qa1 20 Bxe6† Kh8, Hübner–Waitzkin, San Francisco 1995; now 21 Qc2 Bc5 22 Rxb7 Bxf2† 23 Kh1 Be3 24 Rf7! Nf2† 25 Kg1 Nd3† 26 Kf1 consolidates White's advantage.

(l) 13 Nfe5 Nbd7 14 e4!? was seen in Khalifman–Sadler, Hastings 1996. After 14 . . . cxd4 15 Bf4 Qc5 16 Rac1 Qa7! 17 Na5 Bc5 Black obtained at least equal chances.

(m) 15 Rac1 a5 16 Be1 Nxe5 17 dxe5 Nd7 18 f4 Ba6 with sufficient counterplay, Yusupov–Anand, Dortmund 1997.

(n) A subtle mistake is 9 . . . Bb7 10 a4 bxa4 11 Bc2! Be7 12 Bxa4† Nbd7 13 Ne5 Rc8 14 d5! ±, Endzelins–Szily, corr. 1959 (14 . . . Bxd5 15 Nc3 0-0 16 Nxd5 exd5 17 Nc6 wins the exchange).

(o) 13 Ne5 allows the immediate 13 . . . Nc6! 14 Rd1 Nb4 15 Bb1 Rc8 covering the key defensive squares, Rashkovsky–Kaidanov, USSR 1986.

(p) 15 Bxf6 Bxf6 16 Be4 Rb8 17 d5 exd5 18 Nxd5 g6! =, Dautov–Rublevsky, Budapest 1996.

(q) (A) 8 dxc5 Bxc5 9 e4 transposes into column 10. (B) 8 Rd1 b5! 9 dxc5 Qc7 10 Bd3 Nb4 11 a4 bxa4 12 Rxa4 Rb8 13 Nc3 Bxc5 =.

(r) (A) 8 . . . cxd4 9 Rd1 regains the pawn with a favorable opening of the position. (B) 8 . . . Qc7?! 9 Bd3 Be7 10 dxc5 Bxc5 11 Ne4 Be7 12 b3 and White is well ahead in development, Timman–Miles, Tilburg 1986.

(s) 10 . . . Qb6 11 d5 exd5 12 e4! dxe4 (12 . . . d4 13 e5) 13 Nxe4 Nxe4 14 Qxe4† Be7 15 Bd5 Rd8 16 Bg5 ±, Reshevsky–Vidmar, Nottingham 1936.

(t) 15 a4 with a big advantage. Neishtadt analyses 15 . . . c4 16 axb5 d3 17 bxc6! dxe2 18 cxb7 exd1=Q† 19 Rxd1 cxb3 20 Nc7† Ke7 21 Bd6† Qxd6 22 bxc8=N† Kd7 23 Nxd6 Bxd6 24 e5 with a winning endgame.

446

QUEEN'S GAMBIT ACCEPTED

1 d4 d5 2 c4 dxc4 3 Nf3 Nf6 4 e3

	7	8	9	10	11	12
	e6...Bg4(q)					
5	Bxc4				Bxc4	
	c5				e6	
6	0-0.......................................Qe2				h3	
	a6.........................Nc6(k)		a6(m)	Bh5	
7	a4............e4(g)		Qe2	dxc5	0-0(r)	
	Nc6(a)	b5(h)	cxd4	Bxc5	Nbd7........a6	
8	Qe2	Bd3	Rd1	e4	Nc3	Nc3
	cxd4(b)	Bb7	Be7	Nc6(n)	Bd6(s)	Nc6
9	Rd1	e5(i)	exd4	0-0	e4	Be2
	Be7	Nd5	0-0	Ng4(o)	e5	Bd6
10	exd4	a4	Nc3	e5	g4(t)	b3
	0-0	b4	Nb4	Nd4	Bg6	0-0
11	Nc3(c)	Nbd2	Ne5	Nxd4	dxe5	Bb2
	Nd5(d)	cxd4	Bd7	Qxd4	Nxe5	Qe7
12	Bd3(e)	Nb3	a3	Nd2	Nxe5	Rc1
	Ncb4(f)	Nd7(j)	Nbd5(l)	Nxe5(p)	Bxe5(u)	Rfd8(v)

(a) It is poor to exchange on d4 before White moves any more pieces: 7 . . . cxd4?! 8 exd4 Nc6 9 Nc3 Be7 10 Re1 0-0 11 Bg5 Nb4 12 Ne5 Bd7 13 Qb3 Bc6 14 Rad1 with central pressure, Schandorff–Danielsen, Denmark 1987.

(b) A good alternative is 8 . . . Qc7 9 Nc3 Be7 10 Rd1 (10 dxc5 Bxc5 11 e4 Ng4! threatening 12 . . . Nd4) 10 . . . 0-0 11 h3 Rd8 12 d5 exd5 13 Nxd5 Nxd5 14 Rxd5 Na5 with just a minute edge for White, Karpov–Topalov, Las Palmas 1994.

(c) 11 Bg5 Nd5 12 Bxe7 Ncxe7 13 Ne5 b6 14 a5 (14 Nd2 Bb7 15 Ne4 Rc8 =) 14 . . . Bb7 15 axb6 Qxb6 =, Petrosian–Kotov, USSR 1972 since 16 Nd7?! Qc6 17 Nxf8 Nc3 favors Black.

(d) 11 . . . Nb4 12 Ne5 Bd7 (12 . . . b6 13 Qf3 ±) 13 Bg5 Rc8 14 Re1! Be8 15 Rad1 ±, Bareev–Ivanchuk, Linares 1994.

(e) Black equalizes after both 12 Ne5 Nxc3 13 bxc3 Nxe5, and 12 Qe4 Nf6 13 Qh4 Nd5.

(f) 13 Bb1 b6 14 Ne5 Bb7 15 Ne4 Rc8 with chances for both sides, Naumkin–Sadler, London 1991.

(g) White has also retreated the bishop: (A) 7 Bb3 Nc6 (7 . . . b5 8 a4 now weakens Black's queenside) 8 Qe2 cxd4 9 Rd1 Be7 10 exd4 Na5 11 Bc2 b5 12 Nc3

Bb7 =, Illescas–Anand, match 1997; (B) 7 Bd3 Nc6 8 Nc3 cxd4 9 exd4 Be7 10 Bg5 (10 Ne5 Bd7 =) 10 . . . 0-0 11 Rc1 Nb4 12 Bb1 Bd7 13 Ne5 Rc8 14 Qb3 b5 15 Rfd1 Nbd5 16 Nxd5 Nxd5 17 Rxc8 Bxc8 18 Nc6 Qd7 19 Qc2 g6 and Black has successfully defended, Atalik–Kofidis, Ikaria 1996.

(h) Taking the e-pawn with 7 . . . Nxe4 leads to a very sharp game after 8 Qe2 Nf6 9 d5 b5 10 dxe6 bxc4 11 Rd1 with a strong attack for the bishop. White may choose a safer path—8 d5 Be7 9 dxe6 Bxe6 10 Qxd8† Bxd8 11 Bxe6 fxe6 12 Re1 Nf6 13 Rxe6† with a pull in the endgame, Aleksandrov–Sadler, Koge 1997.

(i) 9 Bg5 cxd4 10 Nxd4 Nbd7 11 Nc3 Ne5 12 Ncxb5?! Nxd3 Qxd3 axb5 14 Rfd1 Be7 15 Qxb5† Qd7 leaves White too little for his piece, Kasparov–Gulko, USSR 1982.

(j) 13 Re1 Nc5 14 Nxc5 Bxc5 15 Ng5 Ne3 16 Nxe6 fxe6 17 fxe3 Qg5 18 e4 Qxe5 19 Bf4 Qxf4 20 Qh5† Qf7 21 Qxc5 Qe7 =, Geller–Keres, Bled 1961.

(k) Relieving the tension in the center with 6 . . . cxd4 7 exd4 allows White an aggressive position, e.g., 7 . . . Be7 8 Nc3 0-0 9 Bg5 Nbd7 10 Qe2 Nb6 11 Bb3 Bd7 12 Rad1 Bc6 13 Ne5 with attacking chances, Botvinnik–Budo, Leningrad 1938.

(l) 13 Bg5 Bc6 14 Nxc6 bxc6 15 Rac1 a5 16 Na4 Nb6 17 Bb3 ±, I. Sokolov–Hübner, Nuremberg 1994.

(m) 6 . . . cxd4 7 exd4 Nc6 8 0-0 Be7 9 Rd1 transposes into the previous column. Taking the d-pawn with 8 . . . Nxd4?! 9 Nxd4 Qxd4 10 Rd1 allows White a dangerous lead in development.

(n) 8 . . . Qc7 9 e5 Ng4 10 0-0 Nxf2 11 b4! led to a fantastic attack in the game Lputian–Dlugy, New York 1998. After 11 . . . Nh3† 12 Kh1 Nf2† 13 Rxf2 Bxf2 14 Nbd2 Ba7 15 Ne4 0-0 16 Nf6†! gxf6 17 gxf6 Black may be able to defend by 17 . . . Rd8, but Dlugy lost quickly—17 . . . Nd7 18 Qd2 Rd8 19 Qg5† Kf8 20 Bf4 Qc6 21 Rd1! Nxf6 22 Rxd8† Ne8 23 Ne5 Resigns.

(o) 9 . . . b5 10 Bb3 Nd4 (10 . . . e5 11 Be3 Qb6 12 Nc3 Bxe3 13 fxe3 0-0 14 Nd5 ±, Nogueiras–Spraggett, Szirak 1986) 11 Nxd4 Qxd4 12 Be3! Qxe4 13 Nd2 Qf5 14 g4 Qe5 15 Nf3 Qe4 16 Ng5 Qc6 (16 . . . Qe5 17 Qf3!) 17 Rac1 Bb7 18 f3 Bxe3† 19 Qxe3 Qd6 20 Nxe6! fxe6 21 Bxe6 with a strong attack, Timman–Lautier, Spain 1997.

(p) 13 Nb3 Qxc4 14 Qxe5 Bf8 15 Be3 f6 (or 15 . . . Qd5 16 Qg3 Bd6 17 f4! with good play, Gelfand–Salov, Madrid 1996) 16 Qh5† g6 17 Qf3 (Neishtadt) with more than enough play for the pawn.

(q) 4 . . . g6 5 Bxc4 Bg7 6 0-0 0-0 7 Nc3 Nfd7 (playing like the Grünfeld Defense is best—7 . . . c5 8 d5 Bg4 9 e4 Nbd7 10 Be2 ±) 8 Qe2 Nb6 9 Bb3 Nc6 10 Rd1 Bg4 11 h3 Bxf3 12 Qxf3 ±, Kramnik–Kamsky, Monaco 1996.

(r) (A) 7 Qb3 Bxf3 8 gxf3 Nbd7! 9 Qxb7 c5 10 Nc3 cxd4 11 exd4 Bd6 with good play for the pawn, Toth–Sapi, Hungary 1966. (B) 7 Nc3 Nbd7 8 0-0 transposes into the column, but not 7 Nc3 Nc6?! 8 Bb5 6.

(s) 8 . . . Be7 is passive, allowing White to control the center after 9 Be2 0-0 10 e4 Nb6 11 Be3 ±, Panchenko–Moskalenko, Simferopol 1990.

448

(t) 10 Be2 0-0 11 dxe5 Nxe5 12 Nd4 Bc5 13 Nb3 Qxd1 14 Bxd1 Bb6 =, Antunes–Miles, Wijk aan Zee 1996.

(u) 13 f4! Qd4† 14 Qxd4 Bxd4† 15 Kh2 Bxc3 16 bxc3 Bxe4 17 g5 Bd5 (17 . . . Nd7 loses two bishops for a rook after 18 Re1 f5 19 gxf6 Nxf6 20 Bd3 Kf7 21 Rxe4) 18 Re1† Kf8 19 gxf6! Bxc4 20 f5! creates a strong attack (G. Hillyard).

(v) 13 Ne5! Bxe2 14 Nxc6 Bxd1 15 Nxe7† Bxe7 16 Rfxd1 with an endgame advantage (Taimanov).

QUEEN'S GAMBIT ACCEPTED

1 d4 d5 2 c4 dxc4 3 Nf3

	13	14	15	16	17	18
	Nf6		c5		a6	b5
4	Nc3 a6(a).........	e6	d5(k) Nf6	e6(n)	e4(q) b5	a4 c6
5	e4(b) b5	e4 Bb4(g)	Nc3 e6	Nc3 Ne7(o)	a4 Bb7	e3 e6(t)
6	e5 Nd5	e5(h) Nd5	e4 exd5	e4 exd5	axb5 axb5	axb5 cxb5
7	a4(c) Nxc3(d)	Bd2 Nb6(i)	e5 Nfd7	exd5 Nf5	Rxa8 Bxa8	b3 Bb4†
8	bxc3 Qd5(e)	a3 Bxc3	Bg5(l) Be7	Bxc4 Nd6	Nc3 e6(r)	Bd2 Bxd2†
9	g3 Bb7	bxc3 Bd7	Bxe7 Qxe7	0-0! Be7	Nxb5 Bxe4	Nbxd2 a5
10	Bg2 Qd7(f)	Ng5 h6(j)	Nxd5 Qd8(m)	Bb3 0-0(p)	Bxc4 c6(s)	bxc4 b4(u)

(a) (A) 4 . . . c6 transposes into the Slav Defense. (B) 4 . . . c5 5 d5 transposes into column 15. White could also play 5 e4 cxd4 6 Qxd4 Qxd4 7 Nxd4 e5 8 Nbd5 Kd8 9 Be3 Be6 10 Bxa7 Nbd7 ∞.

(b) Preventing 5 . . . b5 is safer, but less promising—5 a4 Nc6! 6 e4 (6 d5 Nb4 7 e4 e6 =, or 6 e3 Na5 7 Ne5 e6 8 Nxc4 Nxc4 9 Bxc4 c5 =) 6 . . . Bg4 7 Be3 e5 8 dxe5 (8 d5 Na5) 8 . . . Nd7! 9 Bxc4 Ndxe5 and Black stands well (Euwe).

(c) 7 Ng5 e6 8 Qh5 Qd7 9 Be2 (9 Nxd5 exd5 10 e6 Qe7!) 9 . . . Bb7 10 Bf3 g6 11 Qg4 b4 12 Nce4 Nc6 13 Be3 h6 is a roughly equal position, Petursson–Zaltsman, Reykjavik 1984.

(d) The alternatives are less promising. (A) 7 . . . Bb7 8 e6! f6 9 Be2 g6 10 Ne4 Bg7 11 Nc5 Qc8 12 h4 ±, Cebalo–Adianto, Martigny 1994. (B) 7 . . . c6 8 axb5 Nxc3 9 bxc3 cxb5 10 Ng5 f6 11 Qf3 Ra7 12 e6! Bb7 13 d5 Bxd5 14 Qe3 fxg5 15 Qxa7 g6 16 Bxg5 Bg7 (Grotnes–Murshed, Gausdal 1992) 17 Rd1! Bxc3† 18 Ke2 Qd6 19 Rxd5 Qxe6† 20 Qe3 wins. (C) 7 . . . Nb4 8 Be2 Bf5 9 0-0 Nc2 10 Ra2 Nb4 11 Ra3 Nc2 12 Nh4 6. (D) 7 . . . e6 8 axb5 Bb4 9 Qc2 Nb6 10 Qe4 Qd5 11 Qg4 axb5 12 Rxa8 Qxa8 13 Be2! Nd5 14 Qxg7 Rf8 15 0-0 Bxc3 16 Ng5! Bb4 17 Bh5 Kd7 18 Nxh7 ±, Sakaev–Harlov, Budapest 1996.

(e) 8 . . . Bb7 9 e6! f6 10 Be2 g6 11 0-0 Bg7 12 Nh4 Bd5 13 Bf3 ±, Lobron–Raetsky, Cap d'Agde 1994.

(f) 11 Ba3 g6 12 0-0 Bg7 13 Re1 0-0 14 Bc5 Bd5 15 Ng5 with more than enough initiative for the pawn, Cebalo–Ibragimov, Bled 1996.

(g) 5 . . . c5 6 Bxc4 cxd4 7 Nxd4 allows White quick development. Capablanca–Bogolyubov, Moscow 1925, continued 7 . . . Bc5 8 Be3 Nbd7 9 Bxe6!? fxe6 10 Nxe6 Qa5?! (10 . . . Qb6 11 Nxc5 Nxc5 12 0-0 ±) 11 0-0 Bxe3 12 fxe3 Kf7 13 Qb3 Kg6 14 Rf5 with a strong attack.

(h) 6 Bg5 transposes into the Vienna Variation of the Queen's Gambit Declined. After 6 . . . c5 7 Bxc4 cxd4 8 Nxd4 Bxc3† 9 bxc3 Qa5 10 Bb5† Bd7 11 Bxf6 gxf6 12 Qb3 a6 13 Be2 Nc6 14 0-0 White has a small plus, Lobron–Brunner, Germany 1994.

(i) 7 . . . Bxc3 8 bxc3 b5 9 a4 c6 10 Ng5 allows White excellent play for the pawn, Keres–Apschenek, Kemeri 1937.

(j) 11 Qh5 Rf8 12 Ne4 Bc6 13 f3 N8d7 with chances for both sides, Konopka–Gyimesi, Hungary 1993.

(k) (A) 4 e3 cxd4 5 Bxc4 (5 exd4 Qc7 =) 5 . . . Qc7 6 Qb3 e6 7 exd4 Nc6 8 0-0 a6 =, Wojtkiewicz–Baburin, San Francisco 1997. (B) 4 e4 cxd4 5 Qxd4 Qxd4 6 Nxd4 Bd7 7 Bxc4 Nc6 8 Nxc6 Bxc6 9 f3 e6 10 Be3 Nf6 11 Nd2 is just a tiny White edge, Portisch–Seirawan, Reykjavik 1991.

(l) 8 Qxd5 Nb6! 9 Qxd8† Kxd8 10 Bg5† Be7 11 0-0-0† Ke8 12 Nb5 Na6 13 Bxe7 Kxe7 =, Torre–Seirawan, London 1984.

(m) 11 Bxc4 Nc6 12 Qe2 Qa5† (12 . . . Nb6 13 Nxb6 ±) 13 b4! Nxb4 (13 . . . cxb4?! 14 e6!) 14 0-0 Nxd5 15 Bxd5 Nf8 16 Nd2 with Ne4 and a strong attack coming, Sulava–Zelcic, Nova Gorica 1996.

(n) 4 . . . b5 5 e4 Nf6 6 a4! Nxe4 7 axb5 Nd6 8 Nc3 ±, Marshall–Gunsberg, Hanover 1902.

(o) 5 . . . exd5 6 Qxd5 Qxd5 7 Nxd5 Bd6 8 Nd2! Ne7 9 Nxc4 Nxd5 10 Nxd6† Ke7 11 Nxc8† Rxc8 12 g3! Nb4 13 Bh3 Rd8 14 0-0 N8c6 15 Bg5† f6 16 Be3 leaves White a favorable ending, Salov–Seirawan, Wijk aan Zee 1992.

(p) 11 h3 Bf5 12 Bf4 Nd7 13 Re1 ± as White has better control of the center, Farago–Karolyi, Balatonbereny 1985.

(q) Also reasonable is 4 e3 Bg4 (4 . . . b5 5 b3 ±) 5 Bxc4 e6 6 Qb3 Bxf3 7 gxf3 b5 8 Be2 Nd7 9 a4 ±, Botvinnik–Smyslov, World Chp. 1954.

(r) Not 8 . . . b4? 9 Qa4†. On 8 . . . c6 9 Bg5 h6 10 Bh4 Qb6 11 Be2 e6 12 0-0 Be7 13 b3 ±, Knaak–Chekhov, Leipzig 1986.

(s) If 10 . . . Bxf3?! 11 Qxf3 c6 12 0-0 (Lputian–Kaidanov, Irkutsk 1983) when 12 . . . cxb5 13 Bxb5† Nd7 14 d5 is a dangerous White attack. After 10 . . . c6 11 Ne5! Nf6 12 0-0 Be7 13 Nc3 White has the edge (Lputian).

(t) 5 . . . a6? 6 axb5 cxb5 7 b3 cxb3 8 Bxb5† wins back the pawn with a tremendous position.

(u) 11 Bd3 Nf6 12 g4 Bb7 13 g5 Nfd7 14 Ne4 Qc7 15 c5 0-0 16 Rg1 ± (Neishtadt).

QUEEN'S GAMBIT ACCEPTED
Third-Move Alternatives for White

1 d4 d5 2 c4 dxc4

	19	20	21	22	23	24
3	e4........			.......e3	.......Nc3	.......Nf3
	e5......	Nf6	Nc6(j)	e5(m)	a6(q)	Nf6
4	Nf3	e5(f)	Be3(k)	Bxc4	e4	Qa4†
	exd4(a)	Nd5	Nf6	exd4	b5	c6(t)
5	Bxc4	Bxc4	f3	exd4	a4	Qxc4
	Bb4†(b)	Nb6	e5	Nf6	b4	Bf5
6	Nbd2(c)	Bb3(g)	d5	Nf3(n)	Na2	Nc3
	Nc6	Nc6	Ne7	Be7	Bb7(r)	e6
7	0-0	Ne2(h)	Bxc4	Nc3	f3	g3
	Nf6	Bf5	a6	0-0	Nc6!	Nbd7
8	e5	Nbc3	Ne2	h3(o)	d5	Bg2
	Nd5	e6	Ng6	Nbd7	Na5	Be7
9	Nb3	0-0	0-0	0-0	Bd2	0-0
	Nb6	Qd7	Bd6	Nb6	e6	0-0
10	Bg5(d)	a3	Qd2	Bb3	dxe6	e3
	Be7(e)	Be7(i)	Qe7(l)	c6(p)	fxe6(s)	Ne4(u)

(a) 4 . . . Bb4† 5 Bd2 Bxd2† 6 Qxd2 exd4 7 Qxd4 Nf6 8 Qxd8† Kxd8 9 Nc3 Be6 10 Nd4 Ke7 11 Nxe6 fxe6 12 Bxc4 Rd8 13 f3 leaves White just a tad better in the endgame, Karpov–Ivanchuk, Roquebrune 1992. 5 Nbd2 exd4 6 Bxc4 transposes back into the column.

(b) 5 . . . Nc6 6 0-0 Be6 7 Bxe6 fxe6 8 Qb3 Qd7 9 Qxb7 Rb8 10 Qa6 Nf6 is a sharp alternative, van Wely–Sutovsky, Holland 1997 continued 11 Nbd2 Bb4 12 Nc4 0-0 13 a3 Bc5 14 b4 Nxe4! intending to meet 15 bxc5 with 15 . . . Rxf3 16 gxf3 Nxc5.

(c) 6 Bd2 Bxd2† 7 Nbxd2 Nc6 8 0-0 Qf6 9 Re1 Nge7 10 b4 a6 11 e5 Qg6 12 Qb3 Be6 13 Ne4 0-0 14 Nc5 Bxc4 =, B. Lalić–Howell, Isle of Man 1994.

(d) 10 Bb5 Qd5! (10 . . . 0-0?! 11 Bxc6 bxc6 12 Nbxd4 ±) 11 Nfxd4 0-0 12 Nxc6 Qxb5 13 Nxb4 Qxb4 =, Portisch–Hübner, Tilburg 1988.

(e) 11 Bxe7 Qxe7 (11 . . . Nxe7 12 Bd3 Ng6 13 Nfxd4 Nf4 14 Bb5† c6 15 Qf3! ±, Ftačnik–C. Hansen, Yerevan Ol. 1996) 12 Bb5 Bd7 13 Bxc6 Bxc6 14 Nfxd4 Bd5 15 Qg4 0-0! =, I. Sokolov–Hübner, Haifa 1989, since 16 Qxg7† Kxg7 17 Nf5† Kh8 18 Nxe7 Bxb3 19 axb3 Rfe8 wins back the pawn.

(f) 4 Nc3 is met by 4 . . . e5 5 Nf3 exd4 6 Qxd4 Qxd4 7 Nxd4 Bc5 8 Ndb5 Na6 =, Azmaiparashvili–Petrosian, USSR Chp. 1983.

(g) 6 Bd3 Nc6 7 Ne2 (7 Be3 Nb4 8 Be4 f5 9 exf6 exf6 10 Nc3 f5 ∞) 7 . . . Bg4 8 f3 Be6 9 Nbc3 Bc4! 10 Bxc4 Nxc4 11 Qb3 Nb6 =, van der Wiel–van Wely, Brussels 1993.

(h) 7 Nf3 Bg4 8 Bxf7† Kxf7 9 Ng5 † Ke8 10 Qxg4 Qxd4 11 Qe2 Qxe5 12 Be3 Nd5 13 Nf3 Qf5 14 0-0 Rd8 15 Nc3 e6 16 Rfe1 Be7 with only a minute edge to White, Seirawan–Speelman, match 1988.

(i) 11 Be3 0-0-0 12 Qc1 Kb8 13 Rd1 f6 14 Ng3 Bg6 =, van Wely–Anand, Wijk aan Zee 1996.

(j) (A) 3 . . . c5 4 d5 e6 5 Bxc4 Nf6 6 Nc3 exd5 7 Nxd5! Nxd5 8 Bxd5 Be7 9 Nf3 0-0 10 0-0 Qb6 11 Be3 Na6 12 Ne5 ±, Milov–Afek, Budapest 1993. (B) 3 . . . b5 4 a4 c6 5 b3! Nf6 6 e5 Nd5 7 axb5 cxb5 8 bxc4 ±, Herndl–Almasi, Vienna 1996.

(k) (A) 4 d5 Ne5 5 Bf4 Ng6 6 Bg3 e5 7 Nf3 Bd6 Bxc4 a6 =. (B) 4 Nf3 Bg4 5 Bxc4 e6 6 Bb5 Nge7 7 Nbd2 a6 8 Be2 Ng6 9 h3 Bxf3 10 Nxf3 Nh4 =, Ward–Sadler, Isle of Man 1994.

(l) 11 Bb3 Bd7 12 Nbc3, Christiansen–Benjamin, US Chp. 1997; now instead of 12 . . . 0-0 13 Ng3, Benjamin recommends 12 . . . Nh5 with good prospects of equality.

(m) (A) Black can transpose into the main lines with 3 . . . Nf6 4 Bxc4 e6 5 Nf3 c5. (B) Holding the pawn with 3 . . . b5? 4 a4 c6 5 axb5 cxb5 6 Qf3! would lose a piece.

(n) 6 Qb3 attacks f7, but Black can counter with 6 . . . Qe7† 7 Ne2 Qb4† 8 Nbc3 Qxb3 9 Bxb3 Bd6 =.

(o) 8 0-0 Bg4 9 h3 Bh5 10 g4 Bg6 11 Ne5 c5 12 Be3 cxd4 13 Qxd4 is also a White edge as he gains the bishop pair.

(p) 11 Re1 Nfd5 12 Ne4 Bf5 13 Ne5 Nd7 14 Qf3 ±, Karpov–Timman, Amsterdam 1991.

(q) 3 . . . e5 4 e3 exd4 5 exd4 Nf6 6 Bxc4 Be7 7 Nf3 transposes into the previous column.

(r) 6 . . . e6 7 Bxc4 Bb7 8 f3 c5 9 Ne2 cxd4 10 Nxd4 Bd6 11 Be3 Ne7 12 Qd2 ±, I. Sokolov–Kramnik, Pamplona 1994.

(s) 11 Bxb4 Bxb4† 12 Nxb4 Qh4† 13 g3 Qe7 ∓, Alterman–Bykhovsky, Israel 1994.

(t) (A) 4 . . . Nc6 5 Nc3 Nd5 6 e4! Nb6 7 Qd1 Bg4 8 d5 Ne5 9 Bf4 Bxf3 10 gxf3 Qd6 11 Bg3 g5 12 h4 ±, Engvuist–Sadler, Isle of Man 1995. (B) 4 . . . Nbd7 5 Nc3 e6 6 e4 1.

(u) 11 Qe2 Nxc3 12 bxc3 Be4 13 c4 c5 14 Rd1 Qc7 15 Bb2 Nb6 16 Rac1 Bf6 17 Bf1 Na4 with chances for both sides, Akopian–Shirov, Wijk aan Zee 1993.

QUEEN'S GAMBIT—SLAV
AND SEMI-SLAV DEFENSE

1 d4 d5 2 c4 c6

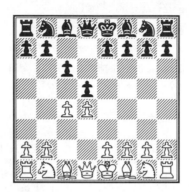

T HERE ARE TWO STRATEGIC IDEAS behind 2 . . . c6. The first is to bolster the center without hemming in Black's "problem child" of the Queen's Gambit Declined—the light-squared bishop. The second is to be able to support the advance . . . b5 after a later . . . dxc4. This would either guard the pawn on c4 or attack the piece that has captured it, winning a tempo for queenside expansion.

The Slav/Semi-Slav is a relatively recent addition to Black's queen pawn defenses. It was originated by Alapin a century ago and came into prominence during the 1935–37 World Championship matches between Alekhine and Euwe. It has remained popular since, and today it is used by several young Russian stars, although its leading exponent is Anand, who is virtually invincible with it.

There are many systems in this opening, so for reference we have broken them into five groups: (1) Semi-Slav—Meran Variation, (2) Semi-Slav—Various, (3) Semi-Slav—Anti-Meran, (4) Slav (proper), (5) Sundry Lines and Slav Exchange Variation.

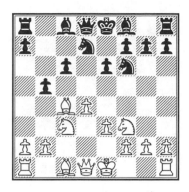

(1) The SEMI-SLAV—MERAN VARIATION (columns 1–30) is 3 Nf3 Nf6 4 Nc3 e6 5 e3 Nbd7 6 Bd3 dxc4 7 Bxc4 b5 (see above diagram). Black shuts in his queen's bishop with 4 . . . e6, but it quickly finds an outlet on b7. As c6-c5 is part of Black's queenside plans, the bishop will be happy on b7. Sharp and critical variations arise after 8 Bd3 a6 9 e4 c5 10 e5 cxd4 11 Nxb5 (columns 1–12). Columns 1–4 show the natural responses 11 . . . axb5 (columns 1–2) and 11 . . . Ng4 (columns 3–4), which seem from recent play to lead to equality. Columns 5–12 investigate the continuation 11 . . . Nxe5 12 Nxe5 axb5, when White has the choice of 13 Qf3 (columns 5–6), 13 0-0 (columns 7–10) or recapturing on b5 (columuns 11–12). Black seems to hold his own here as well. Equally critical is the Reynolds Variation, 10 d5 (columns 13–24), named after the man who analyzed the variation in *Chess,* England 1939. Black can make the game more closed with 10 . . . e5 (columns 13–15), but probably better chances come from the dynamic continuation 10 . . . c4 11 dxe6, when instead of 11 . . . cxd3 (columns 15–18), Black keeps the game in flux with 11 . . . fxe6 12 Bc2 Qc7 (columns 19–22) or 12 . . . Bb7 (columns 23–24). Less common lines in the Meran are covered in columns 25–30. These are the alternatives to 8 . . . a6—8 . . . Bb7 (columns 25–26) and 8 . . . Bb7, and the other retreats of White's bishop—8 Bb3 (column 29) and 8 Be2 (column 30).

(2) SEMI-SLAV VARIOUS (columns 31–36) are the choices to avoid the Meran Variation. In columns 31–32 Black eschews an early . . . dxc4, instead developing the kingside. 6 . . . Bb4 (column 31) is the Romih Variation used by Larry Evans in the 1950s and 60s. 6 Qc2 (columns 33–36) sidesteps the long variations arising after 6 Bd3, but Black's chances are no worse with accurate response.

(3) The SEMI-SLAV—ANTI-MERAN, 5 Bg5 dxc4 6 e4 b5 7 e5 h6 8 Bh4 g5 (columns 41–48), is a complex, involved tactical variation with attacks and counterattacks (those wishing to avoid this should look at the sidelines in columns 37–40). It was popularized by Botvinnik's famous game against Denker in the 1945 radio match USSR vs. USA, but remains highly topical today, with brilliant victories from both sides. Current theory gives the edge to White if he is very well prepared and makes no mistakes.

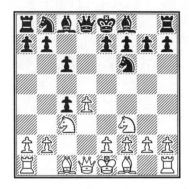

(4) The SLAV (proper) is 3 Nf3 Nf6 4 Nc3 dxc4 (columns 49–60), see above diagram. White has an unclear sideline in 5 e3 (column 49) and a risky gambit with 5 e4 b5 (columns 50–51), but the usual response is 5 a4, preventing . . . b5. Black shows the point of his second move by developing the queen's bishop. Interesting alternatives are covered in columns 52–54 where the bishop develops to g4. The main line is 5 . . . Bf5 (columns 55–60), preventing e2-e4. White's choice on move six is between the aggressive and tactical 6 Ne5 (columns 55–57) leading to sharp, combinative play, or the simple 6 e3 and 7 Bxc4 trying to make the spatial advantage count. Black's chances are reasonable in either case.

(5) Sundry lines in columns 61–63 are the simple 3 Nf3 Nf6 4 e3 (column 61) and two sharp lines arising from the move order 3 Nc3 e6. The first is the Marshall Gambit 4 e4 dxe4 5 Nxe4 Bb4† 6 Bd2 Qxd4 (column 62) leaving White with activity for the pawn. The second is the positionally complex Abrahams-Noteboom Variation (column 63), in which Black gets two connected passed queenside pawns against White's central pawns.

The SLAV EXCHANGE VARIATION, 3 cxd5 cxd5 4 Nc3 Nf6 (columns 64–66), is known as a safe continuation usually leading to a draw, but Black must play accurately as lack of caution lands him in serious trouble. Players seeking to win with Black at all costs should avoid this variation and use the move order 2 . . . e6 with a later . . . c6 to arrive at the Semi-Slav variations.

SEMI-SLAV DEFENSE

**1 d4 d5 2 c4 c6 3 Nf3 Nf6 4 Nc3 e6 5 e3 Nbd7 6 Bd3 dxc4
7 Bxc4 b5 8 Bd3 a6 9 e4 c5 10 e5 cxd4 11 Nxb5**

	1	2	3	4	5	6
	axb5		Ng4		Nxe5	
12	exf6		Nbxd4	Qa4	Nxe5	
	gxf6		Bb4†	Bb7!(i)	axb5	
13	0-0		Bd2	Nbxd4	Qf3(m)	
	Qb6	Bb7	Bxd2†	Qb6	Bb4†	Qa5†
14	Be4(a)	Nxd4	Qxd2	0-0	Ke2(n)	Ke2
	Bb7	Rg8	Bb7	Bc5	Rb8	Bd6
15	Bxb7	f3(d)	Rd1(g)	h3(j)	Qg3(o)	Qc6†(q)
	Qxb7	Bc5	0-0	Bxf3	Qd6	Ke7
16	Nxd4	Be3	0-0	hxg4	Nf3	Bd2
	Rg8	Rg5(e)	Ngxe5	Bd5	Qxg3	b4
17	f3	Nc2	Be2	Nf3(k)	hxg3	Qxd6†
	Ne5(b)	Qb6	Qb6	Qb7	Bd6	Kxd6
18	Qe2	Qe2	b3	Qf4	Bf4	Nc4†
	Bc5(c)	0-0-0(f)	Nxf3†(h)	0-0(l)	Bxf4(p)	Kd7(r)

(a) White should consider 14 Qe2 Ba6 15 Rd1 Bc5 16 a3 Bb7 17 Bxb5 Rg8 18 b4 Be7 (Gelfand–Shirov, Linares 1997), when instead of 19 Rxd4 Qxd4! 20 Nxd4 Bxg2 ∞, White can play 19 Bf4 e5 20 Bg3 with advantage.

(b) 17 . . . Bc5 18 Be3 Ne5 19 Qe2 Qa6 20 Rfd1, van der Sterren–Shirov, Germany 1995; now 20 . . . Rd8 21 Nc2 Bxe3† 22 Nxe3 Nc4 23 Rxd8† Kxd8 is equal. White could try 18 Kh1 Ne5?! 19 Nb3, sidestepping this line, so the column move is recommended.

(c) 19 Be3 Rd8 20 Rad1 Nc4 21 Bf2 Qb6 22 b3 Bxd4 23 bxc4 bxc4 =, Kamsky–Kramnik, Linares 1994.

(d) Also reasonable is 15 g3 Ne5 16 Bxb5† Ke7 17 Be3 Qd5 18 f3 f5 19 Be2 Bg7 20 Qd2 Ra4 21 Rad1 with a slight pull, Riemersma–Serper, Tilburg 1994.

(e) 16 . . . Qb6 17 Bxb5 Rd8 18 Qb3 Rg5 19 Ba4 Qxb3 20 axb3 (20 Bxb3 Nb6 with counterplay) 20 . . . Ke7 21 Rac1 ±, since 21 . . . Nb6? loses to 22 Nc6† Bxc6 23 Bxc5†.

(f) 19 Kh1 Re5 with roughly equal chances, R. Sherbakov–Sorokin, USSR 1991.

(g) 15 Be2 Ndxe5 16 h3 Nxf3† 17 Bxf3 Bxf3 18 Nxf3 Qxd2† 19 Nxd2 Nf6 20 Ke2 Ke7 is an equal game, Seirawan–Chernin, Montpellier 1985.

(h) 19 Bxf3 Nf6 20 Bxb7 Qxb7 21 Nc2 a5 22 Ne3 Rfb8 23 Qb2 Qc7 draw agreed, Miles–Kasparov, match 1986.

(i) 12 . . . Ngxe5 13 Nxe5 Nxe5 14 Nd6† Ke7 15 Nxc8† Rxc8 16 Bxa6 Ra8 17 Qb5 Qd5 18 Qxd5 exd5 19 Bb5 Kf6 20 0-0 Bb4 21 Bf4 ±, Ribli–Speelman, Subotica Int. 1987. White's bishop pair and better pawn structure give him a clear edge.

(j) 15 Be3 Nxe3 16 fxe3 h6 17 Kh1 Rd8 =, Alterman–Chernin, Beersheba 1992.

(k) 17 Nb3 0-0 18 Qxd7 Bxb3 19 Bxh7† Kxh7 20 Qd3† Kg8 21 Qxb3 Qxb3 22 axb3 Rfb8 =, Trifunović–Gligorić, Amsterdam 1950.

(l) 19 Qh2 f5! 20 exf6 Nxf6 21 g5 Ne4 22 Be3 Bxe3 23 fxe3 Qxb2 24 g6 h6 with chances for both sides, Bareev–Chernin, Kazan 1997.

(m) 13 0-0 and 13 Bxb5† are considered on the next pages, while 13 Qb3?! Qa5† 14 Bd2 b4 15 f4 Bb7 16 0-0 Be7 17 Bc4 0-0! 18 Bxe6 Nd5 19 Bh3 Ne3 20 Rfc1 Qd5 favors Black, Vaganian–Dolmatov, USSR Chp. 1979.

(n) 14 Kd1 Bd7 15 Nc6 Bxc6 16 Qxc6† Ke7 17 Qxb5 Rb8 18 Qg5 h6! 19 Qxg7 Qd5 20 Qg3 Rhg8 ∓, Ree–Torre, Wijk aan Zee 1984.

(o) 15 Nc6 Bb7 16 Bf4 Bd6 17 Nxd8 Bxf3† 18 Kxf3 Rxd8 19 Bxb5† Ke7 20 Bd2 Rb8! 21 a4 Nd5 22 b3 f5 23 Rfc1 e5 with chances for both sides, Bronstein–Botvinnik, World Chp. (G8) 1951. This is an excellent illustration of a typical Meran ending—White's queenside pawns balance Black's central majority.

(p) 19 gxf4 Bd7 20 Nxd4 Ke7 21 Rac1 Rhc8 =, Szabo–Stahlberg, Saltsjöbaden 1948.

(q) Another try is 15 Bd2 Qa6 16 a4 0-0 17 Bxb5 Bxe5 18 Bxa6 Bxa6† 19 Kd1 Rfb8 20 Re1 Bb7 21 Qd3 Ng4 22 Qe2 h5 23 h3 Ba6 24 Qf3 Bb7 25 Qe2 Ba6 = (Donaldson).

(r) 19 Nxa5 Rxa5 20 Rhc1 Ba6 21 Bxa6 Rxa6 22 Rc4 Nd5 23 Rxd4 Rb8 24 Kd3 =, Reshevsky–Botvinnik, Moscow 1955.

SEMI-SLAV DEFENSE

**1 d4 d5 2 c4 c6 3 Nf3 Nf6 4 Nc3 e6 5 e3 Nbd7 6 Bd3 dxc4 7 Bxc4 b5
8 Bd3 a6 9 e4 c5 10 e5 cxd4 11 Nxb5 Nxe5 12 Nxe5 axb5**

	7	8	9	10	11	12
13	0-0..Bxb5†					
	Qd5				Bd7	
14	Qe2				Nxd7(m)	
	Rb8(a).......Ba6				Qa5†	
15	Bg5(b)	Bg5(e)			Bd2	
	Bd6(c)	Be7(f)			Qxb5	
16	f4	f4(g)			Nxf8(n)	
	h6	0-0			Kxf8	Rxf8
17	Bh4	Rf3			a4(o)	a4
	g5	Bb7			Qxb2	Qc4
18	Bg3	Rh3..........Re1..........Rg3(j)			0-0(p)	b3
	gxf4	g6	g6	Rxa2!(k)	h5(q)	Qd3
19	Bxf4	b3	Qf2?!	Rxa2	Rb1	Qe2(s)
	Rg8(d)	Rfc8(h)	Rxa2(i)	Qxa2(l)	Qa2(r)	Qxb3(t)

(a) 14 ... Ra5?! 15 f4 Bd6 16 Bd2 b4 17 a3 Bxe5 18 fxe5 Qxe5 19 Qf3 Qd5 20 Qg3 Ra7 21 Rxf6 gxf6 22 Qg7 Rf8 23 Bxb4 Re7 24 Rc1 Bb7 25 Rc5 Resigns, Botvinnik–Belavenets, Leningrad 1934.

(b) 15 f4?! Be7 16 Rf3 0-0 17 Bd2 Bb7 18 Rh3 g6 19 Bxb5 Qxg2†! 20 Qxg2 Bxg2 21 Kxg2 Rxb5 ±, Kouatly–M. Raicević, Trnava 1986.

(c) 15 ... Be7? led to a quick defeat in Dreev–Sakaev, Moscow 1992—16 Rac1 0-0 17 Nc6 Rb7 18 f4 Rc7 19 Nxe7† Rxe7 20 Bxf6 gxf6 21 Qg4† Kh8 22 Qh4 Resigns.

(d) Toshkov–Bagirov, Baku 1983, continued 20 Rac1 Bb7 21 Bxb5† Kf8 22 Rf3 d3 23 Bxd3 Qd4† 24 Qe3 Bxe5 25 Bxe5 Rxg2† 26 Kf1 Qxe3 27 Rxe3 Ng4 =. White could try 20 Ng6!? Nd7 21 Qf2.

(e) The attempt to regain the sacrificed pawn immediately is a mistake, e.g. 15 a4?! Bd6! 16 axb5 Bb7 17 Rxa8† Bxa8 18 Nc6 Bxc6 19 bxc6 Ke7 20 Bc4 Qxc6 ∓, Lilienthal–Botvinnik, Moscow 1941.

(f) Bronstein's idea of 15 ... h6?! runs into 16 Bh4 Bd6 17 f4 Rc8 18 a4 Bxe5 19 fxe5 Nd7 20 Rae1 ±, Seirawan–Younglove, USA 1985.

(g) Alternatives offer White nothing: (A) 16 a4 0-0 17 axb5 Bb7 18 f4 h6 19 Bh4 Rxa1 20 Rxa1 Ra8 ∓, Alekhine–Bogolyubov, World Chp. (G12) 1934. (B) 16 Rac1 0-0 17 f4 Rac8 18 a4 Rxc1 19 Rxc1 Rc8 20 Rxc8† Bxc8 21 axb5 Bb7 22 Qc2?! Bd6! ∓, Toshkov–Dolmatov, Sofia 1984.

(h) 20 Bxb5 d3 21 Rxd3 Qc5† 22 Kh1 Ne4 23 Bxe7 Nf2† 24 Kg1 Nh3† 25 Kh1 drawn agreed, Moskalenko–Kaidanov, USSR 1988.

(i) Black's counterattack takes over before White's attack gets rolling—20 Bb1 Ra1 21 Qh4 d3 22 Bxf6 Bxf6 23 Qxf6 d2 24 Rd1 Rxb1 25 Rxb1 d1(Q)† 26 Rxd1 Qxd1† ∓, Miles–Yusupov, Bugojno 1986.

(j) 18 Qf2 Rxa2! 19 Rf1 Rfa8 20 Qh4 Ra1 21 Bxf6 Rxf1† 22 Kxf1 Bxf6 23 Qxh7† Kf8 24 Qh5 Bxe5 25 fxe5 f5 ∓ (Donaldson).

(k) 18 . . . g6 19 h4 Kg7 20 h5 Ng8 21 hxg6 fxg6 22 Bxg6 hxg6 23 Bh4 wins for White.

(l) 20 Bxf6 (on 20 Bh6 Black can play 20 . . . Qa1†21 Kf2 g6 22 Bxf8 Bxf8 intending . . . Bh6 and . . . Nd5 with excellent compensation for the exchange) 20 . . . Bxf6 21 Nd7 Be7 22 Bxh7† (22 Nxf8?! Bxf8 23 Bxb5 Qb1† 24 Kf2 Qc1 ∓) 22 . . . Kxh7 23 Rxg7† Draw, Staniszewski–Kuczynski, Polish Chp. 1987.

(m) This is more challenging than 14 Bxd7† Nxd7 when Black stands well after both 15 Nxd7 Bb4† 16 Bd2 Qa5 17 a3 Bxd2† 18 Qxd2 Kxd7 19 Qxa5 Rxa5 ∓ (central majority and queenside pressure), Pokorný–Šulc, Tenčianské Teplice 1925, and 15 Nd3 Qa5† 16 Bd2 Qf5!.

(n) No better is 16 Nxf6† gxf6 17 Qe2 (17 Qf3 Qe5† 18 Kd1 Rc8 19 Re1 Qd6 20 Qxf6 Rg8 gives Black good counterplay) 17 . . . Qxe2† 18 Kxe2 Kd7 19 Rhb1 Rg8 20 g3 Ra4 =, Trifunović–Schmid, Oberhausen 1961.

(o) 17 b3 Ke7 (17 . . . Nd5 ∞) 18 a4 Qd5 19 0-0 Rhc8 20 b4 Ne4 21 b5 Rc4! with chances for both sides, Greenfeld–Bykhovsky, Kfar-Sava 1995.

(p) 18 Rb1 Qa2 19 0-0 h5 20 Bf4 Kg8 21 Rb4 Nd5 22 Rxd4 Rc8 23 h3 Qc2 24 Qa1 Qc3 25 a5 Qxa1 26 Rxa1 Nxf4 27 Rxf4 Rc7 28 a6 Draw, Silman–Donaldson, Vancouver 1988.

(q) With 18 . . . h5 Black keeps the White queen away from h5 and prepares to develop his rook via . . . h4 and . . . Rh5. Less successful was 18 . . . Kg8?! 19 Bf4 h6 20 Be5 Rd8 21 Qd3 Ng4 22 Bc7 Rc8 23 Rac1 ±, Ftačnik–Pinter, Warsaw 1987.

(r) 20 Bf4 Kg8 (20 . . . Qd5!?) 21 Rb4 Nd5 22 Rxd4 Nxf4 23 Rxf4 e5 24 Re4 Rh6! 25 h3 Rha6 26 Qxg5 Rxa4 27 Rxe5 ±, Vilela–Kuczynski, Camaguey 1987.

(s) 19 Bb4 Qe4† 20 Qe2 Qxg2 21 0-0-0 Qb7 21 Bxf8 Kxf8 with chances for both sides, Morović–Korchnoi, Novi Sad Ol. 1990.

(t) 20 0-0 Rxa4 21 Qe5 Nd7 22 Qxg7 Rxa1 23 Rxa1 Qb2 24 Ra8† Ke7 with roughly equal chances, Ibragimov–Lukacs, Budapest 1992.

SEMI-SLAV DEFENSE

**1 d4 d5 2 c4 c6 3 Nf3 Nf6 4 Nc3 e6 5 e3 Nbd7 6 Bd3 dxc4
7 Bxc4 b5 8 Bd3 a6 9 e4 c5 10 d5 (Reynolds Variation)**

	13	14	15	16	17	18
	e5(a)..c4					
11	b3			dxe6(l)		
	Bd6........................c4			cxd3		
12	0-0		bxc4	exd7†		
	0-0		Bb4(i)	Qxd7		
13	a4...........Re1		Bd2	Ne5(m)......0-0		
	c4(b)	Rb8(e)	bxc4	Qe7	Bb7	
14	bxc4	Bf1!(f)	Bc2	Bf4(n)	Bg5(p).......Re1	
	b4	Re8(g)	0-0(j)	Nxe4!	Be7	Be7(t)
15	Ne2	a4	0-0	0-0	e5(q)	e5(u)
	Nc5	b4	Qc7	Nxc3	Ne4	Nd5
16	Ng3	Nb1	Nh4	bxc3	Bxe7	Ne4(v)
	Qc7(c)	Nb6	Nb6	Qb7	Kxe7	0-0
17	Be3	Nbd2	Qf3	Re1	Nxe4(r)	Qxd3
	a5(d)	Re7(h)	Bc5(k)	Be7(o)	Bxe4(s)	Qg4(w)

(a) With this move Black resolves the situation in the center. White has a pro-
tected passed d-pawn while Black has a queenside majority. Black will try to
mobilize this majority while White is trying to undermine it with a2-a4. Infe-
rior tenth move alternatives for Black are: (A) 10 . . . Bb7 11 0-0 Be7 12 Bf4
Nh5? 13 Be3 e5 14 a4! b4 15 Nb1 0-0 16 Nbd2 ±, Ribli–Smyslov, match 1983.
(B) 10 . . . exd5 11 e5 Ng4 12 Bg5 f6 13 exf6 Ndxf6 14 h3 Nh6 15 0-0 Bb7
16 Re1† Be7 17 Bxf6 gxf6 18 Qd2 ±. (C) 10 . . . Nb6 11 dxe6 Bxe6 12 Qe2 Be7
13 0-0 b4 14 Nd1 c4 15 Bc2 Bc5 16 Ne3 Qc7 17 Bd2 h6 18 Rfc1 0-0 19 e5 Nfd5
20 Nf5 ±, Suvalić–Trifunović, Yugoslav Chp. 1961.

(b) This pawn sacrifice, gaining the c5 square and denying White c4, is clearly
better than the accommodating 13 . . . b4 14 Ne2 Nh5 15 Nd2 Nf4 16 Nc4 Nb6
17 Nxf4 Nxc4 18 Ne6! fxe6 19 Bxc4 Qe7 20 dxe6 Bxe6 21 Bg5 Qd7 22 Qd3
Bxc4 23 Qxc4† Qf7 24 Rac1 Qxc4 25 Rxc4 ±, Agzamov–Rajković, Vrsać 1983.

(c) 16 . . . a5 17 h3 Qc7 18 Nh4 g6 19 Bh6 Ne8 20 Re1 (20 Bxf8?! Bxf8
and . . . Nd6 with strong counterplay on the dark squares) 20 . . . Ng7 21 Re31,
Boleslavsky–Botvinnik, USSR 1952.

(d) 18 Bxc5 Bxc5 19 Nd2 g6 20 Nb3 Nd7 21 Qd2 Bd6 22 Ne2 Nc5 23 Nxc5 Bxc5
24 Nc1 f5 25 exf5 Bxf5 26 Bxf5 Rxf5 27 Nb3 Raf8 =, van der Sterren–Bagirov,
Baku 1986. Black's activity just compensates for the material deficit.

(e) (A) Now 13 . . . c4 is inappropriate in view of 14 bxc4 b4 15 Na4!. (B) On 13 . . . Nb6 White obtains a clear edge with 14 Bf1 Qc7 15 Bg5 Ne8 16 a4! b4 17 Nb1 a5 18 Nbd2 Bb7 19 Rc1, Portisch–E. Kristiansen, Skopje 1972.

(f) The bishop steps out of the way of . . . c4 as the final preparation for a4.

(g) On 14 . . . Ne8 White has 15 a4 Nc7 16 axb5 axb5 17 Bg5 f6 18 Be3 intending Nh4, g3, and f4 with a clear advantage.

(h) 18 Bb2 Ne8 19 Rc1 f6 20 a5 Na8 21 Nc4 Rc7 22 Nfd2 Bd7 23 f4! ±, Polugaevsky–Biyiasas, Petropolis Int. 1973.

(i) Here 12 . . . bxc4 13 Bc2 Bb4 14 Bd2 transposes back into the column.

(j) Sharp play results in a clear plus for White—14 . . . Qa5 15 Ne2 Nxe4 16 Bxe4 c3 17 Nxc3 Bxc3 18 0-0 Bxd2 19 Nxd2 0-0 20 Nc4 Qb4 21 d6! Ra7 22 Bd5 Rd8 23 Re1 ±, Honfi–Kempe, corr. 1978-79.

(k) 18 Kh1 Rb8 19 h3 Ne8 20 Qg3 f6 21 f4 Bd6 22 fxe5 Bxe5 23 Qe3 Nd6 24 Nf3 ±, Krasenkov–Moroz, Polish Chp. 1994.

(l) 11 Bc2 Qc7 12 0-0 Bc5 13 dxe6 would transpose into column 21. Instead, Kharitonov–Ivanchuk, USSR Chp. 1988, saw 13 Qe2?! e5! 14 Nh4 0-0 15 Kh1 Bd4 ∓. Black should avoid 11 Bc2 Nc5?! 12 Bg5 b4 13 Na4! exd5 14 e5 h6 15 exf6 hxg5 16 fxg7 Bxg7 17 Nxc5 g4 18 Ba4† Kf8 19 0-0! gxf3 20 Re1 Bg4 21 Re8† Qxe8 22 Bxe8 ±, Levin–Wells, Bad Wörishhofen 1995.

(m) (A) 13 e5 Nd5 14 Qxd3 Nxc3 15 Qxc3 (15 Qxd7† Bxd7 16 bxc3 Rc8 17 Bd2 Ba3 is equal) 15 . . . Bb7 16 0-0 Rc8 17 Qb3 Be7 18 Bf4 Qf5! 19 Bg3 h5! 20 e6 fxe6 21 Rfe1 Bd5 22 Qe3 h4 23 Be5 0-0 ∓, Scheeren–R. Kuif, Hilversum 1986. (B) 13 Bg5 Be7 14 Bxf6 Bxf6 15 Nd5 Bb7! 16 Nxf6† gxf6 17 0-0 0-0 18 Re1 Re8 19 Nd2 f5 =, Vaganian–D. Cirić, San Feliu de Guixols 1975.

(n) Black has an easy game after 14 Nxd3, e.g. 14 . . . b4 15 Ne2 Qxe4 16 0-0 Be7 17 Ng3 Qb7 18 Bg5 0-0 19 Nh5 Nxh5 20 Bxe7 Qxe7 21 Qxh5 Qe4 =, Gligorić–Torre, Bugojno 1984.

(o) 18 Qxd3 0-0 19 Nd7 Qxd7 20 Qxd7 Bxd7 21 Rxe7 Be6 Draw, Chekhov–Alexandria, Halle 1981.

(p) (A) 14 Ne5 Qd4 15 Nf3 (15 Nxd3 0-0-0!) 15 . . . Qd7 16 Ne5 Qd4 17 Nf3 is a draw. (B) 14 e5 Nd5 15 Qxd3 (not 15 Ne4? Qg4! 16 Qxd3? Nb4 winning) 15 . . . Nxc3 16 Qxc3 is a transposition into note (m).

(q) Two other options for White are: (A) 15 Ne5 Qd4 16 Nxd3 Rd8 17 Bxf6 Bxf6 18 Nf4 0-0 when Black's bishop pair gives him good compensation for the pawn. (B) 15 Re1 0-0 16 e5 Ng4 17 Bxe7 Qxe7 18 Qxd3 Bxf3 19 Qxf3 Nxe5 20 Qg3 Rae8 21 Rad1 f6 =, Korchnoi–Flear, Wijk aan Zee 1987.

(r) (A) 17 Re1 Nxc3 18 bxc3 Qg4! 19 h3 Bxf3 20 hxg4 Bxd1 21 Raxd1 Rhd8 22 Re3 d2 ∓, Gavrikov–Chernin, USSR Chp. 1987. (B) 17 Qb3 Nxc3 18 Qxc3 Rhc8! 19 e6?! Rxc3 20 exd7 Bxf3 21 bxc3 Be2 ∓, Farago–Tukmakov, Dortmund 1987.

(s) 18 Re1 Qd5 19 Nd2 Bg6 20 Qg4 Rhc8 21 h4 h5 22 Qb4† Qc5 23 Qf4 ±, Anton–Byson, corr. 1992.

(t) 14 . . . Bb4 15 Ne5 Qe6 16 Nxd3 Bxc3 17 Nf4 Qd7 18 bxc3 Nxe4 19 Qxd7† Kxd7 20 Ba3 with a big plus for White, Karpov–Tal, Bugojno 1980.

(u) 15 Bg5 0-0 16 e5 transposes into note (q).

(v) 16 Qxd3 Nxc3 17 Qxc3 0-0 18 Bg5 Rac8 19 Qe3 Bxg5 20 Nxg5 Rc2 21 b3 Qg4 22 Qg3 Qxg3 23 hxg3 h6 24 Ne4 Bxe4 25 Rxe4 Rd8 26 a4 Rdd2 =, Karpov–Lutz, Germany 1994.

(w) 18 Nfg5! Rad8 19 a3 f5 20 exf6 gxf6 21 Qh3 Qxh3 21 Nxh3 with clear advantage to White, Karpov–Lutz, Dortmund 1994. Shirov's 18 . . . Rfd8 improves matters for Black, but White is still better.

SEMI-SLAV DEFENSE

1 d4 d5 2 c4 c6 3 Nf3 Nf6 4 Nc3 e6 5 e3 Nbd7 6 Bd3 dxc4 (Meran Variation) 7 Bxc4 b5 8 Bd3 a6 9 e4 c5 10 d5 c4 11 dxe6 fxe6 12 Bc2

	19	20	21	22	23	24
	Qc7(a)				Bb7	
13	Ng5	0-0			0-0	
	Nc5	Bd6	Bc5		Qc7(o)	
14	f4	Nd4(d)	e5(h)	Qe2	Ng5	Qe2
	h6(b)	Nb6	Nxe5	Ne5	Nc5	Bd6(r)
15	e5	Kh1(e)	Bf4	Nxe5(k)	e5(p)	Nd4(s)
	hxg5	Bd7	Bd6	Qxe5	Qxe5	Nc5
16	Bg6†	f4	Bxe5(i)	Be3(l)	Re1	f4
	Ke7	e5	Bxe5	Bxe3	Qd6	e5
17	exf6†	Nf3	Nxe5	Qxe3	Qxd6	Ndxb5!?(t)
	gxf6	Bg4	Qxe5	Ng4(m)	Bxd6	axb5
18	fxg5	a4	Re1	Qh3	Be3	Nxb5
	Qe5†	b4!?(f)	Qc7(j)	h5	0-0	Qb6
19	Ne2	a5	a4	Bd1	Rad1	Nxd6†
	Bg7(c)	Bxf3(g)	Rb8 ∞	g5(n)	Be7(q)	Qxd6(u)

(a) (A) 12 ... Nc5 13 Qxd8† Kxd8 14 0-0 Bb7 15 Ng5 Ke7 16 e5 Nfd7 17 f4 b4 18 Nce4 h6 19 Be3! ±, Forintos–D. Cirić, Sarajevo 1965. (B) 12 ... Qb6 13 0-0 Bb7 14 Qe2 0-0-0 15 a4 b4 16 a5 Qc7 17 Na4 b3 18 Bb1 Bb4 19 Bf4! ±, Christiansen–Nikolac, Wijk aan Zee 1976.

(b) 14 ... Bb7?! 15 e5 Rd8 16 Bd2 Nd5 17 Qh5† g6 18 Bxg6† hxg6 19 Qxh8 Nxf4 20 0-0-0 Qxe5 21 Qxe5 Nfd3† 22 Kc2 Nxe5 23 Be3! ±, Farago–Chandler, Belgrade 1982.

(c) 20 Bf4 Qd5 21 Qxd5 exd5 22 0-0-0 f5 23 Rxd5 Nd3† 24 Kb1 Be6 with chances for both sides, Weichert–Bauer, Bundesliga 1995.

(d) The most energetic choice. With this move White attacks e6, prepares f2-f4 and sets up possibilities of Nxb5. Other moves are not so effective, e.g., 14 Bg5 0-0 15 Bxf6?! Nxf6 16 Re1 Be5! 17 Qd2 Ng4 18 h3 Bh2† 19 Kh1 Bf4 20 Qe2 Ne5 and Black is in control, Ostenstad–Gausel, Gausdal 1995.

(e) (A) 15 f4?! e5 16 Nf3 Bg4 17 h3 0-0-0 18 Kh1 Bxf3 19 Qxf3 exf4 ∓, Farago–Radulov, Baile Herculaine 1982. (B) White's best is probably 15 a4! b4 16 a5 bxc3 17 axb6 cxb2 18 Bxb2 Qxb6 19 Rb1 ± (Donaldson).

(f) 18 ... exf4 19 axb5 a5 20 Qe1 Bxf3 21 Rxf3 0-0 22 Qh4 ±, Furman–Bronstein, USSR Chp. 1975.

(g) 20 Rxf3 Nbd7 21 Nd5 Nxd5 22 Qxd5 0-0-0! =, Ostergaard–Gausel, Copenhagen 1996.

(h) (A) 14 b3?! 0-0 15 h3 Ne5 16 bxc4 Nfg4! 17 Nxe5 Nxf2 18 Qh5 g6 19 Qe2 Nxh3† 20 Kh2 Qxe5† 21 Kxh3 Qxc3† 22 Resigns, Vaganian–Panchenko, Moscow 1981. (B) 14 Ng5?! Ne5! 15 Bf4 0-0 16 Bg3 h6 17 Nh3 Bb7 18 Qe2 Bd4 19 Rad1 Rad8 20 Nf4 Qb6 21 h3 b4 22 Na4 Qc6 ∓, Georgadze–Yusupov, USSR Chp. 1980/81.

(i) Black has good compensation for the exchange after 16 Re1 Nxf3† 17 Qxf3 Bxf4 18 Qxa8 Bxh2†.

(j) 18 . . . Qc5 19 Ne4 Nxe4 20 Bxe4 Ra7 21 b4! Qg5 22 f4! Qh4 23 g3 Qd8 24 Qh5† ±, Lautier–Piket, match 1996. The column is Schandorff–Hector, Copenhagen 1998.

(k) 15 Bf4 Nxf3† 16 Qxf3 e5 17 Bg5 0-0 18 Bxf6 gxf6 19 a4 Rb8 20 axb5 axb5 21 b3 Bd4 24 Nd5 Qg7 =, Lautier–Beliavsky, Linares 1995.

(l) Black's bishops become very strong if White plays for f4 without first Be3: 16 Kh1 Bb7 17 f4 Qh5 18 Qxh5 Nxh5 19 e5 0-0-0 20 f5 Rd4 21 Re1 Rh4 ∓, Lukacs–Vera, Cienfuegos 1983.

(m) Also good is 17 . . . 0-0 18 Rad1 Ng4 19 Qg3 Qxg3 20 hxg3 Ra7 21 Rd2 b4 22 Na4 Rc7 with at least equal chances, Hort–Sehner, Bundesliga 1985–86.

(n) 20 Bxg4 (20 Rc1 Ra7 21 b3 Rf72, Tukmakov–Bareev, Russian Chp. 1998) 20 . . . hxg4 21 Qg3 Qxg3 22 fxg3 Ra7 23 e5 Rah7 24 Ne4 Rxh2 25 Nd6† Kd7 26 Rf7† Kc6 27 Kf2 Bd7 =, Collas–Hector, Geneva 1995.

(o) This position may also arise by the order of moves 8 . . . Bb7 9 0-0 a6 10 e4 c5 11 d5 Qc7 12 dxe6 fxe6 13 Bc2 c4.

(p) 15 f4 h6 16 e5?! Nd3 17 Bxd3 0-0-0! 18 Nf3 Rxd3 19 Qe2 Bc5† 20 Kh1 Nd5 21 Ne4 Rf8! 22 Ne1 Rd4 23 Nxc5 Qxc5 24 Qg4 Qe7 25 Nf3 Rdxf4 26 Bxf4 Rxf4 27 Qg3 g5 28 Rae1 Qb4 29 Rf2 Ne7! puts Black on top, Gligorić–Yusupov, Vrbas 1980.

(q) 20 Bxc5 Bxc5 21 Nxe6 Rfc8 22 h3 Rab8 23 Nxc5 (23 g4 Bf3 24 Rd2 b4 25 Na4 Ba7 =, Topalov–Lautier, Dos Hermanas 1994) 23 . . . Rxc5 24 Re6 b4 25 Na4 Rg5 =, Kramnik–Shirov, Novgorod 1994.

(r) 14 . . . Bc5 15 e5 Ng4 16 Be4! 0-0 17 Bxh7† Kxh7 18 Ng5† Kg8 19 Qxg4 Qxe5 20 Qxe6† ±, Portisch–Inkiov, Lucerne Ol. 1982.

(s) 15 Ng5 Nc5 16 f4 e5 17 a4 b4 18 Nd5 Nxd5 19 exd5 0-0-0 20 Qxc4 exf4 21 Bxf4 Bxf4 22 Rxf4 Rxd5 23 Rf7 Rd7 24 Rxd7 Nxd7 25 Qxc7† Kxc7 26 Ne6† Kd6 27 Nxg7 Nc5 =. Black's active pieces are compensation for the pawn.

(t) 17 Nf5 0-0 18 Nxd6 Qxd6 19 fxe5 Qxe5 20 Rf5 Qc7 =, Horvath–Savchenko, Slovenia 1997.

(u) 20 fxe5 Qxe5 21 Rf5 Qe7 22 Qxc4 Rc8 23 Qb5† Ncd7 24 Qxb7 Rxc2 25 Bg5 Qd6 26 Qa8† Karpov–Anand, FIDE World Chp. 1998; now instead of 26 . . . Kf7? Black can play 26 . . . Qb8 with reasonable chances.

SEMI-SLAV DEFENSE

1 d4 d5 2 c4 c6 3 Nf3 Nf6 4 Nc3 c6 5 e3 Nbd7 6 Bd3 dxc4 7 Bxc4 b5

	25	26	27	28	29	30
8	Bd3...				Bb3..........Be2	
	Bb7........................		b4		Be7	Bb7
9	e4............0-0		Ne4		0-0	0-0(q)
	b4	b4	Be7..........Nxe4		0-0	Be7(r)
10	Na4	Ne4	Nxf6†	Bxe4	Re1(n)	e4
	c5	Be7(d)	Nxf6	Bb7	Bb7	b4
11	e5	Nxf6†	e4	Qa4(k)	e4	e5
	Nd5	Nxf6	Bb7	Qb6	b4	bxc3
12	0-0	e4	Qe2(h)	Nd2	Na4	exf6
	cxd4	0-0	Nd7(i)	Rc8	c5	Nxf6(s)
13	Re1(a)	e5(e)	0-0	a3	d5(o)	bxc3
	g6(b)	Nd7(f)	0-0	bxa3	exd5	0-0
14	Bg5	Be4	Rd1	b3(l)	e5	Rb1
	Qa5(c)	Rb8(g)	Qc7!(j)	Ba6(m)	Ne8(p)	Qc7(t)

(a) On 13 Nxd4 Black should not reply 13 . . . g6?! 14 Qg4 Bg7 15 Bg5 Nxe5 16 Nxe6! ±, Razuvaev–Bagirov, USSR 1987, or 13 . . . a6?! 14 Nxe6 fxe6 15 Qh5† Ke7 16 Bg5† ±, but 13 . . . Nxe5 14 Bb5† Nd7 15 Re1 Rc8 16 Qh5 g6 17 Qe5 Qf6 with good prospects, Ftačnik–Tukmakov, Biel 1988.

(b) 13 . . . Be7 14 Nxd4 Qa5 15 Bd2 Rd8 16 a3 N5b6 17 Bb5 Nxa4 18 Bxb4! ±, Kaidanov–Shabalov, New York 1993.

(c) 15 Nxd4 a6 16 a3 bxa3 17 bxa3 Bg7 18 Bd2 Qd8 19 Rb1 Rb8 20 Rxb7 Rxb7 21 Bxa6 Qa8! 22 Bxb7 Qxb7 and Black is near equality, Illescas–Kramnik, Madrid 1993.

(d) 10 . . . Nxe4 transposes into note (k).

(e) 13 Qe2 c5 14 dxc5 Rc8! 15 a3 bxa3 16 Rxa3 (16 b4 a5) 16 . . . Bxc5 17 Rc3 Qb6 =, Dreev–Bareev, Elista 1998.

(f) If 13 . . . Nd5?! 14 Qc2 g6 15 Bh6 Re8 16 Nd2 intending 17 Nb3 or 17 Ne4 controlling c5 ± (Mednis).

(g) 15 Qc2 h6 16 Be3 c5! 17 Bxb7 Rxb7 18 dxc5 Nxc5 19 Rfd1 Qb8 20 Qc4 Nd7 =, Beliavsky–Anand, Reggio Emilia 1992.

(h) 12 0-0 = is column 26.

(i) 12 . . . Qb6 13 0-0 Rc8 14 Bg5 h6 15 Bh4 c5 16 Bxf6 Bxf6 15 d5 ± (Korchnoi).

(j) 15 Be3 Rac8 16 Ba6 Qb6 17 Bxb7 Qxb7 18 Rac1 c5 =, Levin–Antunes, Seville 1994.

466

(k) 10 Bxe4 followed with 11 Qa4 is popular, but White may do better with 11 0-0 Be7 12 Nd2 Qc7 13 b3 0-0 14 Bb2 f5 15 Bf3 e5 16 Nc4 e4 17 Be2 c5 18 Rc1 Rad8 19 Qc2 ±, Tukmakov–Mikhalchishin, Frunze 1979.

(l) 14 Nc4 Qa6 15 Qb3 Rb8 16 0-0 c5 17 Bxb7 Qxb7 18 Qxa3 cxd4 19 Nd6† Bxd6 20 Qxd6 Qb6 21 Qa3 Qc5 22 Qxa7 Qxa7 23 Rxa7 Nf6 24 exd4 0-0 25 Rc7 Nd5 26 Rc4 h6 27 Rd1 Rfc8 28 Rxc8 Draw, Tukmakov–Ornstein, Vrnjacka Banja 1979. Black has full compensation for the pawn.

(m) 15 Nc4 Qb4† (15 . . . Qb5?! 16 Rxa3! ±) 16 Qxb4 Bxb4† 17 Bd2 Bxc4 18 Bxb4 Bxb3 19 Rxa3 Bd5 20 Bxd5 cxd5 21 Rxa7 Nb8! 22 Re7† (22 Ra8 Kd7 23 Kd2 Nc6 =, or 22 Bc5 Nc6 23 Rb7 Rb8 =) 22 . . . Kd8 23 Rb7 Nc6 24 Bd6 (24 Bc5 Rb8) 24 . . . Na5 = (Donaldson).

(n) 10 e4 b4 11 e5 bxc3 12 exf6 Nxf6 13 bxc3 Bb7 14 Rb1 c5! =, Fairhurst–Reshevsky, Margate 1935.

(o) 13 e5 Nd5 14 Qd3 Rc8 15 Nxc5 Nxc5 16 dxc5 Rxc5 17 Bc2 g6 18 Bh6 Re8 19 Ba4 Nb6! with an edge for Black, Korchnoi–Ribli, Montpellier 1985.

(p) 15 Bxd5 Bxd5 16 Qxd5 Nb6 =, Tatai–Pinter, Rome 1984.

(q) (A) 9 a3 b4! 10 Na4 bxa3 11 bxa3 Be7 12 0-0 0-0 13 Bb2 c5 draw agreed, Karpov–Kasparov, World Chp. (G 29) 1984/85. (B) 9 e4 b4 10 e5 bxc3 11 exf6 cxb2 12 fxg7 bxa1(Q) 13 gxh8(Q) Qa5† 14 Bd2 Qxd1† 15 Bxd1 Qf5 16 0-0 0-0-0 17 Qg8 Be7 18 Qg7 Qg6 =, Chekhover–Suetin, USSR 1951.

(r) 9 . . . a6 10 e4 c5 11 e5 Nd5 12 a4 Nxc3 13 bxc3 c4 14 Ng5! Be7 15 Bf3 Bxf3 16 Qxf3 0-0 17 Qg4! Nb6 18 axb5 axb5 19 Rxa8 Nxa8 20 Ne4 with the attack, Christiansen–Flear, Szirak 1987.

(s) 12 . . . Bxf6 13 bxc3 0-0 14 Rb1 Qc8 15 Qb3 Ba6 16 Bxa6 Qxa6 17 Qa3 ±, Aleksandrov–Akopian, Pula 1997.

(t) 15 Bf4 Qxf4 16 Rxb7 Bd6 17 g3 Qf5 18 Qa4 Ne4 19 Rc1 c5 20 Qc2 Qd5 draw agreed, Chernin–Portisch, Reggio Emilia 1986/87.

SEMI-SLAV DEFENSE

1 d4 d5 2 c4 c6 3 Nf3 Nf6 4 Nc3 e6 5 e3 Nbd7

	31	32	33	34	35	36
6	Bd3.....................Qc2					
	Bb4..........Bd6(d)		Bd6			
7	a3	e4(e)	Bd3(j) ....b3............e4............Bd2			
	Ba5(a)	dxe4(f)	0-0	0-0	dxe4	0-0
8	0-0	Nxe4	0-0	Be2	Nxe4	0-0-0
	0-0	Nxe4	dxc4	Re8(m)	Nxe4	b5(s)
9	Qc2	Bxe4	Bxc4	0-0	Qxe4	cxb5
	dxc4(b)	0-0	b5(k)	dxc4	e5(p)	c5
10	Bxc4	0-0	Bd3	bxc4	dxe5	e4
	Bc7	h6(g)	Bb7	e5	0-0	Bb7
11	Ba2!	Bc2	e4	Bb2	exd6(q)	exd5
	e5	e5	e5	e4	Re8	Nxd5
12	h3	Qd3(h)	dxe5	Nd2(n)	Qxe8+	Ng5(t)
	h6(c)	f5(i)	Nxe5(l)	Qe7(o)	Qxe8+(r)	g6(u)

(a) 7 . . . Bd6 8 e4 dxe4 9 Nxe4 Nxe4 10 Bxe4 e5 11 0-0 0-0 12 Bc2 (White could win a pawn by 12 dxe5 Nxe5 13 Nxe5 Bxe5 14 Bxh7† Kxh7 15 Qh5† Kg8 16 Qxe5, but after 16 . . . Qd3! White is forced to play 17 c5, and the position after 17 . . . Be6 and . . . Bd5 is very drawish, despite the extra pawn. Compare this to column 32, where the White pawn stands on a2 and the sacrifice would be unsound) 12 . . . Re8 13 Re1 exd4 14 Rxe8† Qxe8 15 Qxd4 Be7 16 Bg5! ±, Kasparov–Hübner, Brussels 1986.

(b) 9 . . . Qe7 10 Bd2 dxc4 11 Bxc4 e5 12 Ba2! Bxc3 13 Bxc3 exd4 14 Nxd4 ±, Rogoff–Lombardy, US Chp. 1978.

(c) 13 e4 Re8 14 Be3 ±, Kasparov–van der Wiel, Brussels 1987.

(d) 6 . . . Be7 7 b3 0-0 8 0-0 b6 9 Bb2 Bb7 10 Qe2 Rc8 11 e4 dxe4 12 Nxe4 c5 13 Rad1 Qc7 14 dxc5 bxc5 15 Rfe1! Rfd8 16 Neg5 ±, Chernin–Utasi, Stary Smokovec 1984.

(e) Delaying the central break for just one move allows Black an easy time—7 0-0 0-0 8 e4 dxc4! 9 Bxc4 e5 10 Bg5 h6 11 Bh4 Qe7 =.

(f) Forced, as 7 . . . dxc4 8 Bxc4 e5 9 dxe5 Nxe5 10 Nxe5 Bxe5 11 Qxd8† Kxd8 12 Bxf7 is good for White.

(g) To prepare . . . e5, which if played immediately drops a pawn to 11 dxe5 Nxe5 12 Nxe5 Bxe5 13 Bxh7† Kxh7 14 Qh5† Kg8 15 Qxe5. On 10 . . . c5 White keeps an edge with 11 Bc2 b6 12 Qd3 g6 13 Bh6 Re8 14 Rad1 Bf8 15 dxc5 Bxh6 16 c6, Rubinstein–Bogolybov, Triberg 1921.

(h) (A) 12 b3 Re8 13 Re1 exd4 14 Rxe8† Qxe8 15 Qxd4 Bc5 16 Qd3 Nf6 17 Bb2 Qd7! 18 Qc3 Qe7 =, Stohl–Krasenkov, Brno 1994. (B) 12 Re1 Bb4 13 Bd2 Bxd2 14 Qxd2 exd4 15 Nxd4 Nf6 16 Rad1 Qc7 =, Bagirov–Chernikov, USSR 1975.

(i) 13 c5 Bc7 14 dxe5 Nxe5 15 Qb3† Kh8 16 Re1 Nxf3† 17 Qxf3 f4!? (17 . . . Qf6 18 Bf4! Bxf4 19 Qxf4 Qxb2 20 Bb3 ±, Krasenkov–Chernikov, Katowice 1993) 18 Qh5 Qg5 19 Qxg5 hxg5 20 Bd2 Bf5 =, Donaldson–Shipman, San Francisco 1996.

(j) (A) 7 Be2 0-0 8 0-0 dxc4 9 Bxc4 transposes into the column, but 7 Bd3 has the extra option that 7 . . . 0-0 8 0-0 e5 can be met by 9 cxd5 cxd5 10 e4! exd4 11 Nxd5 Nxd5 12 exd5 h6 13 Nxd4 ±, Karpov–Kramnik, Las Palmas 1996. (B) 7 g4 Bb4!? 8 Bd2 Qe7 9 a3 (9 g5 Bxc3 10 Bxc3 Ne4 11 Rg1 b6 12 0-0-0 Bb7 ∞) 9 . . . Bxc3 10 Bxc3 b6 11 Bd3 Ba6 12 Qa4?! dxc4! 13 Qxa6 cxd3 14 Qxd3 0-0 15 g5 Nd5 16 Bd2 f5 ∓, Gelfand–Kramnik, Germany 1996.

(k) 9 . . . e5 10 a3 Qe7 11 h3 Bb8 12 Ba2 h6 13 Nh4 Rd8 14 Nf5 Qe8 15 Bd2 Nf8 =, Portisch–Chernin, Budapest 1993.

(l) 13 Nxe5 Bxe5 14 h3 (on 14 f4 Black has 14 . . . Bd4† and 15 . . . Ng4) 14 . . . Re8 15 Be3 Qe7 16 Rae1 a6 17 Ne2 (with the threat of f4) 17 . . . c5! 18 Bxc5 (18 f4 c4) 18 . . . Qc7 19 Bd4 Draw, Portisch–Tukmakov, Reggio Emilia 1987/88.

(m) 8 . . . e5 9 cxd5 Nxd5 10 Nxd5 cxd5 11 dxe5 Nxe5 12 Bb2 (12 0-0? Nxf3† 13 Bxf3 Qh4 14 g3 Qf6 15 Bxd5 Bf5! 16 e4 Bh3 17 Rd1 Be5! 18 Resigns, Teichmann–de Carbonnel, corr. 1960) 12 . . . Bb4† 13 Kf1! Nxf3 14 Bxf3 Be6 15 Qd3 Be7 16 Ke2 Qa5 17 Rhc1 Rac8 18 a3 h6 19 Kf1 Qb6 20 Kg1 Qd6 21 Bd1 ±, Portisch–Hübner, Brussels 1986.

(n) 12 Ng5 (hoping for 12 . . . Qe7? 13 c5 Bc7 14 Bc4) 12 . . . Ng4! 13 Bxg4 Qxg5 =.

(o) 13 Rfe1 (13 Rae1 Nf8 14 Bd1 Bc7 15 f3 exf3 16 Nxf3 Be6! 17 Be2 Bg4 18 Bd3 Rad8 19 Kh1 Ng6 =, Ionescu–Chernin, Sochi 1986) 13 . . . Nf8 14 f3 exf3 15 Bxf3 Ng4 16 Nf1 Qh4 17 g3 (if 17 h3 Nf6 18 e4 Ne6 intending . . . Ng5 with good attacking chances) 17 . . . Qg5 = 18 Ne4?! Qg6 19 Qg2 Bb4 20 Re2 Bf5 ∓, Taimanov–Barbero, Montpellier 1986. Black has good play against White's ponderous center and weakened kingside.

(p) (A) 9 . . . c5 10 Bd2 Nf6 11 Qc2 cxd4 12 Nxd4 Bc5 13 Nb3 Be7 14 Be2 Qc7 15 0-0 Bd7 16 Rac1 Rc8 17 Nd4 0-0 =, Smyslov–Chernin, Subotica Int. 1987. (B) 9 . . . Bb4† 10 Bd2 Bxd2† 11 Nxd2 0-0 12 0-0-0!, Stoltz–O. Bernstein, Groningen 1946.

(q) Pretty much forced as alternatives favor Black: (A) 11 Ng5?! Nf6!. (B) 11 Bd3?! f5!. (C) 11 Be2 Nxe5 12 Nxe5 Qa5† ∓. (D) 11 Bf4 Bb4† 12 Ke2 Nc5 13 Qe3 Ne6 and . . . f6 ∓.

(r) 13 Be3 Nf6 14 0-0-0 Bf5 (14 . . . Be6 15 Bd3 b5 16 c5 Bxa2 17 Rhe1 Bb3 18 Bg5 Qd8 19 Nd4! ±) 15 Bd3 Bxd3 16 Rxd3 Qe6 17 b3 a5 18 Rhd1 a4 with chances for both sides, Schneider–Chekhov, USSR 1982.

(s) 8 . . . e5 9 cxd5 cxd5 10 Nb5 Bb8 11 dxe5 (11 Bb4 Re8 12 Nd6 Bxd6 13 Bxd6 e4 14 Bc7 Qe7 15 Ne5 Nxe5 16 dxe5 Ng4 17 Bd6 Qe6 ∓, Petrosian–Korchnoi, USSR Chp. 1955) 11 . . . Nxe5 12 Bc3 Qe7 13 Bd4 Rd8 14 Nc3 g6 15 Nxe5

Bxe5 16 Bxe5 Qxe5 17 Rd4 Be6 18 Bd3 a6 19 Qd2 b5 =, Akesson–Dlugy, Gausdal 1982. Black's queenside play provides full compensation for the isolated pawn.

(t) 12 Ne4 (12 Nxd5 Bxd5 13 Bc4 Bxf3 14 gxf3 cxd4 7—Kupreichik) 12 . . . Be7 13 dxc5 Nxc5 14 Nxc5 Bxc5 15 Ng5 g6 16 Ne4 Bd4! favors Black, Morović–Kupreichik, Medina del Campo 1980.

(u) 13 Nge4 Be7 14 dxc5 Nxc5 15 Nxc5 Bxc5 16 Bh6 Re8 =. Black's active pieces and pressure along the c-file yield adequate play for the pawn.

SEMI-SLAV DEFENSE

1 d4 d5 2 c4 c6 3 Nf3 Nf6 4 Nc3 e6 5 Bg5(a)

	37	38	39	40	41	42
	h6		dxc4			
6	Bxf6(b)		e4(i)			
	Qxf6		b5			
7	e3	g3(f)	a4		e5	
	Nd7	Nd7	Bb7		h6	
8	Bd3(c)	Bg2	e5?!(j)		Bh4	
	dxc4(d)	dxc4	h6		g5	
9	Bxc4	0-0	Bh4	Bxf6(n)	exf6	
	g6	Be7	g5	gxf6	gxh4	
10	0-0	e3	exf6(k)	axb5	Ne5	
	Bg7	0-0	gxh4	cxb5	Qxf6	
11	b4	Nd2(g)	axb5(l)	Nxb5	a4	Be2(s)
	0-0	Nb6	cxb5	Qb6	c5(p)	Nd7
12	Rc1	f4	Nxb5	Qa4	Be2(q)	Nxc6
	Qe7(e)	Qf5(h)	Bb4†(m)	Nc6(o)	cxd4(r)	Bb7(t)

(a) (A) 5 Qb3 dxc4 6 Qxc4 b5 7 Qd3 a6 8 Bg5 c5 9 e3 Nbd7 10 Be2 Bb7 11 0-0 Be7 12 dxc5 Nxc5 ∓, Andersson–Beliavsky, Pärnu 1997. (B) 5 g3 dxc4 6 Bg2 Nbd7 7 0-0 Be7 8 e4 0-0 9 a4 b6 10 Qe2 Ba6 11 Rd1 Rc8 12 Bf4 Re8 13 h3 Bb4 14 g4 Bxc3 15 bxc3 Qe7 16 Bg5 h6 17 Bc1 Nh7 ±, Kopec–Bisguier, US Open 1987.

(b) A sharp alternative is 6 Bh4 dxc4 7 e4 g5 (7 . . . b5 transposes into columns 39–42) 8 Bg3 b5 9 Be2 Bb7 (9 . . . Bb4 10 0-0 Bxc3 11 bxc3 Nxe4 12 Ne5!? Nd7 13 Bh5 0-0 14 Nxf7!? Rxf7 15 Bxf7† Kxf7 16 Qc2 ∞, Yusupov–Akopian, Úbeda 1997) 10 Ne5 (Kramnik's 10 e5 Nh5 11 a4 a6 12 Nxg5 Nxg3 13 Nxf7 Kxf7 14 fxg3 is dangerous) 10 . . . Bg7 11 h4 Nfd7 12 Ng4! ±, Topalov–Timman, Wijk aan Zee 1998, since 12 . . . f5 is met by 13 exf5 exf5 14 Qc2 with attack.

(c) 8 Rc1 Qd8 9 Bd3 Be7 10 0-0 0-0 11 Qe2 a6 12 Bb1 f5 13 Ne1 Bd6 14 c5 Bc7 15 f4 Nf6 16 Bd3 Bd7 =, Karpov–Anand, Wijk aan Zee 1998.

(d) 8 . . . Bd6 9 0-0 Qe7 10 c5 Bc7 11 e4 dxe4 12 Bxe4 0-0 13 b4 Rd8 14 Re1 Nf6 15 Bc2 b6 16 Ba4! ±, Polugaevsky–Mecking, match 1977.

(e) 13 Qb3 Nb6 14 Bd3 Rd8 15 Ne4 Nd5 16 a3 Bd7 17 Nc5 Be8 =, P. Nikolić–Anand, Groningen 1997.

(f) Alternatives are: (A) 7 Qc2 Nd7 8 e4 dxe4 9 Qxe4 Bb4! 10 Bd3 Qe7 11 0-0 Nf6 12 Qh4 c5 =, Murey–Mednis, Amsterdam 1987. (B) 7 a3 dxc4 8 Ne5 c5 9 Nxc4 cxd4 10 Nb5 Qd8 11 Qxd4 Qxd4 12 Nxd4 Bd7 13 g3 Bc5 14 Nb3 Be7 15 Nca5 Bc6 16 Nxc6 Nxc6 17 Bg2 Rc8 =, Kasparov–Sveshnikov, USSR Chp. 1981.

(C) 7 e4 dxe4 8 Nxe4 Bb4† 9 Ke2 Qf4 10 Qd3 0-0 11 g3 Qc7 12 Bg2 Be7 13 Rhe1 Nd7 14 Kf1 e5 ∓.

(g) 11 Qe2 e5 12 Qxc4 exd4 13 Nxd4 Ne5 14 Qb3 Rd8 15 f4 Ng4 16 Ne4 Qg6 17 f5 Qh7 18 h3 Nf6 =, Tukmakov–Sveshnikov, Kuybyshev 1986.

(h) 13 e4 Qa5 14 Qe2 Rd8 15 Nf3 with chances for both sides, Wells–Kadimova, Linares 1996.

(i) (A) 6 a4 Bb4 7 e4 Bxc3† 8 bxc3 Qa5 9 e5 Ne4 10 Bd2 Qd5 11 Be2 c5! ∓, Cebalo–Pinter, Goas-Honved 1987. (B) 6 e3 b5 7 a4 Bb4 8 Nd2 a6 9 axb5 cxb5 10 Nxb5 axb5! 11 Rxa8 Bb7 12 Bxf6 gxf6 13 Ra1 e5 ∞, Koerholz–Karsa, Luxembourg 1986.

(j) 8 e5 is sharp, but White does better with 8 axb5 cxb5 9 Nxb5 Bxe4 10 Qa4 Nc6 11 Ne5 Bb4† 12 Nc3 Rc8! 13 f3 Bd5 =, Dizdar–Pinter, Austria 1997.

(k) 10 Nxg5 hxg5 11 Bxg5 Nbd7 12 b3 (12 axb5 cxb5 13 Nxb5 Qb6 wins) 12 ... c5! ∓. Black is in a main line Anti-Meran in which he has played the useful ... Bb7 compared with White's a2-a4.

(l) 11 Ne5 Nd7 12 Be2 Nxe5 13 dxe5 Qc7 14 Qd4 h3 15 0-0-0 hxg2 16 Rhg1 bxa4 17 Bxc4 a3 ∓, Kohlweyer–Ribli, Dortmund 1986.

(m) 13 Nc3 (Kir. Georgiev–Nogueiras, Sarajevo 1985) 13 ... 0-0! 14 Bxc4 Qxf6 leaves Black clearly ahead.

(n) White's best line here may be 9 exf6 hxg5 10 fxg7 Bxg7 11 Ne4 c5 12 Nxc5 Bxf3 13 Qxf3 Qxd4 14 Qxa8 0-0 15 Ne4 Qxb2 16 Rd1 Bc3† 17 Nxc3 Qxc3† = (Lukacs).

(o) 13 Bxc4 a6 14 Na3? (14 Nc3 ∓) 14 ... Rg8 15 0-0 0-0-0 16 Rfc1 Kb8 17 d5 Nxe5! 18 Nxe5 fxe5 ∓, Ilić–Lukacs, Vrnjacka Banja 1987.

(p) 11 ... Bb7 12 Be2 c5 13 Nxb5 Na6 14 0-0 Rd8 15 f4! cxd4 16 Bf3 Bxf3 17 Qxf3 Rd5 18 Rae1 Bb4 19 Ng4 Qe7 20 Re5 ±, Lesiege–So. Polgar, Bermuda 1995.

(q) 12 Ng4 Qe7 13 Be2 Bg7 14 dxc5 b4 15 Nb5 0-0 =, Epishin–Dzhandzhava, Vilnius 1988.

(r) 13 Qxd4 Nd7 14 Qe4 Rb8 15 Nc6 Nc5 16 Qe3 with chances for both sides, Bellon–Hector, Malmö 1996.

(s) 11 g3?! Nd7 12 Qe2 c5 13 Bg2 cxd4 14 Nxd7 Bxd7 15 Nd5 Qg7 16 Nc7† Kd8 17 Nxa8 Bb4† 18 Kf1 d3 19 Qd1 Qxb2 20 Rb1 Qd2 21 f4 Qxd1† 22 Rxd1 Ke7 23 Rb1 Ba3 24 Ke1 c3 25 Rb3 b4 ∓, Murshed–Ivanchuk, Sharya 1985.

(t) 13 Bf3 a6 14 0-0 Bg7 15 a4 b4 16 Ne4 Qf4 17 Qc1 Qc7 18 Qxc4 Bxc6 19 Rac1 0-0 20 Qxc6 Qxc6 21 Rxc6 (Barlov–Karaklajić Yugoslavia 1987) 21 ... Ra7 =.

SEMI-SLAV DEFENSE

1 d4 d5 2 c4 c6 3 Nf3 Nf6 4 Nc3 e6 5 Bg5 dxc4 6 e4 b5
7 e5 h6 8 Bh4 g5 9 Nxg5 (Anti-Meran Gambit)

	43	44	45	46	47	48
	Nd5?!	hxg5				
10	Nxf7(a)	Bxg5				
	Qxh4	Nbd7				Be7
11	Nxh8	g3(e)		exf6		exf6
	Bb4	Qa5	Rg8(h)	Bb7		Bxf6
12	Rc1(b)	exf6	Bxf6(i)	g3(k)		Be3
	Qe4†(c)	b4	Nxf6	c5		Bb7(o)
13	Be2	Ne4	exf6	d5		a4
	Nf4	Ba6	Qxf6	Nb6	Qb6(m)	b4
14	a3	b3(f)	Bg2	dxe6	Bg2	Ne4
	Nxg2†	Nb6	Bb7	Bxh1	0-0-0	c5
15	Kf1	bxc4	a4	e7	0-0	Nxc5
	Ne3†(d)	Nxc4(g)	0-0-0(j)	Qd7(l)	b4(n)	Bd5(p)

(a) 10 Nf3 Qa5 11 Rc1 Bb4 12 Qd2 Nd7 13 Be2 Bb7 14 0-0 c5 15 Rfd1 Rc8 16 Kf1 Bxc3 17 bxc3 b4 18 dxc5 bxc3 19 Qd4 Qxc5 20 Qg4 Qf8 21 Qd4 Qc5 =, Gavrikov–Nogueiras, Tbilisi 1983.

(b) Also 12 Qd2 c5 13 0-0-0 cxd4 14 Qxd4 Qxd4 15 Rxd4 Nxc3 16 bxc3 Bxc3 17 Rg4 ±, Azmaiparashvili–Stanojosky, Struga 1995.

(c) 12 . . . c5 13 dxc5 Bxc3† 14 bxc3 Qg5 15 Be2 Bb7 16 0-0 Nf4 17 Bf3 ±, Nikolić–Timman, Wijk aan Zee 1997.

(d) 16 fxe3 Qxh1† 17 Kf2 Qxh2† 18 Ke1 Be7 19 Kd2 ±, Timman–Ljubojević, Buenos Aires 1980.

(e) 11 Qf3?! Bb7 12 Be2 Bh6! 13 Bxf6 Nxf6 14 Qxf6 Qxf6 15 exf6 0-0-0 16 Rd1 b4 17 Na4 c5 18 Bxc4 Bxg2 19 Rg1 Bf3 20 Be2 Bxe2 21 Kxe2 cxd4 ∓, Hartoch–Zuidema, Wijk aan Zee 1973.

(f) (A) 14 Bg2? c3 ∓. (B) 14 Qf3 0-0-0 15 Be2 Bb7 16 0-0 Qd5 17 Be3 Rg8 18 Rfc1 c5 19 Nd2 cxd4 = (Flohr).

(g) 16 Qb3 Qd5 (16 . . . Qf5 17 f3 ±) 17 f3 Bb5 18 Rc1 Na3 19 Qxd5 cxd5 20 Nd2 ±, Mecking–Matsuura, Sao Paulo 1995.

(h) (A) 11 . . . Bb7 12 Bg2 Qb6 13 exf6 c5 14 d5 transposes into column 47. (B) 11 . . . b4 12 Ne4 Nxe4 13 Bxd8 Kxd8 14 Bg2 f5 15 exf6 Nexf6 (15 . . . Ndxf6? 16 Bxe4 Nxe4 17 Qf3 wins, P. Nikolić–Bagirov, Sarajevo 1980) 16 Qe2 Nd5 17 Qxc4 ±, Lipiridi–Lutovinov, corr. 1984.

(i) 12 h4 Rxg5 13 hxg5 Nd5 14 g6 fxg6 15 Qg4 Qe7 16 Bg2 Qf7 17 Be4 Ne7 18 Nxb5 cxb5 19 Bxa8 ∞, Shirov–Morović, Las Palmas 1994.

473

(j) 16 axb5 cxb5 17 Bxb7† Kxb7 18 Nxb5 Bb4† 19 Nc3 Rxd4 20 Qe2 Qf5 21 0-0 Rgd8 22 Nd1! ±, Rogers–Kuijf, Wijk aan Zee 1987. White's pressure against c4 and the Black king count for more than Black's control of the d-file.

(k) 12 Be2?! Qb6 13 0-0 0-0-0 14 a4 b4 15 Ne4 c5 16 Qb1 Qc7 17 Ng3 cxd4 18 Bxc4 Qc6 19 f3 d3 ∓, Denker–Botvinnik, USA vs. USSR (radio match) 1945.

(l) 16 Qxd7† Nxd7 17 Nxb5 Bxe7 18 fxe7 f6 19 Be3! Kxe7 20 h4 Bf3 21 Bxc4 with an endgame edge, Ionov–Sherbakov, Russia 1993.

(m) (A) 13 . . . Nxf6 14 Bg2 Be7 15 0-0 Nxd5 16 Bxe7 Kxe7 17 Nxb5 Qb6 18 Na3 c3 19 Nc4 Qc7 20 bxc3 Nxc3 21 Qd2 Bxg2 22 Kxg2 Ne4 23 Qe3 Nf6 24 Qf3 ±, van Wely–Dreev, Bern 1993. (B) 13 . . . Bh6 14 Bxh6 Rxh6 15 Qd2 Qxf6 16 0-0-0 Kf8 17 f3 exd5 18 Nxd5 Bxd5 19 Qxd5 ±, Atalik–Ivanisević, Hungary 1997.

(n) 16 Rb1! (16 Na4 may also give White some edge) 16 . . . Qa6 17 dxe6 Bxg2 18 e7! Bxf1 (18 . . . Ba8 19 exd8(Q)† Kxd8 20 Ne2 Kc8 21 Qc2 Qe6 22 f3 ±, Yermolinsky–Lapshun, Philadelphia 1998) 19 Kxf1 Qc6 20 exd8(Q)† Kxd8 21 Nd5 Rxh2 22 Kg1 Rh8 23 Bf4 ±, P. Nikolić–Shirov, Linares 1997.

(o) 12 . . . Bg5 13 g3 Bb7 14 Bg2 Bxe3 15 fxe3 Qc7 16 Qf3 ±, Georgadze–Landero, Seville 1985.

(p) 16 Rc1 Rg8 17 Bxc4 Rxg2 18 Qh5 ±, Nogueiras–Rogers, Dubai Ol. 1986.

SLAV DEFENSE

1 d4 d5 2 c4 c6 3 Nf3 Nf6 4 Nc3 dxc4(a)

	49	50	51	52	53	54
5	e3(b) ....e4.......................a4					
	b5	b5		Na6.........Bg4		
6	a4	e5		e4(n)	Ne5	
	b4	Nd5		Bg4	Bh5	
7	Nb1(c)	a4(h)		Bxc4	f3 ....g3	
	Ba6	e6		e6(o)	Nfd7	e6
8	Qc2(d)	axb5.........Ng5		Be3	Nxc4	Bg2
	b3(e)	Nxc3	h6(k)	Be7(p)	e5	Bb4
9	Qd1	bxc3	Nge4	0-0	Ne4(r)	0-0
	e6	cxb5	b4	Nb4	Bb4†	0-0
10	Be2(f)	Ng5	Nb1	Rc1	Bd2	Nxc4
	Bb4†(g)	Bb7	Ba6(l)	0-0	Qe7	Nd5
11	Bd2	Qh5(i)	Nbd2	h3	Bxb4(s)	Qd3
	c5 ∞	g6(j)	Nf4(m)	Bh5(q)	Qxb4†(t)	Be7(u)

(a) 4 . . . a6 has been tried in recent years, but White gains an edge with 5 Bg5! Ne4 6 Bf4 Nxc3 7 bxc3 dxc4 8 g3 g6 (8 . . . b5 9 Bg2 Bb7 10 Ne5 f6 11 Nxc4 g5 12 Be3! bxc4 13 Rb1 Qc7 14 h4 ±, Anand–Shirov, Monaco (blindfold) 1997) 9 Bg2 Bg7 10 Ne5 Be6 11 Qb1! Qc8 12 a4 ±, Anand–Shirov, Dos Hermanas 1997.

(b) 5 Ne5 b5 6 g3 Bb7 7 Bg2 a6 8 a4 e6 9 Bg5 Qb6 10 0-0 Be7 11 e3 h6 12 f4 hxg5 13 fxg5 Rf8! 14 gxf6 gxf6 15 Nf3 Nd7 with chances for both sides (Portisch).

(c) 7 Na2 e6 8 Bxc4 Bb7 9 0-0 Be7 10 Qe2 0-0 11 Rd1 a5 12 Bd2 Nbd7 13 Nc1 Qb6 14 Nb3 c5 15 Be1 Rfd8 =, Reshevsky–Smyslov, USA vs. USSR (radio match) 1945.

(d) 8 Be2 e6 9 0-0 Be7 10 Nbd2 c3 11 bxc3 bxc3 12 Nb1 Qa5 13 Ba3 c5 =, P. Nikolić–Bareev, Pula 1997.

(e) 8 . . . e6 9 Bxc4 Bxc4 10 Qxc4 Qd5 11 Nbd2 Nbd7 12 Qe2 Ne4 =, Stahlberg–Euwe, Stockholm Ol. 1937.

(f) 10 Nbd2?! Qd5 11 Be2 Nbd7 12 0-0 Rb8! 13 Nb1 Ne4 ∓, Adorjan–Torre, Toluca Int. 1982.

(g) 10 . . . Nd5?! 11 0-0 Nb4 12 Na3 Nd3?! 13 Nxc4 ±, Varnusz–Utasi, Hungary 1990.

(h) 7 Ng5 f6! 8 Nge4 f5 9 Ng5 e6 10 h4 Na6 11 Be2 Be7 12 Bh5† g6 13 Be2 Nab4 14 Nf3 Nxc3 15 bxc3 Nd5 ∓, Wockenfuss–Weimer, Bundesliga 1983-84.

(i) 11 Qg4 Bd5 12 Be2 Nc6 13 0-0 a5 14 Ne4 h5 15 Qf4 Be7 =, R. Rodríguez–Thipsay, Bangalore 1981.

(j) Better than 11 ... Qd7 12 Be2 Bd5 13 Nxh7 Nc6 14 Nf6† gxf6 15 Qxh8 0-0-0 16 Qh3 ±. After 11 ... g6 12 Qg4 Be7 13 Be2 Bd5 Black's chances are at least equal, e.g. 14 Ne4 h5 15 Qf4 a5 16 Bf3 Nd7 17 Nd6†?! Bxd6 18 Bxd5 exd5 19 exd6 Qf6 ∓, Manninen–Hector, Nordic Zonal 1992.

(k) 8 ... Be7 9 Nge4 b4 10 Nb1 Ba6 (or 10 ... f5!) 11 Qg4 Kf8 12 Be2 Nd7 =, Sosonko–Hübner, Brussels (blitz) 1987.

(l) 10 ... Qh4 11 Qf3 f5 12 exf6 Nxf6 13 Nxf6† Qxf6 14 Qe4! ± (Donaldson).

(m) 12 Qg4 Nd3† 13 Bxd3 cxd3 14 Nd6† Bxd6 15 Qxg7 Bf8! 16 Qxh8 Qxd4 17 0-0 Nd7 18 Nf3 Qg4! 19 Bxh6 Qh5 20 Bg7 Qxh8 21 Bxh8 Bh6 with excellent play for the exchange, Fiorito–Smyslov, Buenos Aires 1990.

(n) 6 e3 Bg4 7 Bxc4 e6 8 h3 Bh5 9 0-0 Nb4 10 Qe2 Be7 11 Rd1 0-0 12 g4 Bg6 13 e4 Nd7! =, Kramnik–Short, Moscow 1996.

(o) 7 ... Bxf3 8 gxf3 e6 9 Bxa6?! bxa6 leaves Black with good counterplay despite his weakened pawns, Ivanchuk–Smyslov, Tallinn (rapid) 1996. 9 Be3 should be tried.

(p) 8 ... Nb4 9 Be2 a5 10 0-0 Be7 11 Ne5 Bxe2 12 Qxe2 0-0 13 Rad1 Nd7 14 f4 f6 15 Nc4 ±, Wilder–Christiansen, US Chp. 1987.

(q) 12 Qe2 c5 (12 ... Qa5 13 g4! Bg6 14 Nd2 Rfd8 15 f4 ±) 13 dxc5 Qa5 14 g4 Bg6 15 Nd2 ±, Pedersen–Grétarsson, Torshavn 1997.

(r) 9 Be3 Bg6 10 h4 f6 11 dxe5 Nxe5 12 Qxd8†Kxd8 13 Nxe5 fxe5 14 h5 ±, Krasenkov–Sapis, Polish Chp. 1997.

(s) 11 dxe5 0-0 12 Rc1 b5 13 Bxb4 Qxb4† 14 Qd2 Qxa4 15 Qa5 Qxa5 16 Nxa5 Bg6 =, Dohosian–Bareev, Irkutsk 1986.

(t) 12 Qd2 Qxd2† 13 Kxd2 exd4 14 Ned6† Ke7 15 Nf5† Kf6 16 Nxd4 Rd8 17 e4 Nc5 18 Ke3 Rxd4 19 Kxd4 Nb3† 20 Kc3 Nxa1 21 Be2 Ke7 22 Rxa1 with just a small endgame edge, Beliavsky–Rublevsky, Tivat 1995.

(u) 12 e4 Nb4 13 Qd2 N8a6 14 b3 Qc7 with chances for both sides, Kamsky–Gelfand, Tilburg 1992.

SLAV DEFENSE

1 d4 d5 2 c4 c6 3 Nf3 Nf6 4 Nc3 dxc4 5 a4 Bf5

	55	56	57	58	59	60
6	Ne5			e3		
	e6(a)			e6		
7	f3(b)			Bxc4		
	Bb4(c)			Bb4		
8	e4	Nxc4	Bg5(g)	0-0		
	Bxe4	0-0	h6	Nbd7(k)		0-0
9	fxe4	Bg5	Bh4	Qe2	Nh4(n)	Nh4(q)
	Nxe4	h6	c5	0-0(l)	Bg4	Nbd7(r)
10	Bd2(d)	Bh4	dxc5	e4	f3(o)	Nxf5
	Qxd4	c5	Qxd1†(h)	Bg6	Bh5	exf5
11	Nxe4	dxc5	Kxd1(i)	Bd3	g4	Qc2
	Qxe4†(e)	Qxd1†(f)	Nbd7(j)	Bh5(m)	Nd5(p)	g6(s)

(a) 6 . . . Nbd7 7 Nxc4 Qc7 (7 . . . Nb6 8 Ne5 Nbd7 9 Qb3! ±, Kasparov–Timman, Riga 1995) 8 g3 e5 9 dxe5 Nxe5 10 Bf4 Nfd7 11 Bg2 f6 12 0-0 ±, Capablanca–Dake, New York 1931.

(b) 7 g3 Bb4 8 Bg2 Be4! 9 f3 Bg6 10 0-0 c5 11 Na2 Ba5 12 dxc5 Qd5 =, I. Sokolov–Bareev, Leon 1995.

(c) 7 . . . c5 8 e4 cxd4 9 exf5 Nc6 10 Nxc6 bxc6 11 fxe6 fxe6 12 Qe2 dxc3 13 Qxe6† Qe7 14 Bxc4 leaves White a nice edge in the coming endgame, Topalov–Gelfand, Dos Hermanas 1996.

(d) 10 Qf3 Qxd4 11 Qxf7† Kd8 12 Bg5† Nxg5 13 Qxg7 Bxc3† 14 bxc3 Qxc3† 15 Ke2 Qc2† 16 Ke1 Qc3† is a draw.

(e) 12 Qe2 Bxd2† 13 Kxd2 Qd5† 14 Kc2 Na6 15 Nxc4 0-0-0 16 Qe5 f6 17 Qe3 Kb8 18 Be2 e5 =, Kramnik–Ivanchuk, Linares 1994.

(f) 12 Kxd1 (12 Rxd1 Bc2 13 Rc1 Bxa4 14 Bxf6 gxf6 15 Ra1 Bb3 16 Nb6 Nc6 17 Nxa8 Rxa8 18 e3 Bxc5 ∓, Bareev–Ehlvest, USSR 1986; the extra pawn, two bishops and more harmonious development easily compensate for the sacrificed exchange) 12 Rd8† 13 Kc1 Nc6 14 e4 Bh7 15 Bf2 Nd7 16 Bd3 Bxc5 ∓, Akopian–Oll, New York 1994.

(g) 8 h4 c5 9 dxc5 Qa5 10 Qd4 Bxc5 11 Qxc4 0-0 12 e4 Bd6 13 Nd3 Bg3† 14 Kd1 Bg6 ∓, Kelecevic–Pelletier, Biel 1996.

(h) Also good is 10 . . . Qa5 11 Qd4 Nc6 12 Nxc6 bxc6 13 e4 Bxc5! 14 Qxc4 Bg6 with no problems, Adianto–Kramnik, London (rapid) 1994.

(i) 11 Rxd1 Bc2 12 Rd4 Nc6 13 Rxc4 a5 14 Nxc6 bxc6 =.

(j) 12 Nxd7 0-0-0 13 e4 Rxd7† 14 Kc2 Bg6 15 Bxc4 Bxc5 16 a5 Nd5! with counterplay, Petursson–Hector, Malmö 1993.

477

(k) Black's major decision in this variation is whether to delay . . . 0-0 for one move. Both 8 . . . 0-0 and 8 . . . Nbd7 have their advantages: the former leaves Black better placed to meet 9 Qb3, and the latter to meet 9 Nh4.

(l) 9 . . . Bg6 10 e4 Bxc3!? 11 bxc3 Nxe4 12 Ba3 Qc7 13 Nd2!? Ndf6 14 Nxe4 Nxe4 15 Rfe1 0-0-0 16 Qb2 Rhe8 17 f3 Nd6 18 Bf1 ±, Kasparov–Bareev, Tilburg 1991.

(m) 12 e5 (12 Bf4 Re8—threatening . . . e5—13 e5 Nd5 =) 12 . . . Nd5 13 Ne4 (13 Nxd5 cxd5 14 Qe3 Be7 leaves White just a minimal edge) 13 . . . Be7 14 Ng3 Bg6 15 Bxg6 fxg6 16 a5 a6 17 Ne4 h6 18 Ne1 Rf5 19 Nd3 slightly favors White, though the game is strategically complicated, Ehlvest–Barua, Yerevan Ol. 1996.

(n) 9 Qb3 a5 10 Na2 Be7 11 Qxb7 (11 Nh4 Be4 12 Nc3 Nb6 13 Be2 0-0 =) 11 . . . Rb8 12 Qa6 Ra8 13 Qxc6 Rc8 14 Qb5 Rb8 is a draw.

(o) 10 Qb3 a5 11 f3 Bh5 12 g3 0-0 13 e4 Nb6 14 Be3 Nxc4 15 Qxc4 Nd7 16 Ng2 e5 17 Rad1 Qe7 18 Nh4 Bg6 =, Cebalo–Portisch, Reggio Emilia 1985/86.

(p) 12 Ng2 (12 Qe1!?) 12 . . . Bg6 13 Na2 Be7 14 e4 N5b6 15 Bb3 a5 16 Nc3 h5 17 Nf4 Nf8! with chances for both sides in a complicated position, Tukmakov–Ehlvest, Kuybyshev 1986.

(q) (A) 9 Qb3 Qe7 10 a5 c5 11 Ne5 cxd4 12 exd4 Nc6 13 Nxc6 bxc6 14 Bg5 Rab8 =. (B) 9 Qe2 Bg6 (9 . . . Nbd7 transposes into column 58) 10 Ne5 Nbd7 11 Nxg6 hxg6 12 Rd1 Qa5 13 Bd2 e5 14 d5 Rad8 =, Karpov–Kramnik, Monaco (blindfold) 1995.

(r) 9 . . . Bg6 10 Nxg6 hxg6 11 Qc2 (Sadler) leaves White with two bishops and prepared to meet Black's pawn breaks.

(s) 12 f3 Qb6 13 Kh1 Rae8 14 Qf2 c5 ∞, Yusupov–Kramnik, Riga 1995.

SLAV DEFENSE

1 d4 d5 2 c4 c6

	61	62	63	64	65	66
3	Nf3 ....Nc3.........................cxd5 (Exchange Variation)					
	Nf6 e6...........................cxd5					
4	e3	e4(e)........Nf3		Nc3		
	Bf5	dxe4 dxc4		Nf6		
5	Nc3(a)	Nxe4	a4(k)	Bf4		
	e6	Bb4†	Bb4	Nc6		
6	Nh4(b)	Bd2(f)	e3	e3		
	Be4(c)	Qxd4	b5	Bf5 ....e6(s)		
7	Qb3	Bxb4	Bd2	Nf3		Nf3
	Qb6	Qxe4†	a5	e6		Be7(t)
8	Qxb6	Be2(g)	axb5	Bb5(m)......Ne5		Bd3
	axb6	Na6(h)	Bxc3	Nd7 Nxe5		0-0
9	Bd2	Bc3(i)	Bxc3	Qa4(n)	Bxe5	h3
	h6	Ne7	cxb5	Rc8(o)	Nd7	Bd7
10	cxd5	Bxg7	b3	0-0	Qb3(q)	0-0
	exd5(d)	Rg8(j)	Bb7(l)	a6(p)	Nxe5(r)	Qb6(u)

(a) 5 cxd5 cxd5 6 Nc3 Nc6! (6 . . . e6 7 Qb3 Qb6 8 Bb5† Nc6 9 Na4 Qc7 10 Bd2 ±, Strauss) 7 Qb3 Rb8 8 Be2 (8 Bb5 e6 9 Ne5 Bd6! 10 Nxc6 bxc6 11 Bxc6† Ke7 12 Qa4 Qb6 ∓, as . . . Rhc8 and . . . Ne4 are soon to follow) 8 . . . e6 9 0-0 Bd6 10 Bd2 0-0 11 Rfc1 Re8 12 h3 a6 =, I. Ivanov–Strauss, Los Angeles 1981.

(b) 6 Bd3 Bxd3 7 Qxd3 Nbd7 8 0-0 Be7 9 e4 dxe4 10 Nxe4 Nxe4 11 Qxe4 0-0 12 Bf4 Qa5 =, Sakaev–Rublevsky, Duisburg 1992.

(c) 6 . . . Bg4 7 Qb3 Qb6 8 h3 Bh5 9 g4 Bg6 10 Nxg6 hxg6 11 Bg2 Na6 12 Bd2 Be7 13 Rc1 ±, Hodgson–Waitzkin, Bermuda 1998.

(d) 11 f3 Bh7 12 g4 b5 13 Nf5 h5 14 h3 g6 15 Ng3 h4 =, P. Nikolić–Beliavsky, Sarajevo 1982.

(e) 4 Bf4 dxc4 5 e3 b5 6 a4 Qb6! 7 Qf3? bxa4! 8 Ra2 Qb3 9 Bxb8 Rxb8 10 Qxc6† Bd7 11 Qxc4 a3 ∓, Epishin–Boiman, Krasnodar 1982. The absence of White's bishop from the queenside is clearly felt. The column is the Marshall Gambit.

(f) 6 Nc3 c5 7 a3 Ba5 8 Be3 Nf6 9 Nf3 Nc6 10 dxc5 Qxd1† 11 Rxd1 Ne4 12 Rc1 Nxc3 13 bxc3 e5 14 Nd2 Bf5 =, Lerner–Lukacs, Polanica Zdroj 1986.

(g) 8 Ne2 Na6 9 Bf8 Ne7 10 Bxg7 Rg8 11 Bf6 Rg6 12 Qd4 Qxd4 13 Bxd4 c5 14 Bc3 Nb4 =, Tunik–Sveshnikov, St. Petersburg 1994.

(h) The most logical move, concentrating on development. The immediate capture on g2 is very risky, though the alternative capture 8 . . . c5 9 Bxc5 Qxg2 is sometimes tried, e.g. 10 Bf3 Qg5 11 Bd6 Ne7 12 Ne2 Nbc6 13 Rg1 Qa5† 14 Nc3 Nf5 =, Hjartarson–Werf, Reykjavik 1996.

(i) 9 Bd6 e5 10 Nf3 Bg4 11 0-0 0-0-0 12 Bd3 Qf4 13 Bxe5 Qxe5 14 Nxe5 Bxd1 15 Bf5† Kc7 16 Nxf7 (Tal–Dorfman, USSR 1978) 16 . . . Nh6! 17 Nxh6 Bh5! 18 Bg4 Bxg4 19 Nxg4 Rd2 = (Tal).

(j) 11 Bf6 Qf4 12 Bxe7 (12 Bc3 Rxg2 13 Nf3 Nf5! ∓) 12 . . . Kxe7 13 g3 Qe5 14 Qb1 b6 15 Nf3 Qf6 16 0-0 Bb7 =, Sherbakov–Novikov, St. Petersburg 1995.

(k) (A) On 5 Bg5 Black can choose between 5 . . . f6 and 5 . . . Qa5 or transpose into the Anti-Meran (cols. 43–48) with 5 . . . Nf6. (B) 5 e3 b5 6 a4 b4 7 Ne4 Ba6 8 Qc2 Qd5 9 Ned2 c3 is equal.

(l) A key position of the Abrahams-Noteboom Variation. White must choose between the sharp 11 d5 and the more restrained 11 bxc4: (A) 11 d5 Nf6 12 bxc4 b4 13 Bxf6 Qxf6 (13 . . . gxf6 14 Nd4! exd5 15 c5 ±) 14 Qa4† Nd7 15 Nd4 e5 16 Nb3 Ke7 17 Qb5 Ba6 18 Qxa5 Rhb8 19 d6†?! (19 Qc7 Rc8 =) 19 . . . Ke8! ∓, Ionov–Moroz, USSR 1984. (B) 11 bxc4 b4 (Creating the typical imbalance of the Abrahams-Noteboom. White will strive to mobilize his center pawns while Black will seek to blockade them with a timely . . . e5 and then crash through with his queenside runners.) 14 Qc2 0-0 15 e4 e5 16 0-0 Qc7 17 Rfe1 Rfe8 18 c5 exd4 19 Bxd4 h6 20 e5 Nd5 21 e6! Rxe6 22 Rxe6 fxe6 23 Re1 Nf4 24 Be4 Rc8 25 g3 Nh3† (van Wely–Dorfman, Brussels 1993) 26 Kf1 ±.

(m) (A) 8 Qb3 Bb4 9 Bb5 0-0 10 0-0 Bxc3 11 Qxc3 Rc8 12 Rfc1 Qb6 13 Qc5 Nxd4 14 Qxb6 Nxf3† 15 gxf3 axb6 16 Bd6 Rxc1 17 Rxc1 Ra8 18 a3 (Seirawan–Yusupov, Indonesia 1983) 18 . . . Ne8! =. (B) 8 Bd3 Bxd3 9 Qxd3 Bd6 10 Bxd6 Qxd6 has been a common route to a quick draw.

(n) 9 0-0 Be7 10 Bxc6 bxc6 11 Rc1 Rc8 = 12 Na4? g5! 13 Bg3 h5 14 h3 g4 ∓, Seirawan–Beliavsky, Brussels 1988.

(o) 9 . . . Qb6 10 Nh4 Be4 11 0-0-0 Rc8 12 f3 Bg6 13 Nxg6 hxg6 14 Kb1 Bb4 15 Rc1 a6 16 Be2 ±, Libov–Guliev, Lugansk 1989.

(p) 11 Bxc6 Rxc6 12 Rfc1 Be7 13 Nd1 b5 14 Qb3 Rc4 15 Nd2 Rxc1 16 Rxc1 0-0 17 Qc3 b4 18 Qc6 Bd3 =, Kramnik–Rublevsky, USSR 1990.

(q) 10 Bg3 (10 Bb5 a6 =) 10 . . . a6 11 Bd3 Bxd3 12 Qxd3 Be7 13 0-0 0-0 =, Spraggett–Yusupov, Montpellier Candidates 1985.

(r) 11 dxe5 Be7 12 Bb5† (12 Qxb7?! 0-0 ∓) 12 . . . Kf8 13 0-0 g5 14 Rac1 Kg7 15 Be2 Qb6 16 Nb5 Rhc8 17 Rc3 Bg6 18 Rfc1 Rc6 =, Lautier–Bareev, Biel Int. 1993.

(s) 6 . . . a6 7 Bd3 Bg4 8 Nge2 ±.

(t) 7 . . . Nh5 8 Bg5 Qb6 9 Bb5 h6 10 Bh4 Bd7 11 0-0 Rc8 12 Nd2 Nf6 13 Bxf6 gxf6 14 e4! ±, Illescas–Magem Badals, Spain 1995.

(u) 11 Qe2 Rfc8 12 Ne5 Be8 13 g4 Qd8 with roughly equal chances, Konikowski–Schmidt, Germany 1994.

DUTCH DEFENSE

1 d4 f5

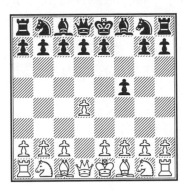

ERHAPS THE NAME DUTCH DEFENSE is misleading. Like its mirror image the Sicilian, it is more a counterattack than a defense. Black seeks to create his own play rather than neutralize White's opening advance. The Dutch is more risky than the Sicilian, though, as Black's king position is more open.

First mentioned by the Dutch analyst Elias Stein in his *Nouvel essai sur le jeu des échecs* (1789) it didn't attain much popularity until the "hypermodern" revolution of the 1920s, when Alekhine and Nimzovich were its chief adherents. Ten years later Botvinnik forged the Stonewall Variation into an effective weapon, but still the Dutch was regarded as positionally suspect. Thirty years later the adventurous Dane, Bent Larsen, carried the torch with victories from the opening, but only in the 1990s has the Dutch again won a following with use from Short, Kramnik and Yusupov.

The Leningrad Variation, 1 d4 f5 2 g3 Nf6 3 Bg2 g6, (columns 1–12) is by far the most popular line in recent times. Black fianchettoes his dark-squared bishop and keeps his center pawns flexible. Columns 1–6 deal with the main line Leningrad, while columns 7–12 deal with various deviations.

The Stonewall Variation (columns 13–16) is characterized by Black setting up a white-squared pawn chain (f5, e6, d5, c6) to block out White's forces. The drawback is that the pawn wall is inflexible.

The Ilyin-Zhenevsky System (columns 17–18) with Black pawns on d6 and e6 is not often played nowadays as Black has trouble in the center. White should play to break with e4 (column 17) as more quiet play (column 18) allows Black reasonable chances.

Less common systems are covered in columns 19–24. Column 19 is a counter-Stonewall by White. Column 20 is the Staunton Gambit (2 e4) which is not much in favor today. 2 Bg5 (columns 21–22) and 2 Nc3 (columns 23–24) are simple but potent systems that have gained favor since the last edition.

DUTCH DEFENSE

Leningrad Variation

1 d4 f5 2 g3 Nf6 3 Bg2 g6 4 Nf3 Bg7 5 0-0 0-0 6 c4 d6 7 Nc3

	1	2	3	4	5	6
	Qe8...Nc6..........c6					
8	d5 ....Nd5 ....Re1(k)				d5	d5
	Na6..........a5	Nxd5	h6(l)		Na5(n)	e5
9	Rb1(a)	Nd4 (e)	cxd5	b3	Qa4(o)	dxe6(r)
	c6	Na6	Qb5(h)	Qf7	c5	Bxe6
10	b4	Bg5(f)	Ng5	Qd3	dxc6	b3(s)
	Bd7	Nc5	Qb6(i)	Nc6	bxc6(p)	Na6(t)
11	dxc6	Qd2	Be3	Ba3	Nd4	Bb2
	bxc6(b)	Qf7	a5	Ne4	Bd7	Qe7
12	a3(c)	Bh6	h4	Nb5	Nxc6	Ng5
	Nc7	Bxh6	Na6	e6	Nxc6	Nc5
13	Bb2	Qxh6	a3	Rad1	Bxc6	Nxe6
	Ne6	Bd7	Bd7	Re8	Bxc6	Nxe6
14	e3	Qd2	Qd3	d5	Qxc6	e3
	Rb8(d)	Rac8(g)	Rfc8(j)	Nd8(m)	Rc8(q)	Rad8(u)

(a) 9 Nd4 Bd7 10 e4 fxe4 11 Nxe4 Nxe4 12 Bxe4 Nc5 (12 . . . c5?! 13 Ne6 Bxe6 14 dxe6 Rb8 15 h4 ±) 13 Bg2 a5 =, van der Sterren–Beliavsky, Wijk aan Zee 1984.

(b) 11 . . . Bxc6 12 Qb3 Ne4 13 Bb2 Nxc3 14 Bxc3 Bxc3 15 c5† (or 15 Qxc3 Rc8 16 Qe3 ±) 15 . . . e6 16 Qxc3 dxc5 17 b5 Bxb5 18 Ne5 with a strong attack, Kramnik–Malaniuk, Moscow 1994.

(c) 12 b5 cxb5 13 cxb5 Nc5 =, Greenfeld–Malaniuk, Pardubice 1993.

(d) 15 Ne2 a5 with chances for both sides, Illescas–M. Gurevich, France 1998.

(e) (A) 9 Ne1 Na6 10 Nd3 Bd7 11 Rb1 c6 =, Rogozenko–McDonald, Budapest 1995. (B) 9 Be3 Na6 10 Qc1 Ng4 11 Bf4 Bd7 =, Kramnik–Bareev, Novgorod 1997.

(f) 10 e4 fxe4 11 Nxe4 Nxe4 12 Bxe4 Bh3 =, Otero–Valdez, Cuba 1992.

(g) 15 Rad1 a4 with a roughly equal position, Dydyshko–Mainka, Senden 1997.

(h) 9 . . . c6 10 dxc6 bxc6 11 d5 c5 12 e4 fxe4 13 Ng5 h6 14 Nxe4 ±, Semkov–Grivas, Plovdiv 1988.

(i) McDonald suggests 10 . . . h6 11 Ne6 Bxe6 12 dxe6 d5 with reasonable chances.

(j) 15 Ne6 Bxe6 16 dxe6 c6, Gelfand–Malaniuk, Elista 1998; now 17 d5 would gain White an edge.

(k) 8 b3 Na6 9 Ba3 c6 10 Qd3 Rb8 =, Miles–Kramnik, Moscow 1989.

(l) 8 . . . Qf7 9 Qd3 Nc6 10 Ng5 Qe8 11 Nd5 Nxd5 12 cxd5 Nd8 13 Bd2 ±, Valzin–N. McDonald, Hastings 1997/98.

(m) Farago–Mainka, Altensteig 1994; now 15 dxe6 instead of 15 Nd2 would leave White with slightly better chances.

(n) On 8 . . . Ne5 White can gain the advantage with 9 Nxe5 dxe5 10 e4 or 9 Qb3 Nxf3† 10 Bxf3 Nd7 11 Bg2 e5 12 dxe6 Nc5 13 Qc2 Bxe6 14 Be3 ±, Vilela–De la Riva, Havana 1998.

(o) 9 Qd3 e5 10 dxe6 Bxe6 11 b3 Nc6 14 Rb1 Ng4 is about even, Bareev–Lastin, Russia 1997.

(p) 10 . . . Nxc6 11 Rd1 Qa5 12 Qb3 Qb4 13 Qxb4 leaves White a better endgame, Yusupov–M. Gurevich, Linares 1991.

(q) After 15 Qa6 Qd7 (McDonald) Black has good compensation for his pawn.

(r) 9 e4 cxd5 10 cxd5 Na6 11 exf5 gxf5 =, Lagunov–Heidrich, Germany 1996.

(s) 10 Qd3 is a reasonable alternative. Ilinić–Marković, Yugoslavia 1994, continued 10 . . . Na6 11 Ng5 Qe7 12 Bf4 Rad8 13 Rad1, where McDonald suggests 13 . . . Nh5 =.

(t) Not 10 . . . Ne4? 11 Nxe4 Bxa1 12 Nxd6 Qd7 13 Ba3 Bf6 14 e4 ±, Schneider–Chernaiev, St. Petersburg 1993.

(u) 15 Qc2 Rfe8 16 Rad1 h5 17 e4 f4 with chances for both sides in a murky position, Chuchelov–Kindermann, Cuxhaven 1993.

DUTCH DEFENSE

Leningrad Variation

1 d4 f5 2 g3(a) Nf6 3 Bg2 g6

	7	8	9	10	11	12
4	Nf3		c3		Nh3	
	Bg7		Bg7	c6	Bg7	
5	0-0		Qb3	Bg5(i)	c4	Nf4
	0-0		Nc6(g)	Bg7	d6	Nc6!(n)
6	b3(b)		Nf3	Nd2	d5	h4(o)
	d6	Ne4	e6	d5	0-0	Ng4
7	Bb2	Bb2	0-0	Nh3	Nc3	d5
	Ng4	d5	0-0	0-0	c6	Nce5
8	c4(c)	c4	Nbd2	0-0	Nf4	Nc3
	Nd7	c6	a5	Qe8	e5	Nf7
9	Nc3	Nbd2	a4	c4	dxe6	e4
	e5	Be6	d5	Ne4	Qe7	e5
10	dxe5	e3	Qc2	Nxe4	0-0	dxe6
	dxe5	Nd7	b6	dxe4(j)	Bxe6(l)	dxe6(p)
11	e4	Rc1(e)	b3	f3	Nxe6	Qxd8†
	Nh6(d)	Kh8(f)	Ne4(h)	e5(k)	Qxe6(m)	Kxd8 =

(a) White can play the move order 2 c4 Nf6 3 Nc3 so that 3 . . . g6 4 h4!? Bg7 5 h5 Nxh5 6 e4 (Komarov–Vragoteris, Corfu 1991) allows him dangerous play for the pawn. Black can avoid this by 3 . . . d6, so that 4 g3 g6 5 Bg2 Bg7 6 Nf3 0-0 7 0-0 is back in the main line Leningrad.

(b) 6 b4 Ne4 7 c4 e6 8 Bb2 b6 9 Nc3 Bb7 10 Rc1 a5 =, Bareev–Malaniuk, Groningen 1997.

(c) 8 Nc3 f4 9 h3 Nh6 10 g4 c6 is sharp but about equal, Ftačnik–M. Gurevich, Jakarta 1996.

(d) 12 Qc2 c6 13 Rad1 Qe8 =, Barbero–Malaniuk, Cattolica 1994.

(e) 11 Nxe4 dxe4 12 Ng5 Bf7 13 f3 exf3 14 Qxf3 e5 = (Kharitonov).

(f) 12 Qc2 a5 13 a4 Qe8 =, Kharitonov–Bareev, Sochi 1987.

(g) Also reasonable is 5 . . . Na6 (5 . . . c5 6 dxc5 ±) 6 Nd2 c5 7 d5 Nc7 8 Nh3 d6 9 Nf4 0-0 with chances for both sides, Khenkin–Conquest, Gausdal 1991.

(h) 12 Ba3 Rf7 13 Rad1 Rd7 14 b4 (I. Sokolov–Malaniuk, Moscow 1994) 14 . . . axb4 =.

(i) White may do better with 5 Nd2 d5 6 Nh3 Be6?! (6 . . . Bg7 is better) 7 Nf3 Bg7 8 Nf4 Bg8 9 h4 with a distinct edge, Sorokin–Kramnik, USSR 1989.

(j) 10 . . . fxe4 11 Qb3 Qf7 12 cxd5 cxd5 leaves White an edge (Stohl).

(k) Clearer than 11 . . . exf3 12 exf3 Qf7 13 Re1, P. Nikolić–Ivanchuk, Manila Int. 1990. After 11 . . . e5 the position is dynamically equal.

(l) 10 . . . g5? 11 Nfd5 cxd5 12 cxd5 Ne8 13 f4 gxf4 14 Bxf4 Na6 15 e4 ±, Seirawan–Tisdall, Reykjavik 1990.

(m) 12 Bf4 Qxc4 13 Qxd6 Na6 14 Rfd1 Nh5 15 Bg5 Bf6 16 Bxf6 Nxf6, Kasparov–M. Gurevich, Amsterdam 1991; now 17 Rd4 gives White an edge, instead of 17 Rac1 Qb4 = as played in the game.

(n) (A) 5 . . . 0-0 6 h4 d6 7 c3 c6 8 Qb3† d5 9 h5 g5 10 h6 Bh8 11 Nd3 ±, Savchenko–Malaniuk, Kherson 1989. (B) 5 . . . c6 6 h4 d6 7 Nc3 e5 8 dxe5 dxe5 9 Qxd8† ±, Smyslov–Oll, Rostov 1993.

(o) 6 d5 Ne5 7 Nc3 c6 8 h4 Nf7 9 e4 0-0 10 exf5 gxf5 11 Nh5 Nxh5 12 Qxh5 e6 =, Smyslov–Kindermann, Münster 1993.

(p) 10 . . . Bxc3† 11 bxc3 dxe6 12 Qe2 Qf6 is a double-edged idea from McDonald. The column is Malaniuk–Borge, Copenhagen 1992.

DUTCH DEFENSE

Stonewall and Ilyin-Zhenevsky Variations

1 d4 f5 2 c4 Nf6 3 g3 e6 4 Bg2

	13	14	15	16	17	18
	d5 ... (Stonewall Variation)				Be7 (Ilyin-Zhenevsky Var.)	
5	Nf3 .... Nh3				Nf3	
	c6			Be7(j)	0-0	
6	0-0			0-0	0-0	
	Bd6 .... Be7			0-0	d6	
7	b3 .... Bf4		Nbd2(g)	b3	Nc3	
	Qe7	Bxf4	0-0	c6(k)	Qe8(m)	
8	Bb2(a)	gxf4	Qc2	Bb2	Re1 .... b3	
	b6	0-0	Bd7(h)	Ne4	Qg6(n)	a5
9	Ne5(b)	Nbd2(d)	Ne5	Nd2	e4	Bb2(p)
	Bb7	Bd7(e)	Be8	Bf6	fxe4	Na6(q)
10	Nd2	Ne5	Ndf3	Nxe4	Nxe4	a3
	0-0	Be8	Ne4	dxe4	Nxe4	Bd7
11	Rc1	Qb3	b3	Qc2	Rxe4	Ne1
	a5	Qb6	Kh8	Qe7	Nc6	c6
12	e3	Qc3	Bb2	f3	Re1	Nd3
	Na6(c)	Nbd7(f)	Bd6(i)	c5(l)	e5(o)	Bd8(r)

(a) White can also play to quickly exchange the dark-squared bishops—8 a4 a5 9 Ba3 Bxa3 10 Nxa3 0-0 11 Nc2 Rd8 12 Qc1 b6 13 Nce1 ±, I. Sokolov–Salov, New York 1996.

(b) 9 Qc1 Bb7 10 Ba3 Nbd7 11 Bxd6 Qxd6 is equal according to Kramnik.

(c) 13 Qe2 a4 14 bxa4 Bxe5 15 dxe5 Nd7 16 a5 ±, Sturua–Vaisser, Yerevan Ol. 1996.

(d) (A) 9 Nc3 Nbd7 10 Ne5 Ne4 is fine for Black, Shabalov–Vyzhmanavin, USSR 1987. (B) 9 e3 Qe7 10 Nbd2 Nbd7 11 Qc2 Ne4 =, Novikov–Kramnik, Moscow 1991.

(e) More solid, but less ambitious, is 9 . . . Nbd7 10 Rc1 Ne4 11 e3 Qe7 with just a small White edge, Kalinchev–Glek, USSR 1987.

(f) 13 e3 Rd8 14 cxd5 cxd5 15 f3 h6 16 Nb3 Nxe5 17 fxe5 ±, Browne–Christiansen, Los Angeles 1996.

(g) (A) 7 Nc3 0-0 8 Bg5 (8 Rb1!?) 8 . . . Ne4 is roughly equal. (B) 7 b3 c6 8 Ba3 Nbd7 =, Gligorić–Mariotti, Nice Ol. 1974.

(h) Black also fails to equalize with (A) 8 . . . Qe8 9 Ne5 Nbd7 10 Nd3 ±, and (B) 8 . . . Ne4 9 Ne5 Nd7 10 Nd3 ±.

487

(i) 13 Ne1 Nd7 14 N1d3 leaves White with a more flexible position, I. Sokolov–Yusupov, Nussloch 1996.

(j) 5 . . . Bd6 is also sensible. After 6 0-0 0-0 7 Qc2 c6 8 Bf4 Be7 9 Nd2 Nh5 10 Be3 Bd7 11 Nf4 Nxf4 12 Bxf4 g5 gives Black play, although White is still slightly better, Perun–Moroz, Alushta 1997.

(k) Black may wish to experiment with 7 . . . Nc6 followed by . . . a5 instead of the more classical Stonewall setup.

(l) 13 fxe4 Bxd4† 14 Bxd4 cxd4 15 exf5 exf5 16 Nf4 leaves Black with more weak squares than White, Khenkin–Tukmakov, Metz 1991.

(m) 7 . . . a5 8 Re1 Ne4 9 Bf4 Bf6 10 Qc2 Nxc3 11 bxc3 Nc6 12 Rad1 Ne7 13 h4 ±, Oll–Beim, Dieren 1996.

(n) 8 . . . Nc6 9 e4 Nxe4 10 Nxe4 fxe4 11 Rxe4 Qg6 12 Qe2 Bf6 13 Bd2 e5 14 dxe5 dxe5 15 Bc3! Bf5 16 Nh4 gives White active play, Yakovich–Dyakhkov, Russia 1998.

(o) 13 dxe5 Bg4 14 h3 Bxf3 15 Bxf3 Nxe5 (Yermolinsky–Zelensky, USA 1997) 16 Bxb7 ±. Black could limit the damage with 12 . . . Nb4 or 12 . . . Bf6, remaining slightly worse.

(p) 9 Ba3 Na6 10 e3 c6 11 Rc1 Rb8 =, Ribli–Lobron, Germany 1996.

(q) 9 . . . c6 10 Re1 d5 11 e3 ±, Chulelov–Spice, Eupen 1997.

(r) Better than 12 . . . Nc7 13 e4 fxe4 14 Nxe4 Nxe4 15 Bxe4 ±. After 12 . . . Bd8 chances are roughly even as Black has the possibility of advancing in the center, Farago–Lucaroni, Marostica 1997.

DUTCH DEFENSE

Minor Variations

1 d4 f5

	19	20	21	22	23	24
2	c4............	e4............	Bg5		Nc3(m)	
	e6	fxe4	g6............	h6(j)	d5	
3	Nc3	Nc3	Nd2(g)	Bh4	Bg5(n)	
	d5(a)	Nf6	Bg7	g5	g6............	Nf6
4	e3	Bg5(c)	e3	e3(k)	h4	f3(r)
	Bd6	Nc6	d6	Nf6	Bg7	Nc6
5	Nf3	d5(d)	f4	Bg3	e3	Qd2
	c6	Ne5	Nf6	d6	c6(o)	g6
6	Ne5	Qd4	Bd3	h4	Bd3	0-0-0
	Nf6	Nf7	c6	Rg8	Be6	Bg7
7	f4	Bxf6(e)	Ngf3	hxg5	Nf3(p)	Bh6
	0-0	exf6	Qb6(h)	hxg5	Nd7	0-0
8	Be2	Nxe4	Rb1	Nc3	h5	Nh3
	b6(b)	Be7(f)	Be6(i)	e6(l)	Ngf6(q)	a6(s)

(a) 3 ... Bb4 4 e3 Nf6 5 Bd3 b6 is a Nimzo-Dutch hybrid. After 6 Ne2 Bb7 7 f3 0-0 8 Qc2 White holds a slight advantage, Chiburdanidze–S. Lalić, Pula 1997.

(b) This counter-Stonewall by White results in an equal game after 9 0-0 Bb7 10 b3 c5, Grabliauskas–Tregubov, Berlin 1996.

(c) 4 f3 d5 5 Bg5 Bf5 6 fxe4 dxe4 7 Bc4 (7 Qe2 and 7 Nge2 can be played, but are probably no better) 7 ... Nc6 8 Nge2 Qd7 leaves White struggling for compensation for his pawn.

(d) 5 f3 e5 6 d5 Nd4 7 Nxe4 Be7 8 d6?! (8 Bxf6 =) 8 ... cxd6 9 Bxf6 gxf6 10 Ne2 d5 11 Nxd4 dxe4 12 Nf5 Qb6 ∓, Cifuentes–Schmittdiel, Bad Wörishhofen 1992.

(e) 7 h4 c6 8 0-0-0 Qb6 9 Bxf6 gxf6 10 Qxe4 Qxf2 leaves Black somewhat better, Cifuentes–Reindermann, Holland 1993.

(f) 9 0-0-0 0-0 10 Ng3 d6 11 f4 c5 with at least even chances for Black in a sharp game, Kravcoc–Vyzhmanavin, Novgorod 1997.

(g) 3 h4 Bg7 4 e3 h6 5 Bf4 d6 6 Bc4 Nc6 7 c3 e5 8 dxe5 dxe5 =, Summerscale–Shabtai, London 1990.

(h) The text move is aggressive, but 7 ... d5 or 7 ... Be6 are more straightforward defenses.

(i) 9 c4 a5 10 0-0 with slightly better chances for White, U. Andersson–Yusupov, Úbeda 1997.

(j) 2 ... Nf6 3 Bxf6 exf6 leaves White with chances for an edge in a positional struggle between knights and bishops.

(k) 4 Bg3 f4? 5 e3 threatens 6 Qh5 mate. Black would transpose back into the column after 4 ... Nf6 5 e3.

(l) 9 f3 Qe7 10 Qd2 Nc6 11 0-0-0 Bd7 12 e4 ±, Kasparov–Illescas, Dos Hermanas 1996.

(m) 2 g4 fxg4 3 h3 g3 (3 ... d5 is also good) 4 fxg3 Nf6 5 Nc3 d5 6 Bg2 e6 is fine for Black, Trebugov–Malaniuk, Linares 1996.

(n) (A) 3 e4 dxe4 4 Bf4 transposes into the Blackmar-Diemer Gambit. After 4 ... Nf6 5 f3 exf3 (5 ... Nc6 and 5 ... e6 are reasonable) 6 Nxf3 e6 there are chances for both sides, Gelfand–Nikolić, Munich 1994. (B) 3 Bf4 c6 4 e3 Nf6 5 Bd3 g6 6 h3 Bg7 7 Nf3 Be6 =, Ruf–Zysk, German Bundesliga 1994.

(o) 5 ... Be6 6 Nh3 h6 7 Bf4 Nf6 8 Qf3 Bf7 9 Be5 Nbd7 10 Nf4 ±, Skembris–Kourtesis, Greece 1997.

(p) 7 Qf3 Nf6 8 Nge2 Nbd7 9 h5 Rg8 10 hxg6 hxg6 11 0-0-0 Qa5 gives both sides chances in a sharp position, Kochiev–Malaniuk, USSR 1984.

(q) 9 hxg6 hxg6 10 Rxh8† Bxh8 11 Ne2 Bf7 12 Nf4 Ne4 =, Kovacević–Kristiansen, Plovdiv 1983.

(r) 4 Bxf6 exf6 5 e3 c6 6 Bd3 Bd6 7 Qf3 g6 8 0-0-0 Be6 may also give White an edge, Golod–Murey, Rishon le-Zion 1997.

(s) 9 Bxg7 ±, I. Sokolov–Illescas, Wijk aan Zee 1997. White has more control of the dark squares.

CHIGORIN'S DEFENSE

1 d4 d5 2 c4 Nc6

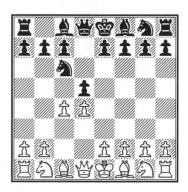

N AMED AFTER THE RUSSIAN MASTER of the late nineteeth century, Chigorin's Defense goes against traditional principles by not maintaining the central outpost at d5 and blocking the often useful c-pawn. Furthermore, Black must be willing to trade a bishop for a knight in order to maintain a central presence. This leaves most grandmasters with a distrust of the opening, yet its practical results are quite reasonable. Black gains quick development and piece pressure on the center. The addition of surprise value makes the defense respectable, and it should probably get more employment than it does. Russia's Morozevich and France's Leski are the champions of the defense today, and they score well with it.

Columns 1–3 begin 3 Nf3 Bg4 when Black usually captures on f3, ceding the two bishops, but developing quickly and usually doubling White's pawns. Column 1 is quite interesting as Black plays with two knights against two bishops. 3 Nc3 (columns 4–5) attempts to gain a big center by eliminating Black's d5 outpost so that e2-e4 can be played. Column 6 (3 cxd5) leaves White with the bishop pair and Black with a developed centralized position.

CHIGORIN'S DEFENSE

1 d4 d5 2 c4 Nc6

	1	2	3	4	5	6
3	Nf3			Nc3		cxd5
	Bg4			dxc4 .... Nf6		Qxd5
4	cxd5(a)		Qa4	Nf3(l)	cxd5(p)	e3
	Bxf3		Bxf3	Nf6(m)	Nxd5	e5
5	gxf3(b) dxc6		gxf3(i)	e4(n)	e4	Nc3
	Qxd5	Bxc6	e6(j)	Bg4	Nxc3	Bb4
6	e3	Nc3	Nc3	Be3	bxc3	Bd2
	e5(c)	e6(f)	Bb4	e6	e5	Bxc3
7	Nc3	e4	cxd5	Bxc4	d5(q)	bxc3(r)
	Bb4	Bb4	exd5	Bb4	Nb8	Qd6(s)
8	Bd2	f3	a3	Qc2	Be3	Bd3
	Bxc3	Qh4†(g)	Bxc3†	0-0	a6	Nge7
9	bxc3	g3	bxc3	Rd1	Qb3	Ne2
	exd4(d)	Qf6	Ne7	Ne7	Nd7	0-0
10	cxd4	Be3	Rb1	Be2	Nf3	0-0
	Nge7(e)	0-0-0(h)	Rb8(k)	Bxc3†(o)	Bd6 =	b6 =

(a) 4 Nc3 e6 (4 . . . e5 5 cxd5 Bxf3 6 gxf3 exd4 7 dxc6 dxc3 8 cxb7 ±, Andreason–Yeo, Manchester 1980) 5 Bf4 Bb4 6 e3 Nge7 =, van Wely–Moroxevich, Tilburg 1993.

(b) 5 exf3 Qxd5 6 Be3 0-0-0 7 Nc3 Qa5 8 Bb5 Nxd4 9 Bxd4 e5 leaves Black on top, Svendsen–Reefschlager, Gausdal 1995.

(c) 6 . . . e6 7 Nc3 Qh5 8 f4 (8 Be2 is worth considering) 8 . . . Qxd1† 9 Kxd1 0-0-0 =, Verat–Atalik, Cappelle-la-Grande 1995.

(d) 9 . . . Qd6 10 Rb1 b6 11 f4 exf4 12 e4 Nge7 13 Qf3 0-0 14 Bxf4 Qa3 15 Be2 Ng6 (better than 15 . . . f5 of Kasparov–Smyslov, Vilnius 1984) 16 Bg3 Qxa2 with an unclear position, Urday–Hertneck, Berlin 1998.

(e) 11 Bd3 (11 Qb3 and 11 Rg1 are also reasonable) 11 . . . 0-0-0 12 Be4 Qe6 =, Smirin–Kosten, Tilburg 1992.

(f) 6 . . . Nf6 7 f3 e5 8 dxe5 Nd7 9 e6 fxe6 10 e4 ⩲, Schlenga–Knippel, Bundesliga 1989.

(g) 8 . . . f5 9 Bc4 is hazardous for Black.

(h) 11 Bd3 Ba5 12 0-0 Bb6 =, Chetrerik–Veltkamp, Budapest 1996.

(i) 5 exf3 e6 6 Nc3 Nge7 7 Bg5 =, I. Ivanov–J. Watson, New York 1984.

(j) 5 . . . e5 6 dxe5 Qh4 7 Rg1 Qxh2 8 cxd5 Qxg1 leaves a wild and unbalanced position, Dubrinka–Segal, Rotterdam 1998.

(k) The position is dynamically equal, Malaniuk–Morozevich, Alushta 1994.

(l) 4 d5 Ne5 5 Qd4 Ng6 6 e4 e5 7 Qxc4 Bd6 =, Goldin–Morozevich, St. Petersburg 1993.

(m) 4 . . . a6 5 d5 Nb8 6 e4 b5 is an interesting try for Black, Spierings–Tait, Leeds 1990.

(n) White has a choice of playable alternatives in 5 e3, 5 d5 and 5 Bg5.

(o) 11 bxc3 c5 12 0-0 Qc7 =, van Wely–Morozevich, Amsterdam 1995.

(p) 4 Nf3 dxc4 transposes into column 4, but 4 . . . Bg4 5 cxd5 Nxd5 6 e4 is better for White, Rey–Leski, San Francisco 1987.

(q) 7 Nf3 exd4 8 cxd4 Bb4† 9 Bd2 Qe7 ∓ (J. Watson).

(r) 7 Bxc3 exd4 8 Ne2 Bg4 9 f3 Be6 (9 . . . Bxf3 should favor White) 10 Nxd4 0-0-0 = (J. Watson).

(s) 7 . . . exd4 8 cxd4 Nf6 9 Ne2 ±, Burmakin–Marinsek, Ljubljana 1994. The column is Brenninkmeijer–Skembris, Wijk aan Zee 1995.

BUDAPEST DEFENSE

1 d4 Nf6 2 c4 e5

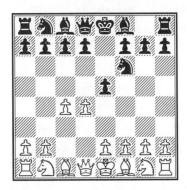

T HE BUDAPEST DEFENSE made its tournament debut in Esser–Breyer, Budapest, in 1916, and developed into a regional favorite around Hungary. It used to be known as the Budapest (Counter) Gambit in reference to Black's brash second move—advancing his e-pawn up to be killed. White usually does not hold the pawn, though, as simple development is compelling. The argument is that Black's early knight foray neglects the usual necessities of a successful opening—development and control of the center. There is enough truth in the argument to dissuade almost all professional players from using the Budapest regularly. However, its offbeat character and surprise value can leave opponents confused, so it finds occasional use from several grandmasters such as Arthur Bisguier. On lower levels the Budapset Defense is seen more often.

3 dxe5 Ng4 4 Bf4 (columns 1–2) is the main continuation, holding the pawn for the moment. In column 1 White responds to 5 . . . Bb4† with the simple 6 Nbd2, pursuing development. 6 Nc3 (column 2) allows White to hold onto the pawn, though Black gains some immediate compensation from the doubled, isolated White c-pawns. Columns 3–5 are continuations in which White plays natural developing moves without attempting to protect d5. Column 6, 3 . . . Ne4, is the Fajarowicz Variation, a tricky line that is suspect if White plays 4 a3!.

BUDAPEST DEFENSE

1 d4 Nf6 2 c4 e5 3 dxe5(a)

	1	2	3	4	5	6
	Ng4..Ne4					
4	Bf4 ....Nf3 ....e4(o)					a3!(s)
	Nc6(b)		Bc5 ....Nc6		Nxe5	Nc6
5	Nf3		e3	Bg5(l)	f4	Nf3
	Bb4†		Nc6	Be7	Nec6(p)	d6
6	Nbd2	Nc3	Be2(h)	Bxe7	Be3(q)	Qc2(t)
	Qe7	Bxc3†(f)	0-0	Qxe7	Bb4†	Bf5
7	e3(c)	bxc3	0-0(i)	Nc3	Nc3(r)	Nc3!
	Ngxe5	Qe7	Re8	Ngxe5	Qh4†	Nxf2
8	Nxe5	Qd5	Nc3	Nxe5(m)	g3	Qxf5
	Nxe5	f6	Ncxe5	Qxe5	Bxc3†	Nxh1
9	Be2	exf6	Nxe5	e3	bxc3	e6
	0-0(d)	Nxf6	Nxe5	0-0	Qe7	fxe6
10	0-0	Qd3	Kh1(j)	Be2	Bd3	Qxe6†
	d6(e)	d6(g)	d6(k)	d6(n)	Na6=	Qe7(u)

(a) Declining the sacrifice allows Black an easy game, e.g., 3 d5 Bc5 4 Nc3 d6 =, or 3 e3 exd4 4 exd4 d5 =.

(b) Impetuous is Balogh's 4 . . . g5 5 Bd2 Nxe5 6 Bc3 Bg7 7 e3 g4 8 Ne2 d6 9 Nf4 h5 10 Qe2 ±.

(c) 7 a3 Ngxe5! threatens 8 . . . Nd3 mate. After 8 Nxe5 Nxe5 9 e3 Bxd2† 10 Qxd2 d6 11 b4 0-0 12 Be2 b6 13 c5 dxc5 14 Qd5 Ng6! 14 Bg5 Qe5 chances are even, Kouatly–Illescas, France 1989.

(d) (A) 9 . . . b6 10 0-0 Bxd2 11 Qxd2 Bb7 12 Rac1 d6 13 b4 0-0 14 c5 ±, Alterman–Blatny, Pardubice 1993. (B) 9 . . . a5 10 0-0 0-0 11 a3 Bxd2 12 Qxd2 d6 13 b4 f6 14 bxa5 ±, Malaniuk–Marjanović, Yugoslavia 1993.

(e) 11 Nb3 b6 12 a3 Bc5 13 Nxc5 bxc5 14 b4 Nd7 15 Bg4! a5 16 Bxd7 Bxd7 17 bxc5 dxc5 18 leaves Black with weak pawns in this bishops of opposite color middlegame, Karpov–Short, match 1992.

(f) 6 . . . Qe7 allows White to avoid the doubled pawns—7 Rc1 Ngxe5 8 Nxe5 Nxe5 9 a3 Bxc3† 10 Rxc3 0-0 11 g3 d6 12 Bg2 ±, Korchnoi–Gomez Esteban, Pamplona 1990.

(g) (A) 11 g3 0-0 12 Bg2 Na5 13 0-0 Be6 14 Nd2 Nd7 15 Nb3! Nc6 (15 . . . Bxc4? 16 Bd5†!), now van Wely–Blatny, New York 1996 continued 16 Nd4 = instead of 16 c5! Nxc5 17 Nxc5 dxc5 18 Qb5 with an edge. Black may wish to try the speculative exchange sacrifice 14 . . . Qf7 15 c5 dxc5 16 Qb5 b6 17 Bxa8 Rxa8 with some practical chances. (B) 11 e3 0-0 12 Be2 b6 13 0-0 Kh8 14 Qc2 Bb7 15 Nd4 Ne5 is equal, Pinter–Conquest, France 1993.

(h) 6 Nc3 0-0 7 Bd3 Re8 8 a3 Ngxe5 9 b4 Nxf3† 10 Qxf3 Ne5 11 Qe2 Nxd3† 12 Qxd3 Bd6 13 0-0 b6 = 14 Ra2?! a5 15 b5 Bb72, Gamboa–Blatny, New York 1996.

(i) 7 Nbd2 0-0 8 0-0 Re8 9 Nxe5 Nxe5 10 Nf3 Qf6 11 Nxe5 Qxe5 12 Rb1 a5 13 Bd2 Ra6! and the rook transfers to the kingside balancing chances, Yusupov–Piket, Amsterdam 1994.

(j) 10 b3 a5 11 Ne4 Bf8 12 c5 Qh4 13 f4 Ng4! 14 Bxg4 Rxe4 15 Bf3 Re8, Draw, Jelen–Mohr, Slovenian Chp. 1993.

(k) 11 Na4 b6 12 Bd2 a5 13 Nxc5 bxc5 14 f4 Nd7 15 Bf3 Rb8 16 Qc2 a4 17 Rae1 ±, Beliavsky–Mohr, Portorož 1997. White has the bishop pair and may advance in the center.

(l) (A) 5 Bf4 transposes into column 1. (B) 5 e3 Bb4† 6 Bd2 Bxd2† 7 Qxd2 0-0 8 Be2 Ncxe5 9 Nxe5 Nxe5 10 0-0 d6 11 Nc3 Bg4 =, Gutman–Shvidler, Beer-sheba 1982.

(m) 9 Nd5 Nxf3† 10 gxf3 Qe5 11 Qd2 Ne7 12 f4 Qd6 13 Bg2 Nxd5 14 cxd5 c5! 15 0-0 f5 =, Chloupek–Pokorny, Czechoslovakia 1992.

(n) 11 0-0 Be6 12 Qd2 a6 13 Rac1 Rac8 14 Rfd1 f5 =, Marin–Kaposztas, Budapest 1990.

(o) Rarely played moves are: (A) 4 Qd4? d6 5 exd6 Bxd6 6 Qe4† Be6! 7 Nc3 0-0 8 Nf3 Qd7 9 Nd4 Bxc4 10 Nf5 Be6 11 Nxd6 cxd6 leaves Black ahead in devel-opment, Beliavsky–Epishin, Reggio Emilia 1991; (B) 4 e6 Bb4† 5 Bb2 Qf6! 6 exf7† Kxf7 7 Nf3 Qxb2 =, Khasin–A. Ivanov, USSR 1979.

(p) 5 . . . Ng6 6 Be3 Bb4† 7 Nd2 Qe7 8 Kf2 Bxd2 9 Qxd2 Qxe4 10 Bd3 is a promis-ing pawn sacrifice.

(q) 6 a3 a5 7 Be3 Na6! 8 Nc3 Bc5 9 Qd2 d6 10 Bd3 Qh4† 11 g3 Qh5 =, Dautov–van Wely, Germany 1994.

(r) 7 Nd2 Qe7 8 a3 (Dautov–Blatny, Bad Wörishofen 1991) 8 . . . Qxe4 9 Kf2 Bxd2 10 Qxd2 0-0 11 Bd3 Qe7 12 Nf3 d6 13 Rae1 Qf6 14 Qc2 h6 15 b4 Bg4 ∓. The column is Keres–Gilg, Prague 1937.

(s) (A) 4 Nf3 Bb4† 5 Bd2 Nxd2 6 Nbxd2 Nc6 7 a3 Bxd2† 8 Qxd2 0-0 9 e3 Qe7 10 Be2 Nxe5 =, Davies–Stein, Copenhagen 1988. (B) 4 Qc2 Bb4† 5 Nc3 d5 6 exd6 Bf5 7 Bd2 Nxd6 8 e4 Bxc3 9 Bxc3 Bxe4 10 Qd2 0-0 11 0-0-0 Nd7 =.

(t) Black obtained a very active position in Olsen–Conquest, Reykjavik 1996 after 6 exd6 Bxd6 7 Nbd2 Bf5 8 g3 Bc5 9 e3 Qf6 10 Bg2 0-0-0.

(u) 11 Qd5 h6 12 g3 g5 13 Bg2 ±, Reshevsky–Bisguier, New York 1955.

QUEEN'S PAWN GAMES
AND GAMBITS

1 d4

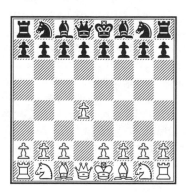

THIS CHAPTER INCLUDES all the minor openings (and gambits) after 1 d4. First we consider lines with 1 d4 and Bg5 (columns 1–6). These openings are similar and may transpose. They have acquired specific names, though probably the whole attack with 1 d4 and Bg5 should have one label (such as "The Bg5 Attack"). The Trompowski Attack is 2 Bg5 against 1 . . . d5 or 1 . . . Nf6. Veresov's Opening (or Attack) is 1 . . . d5 2 Nc3 Nf6 3 Bg5 and the Torre Attack is 1 . . . Nf6 2 Nf3 e6 3 Bg5. White's play takes the game into less known territory with few forcing variations. This is usual for a minor opening, but the Bg5 attack has more bite than most minor systems. Grandmasters Hodgson and Benjamin have made much use of it, beating not only lesser players, but grandmaster opponents as well. Black is all right theoretically, so if a player studies these columns well he should equalize with Black.

The Colle System, 1 . . . d5 2 e3 Nf6 3 Nf3 e6 4 Bd3 reached by any move order (columns 7–8), is a simple system to develop the kingside before initiating central play. Black has no particular problems, but with 5 b3 (column 1), incorporating queenside play, White can require Black to play accurate defense.

The Reversed Stonewall, 1 . . . d5 2 e3 Nf6 3 Bd3 c5 4 c3 Nc6 5 f4 (column 9) is like a reversed Dutch Stonewall. White focuses on his e5 strongpoint, but this rigid system allows Black various defenses.

The Polish Defense is 1 . . . b5 (columns 10–11), taking c4 away from White. The problem with the Polish is 2 e4, simply taking control of the center, much like the opening 1 e4 a6 2 d4 b5. Column 11 may be reached via 1 Nf3 Nf6 2 d4 b5, etc. and this is a much safer version of the Polish Defense.

The Queen's Knight Defense, 1 . . . Nc6 is not so bad if one is willing to transpose into Chigorin's Defense. The speculative Englund Gambit, 1 . . . e5, is covered in note (q).

Two entertaining gambits are the subject of columns 13–18. The Blackmar-Diemer Gambit is 1 . . . d5 2 e4 (columns 13–15). White immediately opens lines for attack, wiping away any threats that the game will take on a slow, strategic, boring nature. The only problem is that the Blackmar-Diemer is not particularly good, so most players will wish to use it only in blitz games. The Albin Counter Gambit, 1 . . . d5 2 c4 e5!? (columns 16–18) is somewhat more respectable. It is named after the Austrian master Adolf Albin, who practiced the opening successfully in the later nineteenth century. Black gains a central wedge after 3 dxe5 d4, hoping this will lead to an attack. White obtains the upper hand in column 16 by fianchettoing his king's bishop. Other responses in columns 17 and 18 are not so clear.

TROMPOWSKI, VERESOV AND TORRE ATTACKS

(1 d4 and Bg5)

1 d4

	1	2	3	4	5	6
	d5 .... Nf6					
2	Bg5 .... c6(a)	Nc3 .... Nf6	Nf3 .... Nf6	Bg5 .... Ne4(n)	Nf3 .... e6	
3	e3(b) Qb6	Bg5 Nbd7(e)	Bg5 Ne4(j)	Bh4(o) c5	Bg5 c5(q)	h6
4	Qc1 h6	Nf3(f) h6(g)	Bf4(k) c5	f3 g5!	e3 Be7(r)	Bxf6(t) Qxf6
5	Bf4(c) Bf5	Bh4 e6	e3 Qb6	fxe4 gxh4	c3(s) b6	e4 d6
6	Nf3 Nf6	e3(h) Be7	Qc1(l) Nc6	e3 Bh6	Bd3 cxd4	Nc3 Nd7(u)
7	c4 Nbd7	Bd3 c5	c3 Bf5!	Kf2 cxd4	exd4 Ba6	Qd2 a6
8	Nc3 e6	0-0 a6	Nbd2 Rc8	exd4 Qb6	Bxa6 Nxa6	0-0-0 Qd8
9	c5 Qd8(d)	a4 b6(i)	Be2 h6(m)	Nc3 e6(p)	Nbd2 0-0 =	h4 b5(v)

(a) (A) 2 ... Nxf6 3 Bxf6 gxf6 is also reasonable (but 3 ... exf6?! 4 e3 Bd6 5 c4 allows White an edge). After 4 c4 (4 e3 c5 5 c4 cxd4 6 exd4 Nc6 =) 4 ... dxc4 5 e3 c5 6 Bxc4 exd4 7 exd4 Bg7! 8 Ne2 0-0 9 0-0 Nc6 10 Nbc3 f5 there are chances for both sides, Fernandes–Rodríguez, Bucaramanga 1992. (B) 2 ... c5?! 3 e4! dxe4 4 d5 Nd7 5 Nc3 Ngf6 6 Qd2 is a promising pawn sacrifice, I. Sokolov–Oll, Pärnu 1992.

(b) 3 Nf3 Bg4 4 Nbd2 Nd7 5 e3 Ngf6 6 h3 Bxf3 7 Nxf3 e6 8 Bd3 Be7 9 0-0 Nh5 10 Bxe7 Qxe7 =, Ye–Serper, Jakarta 1994.

(c) 5 Bh4 e5! 6 c3 (6 dxc5? Qb4† and Qxh4) 6 ... Nd7 7 Nf3 Bd6 8 Be2 Ne7 9 Bxe7 Kxe7 10 c4 e4 11 Nfd2 Bb8 =, Chernin–Kramnik, New York (rapid) 1995.

(d) 10 b4 g5 11 Bg3 Nh5 12 Be5 f6 13 Bg3 Nxg3 14 hxg3 Bg7 15 Nd2 e5 with chances for both sides, Miles–Grétarsson, Wijk aan Zee 1996.

(e) (A) 3 ... Bf5 4 Bxf6 (4 f3 Nbd7 5 Nxd5 Nxd5 6 e4 h6 7 Bh4 c6 =) 4 ... exf6 5 e3 c6 6 Bd3 Bxd3 7 Qxd3 Bb4 8 Nge2 0-0 9 0-0 Nd7 10 e4 Nb6 11 Ng3 g6 =, Rozsa–Boros, Keszthely 1994. (B) 3 ... c5 4 Bxf6 gxf6 5 e4 dxe4 6 dxc5 Qa5 7 Qh5 Bg7 ∞, Hoi–Berg, Denmark 1991.

(f) 4 f3 c6 (4 . . . c5 5 dxc5 Qa5 6 Bxf6 Nxf6 7 Qd4 ±) 5 e4 dxe4 6 fxe4 e5! 7 dxe5 Qa5 8 exf6 Qxg5 9 fxg7 Bxg7 with good compensation for the pawn, Alburt–Tal, Baku 1972.

(g) A complicated alternative is 4 . . . g6 5 e3 Bg7 6 Bd3 0-0 7 0-0 c5 8 Re1 b6 9 e4 dxe4 10 Nxe4 Bb7 11 Nxf6† exf6 12 Bh4 Bxf3 13 Qxf3 cxd4 with chances for both sides, Speelman–Miles, London 1982.

(h) 6 e4?! g5 7 Bg3 Nxe4 8 Nxe4 dxe4 9 Ne5 Bg7 10 h4 Nxe5 11 Bxe5 Bxe5 12 dxe4 Bd7 ∓, Reynolds–Nunn, London 1987.

(i) 10 Ne5 Nxe5 11 dxe5 Nd7 12 Bxe7 Qxe7 13 f4 Bb7 =, Hector–Larsen, Nordic Chp. 1992.

(j) (A) 3 . . . e6 4 e3 c5 (4 . . . Be7 5 c4 would transpose into the Queen's Gambit Declined) 5 c3 transposes into column 5. (B) 3 . . . g6?! 4 Bxf6 exf6 5 c4 ±.

(k) 4 Bh4 c5 5 dxc5 Nc6 6 e3 Qa5† 7 Nbd2 e6 8 a3 Nxd2 9 Nxd2 Qxc5 =, Shirazi–Gulko, Los Angeles 1987.

(l) White doesn't get enough for the pawn after 6 Nbd2 Nxd2 7 Nxd2 cxd4 8 cxd4 Qxd4 9 Bxb8 Rxb8 10 Bb5† Kd8 11 0-0 e6, Shtern–Kaidanov, Dallas 1996.

(m) 10 Nxe4 Bxe4 11 Qd2 g5 12 Bg3 Bg7 13 0-0 e6 =, Forchert–Thiel, Germany 1993.

(n) Other replies are: (A) 2 . . . e6 3 e4 (3 Nf3 transposes into the next column) 3 . . . h6 4 Bxf6 Qxf6 5 Nc3 d6 (5 . . . Bb4 6 Qd2 Nc6 7 Nf3 e5 =, Benjamin–de Firmian, New York 1995) 6 Qd2 g5 7 Bc4 (7 h3 Bg7 8 Bc4 Nc6 9 d5 Ne5 10 Nxe5 Qxe5 11 0-0 h5 12 Nb5 Kd8 13 c3 ±, Speelman–Karpov, Roquebrune 1992) 7 . . . Nc6 8 Nge2 Bg7 9 Rd1 Bd7 10 0-0 0-0-0 11 Nb5 a6 12 Na3 g4 (12 . . . Qg6!?) 13 f4 gxf3 14 Rxf3 Qe7 15 Rdf1 Rdf8 ∞, Anand–Karpov, World Chp. (G6) 1997/98. (B) 2 . . . c5 3 Bxf6 b6 5 Qc1 f5 6 g3 Bh6 7 e3 d6 8 Nd2 Nd7 9 Bg2 Nf6 10 Ne2 Bd7 11 0-0 0-0 12 Nf4 ±, Kreiman–Sriram, Colombia 1996. (C) 2 . . . g6 Bxf6 exf6 4 e3 f5 5 g3 Bg7 6 Ne2 d6 7 Bg2 0-0 8 c4 ±, I. Sokolov–Spassov, Burgas 1992.

(o) 3 Bf4 d5 4 f3 Nf6 5 Nc3 e6 6 e4 Bb4 7 e5 Nfd7 8 a3 Be7 9 Be3 c5 10 f4 cxd4 11 Qxd4 Nc6 with roughly equal chances, Adams–Smirin, New York 1994.

(p) 10 Nf3 Nc6 11 Bb5 0-0 12 Re1 Bg7 13 Bxc6 bxc6 14 Na4 Qa5 15 c3 d6 16 b4 Qb5 17 e5 c5 18 dxc5 Bd7 19 Nb2 dxc5 20 a4 Qb7 21 b5, Dumitrescu–So. Polgar, Czech Republic 1995; now 21 . . . f6, opening the position for the bishops, allows Black counterplay.

(q) 3 . . . d5 4 c4 is the Queen's Gambit Declined, although White can choose 4 e3 Be7 5 Bd3 c5 6 c3 transposing back into the column.

(r) (A) The main alternative is the sharp 4 . . . Qb6 5 Nbd2 (5 Qc1 Nc6 6 c3 d5 =) 5 . . . Qxb2 6 Bd3 Qc3 (6 . . . Nc6 7 0-0 d5 8 Bxf6 gxf6 9 c4 is good compensation) 7 0-0 d5 8 Bxf6 (8 Re1 cxd4! ∓) 8 . . . gxf6 9 dxc5 with compensation for the pawn, e.g. 9 . . . Bg7 10 Rb1 Qxc5 11 e4 dxe4 12 Nxe4 Qc7 13 Bb5† Kf8 ∞, Benjamin–Yudasin, New York 1990. (B) 4 . . . b6?! 5 d5! exd5 6 Nc3 Bb7 7 Nxd5 Bxd5 8 Bxf6 Qxf6 9 Qxd5 Nc6 10 Bc4 Be7 11 0-0-0 ±, Petrosian–Kozma, Munich 1958. (C) 4 . . . d5 5 c3 Nc6 6 Nbd2 Be7 7 Bd3 b6 8 0-0 Bb7 9 Qe2 0-0 10 Ne5 is slightly more comfortable for White.

500

(s) 5 dxc5 Bxc5 6 c4 Bb4† (putting the queen's knight on a passive square) 7 Nbd2 b6 8 Bd3 Nc6 9 0-0 Be7 10 Rc1 Bb7 11 Qe2 0-0 12 Rfd1 Qc7 13 Bf4 d6 14 h3 Rac8 =, Yusupov–Karpov, match 1989. The column is Kamsky–Hübner, Dortmund 1992.

(t) 4 Bh4 c5 5 e3 cxd4 6 exd4 Be7 7 Bd3 0-0 8 c3 (8 c4 b6 9 Nc3 Bb7 10 0-0 d5 =) 8 . . . b6 9 Qe2 Bb7 10 Nbd2 Nc6 =, I. Sokolov–Karpov, Linares 1995, since 11 0-0 Nd5 exchanges pieces.

(u) 6 . . . g5 advances too quickly—7 e5 Qe7 8 Bb5† Bd7 9 0-0 d5 10 Bd3 Nc6 11 Nb5 0-0-0 12 c3 ±, Timman–Karpov, World Chp. (G9) 1993.

(v) 10 Rh3 Bb7 11 Qf4 b4 12 Ne2 c5 with even chances, Crouch–Adams, England 1996. In this line Black can develop slowly because the position is not open.

Colle System, Reversed Stonewall, Polish Defense, etc.

1 d4

	1	2	3	4	5	6
	d5...(Colle System)			b5...(Polish Defense)		Nc6(q)
2	e3		Reversed	e4	Nf3	c4(r)
	Nf6		Stonewall	Bb7	Bb7	e5
3	Nf3		Bd3	Bd3(j)	g3(m)	d5
	e6(a)		c5(h)	e6	e6	Nce7
4	Bd3		c3	Nf3	Bg2	Nc3
	c5		Nc6	c5	Nf6(n)	Ng6
5	b3	c3	f4	c3	0-0(o)	e4(s)
	Nc6(b)	Nc6(e)	Bg4	Nf6	c5	Bc5
6	0-0	Nbd2	Nf3	Nbd2	c3	Bd3
	Be7(c)	Bd6	Ne4	Qb6	Be7	Nf6
7	Bb2	0-0	0-0	dxc5(k)	Bg5	h3!
	0-0	0-0	e6	Bxc5	Na6	0-0
8	Nbd2	Qe2(f)	Qe1	0-0	Nbd2	Nge2
	b6(d)	e5(g)	Bxf3(i)	d5(l)	0-0(p)	Nh5(t)

(a) This position may arise from the order of moves 1 d4 Nf6 2 Nf3 e6 3 e3 d5, or 1 d4 d5 2 Nf3 e6 3 e3 Nf6.

(b) Black can reach equality by emulating White's stategy—5 . . . Nbd7 6 0-0 b6 7 Bb2 Bb7 8 Ne5 Be7 9 Nd2 0-0 10 Qe2 Ne4! 11 Bxe4 dxe4 12 Nxd7 Qxd7 13 dxc5 Bxc5 =, Ubilava–San Segundo, Alcobenas 1994.

(c) 6 . . . Bd6 7 Bb2 0-0 8 Nbd2 Qe7 9 Ne5 cxd4 10 cxd4 Ba3 11 Bxa3 Qxa3 12 c3 Bd7 13 f4 with attacking chances, Hoi–Danielsen, Danish Chp. 1995.

(d) 9 c4 (9 Ne5 Bb7 10 f4 Rc8 =) 9 . . . Bb7 10 Rc1 Rc8 11 Qe2 Rc7 12 Rfd1 dxc4 13 bxc4 Qa8 =, Olesen–Ashley, New York 1993.

(e) Another defense is 5 . . . Nbd7 6 Nbd2 Be7 7 0-0 0-0 8 Qe2 b6 9 e4 dxe4 10 Nxe4 Bb7 11 Nxf6† Nxf6 =, Svidler–Hartman, Gausdal 1991.

(f) 8 e4 cxd4 9 cxd4 dxe4 10 Nxe4 Be7 11 Ng3 Qd5 12 Re1 Rd8 is about equal, Colle–Loman, Holland 1923.

(g) 9 dxc5 Bxc5 10 e4 Bg4 11 exd5 Qxd5 12 Bc4 Qd7 13 h3 Bh5 14 Ne4 Nxe4 15 Qxe4 Qc7 =, Koltanowsky–Fine, Hastings 1935.

(h) Many players prefer to play . . . g6 against Bd3 so that White's diagonal to h7 is blunted. Wall–McDonald, Hastings 1995 went 3 . . . g6 4 f4 Bg7 5 Nf3 c5 6 c3 b6 7 Nbd2 0-0 8 Qe2, when 8 . . . Bb7 9 0-0 Nbd7 would be equal.

(i) 9 Rxf3 f5 10 Nd2 Qb6 11 Kh1 Be7 12 Qe2 0-0 with chances for both sides, Liskov–Moskvitin, Novgorod 1997.

(j) 3 f3 is not as forceful—3 . . . a6 4 Be3 e6 5 Nd2 Nf6 6 c3 Be7 7 Bd3 d6 8 a4 c6! 9 Ne2 Nbd7 10 0-0 0-0 =, Petrosian–Spassky, Wolrd Chp. 1966.

(k) White also obtains a distinct advantage by simply 7 0-0 or 7 Qe2, maintaining the pawn center.

(l) 8 . . . d5 9 e5 Ne4 10 Qe2 ±. Even worse is 8 . . . 0-0? 9 e5 Nd5 10 Bxh7†! Kxh7 11 Ng5† Kg6 12 Qg4 f5 13 Qh4 winning, Tarjan–Hodgson, Manchester 1983.

(m) 3 e3 a6 4 c4 (4 b3! e6 5 Nbd2 Nf6 6 c4 ±) 4 . . . bxc4 5 Bxc4 e6 6 Nc3 Nf6 7 0-0 d5 8 Be2 c5 =, Andersson–Miles, Tilburg 1984.

(n) This position usually arises from the order of moves 1 d4 Nf6 2 Nf3 e6 3 g3 b5 4 Bg2 Bb7.

(o) 5 Bg5 c5 6 Bxf6 Qxf6 7 0-0 Qd8 8 c3 Be7 =, Kengis–Aleksandrov, Pula 1997.

(p) 9 Ne5 Bxg2 10 Kxg2 Qc7 11 e3 h6 12 Bxf6 Bxf6 13 f4 d6 =, Andersson–Seirawan, Reykjavik 1990.

(q) The Englund Gambit, 1 . . . e5 2 dxe5 is specualtive: (A) 2 . . . d6 3 exd6 Bxd6 4 Nf3 Nf6 5 Bg5 h6 6 Bh4 ±; (B) 2 . . . Nc6 3 Nf3 Nge7 4 Bf4 Ng6 5 Bg3 Qe7, McCarthy–Zilbermints, New York 1997 is a better try, but 6 Nc3! Qb4 (6 . . . Ngxe5 7 Nxe5 Nxe5 8 Nd5 Qd6 9 Qd4 ±) 7 Qc1 Qa5 8 a3 still leaves White a large plus. The column is called the Queen's Knight Defense.

(r) (A) 2 d5 Ne5 3 e4 e6 4 f4 Ng6 5 dxe6 dxe6 6 Bd3 Bc5 =, Dizdar–Mohr, Bled 1996. (B) Best for White is probably 2 Nf3 d5 3 c4 transposing into Chigorin's Defense.

(s) 5 Be3 Bb4† 6 Nd2 Nf6 7 f3 Qe7 8 g3 0-0 9 h3 c6! 10 a3 Bc5 11 Nf1 b5 gives Black a very active game, Kaidanov–Miles, Palma de Mallorca 1989.

(t) 9 g3 with more space for White, Jelen–Mestrović, Slovenian Chp. 1996.

BLACKMAR-DIEMER AND ALBIN COUNTER GAMBITS

1 d4 d5

	1	2	3	4	5	6
	Blackmar-Diemer Gambit			Albin Counter Gambit		
2	e4..c4					
	dxe4			e5		
3	Nc3(a)			dxe5(l)		
	Nf6 ....e5			d4		
4	f3(b)		Be3(j)	Nf3(m)		
	exf3(c)		exd4	Nf3		
5	Nxf3(d)		Bxd4	g3............Nbd2........a3		
	Bg4 ....Bf5(g)		Nc6	Bg4(n)	Bg4	Be6(s)
6	h3	Ne5	Bb5	Bg2	h3	e3
	Bxf3	e6	Bd7	Qd7	Bh5(q)	dxe3
7	Qxf3	g4	Nge2	Nbd2(o)	a3?!	Qxd8†
	c6	Bg6(h)	Nf6	0-0-0	Qe7	Rxd8
8	Be3(e)	Qf3	0-0	0-0	g3	Bxe3
	e6	c6	Be7	Bh3	Nxe5	Nge7
9	Bd3	g5	Bxf6	a3	Nxe5	Nc3
	Be7(f)	Ng8(i)	Bxf6(k)	h5(p)	Qxe5(r)	Nf5(t)

(a) Blackmar's original 3 f3 is refuted by 3 ... e5! 4 Be3 (4 dxe5 Qxd1† 5 Kxd1 Nc6 6 Bf4 Nge7 ∓) 4 ... exd4 5 Bxd4 Nc6 6 Bb5 Bd7 ∓, Fridlizius–Sjoberg, Gothenberg 1903.

(b) 4 Bg5 Nbd7 5 Qe2 e6 6 Nxe4 Be7 7 Bxf6 Nxf6 8 Nf3 0-0 9 0-0-0 Qd5 10 Nc3 Qa5 =, Rogers–van der Brink, Ringsted 1992.

(c) (A) Declining the gambit with 4 ... e3 5 Bxe3 e6 6 Nge2 Nbd7 7 Ng3 Be7 8 Qd3 0-0 9 0-0-0 a6 is safe, leaving White just faintly better, Milov–Gelfand, Biel 1995. (B) Sharp is 4 ... Bf5 5 g4 Bg6 6 h4 h6 7 Nh3 e6 8 Nf4 Bh7 9 Be3 Bb4 with chances for both sides, Dravnieks–Buckingham, corr. 1988.

(d) 5 Qxf3?! g6 6 Bf4 Bg7 7 Nb5 Na6 8 0-0-0 0-0 9 Ne2 c6 ∓, Billian–Grant, corr. 1968.

(e) 8 g4?! Qxd4 9 Be3 Qb4 10 0-0-0 e6 11 Nb5 Na6 ∓.

(f) 10 0-0 0-0 11 Fr2 Nbd7 12 Raf1 Nb6 13 Ne4 Nbd5 ∓, Motta–Dutton, Las Vegas 1991.

(g) Alternatives are: (A) 5 ... e6 6 Bg5 Be7 7 Bd3 Nbd7 8 0-0 h6 9 Bd2 b6 10 a4 Bb7 11 a5 with some play for the pawn, Zilbermints–Eisen, Marshall Chess

Club (New York) 1997; (B) 5 . . . g6 Bc4 Bg7 7 0-0 0-0 8 Qe1 b6 9 Qh4 Ba6 10 Bxa6 Nxa6 11 Bh6 Qd7 =, Meszaros–Madl, Hungary 1993.

(h) 7 . . . Ne4!? 8 gxf5 Qh4† 9 Ke2 Qf2† 10 Kd3 Nc5† 11 Kc4 a6 12 b4 b5† 13 Nxb5 axb5† 14 Kc3 Ne4† 15 Kb3 Bxb4 16 Bxb5† c6 and the crazy complications eventually led to a draw in Moore–Dow, corr 1981.

(i) 10 Bd3 Qxd4 11 Nxg6 hxg6 12 Bf4 Ne7 13 0-0-0 Qb6 14 Rhf1 Nf5 15 Bxf5 gxf5 16 g6 Na6 with chances for both sides in a wide-open position, Motta–Mongilutz, corr. 1990.

(j) 4 Qh5 Qxd4 5 Be3 Qd6 6 Nb5 Qe7 7 Bg5 Nf6 8 Bxf6 gxf6 9 0-0-0 a6 10 Nc3 Be6 ∓, Sandahl–Seeman, Denmark 1993.

(k) 10 Nxe4 Be7 11 Qd5 0-0 12 Rad1 Be6 13 Qh5 Qc8 =, Nissen–Nugel, corr. 1991.

(l) (A) 3 e3 exd4 4 exd4 Nf6 =. (B) 3 Nc3 exd4 4 Qxd4 Nc6! 5 Qxd5 Be6 6 Qb5 a6 7 Qa4 Bb4 and Black's lead in development gives him the edge, Marshall–Duras, Carlsbad 1907.

(m) 4 e3? Bb4† 5 Bd2 dxe3! 6 fxe3 (not 6 Bxb4? exf2† 7 Ke2 fxg1=N†! winning) 6 . . . Qh4† 7 g3 Qe4 ∓.

(n) (A) 5 . . . Be6 6 Nbd2 Qd7 7 a3 Nge7 8 b4 Ng6 9 Bg2 (or 9 Bb2 ±) Bh6 10 e6! Bxe6 11 b5 Nd8 12 h4 ±, Fedorowicz–Cotten, Las Vegas 1995. (B) 5 . . . Nge7 6 Bg2 Ng6 7 Bg5 Qd7 (7 . . . Be7 8 Bxe7 Qxe7 9 Nxd4 ±) 8 0-0 Ngxe5 9 Nbd2 ±, Trapl–Mista, Czech Republic 1995.

(o) (A) an example of White allowing the Black initiative to grow is Martinez–Ramirez, Spain 1990—7 h3 Be6 8 b3 0-0-0 9 Bb2 Nge7 10 Na3?! Ng6 11 Nc2 Bc5 12 a3 Ngxe5 13 Nxe5 Nxe5 14 f4 Nxc4! 15 bxc4 Bxc4 16 Qd2 Rhe8 17 Bf3 d3 ∓. (B) 7 0-0 0-0-0 8 Qb3 h5 (8 . . . Bh3 9 e6! Bxe6 10 Ne5 ±) 9 h4 f6 10 exf6 gxf6 12 Rd1 Bh3 with chances for both sides, Birnborn–Veinger, Munich 1987.

(p) 10 e6! Bxe6 11 b4 f6 12 Qa4 Kb8 13 Bb2 and White has the attack, Khan–Ziatinov, Chicago 1997.

(q) 6 . . . Bxf3 7 Nxf3 f6 8 exf6 Nxf6 9 g3 Bb4† 10 Bd2 Qe7 11 a3 Bxd2† 12 Qxd2 0-0-0 13 Qd3! ±, Capablanca–Aurbach, Paris 1914.

(r) 10 Bg2 0-0-0 11 Nf3 Qa5† 12 Bd2 Qa6 13 0-0 Nf6 =, Portisch–Forintos, Hungary 1964. If White plays 7 g3 the game is similar to the previous column.

(s) 5 . . . Bg4 6 h3 Bxf3 7 gxf3 Nxe5 8 f4 Nc6 9 Bg2 Qd7 10 b4 ±, Lasker–Albin, New York 1893.

(t) 10 Bf4 h6 11 h4 (Babula–Krasenkov, Brno 1994), Now 11 . . . Ncd4 12 0-0-0 Nxf3 leaves Black good compensation for the pawn.

IV
INDIAN OPENINGS

CATALAN OPENING

1 d4 Nf6 2 c4 e6 3 g3

WHEN A CATALAN NOBLEMAN, Count Ermengol of Urgell, bequeathed his chess pieces to the Convent of St. Giles near Nîmes, France, he could little have anticipated that he was also making a bequest to chess itself. The count's will, which can be dated to around A.D. 1008, is the earliest European source to mention chess, and the game thus makes its appearance in western civilization in Catalonia. Nearly a millennium later, in 1981, the chess players of La Seu d'Urgell, a small town in the Catalan heartland close to the present-day border of Spain and Andorra, commemorated this piece of chess history by erecting a monument in the town recording the words of the bequest.

The nomenclature of chess was also slow, perhaps, to render its "homage to Catalonia." It was only in 1929 that the Catalan Opening recieved its name, when the organizers of that year's Barcelona tournament asked Tartakower to invent a variation and name it after the region. The opening became a success—it has been employed by Alekhine, Botvinnik, Reshevsky, Smyslov, Korchoi, Karpov, Kasparov and a great number of other ranking masters. It affords White a dynamic alternative to the Queen's Gambit and other queen-pawn openings.

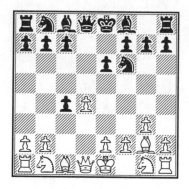

p. 512

The most popular way to meet the Catalan is the Open Variation, 3 . . . d5 4 Bg2 dxc4 (columns 1–36). Black opens the long diagonal for the White bishop, but causes White to take time in recapturing the pawn. White usually chooses development with 5 Nf3 (columns 1–30), eschewing the immediate roundup of the pawn with 5 Qa4† (columns 31–32). Classical development follows with 5 . . . Be7 6 0-0 0-0 7 Qc2 a6 in columns 1–12. In columns 1–6 White retrains the Black queenside with 8 a4, while in columns 7–12 he recaptures with 8 Qxc4 allowing queenside expansion with 8 . . . b5.

Black has other plans on the fifth move. A major alternative is 5 . . . c5 6 0-0 Nc6 (columns 13–18) immediately pressuring d4. White can unmask the fianchettoed bishop with 7 Ne5 (columns 13–15) or pin the Nc6 with 7 Qa4 (columns 16–18).

Attempting to secure to c4 pawn with 5 . . . a6 is seen in columns 19–24. After 6 0-0 Black can carry out his "threat" with 6 . . . b5 (columns 19–21) or first develop with 6 . . . Nc6 (columns 22–23). With 6 Ne5 (column 24) White prevents . . . b5.

Less usual fifth moves for Black comprise columns 25–30. 5 . . . Nc6 is covered in columns 25–26, 5 . . . Bd7 is column 27, 5 . . . Nbd7 is column 28, the aggressive 5 . . . b5 is column 29 and 5 . . . Bb4†, trying to disorganize White's position is column 30.

Early alternatives are seen in columns 31–36. The immediate recapture of the pawn with 5 Qa4† (columns 31–32) is less promising than 5 Nf3. Black plays . . . c5 and . . . d5 in columns 33–36 which gives the game an "English" flavor. As usual White's intention is to apply significant pressure against Black's queenside.

The Closed Variation, 1 d4 Nf6 2 c4 e6 3 g3 d5 4 Bg2 Be7 5 Nf3 0-0 6 0-0 (columns 37–42), entails less immediate tactics as Black can develop his pieces behind his pawns. The most usual follow-up is 6 . . . Nbd7 (columns 37–44) when White gains slightly more space and freedom with 7 Qc2 planning the advance e4 with or without including the positionally desirable b3. Alternative lines in columns 45–48 leave much the same story—White holds a slight advantage. Despite the evaluation, players may choose the Closed Variation as White's advantage does not threaten to become too great and there is room for strategic maneuvering.

CATALAN OPENING
Open Variation

1 d4 Nf6 2 c4 e6 3 g3 d5 4 Bg2 dxc4 5 Nf3 Be7 6 0-0 0-0 7 Qc2 a6 8 a4

	1	2	3	4	5	6
	Bd7(a)					Nc6
9	Qxc4 / Bc6				Rd1 / Bc6	Qxc4 / Qd5(p)
10	Bg5(b) / a5 .... Bd5				Nc3 / Bxf3(m)	Qd3(q) / Rd8(r)
11	Nc3 / Na6(c)		Qd3(g) / Be4 .... c5		Bxf3 / Nc6	Nc3 / Qh5
12	Rac1 .... Bxf6 / Nb4 / Bxf6	Bxf6	Qe3 / Bc6	Nc3(i) / Bc6(j)	Bxc6(n) / bxc6	Qc4 / Bd7
13	Rfd1 / Rc8	e4 / Nb4	Nc3 / Nbd7	e4(k) / cxd4	Bg5 / Rb8	Bf4 / Rac8
14	Bxf6 / Bxf6	Rfd1 / Rb8(e)	Qd3 / Bb4	Qxd4 / h6	Bxf6 / Bxf6	e4 / Nb4
15	e4 / b6(d)	Rac1 / Qd7(f)	Rfe1 / Bxf3(h)	Bf4 / Nbd7(l)	Ne4 / Rb4(o)	h3 / c5(s)

(a) Two other plausible moves here are (A) 8 . . . c5 9 dxc5 Nc6 10 Rd1 Qa5 =, Stamenković–Gligorić, Yugoslavia 1996, and (B) 8 . . . Nbd7 9 Nbd2 c5 10 dxc5 Nxc5 =, Gorelov–Rozentalis, USSR 1984.

(b) 10 Bf4 is not much played. After 10 . . . a5 11 Nc3 Na6 12 Rfe1 Bd5 13 Nxd5 exd5 Black has equalized, Donchenko–Geller, USSR 1979.

(c) Interesting is 11 . . . Ra6 12 e3 Rb6 13 Qe2 Nbd7 =, Salov–Granada Zuñiga, Wijk aan Zee 1997.

(d) 16 d5 exd5 17 exd5 Bb7 18 Nd4 Ba6 19 Ncb5 Bxd4 20 Rxd4 is slightly favorable for White in a complex position, V. Mikhalevsky–Rozentalis, Beersheba 1997.

(e) After 14 . . . Ra6, Lputian–Sadler, Lucerne 1997, Lputian suggests 15 h4 Rb6 16 Rd2 Na6 17 Qe2 ±.

(f) 16 b3 Rfd8 17 Qe2 ±, Karpov–J. Polgar, Dos Hermanas 1997.

(g) 11 Qc2 Be4 12 Qc1 Nc6 13 e3 Bb4 is about equal (Kotronias).

(h) Instead 15 . . . h6 16 Bxf6 (16 Bf4 Rc8 17 Qc2 b6 18 e4 with a small edge for White, Khalifman–Lautier, Biel 1993) 16 . . . Nxf6 17 e4 b6 18 Ne5 ±. After 15 . . . Bxf3 Beliavsky–Z. Almasi, Úbeda 1997, continued 16 Qxf3 c6 17 Red1 Qa5 =.

(i) 12 dxc5 is a major alternative: 12 . . . Ne4 13 Bxe7 Qxe7 14 Nc3 Nxc3 15 Qxc3 Rc8 16 Rfc1 Nd7 17 b4 a5 18 Qd4 axb4 is probably ⩲, Marin–Gómez, Seville 1992.

(j) 12 . . . cxd4 13 Nxd5 Qxd5? (13 . . . Nxd5 ⩱) 14 b4 ±, Karpov–Beliavsky, Linares 1994.

(k) 13 Rfd1 cxd4 14 Nxd4 Bxg2 =, Tukmakov–Beliavsky, Potorož 1996.

(l) 16 Qc4 Rc8 17 Qe2 Bc5 =, Beliavsky–Ki. Georgiev, Yugoslavia 1998.

(m) 10 . . . Bb4 11 Bg5 Bxc3 12 Bxf6 Qxf6 13 Qxc3 Qe7 14 Qxc4 ⩱, Azmaiparashvili–Novopashin, USSR 1981.

(n) 12 e3 Nd5 13 Qe2 Na5 =, Romanishin–Geller, USSR 1980/81.

(o) 16 e3 Qd5 17 Rac1 (better is 17 a3) 17 . . . Rfb8 18 Nc5 a5 is at least equal for Black, Illescas–Beliavsky, Madrid 1998.

(p) 9 . . . Nb4 10 Nc3 b5 11 Qb3 bxa4 12 Nxa4 Rb8 13 Rd1 is slightly in White's favor, Filippov–Am. Rodríguez, Linares 1997.

(q) 10 Nbd2 Rd8 11 e3 Qxc4 12 Nxc4 Rb8 13 Bd2 Ne4 14 Rfd1 Nxd2 15 Nfxd2 Nb4 =, Ftačnik–Beliavsky, Yerevan Ol. 1996.

(r) 10 . . . Nb4 11 Qd1 c5 12 Nc3 Qc4 13 dxc5 Rd8 14 Bd2 Qxc5 15 Qb3 Bd7 16 Rfc1 ±, Polugaevsky–Ivkov, Hilversum 1973.

(s) 16 g4 Nxg4 17 hxg4 Qxg4 with an unclear position, Wojtkiewicz–Johansson, Rilton Cup 1992.

CATALAN OPENING

Open Variation

**1 d4 Nf6 2 c4 g6 3 g3 d5 4 Bg2 dxc4 5 Nf3 Be7
6 0-0 0-0 7 Qc2 a6(a) 8 Qxc4 b5 9 Qc2 Bb7**

	7	8	9	10	11	12
10	Bf4			Bg5		Bd2
	Nd5	Nc6	Bd6	Nbd7		Be4(o)
11	Nc3(b)	Rd1(e)	Nbd2	Bxf6		Qc1
	Nxf4	Nb4	Nbd7(h)	Nxf6		Nbd7(p)
12	gxf4	Qc1	Bg5	Nbd2		Ba5
	Nc6(c)	Rc8(f)	Rc8	Rc8		Rc8
13	Rfd1	Nc3	Nb3	Nb3		Nbd2
	Nb4	Nbd5	h6	Be4	c5	Ba8
14	Qc1	Nxd5	Bxf6	Qc3	dxc5	Qc2
	Qb8	Nxd5	Nxf6	Nd5(j)	Be4(m)	Qe8
15	a3	Bg5	Rac1	Qd2(k)	Qc3	b4
	Nd5	c5	Bd5	c5	Bd5	Nd5
16	Ne5	dxc5	Rfd1	Nxc5	Rfd1	a3
	Nxc3(d)	Qe8(g)	Qe7(i)	Bxc5(l)	Ne4(n)	f5(q)

(a) If 7 . . . c5 then either 8 Qxc4 cxd4 9 Nxd4 e5 10 Nb3 Nc6 11 Be3 Be6 12 Qb5 ±
(Dunnington) or 8 dxc5 Qc7 9 Qxc4 Qxc5 10 Qxc5 Bxc5 11 a3 ±, Khodos–
Krogius, USSR 1967.

(b) 11 Nbd2 Nd7 12 Nb3 c5 13 dxc5 Rc8 14 Rad1, Gurieli–Kragelj, Pula 1997;
now 14 . . . Nxc5 15 e4 Nd7 = (Kragelj).

(c) (A) 12 . . . Nd7 13 Rfd1 Bxf3 14 Bxf3 Rb8 15 e3 ±, Kramnik–Svidler, Linares
1998. (B) 12 . . . Ra7 13 Rfd1 Bd6 14 Ng5 ±, Inkiov–Bönsch, Stara Zagora
1990.

(d) 12 Qxc3 Bxg2 13 Kxg2 ±, Stangl–Ruf, Kecskemet 1990.

(e) 11 Nc3 Rc8 (11 . . . Nxd4 12 Nxd4 Bxg2 13 Nxe6 ±) 12 Rad1 Nb4 13 Qb1
Nbd5 =, Piket–Lautier, Wijk aan Zee 1997.

(f) 12 . . . Qc8 13 Bg5 c5 14 Bxf6 and neither 14 . . . Bxf6 15 dxc5, Vera–Sisniega,
Mexico 1984, nor 14 . . . gxf6 15 Nc3 Rd8, Agzamov–Karpov, USSR 1983,
equalizes for Black.

(g) 17 Bxe7 Qxe7 =, Ribli–Speelman, Moscow Ol. 1994.

(h) 11 . . . Bxf4 12 gxf4 Nbd7 13 Rfc1 ±, Stangl–Henke, Dortmund 1993.

(i) 17 Nfd2 Bxg2 18 Kxg2 e5 19 dxe5 Qxe5 20 Nf3 ±, C. Hansen–S. Petersen, Den-
mark 1990.

(j) 14 ... Nd7 15 Rfd1 c6 16 Rac1 Qb6 17 Nc5 Nxc5 18 dxc5 Qc7 19 Ne5 $\pm$, Andersson–Winants, Tilburg (rapid) 1993.

(k) 15 Qc6, 15 Qc1 and 15 Qa5 have all been tried here, but Black has been able to equalize against each of them.

(l) 17 dxc5 Rxc5 18 Rfc1 Rxc1† 19 Rxc1 Qa8 20 Qd4 Nf6 with a tiny edge for White, Illescas–Epishin, Madrid 1993.

(m) (A) 14 ... Bd5 15 Ne1 Bxb3 16 Qxb3 Bxc5 17 Nd3 $\pm$, Konopka–Breyther, Bundesliga 1994. (B) 14 ... a5 15 a4 Be4 16 Qc3 b4 17 Qe3 Bd5 18 Rfd1 $\pm$, L. B. Hansen–B. Hansen, Danish Chp. 1996.

(n) 17 Qe1 Qc7 18 Nfd2 Bxb3 19 Nxb3 Nxc5 20 Rac1 Qb6 was equal in Andersson–Beliavsky, Úbeda 1997.

(o) 10 ... Nc6 is an alternative: 11 e3 (11 Rd1 Nxd4 12 Nxd4 Bxg2 13 Ba5 Be4 14 Qxc7 Qxc7 is nothing for White, Plaskett–Adams, British Chp. 1997) 11 ... Ra7 12 Rc1 Qa8 13 Ne1 Nb8 14 Bxb7 Qxb7 15 Ba5, I. Almasi–Borocz, Hungary 1998; now 15 ... c5 16 dxc5 Nc6 would be unclear (I. Almasi.).

(p) (A) 11 ... Nc6 12 Be3 b4 13 Nbd2 Bd5 14 Rd1 $\pm$, Andersson–Skembris, Bar 1997. (B) 11 ... b4 12 Bg5 Nbd7 13 Nbd2 Bd5, I. Almasi–Donev, Austria 1997; now 14 Qc2 is a slight plus.

(q) After 17 Rac1 Qh5 18 Rfe1 N5f6 there are chances for both sides, Andersson–Lutz, Pamplona 1998.

CATALAN OPENING

Open Variation

1 d4 Nf6 2 c4 e6 3 g3 d5 4 Bg2 dxc4 5 Nf3 c5 6 0-0 Nc6(a)

	13	14	15	16	17	18
7	Ne5......................................Qa4					
	Bd7(b)			Bd7(l) cxd4		
8	Na3(c)			Qxc4		Nxd4
	cxd4(d)			b5............cxd4		Qxd4
9	Naxc4			Qd3	Nxd4	Bxc6†
	Bc5 ....Nxe5 ....Be7(i)			Rc8	Rc8	Bd7(r)
10	Qb3	Nxe5	Qb3	dxc5(m)	Nc3	Rd1
	0-0	Qb6	Qc8	Bxc5	Nxd4	Qxd1†(s)
11	Bf4(e)	Nxd7(g)	Bf4(j)	Nc3	Qxd4	Qxd1
	Qc8	Nxd7	0-0	b4	Bc5	Bxc6
12	Rac1	Qa4	Rac1	Ne4	Qh4	Nd2
	Nd5	Qb4(h)	Nd5	Nxe4	b5(o)	h5(t)
13	Nd3	Qxb4	Rfd1	Qxe4	Bg5	h3
	Nxf4	Bxb4	Nxf4	Qe7	Be7	Rd8
14	gxf4	Bxb7	gxf4	Bg5	Rfd1(p)	Qc2
	Be7(f)	Rb8 ±	Rb8(k)	f6(n)	Rc4(q)	Bc5(u)

(a) 6 . . . cxd4 7 Nxd4 Qb6 8 Nc3 Bd7 9 Be3 Bc5 10 b4 cxb3 11 Rb1 Bxd4 12 Bxd4 Qc7 13 Qxb3 ±, V. Mikhalevsky–Murrey, Israel 1997. But 7 . . . Na6 8 Na3 Bxa3 9 bxa3 0-0 10 Bb2 Qb6 was playable for Black in Cetverik–Z. Ivan, Harkany 1996.

(b) 7 . . . Nxe5 8 dxe5 Qxd1 9 Rxd1 Nd5 10 Na3 Bd7 11 Nxc4 ±, Marosi–Kral, Hungary 1994. Or 8 . . . Nd5 9 Na3 Bd7 10 Nxc4 ±, Petrosian–Panno, Palma de Mallorca 1969. The pawn on e5 cramps Black.

(c) The alternatives, 8 Nxc6 and 8 Nxc4 have fallen out of favor.

(d) 8 . . . Nd5 9 Naxc4 Nxd4 10 Be3 ±, Kakhiana–A. Sokolov, Helsinki 1992.

(e) 11 Qxb7 Nxe5 12 Nxe5 Rb8 13 Qf3 Bd6 14 Nc6 with good compensation in Kasparov–Deep Blue, Philadelphia 1996. Black can avoid this line by playing 10 . . . Qc8 first.

(f) 15 Nce5 Qc7 16 Rc4 Rfc8 17 Rfc1 ±, Piket–van der Sterren, Holland 1994.

(g) 11 Nc4 Qa6 12 Qxd4 Rc8 =, Cosma–Zontakh, Belgrade 1996.

(h) (A) 12 . . . Rd8 13 e3 Bc5 14 exd4 Bxd4 15 Bg5 0-0 (15 . . . f6 16 Rad1 presses the initiative) 16 Bxd8 Rxd8 17 Rad1 e5 with some compensation for the exchange, Chernin–Gyimesi, Lillafured 1999. (B) 12 . . . 0-0-0 13 Rd1 ±, Topalov–Morozevich, Madrid 1996.

(i) 9 . . . Rc8 10 Bf4 Nd5 11 Nxc6 Bxc6 12 Qxd4 Nxf4 13 Qxf4 Bxg2 14 Kxg2 ±, Ftačnik–Vaisser, Pula 1997.

(j) 11 Bd2!? intending Rac1 and Na5 is van Wely's suggestion.

(k) 15 Be4 Qc7 16 Qf3 Bf6 17 17 e3 g6 =, Piket–van Wely, Monaco 1997.

(l) (A) 7 . . . Qa5 8 Qxc4 cxd4 9 Nxd4 ±, Hübner–Doghri, Yerevan Ol. 1996. (B) 7 . . . Nd7 8 dxc5 Bxc5 8 Qxc4 0-0 10 Nc3 a6 11 Rd1 Qb6 12 Ne4 ±, Bischoff–Sonntag, Bundesliga 1987.

(m) 10 Bg5 c4 11 Qd1 Be7 12 Nc3 b4 13 Bxf6 gxf6 14 Ne4 Qa5 15 Qd2 f5 ∞, Hübner–Müller, Germany 1997.

(n) Dunnington–Richardson, England 1997. White is somewhat better.

(o) 12 . . . Bc6 13 Rd1 Qb6 14 Bxc6† Rxc6 15 Bh6 is bad for Black, Portisch–Radulov, Buenos Aires Ol. 1978.

(p) White can probably do better with14 Rad1 Rc4 15 Rd4 Rxd4 16 Qxd4 Qb6 17 Qh4 ±, as f2 is protected.

(q) 15 Rd4 Rxd4 16 Qxd4 Qb6 17 Qh4 b4 18 Ne4 Nxe4 19 Bxe7 Qxf2† 20 Kh1 Bc6 =, Ilinčić–Smagin, Belgrade-Moscow 1998.

(r) 9 . . . bxc6 10 Qxc6† Qd7 11 Qxa8 Bc5 12 Nc3 was not quite adequate for Black in Christiansen–Lhagva, Lucerne Ol. 1982.

(s) 10 . . . Bxc6 11 Qxc6† bxc6 12 Rxd4 and 11 . . . Qd7 12 Rxd7 bxc6 13 Rd4 both lead to bad endings for Black.

(t) 12 . . . b5, 12 . . . c3 and 12 . . . Be7 have been tried here, but they are all at least ±.

(u) Hovde–Groiss, corr. 1984–90. After 15 Nxc4 Ne4 16 Ne3 Bb6 17 b4 White's material edge gradually prevailed.

CATALAN OPENING

Open Variation

1 d4 Nf6 2 c4 e6 3 g3 d5 4 Bg2 dxc4 5 Nf3 a6

	19	20	21	22	23	24
6	0-0					Ne5
	b5(a)			Nc6		c5
7	Ne5			e3		Na3(p)
	Nd5(b)			Bd7		cxd4
8	a4(c)			Qe2	Nc3	Naxc4
	Bb7			b5	Bd6(l)	Be7(q)
9	b3		axb5	Rd1	Qe2(m)	Bd2
	c3	cxb3	axb5	Be7	b5	a5
10	axb5	Qxb3(f)	Rxa8	e4(j)	Rd1(n)	Qb3
	axb5	Nc6	Bxa8	0-0	0-0	Nbd7
11	Rxa8	Rd1	e4	Nc3	e4	Bxb7
	Bxa8	Bd6	Nf6	Re8	e5	a4
12	e4	Nxc6	Nc3	Ne5	dxe5	Qf3
	Nf6(d)	Bxc6	c6(h)	Rb8	Nxe5	Bxb7
13	Nxc3	e4	d5	Be3	Nxe5	Qxb7
	b4(e)	bxa4(g)	Be7(i)	Bf8(k)	Bxe5(o)	Nxe5(r)

(a) 6 . . . c5 7 dxc5 Qxd1 8 Rxd1 Bxc5 9 Ne5 ±, Razuvaev–Geller, USSR 1988.

(b) 7 . . . c6 8 b3 (8 Nxc6 Qb69 Ne5 Bb7 10 a4 Bxg2 11 Kxg2 Qb7† 12 Kg1 Nbd7 =, Cebalo–Sveshnikov, Athens 1983) 8 . . . cxb3 9 Nxc6 Qb6 10 Na5 Ra7 11 Nxb3 Rd7 12 e4 ±, Krasenkov–Kohlweyer, Ostend 1996.

(c) After 8 Nc3 Bb7 9 Nxd5 exd5 neither 10 e4 nor 10 b3 lead to an edge for White.

(d) 12 . . . b4 13 exd5 Bxd5 14 Be3 Be7 15 Bxd5 Qxd5 16 Qc2 leads to roughly even chances in an unbalanced position, Rogers–Chandler, Wellington 1986.

(e) 14 Nb5 c6 15 d5 cxb5 16 dxe6, Vladimirov–Thórhallsson, Gausdal 1991. After 16 . . . Qxd1 17 exf7† Ke7 18 Rxd1 White has very good compensation (Vladimirov).

(f) 10 axb5 axb5 11 Rxa8 Bxa8 12 Qxb3 c6 13 Nc3 Nd7 =.

(g) Gelfand–Riemersma, Arnhem 1987. After 14 Qf3 Ne7 15 Qg4 correct is 15 . . . Ng6 (15 . . . 0-0? 16 e5 ±) 16 d5 ∞.

(h) 12 . . . b4 is bad because of 13 Qa4† Nbd7 14 Nb5 (Dunnington).

(i) Instead 13 . . . exd5 14 exd5 Nxd5 15 Qh5 is strong. Also 13 . . . Bd6 14 Ng4 b4 15 Nxf6† gxf6, Romero–Antunes, Havana 1991; now 16 Nb1 would be ±.

After 13 ... Be7 14 dxe6 fxe6 15 Qe2 0-0 16 Bh3 Qe8 (16 ... Qc8 17 Nf3 ±, Zilberstein–Novikov, USSR 1988) 17 Bxe6† Kh8 18 Bf5 White has a significant edge, Krasenkov–Kaidanov, Gausdal 1991.

(j) (A) 10 b3 cxb3 11 axb3 0-0 12 e4 gives White good positional compensation. (B) 10 e4 0-0 11 Bf4 is a suggestion of Beliavsky's. (C) 10 Nc3 Nd5 11 a4? 0-0 12 axb5 Nxc3 13 bxc3 axb5 14 Rxa8 Qxa8 15 d5 cxd5 16 Rxd5 Qe8 ∓, Beliavsky–Akopian, Pula 1997.

(k) The position is about even, White having compensation for the pawn, K. Urban–Dautov, Pula 1997.

(l) 8 ... Rb8 9 Ne5 Na5, Gulko–Korneev, Mondariz 1997. White's space and central initiative compensate for the pawn.

(m) 9 Ne5 Bxe5 10 dxe5 Nxe5 11 Bxb7 Rb8 12 Bg2 (12 f4 Nd3 13 Bxa6 Nxb2 ∓, Bouwmeester–Oim, corr. 1993), Tibensky–Haba, Czech Republic 1991; now 12 ... 0-0 13 Qd4 is slightly better for White.

(n) 10 a4 Rb8 11 e4 Be7 =, Neishtadt–Oim, corr. 1990.

(o) 14 Bg5 c6 15 Bxf6 gxf6 16 f4 (not 16 Bh3 Bxh3 ∓, Sterud–Neishtadt, corr. 1990) 16 ... Bxc3 17 bxc3 Qe7 draw agreed, Razuvaev–A. Petrosian, Tashkent 1994. Black's kingside weaknesses are balanced by the extra pawn.

(p) After 7 Be3 Nd5 8 dxc5 Nd7 neither 9 Nxc4 nor 9 Bd4 gives White any advantage.

(q) 8 ... Ra7 9 Bd2 b6 10 Qb3 Bb7 =, Sveshnikov–Chernin, USSR 1981.

(r) 14 Nxe5 Qd5 15 Qc6† Qxc6 16 Nxc6, I. Almasi–Vadasz, Budapest 1997; now Black can equalize with 16 ... Bc5 17 Rc1 Bb6 (P. Lukacs).

CATALAN OPENING

Open Variation

1 d4 Nf6 2 c4 e6 3 g3 d5 4 Bg2 dxc4 5 Nf3

	25	26	27	28	29	30
	Nc6.........................		Bd7..........	Nbd7........	b5............	Bb4†
6	Qa4		Ne5	0-0(i)	a4	Bd2
	Bb4†(a)	Nd7	Bc6	Be7(j)	c6	Be7
7	Bd2	Qxc4	Nxc6	Nfd2	axb5(m)	0-0(p)
	Bd6(b)	Nb6	Nxc6	Nb6	cxb5	Bd7
8	0-0	Qd3	0-0(g)	Nxc4	Ne5	Ne5
	0-0	e5	Qd7	Nxc4	Nd5	Nc6
9	Qxc4	Bg5(d)	e3	Qa4†	Nc3	Nxd7(q)
	e5	f6	Rb8	Nd7	Bb4	Qxd7
10	dxe5	Be3	Qe2	Qxc6	0-0	e3
	Nxe5	exd4	b5	Nb6(k)	Bxc3	Rb8
11	Nxe5	Nxd4	b3	Qd3	e4!	Qc1
	Bxe5	Bb4†(e)	cxb3	0-0	Bxb2(n)	e5
12	Bc3	Nc3	axb3	Nc3	exd5	dxe5(r)
	Qe7(c)	Nxd4(f)	Rb6(h)	Nd5(l)	Bxa1(o)	Nxe5 =

(a) (A) 6 . . . Qd5 7 0-0 Bd7 8 Nc3 Qh5 9 Qxc4 ±, Bukić–Cvetković, Portorož 1971. (B) 6 . . . Bd7 7 Qxc4 Na5 8 Qd3 c5 9 0-0 Rc8 10 Nc3 Bc6 11 Rd1 ±, Dizdarević–Vuković, Yugoslavia 1990.

(b) An improvement over 7 . . . Nd5 8 Bxb4 Nxb4 9 0-0 (9 a3 b5 10 Qxb5 Nc2† is dangerous for White, Kaidanov–Goldin, Philadelphia 1998) 9 . . . Rb8 10 Nc3 ±, G. Flear–Marciano, Toulouse 1996.

(c) 13 Bxe5 Qxe5 14 Nc3 c6 =, Karpov–Kramnik, Wijk aan Zee 1998.

(d) 9 Nxe5 Nb4 10 Qc3 Qxd4 11 0-0 Qxc3 12 Nxc3 Bd6 13 Nf3 c6 14 Nd4 0-0 =, Beliavsky–Adams, Madrid 1998.

(e) Possible is 11 . . . Nb4 12 Qe4† Be7 13 a3 N4d5, which is about even.

(f) 13 Bxd4 c5 =, Wojtkiewicz–Mikhalchishin, Nova Gorica 1997.

(g) (A) 8 e3 Nd5 9 0-0 Be7 10 Qe2 Nb6 =, Beliavsky–Portisch, Linares 1988. (B) 8 Qa4 Qd7 9 Qxc4 Nxd4 10 0-0 c5 11 Nc3 Rd8, Sosonko–Lukacs, Volmac-Spartacus 1987. After 12 Bg5 b5 13 Qd3 Be7 Lukacs evaluates the position as a slight edge for Black.

(h) Now White has two continuations: (A) 13 Rd1 a6 14 Nc3 Be7 15 Bb2 Nb4 16 e4 0-0, Petursson–So. Polgar, Århus 1993. White's space advantage fully compensates for the pawn. (B) 13 Bxc6 Rxc6 14 Rxa7 Bd6 15 Ba3 Bxa3 16 Nxa3 ±, Stohl–Zsu. Polgar, Rimavska Soboda 1991.

(i) 6 Qa4 is equally possible: 6 . . . Be7 (6 . . . a6 is col. 31 by transposition) 7 Qxc4 0-0 8 0-0 ±, Gronn–H. Hunt, Gausdal 1992.

(j) 6 . . . c5 7 Na3 Nb6 8 Bg5, Atalik–Sturua, Chalkia 1996; now Atalik suggests 8 . . . c3 =.

(k) A recent idea. Usual has been 10 . . . c5 ±.

(l) 13 Rd1 with a small edge to White, Krasenkov–Hübner, Polanica Zdroj 1996.

(m) 7 Ne5 Nd5 8 0-0 Bb7 9 b3 is another approach. After 9 . . . cxb3 10 axb5 cxb5 11 Qxb3 a6 12 e4, Agzamov–Foisor, Sochi 1985, White's play in the center was more than adequate compensation for the pawn.

(n) (A) 11 . . . Bxd4 12 Qxd4 Qb6 13 Nf3 ±. (B) 11 . . . Nf6 12 bxc3 Nbd7 13 Nc6 ±, Kinsman–Bryson, Edinburgh 1996. (C) 11 . . . Ne7 and (D) 11 . . . Bb4 also fail to equalize.

(o) 13 Ba3 a5 14 dxe6 Bxe6 15 Bxa8, Kengis–Meister, Togliatti 1985; now after 15 . . . b4 16 Qxa1 0-0 17 Bc1 or 15 . . . Qxd4 16 Qxa1 Qxa1 17 Rxa1 b4 18 Bc1 White is slightly better.

(p) 7 Qc2 Bd7 8 Qxc4 Bc6 9 Nc3 Ne4 =, Beliavsky–Kovacević, Sarajevo 1982.

(q) 9 Nxc6 Bxc6 10 Bxc6† bxc6 would favor Black.

(r) 12 Rd1 exd4 13 Be1, Hudecek–Verdikhanov, Pardubice 1997; now Verdikhanov gives 13 . . . Qe6 14 Bxc6 Qxc6 15 Rxd4 b5 ∓.

CATALAN OPENING

Early Alternatives

1 d4 Nf6 2 c4 e6 3 g3

	31	32	33	34	35	36
	d5(a) c5					
4	Bg2		Nf3			
	dxc4		cxd4			
5	Qa4†		Nxd4			
	Nbd7		d5			
6	Nf3		Bg2			
	a6		e5			
7	Nc3..........Qxc4		Nf3(g)			
	Be7(b)	b5	d4			
8	Ne5	Qc6	0-0			
	0-0	Rb8	Nc6			
9	Nxd7	Bf4	e3			
	Bxd7	Bb4†(d)	Bc5 ....Be7 ....d3			
10	Qxc4	Nbd2	exd4		exd4	Nc3
	b5	Bb7	exd4.........Bxd4		exd4	Bb4(l)
11	Qb3	Qc2(e)	Re1†	Nxd4	Bf4(j)	Bd2
	b4(c)	Nd5(f)	Be6(h)	Nxd4(i)	0-0(k)	Be6(m)

(a) Lines with ... Bb4† will often be found in the Bogo-Indian by transposition.

(b) 7 ... Rb8 8 Qxc4 b5 9 Qd3 Bb7 10 0-0 c5 11 dxc5 Bxc5 12 Bf4 Rac8 13 Rad1 b4 (better is 13 ... 0-0, Andersson–Karpov, Wijk aan Zee 1988) 14 Na4 Be7 15 Ne5 ±, Andersson–Milov, Groningen 1997.

(c) 12 Ne4 Bb5 13 Nxf6† Bxf6 14 Be3 (14 Bxa8 would be risky) 14 ... Rb8 15 Rd1 c5 16 dxc5 Qa5 =, Andersson–An. Sokolov, Bar 1997.

(d) 9 ... Nd5 10 Bg5 Be7 11 Bxe7 Qxe7 12 Nc3 Qb4 (12 ... Nb4 13 Qxc7 Nc2† 14 Kd1 Nxa1 is risky for Black, Illescas–Onischuk, Wijk aan Zee 1997) 13 0-0 Nxc3 14 bxc3 Qd6 =, Atalik–Li Wenliang, Beijing 1996.

(e) 11 Qxc7 Qxc7 12 Bxc7 Rc8 13 Bf4 Nd5 14 Kd1 Nxf4 15 gxf4 Nb6 with good compensation.

(f) 12 Bg5 f6 13 Bf4 g5 14 Be3, Bricard–Loffler, Wijk aan Zee 1996; now 14 ... c5 15 a3 Ba5 16 0-0 c4 is about even (Loffler).

(g) 7 Nb3 and 7 Nc2 are too tame to offer White anything.

(h) 12 Ng5 0-0 13 Nxe6 fxe6 14 Nd2 (14 Rxe6 d3 15 Bxc6 bxc6 16 Be3 Bd4 17 Nc3 Qd7 18 Qxd3 Qxe6 19 Qxd4 Rad8 favored Black in Nenashev–Kasparov,

Tashkent 1978) 14 . . . e5 15 Ne4, Beliavsky–M. Gurevich, Nikšić 1996. Now instead of 15 . . . Nxe4? 16 Bxe4 Qf6 17 Rf1, which favored White, Beliavsky recommends 15 . . . Qb6 16 Qb3 Nxe4 17 Qxb6 axb6 18 Bxe4 d3 with counterplay for Black.

(i) (A) 12 Nc3 0-0 13 Nd5 Be6 14 Nxf6† Qxf6 15 b3 Qg6 16 Bb2 draw agreed, Rogers–Rublevsky, Polanica Zdroj 1997. (B) After 12 Bg5 0-0 13 Nc3 h6 14 Bxf6 Qxf6 Beliavsky has tried two moves: 15 b3 Qg6 16 Re1, Beliavsky–Rublevsky, Groningen 1997, when 16 . . . Re8 17 Qxd4 exd4 18 Rxe8† Kh7 19 Nd5 d3 is murky (Beliavsky); 15 f4 Qb6 16 Rf2 Nc6 17 f5 was better for White in Beliavsky–Rublevsky, Groningen (3) 1997.

(j) 11 Nbd2 0-0 12 Nb3 d3 13 Be3 Bg4 14 Nc5 Ne5 15 Nxb7 Qc8 favored Black in Schoof–Farago, Boblingen 1996.

(k) 12 Ne5 Qb6 (12 . . . Nxe5 13 Bxe5 Bc5 14 Nd2; now both 14 . . . Re8 and 14 . . . Ng4 seem to be ±) 13 Qb3 Qa6 14 Nd2 ±, Kabatiansky–Kuchera, USSR 1989.

(l) 10 . . . Bg4 11 h3 Be6 12 b3 h6 13 Bb2 Qd7 14 Kh2 g5 led to a wild position with chances for both sides in Rotshtein–Mikhalchishin, Lviv 1996.

(m) 12 Nxe5 Nxe5 13 Qa4† Nc6 14 Bxc6† bxc6 15 Qxb4 Rb8 16 Qa3 h5, Gelfand–Lautier, Groningen 1997. Black has compensation for the pawn.

CATALAN OPENING

Closed Variation

1 d4 Nf6 2 c4 e6 3 g3 d5 4 Bg2 Be7 5 Nf3 0-0 6 0-0 Nbd7 7 Qc2 c6

	37	38	39	40	41	42
8	Nbd2				b3	
	b6 (a)				b6	
9	e4	b3			Rd1	
	Bb7(b) Ba6		Ba6 .... a5		Bb7 .... Ba6	
10	e5	e5	Rd1	Bb2	Nc3	Bb2
	Ne8	Ne8	Rc8	Ba6	Rc8	Rc8
11	b3	Re1	e4	e4	e4	Nc3
	Rc8	Rc8	c5(f)	Rc8	dxe4	b5(o)
12	Bb2	Bf1	exd5	Rfe1(j)	Nxe4	c5
	c5	Nc7	exd5	c5	Nxe4(l)	b4
13	dxc5(c)	b3	Bb2(g)	exd5	Qxe4	Na4
	Nxc5	dxc4	b5(h)	exd5	b5(m)	Bb5
14	Rfd1	Nxc4	cxd5	Rad1	Bf4	Ne1
	Nc7	Nd5	c4	cxd4	bxc4	Rb8(p)
15	Rac1	Qe4	bxc4	Nxd4	bxc4	Nd3
	Qe8(d)	b5(e)	bxc4(i)	Bb4(k)	Qa5(n)	Ne8(q)

(a) 8 . . . b5 9 c5 a5 10 e4 Nxe4 11 Nxe4 dxe4 12 Qxe4 Nf6 13 Qc2 ±, Rajković–Čolović, Cetinje 1993.

(b) 9 . . . dxe4 10 Nxe4 Bb7 11 Rd1 Nxe4 12 Qxe4 Re8 13 Bf4 ±.

(c) If 13 Rac1 not 13 . . . Qc7 14 cxd5 Bxd5 15 Ne4 Qb7 16 Rfe1 ±, Goldin–Bousoukis, Philadelphia 1992, but 13 . . . Nc7 (Dunnington).

(d) Orlov–Tal, New York 1990. After 16 Qb1 dxc4 17 Nxc4 Be4 18 Qa1 Nd5 19 Nd6 Bxd6 20 exd6 f6 21 Rd4 e5 22 Rxe4 Nxe4 23 Nd2 Nxd2 24 Bxd5† Kh8 25 Rd1 Rc2 Orlov played 26 Rc1? and lost. Instead 26 Bc3!, E. Donaldson–O'Donnell, Seattle 1991, is a big advantage for White (J. Donaldson).

(e) 16 Ne3 Re8 17 h4 Nf8 18 Nxd5 cxd5 19 Qg4 Rc6 20 h5 was good for White in Cifuentes–Flear, Polanica Zdroj 1992.

(f) 11 . . . Qc7 12 e5 Ne8 13 Nf1 ±, Savchenko–Bareev, Pula 1988.

(g) 13 Qf5 g6 14 Qh3 h5 15 Bb2 Rc7 (15 . . . Bb7 draw agreed, Tal–Lputian, Manila Int. 1990) 16 Bh1 Bb7 17 Re1 Ng4, Cifuentes–Sosonko, Dutch Chp. 1992. The position is probably slightly favorable for White.

(h) 13 . . . cxd4 14 Nxd4 b5 15 Qf5 bxc4 16 bxc4 Bxc4 17 Nxc4 Rxc4 18 Bxd5 ±, Ghitescu–Radulov, Bucharest 1971.

(i) 16 Ne5 Nxd5 17 Ne4 ±, Umanskaya–Ilinsky, Russia 1995.

(j) 12 e5 Ne8 13 Rfc1 Nc7 =, Cobo–Minev, Baja 1971. 12 Rfd1, 12 Rac1 and 12 Ne5 are all possibilities here (Minev).

(k) 16 a3 Bc5 17 Qf5 dxc4 18 bxc4 ±, Gligorić–Nedeljković, Yugoslav Chp. 1951.

(l) 12 . . . c5 13 Nxf6† Bxf6 14 Ng5 Bxg5 15 Bxb7 Rc7 16 Be4 f5 17 Bg2 ±, Epishin–Belotti, Reggio Emilia 1996.

(m) 13 . . . Nf6 14 Qc2 Qc7 15 Bf4 Bd6 16 Bxd6 Qxd6 17 c5 Qe7 18 Ne5 ±, Sher–Bobbia, Ticino 1994.

(n) 16 Qc2 Ba8 17 c5 ±, Salov–Spassky, France 1994.

(o) 11 . . . dxc4 12 bxc4 Bxc4 13 Ne5 Nxe5 14 dxe5 Nd7 15 Ne4 would give White good compensation in an unclear position.

(p) 14 . . . Bxa4 would weaken the light squares too much.

(q) Tisdall–Hjartarson, Reykjavik 1996, continued 16 Rab1 a5 17 e3 f5 18 a3 (Hjartarson suggests 18 f3) 18 . . . bxa3 19 Bxa3 Nc7 20 Bc1 ±.

CATALAN OPENING

Closed Variation

1 d4 Nf6 2 c4 e6 3 g3 d5 4 Bg2 Be7 5 Nf3 0-0 6 0-0

	43	44	45	46	47	48
	Nbd7		c6		c5	Na6
7	b3 .... c6	Qc2 c6	Nc3 dxc4	Nbd2(g) b6	cxd5 Nxd5(j)	Nc3 c5
8	Bb2 b6	Rd1 b6	a4 Nbd7	Qc2 Bb7	dxc5(k) Bxc5	cxd5 exd5
9	Nc3 a5	Bf4 Bb7	e4 e5	e4 Na6	a3 Nc6	dxc5 Nxc5
10	Nd2(a) Ba6	Nc3 Rc8	dxe5 Ng4	a3 c5(h)	b4 Be7	Be3 Nce4(m)
11	e4 dxc4	Ne5(c) Nh5	Bf4 Qa5	e5 Nd7	Bb2 Bf6	Rc1 Be6
12	e5 Nd5	Be3 Nhf6	e6 dxe6	dxc5 bxc5	Qb3 Bd7	Nd4 Bd7
13	bxc4 Nxc3	h3(d) b5	Qe2 Nge5	Re1 Qc7	Nbd2 Bxb2	Nxe4 dxe4
14	Bxc3 Rc8(b)	Nxd7 Nxd7(e)	Nd4 Nd3(f)	h4 Rad8(i)	Qxb2 Qe7(l)	Nb3 h6(n)

(a) (A) 10 Re1 Ba6 11 cxd5 cxd5 12 e4 =. (B) 10 Ne5 Nxe5 11 dxe5 Nd7 12 cxd5 cxd5 13 e4 Ba6 14 exd5 is a promising exchange sacrifice, Crepinsek–Minev, Maribor 1967.

(b) 15 Re1 ±, Keres–Böök, Kemeri 1937. However, Kramnik omitted 6 . . . Nbd7, playing the position after 10 Nd2 with his bishop already at a6 and his knight at b8. Lautier–Kramnik, match (5) 1993, continued 10 . . . Ra7 11 Qc2 Rd7 12 e3 c5 13 Rfd1 cxd4 14 exd4 Nc6 =.

(c) 11 Rac1 Nh5 12 Qb3 Nxf4 13 gxf4 Bd6 14 e3 Qe7 was even, Piket–Seirawan, Amsterdam 1996 (by transposition).

(d) Yusupov recommends 13 Bf4 here.

(e) 16 c5, Beliavsky–Yusupov, Úbeda 1997; now Yusupov gives 16 . . . a5 as equal.

(f) This column illustrates typical play in the Catalan Gambit. 14 . . . Nd3 improves on the older 14 . . . Nb6. Topalov–Kramnik, Linares 1997, continued 15 Nxe6 Rf6 16 Bc7 Qb4 with a wild struggle, perhaps a small edge to Black.

(g) 7 Qc2 b6 8 Ne5 Bb7 9 Bf4 dxc4 10 Qxc4 Ba6 11 Qc2 Qxd4 12 Rd1 Qc5 13 Nc3 was a promising pawn sacrifice in Piket–Brenninkmeijer, Groningen 1998.

(h) 10 . . . dxc4 11 Nxc4 b5 12 Ncd2 c5 13 e5 Nd5 14 Ne4 ±, Kaidanov–Nenashev, Lucerne 1993.

(i) 15 Nf1 Nab8 16 cxd5 Bxd5 17 Bg5 ±, Kozul–C. Hansen, Wijk aan Zee 1991.

(j) 7 . . . Qxd5 (7 . . . exd5 is the Tarrasch Defense) 8 Nc3 Qh5 9 dxc5 Rd8 10 Qc2 ±, Lombardy–Navarro, Mexico 1980.

(k) 8 e4 Nf6 9 Nc3 cxd4 10 Nxd4 ± is also good.

(l) 15 Rac1 Rfc8 16 e4 Nb6 17 e5 a5 18 bxa5 (18 b5 Na7 19 Nd4 Na4 with counterplay—Atalik) 18 . . . Nd5 ±, Stohl–Atalik, Beijing Open 1996.

(m) 10 . . . Bf5 11 Rc1 Rc8 12 Nd4 Bg6 13 Bh3 is better for White.

(n) 15 Qd4 ±, Tukmakov–Kuzmin, Lvov 1990.

NIMZO-INDIAN DEFENSE

1 d4 Nf6 2 c4 e6 3 Nc3 Bb4

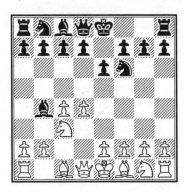

THE ULTIMATE CHESS THEORETICIAN, Aron Nimzovich, left a legacy of chess ideas, some strange, some brilliant and some bad. He could hardly ask for greater recognition than he has received here—his name attached to this active and sound defense so highly regarded by the chess world. Battling with the White pieces his whole career against the Nimzo-Indian, Botvinnik conceded "there is probably no refutation of this defense," about the most praise Botvinnik has given anything. Other World Champions were more forthright in their praise—they simply took up the defense from the Black side.

The Nimzo-Indian is "hypermodern" in strategy, which is why it is labeled as an "Indian" defense without having the characteristic fianchetto. Black does not occupy the central squares at first, but his pieces control them. The characterizing pin of the Nimzo, 3 . . . Bb4, exerts control on the e4 and d5 squares and allows the option of doubling White's c-pawns. Nimzovich's theoretical work involved the hidden possibilities of central restraint and blockade of doubled pawns.

White's chances for advantage are due to his pawn center and the frequent occurrence that he gains the bishop pair. The main variations seek to use these possible advantages in different strategic ways.

The Classical Variation, 4 Qc2 (columns 1–18) has come to the fore once again (see above diagram). Popular in the 1930s and 40s, it became known as a safe, but dull and drawish line for many decades. New ideas from Ivan Sokolov, Kasparov and Seirawan led a revival of the Classical Variation and today it is as common as the Rubinstein Variation. 4 . . . 0-0 5 a3 Bxc3† 6 Qxc3 (columns 1–6) leaves Black with a choice of responses. Most usual is 6 . . . b6 (columns 1–3), but 6 . . . Ne4 (column 4) and 6 . . . b5 (column 6) are active moves that will make White think. The central thrust 4 . . . d5 is covered in columns 7–12. White is currently having success with the sharp, sacrificial lines arising from 5 a3 Bxc3† 6 Qxc3 Ne4 7 Qc2 (columns 7–8). The safer continuation, 5 cxd5 (columns 10–12), has run into a new idea 5 . . . Qxd5 6 Nf3 Qf5! (column 10), which has been very solid for Black in practice. Lines seen less in practice comprise columns 13–18. 4 . . . c5 (columns 13–14) is positionally well motivated, but Black has difficulty avoiding a worse endgame after White's continuation in column 13. The Milner-Barry Variation, 4 . . . Nc6 (columns 15–16), and 4 . . . d6 (columns 17–18) appear to leave White an edge.

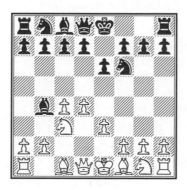

The Rubinstein Variation, 4 e3 (columns 19–48, see diagram above), has always been a highly regarded response to the Nimzo-Indian. White pursues kingside development and strengthens his center. The queen's bishop is temporarily locked behind the pawns, but this is not a worry since there will be ensuing central activity to open lines. With 4 . . . 0-0 5 Bd3 d5 6 Nf3 c5 7 0-0 (columns 19–30) both sides develop and play for control of the center. The main line is 7 . . . Nc6 8 a3 (columns 19–24), leaving Black a choice of continuations. Columns 19–20 is the well-known 8 . . . Bxc3 9 bxc3 dxc4 10 Bxc4 Qc7, a complex position that has been argued about for decades. After 7 0-0, Black develops differently in columns 25–30, usually moving his queen's knight to d7 and fianchetto-ing the queen's bishop. Column 25, 7 . . . dxc4 8 Bxc4 cxd4 9 exd4 b6, has been Karpov's favorite defense for many years.

Deviations for both sides after 4 e3 0-0 are seen in columns 31–36. Black devolops with 6 . . . b6 in columns 31–32, playing for light-square control. Column 33 is an earlier a2-a3 by White. Column 34 is the alternate development of the king's knight, 6 Nge2 after 5 Bd3. Reshevesky's Variation 5 Nge2 (columns 35–36) avoids the doubled c-pawns and intends to chase the Black bishop with a2-a3. White's bishop on f1 is blocked for the moment though, and accurate play should enable Black to reach equality.

Fischer's System, 4 . . . b6 (columns 37–42), is a flexible approach in the style of Nimzovich. Black continues to hold back his central pawns and plays to control squares with pieces. 5 Ne2 (columns 37–40) is the most difficult move to meet as Black cannot play 5 . . . d5 (6 Qa4†!), the best response to Reshevsky's Variation. Still, Black has a choice of continuations and the variations are less analyzed than those arising from 4 . . . 0-0.

Meeting the Rubinstein Variation with 4 . . . c5 (columns 43–46) has been well respected ever since Hübner invented his blockading system 5 Bd3 Nc6 6 Nf3 Bxc3† 7 bxc3 d6 (columns 45–46). Three decades after its inventing, White has still not found any way to gain the advantage. Thus 5 Ne2 (columns 43–44) has become the main continuation after 4 . . . c5, when Black can exchange on d4, followed by . . . d5 (column 43), or play 5 . . . b6 (column 44).

Two unusual responses to the Rubinstein are 4 . . . d5 (columns 47) and 4 . . . Nc6 (column 48). These offbeat lines are positionally risky.

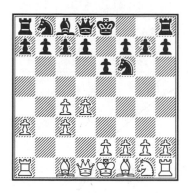

The Sämisch Variation, 4 a3 Bxc3† 5 bxc3 (columns 49–54), see above diagram, is White's sharpest and most direct answer to the Nimzo. White immediately accepts the doubled pawns, being satisfied with the strong center and bishop pair. This is a good line for attacking players, but theoretically Black is all right. The tempo used (a3) to make Black carry out his strategy allows time to counter the White buildup. The main continuation is given as 5 . . . d5 6 f3 c5 (columns 49–51) as this position occurs from both the Sämisch Variation and the 4 f3 variation (after 4 . . . d5 5 a3 Bxc3† bxc3 c5).

The recently fashionable 4 f3 is covered in columns 55–56, but these are only Black's secondary responses, the usual reply being to transpose into the Sämisch Variation.

The Leningrad Variation, 4 Bg5 (columns 57–60), is played by Yermolinsky and Bareev. White's pin causes Black to play a different plan than the other Nimzo variations. After 4 . . . h6 5 Bh4 the bishop may be missed on the queenside however.

White can play flexibly with 4 Nf3 (columns 61–63). This can transpose into other variations, the distinct variation 4 . . . b6 5 Bg5 is seen in columns 61–62.

Spielmann's 4 Qb3 is favored today by Yasser Seirawan. This is covered in column 64 and by transposition (after 4 Nf3 b6 5 Qb3) in column 63.

4 g3 (columns 65–66) was popular in the 1980s, but is little used today.

NIMZO-INDIAN DEFENSE

Classical Variation

1 d4 Nf6 2 c4 e6 3 Nc3 Bb4 4 Qc2 0-0 5 a3(a) Bxc3† 6 Qxc3

	1	2	3	4	5	6
	b6...Ne4..........d6 ....b5!?
7	Bg5 ....Nf3		Qc2	Bg5(r)	cxb5
	Bb7(b)		Bb7	f5	Nbd7	c6
8	f3 ....e3(h)		e3(l)	Nf3(o)	e3	Bg5(v)
	h6(c)	d6	d6	b6	h6(s)	cxb5
9	Bh4	f3(i)	b4(m)	g3(p)	Bh4	e3
	d5	Nbd7	Nbd7	Bb7	Re8	Bb7
10	e3(d)	Bd3	Bb2	Bg2	Bd3	Nf3
	Nbd7	c5(j)	a5	Nf6!(q)	e5	h6
11	cxd5(e)	Ne2	Be2	0-0	Ne2	Bh4!
	Nxd5!	Rc8	Ne4	Be4	Qe7(t)	g5(w)
12	Bxd8	Qb3	Qc2	Qc3	0-0	Bg3
	Nxc3	cxd4	c5	Qe8	Nf8	Ne4
13	Bh4(f)	exd4	dxc5	b4	f3	Qc2
	Nd5(g)	d5(k)	bxc5(n)	d6 =	g5(u)	f5(x)

(a) (A) On 5 e4?! d5! 6 e5 Ne4 7 Bd3 c5 8 dxc5 Nd7 9 Nf3 Ndxc5 gives Black a slight edge, Kaidanov–Kharitanov, Smolenski 1986. (B) 5 Nf3 hopes for 5 . . . b6?! 6 e4! ± (this has occured in several grandmaster games). Black can simply play 5 Nf3 c5! 6 dxc5 Na6 =, transposing into column 14, note (f). (C) 5 Bg5 c5 6 e3 (6 dxc5 transposes into column 14) 6 . . . h6 7 Bh4 cxd4 8 exd4 Nc6 9 Nf3 Be7 10 Rd1 d5 11 a3 b6! 12 cxd5 Nxd5 13 Bb5 Nxc3 14 Bxc6 Bxh4 15 Qxc3 Rb8 =, Doroshkievich–Lerner, Rostov 1993.

(b) (A) A major alternative is 7 . . . c5 8 dxc5 bxc5 9 e3 d6 (9 . . . Nc6 10 Bd3 Rb8 11 Ne2 Qa5 12 Bxf6 gxf6 13 0-0-0 Qxc3 14 Nxc3 ±, Alterman–Ehlvest, Groningen 1993) 10 Bd3 Nbd7 11 Ne2 Rb8 when White has the bishop pair and indirect pressure on d6, but Black has fair counterplay if he is alert. For example 12 Rd1 Ne4! 13 Bxe4 Qxg5 14 Rxd6 Qe5 = (Lutz), or 12 0-0 h6 13 Bh4 Ne4 14 Bxd8 Nxc3 15 Be7 Nxe2† 16 Bxe2 Re8 17 Bxd6 Rxb2 =, Salov–Kamsky, match 1995. (B) 7 . . . Ba6 8 Nf3 d5 9 Ne5! dxc4 10 e3 ± (I. Sokolov), but note that Black was all right in Ivanchuk–Adams, Linares 1999 after 8 . . . d6 9 e3 Nbd7 10 Nd2 c5.

(c) (A) 8 . . . c5 9 dxc5 bxc5 10 e3 Nc6 11 Nh3 h6 12 Bh4 Qa5 (12 . . . d6 13 0-0-0 ±) 13 Qxa5 Nxa5 14 b4 with an endgame edge, M. Gurevich–Andersson, Reggio Emilia 1989/90. (B) 8 . . . d6 9 e4 c5 10 d5 Nbd7 11 Nh3 exd5 12 cxd5 a6 13 Bd3, Kasparov–Hjaartarson, Reykjavik 1988, is like a Benoni without Black's dark-squared bishop and so he stands worse.

(d) 10 cxd5 exd5 11 e3 (11 Bxf6 Qxf6 12 Qxc7 Ba6 13 Qe5 Qg6 and Black is active) 11 . . . Re8 12 Nh3 Qe7 13 Bf2 c5 14 Bb5 Bc6 =, Gulko–Chandler, Hastings 1989/90.

(e) 11 Nh3 c5 12 cxd5 cxd4! 13 Qxd4 e5 14 Qd2 Bxd5 =, Kramnik–G. Timoshenko, Khersnon 1991.

(f) Leading to an equal game is 13 Bxc7 Nd5 14 Bd6 Nxe3 15 Kf2 Nc2 16 Rd1 Rfc8 17 Bb5 Nf6 18 Ne2 a6 19 Ba4 b5 20 Bb3 Bd5 21 Bxd5 Nxd5 22 Rd3 Rc6 23 Bc5 e5!, Salov–Karpov, Skelleftea 1989.

(g) 14 Bf2 f5 15 Bb5 c6 16 Bd3 e5 17 Ne2 Rae8 with just a minute edge for White, Piket–Karpov, match 1999.

(h) 8 Nh3 h6 9 Bh4 d5 10 cxd5 exd5 11 e3 c5! 12 dxc5 (safer is 12 Bd3 Nc6 =) 12 . . . d4 13 Qxd4 Qxd4 14 exd4 Re8† 15 Kd2 g5 16 Bg3 Nc6 17 Bb5 Red8 and Black's activity outweighs the pawns, Flear–Hellers, San Bernadino 1990.

(i) It is important to control e4. The natural 9 Nf3 is ineffective, e.g. 9 . . . Nbd7 10 Be2 c5 11 0-0?! Ne4 12 Bxd8 Nxc3 ∓, or 10 Qc2 Qe8 11 Nd2 c5 12 dxc5 bxc5 13 b4 e5 =, Reshevsky–Keres, World Championship Tournament 1948.

(j) After 10 . . . h6 11 Bh4 e5 12 Bf5 White's bishops exert annoying pressure, e.g. 12 . . . exd4 13 Qxd4 Ne5 14 0-0-0 c5 15 Qc3 ±, Goldin–Alterman, Rishon le-Zion 1996.

(k) 14 0-0 dxc4 15 Bxc4 h6 16 Bh4 Nb8 17 Qd3 Qe7 18 Rfe1 with some initiative for White, I. Sokolov–Z. Almasi, Groningen 1995.

(l) 8 g3 d5 9 Bg5 dxc4 10 Qxc4 Nbd7 11 0-0 c5 =.

(m) On 9 Be2 Ne4 10 Qc2 f5 (10 . . . Ng5!?) 11 0-0 Nbd7 12 b4 Black obtains reasonable play with either 12 . . . Qe7 and 13 . . . c5 or 12 . . . Rf6 eyeing the kingside.

(n) 14 b5 f5 15 0-0 e5 with a double-edged and roughly equal position, Gudmundsson–Arnason, Grindavik 1984.

(o) Not 8 f3? Qh4†, but White has other tries against the early knight sortie: (A) 8 Nh3 Nc6 9 e3 d6 10 f3 Nf6 11 Nf2 e5 12 d5 Ne7 13 Be2 a5 14 b3 Bd7 15 0-0 Ng6 =, I. Sokolov–de Firmian, New York 1996. (B) 8 e3 b6 9 Ne2 Bb7 10 f3 Nd6 ∞, Beliavsky–Lobron, Dortmund 1995.

(p) 9 e3 Bb7 10 Be2 d6 transposes into note (m).

(q) Black gets into trouble on the long diagonal after 10 . . . d6?! 11 Ng5!. The column is Adianto–de Firmian, Biel 1995.

(r) 7 Nf3 Nbd7 8 g3 b6 9 Bg2 Bb7 10 0-0 c5 11 Rd1 Qe7 12 b3 ±, Gavrikov–Kosten, Palma de Mallorca 1989. White's kingside fianchetto works better when Black has played . . . d6.

(s) Probably best for Black is 8 . . . b6 9 Bd3 Bb7 10 f3, transposing into column 2. Column 5 covers Black playing for e6-e5.

(t) 11 . . . exd4 12 exd4 Nf8 13 Qc2 Bg4 14 f3 Bh5 15 0-0 Bg6 16 Nc3 Bxd3 17 Qxd3 Ng6 18 Bxf6 Qxf6 19 f4! c6 20 f5 Nf8 21 Ne4 ±, I. Sokolov–Wilder, Haninge 1989.

533

(u) 14 Bf2 e4 15 fxe4 Nxe4 16 Bxe4 Qxe4 17 Ng3 Qg6 18 e4 ±, Drasko–Bogdanović, Sestola 1991. Black could improve slightly with 12 . . . e4, but White still has some advantage.

(v) Accepting the gambit allows Black compensation due to his lead in development and light-square play: 8 bxc6 Nxc6 9 b4 Ba6 10 Bg5 h6 11 Bxf6 Qxf6 12 Nf3 Rac8 13 Qb2 Rc7! 14 e3 (14 b5? Bxb5 15 Qxb5 Nxd4) 14 . . . Bxf1 15 Kxf1 Rfc8 =, Polugaevsky–Dzindzichasvili, Reykjavik 1990.

(w) 11 . . . a6 12 Bd3 Nc6 13 0-0 Na5 14 Bxf6 gxf6 15 e4 ±, Thorsteins–Adorjan, Akureyri 1988.

(x) 14 Bd3 Na6 15 0-0 Rc8 16 Qe2 Nxg3 17 fxg3 Nc7 18 e4 with play against the weakened kingside, Remlinger–Ashley, New York 1995.

NIMZO-INDIAN DEFENSE

Classical Variation, 4 . . . d5

1 d4 Nf6 2 c4 e6 3 Nc3 Bb4 4 Qc2 d5

	7	8	9	10	11	12
5	a3...cxd5(l)					
	Bxc3†			Qxd5.....................exd5		
6	Qxc3			Nf3(m)		Bg5
	Ne4.......................Nc6			Qf5! c5		h6(s)
7	Qc2		Nf3(i)	Qd1(n)	Bd2	Bxf6(t)
	Nc6.........c5(d)		Ne4	c5	Bxc3	Qxf6
8	e3(a)	dxc5	Qb3(j)	e3	Bxc3	a3
	e5	Nc6	Na5	cxd4	cxd4	Bxc3†
9	cxd5(b)	cxd5(e)	Qa4†	exd4	Rd1!	Qxc3
	Qxd5	exd5	c6	Ne4	Nc6(q)	0-0
10	Bc4	Nf3	cxd5	Bd2	Nxd4	e3
	Qa5†	Bf5(f)	exd5	Nc6	0-0	Bf5
11	b4	b4	e3	Bd3	a3	Ne2!
	Nxb4	0-0(g)	Bf5	Nxf2!?(o)	Nxd4	Rc8
12	Qxe4	Bb2	Bd2	Bxf5	Rxd4	Ng3
	Nc2†(c)	b6!(h)	Nxd2(k)	Nxd1(p)	Qc6(r)	Be6(u)

(a) 8 Nf3 e5 9 e3 (9 dxe5 Bf5 10 Qb3 Na5! ∓) 9 . . . Bf5 10 Bd3 exd4 allows Black's pieces to jump into the game effectively.

(b) White should not fear the ensuing complications, but I. Sokolov's suggestion of 9 f3 Nf6 10 dxe5 Nxe5 11 cxd5 Qxd5 12 e4 Qe6 13 Nh3 Bd7 14 Be2 should also gain some advantage.

(c) The complications seem to favor White. Atalik–Sax, Hungary 1997 continued 13 Ke2 Qe1† 14 Kf3 Nxa1 15 Bb2 0-0 16 Kg3 Kh8 17 dxe5! Be6 18 Nf3 Qxh1 19 Ng5 g6 20 Nxf7†! Rxf7 21 Bxe6 Rg7 22 Bf7! (the critical move in this fantastic attacking game) 22 . . . Rxf7 23 e6† Kg8 24 Qd4 Kf8 25 exf7 Kxf7 26 Qd7† Resigns.

(d) Black has a rarely played, but fair alternative in 7 . . . e5 8 cxd5 Qxd5 9 e3 exd4 10 Nf3! Nd6! (10 . . . dxe3? 11 Bc4 exf2† 12 Kf1 Qc6 13 Ne5 wins) 11 Nxd4 Bd7! 12 Bd2 Nc6 =, Atalik–Shaked, New York 1988. Perhaps 12 Be2!? is good.

(e) White gains little from the alternatives: (A) 9 Nf3 Qa5† 10 Nd2 Nd4 11 Qd3 e5 12 b4 Qa4 =, Bronstein–Boleslavsky, Saltsjöbaden 1948. (B) 9 e3 Qa5† 10 Bd2 Nxd2 11 Qxd2 dxc4 12 Qxa5 Na5 13 Rc1 b5 14 cxb6 Bb7 15 Nf3 Ke7! with good play, Tolush–Sokolsky, Leningrad 1934.

(f) 10 . . . Qa5† 11 Bd2 Nxd2 12 Qxd2 Qxc5 13 e3 allows White a small, but simple edge.

(g) (A) 11 . . . Ng3?! 12 Qb2 Nxh1 13 Qxg7 Rf8 14 Bh6 Qe7 15 Qxf8† Qxf8 16 Bxf8 Kxf8 17 g3 ± (I. Sokolov). (B) 11 . . . d4 12 g4! Bg6 13 Qc4 Qe7 14 Bg2 Rd8 15 0-0 ±, Furman–Averbakh, USSR Chp. 1948.

(h) 13 b5 bxc5 14 bxc6 Qa5† 15 Nd2 Rab8 16 c7 Qxc7 17 Nxe4 Bxe4 18 Qd2 d4 gives Black sufficient play for the piece, Rogers–Ward, Kenilworth 1997.

(i) (A) 7 e3 e5 8 dxe5 Ne4 9 Qd3 Nc5 10 Qc2 dxc4 11 Bxc4 Nxe5 12 Bb5† c6 13 Qxc5 Qa5† =, Kotov–Szabo, Budapest 1950. (B) 7 Bg5!? h6 8 Bxf6 Qxf6 9 e3 dxc4 10 Bxc4 0-0 11 Nf3 ± (I. Sokolov) is a good alternative for White.

(j) 8 Qc2 e5 transposes into note (a).

(k) 13 Nxd2 0-0 14 Be2 b5 15 Qb4 Nc4 16 b3 a5 17 Qc5 Nxd2 18 Kxd2 ± (Boleslavsky). White's king is safe while Black's queenside is weak.

(l) 5 e3 0-0 6 Nf3 c5 7 a3 Bxc3† 8 bxc3 Nc6 =.

(m) 6 e3 c5 7 a3 Bxc3† 8 bxc3 Nc6 9 Nf3 0-0 10 c4 Qd6 11 Bb2 cxd4 12 exd4 b6 =, Alekhine–Euwe, World Chp. 1937.

(n) (A) 7 Qxf5 exf5 8 a3 Be7 9 Bg5 Be6 10 e3 c6 11 Bd3 Nbd7 12 0-0 h6 and the game was shortly drawn, Kasparov–Kramnik, Linares 1999. (B) 7 Qb3 Nc6 8 g3 0-0 9 Bg2 e5 10 d5 Bxc3† 11 bxc3 Na5 12 Qa4 b6 =, Dreev–Bareev, Russian Chp. 1998.

(o) 11 . . . Nxc3 12 Bxc3 Qa5 13 0-0 0-0 14 Qc2 ±, I. Sokolov–Korchnoi, Dresden 1998.

(p) 13 Rxd1 exf5 14 d5 Na5 15 a3 Bd6 16 Nb5 Nc4 17 b3 a6 with chances for both sides in a complicated position.

(q) (A) 9 . . . e5 10 Bxd4! ±. (B) 9 . . . Qxa2 10 Rxd4 Nc6 11 Ra4 ±.

(r) 13 e4 e5 14 Rc4 Qe6 15 Rc5 ±, Capablanca–Najdorf, Margate 1939.

(s) 6 . . . Be6 7 e3 Nbd7 8 f4 h6 9 Bxf6 Qxf6 10 Bd3 Nb6 11 Nf3 0-0 12 0-0 Rac8 13 Na4 ±, Ragozin–Botvinnik, match 1940. White has play on the queenside and in the center.

(t) 7 Bh4 c5 8 dxc5 Nc6 9 e3 g5 10 Bg3 Ne4 11 Nf3 Qa5 12 Nd2 Nxc3 13 bxc3 Bxc3 14 Rb1 Qxc5! 15 Rb5 Qa3 16 Rb3 Bxd2† =, Spassky–Fischer, match 1992.

(u) 13 b4 a5 14 Be2 axb4 15 axb4 Rxa1† 16 Qxa1 ±, Seirawan–Shaked, Merrillville 1997.

NIMZO-INDIAN DEFENSE

Classical Variation

1 d4 Nf6 2 c4 e6 3 Nc3 Bb4 Qc2

	13	14	15	16	17	18
	c5...........................Nc6...(Milner-Barry Var.) d6(m)					
5	dxc5		Nf3		Bg5	Nf3(p)
	0-0(a)		d6 0-0		c5(n)	Nbd7
6	a3!...........Bg5(f)		Bd2!(h)	Bg5(k)	e3	g3
	Bxc5	Na6	0-0(i)	h6	cxd4(o)	b6
7	Nf3	a3	a3	Bh4	exd4	Bg2
	Nc6(b)	Bxc3†	Bxc3	d6	Qa5	Bb7
8	Bg5!(c)	Qxc3	Bxc3	e3	Bxf6	0-0
	Nd4(d)	Nxc5	Qe7	Qe7	Bxc3†	Bxc3
9	Nxd4	Bxf6(g)	g3	Be2	bxc3	Qxc3
	Bxd4	Qxf6	e5	e5	gxf6	a5
10	e3	Qxf6	d5	d5	Nf3	b3
	Qa5	gxf6	Nd8	Nb8	Nd7	0-0
11	exd4	f3	Bg2	Nd2	Nd2	Bb2
	Qxg5	a5	Bg4	Nbd7	b6	Ne4
12	Qd2	e4	Nh4	0-0	Rb1 ±	Qe3
	Qxd2†(e)	b6 =	c6(j)	a5(l)		Ndf6(q)

(a) (A) 5 ... Na6 6 a3 Bxc3† 7 Qxc3 Nxc5 8 b4 (8 f3 d5! 9 cxd5 b6 ∞) 8 ... Nce4 9 Qd4 d5 10 cxd5! exd5 11 Bb2 0-0 12 e3 with a simple advantage for White, Hort–de Firmian, Biel 1990. (B) 5 ... Qc7?! 6 a3 Bxc5 7 b4 Be7 8 Nb5 Qc6 9 Nf3 ±, Kaidanov–Shestoperov, USSR 1986.

(b) 7 ... b6 8 Bf4 Bb7 (8 ... Nh5!? 9 Bg5 Be7 10 Bxe7 Qxe7 11 e4 Bb7 12 Rd1 f5 13 Bd3 Nf4 ∞, M. Gurevich–Gulko, New York 1998) 9 Rd1 Nc6 10 e4 Ng4 11 Bg3 ±, Lautier–Wahls, Baden-Baden 1992.

(c) 8 Bf4 d5 9 Qc2 transposes into a roughly equal line of the Queen's Gambit Declined (5 Bf4).

(d) 8 ... Be7 9 Rd1 b6 10 e3 Bb7 11 Be2 d6 12 Rd2 Qb8 13 0-0 and Black has trouble freeing his position, Korchnoi–Tiviakov, Tilburg 1992.

(e) 13 Kxd2 b6 14 b4 d6 15 Bd3 Rd8 16 f3 ±, Kasparov–Kramnik, Tilburg 1997. This is the problem with 4 ... c5—White gets a better endgame.

(f) (A) 6 Nf3 Na6! 7 g3 (7 a3 Bxc3 8 Qxc3 Nxc5 =) 7 ... Nxc5 8 Bg2 Nce4 9 0-0 Nxc3 10 bxc3 Be7 11 Rd1 Qc7 12 Qd3 Rd8 =, Wilder–Pinter, Dortmund 1988. (B) 6 Bf4 Na6 7 Bd6 Re8 8 a3 Qa5 9 Rc1 Bxc3† 10 Qxc3 Qxc3 11 Rxc3 Ne4 =, Donner–Karpov, Amsterdam 1981.

(g) 9 f3 Nfe4! 10 Bxd8 Nxc3 11 Be7 Nb3 12 Bxf8 Kxf8 ∓. 9 Nf3 Nfe4! = is similar. The column is Kotov–Averbakh, USSR Chp. 1951.

(h) 6 a3 Bxc3† 7 Qxc3 a5 8 b3 0-0 9 Bb2 Re8 10 Rd1 Qe7 11 d5 Nb8 =, Donner–Reshevsky, Amsterdam 1950.

(i) 6 . . . e5 7 dxe5 dxe5 8 0-0-0! Bxc3 9 Bxc3 Qe7 10 e3 Bg4 11 h3 Bh5 12 Qb3 Rb8 13 g4 Bg6 14 Nh4 ±, Ragozin–Lisitsin, USSR Chp. 1944.

(j) 13 0-0 cxd5 14 cxd5 Qd7 15 f4! ±, M. Gurevich–Timman, Rotterdam 1990.

(k) 6 e4 Bxc3† 7 bxc3 e5 8 Ba3 Re8 9 d5 Nb8 10 c5 is as good as the column and also gives White some advantage.

(l) 13 Rae1 Re8 14 f4 ±, Keres–Euwe, match 1940.

(m) 4 . . . b6?! 5 e4 Bxc3† 6 bxc3 Nc6 7 e5 Ng8 8 Nf3 Ba6 9 Bd3 Na5 10 Bxh7 Ne7 11 Bd3 ±, Bronstein–Bisguier, Tallin 1971.

(n) (A) 5 . . . 0-0 6 a3 Bxc3† 7 Qxc3 transposes into column 5. (B) 5 . . . Nbd7 6 e3 b6 7 f3 Bxc3† 8 Qxc3 c5 9 Nh3 ±, Alekhine–Nimzovich, New York 1927.

(o) 6 . . . h6 7 Bh4 Nc6 8 dxc5 dxc5 9 a3 Bxc3† 10 Qxc3 e5 11 Bd3 Qa5 12 Ne2 was agreed drawn in Greenfeld–Smyslov, Beersheba 1990, but White stands slightly better. The column is Bacrot–Smyslov, France 1996.

(p) 5 a3 Bxc3† 6 Qxc3 0-0 transposes into column 5, but Black can also play 6 . . . Nbd7 as in this column.

(q) 13 Ne1 h6 14 Nd3 d5 15 c5 ±, Georgadze–Rashkovsky, Linares 1996. Black could try 11 . . . Qe7 12 Rfd1 h6 or 12 . . . Ne4 with reasonable chances.

NIMZO-INDIAN DEFENSE

Rubinstein Variation, Main Line

1 d4 Nf6 2 c4 e6 3 Nc3 Bb4 4 e3 0-0 5 Bd3 d5 6 Nf3 c5 7 0-0 Nc6 8 a3

	19	20	21	22	23	24
	Bxc3	....	....	dxc4	....	Ba5
9	bxc3			Bxc4		cxd5(t)
	dxc4	....	Qc7(h)	cxd4	.........Ba5	exd5(u)
10	Bxc4		cxd5	exd4(l)	Qd3(q)	dxc5
	Qc7		exd5	Be7(m)	a6	Bxc3
11	Ba2	.........Qc2(d)	Nh4(i)	Re1(n)	Rd1(r)	bxc3
	e5(a)	e5	Ne7(j)	b6	b5	Bg4
12	h3	Bd3	a4	Bd3	Ba2	c4
	e4	Re8	Re8	Bb7	c4	Ne5
13	Nh2	dxe5(e)	Ba3	Bc2	Qe2	Bb2
	Na5(b)	Nxe5	c4	Re8	Qe8	Nxf3†
14	Bb2	Nxe5	Bc2	Qd3	e4	gxf3
	b6	Qxe5	Ng6	g6(o)	e5	Bh3
15	c4	f3	Nf5	h4	d5	cxd5!
	cxd4(c)	Bd7(f)	Ne4	Qd6	Nd4	Qxd5
16	Bxd4	a4	Qh5!?	Bg5	Nxd4	Bxf6
	Qc6 =	Bc6(g)	Nxc3(k)	Rad8(p)	exd4(s)	gxf6(v)

(a) 11 ... b6?! 12 Re1 e5 13 e4 Bg4 14 dxc5 bxc5 15 h3 Rad8 16 Qe2 Bxf3 17 Qxf3 ±, Kasparov–Kramnik, Linares 1997.

(b) 13 ... Bf5 14 Ng4 Nxg4 15 hxg4 Bg6 16 a4 Rfd8 17 Qe2 b6 18 Ba3 ±.

(c) 15 ... Bf5 16 Qe2 Nd7 17 Rac1 Rad8 18 Rfd1 Rfe8 19 Nf1 ±, Sherbakov–Kholmov, Ekaterinburg 1997.

(d) Other moves gain no advantage for White: (A) 11 Re1 e5 12 d5 Na5 13 d6 Qb6 14 Nxe5 Nxc4 15 Nxc4 Qa6 16 Qd3 Rd8 17 e4 Be6 =, Kluger–O'Kelley, Bucharest 1954. (B) 11 Bb5 a6 12 Be2 Rd8 13 Qc2 e5 14 Bb2 Bg4 =, Lautier–Yermolinsky, Wijk aan Zee 1997. (C) 11 a4 b6 12 Ba3 Rd8 13 Qe2 Bb7 14 h3 Rac8 15 Ba2 Na5 16 Ne5 Bd5! ∓, Hübner–Lobron, Munich 1992.

(e) 13 e4 exd4 (13 ... c4 14 Bxc4 exd4 15 cxd4 Na5 16 Bd3 Qxc2 17 Bxc2 Nxe4 is about equal) 14 cxd4 Bg4 15 e5 Bxf3 16 exf6 Nxd4 17 Bxh7† Kh8 18 fxg7† Kxg7 19 Bb2 Rad8 20 gxf3 Rh8 21 Kh1 Rxh7 22 Rg1† Kh8 23 Rg3 Qe5 24 Rag1 with slightly better attacking chances for White, I. Sokolov–Kasparov, Wijk aan Zee 1999.

(f) 15 ... Be6 16 e4 Rad8 17 Be2 b6 18 a4 Bd7 19 Rd1 Bc6 was also all right for Black in Karpov–Spassky, match 1974.

(g) 17 Re1 h5 18 e4 Nd5 19 Bd2 Nf4 20 Bf1 h4 =, Gligorić–Pachman, Portorož 1958.

(h) 9 . . . b6 10 cxd5 exd5 11 Ne5 Bb7 12 Bb2 c4 13 Nxc6 Bxc6 14 Bc2 Re8 15 a4 ±, Yusupov–Lobron, Munich 1993.

(i) Also good is 11 a4 Re8 12 Ba3 c4 13 Bc2 Ne4 14 Bxe4 Rxe4 15 Nd2 with a slight advantage, Kamsky–Z. Almasi, Groningen 1995.

(j) 11 . . . Qa5 12 Bb2 Re8 13 Qe1 Bd7 14 f3 Ne7 15 c4 Qxe1 16 Rfxe1 dxc4 17 Bxc4 ±, Sadler–Ehlvest, Groningen 1997.

(k) 17 Ng3 b5 18 Bb4 Nxa4 19 Qxd5 Bd7 20 Bxa4 ±, Knaak–Tischbierik, Berlin 1989.

(l) 10 axb4 dxc3 11 bxc3 (11 Qxd8 with a pleasant endgame is possible—Black can avoid this by playing 8 . . . cxd4 before . . . dxc4) 11 . . . Qc7 12 Be2 b6 13 Bb2 Bb7 14 Qb3 a5! =, Mecking–Larsen, Palma de Mallorca Int. 1970.

(m) 10 . . . Bxc3 11 bxc3 Qc7 12 Qe2 Na5 13 Bd3 Qxc3? 14 Bd2 Qc7 15 Qe5! wins.

(n) 11 Qd3 b6 12 Bg5 Bb7 13 Rfe1 Nd5 14 Bxd5 exd5 15 Bxe7 Nxe7 16 Ng5 Ng6 17 h4 (Averbakh) is also slightly favoring White.

(o) 14 . . . Rc8? 15 d5! exd5 16 Bg5! Ne4 (16 . . . g6? 17 Rxe7 Qxe7 18 Nxd5 wins) 17 Nxe4 dxe4 18 Qxe4 g6 19 Qh4 ±, Portisch–Karpov, Milan 1975.

(p) 17 Rad1 Qb8 18 Bb3 ± a6?! 19 d5! ±, Yusupov–Lobron, Nussloch 1996.

(q) 10 Bd3 cxd4 11 cxd4 Bb6 12 Be3 Nd5 13 Nxd5 exd5 14 h3 Ne7 15 Bg5 f6 16 Bf4 Bf5 =, Gligorić–Karpov, Hastings 1971–72.

(r) 11 Ne4 b5 12 Nxf6† Qxf6 13 Qe4 Bb7 14 Bd3 g6 15 dxc5 Nb4! 16 Qe5 Qxe5 17 Nxe5 Nxd3 18 Nxd3 Rfd8 19 Ne5 Bc7 20 Nf3 Bxf3 21 gxf3 a5! 22 Rb1 b4 =, Timman–Tal, Hastings 1973–74.

(s) 17 Rxd4 Qe5 18 Be3 Ng4 19 f4 Qb8 20 Rad1 Nxe3 21 Qxe3 Bb6, Gligorić– Gheorghiu, Skopje 1968. White has an attack for his lost material.

(t) 9 Re1 a6 10 cxd5 exd5 11 dxc5 Bxc3 12 bxc3 Bg4 13 h3 Bh5 14 Be2 Ne4 =, Djurhuus–Petursson, Reykjavik 1995.

(u) 9 . . . cxd4!? 10 dxc6 dxc3 11 b4 Bb6 12 Qc2 Qc7 13 Qxc3 Qxc6 14 Qxc6 bxc6 15 Bb2 c5 16 Rac1 (16 Ng5!?) 16 . . . cxb4 =, Krupkova–Chilingorova, Russia 1993.

(v) 17 Kh1 Rfd8 18 Rg1† Kh8 19 Be4! Bg2† 20 Kxg2 Qg5† 21 Kh1 Rxd1 22 Raxd1 ±, Beliavsky–Tal, USSR 1975.

NIMZO-INDIAN DEFENSE

Rubinstein Variation

1 d4 Nf6 2 c4 e6 3 Nc3 Bb4 4 e3 0-0 5 Bd3 d5 6 Nf3 c5 7 0-0

	25	26	27	28	29	30
	dxc4..Nbd7(q)					
8	Bxc4				cxd5.........a3	
	cxd4(a)......Nbd7......................Qe7(m)				exd5	Bxc3(t)
9	exd4	Qe2..........a3(j)		a3!	a3	bxc3
	b6(b)	b6(g)	cxd4!	Ba5	Bxc3(r)	dxc4
10	Bg5(c)	d5(h)	exd4(k)	Qc2(n)	bxc3	Bxc4
	Bb7	Bxc3	Bxc3	Bd7	Re8	Qc7
11	Ne5(d)	dxe6	bxc3	Ba2	Nd2(s)	Qe2
	Bxc3	Ne5!	Qc7	Rc8	c4	e5
12	bxc3	exf7†	Qd3	Bd2	Bc2	Rd1
	Nbd7(e)	Kh8	b6	cxd4	Qa5	e4
13	Qe2	bxc3	Re1	exd4	Bb2	Nd2
	Qc7	Bg4	Bb7	h6(o)	b5	Nb6
14	Nxd7	e4	Ba2	Rfe1	Re1 ±	Bb3
	Nxd7(f)	Qe7(i)	Rac8(l)	Qd8(p)		Ng4(u)

(a) On the immediate 8 . . . b6 White has 9 a3 cxd4 10 axb4 dxc3 11 Qxd8 Rxd8 12 bxc3 ± (the bishop pair is a plus here).

(b) This has been Karpov's favorite defense for three decades against the Rubinstein Variation. If 9 . . . a6 10 Bg5 b5 11 Bd3 Bb7 12 Rc1 Nbd7 13 Bb1 Rc8 14 Re1 Be7 15 a3 Re8 16 Qd3 ±, I. Sokolov–Christiansen, Reykjavik 1998.

(c) 10 Qe2 Bb7 11 Rd1 (11 Bf4 Nbd7 12 Rac1 Bxc3 13 bxc3 Qe7 is about equal, Sadler–Emms, Hastings 1999) 11 . . . Bxc3 12 bxc3 Qc7 13 Bd3!? Qxc3 14 Bb2 Qc6! 15 d5 exd5 16 Nd4 Qe8 17 Qf3 Qe5! is a sharp position, but Black's chances are at least even, Michenka–Mikhalchishin, Karkavina 1987.

(d) (A) 11 Qe2 Bxc3 12 bxc3 Nbd7 13 Bd3 (13 Ne5 is back in the column) 13 . . . Qc7 14 c4 Ng4! 15 Be4 Bxe4 16 Qxe4 Ngf6 17 Qe2 Rac8 18 Rac1 Rfe8 =, van Wely–Karpov, Wijk aan Zee 1998. (B) 11 Re1 Nbd7 12 Rc1 Rc8 13 Bd3 Bxc3 14 bxc3 Qc7 15 c4 Rfe8 16 Qe2 h6 17 Bd2 Bxf3! 18 Qxf3 e5 =, Portisch–Karpov, Bugonjo 1978.

(e) 12 . . . Qc7 13 Bxf6 (13 Rc1!? keeps play in the position) 13 . . . gxf6 14 Qg4† Kh8 15 Qh4 dxe5 16 Qf6† Kg8 17 Qg5† Draw has been played in several grandmaster games.

(f) 15 Rac1 Qc6 16 f3 Qd6 17 Rfd1 Rfe8 18 Bb3 Rac8 19 Bh4 Qa3 with even chances, Gelfand–J. Polgar, Wijk aan Zee 1998.

(g) 9 . . . a6 10 a3 cxd4 (10 . . . Ba5 11 Bd3 b5 12 b4! cxb4 13 axb4 Bxb4 14 Nxb5 ±, Taimanov–Kuzmin USSR 1973) 11 axb4 dxc3 12 bxc3 Qc7 13 Bb2 e5 14 Bb3 e4 15 Nd4 Ne5 16 h3 Re8 17 c4 Nd3 18 Ba3 ±, Knaak–Enders, East German Chp. 1986.

(h) (A) 10 Rd1 cxd4 11 exd4 Bb7 12 d5 (12 Bg5 Bxc3 13 bxc3 Qc7 =) 12 . . . Bxc3 13 dxe6 Bxf3 14 gxf3 fxe6 15 bxc3 Qc7 16 Bxe6† Kh8 17 Be3 Nc5 =, Gligorić–Unzicker, Leipzig 1960. (B) 10 Bd2 Bb7 11 Rfd1 cxd4 12 exd4 Rc8 =, Korchnoi–Hübner, Biel 1984.

(i) 15 Re1 b5! 16 Bxb5 Nh5 17 Bc4 Qf6 with roughly even chances in a sharp position, Korchnoi–Sax, Skelleftea 1989.

(j) 9 Qb3 a6 10 a4 Qe7 11 Rd1 h6 12 Bd2 Rd8 13 Ne2 Bxd2 14 Rxd2 b6 15 Ng3 Bb7 =, Beliavsky–Sax, Maribor 1996.

(k) (A) 10 Nb5 Be7 11 Nbxd4 e5 12 Nf5 Nb6 13 Nxe7† Qxe7 =, Semkov–Kosten, Metz 1992. (B) 10 axb4 dxc3 11 bxc3 Qc7 12 Qe2 Nb6 12 Bd3 e5 =.

(l) 15 Bd2 Bd5 16 Bb1 Rfd8 17 Ne5 Nf8 =, Göhring–Ribli, Bundesliga 1989.

(m) 8 . . . Bd7 9 Qe2 Bc6 10 Rd1 Qe7 11 a3 Bxc3?! (11 . . . Ba5 ±) 12 bxc3 Nbd7 13 a4 Rfc8 14 Bb3 Qe8 15 c4 ±, Gligorić–Taimanov, Montilla 1977.

(n) 10 Qd3 Nbd7 11 Ne4 Bc7 12 Nxf6† Nxf6 13 Bd2 Rd8 =, Khasin–Weiner, corr. 1984.

(o) 13 . . . Bc6 14 d5! Bxc3 (14 . . . exd5 15 Nxd5 Nxd5 16 Bxa5 ±) 15 dxc6 Bxd2 16 cxb7 Qxb7 17 Qxd2 ±, Portisch–Gheorghiu, Skopje 1968.

(p) 15 Qd3 Nc6 16 Rad1 ± (Taimanov).

(q) 7 . . . b6 8 cxd5 exd5 9 a3 Bxc3 10 bxc3 Ba6 11 Bxa6 Nxa6 12 Qd3 Qc8 13 Bb2 c4 14 Qc2 Re8 15 Rfe1! Qb7 16 Nd2 ±, Salov–Hjartarson, Reykjavik 1991.

(r) 9 . . . Ba5 10 b4! cxb4 11 Nb5 Nb8 (11 . . . bxa3? 12 Bxa3 Re8 13 Nd6 Re6 14 Ng5 wins) 12 axb4 Bxb4 13 Rxa7† ±, Tukmakov–Tal, USSR 1970.

(s) 11 a4?! c4 13 Bc2 Ne4 13 Bxe4 dxe4 14 Nd2 b6! 15 f3 Bb7 16 fxe4 Bxe4 17 Nxe4 Rxe4 is somewhat better for Black, Yusupov–Timman, Linares 1992. The column is F. Olafsson–Barcza, Prague 1954. White play 15 f3 and 16 e4.

(t) 8 . . . Ba5 9 cxd5! exd5 10 b4 transposes into note (r).

(u) 15 Nf1 c4 16 Bc2 f5 17 f3 Nf6 18 Ng3 Re8 19 Rf1 ±, Lyberg–Koskela, Jyväskylä 1994.

NIMZO-INDIAN DEFENSE

Rubinstein Variation

1 d4 Nf6 2 c4 e6 3 Nc3 Bb4 4 e3 0-0

	31	32	33	34	35	36
5	Bd3				Ne2 Reshevsky Variation	
	d5				d5 ....Re8	
6	Nf3		a3............	Nge2(j)	a3(n)	a3(s)
	b6(a)		Bxc3(g)	dxc4(k)	Be7(o)	Bf8
7	0-0		bxc3	Bxc4	cxd5(p)	d5(t)
	Bb7		dxc4(h)	c5(l)	Nxd5(q)	exd5
8	a3............	cxd5	Bxc4	0-0	Qc2	cxd5
	Bd6(b)	exd5	c5	cxd4	Nd7	c5!
9	b4(c)	a3(e)	Ne2(i)	exd4	e4	Ng3
	dxc4	Bd6	Nc6	Nc6	Nxc3	d6
10	Bxc4	b4	a4	a3	Nxc3	Be2
	Nbd7	a6	Qc7!	Bd6	c5	b6
11	Bb2	Qb3	Ba3	h3	d5	0-0
	a5	Nbd7	b6	b6	Nb6	Ba6
12	b5	a4	Qc2	Bg5	dxe6	e4
	Qe7(d)	Qe7(f)	Rd8 =	Be7(m)	Bxe6(r)	Bxe2(u)

(a) Black can transpose into the Queen's Gambit Declined, Ragozin Variation, with 6 . . . Nc6, or into the Semi-Slav Defense, Romih Variation, with 6 . . . c6.

(b) 8 . . . Bxc3 9 bxc3 Nbd7 10 cxd5 exd5 11 a4 c5 12 Nd2 Re8 13 Re1 Qc7 14 f3 Rad8 15 Nf1 Nf8 16 Ra2 ±, Ivanchuk–Kamsky, Tilburg 1992.

(c) 9 b3 Nbd7 10 Nb5 Be7 11 Bb2 dxc4! 12 bxc4 c5 13 Qe2 Re8 =, Lukacs–Z. Almasi, Hungary 1994.

(d) 13 Be2 Rad8 14 Qc2 e5 15 a4 Rfe8 =, Shabalov–Benjamin, US Chp. 1993.

(e) (A) 9 Ne5 Bd6 10 f4 c5 11 Qf3 Nc6 12 Qh3 g6 13 Bd2 cxd4 14 Nxc6 Bxc6 15 exd4 Ne4 16 Bxe4 dxe4 17 f5 Bc5! =, Vaiser–Arnason, Helsinki 1991.

(f) 13 Ba3 Rfd8 14 b5 Bxa3 15 bxa6 Bxa6 16 Bxa6 Rxa6 17 Rxa3 with a small edge for White, Yusupov–Benjamin, Amsterdam 1994.

(g) 6 . . . dxc4 7 Bxh7† Kxh7 8 axb4 Nc6 9 Nf3 Nxb4 10 0-0 c5 11 dxc5 Qxd1 12 Rxd1 Nd3 13 Ra4 ±, Milov–Schönthier, Germany 1996.

(h) 7 . . . c5 8 cxd5 exd5 9 Ne2 b6 10 0-0 Ba6 11 Bxa6 Nxa6 12 f3 Nc7 13 Ng3 Re8 14 Re1 Qd7 15 e4 ±, Vaganian–Antoshin, USSR Chp. 1970.

(i) (A) 9 Nf3 Nc6 10 0-0 transposes into column 19. (B) 9 Bb2 Qa5 10 Ne2 cxd4 11 exd4 b6 12 0-0 Ba6 =, Yusupov–Z. Almasi, Dortmund 1996. The column is Botvinnik–Reshevsky, USA vs. USSR match 1946.

(j) 6 cxd5 exd5 7 Nge2 Bd6 8 a3 Re8 9 b4 c6 10 Ra2 Nbd7 11 f3 a5 =, D. Gurevich–de Firmian, US Chp. 1997.

(k) 6 . . . b6 7 cxd5 exd5 8 0-0 Bb7 9 a3 Bd6 10 b4 c6 12 Qb3 a5 ∞, Stojanović–Želčić, Budapest 1996.

(l) 7 . . . e5!? 8 a3 Bd6 9 Nb5 Nc6 10 Nxd6 Qxd6 11 0-0 Rd8 12 h3 Be6 =, Mascarinas–Christiansen, Thessaloniki Ol. 1988.

(m) 13 Qd3 h6 14 Bh4 Bb7 15 Rad1 Nd5 16 Bg3 Bf6 17 Ne4 Be7 =, Korchnoi–Salov, Madrid 1996.

(n) 6 cxd5 exd5 7 g3 c6 8 Bg2 Na6 9 0-0 Bf5 10 f3 Re8 11 g4 Bg6 12 Nf4 Nd7 with chances for both sides, Bönsch–Hübner, Munich 1990.

(o) 6 . . . Bd6?! 7 c5 Be7 8 b4 b6 9 Nf4 bxc5 10 bxc5 allows White a queenside wedge, Saidy–Fischer, US Chp. 1961.

(p) 7 Nf4 c6 8 Bd3 dxc4! 9 Bxc4 Nbd7 =, Zaja–Farago, Bolzano 1998.

(q) A recent idea. Also reasonable is the older method 7 . . . exd5 8 g3 c6 9 Bg2 Na6 10 Bd2 Nc7 11 Qc2 g6 12 f3 Ne6 13 Na4 Re8 14 0-0 a5 =, Karpov–Piket, match 1999.

(r) 13 Be2 Bf6 14 0-0 a6 =, Georgadze–Salov, Russian Chp. 1998.

(s) 6 g3 d5 7 Bg2 dxc4 8 0-0 c6 9 Qc2 Nbd7 10 Ne4 Nb6 is roughly equal, Georgadze–Bacrot, Groningen 1997.

(t) 7 e4 d5 8 e5 Nfd7 9 cxd5 exd5 10 Be3 c5 11 f4 Nc6 12 dxc5 Bxc5 13 Bxc5 Nxc5 14 b4 Ne6 15 Nxd5 Ned4! with even chances, Nemet–Dizdar, Liechtenstein 1988.

(u) 13 Qxe2 g6 14 Bg5 Nbd7 15 f4 Bg7 16 Rad1 a6 =, M. Gurevich–Wedberg, New York 1989.

NIMZO-INDIAN DEFENSE

Rubinstein Variation, Fischer's System

1 d4 Nf6 2 c4 e6 3 Nc3 Bb4 4 e3 b6

	37	38	39	40	41	42
5	Ne2..Bd3(o)					
	Ne4......................Ba6..........Bb7			Bb7		
6	Bd2..........Qc2(e)		Ng3(j)	a3	Nf3(p)	
	Nxd2	Bb7(f)	Bxc3†(k)	Be7(m)	0-0..........Ne4	
7	Qxd2	Nf4(g)	bxc3	d5	0-0	0-0!
	Ba6(a)	0-0	d5	0-0	c5(q)	f5(u)
8	a3	Bd3	Ba3	Ng3	Na4(r)	d5!?
	Bxc3(b)	f5	Bxc4	d6	exd4	Bxc3
9	Nxc3	0-0	Bxc4	Be2	exd4	bxc3
	d5	Nxc3	dxc4	c6	Be7(s)	Nc5
10	b4!(c)	bxc3	0-0	e4	Re1	Nd4
	dxc4	Bd6	Qd7	cxd5	d6	0-0
11	b5	Rb1	Rb1	exd5	b4	Ba3
	Bb7	Bxf4(h)	h5	exd5	Nbd7	Nba6
12	e4	exf4	h4	cxd5	Bb2	Rb1
	a6(d)	Rf6(i)	Qc6(l)	Re8(n)	a5(t)	e5(v)

(a) Black is not completely happy with the alternatives: (A) 7 . . . d5 8 cxd5 exd5 9 a3 Be7 10 g3 c6 11 Bg2 ±, M. Gurevich–Enders, Eger Open 1987. (B) 7 . . . 0-0 8 a3 Be7 9 g3 Ba6 10 b3 c6 11 Bg2 d5 12 cxd5 cxd5 13 e4 ±, Petursson–Wedberg, Stockholm 1992. (C) 7 . . . Bb7 8 d5 Na6 9 a3 Bxc3 10 Nxc3 Nc5 11 Rd1 ±, Shirov–Adams, Leon 1995. (D) 7 . . . f5 8 a3 Be7 9 d5 ±.

(b) 8 . . . Be7 9 Nf4 Bg5 10 Nh5 g6 11 Ng3 d5 12 cxd5 Bxf1 13 Nxf1 ±, D. Gurevich–Christiansen, US Chp. 1984.

(c) 10 cxd5 Bxf1 11 Kxf1 exd5 is roughly equal since White needs time to bring his rook on h1 into play.

(d) 13 Bxc4 0-0 14 0-0 axb5 15 Bxb5 Qe7 16 a4 Rd8 17 Qe3 ±, Hübner–de Firmian, Manila Int. 1990. Black should try 15 . . . c6 16 Be2 Ba6 with a nearly equal game.

(e) 6 f3 (6 a3 Qh4!) 6 . . . Nxc3 7 bxc3 Be7 8 Ng3 h5! 9 Bd3 h4 10 Ne4 Nc6 11 0-0 Ba6 12 f4 Na5 =, Ashley–Adams, New York 1996.

(f) 6 . . . f5 7 a3 Bxc3† 8 Nxc3 Bb7 9 d5 Nxc3 10 Qxc3 Qe7 11 Be2 0-0 12 0-0 ±.

(g) Black has equal chances after the straightforward 7 a3 Bxc3† 8 Nxc3 Nxc3 9 Qxc3 0-0 10 b4 d6 11 Bb2 f5! 12 d5 e5 13 Bd3 Nd7, Ornstein–Hellers, Sweden 1992.

(h) Black may wish to try 11 . . . c5 12 e4 fxe4 13 Bxe4 Bxe4 14 Qxe4 Nc6 ∞.

(i) 13 Be3 Rh6 14 f3 Nc6 15 c5 Qh4 16 g3 ±, I. Sokolov–Korchnoi, New York 1996. Black has no real kingside attack, while White has potential queenside/center play.

(j) 6 a3 Bxc3† 7 Nxc3 d5 8 b3 0-0 9 Be2 Nc6 10 a4 dxc4 11 Ba3 Re8 12 b4 Ne7 13 b5 Bb7 14 0-0 with a small pull for White (Fischer).

(k) 6 . . . 0-0 7 e4 d5 8 cxd5 Bxf1 9 Kxf1 Bxc3 10 bxc3 exd5 11 e5 Ne4 12 f3 ±, Gligorić–Hecht, Berlin 1971.

(l) 13 e4 Nbd7 14 d5 Qb7 15 dxe6 fxe6 16 Qa4 0-0-0 17 Qxc4 ±, Lautier–P. Nikolić, Wijk aan Zee 1997. Black could try 14 . . . exd5 15 exd5 Qxd5 16 Re1† Kd8, but 17 Qa4 Re8 18 Red1 gives White a dangerous attack for the pawns.

(m) 6 . . . Bxc3† 7 Nxc3 0-0 (7 . . . d5 8 cxd5 exd5 9 b4 ⩲) 8 Bd3! Bxg2 9 Rg1 Bb7 10 e4 is more than enough play for a pawn.

(n) 13 0-0 Nbd7 14 Nf5 Bf8 15 Bf4 ±, M. Gurevich–Khalifman, USSR Chp. 1987. After 7 d5 White simply holds more space.

(o) 5 f3 0-0 6 e4 Ba6 7 Bd3 c5! 8 d5 Bxc3† 9 bxc3 d6 10 Nh3 Nbd7 with at least equality for Black, Volzhim–Timman, Koge 1997.

(p) 6 Nge2 Bxg2 7 Rg1 Be4 8 a3 Bxc3† 9 Nxc3 Bxd3 10 Qxd3 Nh5! 11 e4 Nc6 ∓, Dzindzichasvili–de Firmian, New York 1996.

(q) (A) 7 . . . Bxc3 8 bxc3 Be4 9 Be2 c5 10 Nd2 Bg6 11 Nb3 ±, Gligorić–Bisguier, UAS 1972. (B) 7 . . . d5 transposes into column 31.

(r) 8 Bd2 cxd4 9 exd4 d5 10 cxd5 Nxd5 11 Ne5 Nc6?! (11 . . . Nd7! =) 12 Ba6! Bxa6 13 Nxc6 Qd7 14 Nxd5 Bd6 15 Nxf6† gxf6 16 Qg4† Kh8 17 Qh4 ±, Lauber–de Firmian, Hamburg 1997.

(s) 9 . . . Qc7!? 10 Bg5 Ng4 11 d5 b5 12 h3 Ne5 13 cxb5 Bxd5 14 Rc1 Nxf3† 15 Qxf3! Qa5 16 Qh5 f5 17 Nc3 ±, Babula–Timman, Bundesliga 1998.

(t) 13 a3 (13 b5 d5 =) 13 . . . axb4 14 axb4 b5! 15 cxb5 Nb6 =, Kane–Kaplan, USA 1970. Black's play is precise to equalize. If instead 12 . . . Rc8?! 13 Nc3 Re8 14 Bf1 Qc7 15 h3 White keeps his spatial advantage, Malaniuk–Tiviakov, Porto San Giorgio 1994.

(u) (A) 7 . . . Nxc3 8 bxc3 Bxc3 9 Rb1 Nc6 10 Rb3 Ba5 11 e4 ±, Gligorić–Larsen, Lugano 1970. (B) 7 . . . Bxc3 8 bxc3 f5 9 Ne1 0-0 10 f3 Nf6 11 Nc2 ±, Gligorić–Kuzmin, Bled 1979.

(v) 13 Bc2! g6 14 f4 d6 15 fxe5 dxe5 16 Nb3 ±, Atalik–Wedberg, New York 1997.

NIMZO-INDIAN DEFENSE

Rubinstein Variation, 4 . . . c5 (and other 4 . . .)

1 d4 Nf6 2 c4 e6 3 Nc3 Bb4 4 e3

	43	44	45	46	47	48
	c5				d5	Nc6
5	Ne2		Bd3		a3(q)	Ne2(u)
	cxd4	b6(f)	Nc6		Be7(r)	d5
6	exd4	a3	Nf3(i)	Hübner	Bd3	a3
	d5(a)	Ba5	Bxc3†(j)	System	b6(s)	Be7
7	c5(b)	Rb1	bxc3		cxd5	cxd5
	Ne4	Na6	d6		exd5	exd5
8	Bd2	f3(g)	e4	0-0(n)	Nge2	Nf4
	Nxd2	0-0	e5	e5	0-0	0-0
9	Qxd2	d5	d5(k)	Qc2(o)	b4	Be2
	a5(c)	Re8	Ne7	0-0	Nbd7	Bf5(v)
10	a3	Kf2	Nh4	Ng5	Qb3	g4
	Bxc3	exd5	h6	h6	Bb7	Be6
11	Nxc3	cxd5	f3(l)	Ne4	0-0	g5 ±
	a4(d)	d6	Qa5	b6	Re8	
12	Bd3	Ng3	Bd2	Nxf6†	b5	
	b6(e)	Bxc3(h)	Ng6(m)	Qxf6(p)	Bd6(t)	

(a) 6 . . . 0-0 7 a3 Be7 8 d5 exd5 9 cxd5 Re8 10 d6 Bf8 11 g3 Re6 12 Bf4 Nh5 13 Be3 Rxd6 14 Qc2 Nc6 15 Bg2 Nf6 16 0-0 leaves White with fine play for the pawn, Makarov–Xu Jun, Belgrade 1988.

(b) 7 a3 Be7 8 c5 0-0 9 g3 b6 10 b4 bxc5 11 dxc5 a5 12 Rb1 Nc6 13 Bg2 Rb8! 14 Bf4?! axb4 15 Bxb8 bxc3 ∓, Salov–M. Gurevich, Leningrad 1987.

(c) Black loses too much time with 9 . . . Qd7?! 10 a3 Ba5 11 g3 0-0 12 Bg2 Bd8 13 0-0 b6 14 f4 Na6 15 b4 ±, Sadler–Kosten, British Chp. 1997.

(d) Black also has 11 . . . Bd7 12 Bd3 a4 13 0-0 Nc6! 14 Bc2 Ne7 15 Rfe1 b6 16 Qd1 bxc5 17 dxc5 Qa5 18 Nxd5!? exd5 19 Qxd5 Be6 20 Qg5 Ng6 21 Re4 0-0 =, Rechlis–Portisch, Manila Int. 1990.

(e) 13 cxb6 Qxb6 14 Bc2 Bd7 15 0-0 0-0 16 Rfe1 Bc6! 17 Re3 Nd7 18 Rg3 Rfc8 19 Rd1 Nf8 =, Speelman–Khalifman, Reykjavik 1991.

(f) White has an active game after 5 . . . d5 6 a3 Bxc3† 7 Nxc3 cxd4 8 exd4 dxc4 9 Bxc4 Nc6 10 Be3 0-0 11 0-0 b6 12 Qf3 Bb7 13 Bd3 Rc8 14 Rad1 ±, Kasparov–Psakhis, match 1990.

(g) 8 Qa4 Bb7 9 Bd2 Bc6 10 Qc2 0-0 11 Ng3 Qe7 12 d5 Bb7 13 Bd3 ±, S. Maksimović–Galliamova, Women's Interzonal 1991.

(h) 13 bxc3 Nc7 14 c4 b5 15 e4 ±, Aleksandrov–Serper, New York 1998.

(i) 6 Nge2 is frequently seen. After 6 . . . cxd4 7 exd4 d5 8 0-0 dxc4 9 Bxc4 play transposes into column 34. Also 6 . . . cxd4 7 exd4 d5 8 cxd5 Nxd5 9 a3 Nxc3 10 bxc3 Be7 11 Be4 Bd7 12 0-0 Rc8 13 Nf4 Na5 =, Milov–Anand, Biel 1997.

(j) 6 . . . d6 7 Qc2 e5 8 dxe5 dxe5 9 Nd2 Bxc3 10 Qxc3 ±, Petrosian–Romanishin, USSR 1976.

(k) 9 h3 h6 10 Be3 Qa5 11 0-0 0-0 12 Bd2 Qc7 13 d5 Ne7 14 Ne1 Ng6 15 Qf3 Nh7 =, van der Sterren–P. Nikolić, Rotterdam 1998.

(l) 11 f4 Ng6! 12 Nxg6 fxg6 13 0-0 (13 fxe5?, played in Spassky–Fischer, World Chp. (G4) 1972, leaves the position too blocked for White's bishops) 13 . . . 0-0 14 f5 b5 15 g4 Qa5 =.

(m) 13 Nf5 Bxf5 14 exf5 Nf4 15 Bf1 Nd7 16 a4 0-0-0 17 g3 Nh5 18 Bd3 Nhf6 19 0-0 e4 20 fxe4 Ne5 with chances for both sides, Hoffman–Zarnicki, Buenos Aires 1997.

(n) 8 Nd2 e5 9 Nb3 0-0 10 0-0 Qe7 =, Portisch–Seirawan, Toluca Int. 1982.

(o) 9 Ng5 0-0 10 f4 exd4 11 cxd4 cxd4 12 exd4 Nxd4 13 Nxh7 Nxh7 14 Bxh7† Kxh7 15 Qxd4 Qb6 =, Christiansen–de Firmian, US Chp. 1984.

(p) 13 Be4 Bb7 14 dxc5 dxc5 15 Bd5 Na5 16 e4 Qg6 with at least equality for Black, Yusupov–Ivanchuk, match 1991.

(q) 5 Nf3 0-0 6 Bd3 transposes into the main line Rubinstein (cols. 19–20).

(r) 5 . . . Bxc3† transposes into the Sämisch Variation, column 49.

(s) 6 . . . dxc4 7 Bxc4 c5 8 dxc5 Qxd1† 9 Kxd1 Bxc5 10 b4 is a slightly better ending for White, but Black may choose this if he is satisfied to draw.

(t) 13 h3 Nf8 14 a4 ±.

(u) 5 Bd3 e5 6 Ne2 d5 7 cxd5 Nxd5 8 e4 Nb6 9 d5 Ne7 10 Bg5 h6 11 Bh4 a6 12 Qc2 g5 13 Bg3 Ng6 with chances for both sides, Bareev–Rashkovsky, Russia 1995.

(v) 9 . . . Na5?! 10 b4 Nc4 11 Ncxd5! Nxd5 12 Bxc4 Nxf4 13 exf4 ±, Lobron–Gostica, European Zonal 1995. The column is Golenichev–Aleshin, USSR 1952.

NIMZO-INDIAN DEFENSE

Sämisch Variation

1 d4 Nf6 2 c4 e6 3 Nc3 Bb4 4 a3 Bxc3† 5 bxc3

	49	50	51	52	53	54
	d5			c5...........................		0-0(v)
6	f3(a)			e3.............	f3	f3
	c5(b)			0-0	Nc6(s)	Ne8(w)
7	cxd5			Bd3	e4	e4
	Nxd5(c)			Nc6	d6	b6
8	dxc5........................		Qd3(j)	Ne2(n)	Be3(t)	Nh3
	Qa5..........	f5	b6(k)	b6	b6	Ba6
9	e4	Qc2(g)	e4	e4	Bd3	e5!(x)
	Ne7!(d)	0-0(h)	Ba6	Ne8	Na5	Nc6
10	Be3	e4	Qd2(l)	0-0(o)	Ne2	Bg5
	0-0	fxe4	Bxf1	Ba6	Ba6	f6
11	Qb3	fxe4	Kxf1	f4(p)	Ng3	exf6
	Qc7	Nf4	Ne7	f5(q)	Qc7	Nxf6
12	a4(e)	Nf3	Ne2	Ng3	0-0	Bd3 ±
	e5	Qc7	Nbc6	g6	0-0-0	
13	Bc4	Be3	dxc5	Be3	Qe2	
	Nec6(f)	Nd7(i)	Qc7!(m)	cxd4!(r)	Nd7(u)	

(a) (A) 6 Bg5 c5 7 cxd5 exd5 8 e3 Qa5 9 Ne2 Ne4 10 Bf4 cxd4 11 exd4 0-0 = (Taimanov). (B) 6 e3 c5 7 cxd5 Nxd5 8 Bd2 Nc6 ∞.

(b) 6 ... 0-0 7 cxd5 exd5 8 e3 Bf5 9 Ne2 Nbd7 10 Ng3 Bg6 11 Bd3 c5 12 0-0 Re8 13 Re1 Qc7 14 Bxg6 hxg6 15 e4 ±, Botvinnik–Tal, World Chp. 1960.

(c) 7 ... exd5 8 e3 Qc7 (8 ... 0-0 9 Bd3 b6 10 Ne2 ±) 9 Ra2 Bf5 10 Ne2 Nc6 11 g4 Be6 12 Nf4 ±, Shirov–Lerner, Lvov 1990.

(d) (A) 9 ... Nxc3 10 Qd2 Nc6 11 Bb2 Na4 12 Bxg7 ±, Polugaevsky–Shapashnikov, USSR 1958. (B) 9 ... Qxc3† 10 Bd2 Qe5 11 Ne2 ±.

(e) 12 Bb5 Nec6 13 Rd1 e5 14 Qa2 Na5 15 Qd5 Bd7! 16 Bxd7 Rd8 =, Timman–Karpov, Linares 1991.

(f) 14 Qa3 Na5 15 Bd5 Na6 16 Rb1 Be6 17 Bxe6 fxe6 18 Qa2 Nxc5 19 Bxc5 Qxc5 20 Qxe6† Kh8 21 Ne2 Qe3 22 Qxe5 Rad8! 23 Qxa5 Draw, Gelfand–de Firmian, Moscow 1990 (23 ... Rd2 24 Qb5 Rfd8 25 Qc4 h6 26 Rf1 R8d3 27 Qf8† is perpetual check.

(g) (A) 9 Nh3 0-0 10 c4 Qh4† 11 Nf2 Qf6 12 Bd2 Nc3! 13 Qc1 Na4 14 Bg5 Qf7 15 Nd3 Nd7 16 Qe3 e5! =, Beliavsky–Portisch, Amsterdam 1990. (B) 9 e4 fxe4 10 Qc2 e3 11 Bd3 Nd7 12 Ne2 Nxc5=, Malaniuk–Balashov, USSR Chp. 1990.

(h) 9 . . . f4 10 g3 0-0 11 c4 Ne3 12 Bxe3 fxe3 13 Qc3 Qg5 14 f4 Qxc5 15 Bg2 ±, Sakaev–Brodsky, Kherson 1991.

(i) 14 Bc4 Nxc5 15 0-0 Bd7 16 Rae1 b6 17 Bd4 Ba4 18 Qd2 Nb3 19 Bxb3 Bxb3 20 Ne5 Ng6! with only a minimal edge to White, Timman–Karpov, Reykjavik 1990.

(j) 8 Qd2 f5 9 Nh3 0-0 10 e3 Nc6 11 Bc4 Na5 12 Ba2, Shirov–Beliavsky, Biel 1992; now 12 . . . cxd4 13 cxd4 Bd7 is fine for Black.

(k) A fair alternative is 8 . . . cxd4 9 cxd4 Nc6 10 e4 Nb6 11 Be3 0-0 12 Be2 f5 13 Rd1 Kh8 14 Nh3 fxe4 15 Qxe4 Nd5 16 Ng5 Nf6 17 Qd3 Qa5† 18 Rd2 Ne7! 19 0-0 Ned5 =, Savchenko–Gipslis, Gausdal 1992.

(l) 10 c4 Nc7 11 d5 exd5 12 exd5 0-0 ∓, Saldano–Zarnicki, Buenos Aires 1994.

(m) 14 Qf4 (14 Qd6 Qxd6 15 cxd6 Nc8 =) 14 . . . e5 15 Qg4 0-0 with fine compensation for the pawn, Shirov–Karpov, Biel 1992.

(n) 8 Nf3?! d6 9 e4 e5 is the Hübner System in which White has wasted a tempo with a2-a3.

(o) 10 Be3 Ba6! 11 dxc5?! Ne5 12 Bd4 Nxd3† 13 Qxd3 dxc5 14 Bxc5 d6 15 Bb4 Rc8 ∓, Zilber–Koblents, USSR 1964.

(p) 11 Qa4 Qc8 12 Be3 Na5 13 dxc5 d6! 14 Ng3 dxc5 15 e5 f5 =, Szabo–Portisch, Hungary 1959.

(q) White gets the attack he is aiming for after 11 . . . Na5?! 12 f5! exf5 13 exf5 Nf6 14 Bg5 h6 15 Bh4 Bxc4 16 Nf4 d5 17 Nh5 ±, Hoi–Kveinys, Ostrava 1992.

(r) 14 cxd4 d5! 15 cxd5 Bxd3 16 Qxd3 fxe4 17 Qxe4 Qxd5 ∓, Yusupov–Karpov, Linares 1993.

(s) 6 . . . d5 is most commonly played, transposing into column 49.

(t) 8 Ne2 b6 9 Bg5 h6 10 Be3 Qd7 11 Ng3 Ba6 12 Bd3 0-0-0 13 a4 Kb8 =, Gutman–Spassky, Bundesliga 1986.

(u) 14 f4 Rde8 15 e5 f5 produces a sharp, roughly equal position, Segalchik–Ashley, New York 1995.

(v) 5 . . . b6 6 f3 Ba6 7 e4 Nc6 8 e5 Ng8 9 Nh3 Na5 10 Qa4 Ne7?! (10 . . . h6 ±) 11 Bd3 0-0 12 Bg5! ±, Kotov–Keres, Budapset 1950.

(w) 6 . . . Nh5 7 Nh3 f5 8 e3 d6 9 Bd3 Nc6 10 0-0 Qe8 11 g4 ±, Karaklajić–O'Kelley, Tunis 1964.

(x) Black defends after 9 Bg5 f6 10 Be3 Nc6 11 Bd3 Na5 =, R. Byrne–de Firmian, Philadelphia 1989. The column is Dittman–Pachman, Marianské Lásne 1960.

NIMZO-INDIAN DEFENSE

4 f3 and Leningrad Variation

1 d4 Nf6 2 c4 e6 3 Nc3 Bb4

	55	56	57	58	59	60
4	f3		Bg5	Leningrad Variation		
	d5 ....c5		h6			c5
5	a3	d5	Bh4			d5
	Be7?!(a)	b5(e)	c5			d6
6	e4	e4	d5(h)			e3
	dxe4(b)	bxc4	d6		b5(o)	exd5
7	fxe4	Bxc4	e3		dxe6(p)	cxd5
	e5	Nxd5!	Bxc3†(i)		fxe6	Nbd7
8	d5	Bxd5(f)	bxc3		cxb5(q)	Bd3(s)
	Bc5(c)	exd5	e5............Qe7		d5	Qa5
9	Nf3!	Qxd5	f3(j)	Nf3(m)	e3	Ne2
	Ng4	Nc6	Nbd7(k)	Nbd7	0-0	Nxd5
10	Na4	Nge2	Bd3	Nd2	Bd3	0-0
	Bf2†	Ba6	Qe7	0-0	d4	Bxc3
11	Ke2	Kf2	Qb1	Be2	exd4	bxc3
	b5(d)	0-0(g)	Kd8(l)	Ne5(n)	cxd4(r)	c4!(t)

(a) Black's most reliable defense is 5 . . . Bxc3† 6 bxc3 d5, transposing into the Sämisch Variation, column 49. That is the reason for 4 f3 seeing limited use.

(b) 6 . . . c5 7 cxd5 exd5 8 e5 Nfd7 9 Nxd5 cxd4 10 Nxe7 Qxe7 11 f4 Nc6 (11 . . . f6 12 Qxd4 ±) 12 Nf3 0-0 13 b4 a6 14 Bd3 ±, Milov–Arbakov, Biel 1993.

(c) 8 . . . a5 9 Bd3 0-0 10 Nf3 Bg4 11 0-0 Nbd7 12 h3 Bxf3 13 Rxf3 ±, Lin–Tong, China 1990.

(d) Or 11 . . . Bd4 12 Nxd4 exd4 13 Qxd4 0-0 14 h3! Qh4?! 15 g3 Qh5 16 Bg2! Ne5† 17 g4 winning, Shirov–Dautov, Daugavpils 1989. After 11 . . . b5 12 h3 bxa4 13 hxg4 Bg3 14 Rh3 Bf4 15 Bxf4 White is clearly better, Wells–Lendwai, Graz, 1991.

(e) (A) 5 . . . Bxc3† 6 bxc3 d6 7 e4 e5 8 Bd3 Nbd7 9 Ne2 Nf8 10 h4 ±, Piket–Seirawan, Monaco (blindfold) 1993. (B) 5 . . . Nh5 6 Nh3 Qh4† 7 Nf2 Qxc4 8 e4 Bxc3† 9 bxc3 Qxc3† 10 Bd2 Qd4 11 Qc1 exd5 12 Bc3 Qa4 13 Qg5 0-0 14 Qxh5 d4 15 Bd2 leaves White slightly better chances in a messy position, Sakaev–Gusinov, Doha 1993.

(f) Not 8 exd5? Qh4† 9 g3 Qxc4 ∓.

(g) 12 Rd1 Ba5 13 Qh5 Nb4 14 Nf4 Nc2 15 Rb1 Rb8 with chances for both sides, Crouch–Conquest, Chapelle-la-Grande 1991.

(h) 6 e3 cxd4 7 exd4 Qa5 8 Qc2 Ne4 ∓, Boleslavsky–Taimanov, Leningrad 1945.

(i) 7 ... g5 8 Bg3 Ne4 9 Qc2 Qf6 10 Ne2 exd5 11 0-0-0! Bxc3 12 Nxc3 Nxc3 13 Qxc3 Qxc3 14 bxc3 and White wins his pawn back with great advantage, Timman–Winants, Brussels 1988.

(j) (A) 9 Qc2 Nbd7 10 Bd3 Qe7 11 f3 Kd8 12 Ne2 g5 13 Bg3 Kc7 14 h4 Rg8 =, Timman–Andersson, Tilburg 1977. (B) 9 Bd3 e4! 10 Bc2 g5 11 Bg3 Qe7 12 h4 Rg8 13 hxg5 hxg5 14 Ne2 Kd8 =, Hjartarson–de Firmian, Moscow 1990.

(k) 9 ... g5 10 Bg3 e4?! 11 h4 g4 12 h5 exf3 13 gxf3 Qe7 14 Bh4! Qxe3†?! 15 Qe2 Qxe2† 16 Nxe2 Nxh5 17 0-0-0! Nd7 (17 ... gxf3 18 Re1!) 18 fxg4 ±, Bareev–Sax, Hastings 1990.

(l) 12 Ne2 Kc7 13 0-0 g5 14 Be1 Nb6 15 a4 a5 16 Ng3 Bd7 =, Yermolinsky–Serper, Tilburg (rapid) 1994.

(m) 9 Bd3 Nbd7 10 dxe6 Qxe6 11 Ne2 g5 12 Bg3 Ne5 13 h4 Rg8 =, Graf–Reshevsky, Lugano 1987.

(n) 12 Ne4! g5 13 Nxf6† Qxf6 14 Bg3 Nxc4 15 0-0 ±, Bareev–Chandler, Hastings 1991.

(o) 6 ... exd5 7 cxd5 d6 8 e3 Nbd7 9 Bd3 0-0 10 Ne2 Ne5 11 0-0 Ng6 12 Bg3 Nh5 13 f4 Bg4 14 Qc2 Bxe2 15 Nxe2 ±, Planninc–Parma, Yugoslavia 1968.

(p) 7 e3 Bb7 8 dxe6 fxe6 9 cxb5 0-0 10 a3 Ba5 11 Nf3 Qe8 =, Yusupov–Christiansen, New York (rapid) 1995.

(q) 8 e4?! 0-0 9 e5 Qa5! 10 Ne2 Ne4 11 Qc2 Bb7 12 f3 Nxc3 13 bxc3 Ba3 14 cxb5 a6! ∓, Bareev–Gelfand, Moscow 1990.

(r) 12 a3 Ba5 13 b4 dxc3 14 bxa5 Bb7 15 Ne2! Bxg2 16 Rg1 ±, Cooper–Adamski, Nice 1974.

(s) 8 Bb5 Qa5 9 Bxd7† Nxd7 10 Nge2 f6 11 Bf4 Ne5 12 0-0 0-0 13 Ne4 Qd8 =, Murshed–Korchnoi, Moscow Ol. 1994.

(t) 12 Bc2 (12 Bf5 N7b6!) 12 ... 0-0 13 Ng3 Ne5 14 e4 Nxc3 15 Qe1 Nd3 16 Bxd3 Qxg5 17 Bxc4 Na4 with roughly even chances, Lempert–Podlesnik, Bled 1994.

NIMZO-INDIAN DEFENSE

4 Nf3, 4 Qb3 and 4 g3

1 d4 Nf6 2 c4 e6 3 Nc3 Bb4

	61	62	63	64	65	66
4	Nf3			Qb3	g3	
	b6(a)			c5(m)	c5	d5
5	Bg5		Qb3(h)	dxc5	Nf3	Nf3(t)
	h6		c5(i)	Nc6	cxd4(p)	dxc4
6	Bh4		Bg5(j)	Nf3	Nxd4	Bg2
	Bb7		Bb7(k)	Ne4	0-0(q)	0-0
7	e3(b)		a3	Bd2	Bg2	0-0
	g5	Bxc3†	Ba5	Nxd2(n)	d5	Nc6
8	Bg3	bxc3	0-0-0(l)	Nxd2	cxd5(r)	Re1(u)
	Ne4	d6	Bxc3	0-0	Nxd5	Nd5
9	Qc2(c)	Nd2(e)	Qxc3	e3	Bd2	Qc2
	Bxc3†	g5(f)	Ne4	Bxc5	Nxc3	Be7
10	bxc3	Bg3	Bxd8	Nde4	bxc3	Ne4
	d6	Qe7	Nxc3	b6	Be7	Ndb4!
11	Bd3	h4	bxc3	Be2	Rb1	Qc3(v)
	Nxg3(d)	Rg8(g)	Kxd8 =	Be7(o)	Nd7(s)	

(a) 4 . . . c5 5 d5 (5 e3 is back to the Rubinstein Variation, while 5 g3 is column 65) 5 . . . Ne4 6 Qc2 Qf6 =, Spassky–A. Sokolov, Clemont Ferrand 1989.

(b) (A) 7 Nd2 Bxc3 8 bxc3 g5 9 Bg3 d6 10 e3 Qe7 11 h4 Rg8 transposes into the next column. (B) 7 Qc2 g5 8 Bg3 Ne4 9 Be5 f6 10 d5 exd5 11 cxd5 Bxc3† 12 Bxc3 Bxd5 13 0-0-0 Nxc3 14 Qxc3 Be6 15 h4 g4 16 Nd4 Qe7 =.

(c) 9 Nd2?! Nxc3 10 bxc3 Bxc3 11 Rc1 Bxd2† 12 Qxd2 d6 leaves White with too little for the pawn.

(d) This is better than 11 . . . f5 12 d5 Nd7 13 Nd4 Ndc5 14 dxe6 Rf8 15 Be2 Qf6 16 Bh5† Ke7 17 Bf7 Rxf7 18 exf7 Qxf7 19 0-0 ±, Kamsky–Salov, Moscow 1992. After 11 . . . Nxg3 12 fxg3!? (12 hxg3 Nd7 =) 12 . . . Nd7 13 0-0 Qe7 14 Rf2 0-0-0 15 Be4 Rhf8! 16 Be1 Bxe4 17 Qxe4 Kb8 18 Qh7 Rh8 19 Qc2 h5 20 e4 h4 chances are even, Zvjaginsev–Timman, Biel 1995.

(e) 9 Bd3 Nbd7 10 0-0 g5 11 Bg3 Ne4 12 Nd2 Ndf6 =, Adianto–Panno, Buenos Aires 1997.

(f) 9 . . . Nbd7 10 f3 Qe7 11 e4 e5 12 Qa4 0-0 13 Bd3 c5 14 0-0 ±, Kamsky–Timman, Linares 1993.

(g) 12 hxg5 hxg5 13 Be2 Nc6! (13 . . . Bxg2 14 Rh6 with play) 14 Qa4 Qd7 15 Rh6 Ne5 16 Qd1 Ng6 17 Bf3 Bxf3 18 Qxf3 Ke7 leaves Black at least even chances, Piket–Lobron, Dortmund 1995.

(h) 5 Qc2 Bb7 6 a3 Bxc3† 7 Qxc3 Ne4 is an equal line from the Classical Variation (4 Qc2).

(i) 5 . . . a5 6 g3 Bb7 7 Bg2 0-0 8 0-0 Bxc3 9 Qxc3 d6 10 b3 Nbd7 11 Bb2 Ne4 12 Qe3 ±, Dreev–Kiselev, Podolsk 1992.

(j) 6 a3 Ba5 7 Bf4 Bb7! 8 e3 (8 dxc5 Ne4 9 cxb6 Qxb6 10 Qxb6 Bxc3† ∓) 8 . . . 0-0 9 e3 cxd4 10 Nxd4 Ne4 =, Portisch–Polugaevsky, Linares 1985.

(k) 6 . . . Nc6?! 7 d5 Na5 8 Qc2 h6 9 Bh4 d6 (9 . . . Nxc4 10 e4 Nxb2 11 Nd2! ⩲) 10 e4 e5 11 Nd2 leaves the Black knight on a5 misplaced, van Wely–Tiviakov, Groningen 1994.

(l) (A) 8 dxc5?! Na6! 9 cxb6 Nc5 10 Qc2 Be4 11 Qd1 Bxc3† 12 bxc3 Qxb6 ∓, van Wely–Seirawan, Wijk aan Zee 1995. (B) 8 e3 cxd4! 9 Nxd4 0-0 10 Qc2 Bxc3† 11 Qxc3 d5 12 cxd5 Qxd5 13 Bxf6 Rc8! 14 Qd2 gxf6 15 f3 Nc6 =, Seirawan–Adams, Bermuda 1999. The column is Grétarsson–Hjartarson, Leeuwarden 1995.

(m) 4 . . . Nc6 5 Nf3 d5 6 Bg5 h6 7 Bxf6 Qxf6 8 e3 dxc4 9 Bxc4 0-0 10 0-0 Bd6 11 Bb5 Bd7 12 Rfd1 with a very small edge for White, Akopian–Serper, Manila Ol. 1992.

(n) Also good is 7 . . . Nxc5 8 Qc2 0-0 9 a3 Bxc3 10 Bxc3 a5 11 g3 f5 12 Bg2 Qc7 13 0-0 a4 =, Euwe–Evans, Hastings 1949/50.

(o) 12 Rd1 a6 13 0-0 Qc7 14 Rd2 f5 with chances for both sides, Piket–Kir. Georgiev, Corfu 1991.

(p) 5 . . . Ne4 6 Qd3 Qa5 7 Qxe4 Bxc3† 8 Bd2 Bxd2† 9 Nxd2 Nc6 10 d5 Nd4 11 Bg2 Nb3 12 Rd1 Qxa2 13 Qe5 0-0 14 Qc3 with good compensation for the pawn (Romanishin).

(q) 6 . . . Ne4 7 Qd3 Qa5 8 Nb3 Nxc3! 9 Bd2 Ne4 10 Qxe4 Bxd2† 11 Nxd2 0-0 12 Bg2 Nc6 13 Qe3 d5 14 0-0 d4 15 Qe3 e5 =, Piket–Tiviakov, Groningen 1998.

(r) 8 Qb3 Bxc3† 9 Qxc3 (9 bxc3 dxc4 =) 9 . . . e5 10 Nb3 d4 11 Qa5 Qe8 12 0-0 Nc6 =, H. Olafsson–Lobron, Yerevan Ol. 1996.

(s) 12 0-0 (12 Bxb7 Bxb7 13 Rxb7 Qc8! 14 Rb1 Nb6 with good play for the pawn) 12 . . . Nb6 13 Bf4 Nd5 14 Qb3 Nxf4 15 gxf4, Kasparov–Salov, Linares 1990; now 15 . . . Bd6 16 e3 e5 is about equal.

(t) After 5 cxd5 exd5 White has no worries about his c-pawn, but he has freed Black's position and can gain no advantage.

(u) 8 Bg5 Rb8 9 Rc1 b5 10 b3 Bxc3 11 Rxc3 Ba6 12 bxc4 bxc4 =, Chernin–Lukacs, Austria 1995.

(v) 11 Qxc4? Qd5! gives White a problem due to the knight fork on c2. After 11 Qc3 b5 12 a3 Nd5 13 Qc2 Bb7 14 Bg5 Bxg5 15 Nexg5 Nf6 Black holds a small edge, Gulko–Gausal, Reykjavik 1996.

QUEEN'S INDIAN DEFENSE

1 d4 Nf6 2 c4 e6 3 Nf3 b6

T HE QUEEN'S INDIAN DEFENSE is Black's major response to 3 Nf3. Players
use the opening set of the Nimzo-Indian and Queen's Indian to
make a complete defense to the queen pawn. The Queen's Indian
was considered so safe and solid for much of the twentieth century that
players intent on winning with White avoided 3 Nf3 in favor of the greater
complications of 3 Nc3. This has changed somewhat in the later twentieth
century as White has found new ideas to try for the advantage, but the
solid reputation of the opening persists.

In the Queen's Indian Black restrains White's center without weak-
ening his pawn structure, ceding the bishop pair or making another sig-
nificant concession. He must be willing to live with a bit less space, but
not so much that his pieces are restricted. Black seeks to find good posts
for his pieces and then to deploy his central pawns, typical of most Indian
defenses.

The exchange of one or two minor pieces is usually enough to solve
Black's spatial problems, the most common exchange being . . . Ne4 and
exchanging for the White knight on c3. The e4 square is important in the
scheme of this opening; if White can control it without making serious
concessions he will have the advantage.

The Queen's Indian was developed by Nimzovich and other "hyper-
moderns" in the early twentieth century. While many top players use it
today, its most notable exponent is Karpov, whose style is exactly like this
opening—correct and safe, with possibilities for active play.

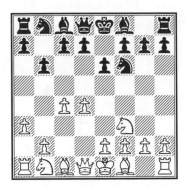

The Petrosian System, 4 a3 (columns 1–18), is the sharpest and most aggressive plan for White, see above diagram. It came to prominence in the 1980s when Kasparov scored victories with it in brilliant attacking games, and it has been a major reason for renewed interest in the White side of this opening. The point of 4 a3 seems slow—to play 5 Nc3 and avoid the pin . . . Bb4. Yet Black has no way to exploit the tempo that combines that well with . . . b6.

Black's sharpest and most direct response is 4 . . . Bb7 5 Nc3 d5 6 cxd5 Nxd5 (columns 1–6). White obtains a mobile pawn center that allows for sharp play and kingside attacks. In the last decade Black has discovered satisfactory defenses, but the character of the game is like an aggressive king-pawn opening with decisive results common.

In columns 7–8 Black recaptures 6 . . . exd5, leading to less dynamic play more typical of double queen pawn openings. White has more theoretical chances here. Columns 9–10 cover 6 Bg5, a recently popular move that aims for a technical advantage. 6 Qc2 (columns 11–12) is also recent fashion, but play is sharp and aggressive.

Fouth- and fifth-move variants comprise columns 13–18. These systems are less played but generally no worse than defenses in columns 1–12. Column 13 is 4 . . . Bb7 5 Nc3 Ne4, formerly regarded as bad in theory, yet Black may be all right. Column 14 is Romanishin's 5 . . . g6. Columns 15–17 cover the significant system 4 . . . Ba6 5 Qc2 Bb7 6 Nc3 c5.

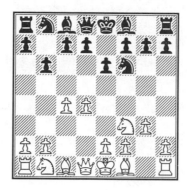

The classical response to the Queen's Indian is the fianchetto, 4 g3 (columns 19–36), see above diagram. White contests the h1–a8 diagonal with its central e4 and d5 squares. 4 g3 takes the game into a positional/strategic struggle in which White seeks to consolidate a spatial advantage. Play is quieter than the 4 a3 variation, draws being a more common result.

The Main Line 4 . . . Bb7 5 Bg2 Be7 6 0-0 0-0 (columns 19–24), with 7 Nc3 Ne4 (columns 19–22) the usual continuation. The exchange of a minor piece allows Black more freedom of movement, but the cramping effect of a White pawn on d5 is still a worry. Karpov has won some fine games from the White side of this variation. Column 23 is 7 . . . d5, contesting the center with pawns, yet allowing White more active pieces. The pawn sacrifice, 7 d5 (column 24) has been worked out to equality.

Delaying castling with 6 Nc3 (columns 25–26) is one of White's most aggressive lines after 4 g3. Play can become very tactical as the struggle for the central squares e4 and d5 begins immediately. Columns 27 looks at 5 . . . c5, which leads to a Benoni-like position. Systems with . . . Bb4† are covered in columns 28–30. The plan, as in the Bogo-Indian, is either to exchange the bishop, alleviating spatial problems, or to alter White's natural piece setup.

The exaggerated fianchetto, 4 . . . Ba6 (columns 31–36), is another idea from Nimzovich. White's best and most usual reply is 5 b3, when Black can choose from different continuations of . . . Bb4† and attacking c4 with either the d or b pawn. 5 Nbd2 (column 35) and 5 Qc2 (column 36) are not as theoretically critical.

Other systems for White on the fourth move comprise columns 37–42. 4 e3 (columns 37–39) intends straightforward development and attacking play. Black should contest the center with pawns when he is theoretically all right, though play can become tactical. 4 Nc3 (columns 40–41) would transpose into the Nimzo-Indian Defense after 4 . . . Bb4. Lines considered here are strictly Queen's Indian variations. 4 Bf4 (column 42), an old move of Miles's, takes play into unusual territory and is not particularly dangerous.

QUEEN'S INDIAN DEFENSE

Petrosian System

1 d4 Nf6 2 c4 e6 3 Nf3 b6 4 a3 Bb7 5 Nc3 d5 6 cxd5 Nxd5

	1	2	3	4	5	6
7	e3...Qc2.........................Bd2(t)					
	Be7.........................g6(h)			Nxc3 ....c5(p)		Nd7(u)
8	Bb5†		Nxd5(i)	bxc3(l)	dxc5(q)	Nxd5(v)
	c6		exd5	Be7	Bxc5	Bxd5(w)
9	Bd3		Bb5†	e4(m)	Bg5	Qc2
	Nxc3 ....0-0(d)		c6	0-0	Qc8(r)	c5
10	bxc3	Qc2	Bd3	Bd3	Rc1	e4
	c5	h6	Bg7	c5	h6	Bb7
11	0-0	0-0(e)	e4	0-0	Bh4	d5!?
	Nc6(a)	c5	dxe4	Qc8(n)	a5	exd5
12	Qe2(b)	Nxd5	Bxe4	Qa2!?	Na4	exd5
	0-0	Qxd5(f)	0-0(j)	Nd7	Nd7	Qe7†
13	Bb2	e4	0-0	Qe2	e4	Be3
	Rc8	Qh5	Nd7	a5	Nc7	0-0-0
14	Rad1	dxc5	Bg5	e5	Nxc5	Qa4
	cxd4(c)	Bxc5(g)	Qc7(k)	Rd8(o)	bxc5(s)	Kb8(x)

(a) 11 ... 0-0 12 Qc2 g6 13 e4 Qc7 14 Qe2 Qd8 15 h4! Nc6 16 Be3 Bf6 17 e5 Bg7 18 h5 with good attacking prospects for White, Polugaevsky–Petrosian, Moscow 1981.

(b) 12 e4 cxd4 13 cxd4 0-0 14 Be3 (14 Bb2 Rc8 15 Qe2 Bf6 16 Rad1 Na5 is the column) 14 ... Rc8 15 Ra2 Na5 16 Bd2 Nc6 =, Lobron–Hjartarson, Manila Ol. 1992.

(c) 15 cxd4 (15 exd4 Bf6 =) 15 ... Bf6 16 e4 Na5 is the critical position. White has a strong pawn center and well-developed pieces, but Black seems to hold the balance: (A) 17 h4!? Bxh4 18 d5 exd5 19 exd5 Bf6 20 Ne5 Rc5! 21 d6 Bxe5 22 Bxe5 Re8 23 f4 Nc6 =, Yusupov–Sokolov, Rotterdam 1989. (B) 17 Rfe1 Re8 18 h3 (18 Bb5 Bc6 19 Ba6 Bb7 =) 18 ... Bc6 19 d5 exd5 20 Bxf6 Qxf6 21 e5 Qe7 22 Nd4 Bd7 ∞, Notkin–Aseev, St. Petersburg 1994.

(d) 9 ... Nd7 10 e4 Nxc3 11 bxc3 Qc7 12 0-0 c5 13 e5! 0-0 14 Ng5 Bxg5 15 Bxg5 ±, Kramnik–Bareev, Linares 1993.

(e) (A) 11 Na4 Qc7 12 g3 c5 13 e4 cxd4! 14 Nxd4 (14 exd5? Qxc2 15 Bxc2 Bd5 16 Ke2 b5 wins) 14 ... Qxc2 15 Bxc2 Nf6 16 f3 (Bareev–Lutz, Munich 1993) 16 ... Nc6 =. (B) 11 e4 Nxc3 12 bxc3 c5 13 0-0 Qc8 14 Qe2 Ba6 15 Rd1 Bxd3 16 Rxd3 Nd7 leaves White just a tiny edge, Epishin–Beliavsky, USSR Chp. 1990.

(f) 12 . . . exd5 13 b3 Nd7 14 Bb2 a5 15 a4 Rc8 16 Qe2 Bd6 17 Rac1 Rc8 18 Ba6 ±, F. Olafsson–Keres, Tallin 1975.

(g) 15 b4 Bd6 16 Bb2 Nc6 17 Qe2 Rad8 18 e5 Bb8 19 Rfd1 Ne7 20 Be4 Nd5 =, Kasparov–Hjartarson, Belgrade 1989.

(h) 7 . . . Nd7 8 Bd3 c5 9 e4 N5f6 10 Bf4 a6 11 d5! exd5 12 Nxd5 Nxd5 13 exd5 Bxd5 14 Qc2 Nf6 15 0-0 Bd6 16 Qe2† Kf8 17 Ne5 ±, Portisch–Miles, Thessaloniki Ol. 1984.

(i) White has tried several other plans that gain no advantage: (A) 8 Bb5† c6 9 Bd3 Bg7 10 Ne2 c5 11 dxc5 bxc5 12 Qc2 Nd7 13 e4 N5b6 14 Nc3 c4 15 Be2 Nc5 gives Black at least equality, Lobron–Karpov, Dortmund 1995. (B) 8 Bb5† c6 9 Bc4 Bg7 10 e4 Nxc3 11 bxc3 c5 12 Bg5 Qd6! 13 Qd3 Nc6 14 Rd1 0-0 15 0-0 Na5 16 Ba2 c4! with good counterplay, Pavlović–H. Olafsson, Yerevan 1988. (C) Most dangerous is 8 h4 Bg7 9 h5 Nd7 10 Bd3 (10 h6!? may cause problems— Lalić) 10 . . . 0-0 11 e4?! Nxc3 12 bxc3 Nc5! ∓, Vokač–Sax, Lazne 1995.

(j) 12 . . . Ba6 13 Bg5 f6 14 Be3 0-0 15 Qb3† Kh8 16 0-0-0 ±, Atalik–Korchnoi, Manila Ol. 1992.

(k) 15 Rc1 Rfe8 16 Re1 c5 17 Qc2 Bxe4 18 Rxe4 Qb7 =, Kramnik–Anand, Linares 1993.

(l) 8 Qxc3 h6! 9 b4 (9 e3 Be7 10 Bb5† c6 11 Ba4 0-0 12 0-0 Nd7 13 e4 b5 14 Bc2 c5 =, Ivanchuk–Karpov, Roquebrune 1992) 9 . . . Be7 10 Bf4 0-0! 11 Rc1 (Black has good play after both 11 Bxc7 Qd5 and 11 Qxc7 Qxc7 12 Bxc7 Rc8) 11 . . . c5 12 dxc5 bxc5 13 bxc5 Qd5 = as . . . Rc8 is coming, Browne– M. Gurevich, New York 1989.

(m) 9 e3 Nd7 10 Bd3 c5 11 0-0 (11 Bxh7 cxd4 12 exd4 Qc7 ∓) 11 . . . Rc8 12 Qe2 0-0 13 e4 Qc7 14 Re1 Rfd8 15 Bd2 e5 =, Dreev–Anand, match 1991.

(n) Threatening 12 . . . cxd4 13 cxd4 Qxc2 =, and intending 12 Qe2 Ba6. On the immediate 11 . . . Ba6 12 Bxa6 Nxa6 13 Rd1 cxd4 14 cxd4 Qc8 15 Qc2 ± leaves the Black knight on a6 misplaced, Novikov–Korchnoi, Ostrava 1994.

(o) 15 Rb1 cxd4 16 cxd4 Ba6 17 h4 h6 18 a4 Bb4 =, Khalifman–Ivanchuk, Elista 1998.

(p) 7 . . . Be7 8 e4 Nxc3 9 bxc3 0-0 transposes into the previous column, but not 9 . . . c5?! 10 Bb5† Bc6 11 Bd3 Nd7 12 0-0 h6 13 Rd1 Qc7 14 d5! exd5 15 exd5 Bxd5 16 Bb5 a6 17 Bf4! with the attack, Kasparov–Gheorghiu, Moscow Int. 1982.

(q) Also good is 8 e4 Nxc3 9 bxc3 Nd7 10 Bf4 cxd4 11 cxd4 Rc8 12 Qb3 Be7 13 Bd3 Nf6 14 Qb5† Qd7 15 Ne5 Qxb5† 16 Bxb5† Kf8 17 f3 Ne8 18 Bd7! ±, Timman–Karpov, match 1993.

(r) 9 . . . f6 10 Bd2 0-0 11 e3 Kh8 12 Bc4 Nxc3 13 Bxc3 Qe7 14 h4! gives White good attacking chances, Piket–Lautier, match 1995.

(s) Not 14 . . . Nxc5? 15 b4 axb4 16 axb4 Bxe4 17 Qb2 winning. After 14 . . . bxc5 15 Be2 Ba6 16 0-0 0-0-0 17 Rfd1 White has a distinct advantage, Kasparov–van der Wiel, Amsterdam 1988.

(t) 7 e4?! Nxc3 8 bxc3 Bxe4 9 Ne5 Qh4! renders White's pawn sacrifice dubious.

(u) 7 ... Be7 8 Qc2 0-0 9 e4 Nxc3 10 Bxc3 c5 11 dxc5 bxc5 12 Rd1 Qb6 13 Ne5 Qc7 14 Nc4 Nc6 15 Bd3 Nd4 16 Qb1 ±, Lputian–Onischuk, Lucerne 1997.

(v) 8 Qc2 c5 (the slower 8 ... Be7 9 e4 Nxc3 10 Bxc3 0-0 11 0-0-0 allows White more attacking chances, Piket–Karpov, match 1999) 9 e4 Nxc3 10 Bxc3 cxd4 11 Nxd4 a6 12 g3 Qc7 13 Bg2 Bc5 14 Qe2 0-0 15 0-0 Rac8 =, Akopian–Salov, Tilburg 1994.

(w) Safer is 8 ... exd5 9 g3 Bd6 10 Bg5 Be7 11 Bxe7 Qxe7 with just a minimal edge to White, Kramnik–Psakhis, Chalkidiki 1992.

(x) 15 0-0-0 f6 16 Qg4 Qd6! 17 Bf4 Ne5 18 Qg3 Qc7 19 Nxe5 fxe5 20 Bxe5 Bd6 21 Bxd6 Rxd6 22 Bc4 Rhd8 and Black wins his pawn back, leveling the chances, Anand–Z. Almasi, Dortmund 1998.

QUEEN'S INDIAN DEFENSE
Petrosian System

1 d4 Nf6 2 c4 e6 3 Nf3 b6 4 a3 Bb7 5 Nc3 d5

	7	8	9	10	11	12
6	cxd5......................Bg5.........................Qc2					
	exd5		Be7(j)		dxc4........Be7(t)	
7	g3............Bf4(f)		Qa4†(k)		e4	cxd5
	Be7(a)	Bd6(g)	c6............Qd7(m)		c5	Nxd5(u)
8	Qa4†(b)	Bg3(h)	Bxf6	Qxd7†(n)	d5(p)	Bd2(v)
	c6(c)	0-0	Bxf6	Nbxd7	exd5	0-0
9	Bg2	e3	cxd5	Nb5	exd5	e4
	0-0	Ne4	exd5	Kd8	Bd6(q)	Nxc3
10	0-0(d)	Qb3	g3	cxd5	Bxc4	Bxc3
	Nbd7	Nxc3	0-0	Nxd5!	0-0(r)	Nd7
11	Bf4	Qxc3	Bg2	e4	0-0	0-0-0
	Re8	c5	c5	N5f6	h6	c6
12	Rad1	Be2	Rd1	Bf4	Re1	h4
	Nh5(e)	Qe7(i)	Qe7(l)	Ne8(o)	a6(s)	b5(w)

(a) (A) 7 . . . Bd6 8 Qa4† c6 9 Bg2 0-0 10 0-0 Re8 11 Bf4 Bxf4 12 gxf4 Nbd7 13 e3 c5 14 Ne5 cxd4 15 Qxd4 Qe7 16 Nxd7 with just a small edge to White, Khalifman–Hübner, Bundesliga 1991. (B) 7 . . . c5 8 Qa4† Bc6 (8 . . . Nbd7 9 Bh3 ±) 9 Qc2 Bd6 10 Bg2 Nbd7 11 0-0 0-0 12 Rd1 Qc7 13 Nh4 ±, Yermolinsky–A. Ivanov, US Chp. 1994.

(b) 8 Bg2 0-0 9 0-0 Nbd7 10 Bf4 c5 11 Qc2 Rc8 12 Bh3 (12 Rad1 Ne4! =) 12 . . . cxd4 13 Nxd4 Ne4 14 Qa4 Ndc5 15 Qd1 Nxc3 16 bxc3 Ra8 =, Akopian–Epishin, Yerevan Ol. 1996.

(c) 8 . . . Nbd7?! 9 Ne5 c5 10 dxc5 bxc5 11 Bh3! Bd6 (11 . . . d4 12 0-0 dxc3 13 Rd1) 12 Nxd7 Nxd7 13 0-0 d4 14 Nb5 Bb8 15 Bg5! Qxg5 16 Nd6† Bxd6 17 Qxd7† ±, P. Cramling–Bator, Stockholm 1987.

(d) White may also gain an edge from (A) 10 Bf4 Nh5 (10 . . . Nbd7 11 Rd1 Nh5 12 Bc1 ±) 11 Bxb8 Qxb8 12 0-0 Nf6 13 Ne5 ±, Eingorn–Naumkin, Moscow 1990, or (B) 10 Ne5 b5 11 Qd1 Nbd7 12 Nxd7 Qxd7 13 0-0 Rad8 14 Bg5 ±, Gavrikov–Hübner, Switzerland 1992.

(e) 13 Bc1 Bd6 14 e4! dxe4 15 Ng5 Ndf6 16 Ngxe4 with the more active game, Kozul–Hübner, Pula 1997.

(f) (A) 7 Bg5 will usually transpose into the next column. (B) 7 Qa4† c6 8 g3 Be7 transposes into the previous column, but Black can also try 7 . . . Qd7!? 8 Qxd7† Nbxd7 9 Nb5 Bd6 10 Nxd6† cxd6 11 Bf4 Ke7 when the doubled pawns are good defensively, Razuvaev–Tukmakov, Moscow 1985.

561

(g) Also possible is 7 ... Be7 8 e3 0-0 9 Be2 c5 10 Ne5 Nc6 11 0-0 cxd4 12 exd4 Ne4 13 Nxc6 Bxc6 14 Rc1 Qd7 with a reasonable game, Farago–Matanović, Vienna 1986.

(h) 8 Ne5 0-0 9 e3 c5 10 Bb5 Na6 11 0-0 cxd4 12 exd4 Nc7 13 Ba4, Christiansen–Hübner, Germany 1994; now 13 ... Ne6 14 Bg3 Ne4 is equal.

(i) 13 Bxd6 Qxd6 14 dxc5 bxc5 15 b4 Nd7 16 bxc5 Nxc5 17 0-0 Rfc8 =, Salov–Hübner, Wijk aan Zee 1992.

(j) 6 ... dxc4 7 e4 Be7 8 Qc2 Nc6 9 Rd1 Na5 10 Nd2 0-0 11 Nxc4 with a spatial advantage, Zimmerman–Nisipeanu, Eger 1995.

(k) 7 e3 0-0 8 Rc1 c5 9 cxd5 exd5 10 Be2 Na6 11 0-0 c4 12 Ne5 Nc7 13 Qa4 Qe8 =, Stajcić–van Wely, Vienna 1994.

(l) 13 0-0 Rd8 14 e3 Na6 15 h4 Nc7 16 Rfe1 with a more comfortable position for White, van Wely–Bacrot, Mulhouse 1998.

(m) 7 ... Bc6!? 8 Qb3 dxc4 9 Qxc4 0-0 10 Bxf6 Bxf6 11 e4 b5 12 Nxb5 Bxe4 13 Nxc7 Bd5 14 Nxd5 exd5 15 Qc2 Re8† 16 Be2 ±, Sadler–Speelman, Hastings 1999.

(n) Fascinating complications arise after 8 Qc2 dxc4 9 e3 Bxf3 10 gxf3 b5 11 Bxf6 Bxf6 12 a4 c6 13 axb5 axb5 14 Qe4 0-0! 15 f4 (15 Qxa8 Nc6) 15 ... Nc6 16 Nxb5 e5 17 fxe5 Nxe5 18 Nc3 Nc6 19 Qd5 Qe8, Gelfand–Lautier, Biel 1997; now Gelfand regards 20 Be2 as slightly favoring White.

(o) 13 Bd3 h6 14 0-0-0 c6 15 Nc3 Bd6 16 Be3 Ke7, van Wely–Karpov, Groningen 1995. White has a bit more development and space, but it is difficult to make use of it.

(p) 8 dxc5 Bxc5 9 Bxc4 Nbd7 10 0-0 Qc7 11 Bd3 a6 12 Bg5 Ne5! =, I. Sokolov–Polugaevsky, Holland 1994.

(q) 9 ... Nxd5?! 10 Bxc4 Be7 (10 ... Qe7†?! 11 Kf1!) 11 Qb3 Nxc3 12 Bxf7† Kf8 13 bxc3 ± (Lalić).

(r) 10 ... Qe7†?! 11 Be3 Ng4 12 Ne4! Nxe3 13 fxe3 Nd7 14 0-0 h6 15 Nxd6 Qxd6 16 Qe4† Kf8 17 Qf4 ±, Sakaev–Z. Almasi, Yugoslavia 1997.

(s) 13 a4 Nbd7 14 b3 Qc7 15 h3 Ne5 16 Nh4 Rfe8 with chances for both sides, Lautier–Karpov, Groningen 1995.

(t) 6 ... c5 7 cxd5 cxd4 8 Qa4† Nbd7 9 dxe6 dxc3 10 exd7† Qxd7 11 Qxd7† Nxd7 12 bxc3 leaves White better, although Black has almost enough compensation for the pawn, San Segundo–Salov, Madrid 1997.

(u) 7 ... exd5 8 Bf4 a6 9 e3 0-0 10 Be2 Nbd7 11 0-0 c5 12 Rfd1 Rc8 13 Qf5 ±, M. Gurevich–Cekro, Belgium 1997.

(v) 8 e4 Nxc3 9 bxc3 0-0 transposes into column 4 (7 Qc2).

(w) 13 Rh3 a5 14 d5 cxd5 15 Bxb5 Nf6 16 Ng5 Qb6 17 exd5 Rac8 18 Bd7 Bxd5 19 Bxc8 Rxc8 20 Rxd5 exd5 =, Kamsky–Anand, match 1994.

QUEEN'S INDIAN DEFENSE
Petrosian System, Fourth- and Fifth-Move Variants

1 d4 Nf6 2 c4 e6 3 Nf3 b6 4 a3

	13	14	15	16	17	18
	Bb7		Ba6			c5
5	Nc3		Qc2(l)			d5
	Ne4	g6(f)	Bb7(m)			Ba6(v)
6	Nxe4(a)	Qc2(g)	Nc3			Qc2(w)
	Bxe4	Bxf3(h)	c5			exd5(x)
7	Nd2(b)	gxf3(i)	e4		dxc5(s)	cxd5
	Bb7(c)	Nc6	cxd4		bxc5	g6(y)
8	e4	e3	Nxd4		Bf4(t)	Nc3
	g6	Bg7	Nc6	Bc5(p)	Bxf3!(u)	Bg7
9	Bd3	f4	Nxc6	Nb3	gxf3	g3
	Bg7	0-0	Bxc6	Nc6	Nc6	0-0
10	Nf3	Bg2	Bf4	Bg5(q)	e3	Bg2
	d6	Na5	Nh5(n)	h6	Nh5	d6
11	0-0(d)	Ne2!(j)	Be3	Bh4	Bg3	0-0
	0-0(e)	d5(k)	Qb8(o)	Qe7(r)	Nxg3 =	Re8(z)

(a) 6 Bd2 De7 7 d5 f5! 8 g3 Bf6 gives Black no problems, Shaked–de Firmian, US Chp. 1998.

(b) (A) 7 e3 Be7 8 Bd3 Bxd3 9 Qxd3 d5 10 e4 0-0 11 0-0 dxe4 12 Qxe4 Nd7 13 Qc6 Nf6 14 Bf4 Qd7! =, Timman–Andersson, Wijk aan Zee 1981. (B) 7 Bf4 Be7 8 e3 0-0 9 Bd3 Bxd3 10 Qxd3 a5 11 b3 d6 12 0-0 Nd7 13 e4 Re8 14 Rfd1 Qc8 =, Gelfand–Portisch, Moscow 1990.

(c) 7 . . . Bg6?! 8 g3 Nc6 9 e3 a6 10 b4 b5 11 cxb5 axb5 12 Bb2 (12 Bxb5? Nxb4) 12 . . . Na7 13 h4 h6 14 d5! exd5 15 Bg2 c6 16 0-0 ± (active pieces and king-side pressure), Kasparov–Andersson, Tilburg 1981. Kasparov went on to score a brilliant victory.

(d) 11 Bg5 Qd7 12 Qd2 h6 13 Be3 Nc6 14 Bc2 Ne7 15 0-0-0 Qc6!? ∞.

(e) 12 Bg5 (Polugaevsky–Christiansen, Thessaloniki Ol. 1984) 12 . . . Bf6 gives Black fair chances of equality. The game went instead 12 . . . Qd7?! 13 Qd2 Nc6 14 d5 ±.

(f) 5 . . . Be7?! 6 d5! is the point of Petrosian's 4 a3. White simply gets a spatial advantage, e.g. 6 . . . d6 7 e4 c6 8 dxe6 fxe6 9 Ng5 Bc8 10 f4 0-0 11 Bd3 ±, Pertosian–Keres, Zurich 1961.

(g) 6 d5 Bg7 7 Bg5 (7 e4 exd5 8 cxd5 Qe7!, or 7 g3 exd5 8 cxd5 0-0 9 Bg2 c6 ∞) 7 . . . h6 8 Bh4 0-0 9 e3 a5 10 Bd3 Na6 11 Bc2 Nc5 12 0-0 a4 13 e4 d6 with chances for both sides, Gelfand–Christiansen, Munich 1991.

(h) 7 exf3!? Bg7 8 Bg5 c5?! 9 d5 h6 10 Be3 ±, Khalifman–Romanishin, Lucerne 1997. Black should do better with 8 . . . 0-0.

(i) 6 . . . Bg7 7 e4 0-0 8 Bg5 h6 9 Bh4 g5 10 Bg3 Nh5 11 0-0-0 d6 12 Be2 ±, M. Gurevich–Chuchelov, Belgium 1993.

(j) 11 Bxa8 Qxa8 12 0-0 Nxc4 13 Qe2 d5 allows Black good play for the exchange, Dokhoian–Shirov, USSR 1988.

(k) 12 cxd5 exd5 13 0-0 c6!? (13 . . . Qd7 14 Bd2 ±)14 Bd2 Nc4 15 Bb4 Re8 16 b3 Nd6 17 Qxc6 Nde4 18 Bh3 leaves Black insufficient compensation for the pawn, Akopian–Romanishin, Lucerne 1993.

(l) Alternatives give White no advantage: (A) 5 Nbd2 Bb7 6 Qc2 d5 7 cxd5 exd5 8 g3 Bd6 9 Bg2 Nbd7 10 0-0 0-0 11 Nh4 Re8 =, Rohde–Miles, US Chp. 1989. (B) 5 e3 d5 6 Nbd2 Be7 7 b4 0-0 8 Bb2 Nbd7 9 Qc2 c5 =, Kozul–Beliavsky, Por- torož 1997. (C) 5 Qb3 c5 6 d5 exd5 7 cxd5 d6 8 Nc3 Be7 =.

(m) (A) 5 . . . c5 6 d5 transposes into column 18. (B) 5 . . . d5 6 cxd5 exd5 7 Nc3 c6 8 g3 Bd6 9 Bg2 0-0 10 0-0 Nbd7 11 Re1 ±, Petrosian–Korchnoi, match 1980.

(n) Also good is 10 . . . Bc5 11 Be2 12 0-0-0 Ne8! (now threatening 13 . . . Bxf2) 13 Bg3 e5 14 Kb1 Bd4 15 Nb5 Bxb5 16 cxb5 Rc8 17 Qa4 Nf6 with chances for both sides, van Wely–Adams, Wijk aan Zee 1998.

(o) 12 0-0-0 Bd6 13 g3 Be5 14 Bd3 Qb7 15 Rhe1 Nf6 16 f4 Bxc3 17 Qxc3 Rc8, H. Olafsson–Hjartarson, Reykjavik 1995; now both 18 b3 b5! 19 c5 Bxe4 20 Bxe4 Qxe4 21 Bd4 Qg6 and 18 Bd4 Nxe4 19 Bxe4 Bxe4 20 Bg7 Rg8 21 Bf6 Rg6 produce sharp positions with chances for both sides.

(p) 8 . . . d6 9 Be2 Be7 10 Be3 a6 11 0-0-0!? (11 0-0 leads to more typical hedge- hog positions) 11 . . . Qc7 12 g4 Nfd7 13 f4 0-0 14 f5 ±, Zu Chen–Zhang, Bei- jing 1997.

(q) (A) 10 Bf4 0-0! 11 Nxc5 bxc5 12 Bd6 Nd4 13 Qd3 Re8 with tactical play for Black, van Wely–Granada Zuñiga, Wijk aan Zee 1997 (14 b4? e5 ∓, 14 e5 Ng4 15 h3 Qh4!, 14 Bxc5? Nb3). (B) 10 Bd3 d6 11 0-0 0-0 =, Psakhis–Salov, USSR Chp. 1987.

(r) 12 0-0-0 d6 13 Kb1 0-0-0 14 Be2 Kb8 15 Rd2 g5 16 Bg3 ±, Tkachiev–Milos, Ar- gentina 1997.

(s) 7 d5?! exd5 8 cxd5 Nxd5 9 Bg5 Be7 10 Nb5 0-0 11 Nd6 Ne3! 12 fxe3 Bxf3 13 exf3 Bxg5 ∓, Dzhandzhava–Chernin, Lvov 1987.

(t) 8 Bg5 Be7 9 e3 0-0 10 Be2 Qb6 11 0-0 Rd8 12 Rfd1 d6 13 Rab1 Nbd7 14 b4 cxb4 15 axb4 Rac8 16 Qa2 a6 =, C. Hansen–Karpov, Biel 1992.

(u) 8 . . . d6 9 Rd1 Qb6 10 e3 Be7 11 Be2 0-0 12 0-0 Nbd7 13 Rd2 Rfd8 14 Rfd1 gives White pressure in the center, Portisch–Gulko, Reykjavik 1991. The col- umn is Bareev–Beliavsky, Linares 1993.

(v) 5 . . . exd5?! 6 cxd5 g6 7 e4! Nxe4 8 Bd3 Nf6 9 0-0 Bg7 10 Re1† Kf8 11 d6 Bb7 12 Nc3 with excellent play for the pawn, Benjamin–de Firmian, US Chp. 1986.

(w) Adventurous players may wish to try 6 Nc3!? Bxc4 7 e4 Bxf1 8 Rxf1 with an initiative for the pawn, Plaskett–M. Turner, Nottingham 1998.

(x) 6 . . . Qe7?! 7 Nc3 Bxc4 8 Bg5 exd5 9 e4! h6 10 Bxf6 Qxf6 11 exd5 Bxf1 12 Kxf1 d6 13 Re1† Be7 14 Qa4† Kf8 15 Qg4 Na6 17 Qd7 ±, Miles–Kudrin, London 1982.

(y) 7 . . . Bb7 8 e4 Qe7 9 Bd3 Nxd5 10 0-0 Nc7 11 Nc3 Qd8 12 Re1 Be7 13 e5 h6 14 Ne4 with a strong attack for the pawn, Short–Palmer, Kilkenney 1993.

(z) 12 Re1 Nbd7 13 h3 b5 14 Bf4 (14 e4 Qc8 15 Bf4 b4 =, Gelfand–Kasparov, Novgorod 1997) 14 . . . Qb6 15 e4 Rac8 16 Be3 Bb7 17 Nd2 ±, Chernin–Z. Almasi. Lillafured 1999.

QUEEN'S INDIAN DEFENSE

4 g3 Main Line

1 d4 Nf6 2 c4 e6 3 Nf3 b6 4 g3 Bb7 5 Bg2 Be7 6 0-0 0-0

	19	20	21	22	23	24
7	Nc3..d5(r)					
	Ne4...d5					exd5
8	Bd2...Qc2(k)			Ne5	Nh4	
	Bf6 ....f5			Nxc3	Na6(o)	c6
9	Rc1(a)		d5(h)	Qxc3	cxd5(p)	cxd5
	c5............Nxd2(e)		Bf6	c5(l)	exd5	Nxd5(s)
10	d5	Qxd2	Rc1(i)	Rd1(m)	Qa4	Nf5
	exd5	d6	Na6	d6	Qe8	Nc7
11	cxd5	d5	a3	b3	Qxe8	e4
	Nxd2(b)	e5	Nac5	Bf6	Rfxe8	d5
12	Nxd2	h4(f)	b4	Bb2	Bg5	Nc3
	d6	Nd7	Nxc3	Qc7	Rad8	Nba6
13	Nde4(c)	Bh3	Bxc3	Qc2	Nd3	Bf4
	Be5!(d)	a5(g)	Ne4(j)	Nd7(n)	c6(q)	Bf6(t)

(a) 9 Qc2 Nxd2 10 Qxd2 d6 11 e4 Nd7 12 d5 Qe7 13 Rfe1 Bxc3 14 Qxc3 e5 =, Petrosian–Karpov, Milan 1975.

(b) 11 ... Nxc3?! 12 Bxc3 d6 13 Nd2 Nd7 14 Nc4 (Lalić) leaves White with the initiative.

(c) 13 Nc4 Ba6 14 Qb3 Bxc4 15 Qxc4 Nd7 16 e3 a6 17 a4 Qe7 with counterplay, Vyzmanavin–Khalifman, USSR 1990.

(d) Better than the passive retreat 13 ... Be7 14 f4 Nd7 15 g4 a6 16 a4 with a big advantage in space, Karpov–Salov, Linares 1993. After 13 ... Be5 14 f4 (14 Qd2 Ba6 15 Rfe1 g6 =) 14 ... Bd4† 15 Kh1 Ba6 16 Rf3 (Yusupov–Z. Almasi, Germany 1994) 16 ... Qe7 gives Black equal chances.

(e) 9 ... d6 10 d5! Nxd2 (10 ... Nxc3 11 Bxc3 Bxc3 12 Rxc3 ±) 11 Nxd2 Kh8 12 Nde4 Bxc3 13 Rxc3 Nd7 14 f4 ±, Ftačnik–Karpov, Dubai 1986.

(f) 12 b4 a5 13 a3 Nd7 14 e4 g6 15 h4 Ba6 16 Nb5 h5 17 Rc2, draw agreed, Kasparov–Salov, Skelleftea 1989.

(g) 14 e4 Nc5 15 b3 Bc8 16 Bxc8 Qxc8 17 Kg2 with a small spatial advantage, Alterman–Ionov, Rostov 1993.

(h) 9 Qc2 Nxc3 10 Bxc3 Be4 11 Qd2 Bf6 12 Ne1 Bxg2 13 Nxg2 Qe7 14 Qd3 Qf7 15 e4 fxe4 16 Qxe4 d5 =, Inkiov–Prandstetter, Warsaw 1987.

(i) 10 Qc2?! Bxc3 11 Bxc3 exd5 12 cxd5 Bxd5 13 Rfd1 c6! 14 Bb4 d6 ∓, Adams–Tiviakov, match 1994.

(j) 14 Bxf6 Qxf6 15 Qd4! Ng5 16 Qxf6 Nxf3† 17 Bxf3 Rxf6 18 Rfd1 with an endgame edge, Ftačnik–Prandstetter, Warsaw 1987.

(k) 8 Nxe4 Bxe4 9 Ne1 Bxg2 10 Nxg2 d5 11 Qa4 Qd7 12 Qxd7 Nxd7 = has been the route to many a "grandmaster draw." Black can play 10 . . . f5 with a small disadvantage if he wants to avoid this sterile continuation.

(l) A good alternative is 9 . . . f5 10 b3 Bf6 11 Bb2 d6 12 Qd2 Nd7 13 Ne1 Bxg2 14 Nxg2 Bg5 15 Qc2 Nf6 16 d5 Qd7 =, Andersson–Ehlvest, Clermont Ferrand 1989.

(m) (A) 10 b3 Bf6 11 Bb2 cxd4 12 Nxd4 Bxg2 13 Kxg2 Nc6 14 Qe3 Qc8 =, Azmaiparashvili–Timman, Pula 1997. (B) 10 dxc5 bxc5 11 Rd1 d6 12 b3 Nc6 13 Bb2 Bf6 =, Najdorf–Gheorghiu, Buenos Aires 1970.

(n) 14 e4 Rac8 15 Qe2 Rfd8 16 Rd2 cxd4 17 Bxd4 Bxd4 18 Nxd4 a6 with just a minimal edge to White in a hedgehog-like position, Grivas–Z. Almasi, Moscow Ol. 1994.

(o) Black has serious troubles after 8 . . . Nbd7 9 cxd5 exd5 10 Qa4! Nxe5 11 dxe5 Ne8 12 Nxd5! Bxd5 13 Rd1 c6 14 e4 ±, Najdorf–Wexler, Buenos Aires 1965.

(p) 9 Bg5 c5 10 e3 Ne4 11 Bxe7 Qxe7 12 cxd5 exd5 13 Qa4 Nc7 =, Browne–Spassky, Tilburg 1978.

(q) 14 Rfd1 Nc7 15 Rac1 Ne6 16 Bxf6 Bxf6 17 e3 Re7 18 b4 ±, Boshku–Sunye Neto, Novi Sad Ol. 1990.

(r) Other moves give Black few problems: (A) 7 Qc2 c5 8 dxc5 bxc5 9 Nc3 d6 10 Rd1 Qb6 11 b3 Nc6 =, Grünfeld–Eliskases, Vienna 1935. (B) 7 b3 d5 8 cxd5 exd5 9 Bb2 Nbd7 10 Nc3 Re8 11 Rc1 a6 12 Rc2 Bd6 =, Lisenko–Adams, Dublin 1991. (C) 7 Re1 d5 8 cxd5 exd5 9 Nc3 c5 10 Bf4 Nbd7 11 Rc1 Ne4 =, Ivanchuk–van Wely, Monaco (blindfold) 1998.

(s) 9 . . . exd5 10 Nc3 Na6 11 Nf5 Nc7 12 Bf4 d6 13 Re1 Re8 14 Rc1 Bf8 15 Ne3 Qd7 16 Nexd5 ±, Lputian–Dzindzichasvili, Manila Int. 1990.

(t) 14 Nd6 Bc8 15 exd5 Bxc3 16 bxc3 Nxd5 17 Bxd5 exd5 18 Qxd5 Be6 =, Yusupov–Beliavsky, Munich 1990.

QUEEN'S INDIAN DEFENSE

4 g3 Bb7 and 4 g3 Bb4†

1 d4 Nf6 2 c4 e6 3 Nf3 b6 4 g3

	25	26	27	28	29	30
	Bb7				Bb4†	
5	Bg2				Bd2	Nbd2
	Be7		c5	Bb4†	Bxd2†(o)	Bb7(s)
6	Nc3		d5	Bd2(k)	Qxd2	Bg2
	Ne4(a)		exd5	Be7(l)	Ba6	0-0
7	Bd2		Nh4	Nc3	b3(p)	0-0
	Bf6	f5(e)	Na6(h)	0-0	c6(q)	d5(t)
8	Qc2(b)	d5	cxd5	0-0	Nc3	cxd5
	Nxd2	Bf6	d6	Na6	d5	exd5
9	Qxd2	Qc2	0-0	Rc1(m)	e4!	Ne5
	d6	Qe7	g6	d6	Nxe4	Re8(u)
10	d5	0-0	Nc3	Re1	Nxe4	Ndc4
	0-0	Na6	Bg7	c5	dxe4	c6!
11	Nd4	Rad1	f4(i)	e4	Ng5	Ne3
	Bxd4(c)	Nd6(f)	0-0	cxd4	Nd7	Bd6
12	Qxd4	dxe6	e4	Nxd4	Bg2	Nd3
	e5(d)	dxe6(g)	Re8(j)	Nc5(n)	Nf6(r)	g6(v)

(a) 6 . . . 0-0?! 7 Qc2 c5 8 d5 exd5 9 Ng5 h6 10 Nxd5 Bxd5 11 Bxd5 Nc6 12 Bxc6 ±, H. Olafsson–Stefansson, Icelandic Chp. 1993.

(b) 8 Rc1 Bxd4! 9 Nxd4 Nxc3 10 Bxb7 Nxd1 11 Rxd1 c6 12 Bf4 0-0 13 Bd6 Re8 14 Bxa8 Qc8 15 b4 Na6 16 b5 Qxa8 17 bxa6 c5 18 Nf3 Qe4 ∓, Karpov–Salov, Rotterdam 1989.

(c) 11 . . . e5 12 Nc6 Qd7 13 Nxb8 Rfxb8 14 h4 a5?! 15 a4 Rf8 16 e4 h5 17 0-0-0! ±, Karpov–Yusupov, Tilburg 1993.

(d) 13 Qd2 f5 14 0-0 f4 with chances for both sides, Petursson–Hjartarson, Reykjavik 1995.

(e) 7 . . . 0-0 8 d5! f5 9 Qc2 exd5 10 Nxd5 Nc6 11 0-0 a5 12 Rad1 ± (Lalić).

(f) 11 . . . Nb4?! 12 Qb3 a5 13 Nb5 0-0 14 Nxc7 Rac8 15 a3! Rxc7 16 axb4 Nxd2 17 Nxd2 Qxb4 18 Qxb4 axb4 19 d6! Bxg2 20 dxc7 Bxf1 21 Nxf1 Bxb2 22 Rxd7 Bf6 23 Rd6 ±, Schneider–Cosma, Belgrade 1995.

(g) 13 Qa4† Kf7 14 Be3 Nc5 15 Bxc5 bxc5 with chances for both sides, Petursson–Rozentalis, Malmö 1993.

(h) 7 . . . g6 8 Nc3 Bg7 9 0-0 0-0 10 Bg5 d6 11 Nxd5 Nc6 12 Qd2 Rb8 13 Rad1 Nd4 14 b3 b5 15 e3 ±, Farago–Adorjan, Hungarian Chp. 1995.

(i) 11 Qa4!?† Qd7 12 Qxd7† Kxd7 13 e4 leaves Black a bit uncomfortable in the ending.

(j) 13 Re1 Nc7 14 a4 Rb8 with chances for both sides, Adianto–Campora, Buenos Aires 1997.

(k) 6 Nbd2 transposes into column 30.

(l) An interesting exchange sacrifice arises after 6 . . . Bxd2† 7 Qxd2 0-0 8 Nc3 Ne4 (8 . . . d6 9 Qc2 and 10 e4 ±) 9 Qd3 Nxc3 10 Ng5! Ne4 11 Bxe4 Bxe4 12 Qxe4 Qxg5 13 Qxa8 Nc6 14 Qb7 Nxd4 15 Rd1 Qe5 16 e3 Nc2† 17 Ke2 ±, Novikov–Christiansen, Antwerp 1995.

(m) 9 Ne5 Bxg2 10 Kxg2 c5 11 d5 exd5 12 cxd5 Qb8! 13 Nf3 b5 14 Bg5 d6 =, P. Nikolić–Oll, Biel Int. 1993.

(n) 13 Qe2 Rc8 14 Red1 Qc7 15 Ndb5 Qb8 16 Bf4 ±, Vyzhmanavin–Scheider, Leningrad 1990. White has a pleasent hedgehog position.

(o) 5 . . . Be7 6 Bg2 c6 7 Bc3 d5 8 Nbd2 Nbd7 9 0-0 0-0 10 Re1 Bb7 =, Salov–Adams, France 1992. White does better with 6 Nc3! Bb7 7 Bg2 transposing into the previous column.

(p) 7 Qc2 c5 8 Bg2 Nc6 9 dxc5 bxc5 10 0-0 0-0 11 Rd1 Rb8 =, Cobo–Szabo, Varna 1962.

(q) 7 . . . Bb7 8 Bg2 c5 9 dxc5 bxc5 10 Nc3 0-0 11 0-0 Qe7 12 Rfd1 Rd8 13 Qd6 ±, Atalik–Oll, Nova Gorica 1999.

(r) 13 Nxe4 Nxe4 14 Bxe4 Bb7 15 0-0 0-0 16 Qe3 Qf6 17 Rad1 ±, Hjartarson–de Firmian, Akureyri 1994.

(s) 5 . . . Ba6 6 Qc2 Bb7 7 Bg2 Be4 8 Qb3 Bxd2† 9 Bxd2 0-0 10 0-0 d6 11 Qa3 Nbd7 12 Rac1 ±, Romanishin–Timman, Taxco 1985.

(t) Black is just a tad worse after 7 . . . Bxd2 8 Bxd2 d6 9 Qc2 Nbd7 10 Rad1 a5, Ftačnik–Donaldson, Oregon 1991.

(u) 9 . . . Bd6 10 Ndc4! Re8 11 Bg5 Be7 12 Ne3 h6 13 Bxf6 Bxf6 14 f4 ±, Gelfand–Georgadze, Uzhgorod 1987.

(v) 13 b4, D. Gurevich–Khalifman, Moscow 1992; now 13 . . . Nbd7 and . . . a5 gives Black equal chances.

QUEEN'S INDIAN DEFENSE

1 d4 Nf6 2 c4 e6 3 Nf3 b6 4 g3 Ba6

	31	32	33	34	35	36
5	b3..				Nbd2........	Qb3(q)
	Bb4†		Bb7..........	b5(j)	c5(m)	Nc6
6	Bd2......................		Bg2	cxb5	e4(n)	Nbd2
	Be7(a)		Bb4†	Bxb5	cxd4	Na5
7	Nc3..........	Bg2	Bd2	Bg2	e5	Qa4
	0-0(b)	c6(d)	a5	Bb4†(k)	Ng4	Bb7
8	e4	Bc3	0-0	Bd2	h3	Bg2
	d5	d5	0-0	a5	Nh6	c5
9	cxd5	Ne5(e)	Qc2(g)	0-0	Bg2	dxc5
	Bxf1	Nfd7	Na6(h)	0-0	Nc6	bxc5
10	Kxf1	Nxd7	Bg5	Re1	0-0	0-0
	exd5	Nxd7	Be7	Bc6	Be7	Qc7(r)
11	e5	Nd2	Nc3	a3	Qa4(o)	Re1
	Ne4	0-0	Nb4	Be7	Bb7	Nc6
12	Kg2	0-0	Qb2	Nc3	Nxd4	e4
	Qd7(c)	Rc8(f)	h6(i)	Ne4(l)	Qc7(p)	Bd6(s)

(a) 6 . . . Bxd2† 7 Qxd2 transposes into column 29.

(b) 7 . . . d5 8 cxd5 exd5 9 Bg2 0-0 10 0-0 c6 11 Ne5 Nfd7 12 Ng4 Nf6 13 Nxf6†
Bxf6 14 Bf4 ±, Atalik–Staneć, Pula 1997.

(c) 13 Qe2 Nxc3 14 Bxc3 c5 15 Rad1 Nc6 16 Rd2 Qe6 17 Rhd1 Rfd8 18 Ng1 Rac8
19 Nh3! ±, Hjartarson–L. B. Hansen, Copenhagen 1997.

(d) 7 . . . d5 8 Ne5 Bb7 9 0-0 0-0 10 Nc3 Na6 11 cxd5 exd5 12 Rc1 h6 13 Bf4 ±,
Beliavsky–Psakhis, Novosibirsk 1993.

(e) 9 Nbd2 Nbd7 10 0-0 0-0 11 Re1 c5 12 e4 dxc4! 13 bxc4 (13 Nxc4 Bb7 14 Qd3
Rc8 =) 13 . . . cxd4 14 Nxd4 Ne5! 15 Nxe6 fxe6 16 Bxe5 Bc5 with compensa-
tion for the pawn, Salov–Timman, Linares 1993.

(f) 13 e4 c5 14 exd5 exd5 15 dxc5 dxc4 16 c6 cxb3 17 Re1 b2 18 Bxb2 Nc5 with
chances for both sides, van der Sterren–Karpov, Wijk aan Zee 1998.

(g) 9 Bc3 d5 10 Ne5 Qc8! 11 Bb2 dxc4 12 Nxc4 Bxg2 13 Kxg2 Qb7† leaves Black
at least equal, Beliavsky–Karpov, Linares 1992.

(h) 9 . . . c5 10 dxc5 Bxc5 11 Nc3 d5?! 12 cxd5 exd5 13 Rad1 Na6 14 Qb1 Re8
15 Bg5±, P. Nikolić–Korchnoi, Tilburg 1987.

(i) 13 Bxf6 Bxf6 14 a3 Nc6 15 Qd2 d5 16 cxd5 exd5 17 e3 ±, Anand–Karpov,
Frankfurt 1998.

(j) 5 . . . d5 6 Bg5 dxc4 7 Ne5 Bb4† 8 Kf1! (8 Bd2 cxb3!) 8 . . . Bd6 9 Nxc4 Nd5 10 e4 Ne7 11 Bb2 Nbc6 12 Nbd2 e5 13 d5 ±, Huzman–Kasparov, Tel Aviv 1998.

(k) (A) 7 . . . d5!? 8 Nc3 Ba6 9 b4!? Bd6 (9 . . . Ne4 is sharper) 10 0-0 0-0 11 Rb1 Nbd7 12 Qc2 Qe7 13 a3 ±, Anand–Karpov, Frankfurt 1997. (B) 7 . . . Bc6 8 0-0 Be7 9 Bg5 0-0 10 Nc3 ±. (C) 7 . . . c5 8 0-0 Bc6 9 Ba3 Na6 10 Nbd2 Be7 11 Rc1 cxd4 12 Bxe7 Qxe7 13 Nc4 0-0 14 Qxd4 ±, van der Sterren–Timman, Dutch Chp. 1987.

(l) 13 Qc2 Nxd2 14 Qxd2 ±. The column is an improvement over Karpov–Christiansen, Wijk aan Zee 1993, which went 12 Qc2 Be4 13 Qb2 Nc6 14 Nc3 Bxf3! 15 Bxf3 Nxd4 16 Bxa8 Qxa8 ∞.

(m) Also good is 5 . . . Bb7 6 Bg2 Be7 7 e4 (7 0-0 0-0 8 Qc2 d5 =) 7 . . . Nxe4 8 Ne5 Bb4 9 Qg4 0-0 10 Bxe4 f5 11 Bxb7 fxg4 12 Bxa8 c6 =, Ivanchuk–Timman, Amsterdam 1994. White gains a slight plus though on 6 . . . c5 7 e4 cxd4 8 0-0! d6 9 Nxd4 Qd7 10 a4 Be7 11 a5 ±, Yermolinsky–A. Ivanov, US Chp. 1997.

(n) 6 Bg2 Nc6! 7 dxc5 (7 Ne5 Nxd4 8 Bxa8 Qxa8 =) 7 . . . bxc5 8 0-0 Bb7 =, Hellsten–Hjartarson, Bermuda 1997.

(o) 11 a3 Nf5 12 b4 Bb7 13 g4 Nh4 14 Nxh4 Bxh4 15 Ne4 Be7 16 Bg5 0-0 17 Bxe7 Nxe7 18 Qxd4 Ng6 =, Grivas–Aseev, Leningrad 1989.

(p) 13 Nb5 Qb8 14 Ne4 Nf5 15 Bf4 Nxe5 16 Rad1 f6 17 g4 a6 with chances for both sides, Grivas–Kalesis, Karditsa 1994.

(q) 5 Qa4 Bb7 6 Bg2 c5 7 dxc5 Bxc5 8 0-0 Be7 9 Nc3 Na6 10 Bf4 0-0 11 Rfd1 Nc5 12 Qc2 Qc8 13 Rac1 Nce4 =, Piket–Karpov, match 1999.

(r) 10 . . . Be7 11 Ne5! Bxg2 12 Kxg2 0-0 13 Ndf3 d6 14 Bd2 dxe5 15 Bxa5 ±, Soriz–Z. Almasi, Buenos Aires 1996.

(s) 13 Qc2 Ng4 14 b3 h5 15 Bb2 f6 with at least even chances for Black, Psakhis–Lobron, Baden-Baden 1992.

QUEEN'S INDIAN DEFENSE

Fourth-Move Alternatives for White

1 d4 Nf6 2 c4 e6 3 Nf3 b6

	37	38	39	40	41	42
4	e3...Nc3.........................Bf4					
	Bb7.......................c5			Bb7(l)		Bb7
5	Bd3		Nc3(i)	Bg5		e3
	Be7.........d5(e)		d6(j)	h6 ....Be7		Be7(r)
6	Nc3(a)	0-0	Be2	Bh4	Qc2(p)	h3
	d5	Bd6	a6	Be7(m)	d5	c5
7	0-0	Nc3	0-0	e3	Bxf6	Nc3
	0-0	0-0	Nbd7	Ne4	Bxf6	cxd4
8	b3(b)	Qe2(f)	Re1	Bxe7(n)	cxd5	Nxd4
	c5(c)	Nbd7(g)	Be7	Qxe7	exd5	0-0
9	Bb2	e4	Bf1	Nxe4	g3	Ndb5
	Nc6	dxe4	0-0	Bxe4	0-0	Ne8
10	Rc1	Nxe4	d5	Be2	Bg2	Nd6
	cxd4	Nxe4	e5	0-0	c5	Nxd6
11	exd4	Bxe4	Nd2	0-0	Rd1	Bxd6
	Rc8(d)	Bxe4(h)	Ne8(k)	d6(o)	Nc6(q)	Na6 =

(a) 6 0-0 0-0 7 b3 d5 8 Nbd2 c5 9 Bb2 Nc6 10 Rc1 Rc8 111 Qe2 cxd4 12 exd4 Re8 13 Rfd1 Bf8 14 h3 g6 =, Eingorn–Lutz, Ostend 1992.

(b) 8 Qe2 c5 9 dxc5 bxc5 = 10 e4?! d4 11 Nb1 Nbd7 12 e5 Bxf3 13 gxf3 Ne8 ∓, Osterdam–Karpov, Ljubjana 1975.

(c) Also reasonable is 8 . . . a6 9 Bb2 Nbd7 10 Qe2 Ne4 11 Rfd1 Bb4 12 Rac1 Qe7 =, Ibragimov–Chernin, France 1993.

(d) 12 Re1 Re8 13 cxd5 Nxd5 14 Nxd5 Qxd5 15 Be4 Qh5! (15 . . . Qd7? 16 Rxc6! and 17 Ne5 ±) 16 Ne5 Qxd1 17 Rexd1 Nxe5 18 Bxb7 Rxc1 19 Bxc1 Rd8 =, Petrosian–Peters, Lone Pine 1978.

(e) 5 . . . Bb4† 6 Nbd2 0-0 7 0-0 c5 8 a3 Bxd2 9 Bxd2 Ne4 10 Be1 d6 11 b4 Nbd7 is roughly equal, Dreev–Izeta, Spain 1992.

(f) 8 b3 Nbd7 9 Bb2 a6 10 Rc1 Qe7 11 Na4 dxc4 12 bxc4 c5 13 Ne5 Rab8 14 Qe2 Rfd8 =, Hjartarson–Gulko, Philadelphia 1997.

(g) A good alternative is 8 . . . Ne4, which stops the central break.

(h) 12 Qxe4 c5 13 Rd1 Qc7 14 Bg5 Rfe8 15 Qd3, draw agreed, Grivas–Stefansson, Gausdal 1993.

(i) 5 Bd3 d6 6 0-0 Nbd7 7 b3 Be7 8 Bb2 0-0 9 Nc3 g6 10 Qe2 a6 11 Rad1 Bb7 =, Ivkov–Romanishin, Moscow 1985.

(j) (A) 5 . . . Bb7 6 d5 d6 7 e4 Be7 8 g3 exd5 9 exd5 0-0 10 Bg2 a6 11 a4 Bc8 12 0-0 ±, Balashov–Borisenko, Novgorod 1995. (B) 5 . . . cxd4 6 exd4 Bb7 7 Bd3 d5 8 cxd5 Nxd5 8 Ne5! with threats, Kallai–Pinter, Hungary 1995.

(k) 12 f4 f5 13 g3 g6 14 Nf3 Bf6 =, Alburt–Ermenkov, New York 1980.

(l) 4 . . . Bb4 now or on the next two moves transposes into the Nimzo-Indian Defense (4 Nf3 b6).

(m) Equally good is 6 . . . g5 7 Bg3 Nh5 8 e3 Nxg3 9 fxg3 (9 hxg3 Bg7 =) 9 . . . Bg7 10 Bd3 Nc6 11 0-0 g4 12 Nh4 Qg5 13 Qe2 f5! 14 Bxf5! exf5 15 Rxf5 Qe7 16 Qf2 0-0-0 17 Rf7 Qg5 18 Rf5 =, Seirawan–Polugaevsky, Roquebrune 1992.

(n) 8 Nxe4 Bxe4 9 Bg3 0-0 10 Nd2 Bb7 11 Bd3 c5 =, Uhlmann–Simagin 1965.

(o) 12 Nd2 Bb7 13 Bf3 c5 14 Bxb7 Qxb7 15 Nf3 Nd7 =, Spassky–Salov, Linares 1990.

(p) 6 e3 c5 7 Bd3 0-0 8 0-0 cxd4 9 exd4 d5 10 Qe2 dxc4 11 Bxc4 Nc6 =, Kamsky–Korchnoi, Monaco 1994.

(q) 12 dxc5 d4! with chances for both sides, Seirawan–Christiansen, Santa Monica 1985.

(r) 5 . . . Bb4† 6 Nfd2 0-0 7 a3 Be7 8 Nc3 d5 9 cxd5 Nxd5 10 Nxd5 Bxd5 11 Rc1 c5 12 dxc5 Bxc5 13 Bc4 Bb7 =, Miles–Hübner, England vs. Germany 1979. The column is Djurić–Ornstein, Pamplona 1981, which presents no problems for Black.

BOGO-INDIAN DEFENSE

1 d4 Nf6 2 c4 e6 3 Nf3 Bb4†

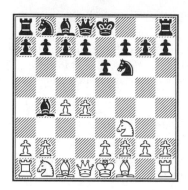

NAMED AFTER THE WORLD TITLE contender of the 1930s, Efim Bogolybov, this opening is an alternative to the Queen's Indian Defense of which it is a close relation. Black develops his kingside with 3 . . . Bb4† and either exchanges bishops, lessening worries of a cramped position, or forces the White queen's knight to d2, where it is less active. White could transpose into the 4 Nf3 variation of the Nimzo-Indian if he replies with 4 Nc3, but this is usually what he wishes to avoid with 3 Nf3.

The Bogo-Indian is a safe defense, quite as safe as the Queen's Indian, as evidenced by decades of use from the ultra-safe Swedish champion, Ulf Andersson. Its recent advocate, Micky Adams of England, has added some dynamic ideas on the Black side, though he, too, uses the defense to avoid losing.

4 Bd2 (columns 1–6) puts the question to Black, whether to exchange immediately or to protect the bishop. 4 . . . Qe7 (columns 1–2) would allow White the extremely drawish exchanges of 5 Bxb4 Qxb4† 6 Qd2 Qxd2† etc., though he usually tries for the advantage. Against White's fianchetto Black counters with a dark-square strategy in the center. The immediate exchange, 4 . . . Bxd2† (column 3), either follows a similar strategy or contests the center with . . . d5 (note h). With 4 . . . a5 (columns 4–5) Black again follows the strategy of placing pawns on dark squares (in anticipation of the dark-squared bishop exchange), but here he first directs attention to the queenside. The odd-looking 4 . . . c5 was popular in the 1980s but has since lost favor.

With 4 Nbd2 (columns 7–12) White plans to gain the bishop pair. Black avoids this by retreating the bishop only in column 7 at the cost of less space. Columns 8–12 offer Black various strategies after exchanging the bishop for the knight on d2. Columns 8 and 11 are Queen's Indian–type plans with ... b6. Column 9 is the strategy of placing pawns on the central dark squares. Column 10 is a thrust in the center with ... c5 and column 12 a thrust with ... d5.

BOGO-INDIAN DEFENSE

1 d4 Nf6 2 c4 e6 3 Nf3 Bb4† 4 Bd2

	1	2	3	4	5	6
	Qe7.......................Bxd2†.......a5...........................c5					
5	g3............Nc3 Nc6	Nc3 0-0	Qxd2 0-0	g3(l) d5 ....0-0(o)		Bxb4(s) cxb4
6	Bg2 Bxd2†	g3(d) d6	g3 d6(h)	Qc2 Nc6	Bg2 b6(p)	Qd3(t) d6(u)
7	Nbxd2(a) d6	Bg2 Bxc3	Bg2 Nc6(i)	Bg2(m) dxc4	0-0 Ba6	e4 0-0
8	0-0 a5(b)	Bxc3 Ne4(e)	Nc3 e5	Qxc4 Qd5	Qc2 c5	Nbd2 a5
9	e4 e5	Rc1(f) Nc6	d5 Ne7(j)	Qxd5 exd5	Rd1 Ra7	e5 dxe5
10	d5 Nb8	0-0 Nxc3	0-0 Ng6	Nc3 a4	e4(q) cxd4	Nxe5 Nfd7
11	Ne1 h5(c)	Rxc3 e5(g)	Ne1 Ng4(k)	0-0 Bf5(n)	Bxb4 axb4(r)	Ndf3 Nxe5(v)

(a) 7 Qxd2?! Ne4 8 Qc2 Qb4† 9 Nc3 Nxc3 10 Qxc3 Qxc3† ∓.

(b) Black plays for a dark-square blockade with his king in the center. White holds the edge after the more natural 8 . . . 0-0 9 e4 e5 10 d5 Nb8 11 Ne1 a5 12 Nd3 Bg4?! (12 . . . Bd7 ±) 13 Qe1! Na6 14 f4 exf4 15 gxf4 ±, Volkov–Loginov, Kstovo 1977.

(c) Black has good chances for equality: (A) 12 h3 h4 13 g4 Nbd7 14 Nd3 g5 15 b3 Nf8 16 a3 Ng6 17 Re1 0-0 18 b4 Bd7 19 f3 b6 20 Qc2 c5 =, Piket–Shaked, Tilburg 1997. (B) 12 h4 Bg4 13 f3 Bd7 14 a3 Na6 15 Rb1 c6 17 Rf2 Nc5 =, Meduna–Ianov, Hlohove 1995. (C) 12 Nd3 h4 13 Rc1 b6 =.

(d) 6 e3 Bxc3 7 Bxc3 Ne4 8 Rc1 Nxc3 9 Rxc3 d6 10 Be2 e5 11 0-0 Nd7 leaves White with more space, though Black has a fairly solid position.

(e) Black exchanges on c3 and plays . . . Ne4 before White has castled, so that Be1 is not possible.

(f) Also 9 Qc2 f5 10 0-0 Nd7 11 Rac1 e5 12 b4 is slightly better for White.

(g) 12 d5 Nb8 (12 . . . Nd8 13 Nd2 ±) 13 Nd2 a5?! (13 . . . Nd7 ±) 14 c5! Bd7 15 Nc4 Bb5 16 Qb3 Bxc4 17 Qxb7! ±, Razuvaev–Benjamin, Moscow 1987.

(h) 6 . . . d5 7 Bg2 Nbd7 8 0-0 c6 9 Rc1 Qe7 10 Qe3 dxc4 (10 . . . Rfe8 11 Nbd2 e5 12 dxe5 ±) 11 a4 Re8 12 Na3 e5 13 Nxc4 e4 14 Nfe5 Nxe5 15 dxe5 ±, Bacrot–Andersson, Pamplona 1997/98.

576

(i) 7 . . . Nbd7 8 Nc3 e5 9 0-0 a5 10 dxe5 dxe5 11 Rfd1 Re8 12 Ng5 Ra6 13 Nb5 ±, Farago–Manca, Bolzano 1997.

(j) No better is 9 . . . Nb8 10 0-0 a5 11 Ne1 with the typical slight edge for White.

(k) 12 f3 Nh6 13 Nd3 f5 14 f4 exf4 15 Nxf4 Nxf4 16 Rxf4 Bd7 17 e4 ±, Skembris–Andersson, Bor 1997.

(l) (A) 5 e3 b6 6 Bd3 Bb7 7 0-0 0-0 8 Nc3 d6 9 Qe2 Nbd7 10 a3 Bxc3 11 Bxc3 Ne4 =, Lein–Christiansen, Lone Pine 1981. (B) 5 Nc3!? d6 6 Qc2 Nc6 7 a3 Bxc3 8 Bxc3 0-0 9 e4 e5! 10 dxe5 dxe5 11 Nxe5 Nxe5 12 Bxe5 Re8 13 Rd1 Qe7 14 Bxf6 gxf6! 15 Be2 f5=, Züger–Andersson, Prague 1996.

(m) 7 a3 Be7 (7 . . . Bxd2† 8 Nbxd2 dxc4 9 Qxc4 0-0 10 Rc1 ±) 8 Bg2 0-0 9 0-0 Bd7 10 Bf4 dxc4 11 Qxc4 Nd5 12 Nc3 Nxf4 13 gxf4 ±, Sakaev–Taimanov, St. Petersburg 1995.

(n) 12 Rfd1 0-0 13 Be1 Rfe8 14 e3 Bxc3 15 Bxc3 Be4 16 Rac1 with an endgame edge for White, Horvath–Landenbergue, Mitropa Cup 1990.

(o) 5 . . . d6 6 Bg2 Nbd7 7 0-0 e5 8 Bg5 exd4 9 Nxd4 h6 10 Bf4 0-0 11 a3 Bc5 12 b3 Ne5 13 Nc3 Ng6 14 Bc1 c6 15 Bb2 Re8 16 Rc1 is good for White, Flear–Wilder, London 1987.

(p) 6 . . . d5 7 Bxb4 axb4 8 Nbd2 b6 9 0-0 c5 10 Qc2 Nbd7 11 Rfd1 Bb7 12 cxd5 exd5 13 dxc5 bxc5 14 e4! dxe4 15 Ng5 Qe7 16 Ngxe4 gives White the better pawn structure, Nedobora–Guimaraes, Adimar 1995.

(q) White probably does better with 10 Bg5, retaining chances for some advantage.

(r) 12 e5 Ne8 13 Rxd4 Nc6 = 14 Rh4?! h6 15 Nbd2 d6 16 exd6 Nxd6 17 Nd4 Ne7 and White's rook on h4 is misplaced, Yusupov–Lobron, Germany 1991.

(s) (A) 5 dxc5 Bxc5 6 e3 0-0 7 Nc3 b6 8 Be2 Bb7 9 0-0 Be7 10 a3 d6 11 Qc2 Nbd7 12 Rfc1 a6 =, Scherrer–Lehtivara, Switzerland 1992. (B) 5 a3 Bxd2† 6 Qxd2 cxd4 7 Nxd4 0-0 8 Nc3 d5 9 e3 e5 10 Nf3 e4 11 Nd4 dxc4 12 Bxc4 ±, Miles–Korchnoi, Biel 1992.

(t) Or 6 g3 0-0 7 Bg2 Nc6 8 0-0 d6 9 Nbd2 Qb6 10 e3 Bd7 11 h3 Rac8 12 g4 h6 13 Qe2 a5 14 Rfc1 ±, Piket–I. Sokolov, Antwerp 1997.

(u) 6 . . . d5?! 7 Nbd2 allows White control of too many squares. A timely exchange on d5 will upset Black's pawn structure.

(v) 12 Nxe5 Nc6 13 Rd1 Bd7 14 Be2 Nxe5 15 dxe5 ±, Ilincić–Drasko, Pula 1997.

BOGO-INDIAN DEFENSE

1 d4 Nf6 2 c4 e6 3 Nf3 Bb4† 4 Nbd2

	7	8	9	10	11	12
	0-0.........................d6 ....c5............b6............d5					
5	a3 Be7 ....Bxd2†	Bxd2†	a3(h) Bxd2†	a3(l) Bxd2†	a3 Bxd2†	Qa4†(s) Nc6
6	b4(a) d5	Qxd2(e) b6(f)	Qxd2(i) Nbd7	Qxd2 cxd4	Bxd2(o) Bb7	a3(t) Bxd2†(u)
7	Qc2 Nbd7(b)	e3 Bb7	e3 e5	Qxd4 Nc6	Bg5 d6	Bxd2 Ne4
8	c5 c6	Be2 d6	dxe5 dxe5	Qd6(m) Ne4	e3 Nbd7	Rd1 0-0
9	e3 Qc7	b4 a5	b4 e4(j)	Qd3 d5	Qc2(p) c5(q)	e3 Ne7
10	Bb2 b6	Bb2 Ne4	Nd4 Ne5	e3 0-0	Rd1 Qc7	Bd3 b6
11	Bd3 bxc5(c)	Qc2 axb4	Bb2 0-0	Qc2 Qa5†	Be2 0-0	0-0 Bb7
12	bxc5 a5(d)	axb4 Rxa1(g)	Be2 Qe7(k)	Nd2 Rd8(n)	0-0 Rac8(r)	c5 a5(v)

(a) White has a serious alternative in 6 e4. Now 6 . . . d6 7 Bd3 Nbd7 8 b4 e5 9 Bb2 is simply better for White. 6 . . . d5 7 e5 Nfd7 8 cxd5 exd5 9 b4 a5 10 b5 c5 11 bxc6 bxc6 12 Be2 c5 13 dxc5 Nc6 14 0-0 a4 15 Bb5 Ndxe5 was about equal in Piket–I.Sokolov, Antwerp 1996, but 7 Qc2 dxe4 8 Nxe4 Nc6 9 Bd3 Nxd4 10 Nxd4 Qxd4 11 Nxf6† Bxf6 12 Bxh7† Kh8 13 Be4 Bd7 14 Rb1 Bc6 15 Bxc6 left White with the better pawn structure in C. Hansen–Yusupov, Munich 1992.

(b) 7 . . . a5 8 b5 dxc4 9 e4 c5 10 Bb2 b6 11 Bxc4 ±.

(c) Black may be able to equalize with Krasenkov's suggestion of 11 . . . a5 12 0-0 Ba6.

(d) 13 0-0 Ba6 14 Bxa6 Rxa6 15 a4 with a small advantage for White, Krasenkov–Wahls, Germany 1998.

(e) 6 Bxd2 b6 7 Bg5 Bb7 8 e3 d6 9 Be2 Nbd7 10 0-0 Qe8 11 Nd2 Ne4 12 Nxe4 Bxe4 13 f3 leaves White with a slight spatial advantage, P. Cramling–Tempone, Buenos Aires 1994. Black could improve slightly by 10 . . . Re8 with the plan of . . . h6, . . . Nf8 and . . . Ng6.

(f) 6 . . . d6 7 b4 Nbd7 8 Bb2 Ne4 9 Qc2 f5 10 g3 Ndf6 11 Bg2 Qe8 12 0-0 Bd7 13 Nd2 Qg6 14 Nxe4 Nxe4 15 a4 ±, Seirawan–Magay, Moscow Ol. 1994.

(g) 13 Bxa1 Nd7 14 0-0 Ng5 15 Nd2 f5 16 f3, with only a minor edge for White, Siegel–Horvath, Germany 1995.

(h) 5 g3 0-0 6 Bg2 Qe7 7 0-0 Bxd2 (8 Nb3 would have been next) 8 Qxd2 e5 9 b3 Re8 10 dxe5 dxe5 11 Bb2 Nc6 12 Rad1 h6 =, Browne–Goldin, Los Angeles 1991.

(i) White gets nowhere with 6 Bxd2 Nbd7 7 Bg5 h6 8 Bh4 Nf8 and . . . Ng6 =.

(j) After 9 . . . 0-0 10 Bb2 Qe7 11 0-0-0 White's bishop pair give him the advantage.

(k) 13 Qc3 Re8 14 0-0-0 Bg4 15 f3 exf3 16 gxf3 Bh5 17 Rhg1 Bg6 18 f4! puts Black in difficulties (analysis by Walter Browne).

(l) (A) 5 g3 b6 (5 . . . cxd4!) 6 a3 Bxd2† 7 Qxd2 Bb7 8 Bg2 0-0 9 0-0 d6 10 b3 Nbd7 11 Bb2 Qc7 12 Rac1 Rac8 13 Rfd1 ±, Bjarnason–Thorarinsson, Iceland 1996. (B) 5 e3 cxd4 6 exd4 b6 7 Bd3 Bb7 8 0-0 0-0 is about equal.

(m) 8 Qh4 0-0 9 Bg5?! Qa5† 10 Bd2 Qf5 11 e3 Qc2! ∓, Prie–Korchnoi, Mewdon 1984.

(n) 13 Rb1 Ne5 14 b4 Qc7 15 Nxc4 dxe4 16 Qxe4 f5 17 Qc2 b5 18 c5 Bb7 19 f3 with only a small pull for White as Black has active pieces, M. Gurevich–Miezis, Vlissengen 1997.

(o) 6 Qxd2?! Bb7 7 g3 d5 8 cxd5 Bxd5 9 Bg2 a5 10 0-0 0-0 11 Qc3 Nc6 12 Bg5 h6 13 Bxf6 Qxf6 14 Re1 Be4 =, Seirawan–Granada Zuñiga, Amsterdam 1995.

(p) 9 Bh4!? 0-0 10 Bd3 c5 11 0-0 cxd4 12 exd4 d5 13 cxd5 Bxd5 14 Ne5 Qc7 15 Qe2 Rac8 16 Rfe1 Bb7 17 Rad1 Nd5 18 Qh5 N7f6 is about equal, Karpov–Andersson, Biel 1990.

(q) 9 . . . h6!? 10 Bh4 Qe7 11 Bd3 g5 12 Bg3 h5 13 h3 Rg8 14 0-0-0 h4 15 Bh2 g4 16 Nxh4 gxh3 17 Bg3 hxg2 was at least equal for Black in P. Cramling–Arnason, Haninge 1989. This looks like a good alternative for Black.

(r) 13 Bh4 Be4 14 Qd2 Rfe8 15 Bg3 e5 16 dxe5 dxe5 17 Nh4 h6 18 f3 Bh7 19 Bd3 Bxd3 20 Qxd3 Nf8 21 Qd6 ±, Epishin–Andersson, Malmö 1994.

(s) (A) 5 a3 Be7 6 Qc2 Nbd7 7 e3 0-0 8 b4 a5 9 Rb1 axb4 10 axb4 b6 11 Bd3 c5 12 dxc5 bxc5 13 b5 Bb7 14 0-0 Bd6 15 Bb2 h6 is roughly equal, I. Sokolov–Hraček, Oarnu 1996. (B) 5 Qc2 0-0 6 a3 Be7 7 g3 a5 8 Bg2 Nc6 9 0-0 dxc4 10 Qxc4 a4 11 Rd1 Bd7 12 Qd3 h6 13 Nc4 ±, Grivas–Angelis, Katerina 1993, but Black's play is suspect. (C) 5 e3 0-0 6 a3 Be7 7 Bd3 c5 8 dxc5 a5 9 b3 Nbd7 10 Bb2 Nxc5 11 Bc2 b6 12 0-0 Ba6 13 Ne5 =, P. Cramling–C. Hansen, Malmö 1996.

(t) 6 Ne5?! Bd7 7 Nxc6 Bxd2† 8 Bxd2 Bxc6 9 Qc2 dxc4 10 Qxc4 Ne4 11 Be3 Nd6 and Black has good play on the light squares, Korchnoi–Kalesis, Arno Liosia 1995.

(u) 6 . . . Be7 7 Qc2 0-0 8 e3 a5 9 b3 Nb8 10 Bb2 c6 11 Bd3 Nbd7 12 0-0 b6 13 cxd5 cxd5 14 Ne5 Bb7 15 Nc6 ±, Karpov–Adams, Roquebrune 1992.

(v) 13 cxb6 cxb6 14 Rc1 Nf5 15 Rc2 Nfd6 16 Rfc1 f6 17 Be1 Ba6 18 Bxa6 Rxa6 =, Greenfeld–Korchnoi, Beersheba 1995.

KING'S INDIAN DEFENSE

1 d4 Nf6 2 c4 g6

THE KING'S INDIAN DEFENSE was developed during the "hypermodern" era of the 1920s, and came into prominence in the 1940s when Bronstein, Boleslavsky and Reshevsky scored brilliant victories with it. The opening reached the peak of its popularity in the 1970s after Fischer became World Champion, as it was his main defense to the queen pawn. Nunn and Kasparov were its later champions, and today many aggressive young grandmasters keep the King's Indian in the forefront of modern chess opening theory.

Black cedes the center in the first few moves, preparing to attack it once his forces are partially mobilized. The most usual break in the center is the pawn thrust . . . e5, although . . . c5 is not infrequent. When White responds to . . . e5 with d5, the locked center may give rise to pawn storms on opposite sides of the board, the winner being the first to successfully break through with an attack. Pawn and even piece sacrifices in the interest of the initiative are commonplace, to the point of becoming established theory.

The wild play of blocked centers may encourage White in two other directions. He can just maintain the pawn on d4, leaving the choice with Black, to cede the higher center to White with . . . exd4, or further continue the tension. Tactics here can also explode at any moment. Or White can himself exchange on e5, leading to relatively stable play. While objectively nothing special, this sort of position can be psychologically distasteful for the combative King's Indian practitioner.

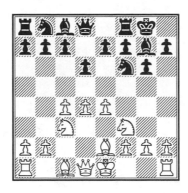

The Classical Variation, 3 Nc3 Bg7 4 e4 d6 5 Nf3 0-0 6 Be2 (cols. 1–42, see above diagram), has managed through the waxing and waning of its viability to accumulate a massive pedigree, culminating in its current feverish popularity. The main line, 6 . . . e5 7 0-0 Nc6 8 d5 Ne7 9 Ne1 (cols. 1–6), still leads combatants to move 25 and beyond before novelties are sprung. The zenith of fashion for the last couple years is the Bayonet Attack, 9 b4, when Kramnik's taciturn answer to 9 . . . Nh5, 10 Re1 (cols. 7–9) continues to give Black trouble, while the older 10 g3 (cols. 10–14), 10 c5 (cols. 15–16) and 10 Nd2 (col. 17) deserve attention as well. 9 Bd2 (cols. 19–21), a sort of waiting developing move, survived Taimanov's 0-3 score with it against Fischer in 1971 and is still seen, while 9 Nd2 (cols. 22–24), the new main line of the 80s and early 90s, just isn't seen much anymore, whether played to oblivion or a fertile ground for future rehabilitation remains to be seen. 9 Bg5 (cols. 25–26) intends a coherent plan, development while diluting Black's attacking pieces; 9 Kh1 (col. 27) was a typical Larsen theory sidestep without much bite.

And finally for the Main Line with 7 . . . Nc6, trying to avoid the blocked center for at least a while with 8 Be3 may have caused Fischer repeated headaches in the 1960s, but it just hasn't been a problem of late.

Black may well choose alternatives at move 7; 7 . . . Nbd7 (cols. 31–32) is a solid line, with plenty of sharp variations of its own, but White frequently retains a spatial edge. 7 . . . Na6 (cols. 33–34) tries to put an esoteric spin on the position, perhaps at the cost of total soundness. And 7 . . . exd4, while encouraging some wild skirmishes in the center, risks serious compromise.

White's earlier alternatives to castling are worth attention. 7 d5 (cols. 37–38) is the Petrosian System, which forces Black to maneuver before kingside play can be begun. Kramnik helped its cause with a brilliant win against Kasparov a few years ago, though the opening was not convincing. 7 dxe5 (cols. 39–41) is the aforementioned quiet exchange line. Even without queens or pawn tension the play can get exciting, but endgame features are likely. And finally for the Classical, certain players of Black prefer 6 . . . Bg4 (col. 42), keeping central options open.

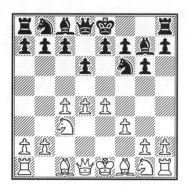

The Sämisch Variation (cols. 43–48, see above diagram), 5 f3, rejects immediate development in favor of securing posts for both queen bishop and king knight without harassment by . . . B/Ng4, plus the possibility of a quick kingside attack with g2-g4. But Black has a wealth of plausible responses that stretch the credibility of White's premise. The most complicated reply is the Panno line 5 . . . 0-0 6 Be3 Nc6 (cols. 43–44), when the thicket of possibilities increases for both sides. Alas, we can only scratch the possibilities here. Black can as usual play 6 . . . e5 (col. 45), when recent games seem to prefer 7 Nge2 keeping the tension. And the various moves 6 . . . c5 (col. 46), 6 . . . a6 (col. 47), 6 . . . Nbd7 and 6 . . . b6 all avoid the usual King's Indian plan . . . e5 in an attempt to embarrass White. 6 . . . c6 (col. 48), the Byrne Variation, shows a less common but mostly successful plan, . . . a6 and . . . b5.

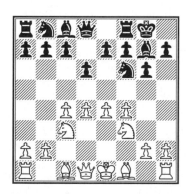

The Four Pawns' Attack 5 f4 0-0 6 Nf3 (cols. 49–54, see above diagram) is the grandiose response to the King's Indian's central disregard; 6 . . . e5 (col. 54) now leads to definite problems. Black's traditional reply was for years 6 . . . c5, when White chooses between a Benoni-like 7 d5 (col. 49) with sharp play, or more restrained attempts at a bind with 7 dxc5 (col. 50) or 7 Be2 (cols. 51–52). Free thinking produced 7 . . . Na6 (col. 53) to get . . . e5 in after all; this is more in line with the spirit of the King's Indian.

582

White's other fifth moves are covered in columns 55–60. 5 h3 (cols. 55–56) takes a moment to stop Black from harassing via g4 again, but keeps open Nf3. After 5 . . . 0-0 White has various choices (6 Nf3 col. 55, 6 Be3 note d, 6 Bg5 col. 56), when Black also has the frequent choice between King's Indian and Benoni structures. The Averbakh, 5 Be2 0-0 6 Bg5 (cols. 57–58), is no longer popular with the top players. While it pressures Black for a while in the old 6 . . . c5 lines, equality is the eventual result; plus, the recent 6 . . . Na6 idea again might let Black play à la King's Indian with . . . e5. The lines 5 Bd3 0-0 6 Nge2 (col. 59) and 5 Nge2 0-0 6 Ng3 both have their adherents among the avoiders of main lines, but solutions for Black have been found.

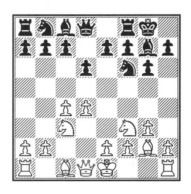

The Fianchetto System, 3 g3 Bg7 4 Bg2 0-0 5 Nc3 d6 6 Nf3 (cols. 61–78, see above diagram), is a more positional approach to the center. White also postpones central expansion until he has completed his kingside development. Black's classical approach, 6 . . . Nbd7 7 0-0 e5 (cols. 61–66), heads for pressure on d4 while sidestepping a knight attack with d5. White typically continues 8 e4 c6 9 h3 to hold the center, when the most usual result is the eventual exchange . . . e5xd4 Nxd4. It would seem that the pawn at d6 is then weak, but just as often the e4 pawn comes under fire. White can try to avoid creating a target with 8 Qc2 Re8 9 Rd1, but must be prepared to handle 9 . . . e4!? 10 Ng5 e3!? with complications.

Black's main alternative is the complex of variations beginning with 6 . . . Nc6. After 7 0-0, the Uhlmann Variation, 7 . . . e5 is no longer considered theoretically comfortable. Sharpest and most popular is 7 . . . a6, known as the Panno Variation (cols. 68–71). White can force serious imbalances with 8 d5 Na5 9 Nd2 c5 10 Qc2 (col. 69) or continue to crouch with 8 h3 Rb8 9 Be3 (col. 71). In both cases play is razor-sharp, with positional collapse looming at the first slip. Still occasionally seen is the 6 . . . c5, the Yugoslav Variation (cols. 73–74). 7 d5 (col. 73) can lead to a similar line to the Panno after 7 . . . Na5 8 Nd2 e5, but most players of Black find the relatively colorless symmetrical line 7 dxc5 dxc5 (col. 74) reason enough to avoid the Yugoslav. 6 . . . c6 7 0-0 Qa5, the Soltis Variation (cols. 75–77), still gets played, though it seems to leave White too many options to get a space advantage.

Finally, Black may have chosen the King's Indian structure against the fairly popular 2 Nf3 g6 (cols. 79–84). Of course White has a wide selection of moves here; the most common are 3 Bg5, the Torre Attack (cols. 79–80) and 3 Bf4, the London Attack (col. 81). These lines are a popular subject for "How to Win as White" books, but objectively cannot be as good as the more aggressive lines considered earlier.

KING'S INDIAN DEFENSE

Classical Variation, Main Line

1 d4 Nf6 2 c4 g6 3 Nc3 Bg7 4 e4 d6 5 Nf3 0-0
6 Be2 e5 7 0-0 Nc6 8 d5 Ne7 9 Ne1 Nd7(a)

	1	2	3	4	5	6
10	Nd3(b) f3					
	f5				f5	
11	Bd2				g4(r)	
	Nf6(c)				Nf6 .... a5(v)	
12	f3				Nd3	Nd3
	f4 .... c5(l)				c6	Nc5
13	c5 .... g4		g4(m)		Nf2(s)	Nc5
	g5(d)		g5(h)	Kh8	Kh8	dxc5
14	cxd6		b4	Rb1	Bd2(t)	Be3
	cxd6		h5	a5	a5	b6
15	Rc1 .... Nf2(f)		h3	b3(n)	a3	exf5
	Ng6	h5	Kf7(i)	Bd7	Bd7	gxf5
16	Nb5	h3	Be1	Kh1	Rb1	Qe2
	Rf7	Rf7	Rh8	Nfg8	Qb8	Ng6
17	Qc2	Qc2	Kg2	Rg1	b3	Kh1
	Ne8	a6	Ng6	h6?!(o)	Rf7	Bd7
18	a4	a4	Bf2(j)	gxf5(p)	Qc1	Rg1
	Bf8(e)	Bf8(g)	a5(k)	gxf5(q)	Qc7(u)	fxg4(w)

(a) 9 . . . Ne8!? has its pluses and minuses. While it doesn't slow down the c5 push it defends c7. 10 f4!? (this is good when Black's Nf6 strays from e5) 10 . . . exf4 11 Bxf4 h6 12 Nf3 g5 13 Be3 f5 14 exf5 Nxf5 15 Bf2 and Black's position is loose. A Korchnoi favorite after 9 . . . Ne8 is 10 Be3, e.g. 10 . . . f5 11 f3 f4 12 Bf2 g5 13 c5 Ng6 14 a4 Rf7 15 Nd3 Bf8 16 a5 Rg7 17 a6 and White was better in Korchnoi–van Wely, Antwerp 1997.

(b) 10 Be3!? f5 11 f3 f4 12 Bf2 g5 13 Rc1 (13 Nd3 Nf6 14 c5 Ng6 15 a4 Kh8 16 a5 Rg8 17 cxd6 (17 a6!?) 17 . . . cxd6 18 Nb5 g4! 19 fxg4 Nxe4 20 Bxa7 Bd7 21 Bb6 Qe7 22 Nc7 Raf8 gave Black good play in Korchnoi–Lanka, Linz 1997) 13 . . . Ng6 14 c5!? Nxc5 15 b4 Na6 16 Nd3 Rf7 17 Nb5 Bd7 18 a4 Qe8 19 Nb2 gains White queenside play for the pawn, Piket–Ivanchuk, Wijk aan Zee 1999.

(c) 11 . . . f4!? 12 Bg4!? allows White to take control of crucial light squares.

(d) 13 . . . c6?! doesn't make a lot of sense since Black collapses his own pawn chain. White's best is 14 cxd6 Qxd6 15 dxc6 Nxc6 16 Nb5! Qe7 17 Nb4 Be6 18 Nxc6 bxc6 19 Na3 ±, Ftačnik-Gufeld, Tallinn 1981.

(e) Black's position is solid, with attacking possibilities on the kingside.

(f) With 15 Nf2 White anticipates Black playing for . . . g4 and aims to shut him down.

(g) 19 a5 Rg7 20 Na4 g4 21 Nb6? (21 fxg4 was forced) 21 . . . gxh3 22 Nxa8 Rxg2† 23 Kh1 Qe8! was winning in Sosonko–Gadjilu, Pula 1997.

(h) 13 . . . fxg3?! 14 hxg3 (now it is very difficult for Black to generate any attack) 14 . . . c6 15 Be3 h6 16 Kg2 g5 17 Nf2 cxd5 18 cxd5 ±, Lutz–Fedorowicz, Porz 1988.

(i) 15 . . . Ng6 16 Be1 Rf7 17 Kg2 Bf8 18 Rh1 Rh7 19 Bf2 Bd7 20 Rc1 Be7 21 Qb3 Kg7 22 c5 Qh8 23 a4 hxg4 24 hxg4 Nh4† 25 Bxh4 Rxh4 =, Hjartarson–Fedorowicz, World Open 1991.

(j) 18 c5 hxg4 19 hxg4 Nh5! and Black seized the initiative in Gelfand–Kasparov, Reggio Emilia 1991, as taking the knight is too dangerous: 20 gxh5 Rxh5 21 Rh1 (21 Nf2 Nh4†! 22 Kg1 Qh8 with a strong attack) 21 . . . Rxh1 22 Kxh1 Qh8† 23 Kg2 Qh5 24 Bf1 g4 ∓.

(k) 19 a3 hxg4 20 hxg4 Nh4† 21 Bxh4 Rxh4 22 Rh1 Qh8 and after the trade of major pieces the position is equal.

(l) Black tries to slow down White's queenside play before embarking on his own kingside activity. 12 . . . h5 13 exf5 gxf5 14 f4 e4 15 Nf2 Ng4 16 Nxg4 fxg4?! (16 . . . hxg4 17 Be3 ⩲) 17 Nxe4 Bxb2 18 Rb1 Bd4† 19 Kh1 ±, Shirov–Nunn, Germany 1991.

(m) Now it is White who plays to slow down Black's kingside attack before starting on the queenside. Alternatives: (A) 13 Rb1 a5 (13 . . . f4 14 b4 b6 15 bxc5 bxc5 16 Nb5 a6 17 Nc3 g5 18 Na4 Ng6 19 Nb6 Ra7 20 Nxc8 ±, Sosonko–Schmidt, Holzoster am See 1981) 14 a3 keeps an edge for White. Corfield–Dartnell, corr. 1990, continued 14 . . . b6 15 b4 axb4 16 axb4 Kh8 17 Qb3 Bd7 18 Nf2 Qc7 19 Ra1 f4?! 20 Rfb1 Rfc8 21 Nfd1 Ne8 22 Rxa8 Rxa8 23 bxc5 bxc5 24 Qb7 Rc8 25 Rb6! ±. (B) 13 b4 cxb4 14 Nxb4 Qb6† 15 Kh1 Qxb4 16 Na4 Qa3 17 Bc1 draws by the perpetual attack on the queen, Schmidt–Klundt, Germany 1984. 13 . . . b6!? is a try.

(n) Or 15 a3 h6 16 b4 axb4 17 axb4 b6 18 h4 ⩲ (Lautier).

(o) This weakens the g6 square. Better is 17 . . . Rf7 followed by . . . Qf8 and . . . Bh6.

(p) 18 h4 with the plan of g5 may be even stronger.

(q) 19 a3 Nf6 20 b4 axb4 21 axb4 b6 22 bxc5 bxc5 23 Qc1 Neg8 24 Rb7 ±, Lautier–Fedorowicz, Wijk aan Zee 1991.

(r) The Benko System. White plans to meet Black's kingside expansion in kind, hoping to slow him down.

(s) 13 Kg2 Kh8 (Black could also try to break White's pawn chain immediately with 13 . . . b5) 14 h3 b5 15 Nb4 bxc4 16 Bxc4 cxd5 17 Nbxd5 Be6 18 Bg5 Bxd5 19 Nxd5? (19 exd5 h6 gives Black good play) 19 . . . Nxd5 20 Resigns, Cramling–Reyes, Malaga 1987.

(t) 14 Kg2 Bd7 15 Bd2 a6 16 a3 b5 17 b3 Qb6 18 h3 Rac8 with a comfortable position for Black, Gavrikov–Kochiev, Leningrad 1984.

(u) 19 b4 axb4 20 Rxb4 Raf8 21 h3 Neg8 22 Be3 c5 23 Nb5 Qd8 24 Ra4 Ne8 25 Kg2 Ngf6 26 Bg5 draw agreed, Taimanov–Kavalek, Montilla 1977.

(v) Locking the kingside with . . . f4 now or later helps White. Black has also scored poorly with 11 . . . fxg4 12 fxg4 Rxf1+ 13 Kxf1. A. Petrosian–Korenov, GMA Qualifier 1991, continued 13 . . . a5 14 Be3 h6 15 h4! Nf6 16 Nd3 b6 17 Nf2 Nd7 18 g5 h5 19 b3 Nc5 20 Rb1, when Black's kingside play had been neutralized and White was ready to expand on the other wing.

(w) 19 fxg4 Nf4 20 Bf3 Be8 21 Be4 Bg6 leaves White somewhat better, Berković–Kariaka, Simferopol 1991.

KING'S INDIAN DEFENSE
Classical Variation, Bayonet Attack

1 d4 Nf6 2 c4 g6 3 Nc3 Bg7 4 e4 d6 5 Nf3 0-0
6 Be2 e5 7 0-0 Nc6 8 d5 Ne7 9 b4 Nh5

	7	8	9	10	11	12
10	Re1!			g3		
	Nf4		f5(d)	f5(h)		
11	Bf1		Ng5	Ng5 (i)		
	a5		Nf4(e)	Nf6		
12	bxa5		Bxf4	f3(j)		
	Rxa5		exf4	a5	Re8	c6(r)
13	Nd2		Rc1	bxa5(k)	c5	Be3
	c5		Bf6(f)	Rxa5(l)	h6	f4(s)
14	a4		Ne6	Qb3(m)	Ne6(p)	Bf2
	Ra6		Bxe6	Kh8(n)	Bxe6	Ne8
15	Ra3		dxe6	Bd2	dxe6	Qb3
	h6		Bxc3	Ra8	d5	h6
16	Nb5	g3	Rxc3	Bd3	Nxd5	Ne6
	Kh8(a)	Nh3†	fxe4	b6	Nexd5	Bxe6
17	g3	Bxh3	Bf1	Kg2	exd5	dxe6
	Nh5(b)	Bxh3(c)	e3(g)	f4(o)	Nxd5(q)	fxg3(t)

(a) 16 . . . g5 17 g3 Nfg6 18 Bd3 f5 19 exf5 Bxf5 ±.

(b) 17 . . . Nh3† 18 Bxh3 Bxh3 19 g4 wins. After 17 . . . Nh5 18 Bb2 Bd7 19 Be2 Nf6 20 f4 White had an edge in Milov–Gofstein, Israel 1997.

(c) 18 Qh5 Qd7 19 Qg5 h6 20 Qe3 f5 21 Qe2 f4 22 Nb5 Kh7 (22 . . . Ng6!?) 23 gxf4 exf4 was quite unclear in Kramnik–Kasparov, Novgorod 1997.

(d) (A) 10 . . . c6!? 11 Bb2 (11 Bf1) 11 . . . Nf4 12 Bf1 b6 13 dxc6 (13 h3 with the idea of Kh2 and g3—Ehlvest) 13 . . . Nc6 14 a3 Re8 15 Nd5 Ne6 =. (B) 10 . . . h6?! 11 Nd2! Nf4 12 Bf1 a5 13 bxa5 Rxa5 14 Nb3 Ra8 15 c5 f5 16 cxd6 cxd6 17 Nd2! g5 18 Rb1 g4 19 Qb3 fxe4 20 Ndxe4 Kh8 21 Be3 ±, Karpov–Kamsky, match (G7) 1996.

(e) 11 . . . Nf6 12 Bf3 (12 f3!?) 12 . . . c6 13 Be3 f4!? (13 . . . h6 14 Ne6 Bxe6 15 dxe6 g5 16 exf5 Nxf5 17 Qd3 Nxe3 18 Rxe3 Qe7 19 Rd1 Rad8 20 Ne4 ±, Kramnik–Nijboer, Wijk aan Zee 1998) 14 Bc1 h6 15 Ne6 Bxe6 16 dxe6 Nc8 17 Qb3 Qe7 18 c5 Re8 19 Be2 ±, Krasenkov–Gutman, Vilnius 1997.

(f) Both 13 . . . c6?! and 13 . . . h6?! are inferior.

(g) 18 f3 a5!? (18 . . . fxe3?! 19 Rcxe3 c6 20 Qd2 d5 21 cxd5 cxd5 22 Qd4! ±, Kramnik–Shirov, Tilburg 1997) 19 b5 c6 20 bxc6 bxc6 21 Kh1 Qc7 22 Rd3 ±, Browne–Fedorowicz, US Chp. 1997.

(h) The straightforward approach is best. The only other reasonable move is 10 ... a5!?, when Araujo–Carrasco, PanAm Chp. 1996, continued 11 bxa5 f5 (11 ... Rxa5? 12 Nd2 ±) 12 Ng5 (12 Nd2 Nf6 13 Ba3 Bh6 14 c5 Bxd2 15 Qxd2 Nxe4 16 Nxe4 fxe4 17 Rfc1 Bh3 18 Rfd1 Nf5 19 Bb2 e3 20 fxe3 Nxg3 21 hxg3 Qg5 22 g4 Rf2 23 Qe1 Raf8 24 e4 Qf4 25 Resigns, van Heste–Riemersma, Dutch Chp. 1987) 12 ... Nf6 13 f3 Rxa5 14 Be3 h6 15 Ne6 Bxe6 16 dxe6 f4 17 Bf2 Nc6 18 Qb3 Nd4 19 Qxb7 Re8 20 Bd1 Rxe6 21 Nd5 c5 22 a4 Nxd5 23 Qxd5 Qf6 24 Rb1 draw agreed. The final position looks good for White.

(i) 11 Nd2?! Nf6 12 f3 f4 (12 ... h5! 13 c5 f4 14 Nc4 g5 15 gxf4 gxf4 16 Kh1 Ng6 17 Rg1 Kh7 18 Bd2 Rg8 19 Be1 h4 (with the idea of ... Nh5) 20 Rxg6 Kxg6 21 Bh4 was good for Black in Oblitas–G. Hernández, Capablanca Memorial 1992) 13 g4 g5 14 c5 h5 15 h3 Ng6 16 Nc4 Rf7 17 Ba3 Bf8 18 Rc1 Ne8 19 Qb3 Qf6 20 cxd6 cxd6 21 b5 Rh7 ∓, Benito–Najera, Las Palmas Open 1995.

(j) This is the only sensible move—otherwise White loses control of the f5 square and the knight on e7 heads for d4.

(k) 13 Ba3? c5! 14 dxc6 Qb6† wins.

(l) 13 ... c6!? 14 c5 cxd5 15 exd5 Rxa5 16 Be3 h6 17 cxd6 Qxd6 18 Ne6 Bxe6 19 dxe6 Qxe6 ∓, Feldman–Lesiege, New York Open 1992.

(m) 14 a4 Ne8 15 Bd2 Ra8 16 Qb3 Kh8 17 a5 f4 18 Ne6 Bxe6 19 dxe6 c6 20 Na4 Nc7 21 Nb6 Nxe6 22 Nxa8 Rxa8 23 Rfb1 Nc5 and Black had compensation in van Wely–Pugachev, Leeuwarden 1994.

(n) 14 ... b6?! 15 Bd2 Re8 16 Bd3 Bd7 17 a4 f4 18 Nb5 Bh6 19 gxf4 exf4 20 Bxa5 bxa5 21 Ne6 Bxe6 22 dxe6 Bg7 23 c5 ±, Hjartarson–Yurtaev, Manila Ol. 1992.

(o) 18 a4 Bh6 19 gxf4 Nh5 20 fxe5 Nf5 and Black had good play in Veingold–Atalik, Oviedo (rapid) 1993.

(p) 14 cxd6 Qxd6 15 Ne6 Bxe6 16 dxe6 Qxb4 17 Qb3 Qxb3 18 axb3 a6 ∓, van Wely–Pieterse, Dutch Chp. 1991.

(q) 18 Bc4 c6 19 Qb3 Qe7 20 Rd1 Rad8 21 Bxd5 cxd5 22 Rxd5 Rxd5 23 Qxd5 e4 ∓, Sestjakov–van Wely, Kecskemet 1991.

(r) (A) 12 ... Kh8 13 Be3 (13 Kg2 a5 14 bxa5 Rxa5 15 a4 h6 16 Ne6 Bxe6 17 dxe6 Nc6 18 Bd2 fxe4 19 fxe4 Ra8 20 Rb1 b6 21 Be3 =, van Wely–Popović, Smokovec 1992) 13 ... f4 14 Bf2 fxg3 15 hxg3 Bh6 16 Ne6 Bxe6 17 dxe6 Qc8 18 Nd5 Qxe6 19 Nc7 Qh3 20 Nxa8 Be3 =, Donaldson–Silman, San Francisco 1996. (B) 12 ... f4 13 Kg2 h6 14 Ne6 Bxe6 15 dxe6 c6 16 b5 Qc7 17 bxc6 bxc6 18 Ba3 Rfd8 19 Qa4 Qc8 20 Rab1 Kh8 21 Rfd1 Qxe6 22 Qa6 h5 23 Rb7 ±, van Wely–Ye Jingchuan, Biel 1993. (C) 12 ... h6?! 13 Ne6 Bxe6 14 dxe6 c6 15 b5 Ne8 16 bxc6 bxc6 17 Rb1 Rf6 18 c5 d5 19 exd5 cxd5 20 Rb7 Rxe6 21 Qb3 Nc7 22 Rd1 ±, Teo Kok Siong–C. J. Hansen, Moscow Ol. 1994

(s) 13 ... h6 14 Ne6 Bxe6 15 dxe6 Ne8 (15 ... Kh7 16 Rc1?! Ne8 17 b5 Nc7 18 bxc6 bxc6 19 c5 d5 20 exd5 cxd5 21 Nb5 Nxe6 22 c6 a6 ∓, K. Fitzgerald–Nijboer, Holland 1993) 16 Qb3 Nc7 17 Rad1 Kh7 18 c5 d5 19 exd5 cxd5 20 Nxd5 Nexd5 21 Bc4 ± Stefansson–Kristinsson, corr. 1989.

(t) 18 hxg3 Nc7 19 Rad1 Kh7 20 c5 d5 21 exd5 cxd5 (21 ... Nexd5!? =) 22 Nxd5 Nexd5 23 Bc4 Nxe6 24 Bxd5 Nd4 ±, Miles–Shirov, Biel 1992.

KING'S INDIAN DEFENSE
Classical Variation, Bayonet Attack

1 d4 Nf6 2 c4 g6 3 Nc3 Bg7 4 e4 d6 5 Nf3 0-0
6 Be2 e5 7 0-0 Nc6 8 d5 Ne7 9 b4

	13	14	15	16	17	18
	Nh5					a5
10	g3		c5		Nd2	Ba3(q)
	f5		Nf4(e)		Nf4	axb4(r)
11	Ng5		Bxf4		a4(m)	Bxb4
	Nf6		exf4		f5	b6(s)
12	f3		Rc1		Bf3	a4
	c6		a5!	h6(h)	g5	Ne8
13	b5	Kg2	cxd6(f)	Nd2(i)	exf5	Qb3(t)
	Ne8(a)	h6(c)	cxd6	g5(j)	Nxf5	Rb8
14	bxc6	Ne6	Nb5	Nc4	g3(n)	Nb5
	bxc6	Bxe6	Bg4!	a6(k)	Nh3†(o)	f5
15	Kg2	dxe6	Rc7	a4	Kg2	a5
	h6	Ne8	axb4	Ng6	Qd7	fxe4
16	Nh3	Qb3	Qd2	cxd6	Nb3	Nd2
	c5	Nc7	Bxf3	cxd6	Nd4	bxa5
17	Bd2	c5	Bxf3	a5	Nxd4	Bxa5
	g5(b)	d5(d)	Be5(g)	Re8(l)	exd4(p)	Nf5(u)

(a) 13 ... c5 14 g4?! (14 Ne6!? Bxe6 15 dxe6 ±) 14 ... f4 15 h4 Bd7 16 Rf2 Qc8 17 Rg2 h6 18 Nh3 Nh5 ∓, Nagendra–Uhlmann, German Chp. 1993.

(b) 18 exf5 Nxf5 19 Nf2 Nd4 20 g4 Nf6 21 Nfe4 Rf7 22 Rb1 Qd7 23 Bd3 =, Muse–Uhlmann, Germany 1993.

(c) 13 ... a5?! 14 b5 (14 bxa5 Qxa5 15 Qb3 h6 16 Ne6 Bxe6 17 dxe6 Rfb8 18 a4 Kh7 19 Rd1 ±, Burger–Anderson, Philadelphia 1992) 14 ... c5 15 Qd3 fxe4 16 fxe4 b6 17 Ne6 Bxe6 18 dxe6 Qc7 19 Bg5 h6 20 Bxf6 Bxf6 21 Bg4 h5 22 Bh3 Bg5 23 Nd5 ±, Dumitrache–Cosma, Romania 1991.

(d) 18 exd5 cxd5 19 Rd1 Kh7 20 Bb2 d4 21 Nb5 Nxb5 22 Bxb5 Nd5 23 f4 Ne3† 24 Qxe3 dxe3 25 Rxd8 Rfxd8 =, Speelman–Akopian, Debrecen 1992.

(e) 10 ... f5 11 exf5 Nxf5 =, or 11 ... e4 12 Nd4 Nxf5 13 Nxf5 Bxf5 (13 ... Rxf5 14 Qc2 Qh4 15 g3 Qh3!? Nunn) 14 Bd2 =, Ginsburg–Wharton, World Open 1990.

(f) (A) 13 bxa5 Rxa5 14 cxd6 cxd6 15 Qb3 Kh8 16 Rfd1 Rc5 17 Na4 draw agreed, Skembris–Ivanović, Novi Sad Ol. 1990. (B) 13 a3 Bg4 14 Nb5 axb4 15 axb4 Ra2 16 Rc2 Ra4 17 Rc4 Ra6 18 Qd2 Bxf3 19 Bxf3 g5, and when the Ne7 heads toward e5 Black is better, Kaabi–Ubilava, Manila Ol. 1992.

(g) 18 Rxb7 Qa5 19 Nd4 Qxa2 20 Qxa2 Rxa2 21 Rxb4 Rfa8 22 Bg4 Bxd4 23 Rxd4 g5 ∓, Kamsky–Kasparov, Intel Grand Prix 1994.

(h) Inferior to 12 . . . a5, as are Black's other options: (A) 12 . . . f5 13 e5 dxe5 14 d6 cxd6 15 cxd6 Nc6 16 Qd5† Kh8 17 b5 Nd4 18 Nxe5 Nxe2† (18 . . . Qe8 19 Qxd4 Bxe5 20 Qb4 Be6 21 Bf3 Qd7 22 Rfe1 Qg7 23 Bxb7 Rad8 is also unclear) 19 Nxe2 Qe8 20 d7 Bxd7 21 Nxd7 Rd8 ∞ (Nunn). (B) 12 . . . Bg4?! 13 Nd4 Bxe2 14 Ncxe2 g5 15 g3 Ng6 16 Nf5 Re8 17 f3 Be5 18 Qd2 Kh8 19 Kh1 a6 20 Rc2 h5 21 Rfc1 Qf6 22 cxd6 cxd6 23 Rc7 ±, Vladimirov–Khuzman, USSR 1990.

(i) (A) 13 h3 (not bad, but probably not necessary) 13 . . . g5 14 a4 Ng6 15 a5 Re8 16 Nd2 f5 17 cxd6 cxd6 18 exf5 (18 Nb5! ± —Sosonko) 18 . . . Bxf5 19 Nb5 Bb2 ∓, Sosonko–van Wely, Dutch Chp. 1995. (B) 13 a4 can transpose into h3 or Nd2 lines. (C) 13 Nd4!? g5 14 Bh5! c6 15 Nb3 cxd5 16 exd5 a5 17 Nb5 a4 18 Na5 dxc5 19 d6 Nf5 20 Rxc5 b6 21 Nc6 ±, Beliavsky–Romero Holmes, León 1994.

(j) 13 . . . Bxc3 14 Rxc3 Re8 15 Bc4 a5 16 a3 axb4 17 axb4 Kg7 looks fishy for Black.

(k) 14 . . . Ng6 15 Bg4 Ne5? 16 Nxe5 Bxe5 17 Bxc8 Rxc8 18 Nb5 ±, Lein–Rohde, New York 1977.

(l) 18 Nb6 Rb8 19 Bh5 (19 Bd3!?) 19 . . . Ne5 20 h3 Qf6 21 f3 Bd7?! (21 . . . Nd7! Milos) 22 Bg4? (22 Rc2 with the idea of Qe2 and Rfc1 is good for White, according to Milos) 22 . . . Bxg4 23 hxg4 h5! ∓, Skembris–Milos, Novi Sad Ol. 1990.

(m) 11 Bf3 f5 (11 . . . Nd3!? 12 Ba3 a5 13 bxa5 Rxa5 ⇄) 12 a4 Kh8 13 Nb3 g5 14 exf5 Nxf5 15 g3 Nh3† 16 Kg2 Nh6 17 Be4 Ng4 18 Ra2 Qe8 19 f3 Nf6 20 Bb1 Qh5 and Black had good attacking chances in Sosonko–Nijboer, Dutch Chp. 1996.

(n) 14 Nde4 Nh4 leaves Black with an edge.

(o) 14 . . . Nd4 15 gxf4 Nxf3† 16 Nxf3 (16 Qxf3 g4 17 Qh1? exf4 18 Bb2 Bf5 19 Rfe1 f3 is winning, Petrosian–Gligorić, Zagreb 1970; 17 Qd3!?; 17 Qd1! Speelman) 16 . . . e4? 17 Nxg5 Bxc3 18 Ra3 Bg7 19 Rg3 Resigns, Martin–Britton, British Chp. 1991.

(p) 18 Nb5 c6 19 Na3 c5 = (Nunn).

(q) 10 bxa5 c5 11 Nd2 (11 dxc6 Nxc6 =; 11 Bd2 Rxa5 12 a4 Ra8 =) 11 . . . Qxa5 12 Qc2 Ne8 13 Nb3 Qd8 14 a4 b6 15 Bd2 f5 16 f3 Kh8 17 Rfb1 fxe4 18 fxe4 Qh4!? =, D. Shapiro–Fedorowicz, Mineola 1997.

(r) 10 . . . b6!? 11 bxa5 Nh5 12 Re1 f5 13 Bb4 bxa5 14 Ba3 Nf6 15 Bd3 fxe4 16 Nxe4 Bg4 with chances for both sides, Kramnik–Smirin, Belgrade 1999.

(s) 11 ... Nd7 12 a4 Bh6 13 a5 f5 14 Bd3 Rf7 15 Qb3 g5 16 Rfd1 g4 17 Nd2 ±, van Wely–Piket, Monaco 1997.

(t) 13 a5? is answered by 13 . . . c5!.

(u) 18 Nxe4 Bd7 19 Qd1 Bxb5 20 cxb5 Nd4 21 Rb1 Nf6 =, I. Sokolov–Kindermann, Nussloch 1996.

KING'S INDIAN DEFENSE

Classical Variation: 9 Bd2 and 9 Nd2

1 d4 Nf6 2 c4 g6 3 Nc3 Bg7 4 e4 d6 5 Nf3 0-0
6 Be2 e5 7 0-0 Nc6 8 d5 Ne7

	19	20	21	22	23	24
9	Bd2.....................			Nd2		
	Nh5		Ne8(f)	c5(i) a5		
10	Rc1..........b4(d)		Rc1	Rb1	a3	
	f5(a)	f5	f5	b6	Bd7..........Nd7(t)	
11	exf5	exf5	exf5(g)	b4	b3(r)	Rb1
	Nxf5	Bxf5	gxf5	Ne8	c5	f5
12	c5(b)	c5	Ng5	bxc5(j)	Rb1	b4
	Nf4	Kh8	h6	bxc5	Ne8	Kh8
13	Bxf4	cxd6	Ne6	Nb3(k)	b4	Qc2
	exf4	Qxd6	Bxe6	f5	axb4	Ng8
14	c6	Rc1	dxe6	Bg5!?(l)	axb4	f3(u)
	bxc6	a6	Qc8	Bf6(m)	b6	Ngf6
15	dxc6	Be3	Qb3	Bd2(n)	bxc5	Nb5
	g5	b6	c6	Kh8	bxc5	axb4
16	h3	a3	Bh5	Bd3(o)	Nb3	axb4
	Kh8	Nf6	Qxe6	Bg7(p)	f5	Nh5
17	b3	Qb3	Qb7	f3	f3	g3
	h5(c)	h6(e)	Nf6(h)	Ng8(q)	Nf6(s)	Ndf6(v)

(a) 10 . . . h6 11 Re1 Nf4 12 Bf1 g5 13 h4 f6 (13 . . . g4!? 14 Nh2 h5 15 c5 dxc5 16 Be3 Neg6—16 . . . b6 17 b4 cxb4 18 Nb5!—17 Bxc5 Re8 18 g3 a6 19 Qb3 b6 20 Be3 Bf8 21 Nd1 ±, Piket–Gelfand, Dos Hermanas 1995) 14 Nh2 gxh4 15 Bxf4 exf4 16 Qh5 f5 17 c5 fxe4 18 cxd6 cxd6 19 Nxe4 Nf5 20 Ng4 Bd7 21 Bd3 ±, Piket–Nunn, Melody Amber (rapid) 1995. Black has a lot of holes in his position.

(b) 12 g4? Nd4! 13 gxh5 Nxe2† 14 Qxe2 Bg4 ∓.

(c) 18 Nh2 g4 19 hxg4 Nd4 20 gxh5 Qh4 21 Re1 ∞, Boersma–Peelen, Amsterdam 1987.

(d) (A) 10 g3 f5 (10 . . . h6 11 Rc1 Bh3 12 Re1 f5 113 Nh4 Nf6 14 exf5 gxf5 15 f4 e4 16 Be3 c5 17 dxc6 bxc6 18 b4 Kh7 19 Qd2 Ng4 20 Bd4 ±, Ioseliani–Gurieli, Georgia 1990) 11 Ng5 Nf6 12 f3 c6 13 Qb3 Kh8 14 Rad1 h6 15 Ne6 Bxe6 16 dxe6 Qc8 17 Be1 Qxe6 18 Qxb7 h5 =, Pick–Trapl, Czech Republic 1995. (B) 10 Ne1 Nf4 11 Nd3 Nxe2† (11 . . . Nxd3!? was tried in Beikert–Nevrohr, Germany 1993) 12 Qxe2 f5 13 f4 fxe4 14 Nxe4 exf4 15 Rxf4 h6 16 g4 ±.

(e) 18 Nh4 ±, Willumsen–Stentebjerg, Denmark 1990.

(f) (A) 9 . . . c5?! 10 dxc6 bxc6 (10 . . . Nxc6!?) 11 Bg5! Be6 12 c5 Ne8 13 cxd6 Nxd6 14 Qa4 ±, Korchnoi–Byrne, Leiningrad Int. 1973. (B) 9 . . . Nd7?! 10 b4 h6 11 Qb3 Kh8 12 Rac1 f5 13 Ne1 Nf6 14 f3 f4 15 c5 g5 16 Nb5 Ne8 17 Nd3 h5 18 Nf2 ±, Gligorić–Quinteros, Linares 1981

(g) 11 Qb3 b6 12 exf5 gxf5 13 Ng5 Nf6 14 f4 h6 15 fxe5 dxe5 16 c5 Nfxd5 17 Nxd5 Nxd5 18 cxb6 axb6 19 Rc6 Kh8 20 Nf3 (20 Qh3 Nf6 =), Taimanov–Fischer, match (G3) 1971. Fischer went on to win this complex position.

(h) 18 Be2 Rfb8 ∓, Taimanov–Fischer, match (G1) 1971.

(i) In this line White's queenside counterplay happens very quickly, so Black should slow it down with either 9 . . . c5 or 9 . . . a5. For example, 9 . . . Nd7?! 10 b4 f5 11 a4 Nf6 12 f3 f4 13 c5 g5 14 Nc4 h5 15 Ba3 Ng6 16 b5 Ne8 17 b6 and White breaks through. 9 . . . Ne8 is a little better because it defends d6, but White is still very fast.

(j) White can try and open up the entire queenside starting with 12 a4. After 12 . . . f5 13 a5 Nf6 14 f3 f4 15 axb6 axb6 16 bxc5 bxc5 17 Nb3 g5 18 Bd2 Ng6 19 Ra1 White has some advantage, although it is difficult for him to invade Black's position. 12 . . . a5!? may be the most solid reply. Fedorowicz– W. Watson, Hastings 1984, concluded 13 bxc5 bxc5 14 Qb3 Nc7! (heading toward b4 via a6) 15 Qb6 Ra6 16 Qb8 Ra8 draw agreed.

(k) 13 Qa4 Bd7 does not accomplish much for White.

(l) 14 f3 can be met by 14 . . . Kh8 followed by . . . Ng8 and . . . Bh6.

(m) 14 . . . Nf6 15 Nxc5! dxc5 16 d6 gives White much the better of it.

(n) After 15 Bh6 Rf7 16 exf5 gxf5 White must worry about his bishop on h6.

(o) 16 f3 f4 (Black gained an edge in Kamsky–Yurtaev, Manila Ol. 1992, after 16 . . . Ng8 17 Na4?! Bg5 18 Bxg5 Qxg5 19 Qc1 Qh5! 20 Qe1 Qh6 21 Qc3 Nef6! ∓; better was 17 Qc1) 17 Qc1 g5 18 Nd1 h5 19 Nf2 Ng8 20 Na5 Nh6 21 Nc6 Qd7 22 g4 ±, Lukacs–Thipsay, Kolhapur 1987.

(p) 16 . . . Ng8 is met by 17 exf5 gxf5 18 Ne2 intending Na5, with an edge for White.

(q) 17 . . . f4 would be met by 18 Nb5 with strong queenside pressure. After 17 . . . Ng8 White should continue 18 exf5 gxf5 19 Ne2 ±. Instead the immediate 18 Ne2?! f4 19 Na5 g5 was unclear in Eingorn–Hebden, Moscow 1986.

(r) 11 Rb1 a4 12 b4 axb3 13 Nxb3 b6 14 Ra1 Qe8! with equality.

(s) 18 Bd2 f4 19 Nb5 Nc8 20 Ra1 Rxa1 21 Qxa1 g5 22 Qa6 Qe7 23 Na5 g4 ∞, Vaganian–Gelfand, USSR Chp. 1989.

(t) This was Kasparov's choice for several years.

(u) 14 exf5 gxf5 15 f4 Ne7 16 Nf3 e4 17 Ng5 (17 Ne1 axb4 18 axb4 c6 19 Be3, Lputian–van Wely, Helsinki 1992, and now 19 . . . cxd5 20 Nxd5 Nxd5 21 cxd5 Nb6 22 Qd2 Bd7 23 Bd4 is unclear) 17 . . . Nf6 18 Rd1 (18 Bb2 axb4 19 axb4 c6 20 dxc6 bxc6 21 Rfd1 Qc7 22 Qd2 h6 23 Nh3 Rd8 ∞, Shirov–Fishbein, Kerteminde 1991.) 18 . . . axb4 19 axb4 c6 20 dxc6 bxc6 21 Be3, Ftačnik– Nisipeanu, Bundesliga 1999; now 21 . . . Qc7 is about equal.

(v) 18 c5 Bd7 19 Rb3 fxe4 20 fxe4 Bh3 with play against the White king, Gelfand– Kasparov, Paris (Immopar) 1991.

KING'S INDIAN DEFENSE

Classical Variation: Misc. Ninth Moves and 8 Be3

1 d4 Nf6 2 c4 g6 3 Nc3 Bg7 4 e4 d6 5 Nf3 0-0 6 Be2 e5 7 0-0 Nc6

	25	26	27	28	29	30
8	d5			Be3		
	Ne7			Ng4		Re8(v)
9	Bg5		Kh1(k)	Bg5		dxe5(w)
	Nh5	Nd7(e)	Nd7	f6(m)		dxe5
10	Ne1(a)	Nd2	Bd2	Bc1	Bh4	Qxd8(x)
	Nf4	f5(f)	Kh8	Nh6(n)	g5(s)	Nxd8
11	Nd3	exf5(g)	b4	dxe5(o)	Bg3	Nb5
	Nxd3(b)	gxf5	Ng8	dxe5(p)	Nh6	Ne6
12	Bxd3	f4	Rc1	Qd5†	dxe5	Ng5
	f6	Nf6(h)	f5	Kh8	dxe5(t)	Re7
13	Bd2(c)	fxe5(i)	exf5	Be3	h3	Rfd1
	f5	dxe5	gxf5	Qe8	Nf7	b6
14	b4	c5	Ng5	Rad1	c5	a4
	Kh8	h6	Ndf6	Be6	Be6	c6
15	Rc1	Bxf6	f4	Qb5	Qa4	Nxe6
	c6	Rxf6	e4	Qc8(q)	a6	Bxe6
16	Kh1	Bc4	Be3	Rd2	Rfd1	Nc3
	f4(d)	Kh8(j)	h6(l)	Nf7(r)	Qc8(u)	Rb8(y)

(a) 10 a3 f6 11 Bd2 f5 12 exf5 Nxf5 13 Ne4 Nf6 14 Bd3 Bd7 is roughly equal, Eingorn–Smirin, USSR Chp. 1989.

(b) Black can try 11 . . . Nxe2† 12 Qxe2 h6 13 Bd2 g5 14 g4?! Ng6 ∓, Peek–Nijboer, Holland 1995.

(c) 13 Be3 f5 14 f3 c5 15 Rb1 f4 16 Bf2 g5 17 b4 b6 18 bxc5 bxc5 =, Yermolinsky–Fedorowicz, New York 1993.

(d) 17 Be2 h5 18 Be1 Bh6 19 Rc2 cxd5 20 Nxd5 Nc6 ±, Ashley–Fedorowicz, New York 1993.

(e) 9 . . . Ne8 10 Nd2 h6 11 Be3 f5 12 f3 f4 13 Bf2 g5 14 c5 bxc5 15 Bxc5 Rf6 16 Nc4 Rg6 17 d6 =, Ftačnik–Joecks, Germany 1993.

(f) 10 . . . a5 11 a3 f5 12 f3 c5 13 dxc6 bxc6 14 b4 Nf6 15 Kh1 Be6 16 Nb3 axb4 17 axb4 Rxa1 18 Qxa1 Qb6 =, Eingorn–Zapata, Moscow (GMA Open) 1989.

(g) 11 f3 Nf6 12 b4 Nh5 13 c5 Nf4 14 Bh4 h6 15 Rc1 g5 16 Bf2 Neg6 17 cxd6 cxd6 18 Nb5 Nxe2† 19 Qxe2 Nf4 with balanced chances in Lukacs–Schebler, First Saturday 1996.

(h) 12 ... h6 13 Bh4 exf4 14 Nf3?! (14 Qc2 =) 14 ... Nf6 15 Bxf6 Rxf6 16 Nd4, Pomes–Spraggett, Tarrassa 1990, and now 16 ... c5 leaves Black clearly better.

(i) 13 Bh5?! e4 14 Nb3 c5 15 dxc6 bxc6 16 Kh1 d5 17 Be2 Kh8 18 Bh4 Ng6 19 Bf2 Nxf4 20 Bc5 Nxe2 21 Bxf8 Ng3† 22 hxg3 Qxf8 ∓, Gelfand–Grivas, Haifa 1989.

(j) Now 17 Qf3 e4 18 Qe3 Rg6 19 Rae1 is equal. Instead Piza–Campos Lopez, San Fernando 1991, continued 17 Nf3?! Rg6 18 Qe2 e4 19 Nh4, and here 19 ... Bd4† would lead to a clear advantage for Black.

(k) (A) 9 Nh4!? Ne8 10 g3 Bh3 11 Re1 f5 12 exf5 Nxf5 13 Nf3 h6 14 Ne4 Bg4 15 Qd3 Nf6 16 Bd2 Qd7 17 Bc3 Nxe4 18 Qxe4 Bh3 19 Nd2?! = (19 Bf1 ±), Hertneck–W. Watson, Germany 1994. (B) 9 a4?! a5! =.

(l) 17 Nh3 Ne7 18 Qd2 a6 19 Nf2 Bd7 20 Nfd1 Qe8 21 Bd4 Rd8 22 Ne3 Bc8 23 a4 ±, Larsen–P. H. Nielsen, Danish Chp. 1991. Black should try to play more actively.

(m) 9 ... Qe8? is answered by 10 Nd5!, while 9 ... Bf6 10 Bxf6 Nxf6 11 d5 Ne7 12 c5 also leaves White with an edge.

(n) 10 ... f5 11 Bg5 Bf6 12 Bxf6 Qxf6 13 h3 Nh6 14 d5 Nd8 15 c5 Ndf7 16 cxd6 Nxd6 17 Nd2 ±, Ricardi–Kasparov, Buenos Aires (simul) 1992.

(o) 11 d5 Ne7 12 b4 Nf7 13 c5 f5 14 Nd2 fxe4 15 Ndxe4 Nf5 =.

(p) 11 ... fxe5? 12 c5 dxc5 13 Qd5† Qxd5 14 Nxd5 ±.

(q) Or 15 ... Rb8 16 Qa4 a6 17 Bc5 Rf7 18 Nd5 Ng8 19 Kh1 Bh6 20 b4 b6 21 Be3 Bxe3 22 fxe3 with approximately even chances, Portisch–Spraggett, Moscow (GMA Qualifier) 1990.

(r) After 17 c5 f5 Black has good play.

(s) 10 ... h5 11 d5 Ne7 12 Nd2 Nh6 13 f3 g5 14 Bf2 Ng6 15 c5 Rf7 16 Nc4 Bf8 is about equal, Mikhalevski–Anka, Budapest 1993.

(t) 12 ... fxe5 13 h3 Nf7 14 c5 dxc5 15 Bc4 h6 is unclear.

(u) After 17 Nd5 Kh8 Black is a little worse but has counterplay.

(v) 8 ... Bg4 9 d5 Ne7 10 c5 Ne8 11 Rc1 Bxf3 12 Bxf3 ± Cebalo–Djurić, France 1990.

(w) 9 d5 Nd4 10 Nxd4 exd4 11 Bxd4 Nxe4 is equal.

(x) (A) 10 h3 Be6 11 c5 a6 12 Qa4 Qe7 13 Rfd1 Rad8 14 Bc4 ±. (B) 10 c5 Bg4 11 Bb5 Qc8 12 h3 Bh5! 13 Bxc6 bxc6 is uncomfortable for White.

(y) This takes the sting out of any a5 advance and leaves Black very solid. Hjartarson–Nunn, Szirak Int. 1987, concluded 17 b4 Rd7 18 f3 Bf8 19 Rxd7 Nxd7 20 Rb1 a5 21 b5 cxb5 22 Rxb5 Bc5 23 Kf2 Bxe3† 24 Kxe3 Nc5 25 Rb1 Kf8 26 g3 Ke7 27 f4 f6 28 f5 Bf7 draw agreed.

KING'S INDIAN DEFENSE

Classical Variation: Other Black Seventh Moves

1 d4 Nf6 2 c4 g6 3 Nc3 Bg7 4 e4 d6 5 Nf3 0-0 6 Be2 e5 7 0-0

	31	32	33	34	35	36
	Nbd7(a)	....	Na6	....	exd4	
8	Qc2	......Re1(h)	Be3(k)		Nxd4	
	c6(b)	c6	Ng4		Re8	
9	Be3(c)	Bf1	Bg5		f3	
	Ng4	exd4	f6	......Qe8	Nc6	......c6
10	Bg5	Nxd4	Bc1(l)	dxe5	Be3(q)	Kh1
	f6	Ng4!?	Kh8	dxe5	Nh5	Nh5!?(u)
11	Bd2(d)	h3(i)	h3	h3	Qd2	g4(v)
	f5(e)	Qb6	Nh6	h6(o)	f5	Nf6
12	dxe5(f)	hxg4	dxe5	Bd2	Nxc6	Bf4
	Ndxe5	Qxd4	dxe5(m)	Nf6	bxc6	h5
13	Nxe5	Qc2	Qxd8	Be3	exf5(r)	g5
	Bxe5	Qe5	Rxd8	Qe7	Bxf5	Nh7
14	Bgx4	Be3	Be3	Nd5	Bd4(s)	Qd2
	fxg4	Qe7	Be6	Qd8	Nf6	Na6(w)
15	Ne2	Rad1	a3	Nxf6†	Rfe1	Rad1
	Be6(g)	Ne5(j)	Nf7(n)	Qxf6(p)	c5(t)	Qe7(x)

(a) The move order 6 . . . Nbd7 and 7 . . . e5 is also possible.

(b) 8 . . . exd4 9 Nxd4 Re8 10 Be3 Nc5 11 f3 a5 12 Rad1 Qe7 13 Nb3 ±. In this type of position Black's d6 pawn is a target after . . . c6 is played.

(c) (A) 9 dxe5 dxe5 gives Black enduring control of the d4 square. (B) 9 Rd1!? Qe7 (9 . . . Qc7 is also playable) 10 Rb1 exd4 11 Nxd4 Re8 12 f3 d5 13 cxd5 cxd5 14 Ncb5!? Nc5 15 e5 ±, Novik–Monin, Russia 1994.

(d) Also interesting is 11 Bh4!? Qe7 12 b4 Re8 13 d5 Nh6 14 dxc6!? bxc6 15 b5, when White will take control of important squares.

(e) Black can play more solidly with 11 . . . Nh6 followed by . . . Nf7, first covering key squares and then playing for . . . f5.

(f) Or 12 Bg5 Bf6 13 Bxf6 Qxf6 14 dxe5 (also promising is 14 Rad1) 14 . . . Ndxe5 15 Nxe5 Nxe5 16 f4 ±. White controls more space.

(g) After 16 Rad1 Qh4 17 g3 Qe7 18 Bf4 Rad8 19 b3 Bf7 the position is approximately equal, Uhlmann–Knaak, Leipzig 1986.

(h) (A) 8 d5 Nc5 9 Nd2 a5 10 b3 Ne8 (11 . . . Bd7 is worth considering as after 11 Rb1 and an eventual b4 Black will have . . . Na4, while 11 Bb2 can be met by 11 . . . Bh6) 11 Rb1 f5 12 a3 (12 f3? Bh6!) 12 . . . fxe4 (12 . . . Nf6 may be better) 13 Ndxe4 Nxe4 14 Nxe4 ±. In this line 9 Bg5 is accurately answered by 9 . . . h6! (9 . . . a5 10 Nd2! is good for White) 10 Bxf6 Bxf6 11 b4 Na6 12 a3 Bg7, and Black will later obtain play on the dark squares. (B) 8 dxe5?! gives Black long-term control of d4.

(i) 11 Qxg4 Bxd4 12 Qd1 Qf6 13 Be3 is slightly better for White.

(j) After 16 f3 Be6 17 b3 b6 18 Qd2 Rad8 19 g5 f6 20 Rc1 fxg5 21 Bxg5 Bf6 22 Bxf6 Qxf6 23 Qh6 White had a small edge in Agzamov–Knaak, Tunja 1984.

(k) 7 . . . Na6 has become a way to sidestep the main line theory. On 8 Re1 c6 9 Rb1 exd4 10 Nxd4 Re8 11 Bf1 Ng4 12 h3 Qb6 13 hxg4 Qxd4 14 Qxd4 Bxd4 15 Rd1 Be5 16 g5 Nc5 17 f3 a6 18 Ne2 b5 19 Nd4 is just a minute endgame edge for White, Yermolinsky–Ivanchuk, Wijk aan Zee 1999.

(l) White can try 10 Bh4 Nh6 11 d5 g5 12 Bg3 f5 13 exf5 ±, when White's control of e4 gives him the better game.

(m) Capturing with the f-pawn allows White an edge after 13 Be3.

(n) 16 b4 c6 17 Rfd1 ±, Kramnik–Topalov, Novgorod 1997. Black's knight is not well placed on a6.

(o) 11 . . . Nf6 12 Be3 b6 13 a3 Bb7 14 Qc2 Nc5 15 Bxc5 bxc5 16 Nd2 favors White as Black's pawns are weak.

(p) 16 c5 Nb8, Piket–Kramnik, Tilburg 1997, and now 17 b4 gives White an excellent position.

(q) 10 Nxc6 bxc6 11 Bg5 h6 12 Bh4 g5 13 Bf2 ±. Black's position is aggressive but contains weaknesses.

(r) White's pieces have better coordination after 13 Bg5 Qd7 14 exf5 gxf5 15 Bd3 ±.

(s) 14 g4? Bxc3! 15 Qxc3 Qe7 16 Kf2 Qh4† =.

(t) 16 Bf2 Qb8 17 Rad1 Qb4 18 g4 Be6 19 Nb5 Qxd2 20 Rxd2 Rec8 21 Bd3 ±, Khuzman–Svidler, Haifa 1996.

(u) A very provocative try. Black threatens . . . Qh4.

(v) 11 f4 Nf6 12 Bf3 and now 12 . . . Bg4 or 12 . . . Na6 gives Black counterplay against the e-pawn.

(w) 14 . . . Nd7 15 Be3 f6 16 gxf6 Qxf6 17 Rg1 Ne5 18 Raf1 Bh3 19 Rf2 Rf8 20 Rg3 Qh4 21 f4 Ng4 22 Bxg4 fxg4 23 f5 gxf5 24 Nxf5 Bxf5 25 exf5 ±, Shneider–Epishin, Uzhgorod 1987.

(x) White has an advantage in space. Ulibin–Polulyakhov, Russia Cup 1997, continued 16 Rg1 Nf8 17 a3 Bd7 18 Ndb5! d5 19 Nd6 d4 20 Nxe8 ± (20 . . . dxc3 21 Nf6†).

KING'S INDIAN DEFENSE

Classical Variation: 7 d5 (Petrosian), 7 dxe5, 6 ... Bg4

1 d4 Nf6 2 c4 g6 3 Nc3 Bg7 4 e4 d6 5 Nf3 0-0(a) 6 Be2(b)

	37	38	39	40	41	42
	e5...Bg4					
7	d5 ....dxe5					Be3
	a5............Na6(j)		dxe5			Nfd7(aa)
8	Bg5(c)	Nd2(k)	Qxd8			0-0(bb)
	h6	Ne8(l)	Rxd8			c5
9	Bh4	0-0(m)	Bg5(o)			d5
	Na6	f5	Re8 ....c6............Na6			Na6
10	Nd2	exf5	Nd5(p)	Nxe5(u)	Nd5(x)	Ng5
	Qe8(d)	gxf5	Nxd5	Re8	Rd6	Bxe2
11	0-0(e)	f4	cxd5	0-0-0(v)	Bxf6	Qxe2
	Nh7	c5	c6(q)	Na6	Bxf6	Bxc3
12	a3(f)	dxc6	Bc4	Rd6	Nxf6†	bxc3
	Bd7	bxc6	cxd5(r)	Be6	Rxf6	Qa5
13	b3	Nb3	Bxd5	Nf3	Nxe5	Rac1
	h5(g)	e4	Nd7!(s)	Ng4	Re6	Qa4
14	f3	Be3	Rc1	Nd2	f4	f4
	Bh6	Nac7	h6	Nc5	Re8(y)	Nc7
15	Kh1(h)	Qd2(n)	Be3	Bh4	Bf3	Rf3(cc)
	Be3(i)		Nf6(t)	Bc8(w)	f6(z)	

(a) 5 ... c5 6 d5 0-0 7 Bd3 e6 8 0-0 exd5 9 exd5 Bg4 10 h3 Bxf3 11 Qxf3 Nfd7 12 Qd1 Ne5 13 Be2 ±, Seirawan–de Firmian, Los Angeles 1987.

(b) 6 Be3 e5 (6 ... Nbd7 7 Nd2 e5 8 d5 Ne8 9 Be2 f5 10 f3 f4?!—10 ... Bh6! = — 11 Bf2 a5 12 a3 Nef6 13 b4 ±, Sultan Khan–Flohr, Prague Ol. 1931) 7 dxe5 dxe5 8 Qxd8 Rxd8 9 Nd5 Rd7! 10 Nxf6† Bxf6 11 c5 Nc6 12 Bb5 Rd8 13 Bxc6 bxc6 14 Nd2 Ba6 =, Rivas–J. Polgar, Madrid 1993.

(c) 8 0-0 Na6 9 Bg5 h6 10 Bh4 Qe8 11 Ne1 Nh7 (11 ... Nc5 12 f3 Nh5 13 Nb5 Na6 14 Nd3 Nf4 15 Nxf4 exf4 16 Qd2 Qe5 17 Rab1 =, C. Hansen–Wojtkiewicz, Wijk aan Zee 1994; 11 ... g5 12 Bg3 Nxe4 13 Nxe4 f5 14 Bh5 Qe7 15 f3 fxe4 16 fxe4 Nc5 ∞, Polugaevsky–W. Watson, Sochi 1988) 12 Nd3 f5 13 exf5 (13 f3 Nf6 14 Bf2 g5 15 c5 Qg6 16 cxd6 cxd6 17 exf5 Bxf5 intending ... e4 ∞ —Glek) 13 ... g5 14 Bh5 Qe7 15 Bg3 e4 16 Re1 Bxc3 17 bxc3 Bxf5 ∓, Ivanov–Glek, Werfen 1991.

(d) An interesting try is 10 ... h5 11 Bg5 (11 0-0 Bh6 12 f3 Be3† 13 Kh1 g5 with good play for Black) 11 ... Qe8 12 a3 (12 f3 Bd7 13 Be3 Nh7 14 a3 ∞) 12 ... Bd7

13 b3 Nh7 14 Be3 h4!? (14 . . . Bf6?! 15 h4 ±) 15 Qc2 f5 16 f3 Bf6 17 0-0-0 Bg5 ∓, Lerner–Uhlmann, Berlin 1989.

(e) 11 a3 Bd7 12 b3 Nh7 13 Rb1 h5 14 f3 Bh6 15 Bf2 Qe7 16 h4 Nc5 17 Qc2 f5 18 b4 axb4 19 axb4 Na4 20 Nd1 (20 Nb5 c6 21 dxc6 bxc6 22 Nc7 Rac8 23 Na6 c5 24 bxc5? dxc5 25 Resigns, Damljanović–Fedorowicz, Wijk aan Zee B 1990— the knight on a6 is stranded, but resignation still looks a little premature) 20 . . . Nf6 21 Bd3, Speelman–J. Polgar, Holland 1991, and now 21 . . . Bxd2† equalizes.

(f) 12 Kh1 f5 13 exf5 gxf5 14 Bh5 Qd7 15 f4 e4 16 h3 Nc5 17 g4 Nf6 18 Bxf6 Rxf6 19 Qe2 Qe7 =, Panno–Fedorowicz, Lone Pine 1978.

(g) 13 . . . f5 14 exf5 gxf5 15 Bh5 Qc8 16 Be7 Re8! 17 Bxe8?! (17 Bh4 Rf8 18 Be7 =) 17 . . . Qxe8 18 Bh4 e4 19 Qc2 Qh5 20 Bg3 Rf8 with excellent compensation for the exchange, Yusupov–Kasparov, Barcelona 1989.

(h) 15 Rb1 Be3† 16 Bf2 Bc5 17 Bxc5 Nxc5 18 Qc2 Qe7 19 b4 axb4 20 axb4 Na4 21 Nd1 h4 22 Nf2 Nf6 23 Nd3 Nh5 24 c5 Qg5 25 Rf2 Bb5 ∓, Speelman–Timoshenko, London (Lloyds Bank) 1992.

(i) 16 Rb1 Bc5 17 Qc1 f5 18 exf5 gxf5 19 Bf2 Qg6 20 Bxc5 dxc5 ∞, Timoshenko–Šahović, Belgrade 1995.

(j) 7 . . . Nh5 8 g3 (8 Ng1 Nd7! 9 Bxh5 gxh5 10 Qxh5 Nc5 11 Nf3 f5 12 0-0 f4 13 b4 Nd7 14 Bb2 Qe7 ∓, Szabo–Boleslavsky, Budapest Candidates 1950) 8 . . . Na6 (8 . . . f5 9 exf5 Qf6 10 Ng5 Qxf5 11 0-0 Nf6 12 f3 ±, Petrosian–I. Zaitsev, Moscow 1966; 8 . . . a5 9 h4 Na6 10 Nd2 Nf6 11 g4 ±) 9 Nd2 Nf6 10 h4 c6 11 Nb3 Nc7 12 Bg5 cxd5 13 cxd5 h6 14 Bxf6! Qxf6 15 Bg4 ±, Petrosian–Gufeld, USSR Chp. 1960.

(k) 8 Bg5 h6 9 Bh4 g5 10 Bg3 Nh5 11 h4 Nxg3 12 fxg3 gxh4 13 Nxh4 Qg5 14 g4 (14 0-0 f5 =, Danner–Timoshenko, Berlin 1994) 14 . . . Bf6 15 Qd2 Kg7 (15 . . . Qxd2† 16 Kxd2 Kg7 17 Nf5† Bxf5 18 gxf5 Bg5† 19 Kc2 Nb4† 20 Kb3 a5 21 a3 Na6 22 Kc2 Kf6 23 Rab1 c6 24 dxc6 bxc6 25 b4 ±, Fishbein–Dolmatov, Philadelphia 1991) 16 g3 Qxd2† 17 Kxd2 Bg5† 18 Kd1 Be3 19 Rb1 Bd4 20 Kc2 Nc5 21 b4 draw agreed, Ivanov–Yurtaev, USSR 1989.

(l) 8 . . . Kh8 9 a3 c5 10 h4 h5 11 Nf3 Ng4 12 Ng5 Nh6 13 Be3 f5 14 exf5 Bxf5 15 Qd2 Ng4 16 Bxg4 Bxg4 17 f3 ±, Kramnik–Kamsky, Melody Amber 1994.

(m) 9 a3 c5 10 h4 f5 11 h5 f4?! 12 hxg6 hxg6 13 Bg4 ±, Speelman–Ivanchuk, Linares 1991.

(n) Gulko–Kasparov, Riga 1995—the game was agreed drawn at this point. The position is double-edged.

(o) 9 Nd5 (9 Nxe5 Nxe4) 9 . . . Rd7 10 Nxe5 Nxd5 11 Nxd7 Nb4 12 Nxb8 Nc2† 13 Kd1 Nxa1 14 Bf4 Rxb8 15 Kc1 Bd7 16 Kb1 Re8 17 Bd3 f5 18 f3 fxe4 19 Bxe4 Bf5 =, Peric–Romero Holmes, Spain 1994.

(p) (A) 10 0-0-0 h6 11 Be3 c6 (11 . . . Ng4!?) 12 Ne1 Ng4 13 Bxg4 Bxg4 14 f3 Be6 =, Siegel–Grischuk, Szeged 1994. (B) 10 0-0 c6 11 Rfd1 Nbd7 12 Rd2 h6 13 Bxf6 Nxf6 14 Rad1 Be6 ∓, Karst–Bauer, Gau Algesheim 1994. (C) 10 h3 c6 11 0-0 Na6 12 Be3 Bf8 13 Nd2 Nc5 =, Elinson–Murrey, Israel 1986.

(q) (A) 11 . . . f5 12 Nd2 c6 13 Bc4 b5 14 Bb3 h6 15 dxc6† Bxe6 16 c7 ±, Hanel–Schuh, Austria 1988. (B) 11 . . . Bd7 12 Rc1 c6 13 Bc4 cxd5 14 Bxd5 Nc6 15 a3 ±, Vuorikoski–Penttinen, Tampere 1991. (C) 11 . . . h6 12 Bd2 c6 13 Bc4 cxd5 14 Bxd5 Nc6 15 0-0-0 Bg4 16 Kb1 Nd4 17 Nxd4 Bxd1 18 Nb5 ±, Gómez–Serrano, Alicante 1989.

(r) 12 . . . b5?! 13 Bb3 Bb7 14 Rc1 Rc8 15 Be3 h6 16 0-0 ±.

(s) (A) 13 . . . Nc6 14 0-0-0 Nb4 15 Bb3 Be6 16 Bxe6 Rxe6 17 Kb1 Na6 18 Rd5 ±, Prangl–Werbeck, corr. 1993. (B) 13 . . . Na6 14 a3 ±.

(t) After 16 Bb3 Nxe4 17 Rc7 Be6 the position is equal.

(u) 10 0-0 Bg4 11 Rad1 Nbd7 12 Nd2 Bxe2 13 Nxe2 h6 14 Bh4 Nc5 15 Nc3 g5 =, Bartz–Schmidt, Bingen 1991.

(v) (A) 11 f4 Na6 12 0-0-0 h6 13 Bh4 Nc5 14 Bf3 g5 15 Bf2 Ne6 16 Nxf7 Kxf7 17 e5 Nxf4 18 exf6 Bxf6 19 Ne4 Be5 =, Ferragut–Camacho Penate, Cuba 1997. (B) 11 Bf4 Na6 12 0-0-0 Nc5 13 f3 Nh5 14 Be3 Nxe4 15 Nxe4 Bxe5 16 Bd4 Bf5 17 Bxe5 Rxe5 18 Nc3 Nf4 ∓, Bouaziz–Nunn, Szirak Int. 1987.

(w) 16 Bxg4 Bxg4 17 f3 Be5 18 Bg3 Bxd6 19 Bxd6 Nd3† 20 Kc2 Rad8 21 c5 Nb4† 22 Kb3 Nd3 23 Kc2 Nb4† 24 Kb3 Nd3 draw agreed, Haag–Pirisi, Balatonbereny 1988.

(x) (A) 10 0-0 Re8 11 Rad1 h6 12 Bc1 c6 13 Ne1 Nc5 14 f3 a5 15 Nd3 Bf8 =, Pilaste–A. Rodríguez, Havana 1983. (B) 10 Nd2 c6 11 0-0-0 Nc5 12 Be3 Nd3† 13 Bxd3 Rxd3 14 Nb3 Rxd1† 15 Rxd1 =, Korsunsky–Ziegler, Las Vegas 1993. (C) 10 Nxe5 Re8 11 f4 Nc5 12 Bf3 h6 13 Bxf6 Bxf6 14 0-0-0 Bxe5 15 fxe5 c6 =, Guseinov–Muratov, Moscow 1995.

(y) 14 . . . f6? 15 Ng4 h5 16 Nf2 Nc5 16 0-0 Nxe4 17 Nxe4 Rxe4 18 Bd3 ±, Mueller–Gustavsson, Bruchkoebel 1993.

(z) 16 Nd3 Bf5 17 Nf2 Bxe4 18 Nxe4 f5 19 0-0-0 fxe4 20 Be2 Nc5 21 g3 a5 =, Tolstikh–Bagaturov, Pardubice 1995.

(aa) 7 . . . Nc6 8 d5 Bxf3 9 Bxf3 Ne5 10 Be2 c6 11 0-0 Qa5 12 f4 Ned7 13 a3 cxd5 14 exd5 Rfc8 15 b4 ±, Eingorn–Mironenko, Alicante 1992. White has a space advantage.

(bb) Also good is 8 Ng1 Bxe2 9 Ngxe2 (now if Black plays routinely on the kingside with . . . e5 and . . . f5 all his light squares will be weak) 9 . . . c5 10 0-0 Na6 11 Rc1 Nc7 12 Qd2 cxd4 13 Nxd4 Ne5 14 b3 Ng4 15 Bg5!? ±, Chuchelov–Kaminik, Switzerland 1996. White has a Maróczy Bind–style space advantage.

(cc) Black's king position is very shaky, Shulman–D'Amore, Moscow Ol. 1994.

KING'S INDIAN DEFENSE

Sämisch Variation

1 d4 Nf6 2 c4 g6 3 Nc3 Bg7 4 e4 d6 5 f3 0-0(a) 6 Be3(b)

	43	44	45	46	47	48
	Nc6		e5	c5	a6	c6(s)
7	Qd2 a6(c)	Nge2 a6	d5(i) c6(j)	d5(o) e6	Qd2 Nbd7	Bd3(t) a6
8	Nge2(d) Rb8	a3(g) Bd7	Bd3(k) cxd5(l)	Qd2 exd5	Bd3 c5	a4(u) a5(v)
9	Nc1(e) e5	b4 Qb8!?	cxd5 Ne8(m)	cxd5 a6	d5(q) b5	Nge2 e5
10	d5 Nd4	Nc1 b5	Qd2 f5	a4 Nbd7	cxb5 Qa5	0-0 Na6
11	N1e2 Nxe2	cxb5 axb5	exf5 gxf5	Nge2 Re8	Nge2 Nb6	Qd2 exd4
12	Be2 Nh5	Nb3 e5	Nge2 Nd7	Ng3 h5	a4 axb5	Nxd4 Re8
13	0-0-0 f5	d5 Ne7	0-0 Kh8	Be2 h4	Bxb5 Ba6	Rad1 Nc5
14	Kb1 Nf4(f)	Be2 Rd8(h)	Kh1 a6(n)	Nf1 h3(p)	Bxa6 Qxa6(r)	Bc2 Qe7(w)

(a) (A) 5 . . . c5?! 6 dxc5 bxc5 7 Qxd8† Kxd8 8 Be3 Nfd7 9 Nge2 b6 10 0-0-0 Ba6 11 b3 Nc6 12 f4 e6 13 e5 ±, Gallimova–Peng, Moldova 1995. (B) 5 . . . e5 6 dxe5 (6 d5) Qxd8† Kxd8 8 Bg5 Be6 9 0-0-0† Nbd7 10 Nd5 Kc8 =, Cifuentes–Roberto, Cuba 1995.

(b) 6 Bg5!? a6 (6 . . . h6!?; 6 . . . Nc6 7 Nge2 a6 8 Qd2 Bd7 9 h4 h5 10 0-0-0 b5 11 Bh6 e5 12 Nd5 Bxh6 13 Qxh6 ±, Sadler–Nunn, Hastings 1992/93; 6 . . . e5? 7 dxe5 dxe5 8 Qxd8† Rxd8 9 Bxf6 Bxf6 10 Nd5 wins) 7 Qd2 Nbd7 8 Nge2 c5 9 Bh6 Bxh6 10 Qxh6 b5 11 h4 b4 12 Nd5 e6 13 Nxf6† Qxf6 =.

(c) 7 . . . e5?! 8 d5 Nd4 9 Nge2 Nxe2 10 Bxe2 ±.

(d) (A) 8 Bd3 Nd7 9 Nge2 e5 10 d5 Nd4 =. (B) 8 h4 h5 9 Bd3 e5 =. (C) 8 a3? e5 9 d5 Nd4 ∓.

(e) (A) 9 Bh6 Bxh6 10 Qxh6 e5 11 0-0-0 exd4 12 Nxd4 Ne5 13 h4 c5 14 Nc2 Be6 15 Ne3 b5 16 h5 Rb7 17 Qg5 b4 18 Nd5 Nxd5 19 Qxd8 Rxd8 ∓, Gvein–Burgess, Gausdal 1995. (B) 9 g4 b5 10 h4 h5 11 gxh5 Nxh5 12 cxb5 axb5 13 0-0-0 b4 ∓, Djukić–Dragović, Yugoslavia 1994. (C) 9 h4!? h5 10 Nc1 e5 11 d5 Nd4 12 N1e2 c5 13 dxc6 bxc6 14 Nxd4 exd4 15 Bxd4 Re8 16 Be2 d5 17 cxd5 cxd5 18 e5 ±, Karpov–Kindermann, Baden-Baden 1992.

601

(f) 15 Bf1 b6 16 g3 Nh5 17 Be2 Nf6 18 Bg5 Qe8 19 Bd3 fxe4 20 Nxe4 ±, Karpov–C. Hansen, Groningen 1995.

(g) 8 Rb1!? e5 (8 . . . Rb8) 9 d5 Na5 10 Ng3 c5 11 Bd3 b5 12 cxb5 axb5 13 Bxb5 h5 14 0-0 ±, Gulko–Djurhuus, Copenhagen 1996.

(h) 15 0-0 c6! =, Brunner–Xie Jun, Bern 1995.

(i) 7 Nge2 c6 (7 . . . exd4 8 Nxd4 ±) 8 Qd2 Nbd7 (8 . . . exd4 9 Nxd4 Re8 10 Be2 d5 11 exd5 cxd5 12 0-0 Nc6 13 c5 Rxe3 14 Qxe3 Qf8! 15 Ncb5 Qxc5 with good play for Black, Gelfand–Kasparov, Linares 1992) 9 0-0-0 a6 10 Kb1 b5 11 Nc1 exd4 12 Bxd4 Re8 13 Bxf6 Qxf6 14 Qxd6 Qxd6 15 Rxd6 Ne5 16 f4 Ng4 17 e5 Nf2 18 Rg1 Bf5 and Black had excellent compensation, Shirov–Kasparov, Dortmund 1992.

(j) (A) 7 . . . Nh5 8 Qd2 Qh4† (8 . . . f5 9 0-0-0 f4 10 Bf2 Bf6 11 Qe1 Be7 12 g4 Ng7 13 h4 Nd7 14 Nge2 ±) 9 Bf2 (or 9 g3 Nxg3 10 Qf2 Nxf1 11 Qxh4 Nxe3 12 Ke2 Nxc4 13 Rc1 Na6 14 Nd1 Nb6 15 Ne3 Bd7 16 Nh3 ± —Black's position is solid, but a queen is a queen) 9 . . . Qe7 10 0-0-0 f5 11 Kb1 Nd7 12 Nge2 Ndf6 13 exf5 gxf5 14 Nc1 Bd7 15 h3 ±, Fedorowicz–Remlinger, St. Martin 1991. (B) 7 . . . Ne8 8 Qd2 f5 9 0-0-0 ±.

(k) 8 Nge2 cxd5 9 cxd5 a6 (9 . . . Nbd7) 10 Qd2 Nbd7 11 g4 h5 12 h3 Nh7 13 Rg1 hxg4 14 hxg4 ±.

(l) 8 . . . b5 9 a3 (9 Nge2 bxc4 10 Bxc4 c5 11 a3 Nfd7 12 Qd2 Nb6 13 Bd3 ±) 9 . . . cxd5 10 cxd5 a6 11 Nge2 Ne8 12 0-0 Nd7 13 Kh1 Kh8 14 b4 f5 15 exf5 gxf5 16 a4 ±, Ivanchuk–Piket, Tilburg 1989.

(m) 9 . . . Nh5 10 Nge2 f5 11 exf5 gxf5 12 0-0 Nd7 13 Qd2 Ndf6 (13 . . . a6 14 Bxf5! Rxf5 15 g4! ±) 14 Kh1 Bd7 15 a4 a6 16 a5 ±, Fedorowicz–Sherzer, US Chp. 1992.

(n) 15 Rac1 b5 16 Bg5 Bf6 17 Bh6 Bg7 18 Bxg7 Nxg7 19 f4 ±, Christiansen–Kozul, Biel 1991.

(o) 7 dxc5 (7 Nge2!?) 7 . . . dxc5 8 Qxd8 (8 e5!? Nfd7 9 f4 f6 10 exf6 exf6—10 . . . Nxf6!?—11 Nf3 =) 8 . . . Rxd8 9 Bxc5 (this pawn sacrifice is one of Black's best lines; his counterplay revolves around the dark squares) 9 . . . Nc6 10 Nd5 (10 Rd1 Rxd1 11 Nxd1 Nd7 12 Ba3 a5 13 Ne3 Nb4 14 Nh3 Nc5 15 Nf2 e6 16 Be2 b6 ⩱, Razuvaev–Shirov, Germany 1991; 10 Ba3 a5 11 Rd1 Be6 12 Nd5 Bxd5 13 cxd5 Nb4 14 Bb5 Nc2† 15 Kf2 Nxa3 16 bxa3 Rac8 =, Knaak–Piket, Novi Sad Ol. 1990) 10 . . . Nd7 11 Bxe7 Nxe7 12 Nxe7† Kf8 13 Nd5 Bxb2 14 Rd1 Nc5 15 Ne2 Bd7 16 Nec3 Be6 17 Be2 Rac8 =, Timman–J. Polgar, Paris (rapid) 1992.

(p) 15 g4 Ne5 16 Ng3 Bd7 17 0-0 ±, Wallace–Hebden, Hastings Open 1995. Black may do better without the advance . . . h4, . . . h3.

(q) Most solid for White is 9 Nge2 cxd4 10 Nxd4 e6 11 0-0 ±.

(r) 15 Qc2 Rfb8 and Black will have counterplay on the b-file.

(s) (A) 6 . . . b6 7 Bd3 (7 Qd2!?) 7 . . . a6 8 Nge2 c5 9 e5! Nfd7 10 exd6 Nxd6 11 0-0 ±. (B) 6 . . . Nbd7!? 7 Nh3 c6 8 Qd2 e5 9 d5 cxd5 10 cxd5 a6 11 Nf2 Nh5 12 Nd3 ±, Dragimov–Mittelman, Biel Open 1997.

(t) 7 Qd2 a6 8 0-0-0 b5 9 Bh6 Bxh6 10 Qxh6 Qa5 11 Kb1 Nbd7 12 h4 Rb8 13 Qd2 Re8 14 g4 ±. Against 8 0-0-0 play in the center is possible.

(u) 8 Nge2 b5 9 0-0 (9 b3!?; 9 cxb5 cxb5—9 . . . axb5!?—10 b4 ⩱) 9 . . . Nbd7 10 a3 Bb7 11 b4 e5 12 Qb3 ±, Seirawan–Fedorowicz, US Chp. 1984.

(v) 8 . . . Nbd7 9 Nge2 e5 10 d5 c5 11 Qd2 Rb8 12 g4 ±, Haecker–Kern, Germany 1988.

(w) 15 Nb3 Nxb3 16 Bxb3 ±, H. Olafsson–Wheeler, St. Martin 1993.

KING'S INDIAN DEFENSE

Four Pawns' Attack

1 d4 Nf6 2 c4 g6 3 Nc3 Bg7 4 e4 d6 5 f4 0-0 6 Nf3

	49	50	51	52	53	54
	c5				Na6	e5?!(t)
7	d5 ....dxc5.........Be2				Be2	fxe5
	e6(a)	Qa5(f)	cxd4		e5	dxe5
8	Be2(b)	Bd3(g)	Nxd4		fxe5(q)	d5(u)
	exd5	Qxc5	Nc6		dxe5	Nbd7
9	exd5(c)	Qe2	Be3(k)		d5	Bd3
	Re8(d)	Bg4!	Ng4..........Bg4!?		Nc5	Nc5
10	0-0	Be3	Bxg4	Bxg4(o)	Bg5	Bc2
	Bf5	Qa5(h)	Bxd4	Nxg4	h6	a5
11	Bd3	0-0	Bxd4	Qxg4	Bxf6	0-0
	Qd7	Nc6	Bxg4	Nxd4	Qxf6	Qd6
12	h3	Rac1	Qd2(l)	Qd1	b4	Qe1
	Na6	Nd7	Nxd4(m)	Nc6	Na6(r)	Bd7
13	a3	Qf2(i)	Qxd4	Rc1	a3	Qh4 ±
	Nc7(e)	Bxf3(j)	e5!(n)	Qa5(p)	c5(s)	

(a) 7 ... b5 8 cxb5 a6 9 a4 e6 (9 ... Qa5 10 Bd2 Qb4 11 Qc2 $\pm$) 10 dxe6 Bxe6 11 Be2 axb5 12 Bxb5 Na6 13 0-0 Nb4 14 f5! is good for White, Lalić–Zakić, Yugoslavia 1986.

(b) 8 dxe6 fxe6! (recapturing with the bishop is passive) 9 e5 (or 9 Bd3 Nh5 10 Ne2 Nc6 11 0-0 e5! and White's position is loose) 9 ... dxe5 10 Qxd8 Rxd8 11 Nxe5 Nfd7 is fine for Black.

(c) More frequently played is 9 cxd5, which is covered in the Four Pawns' Attack of the Benoni Defense. 9 e5?! Ne4! 10 cxd5 Nxc3 11 bxc3 Nd7 is good for Black.

(d) A good alternative is 9 ... Nh5 10 0-0 Bxc3! 11 bxc3 f5 12 Bd3 Ng7 13 Bd2 Nd7 14 Be1 Nf6 =, Vladimirov–Gligorić, Yugoslavia 1963.

(e) 14 g4 Bxg4 (14 ... Bxd3 15 Qxd3 b5 ∞) 15 hxg4 Qxg4† 16 Kh2 b5 is at least equal for Black, Conquest–Mestel, Hastings 1986/87.

(f) 7 ... dxc5?! 8 Qxd8 (8 Bd3 Nc6 9 e5 Nb4 10 Bb1 Qxd1† 11 Nxd1 Ne8 12 Be3 b6 13 Be4 Rb8 14 a3 Na6 15 Nc3 $\pm$, Grétarsson–Mossin, Reykjavik 1994) 8 ... Rxd8 9 e5 Nfd7 10 Nd5 is a slight edge for White.

(g) 8 Bd2 Qxc5 9 b4 Qb6 (9 ... Qxb4 10 Na4 Qa3 11 Bc1 =; 9 ... Qc7 10 Rc1 Bg4 11 h3 Bxf3 12 Qxf3 Nc6 13 Nd5 Qd8 14 Bc3 e6 $\mp$, Harald–Uhlmann, East German Chp. 1983) 10 Bd3 Bg4 11 Rb1 Nc6 12 h3 Bxf3 13 Qxf3 e5 14 Be3 Qd8

15 f5 a5 16 b5 Nb4 17 Bg5 h6 18 Bxf6 Qxf6 19 0-0 draw agreed, Dorfman–Sznapik, Warsaw 1983.

(h) 10 . . . Qc7 11 0-0 Nbd7 12 Rac1 e5 13 f5 gxf5 14 exf5 Rae8 15 Ne4 Qc6 16 Bg5 d5?! (16 . . . h6 =) 17 cxd5 Qxd5 18 h3 Bxf3, Grétarsson–Molvig, Copenhagen 1994, and now 19 gxf3! is good for White.

(i) 13 Qd2 Bxf3 14 Rxf3 Nc5 15 Bb1 Rfc8 16 Rf2 Na4 17 Nd1 Qxd2 =, Spraggett–Barlov, Candas Open 1992.

(j) 14 gxf3 Nc5 15 Bb1 Na4 16 Nxa4 Qxa4 17 Rfd1 Rac8 18 b3 Qa5 is about equal, Topalov–Dolmatov, Bulgaria 1995.

(k) 9 Nc2 Be6 10 0-0 Rc8 11 Rb1 a6 12 b3 b5 13 cxb5 axb5 14 Bf3 Qa5 and Black has active play, Korn–Richter, corr. 1958.

(l) 12 Qxg4 Nxd4 13 Qd1 Nc6 14 0-0 Qb6 (14 . . . Qa5 15 Kh1 Qb4 16 Qe2 Na5?! 17 Nd5 ±, Pomar–Geller, Stockholm Int. 1962) 15 Rf2 Qc5 16 b3 Rae8 17 Nd5 Nb4 =, Martz–Visier, Lanzarote 1974.

(m) 12 . . . Be6 13 b3 Nxd4 14 Qxd4 Qa5 =, Eslon–Westerinen, Rilton Cup 1987.

(n) 14 fxe5 Qh4 15 Qf2 (15 g3 dxe5 16 Qxe5 Qh3 ∓ —Uhlmann) 15 . . . Qxf2 16 Kxf2 dxe5 =, Uhlmann–Fischer, Leipzig Ol. 1960.

(o) (A) 10 Nxc6 Bxe2 11 Nxd8 Bxd1 12 Rxd1 Rfxd8 =, Berthold–Tal, Munich 1958. (B) 10 Nf3 e5 11 fxe5 dxe5 12 0-0 Qa5 =, Uhlmann–Geller, Dresden 1959.

(p) 14 a3 f5 15 exf5 Qxf5 (15 . . . Rxf5!?, Bisguier–Evans, New York 1967) 16 0-0 Kh8 17 b4 Rac8 18 Qd2 b6 =, Benko–Reshevsky, Los Angeles 1963.

(q) 8 dxe5 dxe5 9 Qxd8 Rxd8 10 Nxe5 Nc5 11 Bf3 Be6 12 Nd5 Nfd7 13 Nxd7 (13 Nxc7 Nxe5 14 fxe5 Bxc4!) 13 . . . Rxd7 14 0-0 Bd4 15 Kh1 Nd3 is good for Black.

(r) 12 . . . Nd7 13 c5?! a5 14 a3 axb4 15 axb4 Rxa1 16 Qxa1 Qf4 17 g3 Qe3 ∓, Hausner–Khalifman, Bundesliga 1991.

(s) 14 Rb1 Bd7 15 b5 Nc7 16 d6 Ne6 17 Nd5 Qd8 18 Qd2 Nd4 19 0-0 Be6 20 Nxd4 Bxd5 21 Nc6 bxc6 22 cxd5 cxb5 23 Rxb5 Qxd6 24 Qa5 f5 25 Rxc5 fxe4 26 Rc6 Rxf1 27 Bxf1 Qf8 28 Rxg6 draw agreed, Lautier–Kasparov, Amsterdam (Euwe Memorial) 1995.

(t) 6 . . . c6?! is passive. Black must hit White's center quickly.

(u) 8 Nxe5?! c5! is good for Black, as 9 d5 is met by 9 . . . Nxe4. The column is Alekhine–Ed. Lasker, New York 1924.

KING'S INDIAN DEFENSE

Misc. White Fifth Moves (incl. Averbakh System)

1 d4 Nf6 2 c4 g6 3 Nc3 Bg7 4 e4 d6

	55	56	57	58	59	60
5	h3 0-0		Be2 0-0		Bd3 .... 0-0(q)	Nge2 0-0(v)
6	Nf3 .... e5(a)	Bg5(d) c6(e)	Bg5(g) c5	Nbd7(n)	Nge2 Nc6(r)	Ng3 h5(w)
7	d5(b) Nh5	Bd3 e5	d5(h) e6(i)	Qd2 c6(o)	0-0 e5(s)	Be2(x) h4
8	Be3 Na6	d5 Na6	Qd2(j) exd5	Nf3 d5	d5 Nd4	Nf1 Nc6(y)
9	Nh2 Qe8	Nge2 Nc5	exd5(k) Re8(l)	exd5 cxd5	Nxd4 exd4	d5 Ne5
10	Be2 Nf4	Bc2 Qb6	Nf3 Bg4	0-0 a6	Nb5 Re8	h3 c6
11	Bf3 f5	0-0 cxd5	0-0 Nbd7	Ne5 dxc4	Re1 a6!	Bg5 Qa5
12	h4?! Qe7	cxd5 Bd7	h3 Bxf3	Bxc4 Qc7	Nxd4 Nxd5	Nd2 b5
13	g3 Nb4(c)	Rb1 a5(f)	Bxf3 a6(m)	Bb3 Nxe5(p)	cxd5(t) Bxd4(u)	0-0 bxc4(z)

(a) 6 ... c6 (6 ... Nbd7!?) 7 Be3 a6 8 Bd3 b5 9 cxb5 cxb5 10 a3 ±, J. Medina–Clemente, Spain 1993.

(b) 7 dxe5 dxe5 8 Qxd8 Rxd8 =.

(c) 14 Qb3 Nfd3† 15 Ke2 f4! ∓, Kavalek–Kasparov, Bugojno 1982.

(d) 6 Be3 e5 7 d5 Na6 (7 ... Nh5 8 g3 ±; 7 ... Ne8 8 g4 f5 9 gxf5 gxf5 10 exf5 Bxf5 11 Nge2 Nd7 12 Ng3 ±, Dzindzichasvili–Rohwer, Philadelphia 1993) 8 g4 Nc5 9 f3 a5 10 Qd2 c6 11 dxc6?! (11 Nge2) 11 ... bxc6 12 0-0-0 Nb7 13 c5 d5 14 exd5 Nxd5 =, Gómez–Topalov, Seville 1992.

(e) 6 ... Na6 7 Bd3 e5 8 d5 Qe8 9 g4 c6 10 Nge2 cxd5 11 cxd5 Nc5 12 Bc2 ±, Beliavsky–Kozul, Portorož 1997.

(f) 14 Qd2 ±, Ivanchuk–Kasparov, Novgorod 1994.

(g) The Averbakh System.

(h) 7 dxc5 Qa5! 8 Bd2 Qxc5 9 Nf3 Nbd7 (9 ... Bg4! and ... Nc6 is equal) 10 Be3 Qa5 11 Nd2 ±, Ubilava–Westerinen, Spain 1993.

(i) 7 . . . b5!? 8 cxb5 a6 9 a4 Qa5 10 Bd2 is a speculative pawn sacrifice, Kaidanov–Schrage, Cincinnati 1992.

(j) (A) 8 Nf3 exd5 9 cxd5 (9 Nxd5 Be6 =) h6 is a good Benoni Defense. (B) 8 dxe6?! Bxe6 =.

(k) 9 cxd5 Re8 is a Benoni position in which Black has reasonable play.

(l) 9 . . . Qb6!? 10 Nf3 Bf5 11 Nh4 Ne4 12 Nxe4 Bxe4 13 f3 Qxb2 14 Rc1 h6 15 Bxh6 Qxd2 16 Bxd2 ±.

(m) 14 a4 Qc7 15 a5 h5 16 Qc2 Nh7 17 Bd2 ±, Kaidanov–Kamsky, US Chp. 1993.

(n) 6 . . . c6 7 Qd2 a6 8 Rd1 b5 9 a3 Nbd7 10 Nf3 bxc4 11 e5 Nd5 12 exd6 f6 13 dxe7 Qxe7 14 Be3 ±, Petursson–Antonsen, Copenhagen 1995.

(o) 7 . . . e5 8 d5 Nc5 9 f3 a5 10 0-0-0 Bd7 11 Kb1 Qe8 12 g4 ±, Alburt–Cebalo, Taxco Int. 1985.

(p) 14 dxe5 Qxe5 15 Rfe1 Qd6 16 Qe2 Qc5 17 Bxf6 exf6 18 Nd5 with an initiative worth more than the pawn, Gelfand–Svidler, Groningen 1996.

(q) 5 . . . e5 6 d5 a5 7 Nge2 Na6 8 f3 Nd7 9 Be3 Bh6 10 Qd2 Bxe3 11 Qxe3 c6?! (11 . . . 0-0!?) 12 Qh6 Ndc5 13 Rd1 ±, Seirawan–Ivanchuk, Groningen 1997!.

(r) 6 . . . e5 7 d5 ±.

(s) (A) 7 . . . Nh5 8 Be3 e5 9 d5 Ne7 10 Qd2 f5 11 exf5 gxf5 12 Bg5 f4 13 f3 ±, Christiansen–Gallagher, Bern 1996. (B) 7 . . . Nd7 8 Be3 (8 Bc2!?) 8 . . . e5 9 d5 Ne7 (9 . . . Nd4 10 Bc2 Nxc2+ 11 Qxc2 ±) 10 Ng3 h5 11 h3 h4 12 Nge2 f5 13 exf5 gxf5 14 f4 ±, Seirawan–J. Polgar, Melody Amber (rapid) 1994.

(t) 13 exd5 Rxe1+ 14 Qxe1 Bxd4 =.

(u) 14 Qc2 Bd7 =.

(v) (A) 5 . . . c6 6 Ng3 h5 7 Be2 a6 8 0-0 b5 9 e5 dxe5 10 dxe5 Qxd1 11 Rxd1 ±, Novikov–van Wely, Helsinki 1992. (B) 5 . . . c5?! 6 dxc5! dxc5 7 Qxd8 Rxd8 8 Be3 ±.

(w) (A) 6 . . . Nc6!? 7 d5 Ne5 8 Be2 h5 9 0-0 h4 10 Nh1 =. (B) 6 . . . e5 7 d5 a5 8 Be2 Na6 9 h4 c6 10 h5 cxd5 11 cxd5 Nc5 12 Be3 Qb6 13 Rb1 Bd7 14 Nf1 a4 15 Nd2 ±, Lutz–Gelfand, Horgen 1994.

(x) (A) 7 Bg5 Nh7 8 Be3 e5 9 d5 h4 10 Nge2 Bf6 11 Qd2 Bg5 12 0-0-0 Bxe3 13 Qxe3 Qg5 =. (B) 7 h4 e5 (7 . . . Nc6!?) 8 d5 Nh7 9 Be2 Bf6 10 Be3 Nd7 11 Qd2 Bxh4 ∓, Farrell–Rowson, Scotland 1994.

(y) 8 . . . c5 (8 . . . h3!?) 9 d5 b5!? 10 cxb5 a6 ∓.

(z) 14 Nxc4 Nxc4 15 Bxc4 Rb8 16 Qe2 Rxb2!? 17 Qxb2 Nxe4 =.

KING'S INDIAN DEFENSE

Fianchetto System: Classical Variation

1 d4 Nf6 2 c4 g6 3 g3 Bg7 4 Bg2 0-0 5 Nc3 d6 6 Nf3 Nbd7 7 0-0 e5

	61	62	63	64	65	66
8	e4(a)..Qc2					
	c6					Re8
9	h3					Rd1
	exd4.........Re8..........Qb6 ....Qa5..........a6(l)					e4!?
10	Nxd4	Be3(c)	c5(f)	Re1	Be3	Ng5
	Re8	exd4	dxc5	exd4	Re8	e3
11	Rb1	Nxd4	dxe5	Nxd4	Qc2	f4
	a5	Nc5	Ne8	Ne5	b6	h6
12	Re1	Qc2	Be3!	Bf1	dxe5	Nge4
	Nc5	Qe7	Nc7(g)	Re8	Nxe5	Nxe4
13	b3	Rfe1	Qc2	Nb3(j)	Nxe5	Bxe4
	Nh5	Bd7	Ne6	Qc7	dxe5	Nf6
14	Be3	f3(d)	Na4	f4	Rfd1	Bg2
	Qe7	Nh5	Qb5(h)	Ned7	Qe7	Ng4
15	Qd2	Kh2	Rfd1	Bg2	cxb5	d5
	Qf8	f5	c4	a5	cxb5	Nf2
16	Rbd1	exf5	Nd2	Be3	a4	Rf1
	Nf6(b)	Nxg3!(e)	Qa6(i)	a4(k)	Bd7(m)	Bf5(n)

(a) 8 h3 exd4!? (8 . . . c6 9 e4 is back in the column) 9 Nxd4 Re8 10 e4 a6 11 Re1 Rb8 12 a4 c6 13 Nc2 Ne5 14 Ne3 Be6 15 b3 ±, Kasparov–Topalov, Linares 1999.

(b) 17 Qc2 Nfd7 18 f4 ±, Wojtkiewicz–Bjarnason, New York Open 1994. As often happens in this variation, White has a space advantage.

(c) These lines have numerous transpositional possibilities.

(d) When Black's rook on e8 is not protected, the move f3 can be omitted.

(e) (A) 17 Kxg3 Bxd4! 18 Bxd4 Qg5† ∓. Black regains the piece with a good game. (B) 17 Bf2!? Qf6 18 Bxg3 Qxd4 19 fxg6 Qd3! and despite his material edge White is worse, Portisch–Groszpeter, Hungary 1993. (C) 17 fxg6?! Nh5 18 gxh7† Kh8 19 f4 Qh4 20 Nf3 Qg3† 21 Kg1 Nxf4 was good for Black in Ionov–Almasi, Tilburg 1994.

(f) This is the sharpest reply against 9 . . . Qb6. Also playable is 10 Re1 Ne8 11 d5 c5 12 Bd2 Qd8 13 Re2 f6 14 Qc2 ±, when White had the more flexible position in Gutman–Benjamin, London 1987.

(g) 12 . . . Qxb2 13 Na4 Qb5 14 Rb1 Qa5 15 Qc2 b6 16 Nd2 Nxe5 17 f4 Nd7 18 e5 ±. White has both development and space.

(h) 14 . . . Qc7 15 Nxc5 Nxe5 16 Nxe5 Bxe5 17 Rad1 followed by f4 gives White the better game.

(i) 16 . . . Nxe5 17 f4 Nd3 18 Nxc4 Nb4 19 Qb3 puts Black in difficulties. After 16 . . . Qa6 17 f4 b5 18 Nc3 Bh6 19 Nf3 Ndc5 20 b3 Qa3 21 Rab1 Nd3 22 Bf1! White had the better of a complicated struggle, Mikhalchishin–Kotronias, Yugoslavia 1997.

(j) An alternative is 13 Rb1 with the idea of b4, gaining space on the queenside.

(k) 17 Nd4 Nc5 18 Bf2 h5!? 19 Qc2 Bd7 20 Nf3 a3! was fine for Black in Wojtkiewicz–Forster, Geneva 1997.

(l) 9 . . . Ne8 10 d5 c5 11 Bg5 f6 12 Be3 Qe7 13 Qd2 (13 Nh4! is stronger) 13 . . . f5 14 Rac1 Nf6 15 Ng5 ±, Kornyushin–Saltaev, Vladivostok 1995. Black's position is loose.

(m) 17 axb5 axb5 18 Qb3 Rxa1 19 Rxa1 b4 20 Nd5 ±, Miles–Fedorowicz, Buenos Aires 1991. Black's queenside is wide open.

(n) 17 Qb3 Nh3† 18 Kh1 Nf2† 19 Kg1 Qc8 20 Nd1 Nxd1 22 Qxd1 Be4 and White found himself seriously cramped by Black's e3 pawn in Maiwald–Ketevan, Germany 1994.

KING'S INDIAN DEFENSE

Fianchetto System: Panno Variation

1 d4 Nf6 2 c4 g6 3 g3 Bg7 4 Bg2 0-0 5 Nc3 d6 6 Nf3 Nc6 7 0-0(a)

	67	68	69	70	71	72
	e5..........Rb8..........a6..Bf5					
8	d5(b)	h3(h)	d5(k) ....Bg5 ....h3(p)			Ne1(t)
	Ne7	a6	Na5	Rb8	Rb8	Qc8(u)
9	c5!?(c)	e4	Nd2	Rc1	Be3(q)	e4
	Ne8(d)	Nd7	c5	Bd7	b5	Bh3
10	cxd6	Be3	Qc2	e4	cxb5(r)	Nc2
	cxd6(e)	Na5(i)	Rb8(l)	Bg4	axb5	Bxg2
11	e4(f)	b3	b3	h3	Rc1	Kxg2
	f5	b5	b5	Bxf3	Na5	e5
12	exf5	cxb5	Bb2	Bxf3	b3	d5
	gxf5	axb5	Bh6(m)	e5	b4	Ne7
13	Qb3	Qd2	f4	dxe5	Na4	f3
	h6	b4	bxc4	Nxe5	Bd7	Nd7
14	Nh4	Nd5	bxc4	Be2	Qc2	b4
	Nf6	c5	e5	h6	Bb5	a5
15	f4	Bh6	dxe6	Be3	Re1	a3
	e4	e6	Bxe6	b5	c6	axb4
16	Rd1	Bxg7	Nd5	cxb5	Nb2	axb4
	Qa5(g)	Kxg7(j)	Rxb2(n)	axb5(o)	Nd5(s)	Rxa1(v)

(a) Since White has to castle anyway this is the most flexible. 7 d5 or 7 h3 may transpose.

(b) 8 dxe5 dxe5 9 Qxd8 Rxd8 10 Bg5 Be6 is equal.

(c) This is White's most aggressive continuation. (A) The main alternative is 9 e4!?. After 9 . . . Ne8 10 Ne1 f5 11 Nd3 Nf6 12 Bg5 h6 13 Bxf6 Rxf6 14 f4 exf4 15 Nxf4 Kh7 16 Qd3 Rf8 17 Rae1 White was better in Kasparov–Ivanchuk, Riga 1995. 9 . . . Bg4?! 10 h3 Bd7 11 c5! Ne8 12 cxd6 Nxd6 13 Re1 is pleasant for White. Black usually needs his light-squared bishop to help with the kingside attack. 9 . . . Nd7 is inferior to 9 . . . Ne8 as it leaves e6 very weak. (B) 9 b4!? Nd7 10 Rb1 a5 11 a3 h6 12 e4 f5 13 exf5 (necessary, otherwise Black's kingside push becomes dangerous after . . . f4) 13 . . . exf5 14 Nh4 e4 15 Qb3 Ne5 16 f3 was slightly better for White in Karpov–J. Polgar, Dos Hermanas 1993.

(d) 9 . . . dxc5? 10 Nxe5 is very bad for Black.

(e) 10 . . . Nxd6 is possible but is not as reliable as the column move.

(f) An interesting alternative for White here is 11 a4!?.

(g) 17 Bh3 Bd7 18 Be3 h5 19 a4 $\pm$, M. Horvath–Valach, Trencin 1995. Black is bottled up.

(h) 8 d5?! exposes White to rapid queenside play in which Black benefits from having played . . . Rb8 rather than . . . a6: 8 . . . Na5 9 Nd2 Nd7 10 Qc2 Ne5 11 b3 c6 12 Bb2 b5 13 dxc6 bxc4 14 Nxc4 Naxc4 15 bxc4 Bf5 16 Qc1 Rb4 17 c7 Qd7 18 Nd5 Rxb2 19 Resigns, Timman–Nijboer, Dutch Team Chp. 1997.

(i) 10 . . . e5 11 d5 Ne7 12 Qd2 Kh8 13 Ne1 is a shade better for White according to Hübner.

(j) 17 Nf4 Bb7 18 Rfd1 $\pm$.

(k) Nowadays this long variation is considered one of the main lines.

(l) 10 . . . e5 is a playable way of sidestepping the main variation.

(m) 12 . . . Bd7 13 Rab1 Be8!? 14 Rfe1 Nd7 15 e4 bxc4 16 bxc4 Nb6 17 Nd1 Bxb2 18 Rxb2?! Na4 =, Win Zaw–Aung, Yangong 1999, but 18 Nxb2 leaves White an edge.

(n) 17 Qxb2 Bg7 18 Qa3 Nxc4 19 Nxc4 Nxd5 20 Rac1 Nb4 21 Rfd1 d5 22 Kh1 dxc4 23 Rxd8 Rxd8 24 Qa5 Rd2 25 Qxc5 Nxa2 26 Rb1 Bb2 27 Qe3! was very good for White in Baburin–Polzin, Gifhorn 1992.

(o) The position is roughly equal, Ivanchuk–Shirov, Linares 1995.

(p) 8 e4 Bg4 9 Be3 Nd7 10 Ne2 e5 11 d5 Ne7 12 Ne1 Nb6 13 Rc1 $\pm$ is good for White as Black's knight is very poorly placed on b6. 9 . . . Qc8!? and 9 . . . Bxf3 are stronger alternatives.

(q) 9 a4!? Na5 10 b3 c5 11 Bd2 Qb6 12 dxc5 Qxb3? 13 Nd5 Nxd5 14 Bxa5 Qxc4 15 Rc1 Qa2 16 Ng5 e6 17 e4 b6 18 cxd6 was winning for White in Sturua–Atalik, Athens 1993.

(r) 10 Nd2 is worth considering. After 10 . . . Na5 11 cxb5 axb5 12 b4 Nc4 13 Nxc4 bxc4 14 b5 White's passed a-pawn will cause trouble.

(s) 17 Bd2 c5 gave Black good play in Voskanian–Zaitsev, Budapest 1995.

(t) (A) 8 Nh4 (generally speaking this is inferior to 8 Ne1 since from h4 the knight can only return to f3, while from e1 it can relocate to c2) 8 . . . Bd7 9 h3!? (9 e4 e5 10 d5 Nd4 11 Be3 c5 12 dxc6 bxc6 13 Bxd4 exd4 14 Qxd4 Nd5 is fine for Black) 9 . . . Ne8 10 d5 Na5 11 Qd3 c5 12 Bd2 a6 13 Rb1 b5 14 b3 Rb8 15 Ne4 and White had a slight edge in I. Ivanov–Remlinger, Reno 1991. (B) 8 b3 Ne4 9 Bb2 Nxc3 10 Bxc3 Be4 11 Qd2 d5 is fine for Black 8 b3 is a rather insipid approach. (C) 8 d5!? Na5 9 Nd2 c6 10 e4 Bg4 11 f3 Bd7 12 Kh1 cxd5 13 cxd5 b5 14 Nb3 leaves White with more space.

(u) After 8 . . . Na5 9 e4 Bg4 10 f3 Bd7 11 Qd3 c5 12 d5 a6 13 b3 b5 14 Rb1 e6 15 g4 White had a pronounced space advantage in Wojtkiewicz–Rasik, Budapest 1993.

(v) 17 Nxa1 f5 18 Nb3 b6 19 Bg5 with advantage, Maiwald–Vogt, Germany 1995.

KING'S INDIAN DEFENSE

Fianchetto System: Minor Lines

1 d4 Nf6 2 c4 g6 3 g3 Bg7 4 Bg2 0-0 5 Nc3(a) d6

	73	74	75	76	77	78
6	Nf3 ....e3					
	c5 ....c6					Nbd7(u)
7	0-0		0-0			Nge2
	Nc6(b)		Qa5(i)			e5
8	d5 ....dxc5		h3 ....e4			0-0
	Na5	dxc5	Be6		Bg4(r)	Re8
9	Nd2	Be3(f)	d5 ....Qd3		h3	h3
	e5(c)	Nd7(g)	cxd5	Qa6(n)	Bxf3	Nf8
10	a3(d)	Qd2	Nd4	b3	Bxf3	b3
	b6	Nb6	dxc4!?(j)	d5	Nbd7	Ne6
11	e4	b3	Nxe6	Ne5	Qe2	d5
	Ne8	Qxd2	fxe6	Nbd7(o)	Ne8(s)	Nf8
12	b3	Bxd2	Bxb7	cxd5	Rd1	e4
	f5	Bf5	Nbd7	Qxd3	c5	Nh5
13	exf5	Rac1	Bxa8	Nxd3	dxc5	Be3
	gxf5	Rad8	Rxa8(k)	Nxd5(p)	Bxc3	f5
14	Bb2	Be3	Bd2(l)	Bb2	cxd6	exf5
	Nb7(e)	Nd4(h)	d5(m)	Nxc3(q)	Nxd6(t)	gxf5(v)

(a) White can vary the order of his moves, interchanging g3, Bg2, Nc3, Nf3 and 0-0.

(b) (A) 7 . . . cxd4?! 8 Nxd4 Nbd7 leaves White with the freer game. (B) Black can sacrifice a pawn with 8 . . . Nc6 9 Nxc6 bxc6 10 Bxc6 Bh3 11 Bxa8 Qxa8 11 f3 Bxf1 12 Kxf1 but his compensation is dubious.

(c) 9 . . . a6 transposes into the Panno Variation.

(d) After 10 dxe6 Bxe6 11 Nd5 Rb8 12 a4 Ng4 13 Ra3 Ne5 14 b3 f5 White looks to be better despite the rook on a3, Fernandes–Silva, Portugal 1994.

(e) 15 Qe2 Nf6 16 Rae1 ±, Sideif-Zade–Shevelev, Poland 1991. White's pieces are better placed and Black's queenside is always a problem.

(f) 9 Qb3 Qa5 10 Bd2 Nd4 11 Nxd4 cxd4 12 Qb5 Qd8 13 Nd5 Nxd5 14 Bxd5 Rb8 is very equal, Nogueiras–Sorin, St. Martin 1995.

(g) 9 . . . b6!? 10 Ne5 Nxe5 11 Bxa8 Nxc4 is an interesting exchange sacrifice.

(h) The position is equal. White cannot realistically expect any advantage after 8 dxc5.

(i) The Kavalek System.

(j) 10 . . . Bd7 11 cxd5 gives White an advantage in space.

(k) For the exchange Black has one pawn, good development and a massive central phalanx.

(l) After 14 Qa4!? Qxa4 15 Nxa4 Ne4! 16 Be3 d5 17 Rac1 Nb6 Black stood slightly better in Schone–Muse, Germany 1991.

(m) 15 Be1 Qa6 16 Rb1 Rc8 17 f3 Qc6 18 g4 Nb6 19 a4 a6 20 a5 Nbd7 21 Na4 Rb8 22 b3 Ne8! left Black with a tremendous position in Portisch–Cramling, Prague 1995.

(n) 9 . . . d5 10 cxd5 cxd5 11 Qb5 Qxb5 12 Nxb5 Rc8 13 Bf4 with activity.

(o) 11 . . . Rd8 12 Rd1 dxc4 13 Nxc4 Nd5 14 Ne4 Bf5 15 Bb2 Nd7 16 Qd2 b5 17 Na5 with a slight pull.

(p) 13 . . . exd5? is answered by 14 Nf4! ±.

(q) 15 Bxc3 c5 16 d5! Bxd5 17 Bxd5 Bxc3 18 Rac1 Bf6 19 Bxb7 Rab8 20 Dc6 Ne5 21 Nxe5 Bxe5 22 Rxc5 and White was up a clear pawn in Karpov–van der Wiel, Amsterdam 1988.

(r) (A) 8 . . . e5 9 d5 cxd5 10 cxd5 Nbd7 11 Nd2 and Black's queen is misplaced. (B) 8 . . . Qh5!? 9 e5 (9 Re1!? Bg4 10 Qd3 tries to take advantage of Black's queen) 9 . . . dxe5 10 Nxe5 Ng4 11 Nf3 Rd8 12 h3 Nh6 13 Ne2! is good for White.

(s) If 11 . . . e5 12 d5 Black's lack of active play leaves him worse.

(t) After 15 bxc3 Ne5 16 Bg2 Nexc4 17 Bf4 e5 18 Bh6 Rfc8 Black had problems in Baburin–L. Kaufman, New York 1997.

(u) 6 . . . c6 7 Nge2 a5 8 b3 Na6 9 0-0 e5 10 Bb2 Re8 11 a3 Rb8 12 h3 h5 13 Qc2 Be6 was equal in Petrosian–Larsen, Santa Monica 1966.

(v) 15 Qc2 Ng6 and chances are equal.

KING'S INDIAN DEFENSE

2 Nf3 g6

1 d4 Nf6 2 Nf3 g6

	79	80	81	82	83	84
3	Bg5		Bf4	Nc3	Nbd2	c3(q)
	Bg7(a)		Bg7	d5	Bg7	Bg7
4	c3		e3	Bg5(l)	e4	Nbd2(r)
	0-0(b)		0-0	Bg7(m)	0-0(n)	d5
5	Nbd2		h3	e3	Bd3	e3
	d5	d6(d)	d5(i)	0-0	d6	0-0
6	e3(c)	e4(e)	Be2	Ne5	0-0(o)	Bd3
	Nbd7	Nc6	c5	b6	Nh5	Nbd7(s)
7	Bd3	Be2	c3(j)	Be2	Re1	0-0
	c5	e5	Nc6	Bb7	e5	c5
8	0-0	dxe5(f)	Nbd2	0-0	c3	Re1
	b6	dxe5(g)	Nd7	c5	Nc6	Qc7
9	Re1	0-0	0-0	Bf3	dxe5	e4
	Bb7 =	Qe8	e5	Ne4	dxe5	dxe4
10		Qc2	dxe5	Bf4	Bf1	Nxe4
		h6	Ndxe5	Nxc3	Be6	Nxe4
11		Bh4	Nxe5	bxc3	Bb5(p)	Bxe4
		Nh5(h)	Nxe5(k)	Nd7 =	Ne7 =	cxd4 =

(a) 3 . . . d6 4 Bxf6 exf6 5 e3 $\pm$.

(b) 4 . . . Ne4 5 Bh4 0-0 6 e3 (6 Nbd2!?) 6 . . . d5 7 Bd3 Bf5 =.

(c) 6 Bxf6 Bxf6 7 e4 dxe4 8 Nxe4 Bg7 9 Bd3 Nc6 =.

(d) 5 . . . h6 6 Bxf6 exf6 (6 . . . Bxf6 7 e4 d6 8 Bc4 Bg7 9 Qe2 c5 10 dxc5 dxc5 11 0-0 Nc6 12 h3 Qc7 =, Speelman–Topalov, Moscow (rapid) 1995) 7 g3 f5 8 Bg2 d6 9 0-0 Nd7 8 Qc2 $\pm$, Speelman–Kasparov, Moscow (rapid) 1995.

(e) 6 e3 Nc6 (6 . . . Nbd7 7 Be2 b6 8 0-0 Bb7 9 b4 c5 10 Qa4 Qc7 11 Rac1 Rac8 =) 7 Be2 h6 8 Bh4 e5 9 dxe5 dxe5 10 0-0 Qe7 11 b4 a6 =.

(f) 8 0-0 exd4 9 cxd4 h6 10 Bh4 Re8 =.

(g) 8 . . . Nxe5 9 Nxe5 dxe5 10 0-0 h6 11 Bh4 $\pm$.

(h) 12 Rfe1 Nf4 13 Bf1 Bg4 14 h3 Be6 15 Nc4 f6 16 Ne3 $\pm$, Schirbel–Bastian, Germany 1994.

(i) 5 . . . d6 6 Be2 Nc6 7 0-0 Nd7 8 Bh2 e5 9 c4 f5 10 dxe5 dxe5 11 Nc3 Kh8 =.

(j) 7 dxc5 Nbd7 8 b4 a5 9 a3 axb4 10 cxb4 Ne4! $\mp$. Black is very active.

(k) 12 Nf3 =, Oblitas–Geenen, Moscow Ol. 1994.

(l) 4 Bf4 Bg7 5 e3 0-0 6 h3 c5 =.

(m) 4 . . . Ne4 5 h4 Bg7 6 e3 c5 7 Bb5 Nc6 8 Ne5 Nxc3 9 bxc3 Qa5 ∓, Claussen–
Hellers, Copenhagen 1991.

(n) 4 . . . d5 5 Bd3 0-0 6 c3 c5 7 e5 Nh5 8 0-0 Nf4 9 Bc2 cxd4 10 cxd4 Nc6 11 Nb3
Ne6 =, Jakobsen–Gutman, Thessaloniki Ol. 1984.

(o) 6 h3 Nc6 7 c3 e5 8 dxe5 Nxe5 9 Nxe5 dxe5 10 Qe2 Qe7 =, Tröger–Tal, Porz
1982.

(p) 11 Qc2 Qe7 12 b4 a6 13 a4 Rfb8 14 a5 h6 15 Ba3 Qe8 16 Nb3 b6 17 axb6 cxb6
18 Bc1 Rc8 19 Qb2 b5? (19 . . . a5 ∓) 20 Nc5 ±, Tauber–Hauschild, Munich
Open 1985.

(q) (A) 3 b3 Bg7 4 Bb2 0-0 5 g3 (5 Nbd2 d6 6 e4 Nbd7 7 h3 c6 8 Bd3 Qc7 9 0-0 Nh5
10 Re1 c5 =, Norwood–Roos, Bundesliga 1994) 5 . . . d5 6 Bg2 c5 7 dxc5 Qa5†
8 Nbd2 Nc6 9 0-0 Rd8 10 a3 Qxc5 11 b4 Qb6 12 c4 dxc4 13 Qc2, Smyslov–
Spassky, Moscow 1971, and now 13 . . . Bf5 14 Qxc4 Rac8 leaves Black with
an edge. (B) 3 e3 Bg7 4 Be2 0-0 5 0-0 d6 6 b3 Nc6 7 Bb2 Nd7 8 c4 e5 =,
Jørgensen–Larsen, Hedehusene 1992. (C) 3 d5 c6 4 c4 Bg7 5 Nc3 cxd5 6 cxd5
Qa5 7 Qd2 b5!? =, Guimard–Bolbochan, Mar del Plata 1947.

(r) 4 Qc2 0-0 5 e4 d6 6 Bd3 Nc6 7 Nbd2 Nd7 8 Nc4 e5 9 Bg5 Qe8 =, Ed. Lasker–
Yates, New York 1924.

(s) 6 . . . c5 7 dxc5 a5 8 Rb1?! Nfd7 9 0-0 Nxc5 10 Bc2 a4 11 e4, Malaniuk–
Tseshkovsky, Tashkent 1987, and now 11 . . . dxe4 12 Nxe4 Qxd1 13 Rxd1
Bf5! seizes the initiative. The column is Neu–Unzicker, Amsterdam 1954.

OLD INDIAN DEFENSE

1d4 Nf6 2 c4 d6

T HE OLD INDIAN DEFENSE has similarities with the King's Indian Defense. White is allowed to occupy the central squares while Black stakes his claim in the center with e7-e5 and develops behind the lines. In the Old Indian Black does not fianchetto his king's bishop (the modern method of combating a full pawn center) but simply develops it to e7. This stodgy old system is pretty solid and hard to crack, but it lacks the dynamism of the King's Indian Defense. Black usually comes out of the opening with a disadvantage, so the choice to play the Old Indian should be made on psychological or practical grounds. The defense is easy to learn, and if Black is content to sit back in a somewhat cramped position his chances can be good against some opponents. White has more space, but some players are uncomfortable holding more territory and looking out to defend against breakouts.

OLD INDIAN DEFENSE

1 d4 Nf6 2 c4 d6

	1	2	3	4	5	6
3	Nc3..Nf3					Nf3
	Nbd7...e5				e5	Bg4
4	Nf3				Nf3(p)	Qb3
	e5				e4	Qc8(u)
5	e4.......................g3..........Bg5		g3	Bg5	Ng5(q)	g3
	Be7		Be7	h6(l)	Bf5	e6(v)
6	Be2		Bg2	Bh4	g4(r)	Bg2
	0-0		0-0	Be7	Bxg4(s)	c6
7	0-0		0-0	e3	Bg2	0-0
	c6		c6	0-0	Nc6	Be7
8	Qc2.........Re1	Re1	e4(h)	Be2(m)	Ngxe4	Nc3
	a6(a)	a6	Re8	c6	Nxe4	Nbd7
9	Rd1	Bf1(e)	Re1(i)	Qc2(n)	Bxe4	e4
	Qc7	b5	Bf8	Nh5	g6	e5
10	Be3	a3	h3(j)	Bxe7	Qd3	Be3
	Ng4(b)	Bb7(f)	Qc7	Qe7	f5	0-0
11	Bg5(c)	Bg5	Be3	g4	Qe3	h3
	Bg5(d)	h6(g)	a6(k)	Nhf6(o)	Be7(t)	Bxf3(w)

(a) 8 . . . Re8 9 d5! ± with space.

(b) 10 . . . Re8 11 Rac1 Bf8 12 b4 exd4 13 Nxd4 Ne5 14 f3 Ng6 15 Qb3 Nh5 16 b5 ±, Makariev–Zviaginsev, Györ 1991.

(c) 11 Bd2 d5? (11 . . . Re8 12 h3 Ngf6 13 Be3 ±) 12 cxd5 exd4 13 dxc6! dxc3 (13 . . . bxc6 14 Nd5 wins) 14 cxd7 Bxd7 15 Bxc3 Bc6 16 h3 Nf6 17 Bd3 with a winning position, Sosonko–Larsen, Tilburg 1982

(d) 12 Ng5 Ngf6 13 Nf3 Re8 14 h3 b6 15 Rd2 Bb7 16 Rfd1 with a space advantage for White, Ljubojević–Ivanović, Belgrade 1987.

(e) 9 Rb1 b5 10 b4 Bb7 11 Bf1 Re8 12 a4 bxa4 13 Qxa4 exd4 14 Nxd4 Bf8 15 Nxc6 Qc8 16 Na5 Nxe4 17 Bb2 Nxc3 18 Bxc3 Be4 19 Rbc1 ±, Lerner–Gulko, Tallinn 1983.

(f) 10 . . . Qc7 11 b4 b6 12 Bb2 Nf8 13 h3 Ng6 14 Rc1 Bf8 15 Qd2 ±.

(g) 12 Bh4 Re8 13 Rc1 Qa5 14 c5! exd4 15 Nxd4 Qc7 (15 . . . dxc5 16 Nf5) 16 Nf5 ±, Kasparov–Trepp, Switzerland vs. Kasparov 1987. Black is hanging by a thread.

(h) Black was threatening . . . e4 followed by . . . d5, establishing a strong pawn center. 8 Rb1 e4 9 Ne1 d5 10 b4 Nb6! 11 cxd5 cxd5 ∓ leaves Black with the better chances.

(i) An alternative is 9 Qc2 Bf8 10 b3 Qc7 11 h3 a6 12 Be3 Qd8 13 Rfd1, when White has the space advantage he seeks.

(j) This prevents future sorties by either bishop or knight to g4.

(k) 12 Qc2 ±.

(l) 5 . . . Be7 6 e3 Ng8 7 Bxe7 Nxe7 8 Be2 0-0 9 0-0 exd4 10 Nxd4 Nc6 11 Nd5 Nxd4 12 Qxd4 a5 13 f4 Re8 14 Bf3 Nc5 15 e4 ±, Gulko–Kochiev, Lvov 1978.

(m) 8 Qc2 exd4 9 exd4 Nh5 10 Bxe7 Qxe7† 11 Be2 Nf4 =, Tarrasch–Chigorin, Nuremberg 1906.

(n) 9 0-0 Nh7 10 Bg3 Ng5 11 Nxg5 hxg5 12 c5 d5 13 b4 ±, Dautov–Tseitlin, Kusadasi Open 1990.

(o) 12 g5 hxg5 13 Nxg5 exd4 14 exd4 Re8 15 0-0-0 ±, Ubilava–Striković, Elgoibar 1994.

(p) 4 dxe5 dxe5 5 Qxd8† Kxd8 6 Bg5 Nd7 7 Nf3 c6 8 0-0-0 Kc7 =.

(q) 5 Nd2 Bf5 6 e3 c6 7 Be2 d5 8 Qb3 Qd7 9 f3 Be7 leads to a sharp game.

(r) White hopes to exchange a wing pawn for a center pawn.

(s) 6 . . . Bg6? 7 Bg2 does not make sense.

(t) 12 h3 Bh5 13 Bd5 Nb4! is good for Black.

(u) 4 . . . Bxf3 5 Qxf3 (5 exf3 Qc8 6 Be3 e6 7 Nc3 Be7 8 Be2 0-0 9 0-0 ±) 5 . . . Nc6 6 d5 Ne5 7 Qb3 Qc8 8 Nc3 g6 9 e4 Bg7 10 Be2 0-0 11 0-0 ±, Butnorius–Johannessen, Oslo 1992.

(v) 5 . . . Nbd7 6 Bg2 c6 7 h3 Bxf3 8 Bxf3 e5 9 Be3 Be7 10 Nc3 ±, Smejkal–Andersson, Prague 1970.

(w) 12 Bxf3 Bd8 13 Bg2 Bb6 14 Rad1 ±, Hjartarson–Adams, Paris (rapid) 1994. Black's position lacks active prospects.

GRÜNFELD DEFENSE

1 d4 Nf6 2 c4 g6 3 Nc3 d5

(Including the Neo-Grünfeld — 3 g3 Bg7 4 Bg2 d5)

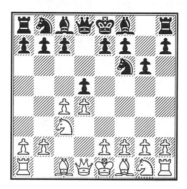

O f all the openings in this book, there is none so flagrant as the Grünfeld in defying the principle that one should occupy the center. Invented by the Austrian master Ernst Grünfeld in 1922, the defense makes extreme use of the "hypermodern" concept of attacking the center from afar in order to control it. Somewhat surprisingly, the defense is considered very respectable and sound, frequently used in the careers of Kasparov, Fischer, Smyslov, Korchnoi, Leko and Illescas. It is very active and tactical due to the open nature of the position. Naturally, there is the danger that White's big center will lead to a strong attack. Yet by sidestepping the pawn steamroller and attacking it, Black can feel relatively secure.

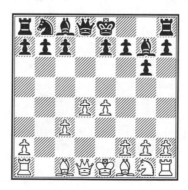

The most direct challenge to the Grünfeld is the Exchange Variation, 4 cxd5 Nxd5 5 e4 Nxc3 6 bxc3 Bg7 (columns 1–12, see above diagram). White immediately obtains the classical center with its attacking prospects.

The traditional continuation has been 7 Bc4 0-0 8 Ne2 (columns 1–6), which ensures White that he can maintain the pawns on e4 and d4. For many years the most popular approach was the exchange sacrifice 8 . . . c5 9 0-0 Nc6 10 Be3 cxd4 11 cxd4 Bg4 12 f3 Na5 13 Bd3 Be6 14 d5 Bxa1 15 Qxa1 (column 3). Black has been finding good defenses against the exchange sacrifice and other lines of the traditional continuation, so focus has shifted to 7 Nf3 (columns 7–12), not fearing the pin of . . . Bg4. Most popular after 7 Nf3 is 7 . . . c5 8 Rb1 (columns 1–10), when Black boldly takes the a-pawn with . . . Qa5, . . . Qxa2 in columns 7–8. Quite different play arises in columns 9 and 11, which results in an early endgame. While the lines after 7 Nf3 are some of the sharpest in the Grünfeld, Black appears to have sufficient play.

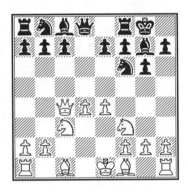

The Classical Variation is 4 Nf3 Bg7 5 Qb3 dxc4 6 Qxc4 0-0 7 e4 (columns 13–24), see above diagram. White takes a less ambitious course than the Exchange Variation, satisfied with his central pawn duo and classical development. The last decade has seen a shift in attention from the Exchange Variation toward the Classical Variation as the former is having trouble gaining an edge. After 7 e4, Black can respond with 7 . . . Na6 8 Be2 c5 (columns 13–15), leading to unclear situations. Seeking queenside activity with 7 . . . a6 and 8 . . . b5 (columns 16–18) also leads to sharp positions. Another serious response to the Classical Variation is 7 . . . Nc6 (columns 19–21), which may turn out to be Black's soundest reply. The old Smyslov favorite, 7 . . . Bg4 (column 22), has seen some hard times as White has found a strong continuation castling queenside. 7 . . . c6 (column 23) and 7 . . . b6 (column 24) are experimental defenses.

Lines with Bf4 comprise columns 25–30. White plays to simply develop his pieces and garner a queenside initiative. This safe plan recieved much attention following the 1990 World Championship match between Karpov and Kasparov. Usually White plays for a slight advantage, but the Black's aggressive counter in column 25 leads to a complex tactical position.

Early alternatives for White are seen in columns 31–36. Column 31 is the strange-looking 4 cxd5 Nxd5 5 Na4!?, White wishing to play e4 with tempo on the Nd5. Queenside play with 5 Qb3 or 5 Bd2 are columns 32 and 33. The game takes a turn to positional play when White plays Bg5 (columns 34–36). Though a favorite of Seirawan's, this system poses little danger.

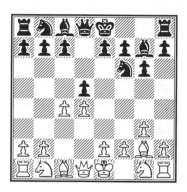

The Neo-Grünfeld, 3 g3 Bg7 4 Bg2 d5 (columns 37–42, see above diagram), has some similar themes to the Grünfeld, but White's fianchettoed bishop gives the game a Catalan flavor. It was first seen in Alekhine–Mikenas, Kemeri 1937, where Black gained an equal position. In columns 37–38 White plays the direct 5 cxd5 Nxd5 6 e4, the most aggressive response. The more restrained 5 cxd5 Nxd5 6 Nf3 (columns 40–41) is considered the main continuation as White plays for the advantage with little risk.

GRÜNFELD DEFENSE

Exchange Variation

1 d4 Nf6 2 c4 g6 3 Nc3 d5 4 cxd5 Nxd5 5 e4 Nxc3(a)
6 bxc3 Bg7 7 Bc4 0-0 8 Ne2

	1	2	3	4	5	6
	Nc6(b) c5					
9	0-0	Be3 0-0				
	b6	Nc6	Nc6			
10	Bg5	Rc1(d)	Be3			
	Na5	cxd4	cxd4....................................Bg4!?(o)			
11	Bd3	cxd4	cxd4			f3
	c5	Qa5†	Bg4			Na5
12	Rc1	Kf1?!(e)	f3			Bxf7†(p)
	cxd4	Qa3!	Na5			Rxf7
13	cxd4	Qd2	Bd3(g)			fxg4
	Bb7	Rd8	Be6(h)			Rxf1†
14	Qa4	d5	d5 ....Rc1(j) ....Qa4(m)			Kxf1
	Qd6	Ne5	Bxa1	Bxa2	a6!	Qd6(q)
15	Bd2	Bb5	Qxa1	Qa4(k)	d5	e5
	Rfc8(c)	b6(f)	f6(i)	Bb3(l)	b5(n)	Qd5(r)

(a) 5 . . . Nb6?! is clearly inferior as Black has problems attacking White's central pawns. After 6 Be3 Bg7 7 h3! 0-0 8 Nf3 White is clearly on top.

(b) Another slower plan to attack the center is 8 . . . b6 (8 . . . Nd7 is just too passive). After 9 0-0 Bb7 White can hold a small edge with 10 f3 c5 11 Be3, but the more aggressive 10 e5 e6 11 Nf4 Ba6 12 Bxa6 Nxa6 13 Qd3 Qc8 14 Qg3 Qd7 15 h4 c5 is okay for Black, Timoshenko–Peek, Ostend 1991. Sharp is 8 . . . b6 9 h4!?, but Black should gain good counterplay.

(c) 16 Bb4 Qd8 17 d5 e6 18 Bxa5 bxa5 19 Qb3 with somewhat better chances for White, Gligorić–Uhlmann, Sarajevo 1969.

(d) Now if Black proceeds normally White's rook will not be exposed to the bishop on g7.

(e) The most difficult move to meet, but not the best. On (A) 12 Qd2? Qxd2† 13 Kxd2 Rd8 is good for Black. White should play (B) 12 Bd2 Qa3 13 Bc3 Rd8 with equal chances.

(f) Black has a distinct advantage. Ftačnik–I. Gurevich, Biel 1993, continued 16 f4?! Ng4 17 Bd4 e5! 18 Bb2 Qxa2 19 Ra1 Qb3 20 Bc6 Rb8 21 Rxa7 Ne3† 22 Kf2 Nc4 with a winning position for Black.

(g) 13 Bd5 Bd7 14 Rb1 a6 15 Bxb7 Ra7 16 Bd5 Bb5 17 a4 Bxe2 18 Qxe2 Bxd4 19 Rfd1 Bxe3+ 20 Qxe3 Rd7 =, Yusupov–Korchnoi, Lucerne 1985.

(h) Too passive is 13 . . . Bd7?! 14 Qd2 Rc8 15 Rac1 Rxc1 16 Rxc1 Bc6 17 d5 ±, Pragua–R. Gross, corr. 1992–93.

(i) 16 Rb1 Bf7 17 Bh6 Qd6 with good play for Black. For many years this exchange sacrifice was the most popular continuation for White, but in recent years Black has found good defensive ideas.

(j) White tries to press the initiative, gaining space and time for the pawn sacrifice.

(k) If Black refuses the offer White is clearly on top, e.g. 14 . . . b6 15 d5 Bd7 16 Nd4 ±, Dubinka–Löffler, České Budějovice 1995.

(l) Clearer than 15 . . . Be6 16 d5 Bd7 17 Qb4. After 15 . . . Bb3 16 Qb4 b6 17 Bg5 f6 18 Bh4 Qd6 19 Qxd6 exd6 20 d5, Kramnik–Shirov, match (G5) 1998, 20 . . . Rac8 would be fine for Black.

(m) White plays a less usual plan to sacrifice the exchange, but Black's position remains solid.

(n) 16 Qb4 Bxa1 17 Rxa1 f6 18 Bc5 Nc6! 19 dxc6 Qxd3 20 Nd4 Qc4 with chances for both sides, Browne–Hellers, Philadelphia 1992.

(o) In this continuation Black delays the capture cxd4, which gives him other options.

(p) White plays to win a pawn, a line that gained popularity for years following the 1987 World Championship in which Karpov played this several times against Kasparov, scoring well. In later years Black has found satisfactory continuations.

(q) (A) 14 . . . cxd4 15 cxd4 e5 16 d5 Nc4 17 Qd3 (17 Bf2!?) 17 . . . Nxe3 18 Qxe3 Qh4 19 h3 Bh6 20 Qd3 Rf8+ 21 Kg1 Qf2+ 22 Kh1 Qe3! =, Kramnik–Kasparov, Linares 1999. (B) 14 . . . Qd7!? 15 g5 Nc4 16 Bf2 e5 17 dxc5 Rd8 18 Qxd7 Rxd7 19 Ke1 Nb2 20 Nc1 Na4 =, Yusupov–van Wely, Germany 1998.

(r) 16 g5 Qe4 17 Bf2 Rf8 18 Ng1 Nc4 19 Nf3 Ne3+ 20 Bxe3 Qxe3 21 Qb3+ Kh8 22 Re1 Qxg5 23 Qxb7 Qd2 with chances for both sides in a sharp position, Beliavsky–Kasparov, Linares 1992.

GRÜNFELD DEFENSE

Exchange Variation

1 d4 Nf6 2 c4 g6 3 Nc3 d5 4 cxd5 Nxd5
5 e4 Nxc3(a) 6 bxc3 Bg7 7 Nf3 c5

	7	8	9	10	11	12
8	Rb1..				Be3.........	Bb5†(t)
	0-0				0-0(o)	Nc6(u)
9	Be2				Rc1	0-0(v)
	cxd4.....................................		Nc6(j)		Qa5	cxd4
10	cxd4			d5(k)	Qd2	cxd4
	Qa5†			Ne5(l)	cxd4(p)	0-0
11	Bd2........................		Qd2	Nxe5	cxd4	Bxc6
	Qxa2		Qxd2†	Bxe5	Qxd2†	bxc6
12	0-0		Bxd2	Qd2	Nxd2	Ba3
	Bg4	Na6(f)	b6	e6	Nc6	Bg4
13	Be3(b)	Bg5	Rc1	f4	d5(q)	Bc5
	Nc6	h6	Bb7	Bg7(m)	Nb4(r)	Re8
14	d5(c)	Bh4(g)	Bd3	c4	Bc4	Rb1
	Bxf3(d)	g5	Rd8	b6	Bb2	Qd7
15	Bxf3	Bg3	Be3	Bb2	Rb1	Rb4
	Ne5(e)	Bg4(h)	Nc6(i)	Bxb2(n)	Nc2†(s)	a5(w)

(a) 5 ... Nb6?! leaves White with total control of the center after 6 Be3 Bg7 7 h3! 0-0 8 Nf3 Be6 9 Be2 Bc4 10 0-0 e6 11 Bg5 f6 12 Bxc4 Nxc4 13 Qb3! ±.

(b) 13 Bg5!? h6 14 Be3 b6 15 Qd3 Nd7 16 h3 Bxf3 17 Bxf3 Rfd8 18 Qb5 a6 19 Qb4 with compensation for the pawn.

(c) 14 Rxb7!? Rab8 15 Rxb8 Rxb8 16 h3 Bxf3 17 Bxf3 Rd8 18 d5 Ne5 19 Qc1 Nc4! 20 Bg5 Re8! 21 Re1 e6! =, Khalifman–Stohl, Germany 1997.

(d) 14 ... Ne5? 15 Rxb7 e6 16 d6 Bxf3 17 gxf3 Rfd8 18 Bg5! causes problems for Black.

(e) Not as good is 15 ... Na5 16 Bg5 (the actual move order was 14 ... Na5 15 Bg5 Bxf3 16 Bxf3) 16 ... Re8 17 e5! Nc4 18 d6 Nxe5 19 Bd5 ±, Kramnik–Svidler, Linares 1999. After 15 ... Ne5 16 Rxb7 a5! 17 Rxe7 a4 18 Bd4 Nxf3† 19 gxf3 Bxd4 20 Qxd4 a3 21 Kg2 Qb2 chances are about equal, Bacrot–Illescas, Pamplona 1997/98.

(f) (A) 12 ... b6 13 Bg5 Bb7 14 d5?! e6 15 Be7 Re8 16 d6 Bxe4 17 17 Bb5 Bc6 18 Qd3 Qd5 19 Qxd5 exd5 and Black was better in wan Wely–Shirov, Wijk aan Zee 1998. 14 Rc1 was safer. (B) 12 ... Qe6 13 Qc2 Qd6 14 d5 Na6 is equal.

(g) 14 Bxe7 Re8 15 Ra1 Qe6 16 Bh4 Qxe4 17 Bxa6 bxa6 18 Re1 Qc6 leaves Black a little better (Atalik).

(h) 16 Rxb7 Rfd8 17 d5 Nc5 18 Rxe7 Bf6 19 Rc7 Nxe4 is ∓ according to Atalik.

(i) After 16 d5 Nb4 17 Bb1 Ba6 Black was better in the queenless middlegame, Petursson–Conquest, Hastings 1986.

(j) 9 . . . b6 10 0-0 Bb7 11 Qd3 (11 d5 Bxc3 12 Bc4 Bg7 13 Qd3 Qc8 14 Bg5 Re8 15 e5 gives White good compensation for the pawn, Haba–Banas, Austria 1997) 11 . . . Ba6 12 Qe3 e6 13 Bxa6 Nxa6 14 Rd1 Qd7 15 Qe2 Qa4 16 Bg5 Re8 17 Qd2 f6 18 Bh6 ±, Ftačnik–Banas, Passau 1994. White has good attacking chances.

(k) 10 Be3?! cxd4 11 cxd4 Qa5† is equal.

(l) 10 . . . Bxc3† 11 Bd2 Bxd2† 12 Qxd2 Na5 13 h4! Bg4 14 h5 Bxf3 15 gxf3 e5 16 hxg6 fxg6 17 d6 b6 18 Qd5† Kg7 19 Qe5† Qf6 20 Qh2 was good for White in Chernin–Stohl, Pardubice 1993.

(m) 13 . . . Bc7 14 0-0 exd5 15 exd5 Ba5 16 Rb3 b6 17 Qd1 Bd7 18 Ra3 Re8 is roughly equal, Siegel–Gavrikov, Switzerland 1995.

(n) (A) 16 Rxb2 Ba6 17 0-0 exd5 18 cxd5 Bxe2 19 Qxe2 f5 20 exf5 Qxd5 21 fxg6 Qd4† 22 Kh1 draw agreed, Alterman–Tseitlin, Israel 1994. (B) 16 Qxb2 exd5 17 cxd5 Re8 18 e5 Qxd5 19 Bf3 Qc4 20 Bxa8 Qxf4 and Black has good play according to Greenfeld.

(o) 8 . . . Bg4 9 Rc1 (9 Qd2 looks more accurate; then if 9 . . . 0-0 10 Ng5! cxd4 11 cxd4 Nc6 12 h3 Bd7 13 Rb1 Rc8 14 Nf3 ± and White's center was untouchable, Karpov–Kasparov, World Chp. (G17) 1990) 9 . . . 0-0 10 Qd2 Bxf3 11 gxf3 e6 12 Bb5 Qd6 13 0-0 Nc6 14 Rfd1 Rfd8 15 e5 Qd5 16 Qe2 with a central grip.

(p) If Black wants to avoid the exchange of queens he must be careful. (A) 10 . . . e6?! 11 Bh6 Rd8 12 h4 cxd4 13 Bxg7 Kxg7 14 cxd4 Qxd2† 15 Kxd2 Nc6 16 Ke3 ±, a line played by Karpov in a simul. (B) 10 . . . Rd8!? 11 Be2 Nc6 12 d5 e6 13 0-0 exd5 14 exd5 Ne7 15 c4 Qxd2 16 Nxd2 b6 17 Bg5 and White stood a little better in Yermolinsky–Fedorowicz, New York Open 1996.

(q) 13 Nb3 a5! 14 d5 a4 15 dxc6 axb3 is fine for Black.

(r) Black must play actively before White bolsters the center.

(s) 16 Ke2 Nxe3 17 Rxb2 Nxg2 18 Rc1 g5 19 Rb3 Nf4† 20 Ke3 and White has play for the pawn, Portisch–Adorjan, Hungary 1991.

(t) Black has no trouble achieving a comfortable game in this line.

(u) (A) 8 . . . Nd7 9 0-0 0-0 10 a4 Qc7 11 Re1 Rd8 12 Qb3 cxd4 13 cxd4 Nc5 14 Qa3 a6 15 Bc4 Bxd4 16 Nxd4 Rxd4 17 Ba2 and Black was fine in I. Sokolov–Kamsky, Brussels (rapid) 1992. (B) 8 . . . Bd7 (probably the weakest reply) 9 Be2 cxd4 10 cxd4 Bc6 11 Qd3 0-0 12 0-0 e6 13 Bg5 ±.

(v) 9 d5 a6 10 Ba4 b5 11 dxc6 Qxd1† 12 Kxd1 bxa4 13 Kc2 f5 14 e5 Be6 15 Be3 Bd5 16 Bc5 Bc6 was good for Black in Khermlin–Veingold, USSR 1982.

(w) Black has equalized, Smejkal–Portisch, Rio de Janeiro Int. 1979.

GRÜNFELD DEFENSE

Classical Variation

1 d4 Nf6 2 c4 g6 3 Nc3 d5 4 Nf3 Bg7 5 Qb3 dxc4(a) 6 Qxc4 0-0 7 e4

	13	14	15	16	17	18
	Na6(b)			a6(n)		
8	Be2			Qb3	Be2	
	c5			b5(o)	b5	
9	d5(c)			e5	Qb3	
	e6(d)			Nfd7(p)	c5	Nc6(u)
10	0-0			h4(q)	dxc5	e5
	exd5			c5	Nbd7(s)	Be6!?
11	exd5			e6	e5	exf6
	Bf5		Re8	c4	Nxc5	Bxb3
12	Bf4	Be3	Rd1(j)	exf7†	Qb4	fxg7
	Re8	Re8	Bf5	Rxf7	Nfd7	Kxg7
13	Rad1	Rad1	d6	Qd1	Be3	axb3
	Ne4	Qb6	h6(k)	Nb6	a5	Nxd4
14	Nb5	d6!?(g)	Bf4	h5	Qh4	Nxd4
	Qf6	Be6(h)	Nd7	Nc6	e6	Qxd4
15	Bd3(e)	Qb5	Rd2(l)	hxg6	Qxd8	0-0
	Rad8(f)	h6(i)	Nb4(m)	hxg6(r)	Rxd8(t)	Qb4(v)

(a) 5 . . . c6 and 5 . . . e6 are solid but passive alternatives.

(b) In the late 80s and early 90s this move enjoyed much success.

(c) 9 dxc5?! Qa5 10 Be3 Ng4 ∓. Black develops very fast.

(d) Black must strike at White's center as fast as possible.

(e) 15 d6!? Bd7 16 g3 g5 ∞, Beliavsky–Kasparov, Moscow (TV) 1987.

(f) 15 . . . Nb4 16 Nc7 Nxd3 17 Nxe8 Rxe8 18 Qxd3 Qxb2 19 Rde1 Qb4
20 Nd2 Qa4 21 Qc4 Qxc4 22 Nxc4 Bc3 23 Nd2 Bxd2 24 Bxd2 Bd7 25 Bf4 Bb5
26 f3! winning, Karpov–Kasparov, World Chp. (G19) 1986. But after
15 . . . Rad8 16 Rde1 Qxb2 17 Nc7 Nxc7 18 Bxc7 Nd2! it was Black who was
winning, Dzhandzhava–Kasparov, Baku (simul) 1987.

(g) 14 b3 Rxe3!? (14 . . . Rac8 15 h3 h6 16 Rd2 Red8 17 g4 Bd7 18 Ne5 Ne8
19 Qf4 Nd6 20 Nc4 Nxc4 21 Qxc4 Qa5 22 Rc1 Nb4 draw agreed,
Kakhiani–Dzhandzhava, Tbilisi 1991; 14 . . . Ng4 15 Bd2 Rad8 16 Rfe1 Nb4
17 Na4 Qd6 18 Bf4 Qf8 19 Bc7 Rd7 20 d6 b6 21 Bf1 Rxe1 22 Rxe1 Nc2 23 Rd1
Resigns, Ree–Chandler, Thessaloniki Ol. 1984) 15 fxe3 Ng4 16 Na4 Qd6
17 Qf4 Qxf4 18 exf4 Nb4 19 Rd2 Ne3 20 Rc1 draw agreed, Farago–Kozul,
Montpellier 1989.

(h) 14 ... Qxb2 15 Ng5 Rf8 16 Rb1 Bxb1 17 Rxb1 b5 (17 ... Qa3 18 Rxb7 ±)
18 Qxf7† Rxf7 19 Rxb2 Rd7 20 Rxb5 Rxd6 21 Bc4† Kf8 22 Rb7 ±.

(i) 15 ... Bd7!? is better. Gulko–Horvath, Nova Gorica 1997, continued
16 Qxb6 axb6 17 Nd2 Bc6 18 Nc4 Nd7 19 Nd5 Bxd5 20 Rxd5 Nb4 with ad-
vantage to Black. After 15 ... h6 16 Ne5 Red8 17 Nc4 Qxb5 18 Nxb5 Nd5
19 Bc1 Ndb4 20 a3 White's d6 pawn is very bothersome.

(j) 12 Bg5 h6 13 Bxf6 Qxf6 14 Rad1 Bd7 15 Rfe1 Qb6 16 Rd2 Rad8 17 a3 Qa5 ∓,
Oll–Gavrikov, Tallinn 1985.

(k) 13 ... Ne4?! 14 Nb5 (14 d7!—Piket) 14 ... Bd7 15 a4 Nb4 (15 ... Qf6
16 Ra3!?) 16 Qb3! Qb6 (16 ... Be6 17 Bc4 Bxc4 18 Qxc4 a6 19 Nc3! ±)
17 Be3 Bxb5 18 Bxb5 ±, Piket–Gulko, Groningen 1990.

(l) 15 Be5 Be6 16 Qh4 Qd8 17 Qa4 Nb4 18 Bb5 Nd7 19 a3 a6 20 Bxg7 axb5
21 Qxb5 Nc2 22 Rac1 Nxa3 23 bxa3 Kxg7 24 Qxb7 Rxa3 25 Nd5? Rxf3! ∓,
Anand–Schnitzspan, Chess Classic 1994.

(m) 16 Qb3 Be6 17 Bc4 Nb6 18 Bxe6 Rxe6 19 Na4 Re4? 20 Bg3 Nc4 21 Nc5 was
good for White in Piket–Kasparov, Amsterdam 1995. Possible is 19 ... Nxa4
20 Qxa4 Qf6 21 Bg3 a6, which is very sharp.

(n) The Hungarian Variation.

(o) 8 ... c5?! 9 dxc5 Qa5 10 Qb6 Qxb6 11 cxb6 Nbd7 12 h3 Nb6 13 Be3 and White
has the more harmonious setup.

(p) 9 ... Ng4 10 h3 Nh6 11 Bf4 c5 12 Rd1 (12 dxc5 Nc6 13 Be2 Be6 14 Qc2 Qa5
15 0-0 ∞, Azmaiparashvili–De La Villa García, San Roque 1996) 12 ... Nc6
(12 ... cxd4 13 Nxd4 Qa5 14 Qd5 Ra7 15 Nb3 Qc7 16 Qd2 draw agreed,
Ivkov–Sax, Osijek 1978) 13 d5 Nd4 14 Nxd4 cxd4 15 Rxd4 Nf5 16 Re4 e6
17 d6 Bb7 18 Bd3 Bxe4 19 Bxe4 with compensation, Horvath–Leko, Budapest
1992.

(q) Also dangerous are: (A) 10 e6 fxe6 11 Be3 Nb6 12 h4 Nc6 13 h5 Rxf3
14 gxf3 Nxd4 15 Rd1! ±, Kasparov–Svidler, Wijk aan Zee 1999. (B)
10 Be3 Nb6 11 a4 Be6 12 Qd1 c6 (12 ... b4 13 Ne4 Bd5 14 Bd3 f5 15 exf6 exf6
16 0-0 a5 =, Gulko–Epishin, Reggio Emilia 1991) 13 Bd3 (13 Be2 f6 14 exf6
exf6 15 axb5 cxb5 16 0-0 Nc6 17 Ne4 Nc4 18 Nc5 draw agreed, Bareev–
Khuzman, Lyon 1994) 13 ... f6 14 0-0 N8d7 15 Be4 Nd5 (15 ... Rc8
16 axb5 axb5 17 d5 cxd5 18 Nxd5 Rc4 19 Nxb6 Rxe4 20 Nxd7 Qxd7
21 Ra7 Bg4 23 Rxe7 Bxf3 =) 16 axb5 axb5 17 Nxd5! cxd5 18 Rxa8 Qxa8
19 exf6 exf6 20 Bd3 Qb7 21 Bd2 ±, Bareev–Leko, Wijk aan Zee 1995.

(r) 16 Be3 (6 Be2 Bf5 17 Be3 Nb4 18 Rc1 Nbxd5 19 Nxd5 Nxd5 is unclear,
Lputian–I. Sokolov, Sarajevo 1998) 16 ... Bf5 17 Ng5 Rf6 18 g4 Be6
19 Nce4 Bd5 20 Qd2 Rd6 23 f3! with the more serious attack for White,
Anand–Svidler, Linares 1999. This complicated variation will not have a
clear evaluation for many years yet.

(s) 10 ... Bb7 11 e5 Nfd7 12 Be3 e6 13 a4 Qa5 14 0-0 b4 15 Na2 Nc6
16 Rfd1 Ndxe5, I. Sokolov–Alterman, Leeuwarden 1994; now Alterman gives
17 Nxe5 Bxe5 18 Rd7 Bc8 19 Rd2 Qc7 =.

(t) 16 Bb5 Bb7 17 Rd1 h6 18 Ke2 Bf8 and Black has good activity, Bareev–Sakaev,
Russian Chp. 1998.

(u) 9 . . . Bb7 10 e5 Nd5 11 0-0 Nxc3 12 Qxc3 Nd7 13 Bf4 (13 a4 c5 14 axb5 cxd4 15 Qxd4 axb5 16 Rxa8 Bxa8 17 Rd1 Bc6 18 Qh4 e6 19 Qxd8 Rxd8 draw agreed, Gulko–Tseshkovsky, Minsk 1985) 13 . . . Bd5 14 Rfc1 c6 15 Nd2 f6 16 Bg3 fxe5 17 dxe5 Qb6 18 Bf3 Rad8 19 Bxd5† cxd5 20 Nf3 ±, Petrosian–Gulko, Vilnius 1978.

(v) White has full value for his queen, van der Sterren–Timman, Wijk aan Zee 1998.

GRÜNFELD DEFENSE

Classical Variation

1 d4 Nf6 2 c4 g6 3 Nc3 d5 4 Nf3 Bg7 5 Qb3 dxc4 6 Qxc4 0-0 7 e4

	19	20	21	22	23	24
	Nc6(a)			Bg4	c6(r)	b6!?
8	Be2		Bf4(j)	Be3	Qb3	Bf4(v)
	Bg4		Nh5	Nfd7	e5!?	c5
9	d5	Be3	Be3	0-0-0(o)	dxe5	d5(w)
	Na5	Bxf3	Bg4	c6(p)	Ng4	Ba6
10	Qb4	Bxf3(d)	0-0-0(k)	h3	Be2	Qa4
	Bxf3(b)	e5	Bxf3(l)	Bxf3	Qb6(s)	Bxf1
11	Bxf3	d5	gxf3	gxf3	0-0	Kxf1
	c6	Nd4	e5	b5	Nxe5(t)	Nbd7
12	0-0	Bd1(e)	d5	Qd3	Nxe5	Re1
	cxd5	b5(f)	Nd4	Qa5	Bxe5	Nh5
13	cxd5	Nxb5	f4	Kb1	Be3	Bd2
	Rc8	Nxe4(g)	Nf3(m)	b4	Qxb3	Ne5
14	Re1	0-0	f5	Ne2	axb3	Nxe5
	Re8	a6?(h)	Qh4	c5	Na6	Bxe5
15	Be3	Nc3	fxg6	f4	b4	g3
	Nc4(c)	Nd6(i)	hxg6(n)	Nc6(q)	b5(u)	Qc8(x)

(a) This may well be Black's best option against White's system. Black breaks down the White center with piece play.

(b) 10 ... c6? 11 e5 and g4 is hanging.

(c) 15 ... Nc4 16 Bxa7 b6 17 Rac1 Bh6 18 Rc2 Nd2 19 Bxb6 Nxf3† 20 gxf3 Qd7 21 Qh4 Qf5 22 Ne4 Bg5 is equal, Bareev–Ivanchuk, Russian Chp. 1998. This improves on 15 ... Rc4 16 Qa3 b6 17 Rad1 Ng4 18 Bg5 Be5 19 Ne4 Bxh2† 20 Kf1 Ne5 21 d6, Horvath–Atalik, Budapest 1992, which turned out well for White.

(d) 10 gxf3?! leaves White's king with no safe home.

(e) 12 Bxd4? exd4 13 Qxd4 Nxe4!, or 13 Ne2 Nd7! with good play.

(f) Other attractive possibilities for Black are 12 ... Nd7!? and 12 ... c6!?.

(g) Interesting is 13 ... Qb8!?.

(h) 14 ... Nd6!? 15 Nd6 cxd6 =.

(i) White has an edge, Karpov–Kamsky, FIDE World Chp. (G1) 1996.

(j) (A) 8 h3 Nd7 9 Be3 Nb6 10 Qc5 f5 11 Rd1 fxe4 12 Ne5 Qd6 13 Nxc6 bxc6 14 Nxe4 Qd5 was fine for Black in Lputian–Balashov, USSR 1981. (B) 8 e5 Nd7 9 e6 fxe6 10 Qxe6† Kh8 leaves Black very active.

(k) 10 e5 Bxf3 11 gxf3 e6 12 h4 Qe7 13 f4 Qb4 14 Qxb4 Nxb4 15 Rc1 Bh6 ∞, M. Gurevich–Zagorskis, Bad Godesberg 1996.

(l) 10 . . . e5 11 d5 Nd4 12 Nxd4 Bxd1 13 Ndb5 Bg4 14 h3 Bd7 15 Nxc7 Rc8 16 d6 Bc6 17 Bc5 Nf6 ∞, Nogueiras–H. Olafsson, Wijk aan Zee 1987.

(m) 13 . . . Qh4 14 fxe5 Nf3 15 e6 ±, Tukmakov–Kotkov, USSR 1971.

(n) Lebredo–Jansa, Hradec Kralove 1981. The position is complex with chances for both sides.

(o) 9 Rd1 Nb6 10 Qb3 Nc6 (10 . . . Bxf3 11 gxf3 e6 12 d5 exd5 13 Nxd5 Nxd5 14 Rxd5 Qf6 15 Be2 Qxb2 16 Qxb2 Bxb2 17 0-0 b6 18 f4 a5 19 Rfd1 (19 a4 ±) 19 . . . a4 20 e5 ∞, M. Gurevich–Lputian, USSR Chp. 1987; 10 . . . e6 11 Be2 Nc6 12 Ng1 Bxe2 13 Ngxe2 Qe7 14 0-0 Na5 15 Qb5 Nac4 16 Bg5 Qd7 =, Timoshenko–Epishin, Tashkent 1987) 11 d5 Ne5 12 Be2 Nxf3† 13 gxf3 Bh5 14 f4 Bxe2 15 Nxe2 Qd7 16 Bd4 c6 =, Tukmakov–Uhlmann, Leningrad Int. 1973.

(p) Transposing with 9 . . . Nc6 looks stronger.

(q) 16 d5 b3 17 a3 Nb4 18 Qd2 Nb6 19 Nc1 was very good for White in Piket– Shirov, Wijk aan Zee 1996.

(r) This type of move gives White a free space advantage.

(s) 10 . . . Qc7?! 11 0-0 Nd7 12 h3! Ngxe5 13 Nxe5 Qxe5 14 Be3 Qe7 15 f4 ±, Bareev–Suetin, Hastings 1991/92.

(t) (A) 11 . . . Re8 12 Bf4! Qxb3?! (12 . . . Nxe5) 13 axb3 Nxe5 14 Nxe5 Bxe5 15 Bxe5 Rxe5 16 f4 ±, Sosonko–Ree, Wijk aan Zee. (B) 11 . . . Qxb3 12 axb3 Nd7 13 Nd2 Ndxe5 14 f4 Ne3 15 fxe5 Nxf1 16 Bxf1 Bxe5 17 Nf3 ±.

(u) White has an edge, Babula–David, Lazne Bohdanec 1995.

(v) 8 e5 Nfd7 9 Qd5 c6 10 Qe4 Bb7 11 h4 f5?! 12 Bc4† ±, Bronstein–Bogatyrchev, Moscow Chp. 1947.

(w) 9 dxc5 Ba6 10 Qb3 Bxf1 11 Rd1 Qc8 12 Kxf1 bxc5 =, Ståhlberg–Najdorf, Mar del Plata 1943. This position has also been reached via 9 Rd1.

(x) 16 Kg2 a6 17 Qd1 is unclear, Pasztor–Bordos, Hungary 1992. To sum up the Classical Variation: cols. 19–22 have the best reputation, cols. 13–18 are very tactical and unclear, while 23 and 24 are somewhat experimental.

GRÜNFELD DEFENSE

Lines with Bf4

1 d4 Nf6 2 c4 g6 3 Nc3 d5

	25	26	27	28	29	30
4	Nf3				Bf4	
	Bg7				Bg7	
5	Bf4				e3(p)	
	c5............0-0				c5	
6	dxc5(a)	Rc1		e3	dxc5	
	Qa5(b)	dxc4(g)		c5(m)	Qa5	
7	cxd5(c)	e4		dxc5(n)	Rc1	Qa4†(t)
	Nxd5(d)	c5(h) ....b5!?(k)		Qa5	Ne4	Qxa4
8	Qxd5	dxc5	Nxb5	Rc1	cxd5(q)	Nxa4
	Bxc3†	Qa5(i)	Nxe4	dxc4	Nxc3	Ne4(u)
9	Bd2	e5	Bxc7	Bxc4	Qd2	cxd5(v)
	Be6	Rd8	Qd7	Qxc5	Qxa2	Bd7
10	Qxb7(e)	Bd2	Bxc4	Bb3	bxc3	Bd3
	Bxd2†	Ng4	a6	Nc6	Qa5(r)	Bxa4
11	Nxd2	Bxc4	Na3	0-0	Bc4	Bxe4
	0-0	Nc6	Nc6	Qa5	Nd7	Nd7
12	b4	Nb5	0-0	h3	Ne2	Ne2
	Qa4(f)	Rxd2(j)	Bb7(l)	Bf5(o)	Nxc5(s)	Nxc5(w)

(a) 6 e3 cxd4 7 exd4 0-0 8 c5 Ne4 is fine for Black.

(b) This creates threats on the a1–h8 diagonal while planning to regain the c5 pawn.

(c) (A) 7 Rc1 dxc4 8 e3 Qxc5 9 Qa4† Nc6 10 Bxc4 0-0 11 0-0 Bd7 12 Qb5 Qxb5 =, Karpov–Kasparov, World Chp. 1986. (B) 7 e3 Nc6 8 Nd2 dxc4 9 Bxc4 Qxc5 10 0-0 0-0 11 Rc1 Rd8 12 Bb3 Qa5 with no problems for Black, Avshalumov–Ehlvest, USSR 1986.

(d) 7 ... Ne4?! 8 Rc1 Nxc3 9 bxc3 Na6 10 Qb3 Nxc5 11 Qb4 Qxb4 12 cxb4 Na6 13 Bd2 Bf5 14 b5 ±, Wesssman–Menghi, World Junior Chp. 1987.

(e) 10 Bxc3? Qxc3† 11 bxc3 Bxd5 leaves both of White's c-pawns weak.

(f) 13 e4 (13 Qxa8? Nc6 allows Black a strong attack against White's undeveloped position) 13 ... Nd7 14 Qb5 (14 a3?! Qc2! 15 Rd1 Rad8 16 c6 Nb6 17 c7 Rd7 18 Qxa7 Na4 ∓, Henttinen–Kenopka, Espo 1990) 14 ... Qa3 15 c6 Nf6 16 Be2 Rad8 17 Rd1 Qc3 with active play to compensate for the pawns, Grigorian–Tseshkovsky, USSR 1977.

(g) 6 ... c6 7 e3 Bg4 8 Qb3 Qb6 9 cxd5 Qxb3 10 axb3 Bxf3 11 gxf3 cxd5 12 Bb5 Rc8 13 Kd2 ±, Atalik–Arakhamia, Greece 1998.

(h) 7 ... Bg4!? 8 Bxc4 c6 9 e5 Nd5 10 Bxd5 cxd5 11 Qb3 Bxf3 12 gxf3 Nc6 13 Be3 e6 is double-edged, but White could try 9 Be2.

(i) Probably better for Black is the second encounter between the players: 8 ... Nbd7 9 c6 bxc6 10 Bxc4 Nb6 11 Be2 Qxd1 12 Rxd1 Bb7 13 Nd2 c5 14 f3 Nfd7 15 Nc4 Nxc4 16 Bxc4 Nb6 17 Be2 Rfd8 =, Dreev–Khalifman, Elista 1998.

(j) 13 Qxd2 Qxd2† 14 Kxd2 Ngxe5 15 Nxe5 Bxe5 16 Ke3 Bf5 17 Nc3 ±, Dreev–Khalifman, Elista 1998.

(k) This sharp counter was discovered by Hungarian grandmaster Peter Leko.

(l) 13 Bb6 Nd6 14 Bb3 Rab8 15 Re1 Ba8 16 Bc5 Na5 17 Ba4 Bxf3 18 Bxd7 Bxd1 19 Rxe7 Nc8 =, Bareev–Lputian, Sarajevo 1998.

(m) 6 ... c6 7 Be2 Nbd7 8 cxd5 Nxd5 9 Nxd5 cxd5 10 0-0 Qb6 11 Qb3 Qxb3 12 axb3 ±.

(n) 7 Be2 cxd4 8 exd4 Nc6 9 0-0 Be6 10 c5 Ne4 11 h3 Qa5 12 Rc1 Nxc3 13 Rxc3 Qxa2 14 Ra3 Qxb2 15 Bc1 Qb4 16 Ra4 Qc3 17 Bd2 Qb2 Draw, Ladshagua–Gelfand, USSR 1986.

(o) 13 Nd4 Bd7 14 Bh2 Rac8 15 Qe2 Rfd8 16 Rfd1 Be8 17 Qb5 Qxb5 =, Pinter–Leko, Copenhagen 1995.

(p) 5 Rc1 Nh5 6 Bg5 h6 7 Bh4 dxc4 8 e3 Be6 9 Be2 Nf6 10 Nf3 c6 11 Ne5 b5 12 f4 Nd5 13 Qd2 Nxc3 14 bxc3 Bd5 =, Dreev–Leko, Wijk aan Zee 1996.

(q) 8 Nge2 Nxc3 9 Qd2 dxc4 10 Nxc3 Be6 11 e4 Qxc5 12 Nd5 Bxd5 13 exd5 b5 14 Be3 Qd6 15 b3 Qa3 is about equal, Barlov–Korchnoi, Haninge 1988.

(r) This is better than 10 ... Qxd2† 11 Kxd2 when Black has problems with White's pawn phalanx.

(s) 13 0-0 0-0 is dynamically equal.

(t) 7 cxd5 Nxd5 8 Qxd5 Bxc3† 9 bxc3 Qxc3† 10 Ke2 Qxa1 11 Be5 Qc1 12 Bxh8 Be6 13 Qxb7 Qc2† 14 Kf3 Qf5† 15 Kc2 Qc2† Draw, Farago–Adorjan, Hungary 1993.

(u) Probably better is 8 ... 0-0 9 Nf3 Ne4 10 Be5 Bd7 11 Nc3 Nxc3 12 bxc3 dxc4 13 Bxc4 Rc8 14 Bd5 Bc6 =, Timman–Kasparov, Amsterdam 1992.

(v) 9 f3 Bd7 10 fxe4 Bxa4 11 Bxb8 Rxb8 12 exd5 Bxb2 ∞, Bohm–Schmidt, Polanica Zdroj 1980.

(w) 13 Bf3 Bxb2 14 Rb1 Ba3 15 Kd2 Rc8 16 Nc3 Bd7 17 d6 ±, Akesson–Welin, Sweden 1986.

GRÜNFELD DEFENSE

Early Alternatives

1 d4 Nf6 2 c4 g6 3 Nc3(a) d5

	31	32	33	34	35	36
4	cxd5.....................................Nf3.........................Bg5(n)					
	Nxd5			Bg7		Ne4
5	Na4(b) ......Qb3 ....Bd2			Bg5		Bh4
	Nf6(c)	Nc3(g)	Bg7(h)	Ne4!		Nxc3(o)
6	Nf3(d)	bxc3	e4	cxd5(j)		bxc3
	Bg7	Bg7	Nxc3	Nxg5(k)		dxc4
7	g3	Nf3	Bxc3	Nxg5		e3
	Nc6	0-0	0-0	e6............c6!?		Be6
8	Bf4(e)	Ba3	Nf3	Qd2)	Nf3	Rb1
	Nd5	b6	c5	h6	cxd5	b6
9	e3	e3	d5	Nf3(l)	e3	Nf3
	Bf5	c5	e6	exd5	0-0	Bg7
10	Nh4	Bb2	Be2	e3	Be2	Nd2
	Bd7	Bb7	exd5	0-0	Nc6	0-0
11	Nc5	0-0	exd5	Be2	0-0	Qf3
	b6(f)	Nd7 =	Qd6(i)	c6 =	e6(m)	Bd5(p)

(a) 3 f3 (an attempt to avoid main lines or transpose into a Sämisch King's Indian) 3 . . . d5 (3 . . . Bg7 4 e4 leaves the Grünfeld) 4 cxd5 Nxd5 5 e4 Nb6 6 Nc3 Bg7 7 Be3 0-0 8 f4 Nc6 9 d5 Na5 10 Bd4 e5 11 Bxe5 Bxe5 12 fxe5 Qh4† 13 g3 Qe7 14 Qd4 Rd8 with counterplay, Gheorghiu–Granada Zuñiga, New York Open 1987. Also interesting is Leko's 3 . . . e5!? 4 dxe5 Nh5 with play for the pawn.

(b) An offbeat idea from the Armenian IM Nadanian. White would like to play e4 without allowing the exchange on c3.

(c) (A) 5 . . . Bg7 6 e4 Nb6 7 Be3 0-0 8 Nf3 Nc6 9 Be2 f5 10 exf5 gxf5 was unclear in Nadanian–Aronian, Armenian Chp. 1997. (B) 5 . . . Nb6!?. (C) 5 . . . f5?! 6 Nf3 Bg7 7 e3 0-0 8 Bc4 Nc6 9 0-0 ±. (D) 5 . . . b6?! 6 e4 Nf6 7 Bd3 Bb7 8 Nc3 Bg7 9 Nf3 0-0 10 0-0 Nbd7 11 Bf4 ±, Nadanian–Arcimenia, Swidnica 1997. (E) 5 . . . c6?! 6 e4 Nc7 7 Be3 Bg7 8 Nf3 Bg4 9 Be2 0-0 10 0-0 Nb5 11 e5 ±.

(d) White can repeat moves with 6 Nc3.

(e) 8 e3 is a safer continuation.

(f) 12 Nxd7 Qxd7 13 Rc1 Nd8 14 Nf3 0-0 15 Qb3 Nxf4 16 gxf4 c5 ∓, Browne–Yermolinsky, US Chp. 1998.

(g) 5 . . . Nb6 6 Nf3 Bg7 7 Bg5 (7 Bf4!?) 7 . . . h6 8 Bh4 Be6 9 Qc2 Nc6 10 Rd1 Nb4 11 Qb1 0-0 12 e3 Bf5 13 e4 Bg4 14 d5 g5 15 Bg3 f5 with good play, Tisdall–Jansa, Århus 1983.

(h) 5 . . . Bg7 6 e4 Nb6 7 Be3 0-0 8 a4 a5 9 Be2 Nc6 10 d5 Nb4 11 Rc1 f5! and Black was better in Alburt–Benjamin, New York Open 1993. 8 Nf3 is equal.

(i) 12 Qd2 Rd8 13 0-0 Bg4 14 Qc3 f6 15 Rfe1 Re8 16 Qb3 b6 was about equal, Fedorowicz–Hamid, Novi Sad Ol. 1990.

(j) 6 Bh4 c5 7 e3 cxd4 8 exd4 Nc6 9 cxd5 Nxc3 10 bxc3 Qxd5 11 Be2 Qa5 12 0-0 e6 =, Šahović–Vaganian, Yugoslavia 1984.

(k) 6 . . . Nxc3?! 7 bxc3 Qxd5 8 e3 c5 9 Be2 Nc6 10 0-0 0-0 11 Qa4 e5 12 Bc4 Qd6 13 Qa3 ±, Clement Gómez–B. Rodríguez, Spain 1995

(l) Also worthy of consideration is 9 Nh3!?.

(m) The position is equal, Zilbermann–Elsness, Gausdal 1995.

(n) 4 e3 Bg7 5 Qb3 e6 6 Qa3 Nc6 7 Nf3 Ne7 8 Be2 0-0 9 0-0 b6 10 cxd5 Nexd5 11 Rd1 Bb7 12 Bd2 ∞, Ehlvest–Fernandez Garcia, Seville Open 1994.

(o) 5 . . . c5!? 6 cxd5 Nxc3 7 bxc3 Qxd5 8 e3 Nc6 9 Nf3 cxd4 10 cxd4 e5!? with counterplay.

(p) 12 e4 bb7 13 Bc4 c5 14 d5 Nd7 ∓, Costa–Tukmakov, Lucerne 1993.

GRÜNFELD DEFENSE

Neo-Grünfeld

1 d4 Nf6 2 c4 g6 3 g3 Bg7 4 Bg2(a) d5(b)

	37	38	39	40	41	42
5	cxd5..					Nf3
	Nxd5					0-0
6	e4..........................		Nc3?!(h)	....Nf3(j)		0-0
	Nb6 ....Nb4		Nxc3	0-0		dxc4
7	Ne2(c)	d5(f)	bxc3	0-0		Na3(t)
	e5(d)	c6	c5	Nb6(k)		c3(u)
8	d5	a3	e3	Nc3		bxc3
	0-0	N4a6	0-0	Nc6		c5
9	0-0	Nc3	Ne2	e3............d5		e3
	c6	0-0	cxd4	Re8(l)	Na5(o)	Nc6
10	Nbc3	Nge2	cxd4	Ne1(m)	e4(p)	Qe2
	cxd5	cxd5	Nc6	e5	c6(q)	Bf5
11	exd5	exd5	0-0	d5	Bg5!?(r)	Rd1
	Bf5	Nd7	Bf5	Na5	h6	Be4
12	Ne4	0-0	h3	e4	Bf4	Bb2
	Bxe4	Ne5	Rc8	c6	cxd5	Qb6
13	Bxe4	h3	Bb2	a4	exd5	Nc4
	Nc4(e)	Nc4(g)	Na5(i)	cxd5(n)	Nac4(s)	Qa6(v)

(a) White can also transpose with 4 Nf3.

(b) In order to stay in a Grünfeld after 4 . . . 0-0 5 Nc3 Black must try 5 . . . Nc6 and then answer 6 Nf3 with 6 . . . d5. 6 d5!? Ne5 is untested.

(c) 7 Nf3!? Bg4 8 d5 c6 is equal.

(d) Black's best continuation is probably this or 7 . . . 0-0 and 8 . . . e5. Others: (A) 7 . . . c5 8 d5 e6 9 Nbc3 exd5 10 exd5 0-0 11 0-0 Bf5 12 h3! h5 13 Ne4 Na6 14 N2c3 Qd7 15 Kh2 Rad8 16 Bg5 was good for White in Karpov–Ljubojević, Melody Amber (rapid) 1995. (B) 7 . . . Nc6 8 d5 (8 Be3? Nc4! is terrible for White) 8 . . . Na5 9 0-0 c6 10 Nbc3 cxd5 11 exd5 0-0 12 Re1 e6 13 Nf4 e5!? (better was 13 . . . exd5 14 Nfxd5 with an edge) 14 Nd3 Nac4 15 b3 e4 16 Nxe4 Bxa1 17 bxc4 Bg7 18 Qb3 ±, Akopian–Shmuter, St. Petersburg 1993. Black retains these choices if he castles on move 7.

(e) 14 Qb3 Nd6 15 Bg2 Nd7 16 Bd2 (16 Be3 Qa5 17 Rfc1 Rfc8 and White is a shade better) 16 . . . Nc5 17 Qa3 Nce4 18 Bb4 a5! 19 Be1 Nc4 20 Qd3 Ned6 was good for Black in Romanishin–Anand, match (G7) 1994. 19 Bxe4!? axb4 20 Qxb4 was a better try according to Anand.

(f) This is forced since there is no way to defend the d-pawn. 7 a3?! Nc6 8 d5 Nd4 leaves White in danger of becoming overextended.

(g) 14 b3 Nd6 15 Be3 Bd7 16 Bd4 Bxd4 17 Qxd4 Nf5 18 Qd2 Qb6 and Black was fine in Goldin–Krasenkov, USSR 1990.

(h) This defeats the purpose of White's setup.

(i) Black has excellent activity.

(j) This move introduces the main line of the Neo-Grünfeld.

(k) 7 . . . c5 8 dxc5 Na6 9 Ng5 Ndb4 10 Nc3 h6 11 Nf3 Qxd1 12 Rxd1 Be6 13 Be3 Nc2 14 Rac1 Nxe3 15 fxe3 Nxc5 16 b4 ±, Cvitan–Jasnikowski, Warsaw 1990.

(l) This is a useful waiting move for Black.

(m) (A) 10 d5 Na5 11 Nd4 Bd7 12 Nb3 Nxb3 13 Qxb3 c6 14 dxc6 Bxc6 15 Rd1 Qc8 was about equal in Marić–Xie Jun, Groningen 1997. (B) 10 Re1 e5 11 d5 Na5 12 e4 c6 13 Bg5 f6 14 Be3 Nac4 15 dxc6 Nxe3 16 Qxd8 Rxd8 17 cxb7 Bxb7 18 Rxe3 Bh6 19 Ree1 Nc4 was also satisfactory for Black in Karpov–Kasparov, Amsterdam 1988.

(n) 14 exd5 Bd7 15 Ne4 Bf5! 16 Bg5 f6 17 Bd2 Nac4 18 Bc3 Bxe4 19 Bxe4 f5 20 Bd3 e4 21 Bxc4 Nxc4 was about equal in Loginov–Mikhalevsky, Beersheba vs. St. Petersburg 1998.

(o) 9 . . . Bxc3?! 10 dxc6 Bg7 11 cxb7 Bxb7 leaves White with the better pawn structure.

(p) 10 Qc2 Nxd5 11 Rd1 c6 (11 . . . Nb4? 12 Qa4 wins) 12 Ne1 Bd7 13 Nxd5 cxd5 14 Rxd5 e6 is adequate for Black.

(q) If 10 . . . e6?! then 11 Bg5! causes problems.

(r) (A) 11 dxc6?! Nxc6 12 Qe2 Bg4! and Black is better. (B) 11 Bf4!? is a decent alternative. 11 . . . cxd5 12 exd5 Nac4 (12 . . . Bxc3 13 bxc3 Nxd5 14 Bh6 Re8 15 Qd7 gives White a strong initiative, as does 13 . . . Qd3 14 Re1 Re8 15 Qc1) 13 Qe2 Bg4 (13 . . . Nxb2 14 Qxb2 Na4 15 Nxa4 Bxb2 16 Nxb2 and the pieces are better than the queen) 14 h3 Bxf3 15 Bxf3 Rc8 16 Rac1 Nd6 17 Rfe1 Re8 18 Nb5 ±, Greenfeld–Neverov, Berlin 1995.

(s) This is similar to 11 Bf4 except that the Black pawn on h6 hangs in some variations. 14 Qe2 g5 15 Bc1 e5 16 b3 Nd6 17 Ba3 e4 18 Nxe4 Nxe4 19 Qxe4 Re8 20 Qc2 Bxa1 21 Rxa1 and Black's king was the loser in Neverov–Shmuter, Nikolaev 1993.

(t) 7 Ne5 Nc6! 8 Nxc6 bxc6 9 Bxc6 Bh3 gives Black very active play.

(u) (A) 7 . . . Nc6 8 Nxc4 Be6 9 b3 a5 10 a4 Bd5 11 Bb2 Nb4 12 e3 Be4 13 Nfe5 Bxg2 14 Kxg2 Nd7 15 Nd3 Nxd3 16 Qxd3 ±, Georgiev–Rogers, Germany 1997. (B) 7 . . . Na6 8 Nxc4 c5 9 dxc5 Be6 10 Nfe5 Nxc5 11 Be3 Rc8 12 Rc1 Nd5 13 Bd4 b6 was satisfactory for Black in Dydyshko–Ftačnik, Czech Republic 1998. (C) 7 . . . Ne8!?.

(v) Hübner–Topalov, Dortmund 1997, continued 14 Bf1 Rfd8 15 Nfd2 Bc2 16 Rdc1 Ba4 17 Nb3 Nd7 with equal chances.

BENONI DEFENSE

(Including Unusual Benoni-type Openings)

1 d4 Nf6 2 c4 c5 3 d5 e6

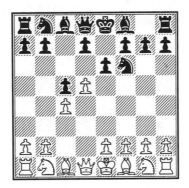

T HE BENONI IS A SHARP, fighting, on-the-edge defense. Some claim it is unsound, as White obtains not only a central wedge at d5 but a central pawn majority that can threaten to push Black off the board. Undeniable is that Black gains activity. The normal setups give him open lines, a powerful fianchettoed king's bishop and a dynamic queenside pawn majority.

The Benoni was popularized by Tal in the 1950s and 60s when he bamboozled the world with fabulous attacks and sacrifices. The opening has gained a following of the most respected risk takers—Fischer, Kasparov, Nunn and your author among them. Still, conservative grandmasters would never dream of playing the defense as it requires action from the Black side to justify the position.

As the Benoni is one of the most recent defenses, it has undergone more changes than long-established openings. What was clearly the main line ten years ago is now only one of a few equally respected plans for White. The almost unknown minor variation with h3 and Bd3 has become the hot line for White. Less has changed in the variations in which White plays for a big pawn center with an early f4.

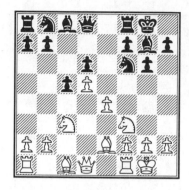

The Old Main Line is 4 Nc3 exd5 5 cxd5 d6 6 Nf3 g6 7 e4 Bg7 8 Be2 0-0 9 0-0 (columns 1–6), see above diagram. White classically develops his pieces and plans to press forward in the center and kingside after due preparation. Often this involves the knight maneuver Nd2 and Nc4. Black has three different plans from the diagramed position. In columns 1–2 he plays 9 . . . a6 and 10 . . . Bg4 to exchange the bishop, relieving congestion in the Black position. Columns 3–5 cover 9 . . . Re8 10 Nd2 Nbd7, playing for kingside squares and banking on a strong centralized knight on e5. Here Black must often weaken his kingside pawn structure to maintain control of e5, giving White attacking chances. In column 6 Black develops with . . . Na6 and . . . Nc7 planning to mobilize the queenside majority.

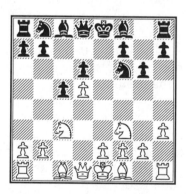

The current fashion is the variation 4 Nc3 exd5 5 cxd5 d6 6 Nf3 g6 7 h3 (columns 7–9), see above diagram. White limits kingside action by Black and intends straightforward development to secure a slight advantage. Black can make use of the tempo White spends on h3 by immediate queenside action with . . . b5 (columns 7–8). The tactics may lead to simplifications with little chance for Black to win, so some players will wish to try the little-played continuation of note (b).

White fianchettos his king's bishop in columns 10–12 with 4 Nc3 exd5 5 cxd5 d6 6 Nf3 g6 7 g3. This is a solid and respectable continuation that has not changed much in the last decade. Play for both sides may be on the kingside, queenside or center. Though more positional than most lines of the Benoni, tactics will still erupt.

Columns 13–18 cover systems White can initiate on move six or seven after 4 Nc3 exd5 5 cxd5 d6. White pins the Nf6 with Bg5 in columns 13–14. To break the pin Black must weaken the kingside with . . . h6 and . . . g5, but he gains the bishop pair and active play. In column 15 White plays an early Bf4, which requires accurate response. Column 16 is the knight's tour Nd2-Nc4. Columns 17 and 18 are systems in which White avoids Nf3 so that the f-pawn is mobile.

White stakes out a big pawn center with 4 Nc3 exd5 5 cxd5 6 e4 g6 7 f4 Bg7 (columns 19–24), see above diagram. Black must attack or restrain the center or he lands in great trouble. 8 Nf3 (columns 19–22) is the Four Pawns' Attack, a position that can also arise from the King's Indian Defense. Black should be all right with either 9 . . . Re8 (columns 19–20) or 9 . . . Bg4 (column 21). More difficult to meet is 8 Bb5†, the Taimanov Variation (columns 23–24). Theoretically Black has no way to truly reach equality, so he must take refuge in complications. Many players, such as your author, like to reach the Benoni by the order of moves 1 d4 Nf6 2 c4 e6 3 Nf3 c5 4 d5 exd5 5 cxd5 d6 etc., so that the Taimanov Variation is avoided.

Unusual Benoni Defenses are the subject of columns 25–30. Columns 25–26 cover the Blumenfeld Counter Gambit, which is usually reached by the move order 1 d4 Nf6 2 c4 e6 3 Nf3 c5 4 d5 b5. Black gambits a wing pawn for a strong center. White has chances for the advantage by either accepting the gambit with 5 dxe6 (column 25) or declining it with 5 Bg5 (column 26). Column 27 is a Benoni where Black delays . . . e6. In the Czech Benoni Black plays with pawns on c5 and e5, which leads to a slower strategic game. White has the theoretical edge, but surprise value may counterbalance this. Column 30 is 1 d4 c5 2 d5—a position White can avoid playing with the pawn on c4.

BENONI DEFENSE

Old Main Line

1 d4 Nf6 2 c4 c5 3 d5 e6 4 Nc3 exd5 5 cxd5 d6
6 Nf3 g6 7 e4 Bg7 8 Be2 0-0 9 0-0

	1	2	3	4	5	6
	a6(a).......................Re8					
10	a4		Nd2(k)			
	Bg4(b)		Nbd7......................a6...........Na6(t)			
11	Bf4(c)		a4(l)		a4	f3
	Bxf3.........Re8(h)		Ne5		Nbd7	Nc7
12	Bxf3	Nd2(i)	Ra3	Re1(o)	Qc2(r)	a4
	Qe7(d)	Bxe2	g5(m)	g5(p)	h5	b6(u)
13	Re1(e)	Qxe2	Re1	Bb5	h3	Nc4
	Nbd7	Nh5	Ng6	Re7	Qe7	Ba6
14	Qd2(f)	Be3	Bb5	Nf1	Re1	Bg5
	Rfe8	Nd7	Re7	h6	g5	h6
15	h3	g4	Nf1	Ng3	Qd1	Bh4
	Ne5	Nhf6	a6	Ng6	Ne5	Qd7
16	Be2	f3	Bc4	Bd2	Bxh5	Kh1
	Qc7(g)	Rc8(j)	h6(n)	Ng4(q)	g4(s)	Bxc4(v)

(a) The immediate 9 ... Bg4 is less accurate: 10 h3 Bxf3 11 Bxf3 a6 12 Bf4! b5 13 e5 ±.

(b) (A) 10 ... b6 11 Bf4 Ra7 12 Nd2 Re7 13 Bf3 Ne8 14 Nc4 leaves Black under pressure, Smyslov–Ragozin, USSR 1953. (B) 10 ... Nbd7?! 11 Bg5 h6 12 Bh4 Qe7 13 Nd2 allows White to place all his pieces on good squares.

(c) Alternatives promise little: (A) 11 h3 Bxf3 12 Bxf3 Nbd7 13 Bf4 Qe7 14 Re1 Rfe8 is similar to the column, but White's h3 is not imperative. (B) 11 Nd2 Bxe2 12 Qxe2 Nbd7 13 Nc4 Nb6 14 Ne3 Re8 15 a5 Nc8! =. (C) 11 Bg5 h6 12 Bh4 Bxf3 13 Bxf3 Nbd7 14 Qc2 Re8 15 Be2 Qa5 =.

(d) 12 ... Ne8 13 Be2 Nd7 14 Bg3 f5 15 exf5 gxf5 16 Bf4! Ne5 17 a5 ±, Hjartarson–Lobron, Reykjavik 1984.

(e) 13 e5 dxe5 14 d6 Qe6 15 Re1 Nbd7 16 Bxb7 Ra7 17 Bf3 Rb8! (threatening Rb6) ∓, Browne–D. Gurevich, New York 1984.

(f) On 14 a5 Black should avoid 14 ... Ne8?! 15 Na4! Nc7 16 Bg4 Ne5 17 Nb6 Rad8 18 Bh3 ±, Ehlvest–Minasian, New York 1993. Correct is 14 ... Ne5 15 Be2 Rfe8 16 Bg3 g5 17 Ra4 Nfd7 =, Barlov–de Firmian, Novi Sad Ol. 1990.

(g) 17 Bh2 c4 18 Kh1 Rab8 19 f4 Ned7 with chances for both sides, Ehlvest–de Firmian, New York 1997.

(h) 11 ... Qe7 12 Nd2 Bxe2 13 Qxe2 Nh5 14 Be3 Nd7 15 Rae1 b5?! 16 axb5 axb5 17 Nxb5 Rfb8 18 Rb1 Ra2 19 b4 ±, Anand–Illescas, match 1997.

(i) 12 h3? Nxe4! 13 Nxe4 (13 hxg4 Bxc3) 13 ... Rxe4 14 Bg5 Qe8 15 Bd3 Bxf3 16 Qxf3 Rb4 with an extra pawn, Uhlmann–Fischer, Palma de Mallorca 1970.

(j) 17 Kg2 Ne5 18 a5 ±, Hjartarson–de Firmian, Copenhagen 1985.

(k) 10 Qc2 used to be played decades ago, but does little for White's position. Black can respond 10 ... Na6, 10 ... Bg4 or 10 ... Nbd7 with good chances.

(l) 11 h3 g5 12 Nc4 Nxe4 13 Nxe4 Rxe4 14 Nxd6 Rd4 15 Qc2 Nb6 16 Nxc8 Rxc8 17 Be3 Rb4 =, Lahav–Psakhis 1990.

(m) 12 ... Nh5 13 Bxh5 gxh5 14 Nd1 Qh4 15 Ra3 Bd7 16 h3 ±, Dlugy–Wedberg, New York 1986.

(n) 17 Ng3 Bd7 18 Bd2 Qc7 19 Qc2 Rae8 =, Stempin–Suba, Prague 1985.

(o) White may also choose 12 Qc2 g5 13 b3 g4 14 Bb2 Nh5 15 g3! ±, G. Garcia–Browne, Las Palmas 1974.

(p) Black has no fully satisfactory continuation. On 12 ... Nh5?! 13 Bxh5 gxh5 14 Nf1 f5 15 Ng3! ±, Fominyh–Mojseev, Hatberg 1991. After 12 ... Nfg4?! 13 h3 Nxf2 14 Kxf2 Qh4† 15 Kg1 Bxh3 16 Nf1 ±, White defends against the attack.

(q) 17 h3 N4e5 18 Nh5 Bh8 19 f4 gxf4 20 Nxf4 with attacking prospects against Black's weakened kingside, Ftačnik–Womacka, Bundesliga 1990.

(r) 12 Ra3 Rb8 13 a5 Qc7 14 h3 b5 15 axb6 Rxb6 16 Qc2 ±, Petrosian–Quinteros, Lone Pine 1976.

(s) 17 hxg4 Bxg4 18 Bxg4 Nfxg4 19 Nf3 Nxf3† 20 Qxf3 Qh4 21 Bf4 Be5 22 Nd1 leaves Black only partial compensation for the pawn, Timoshenko–Gallego, Cappelle-la-Grande 1998.

(t) (A) 11 Bxa6 bxa6 leaves Black at least equal as his two bishops and open b-file provide good play. (B) 11 Re1 Nc7 12 a4 b6 13 Qc2 Rb8 14 Nc4 Ba6 15 Bf4 Bxc4 16 Bxc4 Nh5 17 Be3 a6 =, Reshevsky–Tarjan, US Chp, 1977.

(u) 12 ... Nd7 13 Kh1 b6 14 Nc4 Ne5 15 Ne3 f5 16 f4 Nf7 17 exf5 gxf5 18 Bd3 Qf6 19 Qc2 Nh6 20 Bd2 Bd7 21 Rf3 Re7 22 Raf1 Kh8 23 Rg3 with kingside pressure, Toth–Valenti, Italian Chp. 1977.

(v) 17 Bxc4 a6 18 Qd3 Nh5 19 Rfe1 Bd4 20 Qf1! g5 21 Bf2 Bxf2 22 Qxf2 b5 23 Bf1 ±, Ehlvest–Shliperman, New York 1998.

BENONI DEFENSE

7 h3 and 7 g3

1 d4 Nf6 2 c4 c5 3 d5 e6 4 Nc3 exd5 5 cxd5 d6 6 Nf3 g6

	7	8	9	10	11	12
7	h3(a)			g3		
	Bg7(b)			Bg7		
8	e4			Bg2		
	0-0			0-0		
9	Bd3			0-0		
	b5..........		a6(i)	Nbd7		Na6(r)
10	Bxb5	Nxb5	a4(j)	Nd2	Re1(o)	Nd2(s)
	Nxe4	Re8(e)	Re8	a6(l)	a6	Nc7
11	Nxe4	0-0(f)	0-0	a4	a4	Nc4
	Qa5†	Nxe4	c4	Re8	Rb8	Nfe8
12	Nfd2	Re1(g)	Bc2	Nc4(m)	e4(p)	a4
	Qxb5	a6!	Nbd7	Ne5	b5	b6
13	Nxd6	Na3	Be3	Nxe5	axb5	Qc2
	Qa6(c)	Nf6	Qc7	Rxe5	axb5	f5
14	N2c4	Rxe8	Qe2	e4	Bf1	Bd2
	Nd7(d)	Nxe8(h)	Rb8(k)	Re8(n)	Ng4!(q)	Bd7(t)

(a) Some players use the move order 7 e4 Bg7 8 h3. This gives Black the chance to try 7 . . . a6 8 a4 (8 h3!?) 8 . . . Bg4 9 Be2 (9 Qb3 Bxf3 10 Qxb7 Bxg2 11 Bxg2 Nbd7 12 Qc6 Be7 =) 9 . . . Bxf3 10 Bxf3 Bg7 11 0-0 0-0 12 Bf4 Qe7 transposing into column 1.

(b) Black can avoid the column continuation with 7 . . . a6 8 a4 Qe7!? 9 Bg5 Nbd7 10 e3 Bg7 11 Be2 0-0 12 0-0 h6 13 Bh4 Ne5 with close to equality, Karpov–de Firmian, Biel 1990.

(c) 13 . . . Qd3 14 N2c4 Qxd1† 15 Kxd1 Ba6 16 Kc2 Nd7 17 Bg5 Rfb8 18 Rad1! Ne5 19 b3 Nxc4 20 Nxc4 Bxc4 21 bxc4 Rb2† 22 Kd3 ±, Atalik–Gdanski, Iraklion 1993.

(d) 15 0-0 Nb6 16 Nxb6 Qxb6! 17 Nxc8 (17 Nc4 Qa6 =) 17 . . . Raxc8 18 Rb1 Rfd8 19 Bf4 Qb7 20 d6 Bf8 21 Qd2 Bxd6 22 Bxd6 Rc6 23 Rfd1 Qa6 24 Qg5 Rdxd6 25 Rxd6 Rxd6 26 Qxc5 Qxa2 =, Karpov–Topalov, Las Palmas 1996. With accurate defense Black should reach a drawn endgame in the column continuation. This is not the aim of many Benoni players.

(e) 10 . . . Nxe4?! 11 Bxe4 Re8 12 Ng5! h6 13 Ne6 Qa5† 14 Nc3 Bxc3† 15 bxc3 Qxc3† 16 Bd2 Qe5 17 0-0 ±, Browne–Frias, Philadelphia 1992.

(f) (A) 11 Nd2 Nxd5 12 Nc4 Nb4 13 Be2 Ba6 14 Nbxd6 Re6 15 Bf4 Nd7 16 0-0 Ne5 17 Bxe5 Bxe5 18 a3 Rxd6 19 Nxd6 Qxd6 20 axb4 Qxd1 21 Bxd1 Bxf1

22 Kxf1 cxb4 =, Hillarp Persson–Gdanski, Gothenberg 1997. (B) 11 Bg5 c4!
12 Bxc4 Rxe4† 13 Be2 Qa5† 14 Nd2 Ba6 ∞, Krasenkov–Gdanski, Warsaw
1997.

(g) 12 Qa4 a6!? 13 Bxe4 Bd7 14 Bd3 Qb6 =.

(h) 15 Nc4 Nd7 16 Bg5 Ndf6 17 Qb3 a5 18 Re1 Ba6 =, Tukmakov–Suba, Geneva
1995.

(i) 9 . . . Re8 10 0-0 c4!? 11 Bxc4 (11 Bc2 b5 12 Nxb5 Nxe4 13 Re1 Nxf2! =)
11 . . . Nxe4 12 Nxe4 Rxe4 13 Bg5 Qf8 14 Qc2 Re8 15 Rae1 ±, Piket–Ljuboje-
vić, Monaco 1994.

(j) 10 0-0 b5 11 a3 c4 12 Bc2 Bb7 13 Be3 Nbd7 14 Qd2 Re8 15 Rad1 Rc8 16 Rfe1
Qc7 17 Bd4 Qb8! 18 Nh2 Ba8 =, Littke–Spraggett, Winnipeg 1994.

(k) 15 a5 b5 16 axb6 Nxb6 17 Nd2 Nfd7 18 Ra2 ±, Vescovi–Peptan, Bermuda
1998.

(l) Black has a respectable alternative in 10 . . . Nh5 11 Nde4 Ndf6 11 Bg5 h6
12 Nxf6† Nxf6 14 Bd2 Re8 15 h3 Bf5 =, Djurić–de Firmian, New York 1986.

(m) 12 h3 Rb8 13 Nc4 Ne5 (13 . . . Nb6 14 Na3 Bd7 15 a5 Nc8 is also alright)
14 Na3 Nh5 15 e4 Rf8 16 Kh2 f5 17 f4 b5! 18 axb5 axb5 19 Naxb5 fxe4 20 Bxe4
Bd7 with chances for both sides in a wild position, Korchnoi–Kasparov,
Lucerne Ol. 1982.

(n) 15 Rb1 b5! 16 axb5 axb5 17 b4 c4 17 h3 Bd7 =, Karpov–Adianto, Jakarta 1997.

(o) (A) 10 Bf4 Qe7 11 h3 (11 e4 Ng4 =, 11 Nb5 Ne8) 11 . . . a6 12 a4 Rb8 13 e4 b5
14 axb5 axb5 15 Re1 Ne8 16 Qe2 Rb6! 17 Nxb5 Ba6 18 Rxa6 Rxa6
19 Nbd4 Nb8 20 Nc6 Rxc6 21 dxc6 Nxc6 =, Razuvaev–Psakhis, Irkutsk 1986.
(B) 10 e4 Re8 11 Re1 a6 12 a4 c4 13 Bf1 Nc5 14 Nd2 Qc7 15 Bxc4 Bh3 with ac-
tivity for the pawn, Alburt–de Firmian, US Chp. 1985.

(p) 12 a5 b5 13 axb6 Rxb6 14 Bf1 Re8 15 Nd2 Rb4 16 e4 Ne5 =, Kouatly–
Lautier, Marseille 1988.

(q) On 14 . . . b4 15 Nb5 ±. After 14 . . . Ng4 15 Nxb5 Nde5 16 Nxe5 Nxe5
17 Be2 Qb6 18 Nc3 Bh3 Black has good play for the pawn, Scheeren–van der
Wiel, Dutch Chp. 1987.

(r) (A) Black can play 9 . . . a6 10 a4 Nbd7 when 11 Nd2 transposes into column
10, and 11 Re1 into column 11. (B) 9 . . . Re8 10 Bf4 a6 (10 . . . Nh5
11 Bg5 Qb6 12 Qc1 Na6 13 Nd2 ±, Hoffman–Idigors, Mar del Plata 1996)
11 a4 Ne4 12 Nxe4 Rxe4 13 Nd2 Rb4 14 Ne4 h6 15 Ra2! Bh3 16 Bxh3 Rxe4
17 a5 ±, Adorjan–Armas, Germany 1990.

(s) 10 h3 Re8 11 Nd2 Nc7 12 a4 b6 13 e4 Ba6 14 Re1 Nd7 15 Nf3 ±, Kamsky–
Topalov, Dos Hermanas 1996.

(t) 15 Rad1 Qd7 16 Bf4 Rd8 17 Rfe1 Qf7 18 Qd2 ±, Sherbakov–Emms, Hastings
1993.

BENONI DEFENSE

Other Sixth- and Seventh-Move Variations

1 d4 Nf6 2 c4 c5 3 d5 e6 4 Nc3 exd5 5 cxd5 d6

	13	14	15	16	17	18
6	Nf3 .... e4					
	g6				g6	
7	Bg5 .... Bf4 .... Nd2			Bd3 .... f3		
	h6		a6!(h)	Bg7	Bg7	Bg7
8	Bh4		a4(i)	Nc4(l)	Nge2	Bg5
	Bg7(a)		Qe7!	0-0	0-0	h6(s)
9	e3 .... e4		h3	Bf4(m)	0-0	Be3
	g5(b)	a6!(e)	Nbd7(j)	Ne8	a6(q)	0-0
10	Bg3	a4(f)	Nd2	Qd2	a4	Qd2(t)
	Nh5	g5	Ne5	b6(n)	Nbd7	Re8(u)
11	Bd3(c)	Bg3	e4	e3(o)	h3	Be2(v)
	Nxg3	Nh5	Bg7	Ba6	Qc7	h5
12	hxg3	Be2	Be2	a4	f4	a4
	Nd7	Nxg3	0-0	f5	Rb8	a6
13	Qc2	hxg3	0-0	h4	Be3	a5
	a6(d)	Nd7(g)	Nfd7(k)	Bxc4(p)	Re8(r)	b5(w)

(a) Black can also chase the bishop immediately with 8 . . . g5 9 Bg3 Nh5 10 Qa4† (10 e3 Nxg3 11 hxg3 Bg7 is back in the column) 10 . . . Nd7 11 Qe4† Qe7 12 Bxd6 Qxe4 13 Nxe4 f5 14 Bxf8 fxe4 15 Bxh6 Rxh6 16 Nxg5 e3! ∓.

(b) 9 . . . 0-0?! 10 Nd2 makes it difficult to break the pin.

(c) (A) 11 Nd2 Nxg3 12 hxg3 Nd7 13 Nc4 Ne5 14 Nxe5 Bxe5 =, Bagirov–Savon, USSR 1973. (B) 11 Bb5† Kf8 12 Bd3 Nxg3 13 hxg3 Nd7 14 Qc2 Qe7 15 0-0 h5 is fully equal, Deze–Velimirović, Sambor 1972.

(d) 14 a4 Qe7 15 Bf5 Rb8 16 a5 b5 17 axb6 Rxb6 18 Nd2 0-0 19 Nc4 Rb4 =, Engquist–Wedberg, Stockholm 1989.

(e) Black should avoid 9 . . . g5 10 Bg3 Nh5 11 Bb5† Kf8 12 e5! Nxg3 13 fxg3! dxe5 14 0-0 a6 15 Bd3 with a promising attack, Miles–Hernández, Biel 1977.

(f) 10 Nd2 b5 11 Be2 Nbd7 12 0-0 0-0 13 a4 b4 14 Ncb1 Re8 15 f4 Qc7 16 Bf3 c4 17 e5! c3! with equal chances, Mikhaelevsky–Psakhis, Israeli Chp. 1996.

(g) 14 0-0 0-0 15 Qc2 Rb8 16 a5 Qe7 =, Martinez–de Firmian, Las Vegas 1993.

(h) 7 . . . Bg7 8 Qa4† Bd7 9 Qb3 Qc7 (9 . . . b5 10 Bxd6 Qb6 11 Be5 0-0 12 e3 c4 13 Qd1 ±) 10 e4 0-0 11 Nd2 Nh5 12 Be3 f5 13 exf5 gxf5 14 Be2 f4 15 Bxc5! ±, Korchnoi–Nunn, London 1984.

(i) 8 e4 b5 9 Qe2 (9 e5 dxe5 10 Nxe5 Bd6 ∓) 9 . . . Be7 10 0-0-0 0-0 11 e5 Ng4 12 Ne4 dxe5 13 Nxe5 Nxe5 14 Bxe5 Nd7 15 Bf4 Re8 ∓, Alburt–D. Gurevich, US Chp. 1986.

(j) The natural 9 . . . Bg7?! fails to 10 Nd2! and 11 Nc4 ±.

(k) 14 Bh2 g5 15 f4 gxf4 16 Bxf4 Ng6 17 Bh2 Kh8 =, Timoshenko–de Firmian, Yerevan Ol. 1996.

(l) 8 e4 0-0 9 Be2 transposes into column 3 after 9 . . . Re8 10 0-0. Black may also choose 9 . . . Re8 10 0-0 Na6 11 f3 Nc7 12 a4 Nd7 13 Kh1 f5 14 exf5 gxf5 15 Nc4 Ne5 ∞, van der Sterren–de Firmian, Antwerp 1994.

(m) 9 Bg5 Qe7 10 e3 Nbd7 11 Be2 Ne5 12 Nxe5 Qxe5 13 Bf4 Qe7 14 0-0 Bf5 15 Rc1 a6 16 a4 Rfb8 =, Gulko–Wahls, Groningen 1990.

(n) Sharp and risky is 10 . . . Bxc3!? 11 bxc3 (11 Qxc3 b5 and 12 . . . b4) 11 . . . b5 12 Nb2 f5 13 e3 g5 14 Bg3 Qe7 15 Be2 Nf6 ∞, Seirawan–D. Gurevich, Hollywood 1985.

(o) 11 Nb5 Ba6 12 Nbxd6? Nxd6 13 Nxd6 g5! 14 Bg3 f5 wins (Nunn).

(p) 14 Bxc4 a6 15 Be2 Nd7 =, Farago–Velimirović, Amsterdam 1976.

(q) (A) 9 . . . Na6 10 h3 Nc7 11 Ng3 Re8 12 a4 a6 13 Bf4 Qe7 14 Bc4 ±, Ionescu–Simons, Groningen 1994. (B) 9 . . . b6 10 a4 Ba6 11 Nb5! ±.

(r) 14 Ng3 c4 15 Bc2 Nc5 16 Qf3 b5 17 axb5 axb5 18 e5 fxe5 19 fxe5 Rxe5 20 Bd4 b4 21 Bxe5 Qxe5 22 Rae1 Qd4† 23 Kh1 Bxh3, Kasparov–Rachels, New York 1988 (clock simul); now 24 Nce4 would keep the chances even.

(s) 8 . . . 0-0 9 Qd2 a6 10 a4 h6 (10 . . . Re8 11 Be2 Qa5 12 Bf4 Qc7 13 a5 ±) 11 Bxh6 Nxe4 12 Nxe4 Qh4† 13 g3 Qxh6 14 Qxh6 Bxh6 15 Nxd6 ±, Novikov–van Wely, Antwerp 1997.

(t) 10 Nge2 Nbd7 11 Ng3 h5 12 Be2 a6 13 a4 h4 14 Nf1 Re8 15 Nd2 Nh5 16 Nc4 Ne5 =, Dao–Smirin, Las Palmas 1993.

(u) 10 . . . a6 11 a4 Nbd7 allows 12 Nh3 Kh7 13 Nf2 and 14 Be2 ±, as White has good squares for all his pieces.

(v) Not now 11 Bxh6?! Nxe4 12 Nxe4 Qh4† 13 g3 Qxh6 ∓.

(w) 14 axb6 Qxb6 15 Bd1 Nbd7 16 Nge2 Ne5 17 b3 a5 18 0-0 Ba6 =, Christiansen–Marin, Szirak Int. 1987.

BENONI DEFENSE

Four Pawns' Attack and Taimanov Variation

1 d4 Nf6 2 c4 c5 3 d5 e6 4 Nc3 exd5 5 cxd5 d6 6 e4 g6 7 f4 Bg7

	19	20	21	22	23	24
8	Nf3…(Four Pawns' Attack)				Bb5†!(o)	Taimanov
	0-0				Nfd7(p)	Variation
9	Be2(a)				a4	Bd3(s)
	Re8 ………………		Bg4 ……….	b5?!	0-0(q)	0-0(t)
10	e5 …………	Nd2	0-0(j)	e5	Nf3	Nf3
	dxe5	Nbd7(f)	Nbd7	dxe5	Na6	Na6
11	fxe5	0-0	h3(k)	fxe5	0-0	0-0
	Ng4	c4	Bxf3	Ng4	Nc7	Rb8
12	Bg5(b)	Kh1(g)	Bxf3	Bg5	Bc4!	Be3
	Qb6(c)	Nc5	Re8	Qb6(m)	Nb6	Nf6
13	0-0	e5	Re1	0-0	Ba2	h3
	Nxe5	dxe5	Qa5	c4†	Bg4	Nc7
14	d6(d)	fxe5(h)	Be3	Kh1	h3	a4 ±
	Qxb2(e)	Rxe5(i)	b5(l)	Nd7(n)	Bxf3(r)	

(a) 9 Bd3 Bg4 10 0-0 a6 11 a4 Nbd7 12 Kh1 Rb8 13 Qb3 Bxf3 14 Rxf3 Re8 =, Jaroslav–Martin, Prague 1995.

(b) 12 e6 fxe6 13 0-0 exd5 14 Nxd5 Be6 15 Bc4 Nc6 16 Bg5 Nf6 17 Ne5 Nxe5! 18 Bxf6 Nxc4 19 Bxd8 Raxd8 20 Ne7† Kh8 ∓ (Petrosian).

(c) 12 . . . f6 13 exf6 Bxf6 14 Qd2 Bxg5 15 Qxg5 Qxg5 16 Nxg5 ±, Torres–Romero Holmes, Palma de Mallorca 1992.

(d) 14 Nxe5?! Bxe5 15 Bc4 Qxb2! 16 d6 Rf8! 17 Bxf7†?! Kg7! 18 Resigns, Semkov–Marin, Berga 1990.

(e) 15 Nd5 Bf5! 16 Ne7† Rxe7 17 dxe7 Nbc6 18 Rc1 Re8 ∓, Barsov–Marin, Budapest 1990.

(f) Also reasonable is 10 . . . Na6 11 0-0 Nc7 12 a4 Rb8 13 Kh1 a6 14 a5 Bd7 15 e5 (15 Bf3 Nb5 ∓) 15 . . . dxe5 16 Nc4 Bb5 17 d6 Ne6 18 fxe5 Nd7 =, Vaiser–Ibragimov, Bern 1992.

(g) (A) 12 Bxc4 Nc5 =. (B) 12 Bf3?! b5! 13 Kh1 a6 ∓, Pomar–Fischer, Havana 1966.

(h) 14 Nxc4 exf4 15 Bxf4 Nce4 16 Bf3 Nxc3 17 bxc3 Ne4 18 Qb3 b6 19 d6 Ba6 20 Bxe4 Rxe4 ∓, Dlugy–Vaiser, Havana 1985.

(i) 15 Nxc4 Rf5 16 Bf3 b6 17 d6 (Haba–Renet, Thessaloniki Ol. 1988) 17 . . . Rb8 18 Nd5 Nxd5 19 Bxd5 Rxf1† 20 Qxf1 Be6 = (Haba).

(j) 10 e5 Bxf3 11 Bxf3 dxe5 12 fxe5 Nfd7 13 e6 Ne5 14 0-0 fxe6 15 Be3 Nxf3† 16 Rxf3 Rxf3 17 Qxf3 exd5 18 Nxd5 Nc6 =.

(k) 11 a4 Re8 12 h3 Bxf3 13 Bxf3 c4 14 Be3 Qa5 =, Peev–Velimirović, Sofia 1972.

(l) 15 a3 b4 16 axb4 Qxb4 17 Qc2 Nb6 18 Bf2 Nfd7 19 Re2 Bd4 =, Lautier–Smirin, 1996.

(m) 12 ... f6 13 exf6 Bxf6 14 Qd2 Bf5 15 Nxb5 Nd7 16 0-0 Qb6 17 Bc4 Nde5 18 Nxe5 Nxe5 19 d6† Nxc4 20 Qd5† Kg7 21 Bxf6† Rxf6 22 Qxc4 ±, Sosonko–Reshevsky, Holland 1977.

(n) 15 e6 fxe6 16 dxe6 Ndf6 17 e7 Re8 18 Qd4 Bd7, Kaidanov–Gleizerov, USSR 1986; now 19 Qxb6 axb6 20 Nd4 h6 21 Bxf6 Bxf6 22 Ndxb5 Rxe7 23 Bxc4† is much better for White (Kaidanov).

(o) Mikenas's 8 e5 Nfd7! 9 Nb5 dxe5 10 Nd6† Ke7 11 Nxc8† Qxc8 12 Nf3 (12 d6† Kf8 13 Nf3 e4 ∓) 12 ... Re8 13 Bc4 Kf8 14 0-0 e4 is at least even chances for Black.

(p) Black comes out worse on 8 ... Nbd7?! 9 e5 dxe5 10 fxe5 Nh5 11 e6 Qh4† 12 g3 Nxg3 13 hxg3 Qxh1 14 Be3 Bxc3† 15 bxc3 a6 16 exd7† Bxd7 17 Bxd7† Kxd7 18 Qb3 ± (also 18 Qf3 is ±), I. Sokolov–Topalov, Wijk aan Zee 1996.

(q) 9 ... a6 10 Be2 Qh4† 11 g3 Qd8 12 Nf3 0-0 13 0-0 Re8 14 Kg2! Nf8 15 e5 Bg4 16 Ng5 Bxe2 17 Qxe2 ± (17 ... dxe5 18 f5), Savchenko–Pigusov, Aalborg 1992.

(r) 15 Qxf3 Nd7 16 e5! dxe5 17 f5 Ne8 18 Ne4 ±, Jelen–Skembris, Cannes 1995.

(s) White also has 9 Be2 0-0 10 Nf3 Na6 11 0-0 Nc7 12 Nd2 Re8 13 Bf3 Rb8 14 a4 ±, Hort–Bellon, Manila Ol. 1992.

(t) 9 ... Qh4† 10 g3 Qd8 (10 ... Qe7 11 Nf3 ±) 11 Nf3 0-0 12 0-0 Re8 13 Kg2 a6 14 a4 Nf8 15 h3 stops Black's counterplay, Yrjölä–Santamaria, Thessaloniki Ol. 1984. The column is Schiffer–Nunn, Amsterdam 1976.

UNUSUAL BENONI DEFENSES

Including the Blumenfeld Counter Gambit and Czech Benoni

1 d4

	25	26	27	28	29	30
	Nf6 ....c5					
2	c4 (Blumenfeld					d5
	e6...Counter Gambit)		c5			e5(q)
3	Nf3		d5			e4
	c5		g6...........e5 (Czech Benoni)			d6
4	d5(a)		Nc3	Nc3		Nc3
	b5		Bg7	d6		Be7
5	dxe6........Bg5		e4	e4		Nf3
	fxe6	h6(e)	d6	Be7		Nf6
6	cxb5	Bxf6	Nf3(h)	Nf3 ....g3(n)		Be2
	d5(b)	Qxf6	0-0	0-0	0-0	0-0
7	e3	Nc3(f)	Bd3(i)	h3	Bg2(o)	0-0
	Bd6	b4	e6	Na6	Ne8	a6
8	Be2(c)	Nb5	0-0(j)	Bd3(l)	Nge2	a4
	0-0	Kd8	exd5	Nc7	g6	Ne8
9	0-0	e4	exd5	Be3	Bh6	Nd2
	Nbd7(d)	g5(g)	Bg4(k)	Bd7(m)	Ng7(p)	Bg5(r)

(a) Note the order of moves (. . . e6 before . . . c5), which is normal for the Blumenfeld, and also how many main line Benonis are reached. In the rest of the chapter we have used 1 d4 Nf6 2 c4 c5 3 d5 e6 for consistency.

(b) 6 . . . Bb7 7 g3 Qb6 8 a4 a6 9 Na3 axb5 10 axb5 ± d5?! 11 Bh3! Ne4 12 0-0 Nd7 13 Nd2 ±, P. Nikolić–I. Sokolov, Wijk aan Zee 1994.

(c) 8 Nc3 Bb7! 9 Be2 0-0 10 b3 Nbd7 11 Bb2 Qe7 with a strong center and attacking chances for the pawn, Tarrasch–Alekhine, Pistyan 1922.

(d) 10 Nbd2 Bb7 11 b3 Qe7 12 Bb2 e5?! (12 . . . Rd8 ±) 13 e4! dxe4 14 Nh4 Bc7 15 Rc1 ±, Karpov–Lobron, Germany 1997.

(e) 5 . . . exd5 6 cxd5 d6 (or 6 . . . Qa5† 7 Nc3 Ne4 8 Bd2 Nxd2 9 Nxd2 b4 10 Nce4 ±) 7 e4 a6 8 a4 Be7 9 Bxf6 Bxf6 10 axb5 Bxb2 11 Ra2 ±, Vaganian–Grigorian, USSR Chp. 1971.

(f) 7 Qc2 exd5 8 cxd5 Na6 9 Nc3 Rb8 10 e4 c4 11 e5 Qf4 12 d6 Bb7 13 Ne2 Qe4 =, Barus–Rodríguez, Jakarta 1993

(g) Black has reasonable chances here: (A) 10 a3 g4 11 Nd2 Qxb2 12 axb4 cxb4 13 Be2 Bb7 =, Vokač–Rogers, Lazne Bohdanec 1994. (B) 10 e5 Qf4 11 h3 Bb7 12 g3 Qe4† 13 Kd2 g4 ∞, Hertneck–Hergert, Germany 1991. (C) 10 Bd3 Bb7 11 e5 Qg7 12 Qa4 a5 13 0-0 g4 with active play, Portisch–Rogers, Reggio Emilia 1984/85.

(h) 6 f4 0-0 7 Nf3 transposes into the King's Indian Defense, Four Pawns' Attack.

(i) (A) 7 Be2 e6 8 0-0 Na6 9 Re1 Re8 allows Black to benefit from delaying e6 and . . . exd5, as 10 Nd2 Nc7 leaves White with no strong plan. (B)7 Bf4 e5 8 Bg5 h6 9 Bd2 Nh7 10 Qc1 h5 ±, Portisch–Hjartarson, Rotterdam 1989.

(j) 8 h3 exd5 9 exd5 (9 cxd5 transposes into column 7) 9 . . . Re8† 10 Be3 Bh6 11 0-0 Bxe3 12 fxe3 Kg7 (12 . . . Rxe3 allows White too much lead in development) 13 Qd2 Qe7 14 Rf2 Ng8 15 Raf1 f6 ∞, Pinter–Andonov, Dubai Ol. 1986.

(k) 10 h3 Bxf3 11 Qxf3 Nfd7 12 Qd1 Ne5 13 Be2 f5 14 f4 Nf7 15 Bd2 Nd7 16 Bd3 Re8 17 Qf3 ±, Cvitan–Barbero, Zurich 1992.

(l) 7 . . . Nbd7 8 g4 a6 9 a4 Rb8 10 Bd3 Ne8 11 Rg1 Nc7 12 b3 Re8 13 h4 b5 14 g5 Nf8 15 h4 with a distinct advantage in space, Kasparov–Miles, match 1986.

(m) 10 Nh2 a6 11 a4 b5 12 0-0 bxc4 13 Bxc4 Rb8 14 b3 Nfe8 15 Qd2 ±, Kaidanov–Ehlvest, New York 1993.

(n) 6 Bd3 0-0 7 Nge2 Ne8 8 0-0 Bg5 9 a3 Nd7 10 g3 Bxc1 11 Nxc1 g6 12 Be2 Ng7 =, Hamann–Hort, Harrachow 1967.

(o) 7 Bh3?! Bxh3 8 Nxh3 Qd7 9 Ng1 Na6 10 h3 Nc7 11 g4 b5 allows Black queenside play, Verduga–Miles, San Francisco 1987.

(p) 10 Qd2 Nd7 11 0-0 Nf6 12 h3 Kh8 13 Be3 Nd7 14 Rad1 f5 15 Bh6 Nf6 16 f4 ±, Topalov–Manolov, Elenite 1992.

(q) (A) 2 . . . g6 3 Nc3 Nf6 4 e4 d6 5 Nf3 Bg7 6 Bb5† Bd7 7 a4 0-0 8 0-0 Na6 9 Re1 ±, Kasparov–Beliavsky, match 1983. (B) 2 . . . e6 3 e4 exd5 4 exd5 d6 5 Nc3 Nf6 6 Nf3 Be7 7 Be2 0-0 8 0-0 Bg4 9 Bf4 ±. In these two cases and in the column White benefits from not having played c4.

(r) 10 Nc4 Bxc1 11 Qxc1 Nd7 12 a5 g6 13 Na4 Qe7 (13 . . . f5 14 exf5 gxf5 15 f4 ±) 14 Ra3 ±. This line is Porath–Ciocaltea, Netanya 1965, through move 11.

THE BENKO GAMBIT

1 d4 Nf6 2 c4 c5 3 d5 b5

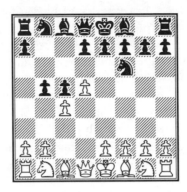

T HIS GAMBIT, NAMED AFTER the American/Hungarian grandmaster Pal Benko, is a recent addition to Black's options defending against 1 d4. The concept is to remove the supporting pawn at c4 and open the queenside files (a and b files) for pressure on the flank. Black's development is speeded and he obtains the advantage of one pawn island against two for White—a more compact structure. All these are long-term positional factors, and Black will need them as he gains little direct activity or tactical chances that most gambits bring. Many grandmasters have passed judgment on the opening saying "White is a pawn ahead, what's the problem?" This view, based on the lack of immediate Black threats, is simply too complacent. In fact Black's success in the gambit-accepted variations has spurred White players to investigate lines declining the gambit, which look to be at least as promising.

Your author was fortunate to get the world's foremost expert on the Benko Gambit to write this section. While Alburt, Hodgson, Vaganian and others have been serious practitioners of the opening, it has been New York's John Fedorowicz who has championed the opening for years. He single-handedly staved off Russian invasions (chessically speaking) at the New York Opens by beating top Russians with the Benko, using ideas he developed in the New York think tank the "Riviera."

Columns 1–6 cover White lines directly accepting the gambit with 4 cxb5 a6 5 bxa6. In column 1 White chooses a double fianchetto, which does not work well against a precise move order by Black. In columns 2–4 White gives up the right to castle by allowing the bishop exchange on f1. The extra time Black gains from this helps to equalize chances. White plays with great ambition in columns 5–6, not only accepting the gambit but aiming for a central pawn roller to start a quick attack.

650

The Fianchetto Variation, 4 cxb5 a6 5 bxa6 g6 6 Nc3 Bxa6 7 g3 d6 (columns 7–12), has become a well established, solid answer to the Benko. White is able to castle and complete development, having no concerns about his king's safety. Yet Black is able to proceed with his (her) queenside initiative and seems to hold the balance. Column 12 (8 Nf3 Bg7 9 h4!?) is an unusual attacking attempt.

Declining the gambit (columns 13–18) creates a different game entirely. Avoiding the capture on c4 (columns 13–14) leaves a more traditional Indian defense—like a King's Indian or Benoni structure. Columns 15, 16 and 18 begin with 4 cxb5 but after 4 . . . a6 make no attempt to hold the pawn. Column 15, 5 f3, stakes out the center while Black recaptures the pawn. Column 16, 5 b6, seeks to develop and leave Black congested on the queenside. Column 17, 4 cxb5 a6 5 e3, attempts to hold the pawn while retaining the right to castle. Column 18 is a sharp line in which White sacrifices a pawn for attacking chances and tactical opportunities.

BENKO GAMBIT

1d4 Nf6 2 c4 c5 3 d5 b5 cxb5 a6 5 bxa6 g6!(a)

	1	2	3	4	5	6
6	b3?! ....Nc3(e)					
	Bg7	Bxa6(f)				
7	Bb2	e4(g).....................................			f4(p)	
	0-0	Bxf1			g6	
8	g3	Kxf1			Nf3(q)	
	Nxa6!(b)	d6			Bg7 ....Qa5!(s)	Qa5!(s)
9	Bg2	Nf3 ....g4(m)		g4(m)	e4	Bd2(t)
	Bb7	Bg7		Qc8(n)	Bxf1	0-0
10	Nh3(c)	g3(h)		h3	e4	e4
	e6	0-0		Bg7	0-0	d6
11	Nf4	Kg2		Kg2	Kf2	Bxa6
	Nxd5	Qb6 ....Nbd7	Nbd7	0-0	Qb6	Qxa6!
12	Bxg7	h3(i)	h3	Nge2	Kg1	Qe2(u)
	Kxg7	Na6	Ra6(k)	Na6	Na6	Nbd7
13	Nxd5	Re1	Re1	Be3	Qe2	Qxa6
	Bxd5(d)	Nd7(j)	Qa8(l)	Qb7(o)	Rfb8(r)	Rxa6(v)

(a) This is the most accurate order of moves, as sometimes Black will want to capture the pawn on a6 with the knight. The most usual case of this is against the double fianchetto (column 1). On 5 ... Bxa6 6 g3 d6 7 Bg2 g6 8 b3! Bg7 9 Bb2 0-0 10 Nh3 Nbd7 11 0-0 Qb6 12 Bc3! leaves Black too little counterplay for the pawn, Gheorgiu–Pavlović, Lugano 1983.

(b) This key move allows Black excellent play against White's setup.

(c) 10 e4 Qa5!† 11 Bc3 Nb4! 12 Ne2 (12 a3?! Nxe4 13 Bxe4 Bxc3† 14 Nxc3 Nxd5 wins) 12 ... Qb5 13 a4 Nd3† 14 Kf1 Qa6 15 Bf3 e6! ∓, Nussbaumer–Claesen, Austria 1993.

(d) 14 Bxd5 exd5 15 0-0 (15 Qxd5? Qf6 wins) 15 ... d4 16 a3 h5 17 Qd3 h4 18 Nd2 hxg3 19 hxg3 Qg5 with excellent play for Black, Csom–Alburt, New York 1987.

(e) 6 a7?! Rxa7 only helps Black.

(f) Black should delay no longer in capturing the pawn, as otherwise White plays e4 without losing his castling rights.

(g) 7 Nf3 is often played, but it has no real independent significance as White will soon play either e4 as in the column or g3 as in the fianchetto variation (columns 7–12).

652

(h) 10 h3 Nbd7 11 Kg1 0-0 12 Kh2 Qc7 13 Re1 Rfb8 14 Qe2 Rb4 with chances for both sides, Russier–Vitri, Portorož 1995. In these castle by hand lines, White does better to place his knight on f3 rather than e2.

(i) This move takes some kingside space and stops the Black knight from moving to e5 via g4.

(j) 14 Re2 Qb7 15 Bf4 c4 16 Qd2 Rfb8 17 e5 dxe5 18 Nxe5 Nxe5 19 Bxe5 20 Rxe5 Nb4 with fair chances for Black, Kaidanov–Bradford, Las Vegas 1995.

(k) 12 ... Qa5 13 Qc2 Nb6 14 Rb1 Na4! 15 Nd1 Nb6 16 a3 Rfb8 17 Re1 Nfd7 18 Bd2 Qa4 19 Qxa4 Nxa4 =, Chernikov–Tolstikh, České Budějovice 1995.

(l) Black combines queenside play with pressure on the a8–h1 diagonal. After 14 Re2 Qb7 15 Bg5 h6 16 Bf4 g5 17 Be3 e6 18 Qd3 Rb6 19 Rb1 exd5 20 exd5 Ne8 21 Bd2 Ndf6 22 b3 Nc7 Black has good play for the pawn, Goldin–Beliavsky, Novosibirsk 1995.

(m) This move has been a longtime favorite of American grandmaster Yasser Seirawan. White's idea is simply to gain space on the kingside.

(n) Black may wish to try other moves, e.g. 9 ... h5 10 g5 Nfd7 11 Kg2 Bg7 12 f4 Na6 13 Nf3 Nc7 14 Re1 Nb6 15 a4 0-0 16 a5 Nc4 ∞, Kramnik–Lazerev, Loosedorf 1993.

(o) 14 Qd2 Nc7 15 f3 Rfb8 16 b3 Nb5 17 Rac1 ±, Seirawan–D. Gurevich, US Chp. 1987.

(p) This is a very aggressive (some say greedy) continuation. White not only takes the gambit pawn, but plays for a big pawn center.

(q) Not 8 e4?! Bxf1 9 Kxf1 as White's king would be more exposed than in column 2.

(r) 14 Kh1 Ne8 15 e5 Nec7 16 f5 dxe5 17 Nxe5 and White has a dangerous attack, Ellers–Klemper, Dortmund Open, 1993.

(s) This slows White from the advance e4, allowing Black good chances.

(t) 9 Qd2 Bg7 10 e4 Bxf1 11 Rxf1 0-0 12 Kf2 Qxc3! 13 bxc3 Ne4† 14 Ke2 Nxd2 15 Kxd2 Nd7 16 Kc2 Nb6 ∓, Gurdez–Wilder, France 1989.

(u) 12 Kf2 Nbd7 13 Re1 Qb6 14 b3 c4† is good for Black.

(v) 14 0-0-0 Ng4! 15 Rdf1 Bxc3 16 Bxc3 Rxa2 ∓. If instead 14 Kd1?! Ng4! 15 Kc2 c4 16 Rhe1 Nc5 17 Re2 Nd3 18 h3 (Andruet–Fedorowicz, Wijk aan Zee 1992) 18 ... Ngf2! ∓.

BENKO GAMBIT

Kingside Fianchetto by White

1 d4 Nf6 2 c4 c5 3 d5 b5 4 cxb5 a6 5 bxa6 g6 6 Nc3 Bxa6 7 g3 d6(a)

	7	8	9	10	11	12
8	Bg2					Nf3
	Bg7					Bg7
9	Nf3		Nh3			h4!?
	Nbd7		Nbd7			0-0(l)
10	0-0		0-0		Nf4	h5
	0-0	Nb6!(d)	0-0		0-0	Nbd7
11	Bf4	Re1	Rb1!?		h4	hxg6
	Qb6!?(b)	0-0	Qa5(g)		Qc7(j)	hxg6
12	Rb1	Bf4(e)	Qc2		h5?!	Bh6
	Rfb8	Nh5	Rfb8		Rfb8	Bxh6
13	b3	Bg5	b3	a3	hxg6	Rxh6
	Ng4	h6	Ne8	Ne5	hxg6	Kg7
14	Bd2	Bc1	Bb2	Nf4	Qc2	Qd2
	Qa7	Nf6	c4!(h)	Bc8	Ne5	Qa5
15	h3	Rb1	Ba1	b3	Be4?!	Rh1
	Nge5(c)	Nfd7!?(f)	Nc5 =	Bf5(i)	Ra7(k)	Rh8 (m)

(a) Black needs to stop d5-d6 now, as it is becoming a positional threat.

(b) 11 ... Ng4?! 12 Qc2 Qa5 13 Rfc1 Rfb8 14 Bd2 Nge5 15 Nxe5 Nxe5 16 b3 c4 17 h3 ±, Gavrikov–Popov, West Berlin 1989.

(c) 16 Nxe5 Nxe5 17 a4 Rb7 18 Kh2 Qb8 with some queenside pressure for the pawn, Obuhov–Versinin, Orel 1997.

(d) An important move, which presures d5 and gives Black the opportunity of a later ... Nc4 or ... Na4.

(e) 12 e4?! leaves a hole on d3 after 12 ... Nfd7 13 Qc2 Nc4 14 Nd2 (14 b3? Qa5! ∓, Khan–Fedorowicz, Chicago 1997) 14 ... Nce5 15 Bf1 c4.

(f) Black has good activity for the pawn (analysis by Fedorowicz).

(g) 11 ... Nb6!? 12 b3 Bc8 13 Nf4 Bf5 14 e4 Bg4 is provocative, but probably all right for Black.

(h) White lacks the maneuver Nd4 and Nc6, so c4 attacks the queenside without positional drawbacks.

(i) 16 e4 Bg4 17 h3 Bf3 18 Nd3 Nfd7 19 Nxe5 Nxe5 20 Bb2 Qb6 21 Bc1 Qa5 =, Aleksandrov–Gelfand, Polanica Zdroj 1997.

(j) Black has several good moves here as White's attack is not too dangerous. He could play 11 . . . Qa5, 11 . . . h5 or 11 . . . Ne5 with reasonable chances.

(k) 16 Kf1 Rb417 a3 Nxe4 18 Nxe4 Rc4 19 Nc3 Bc8 with a big advantage, Pohlers–Molinaroli, Germany 1995.

(l) Black can play 9 . . . h5 with a perfectly fine game, but there is little to fear from the opening of the h-file.

(m) 16 Rxh8 Rxh8 17 0-0-0 Ng4! and Black is for choice (analysis by Fedorowicz).

BENKO GAMBIT

Declined Variations

1 d4 Nf6 2 c4 c5 3 d5 b5

	13	14	15	16	17	18
4	Nf3 ....a4(f) cxb5					
	b4(a)	b4(g)	a6			
5	a3(b)	Nd2	f3!?(j).......b6		e3	Nc3
	g6(c)	g6	e6(k)	d6(o)	g6(q)	axb5(u)
6	axb4	e4	e4	Nc3	Nc3	e4(v)
	cxb4	d6	exd5(l)	g6	Bg7	b4
7	Nbd2(d)	Ngf3	exd5(m)	Nf3	a4	Nb5
	Bg7	Bg7	Bd6	Bg7	0-0	d6
8	e4	g3	Qe2†	e4	Ra3	Bf4!
	0-0	e6	Kf8	0-0	d6(r)	Nbd7(w)
9	Bd3(e)	Bh3	Nc3	Be2(p)	Nge2	Nf3
	d6	exd5	axb5	Nbd7	Nbd7(s)	Nxe4(x)
10	0-0	Bxc8	Be3	a4	Nf4	Qe2(y)
	Bg4	Qxc8	c4	a5	Ne8!	f5
11	Qa4?!	cxd5?!(h)	Nxb5	0-0	h4	Ng5
	a5	0-0	Qa5†	Nxb6	axb5	Ndf6
12	e5	0-0	Nc3	Bf4	Nxb5	f3
	Nfd7 ∓	c4(i)	Nxd5(n)	Ne8 =	Nc7(t)	Nxd5(z)

(a) (A) 4 . . . Bb7!? 5 a4 b4 6 Nbd2 d6 7 e4 g6 8 b3 Bg7 9 Bb2 0-0 10 g3 e5
11 Bg2 Nbd7 12 0-0 Qe7 13 Ne1 Rfe8 14 Nd3 Bc8 is a roughly equal position.
(B) 4 . . . bxc4 5 Nc3 and 6 e4 ±.

(b) (A) White may do better ignoring the queenside: 5 Nbd2 g6 6 e4 Bg7 7 Bd3 d6
8 0-0 0-0 9 Re1 e5 10 Nf1 a5 11 Ng3 Ra7 12 h3 a4 13 Bg5 ±, Vyzhmanavin–
Kalegin, St. Petersburg 1996. (B) 5 Bg5 d6 6 Nbd2 (6 Bxf6!?) 6 . . . g6 7 e4 Bg7
8 Bd3 0-0 9 h3 a5 10 0-0 a4 11 a3 Qa5 12 e5 dxe5 13 Nxe5 e6 14 Re1 Ra7
15 Qf3 Nfd7 =, Chekov–Fishbein, Moscow 1989.

(c) 5 . . . Na6 6 axb4 Nxb4 7 Nc3 d6 8 e4 g6 9 Be2 Bg7 10 0-0 0-0 11 Bf4 Bg4
12 h3 ±, I. Sokolov–Kir. Georgiev, Sarajevo 1998.

(d) 7 Be3 a5 8 g3 Bg7 9 Bg2 0-0 10 0-0 Bb7 11 Nbd2 d6 12 Bd4 Nbd7 13 Re1 Qc7
14 e4 Nc5 15 Qc2 e5 16 Bxc5 dxc5 =, I. Sokolov–Wilder, Preston 1989.

(e) 9 c5!? would produce a messy position. The column is Petursson–Alburt,
New York 1988. The position is roughly equal without White's strange queen
sortie (11 Qa4?!).

(f) (A) 4 Nc3?! b4! 5 Na4 d6 = as the knight on a4 is offside. (B) On 4 e3 just about anything is okay for Black—4 . . . bxc4 or 4 . . . g6 is equal.

(g) On the natural 4 . . . bxc4?! 5 Nc3 followed by e4 and capturing on c4 gives White a simple advantage.

(h) White should just be safe with 11 exd5 0-0 12 0-0 =. The move played allows Black to seize the initiative.

(i) 13 Qc2 c3 14 bxc3 bxc3 15 Nb3 Qg4! ∓, Schmidt–Kasparov, Dubai Ol. 1986.

(j) This has been very popular in recent years. It leads to very tactical positions.

(k) If Black wants a normal Benko-type position, he should play 5 . . . axb5 6 e4 d6 7 Bxb5† Bd7. On 6 . . . Qa5† 7 b4 cxb4 8 Nd2 b3!? 9 Qxb3 e6 10 Bxb5 Ba6 is double-edged, but White can play 7 Bd2 b4 8 Na3! d6 9 Nc4 Qd8 (9 . . . Qc7 10 a3! ±) 10 Bd3 e6 11 dxe6 Bxe6 12 Ne2 d5 13 exd5 Nxd5 14 0-0 Be7 15 Qc2 h6 16 Bf5 ±, Gabriel–Fedorowicz, New York 1995.

(l) Here many gambits are possible. One such try is 6 . . . c4!? 7 Bxc4 (7 Nc3 axb5 8 dxe6 fxe6 9 e5 b4! ∓, Gabriel–Segalchik, New York 1995) 7 . . . Bc5 8 Ne2 Qb6 9 Nbc3 axb5 10 Bxb5 0-0 11 Bg5 Ne8 12 Qd2 Bf2† 13 Kf1 Bc5 14 Nd1 Na6 15 Be3 d6 with chances for both sides, Shipov–Nesterov, Moscow 1994.

(m) 7 e5 Qe7 8 Qe2 Ng8 9 Nc3 Bb7 10 Nh3 c4 11 Be3 axb5 12 Rd1 Qb4 13 Rd2 Na6 14 Nf4 Bc5 15 Nfxd5 Qa5 16 a3 Rc8 17 Qf2 Nh6 with a very unclear position, Amura–P. Cramling, San Louis 1994.

(n) 13 Qxc4 Nxc3 14 bxc3 Nc6 15 Kf2 Ba6 16 Qb3 Bxf1 17 Kxf1 Re8 =, Siskin–Krivoseja, Kiev 1997.

(o) There is no rush to capture on b6. A sharp alternative is 5 . . . e6 6 Nc3 exd5 7 Nxd5 Nxd5 8 Qxd5 Nc6 9 Nf3 Be7 10 e4 Rb8 (10 . . . Bb7 11 Bc4 0-0 12 Qf5 Qxb6 13 0-0 d6 14 Bd2 ±, Salov–Lautier, Enghien-les-Bains 1999) 11 Bc4 0-0 12 0-0 Rxb6 (12 . . . Na5 deserves attention) 13 Qh5 d6 14 Ng5 Bxg5 15 Bxg5 ±, Lautier–Richter, Germany 1998.

(p) 9 Qb3 Bb7 10 Nd2 Nbd7 11 Nc4 a5 12 a4 Ra6 13 Bd2 Nxb6 14 Ne3 Ra8 15 Bb5 Ba6 16 0-0 Bxb5, Seirawan–van Wely, Merrillville 1997; now 17 Qxb5 would leave White a shade better. The column is Shaked–Shirov, Tilburg 1997.

(q) Alternatives are: (A) 5 . . . axb5 6 Bxb5 Qa5† 7 Nc3 Bb7 8 Nge2 Nxd5 (8 . . . Bxd5!? 9 0-0 Bc6 10 a4 e6 ∞, Khenkin–Claesen, Antwerp 1995) 9 0-0 Nxc3 (9 . . . Nf6 loses time) 10 Nxc3 e6 11 a4 Nc6 12 e4 Be7 13 Bf4 Qd8 14 Qd3 0-0 15 Rad1 Nd4 16 Be5 Bf6 17 Bd6 Be7 =, Shirov–Adams, Dortmund 1992. (B) 5 . . . Bb7 6 Nc3 Qa5 7 bxa6 Bxd5 8 Bd2 Bc6 9 Nf3 Qc7 10 Bd3 ±.

(r) The sharpest response is 8 . . . Bb7!? getting ready to hit in the center with . . . e6. After 9 Nf3 e6 10 dxe6 fxe6 11 Qd6 Qc8 12 Be2 axb5 13 axb5! gives Black development problems, so he should play 9 Nf3 axb5 10 Bxb5 e6 11 dxe6 fxe6 12 Qd6 Bxf3 13 gxf3 Qc8 14 0-0 Ne8 15 Qg3 Nc6 =, Petursson–Fedorowicz, Reykjavik 1990.

(s) Black is aiming for normal Benko counterplay by exchanging on b5 at some point.

(t) 13 h5 Nxb5 14 Bxb5 Ba6 15 hxg6 hxg6 16 Be2 Qb6 17 0-0 Bxe2 18 Nxe2 Rfb8 =, Azmaiparashvili–Topalov, Burgas 1994.

(u) Black has a reasonable way to sidestep the main line with 5 . . . Qa5!? 6 b6 (on 6 bxa6 g6 the position of the queen on a5 doesn't harm Black) 6 . . . Bb7! 7 Bd2 Qxb6 8 e4 e6 with chances for both sides.

(v) 6 Nxb5 Ba6 7 Nc3 transposes to normal gambit accepted lines.

(w) A serious alternative is 8 . . . Nxe4 9 Bd3 (9 Qe2? g5!) 9 . . . g5 10 Be3 Bd7 (10 . . . Qa5 11 Ne2 f5 12 0-0 f4 13 Bc1 Nf6 14 Re1 Kf7 15 b3 Nbd7 16 Bb2 Ne5 17 Bxe5 dxe5 18 f3 Bb7 19 Bc4 favors White, I. Sokolov–Hendriks, Dutch Chp. 1996) 11 Qe2 Qa5 12 Nf3 Bg7 13 0-0 h6!? 14 a3 0-0 15 h4 g4 16 Nd2 Nf6 17 Nb3 Qd8 with complications in a roughly equal position, Kepjokin–Pervn, Pavlograd 1997.

(x) Now the play becomes very strange and Black's position appears shaky, but that is normal for this line.

(y) 10 Bd3 f5 11 Nh4 Qa5 12 0-0 Ba6 13 Qe2 g5 (M. Jovičić) is unclear.

(z) 13 Nxe4! (13 fxe4 Nxf4 ∓) 13 . . . Nxf4 14 Nexd6† Kd7 15 Qe5 exd6 16 0-0-0 Qf6 17 Qxc5 Ne6 with chances for both sides in a sharp, entertaining position.

V
FLANK OPENINGS

ENGLISH OPENING

1 c4

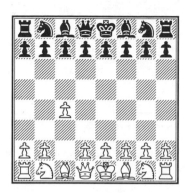

T HE ENGLISH OPENING derives its name from its association with the Englishman Howard Staunton, who played it six times against St. Amant in their 1843 match, and also in the historic London tournament of 1851. Staunton and his contemporaries understood many of the strategies that today we call "hypermodern." But Morphy's disdain for this opening caused it to fall out of fashion, and it remained so for an entire century. A few daring explorers, such as Tartakower, Rubinstein and Nimzovich, ventured it occasionally prior to World War II, but since then the English has become routine. It was adopted by Botvinnik, Karpov and Kasparov in their successful World Championship matches, and Fischer's choice of it against Spassky in 1972 was a sensation that ended his hitherto unswerving devotion to the king's pawn.

English Opening strategy is characterized by fluid pawn formations and vigorous struggles for central control. Often White will follow his initial queenside thrust with a fianchetto of his king's bishop and an attempt to establish a grip on the light squares. Black may counter this by taking the White side of a Sicilian Defense with colors reversed, or by attempting to transpose to one of several queen pawn openings, such as the Queen's Gambit Declined, the King's Indian or the Dutch Defense. The independent alternative is the Symmetrical Variation, which is rich in possibilities ranging from countergambits and aggressive isolated queen pawn formations to cramped but dynamic hedgehog setups and the quiet, subtle maneuvering of the Ultra-Symmetrical Variation.

It is natural to treat the English as a Sicilian reversed, but the results are often surprising—main lines in the Sicilian Defense correspond to obscure side variations in the English, and vice versa.

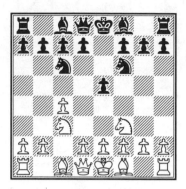

The Four Knights' Variation, 1 . . . e5 2 Nc3 Nf6 3 Nf3 Nc6 (columns 1–12), a direct and logical continuation, offers Black reliable defense with some flexibility for counterattack (see diagram above). Black will usually follow a strategy like that of the Nimzo-Indian Defense, conceding his king's bishop for a knight to get free development and an aggressive central posture. Columns 7–8, in which Black departs from this safe strategy to play a genuine Dragon Sicilian with colors reversed, are important. It seems risky to play a sharp variation with a tempo less, but healthy aggression brings Black nearly equal chances.

In Carls's "Bremen" System (or the Accelerated Fianchetto) with 3 g3 (columns 13–18), White tries to steal a march on Four Knights' lines, or at least to transpose to favorable subvariations, but he must contend with the Keres Variation (columns 17–18), a formidable central bulwark.

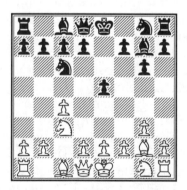

The Closed Variation, 2 . . . Nc6 3 g3 g6 4 Bg2 Bg7 (columns 19–25), imitates the Closed Sicilian with colors reversed (see diagram above). White can easily obtain complete domination of the queenside, but turning this to account while neutralizing Black's kingside chances is another matter. For both White and Black, a major decision is how to deploy the king's knight; columns 19–21 illustrate the consequences of different choices.

662

Columns 26–27 and 29–30 show the effects of an early . . . f5 by Black. The pawns on e5 and f5 present a strong front, but with careful play White can lure them forward to overextension. Column 28 shows that Black should not try to force transposition to the Closed Variation if White does not fianchetto.

The system 1 . . . e5 2 Nc3 d6 includes some interesting offbeat sub-variations, but is now primarily important for columns 32 and 36, in which Black plays an early . . . f5, similarly to column 29.

Columns 37–38 are variations that have fallen out of fashion, but this was the usual way to play the English from the mid-nineteenth century until Carls and others reintroduced the kingside fianchetto around the time of the First World War. Columns 39–40 are an unrefuted attempt to accelerate the minor-piece trade that characterizes the Four Knights'. These lines were rarely seen before 1980, but have been intensely fashionable through the 1990s. Columns 41–42 show miscellaneous independent possibilities.

Black may choose to handle the English by playing his favorite defense to the queen's pawn against it. White in turn may allow the transposition by playing an early d4, or he may postpone that move or avoid it altogether, leading to uniquely "English" lines. The results of the latter strategy are shown in columns 43–46 (Nimzo-Indian English), 47–49 (Queen's Indian English), 50–54 (a hybrid variation with its own unique character), 55–60 (King's Indian English), and 61–62 (Grünfeld English). Overall, White's loss of direct territorial control in delaying d4 is just balanced by gains in flexibility and tactical subtleties. If White delays development of his queen's knight, Black may safely venture the Double Fianchetto Defense (columns 63–65), or the impudent Romanishin Variation (column 66), favored by Korchnoi.

The Symmetrical Variation (1 . . . c5) is perhaps the most exciting defense to the English. In the main variations, one or both players will disrupt the center almost immediately by pushing the queen-pawn two squares, and an intense struggle for control of d4 and d5 will develop.

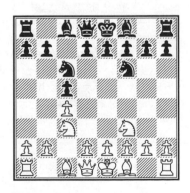

The Symmetrical Four Knights' Variation, 2 Nf3 Nf6 3 Nc3 Nc6 (columns 66–78), epitomizes this type of game (see above diagram). In the modern variations of columns 67–72, it is often a question of whose pawn sacrifice comes first and most effectively, White's on c3 or Black's on d5. In the older fianchetto variation (columns 73–78), Black cedes an advantage in central territory but can challenge the queenside by . . . b5.

In columns 79–80, Black energetically achieves . . . d5 before White has played d4. The main variation (column 80) is wild: White moves his king twice in the first eight moves, but sacrifices a pawn for a strong attack.

In columns 81–84, Black chooses relief from the tactical melees of the previous columns with the popular 3 . . . e6. The late Paul Keres invented the system with 4 . . . d5 (columns 82–84). Black aims at a setup similar to the Tarrasch Defense to the Queen's Gambit Declined, but with his defense eased by the exchange of a pair of knights.

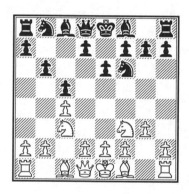

The Hedgehog Defense with 3 . . . e6 and 4 . . . b6 (columns 85–90) is a development of the 1970s and 80s (see above diagram). As recently as the early 1970s, "hedgehog" was a generic term describing any setup that was cramped, defensive and difficult to attack. Now it refers to a specific formation in which Black's c-pawn is exchanged for White's d-pawn and Black's minor pieces are developed as in a Queen's Indian. Black allows White a central bind with pawns on c4 and e4, but Black's chances to achieve . . . d5 or . . . b5 give his game dynamic potential.

Columns 91–96 cover the Rubinstein/Botvinnik Variation, 1 c4 c5 2 Nc3 Nf6 3 g3 d5 4 cxd5 Nxd5 5 Bg2 Nc7, a sort of Maróczy Bind Sicilian with colors reversed. If Black can complete his development in spite of hair-raising light-square invasions or doubled isolated c-pawns, he can often look forward to good winning chances arising from his central spatial advantage.

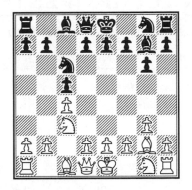

see p. 699

The Ultra-Symmetrical Variation (columns 97–102) arises when both players adopt the same negative strategy of preventing each other's d-pawn breaks (see above diagram). These lines require great patience, and the player of White must carefully steer away from variations where there is no advantageous way to break symmetry, such as columns 118 and 119. But anyone who plays the Symmetrical English for either White or Black should familiarize himself with the strategical themes of this section.

Columns 103–108 are odds and ends. These unusual first and second moves will mostly transpose to other variations or other openings, but there are some exceptions that one must watch for.

ENGLISH OPENING

Four Knights' Variation

1 c4 e5 2 Nc3 Nf6 3 Nf3 Nc6 4 g3

	1	2	3	4	5	6
	Bb4..Bc5(n)					
5	Bg2..Nd5					d3(o)
	0-0				Bc5(k)	0-0
6	0-0(a)				Bg2	Bg2
	e4......................................Re8(h)				d6	h6
7	Ng5........................Ne1			Nd5(i)	0-0	0-0
	Bxc3		Bxc3	Bc5(j)	0-0	d6
8	bxc3		dxc3	d3	e3(l)	a3
	Re8		h6(f)	Nxd5	Bg4(m)	a6
9	d3 ....f3		Nc2	cxd5	h3	e3
	exd3	exf3(c)	b6(g)	Nd4	Bxf3	Bb6
10	exd3	Nxf3	Ne3	Nd2	Bxf3	b3
	d6	d5(d)	Bb7	d6	Nxd5	Bf5
11	Rb1	d4	Nd5	e3	cxd5	h3
	h6	Ne4	Ne5	Nf5	Ne7	Qd7
12	Ne4	Qc2	b3	Nc4 ±	b3	Kh2
	Nxe4(b)	dxc4(e)	Rfe8 ±		Qd7 ±	Bh7(p)

(a) 6 Nd5 e4 (6 . . . Bc5 7 0-0 d6 8 d3 Nxd5 9 cxd5 Nd4 10 Nxd4 Bxd4 11 e3 Bb6 12 b4 Bd7 13 a4 a5 14 b5 f5 15 Bd2 Qf6 16 Rc1 Qg6 17 Rc4 f4 18 exf4 Qxd3 19 Qc1 exf4 20 Bxf4 Qg6 21 Be3 ±, Karpov–Anand, Frankfurt 1997) 7 Nh4 Bc5 8 0-0 Re8 9 d3 exd3 10 Qxd3 Ne5 11 Qc2 c6 ∓, Smyslov–Mecking, Petropolis Int. 1973.

(b) 13 Bxe4 Ne5 14 f4! Nxc4 15 f5 =, Mecking–Tan, Petropolis Int. 1973. White has just enough for the pawn.

(c) 9 . . . e3!? 10 d3 d5 11 Qb3?! (better is 11 cxd5 Nxd5 12 Ne4 ∞) 11 . . . Na5! 12 Qa3 c5 left White's game disorganized, Kasparov–Karpov, World Chp. (G2) 1987.

(d) 10 . . . Qe7 (10 . . . d6!?, Ivanchuk–Adams, Melody Amber 1992) 11 e3 Ne5 12 Nd4! Nd3 (12 . . . Nxc4 13 Nf5 Qe6 14 d3 with a dangerous attack) 13 Qe2 Nxc1 14 Raxc1 d6 15 Rf4 with pressure on the f-file, Kasparov–Karpov, World Chp. (G4) 1987.

(e) 13 Rb1 f5 14 g4 with more than enough for the pawn, Kasparov–Ivanchuk, USSR Chp. 1988.

(f) 8 . . . d6 9 Nc2 Re8 10 Bg5 h6 11 Bxf6 Qxf6 12 Ne3 Re5 (12 . . . Bf5 13 f4!) 13 Qb3! Rb8 14 Rad1 b6 15 Re6 Rbe8 16 Rfd1 ± as Black will lose a pawn, Uhlmann–Reshevsky, Skopje 1976.

(g) 9 . . . d6 is also common: 10 Ne3 Re8 11 Qc2 Bd7 12 Bd2 a5 13 Rae1 a4 14 f4 ±, Timman–Mestel, Las Palmas Int. 1982. The column is Korchnoi–Karpov, match 1974.

(h) 6 . . . Bxc3 7 bxc3 (7 dxc3 d6—J. Watson) 7 . . . Re8 8 d3 e4 9 Nd4 (9 Ng5 is column 1) 9 . . . exd3 10 exd3 h6 11 Rb1 Nxd4 12 cxd4 d5, Hodgson–Salov, Amsterdam (Donner Memorial) 1996. White is slightly better, but progress is stalled by the blockaded d-pawns.

(i) 7 d3 transposes to note (i) after 7 . . . Bxc3 8 bxc3 e4.

(j) The alternatives may not be as reliable: (A) 7 . . . Bf8 8 d3 h6 9 Bd2 a5 10 Bc3 d6 11 Nd2 ±, Polugaevsky–Podgaets, Moscow 1973. (B) 7 . . . e4 8 Ne1 d6 9 d3 Bxe1 10 Rxe1 exd3 11 Bg5!, Smyslov–Mestel, Hastings 1972/73. (C) 7 . . . Nxd5 8 cxd5 Nd4 9 Nxd4 exd4 10 e3 c5 (10 . . . dxe3 may be neces-sary) 11 a3 Ba5 12 exd4 cxd4 13 d6 ±, Timman–Hübner, match 1991.

(k) (A) 5 . . . Nxd5 6 cxd5 Nd4 (6 . . . e4? 7 dxc6 exf3 8 Qb3 Resigns, Petrosian–Ree, Wijk aan Zee 1971) 7 Nxd4 exd4 8 Qc2 Qe7 9 Bg2 Ba5 (9 . . . Bc5 10 b4) 10 0-0 Bb6 11 e3 d6 12 b3 0-0 13 Bb2 dxe3 14 dxe3 ±, Gelfand–Mirumian, Yerevan Ol. 1996. (B) 5 . . . e4 6 Nh4 Bc5 7 Bg2 d6 8 0-0 Be6 (8 . . . g5?! 9 d4) 9 Nxf6† Qxf6 10 Bxe4 Bxc4 11 Qa4 d5 12 d3 g5 13 Bg2 Bxd3 14 Nf3 Be4 15 Bxg5 Qxb2 unclear, J. De Mauro–M. Suta, World Corr. Chp. 1973.

(l) 8 d3 h6 9 e3 a5 10 b3 Nxd5 11 cxd5 Ne7 12 d4 exd4 13 Nxd4 Qd7, Hübner–Karpov, Bad Kissingen 1980.

(m) 8 . . . Bb6 9 Nxb6 axb6 10 b3 Bf5 11 d3 Qc8 12 Re1 ±. The column is Korchnoi–Karpov, World Chp. (G15) 1981.

(n) (A) 4 . . . d5 is columns 7–8. (B) 4 . . . g6 5 d4 is related to col. 28: 5 . . . exd4 6 Nxd4 Bg7 7 Bg2 0-0 8 0-0 Re8 9 Nxc6 bxc6 10 Bf4 ± (Uhlmann). (C) 4 . . . Nd4 is playable but lackluster: 5 Bg2 Nxf3† 6 Bxf3 Bb4 7 Qb3 Bc5 8 0-0 ±; but not 5 Nxe5? Qe7 6 f4 (6 Nd3? Nf3 mate) 6 . . . d6 7 Nd3 Bf5 ∓.

(o) 5 Nxe5 Bxf2† 6 Kxf2 Nxe5 7 e4 c5 8 d3 d6 9 h3 0-0 (better than 9 . . . h5 10 Be2 Nh7 11 Kg2! h4 12 g4 Ng5 13 Be3 ±, Botvinnik–Keres, Moscow 1966) 10 Be2 Ne8 11 Kg2 Nc7 12 Be3 Ne6, Hickman–Camaratta, US Corr. Chp. 1972/75; Black has nothing to fear.

(p) 13 Ng1 Kh8 14 Nge2 ± Rfe8 15 Bb2 Nd8 16 Qd2 c6 (Black has not found a plan, while White steadily improves his position) 17 e4 Ng8 18 Na4 Bc7 19 d4! exd4 20 Bxd4 ±, M. Gurevich–Sokolov, Belgrade 1991. If 20 . . . Bxe4? 21 Bxe4 Rxe4 22 Nc5!.

ENGLISH OPENING

Four Knights' Variation

1 c4 e5 2 Nc3 Nf6 3 Nf3 Nc6

	7	8	9	10	11	12
4	g3...........................		e3...........................		d4(m)	
	d5		Bb4.........Be7		exd4.........e4	
5	cxd5		Qc2(g)	d4(k)	Nxd4	Nd2(o)
	Nxd5		0-0(h)	exd4	Bb4	Bb4!?(p)
6	Bg2		Nd5	Nxd4	Bg5	e3
	Nb6(a)		Re8	0-0	h6	0-0
7	0-0		Qf5	Be2	Bh4	Be2
	Be7		d6	d5	Bxc3†	Re8
8	d3 ....a3		Nxf6†	Nxc6	bxc3	0-0
	0-0	0-0	Qxf6(i)	bxc6	d6	Bxc3
9	a3(b)	b4	Qxf6	0-0	f3(n)	bxc3
	Be6	Be6(e)	gxf6	Bd6	Ne5	d6
10	b4	Rb1	a3	b3	e4	f3
	Nd4(c)	f6	Bc5	Qe7	Ng6	Bf5
11	Bb2	d3(f)	b4	Bb2	Bf2	fxe4
	Nxf3†(d)		Bb6(j)	dxc4!(l)	0-0 =	Nxe4!(q)

(a) After 6 ... Be6 7 d4! is disruptive, but Black can still fight for equality: 7 ... Nxc3 8 bxc3 e4 Nd2 f5 10 e3 0-0 11 c4 Na5 12 Qc2 c6, Smejkal–Ivkov, Wijk aan Zee 1972.

(b) The older 9 Be3 lacks punch: 9 ... Be6 (but not 9 ... f5 10 b4!) 10 Qc1 f5 11 Rd1 Nd5 =, Andersson–Chernin, Reggio Emilia 1986.

(c) 10 ... f5 11 Be3 Bf6 12 Rc1 Nd4 13 Bxd4 exd4 14 Na4 Bd5 (14 ... Nxa4 15 Qxa4 c6 16 Nd2 Bd5 17 Rc5 ± —Schwarz) 15 Nc5 Qe7 16 Qd2 Rae8 17 a4! ±, Ljubojević–Hjartarson, Reykjavik 1991. It's not easy to relieve the pressure on Black's queenside.

(d) 12 Bxf3 c6 13 Ne4 Nd7 14 Qc2 Bd5 15 Nd2 Rc8 =, Hjartarson–Lobron, Debrecen 1992.

(e) 9 ... Re8 is also possible and can become complex: 10 Rb1 Bf8 11 d3 a5 12 b5 Nd4 13 Nd2 a4 14 e3 Ne6 15 Nf3 Nc5 16 d4 ±, Kir. Georgiev–Gelfand, Manila Int. 1990.

(f) Black had lasting problems after 11 ... Nd4 12 Nxd4 exd4 13 Ne4 Bd5 14 Bb2 f5 15 Nd2 Bf6 15 Bxd5† Qxd5 17 Rc1, Timman–Bareev, Tilburg 1991. 11 ... a5 12 b5 Nd4 may be an improvement.

(g) 5 Nd5 e4 6 Ng1 (the older 6 Nxb4 Nxb4 7 Nd4 0-0 8 a3 Na6 gave White nothing, Swiderski–Marshall, Nuremberg 1906) 6 . . . 0-0 7 Qc2 Re8 8 Ne2 Bd6! 9 a3 b5! gave Black a powerful bind for the sacrificed material, Salov–Gelfand, Linares 1992.

(h) The principal alternative is 5 . . . Bxc3, leading to positions in which White has been hard pressed to demonstrate any advantage with his bishops: 6 Qxc3 Qe7 7 a3 d5 8 cxd5 Nxd5 9 Qb3 Nb6 10 d3 =, or 8 d4 exd4 9 Nxd4 Nxd4 10 Qxd4 c5 11 Qf4 dxc4 12 Bxc4 0-0 13 0-0 Be6 =, Timman–Balashov, Wijk aan Zee 1983.

(i) 8 . . . gxf6 9 Qh5 d5 10 Bd3! e4 11 cxd5 exe3 12 dxc6 bxc6. Black's pawns are fragile, but perhaps there is enough counterplay to hold the position.

(j) 12 Bb2 a5 13 b5 Ne7 (13 . . . Nd8 is also reasonable) 14 a4 Bc5 15 Be2 c6 16 0-0 Bb4 17 d4 Be6, C. Hansen–M. Gurevich, Antwerp 1993. The endgame is not difficult for Black to defend.

(k) More circumspect is 5 Qc2 0-0 6 a3 d6 7 Be2 Re8 8 0-0 Bf8 9 d4 Bg4 10 d5 ±, Tartakower–Lasker, New York 1924.

(l) 12 bxc4 Rb8 13 Qc1 Ng4 14 g3 Re8 15 Ne1 Nxh2 ∓, Timman–Karpov, Montreal 1979. 10 cxd5! cxd5 11 b3 would have better tested Black's system.

(m) (A) 4 d3 can lead to a setup akin to the Scheveningen Sicilian, e.g. 4 . . . Be7 5 e3 d5 6 cxd5 Nxd5 7 Be2 0-0 8 0-0 Be6 9 a3 a5 10 Qc2 Qd7, Spraggett–A. Sokolov, match 1988. Black may also play 4 . . . Bb4 as in cols. 1–5. (B) 4 e4 is stodgy: 4 . . . Bb4 (4 . . . Bc5 5 Nxe5 0-0!?) 5 d3 d6 6 g3 Bc5! 7 Bg2 Nd4 =, Gulko–Karpov, Reykjavik 1991. (C) 4 a3 e4! (4 . . . d5 5 cxd5 Nxd5 6 Qc2 Be7 7 e3 0-0 8 Nxd5 Qxd5 9 Bd3 ± (Vaganian); 4 . . . g6 is OK) 5 Ng5 Qe7 6 d3 (6 Qc2? Nd4) 6 . . . exd3 7 Qxd3 g6 8 e3 Bg7 =, Friedgood–Leverett, Ramsgate 1981.

(n) 9 Nxc6!? bxc6 10 c5 Qe7 11 e3 Qe5 12 Qd4 ∞, Smirin–Tiviakov, Rostov-on-Don 1993. The column is Lengyel–Spassky, Amsterdam Int. 1964.

(o) 5 Ng5 h6 6 Ngxe4 Nxe4 7 Nxe4 Qh4 8 Qd3? (8 Nc3 =) 8 . . . d5! 9 cxd5 Nb4 10 Qb1 Bf5 11 Nd6† cxd6 12 Qxf5 g6 13 Qb1 Rc8 ∓ (Sudnitsyn).

(p) 5 . . . Nxd4 is simplest: 6 Ndxe4 Nxe4 7 Qxd4 Nxc3 8 Qxc3 d5 9 e3 Be6 10 Bd2 Be7 =, Ragozin–Mikenas, Moscow 1944.

(q) 11 . . . Bxe4?! 12 Nxe4 Nxe4 13 Bd3 g6 14 Bxe4 Rxe4 15 Rxf7! (Botvinnik). The text is Lonoff–Frankle, Massachusetts 1974; Black easily maintains control of e4. If 12 Rxf5? Nxc3 13 Qf1 Nxe2† 14 Qxe2 Nxd4 wins.

ENGLISH OPENING

Carls's "Bremen" System

1 c4 e5 2 Nc3 Nf6 3 g3(a)

	13	14	15	16	17	18
	Bb4.....................d5 ....c6					(Keres Variation)
4	Nf3 ....Bg2(e)		cxd5		Nf3(o)	
	e4(b) 0-0		Nxd5		e4	
5	Nd4	e4(f)	Bg2		Nd4	
	0-0	Bxc3	Nb6 ....Ne7(k)		d5 ....Qb6(t)	
6	Bg2	bxc3(g)	d3	Nf3	cxd5	Nb3(u)
	Bxc3(c)	c6	Be7	Nbc6	Qb6(p)	a5!?
7	dxc3	Ne2(h)	Be3	0-0	Nb3	d3(v)
	h6	d5	0-0	g6(l)	cxd5(q)	a4
8	Qc2	cxd5	Rc1	b4!	Bg2	Nd2
	Re8	cxd5	Kh8(i)	a6	Bf5	e3
9	Bf4	exd5	Qd2	a4(m)	d3(r)	dxe3
	d6	Nxd5	Nc6	Bg7	Bb4	Ng4
10	0-0-0!(d)	0-0	Bxc6	Ba3	0-0	Nde4
		Nc6 =	bxc6	0-0	Bxc3	Nxe3
11			Nf3	b5	bxc3	Qd2!(w)
			f6(j)	Nd4(n)	0-0(s)	

(a) Carl Carls of Bremen, Germany, initiated the early fianchetto, 3 g3, before World War 1.

(b) 4 . . . Qe7 (4 . . . Nc6 is cols. 1–5; 4 . . . d6 is also possible) 5 Bg2 c6 6 0-0 0-0 7 d3 Bxc3 8 bxc3 h6 9 e4, Portisch–Kavalek, Amsterdam 1981. Black's setup is interesting, but he has not equalized. If 9 . . . d5? 10 cxd5 cxd5 11 exd5 Nxd5 12 Qb3 ±.

(c) 6 . . . Re8 7 0-0 Nc6 8 Nc2 Bxc3 9 dxc3 h6 is similar to col. 3, and probably safer than the text.

(d) Kavalek–Fedorowicz, US Chp. 1981. Each side will attack the other's king.

(e) 4 Qb3 Nc6 5 Nd5 Bc5 6 e3 0-0 7 Bg2 Nxd5 8 cxd5 Ne7 9 Ne2 d6 =, Korchnoi–Karpov, World Chp. (G25) 1978.

(f) 5 Nf3 Re8 (5 . . . Nc6 is cols. 1–5) 6 0-0 c6 7 d4!? (7 Qb3 Bf8 =) 7 . . . e4 8 Ng5 e5 9 Qb3 Bf8 10 cxd5 cxd5 11 f3 h6 12 Nxf7! ±, Přibyl–Lutikov, Bucharest 1975.

(g) 6 dxc3 is less dynamic: 6 . . . b6 7 Nh3 Bb7 8 Qc2 d6 9 0-0 Nbd7 =, Kavalek–Timman, Tilburg 1979.

(h) 7 Ba3 Re8 8 Qb3 b6 9 d3 Bb7 10 Nf3 d5 11 Nd2 Na6 12 0-0 Nc7 =, Hübner–Christiansen, Munich 1992.

(i) 8 . . . Re8 9 Nf3 Nc6 10 0-0 Be6 11 a3 Nd5 12 Nxd5 Bxd5 13 Qa4 Bd6 14 Nd2 Bxg2 15 Kxg2 Ne7 16 Qb3 b6 ±, Vaganian–M. Gurevich, USSR Team Chp. 1988.

(j) 12 Qc2 (12 0-0 Nd5) 12 . . . Bh3 13 Rg1 Bg4 Nd2 Nd5 15 Nd1, Shamkovich–Fedorowicz, US Chp. 1981. White stands slightly better, but his pressure on the c-file was not enough to win the game.

(k) 5 . . . Nxc3!? 6 bxc3 Nc6 7 d3 Bc5 8 Nf3 0-0 9 0-0 Bg4 10 h3 Bh5 11 Qa4 Re8 is equal.

(l) 7 . . . Nf5 is likewise met by 8 b4!.

(m) 9 Bb2 Bg7 10 a3 gives Black time to catch his breath: 10 . . . 0-0 11 d3 h6 12 Rc1 Nd4 13 Ns2 Rb8 14 e3 Ndc6 15 Qc2 b6 =, Popov–Gheorghiu, Sofia 1982.

(n) 12 Ng5, Larsen–Lehmann, Palma de Mallorca 1967. White's active pieces will soon force important concessions.

(o) (A) 4 d4 exd4 5 Qxd4 d5 6 Nf3 (6 cxd5? cxd5 7 Nf3 Nc6 8 Qa4 d4 9 Nb5 Bc5 ∓) 6 . . . Be7 7 cxd5 (7 Bg2 c5 8 Qd3 d4 ∓) 7 . . . cxd5 8 Bg2 Nc6 9 Qa4 0-0 10 Be3 Ng4 11 Bd4 Nxd4 12 Nxd4 Nf6 =, Hort–Kavalek, Waddinxveen 1979. (B) 4 Bg2 d5 5 cxd5 exd5 6 Qb3 Nc6 7 Nxd5 Nd4 8 Nxf6† gxf6 9 Qd3 Bf5 10 Be4 Bxe4 11 Qxe4 Qc7 12 Kfl ∓, Zamikhovsky–Zhurakov, Kiev 1958.

(p) 6 . . . cxd5 7 d3 Qb6 8 Nb3 Ng4!? 9 d4 Be6 10 f3 exf3 11 exf3 Nf6 12 Be3 Nc6 =, Korchnoi–Keres, Curaçao Candidates 1962. 9 e3 may be an improvement.

(q) 7 . . . a5 8 d4 a4 9 Nc5 a3! 10 bxa3 Bxc5 11 dxc5 Qxc5 12 Qb3 cxd5 ∞, Ditt–Widera, Corr. Ol. 1987.

(r) 9 0-0 d4! 10 Nb1 (10 Na4 Qb4) 10 . . . Nc6 ∓ (J. Watson).

(s) 12 Be3 Qc7 13 Rc1 Nc6 14 c4 Rad8 =, Reshevsky–Keres, Los Angeles 1963. White's counterplay will neutralize Black's strong center.

(t) 5 . . . Bc5 6 Nb3 d6 7 Bg2 Bf5 8 0-0 Nbd7 9 d3 exd3 10 exd3 0-0 11 Bf4 Re8 12 Qd2 with a pull, Smyslov–Bronstein, Monte Carlo 1969.

(u) 6 e3 d5 7 Qc2 Bd7 (7 . . . Nbd7 8 cxd5 cxd5 9 Ncb5 is strong—Taimanov) 8 a3 Be7?! 9 b4 0-0 10 Bb2 ±, Najdorf–Rossetto, Buenos Aires 1968.

(v) 7 d4 a4 8 c5 Qb4 9 Nd2 d5 (9 . . . Qxd4 is also playable: 10 Ndxe4 Qxd1† 11 Kxd1 Nxe4 12 Ndxe4 d5! 13 cxd5 Bf5 =) 10 e3 g6 11 h3 Bg7 ∞, Bagirov–Tal, Moscow 1963.

(w) 11 . . . Nxf1 12 Rxf1 Be7 13 c5! Qd8 14 Qf4 ±, Matera–Soltis, New York 1969.

ENGLISH OPENING

Closed Variation

1 c4 e5 2 Nc3 Nc6 3 g3(a) g6 4 Bg2 Bg7

	19	20	21	22	23	24
5	d3 ....Rb1					e3
	d6				d6(k)	d6
6	e3(b) .... Nf3 .... e4(f)				b4	Nge2
	Be6 .... f5	f5	Nge7(g)		Bf5	h5(m)
7	Nge2	Rb1(c)	0-0	Nge2	d3	d4
	Qd7	Nf6	Nf6	0-0	Qd7	h4
8	Nd5	Nge2	Rb1	0-0	b5	d5
	Nge7	0-0	a5	Be6(h)	Nd8	Nce7
9	Rb1	0-0	a3	Be3	Nd5	e4
	0-0	Ne7	0-0	Qd7(i)	c6	f5
10	0-0	f4	b4	Nd5	bxc6	Bg5
	Nc8	c6	axb4	f5	bxc6	h3
11	b3	b3	axb4	Qd2	Nc3	Bf3
	Nd8	Be6(d)	h6	Rf7	Ne7	Bf6 ∞
12	Re1		b5	f3	Ba3	
	c6 =		Ne7(e)	Raf8(j)	0-0(l)	

(a) On 3 Nf3 Black may reply 3 . . . Nf6 transposing to cols. 1–12, or 3 . . . f5 (col. 29), but 3 . . . g6?! is inferior: 4 d4! exd4 5 Nxd4 Bg7 6 Nxc6 bxc6 7 g3 with a lasting advantage in space.

(b) 6 Rb1 f5 7 b4 Nf6 8 b5 Ne7 9 Qb3 0-0 10 e3 Kh8 11 Nge2 g5 12 f4 gxf4 13 exf4 Ng6 14 0-0 a6 15 a4 axb5 16 axb5 Qe7, Goldin–Yusupov, Tilburg 1992. Black has excellent counterplay. The column is Chernin–Ehlvest, St. John 1988.

(c) 7 Ng2 Nf6 8 0-0 0-0 9 b3 (9 Rb1 transposes to the column) 9 . . . Be6 10 Nd5 Qd7 11 Bb2 Bf7 12 f4? (12 Qd2 or 12 Nec3 would be about equal) 12 . . . Nxd5 13 cxd5 Nb4 14 e4 Qb5 15 Rf3 Nxd5!! 16 exd5 e4 17 bxg7 exf3 18 Bxf8 Qb6†! 19 d4 fxe2 20 Qd2 Kxf8 ∓, Davies–Khalifman, London 1991.

(d) Topalov–Seirawan, Biel 1993; now 12 Qd2 (instead of 12 h3) would have kept a small edge.

(e) (A) 13 c5 may be premature: 13 . . . Be6 14 Bd2 Nd7 15 cxd6 cxd6 16 Na4 b6 17 Bb4 Nc5 18 Bxc5 dxc5 19 Nd2 Ra7 20 Qc2 e4! 21 dxe4 Rxa4 22 Qxa4 Qxd2, Antunes–Jansa, Andorra 1993. (B) 13 Ne1 c6 14 Nd2 d5 15 bxc6 bxc6 16 cxd5 cxd5 17 Ba3 Be6 18 Rb7 Rf7 19 Qb1 Rc8 20 Nb5 Ne8, Ljubojević–Short, Brussels 1987. Black's position hangs by a hair, but his center is strong.

(f) 6 f4 leads to nothing after 6 . . . Nge7 7 Nf3 h6 8 0-0 Be6 9 Bd2 exf4! 10 Bxf4 d5 (J. Watson).

(g) Alternatives are less trustworthy: (A) 6 . . . f5 7 Nge2 Nf6 8 0-0 0-0 9 exf5! gxf5
(9 . . . Bxf5 10 h3 ±) 10 Bg5 Be6 11 Qd2 ± (J. Watson). (B) 6 . . . h5 7 h4 Nd4
8 Nce2 Ne6 9 Nf3 Nf6 10 Ng5 0-0 ±, Chernin–Karpov, Tilburg 1992. (C)
6 . . . Ng6!?.

(h) 8 . . . Nd4 is logical but drawish: 9 Nxd4 exd4 10 Nd5 (the older 10 Nce2 is
more flexible) 10 . . . Nxd5 11 cxd5 c5 12 dxc6 bxc6 13 Qc2 Bb7, Gulko–
Kasparov, Horgen 1995.

(i) 9 . . . Nd4 10 Qd2 c6 unclear.

(j) 13 Rael Kh8 14 b3 Ng8 15 exf5 Bxf5 16 d4, Smejkal–Yusupov, Germany 1992.
White has an advantage in space, but Black's harmonious development gives
him good chances.

(k) 5 . . . Nf6 or 5 . . . a5 6 a3 Nf6 may transpose to col. 57, e.g. 5 . . . Nf6 6 b4 0-0
7 b5 Ne7 8 Nf3 d6 etc.

(l) 13 Nf3 h6 14 0-0 Be6 =, Kasparov–Karpov, World Chp. (G6) 1987.

(m) On 6 . . . Nge7, 7 d3 transposes to col. 19. White may also try 7 d4, but Black
is well prepared for this: 7 . . . exd4 8 exd4 0-0 9 0-0 Bg4 10 h3 Bxe2 11 Nxe2
Nf5 12 d5 Ne5 13 Qc2 Re8 = (analysis by Botvinnik). The column is I. Sokolov–
Chernin, Debrecen (European Team Chp.) 1992.

ENGLISH OPENING

1 c4 e5 2 Nc3 Nc6

	25	26	27	28	29	30
3	g3..Nf3					
	d6 ....f5			g6?!..........f5		
4	Bg2	Bg2		d4	d4	
	Be6	Nf6		exd4	e4	
5	d3	d3 ....e3		Nxd4	Nd2 ....Ng5	
	Qd7	Bc5?!(e)	Bb4(h)	Bg7(j)	Nf6	Nf6(p)
6	Nf3(a)	e3	Nge2	Nxc6	e3(m)	Nh3
	Bh3	f4	0-0	bxc6	g6(n)	Bb4(q)
7	Bxh3	exf4	0-0	g3	Be2	e3
	Qxh3	0-0	d6	Ne7(k)	Bg7	Ne7(r)
8	Nd5	Nge2	Nd5(i)	Bg2	0-0	Bd2
	Qd7	Qe8	Ba5	0-0	0-0	Bxc3
9	e4(b)	0-0	d4 ±	0-0	Rb1	Bxc3
	g6?!(c)	d6		Rb8	d6	d5
10	h4!	Na4?!(f)		Qc2	b4	Nf4
	h5(d)	Bd4(g)		d6(l)	Kh8(o)	c6(s)

(a) 6 Rb1 Nge7 7 b4 d5 8 b5 Nd8 =.

(b) 9 0-0 Nd8 10 d4 e4 11 Nd2 c6 12 Ne3 d5 13 f3 f5 14 fxe4 fxe4 15 Nb1 Nf6 16 Nc3 dxc4! 17 Nxc4 Ne6 18 e3 Ng5 and Black has a powerful attack, Hübner–Ljubojević, Tilburg 1981.

(c) The text is weakening. 9 . . . Nd4, restraining White's center, gives prospects of a hard fight.

(d) 11 Bg5! Bg7 12 Qb3! f6 13 Be3 Nd8 14 d4 ±, Karlsson–Bellon, Metz 1983. By a series of alert moves, White forced serious weaknesses in Black's position.

(e) Not the best move but certainly the most famous! Instead, after 5 . . . Bb4 there may follow 6 Bd2 0-0 7 Nf3 d6 8 0-0 Bxc3 =.

(f) 10 Ne4! Nxe4 11 dxe4 Qh5 12 Kh1 should contain the attack.

(g) 11 Nxd4?! (11 fxe5 dxe5 12 Nxd4 ± —Bellon) 11 . . . exd4 12 h3 h5 13 a3 a5 14 b3 Qg6 with a strong attack, Saidy–Fischer, New York (Metropolitan League) 1969; or 12 a3 a5 13 b3 Bf5 14 Nb2 Qg6 15 Qc2 Nd7 16 Rc1 Nc5 17 Bf1 Ra6! ∓, Karpov–Bellon, Madrid 1973.

(h) (A) 5 . . . e4?! 6 d3 Bb4 7 Nge2 exd3 8 Qxd3 Ne5 9 Qxf5 Qe7 10 Qc2 Nxc4 11 0-0 c6 12 a3 Bxc3 13 Nxc3 d5 14 e4 ±, Evans–H. Steiner, USA 1952. (B) 5 . . . d5!? is a relatively new gambit. White declined it by 6 Nxd5 Nxd5 7 cxd5 Nb4 8 d3 (8 Qb3 e4 gives Black an enduring attack) 8 . . . Nxd5, but got

674

only equality after 9 Nf3 Bb4† 10 Bd2 Bxd2† 11 Qxd2, Qd6, Lobron–I. Sokolov, Nussloch 1996.

(i) 8 d4 Bxc3 9 Nxc3 Bd7 10 Rb1 a5 11 b3 likewise leaves White with an edge.

(j) 5 . . . Nge7 is possible: 6 g3 Bg7 7 Nxc6 Nxc6 8 Bd2 d6 9 Bg2 0-0 10 0-0 Bg4 11 h3 Be6 12 b3 ±, Petrosian–Botvinnik, World Chp. 1963. Neither this variation nor that of note (k) avoids the main problem of this column, which is White's spatial advantage.

(k) 7 . . . Nf6 8 Bg2 0-0 9 0-0 Re8 10 Qa4! (threatening Qa5 and Bf4) 10 . . . a5 11 Rd1 Bd7 12 Rd3 ±, Uhlmann–Rajković, Hastings 1972/73.

(l) 11 b3 c5 12 Bb2 Bb7 13 Bxb7 Rxb7 14 Ne4!, Gheorghiu–Suba, Romanian Chp. 1977. White has a lasting advantage.

(m) 6 Ndb1!? g6 7 Bg5 is an interesting idea played by Suetin.

(n) 6 . . . Bb4 7 Nd5 0-0 (or 7 . . . Nxd5) 8 Nxb4 Nxb4 9 a3 Nc6 10 b4 d5 11 b5 Ne7 12 a4 ± (J. Watson).

(o) 11 b5 Ne7 12 a4 Be6 13 Ba3 Re8 14 Qc2 Bg8 15 Rfe1 Qd7 16 f3, Øgaard–Sigurjonsson, Gausdal 1982. White's careful buildup has avoided many pitfalls, but the position is still about equal.

(p) The natural 5 . . . h6 can be dangerous: 6 Nh3 g5 7 Ng1! Bg7 8 e3 Nf6 9 h4 Kf7 (9 . . . g4 ±) 10 Nh3 Kg6 11 f3! Qe7 12 fxe4 Nxe4 13 Nxe4 Qxe4 14 Bd3! Qxg2 15 Bxf5† Kxf5 16 Rf1† Ke6 17 Qh5 Ne5 18 dxe5 Bxe5 19 Qf7† Kd6 20 Rf6†, and Black was eventually mated on the queenside, Rohde–Zsu. Polgar, New York 1992.

(q) 6 . . . g6 7 e3 Bg7 8 Nf4 d6 9 h4 ±.

(r) 7 . . . Bxc3† 8 bxc3 d6 9 Nf4 0-0 10 h4 Ne7 is a transposition to Timman–Sax, Linares 1983: 11 Ba3 Ng6 12 g3 Nxf4 gxf4 is unclear.

(s) 11 b3 Ng6 with chances for both sides, Ivanchuk–Ljubojević, Linares 1995.

ENGLISH OPENING

1 c4 e5 2 Nc3 d6

	31	32	33	34	35	36
3	d4 ....Nf3 ....g3					
	exd4	f5 ....Nf6 ....Bg4			Be6 ....f5	
4	Qxd4	d4(f)	d4	d4(p)	Bg2	Bg2(v)
	Nc6(a)	e4	e4	Nd7(q)	c6	Nf6
5	Qd2	Ng5(g)	Ng5(l)	g3	d3	d3
	Nf6(b)	c6(h)	Bf5(m)	Ngf6	Nf6(t)	Be7(w)
6	b3(c)	g3(i)	g4(n)	Bg2	Nf3	e3(x)
	g6(d)	Be7	Bxg4	Be7	Be7	0-0
7	Bb2	Nh3	Bg2	0-0	0-0	Nge2
	Bg7	Nf6	Nc6	0-0	0-0	a5
8	g3	Bg2	Ngxe4	h3	c5!?	0-0
	0-0	0-0	Nxe4	Bh5(r)	h6	Qe8
9	Nh3	0-0	Nxe4	Nh4	cxd6	b3
	Bf5	Na6(j)	Be7	c6(s)	Bxd6	c6
10	Bg2	d5(k)	b3		b3(u)	Bb2
	Re8(e)		0-0-0(o)			Na6(y)

(a) 4 . . . Nf6 has independent significance, although 5 g3 may transpose to note (c): (A) 5 b3 Be6! (5 . . . g6 may transpose to the column) 6 e4 g6 7 Bb2 Bg7 8 Qd2 0-0 9 Nge2 Re8 10 g3 a5 11 Bg2 a4 12 Rd1 Nbd7 13 0-0 Nc5 =, García Palermo–Azmaiparashvili, Reggio Emilia 1992. (B) 5 e4 g6 6 Bg5 Nbd7 7 Qd2 Bg7 8 f3 0-0 9 Nh3 Re8 10 Nf2 ±, Douven–Speelman, Hilversum 1995.

(b) 5 . . . Be6!? 6 e4 g6 7 b3 Bh6 8 f4 f5 gave Black good piece play in Christiansen–Blatny, Bremen 1996.

(c) 6 g3 Be6 7 Nd5 (7 e4? Be7 8 b3 Nxe4! 9 Nxe4 d5 with a powerful attack for the sacrificed piece) 7 . . . Ne5 8 b3 Ne4 9 Qe3 Nc5 10 Bb2 c6 11 Nf4 Ng4 12 Qd4 Ne4! taking advantage of White's weakness on the a5–e1 diagonal, Hübner–Kasparov, match 1985.

(d) 6 . . . a5 7 Bb2 a4 8 Rd1 axb3 9 axb3 g6 10 e4 Bg7 11 Bd3 ±, Lautier–Kramnik, Cannes 1993.

(e) 11 Nf4 with a small but enduring advantage in territory, Seirawan–Pfleger, Lone Pine 1981.

(f) Moves such as 4 g3 or 4 d3 may transpose to col. 36.

(g) 5 Bg5 (5 Nd2 is similar to col. 29) 5 . . . Nf6 6 Nd2 Be7 7 e3 0-0 8 Be2 c6 9 0-0 Na6 10 f3 exf3 11 bxf3 Nc7 =.

(h) 5 . . . h6 6 Nh3 g5 7 Ng1! Bg7 8 h4 g4 (8 . . . Nc6 9 e3 Nf6 10 hxg5 hxg5 11 Rxh8† Bxh8 12 Nh3 ±, Farago–Ermenkov, Albania 1983) 9 e3 Nd7 10 Ng2 h5 11 Nf4 Nf8 12 Qa4† ±, Portisch–Seirawan, Buenos Aires 1982.

(i) 6 Nh3 Na6 7 e3 Nf6 8 Nf4 Nc7 9 d5 Be7 10 b3 (10 h4 Ng4! 11 g3 Ne5 =, Schwartzman–Sax, Odorheiu Secuiesc 1993) 10 . . . 0-0 11 Bb2 Bd7 12 Be2 g5 ∞, Timman–Yusupov, Amsterdam 1994.

(j) 9 . . . Kh8 10 d5 Nbd7 11 b3 Ne5 12 Bb2 Qe8 gave Black a slightly more active placement of his knight, Lautier–Kramnik, Nikiti-Afytos 1992.

(k) (A) 10 f3 is premature: 10 . . . exf3 11 exf3 Nc7 12 d5 cxd5 13 cxd5 b5! with good counterplay, Gulko–Short, Burgas 1995. (B) 10 d5 Nc7 11 a4 ±.

(l) 5 Nd2 Bf5 (5 . . . Qe7 is also satisfactory) 6 e3 c6 7 Be2 Qd7 (7 . . . d5 8 cxd5 cxd5 9 Qb3 Qd7 10 f3 exf3 11 Nxf3 Bd6 12 0-0 Nc6 13 Nh4 Be6 14 Bd3 gives White some pressure, A. Brito–Birmingham, Las Palmas 1993) 8 g4 Nxg4 9 Ndxe4 d5 10 Ng3 Be6 11 e4 Nf6 ∞, Schlosser–Hickl, Germany 1989.

(m) 5 . . . Qe7 6 Qc2 Bf5 7 g4 Bg6 8 Bg2 e3 (8 . . . Nc6 9 d5 Ne5 10 Ngxe4 Nxe4 11 Nxe4 Nxg4 ±) 9 Qa4† c6 10 Bxe3 Nxg4 11 Bf4 Nf6 12 0-0-0 h6 13 Nh3 Qd8 ∞, Dlugy–Benjamin, Philadelphia 1983.

(n) 6 Qc2? h6 7 Ngxe4 Nxe4 8 Nxe4 Qh4 ∓, Boleslavsky–Bronstein, Budapest Candidates 1950.

(o) 11 b3 f5 12 Nc3 (not as sharp as 12 Ng3 f4 13 Ne4, Benjamin–Ginsburg, Manhattan Club Chp. 1983) 12 . . . Re8 13 d5 Ne5 14 0-0 ∞, Yrjölä–Murshed, Yerevan Ol. 1996. The column variation is often reached by transposition from the Old Indian Defense: 1 d4 Nf6 2 c4 d6 3 Nc3 e5 4 Nf3 e4 etc.

(p) 4 e3 Nd7 5 Be2 Ngf6 6 d4 Be7 7 0-0 0-0 =.

(q) (A) 4 . . . Nc6 5 d5 Nce7 6 h3 Bd7 7 e4 ±. (B) 4 . . . Bxf3 5 gxf3 exd4 6 Qxd4 Ne7 7 b3 Nbc6 8 Qd2 g6 9 Bb2 Bg7 10 h4 with a strong attack, Suba–Mititelu, Romania 1972.

(r) 8 . . . Bxf3 9 Bxf3 exd4 10 Qxd4 c6 11 b3 ±, Dorfman–Bronstein, USSR Chp. 1975.

(s) 10 d5 Rc8 with near equality, Pachman–Goldin, Palma de Mallorca 1989.

(t) (A) 5 . . . f5?! 6 f4 Nf6 7 Nf3 Nbd7 8 0-0 g6 9 Ng5 Bg8 10 e4, Hübner–Ljubojević, Tilburg 1978. Black's center and kingside are coming under fire. (B) 5 . . . Be7 6 Nf3 f5 or 6 f4 exf4 7 Bxf4 Nf6 (J. Watson) is playable.

(u) 10 . . . Qe7 11 Bb2 Nbd7 12 Qc2 ±, Averbakh–Balashov, USSR 1973. Black's development is passive and not harmonious. 10 . . . Qd7 (planning 11 . . . c5 and 12 . . . Nc6, or 11 . . . Bh3) may be an improvement.

(v) 4 d4 Be7 5 dxe5 (5 Bg2 Nf6 6 Nf3 e4 is col. 32) 5 . . . dxe5 6 Qxd8† Bxd8 7 Bg2 Nf6 8 b3, Taimanov–Vaganian, Leningrad 1977. White still has an advantage, but it is minimal.

(w) 5 . . . g6 can transpose to the Closed Variation (cols. 13–18). An independent variation is 6 e4 Bg7 7 exf5 gxf5 8 Nge2 0-0 9 0-0 c6 10 Bg5 Be6 11 Kh1 Nbd7, M. Pavlović–Romero Holmes, Terrassa 1994.

(x) (A) 6 Nf3 Be7 7 0-0 a5 8 a3 0-0 9 Rb1 Kh8 10 b4 axb4 11 axb4 Be6 12 b5 Qc7 13 Qb3 Nbd7 =, Averbakh–Kotov, USSR 1953. (B) 6 f4 c6 7 Nf3 exf4 8 gxf4 0-0 9 e3 Na6 10 0-0 Nc7 ∞.

(y) 11 Qd2 Bd7 with a complex struggle ahead, Ribli–Gulko, Thessaloniki Ol. 1988.

ENGLISH OPENING

1 c4 e5

	37	38	39	40	41	42
2	Nc3..g3............Nf3 (s)					
	Nf6 ....Bb4			Nf6	e4(t)	
3	e3		Nd5 ....g3		Bg2	Nd4
	d5 ....Bb4(e)		Be7(i)	Bxc3	c6(n)	Nc6
4	cxd5	Nge2	d4	bxc3	d4(o)	Nxc6(u)
	Nxd5	0-0	d6	d6(l)	exd4(p)	dxc6
5	Nf3	a3	e4(j)	Bg2	Oxd4	Nc3
	Nc6(a)	Be7(f)	Nf6	Nc6	d5	Nf6
6	Bb5	Ng3(g)	Nxe7	d3	cxd5(q)	e3(v)
	Nxc3	d5(h)	Qxe7	Nge7	cxd5	Bf5
7	bxc3	cxd5	f3	f4	Nf3	Qc2
	Bd6	Nxd5	exd4	exf4	Nc6	Qd7
8	d4?!(b)	Qc2	Qxd4	Bxf4	Qa4	b3
	e4!(c)	Be6	Nc6	d5	Bc5	0-0-0
9	Nd2	Bd3	Qc3	cxd5	0-0	h3
	Qg5!(d)	g6 =	0-0(k)	Nxd5(m)	0-0(r)	Qe6(w)

(a) 5 . . . Nxc3 6 bxc3 Bd6 7 d4 exd4 8 cxd4 (or 8 exd4) ±.

(b) 8 e4 0-0 9 0-0 (9 d4 exd4 10 cxd4 Re8 =) 9 . . . f5! ∞ (J. Watson).

(c) 8 . . . Bd7 9 e4 (simply 9 0-0 is not bad) 9 . . . exd4 10 cxd4 Bb4† 11 Bd2 Bxd2† 12 Qxd2 0-0 13 0-0 ±, Nimzovich–Spielmann, Berlin 1928.

(d) 10 Bf1 Qg6 ∓, Chajes–Kostić, Carlsbad 1911.

(e) (A) 3 . . . Nc6 4 a3 (4 Nf3 is cols. 9–10) 4 . . . g6 5 Qc2 Bg7 6 b4 0-0 7 Bb2 Re8 =, Miles–Ljubojević, Linares 1985. (B) 3 . . . c6 4 Nf3 e4 5 Nd4 d5 6 cxd5 cxd5 7 d3 Bc5 8 Nb3 Bb4 9 dxe4 Nxe4 10 Qd4 Bxc3† 11 bxc3 0-0 12 c4 Nc6 13 Qxd5 Qe7 14 d3 Qb4† with compensation for the pawn, Andersson–Sosonko, Thessaloniki Ol. 1988. (C) 3 . . . d6 4 d4 Nbd7 can lead to an Old Indian or King's Indian Defense.

(f) 5 . . . Bxc3 6 Nxc3 d5 7 cxd5 Nxd5 8 Qc2 c5 ∞, Rødgaard–Morozevich, Moscow 1994.

(g) Straightforward expansion by 6 d4 leads only to equality: 6 . . . exd4 7 Qxd4 (7 Nxd4 d5 =) 7 . . . Nc6 8 Qd1 Ne5 9 Nd4 c6 =, J. Watson–Browne, Berkeley 1976.

(h) 7 . . . Re8 8 Be2 c6 9 0-0 d5 10 d4 exd4 11 exd4 Na6 =, Bischoff–Hübner, Munich 1990. The column is Bischoff–Gelfand, Dortmund 1993.

(i) (A) 3 . . . Ba5 4 b4 c6 5 bxa5 cxd5 6 cxd5 leaves Black with a soft spot on d6 after either 6 . . . Qxa5 7 Qb3 d6 8 Ba3, Petursson–I. Sokolov, Manila Ol. 1992, or 6 . . . Nf6 7 Qa4! 0-0 (7 . . . Nxd5 8 Nf3 Nc6 9 Nxe5 Nxe5 10 Qe4 ±) 8 Ba3 d6 9 e4 Bd7 10 Qb4 Na6 11 Bxa6, Soffer–Y. Gruenfeld, Tel Aviv 1993. (B) 3 . . . Bc5 invites White to kick the bishop again, but attempts to refute it have proven unconvincing: (1) 4 b4 Bd4 5 Rb1 c6 6 e3 cxd5 7 exd5 exd4 ∞; (2) 4 Nf3 c6 5 Nc3 Qe7 6 d4 exd4 7 Nxd4 d6 =; (3) 4 e3 Nf6 (or 4 . . . c6 5 d4 cxd5 6 dxc5 Qa5† 7 Bd2 Qxc5 8 Qg4 g6 9 cxd5 Qxd5 10 Bc4 Nf6 11 Qh4 Qd6 12 Nf3 Nc6 13 e4 with a dangerous attack) 5 b4 (or 5 d4 Nxd5 6 cxd5 exd4 7 exd4 Bb2† =) 5 . . . Nxd5 6 bxc5 Nf6 with chances for both sides. (C) 3 . . . Bd6, 3 . . . a5 and 3 . . . Nc6 are also playable, but counterintuitive.

(j) 5 Nf3 e4 (5 . . . Nc6 6 e3 Nf6 7 Be2 0-0 8 0-0 ±) 6 Nd2 f5 7 Nb1! (more promising than the older 7 e3) 7 . . . Nf6 8 Nxe7 Qxe7 9 Nc3 0-0 10 Bg5 Be6 11 e3 Nbd7 12 Be2 c6 13 0-0 ±, Lautier–Shirov, Tilburg 1996.

(k) 10 Be3 Re8 11 Ne2 Ne5 =, C. Hansen–I. Sokolov, Groningen 1995.

(l) 4 . . . Nc6 5 Bg2 Nge7 6 c5 b6 7 Ba3 Bb7 (Speelman–Timman, Taxco Int. 1985), and now 8 Nf3 (Sosonko) instead of 8 d4 maintains some pressure.

(m) 10 Bd2 0-0 11 Nf3 Qe7 12 e4 Bg4 with chances for both sides, Uhlmann–Mainka, Hartberg 1991.

(n) 3 . . . Nc6 is ill-timed: 4 Nc3 Bb4 5 Nd5! Nxd5 (5 . . . Bc5 6 e3 0-0 7 Ne2 ±) 6 cxd5 Ne7 7 Nf3 Bd6 (7 . . . d6 8 Qa4†; 7 . . . Nxd5 8 Nxe5 Nf6 9 Qb3) 8 e4 c6 9 d4 with a distinct advantage, Geller–Debarnot, Las Palmas 1976.

(o) 4 Nf3 e4 5 Nd4 d5 6 cxd5 Qxd5! 7 Nc2 Qh5 8 h3 Qg6 9 Nc3 Bd6 10 Ne3 0-0 11 Qc2 Re8 12 b3 Na6 13 a3 Nc7 14 Bb2 Ncd5, Shamkovich–Baumbach, USSR 1970, and now 15 0-0-0 (Yudovich) would have maintained approximate equality in a complex position.

(p) 4 . . . Bb4† 5 Bd2 Bxd2† 6 Qxd2 d6 has enjoyed a vogue; an example is 8 Nf3 e4 9 Nh4 Re8 10 0-0 d5 11 c5 b6 12 b4 Na6 13 Rb1 h6 14 f4 ∞, M. Gurevich–Khuzman, Budapest 1996.

(q) 6 Nf3 Be7 (6 . . . dxc4 7 Qxc4 is about equal) 7 cxd5 cxd5 8 Nf3 Nc6 9 Qa4 0-0 10 Be3 Ne4 10 Nc3 Nxc3 11 bxc3 with chances for both sides, Serper–Lutz, Dortmund 1993.

(r) 10 Bg5 h6 11 Bxf6 Qxf6 12 Nc3 Be6, Seirawan–I. Sokolov, Wijk aan Zee 1995. As in the Tarrasch Variation of the Queen's Gambit Declined, Black has excellent development and centralization, but his isolated d-pawn requires careful tending.

(s) 2 d3 will usually transpose to other columns of the English Opening.

(t) (A) 2 . . . d6 3 Nc3 transposes to cols. 32–34. (B) 2 . . . Nc6 3 d4 (3 Nc3 transposes to other columns) 3 . . . exd4 4 Nxd4 Bc5 (4 . . . Bb4†?! 5 Bd2 Bxd2† 6 Qxd2 ±) 5 Nc2 (5 Nxc6 Qf6 =) 5 . . . Nf6 6 Nc3 0-0 7 e3 Nb4!? ∞, Dlugy–Smyslov, New York 1987.

(u) 4 e3 Nxd4 5 exd4 Qf6! 6 d5 Bc5 7 Qe2 Qg6 8 Nc3 Nf6 9 d3 0-0 10 dxe4 Ng4!, Murei–Udov, Moscow 1966. Black has enough for the pawn.

(v) 6 d4 exd3 7 Qxd3 Qxd3 8 exd3 Bf5 =, Tartakower–Alekhine, Warsaw 1935.

(w) 10 Bb2 Nd7 11 Ne2 Qe8 12 0-0-0 Nc5 13 Nf4 h5 unclear, Christiansen–Kaidanov, US Chp. 1996. White is playing with fire, as the pawn on e4 can become strong.

ENGLISH OPENING
Nimzo- or Queen's Indian Type Defenses

1 c4 Nf6 2 Nc3 e6 3 Nf3

	43	44	45	46	47	48
	Bb4 ... (Nimzo-Indian English)				b6 (Queen's Indian English)	
4	Qc2.......................g3............Qb3				e4	
	0-0..........c5		b6(f)	c5	Bb7	
5	a3	a3	Bg2	a3	Qe2	Bd3
	Bxc3	Ba5	Bb7	Ba5(j)	Bb4(m)	d6(o)
6	Qxc3	g3(d)	0-0	g3	e5	Bc2
	b6	Nc6	0-0	Nc6	Ng8	c5
7	g3(a)	Bg2	d3(g)	Bg2	g3(n)	d4
	Bb7	0-0	Bxc3	0-0	Nc6	cxd4
8	Bg2	0-0	bxc3	0-0	Bg2	Nxd4
	c5(b)	Qe7(e)	d6	d5	Nd4	Be7
9	b4	d3	e4	d3	Qd3	0-0
	d6	d6	Nbd7	h6(k)	Bxf3	0-0
10	0-0	e3	Nd4(h)	Na4	Bxf3	b3
	Nbd7	Bd7	c5	b6	Nxf3†	a6
11	Bb2	Rb1	Nc2	Bf4	Qxf3 ±	Bb2(p)
	Qe7(c)	Rab8 =	d5(i)	Bd7(l)		

(a) 7 b4 a5 8 Bb2 axb4 9 axb4 Rxa1† 10 Bxa1 c5 11 e3 Qe7 12 b5, Kramnik–Nikolić, Linares 1997. Black's defense is difficult to crack.

(b) 8 ... d5 9 cxd5 exd5 10 0-0 Re8 11 Re1 c5 12 d4 Ne4 with chances for both sides, Speelman–Seirawan, match 1988.

(c) 12 d3 ±, Kramnik–Illescas, Dos Hermanas 1997.

(d) (A) 6 d4?! cxd4 7 Nxd4 d5 ∓ (B) 6 e3 0-0 7 d4 is similar to a Nimzo-Indian Defense, for example 7 ... d6 8 Be2 Nbd7 9 0-0 Qe7 =, Illescas–Romanishin, Terrassa 1991.

(e) (A) 8 ... d5? 9 Na4 b6 10 cxd5 exd5 11 b4 ±. (B) 8 ... d6 9 d3 h6 10 e3 e5 11 Nd5! Be6 12 Nd2 ±, Vaganian–Dautov, Reggio Emilia 1996. The column is E. Ragozin–Schmittdiel, Vienna 1991.

(f) The principal alternative is 4 ... 0-0 5 g3 d5 and now: (A) 6 a3 Be7 7 d4 leads to positions resembling the Catalan Opening; for instance, 7 ... dxc4 8 Ne5 c5 9 dxc5 Qc7 10 Nxc4 Qxc5 11 Qb3 Nc6 12 Be3 Nd4 13 Bxd4 Qxd4 14 0-0 Qc5 15 Rfd1 Bd7! =, Granda–Illescas, Barcelona 1990. (B) 6 Qb3 may transpose to col. 46: 6 ... c5 7 0-0 Nc6 8 d3 h6 9 Na4 b6 10 a3 Ba5.

(g) 7 Qc2 c5 8 a3 Bxc3 9 Qxc3 d5 10 b4 Nbd7 11 d3 Rc8 12 Bb2 Re8 was dynam-
ically equal, Ivanchuk–Adianto, Amsterdam (Donner Memorial) 1996.

(h) 10 Nh4 (preparing 11 f4) 10 . . . d5 11 exd5 exd5 12 Nf5 Nc5! 13 Ba3 Re8! was
approximately equal, Korchnoi–Almasi, Úbeda 1997.

(i) 12 exd5 exd5 13 Ne3 with pressure on Black's center, Nogueiras–Garcia
Ilundain, Cienfuegos (Capablanca Memorial) 1996. The game continued
13 . . . Ne5 14 d4 cxd4 15 cxd4 Ng6 16 Ba3 Re8 17 Nf5 Re6 18 c5 Ne4 19 Nd6
Nxd6 20 cxd6 Re8 21 Re1 Rxe1† 22 Qxe1 Qd7 23 Rc1 Re8 24 Qd1 Qb5 25 Bf1
Qa5 26 Qb3 Qd2 27 d7 Resigns.

(j) The straightforward 5 . . . Bxc3 is quite playable, and may transpose to
col. 43.

(k) 9 . . . d4 tends to overextend Black: 10 Na4 b6!? (10 . . . Nd7 11 e3 e5 12 exd4
exd4 13 Ng5 ±, or 12 . . . cxd4 13 Qc2 ±) 11 Ne5 Nxe5 12 Bxa8 Qe8 13 Bg2
(Seirawan–Speelman, match 1988), and now if 13 . . . Bd7 14 Qa2! Bxa4
15 b4! maintains White's material advantage.

(l) 12 Nc3 Bxc3 13 Qxc3 Re8 is close to equality, Illescas–Almasi, Úbeda 1997
(by transposition from col. 45).

(m) (A) 6 . . . c5 7 e5 Ng8 8 d4 Bxf3?! (7 . . . cxd4 8 Nxd4 ±) 8 Qxf3 Nc6 9 d5! Nxe5
10 Qg3 d6 11 Bf4 with powerful pressure on the center, Korchnoi–Petrosian,
match 1974. (B) 6 . . . d6? 7 d4 Be7 7 Qc2 with an obvious advantage.

(n) The older 7 d4 is met by Karpov's 7 . . . Ne7! and (A) 8 Bd2 0-0 9 0-0 d5
(Korchnoi–Karpov, match (G3) 1974), and if 10 cxd5? Bxc3 11 Bxc3 Ba6! takes
control of the light squares (Hartston). (B) 8 Qd3 d5 9 exd6 cxd6 10 Be2 Nd7
11 0-0 Bxc3 12 Qxc3 0-0 13 Bf4 Nf6 14 Qa3 Nf5, Uhlmann–Lerner, Tallinn
1987, with a solid defensive formation for Black. The column is Korchnoi–
Portisch, match 1983.

(o) (A) 5 . . . c5 6 e5!? Ng4 7 0-0 (7 h3 Bxf3 8 Qxf3 Nxe5 9 Qxa8 Nxd3† 10 Ke2
Nxc1† 11 Raxc1 Nc6 with an easy defense, Beliavsky–A. Sokolov, Reykjavik
1988) 7 . . . Nc6 8 Be4 f5 9 exf6 Nxf6 10 Bxc6 Bxc6 11 d4 Bxf3 12 Qxf3 cxd4
13 Nb5 Rc8 14 Bf4 with a strong attack, Speelman–Short, Barcelona 1989.
(B) 5 . . . d5 is wild: 6 cxd5 exd5 7 e5 Nfd7 8 Bc2 d4 9 Be4 c6 10 e6! dxc3
11 exf7† Kxf7 12 Qb3† Ke8 13 d4 ∞.

(p) White has good attacking chances in this Sicilian-like position. 11 . . . Nc6
12 Nxc6 Bxc6 13 Qd3 g6 14 a4 Qc7 15 f4 Rad8 16 Qe2 Rfe8 17 Rad1 Bb7
18 Kh1 Qc5? (18 . . . Nd7) 19 e5 Nd7? 20 Be4 Bc8 21 exd6 Bf8 (21 . . . Bxd6
22 Bg6 hxg6 23 Ne4) 22 Bf3 f5 23 b4! Qxb4 24 Nd5 Qc5 25 Nc7 Nb8 26 Nxe8
Rxe8 27 Qd3 Resigns, Polugaevsky–Petrosian, USSR Team Chp. 1982.

ENGLISH OPENING

1c4 Nf6 2 Nc3 e6

	49	50	51	52	53	54
3	Nf3 ....e4					
	b6	c5 ....d5				
4	g3	e5(e)		cxd5 ....e5		
	Bb7	Ng8		exd5	Ne4 ....d4(s)	
5	Bg2	Nf3 ....d4		e5	Nf3(o)	exf6
	Bb7	Nc6	cxd4	Ne4(l)	Be7(p)	dxc3(t)
6	0-0	d4	Qxd4	Nf3(m)	d4(q)	bxc3
	0-0	cxd4	Nc6	Bf5!(n)	0-0	Qxf6
7	Re1(a)	Nxd4	Qe4	Qb3	Bd3	d4(u)
	d5(b)	Nxe5	d6(i)	Nc5	Nxc3	e5(v)
8	cxd5	Ndb5(f)	Nf3	Qxd5	bxc3	Nf3(w)
	Nxd5(c)	a6(g)	dxe5	Nc6 =	dxc4	exd4
9	e4	Nd6†	Nxe5		Bxc4	Bg5
	Nxc3	Bxd6	Bd7(j)		c5	Qe6†
10	bxc3	Qxd6	Nxd7		0-0	Be2
	c5(d)	f6(h)	Qxd7(k)		cxd4(r)	f6(x)

(a) 7 d4 is a Queen's Indian Defense. 7 b3 can transpose to a Reti Opening, for instance 7 ... d5 8 e3.

(b) 7 ... c5 8 e4 d6 9 d4 cxd4 10 Nxd4 Qc8 11 b3 a6 12 Bb2 Nbd7 ± is similar to the Hedgehog Variation, cols. 85–90.

(c) 8 ... exd5 9 d4 is similar to some Queen's Indian Defense variations. After 9 ... Na6 10 Bf4 Qc8 11 Rc1 c5, Black's pawn structure is aggressive but not entirely secure.

(d) 11 d4 Nd7 12 Bf4 Nf6 13 Ne5 Rc8 14 Qd3 cxd4 15 cxd4 Bb4 16 Red1 Rc3 unclear, Beliavsky–Tiviakov, Belgrade 1993.

(e) Other moves are less challenging: (A) 4 Nf3 Nc6 5 d4 (5 e5 Ng4) 5 ... cxd4 6 Nxd4 Bb4 is an equal variation of the Sicilian Defense. (B) 4 g3 Nc6 (4 ... d5 5 cxd5 exd5 6 e5 Ne4! 7 Bg2 Nc6! 8 f4 Bf5 is also good for Black) 5 Bg2 d5! is a sound gambit.

(f) 8 Bf4 f6!

(g) 9 ... d6? 10 c5! a6 (10 ... dxc5 11 Bf4 ±) 11 Nxd6† Bxd6 12 cxd6 Nf6 13 Bf4 Ng6 14 Bg3 Bd7 15 h4 with a big advantage, Timman–Najdorf, Haifa 1976.

(h) 11 Be3 Ne7 12 Bb6 Nf5 13 Qc5 d6 14 Qa5 Qe7 (14 ... Qd7!?) 15 0-0-0 0-0 16 f4 Nc6 (16 ... Nd7!?) 17 Qa3 with strong pressure, Kasparov–A. Sokolov, Belfort 1988.

(i) (A) 7 . . . f5 still offers scope for creativity: 8 Qe2 d6 (8 . . . a6 9 Bd2 Qc7 10 Nf3! Nge7 11 Rc1 Ng6 12 Nd5 ±, Richardson–Lauber, Budapest 1997) 9 Nf3 dxe5 10 Nxe5 Bb4!? 11 Qh5† g6 12 Nxg6 Nf6 13 Qh3 Rg8 14 Nf4 e5 15 Nfd5 f4 with good compensation, Poldauf–Schneider, Budapest 1990. (B) 7 . . . Bb4 8 Bd2 d6 9 Qg4!? dxe5 10 Qxg7 Qf6 11 Qg3 Nh6 =, Seirawan–Hort, Bad Kissingen 1981.

(j) 9 . . . Nf6 10 Nxc6 Qb6 11 Qf3 bxc6 12 Be2 Bb7 13 0-0 c5, Korchnoi–Karpov, World Chp. 1978 (G29). Black's divided pawns give White a minimal advantage.

(k) 11 Bg5 Bb4 12 Be2 Nf6 13 Qe3 Qd4 14 0-0 0-0 (14 . . . Qxe3 15 Bxe3 0-0-0!, U. Andersson) 15 Nb5 ±.

(l) (A) 5 . . . d4 6 exf6 dxc3 7 Qe2†! Be6 8 dxc3 Qxf6 9 Nf3 ±. (B) 5 . . . Nfd7, see note (s).

(m) (A) 6 Nxe4 dxe4 7 Qa4† Nc6 8 Qxe4 Qd4 =. (B) 6 d4 Bb4 7 Qa4† Nc6 8 Bb5 Bd7 9 Nge2 0-0! =.

(n) 6 . . . Nc6 is also strong, and is important because the position can arise by transposition from col. 53. 7 Bb5 Nxc3 8 dxc3 Be7 9 0-0 0-0 10 h3 Bf5 =, Arkhipov–Tolnai, Kecskemet 1991.

(o) 5 Nxe4 dxe4 6 Qg4 Bd7 7 Qxe4 Bc6 8 Qe3 Na6 9 d4 Nb4 10 Kd2 a5 unclear, Seirawan–Timman, Wijk aan Zee 1980.

(p) 5 . . . Nc6 is an important alternative: 6 Be2 (6 d4 Bb4!?) Be7 7 0-0 0-0 8 d4 b6 9 Be3 (9 Qc2 Nxc3 10 bxc3 Ba6!?, Christiansen–Reshevsky, US Chp. 1981) 9 . . . Nxc3 10 bxc3 dxc4 11 Bxc4 Na5 12 Bd3 Bb7 13 Nd2 c5 14 Qg4 with a strong attack, Yusupov–van der Wiel, Lucerne 1982.

(q) 6 Qc2 Ng5 unclear.

(r) 11 cxd4 Nc6 12 Be3 b6 13 Rc1 Na5 14 Bd3 Bb7 15 Nd2 Qd7 16 Qg4, Lautier–Christiansen, Biel 1991. White has a strong attack similar to note (p).

(s) 4 . . . Nfd7 5 d4 c5 6 cxd5 exd5 7 Nf3 Nc6 8 Bb5! a6 (8 . . . cxd4 9 Nxd4 Ndxe5 10 Qe2 ±, Quinteros–Nunn, London 1977) 9 Bxc6 bxc6 10 0-0 Be7 11 dxc5 Nxc5 12 Nd4 with a clear plus, Smyslov–Farago, Hastings 1976/77.

(t) 6 fxg7 cxd2† 7 Bxd2 Bxg7 8 Qc2 Nc6 9 Nf3 Bd7 10 Bd3 Qe7 11 a3 0-0-0 12 0-0-0 Nd4 =, Kholmov–Beilin, USSR 1955.

(u) 7 Nf3!? e5 8 Bd3 Na6! (8 . . . Bd6 9 0-0 0-0 10 Be4 and 11 d4 with a clear advantage, Korchnoi–Yusupov, Cologne 1990) 9 0-0 Bd6 10 Bc2 Bg4 11 d4 Bxf3 12 Qxf3 Qxf3 13 gxf3 0-0-0 =, Gelfand–Yusupov, Yerevan Ol. 1996.

(v) 7 . . . c5 8 Nf3 and now: (A) 8 . . . cxd4 9 Bg5! Qf5 10 cxd4 Bb4† 11 Bd2 Nc6 12 Bxb4! Nxb4 13 Rb1 Qa5 14 Qd2 Nc6 15 Bd3 Qxd2† 16 Kxd2 with a difficult endgame for Black, Miles–Sosonko, Tilburg 1977. (B) 8 . . . h6 9 Bd3 Nc6 (or 9 . . . cxd4 10 cxd4 Bb4† 11 Kf1!, Seirawan–Korchnoi, Wijk aan Zee 1990) 10 0-0 cxd4 11 cxd4 Nxd4 12 Nxd4 Qxd4 13 Rb1 with dangerous threats, e.g. 13 . . . Qd8 14 Qf3 Be7 15 Rd1 Qc7 16 Rb5 a6 17 Rh5, Dvoretsky–Agzamov, Alma Ata 1976.

(w) 8 Qe2 Be7 9 dxe5 Qg6 gives Black adequate compensation for the pawn, but not 8 . . . Bd6? (or 8 . . . Nc6) 9 f4 ±.

(x) (A) 10 . . . dxc3? 11 Qd8 mate. (B) 10 . . . d3? 11 0-0 ±. (C) 10 . . . Be7 11 cxd4 Bxg5 12 Nxg5 Qe7 13 Qd2 leaves White with a minimal advantage. (D) 10 . . . f6 11 Nxd4 Qf7 12 Bh4 Bc5 13 Bh5 g6 14 Qe2† Be7 15 Bf3 c6 16 0-0 0-0 gave Black adequate defensive resources, Gulko–Zagrebelny, Yerevan Ol. 1996.

ENGLISH OPENING

King's Indian English

1 c4 Nf6 2 Nc3 g6 3 g3(a) Bg7 4 Bg2 0-0

	55	56	57	58	59	60
5	Nf3					e4(n)
	d6					d6
6	0-0					Nge2
	Nc6				e5	e5
7	d3				d3	0-0
	Nh5	e5			c6(k)	Nc6(o)
8	d4(b)	Rb1			Rb1	d3
	e5(c)	a5(e)			Re8	Nh5
9	d5	a3			e4(l)	Be3
	Ne7	Nd4	h6	Re8	a5(m)	Nd4
10	e4	Bg5(f)	b4	Bg5(i)	a3	Qd2
	c5(d)	Ne6(g)	axb4	h6	Na6	c6
11	Bd2	Bd2	axb4	Bxf6	b4	f4
	Bd7 ±	c6	Be6	Bxf6	axb4	Nxe2†
12		b4	b5	b4	axb4	Qxe2(p)
		axb4 =	Ne7(h)	axb4(j)	h6 =	exf4(q)

(a) 3 e4 is often played, to transpose to a King's Indian after 3 . . . d6 or 3 . . . Bg7 4 d4 while avoiding the Grünfeld and other defenses to 1 d4. 3 . . . c5 4 Nf3 becomes a Sicilian Defense Maróczy Bind.

(b) 8 Rb1? f5! 9 Bd2 f4 10 b4 e5 11 Qb3 Bg4 12 Ne4 Kh8 13 b5 Nd4 14 Nxd4 exd4 15 Rbe1 Be5 ∓, Andersson–Tal, Sochi 1973.

(c) 8 . . . f5 9 d5 Ne5 10 Nxe5 dxe5 11 Qb3 ±.

(d) 10 . . . f5 11 exf5 gxf5 12 Nxe5! Nxg3 13 hxg3 Bxe5 (13 . . . dxe5!?—Fischer) 14 f4 Bg7 15 Be3 Bd7 16 Bd4 gave White a lasting advantage in Petrosian–Fischer, Portorož 1958. The column is Andersson–Smejkal, Wijk aan Zee 1976.

(e) 8 . . . Nh5 9 b4 Nd4 10 Nd2 f5 11 e3 Ne6 12 Bb2 Nf6 unclear, Polugaevsky–Seirawan, Roquebrune 1992.

(f) (A) 10 Nxd4 exd4 11 Nb5 Ng4! 12 h3 c6 13 hxg4 Bxg4! ∓. (B) 10 Nd2 c6 11 b4 axb4 12 axb4 d5 =, Smejkal–Smyslov, Biel 1976. (C) 10 Be3!? Ng4 11 Bd2 f5 12 b4, Andersson–Dautov, Ter Apel 1994.

(g) 10 . . . h6 11 Bxf6 Bxf6 12 Nd2 Bg7 13 e3 Ne6 14 b4 axb4 15 axb4 c6 was about equal, Dzindzichasvili–Sutovsky, Philadelphia 1991. The column is Dzindzichasvili–A. Ivanov, US Chp. 1995.

(h) 13 Bb2 (13 Nd2 Rb8 leads to similar variations) 13 ... Qd7 14 Ra1 Rab8 15 Qb3 (or 15 Re1 Bh3 15 Bh1 Ng4 unclear) 15 ... Bh3 16 Rfc1 Bxg2 17 Kxg2 Qe6 unclear.

(i) 10 b4 axb4 11 axb4 e4 =.

(j) 13 axb4 Bg7 14 b5 Ne7 15 Qc2 c6 16 Nd2 unclear, Vaganian–Gallagher, Biel 1994.

(k) Black still had serious problems to solve after 7 ... Nbd7 8 Rb1 a5 9 a3 c6 10 b4 d5 11 Bg5 d4 12 Ne4, Vaganian–Wilder, St. John 1988.

(l) 9 Bg5 h6 10 Bxf6 Bxf6 11 b4 d5 is about equal.

(m) 9 ... d5 10 cxd5 cxd5 11 Bg5 gave White a lasting initiative, Kramnik–J. Polgar, Madrid 1993. The column is Ehlvest–Topalov, Yerevan Ol. 1996.

(n) 5 e3 is flexible: 5 ... d6 6 Nge2 e5 7 0-0 Re8 8 d3 Nbd7 9 Rb1 Nf8! (9 ... a5 10 a3 Nb6 11 e4 a4 12 f4 exf4 13 gxf4 Bg4 14 Be3 with a powerful center, Karlsson–Tukmakov, Las Palmas 1982) 10 b4 h5 11 h3 Be6!? 12 Bxb7 Bxh3 13 Bxa8 Qxa8 14 e4 Bxf1 =, Dvoretsky–Vasiukov, Vilnius 1975.

(o) (A) 7 ... c6 8 d3 Na6 (or 8 ... Nh5 9 Be3 f5 10 Qd2 Be6 11 exf5 gxf5 12 f4 Nd7 13 Rae1 ±, Bilek–Tisdall, Lone Pine 1975) 9 h3 Nc7 10 f4 exf4 11 Bxf4 Ne6 12 Be3 Nd7 13 Qd2 Ne5 14 b3 c5 =, Wirthensohn–Gallagher, Switzerland 1994. (B) 7 ... Nbd7 8 d3 c6 9 h3 a6 10 Be3 b5 11 Qd2 Rb8 12 b3 Re8 13 f4 ±, Hebert–Ree, Lausanne 1982.

(p) 12 Nxe2 f5 =.

(q) 13 gxf4 f5, Karlsson–Tseshkovsky, Yerevan 1980. White's f-pawn must be carefully tended: 14 c5 fxe4 15 dxe4 Qh4!

ENGLISH OPENING

1 c4 Nf6

	61	62	63	64	65	66
2	Nc3.....................Nf3					
	d5(a)	(Grünfeld	b6...e6			
		English)				
3	cxd5		g3			g3
	Nxd5		Bb7			a6
4	g3............Nf3		Bg2			Bg2(s)
	g6(b)	g6	c5			b5
5	Bg2	Qa4†(g)	0-0			b3(t)
	Nb6(c)	Bd7	g6(k)			Bb7
6	d3(d)	Qh4	Nc3.........................d3			Nc3
	Bg7	Nxc3(h)	Bg7		Bg7	Qb6(u)
7	Be3	dxc3(i)	d4(l)		e4	0-0
	0-0(e)	Nc6	cxd4(m)		d6	Bb7
8	Qd2	e4	Qxd4........Nxd4		Nc3	Bb2
	Re8	e5	d6(n)	Bxg2	0-0	Be7
9	Bh6	Bg5	Be3	Kxg2	Qe2(q)	d4(v)
	Bh8(f)	Be7(j)	Nbd7(o)	0-0(p) =	Nc6(r)	

(a) 3 e4 is often played, to transpose to a King's Indian after 3 . . . d6 or 3 . . . Bg7 4 d4 while avoiding the Grünfeld and other defenses to 1 d4. 3 . . . c5 4 Nf3 becomes a Sicilian Defense Maróczy Bind.

(b) 4 . . . c5 transposes to the Rubinstein-Botvinnik Variation. 4 . . . e5 transposes to cols. 15–16.

(c) The older line is 5 . . . Nxc3 6 bxc3 Bg7 (A) 7 Nf3 0-0 8 0-0 c5 9 Rb1 Nc6 10 Qa4 Qc7 11 d4 cxd4 12 cxd4 Bf5 13 Rb5 a6 14 Rc5 Qd7 15 Rd1 Rc8 =, Christiansen–Ftačnik, San Francisco 1991. (B) 7 Rb1 Nd7 8 Nf3 0-0 9 0-0 c5 (9 . . . Nb6 10 Ng5 Rb8 11 Qc2 Bd7 12 d3 Ba4 13 Qd2 Qd7 14 c4 Bc6 is also adequate) 10 c4 Qc7 11 d3 Rb8 12 Bf4 e5 13 Bd2 b6 14 Ng5 Qb7 15 Ne4 Qc6! =, Portisch–Polugaevsky, Hungary 1969.

(d) (A) 6 d4 is a Neo-Grünfeld. (B) Another plan is 6 Nf3 Bg7 7 0-0 Nc6 8 d3 0-0, and now 9 a4 a5 10 Be3 e5 11 Nb5 Nd5 12 Bc5 Re8 13 Rc1 ≅ was Dvoretsky–Gulko, USSR Chp. 1974.

(e) (A) If 7 . . . Nc6, 8 Bxc6 is critical: 8 . . . bxc6 9 Qc1 h6 10 Nf3 Bh3 Rg1 Bg4 12 Nd2 Nd5 13 Nxd5 Qxd5!, Boensch–Xie Jun, Beijing 1995, and Black's active pieces compensated for her bad pawn structure. (B) 7 . . . c6 8 Qd2 h6 9 Nf3 N8d7 10 0-0 Nf6 11 h3 Nbd5 gave approximate equality, Bricard–Rogers, Wijk aan Zee 1996.

687

(f) 10 h4 c6 11 h5 Nd5 12 hxg6 hxg6 13 Nf3 Nd7 14 Ng5 N7f6 15 Bf3 Bg4, Serper–Ganguly, Calcutta 1995. If Black survives the mating attack on the h-file, his central superiority will become dangerous.

(g) (A) 5 Qb3 Nb6 6 d4 Bg7 7 Bg65 h6 8 Bh4 Be6 9 Qc2 0-0 =. (B) 5 e4 Nxc3 6 dxc3 (6 bxc3 Bg7 7 d4 is a Grünfeld Defense) 6 . . . Qxd1† 7 Kxd1 f6! 8 Be3 e5 9 Bc4 Nd7 10 Nd2 Bc5 =. (C) 5 g3 may transpose to col. 61.

(h) (A) 6 . . . Bc6 7 Qd4 f6 8 e3 Bg7 9 Be2 e5 10 Qc4 Qd6 (10 . . . Nxc3 11 Qe6† ±) 11 0-0 Nd7 12 d4 f5 13 Qb3 0-0-0 with an awkward defense, Chekhov–Lputian, Kharkov 1985. (B) 6 . . . Nf6 7 e4 Bg4 8 Ne5 Be6 9 f4 Bg7 10 Qf2 ±, Kasparov–Popović, Belgrade 1989.

(i) 7 Qd4 f6 8 Qxc3 Bg7 9 e3 e5 10 b4 ±.

(j) 10 Bc4 h6 11 Bxe7 Qxe7 12 Qg3 0-0-0 13 0-0, Kramnik–Ivanchuk, Las Palmas 1996. White has a lasting initiative.

(k) 5 . . . e6 6 Nc3 transposes to the Hedgehog Defense.

(l) 7 Re1 Ne4 8 Nxe4 Bxe4 9 d4!? cxd4 10 Bh6 Bxh6 11 Qxd4 0-0 12 Qxe4 Nc6 unclear, Romanishin–Psakhis, Yurmala 1987.

(m) 7 . . . Ne4 8 Nxe4 Bxe4 9 d5 leaves the bishop stranded at e4. White may harrass it by 10 Qb3, 11 Bh3, and 12 Nd2.

(n) 8 . . . Nc6 9 Qf4 (9 Qh4 h6!) 9 . . . Rc8 (9 . . . 0-0 10 Qh4!?; 9 . . . Qb8!?) 10 Rd1 0-0 11 Bd2 ±, Kramnik–Benjamin, New York 1994.

(o) 9 Rd1 Nbd7 10 Be3 0-0 11 Qh4 Rc8 12 Rac1 a6 13 b3 ±. White's queen is active, but safe, and Black's position is dangerously passive.

(p) 10 e4 Qc7 11 b3 Nxe4 12 Nxe4 Qe5 13 Qf3 Qxd4 14 Rb1 Qe5 15 Bf4, Draw. Karpov–Kasparov, World Chp. 1984.

(q) (A) 9 Nh4 Nc6 10 f4 a6 11 f5 b5! with attacks on opposite wings, Alburt–Speelman, match 1986. (B) 9 h3 Nc6 10 Be3 a6 11 Qd2 Nd7 12 d4 cxd4 13 Nxd4 Rc8 14 b3 ±.

(r) 10 h3 Nd7 11 Nh2 Nd4 12 Qd1 a6 13 Be3 b5 14 cxb5 Nxb5 15 Rc1 Qa5 16 Qd2, Korchnoi–Adams, Roquebrune 1992. White's unorthodox ninth move has brought about a tense position in which he has preserved good kingside attacking chances.

(s) Black's position is satisfactory after 4 Nc3 d5 5 cxd5 exd5 6 d4, a favorable variation of the Queen's Gambit, or 4 Nc3 d5 5 d4 dxc4, a favorable variation of the Catalan.

(t) (A) 5 Nd4 c6! (5 . . . d5 6 cxb5 axb5 7 Nxb5 c6 also gives compensation) 6 cxb5 axb5 7 Nxb5 cxb5 8 Bxa8 d5 unclear, analysis by Vaganian. (B) 7 Ne5 Ra7 8 cxb5 axb5 9 Qb3 Bb7! 10 0-0 Bxg2 11 Kxg2 c6 =, Vaganian–Korchnoi, London 1984.

(u) 6 . . . b4 7 Na4 d6! 8 d4 Nbd7 9 0-0 Be7 10 a3 a5 ±, Andersson–Korchnoi, Tilburg 1987.

(v) White can avoid mass exchanges by 9 e3 or 9 Qc2. After 9 d4 cxd4 10 Qxd4 Qxd4 11 Nxd4 Bxg2 12 Kxg2 bxc4 13 bxc4 d6 14 Na4 Nbd7 (Andersson–Kengis, Yerevan Ol. 1996), White's advantage was minimal.

ENGLISH OPENING

Symmetrical Four Knights' Variation

1 c4 c5 2 Nf3 Nf6 3 Nc3 Nc6 4 d4 cxd4 5 Nxd4 e6(a)

	67	68	69	70	71	72
6	Ndb5 .... g3(k)					
	d5 .... Bb4(f)		Qb6		Bc5	Bb4
7	Bf4(b)	Bf4(g)	Nb3(l)		Nb3	Bg2
	e5	0-0	Ne5 .... Bb4(n)		Bb4(q) ·	0-0
8	cxd5	Bd6(h)	e4	Bg2	Bg2	0-0
	exf4	Bxd6	Bb4	Qa6(o)	b6(r)	Qe7(s)
9	dxc6	Nxd6	Qe2	c5	0-0	Nc2
	bxc6	Ne8	d6	b6	Ba6	Bxc3
10	Qxd8†	e3(i)	f4	0-0(p)	Nb5	bxc3
	Kxd8	Qb6	Nc6	bxc5	Rc8	Rd8
11	Rd1†(c)	Rb1	Be3	a3	Bf4	Ba3
	Bd7	Qb4(j)	Bxc3†	Bxc3	d5	d6
12	Nd6	Nxe8	bxc3	bxc3	N3d4	Rb1
	Bxd6(d)	Rxe8	Qc7	0-0	Nxd4	Qc7(t)
13	Rxd6	Be2	Bg2	Nxc5	Nxd4	
	Rb8(e)	Rd8 ±	0-0(m)	Qc4 ∞	Qd7 ∞	

(a) 5 . . . g6 can lead to a Sicilian Defense, Maróczy Bind after 6 e4.

(b) 7 cxd5 Nxd5 8 Nxd5 (8 e4 Nxc3 9 Qxd8† Kxd8 10 Nxc3 Bc5 gives White little) 8 . . . exd5 9 Qxd5 Bb4† =, but not 9 . . . Qxd5? 10 Nc7†.

(c) 11 Nd4 (A) 11 . . . Bd7 12 g3 fxg3 13 hxg3 Bb4 14 Bg2 Bxc3† 15 bxc3 Kc7 16 Rab1 Rab8 17 0-0 Rb6 18 Rb4 ±. (B) 11 . . . Bb7!? 12 g3 c5 13 Nf3 Bd6 14 Bg2 Rb8 15 0-0-0 Ke7 16 e3?! (16 Nh4 Bxg2 17 Nxg2 fxg3 18 hxg3 Be5 =, Salov–Karpov, Dos Hermanas 1997) 16 . . . fxe3 17 Rhe1 Rhd8 18 Rxe3† Kf8 19 h3 g6 20 Ne1 Ba6 21 Nc2 Be7 22 Rde1 Rd7 23 Bf1 Bxf1 24 Rxf1 c4 25 Rd1 Rdb7 26 Na4 Nd7 27 Rd4 Nb6 28 Nxb6 Rxb6 29 Rxc4 Rxb2 30 Rc7 Bg5 31 f4 Bd8 32 Rd7 Rxa2 ∓, Salov–de Firmian, Amsterdam Donner Memorial 1996.

(d) 12 . . . Kc7 13 Nxf7 Rg8 14 Ne5 Rb8 15 Nxd7 Nxd7 16 g3 Rxb2 unclear, Korchnoi–Portisch, match (G5) 1983.

(e) 14 Rd2 Re8 15 g3 f3! 16 Kd1 fxe2† 17 Bxe2 Kc7 18 Bc4 Bg4† 19 Kc2 Re7 is equal, Karpov–Polugaevsky, London 1984.

(f) (A) 6 . . . d6 7 Bf4 e5 8 Bg5 a6 9 Bxf6 gxf6 10 Na3 f5 is analogous to a Sicilian Defense, Pelikan Variation. (B) 6 . . . Bc5!? 7 Bf4 0-0 8 Bc7 (8 Bd6 Qb6! 9 Bxc5 Qxc5 =, Gruenfeld–Yates, Kecskemet 1927) 8 . . . Qe7 9 Bd6 Bxd6 transposes to note (h).

(g) 7 a3 Bxc3† 8 Nxc3 d5 9 e3 0-0 10 cxd5 exd5 11 Be2 Bf5 =, Reshevsky–Benko, Amsterdam 1964.

(h) 8 Bc7 Qe7 9 Bd6 Bxd6 10 Qxd6 Qd8 11 e4 b6 12 Be2 a6 13 Na3 Ne8 14 Qd2 Bb7 15 Rd1 d6, Johansson–de Firmian, London 1982; Black's game is cramped but without weaknesses.

(i) 10 Qd2 Ne8 11 Nxe8 Rxe8 12 e3 Rd8 13 Be2 d6 14 0-0 Bd7 15 Rfd1 Be8 with only mild pressure for White, Korchnoi–Polugaevsky, match 1980.

(j) 11 . . . Ne5?! 12 Nxe8 Rxe8 13 Be2 Qc6 14 Qd4! (14 0-0 Nxc4 15 Rc1 d5 ±, Nimzovich–Tarrasch, Karlovy Vary 1923) 14 . . . Qxg2 15 Kd2 Nf3† 16 Bxf3 Qxf3 17 Rhg1 Qxf2† 18 Kd3 e5 19 Qg4 Qf6 (Schmid–Tringov, Siegen 1970) 20 Nd5! Qh6 21 Rbf1 d6 22 Qxg7† ± (Schmid). The column is Korchnoi–Andersson, Johannesburg 1981.

(k) (A) 6 e3 Bb4 7 Bd2 0-0 8 Be2 d5 =. (B) 6 Bf4 d5!? 7 cxd5 (7 Ndb5 is col. 67) 7 . . . Nxd5 8 Nxc6 bxc6 9 Bd2 Bb4 10 Nxd5 Bxd2† 11 Qxd2 cxd5 with equal chances, Korchnoi–Timman, match 1982. (C) 6 a3 d5 7 cxd5 exd5 8 Bg5 Bc5 = (Speelman).

(l) (A) 7 Ndb5 Ne5 (7 . . . Bc5 8 Bg2! a6 9 Nd6† Ke7 10 Nde4 Nxe4 11 Nxe4 Bb4† 12 Bd2 Bxd2† 13 Qxd2 Qb4 is playable) 8 Bg2 (8 Bf4!? Nfg4 9 e3 a6 10 Nc7†! Qxc7 11 Qxg4 ±, Anand–Leko, Hoogovens 1996) 8 . . . a6 9 Qa4 Rb8 10 Be3 Bc5 11 Bxc5 Qxc5 12 Qa3 b6 =. (B) 7 Nc2 Bc5 8 e3 0-0 9 Bg2 Qa6 10 Qe2 Rd8 ∓; White cannot prevent . . . d5.

(m) (A) 14 c5 dxc5 15 Bxc5 Rd8 16 e5 Na5 =, Vaganian–Kramnik, Riga 1995. (B) 14 0-0 b6 15 g4 Ba6 16 g5 Nd7 17 Rf3 Rfe8 18 Rh3 Nf8 19 Qh5 unclear, Illescas–Gelfand, Dos Hermanas 1994.

(n) 7 . . . d5 8 cxd5 Nxd5 9 Nxd5 (or 9 Bg2 Nxc3 10 bxc3 Be7 11 0-0 e5 12 Be3 Qc7 13 Nc5 0-0 14 Qa4 with some pressure, Kasparov–Karpov, World Chp. 1984) 9 . . . exd5 10 Bg2 (10 Qxd5 Be6) 10 . . . Bb4† 11 Bd2 a5! 12 0-0 Bxd2 13 Qxd2 a4 14 Nc1 0-0 =, Rogers–Tringov, Lucerne 1982.

(o) (A) 8 . . . Ne5? 9 c5 Bxc5 10 Nxc5 Qxc5 11 0-0 d5 12 e4 with a dangerous lead in development, Illescas–Yudasin, Pamplona 1992. (B) 8 . . . d5 9 cxd5 Nxd5 10 0-0! (1) 10 . . . Nxc3 11 bxc3 Bxc3? 12 Be3 Qc7 13 Rc1 Bf6 14 Bc5 ±; (2) 10 . . . Bxc3 11 bxc3 Nxc3? 12 Qd2 Nd5 13 Ba3 ±.

(p) 10 cxb6 axb6 11 0-0 0-0 12 Bg5 Be7 13 e4 (van Dyck–Bernard, XV World Corr. Chp. prelims. 1979–82) may give White a slight edge, but the gambit is more in the spirit of the position. The column is D. Gurevich–Dlugy, Berkeley 1984.

(q) 7 . . . Be7 8 Bg2 d6 (8 . . . b6 9 0-0 Bb7 10 Nd5!? unclear, Portisch–Velimirović, Sarajevo 1986) 9 0-0 0-0 10 Bf4 Nh5 11 Be3 Ne5!? (11 . . . Nf6) 12 c5 d5 13 Bd4 Nc6 14 e4 Nxd4 15 Qxd4 dxe4 ±, Adorjan–Handoko, Indonesia 1983.

(r) 8 . . . d5 9 cxd5 Nxd5 10 0-0! Nxc3 11 Qxd8† Kxd8 12 bxc3 Bxc3 13 Rb1 a5 14 Be3 Bb4 15 Rfc1 ±, Lautier–Leko, France 1994. The column is Miles–de Firmian, Linares 1994.

(s) 8 . . . Ne5 9 Qb3 Be7 10 Rd1 Qa5 11 Bg5 h6 12 Bxf6 Bxf6 13 Ndb5 Be7 14 Rac1 a6 15 Nd6, Zvjagintsev–Goldin, St. Petersburg 1994. Black's defense is difficult.

(t) Kramnik–Kamsky, match 1994. Now 13 Ne3 (instead of Kramnik's 13 Nd4) would have maintained a bind.

ENGLISH OPENING

Symmetrical Four Knights' Variation (with fianchetto)

1 c4 c5 2 Nf3 Nf6 3 Nc3 Nc6 4 g3 g6(a) 5 Bg2 Bg7 6 0-0

	73	74	75	76	77	78
	d5 0-0			zz		
7	cxd5	d4				
	Nxd5	cxd4(e)				
8	Nxd5	Nxd4				
	Qxd5	Ng4..........Nxd4(i)				
9	d3	e3	Qxd4			
	0-0(b)	d6	d6			
10	Be3	b3(f)	Bg5 ....Qd3			
	Bd7(c)	a6(g)	Be6(j)	Bf5 ....Be6 ....a6		
11	Nd4	Bb2	Qh4(k)	e4	Bxb7(o)	Bd2(q)
	Qd6	Nxd4	Qa5	Be6	Rb8	Rb8
12	Nxc6	exd4	Rac1	b3	Bg2	Rac1
	Bxc6	Rb8	Rac8	a6	Qa5	Nd7(r)
13	Bxc6	Re1	b3	Bd2(m)	b3	e4
	Qxc6(d)	Nh6(h)	Rc5(l)	Rb8(n)	Ng4(p)	Ne5(s)

(a) 4 . . . d5 5 cxd5 Nxd5 Bg2 can transpose to col. 73 after 6 . . . g6 7 0-0 Bg7. 6 . . . Nc7 and 6 . . . e6 can also lead to other lines.

(b) 9 . . . Qd6 10 Be3! Bxb2 11 Rb1 Bg7 12 Qc2! Nd4 13 Nxd4 cxd4 14 Bd2 $\pm$ (J. Watson).

(c) 10 . . . Qd6 11 Rc1 Nd4 12 Nxd4 cxd4 13 Bf4 e5 14 Bd2 a5! 1/2-1/2, Barcza– C. Horvath, Budapest 1987.

(d) 14 Rc1 Qe6 15 Rxc5 Qxa2 16 Rb5 Qa6! (16 . . . b6 17 Qa1 Qxa1 18 Rxa1 Rfb8 19 Ra6 with a lasting advantage, Ribli–Karpov, Amsterdam 1980) 17 Qb3 b6, Ehlvest–Polugaevsky, Reggio Emilia 1991. Black's defense is not too difficult.

(e) 7 . . . d6 transposes to the King's Indian English, cols. 55–56.

(f) (A) 10 Nxc6 bxc6 11 Bxc6 Rb8 planning Ne5. (B) 10 Nde2 Qa5 11 Nd5 Bd7 12 Bd2 Qd8 13 Bc3 $\pm$, Wojtkiewicz–Adorjan, Budapest 1993.

(g) 10 . . . Nxd4 11 exd4 Nh6 12 Bd2!? Rb8 (12 . . . Bxd4 13 Bxh6 Bxc3 14 Bxf8 Bxa8 15 Bxe7 $\pm$) 13 d5 a6 14 a4 Bd7 15 a5 b6 16 axb6 Qxb6 17 Ra3 $\pm$.

(h) 14 Nd5 e6 15 Ne3 b5 16 Qe2 bxc4 17 Nxc4 d5 18 Ne5 Bb7 19 g4 Rc8 20 h3, Timman–Khalifman, Donner Memorial 1995. Black's pieces are uncoordinated and passive.

(i) (A) 8 . . . Qa5 9 Nb3 (9 Nc2 and 9 e3 are good alternatives) 9 . . . Qh5 10 e4 Qxd1 11 Rxd1 d6 12 Nd5 $\pm$. (B) 8 . . . d6 9 Nxc6 bxc6 10 Bxc6 Bh3 11 Bxa8

Qxa8 12 f3 Bxf1 13 Kxf1; Black has compensation for the pawn. (C) 8 . . . a6 9 c5 ±.

(j) 10 . . . h6 11 Bd2 Be6 12 Qd3 Qd7 (or 12 . . . Nd7) with even chances.

(k) 11 Qf4 Qa5 12 Rac1 Rab8 13 b3 Rfc8 14 Qd2 a6 15 Be3 b5? (15 . . . Bd7 16 Ba7 Ra8 17 Bd4 Bc6 18 e4 b5 is all right for Black) 16 Ba7 bxc4 17 Bxb8 Rxb8 18 bxc4 Bxc4 19 Rfd1 Nd7? 20 Nd5 ±, Fischer–Spassky, World Chp. 1972.

(l) 14 Bd2 Rh5 15 Qf4 Bh6 16 Qd4 Bxd2 17 Qxd2 Bh3 18 Bxh3 Rxh3 19 f3 ±, Krant–Waitzkin, New York 1994. The exchanges have not relieved the pressure on Black's position.

(m) Also possible is 13 Bb2 Nd7 14 Qd2 Nc5 15 f4 ±, Smyslov–Timman, Moscow 1981.

(n) (A) The older and sharper 13 . . . Nd7 was met by 14 Rac1 b5 15 cxb5 axb5 16 Qxb5 Bxc3 17 Rxc3 Ra2 18 Bh6 Qb8 19 Qd3 Rc8 20 Rxc8† Qxc8 21 Rc1 Qb8 22 b4 in Ivanchuk–Andersson, Reykjavik 1991. The dust has cleared and White has a strong passed pawn. (B) 13 . . . Rb8 14 Rc1 Qd7 15 Nd5 b5 ±, Ehlvest–Kamsky, Reggio Emilia 1991.

(o) 11 Bd2 Qd7 12 Rac1 Rac8 13 b3 Bh3 14 Nd5 Bxg2 15 Kxg2 Nxd5 =, Reshevsky–Stein, Amsterdam 1964.

(p) 14 Bd2 Qh5 15 h3 Ne5 16 g4 Nxd3 17 gxh5 Bxc3 18 Bxc3 Nf4 19 Bf3 Bxh3 20 Rfd1 ±, Uhlmann–Boensch, DDR 1981.

(q) 11 Be3 Ng4 12 Bd4 Ne5 13 Qd1 Rb8 14 Rc1 Be6 15 Nd5 b5 16 cxb5 Bxd5 17 Bxd5 axb5 =, Tal–Torre, Leningrad 1973.

(r) The immediate pawn sacrifice is problematical: 12 . . . b5 13 cxb5 axb5 14 Nxb5 Bf5 15 e4 Bd7 16 a4 Qb6 17 h3 Bxb5 18 axb5 Qxb5 19 Qxb5 Rxb5 20 b4 and Black is not out of the woods, Gulko–Khalifman, Yerevan Ol. 1996.

(s) 14 Qe2 Bg4! 15 f3 Be6 16 b3 b5 17 cxb5 axb5 18 Nd5 Bxd5 19 exd5 =, Kavalek–Grefe, US Chp. 1975.

ENGLISH OPENING

1 c4 c5 2 Nf3 Nf6 3 Nc3

	79	80	81	82	83	84
	d5 ....e6					
4	cxd5 Nxd5		d4 ....g3 cxd4	(Keres Defense) d5		
5	d4 ....e4(e) Nxc3(a)	Nb4(f)	Nxd4 Bb4(i)	cxd5 Nxd5(l)		
6	bxc3 g6	Bc4(g) Nd3†	g3 Ne4(j)	Bg2 Nc6		
7	e3(b) Bg7	Ke2 Nf4†	Qd3 Qa5	0-0 Be7		
8	Bd3(c) 0-0	Kf1 Ne6	Nb3 Nxc3!	Nxd5 ....d4 exd5(m)		0-0(q)
9	0-0 Qc7	b4 cxb4	Bd2 Ne4	d4 0-0		e4 Nxc3(r)
10	Rb1 b6	Ne2 Nc7	Qxe4 Bxd2†	dxc5(n) Bxc5		bxc3 cxd4
11	Qe2 Rd8	d4 e6	Nxd2 0-0	Bg5 ....Qc2 f6	Bb6	cxd4 Bf6
12	Be4 Ba6(d)	h4 Bd6(h)	Bg2 Nc6(k)	Bd2 Re8(o)	Ng5 g6(p)	Bb2 b6(s)

(a) 5 . . . cxd4 6 Qxd4 Nxc3 7 Qxc3 Nc6 8 e4 Bg4 9 Bb5 Rc8 10 Be3! Bxf3 11 gxf3 ±, Portisch–Hübner, Montreal 1979.

(b) 7 e4 transposes into the Exchange Variation of the Grünfeld Defense.

(c) 8 Bb5† Bd7 9 a4 Qa5! 10 Bxd7† Nxd7 is equal, Polugaevsky–Vaganian, USSR 1983.

(d) 13 c4 Nc6 14 d5 f5! with counterplay against White's strong center, Karpov–Kasparov, World Chp. 1987.

(e) (A) 5 g3 transposes into column 73. (B) 5 e3 is similar to the previous column after 5 . . . Nxc3 6 bxc3. If 5 . . . Nc6 6 Bb5 gives White a position from columns 67–72 with colors reversed.

(f) White gets a slightly better endgame after 5 . . . Nxc3 6 dxc3! Qxd1† 7 Kxd1 Nc6 8 Be3 b6 9 Nd2 Bb7 10 f3 g6 11 Kc2, Vaganian–Mikhalchishin, Lvov 1984.

(g) 6 Bb5† N8c6 7 d4 cxd4 8 a3 dxc3 9 axb4 cxb2 10 Qxd8† Kxd8 11 Bb2 e6 12 0-0 f6 is about equal.

(h) 13 h5 h6 14 Bb2 and White's strong center clearly compensates for the pawn, Hübner–Tukmakov, Wijk aan Zee 1984.

(i) 5 . . . d5 6 e3 Bc5 7 cxd5 exd5 8 Bb5† Bd7 9 Bxd7† Qxd7 10 0-0 0-0 11 Nce2 Nc6 12 b3 with a small edge to White, Dautov–Mikhalchishin, Moscow 1989.

(j) This position can also arise from the Nimzo-Indian Defense. Black has a reasonable alternative with 6 . . . 0-0 7 Bg2 d5 8 Qb3 Bxc3† 9 bxc3 dxc4 10 Qa3 Nbd7 11 Nb5 Nb6 12 0-0 Bd7 13 Rd1 Nfd5 14 Nd6 Qf6 =, Karpov–Portisch, Lucerne 1985.

(k) 13 Qe3 d5 14 0-0 d4 15 Qd3 e5 with chances for both sides, Padevsky–Semkov, Bulgaria 1981.

(l) 5 . . . exd5 6 d4 is the Tarrasch Defense to the Queen's Gambit.

(m) 8 . . . Qxd5 9 d3 0-0 10 Be3 leaves Black somewhat uncomfortable.

(n) 10 Be3 Bf6 11 dxc5 Bxb2 12 Rb1 Bf6 13 Nc1 d4 14 Bf4, Portisch–Keres, Petropolis Int. 1973; now 14 . . . Re8 and 15 . . . Bg4 should equalize.

(o) 13 Rc1 Bb6 14 e3 Bf5 15 Bc3 Be4 16 Qb3 ±, Larsen–Agdestein, Gausdal 1985.

(p) 13 Qd1 Nd4 14 Be3 Ne6 15 Nxe6 Bxe6 16 Bd4 Rc8 17 e3 with a small edge to White, Adorjan–Gruenfeld, Dortmund 1984.

(q) 8 . . . cxd4 9 Nxd4 Nxc3 10 bxc3 Bd7 was here agreed drawn in Wojtkiewicz–Kveinys, Bonn 1994, but 11 Rb1 is slightly better for White.

(r) 9 . . . Nb6 10 d5 exd5 11 exd5 Nb4 12 Ne1 Bf6 13 Be3 Bxc3 14 bxc3 N4xd5 15 Bxc5 ±.

(s) 13 Rb1 Na5!? (13 . . . Bb7 14 d5 exd5 15 exd5 Na5 16 Ne5, Christiansen–Portisch, Linares 1981; now 16 . . . Rc8 may equalize) 14 Bc3 Ba6 15 Re1 Qd7 16 Bxa5 bxa5 17 Bf1 ±, H. Olafsson–C. Hansen, Reykjavik 1995.

ENGLISH OPENING

Hedgehog Defense

1 c4 c5 2 Nf3 Nf6 3 Nc3 e6 4 g3 b6 5 Bg2(a) Bb7 6 0-0

	85	86	87	88	89	90
	Nc6.........Be7.......................................a6					
7	e4(b)	d4			d4	
	d6	cxd4			cxd4	
8	d4	Qxd4			Qxd4	
	cxd4	0-0..........d6			d6	
9	Nxd4	Rd1	b3	Bg5(k)	Rd1..........b3	
	Nxd4	Nc6(d)	0-0(h)	a6	Be7	Nbd7
10	Qxd4	Qf4(e)	Rd1	Bxf6	b3(n)	Bb2
	Be7	Qb8	Nbd7	Bxf6	Nbd7	Be7
11	b3	e4(f)	e4	Qf4(l)	Ng5(o)	Rfd1
	0-0	d6(g)	Qc8(i)	Bxf3	Bxg2	Qc7
12	Ba3	b3	Bb2	Qxf3	Kxg2	Qe3
	Qc7!(c)	Rd8	a6	Ra7	Qc7	0-0
13	Rfd1	Bb2	Qe3	Rfd1	f3	Nd4
	Rfd8 =	a6 ±	Re8(j)	0-0(m)	Rd8(p)	Bxg2(q)

(a) 5 e4 Bb7 6 d3 (6 Qe2!? is also interesting) 6 . . . d6 7 Bg2 Be7 8 0-0 0-0 9 Re1 Nc6 10 b3 a6 11 Bb2 Rb8 12 d4 cxd4 13 Nxd4 Nxd4 14 Qxd4, Larsen–Browne, Las Palmas 1983. This position is similar to the column, but White has lost a tempo (moving his d-pawn twice). Black achieved dynamic equality with 14 . . . b5!?.

(b) 7 d4 Nxd4 8 Nxd4 Bxg2 9 Kxg2 cxd4 10 Qxd4 Be7 11 Rd1 0-0 12 Bf4 Qc8 13 b3 d6 14 Qd3 (Nikolic–de Firmian, Vršac 1983), and now 14 . . . Qc6† (instead of 14 . . . Rd8 15 Qf3!) would have maintained adequate defense of the light squares.

(c) An improvement on 12 . . . Qb8 13 Rad1 Rd8 14 Rd2 Bc6 15 Rfd1 a6 16 Qd3 Ne8 17 Qe2 Qb7 18 Nd5!, Lautier–Psakhis, Barcelona 1993. Black's d-pawn is safe, because after 13 Nb5 Qc6! 14 Bxd6 Rfd8 White cannot play 15 e5. The column is Hergott–de Firmian, Linares 1994.

(d) 9 . . . Qc8 (A) e4 d6 (10 . . . Nc6!?) 11 b3 Nc6 12 Qd2 Rd8 13 Qe2 Nd7?! (13 . . . Ne8 or 13 . . . Rd7 are better tries) 14 Ba3 Qb8 15 Rd2 Nc5 16 Rad1 ±, Korchnoi–Gipslis, Stockholm 1962. (B) 10 Bf4 Nc6 11 Qd2 Na5 12 b3 Bb4 13 Be5 Ne4 14 Qb2 Bxc3 15 Bxc3 Nxc3 16 Qxc3 d5 17 Rac1 ±, Andersson–Giardelli, Buenos Aires 1980.

(e) 10 Qd2 Na5 11 b3 d5 12 cxd5 Nxd5 13 Nxd5 Qxd5 14 Qe1 Qh5 15 Rd7 Bf6 16 Ba3 Bc6 17 Bxf8 Bxd7 18 Rd1 Rd8 19 Bd6 Be8 20 e4 ±, Karpov–Andersson, Moristico 1989.

(f) (A) 11 Qxb8 is less precise: 11 . . . Raxb8 12 Bf4 Rac8! 13 Ne5 d6! 14 Nxc6 Bxc6 15 Bxd6 Bxd6 16 Rxd6 Bxg2 17 Kxg2 Rxc4 18 Rad1 g5! with active play, Portisch–Pachman, Amsterdam 1967. (B) 11 b3 Rd8 12 Bb2 a6 (12 . . . d6 13 d4 a6 14 Qe3 Nd7) 13 Na4! b5 14 Nb6 ±, Christiansen–Peters, Los Angeles 1989. (C) 11 Ng5!? Rd8 12 Nge4 Nxe4 13 Bxe4 Na5 14 b3 Bf6 15 Bxb7 Nxb7 16 Qxb8 Raxb8 17 Bd2 Rbc8 18 Rac1 ±, Aseev–Yudasin, St. Petersburg 1997; Black's pieces are awkwardly posted.

(g) 11 . . . Qxf4 12 Bxf4 Rfd8 13 e5 Ne8 14 Nd4 Na5 15 b3 ±, Karpov–Petrosian, Milan 1975. The column is Taimanov–Kholmov, USSR Chp. 1967.

(h) (A) 9 . . . a6 10 Ba3! Nc6 (10 . . . 0-0 11 Rfd1 Ne8 12 Bb2 ±) 11 Qf4 Qb8 12 Rfd1 d5 13 Bxe7 Nxe7 14 Ne5 0-0 15 cxd5 Nexd5 16 Nxd5 Bxd5 17 e4 Bb7 18 Rac1 Rd8 19 Rxd8† Qxd8 20 Nxf7 ±, Karpov–L. B. Hansen, Thessaloniki 1988. (B) 9 . . . Nbd7 10 Nb5!? Nc5 11 Rd1 Nfe4 (11 . . . d5 12 cxd5 exd5 ±, Korchnoi–Johann Hjartarson, St. John 1988; or 12 . . . Nxd5? 13 Qxg7! Bf6 14 Nd6† with a winning attack) 12 Qxg7!? Bf6 13 Qh6 Bxa1 14 Ng5 unclear, Korchnoi–Greenfeld, Beersheba 1990.

(i) 11 . . . a6 12 Ba3 Nc5 13 e5 dxe5 14 Qxd8 Rfxd8 15 Nxe5 Bxg2 16 Kxg2 Rdc8 17 Na4! Rab8 18 Bxc5 bxc5 19 Rd3 with strong pressure in the endgame, Vaganian–Nogueiras, Rotterdam 1989.

(j) 14 Nd4 Qc7 ±. This position can be reached by other move orders, such as via col. 89, note (o). White has an advantage in space, but Black's position is strongly fortified and pawn breaks via . . . b5, . . . d5, or even . . . e5 must always be watched for.

(k) 9 Rd1 a6 will transpose to other columns.

(l) 11 Qd3 Ra7 (not 11 . . . 0-0 12 Ng5) 12 Rad1 Be7 13 Nd4 (13 Ne4 0-0!) 13 . . . Bxg2 14 Kxg2 Qc8, Gschnitzer–Ftačnik, Germany 1993.

(m) 14 Rac1 Nd7 15 Qe3 Be7, Ribli–van der Wiel, Baden-Baden 1992. Black's liberation by . . . b5 or . . . d5 is nearly impossible, but White's advantage is still small.

(n) 10 Bg5 Nbd7 11 Nd2 Bxg2 12 Kxg2 Rc8 13 Nde4 Rc6 14 Nxf6† Bxf6 15 Bxf6 Nxf6 16 Ne4 Nxe4 17 Qxe4 Qc7 18 b3 b5 =, Korchnoi–Yermolinsky, Wijk aan Zee 1997.

(o) 11 e4 Qc8 would transpose to col. 87.

(p) (A) 13 . . . 0-0? 14 Ba3 Ne8 15 Nxh7 ±. (B) 13 . . . Rd8 14 Bb2 Nc5 15 Rd2 Qc6 16 Rad1 with a bind, Robatsch–Chernin, Austria 1994.

(q) 14 Kxg2 Rfe8 15 Kg1 Bf8 16 Rac1 Rac8 17 Ne4 ±, Timman–Lobron, Brussels 1992.

ENGLISH OPENING

Rubinstein/Botvinnik Variation

1 c4 c5 2 Nc3 Nf6 3 g3 d5(a) 4 cxd5 Nxd5 5 Bg2 Nc7(b)

	91	92	93	94	95	96
6	Qb3	Qa4†	d3(g)	Nf3		
	Nc6	Qd7(d)	e5	Nc6		
7	Bxc6†	Qxd7†	Be3(h)	Qa4..........	0-0	
	bxc6	Nxd7	Be7	Bd7	e5	
8	Nf3	Nf3	Rc1	Qe4	a3............	d3
	f6	e5(e)	Ne6	g6(i)	f6(k)	Be7
9	Qa4	e3(f)	Qb3	Ne5	e3	Nd2(m)
	Bd7(c)	b6	Nd7	Bg7	Be7	Bd7
10	d3	d4	Nf3	Nxd7	d4	Nc4
	e5	Bb7	0-0	Qxd7	cxd4	f6(n)
11	0-0	0-0	0-0	0-0	exd4	f4
	Ne6	e4	Re8	0-0	exd4	b5
12	Be3	Nh4	Nd2	Rb1	Ne2	Ne3
	Nd4	Nf6 =	Nd4	Rab8	Ne6	Rc8(o)
13	Rfc1		Qd5	a3	b4	fxe5
	Be7 =		Bf8 ⩲	Nd4(j)	0-0(l)	Nxe5(p)

(a) On 3 . . . e6 4 Nf3 transposes to other columns, while 4 Bg2?! d5! gives Black a dangerous initiative (if 5 cxd5 exd5 6 Qb3 c4 7 Qb5†?? Bd7 8 Qxb7 Bc6).

(b) 5 . . . e6? 6 Nxd5 exd5 7 Qb3 ±.

(c) (A) 9 . . . e5!? 10 Qxc6† Bd7 11 Qe4 Be7 (or 11 . . . Ne6) gives Black some compensation for the pawn. (B) 9 . . . Qd7 is an important alternative: 10 d3 e5 11 Be3 Ne6 12 0-0, Psakhis–Tukmakov, Rostov 1993. The column is C. Hansen–Schandorff, Stockholm Rilton Cup 1997.

(d) 6 . . . Bd7 is a pawn sacrifice: (A) 7 Qb3 Bc6 (7 . . . Nc6? 8 Qxb7 Rb8 9 Qxc6) 8 Bxc6 Nxc6 9 Qxb7 Nd4 10 Qe4 f5! =. (B) 7 Qc4 Nc6 8 Qxc5 e5 9 Qe3 Ne6 unclear, Ivacic–Grosar, Bled 1992.

(e) 8 . . . g6 9 d4 Bg7 10 Be3 cxd4 11 Nxd4, Gulko–Magem, Leon 1992. Black has persistent problems completing his development. The game continued 11 . . . 0-0 12 0-0 Ne5 13 Rad1 Nc4 14 Bc1 Ne6 15 Nc2 Rd8 16 Ne3 Nd6 17 Ned5 Kf8 13 e4 Nd4 19 e5! N6b5 (19 . . . Bxe5 20 Bh6† wins at least the exchange) 20 Nxb5 Nxb5 21 a4! Bg4 22 Rd2 e6 23 Ne3 winning material.

(f) 9 d3 planning Nd2, Nc4, and f4 is also critical. The column is Yudasin–De La Villa García, Pamplona 1995.

(g) 6 b3 e5 7 Bb2 (7 Ba3 is also interesting) 7 . . . Be7 8 Rc1 f6 9 Nh3 Nc6 10 f4 Bd7 11 0-0 Qc8! 12 Nf2 exf4 13 gxf4 0-0 =, Komljenovic–Magem, San Sebastian 1993.

(h) 7 Qb3 (7 Nf3 Nc6 will transpose to col. 114 after 8 0-0 Be7) 7 . . . Nc6 8 Bxc6† bxc6 will transpose to col. 109, or Black can try 7 . . . Nd7!? 8 Nf3 Be7 9 Nd2 0-0 10 0-0, Karlsson–Alburt, Hastings 1993/94. The column is Giardelli–Spangenberg, Buenos Aires 1995.

(i) (A) 8 . . . f6 is too slow: 9 d4 cxd4 10 Nxd4 e5 11 Nf5 with enduring pressure. (B) 8 . . . Ne6!? 9 e3 g6 10 d4 f5 11 Qh4 exd4 12 exd4 Nb4 13 0-0 Bc6 14 Rd1 Nd5 brought about unfathomable positions, Sherbakov–Yudasin, Moscow 1992.

(j) 14 d3 e6 with comfortable equality, Ehlvest–Lautier, Biel SKA 1996.

(k) (A) 8 . . . Be7?! 9 b4 cxb4 10 axb4 Bxb4? 11 Nxe5. (B) 8 . . . Rb8 9 d3 Be7 10 Rb1 Bd7 11 Bd2 a5 =, C. Hansen–Beliavsky, Biel 1992.

(l) 14 Bb2 d3 15 Nc1 with a promising attack, C. Hansen–Milos, Novi Sad 1990.

(m) The older 9 Be3 is less dynamic: 9 . . . 0-0 10 Nd2 Bd7 11 Rc1 transposes to Dake–Rogoff, Lone Pine 1976, and now 11 . . . Rc8 (J. Watson) is equal.

(n) 10 . . . 0-0!? 11 Bxc6 Bxc6 12 Nxe5 Be8 is playable: 13 Be3 Ne6 14 Rc1 Bf6 15 Nf3 Bc6 16 Qb3 Bd4 17 Bxd4 Nxd4 18 Nxd4 cxd4 19 Ne4 Re8 ±, Johann Hjartarson–Vaganian, Rotterdam 1989.

(o) 12 . . . exf4 13 Nf5!? b4 14 Nxe7 Qxe7 15 Ne4 (15 Bxf4 bxc3 16 Bxc7 Rc8 ∓, Akopian–Leko, Úbeda 1997) 15 . . . Ne6 16 gxf4 0-0? 17 f5! Ned4 18 Ng3 gave White a strong attack, Minasian–Grosar, Pula 1997.

(p) 14 Nf5 0-0 15 Kh1 Re8 16 Ne4 Bc6 17 Bf4 Bf8 18 a4 a6 19 axb5 axb5 20 Rc1 Qd7 21 Be3 Ne6, Illescas–Topalov, Linares 1994. Black has consolidated.

ENGLISH OPENING

Ultra-Symmetrical Variation

1 c4 c5 2 Nc3 Nc6 3 g3 g6 4 Bg2 Bg7

	97	98	99	100	101	102
5	Nf3		e4	e3	a3(q)	
	e5 . . . . e6		Nf6(j)	e6(m)	a6 . . . . e6(u)	
6	0-0	0-0(d)	Nge2	Nge2	Rb1	Rb1(v)
	d6	Nge7	0-0	Nge7	Rb8	a5(w)
7	d3(a)	d3(e)	0-0	0-0(n)	b4(r)	e4
	Nge7	0-0	d6	0-0	cxb4	Nge7
8	Rb1	Bd2(f)	d3(k)	d4	axb4	Nge2
	0-0	b6	Ne8	cxd4	b5	d6
9	a3	a3	Be3	Nxd4	cxb5(s)	d3
	a5	Bb7	Nd4	Nxd4	axb5	b6
10	Bg5(b)	Rb1	Qd2	exd4	Nf3	0-0
	f6	d5(g)	Rb8	d5	d5(t)	Bb7
11	Bd2	b4(h)	Rb1	cxd5	d4	Be3
	Be6	cxb4	Bg4	Nxd5	Bf5	Nd4
12	Ne1	axb4	f3	Nxd5(o)	Rb3	b4
	Rb8(c)	dxc4(i)	Bd7(l)	exd5(p) =	Be4 =	axb4(x)

(a) 7 Ne1 Nge7 8 Nc2 0-0 9 a3 a5 10 d3 Be6 11 Ne3 Rb8 12 Rb1 Qd7 13 Ned5 Bh3 =, Karlsson–Ernst, Sweden 1993.

(b) (A) 10 Bd2 Rb8 11 Ne1 Be6 12 Nc2 (12 Nd5 b5 =) 12 . . . d5 13 cxd5 Nxd5 14 Ne4 b6 15 b4 unclear, W. Schmidt–Wedberg, Haifa 1989. (B) 10 Ne1 Be6 11 Nc2 d5 12 cxd5 Nxd5 13 Ne3 Nde7 unclear.

(c) 13 Nc2 d5 14 cxd5 Nxd5 15 Nxd5 Bxd5 16 Bxd5† Qxd5 17 b4 axb4 18 axb4 cxb4 19 Nxb4 Nxb4 20 Rxb4 b5 21 Qb3 Qxb3 22 Rxb3 Rfc8, Larsen–Spangenberg, Buenos Aires 1991. The opening has led straight to an ending. Black's b-pawn is a liability, but alert counterplay may hold.

(d) (A) 6 d4 cxd4 7 Nb5 d5 8 cxd5 Qa5† 9 Qd2 Qxb5 10 dxc6 Ne7! =, Fishbein–Jansa, Herning 1991. (B) 6 a3 Nge7 7 b4 Nxb4 (7 . . . b6 and 7 . . . cxb4 are also played) 8 axb4 cxb4 9 Ne4 Bxa1 10 Qa4 Bg7 11 Nd6† Kf8 12 Qxb4 Pavlovic–Fominikh, Novy Smokovec 1990) gives White compensation for the exchange.

(e) 7 e3 is similar to column 100.

(f) (A) 8 Bf4 d5 9 cxd5 Nxd5 10 Nxd5 exd5 11 Qd2 Re8 12 Rac1 b6 =. (B) 8 Bg5 h6 9 Bd2 is similar to the column.

(g) After 10 . . . d6 11 b4 Qd7 White had no useful advantage, Pfleger–Ribli, Germany 1990.

(h) 11 cxd5 exd5 (or 11 . . . Nxd5 12 Nxd5 Qxd5! 13 b4 cxb4 14 axb4 Nd4 =) 12 b4 cxb4 13 axb4 d4 14 Na4 Nd5 ∓, Csom–Adorjan, Hungary 1993.

(i) 13 dxc4 Rc8 14 c5 bxc5 15 bxc5 Na5 16 Nb5 (16 Na4 Bc6 17 Qc2 Nb7 ∓, Petrosian–Fischer, USSR vs. Rest of the World 1970) 16 . . . Rxc5 17 Qa4 with just enough compensation for the pawn. White's 16th move was introduced in Larsen–Psakhis, Hastings 1987/88, but with a different move order, similar to note (f)(B), so that it was actually his 17th move.

(j) (A) 5 . . . e5 is plausible but seldom played. (B) 5 . . . e6 is not bad: 6 Nge2 Nge7 7 0-0 0-0 8 d3 d6 9 Rb1 b6 10 Be3 Nd4 11 b4 Bb7 12 Qd2 Nec6 13 a3 Qe7 with a solid defense, Makarichev–Anastasian, Pavlodar 1987.

(k) 8 a3 a5 9 Rb1 Ne8 10 d3 Nc7 11 Be3 Nd4 12 b4 axb4 13 axb4 b6 offers White little, Evans–Fischer, New York 1967.

(l) 13 b4 Nc7 14 f4 b6 15 h3 f5 16 Kh2 Bc6 =, Filip–Gligorić, Moscow 1956. Neither side can easily be budged.

(m) 5 . . . e5, as in col. 97, is playable here: 6 Nge2 Nge7 7 0-0 0-0 8 d3 d6 9 a3 a5 10 Rb1 Be6 11 Nd5 Rb8 12 Nec3 b6 13 Bd2 Qd7 14 Qa4, although White is preferable, Anastasian–Alterman, Rostov 1993.

(n) (A) 7 d4 cxd4 8 Nxd4 d5 (8 . . . Nxd4, attempting to transpose to the column, may be more reliable) 9 cxd5 Nxd5 10 Nxd5 Nxd4 11 Nc3 Nc6 12 Qxd8† Nxd8 13 Bd2 at least took the game out of symmetrical channels, Andersson–Miles, Tilburg 1981. (B) 7 Nf4 0-0 8 0-0 and now 8 . . . a6, 8 . . . b6, or 8 . . . d6 all lead to a playable game.

(o) 12 Qb3 is no better: 12 . . . Bxd4 (or 12 . . . Ne7) 13 Nxd5 exd5 14 Bh6 Bg7 15 Bxg7 Kxg7 16 Bxd5 a5! 17 Rac1 a4! 18 Qc3† Qf6 =, Andersson–Gheorghiu, Moscow 1981.

(p) 13 Qb3 Be6 14 Be3 Qd7 =.

(q) (A) 5 d3 has little independent significance, but will usually transpose to cols. 97–99. (B) 5 b3 is slow but there are a few traps: 5 . . . e6 6 Bb2 Nge7 7 Qc1!? d6 (7 . . . d5 8 Nxd5; 7 . . . 0-0 8 Ne4) 8 f4 0-0 9 Ne4 e5 10 fxe5 Nxe5 11 Nf3 f5 12 Nf2 N7c6 13 Nxe5 dxe5 unclear, Hort–Gulko, Nikšić 1978.

(r) 7 Qa4 Nd4 (7 . . . d6!? 8 Bxc6† dxc6 9 Qxc6† Kf8 with compensation) 8 b4 b5 9 cxb5 Nxb5 10 Nxb5 Rxb5 11 Nf3 Bb7 12 0-0 =, Seirawan–Jansa, Biel 1985.

(s) 9 c5 a5 10 Ba3 axb4 11 Bxb4 Nxb4 12 Rxb4 Bxc3 13 dxc3 Qc7 14 Qd4 Nf6 15 Nf3 0-0 16 0-0 Bb7 17 Rxb5 Bxf3 =, Tarjan–Gheorghiu, Riga 1979.

(t) (A) 10 . . . d6 11 d4 Bg4 12 Be3 unclear, Adorjan–Horvath, Hungary 1992. (B) 10 . . . e5 11 d4 exd4 12 Nd5 Nf6 13 Bg5 with pressure. (C) 10 . . . Nf6 11 0-0 0-0 12 d4 d5 13 Bf4 Rb6 14 Qb3 e6 15 Rfc1 ±, Larsen–Ivkov, Palma de Mallorca 1967. The column is Pirc–Matulović, Maribor 1967.

(u) (A) 5 . . . a5 at this early stage is a serious weakening; for instance 6 Nf3 e6 7 d4!? cxd4 8 Nb5 is stronger for White than the analogous gambit in col. 98, note (d)(A), because White's knight is secure on b5. (B) 5 . . . d6 6 Rb1 a5 may transpose to col. 98 after 7 d3 e5, or to col. 100, note (n) after 7 e3 e5.

(v) 6 b4! Nxb4! (6 . . . cxb4 7 axb4 Nxb4 8 Ba3 with obvious compensation) 7 axb4 cxb4 8 d4 bxc3 9 e3 Ne7 ∓.

(w) 6 ... Nge7 7 b4 d6 (7 ... cxb4 8 axb4 d5 9 b5 Ne5 10 cxd5 exd5 11 d4 Nc4 12 e3 ±) is playable, but Black has no obvious compensation for his concession of space on the queenside.

(x) 13 axb4 Bc6, Adorjan–Ermenkov, Warsaw 1979. Black has neutralized White's queenside initiative.

ENGLISH OPENING

1 c4

	103	104	105	106	107	108
	c5..g6............b6(q)					
2	Nf3.......................................b3			g6?!(k)	g3(n)	Nc3
	Nf6(a)				Bg7	e6
3	d4			Bb2	Bg2	e4
	cxd4			Nf6	e5	Bb7
4	Nxd4			Bxf6!(l)	Nc3	Nf3
	b6.........................e6(f)			exf6	f5(o)	Bb4
5	Nc3		g3	Nc3	e3	Bd3(r)
	Bb7		Qc7(g)	Bg7	d6	Ne7
6	Bg5	f3	Nc3	g3	Nge2	0-0
	a6!(b)	e6(d)	a6(h)	Nc6	Nf6	0-0
7	Bxf6	e4	Bg5(i)	Bg2	0-0	Bc2
	gxf6	d6	Be7	f5	0-0	f5
8	e3	Be2	Rc1	e3	b4	d4
	e6	Be7	d6	0-0	c6	Bxc3
9	Qg4	Be3	Bg2	Nge2	b5	bxc3
	Nc6(c)	Nbd7(e)	Nbd7(j)	a6(m)	Be6(p)	Bxe4(s)

(a) 2 . . . Nc6 3 d4 cxd4 4 Nxd4 g6 5 e4 Bg7 6 Be3 transposes into the Accellerated Dragon, Maróczy Bind.

(b) (A) 6 . . . Ne4 7 Nxe4 Bxe4 8 f3 Bb7 9 e4 ±, Alekhine–Sämisch, Baden-Baden 1925. (B) 6 . . . d6 7 Bxf6 gxf6 8 e3 e6 9 Qh5! Qc8 10 Be2! ±, Kavalek–Kudrin, US Chp. 1984.

(c) 10 Nxc6 Bxc6 11 Be2 Bb4 12 Rc1 Ke7 with a roughly equal position, Bernstein–D. Gurevich, USA 1994.

(d) 6 . . . d6 7 e4 Nbd7 8 Be3 g6 9 Be2 Bg7 10 0-0 0-0 11 Rc1 ±, Kamuhangire–Ermenkov, Manila Ol. 1992.

(e) 10 0-0 a6 11 a4 0-0 12 a5 bxa5 13 Nb3 Rb8 14 Nxa5 Ba8 15 Qd2 Re8 =, Shabalov–Fedorowicz, Amsterdam 1996.

(f) Black gives away squares with 4 . . . e5 5 Nb5 d5 6 cxd5 Bc5 7 N5c3 0-0 8 e3 Qe7 9 a3 e4 10 b4 Bd6 11 Bb2 ±, de Firmian–Alburt, Los Angeles 1987.

(g) 5 . . . Bb4† 6 Bd2 Qb6 7 Bg2! Bc5 8 e3 Nc6 9 Nc3 Be7 10 Rc1 ±, Nenashev–Vakhidov, Bishkek 1993. White will gains even more activity if Black grabs a pawn.

(h) Too dangerous is 6 . . . Qxc4 7 e4 Qb4 8 a3 Qb6 9 Be3 ±.

(i) On 7 Bg2 Black can take the pawn—7 . . . Qxc4 8 Bf4 Nc6 9 Nxc6 bxc6 10 Rc1 Qb4 with equal chances, Sosonko–Kavalek, Wijk aan Zee 1978.

(j) 10 0-0 h6 11 Be3 0-0 =, Yusupov–Psakhis, Yerevan 1982.

(k) A good plan is 2 . . . Nc6 3 Bb2 e5 4 g3 (4 e3 g6! 5 d4?! exd4 6 exd4 Bg7 ∓ pins the d-pawn) 4 . . . g6 5 Bg2 Bg7 6 Nf3 Nge7 7 d3 0-0 =.

(l) White gets nothing special from 4 g3 Bg7 5 Bg2 0-0 6 Nc3 Nc6 =, J. Watson–Browne, Los Angeles 1982.

(m) 10 Rc1 b5 11 d3 with an edge due to Black's doubled pawns, Karpov–Browne, San Antonio 1972.

(n) 2 d4 Nf6 transposes to the King's Indian Defense.

(o) (A) 4 . . . Nc6 is the Closed Variation (columns 19–24). (B) 4 . . . Ne7 5 d3 6 e4! makes Black's development awkward.

(p) 10 Qa4 Nfd7!? leaves a complicated game with chances for both sides.

(q) (A) 1 . . . e6 2 Nf3 d5 is a Reti Opening, but most common is 3 d4, transposing into the Queen's Gambit Declined. (B) 1 . . . Nc6 2 d4 (2 Nc3 e5 transposes to the 1 . . . variations) 2 . . . e5 3 d5 Nce7 4 Nf6 5 Nc3 Ng6 6 Bd3 and 7 Nge2 should favor White. (C) 1 . . . f5 will usually transpose into a Dutch Defense after a later d2-d4. White can also play with the pawn on d3, e.g. 2 Nc3 Nf6 3 g3 36 4 Bg2 c6 5 d3 Na6 6 a3 Be7 7 e3 0-0 8 Nge2 Nc7 9 0-0 ±, Staunton–Horwitz, London 1851.

(r) 5 Qb3 Na6 6 Be2 Ne7 7 0-0 0-0 8 d3 Ng6 9 Bd2 d6 10 a3 Nc5! 11 Qc2 (11 Qxb4? a5 12 Qb5 c6 traps the queens) 11 . . . Bxc3 12 Bxc3 f5 with chances for both sides, Serper–Yermolinsky, Lucerne 1993.

(s) 10 Bxe4 fxe4 11 Ng5 Qe8 12 Nxe4 Qg6 13 Ng3 Nbc6 =, Rahman–Speelman, Calcutta 1996.

RETI OPENING

1 Nf3 d5 2 c4 (Incorporating the Barcza System 1 Nf3 d5 2 g3)

WHEN ALEKHINE LEGITIMIZED the Reti Opening in the 1920s, it included almost any game that began with White's moves Nf3 and c4. Reti popularized this sequence against all defenses, demonstrating the "hypermodern" strategies of flexible restraint of the center pawns and the fianchetto of both bishops. As the opening became accepted, there developed some structure to it and a clearer classification between it and other openings. Nowadays, the Reti Opening refers only to those variations in which Black plays d5, White plays c4 (after Nf3), fianchettoes at least one bishop, and does play an early d4, transposing into the Catalan or Neo-Grünfeld.

White's setup lacks direct aggression and so allows Black the choice of many sensible defensive positions. Compared with the Queen's Gambit, Slav or Catalan openings, Black appears to have no troubles: he develops his minor pieces without hindrance and can claim his share of the center. White's initiative of the first move does not vanish, however, but takes subtler forms, with pressure and possibilities of expansion in all sectors of the board.

Black boldly responds with 2 . . . d4 in columns 1–2. This kind of Reversed Benoni or Benko is underrated. White can achieve an early b4, expanding on the queenside, but Black's control of the center holds the balance if he does not overreach himself. The simple 2 . . . dxc4 (column 3) is compliant and allows White an active setup starting with 3 Na3. Solidifying the center with 2 . . . c6 3 b3 Nf6 4 b3 Bf5 (columns 4–5) is the London System, championed by Lasker, although White obtains some initiative. More to the point is 4 . . . Bg4 (column 6) when Black has only a minor disadvantage. Also 4 . . . g6 (column 7) leaves White for choice, so we conclude that 2 . . . c6 does not gain complete equality. White avoids the queenside fianchetto in column 8 with 3 g3, allowing Black to capture and try to hold the pawn on c4. 2 . . . e6 (columns 9–10) is a Neo-Catalan, which would transpose into the Catalan if White plays an early d4.

The Barcza System 2 g3 (columns 11–12) is quite similar to the Reti and may transpose. White first develops his kingside before playing c4. Black does well with 2 . . . Bg4 (column 12), although he could also transpose into a King's Indian Reversed with 2 . . . c5.

RETI OPENING

1 Nf3 d5 2 c4

	1	2	3	4	5	6
	d4		dxc4	c6		
3	b4............g3(d)		Na3..........b3			
	f6(a)	c5(e)	c5(h)	Nf6		
4	e3	b4(f)	Nxc4	g3		
	e5	cxb4	Nc6	Bf5...(London System)		Bg4!
5	Qb3(b)	a3	b3	Bg2(j)		Bg2(n)
	c5	bxa3	f6	e6		e6
6	bxc5	Bg2	Bb2	0-0		0-0
	Bxc5	Nc6	e5	Be7 ....Bd6		Nbd7
7	exd4	Bxa3	g3	Bb2	Bb2	Bb2
	exd4	e5	Nge7	0-0	0-0	Bd6
8	Ba3	Bxf8	Bg2	d3	d3(l)	d3(o)
	Qe7†	Kxf8	Nd5	h6	Nbd7	0-0
9	Be2	d3	0-0	Nbd2	Nbd2	Nbd2
	Nc6(c)	g6(g)	Be7(i)	Nbd7(k)	h6(m)	a5(p)

(a) 3 . . . c5 4 Bb2 g6 5 e3 Bg7 6 bxc5 e5 7 exd4 exd4 8 d3 Na6 9 Nbd2 Nxc5 10 Nb3 Ne6 11 g3 Ne7 12 Bg2 0-0 =, Tarrasch–Alekhine, Semmering 1926. Also reasonable is 3 . . . g6 4 Bb2 Bg7 5 d3 e5 6 Nbd2 a5 ∞, Gulko–P. Nikolić, Reykjavik 1991.

(b) Not 5 exd4? e4! 6 Qe2 Qe7 7 Ng1 Nc6 ∓.

(c) 10 0-0 b6 11 Re1 Qd6 with chances for both sides, Napolitano–Balogh, corr. 1960–62.

(d) 3 e3 Nc6 4 exd4 Nxd4 5 Nxd4 Qxd4 6 Nc3 e5 7 d3 Ne7 8 Be3 Qd8 9 g3 Nf5 10 Bg2 c6 =, Resçhe–Hort, Germany 1991. White should avoid 4 b4?! dxe3 5 fxe3 Nxb4 6 d4 e5! ∓, Keres–Stahlberg, match 1938.

(e) White gets the kind of position he is aiming for after 3 . . . g6 4 Bg2 Bg7 5 d3 e5 6 0-0 Ne7 7 b4 0-0 8 Nbd2 c6 9 Nb3 h6 10 a4 a6 11 Ba3 Re8 12 b5 ±, Vaganian–Sakaev, Moscow 1996. White has a queenside initiative and no weaknesses.

(f) 4 Bg2 Nc6 5 0-0 e5 6 d3 Nf6 7 e3 Be7 8 exd4 exd4 9 Bf4 0-0 10 Ne5 Nxe5 =, Lobron–Timman, Brussels 1992. This is a safe type of Reversed Benoni.

(g) 10 0-0 Kg7 11 Nbd2 Nge7 =, Serper–Kholmov, Moscow 1995. The position is a Benko Gambit reversed. Some players would like the active play of the White position and some players would like Black's extra pawn.

(h) (A) 3 . . . e5?! 4 Nxe5 Bxa3 5 Qa4† (5 bxa3? Qd4) 5 . . . b5 6 Qxa3 Bb7 7 e3 Qd6 8 Qxd6 cxd6 9 Nf3 Nc6? (9 . . . a6 ±) 10 b3 d5 11 bxc4 dxc4 12 a4 ±, Tartakower–Spielmann, Moscow 1925. (B) 3 . . . Nf6 4 Nxc4 e6 5 g3 b6 6 Bg2 Bb7 7 0-0 Be7 8 d3 0-0 9 a3 c5 10 Bd2 Nc6 11 Rb1 ±, Andersson–Radulov, Nice 1974.

(i) 10 Nh4! 0-0 11 Qb1! Rf7 12 Nf5 with pressure on the kingside, Botvinnik–Fine, Nottingham 1936.

(j) 5 Ba3!? is a worthy alternative, preventing Black from castling after 5 . . . e6 6 Bxf8 Kxf8. Petrosian–Tal, Curaçao 1962 continued 5 . . . g6 6 d3 Bg7 7 Nbd2 ±, as the bishop on f5 is poorly posted.

(k) 10 a3 a5 11 Qc2 Bh7 12 Bc3 b5 13 cxb5 cxb5 14 b4 Qc7 15 Qb2 Nb6 16 Be5 ±, Botvinnik–Smyslov, World Chp. 1958.

(l) White should control the e4 square. On 8 d4 Nbd7 9 Nbd2 Ne4 10 Nh4 Nxd2 = 11 Nxf5? Bb4! wins, Gaefe–F. Olafsson, Puerto Rico 1971.

(m) 10 a3 Qe7?! (10 . . . a5 ±) 11 b4 e5 12 e4! dxe4 13 dxe4 Bh7 (13 . . . Nxe4 14 Nh4) 14 c5 Bc7 15 Nh4 ±, Zarnicki–Mendez, Buenos Aires 1991.

(n) 5 Ne5 Bh5 6 Bg2 e6 7 Bb2 Be7 8 0-0 Nbd7 9 Nxd7 Qxd7 10 d3 0-0 11 Nd2 Qc7 12 Rc1 Rfd8 =, Reti–Capablanca, Moscow 1925.

(o) 8 Na3!? 0-0 9 Nc2 Bxf3 10 Bxf3 Be5 11 Qc1 Bxb2 12 Qxb2 e5 13 cxd5 cxd5 14 Ne3 e4 15 Bg2 Qb6 16 d3 also gained White a small edge in Lobron–Khalifman, Brussels 1992.

(p) 10 a3 Qe7 11 Qc2 e5 12 e4 dxe4 13 dxe4 Bc5 14 h3 with just a small White advantage, Hjartarson–Stefansson, Iceland (rapid) 1995.

RETI OPENING

1 Nf3 d5

	7	8	9	10	11	12
2	c4..g3 (Barcza System)					
	c6........................e6 (Neo-Catalan)				Nf6..........Bg4	
3	b3............g3		g3		Bg2	Bg2
	Nf6	Nf6(d)	Nf6		Bf5?!	c6
4	g3	Bg2	Bg2		c4	c4
	g6(a)	dxc4	Be7..........dxc4		c6(q)	e6(t)
5	Bb2	0-0(e)	0-0(h)	Qa4†(n)	cxd5	cxd5
	Bg7	Nbd7(f)	0-0	Nbd7(o)	cxd5	Bxf3(u)
6	Bg2	Na3	b3	Qxc4	Qb3	Bxf3
	0-0	Nb6	c5(i)	c5	Qc8(r)	cxd5
7	0-0	Qc2	Bb2(j)	0-0	Nc3	Nc3
	Bg4(b)	Qd5	Nc6	Bd6	e6	Nf6
8	d3	Nh4	e3	d4	d3	0-0
	Bxf3	Qe6	b6(k)	0-0	Nc6	Nc6
9	Bxf3	e4	Nc3(l)	Nc3	Bf4	d3
	Nbd7(c)	g6(g)	Bb7(m)	a6(p)	Be7(s)	Be7 =

(a) Black can mix things up with (A) 4 . . . Qb6 5 Bg2 e5!? 6 0-0 e4 7 Ne1 h5 ∞, Larsen–Korchnoi, Brussels 1987. On 4 . . . dxc4 5 bxc4 e5 6 Bb2 e4 7 Nd4 White has a small edge due to his extra center pawn.

(b) 7 . . . Nbd7 8 d3 Re8 9 Nbd2 e5 10 cxd5 Nxd5 11 Nc4 Qc7 12 Qd2 b5 13 Ne3 Nxe3 14 Qxe3 Bb7 is equal, Kostić–Spielmann, Bled 1931. White should try 8 Qc2 Re8 9 d4 ±.

(c) 10 Nd2 e6 with a solid game for Black, although White is for choice with the bishop pair, Larsen–Uhlmann, match 1971.

(d) 3 . . . dxc4 4 Bg2 b5?! (4 . . . Nf6 is the column) 5 a4 Bb7 6 b3 cxb3 7 Qxb3 a6 8 axb5 axb5 (8 . . . cxb5 9 Ne5 wins) 9 Rxa8 Bxa8 10 Ne5 e6 11 Na3 with fine play for the pawn, Schmidt–Schaufelberger, Switzerland 1970.

(e) 5 Na3 b5 6 Ne5 (A) 6 . . . Nd5 7 d3 cxd3 8 Qxd3 e6 9 e4 Qa5† 10 Bd2 Nb4 11 Qe2 Qc7 12 Nf3 Be7 13 0-0 0-0 ∞, Portisch–Donner, Bled 1961. (B) 6 . . . Qc7! 7 d4 Bb7 8 0-0 e6 9 b3 c3 ∓, M. Tseitlin–Sveshnikov, USSR 1975.

(f) Sharpest is 5 . . . b5 6 a4 Bb7 7 b3 cxb3 8 Qxb3 a6 9 Ba3 Nbd7 10 Nc3 Qb6 11 d4 e6 12 Bxf8 Kxf8 (Plaskett–I. Ivanov, Brighton 1983) when White's most aggressive continuation is 13 Qa3†! Kg8 (13 . . . b4 14 a5 bxa3 15 axb6) 14 Qd6 ∞ (Plaskett).

(g) (A) 10 b3 Bg7 11 Bb2 cxb3 12 axb3 0-0 =, Salov–Beliavsky, USSR Chp. 1987. (B) 10 Re1 Nfd7 11 b3 Bg7 12 Bb2 Bxb2 13 Qxb2 0-0 14 bxc4 Ne5 15 d4 Nexc4 16 Nxc4 Nxc4 17 Qc3 Nd6 =, Salov–Torre, Leningrad 1987.

(h) Most aggressive is 5 d4, transposing into the main line Catalan. That is too theoretical for many players.

(i) 6 . . . b6 7 Bb2 Bb7 8 e3 Nbd7?! 9 Nc3 Ne4 10 Ne2 a5 11 d3 Bf6 12 Qc2 Bxb2 13 Qxb2 Nd6 14 cxd5 Bxd5 15 d4 ±, Kasparov–Karpov, World Chp. 1987.

(j) 7 cxd5 exd5 8 Bb2 (8 d4 is an equal line from the Tarrasch Defense) 8 . . . d4 9 Na3 Nc6 10 e3 Bg4 11 h3 Bf5 12 exd4 cxd4 13 Re1 Qd7 14 Nc4 Be4 15 d3 Bxf3 16 Qxf3 Bb4 =, Larsen–Tal, Nikšić 1983.

(k) White gets a good reversed Benoni after 8 . . . d4 9 exd4 cxd4 10 Re1 Re8 11 d3 Bc5 12 a3 a5 13 Nbd2 e5 14 Ng5 Bg4 15 Bf3 Bxf3 15 Qxf3 ±, Miles–Geller, Lone Pine 1981.

(l) 9 Qe2 Bb7 10 Rd1 Qc7 11 Nc3 Rad8 12 cxd5 exd5 leaves chances for both sides, but if 12 . . . Nxd5?! 13 Nxd5 Rxd5 14 d4! cxd4 15 Nxd4 Nxd4 16 Bxd4 White is better, Vaganian–Karpov, USSR Chp. 1971.

(m) 10 d3 (10 cxd5 Nxd5 11 Nxd5 exd5! =) 10 . . . dxc4 11 bxc4 a6 12 Qc2 Qc7 13 Rab1 Rab8 14 Ba1 Na7 15 Rfc1 Rfc8 =, Vaganian–Tal, Yerevan 1980.

(n) 5 Na3?! Bxa3 6 bxa3 b5 7 Rb1 a6 8 a4 Bb7! 9 axb5 Be4 ∓, Smyslov–Sveshnikov, USSR Chp. 1976.

(o) 5 . . . Bd7 6 Qxc4 Bc6 7 0-0 Nbd7 8 Qc2 e5 9 Nc3 Bc5 10 d3 0-0 11 e4 Re8 12 Be3 Qe7 13 Rac1 ±, Smyslov–Suetin, USSR Chp. 1952.

(p) 10 dxc5 Bxc5 11 Bg5 b5 with chances for both sides, Gheorghiu–Tukmakov, Lenk 1992.

(q) On 4 . . . dxc4 White regains the pawn with advantage after 5 Na3 Be6 6 Qc2.

(r) 6 . . . Qb6 7 Qxb6 axb6 8 Nc3 e6 9 d3 Nc6 10 Nb5 Bb4† 11 Bd2 Ke7 12 Nfd4 Bxd2† 13 Kxd2 Bg6 14 f4 with an endgame edge, Portisch–Smyslov, Wijk aan Zee 1974.

(s) 10 0-0 0-0 11 Rac1 ± Qd7?! 12 e4! dxe4 13 dxe4 Nxe4 14 Nxe4 Bxe4 15 Ne5 Nxe5 16 Bxe4 Nc6 17 Rfd1 Qc8 18 Qa4 ±, Barcza–Smyslov, Moscow 1956.

(t) 4 . . . Nf6 5 cxd5 cxd5 6 Ne5 Bc8 7 0-0 e6 8 Nc3 Be7 9 d4 0-0 10 Bf4 ±, Smyslov–Darga, Amsterdam 1964.

(u) Equally good is 5 . . . exd5 (not 5 . . . cxd5? 6 Qa4†) 6 0-0 Nf6 7 d3 Nbd7 8 h3 Bxf3 9 Bxf3 Bc5 with equal chances. The column is Larsen–Ivkov, Bled 1965.

KING'S INDIAN ATTACK

1 Nf3, 2 g3, 3 Bg2, 4 0-0 5 d3, 6 Nbd2, 7 e4

T HE KING'S INDIAN ATTACK is not, strictly speaking, an opening, but a path for White to follow regardless of Black's opening moves. As the setup is a compact structure on White's side of the board, Black cannot prevent it without unreasonable play. The one exception to this may be 1 . . . f5, when White does better to transpose into a Dutch Defense or English Opening (see column 12, note [o]).

The King's Indian Attack is a creature of modern times. It was popularized in the United States by Evans and Fischer, although now it is seldom used by grandmasters and appeals to players with no time to study involved openings. It can arise from the French Defense (1 e4 e6 2 d3 d5 3 Nbd2 Nf6 4 g3, etc.), the Caro-Kann Defense (1 e4 c6 2 d3 d5 3 Nbd2 etc.) or the Sicilian Defense (1 e4 c5 2 Nf3 e6 3 d3 d5 4 Nbd2 and 5 g3, 6 Bg2, 7 0-0).

Columns 1–6 consider the natural response 1 . . . d5. Column 1 is the main line, if one can speak of a main line in this opening. White obtains kingside chances and Black queenside chances. Attacking players will prefer White's game. In columns 2–3 Black plays 2 . . . c6 and avoids dividing the board into kingside vs. queenside. Columns 4–5 are like a King's Indian Defense Reversed, although Black chooses the restrained 4 . . . e6 in column 4. Black exchanges in the center with . . . dxe4 in column 6, a safe continuation.

Responses other than d5 are covered in columns 7–12. 1 . . . c5 is a good response (columns 7–10), but players with Black must be willing to play the Sicilian Defense after 2 e4, or the Symmetical English after 2 c4. Against the King's Indian Attack 1 . . . c5 has the advantage over 1 . . . d5 that Black can place his d-pawn on d6 and play systems akin to the Closed Sicilian where White's knight is passively placed on d2. Black simply copies White's moves in the amusing column 11. Column 12 is a reversed Pirc Defense.

KING'S INDIAN ATTACK

1 Nf3 d5

	1	2	3	4	5	6
2	g3...d3					
	Nf6	c6		c5(j)		Nf6
3	Bg2	Bg2		Bg2		Nbd2
	c5(a)	Bf5 ....Bg4		Nc6		e6
4	0-0	0-0	0-0(g)	0-0(k)		e4(q)
	Nc6	Nf6	Nf6	e6............e5		Nc6
5	d3	d3	d3	d3	d3(o)	g3
	e6(b)	e6	e6	Bd6(l)	Be7	dxe4
6	Nbd2	Nbd2(e)	Qe1(h)	Nbd2	Nbd2	dxe4
	Be7	h6	Nbd7	Nge7	Nf6	e5
7	e4	Qe1	e4	e4	e4	Bg2
	0-0(c)	Bh7	dxe4	0-0	d4	Bc5
8	Re1	e4	dxe4	Re1(m)	Nc4	0-0
	b5(d)	Be7(f)	e5(i)	Bc7(n)	Nd7(p)	0-0(r)

(a) An interesting but seldom-seen plan is 3 . . . b6 4 0-0 Bb7 5 d3 e6 6 Nbd2 Nbd7 7 Re1 Bc5!?, Portisch–Karpov, Moscow 1977.

(b) (A) 5 . . . e5 can transpose into column 5. (B) 5 . . . g6 can transpose into column 9. (C) 5 . . . Bf5 and (D) 5 . . . Bg4 are playable, but not so safe as columns 2 and 3.

(c) 7 . . . Qc7 8 Re1 b6 9 e5 Nd7 10 Qe2 Bb7 11 c4 (too slow is 11 c3 0-0-0 12 d4 h6! 13 h4 Rdg8! with . . . g5 coming) 11 . . . dxc4 (11 . . . d4 may be better) 12 Nxc4 b5 13 Nd6†! Bxd6 14 exd6 Qxd6 15 Bf4 Qe7 16 d4 with a promising attack, Schlenker–Lovass, Kecskemet 1986.

(d) 9 e5 Nd7 10 Nf1 a5 11 h4 b4 12 N1h2 Ba6 13 Bf4 a4 with chances for both sides, but White's kingside play is more dangerous, Urban–Uhlmann, Germany 1990.

(e) White need not play only for the kingside: 6 b3 Be7 7 Bb2 0-0 8 Nbd2 h6 9 e3 a5 10 a3 Bh7 11 Qe2 Qb6 =, Haugli–Tisdall, Gausdal 1983.

(f) 9 e5 Nfd7 10 Qe2 c5! 11 Re1 Nc6 12 Nf1 g5 13 h3 Qc7 14 a3 0-0-0 with equal chances, Vaganian–Beliavsky, USSR 1983.

(g) 4 b3 Nd7 5 Bb2 Ngf6 6 0-0 e6 7 d3 Bc5 8 Nbd2 0-0 9 e4 dxe4 10 dxe4 e5 11 h3 Bxf3 12 Qxf3 Qe7 13 Rad1 b5 is about equal, Ribli–Tal, Montpellier 1985.

(h) In the first game of his 1997 match with Deep Blue, Kasparov choose the plan 6 b3 Nbd7 7 Bb2 Bd6 8 Nbd2 0-0 9 h3 Bh5 10 e3!? h6. The position is objectively equal, but it is difficult for a computer to form a plan here, so Kasparov was able to win in 45 moves.

711

(i) 9 Nbd2 Bc5 10 Nc4 Qe7 11 Ne3 h5!? 12 a3 0-0-0 =, Korchnoi–Flear, Lugano 1986.

(j) Moves such as 2 . . . Nd7 and 2 . . . g6 usually transpose into other columns. 2 . . . Nc6 allows a Queen's Pawn opening after 3 d4, or transposes into a Pirc reversed after 3 Bg2 e5 4 d3.

(k) A more active option is 4 d4, making the game a reversed Grünfeld.

(l) 5 . . . Nf6 transposes into column 1.

(m) 8 Nh4 f5! stops the kingside attack. After 9 f4 b5 10 exf5 exf5 12 Ndf3 b4 13 c4 d4 there are chances for both sides, Meier–Bönsch, Berlin 1992.

(n) 9 c3 b6 10 Nf1 dxe4 11 dxe4 Qxd1 12 Rxd1 Ba6 =, Torre–Barlov, St. John 1988.

(o) White can play a reversed Benoni with 5 c4 d4 6 d3 Nf6 (or 6 . . . Bd6 and . . . Nge7) 7 e3 Be7 8 exd4 and either 8 . . . cxd4 or the safe 8 . . . exd4 gives Black fully equal chances.

(p) 9 a4 0-0 10 Bh3!? Qc7 11 Nfd2 Nb6 12 Bxc8 Qxc8 13 f4 exf4 14 gxf4 f5 =, Rizzitano–Dlugy, New York 1983. Various reversed King's Indian positions offer roughly equal chances.

(q) This position is often reached from a French Defense: 1 e4 e6 2 d3 d5 3 Nd2 Nf6 4 Ngf3. Black can play 4 . . . c5, transposing into column 1, but 4 . . . Nc6 is a handy alternative.

(r) 9 c3 a5! 10 Qc2 Be6 11 Ng5 Bd7 =, Csom–Fuchs, Berlin 1968.

KING'S INDIAN ATTACK

1 Nf3

	7	8	9	10	11	12
	c5..Nf6.........g6(o)					
2	g3				g3	g3
	Nc6				g6	Bg7
3	Bg2				Bg2	Bg2
	e6...........g6				Bg7	e5
4	0-0	0-0(d)			0-0	d3
	Nf6	Bg7			0-0	d5
5	d3(a)	d3			d3	0-0
	Be7	d6 ....Nf6 ....e6			d6	Ne7
6	e4	e4(e)	e4	e4	e4	c3
	0-0	e5	d6(h)	Nge7	e5(l)	Nbc6
7	Nbd2(b)	c3	Nc3	Re1	Nbd2	e4
	d6	Nge7	Bg4	d5(j)	Nbd7	0-0
8	c3	a3(f)	h3	Nbd2	Ne1(m)	Nbd2
	e5(c)	0-0(g)	Bxf3(i)	b6(k)	Ne8(n)	b6(p)

(a) White's most ambitious plan is 5 c4, transposing into the English Opening. He must then be ready for 5 . . . d5, when 6 cxd5 exd5 7 d4 becomes a Tarrasch Defense.

(b) After 7 Nc3 d5! White's queen's knight is misplaced, so 8 exd5 Nxd5 9 Nxd5 Qxd5 = may be best.

(c) 9 Nc4 h6 10 a4 Be6 =.

(d) 4 c3 e5 5 d4 cxd4 6 cxd4 e4 7 Ne5 d5 8 Qa4 Bg7 9 Nxc6 Qd7 =, Romanishin–Velimirović, Sarajevo 1984.

(e) The King's Indian Attack move, but transposing into the English Opening with 6 c4 is more principled.

(f) 8 Nbd2?! h6 and . . . f5 allows Black an easy initiative on the kingside with little counterplay for White.

(g) 9 b4 Qd7 10 b5 Nd8 11 a4 a6 12 Na3 axb5 13 axb5 Ne6 with chances for both sides, Dzindzichasvili–Wolff, New York 1992.

(h) 6 . . . d5 7 Ndb2 0-0 8 exd5 Nxd5 9 Nc4 e5 10 Re1 Re8 11 a4 h6 is another reversed King's Indian Defense. Chances are roughly equal, but Black must beware of tactics.

(i) 9 Bxf3 Rb8 10 a4 a6 11 Bg2 0-0 12 Bg5 b5 =, Appleberry–Collas, Budapest 1996. White's bishop pair is no advantage in this closed position.

(j) 7 . . . d6 8 c3 0-0?! (8 . . . e5!) 9 d4 cxd4 10 cxd4 d5 11 e5 Bd7 12 Nc3 ±, Fischer–Panno, Buenos Aires 1970.

(k) 9 Nf1 Bb7 10 c3 h6 11 Rb1 dxe4 12 dxe4 Qxd1 with an equal endgame, Kasparov–Bonin (simul), New York 1992.

(l) Black can transpose into column 9 with 6 . . . c5, which gives him fully equal chances. Column 11 considers Black copying White's strategy.

(m) On 8 Nh4 Black should not continue 8 . . . Nh5? 9 Nf5! ±, but 8 . . . Ne8, when 9 f4? exf4 would win a pawn.

(n) 9 f4 exf4 10 gxf4 f5 and White's extra tempo gives him only a tiny initiative, Mironov–Balan, Moscow 1992.

(o) Players of the Dutch Defense will be happy with 1 . . . f5 against the King's Indian Attack, e.g. 1 Nf3 f5 2 g3 Nf6 3 Bg2 d6 4 0-0 g6 5 d3 Bg7 6 Nbd2?! 0-0 7 e4 e5 ∓. White should play 6 c4 with a type of English-Dutch if he doesn't wish to play a normal Dutch Defense with 2 d4.

(p) 9 Re1 Bb7 10 exd5 Nxd5 11 Nc4 Re8 12 Qb3 Qd7 13 Bd2 Rad8 =, Benjamin–Bisguier, Lone Pine 1981. The position is a reversed Pirc Defense.

LARSEN'S OPENING

1 b3

T HIS OPENING TAKES ITS NAME from the colorful and charismatic Dane, Bent Larsen, who frequently employed the opening in the second half of the twentieth century. It was also a pet line of Nimzovich's, who began with 1 Nf3 d5 2 b3 (this is covered by transposition in columns 3–4). Its oldest known advocate is the Rev. Owen from the nineteenth century, but today it has no champion, reflecting the offbeat nature of the opening or the practical nature of the times.

Columns 1–2 consider the classic response 1 . . . e5. Black can play to develop quickly with 2 . . . Nc6 in column 1, or to bolster e5 with . . . d6 (column 2). 1 . . . d5 2 Nf3 (columns 3–4) is the Nimzovich Attack, though White should consider 2 f4, transposing into Bird's Opening. 2 . . . Bg4 (column 3) is a somewhat odd-looking, though decent continuation, while 2 . . . c5 is a reversed Nimzo/Queens Indian. Column 5 (1 . . . Nf6) and column 6 (1 . . . b6) are less common, but respectable moves.

LARSEN'S OPENING

1 b3

	1	2	3	4	5	6
	e5..........................		d5		Nf6	b6(m)
2	Bb2		Nf3		Bb2	Bb2
	Nc6..........d6(d)		Bg4..........c5		g6	Bb7
3	e3(a)	e3(e)	Bb2	e3(i)	e4(k)	f4
	d5	Nf6	Nf6	Nf6	d6	e6(n)
4	Bb5	c4	e3	Bb2	g3	e3
	Bd6	g6	e6	e6	Bg7	Nf6
5	Nf3	Nf3	h3	Bb5†	Bg2	Nf3
	Qe7(b)	Nc6	Bh5(g)	Nbd7	0-0	c5(o)
6	c4	d4	d3	c4	Ne2	Bd3
	Nf6	Bg7	Nbd7(h)	dxc4	e5	Nc6
7	c5	dxe5	Nbd2	bxc4	0-0	0-0
	Bxc5	Nd7(f)	c6	Be7	c5	Qc7
8	Nxe5	Nc3	Be2	0-0	d3	Nc3
	0-0!(c)	dxe5 =	a5 =	0-0(j)	Nc6(l)	a6(p)

(a) 3 c4 Nf6 4 e3 (4 Nf3?! e4 5 Nd4 Bc5 6 Nxc6 dxc6 7 e3 Bf5 ∓, Larsen–Spassky, USSR vs. Rest of the World, 1970) 4 . . . d5!? 5 cxd5 Nxd5 6 a3 Bd6 7 Qc2 0-0 8 Nf3 Qe7 9 Bd3 Kh8 =, Petrosian–Balashov, USSR 1978.

(b) 5 . . . f6 6 d4 e4 7 Nfd2 a6 8 Be2 Nce7 9 c4 c6 10 Ba3 ±, Spraggett–Petit, Paris 1991.

(c) 9 Bxc6 (9 Nxc6 bxc6 10 Bxc6 Rb8 leaves Black good play for the pawn) 9 . . . bxc6 10 Qc2 Bb7 11 0-0 Rae8 with chances for both sides, Piasetski–Petursson, Manila Int. 1990.

(d) 2 . . . f6?! 3 e4! (playing for the light-square weaknesses) 3 . . . Bc5 4 Bc4 Ne7 5 Nf3 planning d2-d4 is very nice for White.

(e) 3 g3 Nf6 4 Bg2 g6 5 c4 Bg7 6 Nc3 0-0 7 d3 c6! 8 e4 Be6 9 Nf3 d5! =, Ribli–Beliavsky, Las Palmas 1974. If 10 Nxe5? d4! 11 Ne2 Qa5† wins.

(f) 7 . . . Ng4?! 8 Nc3 Ngxe5 9 Nxe5 Bxe5 10 Be2 0-0 11 Qd2 Be6 12 0-0 Qe7 13 f4 Bg7 14 Bf3 f5 15 Nd5 ±, Timman–Padevsky, Amsterdam 1972. The column is Ljubojević–Savon, Wijk aan Zee 1972.

(g) 5 . . . Bxf3 6 Qxf3 Nbd7 7 g3!? Bd6 8 Bg2 0-0 9 0-0 b5 10 Qe2 c6 with equal chances, Karlson–Sunye, Las Palmas Int. 1982.

(h) 6 . . . c5 is not bad: 7 g4 Bg6 8 Ne5 Nbd7 9 Nxg6 hxg6 10 Bg2 Qb6 ∞, Korchnoi–Mecking, match 1974. The column is Dzindzichasvili–Alburt, US Chp. 1983.

(i) A famous mistake is 3 Bb2?! f6! 4 c4 d4 5 d3 e5 6 e3 Ne7 7 Be2 Nec6 8 Nbd2 Be7 9 0-0 0-0 10 e4 a6 11 Ne1 b5 ∓, Petrosian–Fischer, match (G6) 1971.

(j) 9 Ba4 b6 10 Qe2 Bb7 11 Rd1 Qc7 12 h3 Rfd8 13 d3 Nf8 with chances for both sides in an unusual position, Speelman–Illescas, Spain 1996.

(k) (A) 3 g4!? Bg7 4 g5 Nh5 5 Bxg7 Nxg7 6 Qc1 0-0 is unclear, Kholmov–Oplachkin, Kirgiz 1966. (B) 3 Nf3 Bg7 4 g3 0-0 5 Bg2 d6 6 d4 e5 7 dxe5 Ng4 8 h3 Nxe5 9 Nxe5 dxe5?! 10 Qxd8 Rxd8 11 Nd2 and 12 0-0-0 ±, Smyslov–Polugaevsky, Palma de Mallorca Int. 1970. (C) Other moves such as 3 c4, 3 d4, 3 f4, and 3 g3 can transpose into other openings.

(l) 9 Nxd4 Bg4 10 Qd2 Qd7 11 Re1 Nxd4 12 Bxd4 Bh3 =, Minasian–Renet, Paris 1994.

(m) 1 . . . c5 is also a good response if Black is willing to play English Opening positions after 2 c4. Korchnoi–de Firmian, New York 1996 saw 1 . . . c5 2 Nf3 d6 3 g3!? e5 4 d3 g6! 5 Bg2 Bg7 6 Bb2 Nc6 7 c4 Nge7 8 Nc3 0-0 9 0-0 Rb8 10 e3 a6 11 Ne2 b5 with a more comfortable game for Black.

(n) 3 . . . f5 4 e3 Nf6 (4 . . . e6 5 Qh5† g6 6 Qh3 Nf6 7 Be2 Bg7 8 Bf3 ±, Soltis) 5 Bxf6! exf6 6 Nf3 Be7 7 Nc3 g6 8 h3! planning an eventual g4 with advantage, Larsen–Colon, San Juan 1969.

(o) 5 . . . Be7 6 Be2 0-0 7 0-0 a5 8 Nc3 Na6 is also roughly equal, Nurmi–Speelman, Mexico 1978.

(p) 9 a3 d5 10 Ne2 b5 11 Bxf6!? gxf6 with chances for both sides, Larsen–Wade, Hastings 1972/73.

BIRD'S OPENING

1 f4

T HE ENGLISH MASTER H. E. BIRD demonstrated the aggressive potential of this opening in the second half of the nineteenth century. Tartakower revived it, Nimzovich won several beautiful games with it in the 1920s and later Larsen and Soltis added it to their opening repertoire. It is rarely seen in modern times, but it could be due for a revival soon. While Black experiences no great theoretical difficulties in equalizing, there is nothing wrong with White's unusual strategy of dark-square control, and surprise value should count for something.

    1 . . . d5 (columns 1–3) has been the classical response to Bird's Opening. The game becomes a Dutch Defense Reversed. When White obtains strong control of e5 he should have the advantage. Columns 4–5 is the entertaining From's Gambit. White has the option of transposing into the King's Gambit with 2 e4, but the honorable acceptance of the gambit leads to tactical situations. Column 6 is not highlighted by theory, but it is the professional's response to the Bird's Opening, controlling e5 with . . . d6 and minimizing risk.

BIRD'S OPENING

1 f4

	1	2	3	4	5	6
	d5			e5...From's Gambit		c5(q)
2	Nf3			fxe5(j)		Nf3
	Nf6			d6		Nf6
3	e3.........................		g3	exd6		e3
	c5(a)........g6		c5(g)	Bxd6		g6
4	b3	b3(d)	Bg2	Nf3		b3
	Nc6(b)	Bg7	Nc6	g5(k)		Bg7
5	Bb5!	Bb2	0-0	d4 ....g3		Bb2
	Bd7	0-0	g6	g4	g4	0-0
6	Bb2	Be2	d3	Ng5(l)	Nh4	Be2
	e6	c5(e)	Bg7	f5(m)	Ne7	Nc6
7	0-0	0-0	c3(h)	e4	d4	0-0
	Be7	Nc6	0-0	h6	Ng6	d6(r)
8	d3	Ne5	Qc2	e5	Nxg6(o)	a4
	0-0(c)	Qc7(f)	d4(i)	Be7(n)	hxg6(p)	a6 =

(a) 3 . . . Bg4 allows White an edge after 4 h3 Bxf3 5 Qxf3 Nbd7 6 Nc3 e6 7 g4 Bb4 8 g5 Bxc3 9 bxc3 Ne4 10 d3! Nd6 11 c4, Nimzovich–Kmoch, Kecskemet 1927.

(b) (A) 4 . . . a6 5 Bb2 e6 6 Be2 Be7 7 0-0 Nc6 8 Ne5 Qc7 9 d3 0-0 10 Nd2 ±, Bird–Tarrasch, Manchester 1890. (B) 4 . . . e6 5 Bb2 Be7 6 Ne5! Nbd7 7 Qf3 0-0 8 Bd3 Nxe5 9 fxe5 Ne8 10 0-0 with pressure on the kingside.

(c) 9 Bxc6 Bxc6 10 Ne5 Rc8 11 Nd2 Nd7 12 Qg4! Nxe5 13 Bxe5 Bf6 14 Rf3 Bxe5 (14 . . . Qe7 15 Raf1 a5 16 Rg3 Bxe5 17 fxe5 f5 18 exf6 Rxf6 19 Qxg7†! ±, Fischer–Mecking, Palma de Mallorca Int. 1970) 15 fxe5 Qc7 16 Qh5 h6?! (16 . . . Be8 ±) 17 Raf1 g6 18 Qxh6 Qxe5 19 Rf6 ±, Nimzovich–Spielmann, New York 1927.

(d) Dutch Defense reversed variations include: (A) 4 d4 Bg7 5 Bd3 0-0 6 Nbd2 c5 7 c3 b6 8 Qe2 Bb7 9 0-0 Ne4 =, Tartakower–Teichmann, Teplice Schonau, 1922. (B) 4 Be2 Bg7 5 0-0 0-0 6 d3 c5 7 Qe1 Nc6 8 c3 Re8 9 Qg3 e5! =.

(e) Black may do better with 6 . . . b6 7 0-0 Bb7 8 Ne5 Nbd7 9 Bf3 Nxe5 10 fxe5 Nd7 11 d4 f6 ∞.

(f) 9 Nc3 a6 10 Nxc6 Qxc6 11 Bf3 and White has the more comfortable position, Pirc–Golombek, Bognor Regis 1956.

(g) The position becomes a Leningrad Dutch reversed. Interesting is 3 . . . e6 4 Bg2 Bc5!? 5 e3 Nbd7 6 b3 b6 7 Bb2 Bb7 8 Qe2 Qe7 =, Kan–Leverett, Hong Kong 1981.

(h) 7 Nc3 d4 8 Na4 Nd7 9 c4 Qc7 10 b4 Rd8 =, Horvath–Farago, Hungarian Chp. 1976. Other ideas are 7 Qe1 or 7 e3.

(i) 9 Na3 Nd5 10 Bd2 Bf5 11 Nc4 Re8 12 a4 Qd7 =, Gerzadowicz–Eckert, corr. 1985–87.

(j) Many players will decline the pawn and gambit one themselves with 2 e4, transposing into the King's Gambit.

(k) 4 . . . Nf6 with: (A) 5 g3 h5?! (5 . . . Nc6 6 Bg2 Bg4 7 d3 0-0 8 0-0 ±) 6 d4 h4 7 gxh4! Ne4 8 Qd3 Bf5 9 Bh3! Bg6 10 Rg1 Qe7 11 Rxg6! fxg6 12 Nc3 ±, Tartakower–Prins, Zandvoort 1936; (B) 5 d4 Ng4 6 Qd3 c5 7 Nc3 cxd4 8 Qxd4 0-0 9 Bg5 ±, Heemsoth–Röthgen, corr. 1961–62.

(l) 6 Ne5 Bxe5 7 dxe5 Qxd1† 8 Kxd1 Nc6 is an equal ending.

(m) 6 . . . Qe7 7 Qd3 f5 8 h3 Nc6 (8 . . . g3 9 Nc3! Nf6 10 e4!—Soltis) 9 hxg4 Nf6 10 c3 Ne4 11 Nxe4 fxe4 12 Qe3 Bxg4 13 Nd2 Bf5 14 Nc4 ±, Röthgen–Cording, corr. 1961–62.

(n) 9 Nh3 gxh3 10 Qh5† Kf8 11 Bc4 Rh7! (11 . . . Qe8 12 Qxh3 Qg6 13 0-0 Nc6 14 c3 with good compensation), now 12 Be3 is unclear, but not 12 Qg6? Bb4†! 13 Ke2 (13 c3 Qh4†) 13 . . . Rg7 14 Bxh6 Nxh6 15 Qxh6 Qg5 ∓. Black can also try 8 . . . Bxe5 9 dxe5 Qxd1† 10 Kxd1 hxg5 11 Bxg5 Rh5 (11 . . . Be6 12 Nc3) 12 h4 gxh3 13 Bf4 ± (Soltis).

(o) 8 Ng2 Nc6 9 c3 h5 10 e4 h4 11 e5 Be7 12 Rg1 hxg3 13 hxg3 Rh2 =, Larsen–Zuidema, Beverwijk 1964.

(p) 9 Qd3 Nc6 10 c3 Bf5 11 e4 Qe7 12 Bg2 0-0-0 13 0-0?! (13 Bf4 ∞) 13 . . . Ne5! 14 Qd1 Nf3† 15 Bxf3 gxf3 16 Qxf3 Rxh2! with a strong attack for the material, Antoshin–Panchenko, Leningrad-Moscow 1983.

(q) Moves such as 1 . . . Nf6, 1 . . . g6 and 1 . . . d6 may transpose into the Closed Sicilian or Pirc Defense. After 1 . . . c5 White can play the f4 attack against the Sicilian with 2 e4. In the column White plays the Bird strategy.

(r) This move, more restrained than 7 . . . d5, eliminates Black's problem with the e5 square, ensuring equal chances.

MISCELLANEOUS FLANK OPENINGS

SOMETIMES A PLAYER WILL HAVE a special opening with his or her pet move. This is often a first move on the flank since the more interactive central moves lead quickly to charted territory. Other times a player will start with one of the flank openings, but be willing to transpose into a more mainstream opening when it suits their taste. A third reason to play these openings is to follow one of your main defense strategies with the Black pieces so that you know the strategy. While this may not be the most forcing continuation with White, at least you will not get into trouble. These Miscellaneous Flank Openings are not theoretically critical, but they have practical, surprise and entertainment value.

Column 1 is a Grünfeld Defense Reversed. Black is all right as long as he doesn't decide to play as if he had an extra tempo. Some players with Black will simply follow White's strategy in the Grünfeld and have troubles. Column 2 is a Queen's Indian Reversed, which allows many possibilities for both sides. Column 3 is theoretically important, as Black plays to prevent c4 with ... b5. White seems to gain a slight initiative. The King's Fianchetto Opening, 1 g3, is seen in columns 4–6. This can, and usually does, transpose into almost any other opening in which White fianchettoes his king's bishop. Columns 4–6 give only variations in which the move order beginning with 1 g3 is the most natural or most common.

Columns 7–12 cover flank openings that are high on entertainment value. Columns 7–8 is the original (perhaps insane is a better word) Grob's Attack, 1 g4. This has also been known as the "Spike," which is an apt description of the kingside thrust. The opening gains its name from countless postal games by Henri Grob against readers of his Swiss newspaper column. The Queen's Knight Attack, 1 Nc3 (columns 9–10) could transpose into the Vienna Game after 1 ... e5 2 e4, but White usually seeks unknown lines. 1 b4 is the most theoretically important of the Flank Openings. A favorite of Steve Havas of Santa Barbara (who once defeated the author with this move), 1 b4 will gain queenside space if unchecked, but logical responses leave Black equal chances.

MISCELLANEOUS FLANK OPENINGS

	1	2	3	4	5	6
1	Nf3			g3 (King's Fianchetto Opening)		
	d5 ....Nf6(h)			e5............g6............Nf6		
2	g3............c4		g3	d3	Bg2	Bg2
	c5	e6	b5(i)	d5	Bg7	g6
3	Bg2	b3	Bg2(j)	Bg2	Nc3	e4!
	Nc6	Nf6	Bb7	Nf6	c5(p)	d6
4	d4	Bb2	0-0(k)	Nf3	d3	d4
	Nf6(a)	Be7	e6	Nc6	Nc6	Bg7
5	0-0	e3(e)	c3	0-0(m)	Nf3	Ne2
	Bg4(b)	0-0	c5	Be7	e6	0-0
6	dxc5(c)	Be2(f)	d3	c3	0-0	0-0
	e5	c5	Be7	a5(n)	d5	e5(r)
7	c4	0-0	Qb3	Nbd2	a3	Nbc3
	Bxc5	Nc6	Qb6	0-0	Nge7	c6
8	cxd5	cxd5	a4	e4	Rb1	a4
	Qxd5(d)	Nxd5(g)	bxa4(l)	dxe4(o)	0-0(q)	Nbd7(s)

(a) The column is a Grünfeld Defense Reversed. If Black plays as in the Exchange Variation he gets into trouble—4 . . . cxd4 5 Nxd4 Nf6 6 0-0 e5 7 Nxc6 bxc6 8 c4 Be6 9 Nc3 Qd7 10 Qa4 Rc8 11 cxd5 cxd5 12 Qxd7† Kxd7 13 Rd1 d4 14 e3 ±, Veliković–Grom, Finkenstein 1992.

(b) (A) 5 . . . e6 6 c4 dxc4 is a Catalan, while 6 . . . Be7 may transpose into an English Opening or into a Queen's Gambit Declined, Tarrasch Defense. (B) 5 . . . Bf5 6 c4 dxc4 7 Qa4 Nd7 8 dxc5 e6 9 Qxc4 Bxc5 10 Nc3 Rc8 11 Rd1 ±, Dzindzichasvili–Ljubojević, Thessaloniki Ol. 1984.

(c) 6 Ne5 cxd4 7 Nxg4 Nxg4 8 e3 Nf6 9 exd4 e6 10 Be3 Be7 =, Ribli–Kapengut, Kecskemet 1972.

(d) 9 Nc3 Qxd1 10 Rxd1 h6 11 Na4 Be7 12 Be3 e4 13 Nd4 Nxd4 14 Rxd4 Bxe2 15 Nc3 Bf3 16 Nxe4 Bxg2 17 Kxg2 ±, Petrosian–Sosonko, Las Palmas 1980.

(e) 5 g3 is similar to column 9 of the Reti Opening.

(f) 6 Nc3 c5 7 cxd5 Nxd5 8 Nxd5 Qxd5 9 Bc4 Qd8 10 0-0 Nc6 11 Qe2 Bf6 12 Bxf6 Qxf6 13 Rac1 b6 14 Bb5 Ne5 =, Botvinnik–Levenfish, match 1937.

(g) Dzindzichasvili–Beliavsky, Thessaloniki Ol. 1984, continued 9 a3, after which Black should play 9 . . . b6 with an equal game. Instead 9 . . . Qc7 10 Nc3 Nxc3 11 Bxc3 e5 12 Qb1! a5 13 Qe4! Bf6 14 h4 with an initiative for White.

(h) 1 ... f5 2 d4 is a Dutch Defense, but White can try the Lisitsin Gambit—2 e4!? fxe4 3 Ng5 Nf6 (3 ... d5! 4 d3 Qd6 5 dxe4 h6 6 Nf3 dxe4 $\mp$) 4 d3 e3 5 Bxe3 Nc6 6 d4 e5 ∞.

(i) 2 ... b6 3 Bg2 Bb7 4 d4 e6 5 c4 transposes into the Queen's Indian Defense.

(j) 3 a4 b4 4 d3 Bb7 5 e4 d6 6 Bg2 Nbd7 7 0-0 e6 8 a5 Rb8 9 Nbd2 Be7 10 Nc4 0-0 =, Petrosian–Spassky, World Chp. (G14) 1966.

(k) 4 Na3!? a6 5 c4 b4 6 Nc2 c5 7 d4 cxd4 8 0-0 e6 9 Ncxd4 Be7 10 Bf4 0-0 11 Rc1 $\pm$, Vaganian–P. Popović, Sarajevo 1987.

(l) 9 Qxa4 0-0 10 Nbd2 d5 11 Ne5 with a small White edge, Gutman–Gallagher, England 1985.

(m) 5 a3!? Be7 6 b4 e4 7 Nfd2 e3 8 fxe3 Ng4 9 Nf3 Bf6 10 d4 h5 with chances for both sides, Suttles–Miles, Vancouver 1981.

(n) 6 ... 0-0 7 Qc2 Bf5 8 Nbd2 Qd7 9 e4 Bh3 10 Re1 Bxg2 11 Kxg2 Rfe8 12 b4 $\pm$, Dzindzichasvili–Ljubojević, Tilburg 1985.

(o) 9 dxe4 Be6 10 Qe2 Nd7 11 Nc4 f6 =, Leosson–Petursson, Iceland 1996.

(p) 3 ... e5 4 d3 Nc6 5 f4 d6 6 Nf3 Nge7 7 0-0 0-0 8 e4 h6 9 Be3 Nd4 10 Qd2 Kh7 is equal, Larsen–Panno, Palma de Mallorca 1969.

(q) 9 Bd2 Rb8 10 b4 cxb4 11 axb4 b5 12 e4 a5 =, Larsen–Mecking, Palma de Mallorca 1969.

(r) 6 ... Nbd7 7 Nbc3 c6 8 a4 a5 9 b3! Re8 10 Ba3 Qc7 11 Qd2 e5 12 Rad1 exd4 13 Nxd4 Nc5 14 f3 $\pm$, Benko–Tal, Curaçao Candidates 1962.

(s) 9 a5! exd4 10 Nxd4 Nc5 11 h3 Re8 12 Re1 Nfd7 13 Be3 Qc7 14 f4 $\pm$, Benko–Fischer, Curaçao Candidates 1962. The opening has transposed into a type of Pirc Defense.

MISCELLANEOUS FLANK OPENINGS

	7	8	9	10	11	12
	Grob's Attack		Queen's Knight Attack		Sokolsky Opening	
1	g4............................		Nc3.........................		b4(p)	
	d5(a)		d5 ....c5(l)		e5............Nf6(s)	
2	Bg2..........h3		e4(i)	Nf3(m)	Bb2	Bb2(t)
	c6(b)	e5	dxe4(j)	Nc6	f6(q)	e6!
3	h3(c)	Bg2	Nxe4	d4	e4!?	b5
	h5	c6(f)	e5	cxd4	Bxb4	b6
4	g5	d4	Nf3	Nxd4	Bc4	e3
	h4(d)	e4	Nf6	g6	Ne7	Bb7
5	e4	c4	Nc3	Be3(n)	Qh5†	Nf3
	dxe4	Bd6(g)	Bg4	Bg7	Ng6	Be7
6	Nc3	Nc3	Be2	Nxc6	f4	Be2
	Qa5	Ne7	Nc6	bxc6	exf4	0-0
7	Nxe4	Bg5	d3	Bd4	Nf3	0-0
	Bf5(e)	f6(h)	Bb4(k)	Nf6(o)	Qe7(r)	d5!(u)

(a) 1 . . . e5! 2 h3 d5 transposes into column 2, but 2 Bg2?! h5 3 gxh5 Qg5! 4 Bf3 Qh4! 5 Nc3 Nf6 6 e4 Bc5 7 d4 Bxd4 8 Qe2 Bxc3† 9 bxc3 Rxh5 is very good for Black, Skembris–Mariotti, Budapest 1983.

(b) (A) 2 . . . Bxg4 3 c4 c6 4 Qb3 Qb6 5 cxd5 Nf6 6 Nc3 Qxb3 7 axb3 cxd5 =, Vlassov–Ponomarov, Yalta 1995. (B) 2 . . . e5 3 c4 c6 4 cxd5 cxd5 5 Qb3 Ne7 6 Nc3 Nbc6 7 h3 Nd4 8 Qd1 a6 9 e3 Ndc6 10 d4 ± (Grob).

(c) (A) 3 c4 dxc4 4 b3 cxb3 5 Qxb3 e6 6 Nc3 Qb6 ∓. (B) 3 g5 (the "Spike") 3 . . . h6! 4 h4 hxg5 5 hxg5 Rxh1 6 Bxh1 Qd6 7 Nf3 Bg4 8 d3 e5 ∓.

(d) Probably better is 4 . . . e5 5 d4 e4 6 Nc3 Ne7 with chances for both sides.

(e) 8 Nc3 e6 9 Be4 Nd7 10 Qe2 Bb4 11 Bxf5 Qxf5 12 Ne4 0-0-0 13 a3! Bf8 14 d3 Kb8 15 Bd2 Ne7 16 Nf3 Ng6 17 0-0-0 ±, Skembris–Gheorghiu, Skopje 1984.

(f) 3 . . . Nc6 4 c4 dxc4 5 Qa4 Nge7 6 Nf3 Ng6 7 Nc3 Be6 8 h4 Nf4 is equal according to Harding.

(g) 5 . . . Na6 6 Nc3 Nc7 7 f3 f5 8 cxd5 cxd5 9 Qb3 Bd6 10 Kf1 Ne7 11 g5 Rb8 12 h4 b5 13 Nh3 Bd7 =, Basman–King, British Chp. 1984.

(h) 8 Bd2 0-0 9 Qb3 Kh8 10 Rc1 Na6 11 e3 f5 ∓, Basman–Kudrin, Manchester 1981.

724

(i) (A) 2 d4 Nf6 3 Bg5 see Veresov Attack. (B) 2 e3 e5 becomes a Van't Kruijs.

(j) 2 . . . d4 3 Nce2 e5 4 f4 exf4 5 Nxf4 Bd6 6 d3 Ne7 7 c3 Ng6 8 Nxg6 hxg6 9 Qa4†
Nc6 10 Nf3 Bg4 11 Bg5 f6 12 Bd2 Bg3† 13 hxg3 Rxh1 14 Nxd4 Qd7 =, Hector–
Hjartarson, Reykjavik 1984.

(k) 8 Bg5 0-0 9 0-0 Bxc3 10 bxc3 h6 =, Eising–Capelan, Solingen 1968.

(l) (A) 1 . . . e5 2 Nf3 Nc6 3 d4 exd4 4 Nxd4 leaves White chances for the initia-
tive. (B) 1 . . . f5? 2 e4 fxe4 3 d3 exd3 4 Bxd3 Nf6 5 g4! is a From's Gambit re-
versed, combined with an auspicious Grob's Attack.

(m) 2 d4 cxd4 3 Qxd4 Nc6 4 Qh4 g6 5 Bd2 Bg7 6 e4 d6 7 0-0-0 Be6 8 Nd5 Bxd5
9 exd5 Qb6 is equal (Benjamin).

(n) 5 Bf4?! d6! is good for Black. 5 e4 transposes into the Accelerated Dragon.

(o) 8 Ne4 Rb8 9 Nxf6† Bxf6 10 Bxf6 exf6 11 Qd4 d5 12 0-0-0 Qe7 = (Korn). The
Queen's Knight Attack has also been known as the "Dunst Opening."

(p) Other unusual first moves are: (A) 1 a3, a waiting move employed by Adolf
Anderssen in three match games with Morphy. On 1 . . . e5 White can play c4
with a reversed Sicilian, or English-type opening. Almost any reply by Black
allows equal chances. (B) Saragossa's 1 c3 is well met by 1 . . . b6, or 1 . . . d5
with a queen's pawn game. (C) 1 e3 (the Van't Kruijs) can be met by 1 . . . e5
2 Nc3 d5 3 d4 exd4 = (Blackburne, 1883). Moves such as 1 h3, 1 h4, 1 Na3 (the
Durkin) or 1 Nh3 (the Paris Gambit) require no opening analysis.

(q) (A) 2 . . . Bxb4 3 Bxe5 Nf6 allows Black quick development while White has a
stronger center due to his extra center pawn. Afifi–Hakki, Cairo 1997, contin-
ued 4 c4 0-0 5 Nf3 Re8 6 a3 Ba5 7 e3 d5 8 cxd5 Nxd5 9 Qb3 Nc6 ∞. (B) 2 . . . d6
and 3 . . . g6 is another reasonable plan.

(r) 8 Bb3 Nc6 9 Nc3 Bxc3 10 Bxc3 d6 11 Nh4 Bd7! ∓, Tawbeh–Soloman, Novi
Sad Ol. 1990.

(s) A curious line is 1 . . . c6 2 Bb2 Qb6 3 a3 a5 4 c4 axb4 5 c5! Qc7 (5 . . . Qxc5?
6 axb4 wins) 6 axb4 Rxa1 7 Bxa1 d6 8 e3 b5 9 Nf3 Bg4 10 Be2 Nd7 =, Nekrasov–
Lyuborsky, USSR 1970.

(t) 2 Nf3 (or rather 1 Nf3 Nf6 2 b4) constitutes "Santasière's Folly," which he suc-
cessfully practiced for decades in the mid-twentieth century.

(u) 8 d3 c5 9 Nbd2 Nbd7 10 c4 Bd6 11 Re1 Qc7 =, Miles–Ribli, London 1984.

INDEX